连续三届荣获全国年鉴编纂质量特等奖

山东金融年鉴

SHANDONG JINRONG NIANJIAN

2013

（总第14卷）

山东金融年鉴编纂委员会

图书在版编目（CIP）数据

山东金融年鉴.2013年卷/中国人民银行济南分行编.-- 北京：中国财政经济出版社，2013.10
ISBN 978-7-5095-1531-0/F•1326

I. ①山… II. ①中…III. ①地方金融事业-山东省-2013-年鉴 IV. ①F832.752-54

中国版本图书馆CIP数据核字（2013）第232186号

封面设计：马丽君
版式设计：宋文胜

中国财政经济出版社 出版
URL：http：//www.cfeph.cn
E-mail:cfeph@cfeph.cn

社址：北京市海淀区阜成路甲28号 邮政编码：100142
营销中心电话：010-88190406 北京财经书店电话：010-64033436
济南黄氏印务有限公司印刷（0531-88711234）
889*1194毫米 16开 52.75印张 2000千字
2013年10月第1版 2013年10月第1次印刷
印数：1-4500册 定价：260.00元
ISBN 978-7-5095-1531-0/F•1326
（图书出现印装问题，本社负责调换）
本社质量投诉电话：010-88190744

《山东金融年鉴》编委会

《山东金融年鉴》编辑部

本卷特邀编委

各市地工作站站长

济 南	窦重田	潍 坊	李 新	滨 州	王 伟
青 岛	张朝晖	济 宁	高 雷	德 州	王安国
淄 博	王玉华	泰 安	赵尊振	聊 城	王银光
枣 庄	任宪文	威 海	邵明志	临 沂	吕大军
东 营	刘春华	日 照	厉平福	菏 泽	王志华
烟 台	李信见	莱 芜	张勤清		

本卷金融统计资料供稿人员

郭忠军　潘海艳　任代滨　张　杨　尹　琳　杨　钊

本卷编校、排版、彩页设计人员

马丽君　刘　茜　王　娜　马千雯

一、《山东金融年鉴》优秀工作者名单
（2010 年~2012 年度）

（一）人民银行系统

谢玉军　王银光　丁　文　王春昕　董　莉　石文华

（二）政策性银行、商业银行及其他金融机构

段玉华　单筱强　梁　骞　刘太丽　张　民　段维斌　段好勇　吴文锴　张钟文

二、本卷优秀稿件获奖名单

（一）人民银行系统

一等奖：菏泽、泰安、济宁、青岛、临沂、淄博、烟台、日照
二等奖：威海、聊城、枣庄、潍坊、营业管理部、莱芜
三等奖：滨州、德州、东营

（二）监管局、政策性银行及商业银行

一等奖：中国银行业监督管理委员会山东监管局、中国邮政储蓄银行山东省分行、中国农业发展银行山东省分行、中国光大银行股份有限公司济南分行、交通银行股份有限公司青岛分行、中国银行股份有限公司山东省分行、中国建设银行股份有限公司山东省分行、华夏银行股份有限公司青岛分行、中国民生银行青岛分行、上海浦东发展银行济南分行、天津银行股份有限公司济南分行、交通银行股份有限公司山东省分行、平安银行青岛分行、国家开发银行青岛市分行、兴业银行股份有限公司青岛分行、中国工商银行股份有限公司山东省分行、中国农业银行股份有限公司青岛市分行、渤海银行股份有限公司济南分行、北京银行济南分行、中国进出口银行青岛分行、中国邮政储蓄银行青岛分行、中国证券监督管理委员会山东监管局、中国工商银行股份有限公司青岛市分行、中国银行业监督管理委员会青岛监管局、中信银行股份有限公司济南分行

二等奖：华夏银行股份有限公司济南分行、平安银行济南分行、中国民生银行济南分行、中国农业银行股份有限公司山东省分行、恒丰银行股份有限公司、中国保险监督管理委员会山东监管局、中国光大银行股份有限公司青岛分行、国家开发银行山东省分行、中国光大银行股份有限公司烟台分行、中国保险监督管理委员会青岛监管局、兴业银行股份有限公司济南分行、招商银行股份有限公司济南分行、山东省农村信用社联合社

三等奖：中信银行股份有限公司青岛分行、中国证券监督管理委员会青岛监管局、中国建设银行股份有限公司青岛市分行、浙商银行股份有限公司济南分行、广发银行股份有限公司济南分行、招商银行股份有限公司青岛分行

（三）保险、资产管理公司及信托等机构

一等奖：中国人民财产保险股份有限公司山东省分公司、中国信达资产管理股份有限公司山东省分公司、中国平安人寿保险股份有限公司济南分公司、中国平安人寿保险股份有限公司青岛分公司、山东省国际信托有限公司、中国太平洋财产保险股份有限公司山东分公司

二等奖：中国东方资产管理公司青岛办事处、太平财产保险有限公司山东分公司、中国平安财产保险股份有限公司青岛分公司、泰山财产保险股份有限公司

三等奖：华泰财产保险有限公司山东分公司、中国人寿保险股份有限公司山东省分公司、中国长城资产管理公司济南办事处

（四）其他参编机构（中小金融机构及金融院校）

一等奖：渣打银行（中国）有限公司青岛分行、日本山口银行股份有限公司青岛分行、中国石化财务有限责任公司山东分公司、南洋商业银行（中国）有限公司青岛分行、南山集团财务有限公司、韩亚银行（中国）有限公司烟台分行、东亚银行（中国）有限公司青岛分行、新韩银行（中国）有限公司青岛分行、华侨银行（中国）有限公司青岛分行、瑞穗实业银行（中国）有限公司青岛分行

二等奖：汇丰银行（中国）有限公司济南分行、汇丰银行（中国）有限公司青岛分行、中国银联股份有限公司青岛分公司、中国银联股份有限公司山东分公司、海信集团财务有限公司

三等奖：企业银行（中国）有限公司烟台分行、山东轻工业学院财政与金融学院、中国重汽财务有限公司

三、《山东金融年鉴》(2012年卷)综合考评获奖名单

（仅限考核人民银行系统）

一等奖：临沂、东营、聊城、日照、青岛、莱芜、烟台、滨州、淄博、营业管理部、济宁
二等奖：德州、泰安、威海、菏泽、潍坊、枣庄
三等奖：（空缺）

编 辑 说 明

一、《山东金融年鉴》是反映山东省金融事业改革和发展历程的大型历史性、资料性工具书，是系统了解山东省经济金融运行状况较为理想的媒介。它通过登载各种经济、金融数据和史实资料，全面系统地反映山东省金融改革和发展的全貌，为贯彻实施货币政策、加强金融监管，防范和化解金融风险，推动金融改革和发展提供系统资料和基础数据。

二、山东省金融系统的年鉴编撰工作，开启于2000年，当时的名称为《中国人民银行济南分行金融年鉴》，内容反映了辖内山东、河南两省的金融运行态势及状况，该《年鉴》自2000年卷开始至2004年卷，连续出版了五卷。

《山东金融年鉴》自2005年卷启始，上承《中国人民银行济南分行金融年鉴》，本卷为第十四卷。今后仍将每年出版一卷。按年度系统地反映山东省金融事业的运行和发展状况。

三、本卷的内容，主要反映2012年山东省金融运行的状况及金融改革和发展的历程。在具体组稿、筛选和编纂工作中力求体现科学性、资料性、全面性和连续性。对山东省金融事业有影响的大事、情况，以及反映全省各金融机构业务发展的相关数据、文字和图片资料，我们均尽力收录并进行了精心编辑加工。

四、本卷年鉴采用条目式整体编排，适当考虑金融业务部门的单元组成。各金融机构的排列顺序，力求按一般惯例，不含名次高低之意。

五、本卷年鉴中，国民经济统计资料以统计局的口径为准；有关金融方面的数据资料，主要是根据各金融机构“全科目”上报系统数据加工整理，由中国人民银行济南分行提供；各金融机构文稿中的统计数据，由该机构自行提供；在使用时请注意统计口径的差别和适用范围。

六、为更好地发挥《年鉴》存史、教化、启智、咨政、创新作用，从2009年卷起开辟了经济金融数据研发部分——金融地图，以期通过对相关数据资料的研发制作，达到更加全面、形象、深刻、准确地反映金融运行态势的目的。

七、《山东金融年鉴》的编纂工作是在中国人民银行济南分行党委和山东省各金融业监管部门、政策性银行、商业银行、保险、证券、信托公司等省级管辖行和公司负责人共同组成的编委会的组织领导下进行的。工作中得到了山东省金融系统各单位的大力支持。各组稿、编纂人员为本书的出版付出了辛勤的劳动；广大摄影爱好者提供了大量的图片资料。在此表示衷心的感谢。

《山东金融年鉴》编辑部

2013年8月28日

中国人民银行
THE PEOPLE'S BANK OF CHINA
济南分行
JINAN BRANCH

党委书记、行长
杨子强

党委副书记、副行长
于华民
（正厅级）

党委委员、郑州中支行长
计承江
（正厅级）

党委委员、副行长
李建文

中国人民银行
THE PEOPLE'S BANK OF CHINA
济南分行
JINAN BRANCH

党委委员、副行长
刘克俭

党委委员、副行长
肖龙沧

党委委员、纪委书记
刘振海

党委委员、营管部主任
陈好孟

党委委员、副行长
王均坦

党委委员、工会主任
王珐琰

2012年3月22日，人民银行总行党委委员、副行长胡晓炼到济南分行调研

2012年3月22日，人民银行总行党委委员、行长助理金琦出席在济南召开的全国货币金银工作会议

2012年4月12日，人大常委会财经委副主任、原人民银行总行副行长吴晓灵莅临济宁开展调研

2012年6月30日，人民银行总行党委委员、行长助理金琦在青岛以普通党员身份参加总行办公厅党日活动

2012年7月19日，人民银行总行党委委员、纪委书记王华庆莅临日照市中支视察指导工作

2012年8月29日，山东省委常委、常务副省长孙伟，人民银行总行党委委员、副行长刘士余出席山东省农村金融支付服务环境建设实现双百目标通报会

2012年10月23日，人民银行总行党委委员、副行长潘功胜莅临青岛市中支调研

2012年11月2日，山东省委常委、常务副省长孙伟视察人民银行济南分行

2012年12月10日，山东省支付清算协会成立大会暨第一次会员代表大会在济南隆重召开

中国银行业监督管理委员会山东监管局

廖平之

党委书记、局长

解晓非

党委副书记、副局长（正局级）

王朝弟

党委委员、副局长

刘悦芹

党委委员、副局长

王忠坦

党委委员、副局长

张孟军

党委委员 纪委书记

葛彬

监管副巡视员

银监会尚福林主席到山东调研

山东省孙伟副省长到山东银监局走访视察

山东银监局2012年工作会议

三八节女职工赴台儿庄开展爱国主义教育

山东银监局召开2012年第三季度监管分析例会

山东银监局2012年城商行风险战略研讨会

山东银监局全体人员收看十八大会议

山东银监局监管统计良好标准评估工作会议

中国银行业监督管理委员会青岛监管局

2012年4月9日，青岛银监局举办辖区银行业小微企业金融服务宣传月活动启动仪式。

2012年4月10日，青岛银监局召开全体党员大会，选举出席银监会系统党代会代表。

2012年5月10日至11日，山东银监局、青岛银监局党委中心组在青岛举行第4次集中学习会议。

2012年5月25日，青岛银监局组织参观青岛市反腐倡廉教育基地，进行反腐倡廉警示教育活动。

2012年1月9日，青岛银监局团委赴青岛市朝诚路小学开展了向新市民子女奉献爱心活动。

2012年3月15日，青岛银监局联合人民银行青岛市中心支行、青岛证监局等部门组织全市银行、证券等40家单位开展了“青岛市3·15金融消费者权益保护宣传日”活动。

2012年6月4日，陈育林局长、徐强副局长带队赴交通银行青岛分行督导调研，听取该分行关于支持实体经济发展及重点工作开展情况的汇报。

2012年8月3日，青岛银监局召开2012年辖区银行机构年中监管工作会议。

2012年9月5日，刘明君副市长到青岛银监局调研，市金融办主任白光昭陪同调研。

2012年10月26日，银监会主席助理阎庆民到青岛银监局调研，办公厅主任杨家才陪同。

2012年10月29日上午，陈育林局长、韩冰副局长会见河北银行董事长乔志强一行。

2012年12月16日，青岛银监局举办副处级以上干部“学习贯彻十八大会议精神”专题研讨班。

中国证券监督管理委员会　山东监管局

China Securities Regulatory Commission　Shandong Bureau

党委书记、局长

徐　铁

党委委员、纪委书记、副局长

陈家琰

党委委员、副局长

陈　飞

党委委员、副局长

赵洪军

山东证监局在烟台召开2012年证券期货监管座谈会

山东证监局联合山东省金融办在济南举办2012泰山期货论坛

中国证监会纪委主办，山东证监局、深圳证券交易所承办的“内幕交易警示教育展”在济南举办

山东证监局2012年乒乓球比赛

山东证监局第四支部党日活动

中国保险监督管理委员会

China Insurance Regulatory Commission

山东监管局

Shandong Bureau

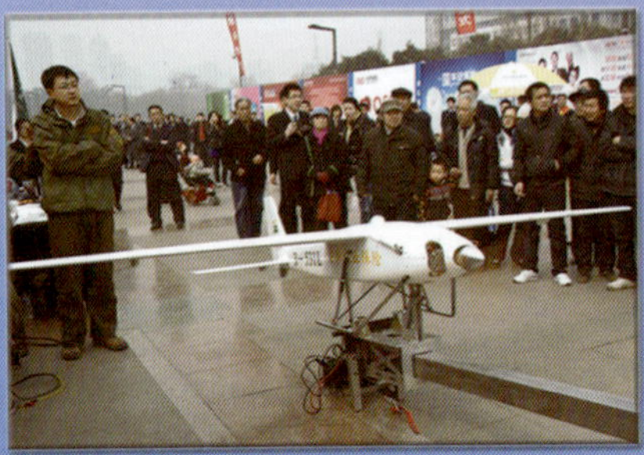

01. 2012年6月5日，中国保监会与山东省政府签署战略合作备忘录。

02. 2012年1月5日，中国太平洋保险（集团）公司与淄博市政府签订战略合作协议。

03. 2012年1月11日，山东保险业第五届“十大保险明星”、“保险之星”表彰典礼在济南举行。

04. 2012年3月15日，山东保险业在全省集中开展了“诚信服务我为先”大型主题宣传活动，展示行业在提升服务质量等方面的举措与成效。

05. 2012年6月1日，山东保监局组织开展全省首次车险理赔模拟查勘测试。

06. 2012年8月31日，全省16地市共同组织全省车险查勘人员持证上岗考试，推动提升理赔服务质量。

2012年6月，中国保监会主席项俊波视察山东保监局，对12378热线给予充分肯定，并要求山东保险业做到“一省一特色”，努力为山东经济文化强省服务。

2012年7月4日，山东保监局面向社会聘任15名社会监督员，督促行业改进服务质量。

2012年10月，山东省人身保险服务技能比武大赛举行，共42家保险公司参赛，内容涵盖了核保、核赔，投诉处理等。

2012年12月27日，山东保监局与山东省公安厅签署《打击保险诈骗合作备忘录》。

中国保险监督管理委员会 青岛监管局

China Insurance Regulatory Commission Qingdao Bureau

宋志华

党委书记、局长

曹光中

纪委书记、副局长

吉立群

党委委员、副局长

3月1日，青岛保监局召开全市车险理赔服务工作会议，通报2011年青岛市车险理赔服务工作情况，部署2012年提升车险理赔服务质量、维护保险消费者权益整体工作。

3月14日，青岛保监局举行青岛市保险合同纠纷调解中心揭牌暨首批调解员聘书颁发仪式，驻青各保险公司主要负责人、保险行业协会负责同志、调解中心聘任的首批调解员参会。

6月27日，青岛市个人延税型养老保险及医疗健康保险发展研讨会在黄海饭店召开。

7月23日，保监会李克穆副主席视察青岛保监局并听取工作汇报。

7月24日-25日，第八次中美保险会谈和中美保险监管研讨会在青岛举办。

8月24日，青岛市委市政府召开全市金融工作会议。会上，青岛保监局被市委、市政府授予“青岛市金融发展特别贡献单位”荣誉称号。

10月14日，保监会主席项俊波来青出席青岛市政府与中国保监会“保险创新发展战略合作备忘录”签约仪式。

10月14日，保监会主席项俊波视察青岛保监局并与全局干部合影。

恒丰银行

恒丰银行董事长 姜喜运

恒丰银行二〇一二年度荣誉榜

- “恒丰银行”品牌商标荣膺“中国驰名商标”（国家工商总局）
- 2012年度“企业征信系统数据质量工作优秀机构”称号 （中国人民银行颁发）
- 第八届中国企业教育先进单位百强（中国企业教育百强组委会授予）
- 《山东金融年鉴》（2012年卷）一等奖（中国人民银行济南分行颁发）
- 《2012年度山东省省级金融机构金融统计先进集体二等奖 （中国人民银行济南分行颁发）
- 2012年山东银监局直报机构监管统计工作先进单位三等奖 （山东银监局颁发）
- 2012年度山东省银行业信息宣传工作先进单位（山东省银行业协会颁发）

恒丰银行机构名录

董事长、党委书记： 姜喜运

监事长、党委副书记： 矫 毅

董事、副行长、党委委员： 栾永泰
宋恒继

董事、纪委书记、党委委员： 潘力军

副监事长、工会主席、党委委员： 周美乐

董事会秘书、党委委员： 于海松

地 址：山东省烟台市芝罘区南大街248号

邮 编：264001

电 话：（0535）2118015

传 真：（0535）6207878

网 址：www.egbank.com.cn

青岛分行

济南分行

南京分行

杭州分行

成都分行

EVERGROWING BANK

恒丰银行于2003年经中国人民银行批准，经过整体股份制改造，成为一家全国性股份制商业银行，全称为恒丰银行股份有限公司，英文简称为Evergrowing Bank Co, ltd.，总部设在中国烟台。已在烟台、青岛、济南、南京、杭州、成都、重庆、福州、昆明、西安、宁波等地设有130个分支机构。

截至2012年末，全行资产规模6179亿元，各项存款（不含同业）3065亿元，各项贷款1716亿元，不良资产率仅为0.67%。资产利润率1.1%，资本利润率25.33%，成本收入比24.32%，人民币流动性比例40.96%，资本充足率11.38%，存贷款比例55.98%，拨备覆盖率343.85%。

先后获得“中国最具社会影响力品牌企业”、“中国优秀企业”、“中国维护消费者权益诚信服务满意单位”、“全国青年文明号”、“全国巾帼文明岗”、“中国金融企业慈善榜·银行业突出贡献奖”、“山东省文明单位”、“山东省服务业先进单位”、“山东省诚信纳税企业”等共计近100项地市级以上荣誉称号。

重庆分行

烟台分行

福州分行

昆明分行

西安分行

宁波分行

国家开发银行 山东省分行

CHINA DEVELOPMENT BANK SHANDONG BRANCH

与山东省政府签署《"十二五"开发性金融合作备忘录》

力诺集团西藏日喀则一期10MW太阳能光伏并网电站工程建设项目

海阳核电项目一号核岛CV底封头吊装

组织召开"银政企联手支持新型城镇化建设研讨会"

临沂市沂南县生源地信用助学贷款受理现场

国家开发银行成立于1994年，以"增强国力，改善民生"为使命，主要通过开展中长期信贷与投资等金融业务，为国民经济重大中长期发展战略服务，是我国最大的开发性金融机构、最大的中长期信贷银行、最大的债券银行和最大的对外投融资合作银行。国家开发银行山东省分行（以下简称"国开行山东分行"）自成立以来致力于促进山东经济社会发展和富民强省战略的实施，主动发挥开发性金融的先锋先导作用和中长期投融资优势，配合山东省实施重点区域带动战略，支持国家及山东省"两基一支"领域重大项目建设，已发展成为省内固定资产投融资领域的主力银行；支持城镇化发展，累计向山东公共基础设施领域发放贷款1500多亿元，为各地市城乡面貌的改善作出了积极贡献；大力拓展国际合作业务，支持企业"走出去"，开拓海外市场，外汇贷款余额位列山东金融机构首位；积极承担社会责任，开展基层金融业务，支持中小企业、保障性住房、新农村建设、教育等领域发展。截至2012末，累计发放贷款5300多亿元，资产总额超过3300亿元，不良贷款率为0.18%。曾先后荣获全国"五一劳动奖状"、全国"创建学习型组织，争做知识型职工"示范单位、"全国服务质量满意单位"、"山东省富民兴鲁劳动奖状"和"山东省金融发展贡献奖"等省部级以上先进集体荣誉称号30多项。

大明湖扩建项目

ICBC 中国工商银行 山东省分行

中国工商银行山东省分行成立于1985年1月1日。经过近三十年的创新发展，已成长为一家客户基础雄厚、服务能力强大、业务结构多元、创新能力强劲和品牌价值卓越的商业银行，在企业年金、电子银行、信用卡、投资银行等多项业务领域拥有领先的市场地位。

2012年4月17日，工行山东省分行与山东大学齐鲁医院共同推出银医一卡通，客户持工行银行卡即可实现自助挂号、预约挂号、缴费、就诊、查询和打印诊疗结果等服务。

工行山东省分行积极组织开展“金融服务进社区”活动。2012年3月17日，工行山东省分行营业部首家“社区金融服务站”落户济南大观园街道办事处睦和苑社区，成为济南地区首个社区金融服务站。

工行山东省分行企业文化建设硕果累累。2012年8月24日，山东省金融系统首个金融文化展馆——中国工商银行山东省分行历程馆建成开馆。该展馆集收藏、史料研究、金融文化教育于一体，馆藏丰富，史料性强，是社会各界了解工商银行和山东银行业发展历程的重要窗口。

2012年3月31日，全省金融工作会议在济南召开。工行山东省分行行长谷澍（前排左二）现场领取山东省政府颁发的“山东省金融发展贡献奖”。

2012年，中国工商银行山东省分行在省委、省政府正确领导下，认真贯彻宏观调控政策，全面落实金融监管要求，努力服务山东经济社会发展，在充分发挥金融促进经济增长作用的同时，继续保持健康快速发展的良好势头。全年累计发放本外币表内外各类融资5700亿元，余额较年初增加700亿元。其中，累计发放本外币各项贷款2360亿元，较年初增加436亿元，余额达到5100亿元，是省内首家、也是惟一一家贷款余额突破5000亿元的商业银行。与此同时，不断改进和加强客户服务工作，服务质量和效率有了新的提升，有4家分支机构荣获“2012年度中国银行业千佳示范单位”荣誉称号。一年来，先后被山东省政府授予“山东省金融发展贡献奖”，被人民银行授予“反洗钱工作先进集体”等荣誉，有1名同志当选为党的十八大代表，1名同志荣获全国金融五一劳动奖章，并选树了一批“富民兴鲁”劳动奖章（状）、“工人先锋号”等省部级劳模先进。

工行山东省分行积极开展“普及金融知识万里行”活动。图为该行员工走进校园，为学生讲解人民币鉴别知识。

中国农业银行

AGRICULTURAL BANK OF CHINA

山东省分行

中国农业银行与山东省政府签订服务蓝黄两区战略合作协议

中国农业银行山东省分行是中国农业银行股份有限公司的一级分行，辖属16个二级分行，1602个营业机构，员工2.7万人。近年来，在省委、省政府和农总行的正确领导下，农行山东省分行深入落实科学发展观，根植齐鲁大地，深化改革创新，加快经营转型，各项业务实现了持续快速健康发展。截至2012年末，各项存款余额达到6307.4亿元，比年初增加1115亿元；各项信用总量达到6192.7亿元，比年初增加831.4亿元，其中实体贷款增加553.9亿元，“蓝黄”653.4亿元；实现拨备后利润145亿元；共计纳税22.7亿元。社会形象持续提升，先后荣获“全国金融五一劳动奖状”、“中国服务县域经济十佳银行”、“山东省管理创新十佳企业”等称号。

大力支持“登海”种业生产

支持特大型实体企业

“惠农通”工程服务点达到1.9万个

开展学雷锋志愿服务活动

中国建设银行
China Construction Bank

山东省分行

建行山东省分行是中国建设银行股份有限公司辖属的一级分行，下辖各类机构 786个、员工2万余人。2012年，分行认真贯彻执行国家宏观经济金融政策和省委省政府各项决策部署，牢牢把握主题主线和全省经济工作重心，以服务实体经济为目标，大力支持重点在建续建项目、“三农”和小微企业，积极服务于扩大内需、支持保障和改善民生，不断深化产品与服务创新，实现了各项工作全面进步，为全省经济社会发展提供了有力支撑。2012年本外币表内外累计融资3701.17亿元，实现拨备前利润108亿元，实现中间业务净收入48.5亿元。

2012年8月1日，建行山东省分行与山东省工商业联合会签署战略合作协议。

旺季营销活动中，建行山东省分行集中开展了“走进三甲医院—代工单位”活动。

建行山东省分行积极响应“三走进”工作要求，走进商业社区开展营销活动。

中国银行 山东省分行

BANK OF CHINA SHANDONG BRANCH

党委书记、行长 何兴祥

中国银行山东省分行成立于 1913 年，是山东省内历史最悠久的银行，也是四大国有商业银行中唯一一家本部设在青岛的省级分行，下辖机构网点 606 家，其中二级分行 16 家、直属支行 25 家。在近百年的发展历程中，该行凭借卓越的国际信誉、齐全的业务品种、领先的科技系统、高效的运营机制，铸就了独特的业务优势，为山东省经济社会发展提供了专业化、多元化、海内外一体化的金融服务。年内向全省进出口企业提供了近 1500 亿元的贸易融资、超过 1000 亿美元的国际结算服务和近 1000 亿元的跨境人民币结算服务，已成为省内跨境金融服务首选银行。

该行以建设系统内一流银行和山东最具竞争力银行为目标，植根齐鲁，服务大众，加快创新发展、转型发展、跨境发展，在服务实体经济和社会民生的同时，自身经营业绩连年实现新跨越。截至 2012 年末，资产总量达到 5156.99 亿元，较年初增长 10.15%；负债总量达到 5057.31 亿元，较年初增长 9.69%；实现税前利润 90.09 亿元，同比增长 53.82%；缴纳各项税款 40.67 亿元，同比增长 22.73%。

2012 年，该行先后荣膺山东省政府、青岛市政府颁发的“山东省金融发展贡献奖”和“青岛市金融发展先进单位”称号，蝉联《青岛早报》“岛城金融机构最佳口碑岛城第一”，以及山东省残疾人福利基金会“爱心助残之星”等荣誉称号。

①

②

③

④

⑤

⑦

⑥

⑧

①中国银行服务山东省“走出去”企业论坛在济南召开
②中国银行青年联合会第二届委员会第三次全体会议在青岛隆重举行
③中国银行山东省分行员工参加中国银行成立100周年庆祝大会
④中国银行山东省分行何兴祥行长（左四）陪同中国银行总行李早航副行长（左二）赴威海分行调研
⑤中国银行山东省分行隆重举行三八节五十佳颁奖典礼
⑥中国银行山东省分行与济宁市政府签订战略合作协议
⑦中国银行山东省分行与石油大学签订战略合作协议
⑧中国银行山东省分行葛春尧副行长为青岛市南实验小学生捐赠防灾、减灾爱心图书
⑨中国银行山东省分行举办反假币宣传活动
⑩中国银行山东省分行参加中国银行全球运动会全体运动员代表合影

⑨

⑩

交通银行 BANK OF COMMUNICATIONS 山东省分行 SHANDONG BRANCH

1、支持中小企业发展与济南市经信委签署战略合作协议

2、创新金融服务，支持实体经济，举办蕴通财富走进城市巡回路演

3. 热心社会活动——参加万人健身跑展示交行风采

4. 不断提升服务质量，为客户提供“一站式”综合服务

5. 珍爱信用记录，积极参加“信用记录关爱日”宣传活动

1	
2	
3	
4	5

中国邮政储蓄银行 POSTAL SAVINGS BANK OF CHINA
山东省分行 SHANDONG BRANCH

中国邮政储蓄银行山东省分行行长　马洪宁

2007年12月28日，中国邮政储蓄银行山东省分行在济南隆重成立。截至2012年底，该行下辖16家二级分行，108家一级支行、1110家二级支行和1464处邮政代理网点，拥有从业人员1.16万人。

组建五年来，邮储银行山东省分行坚持以服务经济社会发展为己任，大力践行服务城乡大众、服务社区、支持“三农”的零售银行定位，加快实施“特色办行、人才立行、科技强行、依规治行、文化兴行”科学发展战略，在改革中推进发展，在发展中坚持创新，在凝聚中激发奋进，整体工作走在了全国邮储银行系统前列，迈出了向全功能商业银行转型的坚实一步。

在新的发展征程上，邮储银行山东省分行将进一步致力于建设内控严密、营运安全、竞争力强的现代商业银行，为促进山东经济社会发展和社会主义新农村建设，为构建社会主义和谐社会做出积极的奉献！

举办“邮储银行杯”山东省青年创业大赛

真诚服务到“海上”

开展服务礼仪大赛

业务宣传到农户

中国农业发展银行 山东省分行

AGRICULTURAL DEVELOPMENT BANK OF CHINA SHANDONG BRANCH

中国农业发展银行山东省分行行长　杨杰

中国农业发展银行山东省分行成立于1995年1月23日，是国有政策性金融机构。主要任务是：按照国家的法律、法规和方针、政策，以国家信用为基础，筹集农业政策性信贷资金，承担国家规定的农业政策性和经批准开办的涉农商业性金融业务，代理财政性支农资金的拨付，为农业和农村经济发展服务。成立以来，全面贯彻落实国家粮棉购销政策和有关经济、金融政策，为政府实施宏观调控、确保粮食安全、保护广大农民利益、促进我省农业和农村经济发展发挥了重要作用。至 2012 年底，中国农业发展银行山东省分行各项贷款余额1239亿元。

现有分支机构125个,其中:省级分行1个、市级分行17个、县级支行107个，共有员工3300人。

行长杨杰携全体员工，将一如既往地在农发行总行、省委、省政府的正确领导下，秉承“至诚服务、有效发展、以人为本、构建和谐”的企业文化核心理念，竭诚为广大客户服务。

中国农业发展银行，建设新农村的银行！

行长杨杰同售粮农民亲切交谈

支持水利建设

支持棉纺龙头企业

← 确保粮食安全

齐鲁证券
QILU SECURITIES

齐鲁证券董事长 李 玮

齐鲁证券有限公司是唯一一家注册地在山东的全国性券商，员工6000余人，在全国27个省市自治区设有15家证券分公司、175家证券营业部，控股鲁证期货公司、万家基金公司、鲁证创投公司、齐鲁国际控股公司，形成了集证券、期货、基金、直投为一体的综合性证券控股集团，构建起了涵盖各种专业化证券业务的大投行业务体系。自2007年整合山东证券资源以来，公司累计实现利润109亿元，上缴税金59亿元，为股东分红41亿元。公司连续5年被中国证监会评为A类A级券商，多次被省政府授予“山东省金融发展贡献奖”、“山东省金融创新奖”等荣誉称号。

2012年，齐鲁证券全力推进业务转型，积极实施创新驱动战略，加大山东资本市场服务力度，在证券市场日均交易量较2011年下滑24%的形势下，公司全年实现利润6.7亿元，较2011年增长10%。经纪业务，累计实现代理买卖证券业务总收入18.2亿元，在全国券商中排名第8位；公司在省内设立了12家分公司、115家营业部，服务投资者300多万，占全省投资者总数的40%，管理客户资产近2000亿元。投行业务，完成了23家企业的保荐、主承销和4家企业的重大资产重组工作，共募集资金近300亿元，其中通过公司债、企业债、城投债、私募债等方式为“鲁信创投”、“济南小清河”等9家省内企业融资70多亿元；累计推荐12家企业在新三板市场挂牌，行业排名第3位。资产管理业务，在北京设立了资产管理分公司，目前共发行管理7只集合产品和43只定向产品，资产规模440亿元。创新业务，公司先后取得了向保险机构投资者提供综合服务、债券质押式报价回购、中小企业私募债、约定购回式证券交易等业务资格。

2012年5月11日，齐鲁证券福建分公司隆重开业。

2012年8月30日，齐鲁证券李玮董事长在中-巴资本市场论坛上发表演讲。

2012年10月31日，齐鲁证券与上海市浦东区人民政府签署战略合作协议。

2012年12月1日，齐鲁证券董事长李玮在新时期企业发展研讨会上致辞。

广发银行济南分行

广发银行济南分行成立于 2012 年 3 月 12 日，2012 年 5 月 18 日举行开业庆典，是广发银行设在山东的省级管辖行，现位于济南市经四路 15 号广发银行大厦。

自济南分行成立以来，在总行党委和高管层的正确领导下，在各条线部门的关心支持下，济南分行领导班子团结带领全行员工，认真分析山东经济金融环境，积极落实总行“环渤海经济圈”发展战略，以科学发展观统领分行经营管理工作，顽强拼搏，真抓实干，锐意进取，稳健发展，创造了济南分行经营管理工作的良好开局。开业一周年之际，济南分行各项存款 136.22 亿元，各项贷款 74.3 亿元。存款突破 130 亿元大关，创济南分行成立以来新高，向开业一周年献上了一份厚礼。

2012 年 5 月 18 日广发银行济南分行开业庆典仪式

作为最后一家进驻山东的全国性股份制商业银行，济南广发凭借入鲁一年来的良好表现，先后获得山东财经风云榜“2012 山东十大最具增长潜力品牌”、山东省“诚信 3.15 文明规范服务优秀金融品牌”、济南市“先进市外投资企业”等荣誉称号，广发银行品牌形象和业内知名度在山东显著提升。

广发银行济南分行行长庞新锋

广发银行济南分行入驻广发银行大厦举行升旗仪式

国家开发银行青岛市分行

今年以来，国家开发银行青岛市分行根据党中央的精神指示和总行党委的工作部署，深入学习贯彻党的十八大精神，坚决落实中央“稳中求进”总基调，以“打造蓝色分行”为战略目标，主动融入青岛市新型城镇化建设和海洋经济发展战略，全力服务青岛率先科学发展、实现蓝色跨越。

2013年6月，国家开发银行纪委书记**周清玉**带领新型城镇化工作小组赴青岛调研，表示青岛市新型城镇化建设有积极性、有规划、有模式、有项目、有信用结构，并对青岛分行以产城结合、城乡统筹推动新型城镇化建设工作高度肯定。

2013年4月，青岛市委副书记、市长**张新起**到国开行青岛分行现场办公，高度肯定分行工作，表示“分行想政府所想，对政府政策理解透彻、执行得力”，希望不断深化银政合作。

国开行青岛分行发挥中长期贷款优势和“投贷债租证”综合金融优势，重点支持了城市轨道交通、董家口港区、青岛世园会等重大项目建设和保障房建设、主城区危旧房改造、中小企业贷款等民生业务发展。

浦发银行 SPD BANK 济南分行 JINAN BRANCH

2012年，上海浦东发展银行济南分行（以下简称“浦发银行济南分行”）遵循“稳中求进、又好又快”的总体工作要求，把握“3+1”系统工程建设这一主线，突出发展管理两大主题，大力实施内涵外延并举的发展战略，深化客户经营，优化增长方式，强化管理保障，早部署、抢机遇、抓落实、重创新，坚定信心，积极作为，各项经营管理工作取得了新的成绩。截至年末：一般性存款余额700.94亿元，同比增加142.02亿元，增幅为25.41%；贷款余额530亿元，同比增加94.88亿元，增幅为21.81%；实现账面利润14.24亿元，同比增加1.71亿元，增幅为13.71%。新开聊城分行和4家异地支行。

在取得良好经营业绩的同时，该行积极践行社会责任，联合山东省委宣传部、省立医院等单位组织开展了“西藏光明行”大型公益活动，捐助西藏130余名白内障患者实施了复明手术，走访慰问了5所贫困小学，为保护藏胞健康、支持山东援藏事业发展做出了积极贡献，得到了省政府和社会各界的高度评价。该行获得山东省政府“金融发展贡献奖”，在人民银行济南分行和山东银监局监管评价中获最高等级，影响力和社会美誉度进一步提高。

7月6日上午，（从左至右）山东广播电视台副台长高永生、山东省立医院党委书记院长秦成勇、山东省对口支援办公室主任姜长兴、中共山东省委副巡视员孙杏林、浦发银行总行工会副主席顾亮、浦发银行济南分行党委书记行长耿光新共同启动2012西藏光明行活动。

“西藏光明行”志愿者走访西藏小学

成功接受白内障手术的藏胞与西藏光明行团队留影纪念

开展“打工子弟新年圆梦”活动，带领孩子们参观海洋公园

山东省农村信用社联合社
SHANDONG RURAL CREDIT UNION

山东省农村信用社联合社现有社员单位120家，其中市级联社2家、农村商业银行28家、农村合作银行10家、县（市、区）联社80家；共有营业网点5201个，其中信用社（支行）2516个、分社（分理处）及储蓄所2551个；在岗人员67281人；各项存款余额9320亿元，各项贷款余额6669亿元，是全省营业网点和从业人员最多、服务范围最广、资金规模最大的综合性、多功能地方金融机构，是支持社会主义新农村和县域经济的金融主力军。

2012年，在省委、省政府的正确领导下，在人民银行、银监部门的指导监管下，山东省农村信用社联合社团结带领全省农村信用社、农村商业银行、农村合作银行按照年初社员大会确定的目标任务，积极深化改革，加强管理，改进服务，防范风险，各项业务持续健康发展。年内新组建13家农村商业银行。截至年末，全省已有52家机构完成了银行化改革，占全部法人机构的40%，银行类机构资产占全省农村信用社资产总额的50.6%。以支持“三农”、小微企业和县域经济为重点，深入推进金融服务进村入社区、阳光信贷和富民惠农创新“三大工程”。年末涉农贷款余额4871.7亿元，小微企业贷款余额2079.8亿元，较年初增加549.4亿元和391.6亿元，增长12.7%和23.2%。全年累计向“蓝黄”两区建设投放贷款5897.3亿元。加快农村地区支付结算畅通工程建设，稳步推进协理业务转型，扎实创建农村金融服务示范区，基本实现了农村金融服务全覆盖。全年实现各项收入770亿元，经营利润302亿元，账面利润143亿元，分别增长22%、17.4%和33.1%。缴纳各项税金82.1亿元，增长66.8%。加大拨备计提力度，年末资本充足率、拨备覆盖率分别较年初提高1.7和25.5个百分点。

2013年，全省农村信用社将以党的十八大和省第十次党代会精神为指导，以转变发展方式、提高质量效益为核心，以有效防控风险为前提，以提升服务水平、创建一流金融机构为目标，坚持稳中求进，全面推进改革创新、业务发展、经营管理、风险防控、队伍建设和党的建设等各项工作，加快创建一流金融机构步伐，为建设经济文化强省做出新的更大贡献。

2013年1月6日，省委常委、常务副省长孙伟在省联社理事长、党委书记宋文瑄的陪同下，莅临济南润丰合行泉城路支行，亲切看望慰问了工作在一线的干部员工。

2013年1月18日，烟台农村商业银行股份有限公司挂牌开业。省联社副理事长、主任张建民出席开业仪式并为烟台农商银行揭牌。

信用联盟会长向农村信用社赠送锦旗

农村信用社布设的农民自助服务终端，让老百姓足不出村就可享受到现代金融服务

农村信用社员工走上街头普及金融知识

农村信用社支持花卉培育结硕果

农村信用社上门支持养殖业发展

农村信用社电子银行业务迅猛发展

飞扬2012——中国光大银行青岛分行
出国金融知识大赛

中国光大集团副董事长臧秋涛赴青岛分行考察

光大银行青岛分行东营二级分行
于2012年8月8日开业

"3.15"金融消费者权益保护宣传周活动

光大银行青岛分行大楼外观

中国光大银行青岛分行成立于1994年11月28日，18年来，秉承“立足岛城，服务全省”的宗旨，锐意进取，开拓创新，各项业务健康发展。目前青岛分行已经辖有东营二级分行、分行营业部和17家同城支行，在编人员500余人。2012年，青岛分行新一届领导班子提出了“一年奋力起飞，两年改变面貌，三年力争规模、效益翻番”，坚持“以客户为中心，以市场为导向”的经营理念，坚持稳健经营和可持续发展的原则，立足中端市场，积极发展对公业务，大力发展对私业务，加快中间业务，建立风险防控的长效机制，进一步夯实长远发展的基础，实现了分行规模、结构、质量和效益的均衡协调发展。

光大银行青岛分行2012年度先进表彰大会

招商银行 济南分行

CHINA MERCHANTS BANK JINAN BRANCH

招商银行济南分行行长 周伟林

一年来，招商银行济南分行深入贯彻总行提出的“切实把握历史机遇，深入推进二次转型”的总体精神，紧紧围绕“创新发展、精细管理、提升效益、深化转型”的工作思路，积极应对形势变化和各种挑战。在信用风险反弹的压力比较大、增收节支的压力比较大、传统业务发展的路子变得越来越窄等外部经营环境下，牢牢把握发展方向和工作重点，以“一线四点”（以发展为主线；以效益、负债、“两小”、推进二级分行发展为重点）为工作抓手，理顺机制流程，深挖市场潜力，激活团队士气，营造赶超氛围，经过努力推动，取得了一定的成果，较好地完成了各项任务目标，各项经营管理工作稳步向前发展。截至2013年6月末，济南分行的资产总额达到730.78亿元，自营存款余额668.77亿元，自营贷款余额609.01亿元。各项主要经营指标在济南当地中小股份制银行中位居前列。

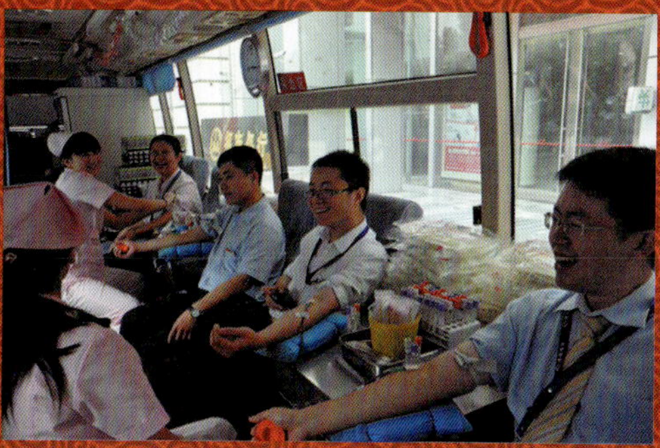

1. 创新推动业务较快发展
2. 分行员工踊跃献血
3. 理财业务红红火火
4. 慰问济南儿童福利院儿童，履行社会责任
5. 积极开展员工文体娱乐活动

中国民生银行 青岛分行

CHINA MINSHENG BANKING CORP., LTD.

中国民生银行青岛分行副行长（主持工作） 杨新军

中国民生银行青岛分行成立于2006年3月18日，为中国民生银行一级分行，下辖青岛、烟台、威海、日照四地市。截至2013年7月15日，共有21家分支机构，其中2家二级分行，7家县域支行，12家同城支行，且1家县域支行正在筹建。从业人员共875人，本外币各项存款347.12亿元、人民币贷款232.89亿元。

2011年以来，分行获得青岛市政府颁发的“金融发展先进单位”、“青岛市银行机构小企业融资服务先进单位”、创建全国文明城市“优秀单位”、“2011年3•15诚信企业”、“小微企业金融服务先进单位”等荣誉称号。2012年分行成为青岛地区纳税前50强企业，位列第三十三名，在地方经济发展中树立了良好的品牌形象。

近年来，分行立足胶东半岛本土优势，服务地方经济，着重发展海洋渔业、港口等特色金融，全力推行小微金融战略，重点打造高端银行服务品牌，致力于打造胶东地区最好的小微银行、最好的效益银行、最佳的服务银行。截至2012年末，分行小微贷款余额突破100亿元，并形成了海洋渔业、港口金融两大特色产业链金融品牌。

在业务健康快速发展的同时，青岛分行积极履行社会责任，关注公益事业，热心投身到关爱新市民子女、送金融知识下乡、青年创业见习基地建设等公益事业中去，为岛城社会和谐、人民幸福做出了不懈努力。

2013年1月18日，威海分行（青岛分行首家二级分行）隆重开业，这是分行助推半岛蓝色经济区建设服务威海地方经济的重要举措

2013年3月19日，民生银行青岛分行荣获2012年度青岛银行业小微企业金融服务先进单位称号

2012年11月15日，“中国民生银行—青岛啤酒集团战略合作协议签署暨青啤集团中期票据发行仪式”在北京举行

2012年6月28日，山东省委常委、青岛市委书记李群（右）与中国民生银行董事长董文标（左）共同为海洋渔业金融中心揭牌

山东省国际信托有限公司

山东省国际信托有限公司是1987年3月经中国人民银行批准设立的非银行金融机构。自成立以来，山东信托稳健经营，规范运作，现已发展成为以经营管理资金信托、财产信托、融资租赁、证券投资基金和资产管理为支柱业务，拥有丰富的投资管理和融资服务经验的大型金融公司。

山东信托荣获第五届中国资产管理“金贝奖”2012年度最具发展潜力信托公司荣誉称号

公司与中国长理资产管理公司济南办事处签订战略合作协议

公司召开2012年度总结表彰大会

山东信托、省再担保集团与日照市签订战略合作协议

2012年，公司以做大做强证券信托、产业信托和上市公司股权质押融资信托为重点，积极开拓创新类业务。2012年公司新增信托业务规模2113.46亿元，同比增加978.8亿元，增幅86.26%。信托业务实现了稳步发展。全年实现信托报酬收入突破7亿元大关，达到7.08亿元，信托业务盈利能力进一步增强。在追求经济效益的同时，山东信托也积极履行社会责任，通过发挥信托制度优势，积极为旧城改造、保障房建设、河流整治、污水处理、园林绿化等民生基础设施建设提供融资服务。与民间NGO组织合作发起公益捐书、捐衣活动，积极组织为地震灾区捐款。2012年以来，山东信托先后荣获“2011年度山东省金融创新奖”、“2011年度中国阳光私募最佳服务信托公司金樽奖”、“山东省十大最具成长性金融类机构”、“第五届中国资产管理金贝奖年度最具发展潜力信托公司”等荣誉称号，公司社会知名度和影响力进一步提升。

山东信托　可信可托

中国银联山东分公司

公司总经理　李金良

中国银联山东分公司是中国银联在山东省的分支机构，主要负责中国银联在山东省（青岛市除外）的银行卡网络运营，业务规范及技术标准的推动落实，银行卡跨行通用及业务的联合发展，银行卡受理市场发展和完善，银联标准卡的推广普及，银联品牌维护等。

2011年，中国银联山东分公司按照加快转型，全面提升银联市场竞争能力的要求，坚持科学发展积极构建山东省银行卡和谐发展环境，与银行卡产业各方通力合作，密切配合，攻坚克难，知难而进，携手拓展受理市场，组织联合营销宣传，推动银联标准卡发行，加快新业务研发推广，推动我省银行卡事业又好又快发展。

截至2012年12月底，全辖区入网特约商户达到22.83万家，比年初新增6.96万家，活动POS终端35.14万台，比年初新增10.74万台，受理环境得到根本改善，银行卡产业向更广更深层次发展。ATM成功交易笔数2.76亿笔，交易金额1041亿元，分别同比增长26.58%、30.35%；POS成功交易笔数3.95亿笔，交易金额7446.7亿元，分别同比增长28.37%、23.26%。银联借记卡累计发行达到1.23亿张，2012年新增1810万张；银联信用卡累计发行达到1650万张，2012年新增390万张，银联信用卡成为山东地区市场份额第一的卡品牌。银联卡实现了对国际卡品牌信用卡的全面超越。

庆祝银联成立十周年观塘温泉活动

山东省银行卡安全合作委员会成立仪式

银联杯2012年全国青年游泳锦标赛比赛现场

银联杯业余网球大师赛颁奖现场

银联杯高尔夫联谊赛活动现场

北京银行
BANK OF BEIJING
济 南 分 行

真诚 所以信赖

股票代码：601169

北京银行济南分行成立于2010年9月12日，是北京银行设在山东的省级管辖行。目前拥有营业部、大明湖支行、千佛山支行、舜耕支行4家营业网点。

登陆齐鲁大地两年多来，该行坚持“服务中小企业、服务城镇居民”的市场定位，不断创新产品与服务，各项业务齐头并进、协调发展，在与地方经济发展的真诚互动中，实现了自身业绩的持续增长。在致力推广“财富1+1”、“短贷宝”、“小巨人”等京行成熟品牌的同时，快速反应，整合资源，集全行之力创造竞争先机。相继筹划成立了山东省首支中小企业集合信托，通过创造性地整合各类金融资源，有效弥补了单个中小企业融资能力差的不足，得到了省委、省政府的高度赞扬；根据客户付款特点，创新设计了“1+N”的代付盈模式，被北京银行总行作为模板在全系统内推广复制；通过与省财政厅的合作，在全省首推中小企业“政府采购贷”；推出了山东省内第一支绿色中小企业集合票据，通过创新担保方式推出了“区域集优贷款”，为省内中小企业融资提供了新的模式；与山东省中小企业局合作开展知识产权质押贷款试点，打响“智权贷”的品牌；成功中标济南市科技局风险补偿基金项目，并成为基金成立后首家实现放款的银行；针对各地不同的产业集群和经济特色，逐个制定中小企业营销服务方案，形成了独具特色的、“批量式、分层式、联动式”开发的“博兴模式”，引起《金融时报》等主流专业媒体的重点关注；自主设计研发的“精彩”系列理财产品，受到省内中高端客户的欢迎，打造了京行创新型银行的良好口碑。分行行长王淑梅荣膺2012“影响济南”年度创新人物。

北京银行济南分行在山东的经营活动得到了社会各界的广泛认可。2012年和2013年初，省委、省政府连续两次致函北京银行总行，对济南分行在开展金融创新、支持重点区域带动战略等方面所做的工作给予充分肯定；济南市委、市政府联合授予济南分行“济南市文明单位”荣誉称号，济南市人民政府授予济南分行“金融业支持实体经济发展贡献奖”，人行济南分行营管部授予济南分行“绿色信贷工作先进单位”称号。

2012年12月4日，省委常委、常务副省长孙伟和北京银行总行行长严晓燕共同为北京银行济南分行“供应链特色分行”揭牌。

2012年12月4日，北京银行总行行长严晓燕和人行济南分行营业管理部主任陈妤孟为济南舜耕支行授“社区支行”牌。

北京银行济南分行针对高端客户子女组织暑期夏令营，致力于把对客户的关爱做到极致。

北京银行济南分行员工踏上“京”喜之旅，拥抱春天。

中国民生银行 CHINA MINSHENG BANK 济南分行

党委副书记、副行长(主持工作)
陈焕德

中国民生银行济南分行成立于2001年11月15日。截至2013年6月，济南分行各项存款余额700亿元，各项贷款余额590亿元，辖内各级经营机构30家，其中二级分行4家（临沂、潍坊、东营、济宁），同城支行（含县域）共26家。2012年民生银行济南分行成为山东省纳税“百强企业”，分行主要经营指标和市场份额均位居当地股份制银行前列。

成立12年来，济南分行多次荣获“文明诚信单位”、“支持地方经济建设先进单位”、“十大最具责任感企业”、“十佳金融企业”、“服务山东功勋品牌”等多项荣誉称号。

在今后的发展过程中，中国民生银行济南分行将围绕总行制定的“民营企业的银行、小微企业的银行、高端客户的银行”的市场定位，按照“特色银行”、“效益银行”的发展目标，努力将济南民生打造成为业务结构科学合理、经营管理规范有序、企业文化健康向上、团队素质过硬、具有影响力和竞争力的精品银行。

中国民生银行济南分行荣获山东省金融创新奖

中国民生银行成为中国十艺节唯一银行高级合作伙伴

中国民生银行济南分行荣获山东最佳网络金融银行品牌

2012年12月19日济宁分行开业暨战略合作签约仪式

中国邮政储蓄银行　青岛分行

POSTAL SAVINGS BANK OF CHINA　QINGDAO BRANCH

中国邮政储蓄银行青岛分行行长　银青志

中国邮政储蓄银行青岛分行成立于2008年1月28日，是直属中国邮政储蓄银行总行的一级分行。分行辖11家一级支行，拥有营业网点255个，其中205个网点分布在县及县以下农村地区，占总网点数的80%，为服务“三农”做出了突出贡献，赢得了政府和监管部门的充分肯定和社会各界的一致好评。

邮储银行青岛分行紧紧围绕“服务城乡大众，支持‘三农’”的市场定位，依托网络资源和品牌优势,不断创新服务方式，拓宽服务渠道，倾情服务民生，积极融入地方经济，用实际行动践行“普之城乡，惠之于民”的金融服务理念。五年来，邮储银行青岛分行持续创新进取，不断推出新业务、新产品，让越来越多的市民享受到邮政储蓄银行高效、便捷、优质的金融服务，形成了品种日益丰富的金融产品系列，产品涵盖资产、负债和中间业务三大领域，从传统的储蓄、汇款业务发展到零售负债业务、信贷业务、理财业务、国际业务、公司业务、批发类资产业务六大金融业务板块、数十项核心产品，创立了社会知名、百姓信赖的业务品牌。

邮储银行青岛分行充分发挥邮储银行资金资源优势，加速推进银团贷款、个人贷款等资产类业务的开发和推广，分行累计发放银团贷款（含同业存款）100余亿元，有力地支持了地方经济建设。个人贷款累计发放67亿元，其中小额贷款累计发放5.8万笔，金额34亿元，惠及6万余户农户和小微企业主，有效缓解了全市小微企业生产经营资金短缺的难题。其中，县级以下区域贷款份额占比85%以上，成为岛城服务“三农”和县域小微企业发展的重要力量。

2010—2012年，我行持续开展送金融知识下乡宣传活动，义务为广大农民普及金融知识。

2012年9月6日，我行启动创富大赛活动，旨在为创业青年和小微企业提供融资渠道。

现代化的邮储银行网点为客户提供周到的金融服务

中华联合财产保险股份有限公司 CHINA UNITED PROPERTY INSURANCE COMPANY LIMITED 山东分公司

中华财险山东分公司党委书记、总经理　田振华

在首个全国保险公众宣传日活动现场，山东保监局局长孙建宁（右二）、山东省金融办副主任张鲲（右三）、山东保险行业协会会长兼秘书长陈进军（右四）来到我公司宣传台前，与分公司党委书记、总经理田振华亲切交谈。

聘请农业专家为农险查勘进行培训

高、精、专的理赔队伍

中华联合财产保险股份有限公司，成立于1986年7月15日，是我国成立的第二家国有独资保险公司，也是国内唯一以“中华”冠名的保险企业，公司总部设在北京，公司注册资本金145亿元，居全国财险公司第二位。

中华财险山东分公司成立于2004年，在全省16个市（除青岛）共设立16家中心支公司、115家支公司、41家县（市、区）营销服务部、44家乡镇营销服务部，是山东境内机构最齐全的财产险公司之一。公司经营范围为：机动车辆保险、企业财产保险、家庭财产保险、工程保险、船舶保险、货物运输保险、责任保险、信用保证保险、种植业保险、养殖业保险、建筑/安装工程保险、个人/团体意外伤害保险、健康保险等，目前经营的险种已达400多个。

经过九年的砥砺奋进，中华财险山东分公司在推进发展、创建品牌的过程中，坚持走开拓创新、回馈社会的方针，彰显了责任企业的风范，得到了社会各界的广泛认可。

责任中华

九年来，共累计承担社会风险责任金额19145亿，累计支付保险赔款69.59亿元，累计缴纳税金15.86亿元，其中代征车船税8亿元，为全省经济社会发展做出了贡献。

系农中华

关注民生，服务“三农”，自开办政策性农业保险以来，山东中华承担全省农业保险试点县区达40个，截止到2013年6月底公司已承担种植养殖业风险责任金额244.37亿元，参保农户已达1306.42万户；已决赔款5.09亿元，受益农户达到187.99万户。目前山东中华共建立乡镇农村服务站216个。2013年计划再投入资金524万元，增设200个乡镇服务站，实现所有试点县市区乡镇农网全覆盖。

服务中华

“中华保险，理赔不难，贴心服务，真情永远。”山东中华以建立专业队伍为基础，以创优客户服务为中心，以提高理赔速度为抓手，以增加经营效益为目标，全面实施标准化的基础服务与差异化的增值服务，推动公司“十大服务举措”和“中华‘行’！”等服务项目的实施，让客户体会到中华保险贴心、周到、全程、无忧的服务。在山东保监局公布的2012年度车险理赔模拟查勘测评工作通报中，中华保险山东分公司综合排名位列29家产险公司第二名；2013年在山东保监局公布一、二季度私家车保险理赔时效测评通报中，中华保险山东分公司综合排名位列29家产险公司第一名，蝉联冠军。

荣誉中华

连续六年被大众日报评为“百姓口碑最佳荣誉单位”；

连续七年被山东品牌文化节组委会评为“山东省十佳品牌保险”；

连续三年荣获中国保险消费者基金会质量诚信消费者满意单位称号；

被山东省人民政府授予“2011年度山东省金融创新奖”；

2012年山东分公司被中国人民银行济南分行评为金融机构A级机构；

被山东省工商局、山东省企业信用与社会责任协会授2012年省级守合同重信用企业称号。

天津银行 BANK OF TIANJIN

济南分行 JINAN BRANCH

天津银行济南分行党委书记行长　姚志坚

天津银行济南分行于2010年5月28日正式开业，在社会各界的支持帮助下，不断健全业务经营和组织架构建设，狠抓内控合规、案件防控和各项规章制度的落实；在做好基础金融服务的同时，加快零售信贷业务发展，加大对“中小企业”信贷投放，致力于在齐鲁大地倾力打造有业务特色的“全能银行”，以实际行动支持了当地经济与社会发展。经过两年多的努力，天津银行济南分行的公司、个人、国际业务健康快速有效发展，经营效益不断提升，发展有了良好的开端。分行营业部2012年被济南市金融办评为“金融系统微笑服务窗口”、被天津银行总行评为星级服务网点。

天津银行济南历城支行隆重开业

天津银行济南分行与长城资产管理公司济南办事处开展合作

天津银行济南分行与国家开发银行济南分行开展战略合作

组织员工开展“天行印记　行者无疆”活动

天津银行2012年联动监管会在济南召开

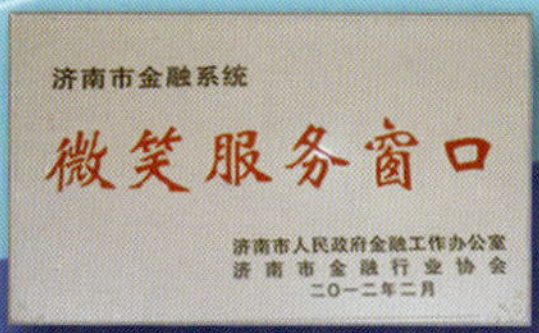

PICC 中国人民保险

保障高品质生活

中国人民财产保险股份有限公司山东省分公司

中国人民财产保险股份有限公司（PICC P&C，简称“中国人保财险”）是经国务院同意、中国保监会批准，于2003年7月由中国人民保险集团公司发起设立的、目前中国内地最大的非寿险公司，注册资本111.418亿元。其前身是1949年10月20日经政务院批准成立的中国人民保险公司。凭借综合实力，公司相继成为北京2008年奥运会、2010年上海世博会、2010年广州亚运会合作伙伴，为北京奥运会、上海世博会、广州亚运会提供全面的保险保障服务。山东省分公司隶属于中国人保财险，公司实力雄厚，人才荟萃，在全省16个市（不含青岛）设有260个分支机构，员工队伍9000多人，是全省规模较大的财产保险公司。

人保财险王银成总裁向山东分公司颁发“百亿军团”奖牌

承办新型农村合作医疗重大疾病医疗保险

为经济发展保驾护航

在近六十三年的卓越历程里，人保财险山东省分公司以“人民保险、服务人民”为使命，秉承“以人为本、诚信服务、价值至上、永续经营”的经营理念，弘扬“求实、诚信、拼搏、创新”的企业精神，充分发挥品牌、人才、产品、技术和服务等优势，为促进改革、保障经济、稳定社会、造福人民提供强大的保险保障。公司目前主要经营企业财产保险、机动车辆保险及第三者责任保险、船舶保险、货物运输保险、建筑安装工程保险、石油保险、政策性农业保险和各种信用保险，以及人身意外伤害保险、短期健康险等。2012年，公司保费规模突破100亿元，成为山东省首家保费规模超过百亿的非寿险公司。

近年来，人保财险山东省分公司先后荣获“全国守合同重信用企业”、“山东企业100强”、“百姓口碑最佳荣誉单位”、“十大鲁商诚信单位”、“改革开放三十年山东省优秀企业”、“山东省管理创新优秀企业”、“60年服务山东功勋品牌”、“山东省金融创新奖”、“山东省消费者满意单位”等一系列荣誉称号。站在新的历史起点，人保财险山东省分公司将以科学发展观为指引，以锐意进取的改革精神和求真务实的科学态度，与时俱进，整合创新，实现公司新的创业和跨越式发展，为全面建设小康社会和构建社会主义和谐社会提供更加优质的保险保障服务。

保障社会民生安全

忠实履行社会责任

把服务送到农民身边

中国农业银行
AGRICULTURAL BANK OF CHINA

临沂分行

农行临沂分行 党委书记、行长 宋红光

中国农业银行临沂分行下辖16个一级支行、134个营业机构，员工2200人。网点连结城乡，是全市服务领域最广、客户群体最大、产品门类最全、网络科技先进、资金实力雄厚和社会信誉良好的现代化商业银行。

↑省行陈军行长听取工作汇报

2012年以来，农行临沂分行紧紧围绕市委市政府“四三二一”战略目标和省行“同业争排头，系统创一流”工作指向，实现了自身业务发展和服务地方经济发展的协调推进。截至2012年末，各项存款余额477亿元，较年初增加64亿元，增量份额40%，居四大行第1位。各项贷款余额289亿元，较年初增加40亿元，增量份额49%，居四大行第1位。坚持从严治行、稳健经营理念，全面加强合规文化建设，全行保持安全稳健运营。认真履行社会责任，积极支持社会公益事业发展，深入推进精神文明建设，社会美誉度、客户满意度不断提升。被评为省级“文明单位”、“全国农行文明单位”、“全国总工会模范职工之家”、全市“职业道德十佳单位”、临沂市民“最满意金融机构”。长期以来，总省行及市委市政府领导对农行临沂分行的改革发展备加关注，多次视察指导，并做出重要批示。这是农行临沂分行始终沿着科学轨道顺利前进的重要保障，更是激励全行奋发图强、勇往直前的不竭动力。农行临沂分行将继续坚持以支持地方经济发展为己任，加快金融创新，提升服务质量，努力打造成为发展科学、业绩卓著、管理精良的区域领军银行和客户首选银行，为地方经济发展做出新的更大贡献。

↑小企业产品推介会

↑走访金锣集团

交通银行 BANK OF COMMUNICATIONS 日照分行

2012年是交通银行日照分行的起始年，分行在业务发展和经营管理中认真贯彻交通银行山东省分行工作会议精神，严格落实各项工作要求，在省分行的全力支持和帮助下，重点发展优质大中型客户，加大对民营经济和中小企业的支持力度，积极支持日照县域经济跨越式发展，充分发挥临港经济特点，大力发展国际业务，借助“全牌照”经营优势，突出财务管理特色，为企业和市民带来优质的金融服务，分行的各项业务也得到了健康发展。2012年，分行较好的完成了各项工作任务，荣获交总行系统全国2011年开业的25家新建行竞争力考核排名全国第二名，在省分行2012年的各项排名和评比中，获得了较好的名次，其中：获省分行2012年国际业务争先进位奖第一名，个金业务综合贡献奖第一名，公司业务争先进位奖第三名；同时还获得了国际结算量年度任务完成率全辖第一名，跨境人民币业务年度任务完成率全辖第一名，营运条线获省分行营运条线年度考核第四名，贷后管理工作列第四季度考核新建行第一名等较好成绩，并荣获日照市2012年安全保卫工作集体三等功。

2012年7月16日，交通银行胡华庭董事会见日照市市委杨军书记

2012年7月16日，交通银行山东省分行行长王锋在日照分行开业仪式上致辞

2012年3月8日，日照市市长李同道到交通银行日照分行视察指导工作

2012年4月10日，交通银行日照分行成功冠名举办日照市“蓝色旋律”奥地利韦尔斯乐团古典音乐会

2012年7月16日，交通银行山东省分行与日照市政府签约

2012年7月16日，领导为交通银行日照分行扬帆日照转动舵轮

青岛金融押运有限责任公司

QINDAOJINRONGYAYUNYOUXIANZERENGONGSI

青岛金融押运有限责任公司是国有控股企业，下属全资子公司——青岛华鼎金融押运有限公司。下设8个营业部、1个银行自助设备托管中心、1个保安分公司。公司现有员工1300余人，运钞车260余辆，大型金库8个，服务银行网点1390多个，上门服务企业420余家，托管银行自助设备2300余台，服务范围覆盖青岛市全辖。年营业收入1.5亿元。主要经营现金、有价证券和贵重物品的押运、守护、代保管、银行自助设备托管业务、门卫、巡逻、随身护卫、安全技术防范等多项金融及社会安保服务。

总经理 杨玉文

2012年以来，公司以党的十八大精神为指导，紧紧围绕“安全管理、优质服务、增收节支、树立形象”四项任务，扎实拓展市场，锐意创新管理，强化质量意识，丰富企业文化，全面建设迈上了新的台阶。

一是，业务发展稳健快速。2012年召开了“发展战略研讨会”，制定了未来三年《公司发展规划纲要》；托管银行自助设备达2008台，同比增加48.41%，日均清分现金8000万元，同比翻一番；成立了保安分公司，外派保安服务业务取得突破性进展，已与一家银行签订了协议，与数家银行达成了合作意向。

公司发展战略研讨会

二是，管理创新扎实推进。银行自助设备托管业务在运行与操作上进行了系列革新：1、创新清分配送模式，提高了银行现金周转效率，为今后扩大规模奠定了基础；2、首创银行在行式自助设备托管新模式，为拓展该项业务空间提供了经验；3、建立了分中心预留备付金制度，提高了资金使用效率，降低了现金清分运送压力；4、围绕提高单车效率进行了积极探讨，在相关服务银行的配合下，单车服务有了明显提高。

身份验证及客户评价系统（POS机）全面投入使用。提高了工效、为公司掌握客户满意度、交接准点率和单车服务率提供了直观可靠依据。

POS机身份验证及客户评价系统

三是，文明建设成果显著。过去的一年，公司在加强内部管理，深化改革，拓展市场，提升服务质量、丰富员工文化生活等方面取得了良好的成绩，受到了上级管理部门、有关机构和服务客户的好评。被中国商业联合会授予“企业信用评价AAA级信用企业”；被山东省公安厅授予“山东省先进护卫队”；被山东省公安厅和山东省银监会评为“银行业金融机构安全评估先进集体”；七个部门分别被青岛市公安局荣记集体三等功和集体嘉奖。

兴业银行
INDUSTRIAL BANK CO.,LTD.

济南分行

兴业银行济南分行行长张霆

兴业银行济南分行是总行在山东设立的省级管辖行，2001年7月正式开业。成立以来，该分行一直秉承“打造一流银行”的办行理念，在服务地方经济中迅速发展壮大，资产质量与综合效益屡创新高，各项业务取得长足发展，经营管理指标全面优化，产品服务功能日益完善，树立了全新、健康、优良的企业形象。

目前，该分行已在济南辖区设立了13家同城支行，在潍坊、烟台、淄博、济宁、临沂、泰安、滨州开设了7家二级分行，另外在寿光、青州、邹城、蓬莱等地成立了多家县域支行，初步形成了立足济南、辐射全省的服务网络和“省-分-支”三级管理的组织架构，拥有了一支创业精神饱满、专业素质过硬、富有朝气、奋发向上的职业团队。2012年，兴业济南分行各项主要业务再创历史佳绩：全行资产总额突破1100亿元大关，本外币各项存款余额达831亿元，各项贷款余额494亿元，当年实现利润近22亿元。分行已成长为系统内最具发展活力的优秀分行之一，也稳居山东同类型股份制商业银行先进行列。

近年来，济南分行遵循“建设一流银行、打造百年兴业”的战略目标，坚持以“内涵提升与外延扩张相联动”为核心，针对宏观经济形势变化和当地同业竞争日趋激烈的市场状况，转变传统经营观念，加快推进经营模式和盈利模式战略转型，着力构建组织架构、人力资源、财务核算、风险管理、销售和服务等“六大体系”，加大产品创新和服务推广力度，专业化金融服务能力得到全面提升，全行经营转型呈现良好势头。未来，分行将承袭“专家办行、服务兴行”的经营理念、“真诚服务，相伴成长”的服务理念，竭诚为广大客户提供优质、高效的服务，为山东社会经济发展做出新的贡献！

▲ 济南分行荣获总行服务礼仪比赛北方赛区第一名

▲ 终端标准化礼仪服务

▲ 滨州分行揭牌仪式

▼ 兴业银行青年员工参加爱心林植树活动

中信银行 济南分行
CHINA CITIC BANK JINAN BRANCH

中信银行创立于1987年,是我国改革开放后成立的第一家全国性股份制商业银行，经过二十多年的发展，中信银行已成为国内资本实力最雄厚的商业银行之一。在英国《银行家》杂志2012年全球1000家银行排名中，中信银行一级资本全球排名升第48位，是国内首家跻身50强之列的股份制商业银行；中信银行总资产排名升至第53位，位列中资银行第7位。

2012年12月22日，中信银行济南分行联合山东省老龄事业发展基金会组织“情系沂蒙、功臣关爱”暨“中信情”大型主题活动。

中信银行济南分行成立于1994年5月，目前下辖淄博、济宁、东营、临沂四家异地二级分行和30家营业网点。截至2012年末，该行本外币各项存款余额近630亿元，本外币各项贷款余额410多亿元，各项主要经营指标位居当地股份制银行前列。

2012年5月25日，中信银行济南分行贵宾理财中心揭牌成立。

近年来，中信银行济南分行先后被山东省政府授予“山东省金融创新奖”，被人行、省商务厅评为“山东省跨境人民币结算先进单位”，获得山东银监局的最高监管评级2级A，连续三年被省财政厅评为“全省政府非税收入代理收缴服务创新银行”，获得第十届山东财经风云榜“2012山东十大服务品牌”等荣誉称号。

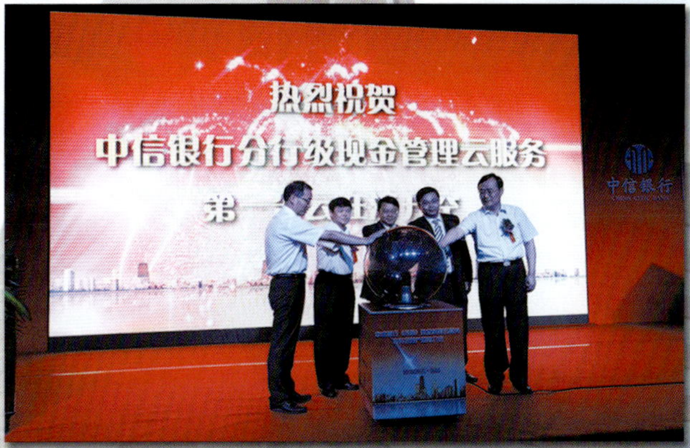

2012年7月26日，中信银行分行级现金管理云服务首发仪式在济南举行。

中信银行济南分行鼎力支持地方经济建设，更以优质的金融产品和完善服务支持社会财富进程，已成为地方经济发展、企业成长壮大、居民财富增长的支持力量。该行将继续坚持以客户需求为导向、以现代科技为手段、以高质量服务为基础，一如既往地为广大客户提供优质的金融服务，在社会经济建设中写下更加灿烂辉煌的篇章。

2012年1月9日，中信银行首个总行级“信福年华爱心之家”在山东临沂孟良崮成立。

太平洋保险
CPIC

太平洋产险山东分公司 以客户需求为导向以创新引领发展

武博 太平洋产险山东分公司党委书记、总经理

中国太平洋财产保险股份有限公司山东分公司坚持推动和实现可持续价值增长的经营理念，加快以客户需求为导向的战略转型步伐，切实把创新发展和提高服务水平作为提升公司核心竞争力的重要手段，公司在业务发展、经营管理和企业文化建设方面均取得了明显的成效，实现了规模与效益的协调增长，处于行业领先位置。2012年，山东分公司实现保费收入43.14亿元，为社会各界承担各类风险保障金额达1.3万亿元。

公司在业内率先推广使用3G智能核赔系统和人伤全程通服务，积极采取措施化解“理赔难”问题，获得了社会各界好评。在做好保险主业、努力发挥好保险保障和参与社会管理职能的同时，公司还积极协调总部项目入驻山东，为推动我省金融组织体系创新、促进山东经济社会发展做出了积极贡献。连续2年获得省政府授予的“山东省金融创新奖”和“山东省金融发展贡献奖”，还获得“山东省第九届消费者满意单位”、中国太平洋保险集团公司价值贡献奖、山东省最佳理赔服务保险公司等荣誉称号。

1. 太平洋产险山东分公司成为中国质量协会颁发的山东首家五星级服务门店。
2. 太平洋产险山东分公司坚持以客户需求为导向在业界首家推出“随E保”移动展业平台实现一站式承保服务。
3. 太平洋产险山东分公司创新推出集中理赔模式解决理赔难问题最快9.7分钟结案。
4. 太平洋产险山东分公司注重人才培养和引进，现为南开大学、山东大学研究生实习基地。

1.

2.

3.

4.

太平洋保险 CPIC

太平洋寿险山东分公司党委书记、总经理 魏旭东

2012年1月4日，中国太平洋保险集团高国富董事长拜会时任山东省省长姜大明，双方分别介绍了中国太平洋保险公司和山东省的发展状况，并就深化双方合作进行会谈。

中国太平洋保险1991年5月13日诞生于上海，具有雄厚的实力和良好的品牌形象，2011年分别入选美国《财富》、《福布斯》和英国《金融时报》世界500强企业，2012年蝉联美国《财富》世界500强。

中国太平洋保险于1993年5月在济南设立分公司，2000年12月5日，公司实行产寿险分业经营，太平洋人寿保险济南分公司分设成立，2004年12月23日，更名为中国太平洋人寿保险股份有限公司山东分公司（以下简称太平洋寿险山东分公司）。2012年，太平洋寿险山东分公司共实现规模保费70.07亿元，在山东省44家寿险公司中，市场占比10.88%，保费总量位居山东寿险市场第二位。

太平洋寿险山东分公司坚持“以客户需求为导向”，通过持续的产品创新、渠道创新、销售创新、服务创新，满足客户多方面的需求。公司现下辖16家中心支公司、130家支公司和县级营销服务部、249家乡镇营销服务部，拥有3000余名员工，25000余名营销人员。目前开办险种160余个，覆盖人寿保险、年金保险、健康保险、意外伤害保险等多个领域，并不断完善客户服务体系，优化服务内容，强化诚信建设，实施承保、理赔透明化举措；通过新技术应用的模式创新和流程再造，进一步提高营运自动化和智能化程度，提升客户体验，充分发挥了商业保险社会“稳定器”和经济“平衡器”的重要作用。

公司始终秉承“诚信天下，稳健一生，追求卓越”的企业核心价值观，在努力追求自身发展的同时，积极致力于各类公益活动，履行企业公民的职责，以拳拳爱心回报社会的厚爱。近年来，秉承“做一家负责任的保险公司”的使命，太平洋寿险山东分公司获得了行业的尊重和社会的认可，在政府机关和社会媒体等单位组织的评选活动中，先后荣获“服务　山东功勋品牌”、“年度山东网民信赖的寿险公司”、“年度文化管理创新奖”、“百姓口碑最佳荣誉单位”、“影响力2010山东金融成就品牌”、“百姓最放心保险公司”、“山东省金融创新奖”、“2011年度山东省最具社会责任感保险公司”、“2011年山东最佳诚信保险公司”、“影响力2012·山东最佳诚信服务保险公司”、“2012年百姓满意度调查优秀金融品牌”、“2012山东十大服务品牌”、“诚信3·15文明规范服务优秀金融品牌”、“山东省金融机构综合评价A级单位”等多项荣誉。

2012年12月16日-18日，太平洋寿险山东分公司召开2013年全面预算工作会议。

“用心承诺，用爱负责”，面向未来，太平洋寿险山东分公司将继续坚持“以客户需求为导向”的发展战略，关注客户需求，提升客户体验，以最优质的客户服务、最优异的经营业绩来回馈社会各界的信任与支持，为山东经济和社会发展做出更大的贡献。

2012年6月，太平洋寿险山东分公司举行首届机关职工运动会。

兰山农村合作银行

工作人员深入市场商户扎实开展“普惠金融”工程活动

山东临沂兰山农村合作银行（以下简称兰山合行）成立于2005年10月29日，是经中国银行业监督管理委员会批准成立的，由辖内农民、农村工商户、企业法人及其他经济组织自愿入股，以“面向‘三农’、面向社区、面向中小企业、面向区域经济”为市场定位，以服务农民、农业和农村经济发展为宗旨和经营方向的股份合作制银行。现辖1个营业部、29家支行、58个分理处，共有干部职工1200余人。

2012年，面对复杂的金融环境和激烈的市场竞争，兰山合行在省联社和临沂办事处的正确领导下，在人民银行、银监部门的科学监管指导下，在全体员工的共同努力下，以科学发展观为指导，坚持以“夯实发展基础”为根本，以“普惠金融”工程建设为主线，紧紧依靠全体员工，积极深化改革，抢抓机遇，创新管理，改进服务，防范风险，各项业务取得了稳步健康发展。截至2012年末，各项存款余额164.14亿元，各项贷款余额122.79亿元，经营利润继续位居全省农信系统前列，实现了良好的经济效益和社会效益。

→举办业务技术比赛

兰山合行在自身蓬勃发展的同时，为当地经济建设做出了积极的贡献。先后获得“全国模范劳动关系和谐企业”、“全国工人先锋号”、“全国模范职工之家”、“全国文明规范服务示范单位”、“全国三八红旗集体”、“全国青年文明号”、“省级文明单位”、“省级先进基层党组织”、“山东省富民兴鲁劳动奖状”、“良好银行”、“山东省服务名牌”等荣誉称号。

↑每日晨会打造爱岗敬业的一线团队

↑所获部分荣誉

↑新形象、新服务、新发展——兰山合行网点

Haier

海尔财务公司自成立以来，始终秉承“立足集团、服务集团”的理念，以支持集团实体经济发展为己任，以集团市场可持续发展为宗旨，承接集团全球化品牌战略，以“聚焦产业链金融创新，以金融资源撬动产业资源，成为最具竞争力的驱动产业型财务公司”为战略目标，打造集约化金融服务、集团化金融管理、集成化金融协同三位一体的海尔全球化金融综合服务商和全球金融中心。

海尔集团财务有限责任公司总经理　李占国

2012年，海尔财务公司秉承集团的创新和创业的两创精神，聚焦集团产业链金融创新和升级金融服务模式，抢抓产业链升级和动荡的金融市场所带来的新机遇，在有效支持集团产业发展的同时获得了自身的稳健成长。截止年底，总资产381亿元，营业收入21.16亿元，利润总额15.51亿元，人均利润达1536万元/人，位居行业第一。

◆2012年度顺利通过英国标准协会（BSI）的现场认证审核，位列国内金融业通过ISO27001认证的总行级金融机构TOP10，标志着海尔财务公司在信息安全管理方面已达到国际标准。

◆荣获2012年度中国金融机构金牌榜“金龙奖”之“年度最佳财务公司”大奖。自2011年“金龙奖”评委会首次把视角拓展到财务公司的发展和成长以来，海尔财务公司已连续两次荣获此奖。

铸就金牌

海尔小微信贷

发展海尔经销商小微企业买方信贷业务，形成集团持续抢占市场份额的差异化竞争优势，解决小微企业融资难题。

海尔大单金融

创新大客户金融模式，创建跨界经营体团队，协同集团营销获取大订单，驱动集团家居集成新产业的倍速发展。

海尔伞下贷

金融下乡，为乡镇专卖店（伞下店）提供专项采购融资，纾解伞下店季节性资金短缺，提升海尔家电在农村市场的竞争力。

海尔消费金融

为海尔用户提供消费金融业务，使专卖店成为金融便利店，提供金融便利和金融增值服务，提升终端市场竞争力。

海尔全球司库

通过全球金融资源的集中统一配置，全球全天候全币种全流程经营资金，成为支持海尔全球化战略运营的金融杠杆。

海尔电票

首创财务公司电子化票据结算工具，激活产业链结算海量票据流，推动海尔信用社会化流通和海尔品牌资本增值。

海尔现金池

集团现金100%集中管理，实现现金的空间全球归集、时间时时归集、源头终端归集，集约配置资金的流向流速流量。

海尔票据池

集团票据100%集中管理，汇集广阔票据资源蓝海，实施票据的全流程集约管理和票据资源的综合性流动增值服务。

国网英大集团

STATE GRID YINGDA GROUP

英大泰和财产保险股份有限公司

YINGDA TAIHE PROPERTY INSURANCE CO., LTD.

英大泰和财产保险股份有限公司是国家电网公司直属单位，是经中国保监会批准设立的一家全国性股份制财产保险公司，股东包括国网英大国际控股集团有限公司等27家国有大型骨干企业。公司注册资本金21亿元，总部设在北京，于2008年10月28日获准开业。

总经理 刘波

2010年5月11日，英大财险亮剑山东市场，职场坐落于济南市馆驿街318号经纬大厦二层。依靠深厚的电力背景和强大的专业技术，英大财险山东分公司不断打基础、严管理、铺机构、引人才、强服务、拓市场、控风险、育文化。2010年-2012年，分别实现年度保费收入7244万元、1.9877亿元、3.31亿元，并实现连续三年盈利，开创了山东保险行业的新纪录。在临沂、潍坊、烟台、淄博等11个地市开设了中心支公司及县域营销服务部，员工总数超过500人，服务网络覆盖全省。

英大财险山东分公司秉承“诚信、责任、创新、奉献”的核心价值观，回报股东、服务社会，三年累计处理损失过百万的重大案件12笔；处理非车险案件2689笔；处理车险案件55579笔。公司作为一支具有高度使命感、责任感的保险新军，不断向“一强三优”现代保险公司而努力奋斗。

2013年8月9日，公司领导何彭副总经理一行亲临“达维台灾最为严重的临沂沂水、日照莒县指挥一线作战。

“永恒的朝阳”司歌比赛。

圣诞文艺晚会现场

所获荣誉

庆公司三周年活动

河东农村合作银行

RURAL COOPERATIVE BANK OF HEDONG

近年来，山东临沂河东农村合作银行坚持“稳健经营，稳步发展”的经营理念和建设“地方性、社区性的股份合作制零售银行”的发展方向，以支持和服务地方经济建设为己任，坚持以深化改革为动力，以业务发展为主线，以服务“三农”为宗旨，在服务区域经济、服务中小企业、服务“三农”中，各项业务实现了稳健快速的发展，已发展成为资金实力雄厚、机构遍布城乡、办公手段先进、基础设施优美、服务质量优良的综合性银行。近年来，该行先后荣获“中国农合行十大影响力品牌”、“中国骄傲•第8届中国时代十大诚信示范单位”、“中国农合行最具竞争力十强”荣誉称号；被山东省精神文明建设委员会授予“文明单位”，被省妇联授予“幸福进家”先进单位，被省消协授予“山东省第九届消费者满意单位”，被人行济南分行授予“承诺十八项，献礼十八大”活动“金融机构先进集体”；被山东省农村信用社联合社授予“四好”领导班子，被共青团山东省委授予“百千万农村青年创业先进单位”等荣誉称号。

↑组织举办客户座谈会

↑开展道德讲堂活动，树立行业文明新风

改革未有穷期，发展永无止境。新形势下，河东农村合作银行将以科学发展观统领全局，牢固树立争创一流金融机构的奋斗目标，实施经营客户战略、狠抓经营管理转型、加强内部风险管理、加快科技研发应用、强化人力资源优化、推进和谐文化建设等措施，不断提升发展质量和经营效益，全力打造实力一流的惠民银行、可持续发展的优质银行、管理一流的流程银行、效益一流的现代银行、充满活力的和谐银行，为新农村建设和经济社会发展做出新的贡献。

↑开展业务技术练兵活动，打造一流团队

←支持辖内特色种植业发展

↑履行社会责任，关心回馈社会

→开展银行业公众教育日活动，向群众普及金融知识

↑举办电子银行业务体验活动

←文明服务客户，为退休职工代发养老金

临商银行
LINSHANG BANK

党委书记、董事长、行长　钱进

临商银行全称“临商银行股份有限公司”，是一家总部设在山东临沂市的跨区域经营的股份制商业银行。其前身临沂市商业银行成立于1998年2月18日，2008年11月22日经中国银监会批准正式更名为临商银行。

多年来，临商银行在上级党委、政府的正确领导和监管部门的监管指导下，始终以支持地方经济建设为己任，围绕省市金融经济中心工作和鲁浙两省产业结构特点，牢牢把握“服务地方经济、服务中小企业、服务城镇居民”的市场定位，充分发挥自身优势，坚持以质效发展为核心，强调效益立行和资产强行，推进“法人营销、零售业务、信贷管理和特色发展”等十大战略转型，建立科学高效的风险防控、市场营销、绩效评价、资源配置四大长效体系，实现了自身业务与地方经济的共同发展。目前，临商银行共拥有73个分支机构、横跨鲁浙两省，跨区域经营的新型股份制商业银行。截至2013年6月末，全行资产余额达502亿元，各项存款余额438亿元，各项贷款余额306亿元。多年来，临商银行在支持地方经济、扶持中小企业发展方面的经验做法得到了各级领导和社会各界的高度评价和充分认可，先后被各级各部门授予“全国五一劳动奖状”、“中国服务业企业500强”、“中国最具投资价值高成长银行”、“全国支持中小企业发展十佳商业银行”、“全国小企业金融服务先进单位”、“中国最佳物流金融服务企业”等几百个荣誉称号。

↑临沂市委书记、市人大常委会主任张少军，市委常委、常务副市长左沛廷视察临商银行。

↑央视报道临商银行与沂水县建立战略合作协议，支持县域经济发展。

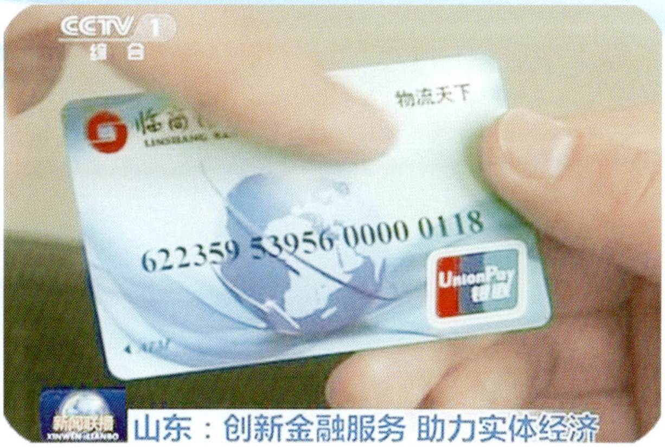

↑中央电视台新闻联播报道临商银行支持实体经济发展

↑临商银行获全国五一劳动奖状

↑临商银行送金融知识进校园公益实践活动

↑临商银行为下岗失业人员办理再就业小额担保贷款

2013

经济金融数据研发

——金融地图

2012年全国各地区人均地区生产总值

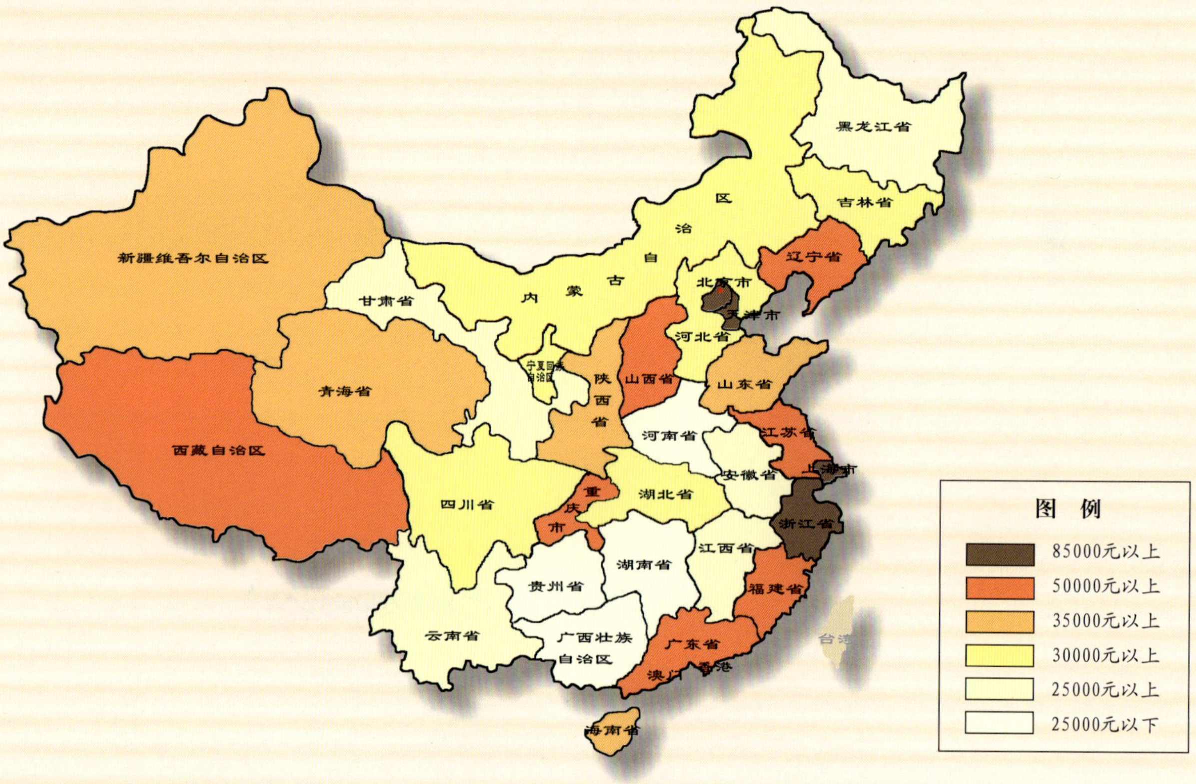

2012年全国各地区生产总值

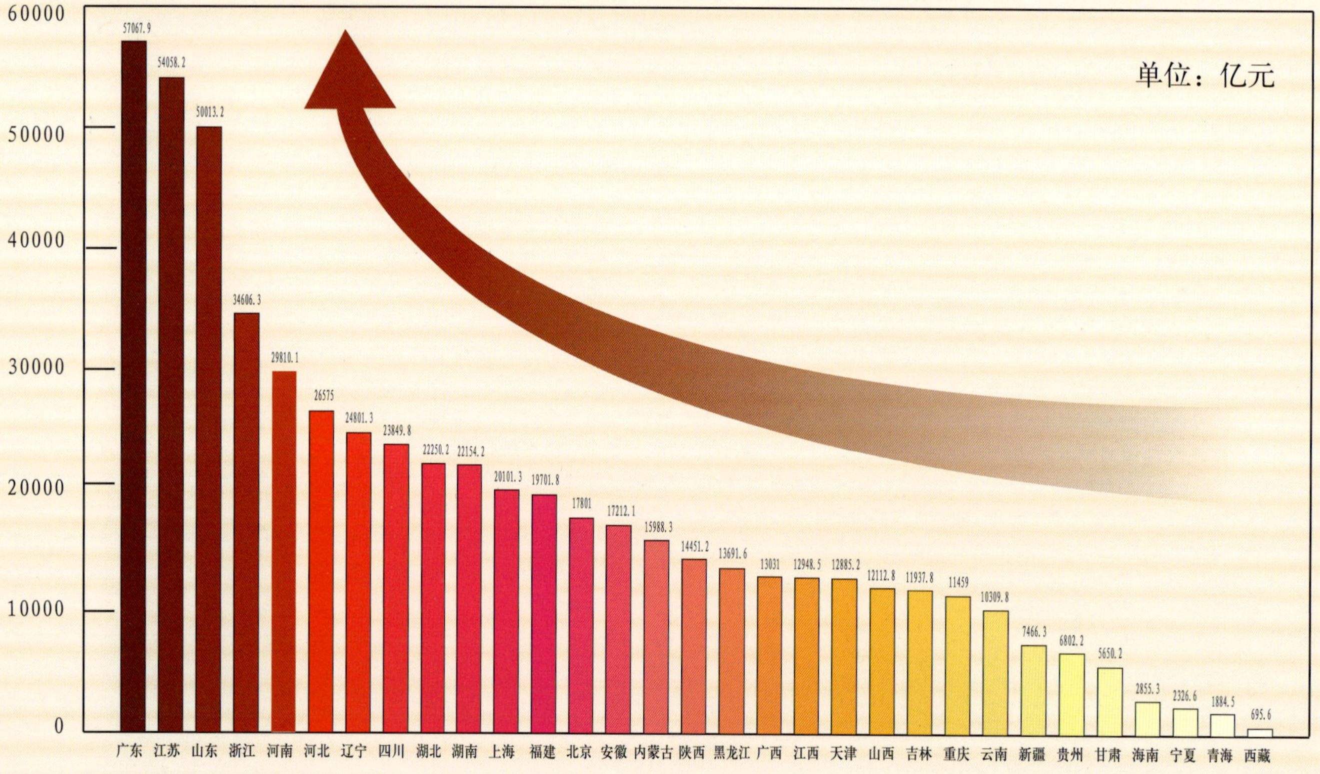

2002年全国各地区人均地区生产总值

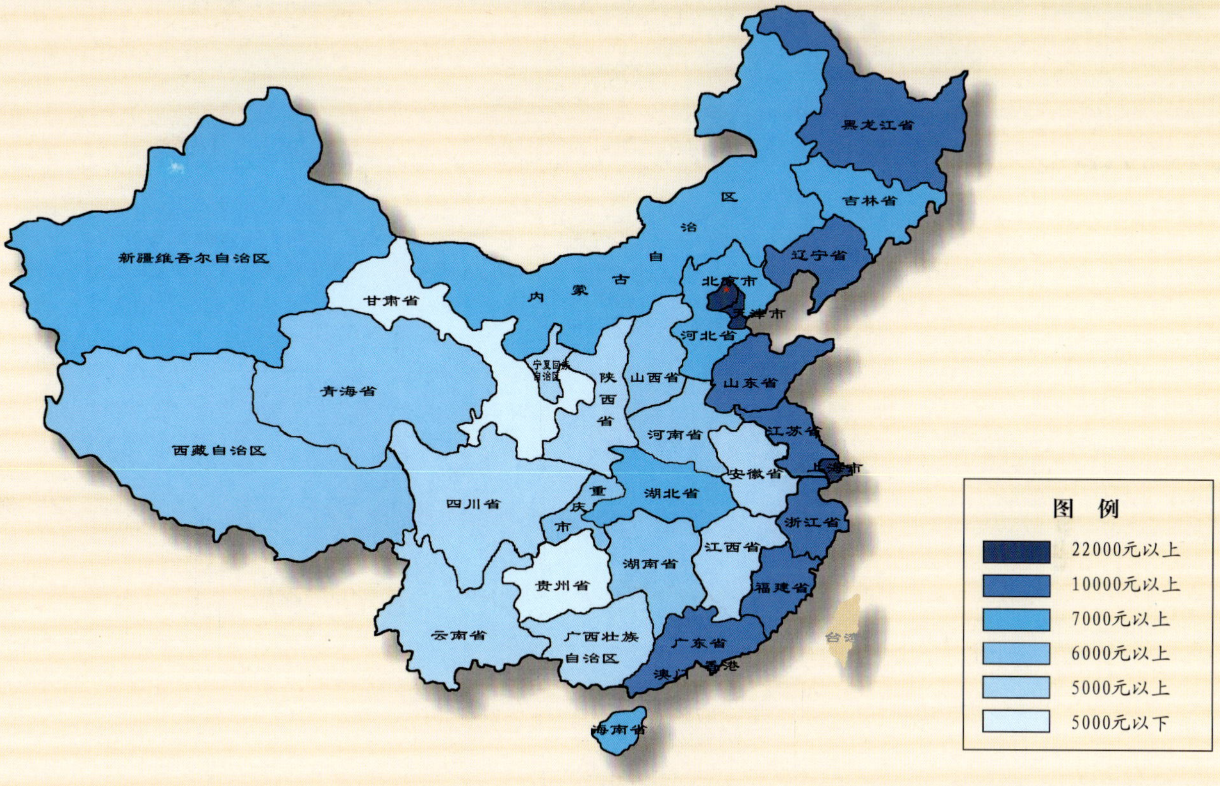

2002年全国各地区生产总值

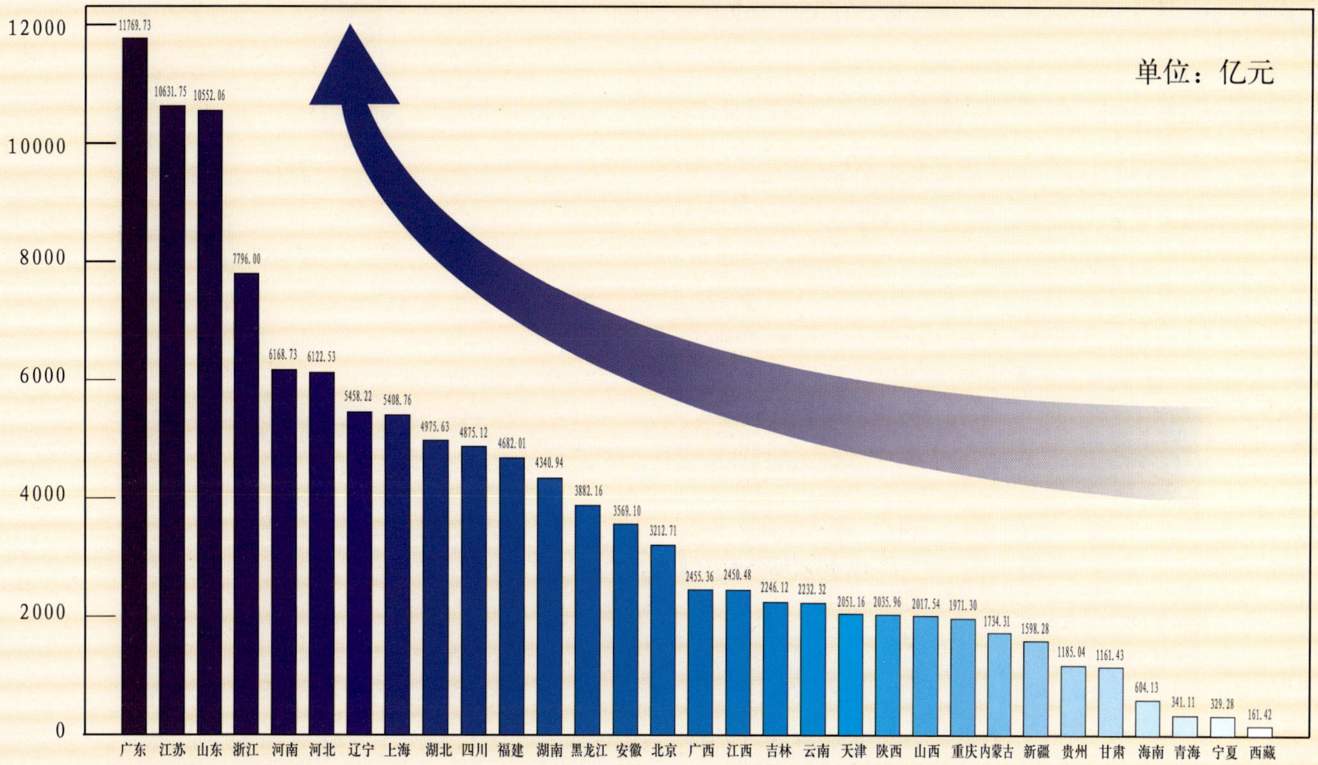

2012年山东省各市地人均地区生产总值

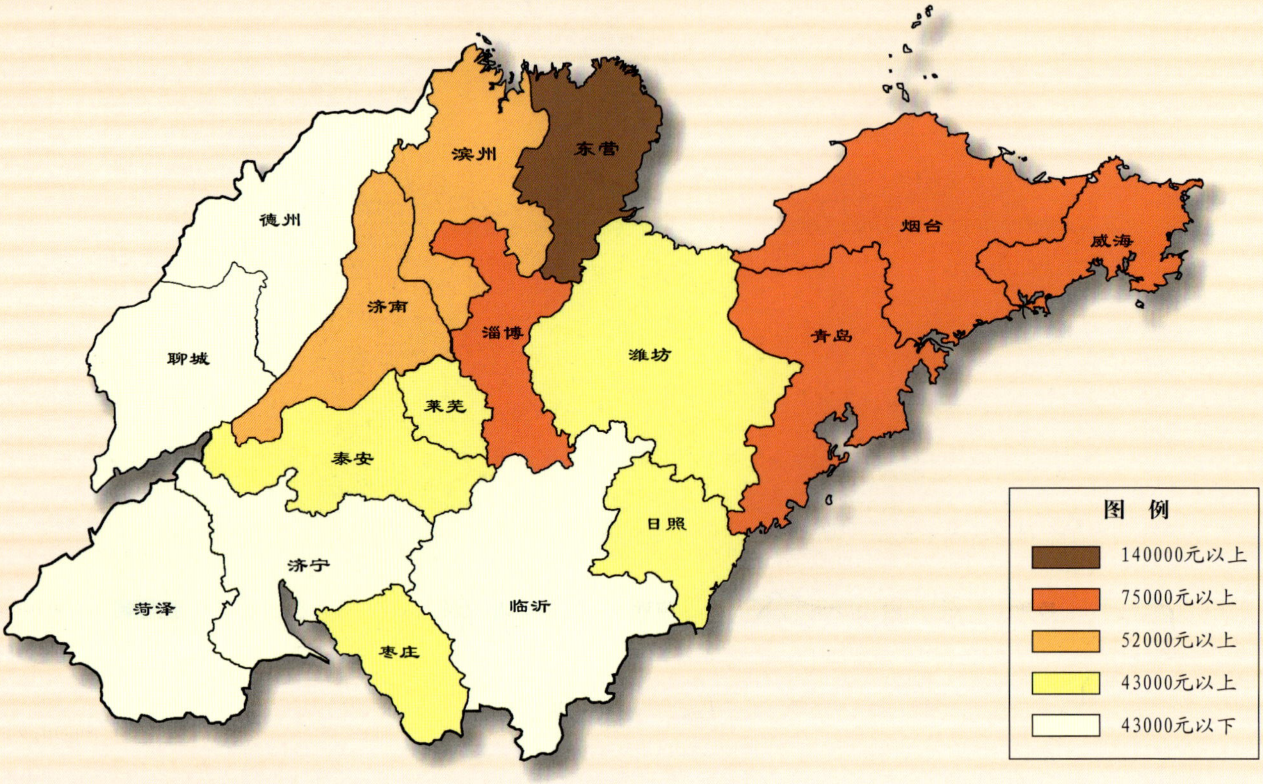

2012年山东省各市地地区生产总值

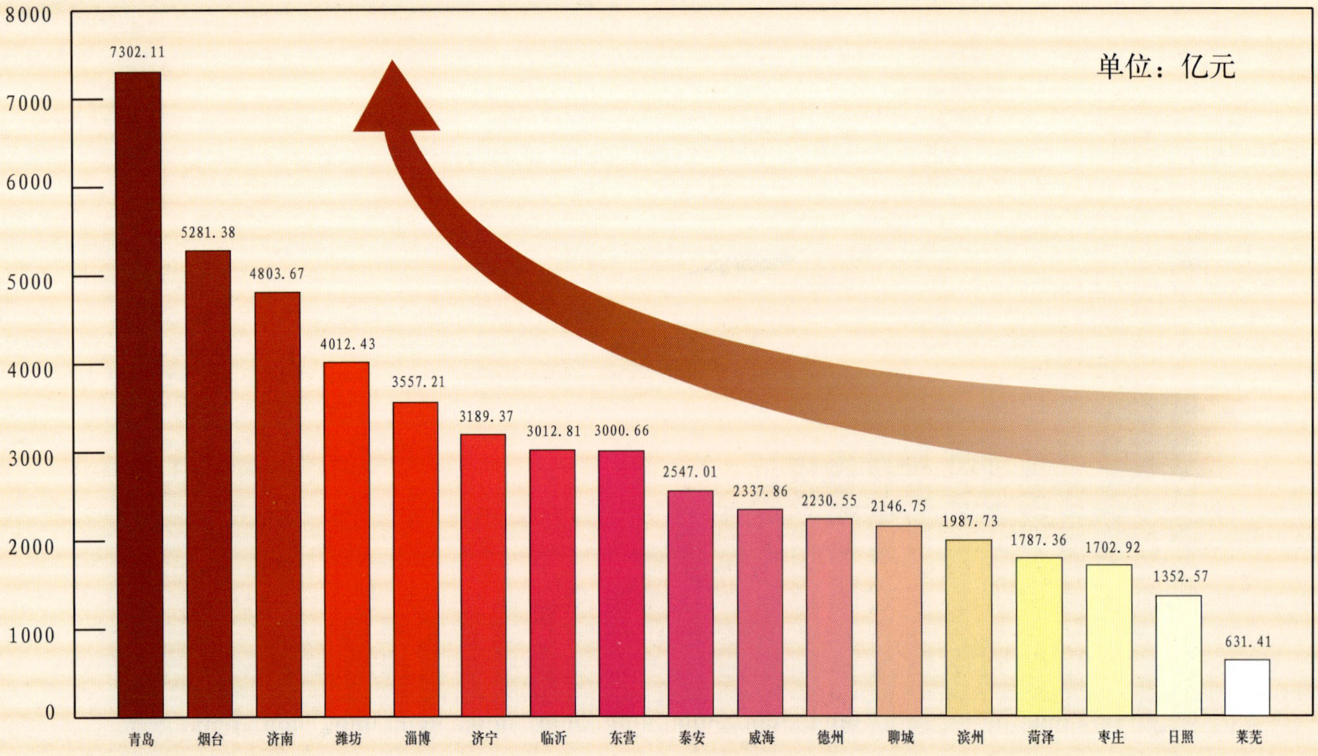

2002年山东省各市地人均地区生产总值

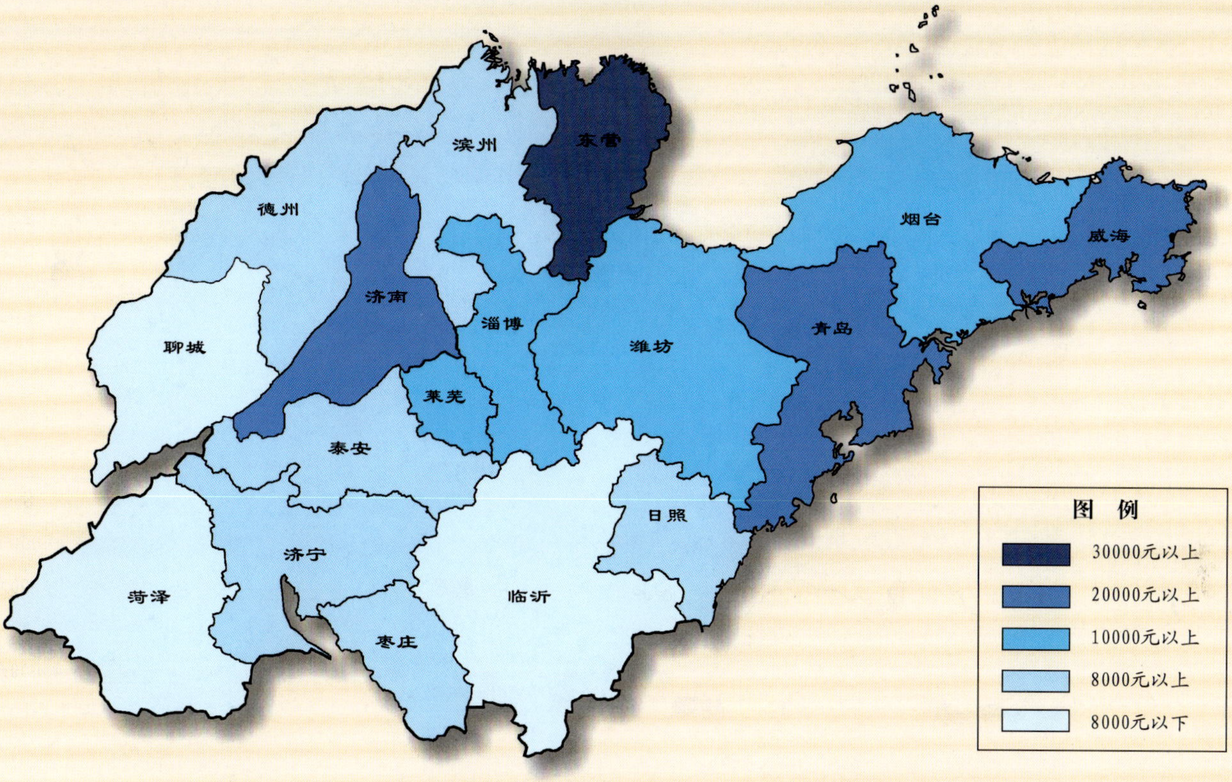

2002年山东省各市地地区生产总值

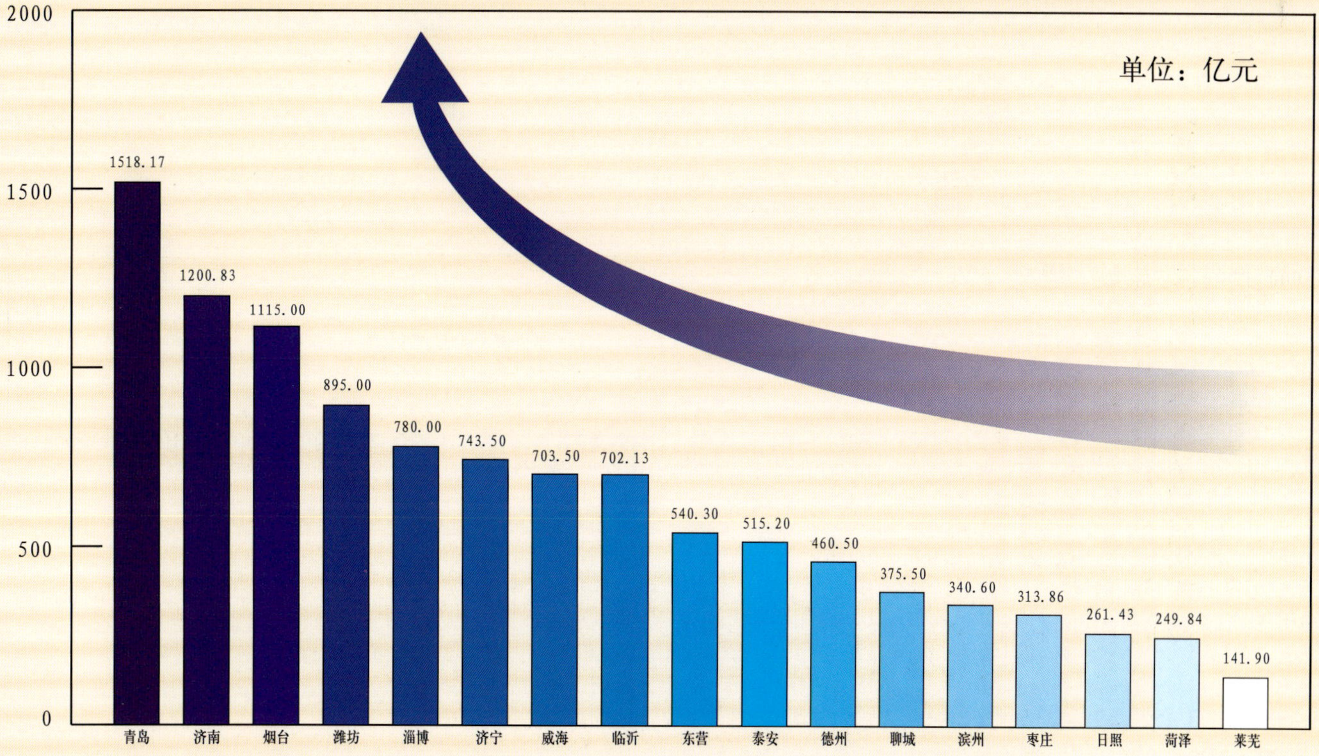

2012年全国各地区人均存款

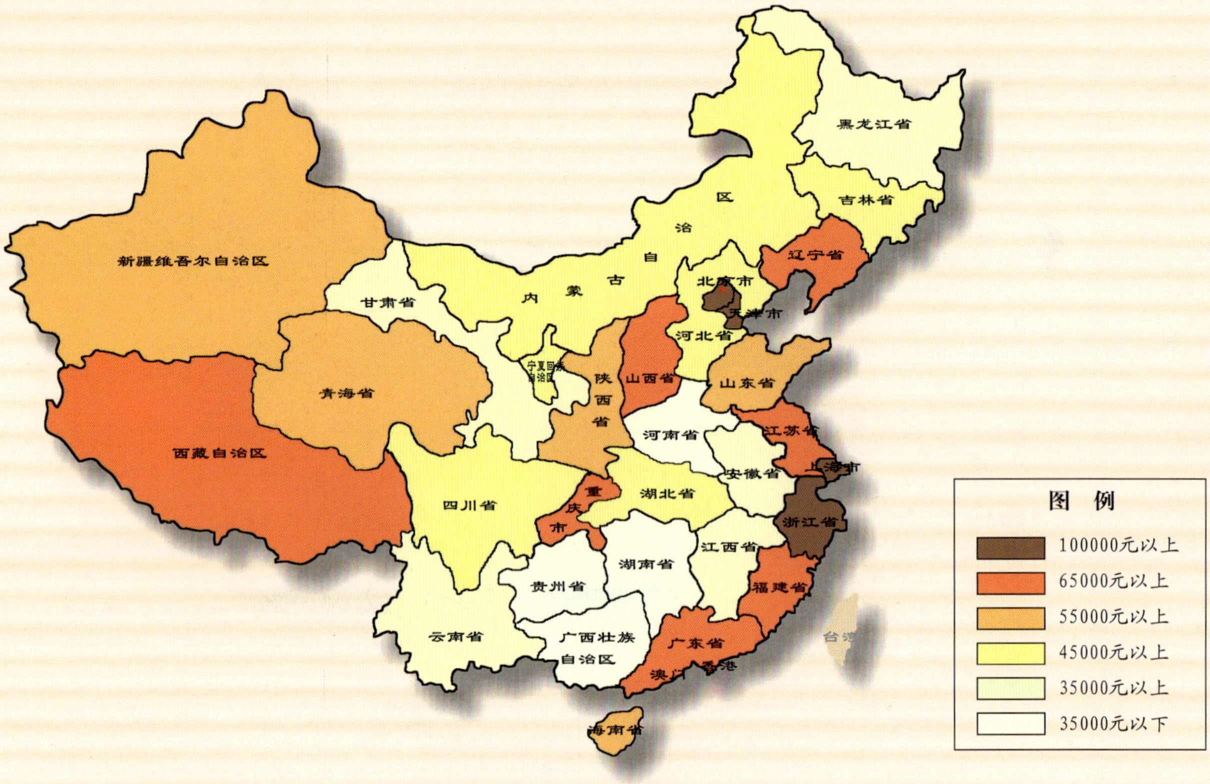

2012年全国各地区各项存款

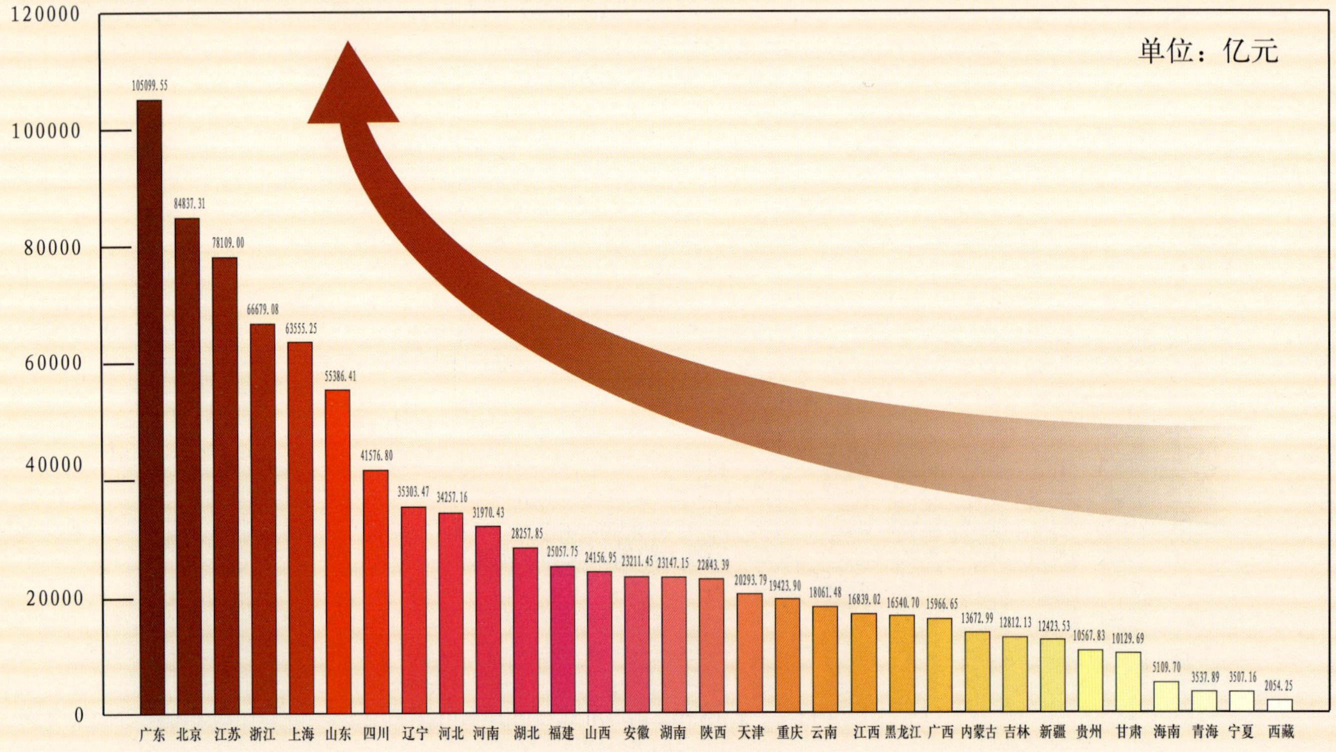

2002年全国各地区人均存款

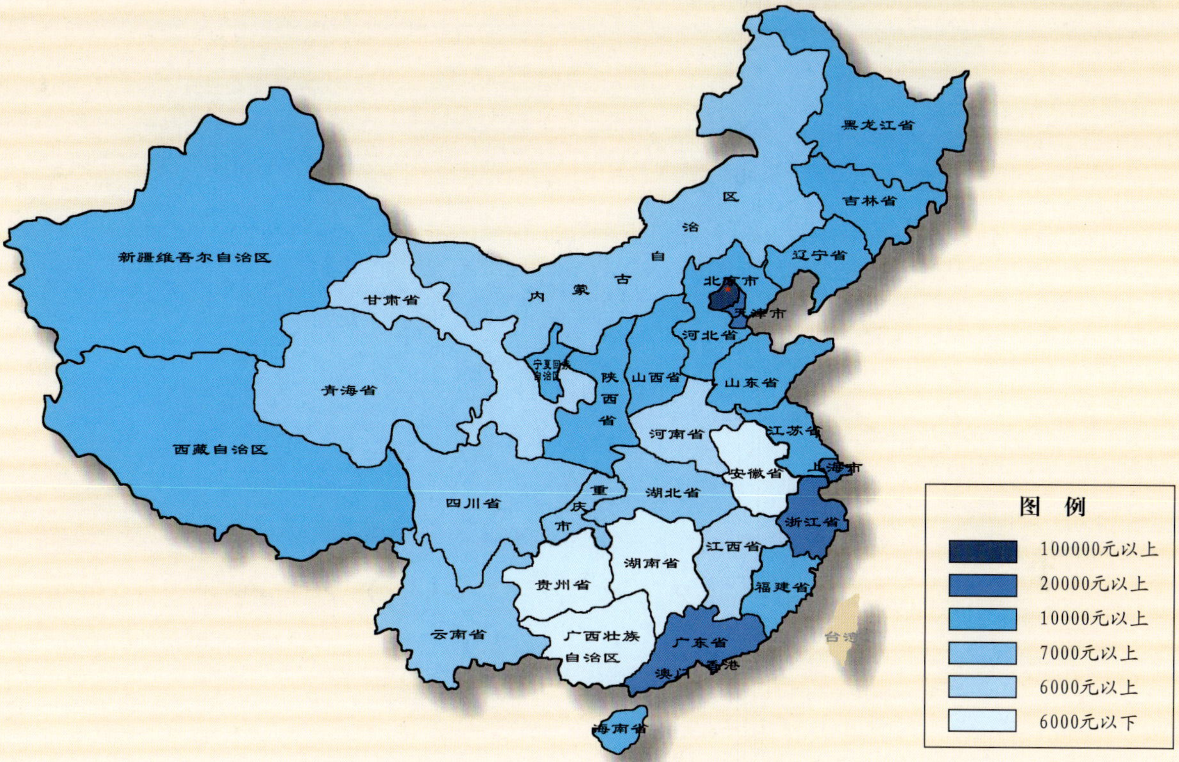

2002年全国各地区各项存款

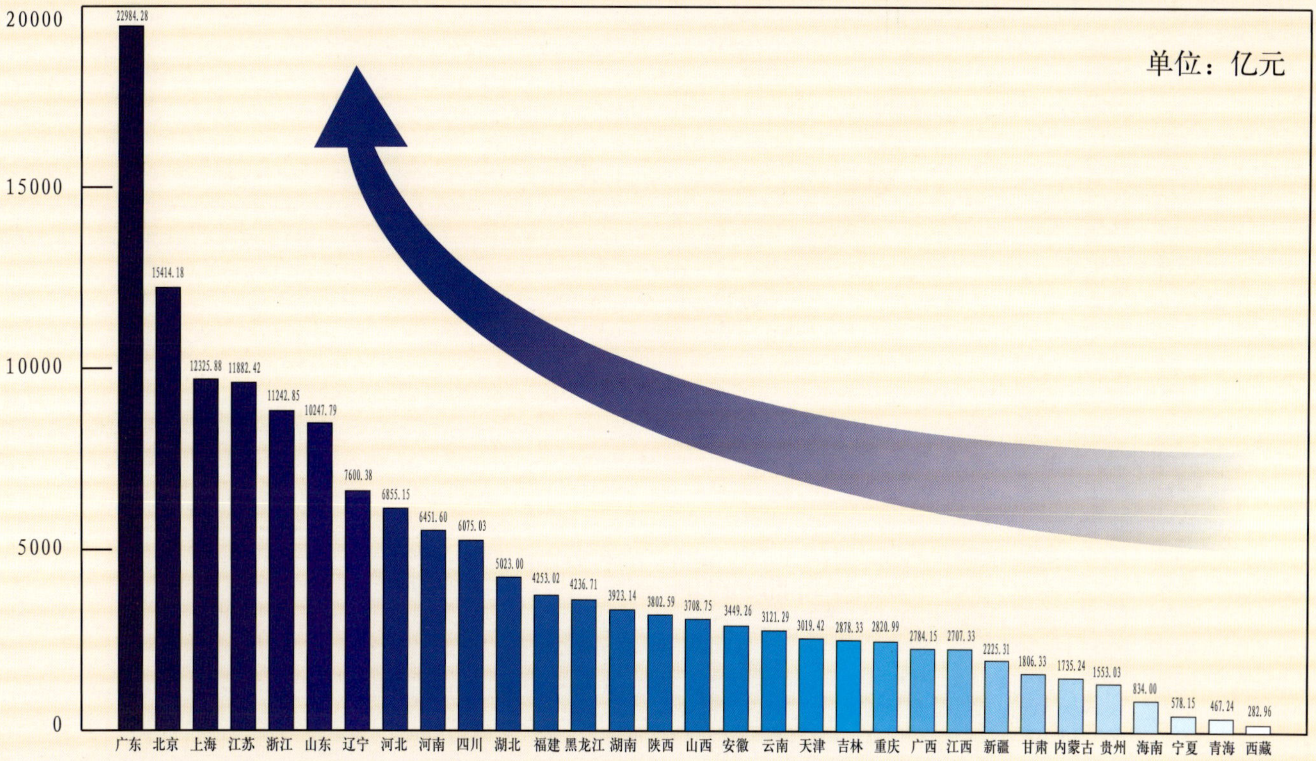

2012年山东省各市地人均存款

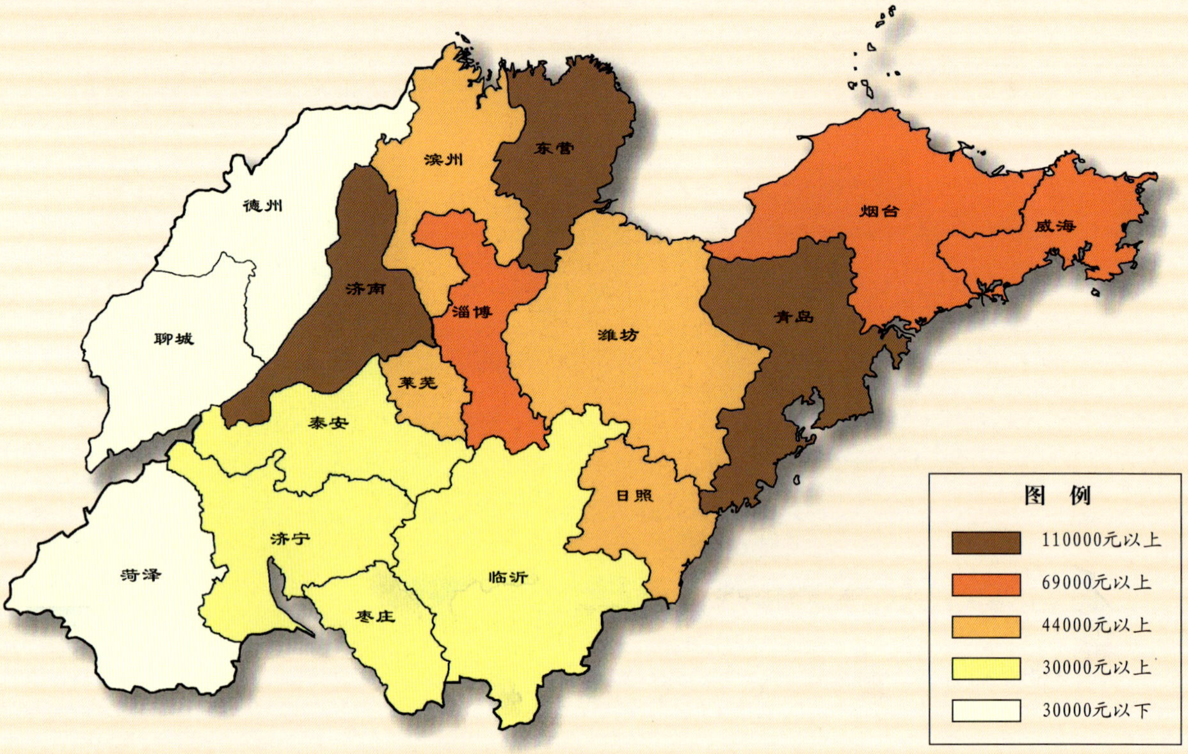

2012年山东省各市地各项存款

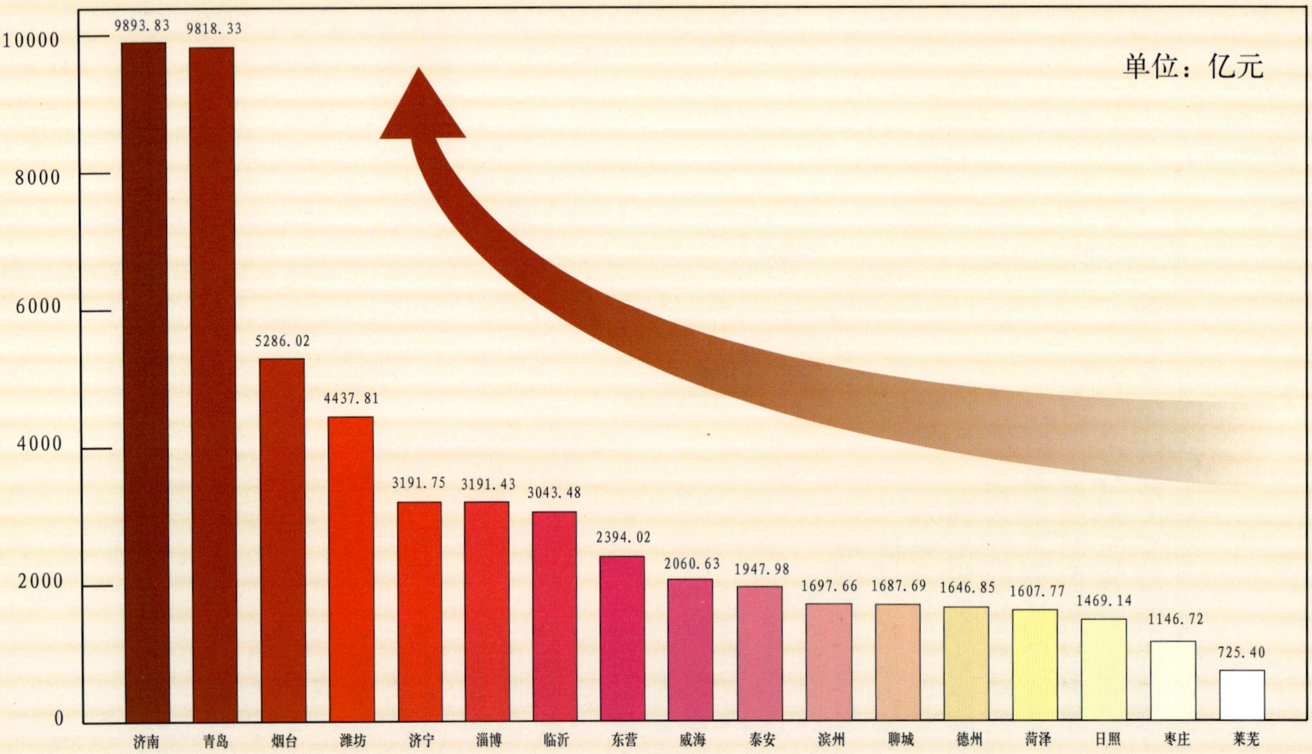

2002年山东省各市地人均存款

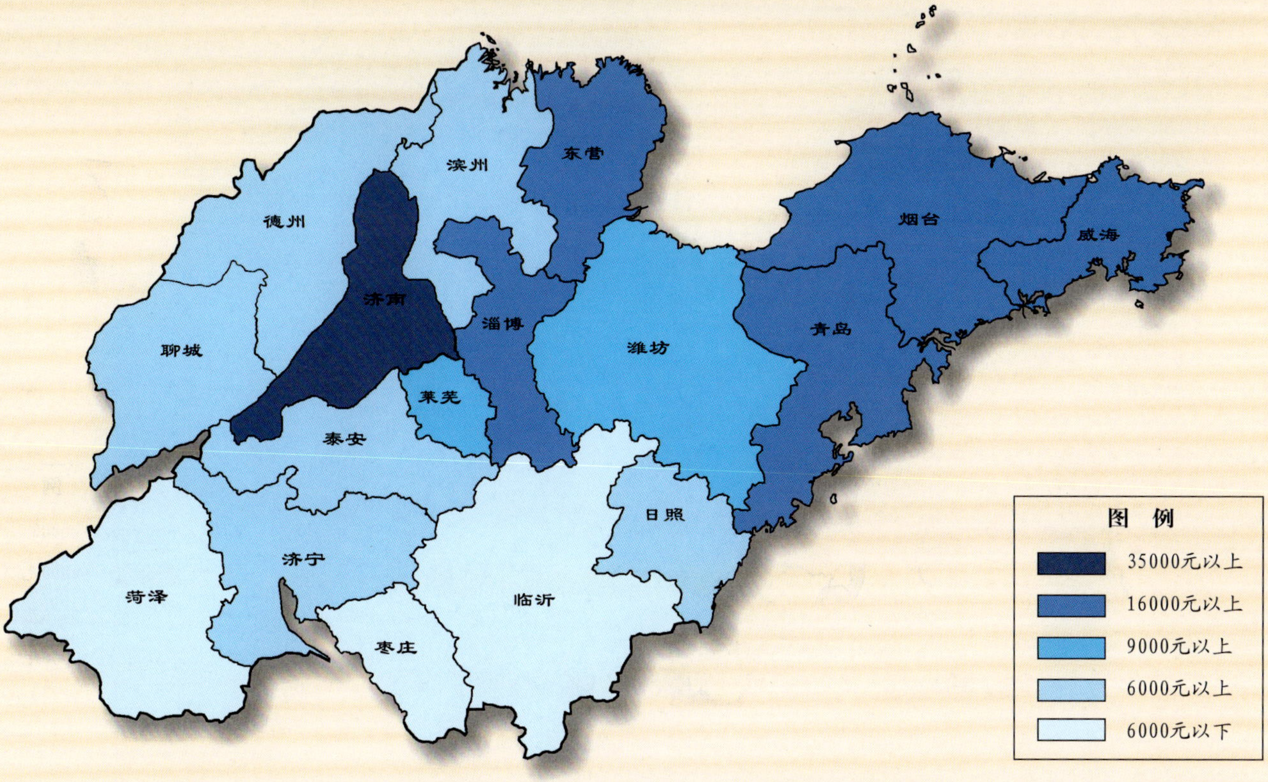

2002年山东省各市地各项存款

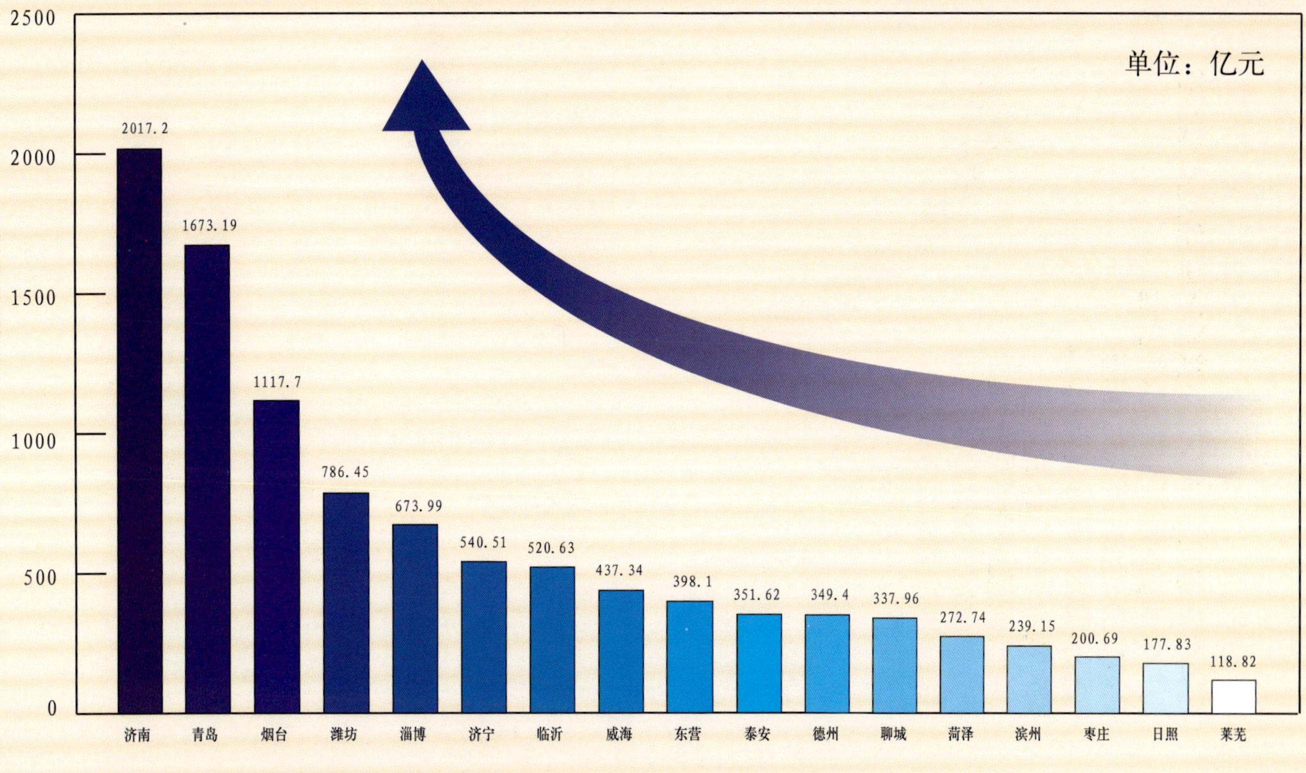

2012年全国各地区人均储蓄存款

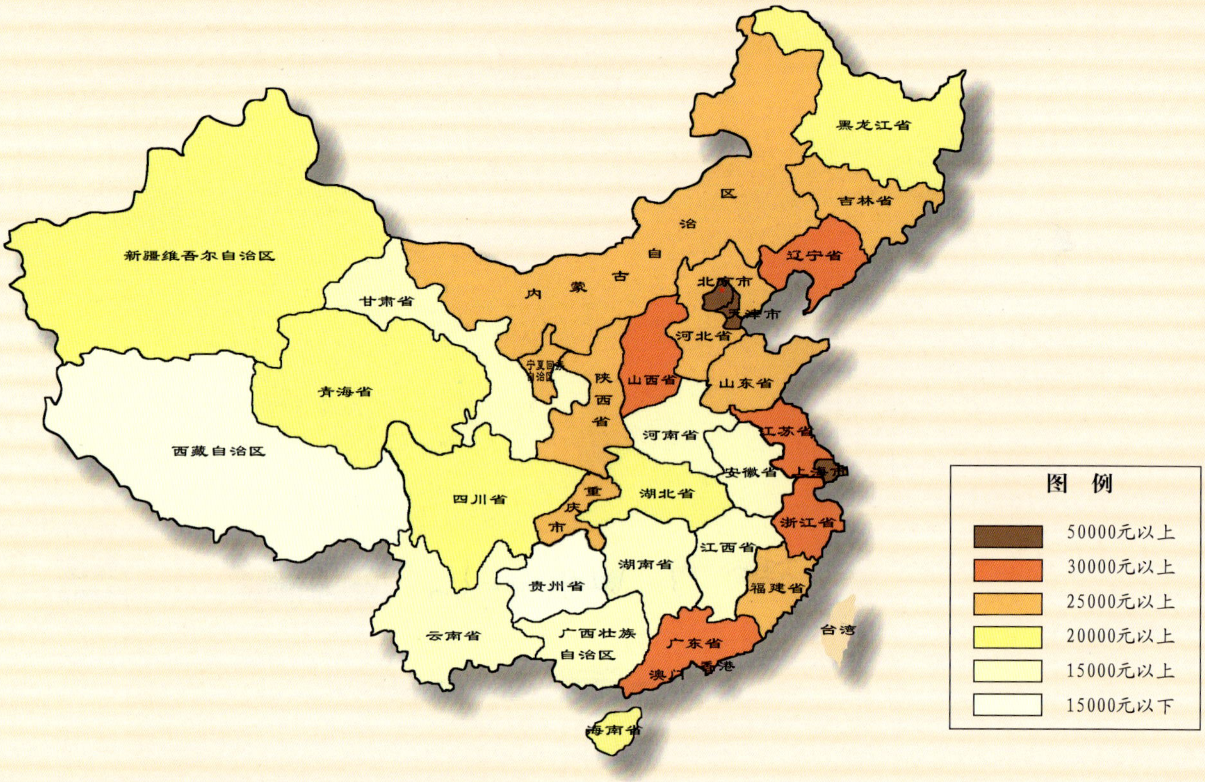

2012年全国各地区储蓄存款

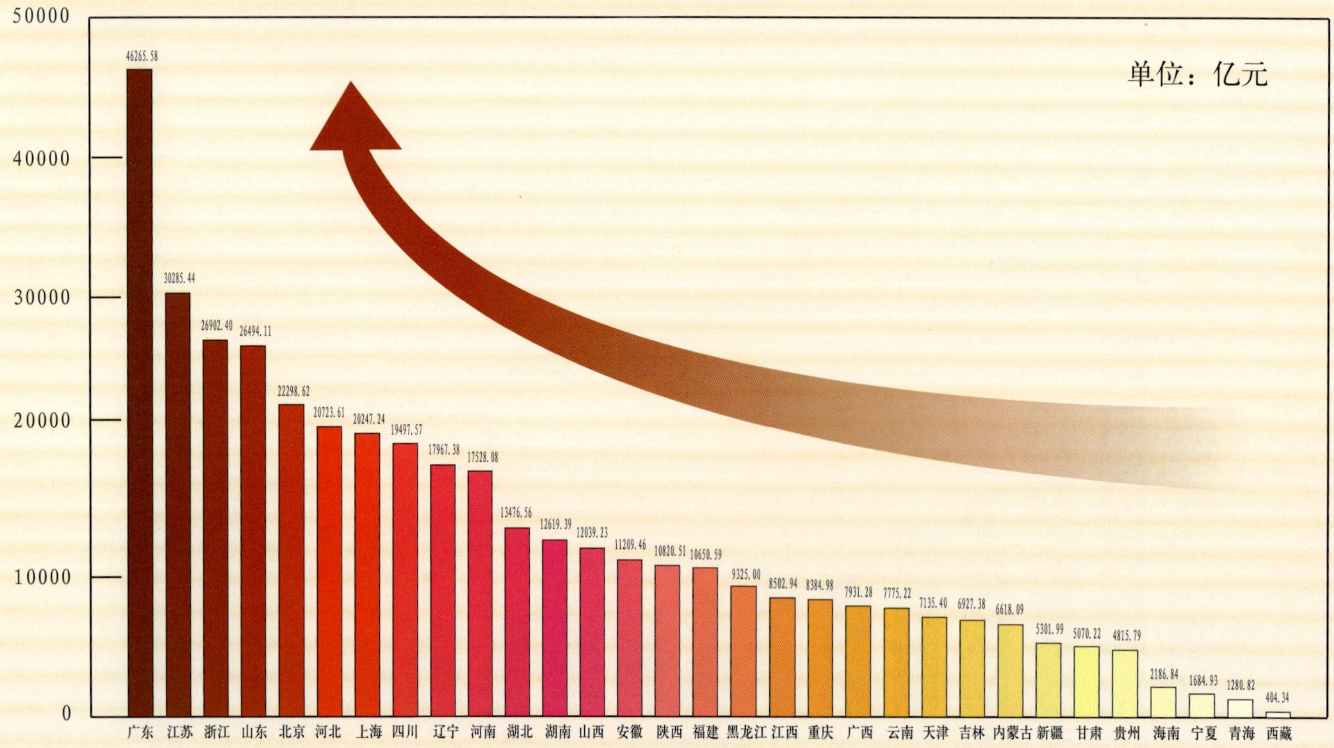

2002年全国各地区人均储蓄存款

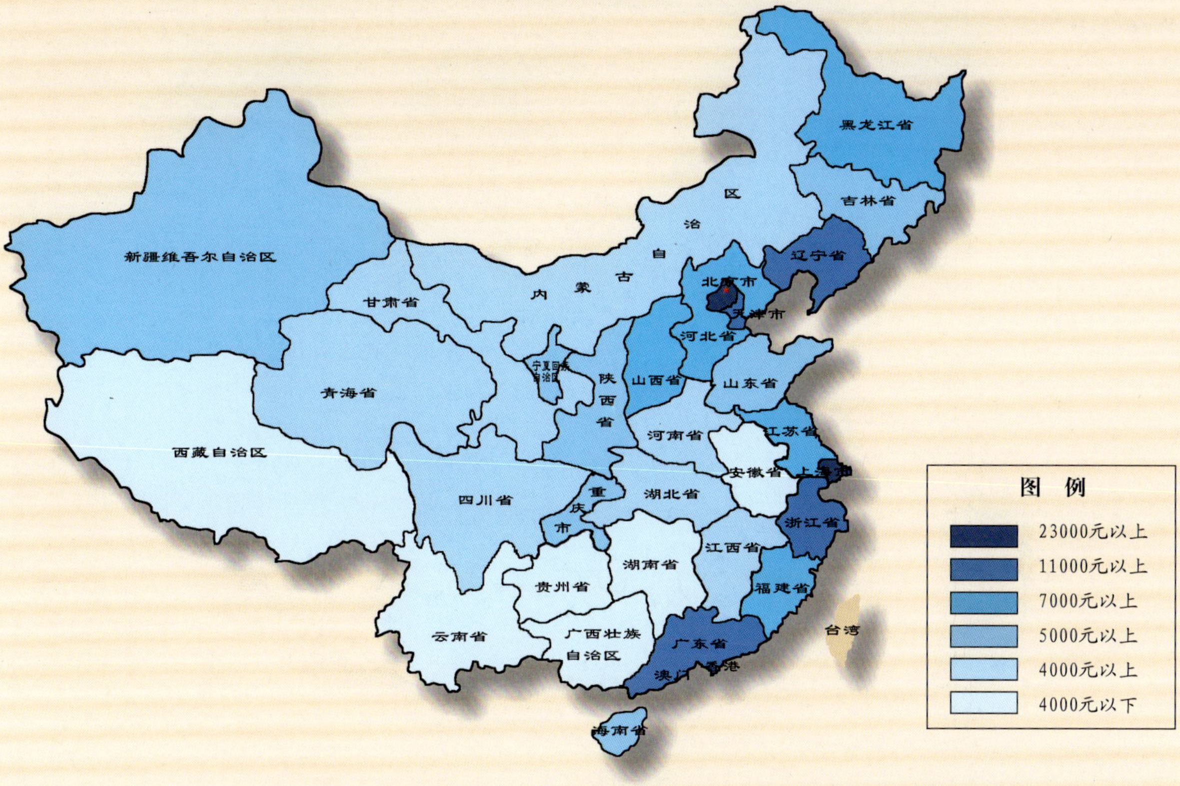

2002年全国各地区储蓄存款

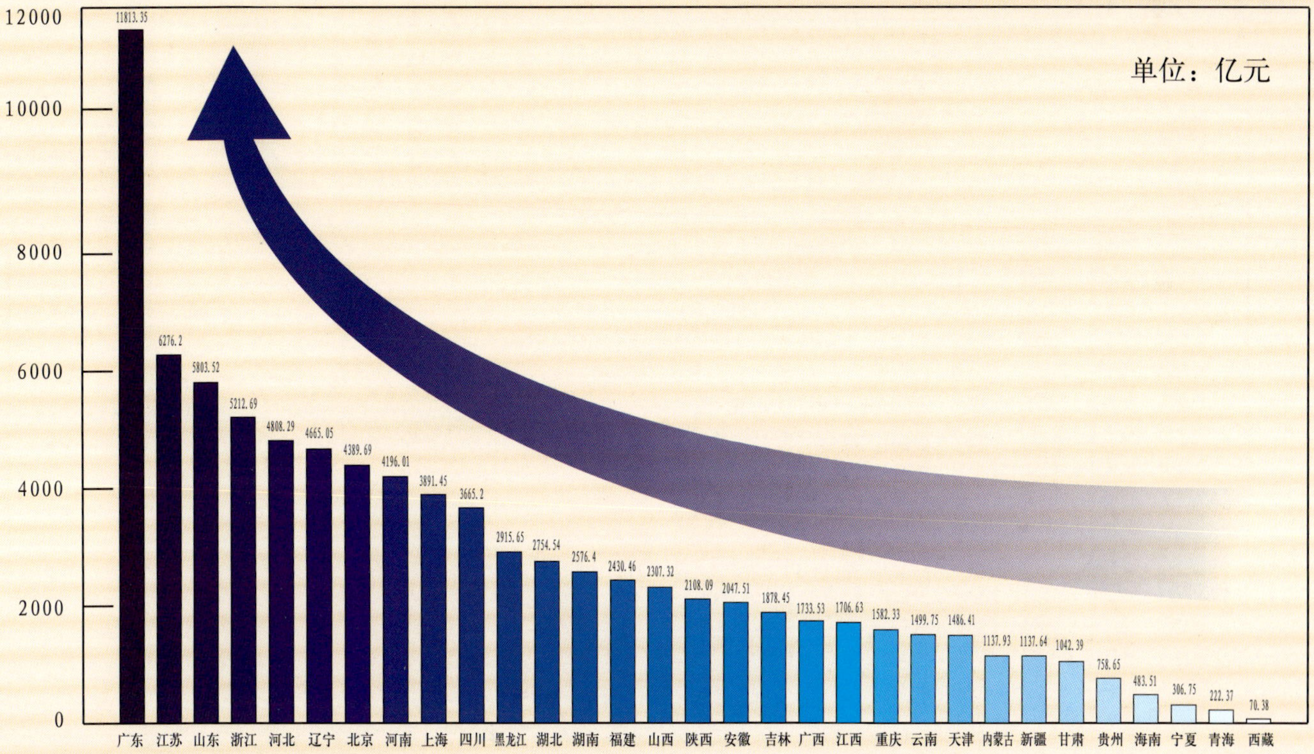

2012年山东省各市地人均储蓄存款

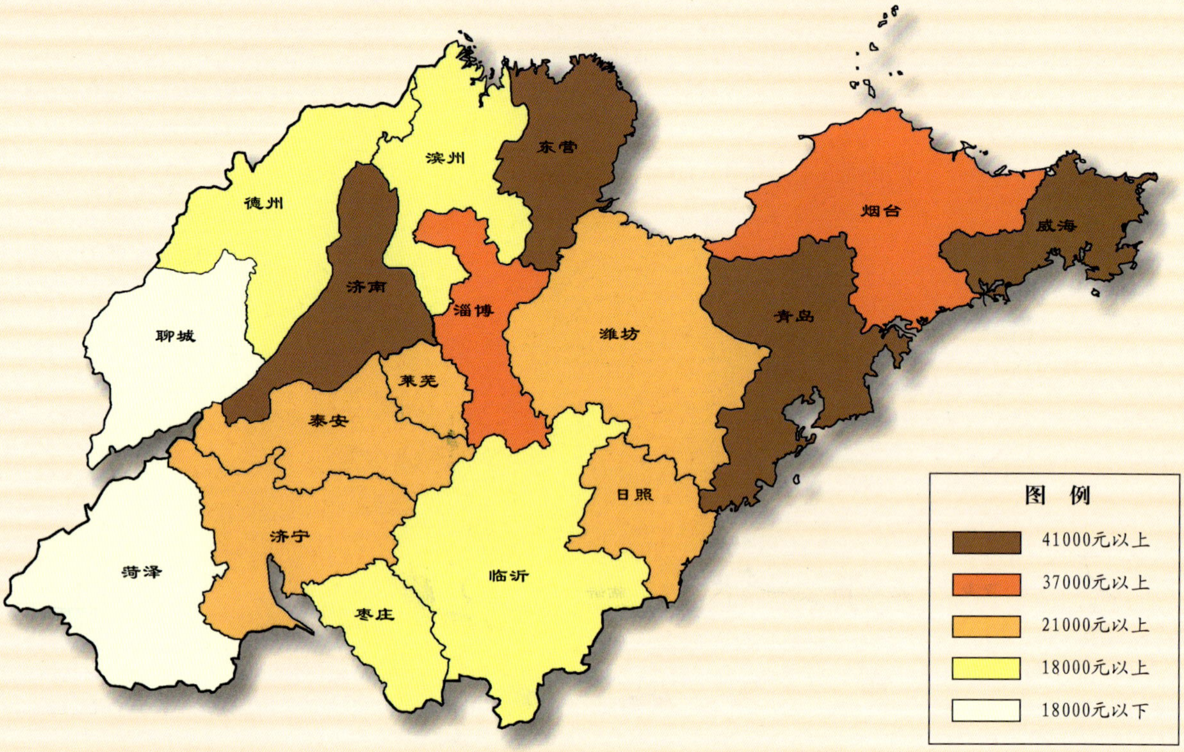

2012年山东省各市地储蓄存款

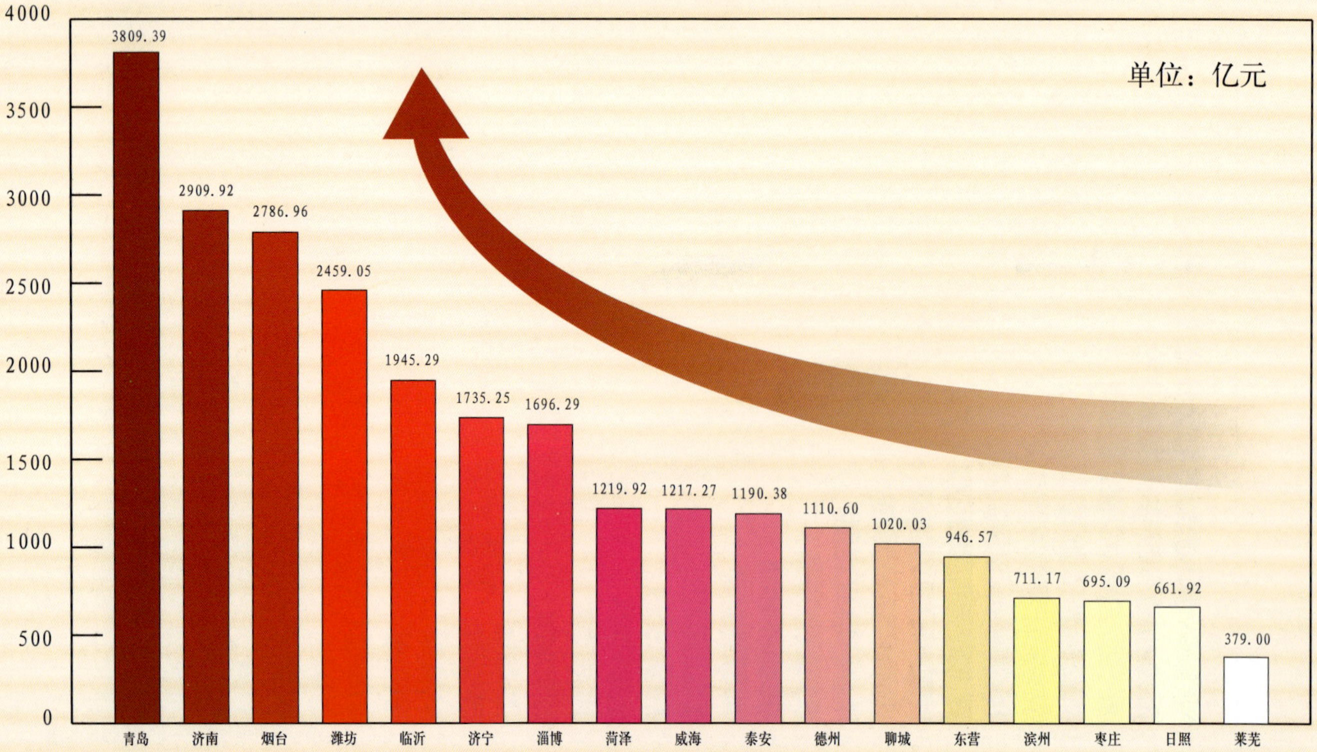

2002年山东省各市地人均储蓄存款

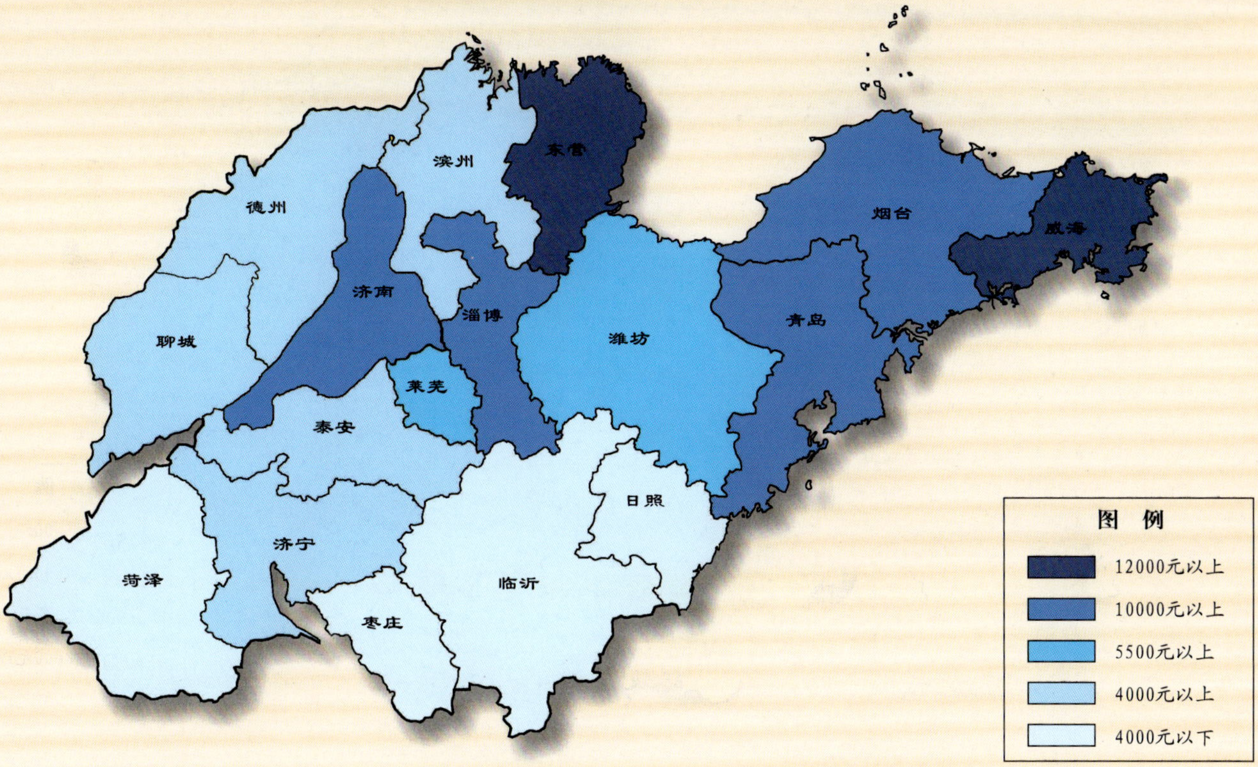

2002年山东省各市地储蓄存款

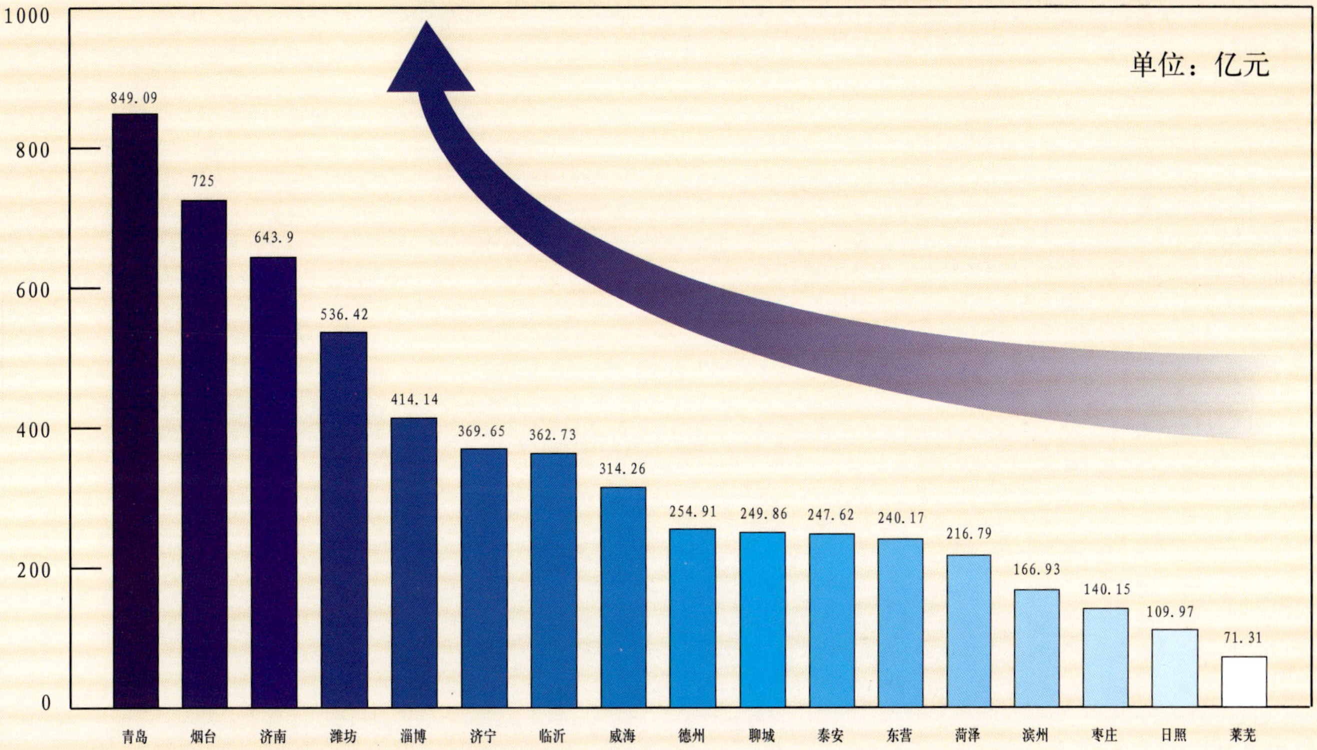

2012年全国各地区人均贷款

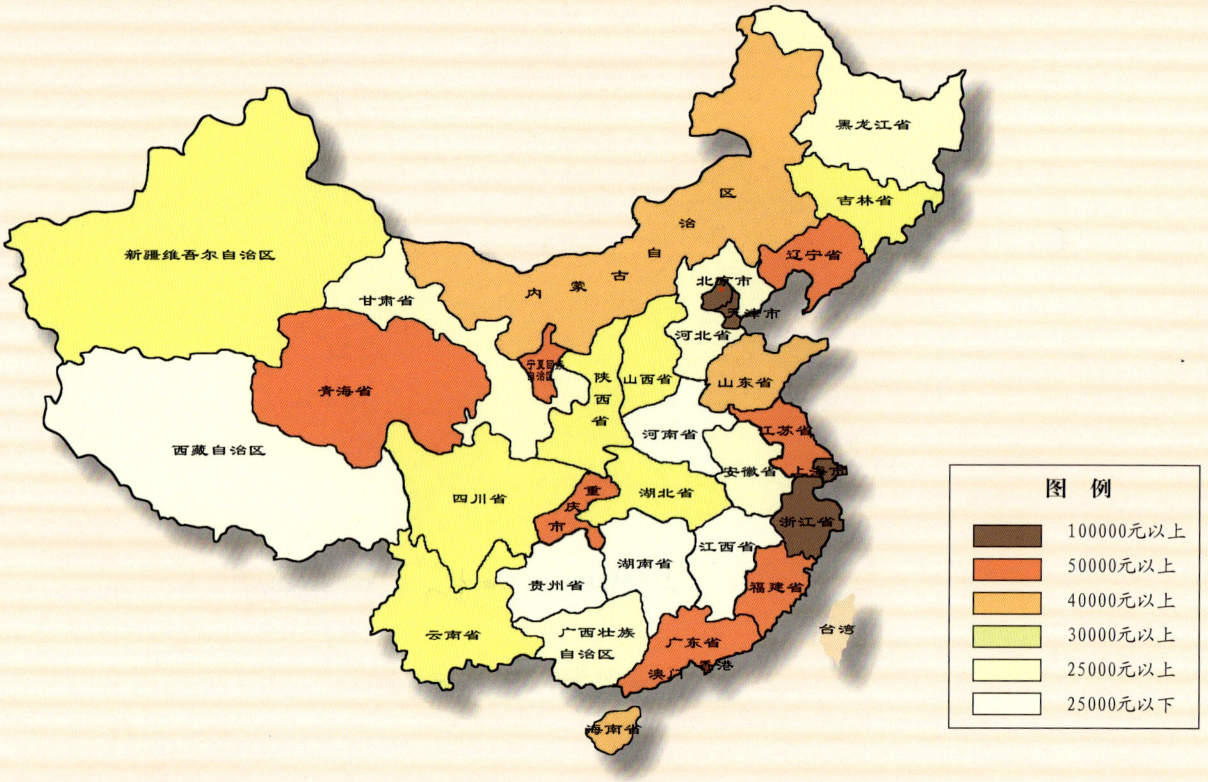

2012年全国各地区各项贷款

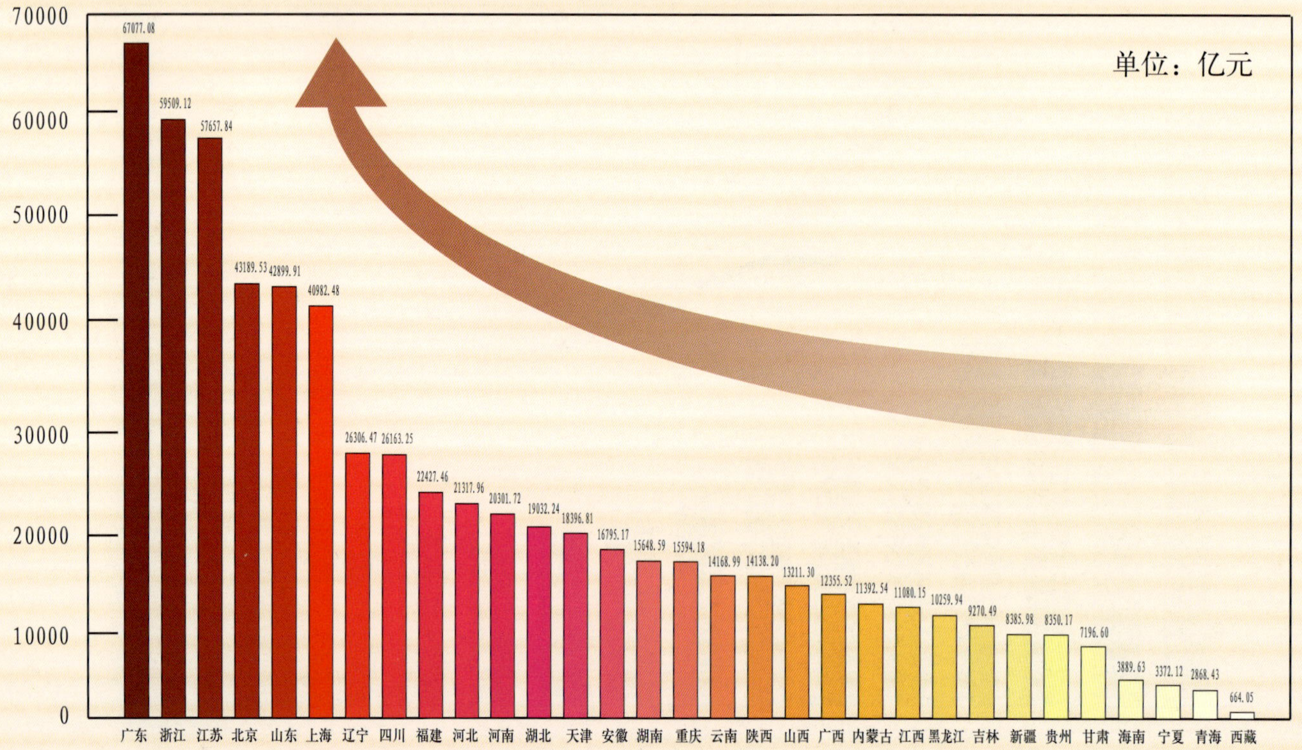

2002年全国各地区人均贷款

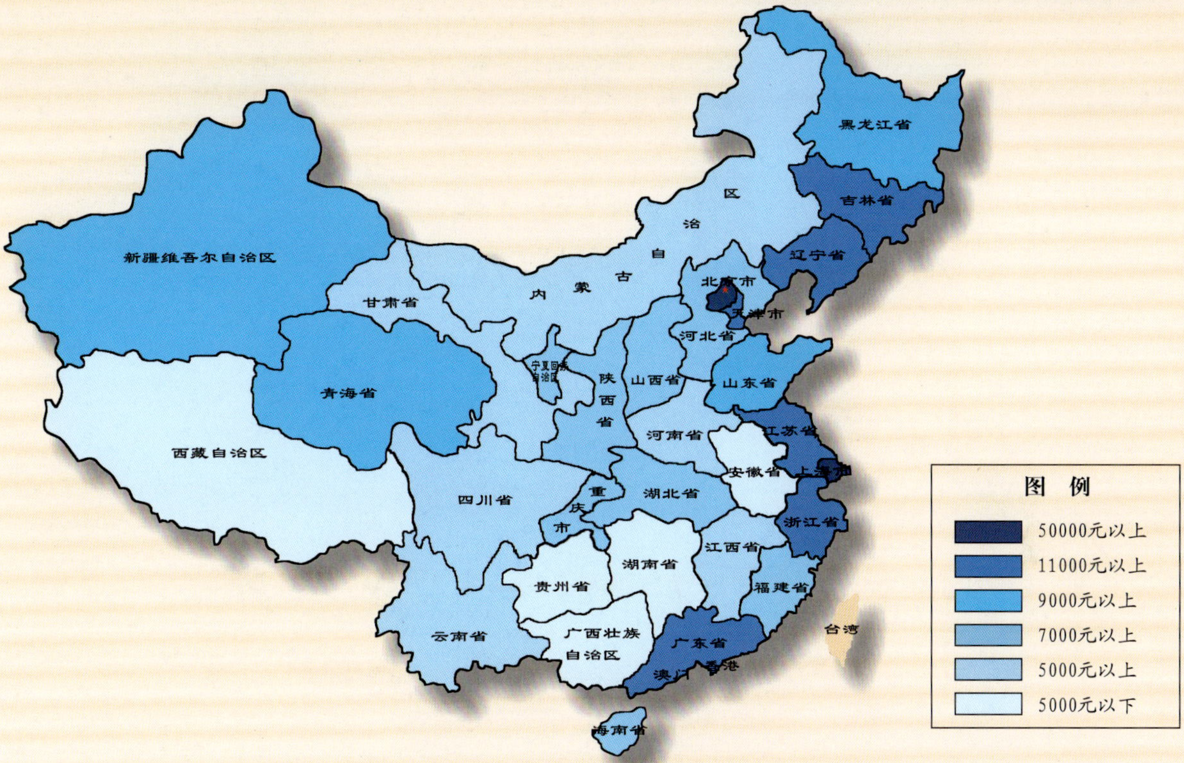

2002年全国各地区各项贷款

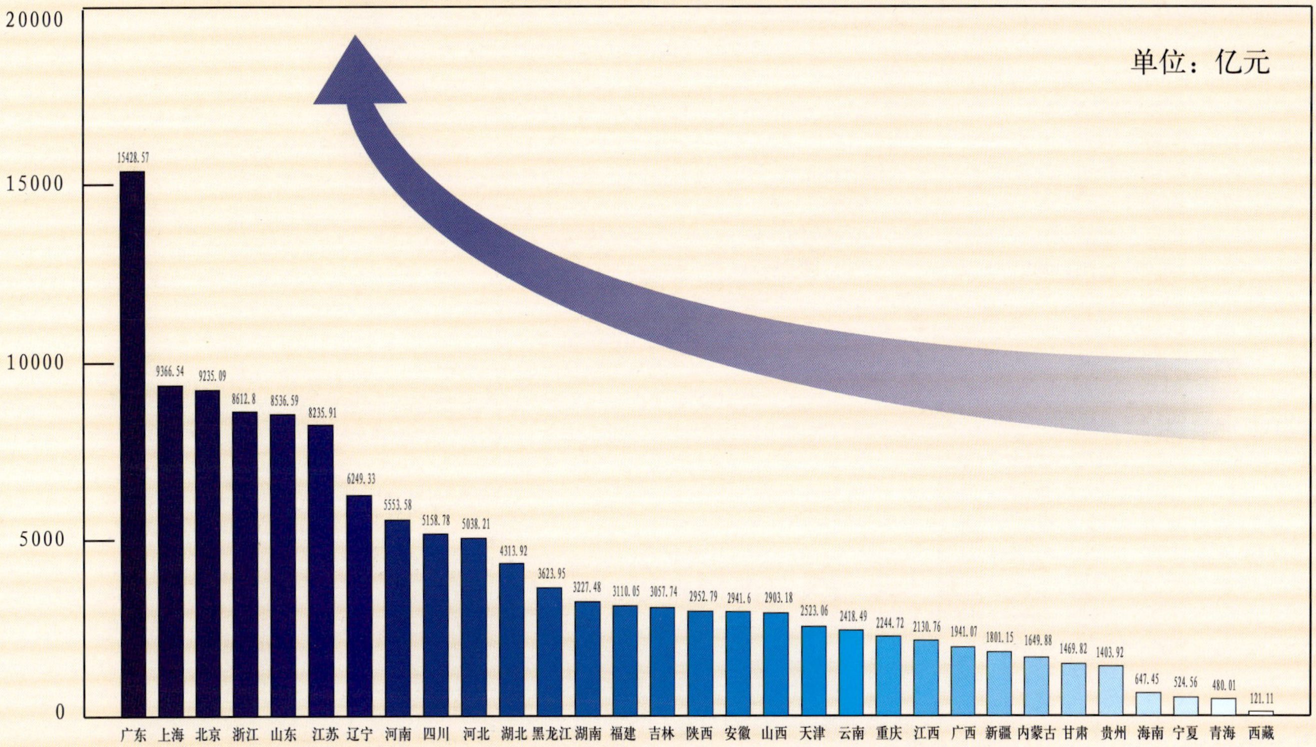

2012年山东省各市地人均贷款

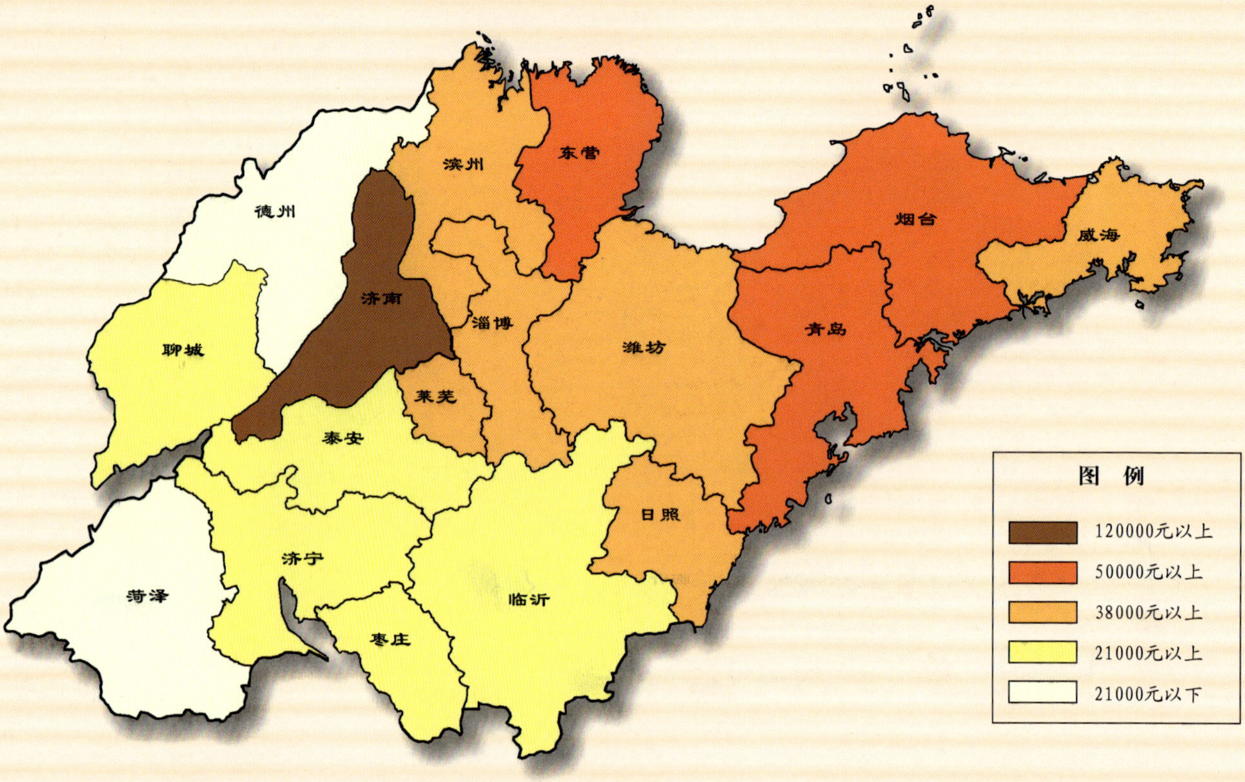

2012年山东省各市地各项贷款

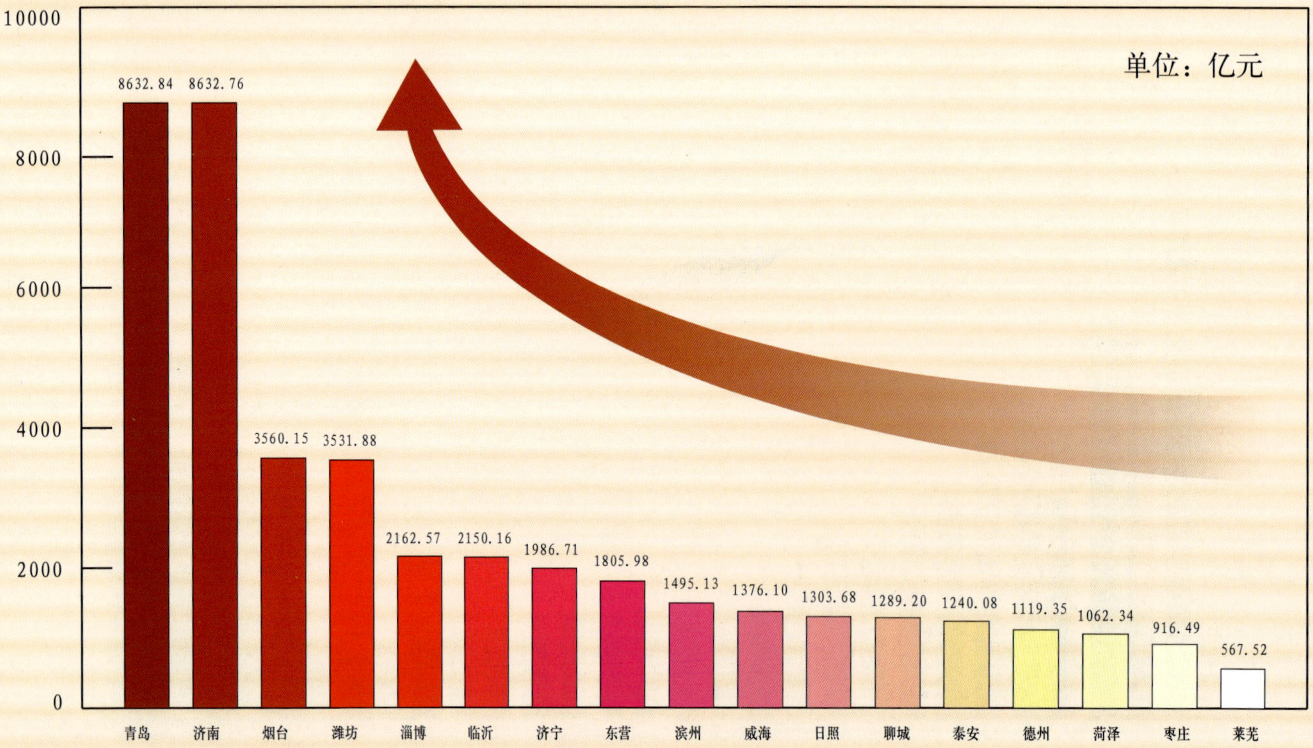

2002年山东省各市地人均贷款

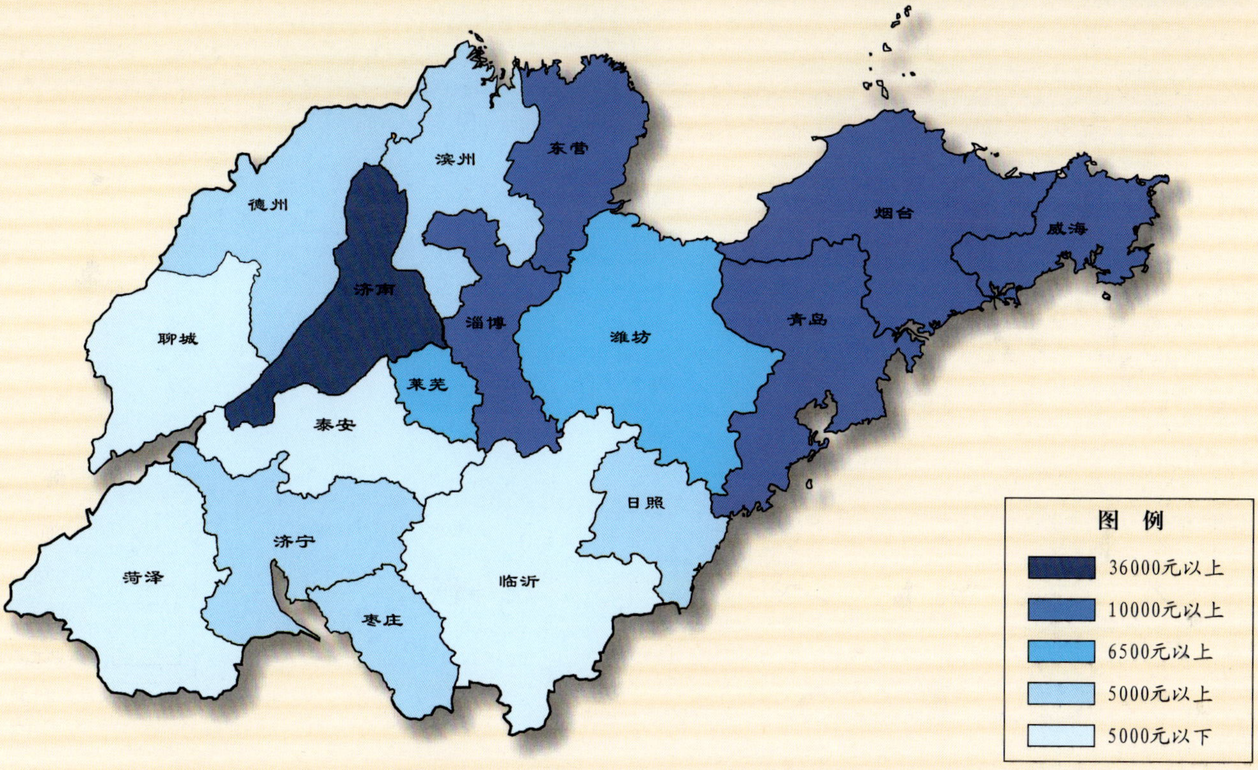

2002年山东省各市地各项贷款

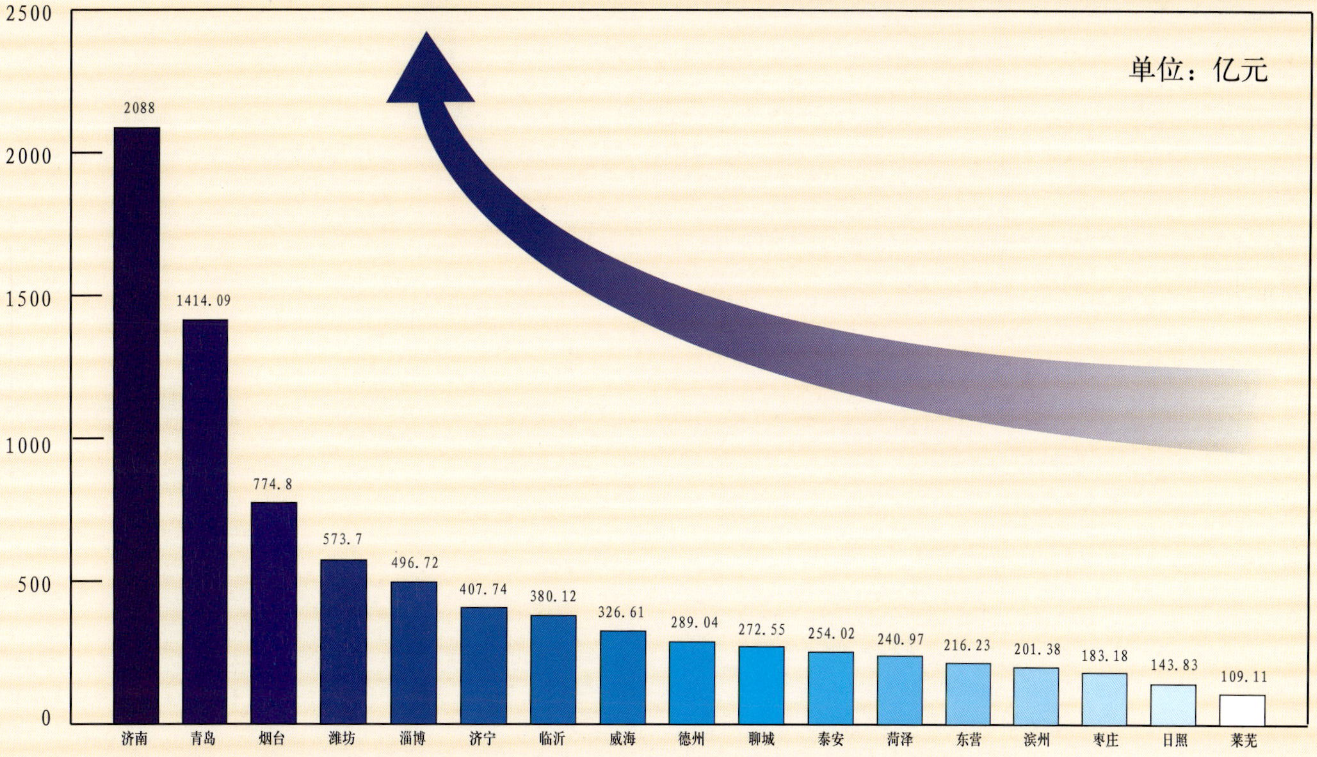

目录

1 第一部分

2 第二部分

3 第三部分

4 第四部分

5 第五部分

6 第六部分

8 第八部分

9 第九部分

10 第十部分

12 第十二部分

13 第十三部分

13

14 第十四部分

15 第十五部分

16 第十六部分

主题索引

第一部分

山东省金融运行报告

山东省金融运行报告

【综述】 2012年，山东省深入贯彻落实科学发展观，加快转变经济增长方式，经济总体保持平稳健康发展。结构调整进展明显，三次产业结构持续优化，内外需协调增长，重点区域带动战略成效显著，保障和改善民生力度加大，物价涨幅总体回落，经济发展质量不断提高。金融平稳健康运行，社会融资规模保持较快增长，贷款投放增速平稳、结构优化，较好地满足了实体经济发展需求；证券融资功能有效发挥，保险保障功能不断增强，金融市场交易活跃，金融生态环境持续优化，金融、经济呈现良性互动、协调发展的态势。

【金融运行情况】 2012年，山东省金融业稳健发展，金融运行态势良好，融资结构不断改善，各项改革深入推进，金融服务实体经济发展和支持"转调创"的能力持续增强。

一、银行业稳健发展，有力支持实体经济。2012年，全省银行业金融机构稳中求进，多渠道增加对实体经济的资金投入，信贷结构持续优化。组织体系更趋完善，运营质效同步提高，市场化定价能力逐步增强，改革创新步伐不断加快。

（一）综合实力稳步提升，组织体系更趋完善。2012年，全省银行业资产规模同比增长19.8%，不良贷款率总体下降，利润同比增长16.8%，整体拨备覆盖率同比上升26.5个百分点。机构县域布局步伐加快，法人金融机构资本充足率明显提高，新型农村金融组织加快发展。新增村镇银行27家，新设财务公司3家，3家省外银行入鲁设立分支机构，驻鲁外资金融机构达到14家，多元化金融发展格局逐步形成。

2012年山东省银行业金融机构情况

机构类别	营业网点			法人机构（个）
	机构个数（个）	从业人数（人）	资产总额（亿元）	
一、大型商业银行	4316	97240	28755.4	0
二、国家开发银行和政策性银行	107	3787	5800.6	0
三、股份制商业银行	402	16868	11076.8	1
四、城市商业银行	633	18132	6980.9	14
五、小型农村金融机构	5188	67803	11713.8	127
六、财务公司	11	456	39.9	9
七、信托公司	2	232	1181.8	2
八、邮政储蓄	2943	7733	3232.4	0
九、外资银行	18	989	414.7	0
十、新型农村金融机构	78	1873	238.2	58
合　　计	13698	215113	69434.5	211

注：1.营业网点不包括总部。

2.大型商业银行包括中国工商银行、中国农业银行、中国银行、中国建设银行和交通银行；小型农村金融机构包括农村商业银行、农村信用社、农村合作银行；新型农村金融机构包括村镇银行和农村资金互助社。

数据来源：山东银监局。

（二）各项存款快速增长，储蓄存款占比提高。2012年，全省本外币存款增量超过8000亿元，是上年的1.6倍。受居民收入增长、资本市场低迷等因素共同影响，储蓄存款增长较快，占新增存款的比重同比提高2.1个百分点。单位存款增势稳定，保证金存款同比多增超200亿元。受前三个季度人民币贬值预期等因素影响，企业和居民持汇意愿上升，外币存款增速同比提高48.9个百分点。

2011～2012年山东省金融机构人民币存款增长变化

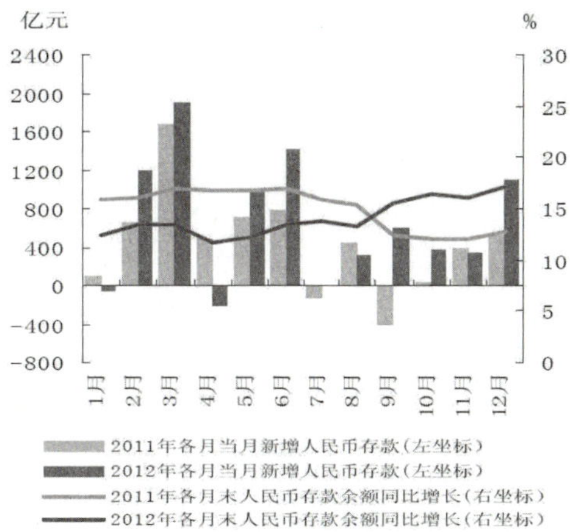

数据来源：中国人民银行济南分行。

（三）各项贷款平稳增长，对实体经济支持力度进一步增大。2012年，全省本外币贷款增量连续第4年超过5000亿元，余额同比增长14.3%。短期贷款增量占比为近9年最高，增速超过全部贷款7.8个百分点。受项目投资建设力度加大等因素影响，前三季度中长期贷款增速回落的势头在四季度发生改变。外币贷款同比少增11.9亿美元，但四季度增势明显加快，主要原因是同业代付业务纳入表内，短期贸易融资增加较多。差别准备金动态调控效果显著，地方法人金融机构信贷总量和投放节奏符合稳健货币政策调控要求，七成以上贷款投向"三农"和小微企业。支农再贷款累放同比多增21.2亿元，使用支农再贷款的农合机构和村镇银行涉农贷款新增占比分别高于同类机构平均水平19.2个和24.4个百分点。民族特需用品生产贷款发放量和贴息额居全国前列。

金融支持实体经济"转调创"的积极作用有效发挥。战略性新兴产业、"十大振兴产业"贷款增长迅速，服务业新增贷款超千亿元。新增中小微企业贷款占比近八成，涉农贷款增速高于全部贷款3.9个百分点。金融资源区域布局持续优化，蓝

2011～2012 年山东省金融机构人民币贷款增长变化

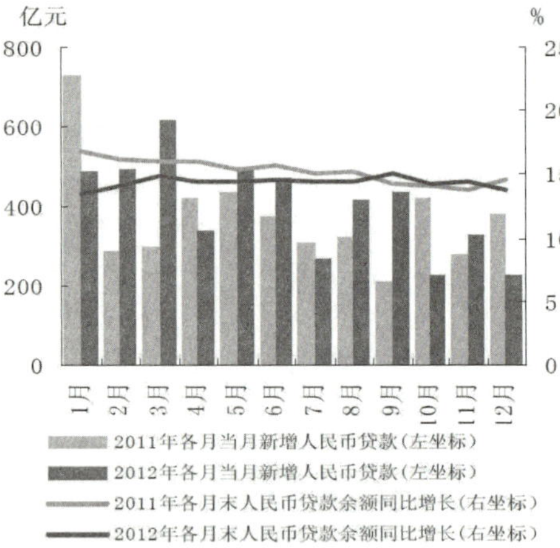

数据来源:中国人民银行济南分行。

2011～2012 年山东省金融机构本外币存、贷款增速变化

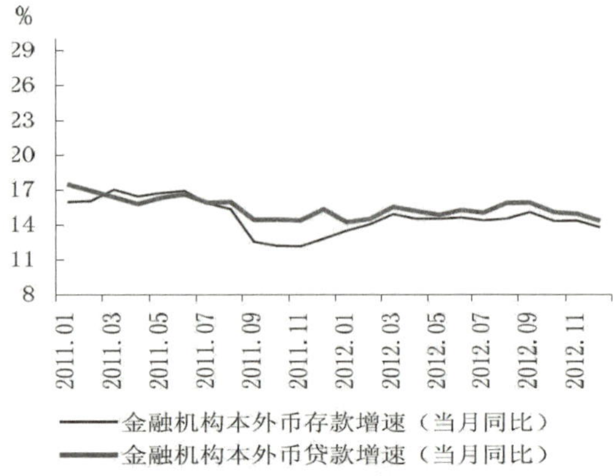

数据来源:中国人民银行济南分行。

黄“两区”、县域新增贷款占比分别提升 5.8 个和 6.4 个百分点。民生领域信贷扶持力度继续加大,保障性住房开发贷款同比增长 71.8%。

(四)表外融资稳定增长,资金运用渠道不断拓宽。2012 年,全省表外融资规模继续扩大,相当于同期本外币贷款增量的 44.1%,满足企业多元化的资金需求。全年累计开办委托贷款、信托贷款、银行承兑汇票等业务 20126.2 亿元,同比多增 2906.9 亿元。

(五)贷款利率总体稳定,市场化定价能力逐步增强。人民币一般性贷款(剔除票据融资和住房贷款)利率同比微升,年内呈先升后降走势;票据贴现利率总体下降,年内走势先降后升;固定利率贷款占比同比提高 19.8 个百分点,上浮利率贷款占比同比提高 1 个百分点。小企业贷款议价能力有所提高,下浮和基准利率的贷款占比同比提高 0.2 个百分点。首套房贷利率执行基准和下浮的比例达到三成,二套房贷严格执行 1.1 倍以上利率。利率浮动空间扩大后,市场运行平稳,存款挂牌利率相对稳定,差异化定价能力逐步提高。民间借贷趋于理性,监测样本发生额同比明显下降,利率水平呈下行态势。中小企业仍是民间借贷的主体,发生额占比 94.4%。

2012 年山东省各利率浮动区间贷款占比表

单位:%

		1月	2月	3月	4月	5月	6月
	合计	100.0	100.0	100.0	100.0	100.0	100.0
	[0.9,1.0)	1.3	1.6	1.8	3.2	2.0	2.6
	1	21.6	21.1	25.5	20.0	18.4	21.6
上浮水平	小计	77.1	77.4	72.7	76.8	79.6	75.8
	(1.0,1.1]	23.2	25.0	29.9	20.1	22.6	20.9
	(1.1,1.3]	27.0	26.1	27.3	24.5	27.6	26.1
	(1.3,1.5]	9.5	8.2	6.5	11.4	10.7	10.4
	(1.5,2.0]	13.1	12.8	7.9	15.3	13.9	13.4
	2.0以上	4.4	5.3	1.1	5.5	4.7	5.1
		7月	8月	9月	10月	11月	12月
	合计	100.0	100.0	100.0	100.0	100.0	100.0
	[0.9,1.0)	5.2	6.1	4.6	7.2	5.2	5.1
	1	22.8	21.4	22.7	21.9	25.1	23.3
上浮水平	小计	72.1	72.4	72.7	70.9	69.8	71.7
	(1.0,1.1]	23.2	20.6	21.5	18.3	24.1	21.3
	(1.1,1.3]	23.5	24.5	26.0	25.7	27.9	24.7
	(1.3,1.5]	8.7	8.6	9.0	8.6	7.6	9.9
	(1.5,2.0]	11.5	12.9	12.1	12.8	9.1	11.4
	2.0以上	5.2	5.8	4.1	5.5	1.1	4.4

注:2012 年 8–12 月统计数据的下浮区间为[0.7,1.0)。

数据来源:中国人民银行济南分行。

2012 年山东省金融机构外币存款余额及外币存款利率

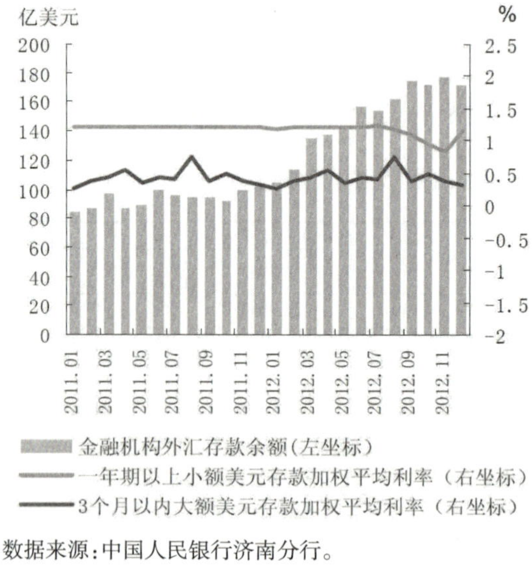

数据来源:中国人民银行济南分行。

(六)银行业改革步伐加快,多元化农村金融体系日臻完善。农业银行县级“三农金融事业部”改革继续深化,组织架构不断完善。县域金融机构覆盖面明显扩大,全国性金融机构新设县域支行 44 家,城市商业银行县域覆盖率达到 91.2%。农村信用社改革深入推进,年内新组建 13 家农村商业银行。农村新型金融机构发展迅速,村镇银行达到 56 家,首家总部设在

乡镇的村镇银行获批筹建。小额贷款公司试点数量达到296家,注册资本325亿元,全年累计发放贷款超千亿元。

(七)跨境人民币业务向纵深推进,辐射面持续扩大。2012年,全省跨境人民币结算额同比增长76.2%,自试点以来累计结算额已达5809亿元,位居全国前列,人民币作为第二大国际结算币种的地位进一步巩固。跨境业务辐射面进一步扩大,已有47家银行的700余家分支机构办理跨境人民币结算,涉及企业近3200家,覆盖144个国家和地区。配套措施和金融服务逐步完善,各项业务均衡发展,月度流量规模稳定在300亿元左右。跨境人民币收付是同期涉外收支增速的12倍,跨境货物贸易人民币结算占同期货物进出口结算额的比重显著提高。

二、证券业平稳运行,上市融资取得新突破。2012年,全省证券市场融资和资源配置功能进一步增强,证券期货经营机构稳步发展,上市公司融资势头良好,中小企业私募债券试点稳步推进。

(一)市场主体实力进一步增强。证券公司分支机构规模继续扩大,2012年新设营业部17家,营业网点数增至219家。资产总额继续增长,全年实现盈利5.9亿元,管理客户资产总额达到3096.8亿元。期货公司资本实力明显增强,3家期货公司的注册资本及净资本同比分别增长31.9%和57.9%。期货市场业务量稳步增长,代理交易量同比增长14.8%。

(二)证券市场融资功能有效发挥。2012年,全省153家境内上市公司总市值占同期地区生产总值的17.6%。证券市场引导产业结构优化的作用显现,战略性新兴产业和先进制造业企业IPO融资额38.9亿元,占全省IPO融资额的七成以上。上市公司再融资家数和规模不断增加,24家次上市公司再融资233亿元。中小企业私募债券试点成功推进,11家企业备案预备案总金额达到17.7亿元,2家企业已成功发行4亿元。

2012年山东省证券业基本情况表

项　目	数量
总部设在辖内的证券公司数(家)	2
总部设在辖内的基金公司数(家)	0
总部设在辖内的期货公司数(家)	3
年末国内上市公司数(家)	153
当年国内股票(A股)筹资(亿元)	430.9
当年发行H股筹资(亿元)	32.6
当年国内债券筹资(亿元)	1414.1
其中:短期融资券筹资额(亿元)	470.6
中期票据筹资额(亿元)	572.0

数据来源:中国人民银行济南分行,山东证监局。

三、保险业务结构显著优化,社会保障功能不断增强。2012年,全省保险业发展水平继续全面提升,业务结构调整稳步推进,社会保障水平及效果明显提升。

(一)行业实力继续增强,市场体系更趋完善。2012年,全省保险业总资产同比增长15.4%,新增保险公司2家,驻鲁保险公司总数达77家。总部设在济南的中德合资德华安顾人寿保险公司获批筹建。保险业辐射能力大大增强,县域机构数量不断增加,增设县域分支机构206家,从业人数持续扩大达51.5万人。

(二)业务规模稳步扩大,市场创新日趋活跃。全省保费收入同比增长8.9%,高于全国0.9个百分点,稳居全国第三位;累计承担各类风险责任19.4万亿元,赔付金额同比增长19.7%。人身险业务结构持续优化,个人代理业务占比高于全国4.4个百分点。财产险公司承保利润增长15.6%,居全国首位。责任险发展迅速,保费增速高于整体水平18.6个百分点。出口信用保险快速发展,为近1500亿元的外贸出口提供风险保障。安全生产责任险保持良好发展势头,特种设备责任险、环境污染责任险试点启动。涉农保险对弱势产业保障功能日益凸显,农业保险承保种植业面积、保障金额均为上年的1.5倍,政策性农业保险保费收入同比增长168.6%。

2012年山东省保险业基本情况表

项　目	数量
总部设在辖内的保险公司数(家)	1
其中:财产险经营主体(家)	1
人身险经营主体(家)	0
保险公司分支机构(家)	77
其中:财产险公司分支机构(家)	35
人身险公司分支机构(家)	42
保费收入(中外资,亿元)	1128.0
其中:财产险保费收入(中外资,亿元)	382.6
人身险保费收入(中外资,亿元)	745.5
各类赔款给付(中外资,亿元)	324.6
保险密度(元/人)	1170
保险深度(%)	2.3

数据来源:山东保监局。

四、金融市场交易活跃,融资结构持续改善。2012年,全省金融市场资源配置功能有效发挥,多层次融资格局进一步优化。

(一)直接融资发展势头强劲,融资渠道更趋多元化。2012年,全省融资结构继续优化,直接融资规模增长较快,股票债券融资额为上年的1.4倍。银行间市场融资规模提高,中小企业集合票据发行量居全国第一。区域集优债务融资试点稳步推进,14家企业发行区域集优票据13.3亿元。率先开展中小企业私募债券试点、区域股权交易市场建设工作,齐鲁股权托管交易中心挂牌企业数量和市值居全国第二,累计实现私募融资15亿元。各资产管理公司通过直接融资、融资租赁等形式为全省重点项目提供资金近百亿元。

(二)银行间市场交易量稳步增长,市场利率略有下降。2012年,全省银行间市场成员累计成交13.0万亿元,现券成交量同比增加90%。短期头寸调节作用明显,14天以内回购交易与同业拆借业务占据市场绝对主力。市场成员持债余额增长较快,同比增长25.1%。同业拆借、质押式回购利率均有所下降，现券买卖加权到期收益率同比下降 33 个基点。

2001 ~ 2012 年山东省非金融机构融资结构表

	融资量（亿元人民币）	比重（%）		
		贷款	债券（含可转债）	股票
2001	901.1	90.0	0.0	10.0
2002	1571.9	96.6	0.0	3.4
2003	2051.8	97.4	0.0	2.6
2004	1695.8	91.6	2.9	5.5
2005	2123.8	95.7	2.6	1.7
2006	2820.4	89.8	6.5	3.7
2007	2585.1	79.6	9.7	10.7
2008	3574.5	87.1	6.5	6.4
2009	7150.5	90.3	6.5	3.2
2010	6015.6	85.6	7.4	7.0
2011	6263.9	80.3	12.0	7.7
2012	7222.7	74.0	19.6	6.4

数据来源：中国人民银行济南分行。

（三）票据市场趋于活跃，贴现利率下行。2012 年，全省银行承兑汇票累计签发额、票据贴现累计发生额同比分别增长 24.3%和 44.3%。前三季度票据融资同比多增 832 亿元，四季度

2012 年山东省金融机构票据业务量统计表

单位：亿元

季度	银行承兑汇票承兑		贴现			
			银行承兑汇票		商业承兑汇票	
	余额	累计发生额	余额	累计发生额	余额	累计发生额
1	7507.3	4068.5	1478.0	2978.4	118.6	206.6
2	8412.1	8859.3	1870.0	6730.8	174.2	550.6
3	8758.1	12687.7	2085.2	10576.9	156.9	797.2
4	8598.3	17335.6	1985.1	13987.1	117.9	1241.0

数据来源：中国人民银行济南分行。

2012 年山东省金融机构票据贴现、转贴现利率表

单位：%

季度	贴现		转贴现	
	银行承兑汇票	商业承兑汇票	票据买断	票据回购
1	7.4403	8.4377	7.0692	5.3939
2	5.4176	6.8763	5.5665	4.2949
3	5.4329	6.3453	5.0850	4.3409
4	5.7774	6.7378	5.0547	4.7496

数据来源：中国人民银行济南分行。

受实体经济信贷需求回升影响，金融机构压缩票据融资增加信贷投放空间，票据融资新增占比较前三季度回落 6.4 个百分点。再贴现办理量与上年基本持平，有效加大对涉农和中小企业的融资支持。票据利率总体下行，年末银票直贴利率、买断式转帖现利率分别比年初下降 5 个和 3 个百分点。

（四）银行间外汇市场增长较快，黄金市场较为低迷。2012 年，全省银行间外汇市场成员成交量同比增长 17.5%，“远期－全额”交易翻倍。13 家黄金市场上交所会员单位累计成交量同比增长 19%。自营量比例同比下降 5.3 个百分点，产金炼金企业仍是交易主力。纸黄金交易量较去年同期下降 2.7%，成交额及成交价格小幅上涨，分别增加 1.6%和 1.9%。

五、金融生态环境建设成效明显，金融服务覆盖面有效提升。2012 年，全省金融生态环境建设全面推进，金融发展环境持续优化。继续强力推进农村支付环境建设，7 月末在全国率先实现“双百目标”。建立社会信用体系建设省级联席会议制度，建立中小企业、农户信用档案 16.2 万和 1115 万个。开发并试运行“金融机构管理与服务系统”，全省 17 市和 92 个县设立金融消费者申诉处理中心，共受理投诉 611 起，办结率 99.7%。全面启动“送金融知识进村社企校”活动，3 年内争取走进 80%以上村庄和社区、60%以上企业和学校。制定完善打击和处置非法集资工作综合治理考评体系，妥善处理涉及山东省全国性非法集资案件 13 起。

【经济运行情况】 2012 年，全省经济呈现稳中有进的发展态势，三次产业持续优化，物价涨幅总体回落，节能降耗成效显著，经济总量和人均地区生产总值分别突破 5 万亿元和 8 千美元，经济社会发展质量和效益进一步提高。

1978 ~ 2012 年山东省地区生产总值及其增长率

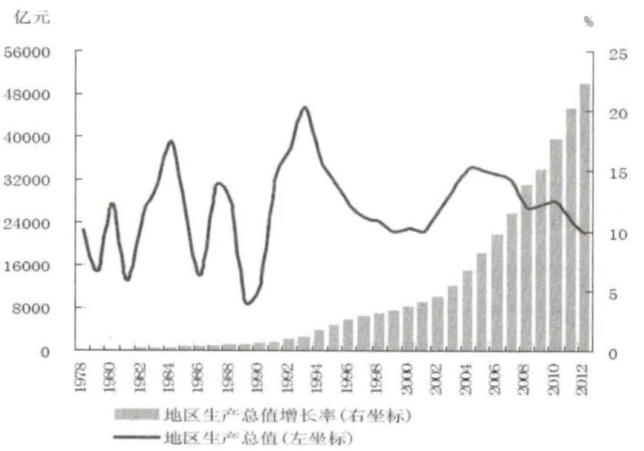

数据来源：山东省统计局。

一、内外需求协调增长，经济平稳健康发展。2012 年，全省固定资产投资增长较快，结构进一步优化，居民消费旺盛，对外贸易缓中企稳，经济增长的内外需动力更趋协调。

（一）投资结构更趋优化，产业转移有序推进。2012 年，全省固定资产投资增速高位趋稳，同比回落 1.3 个百分点；三次产业投资比例持续发生积极变化，服务业投资占比超过 50%。民间投资占比超过 80%，经济内生活力不断增强。技术改造投资占工业投资比重超过 60%，创新能力不断提高。重点区域投资带动作用突出，山东半岛蓝色经济区、黄河三角洲高效生态经济区、省会城市群经济圈、鲁南经济带等重点区域融合发展

态势良好。产业转移实现新突破，淄博(宁夏石嘴山)工业园、海尔(成都天府新区)创新园区、山钢集团产业援疆等重点项目进展顺利。

1980～2012 年山东省固定资产投资及其增长率

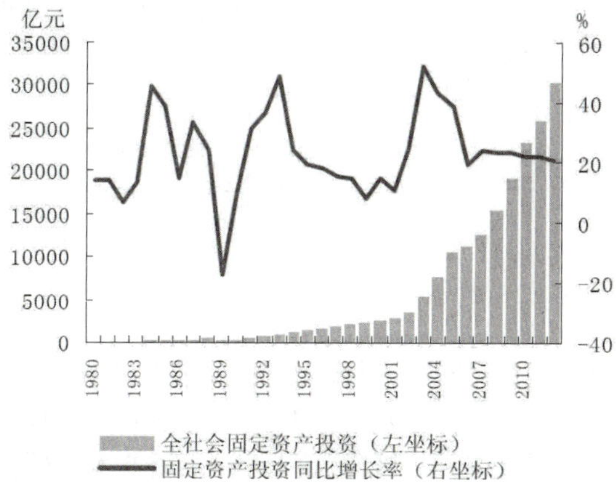

数据来源：山东省统计局。

(二)城乡消费稳中趋升，消费结构升级加速。2012 年，全省城镇居民人均可支配收入实际增速和农村居民人均纯收入实际增速分别高于同期地区生产总值增速 0.9 个和 1.2 个百分点，为消费市场稳定增长提供了有力支撑，全省社会消费品零售额同比增速高于全国 0.7 个百分点。消费结构升级加速，汽车、家具、服装等热点商品销售旺盛。城乡市场协调发展，城乡消费增速差同比收窄 1.8 个百分点，农村消费市场潜力进一步激活。

1978～2012 年山东省社会消费品零售总额及其增长率

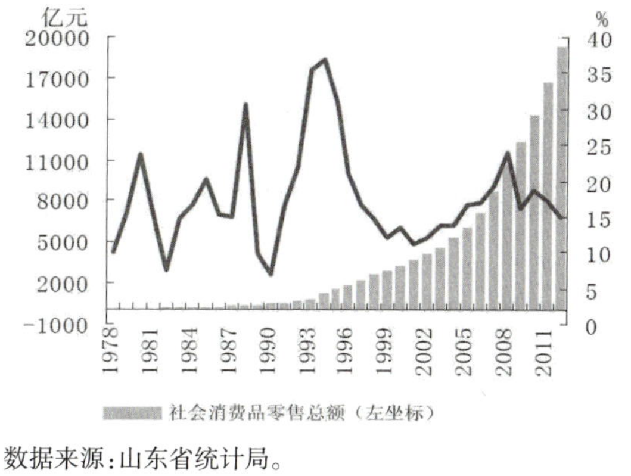

数据来源：山东省统计局。

(三)对外贸易增速放缓，市场格局更趋多元化。2012 年，受世界经济增长乏力、贸易保护主义等因素影响，全省进出口总额增速同比回落 20.7 个百分点，贸易顺差额同比下降 23.2%，延续近四年以来的下降趋势。对欧盟、韩国等传统市场出口放缓，对美日出口保持平稳，对东盟、非洲、南美洲和大洋洲等新兴市场出口增长加快。私营企业外贸活力不断增强，进出口增速高于全省 18.1 个百分点，占全省贸易总额的比重为 38.7%。

1978～2012 年山东省外贸进出口变动情况

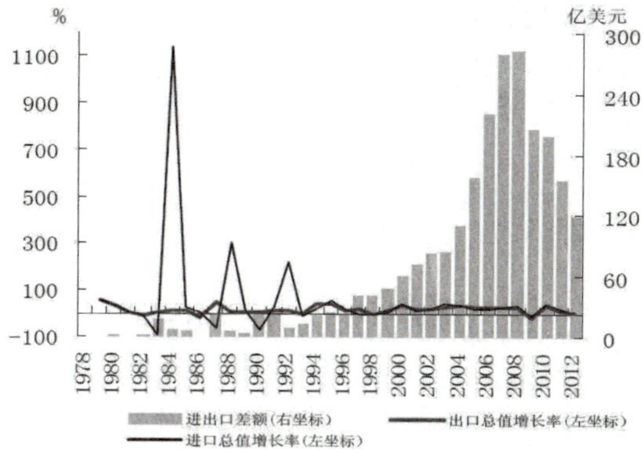

数据来源：山东省统计局。

利用外资结构优化，对外经济合作进展顺利。全年新签合同外资额增长 4.9%，实际到账外资增长 10.7%。其中，新批服务业投资项目 637 个，实际到账 44.7 亿美元，世界 500 强企业投资项目 53 个，实际到账 9 亿美元。境外投资步伐加快，协议投资总额同比增长 49.7%。对外承包工程和劳务合作稳步发展，完成营业额 81.1 亿美元，外派各类劳务人员 51425 人。

1986～2012 年山东省外商直接投资额及其增长率

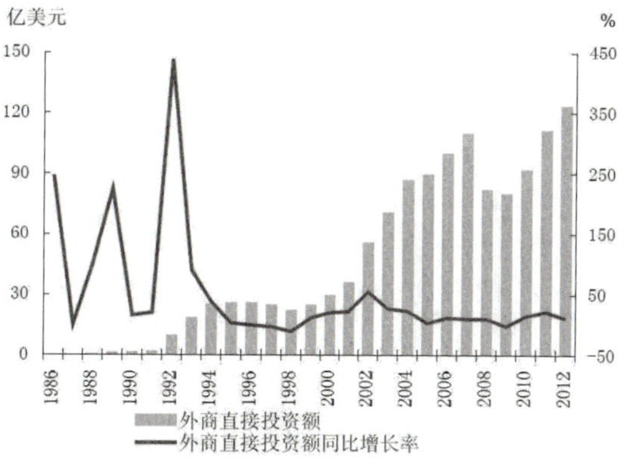

数据来源：山东省统计局。

二、"转调创"成效显著，产业发展可持续性增强。2012 年，全省加快经济发展方式转变步伐，突出"转调创"三项重点，三次产业协调发展，产业结构更趋合理。三次产业比例由上年的 8.8∶52.9∶38.3 调整为 8.6∶51.4∶40.0。

(一)农业生产稳定增长，基础地位更趋稳固。2012 年，全省农业生产克服干旱、风雹、洪涝等多种灾害的不利影响，粮食总产量实现"十连增"。粮食生产机械化程度逐步提高，小麦和玉米的机收率分别达到 98%和 85%。农产品质量安全水平进一步提升，无公害产地认定面积 121.5 万公顷，"三品一标"

产品 5740 个，新登记 1615 个。农业科技支撑和服务能力进一步增强，农产品技术含量及附加值不断提高。农业基础设施建设扎实有效，农田有效灌溉面积 499.7 万公顷。农村生产生活条件持续改善，农作物生产综合机械化水平达到 78.2%，自来水普及率达到 92%，新建农村户用沼气池 12.3 万户。新型农村合作医疗参合率达 99.9%。

（二）工业生产缓中趋稳，质量效益同步提升。全年工业呈现低开高走、轻重工业协调发展的良好态势，工业增加值增速高于全国 1.4 个百分点，同比提高 1.3 个百分点。私营企业工业增加值增长 16.7%，高于全省 5.6 个百分点。工业产销衔接良好，产销率高于全国 0.8 个百分点，主营业务收入增速高于东部地区 7 个百分点。企业效益稳步提高，利税、利润总额均居全国首位。自主创新能力不断增强，国家超级计算济南中心、海洋科考船、济南国家新药研发综合大平台等项目基本建成。全年发明专利申请量增长 57.6%，占全部专利申请量的比重同比提高 8.0 个百分点。

1999～2012 年山东省规模以上工业增加值同比增长率

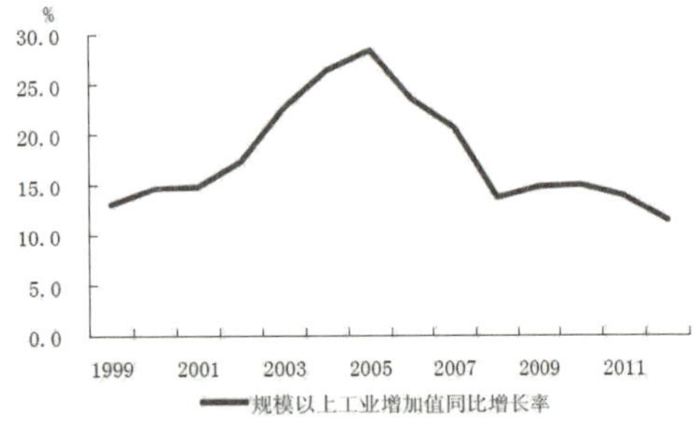

数据来源：山东省统计局。

（三）服务业发展质效提高，改革实现新突破。2012 年，全省服务业增加值增速高于全国平均水平 1.7 个百分点，占地区生产总值的比重同比提高 1.7 个百分点。服务业财政性投入持续增加，项目数量和资金规模位居全国前列。济南"五大服务业中心"建设和青岛"六大产业"改革两个国家级服务业改革试点项目进展顺利，11 个省级综合改革试点全面推进。服务外包持续快速发展，离岸执行额实现连续四年"倍增"。登记承接服务外包合同、合同金额和执行金额分别同比增长 47.7%、74.7%和 93.5%。

三、物价涨幅总体回落，就业形势基本稳定。2012 年，全省积极巩固物价调控成果，物价涨幅总体回落，全年走势稳中趋降。

（一）居民消费价格逐季走低，食品价格涨幅回落是主因。2012 年，全省 CPI 涨势趋缓，涨幅同比回落 2.9 个百分点，为三年来最低，低于全国平均水平 0.5 个百分点。1 月份涨幅达到峰值 4.7%，之后逐步回落；4 月份后全部低于 3%，进入温和上涨区间。食品价格涨幅回落成为 CPI 下降的首要因素，城市价格涨幅高于农村 0.1 个百分点。

2001～2012 年山东省居民消费价格和生产者价格变动趋势

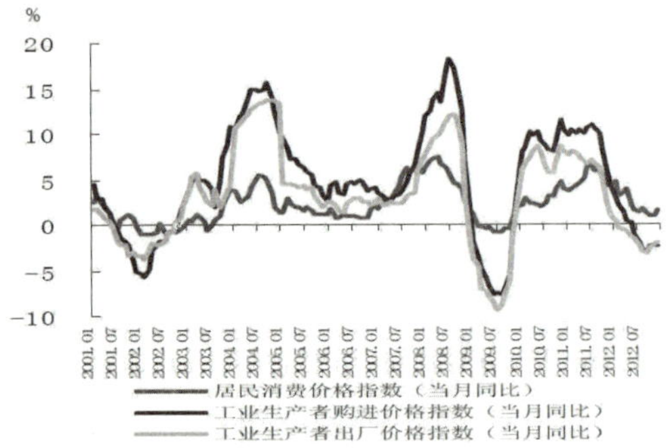

数据来源：山东省统计局。

（二）工业生产者价格同比下降，农业生产资料价格明显回落。2012 年，全省工业生产者价格累计涨幅低开低走，总体回落，出厂价格和购进价格分别同比下降 1.6%和 0.8%。购进价格回落速度快于出厂价格，购销"剪刀差"逐步缩小。轻工业价格相对稳定，重工业价格降势较为明显。初级、中间产品价格下降，最终产品价格上涨。农业生产资料价格涨幅同比缩小 5.2 个百分点，农业生产经营成本压力有所减轻。农产品生产价格平稳增长，棉花价格止跌回升，蔬菜价格涨幅较大。

（三）就业形势基本稳定，劳动力价格继续增长。2012 年，全省连续第九年实现城镇新增就业和农村劳动力转移就业"双过百万"，均完成目标的 110%以上。年末城镇登记失业率为 3.3%，低于全国 0.8 个百分点。失业人员再就业 55.6 万人，零就业家庭全部实现动态消零。劳动力成本稳定增长。城镇最低工资标准平均上调 16%，农村最低生活保障年人均 2214 元，同比增长 30.8%。

四、财政收入增势平稳，支出结构继续倾向民生。2012 年，全省公共财政预算收入同比增长 17.5%，税收收入占比略有下降。与经济高度关联的主体税种增长乏力，企业增值税、所得税增速分别为 5.9%、10.9%，均为近三年来最低水平。支出结构

1978～2012 年山东省财政收支状况

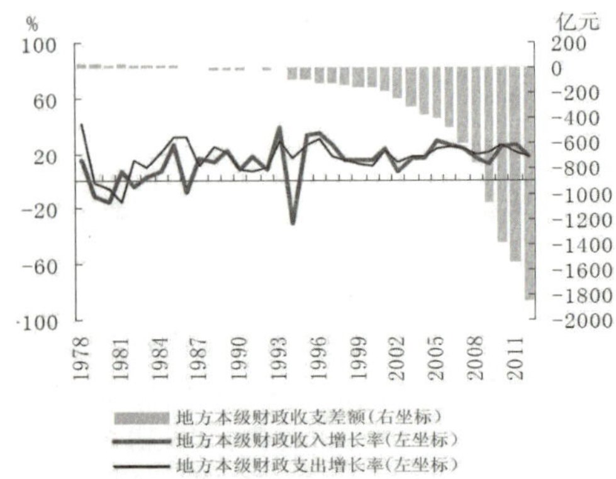

数据来源：山东省统计局。

不断优化，农业、教育、医疗卫生、社会保障、住房等民生领域支出增长较快，增速高于全省财政支出平均水平2.6个百分点，投入占比连续5年过半。财政资金支出更加均衡，12月支出占全年的比重为5年来最低水平。营业税改增值税准备工作全面启动。

五、环境质量有效改善，生态山东建设稳步推进。2012年，山东省启动“让江河湖泊休养生息的示范省、探索中国环境保护新道路的先行区”建设，节能降耗、环境保护工作加快推进。万元GDP能耗降低率超额完成年度和进度目标任务，实施完成中央、省级节能产业化和技改项目264个，455户企业完成落后产能淘汰。圆满完成国家第二批资源产出率统计试点任务，新培育国家级园区循环化改造示范试点2个、省级循环经济示范工程15个。逐步探索出“治用保”流域治污新模式，省控59条重点河流COD和氨氮年均浓度分别下降6.3%和18.3%。建立大气污染防治工作的长效机制，创造性提出“蓝天白云、繁星闪烁”空气能见度指标。新建省级自然保护区1个，新增国家级生态乡镇79个。湿地面积恢复增加到178.5万公顷，森林覆盖率达到23.5%，农村生态文明建设不断推进，生态文明水平进一步提升。

六、房地产调控效果显现，旅游业快速发展。

（一）房地产市场健康发展，房地产金融稳健运行。2012年，全省房地产市场整体运行平稳，房地产贷款增速下降，差别化房贷政策有效落实。

1、开发投资增速呈“U”型走势，资金来源内生性增强。2012年，房地产开发投资增速低位运行，下半年筑底回升。住宅投资增速明显下滑，商业地产投资占比提高。开发企业自筹资金占比同比上升2个百分点，贷款占比同比下降18个百分点，开发投资到位资金增速同比降低13个百分点。

2、市场供给增速回落，保障性住房建设加快。2012年，受销售下滑及资金紧张影响，房地产企业土地购置行为趋于谨慎，土地购置面积、新开工面积、竣工面积增速同比均回落。年末热点城市黄金地段的土地成交出现回暖，个别地块成交单价上涨较快。保障性安居工程加快实施，新开工34.3万套，开工完成率116%，竣工20.5万套，竣工完成率173.9%，提前完成国家下达的任务目标。

3、市场需求低位回升，宏观调控效果显现。2012年，全省

2002～2012年山东省商品房施工和销售变动趋势

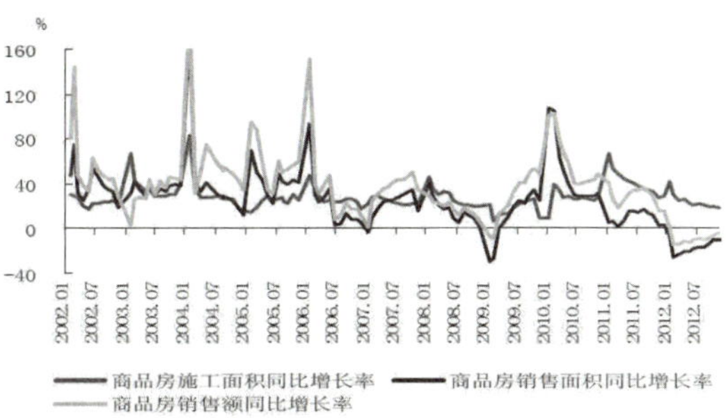

数据来源：山东省统计局。

商品房销售面积、销售额增速3月份降至低谷，后逐季回升，全年增速分别比上年回落9.9个和3.5个百分点。住宅和商业营业用房销售不旺，办公楼销售较快。沿海限购城市房地产销售增速明显低于内陆城市。

4、重点城市房价同比下降，个别二三线城市涨幅较大。2012年，重点城市青岛新建住宅价格指数连续10个月同比下跌。但个别二、三线城市处于城镇化的快速上升期，房地产发展潜力较大，住房价格上涨较快。

2012年青岛市新建住宅销售价格变动趋势

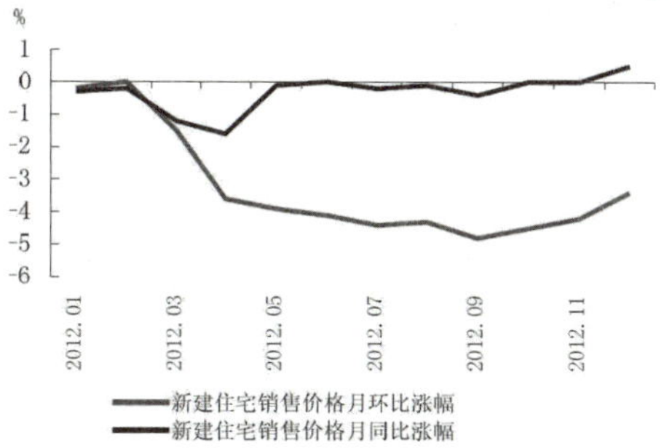

数据来源：山东省统计局。

5、房地产金融运行平稳，保障性住房贷款增长较快。全省房地产贷款增速同比下降0.5个百分点，低于各项贷款增速1.4个百分点。个人住房贷款增速高于开发贷款，保障性住房开发贷款增长71.9%，高于全部房地产开发贷款增速74个百分点。

（二）旅游业快速发展，金融支持力度加强。2012年，全省旅游业加快建设步伐，产业环境和产业结构逐步优化，成为全省经济新的增长点。全年旅游总收入突破4000亿元，占全省地区生产总值的9%。完成旅游投资1300亿元，持续推进重点旅游项目建设，城市旅游目的地体系更加完善，“好客山东”品牌进一步唱响全国。台儿庄古城、烟台三仙山进入国家5A级景区行列，全省5A级旅游景区达到8家，规划建设的旅游小镇达到120个，培育旅游强乡镇247个、特色村184个，农业旅游示范点380个、好客人家农家乐627个。

中国人民银行济南分行深入贯彻落实《关于金融支持旅游业加快发展的若干意见》，大力引导全辖金融机构把旅游业作为优先支持行业，加大信贷创新力度。在全国率先推出并成功运作“旅游景区门票收费权质押”业务，发行了“好客山东”中银信用卡、“蔚蓝青岛”中银信用卡、“阳光好客容易行联名信用卡”等，景点布放ATM、外币代兑点个数明显增加。

七、蓝黄“两区”重点引领，区域经济协调互动。2012年，全省区域发展战略全面推进，蓝黄“两区”在产业集群、特色园区培育、生态保护、未利用土地开发等方面取得积极进展，生产总值增长率分别高于全省0.9个和2个百分点。按照“突出重点、培植优势”的要求，金融支持力度继续加大，全年“两区”新增贷款分别占全省的53.4%和15.3%，新发中小企业集合票据和区域集优债券17.8亿元；安排省级“两区”政府专项资金28

亿元,合作贷款 12.1 亿元,扶持 294 个重点项目;产业投资基金总规模达 350 亿元;产权交易等资本服务市场率先试行,受理项目金额近 60 亿元。在"两区"重点带动下,省会城市群经济圈、鲁南经济带建设步伐加快,日照钢铁精品基地和青钢搬迁项目获得国家批准,聊城、菏泽两市及东平县纳入国家中原经济区规划,全省区域经济呈现协调、融合、联动的良好态势。

【经济金融大事记】 1 月 17 日 山东省"一行四局"(人行济南分行、山东银监局、证监局、保监局和外汇局山东省分局)创新开展金融统计数据联合通报,为公众一次性提供准确、及时、完整的金融数据。

5 月 8 日 山东省文化体制改革工作会议和文化产业投资基金揭牌仪式在济南举行。

5 月 10 日 山东省钢铁产业结构调整试点工作正式开始。

6 月 1 日 山东省首张新开户企业机构信用代码证和首张存量企业客户机构信用代码证成功发放,标志山东省机构信用代码推广工作正式开始。

7 月 31 日 山东省作为全国首个省份,率先实现"71073 个行政村金融基础设施 100%全覆盖、100%的县域以下各类银行机构参与农村支付环境建设"的农村金融支付服务环境建设工作"双百目标"。

10 月 1 日 全国第一支海洋经济发展的产业投资基金 – 蓝色经济区产业投资基金在济南设立,首期募集的 38.4 亿元将投向山东半岛蓝色经济区的海洋产业项目。

11 月 23 日 山东省正式印发《关于加快科技成果转化提高企业自主创新能力的意见(试行)》,允许和鼓励职务发明成果的所得收益按至少 60%、最多 95%的比例划归参与研发的科技人员及其团队拥有。

12 月 10 日 山东省支付清算协会正式成立。

12 月 22 日 金融风险定量计算与控制协同创新中心成立暨签约仪式在济南举行。

附表 1-1

山东省经济主要统计指标

指标 \ 年度	2008	2009	2010	2011	2012	2012 年同比增幅(%)
土地面积(万平方公里)	15.70	15.70	15.70	15.70	15.70	0
人口(万人)	9417	9470	9588	9637	9685	0.5
非农业人口(万人)	3532	3548	3839	3945	4021	1.9
地区生产总值(亿元)	30933.28	33896.65	39169.92	45361.85	50013.24	9.8
第一产业(亿元)	3002.65	3226.64	3588.28	3973.85	4281.70	4.7
第二产业(亿元)	17571.98	18901.83	21238.49	24017.11	25735.73	10.5
工业(亿元)	15894.95	16896.14	18861.45	21275.89	22798.33	11.1
建筑业(亿元)	1677.03	2005.69	2377.04	2741.22	2937.40	5.9
第三产业(亿元)	10358.64	11768.18	14343.14	17370.89	19995.81	9.8
人均地区生产总值(元)	32935.77	35893.57	41106	47335	51768	9.2
地区生产总值构成(%)	100	100	100	100	100	--
第一产业(%)	9.70	9.50	9.20	8.80	8.60	--
第二产业(%)	56.80	55.80	54.20	52.90	51.40	--
第三产业(%)	33.50	34.70	36.60	38.30	40.0	--
公共财政预算收入(亿元)	1957.05	2198.63	2749.38	3455.93	4059.43	17.5
公共财政预算支出(亿元)	2704.66	3267.67	4145.03	5002.07	5904.52	18.0
全社会固定资产投资(亿元)	15435.93	19030.97	23276.69	26769.73	31255.96	20.2
房地产开发(亿元)	2038.53	2428.73	3249.37	4106.8	4708.3	--
进出口总值(亿美元)	1581.45	1386.04	1889.51	2359.92	2455.45	4.1
出口总值(亿美元)	931.75	795.65	1042.47	1257.88	1287.32	2.4
外商直接投资(亿美元)	82.00	80.10	91.68	111.60	123.53	10.7
社会消费品零售总额(亿元)	10658.76	12362.97	14620.30	17155.49	19651.94	14.6
居民消费价格指数(%)	105.30	100.00	102.90	105.0	102.1	2.1
城市居民人均可支配收入(元)	16305.40	17811.04	19945.83	22792	25755	13.0
农民人均纯收入(元)	5641.43	6118.77	6990.28	8342	9466	13.2

注:该表为本编辑部根据《山东统计年鉴》有关数据整理。

附表 1-2

山东省工农业主要统计指标

农业主要统计指标（万吨）				规模以上工业企业主要统计指标（亿元）			
项目 \ 年度	2011年	2012年	增幅（%）	项目 \ 年度	2011年	2012年	增幅（%）
粮食	4426.30	4511.4	1.9	工业增加值	--	--	11.43
夏粮	2104.70	2179.91	--	国有企业	--	--	6.07
秋粮	2321.59	2331.50	--	集体企业	--	--	10.54
棉花	78.5	69.8	-11.0	股份制企业	--	--	12.32
油料	341.0	351.0	2.9	外商及港澳台投资企业	--	--	7.85
水果	1488.50	1523.82	--	轻工业	--	--	11.21
蔬菜	9180.93	9386.01	--	重工业	--	--	11.54
肉类	711.05	764.16	7.5	主营业务收入	99766.2	118086.9	--
禽蛋	401.64	402.44	0.2	利税	11233.5	12871.0	--
奶类	278.95	294.09	5.4	利润	7097.7	8016.4	--
水产品	813.83	841.88	3.4	经济效益综合指数（%）	--	--	--

注：该表为本编辑部根据《山东统计年鉴》有关数据整理。

附表 1-3

山东省金融业统计指标

指标（亿元） \ 年度		2008	2009	2010	2011	2012	比年初增减数
银行类	本外币存款余额	27295.40	35170.71	41653.72	46986.51	55386.41	8401.65
	人民币存款余额	26930.19	34697.78	41104.96	46345.41	54301.53	7957.86
	单位存款	--	--	--	22162.89	25601.03	3431.07
	定期存款	--	--	--	5669.31	6798.19	1130.90
	活期存款	--	--	--	9839.49	10881.00	1118.44
	个人存款	--	--	--	22290.76	26637.40	4346.52
	储蓄存款	14382.19	17082.76	19648.21	22173.27	26343.31	4170.03
	本外币贷款余额	20927.83	27385.93	32536.29	37521.93	42899.91	5345.10
	人民币贷款余额	20053.89	25961.32	30722.64	35179.00	40021.49	4809.60
	短期贷款	10580.08	12220.71	14369.15	17331.13	20947.01	3607.24
	中长期贷款	8213.82	11758.14	15007.60	16291.94	16692.62	376.55
	票据融资	1779.70	1898.45	1217.51	1385.36	2105.51	720.15
	现金收入	60205.82	65307.61	77144.41	--	--	--
	现金支出	60211.58	65302.17	77300.30	--	--	--
	现金投放（+）回笼（-）	6.72	-5.44	155.88	--	--	--
保险类	保险公司保费收入	673.95	792.89	1030.07	1036.04	1128.04	--
	财险收入	170.45	215.19	297.44	339.21	392.19	--
	寿险收入	503.50	577.70	732.63	696.83	735.85	--
	保险公司赔款和给付支出	198.39	228.39	228.64	271.23	324.56	--
	财险赔款	99.13	114.74	136.66	161.41	197.88	--
	寿险给付	99.26	113.65	91.98	109.82	126.68	--
证券类	证券经营机构证券交易量	17515.3	35928.0	20710.1	24595.4	18880.2	--
	证券投资者资金开户数（万户）	375.0	421.9	457.1	486.4	508.3	--
	净利润	38.35	76.57	56.41	--	--	--
	期货经纪公司代理交易量	27942.2	48369.5	73005.9	43702.4	46648.6	--
	期货客户保证金余额	12.37	--	29.66	--	30.11	--
	净利润	0.27	0.64	0.71	--	--	--

附表 1-4

山东省主要存贷款指标月度表

（2012年）

		1月	2月	3月	4月	5月	6月
本外币	金融机构各项存款余额（亿元）	46938.2	48193.5	50225.9	50041.4	51044.9	52558.3
	其中：城乡居民储蓄存款	23254.4	23426.2	24201.4	23874.2	24310.3	25215.0
	单位存款	21433.0	22329.8	23725.7	23745.7	24273.6	24822.6
	各项存款余额比上月增加（亿元）	-46.6	1255.3	2032.3	-184.5	1003.5	1513.4
	金融机构各项存款同比增长（%）	12.4	13.5	13.5	11.8	12.2	13.4
	金融机构各项贷款余额（亿元）	38050.2	38486.3	39139.8	39467.2	40026.7	40590.8
	其中：短期	18675.1	19038.3	19578.2	19770.6	20038.3	20515.0
	中长期	16732.6	16769.7	16778.0	16757.4	16791.6	16777.3
	票据融资	1426.2	1529.5	1596.4	1714.7	1960.7	2044.4
	各项贷款余额比上月增加（亿元）	495.4	436.1	653.4	327.4	559.5	564.1
	其中：短款	349.8	363.2	539.9	192.5	267.7	476.7
	中长期	84.0	37.1	8.3	-20.6	34.2	-14.4
	票据融资	40.8	103.3	66.9	118.3	246.0	83.7
	金融机构各项贷款同比增长（%）	14.2	14.5	15.5	15.2	14.8	15.2
	其中：短款	19.2	20.0	22.1	21.3	21.3	22.4
	中长期	6.9	5.9	4.6	3.5	3.1	2.4
	票据融资	11.6	24.7	40.8	53.3	67.3	72.6

续表

		7月	8月	9月	10月	11月	12月
本外币	金融机构各项存款余额（亿元）	52543.8	52915.1	53593.5	53948.5	54313.0	55386.4
	其中：城乡居民储蓄存款	25022.7	25280.0	25943.9	25751.1	25979.1	26494.1
	单位存款	24913.4	25161.3	25214.9	25574.8	25678.2	26512.4
	各项存款余额比上月增加（亿元）	-14.5	371.3	678.5	354.9	364.6	1073.4
	金融机构各项存款同比增长（%）	13.7	13.3	15.6	16.4	16.1	17.2
	金融机构各项贷款余额（亿元）	40828.9	41456.6	42038.5	42353.9	42684.7	42899.9
	其中：短期	20662.6	20943.8	21460.1	21791.7	22083.2	22369.4
	中长期	16736.8	16795.0	16865.9	16913.6	16997.6	17006.9
	票据融资	2172.5	2251.9	2242.3	2185.9	2194.7	2105.7
	各项贷款余额比上月增加（亿元）	238.1	627.7	581.9	315.4	330.7	215.2
	其中：短款	147.5	281.2	516.3	331.7	291.4	286.3
	中长期	-40.5	58.2	70.9	47.7	84.0	9.4
	票据融资	128.1	79.4	-9.6	-56.4	8.8	-89.0
	金融机构各项贷款同比增长（%）	15.0	15.8	15.9	15.1	14.9	14.3
	其中：短款	22.3	22.2	23.1	22.4	22.5	22.1
	中长期	1.6	1.7	2.1	2.1	2.1	2.3
	票据融资	74.6	71.0	77.5	71.6	73.0	52.0

续表

		1月	2月	3月	4月	5月	6月
人民币	金融机构各项存款余额（亿元）	46280.0	47477.4	49377.1	49174.4	50149.2	51568.8
	其中：城乡居民储蓄存款	23126.6	23303.1	24069.4	23740.8	24166.7	25075.2
	单位存款	20935.9	21764.9	23051.4	23042.0	23555.6	24018.0
	各项存款余额比上月增加（亿元）	-63.7	1197.5	1899.6	-202.7	974.8	1419.6
	其中：城乡居民储蓄存款	953.3	176.5	766.3	-328.6	425.9	908.6
	单位存款	-1234.1	829.0	1286.5	-9.4	513.5	462.4
	各项存款同比增长（%）	12.4	13.5	13.5	11.8	12.2	13.4
	其中：城乡居民储蓄存款	13.1	12.5	13.0	13.0	14.2	16.0
	单位存款	10.0	12.9	13.6	10.2	10.0	10.9
	金融机构各项贷款余额（亿元）	35700.1	36194.3	36811.9	37149.9	37648.6	38122.5
	其中：个人消费贷款	4773.4	4799.8	4858.2	4874.8	4906.7	4959.8
	票据融资	1426.2	1529.4	1596.3	1714.6	1960.7	2044.3
	各项贷款余额比上月增加（亿元）	488.2	494.2	617.5	338.0	498.7	473.8
	其中：个人消费贷款	62.4	26.4	58.4	16.6	31.9	53.1
	票据融资	40.8	103.3	66.9	118.3	246.0	83.6
	金融机构各项贷款同比增长（%）	13.5	14.0	14.9	14.5	14.5	14.6
	其中：个人消费贷款	17.0	16.2	15.4	14.0	13.1	12.9
	票据融资	11.7	24.7	40.8	53.3	67.3	72.6
外币	金融机构外币存款余额（亿美元）	104.3	113.8	134.9	138.1	141.4	156.4
	金融机构外币存款同比增长（%）	23.9	31.3	40.2	59.2	58.0	57.0
	金融机构外币贷款余额（亿美元）	372.4	364.3	369.8	369.1	375.4	390.3
	金融机构外币贷款同比增长（%）	31.5	27.9	31.3	32.0	23.7	28.8

续表

		7月	8月	9月	10月	11月	12月
人民币	金融机构各项存款余额（亿元）	51570.9	51891.9	52486.4	52863.1	53202.1	54301.5
	其中：城乡居民储蓄存款	24886.4	25145.3	25811.0	25609.3	25834.5	26343.3
	单位存款	24126.3	24313.8	24271.7	24673.7	24748.7	25601.0
	各项存款余额比上月增加（亿元）	2.1	321.0	594.5	376.8	338.9	1099.4
	其中：城乡居民储蓄存款	-188.9	258.9	665.7	-201.7	225.2	508.8
	单位存款	108.3	187.5	-42.1	402.0	75.0	852.3
	各项存款同比增长（%）	13.7	13.3	15.6	16.4	16.1	17.2
	其中：城乡居民储蓄存款	16.5	17.6	19.1	19.6	19.5	18.8
	单位存款	11.8	10.2	12.9	14.0	13.2	15.5
	金融机构各项贷款余额（亿元）	38390.7	38806.3	39241.9	39467.9	39794.0	40021.5
	其中：个人消费贷款	4997.7	5055.5	5136.5	5174.2	5242.7	5291.5
	票据融资	2172.3	2251.7	2242.1	2185.7	2194.6	2015.5
	各项贷款余额比上月增加（亿元）	268.3	415.6	435.6	226.0	326.1	227.5
	其中：个人消费贷款	38.0	57.8	81.0	37.7	68.4	48.9
	票据融资	128.1	79.4	-9.6	-56.4	8.9	-89.1
	金融机构各项贷款同比增长（%）	14.4	14.5	15.1	14.3	14.3	13.8
	其中：个人消费贷款	12.4	12.1	12.8	12.6	12.2	12.4
	票据融资	74.6	71.0	77.5	71.6	73.0	52.0
外币	金融机构外币存款余额（亿美元）	153.7	161.3	174.6	172.3	176.7	172.6
	金融机构外币存款同比增长（%）	60.6	71.9	85.2	86.8	78.9	69.6
	金融机构外币贷款余额（亿美元）	385.1	417.7	441.0	458.1	459.6	458.0
	金融机构外币贷款同比增长（%）	29.0	41.0	29.1	27.0	24.6	23.2

数据来源：中国人民银行济南分行。

附表 1-5

山东省各类价格指数

		居民消费价格指数		农业生产资料价格指标		原材料购进价格指标		工业品出厂价格指数	
		当月同比	累计同比	当月同比	累计同比	当月同比	累计同比	当月同比	累计同比
2001		--		--		--		--	
2002		--	-0.7	--	0.3	--	-1.3	--	-1.2
2003		--	1.1	--	2.4	--	5.7	--	3.5
2004		--	3.6	--	10.2	--	13.4	--	6.4
2005		--	1.7	--	6.2	--	5.9	--	3.7
2006		--	1.0	--	3.0	--	4.3	--	2.3
2007		--	4.4	--	7.1	--	4.8	--	3.3
2008		--	5.3	--	19.3	--	13.1	--	8.6
2009		--	0.0	--	-3.7	--	-4.5	--	-5.9
2010		--	2.9	--	3.0	--	9.3	--	7.2
2011		--	5.0	--	11.1	--	9.2	--	6.0
2012		--	2.1	--	5.9	--	-0.8	--	-1.6
2011	1	3.7	3.7	5.1	5.1	9.9	9.9	7.7	7.6
	2	3.9	3.8	5.9	5.5	10.3	7.8	8.0	10.1
	3	4.4	4.0	7.1	6.1	10.1	10.1	7.9	7.8
	4	4.6	4.2	9.8	7.0	10.4	10.2	7.4	7.7
	5	5.1	4.3	11.3	7.8	10.1	10.2	6.9	7.6
	6	6.3	4.7	13.8	8.8	10.5	10.2	6.6	7.4
	7	6.5	4.9	14.0	9.6	10.9	10.3	7.1	7.4
	8	5.8	5.0	14.9	10.2	10.5	10.3	6.8	7.3
	9	5.9	5.1	15.5	10.8	9.9	10.3	6.3	7.2
	10	5.5	5.2	14.2	11.2	8.2	10.1	4.6	6.9
	11	4.4	5.1	11.3	11.2	5.4	9.6	2.0	6.4
	12	4.1	5.0	10.2	11.1	4.4	9.2	1.0	6.0
2012	1	4.7	4.7	9.9	9.9	2.9	2.9	0.3	0.3
	2	3.2	3.9	9.2	9.6	2.2	2.5	-0.3	0.0
	3	3.5	3.8	8.8	9.3	1.4	2.1	-0.5	-0.2
	4	3.9	3.6	8.2	9.0	0.4	1.7	-0.8	-0.4
	5	2.2	3.3	7.8	8.8	-0.2	1.3	-1.3	-0.5
	6	1.5	3.0	5.7	8.3	-1.2	0.9	-1.5	-0.7
	7	1.3	2.8	4.8	7.7	-2.0	0.5	-2.3	-0.9
	8	1.8	2.6	3.5	7.2	-2.8	0.1	-2.9	-1.2
	9	1.1	2.4	3.0	6.7	-2.9	-0.3	-3.1	-1.4
	10	0.9	2.3	3.5	6.4	-2.4	-0.5	-2.6	-1.5
	11	1.0	2.2	3.8	6.1	-2.1	-0.6	-2.1	-1.6
	12	1.6	2.1	4.0	5.9	-2.3	-0.8	-1.9	-1.6

注：数据来源：山东省统计局，中国景气月报。

附表 1-6

山东省主要经济指标月度表

（2012 年）

	1月	2月	3月	4月	5月	6月
绝对值（自年初累计）						
地区生产总值（亿元）	—	—	10089.1	—	—	24118.1
第一产业	—	—	558.3	—	—	1929.7
第二产业	—	—	5710.5	—	—	13008.1
第三产业	—	—	3820.3	—	—	9180.3
工业增加值（亿元）	—	—	—	—	—	—
固定资产投资（亿元）	—	1542.2	4187.3	6726.7	9613.2	12734.5
房地产开发投资	—	335.2	745.1	1063.8	1492.8	2039.8
社会消费品零售总额（亿元）	—	3073.5	4492.8	5837.8	7469.7	9001.6
外贸进出口总额（万美元）	—	351.2	558.0	751.1	956.4	1160.5
进口	—	174.6	275.7	364.9	464.2	559.1
出口	—	176.6	282.4	366.2	492.2	601.4
进出口差额（出口—进口）	—	2.0	6.7	1.3	28.0	42.2
外商实际直接投资（万美元）	7.0	12.0	25.4	34.8	44.8	64.2
地方财政收支差额（亿元）	108.6	22.9	-42.3	-32.7	-147.8	-250.5
地方财政收入	388.1	637.4	1040.7	1401.0	1750.0	2255.3
地方财政支出	279.5	614.5	1083.0	1433.7	1897.8	2505.8
城镇登记失业率（%）（季度）	—	—	3.36	—	—	3.34
同比累计增长率（%）						
地区生产总值	—	—	9.7	—	—	9.7
第一产业	—	—	4.0	—	—	4.3
第二产业	—	—	11.2	—	—	10.7
第三产业	—	—	8.4	—	—	9.3
工业增加值	—	11.1	11.3	11.1	11.2	11.1
固定资产投资	—	20.8	20.6	20.2	20.1	20.4
房地产开发投资	—	29.9	17.7	13.1	11.6	10.1
社会消费品零售总额	—	14.8	15.4	15.3	15.1	14.9
外贸进出口总额	—	6.2	3.1	1.4	2.8	4.8
进口	—	7.8	5.0	3.3	6.6	8.4
出口	—	4.7	1.3	-0.3	-0.5	1.6
外商实际直接投资	8.3	7.6	3.8	5.0	3.1	5.3
地方财政收入	14.5	16.7	17.1	17.3	16.9	17.5
地方财政支出	-12.4	22.1	30.4	25.1	25.2	23.1

续表

	7月	8月	9月	10月	11月	12月
绝对值（自年初累计）						
地区生产总值（亿元）	--	--	36235.2	--	--	50013.2
第一产业	--	--	2926.0	--	--	4281.7
第二产业	--	--	19374.6	--	--	25735.7
第三产业	--	--	13934.6	--	--	19995.8
工业增加值（亿元）	--	--	--	--	--	--
固定资产投资（亿元）	15899.8	18705.0	21647.4	24626.3	27334.5	30319.8
房地产开发投资	2467.3	2922.1	3374.3	3788.6	4251.4	4708.3
社会消费品零售总额（亿元）	10462.9	11956.7	13741.8	15574.5	17278.9	19175.3
外贸进出口总额（万美元）	1367.2	1573.0	1789.7	2003.4	2214.7	2455.6
进口	656.6	752.5	855.2	948.8	1045.5	1168.1
出口	710.5	820.5	934.4	1054.6	1169.2	1287.3
进出口差额（出口—进口）	53.9	68.0	79.2	105.8	123.7	119.2
外商实际直接投资（万美元）	70.9	79.4	91.0	99.3	111.1	123.5
地方财政收支差额（亿元）	-342.7	-489.3	-721.0	-817.4	-1158.2	-1842.3
地方财政收入	2580.8	2847.9	3138.2	3488.5	3744.2	4059.4
地方财政支出	2923.5	3337.2	3859.2	4305.9	4902.4	5901.7
城镇登记失业率（%）（季度）			3.34			3.33
同比累计增长率（%）						
地区生产总值	--	--	9.7	--	--	9.8
第一产业	--	--	4.1	--	--	4.7
第二产业	--	--	10.7	--	--	10.5
第三产业	--	--	9.3	--	--	9.8
工业增加值	11.2	11.1	11.0	11.1	11.3	11.4
固定资产投资	20.5	20.4	20.2	20.3	20.4	20.5
房地产开发投资	10.3	12.6	13.2	13.6	15.0	14.6
社会消费品零售总额	14.7	14.7	14.8	14.9	15.0	15.0
外贸进出口总额	4.2	2.9	2.6	3.6	3.3	4.1
进口	8.7	6.5	5.8	6.2	4.7	6.0
出口	0.4	-0.2	-0.2	1.4	2.2	2.4
外商实际直接投资	6.5	7.8	8.3	8.2	8.9	10.7
地方财政收入	16.8	16.8	16.9	17.3	18.3	17.5
地方财政支出	23.3	22.3	22.0	22.8	22.0	18.0

数据来源：山东省统计局。

附表 1-7

山东省国民经济主要指标占全国的比重

（2012 年）

项　目	单　位	山　东	全　国	山东占全国比重（%）
一、人口与就业				
年末总人口	万人	9685	135404	7.2
就业人员	万人	6554	76704	8.5
二、土地面积	万平方公里	16	960	1.6
三、农林牧渔业总产值	亿元	7945.8	89453.0	8.9
四、地区生产总值	亿元	50013.2	519322.1	9.6
第一产业	亿元	4281.7	52377.0	8.2
第二产业	亿元	25735.7	235318.6	10.9
第三产业	亿元	19995.8	231626.5	8.6
五、人均地区生产总值	元	51768	38449	
六、主要工农业产品产量				
粮　食	万吨	4511.4	58958.0	7.7
棉　花	万吨	69.8	683.6	10.2
油　料	万吨	351.0	3436.8	10.2
肉　类	万吨	764.16	8387.2	9.1
水产品	万吨	841.9	5907.7	14.3
原　油	万吨	2774.7	20747.8	13.4
原　煤	亿吨	1.8	36.5	4.8
发电量	亿千瓦时	3195.2	49377.7	6.5
家用电冰箱	万台	575.0	8427.0	6.8
彩色电视机	万台	1504.6	12823.3	11.7
原　盐	万吨	1775.3	6215.8	28.6
化　肥	万吨	1304.6	7296.0	17.9
粗　钢	万吨	5957.0	71716.0	8.3
平板玻璃	万重量箱	9199.4	71416.6	12.9
七、固定资产投资				
全社会固定资产投资额	亿元	31256.0	374675.7	8.3
八、运输、邮电				
货物周转量	亿吨公里	10991	173771	6.3
旅客周转量	亿人公里	1832	33383	5.5
沿海主要港口货物吞吐量	万吨	106655	665245	16.0
邮电业务总量	亿元	849.2	15021.5	5.7
九、财政金融				
公共财政预算收入	亿元	4059.4	61077.3	6.6
公共财政预算支出	亿元	5904.5	106947.5	5.5
城乡居民人民币储蓄存款余额	亿元	26343.3	399551.0	6.6
十、国内贸易				
社会消费品零售额	亿元	19651.9	210307.0	9.3
十一、外贸外经旅游				
进出口总额	亿美元	2455.4	38667.6	6.4
出口总额	亿美元	1287.3	20489.3	6.3
国际旅游外汇收入	亿美元	29.2	500.3	5.8
十二、价格指数				
商品零售物价指数	%	101.6	102.0	
居民消费价格指数	%	102.1	102.6	
十三、人民生活				
城镇单位就业人员工资总额	亿元	4628	70914	6.5
城镇单位就业人员平均工资	元	41904	46769	
城镇居民人均可支配收入	元	25755	24565	
农民人均纯收入	元	9446	7917	

附表 1-8

山东省历年地区生产总值

单位：亿元

年份	地区生产总值	第一产业	第二产业	工业	建筑业	第三产业	#交通运输仓储邮电通信业	#批发零售贸易餐饮业	人均地区生产总值（元）
1952	43.81	29.55	7.27	6.82	0.45	6.99	1.01	2.72	91
1953	45.79	28.23	9.30	8.74	0.56	8.26	1.20	3.22	94
1954	52.98	32.48	10.98	10.38	0.60	9.52	1.31	3.92	106
1955	57.78	35.52	11.42	10.81	0.61	10.84	1.40	4.62	113
1956	63.13	35.67	16.34	14.98	1.36	11.12	1.44	4.53	121
1957	61.39	31.95	17.59	16.62	0.97	11.85	1.61	4.38	116
1958	72.97	33.94	23.73	21.29	2.44	15.30	3.28	4.88	135
1959	75.96	28.73	27.86	25.16	2.70	19.37	4.55	5.56	141
1960	71.37	20.61	31.07	28.11	2.96	19.69	5.38	4.68	135
1961	63.40	26.44	20.19	19.04	1.15	16.77	4.02	3.64	121
1962	64.38	30.42	16.91	15.90	1.01	17.05	3.89	3.93	120
1963	67.61	33.47	19.09	17.65	1.44	15.05	2.84	3.16	123
1964	71.66	33.05	23.43	21.74	1.69	15.18	3.25	2.64	128
1965	86.25	42.24	28.96	25.99	2.97	15.05	3.67	2.00	152
1966	97.58	46.99	34.44	31.34	3.10	16.15	3.98	2.67	169
1967	99.44	46.71	35.43	32.78	2.65	17.30	3.92	3.66	168
1968	99.34	44.46	37.43	34.72	2.71	17.45	3.77	3.77	165
1969	108.17	50.16	39.56	36.22	3.34	18.45	3.99	4.15	175
1970	126.31	52.23	53.71	50.16	3.55	20.37	4.84	4.69	199
1971	139.69	56.33	61.50	57.65	3.85	21.86	5.45	4.49	215
1972	146.52	59.11	63.22	58.57	4.65	24.19	6.07	4.51	221
1973	154.33	61.92	65.99	60.67	5.32	26.42	6.15	6.31	229
1974	130.81	59.19	47.44	42.70	4.74	24.18	5.15	4.60	191
1975	166.19	65.54	75.31	69.76	5.55	25.34	5.63	4.77	240
1976	179.58	68.88	84.70	78.23	6.47	26.00	6.27	4.40	242
1977	207.07	79.01	95.34	88.05	7.29	32.72	7.81	3.92	293
1978	225.45	75.06	119.35	108.53	10.82	31.04	8.27	3.29	316
1979	251.60	91.12	127.68	114.67	13.01	32.80	9.50	4.18	350
1980	292.13	106.43	146.11	130.55	15.56	39.59	10.07	6.39	402
1981	346.57	132.21	155.41	138.09	17.32	58.95	13.18	16.56	472
1982	395.38	154.07	166.05	147.10	18.95	75.26	14.10	22.39	531
1983	459.83	185.57	178.75	159.15	19.60	95.51	17.12	32.07	611

续表

年份	地区生产总值	第一产业	第二产业			第三产业	#交通运输仓储邮电通信业	#批发零售贸易餐饮业	人均地区生产总值（元）
				工业	建筑业				
1984	581.56	222.13	239.27	214.20	25.07	120.16	22.25	37.97	765
1985	680.46	235.96	293.07	259.42	33.65	151.43	28.22	46.14	887
1986	742.05	252.73	313.21	274.80	38.41	176.11	34.03	49.85	956
1987	892.29	287.31	384.57	341.31	43.26	220.41	47.45	60.58	1131
1988	1117.66	331.94	497.10	435.51	61.59	288.62	55.50	86.71	1395
1989	1293.94	359.14	579.65	513.97	65.68	355.15	66.55	108.51	1595
1990	1511.19	425.29	635.98	568.25	67.73	449.92	81.87	132.83	1815
1991	1810.54	521.85	745.90	663.90	82.00	542.79	98.97	161.00	2122
1992	2196.53	534.62	999.11	889.59	109.52	662.80	120.18	200.93	2556
1993	2770.37	596.63	1355.71	1201.67	154.04	818.03	141.09	239.98	3212
1994	3844.50	775.03	1891.43	1692.10	199.33	1178.04	213.58	346.88	4441
1995	4953.35	1010.13	2355.78	2098.06	257.73	1587.44	296.08	471.95	5701
1996	5883.80	1200.17	2784.09	2475.99	308.10	1899.54	362.05	574.97	6746
1997	6537.07	1195.00	3147.37	2796.02	351.35	2194.70	420.49	664.92	7461
1998	7021.35	1215.81	3408.06	3008.45	399.61	2397.49	437.37	735.63	7968
1999	7493.84	1221.00	3644.32	3197.16	447.16	2628.52	484.65	787.90	8483
2000	8337.47	1268.57	4164.45	3665.74	498.71	2904.45	545.13	856.94	9326
2001	9195.04	1359.49	4556.01	4004.09	551.92	3279.53	657.57	972.33	10195
2002	10275.50	1390.00	5184.98	4518.87	666.11	3700.52	655.64	1142.54	11340
2003	12078.15	1480.67	6485.05	5706.71	778.34	4112.43	710.18	1283.70	13268
2004	15021.84	1778.45	8478.69	7576.12	902.57	4764.70	969.13	1431.58	16413
2005	18366.87	1963.51	10478.62	9418.58	1060.04	5924.74			19934
2006	21900.19	2138.90	12574.03	11378.82	1195.21	7187.26			23603
2007	25776.91	2509.14	14647.53	13283.72	1363.81	8620.24			27604
2008	30933.28	3002.65	17571.98	15894.95	1677.03	10358.64			32936
2009	33896.65	3226.64	18901.83	16896.14	2005.69	11768.18			35894
2010	39169.92	3588.28	21238.49	18861.45	2377.04	14343.14			41106
2011	45361.85	3973.85	24017.11	21275.89	2741.22	17370.89			47335
2012	50013.24	4281.70	25735.73	22798.33	2937.40	19995.81			51768

注：1.本表按当年价格计算。

附表 1-9

山东省历年主要金融指标

单位：万元

年份	存款余额	#企业存款	#财政存款	#农业存款	#储蓄存款	贷款余额	#工业贷款	#农业贷款	#商业贷款	#基建贷款	#技改贷款
1952	27761	13282	10177	101	4201	15674	2786	3796	9092		
1953	37503	14033	16399	428	6643	44486	2584	6082	35820		
1954	37953	14230	12829	996	9898	92049	5722	8051	78276		
1955	66543	12862	38541	2255	12885	140448	6580	11898	121970		
1956	59508	17058	17275	6299	18876	162892	12195	34271	116426		
1957	66853	13671	21811	10970	20401	168720	10248	33183	125289		
1958	119815	30097	42900	12408	34410	349843	59095	56826	233922		
1959	174223	22237	94119	22061	35806	465430	117950	55414	292066		
1960	152412	26747	60237	29408	36020	539109	178222	78879	282008		
1961	154397	35419	65453	28048	25477	505425	119466	77270	308689		
1962	147935	41050	53695	15974	20691	414574	72815	75921	265838		
1963	155443	45826	56502	14924	25872	335573	39091	79662	216820		
1964	157531	46288	62306	18604	30271	336843	33558	82586	220699		
1965	173968	52426	65917	18600	37025	389927	41769	86353	261805		
1966	203942	51901	83799	25528	42714	467671	56561	91222	319888		
1967	249023	78115	92748	33202	44958	524989	82522	92431	350036		
1968	266821	85320	93774	40114	47613	573970	104699	92497	376774		
1969	271167	82682	105564	38148	44773	622424	143203	96513	382708		
1970	539978	97982	355104	41358	45534	669092	136735	97501	434856		
1971	564186	81566	374227	54081	54312	673315	172035	56895	444385		
1972	523844	81483	324625	54677	63059	709712	178014	58874	472824		
1973	617913	90537	397042	52709	77625	801467	181583	58446	555619		5819
1974	528596	111890	271985	60467	84254	833605	225297	63227	538531		6550
1975	722193	142258	417459	67018	95458	917553	235441	69972	607077		5063
1976	765045	160536	419241	76113	109155	1029329	282332	101031	639958		6008
1977	782107	123030	460033	66737	132307	1208633	323841	122037	754734		8021
1978	900037	130437	556357	68941	144302	1337139	352225	135620	839518		9776
1979	655921	219751	27280	106696	195573	1248830	376931	119144	735148		3355
1980	879427	312830	22597	151545	297520	1801830	456971	101552	1161848		29478
1981	1135778	403119	33461	150207	395513	2064250	515804	123506	1305492		51834

续表

年份	存款余额	#企业存款	#财政存款	#农业存款	#储蓄存款	贷款余额	#工业贷款	#农业贷款	#商业贷款	#基建贷款	#技改贷款
1982	1231364	356001	38951	141051	510980	2354235	533949	125550	1505177	1135	86526
1983	1554862	397019	52104	164557	730519	2650117	530720	144154	1742243	3916	110909
1984	2333485	725014	47686	219520	1001699	3666770	713687	291226	2088860	51276	164851
1985	2788151	799892	66522	190082	1301761	4464893	849353	290436	2496747	103677	212522
1986	3515824	972556	73213	215275	1755638	5549438	1189134	386722	2731161	135384	285757
1987	4702246	1201345	90726	247034	2427793	6678425	1464076	533772	2938915	203120	383431
1988	5913422	1416925	77620	263310	3282031	8031351	1821004	635129	3261651	285119	467099
1989	7246567	1544788	118179	276931	4291525	9413406	2279606	782795	3637710	352348	513105
1990	9340575	1976484	153542	335938	5754706	11667880	3023434	939869	4179923	499006	595666
1991	11636250	2845002	159394	404736	7216749	14280093	3570738	1130450	4737915	736741	868499
1992	14482703	3893897	114525	443904	8841510	17205544	4033468	1389718	5360085	916789	1124986
1993	18166260	4648492	159034	492086	11182415	20791075	4795134	1568072	6225867	1243646	1342356
1994	25225337	6194052	257887	521413	16003992	25204369	5434972	1118700	7388355	1477151	1718007
1995	34243843	8776853	263884	656439	21971982	31289040	6487091	1516858	8850079	1985458	2013439
1996	42938411	11317043	239414	829448	28177108	36802427	7658151	2474472	10289962	2250044	2531164
1997	49698489	13914367	246182	852300	32657331	44567197	9219803	3177039	11798956	2780310	2536443
1998	57554782	15010890	441380	883521	37353766	51067900	9795567	4189496	12097868	3879386	2522862
1999	65629934	17250542	584925	1084540	41098425	56798630	10391030	4435895	12657508	5563931	2522178
2000	74711987	20771967	764478	1351492	44667153	62090468	9938023	5281785	11249154	7315876	2678175
2001	85017294	23079030	1140353	1613431	50637936	70176588	11472037	7071209	12227300	8373434	2854302
2002	102477706	27371339	1318673	2050450	58057165	85365991	13466479	9073641	12561986	11343636	1111118
2003	124382360	33965555	1486500	2438209	67683453	104671108	16329927	11565081	12566663	13992866	1537491
2004	145142781	38730410	2258323	2715491	77214610	117828279	19255716	13401333	11660566	16834244	1946567
2005	171035148	41238617	2596570	3221967	90351351	133817463	20218176	15611128	10867721	20403236	2069666
2006	196339878	47745652	3431146	3954365	103580272	157096014	28372457	18446480	9981885	26278047	1433182
2007	220722430	59101969	4790568	4310596	114381079	175451466	33006922	21559437	10530468	30478416	1405230
2008	269301809	68289510	5352549	4471688	143821895	200539104	35509421	24634301	9439945	36443285	1528325
2009	346977763	100209426	8683402	6605038	170827554	259613230	39415542	29629694	11177739	52526564	1328334
2010	411049645	115855356	10260711	2779643	196482092	307226360					
2011	463454133		11094869		221732725	351789985					
2012	543015254		11728756		263433050	400214919					

附表 1-10

山东省历年地区生产总值构成

单位：%

年份	地区生产总值	第一产业	第二产业	工业	建筑业	第三产业	#交通运输仓储邮电通信业	#批发零售贸易餐饮业
1953	100	61.7	20.3	19.1	1.2	18.0	2.6	7.0
1954	100	61.3	20.7	19.6	1.1	18.0	2.5	7.4
1955	100	61.5	19.7	18.7	1.0	18.8	2.4	8.0
1956	100	56.5	25.9	23.7	2.2	17.6	2.3	7.2
1957	100	52.0	28.7	27.1	1.6	19.3	2.6	7.1
1958	100	46.5	32.5	29.2	3.3	21.0	4.5	6.7
1959	100	37.8	36.7	33.1	3.6	25.5	6.0	7.3
1960	100	28.9	43.5	39.4	4.1	27.6	7.5	6.6
1961	100	41.7	31.8	30.0	1.8	26.5	6.3	5.7
1962	100	47.2	26.3	24.7	1.6	26.5	6.0	6.1
1963	100	49.5	28.2	26.1	2.1	22.3	4.2	4.7
1964	100	46.1	32.7	30.3	2.4	21.2	4.5	3.7
1965	100	49.0	33.5	30.1	3.4	17.5	4.3	2.3
1966	100	48.1	35.3	32.1	3.2	16.6	4.1	2.7
1967	100	47.0	35.6	32.9	2.7	17.4	3.9	3.7
1968	100	44.7	37.7	35.0	2.7	17.6	3.8	3.8
1969	100	46.4	36.6	33.5	3.1	17.0	3.7	3.8
1970	100	41.4	42.5	39.7	2.8	16.1	3.8	3.7
1971	100	40.3	44.0	41.3	2.7	15.7	3.9	3.2
1972	100	40.3	43.2	40.0	3.2	16.5	4.1	3.1
1973	100	40.1	42.8	39.3	3.5	17.1	4.0	4.1
1974	100	45.2	36.3	32.7	3.6	18.5	3.9	3.5
1975	100	39.4	45.3	42.0	3.3	15.3	3.4	2.9
1976	100	38.3	47.2	43.6	3.6	14.5	3.5	2.5
1977	100	38.2	46.0	42.5	3.5	15.8	3.8	1.9
1978	100	33.3	52.9	48.1	4.8	13.8	3.7	1.5
1979	100	36.2	50.8	45.6	5.2	13.0	3.8	1.7
1980	100	36.4	50.0	44.7	5.3	13.6	3.5	2.2
1981	100	38.2	44.8	39.8	5.0	17.0	3.8	4.8
1982	100	39.0	42.0	37.2	4.8	19.0	3.6	5.7
1983	100	40.3	38.9	34.6	4.3	20.8	3.7	7.0

续表

年份	地区生产总　值	第一产业	第二产业			第三产业		
				工业	建筑业		#交通运输仓储邮电通信业	#批发零售贸易餐饮业
1984	100	38.2	41.1	36.8	4.3	20.7	3.8	6.5
1985	100	34.7	43.0	38.1	4.9	22.3	4.2	6.8
1986	100	34.1	42.2	37.0	5.2	23.7	4.6	6.7
1987	100	32.2	43.1	38.3	4.8	24.7	5.3	6.8
1988	100	29.7	44.5	39.0	5.5	25.8	5.0	7.8
1989	100	27.8	44.8	39.7	5.1	27.4	5.1	8.4
1990	100	28.1	42.1	37.6	4.5	29.8	5.4	8.8
1991	100	28.8	41.2	36.7	4.5	30.0	5.5	8.9
1992	100	24.3	45.5	40.5	5.0	30.2	5.5	9.2
1993	100	21.5	49.0	43.4	5.6	29.5	5.1	8.7
1994	100	20.2	49.2	44.0	5.2	30.6	5.6	9.0
1995	100	20.4	47.6	42.4	5.2	32.0	6.0	9.5
1996	100	20.4	47.3	42.1	5.2	32.3	6.2	9.8
1997	100	18.3	48.1	42.7	5.4	33.6	6.4	10.2
1998	100	17.3	48.5	42.8	5.7	34.2	6.2	10.5
1999	100	16.3	48.6	42.6	6.0	35.1	6.5	10.5
2000	100	15.2	50.0	44.0	6.0	34.8	6.5	10.3
2001	100	14.8	49.5	43.5	6.0	35.7	7.2	10.6
2002	100	13.5	50.5	44.0	6.5	36.0	6.4	11.1
2003	100	12.3	53.7	47.3	6.4	34.0	5.9	10.6
2004	100	11.8	56.5	50.5	6.0	31.7	6.5	9.5
2005	100	10.7	57.0	51.3	5.8	32.3	6.5	8.9
2006	100	9.8	57.4	52.0	5.5	32.8		
2007	100	9.7	56.8	51.5	5.3	33.5		
2008	100	9.7	56.8	51.4	5.4	33.5		
2009	100	9.5	55.8	49.8	5.9	34.7		
2010	100	9.2	54.2	48.2	6.1	36.6		
2011	100	8.8	52.9	46.9	6.0	38.3		
2012	100	8.6	51.4	45.6	5.9	40.0		

注：1. 本表按当年价格计算。

附表 1-11

山东省历年地区生产总值指数（一）

（以 1952 年为 100）

年份	地区生产总值	第一产业	第二产业	工业	建筑业	第三产业	#交通运输仓储邮电通信业	#批发零售贸易餐饮业
1953	102.1	92.7	127.8	128.5	117.7	113.7	114.2	113.8
1954	116.4	104.7	148.5	150.0	124.3	131.0	120.4	139.5
1955	127.5	115.6	155.3	157.1	126.5	147.0	122.1	162.8
1956	142.5	116.1	236.5	234.4	279.7	151.7	131.7	159.5
1957	137.5	101.6	262.0	264.6	226.6	154.6	147.4	146.4
1958	163.2	107.7	349.5	334.7	572.4	199.4	300.3	162.9
1959	169.6	90.4	410.3	396.3	626.2	249.4	412.6	183.3
1960	149.2	63.6	394.7	375.3	682.6	251.4	483.6	153.1
1961	116.5	65.3	269.2	264.2	325.6	170.4	355.0	79.8
1962	113.5	69.7	214.8	213.2	236.4	184.4	349.0	97.3
1963	126.0	82.0	245.3	240.1	322.9	180.9	264.5	92.5
1964	140.4	84.7	311.5	307.1	379.1	193.0	306.6	83.0
1965	171.3	107.2	405.0	386.0	693.0	197.8	370.1	61.7
1966	199.2	122.4	499.8	485.2	725.6	213.4	403.4	83.8
1967	203.8	121.7	538.8	537.1	587.0	207.9	334.8	112.3
1968	201.8	112.3	565.2	563.4	608.1	209.6	321.7	115.7
1969	217.5	124.9	597.4	588.8	746.1	222.2	341.0	128.0
1970	251.6	129.3	753.3	748.4	833.4	260.9	454.9	150.8
1971	290.8	135.6	1004.9	1014.8	913.4	266.6	514.5	144.6
1972	315.2	139.7	1125.5	1132.5	1106.1	295.9	575.2	145.8
1973	332.5	146.1	1180.6	1180.1	1268.7	323.4	583.8	204.0
1974	280.0	139.8	854.8	840.2	1132.9	296.6	490.4	148.9
1975	361.8	154.6	1366.0	1374.6	1325.5	310.5	535.5	154.4
1976	380.6	162.0	1452.1	1450.2	1544.2	318.3	596.0	142.2
1977	423.6	185.7	1553.7	1544.5	1738.8	376.5	742.6	126.8
1978	466.4	174.6	1948.3	1907.5	2580.4	379.5	784.9	106.3
1979	497.2	188.9	2071.0	2004.8	3060.4	395.1	888.5	133.0
1980	557.9	207.4	2319.5	2233.3	3586.8	469.8	928.5	200.4
1981	590.3	220.9	2393.7	2329.3	3382.4	524.8	910.9	389.2
1982	657.0	244.8	2527.7	2443.4	3774.8	667.5	971.0	524.6

续表

年份	地区生产总值	第一产业	第二产业			第三产业		
				工业	建筑业		#交通运输仓储邮电通信业	#批发零售贸易餐饮业
1983	748.3	284.0	2719.8	2648.6	3823.9	825.7	1149.7	732.3
1984	878.5	336.0	3201.2	3090.9	4810.5	952.0	1368.1	794.5
1985	978.6	343.4	3793.4	3619.4	6200.7	1093.8	1582.9	880.3
1986	1040.3	341.3	4199.3	4035.6	6504.5	1189.0	1783.9	889.1
1987	1183.9	366.6	4917.4	4794.3	6764.7	1391.1	2326.2	1010.0
1988	1331.9	365.9	6033.6	5858.6	8537.1	1524.6	2277.3	1210.0
1989	1385.2	363.7	6462.0	6356.6	8101.7	1567.3	2279.6	1264.5
1990	1458.6	383.3	6927.3	6865.1	8028.8	1578.3	2227.2	1230.4
1991	1671.6	437.7	7897.1	7894.9	8478.4	1830.8	2588.0	1434.6
1992	1954.1	438.6	10155.7	10216.0	10225.0	2129.2	2994.3	1705.7
1993	2352.0	465.4	13005.4	13142.9	12506.2	2554.0	3433.9	1944.0
1994	2733.9	499.3	15269.6	15454.7	14448.4	3081.4	4192.1	2266.1
1995	3115.8	544.0	17419.6	17579.7	16984.1	3604.3	4984.8	2667.2
1996	3491.3	579.9	19830.5	19993.4	19521.5	4054.1	5602.4	3042.2
1997	3878.5	582.6	22350.9	22532.6	22032.0	4639.9	6334.1	3508.6
1998	4295.4	615.5	25048.7	25254.5	24658.2	5159.6	6861.1	3972.1
1999	4725.8	644.4	28069.5	28340.7	27237.5	5639.4	7630.9	4470.6
2000	5211.6	668.9	31429.5	31795.4	29884.9	6228.2	8491.6	4989.2
2001	5734.9	697.0	34883.6	35366.0	32649.3	6927.6	10190.8	5683.1
2002	6407.6	714.1	40102.1	40515.3	38519.6	7682.7	10284.6	6454.9
2003	7266.8	753.7	46839.3	47613.6	42987.9	8555.5	11480.7	7149.5
2004	8385.9	806.1	55855.9	57664.8	45154.5	9608.6	15291.1	7687.8
2005	9643.7	845.2	65595.0	68077.3	50554.3	10995.6	17493.0	8579.6
2006	11063.2	888.7	76495.4	79812.9	56166.3	12593.5		
2007	12636.4	924.2	88552.1	93032.1	60798.6	14426.5		
2008	14155.5	970.9	99201.0	104738.8	64685.6	16437.5		
2009	15879.3	1011.2	112952.6	118122.1	81147.8	18279.7		
2010	17832.9	1047.9	127369.5	133220.3	91364.1	20752.6		
2011	19769.1	1089.8	142274.7	149911.5	96062.9	23102.1		
2012	21698.7	1140.5	157227.9	166483.6	101717.2	25375.7		

注：本表按可比价格计算。

附表 1-12

山东省历年地区生产总值指数（二）

（以上年为 100）

年份	地区生产总值	第一产业	第二产业	工业	建筑业	第三产业	#交通运输仓储邮电通信业	#批发零售贸易餐饮业
1953	102.1	92.7	127.8	128.5	117.7	113.7	114.2	113.8
1954	114.0	112.9	116.2	116.7	105.6	115.2	105.4	122.6
1955	109.5	110.4	104.6	104.7	101.8	112.2	101.4	116.7
1956	111.8	100.4	152.3	149.2	221.1	103.2	107.9	98.0
1957	96.5	87.5	110.8	112.9	81.0	101.9	111.9	91.8
1958	118.7	106.0	133.4	126.5	252.6	129.0	203.7	111.3
1959	103.9	83.9	117.4	118.4	109.4	125.1	137.4	112.5
1960	88.0	70.4	96.2	94.7	109.0	100.8	117.2	83.5
1961	78.1	102.6	68.2	70.4	47.7	67.8	73.4	52.1
1962	97.4	106.8	79.8	80.7	72.6	108.2	98.3	121.9
1963	111.0	117.6	114.2	112.6	136.6	98.1	75.8	95.1
1964	111.4	103.3	127.0	127.9	117.4	106.7	115.9	89.7
1965	122.0	126.6	130.0	125.7	182.8	102.5	120.7	74.3
1966	116.3	114.2	123.4	125.7	104.7	107.9	109.0	135.8
1967	102.3	99.4	107.8	110.7	80.9	97.4	83.0	134.0
1968	99.0	92.3	104.9	104.9	103.6	100.8	96.1	103.0
1969	107.8	111.2	105.7	104.5	122.7	106.0	106.0	110.6
1970	115.7	103.5	126.1	127.1	111.7	117.4	133.4	117.8
1971	115.6	104.9	133.4	135.6	109.6	102.2	113.1	95.9
1972	108.4	103.0	112.0	111.6	121.1	111.0	111.8	100.8
1973	105.5	104.6	104.9	104.2	114.7	109.3	101.5	139.9
1974	84.2	95.7	72.4	71.2	89.3	91.7	84.0	73.0
1975	129.2	110.6	159.8	163.6	117.0	104.7	109.2	103.7
1976	105.2	104.8	106.3	105.5	116.5	102.5	111.3	92.1
1977	111.3	114.6	107.0	106.5	112.6	118.3	124.6	89.2
1978	110.1	94.0	125.4	123.5	148.4	100.8	105.7	83.8
1979	106.6	108.2	106.3	105.1	118.6	104.1	113.2	125.1
1980	112.2	109.8	112.0	111.4	117.2	118.9	104.5	150.1
1981	105.8	106.5	103.2	104.3	94.3	111.7	98.1	194.2
1982	111.3	110.8	105.6	104.9	111.6	127.2	106.6	134.8
1983	113.9	116.0	107.6	108.4	101.3	123.7	118.4	139.6

续表

年份	地区生产总值	第一产业	第二产业	工业	建筑业	第三产业	#交通运输仓储邮电通信业	#批发零售贸易餐饮业
1984	117.4	118.3	117.7	116.7	125.8	115.3	119.0	108.5
1985	111.4	102.2	118.5	117.1	128.9	114.9	115.7	110.8
1986	106.3	99.4	110.7	111.5	104.9	108.7	112.1	101.0
1987	113.8	107.4	117.1	118.8	104.0	117.0	130.4	113.6
1988	112.5	99.8	122.7	122.2	126.2	109.6	97.9	119.8
1989	104.0	99.4	107.1	108.5	94.9	102.8	100.1	104.5
1990	105.3	105.4	107.2	108.0	99.1	100.7	97.7	97.3
1991	114.6	114.2	114.0	115.0	105.6	116.0	116.2	116.6
1992	116.9	100.2	128.6	129.4	120.6	116.3	115.7	118.9
1993	120.4	106.1	128.1	128.7	122.3	120.0	114.7	114.0
1994	116.2	107.3	117.4	117.6	115.5	120.7	122.1	116.6
1995	114.0	108.9	114.1	113.8	117.6	117.0	118.9	117.7
1996	112.1	106.6	113.8	113.7	114.9	112.5	112.4	114.1
1997	111.1	100.5	112.7	112.7	112.9	114.5	113.1	115.3
1998	110.8	105.7	112.1	112.1	111.9	111.2	108.3	113.2
1999	110.0	104.7	112.1	112.2	110.5	109.3	111.2	112.6
2000	110.3	103.8	112.0	112.2	109.7	110.4	111.3	111.6
2001	110.0	104.2	111.0	111.2	109.3	111.2	120.0	113.9
2002	111.7	102.5	115.0	114.6	118.0	110.9	100.9	113.6
2003	113.4	105.6	116.8	117.5	111.6	111.4	111.6	110.8
2004	115.3	106.9	119.3	121.1	105.0	112.3	133.2	107.5
2005	115.0	104.8	117.4	118.1	112.0	114.4	114.4	111.6
2006	114.7	105.2	116.6	117.2	111.1	114.5		
2007	114.2	104.0	115.8	116.6	108.2	114.6		
2008	112.0	105.1	112.0	112.6	106.4	113.9		
2009	112.2	104.2	113.9	112.8	125.4	111.2		
2010	112.3	103.6	112.8	112.8	112.6	113.5		
2011	110.9	104.0	111.7	112.5	105.1	111.3		
2012	109.8	104.7	110.5	111.1	105.9	109.8		

注：本表按可比价格计算。

附表 1-13

山东省分市地主要经济指标

（2012 年）

地区	地区生产总值（亿元）	同比增幅（%）	全社会固定资产投资总额（亿元）	同比增幅（%）	出口总值（亿美元）	同比增幅（%）	社会消费品零售总额（亿元）	同比增幅（%）	居民消费价格指数（%）
济南	4812.68	9.5	2186.1	20.4	57.2	-5.4	2323.6	14.9	103.0
青岛	7302.11	10.60	4153.90	22.30	408.20	3.60	2564.50	14.90	102.70
淄博	3557.2	10.5	--	--	53.21	-0.1	1363.64	14.95	102.3
枣庄	1702.92	9.04	1044.62	22.7	9.4	11.3	552.4	14.95	101.9
东营	3000.66	12.1	1963.0	23.4	49.83	14.3	516.08	15.0	102.4
烟台	5281.38	10.3	3043.92	20.5	283.59	6.23	1859.82	15.05	101.8
潍坊	4012.43	10.6	3012.9	22.3	109.71	5.8	1551.6	15.0	101.7
济宁	3189.37	11.0	1854	21.5	31.98	4.2	1300.11	15.1	102.1
泰安	2547	10.7	1774.5	22	12.2	3.2	928.3	15.1	101.9
威海	2337.86	9.4	--	--	106.62	-0.2	923.07	15.0	101.79
日照	1352.57	11.8	922.38	20.2	38.85	-0.8	420.1	15.0	102.4
莱芜	631.41	3.19	441.06	25.98	7.4	-35.14	228.05	14.95	101.3
临沂	3012.81	11.8	--	--	39	7.6	1571.9	15.1	101.3
德州	2230.56	12.1	1542.93	21.4	18.7	6.9	872.3	15.2	101.5
聊城	2145.65	12.62	1260.74	22.00	18.49	-1.39	724.34	14.97	101.7
滨州	1987.73	10.8	--	--	28.29	-0.61	581.46	15.0	102.1
菏泽	1787.36	13	687.11	23.5	15.3	6.1	894.19	15.4	101.7

注：该表为本编辑部根据山东省人民银行各市中心支行报送的《经济主要统计指标》整理。

附表 1-14

山东省分市地主要金融指标

（2012 年）

地区	本外币存款余额（亿元）	同比增幅（%）	单位存款余额（亿元）	同比增幅（%）	储蓄存款余额（亿元）	同比增幅（%）	本外币贷款余额（亿元）	同比增幅（%）	短期贷款余额（亿元）	同比增幅（%）	中长期贷款余额（亿元）	同比增幅（%）
济南	9893.8	18.3	6392.1	18.5	2888.7	19	8632.8	7.8	2756	19.1	3948.7	-4.9
青岛	9818.33	10.30	5097.90	3.64	3757.60	17.48	8632.84	15.18	3288.64	22.38	4266.34	6.52
淄博	3191.43	16.27	1376.75	12.70	1690.22	17.62	2162.57	12.22	1366.87	21.96	644.40	-5.35
枣庄	1146.72	17.70	431.44	12.57	693.48	21.48	916.49	12.46	407.63	17.68	461.42	4.79
东营	2394.0	24.2	1368.3	30.5	946.6	19.8	1806.0	25.5	1318.7	38.8	448.4	12.1
烟台	5286.02	18.19	2048.56	10.03	2767.33	16.96	3560.15	15.93	1775.28	15.32	1283.00	5.07
潍坊	4437.81	18.38	1802.55	17.04	2450.37	17.7	3531.88	17.67	2016.35	21.87	1269.19	7.43
济宁	3191.75	21.13	1338.36	21.75	1730.65	18.80	1986.71	20.66	1152.25	28.04	645.07	2.42
泰安	1947.98	23.94	680.41	27.62	1185.88	22.61	1240.07	17.57	647.00	17.46	485.02	10.36
威海	2060.63	13.84	713.71	5.45	1205.74	14.29	1376.1	9.29	566.19	18.09	674.46	-2.05
日照	1469.14	26.53	697.02	31.51	658.65	20.18	1303.68	17.75	709.48	22.05	353.01	-2.13
莱芜	725.4	19.54	321.98	22.95	379	16.95	567.52	6.76	413.16	15.20	117.01	-21.55
临沂	3043.48	21.40	994.62	23.70	1941.66	19.24	2150.16	17.26	1314.38	16.62	646.04	10.76
德州	1646.85	15.46	484.72	9.44	1107.54	20.59	1119.35	11.58	716.41	15.60	362.52	2.18
聊城	1687.69	23.49	602.46	29.56	1018.54	20.66	1289.20	16.08	890.82	23.62	318.07	2.84
滨州	1697.66	29.62	941.16	35.75	709.22	20.93	1495.13	18.99	1053.49	26.17	379.3	4.36
菏泽	1607.77	21.21	353.57	11.65	1218.47	23.86	1062.34	21.12	597.61	17.36	371.93	11.29

注：该表为本编辑部根据山东省人民银行各市中心支行报送的《金融业务统计指标》整理。

附表 1-15

山东省各市地区生产总值

单位：亿元

地区	地区生产总值			第一产业增加值			第二产业增加值		
	2011	2012	2012 年为 2011 年%	2011	2012	2012 年为 2011 年%	2011	2012	2012 年为 2011 年%
济南	4406.29	4803.67	109.5	237.86	252.92	104.7	1828.97	1938.14	109.2
青岛	6615.60	7302.11	110.6	306.38	324.41	103.2	3150.72	3402.23	111.5
淄博	3280.23	3557.21	110.5	116.75	123.75	105.2	1975.38	2101.19	111.5
枣庄	1561.68	1702.92	110.7	126.40	133.00	104.2	920.32	991.33	111.7
东营	2676.35	3000.66	112.1	99.18	104.34	104.0	1914.81	2126.02	112.2
烟台	4906.83	5281.38	110.3	361.43	377.31	104.6	2830.88	2985.09	110.2
潍坊	3541.84	4012.43	110.6	359.28	390.52	105.2	1961.40	2166.17	111.7
济宁	2896.69	3189.37	111.0	351.14	371.97	104.8	1535.93	1673.50	112.0
泰安	2304.31	2547.01	110.7	215.00	233.05	104.7	1202.84	1290.54	111.2
威海	2110.95	2337.86	109.4	171.18	180.11	105.0	1139.36	1249.30	109.7
日照	1214.07	1352.57	111.8	112.08	117.64	104.1	660.66	724.06	112.6
莱芜	611.88	631.41	111.1	41.18	44.20	105.9	370.40	365.20	112.3
临沂	2770.45	3012.81	111.8	279.01	291.34	104.1	1382.05	1463.45	113.5
德州	1950.71	2230.55	112.1	229.57	244.39	105.2	1059.80	1208.65	114.7
聊城	1919.42	2146.75	112.7	243.37	257.80	104.6	1087.48	1186.38	114.8
滨州	1817.58	1987.73	110.8	178.07	189.51	105.1	972.29	1045.61	112.2
菏泽	1556.52	1787.36	113.0	228.04	241.01	103.0	849.03	974.22	116.1

注：本表绝对额按当年价格计算，速度按可比价格计算。

续表

地区	#工业增加值			第三产业增加值			人均地区生产总值（元）	
	2011	2012	2012 年为 2011 年%	2011	2012	2012 年为 2011 年%	2011 年	2012 年
济南	1507.88	1603.08	109.7	2339.46	2612.61	110.1	64310	69444
青岛	2794.56	3041.31	111.9	3158.50	3575.47	110.5	75546	82680
淄博	1793.43	1897.61	111.5	1188.10	1332.27	109.4	72182	77876
枣庄	843.44	905.60	111.7	514.96	578.59	110.4	41720	45262
东营	1801.08	2007.59	112.4	662.36	770.30	113.1	130811	145395
烟台	2543.44	2694.25	111.2	1714.52	1918.98	111.6	70380	75672
潍坊	1760.97	1952.43	112.0	1221.16	1455.74	110.5	38820	43681
济宁	1395.57	1514.29	112.0	1009.62	1143.90	111.3	35717	39165
泰安	1037.24	1110.93	111.8	886.47	1023.41	111.4	41850	46130
威海	1022.72	1122.80	109.7	800.41	908.45	109.7	75316	83516
日照	582.54	634.20	112.4	441.33	510.87	112.5	43191	47852
莱芜	340.12	332.50	112.1	200.30	222.01	109.7	46983	48212
临沂	1146.08	1202.68	113.7	1109.39	1258.02	111.5	27503	29808
德州	924.79	1048.54	114.6	661.34	777.52	110.2	34905	39710
聊城	999.46	1088.10	115.0	588.57	702.57	111.9	32968	36573
滨州	877.08	948.62	112.7	667.22	752.61	110.0	48326	52591
菏泽	739.84	858.05	117.5	479.45	572.13	112.3	18730	21461

附表 1-16

山东省各市地区生产总值构成

单位：%

地 区	地区生产总值		第一产业		第二产业		第三产业	
	2011 年	2012 年	2011 年	2012 年	2011 年	2012 年	2011 年	2012 年
济南	100.0	100.0	5.4	5.3	41.5	40.3	53.1	54.4
青岛	100.0	100.0	4.6	4.4	47.6	46.6	47.8	49.0
淄博	100.0	100.0	3.6	3.5	60.2	59.0	36.2	37.5
枣庄	100.0	100.0	8.1	7.8	58.9	58.2	33.0	34.0
东营	100.0	100.0	3.7	3.5	71.6	70.8	24.7	25.7
烟台	100.0	100.0	7.4	7.2	57.7	56.5	34.9	36.3
潍坊	100.0	100.0	10.1	9.7	55.4	54.0	34.5	36.3
济宁	100.0	100.0	12.1	11.6	53.0	52.5	34.9	35.9
泰安	100.0	100.0	9.3	9.1	52.2	50.7	38.5	40.2
威海	100.0	100.0	8.1	7.7	54.0	53.4	37.9	38.9
日照	100.0	100.0	9.2	8.7	54.4	53.5	36.4	37.8
莱芜	100.0	100.0	6.7	7.0	60.5	57.8	32.8	35.2
临沂	100.0	100.0	10.1	9.7	49.9	48.5	40.0	41.8
德州	100.0	100.0	11.8	10.9	54.3	54.2	33.9	34.9
聊城	100.0	100.0	12.7	12.0	56.6	55.3	30.7	32.7
滨州	100.0	100.0	9.8	9.5	53.5	52.6	36.7	37.9
菏泽	100.0	100.0	14.7	13.5	54.5	54.5	30.8	32.0

注：本表按当年价格计算。

第二部分

中央银行、监管局

中国人民银行济南分行

【综述】 2012年，中国人民银行济南分行（以下简称“人行济南分行”）以科学发展观统领辖区工作全局，牢牢把握稳中求进的工作总基调，继续深化以学习促工作、以文化促管理、以规范促安全、以创新促发展的整体工作思路，求真务实，锐意进取，各项工作取得新成绩。

一、切实把稳增长放在突出位置，认真贯彻执行稳健的货币政策。一是以济银发1号文下发《关于加强和改进金融服务支持山东省实体经济平稳较快发展的意见》；二是制定出台一系列专项信贷政策，与枣庄市政府签订金融支持农村改革实验区建设战略合作协议；三是加强差别存款准备金动态调整管理，认真核定法人金融机构合意贷款规模；四是与有关部门和市政府联合召开银企合作促进会15场，协议金额8134亿元；五是深入开展中小企业信贷政策导向效果评估，会同省财政厅制定小企业贷款风险补偿奖励办法；六是引导金融机构扩大小额担保贷款覆盖面，重点加大对下岗失业人员、妇女、大学生“村官”的信贷支持；七是组织加强对经济金融走势的调研分析，有33篇报告得到总行和省委省政府主要领导的批示。

二、切实把防止和化解区域性系统性金融风险作为工作底线，加大金融管理和维护金融稳定工作力度。一是组织将村镇银行、资金互助社、小额贷款公司等新型金融组织和信托、财务公司全部纳入监测系统，密切关注经营动态；二是组织对全省35家村镇银行开展摸底调查，对13家城商行、5家农村商行和齐鲁证券开展现场检查评估，对金融机构票据业务进行专项检查；三是探索建立银行间市场重大事项报告制度；四是组织对全省103家省级金融机构进行全面综合评价；五是健全金融机构反洗钱自律及考核评估指标体系，全年共向相关部门移交洗钱案件线索53个，立案17个。

三、切实把服务社会民生和提高服务质量效率作为工作重点，积极推进金融服务创新。一是扎实开展标准化存贷款综合抽样统计试点；连续15年实现数据上报无差错；二是率先在全国实现了“全省71073个行政村金融基础设施100%全覆盖、所有县域以下各类银行机构100%参与农村支付环境建设”的“双百目标”；三是率先在全国开展金融IC卡宣传，积极推广单芯片金融社保卡；四是在全省组织开展“承诺十八项、献礼十八大”和“残损人民币回收质量管理年”活动；五是国库会计数据集中系统（TCBS）在全省成功上线并安全运行；六是积极推广跨境人民币结算业务，联合省商务厅等10部门举办“走出去”政策培训班；七是组织在全省开展“金融消费者权益保护周”活动，在17个中支和92个县支行设立金融消费者申诉处理中心；八是全面启动“送金融知识进村社企校”活动，编写、发放《农村金融实用知识读本》12万余册。

四、切实把促进涉外经济发展作为重要任务，积极创新外汇管理和服务方式。一是以鲁汇发1号文出台《关于进一步改进外汇管理、支持全省涉外经济平稳较快发展的指导意见》，推出22条改革和服务措施；二是有序推进货物贸易外汇改革试点，创新建立“非现场监测五类核查法”；三是探索加大非现场检查力度，完善国际收支非现场核查系统功能；四是在全国牵头修订《资本金结汇非现场核查工作指引》；五是召开涉外企业跨境投融资座谈会和直接投资改革新政策培训会，对企业进行专题政策辅导；六是外汇信息调研继续位居全国各省分局第一，在全国率先实现外汇管理绩效审计制度化。

五、切实把学习宣传贯彻十八大精神作为首要政治任务，全面推进党建和党风廉政建设。一是组织开展“科学发展、辉煌成就”主题教育活动；二是印发《关于保持党的纯洁性严明政治纪律的意见》；三是深入开展创先争优活动，跨境人民币和调查统计业务竞赛获得总行团体一等奖；四是加强县支行监督机制建设，完善县支行风险防控体系；五是制订《廉政文化建设2012-2016年工作规划》，深入开展工程建设、小金库和公务用车专项治理活动；六是效能监察工作在全国纪检监察系统反腐倡廉法规制度建设理论研讨会上作书面交流。

六、切实把再创全国文明单位作为总抓手，推动班子队伍建设等各项工作全面发展。一是加强学习型领导班子建设，创新引入案例讨论的学习模式；二是从机关选派7名青年业务骨干到商业银行进行短期工作交流和岗位实践；三是选派3名干部作为驻村“第一书记”到临沂市温水镇驻村帮扶；四是深化央行文化建设，编辑《央行文化故事会》；五是启动分行青年论坛和青年沙龙活动，深入开展农村青年信用示范户工作；六是开展第11届机关职工登山活动、太极拳培训、职工优秀摄影作品展等文体活动；七是加强民主管理，被授予全国金融系统职工代表大会制度建设示范单位称号；八是节能减排工作被评为人行系统“十一五”节能减排全国级先进单位和节能减排国家级示范工程。

七、牢固树立“安全第一”指导思想，加强安全管理和内控建设。一是全面开展制度集中梳理活动，各级行共梳理制度2.12万项，废止7047项，修订1276项，新制订487项；二是全面开展同城清算系统和国库风险排查，深入开展信访隐患排查和矛盾纠纷化解工作；三是简化应急预案，提高应急演练实战性，建立国库业务突发事件部门联动应急管理机制；四是组织开展涉密专项检查和保密检查“回头看”活动；五是实施会计联合检查、风险评估和内控环境评价，加大“三公”经费控制力度；六是推广安全保卫规范化管理系统，建立全省统一的安保技术管理平台；七是完成国库核算系统TCBS上线事后监督配套工作，开展货币发行核算业务信息技术监督试点。全年辖区没有发生重大安全事故、重大资金风险和集体上访事件。

（办公室）

【法律事务】 2012年，人行济南分行加强金融管理与服务，积极推进金融消费者权益保护工作，金融法制工作水平进一步提高。

一、不断加强“两管理两综合”工作，强化履职能力建设。一是组织对辖内 103 家省级金融机构 2011 年度金融法律法规执行情况进行了综合评价，对 21 家“A 级”单位进行授牌表彰；二是做好新设银行业金融机构开业管理工作，确保实现金融机构与人民银行一点式接洽；三是完善金融机构业务技能考核题库系统，提高考核效率；四是研发了“金融机构管理与服务系统”；五是先后组织国库处、支付结算处等 9 个专业对部分金融机构开展了 14 项执法检查，六是完成了“两管理、两综合”工作情况的《调查报告》。

二、积极推进金融消费者权益保护工作。一是开展了“金融消费者权益保护宣传周”活动；二是组织对全省 62 家银行业金融机构保护客户个人金融信息工作情况开展了现场检查，通过依法实施行政处罚等方式实施有效监督；三是依法妥善处理金融消费者投诉案件，确保每一案件都得到合法公正处理；四是创办了金融消费者权益保护《研究专刊》和《典型案例》两个电子刊物，并编制《研究专刊》28 期，向上级行报送的《县域银行业机构强制开通网上银行引发金融消费者质疑应予关注》的信息得到了总行纪委书记王华庆的批示，向总行《金融法制动态与参考》荐稿 45 篇，被总行采用 12 篇。

三、加强“法治央行”建设。一是制定下发了《深入推进依法行政工作三年规划》；二是对 1999 年 1 月 1 日以来以行发文、行办发文形式发布的 9001 份规范性文件进行了审核清理，共废止 175 件，宣布失效 48 件，并集中公布 79 件发文时已明确废止过的文件，有效维护了规范性文件的统一性、严肃性和权威性；三是对部分中心支行履行行政许可、执法检查监督、行政处罚等情况进行了抽查，督促其依法、高效履职；四是深入贯彻落实总行《法制宣传教育第六个五年规划》，开展了多种形式的金融法制宣传普及活动；五是举办业务竞赛，进一步提高法律事务人员业务素质和操作技能。

四、优化法律服务工作。一是审核各部门起草的各类规范性文件 100 余份，并提出法律意见；二是审核后勤服务中心、科技处等部门各类合同 58 份，严格按照程序规范合同签定行为，有效避免法律风险；三是依法处理行政复议案件 2 起、民事诉讼案件 1 起，维护了人行合法权益，避免经济损失 35 万多元；四是积极参与《中国人民银行法》的修改论证相关工作；五是认真配合条法司立法调研工作，代总行起草了《中国人民银行诉讼案件管理办法》。

（法律事务处）

【货币信贷管理】 2012 年，人行济南分行坚持“稳中求进”的总基调，引导金融机构继续把工作着力点放在优化信贷结构上，努力增加对实体经济特别是小企业和“三农”的信贷投放，各项工作取得明显成效。年内，该行先后被省政府授予“全省就业工作先进集体”和“全省服务业发展先进单位”等荣誉称号。

一、强化窗口指导力度，推动实体经济发展。一是连续 8 年以（济银发 1 号文）形式下发信贷指导意见，对各金融机构支持实体经济发展提出综合要求；二是主动联合银监、发改、经贸等部门制定下发了十多项专项信贷政策文件，引导金融机构有重点、有差别地贯彻实施货币信贷政策；三是对 603 家县域金融机构涉农信贷政策效果和 38 家全国性金融机构省级分支机构、城商行中小企业信贷政策效果进行了评价，根据分数实施差别化的监督管理和金融服务措施。

二、强化管理，发挥货币政策工具的作用。一是继续对农信社和村镇银行实行优惠存款准备金率；二是对存贷比较高、涉农贷款增速较快的 76 个县级农行三农事业部实行比农行低 2 个百分点的优惠存款准备金率；三是对扩大涉农信贷投放资金不足的农村合作金融机构和村镇银行发放支农再贷款；四是对城商行给予经营性再贷款支持；五是对涉农票据和中小金融机构承兑、持有的票据优先办理再贴现。

三、引导法人机构加大对三农和小微企业支持力度。一是继续运用差别准备金动态调控工具，对全省 205 家地方法人金融机构进行宏观审慎管理；二是引导和督促法人金融机构加大对实体经济，特别是三农和小微企业等领域的信贷投放。

四、注重创新，积极拓宽实体经济融资渠道。一是重点监测推广农村金融创新产品 16 个，相关做法被总行推荐；二是推出“钢结构资产抵押融资”和“物权抵押融资”等一系列特色信贷产品，涌现出“信用共同体”、“中小企业信用联盟”和“担保商会”等一批好经验和好做法；三是联合省财政厅制定小企业贷款风险补偿奖励办法，累计兑现奖金 1 亿元；四是拓展中小企业融资渠道，推动潍坊等 7 个市政府建立偿债基金，发行区域集优票据 4 单，为 13 家企业融资 7.55 亿元。

五、努力支持蓝黄两区发展建设。一是会同有关部门推动 12 家银行和 6 家保险公司与省政府签署了合作协议；二是联合烟台市政府召开了以支持“蓝区”为重点的“金融支持实体经济银企洽谈会”；三是联合青岛市政府召开了“金融支持西海岸经济新区推进会”；四是会同有关部门联合制定下发了两区建设奖励资金管理办法。

六、关注弱势群体，将各项扶持政策落实到位。一是引导金融机构扩大小额担保贷款覆盖面，重点加大对下岗失业人员、妇女、高校毕业生、大学生“村官”、农民工等民生领域的信贷支持；二是严格执行差别化房地产信贷管理政策，重点支持居民购买普通住房和保障性安居工程建设；三是利用省广播电台阳光政务热线节目广泛宣传助学贷款政策。

七、做好金融市场建设、监测和管理。加强各类市场风险管控力度，组织对全省各金融机构票据业务进行检查，组织做好银行间市场重大事项报告和信息披露工作，做好银行间市场的准入审批和备案管理工作，发放准入备案通知书 12 份，对 20 余个信托计划等进行备案。

八、加强农信社改革后续监测考核。一是及时监测分析农信社核心监管指标和财务经营指标的动态变化，撰写监测报告，为领导决策提供参考；二是认真落实总行对农信社后续监测考核激励约束政策，督促其深入查找形成问题的原因，认真整改；三是加快农信社各类置换资产的处置进度，有效解决历史遗留问题，切实实现“花钱买机制”的改革目标；四是总结前期农信社改革试点工作并撰写专报件报省政府，对其深化改革问题提出政策建议。

九、切实加强调研监测分析，全面反馈稳健货币政策执行情况。一是圆满完成全国区域金融运行报告的撰写、发布工作；二是进一步健全经济金融监测体系，建立了时间序列数据库；三是捕捉经济金融运行中的热点难点问题，先后有2篇报告得到省政府领导批示，6篇研究成果被总行相关司局采用。

（货币信贷管理处）

【跨境人民币业务】 2012年，人行济南分行大力促进投资贸易便利化，完善跨境人民币资金流动统计监测与分析预警，跨境人民币业务健康快速发展。

一、加大政策宣传和业务推进力度。一是联合商务厅等10部门举办山东省“走出去”政策联合培训班，300余人参加了培训；二是连续举办4期培训班，共有800余名一线业务人员参加，并进行了结业考试；三是联合齐鲁银行、省建行、省交行等金融机构组织了5次跨境人民币政策宣讲会；四是推动地方政府设立跨境人民币结算专项奖励资金，提高银行和企业拓展该项业务的积极性；五是完善跨境人民币结算业务部门协调机制，合力引导和推动该项业务有序发展。

二、务实调研和前瞻研究相结合，为领导提供有价值的决策参考。一是加强调研，多篇调研报告被总行领导和省政府领导批示，《影响目前人民币跨境融资业务发展的制约因素分析及相关建议》和《个人跨境人民币业务探析》被总行胡晓炼副行长批示，向省政府报送的专报件《全省跨境人民币结算额突破5000亿大关》被夏耕副省长批示；二是完成《国际计价货币职能：人民币国际化的起点与基石－提升跨境交易中人民币计价使用的路径选择》、《从美元化经验分析人民币在周边国家成为法币的可行性》等多项重点课题，截至11月底，共向总行报送48期跨境人民币结算工作简报，被总行采用15篇，采用率居全国第一；三是监测分析成果向信息调研转化的能力增强，已完成《构建跨境人民币非现场监测预警体系研究》等课题，其中2篇已发表。

三、以业务竞赛为抓手，提高业务人员政策水平和业务能力。一是选拔优秀人才积极备战总行跨境人民币业务现场知识竞赛，获得信息调研和现场竞赛综合成绩一等奖和参赛选手个人综合成绩第一名的好成绩；二是组织开展山东省人行系统和商业银行系统跨境人民币业务竞赛，各中支共报送课题18篇，参加现场考试人数34人，商行系统共有56家、近170人参加。

四、以规范操作为着力点，有效防范跨境业务风险。一是在全国率先编写《跨境人民币业务操作指引》；二是组织各市中支对辖内工行进行了现场检查，共检查工行分支机构85家，业务1572笔，金额365.7亿元。

五、切实做好业务和汇率监测，为总行提供及时有效的市场和业务信息。一是加强对韩国的监测和专题研究工作，年初下发了《对韩监测和韩国专题研究工作制度》；二是建立人民币汇率监测旬报制度；三是研究建立跨境人民币业务非现场监测系统，目前已完成了系统需求开发书，系统的统计分析模块已经开发完毕。

六、参与多项总行重点工作。一是参加总行课题研究、教材编写和文件起草工作；二是汇总整理全国部分监测分支行对老挝基普、泰国泰铢、越南盾、哈萨克斯坦坚戈等4个非主要储备国家货币的监测情况，形成《部分非主要储备货币挂牌交易监测月报》；三是对银行间外汇市场供求情况进行跟踪分析，按时上报月度形势分析形成《汇率快报专刊》；四是参与总行跨境人民币业务收付信息管理系统4.0版需求书撰写、案例编制、系统测试等工作。

（跨境办）

【金融稳定工作】 2012年，人行济南分行积极探索创新工作机制，努力深化金融风险监测、现场评估及成果转化，全面完成了工作任务。

一、持续推进机制建设，进一步提升风险防范和应对能力。一是积极参与全省金融风险排查，并提出多项整改和建设长效管控机制的措施建议；二是联合省金融办召开了金融稳定工作座谈会，并指导各中支与政府金融管理部门开展多方式合作，全年共召开市级以上联席会议40余次；三是指导8个中支推动地方政府将多个部门纳入维护金融稳定责任考核范围，全省共与442家金融机构签订维护金融稳定责任书；四是构建人行风险信息共享机制，有效提高了风险捕捉和研判能力；五是督促银行机构进一步规范金融稳定重大事项报告，并加强对执行情况的检查，全年共收到重大事项1600余项，对415家机构实施检查，对498家机构组织了培训和考试。

二、深化金融机构现场检查评估工作。一是组织或实施了对13家城商行、5家农商行、1家法人信托公司、齐鲁证券公司和中行山东省分行表外业务的现场评估工作，并牵头组织了对9家城商行信息安全状况的专项现场检查评估，全年现场评估投入4200余人天，调阅各类制度、报告、报表、账簿等1.5万余份，组织访谈600余次，形成60余万字的工作底稿和20余万字的评估报告；二是组织开展全省票据业务大检查活动，针对12家城商行评估发现的问题，召开全省地方商行座谈会，提出完善公司治理、深入推进内控体系建设、突出抓好风险防范等要求。

三、不断完善风险监测体系，评估质量持续提升。一是加大因子分析、压力测试等技术手段的运用，完成《2012年山东省金融稳定报告》并公开发表；二是切实强化金融风险防控工作；三是认真对全省208家银、证、保法人机构以及村镇银行、资金互助社、小额贷款公司、信托投资公司、财务公司开展月度监测，对39家非法人银行机构开展季度监测，完成12期金融风险监测报告，向金融机构发出书面风险提示或稳健经营建议245家次；四是配合总行稳定局领导完成对2县农行“三农金融事业部”改革试点情况的专题调研；五是按季撰写山东省上市公司监测分析报告，并指导中支开展行业、企业典型调查，多篇报告被总行采用。

四、做好风险防范和应对化解工作。一是积极应对“1.31”、“12.06”案件风险，第一时间向总行上报相关情况，并迅速采取各项措施；二是及时反映具有融资性功能的非金融机构、民间借贷等风险信息；三是制定各项突发事件应急预案，全年开展应急演练33次。

五、做好再贷款管理工作。一是做好辖内各类再贷款台账管理工作，辖内21家人行自办城市信用社再贷款的损失认定工作已全部完成；二是开展了对处置济正非法集资地方政府专项借款检查，防止出现资金挪用、占用等违规问题。

六、改进调查分析工作，提升研究课题的实效。参与总行专题研究，完成了10余篇国际会议材料、报告的翻译整理工作；突出研究重点，择取区域性金融风险的监测、评估及预警体系研究等6项重点课题开展研究。

（金融稳定处）

【调查统计】 2012年，人行济南分行调查统计工作充分发挥全辖整体合力，紧紧围绕全行中心工作，坚持不断夯实基础，实现统计数据连续15年无差错，较好的完成各项任务。

一、夯实基础，强化管理，不断拓展央行统计监测视野。一是按月编制社会融资规模统计报表，进一步完善山东省独具特色的"全口径信用总量统计制度"，全面反映金融体系对实体经济支持；二是加强监测、调研、分析，重点突出专项研究工作，主持课题《国际贸易中计价货币选择的决定因素》在总行青年课题组评比中获得一等奖第一名；三是作为总行标准化存贷款综合抽样试点牵头单位，积极推进系统开发和试点工作；四是扎实推进金融统计标准化各项工作；五是强化统计检查，加强对金融机构统计工作的业务指导，全面提升统计工作水平；六是扎实做好县域法人金融机构考核、统计调查、数据查询、整理等统计相关工作，不断提升服务水平。

二、夯实经济调查监测基础，注重数据信息整合和挖潜，充分发挥经济调查对央行决策的支持作用。一是进一步调整经济监测样本，改善样本结构，提高监测准确度；二是加强与监测企业的沟通协调，不断提高监测数据质量；三是建立小微企业名录，开创新的监测调研渠道；四是充分利用和挖掘监测数据，探索经济变动的周期性规律；五是组织开展制度性工作检查。

三、深入开展宏观分析，及时开展专题调查。一是建立快速反应机制，及时进行货币监测分析；二是围绕信贷政策动向及突出热点问题开展宏观分析；三是紧密跟踪热点敏感问题，及时开展专题调查；四是全力加强专题研究，加强对学术前沿问题的跟踪，不断提升研究能力。

四、稳步推进年鉴工作。圆满完成了《年鉴》（2012年卷）的组稿、编撰、排版、审校、发行工作，编撰质量有了新的提高；2012年度再次荣获全国年鉴编校质量评比特等奖，这在全国金融系统中是唯一的，在山东省也是唯一的；连续5次囊括山东省优秀年鉴评比中包括综合奖、条目编写奖、框架设计奖和设计装帧奖中所有的特等奖；扎实开展首次《年鉴》课题专项研究工作，在全国开了先例。

（调查统计处）

【会计财务】 2012年，人行济南分行会计财务处在总行开展的2011年度会计报表和会计分析综合评比中连续第8年获得"综合优胜奖"和"会计财务综合管理优秀奖"。

一、强化会计基础管理。一是制定了《重要会计岗位人员强制休假办法》，修订了《会计基本制度补充规定》，并牵头会计业务部门对辖区15家中支、营业管理部及30%以上县支行会计业务进行联合检查，促进了各项制度的落实；二是积极关注TCBS、ACS对会计管理的影响，主动采取应对措施，确保会计基础工作质量；三是协助总行做好资产损失管理相关案例的编制；四是认真履行交存款范围管理职责，全年共核定24家地方性法人金融机构存款准备金和财政存款交存范围，并组织辖区中支开展了对部分金融机构交存款业务的现场监督检查；五是牵头组织安排辖区会计年终决算各项工作，会同有关部门制定了年终决算实施方案，细化了各部门的职责和任务，确保该项工作的顺利开展。

二、强化会计风险防控。一是扎实做好对风险的日常监测，利用对基层行报表数据、预算执行的非现场监督，定期对各行进行风险提示，严格把好日常风险控制关口；二是对各中支风险状况及种类定性、定量评估，对辖区内控环境实施专项评价，撰写了《会计风险评估报告》，得到杨子强行长的肯定性批示；三是下发了《关于进一步加强会计风险管理的意见》，引导基层行有重点的加强风险管理，探索建立以风险控制为导向的长效管理机制。

三、强化财务预算控制，提高财务保障能力。一是组织召开了辖区财务工作电视专题会议，强化落实预算管理"一把手"责任制，研究制定了预算分配方案，严格贯彻总行"预算分配向基层行倾斜"等有关要求；二是测算编报了2013年度部门预算与住房改革支出预算，加大对项目资金的监督管理力度，核批了74个维修改造项目，委托审计机构对辖区17个50万元以上的县支行维修改造项目进行决算审计，确保项目资金规范使用；三是稳步推进预算公开相关工作；四是加大费用开支管理力度，从严控制"三公"经费，制定《财务集中报账工作规范》、实施公务卡管理办法及货币发行费绩效评价管理实施方案，进一步巩固"小金库"专项治理成果；五是组织开展账务核算，加强银行账户管理，配合审计署驻济南特派办、山东省财监办完成了对分行财务收支审计、预算审查和账户年检等工作。

四、强化固定资产和基本建设管理。一是定期组织开展固定资产清查，重点加强了对房屋建筑物、车辆等大额固定资产产权归属和账务情况的核实；二是按照"总量减少、费用下降、管理规范"的原则推进车辆置换管理，优化了辖区车辆配置结构；三是严格落实事前公告、事后公示制度，进一步加强辖区集中采购管理，组织开展了对招投标法实施条例的学习和网上测试，有力推动了"阳光采购"；四是加强对辖区基建项目管理，研究制定了基建管理责任书和廉政承诺书，下发了《关于进一步规范和加强县支行基本建设财务管理的通知》，修订完善了《基本建设管理信息报告办法》，保障基建资金安全。

五、强化会计调研和理论研究，全面提升会计分析反映能力。全年完成并上报调研报告21篇，被总行采用3篇。一是加大对金融机构会计报表的分析力度，建立了会计财务信息收集机制，及时掌握资产负债情况和经营状况，并针对宏观审慎视角下城商行经营管理和山东银行业盈利状况进行了专题分析，对辖区商业银行表外业务开展专题调研，形成报告报送总行；二是组织人员对俄罗斯中央银行2011年度会计报表进行了分析并报送分析报告。

六、深入推进会计队伍和文化建设。先后组织开展了“提升两个能力、推进两个转变”主题活动、会计联合培训、资产管理业务培训，以及“会计文化建设”主题征文活动，提升会计人员分析反映和调研能力。

（会计财务处）

【支付结算】 2012年，人行济南分行支付结算工作荣获总行“2011年支付结算专业第一名”。

一、全面开展农村支付环境建设“双百目标年”建设活动。在全国率先实现“行政村金融基础设施100%全覆盖、100%的县域以下各类银行机构参与农村支付环境建设”的“双百目标”。成功召开了山东省农村支付环境建设领导小组座谈会暨成功实现“双百目标”通报会，总行刘士余副行长、山东省政府孙伟副省长到会并讲话，充分肯定山东省农村支付环境建设工作成效，《新华社内参》进行了报道。同时，制发了贯彻落实省领导重要批示精神的通知和《关于加强农村地区支付服务风险防控的意见》，继续做好农村支付服务管理工作，全省农村居民享受到了“足不出户可缴费、人不出村存取款”的现代化金融服务。

二、加强支付清算系统业务管理。一是指导北京银行济南分行等6家银行机构接入支付清算系统，组织947家机构的2844人参加了支付系统准入考试；二是组织开展了同城清算系统风险排查、安全性评估以及支付系统前置机监测评估，下发了《关于保障人民币银行结算账户管理系统等系统稳定运行的通知》，确保十八大期间同城清算等系统安全稳定运行；三是及时处置企业银行青岛分行前置机应用系统突发事件，组织开展了支付清算等5个系统应急演练及评估。

三、加强银行结算账户管理，积极落实账户实名制。一是率先在全省全面推广账户管理系统与同城清算系统账户信息比对；二是开展个人存量账户真实性核实，指导省内银行机构及时完善行内业务系统；三是组织省内银行机构开展基本存款账户年检，配合推动机构信用代码证的发放；四是与省公安厅联合下发了《关于进一步明确涉案账户资金查询、冻结工作程序的通知》，完善工作流程；五是组织辖区各级银行机构正确处理联网核查社会公众投诉，圆满协调解决严重影响百姓生活的客户投诉6次。

四、加强票据和银行卡业务管理。一是制发了《关于加快推进电子商业汇票业务发展的通知》，组织召开专题推介会，推动全省电子商业汇票业务的开展；二是下发了《关于加强票据业务风险防范的通知》和支付业务风险提示，通报票据案件作案手法，明确风险防范要求；三是修订了《电子商业汇票系统参与者业务人员考试管理办法》，配合货币信贷管理处开展了全省票据业务专项检查；四是下发了《关于加强信用卡业务管理防范和打击信用卡套现的通知》，建立了信用卡套现商户的“公示名单”和责任追究制度，扭转全省信用卡套现增长势头；五是积极推广中职和高中学生资助卡，主动开展学前教育学生资助卡推广工作，推动银行卡行业应用；六是做好银行卡刷卡手续费率调整工作，确保山东省银行卡收单市场稳定发展。

五、积极开展非金融机构支付服务管理工作。一是严格审核支付业务许可申请材料；二是下发了《关于加强山东省内支付机构监督管理有关事项的通知》，加强风险防控；三是督促省内支付机构落实总行监管报告制度，全面掌握全省支付机构业务开展情况并做出评价；四是建立了客户备付金月报告机制，促进支付机构依法合规经营。

六、扎实开展支付结算执法检查和会计集中核算管理。一是组织对省内建行等20家银行机构的240个网点以及山东鲁商一卡通支付有限公司进行了执法检查；二是下发了《关于加强中央银行会计集中核算系统安全运行的通知》，全年辖区核算工作安全生产无事故。

七、积极推动成立山东省支付清算协会，加快支付行业自律机制建设。做好山东省支付清算协会《章程（草案）》、《会员管理办法（草案）》、《会费收缴标准及管理办法》和《内部机构设置方案（草案）》等起草工作及协会筹建各项准备工作，并于12月10日成功召开山东省支付清算协会成立大会暨第一次会员代表大会。

（支付结算处）

【科技工作】 2012年，人行济南分行不断加快信息化建设步伐。

一、圆满完成了总行各项工作任务。一是顺利完成对省内14065家金融机构信息年检工作；二是成功上线国库会计数据集中系统（TCBS），积极推动二代支付系统建设，开展TIPS前置系统建设，进一步推进国库信息处理系统利用等工作；三是积极参与总行金融信息服务基础平台研讨，组织辖区做好“业务网办公类系统建设情况调研”，编写了《金融机构代码证管理办法》操作细则基本框架；四是圆满完成了总行部署的省级数据深度利用、金融信息服务基础平台、账户信息比对、二代支付系统模拟运行等多项试点，并成功承办了总行账户系统培训班以及总局跨境资金流动监测与分析平台建设工作会议；五是积极开展辖内金融机构科技项目推荐，科技成果申报、鉴定与评奖工作；六是积极开展辖区金融机构软件正版化整改工作，组织山东省银证保，参加了总行正版化工作电视电话会议。

二、积极推进辖区信息化建设。一是进一步规范软件项目建设流程，加大技术支持业务创新力度，全年共立项“山东国库前置系统”、“国库事后监督系统”、“虚拟发行库信息管理系统”等软件项目10个，其中已完成开发7个；二是组织开发了数据资源共享平台金融风险信息共享模块，并成功应用于分行金融稳定协作沟通机制建设中；三是继续加大省级数据中心建设，做好数据生命周期管理规范落地和门户系统建设等工作；四是加大信息系统整合力度，举办了辖区虚拟化技术培训班；五是积极推进银行业务数据调阅系统开发建设。

三、做好辖区信息安全保障工作。一是组织各银行机构开展了信息安全等级保护定级、备案、测评、整改等工作；二是成功组织开展了计算机机房市电供应中断应急演练；三是完成了金融机构综合考核管理办法的修订工作，组织召开了全省银行业金融机构信息安全管理培训班；四是组织银行机构落实好“十八大”等重要时期信息安全保障工作。

四、进一步加强网络运维和管理。一是对山东省金融网广域网线路进行改造；二是认真做好各金融机构接入山东省金融网的入网审核工作，完成 27 家新增机构接入；三是组织实施了办公网电磁泄露发射防护改造工作；四是加强人行（山东省）互联网管理，制定了互联网一点接入技术方案；五是认真做好电视会议系统管理保障工作，全年共召开 90 余次电视会议，未发生会议系统中断情况。

五、全面做好 IC 卡与第三方支付技术管理工作。一是在全国率先开展金融 IC 卡宣传；二是组织举办了收银员金融 IC 卡知识培训及竞赛活动；三是举办了全省金融 IC 卡培训班，组织辖内各商行签订《金融 IC 卡应用工作承诺书》；四是认真做好发卡审核及非金融机构技术初审工作，获得总行试点下放金融社保卡发卡审批权限；五是与山东省人力资源和社会保障厅联合成立金融社保卡领导小组，积极推进单芯片金融社保卡推广，并积极推动新农保卡加载金融功能。

六、加大信息宣传力度。全年共发布《科技工作简报》40 余期，调研报告《关于中小商业银行信息安全现状》被总行采用，实践经验类有 3 篇信息被总行采用；在《金融电子化》和《金融时报》上有多篇文章发表。

（科技处）

【货币金银工作】 2012 年，人行济南分行发行库连续 15 年无责任事故，被评为全国反假货币工作先进集体。

一、以落实制度为主线，全面夯实基础。一是对货币金银 1999 年以来的制度进行了全面梳理完善；二是采取突袭检查的方式，对基础业务进行了全面检查，利用远程督查系统实时检查，并定期进行通报；三是制发了发行基金物流系统和包装袋周转使用的《管理办法》，保障了该系统的顺畅运行；四是继续推行会计核算业务精细化、标准化管理，对辖区会计核算工作进行了两次风险评估，全面剖析会计风险现状；五是做好应急管理工作，组织了市县两级现金供应应急演练，提高了处置突发事件的能力。

二、加强计划调拨管理的科学性，确保全省合理现金供应。一是制定了《发行基金投放回笼比例管理指引》；二是在市、县两级金融机构间组织开展了现金横向调剂，建立了现金横向调剂信息监测报告制度，进一步加强对该业务的组织管理；三是利用动态最优化理论做好发行基金调拨工作，根据各券别的投放、销毁任务，及时与总行沟通，加强对部分券别的调拨控制，同时，进一步发挥各卸货点的作用，加大跨行政区域调拨力度，强化工作措施。

三、加大残损币回收力度。将 2012 年确定为“残损人民币回收质量管理年”，确保回收销毁任务落到实处。一是开展了清分联机销毁及残损币回收百日会战活动，形成了各单位、各业务环节创先争优、比学赶超的工作机制，清分机跑钞时间提高了 30%以上，联机销毁捆数比原来增加了近 50 捆；二是建立了清分业务管理的长效机制，制发了《山东省银行业金融机构现金全额清分规划》，按照“一行一策、分步实施、全面达标”的要求，各地市人行与向发行库办理现金交取款业务的金融机构签订了责任状，确保实现收支现金全额清分的目标。

四、以促进商业银行履行社会责任为突破口，努力畅通货币发行渠道。一是组织开发了虚拟发行库综合信息管理系统，共在 6 个地市进行了试点培训，在此基础上，印发了《山东省虚拟发行库管理办法》；二是做好对全省金融机构现金示范网点的考核评审，制定了《山东省银行业金融机构现金服务示范网点现场考核验收方案》，对第一批入围的 95 个申报网点组织了考核评定；三是组织开展了现金服务“承诺十八项、献礼十八大”活动，将日常督导检查与突击检查有机结合；四是对辖区 590 家支行级金融机构的现金收付业务进行了现场检查，加强对钱币市场监管及对人民币相关广告监测工作，完成了对辖区批准经营流通人民币的 66 家企业合法、合规情况检查。

五、深入开展反假货币工作。一是建立了假币按月通报制度，制发了《金融机构假币收缴奖励办法》；二是制定了《银行业金融机构机具设备达标升级规划》，加强对金融机构机具设备的管理；三是组织开展了各种形式的反假宣传活动；四是加强对反假货币人员的培训，重点做好对农村地区助农取款服务点工作人员和单位财会人员、金融机构临柜人员、公安干警三个层级人员的培训工作。

（货币金银处）

【国库工作】 2012 年，人行济南分行国库处各项工作稳步推进，先后荣获总行“创先争优先进基层党组织”、“女职工文明示范岗”，分行“突出贡献奖”、“文明单位示范窗口”等荣誉称号。

一、夯实业务基础，不断增强国库资金安全保障能力。一是组织开展了“制度整合落实年”活动，制定下发了包括国库会计管理、监督管理、国债等十项新制度，初步形成了“基本制度 + 专项制度”相配套的国库内控制度体系，为风险防控筑起制度屏障；二是全面排查各级国库风险，开展风险评估，在全省通报风险评估等级，对两家存在隐患的国库予以点名通报，并对加强资金安全管理提出了进一步的要求；三是召开财政、国税、地税、国库四部门联席会议，联合发文建立了联动应急管理机制，确保应急状态下各单位之间能够及时传递有关信息，妥善处理突发事件。截至年末，全辖共办理公共预算收入与支出 7887.41 亿元与 5703.00 亿元，基金预算收入与支出 2843.78 亿元与 2652.67 亿元。

二、全力推动 TCBS 成功上线，确保 TCBS 稳定运行。一是对“国库与财政库款电子对账系统”进行了升级改造，实现了省市级国库与地方财政的对账电子化及国库报表传输电子化；二是下发文件全面加强 TCBS 上线后辖区重要风险点的监控和管理，并对全省合同制用工人员集中开展考核达标活动，优化了县支库人员配备，规避了临时用工风险；三是加强对 TCBS

系统 CA 证书和参数的管理，在规范业务办理、强化关键风险点控制的同时，进一步减轻基层行业务压力，为基层行履职提供良好的环境。

三、完善监管机制，着力构建国库监管新格局。一是继续坚持“国库商业银行联席会议”制度化、常态化；二是举办商业银行代理国库业务培训班，传递政策，指导工作开展；三是约见商业银行负责人谈话；四是依托《商业银行国库业务检查手册》，对全省 6 家代理国库进行拉网式检查；五是对驻鲁省级商业银行 2011 年代办国库业务情况进行考核评价，对问题较多的行强化管理和指导，进一步规范商业银行业务操作；六是建立“集中收付业务重点联系行”制度、资料报备制度、代理银行人员信息备案制度，进一步规范代理银行资金清算业务。

四、突出服务主题，充分发挥国库服务效能。一是国库直接支付的深度和广度进一步拓宽，截至年末，全省直接支付资金 10 大类，512.55 万笔、金额 10.69 亿元；二是首次将工会经费收纳纳入国库管理，经省政府批准，与山东省财政厅、省总工会、省地税局会签下发《关于工会经费(建会筹备金)由地税机关统一代收的通知》(鲁政办[2012]172 号)，明确了我省工会经费由地税、国库通过横向联网系统代收的模式，充分拓展了国库服务领域，有效提高了工会经费到位率。

五、强化信息调研，有效提升国库参谋服务能力。一是强化理论研究为《预算法》的修订建言献策，组织全辖国库“联手”高校专家、媒体记者，在报刊杂志发表理论文章 5 篇，向全国人大联名上书 136 封，发表修法意见和网评 13673 条，针对“经理国库和国库监督”问题，承担了总行国库局向条法司和刘士余副行长报送的《<预算法>专题研究报告》的起草撰写工作；二是加大国库统计分析调研力度，服务地方政府决策，按照孙伟副省长在山东分库调研要求，形成《前三季度地方国库收入运行报告》专报省政府；三是加大国库信息反映工作力度，形成《积极财政政策背景下“地炼”企业经营优劣势分析与借鉴》等一批优秀调研成果，截至年末，共编发《山东国库情况反映》96 期，《山东国库研究》8 期，其中被总行采用 21 篇。

六、加强国债发行兑付管理，不断提高国债管理水平。一是圆满完成国债发行工作，截至年末，全省共销售 3 期凭证式国债和十期储蓄国债(电子式)共 80.98 亿元，其中，向农村地区销售国债 21.11 亿元，占全省国债销售额的 26%；二是加强国债发行监管，会同省财政厅制定了《山东省凭证式国债承销团成员及其分支机构考核评比实施细则》，年内有重点地对 16 家凭证式国债承销机构、168 家分支机构、近 500 网点国债管理工作开展了现场检查；三是组织编写了《国债兑付业务标准化操作手册》，对无记名国债及国债收款单在 TCBS 系统中兑付业务进行了全面规范，减少了兑付风险，年内共兑付国债收款单 423 份，是 2011 年兑付量的 7.1 倍，日照、滨州实现了全额扫数兑付，累计兑付国债本息 138.33 万元，是 2011 年兑付额的 6 倍，盘活了沉滞 20 余年的资金，人行国库服务民生的做法引起了良好社会反响。

七、发挥党建保障作用，营造争先创优的工作氛围。一是赴大青山突围纪念广场，开展以“缅怀革命先烈 弘扬沂蒙精神”为主题的支部党日活动；二是为帮助明珠小学困难儿童共捐款 10300 元成立“梦想·爱心”基金。

（国库处）

【内审工作】 2012 年，人行济南分行内审部门积极探索内审转型，有效发挥其“保健医”作用，获分行机关“突出贡献奖”、创先争优“先进基层党组织”和“再创全国文明单位示范窗口”等荣誉称号。

一、内审转型工作稳步推进。一是举办了内审转型专题培训班，对“全面推进年”活动进行动员部署和专门培训；二是成立内审转型攻关小组，召开交流促进会；三是开展优秀内审项目竞赛和调研文章评选活动，评选出 10 个优秀项目，24 篇优秀调研文章。

二、重点攻关，实现转型重点领域突破。一是成立了风险评估攻关小组，确定了 1539 个风险点，对 2008 年至 2011 年各类审计中发现的 1864 个问题进行了归类整理，形成了清单；二是进一步完善了内部控制评价指标体系，确定了 33 个评价指标；三是完善了“现场审计风险识别及控制测试对照表”；四是撰写《货币信贷绩效审计操作指南》，建立了相应的指标体系；五是制订下发《节能减排绩效审计方案》，并对分行机关节能减排工作进行了绩效审计。

三、加强内审组织管理。一是扎实开展各类审计，完成对分行机关和 12 家中支的履职离任审计、专项审计等 22 项审计；二是组织完成制度梳理工作，共梳理制度 21245 项，其中需修订制度 1276 项、需废止制度 7047 项，继续有效制度 12922 项，需新制定制度 487 项；三是组织开展了“总行内控审计回头看”专项检查，对分行机关 16 个处室 1 月至 5 月的业务管理情况进行了审计；四是参与了《自建信息化项目专项审计方案》的制定，以及《人行绩效审计指导意见》的初稿撰写。

（内审处）

【组织人事】 2012 年，人行济南分行组织人事部门全力推进各项工作，取得了较好成效。

一、切实加强基层党建工作。一是开展了出席党的十八大代表、总行党代表会议代表和分行党代表会议代表的推荐提名工作；二是突出抓好窗口部门“为民服务创先争优”工作，召开电视电话会议，对辖区 2010 年以来创先争优活动开展情况进行了全面总结和通报表彰。

二、协助分行党委抓好各级行领导班子建设。一是认真做好缺职领导班子成员的补充配备工作，对 7 家地市中支党委副书记人选进行了选拔配备，对 3 家中支“一把手”、12 名中支领导班子副职进行了调整交流；二是组织选拔 5 名中支领导班子副职任正处级非领导职务，提拔 5 名中支正科级干部任副处级非领导职务；三是组织 53 名地市中支领导班子成员进行履职能力测试，并将测试情况在全辖通报；四是分别组织了 1 期党校主体班、县支行领导干部进修班和中青年干部培训班，培训各级党员领导干部 180 人。

三、协助分行党委加强机关干部队伍建设。一是积极改进竞争选拔的程序和方法，创新实施履历业绩公开及评价；二是加大干部选拔任用信息公开力度，通过公开竞争，共选拔正处级非领导职务3名、副处长8名、副处级非领导职务3名；四是制定《关于在干部选拔任用工作中加强干部德的考核暂行办法》，加强对干部德的考察考核；五是选派1名处级干部和2名科级干部作为驻村"第一书记"到临沂市温水镇三个村进行驻村帮扶，从山东辖区各地市中支选派33名优秀年轻干部到县级团委挂职锻炼。

四、不断加强干部人才队伍建设。一是积极推进高层次人才库建设，分行机关有2名同志被纳入人行外汇经营储备人才库；二是在总行组织的全员培训金融业务知识竞赛活动中，分行取得一等奖获奖人数全国第一，二、三等奖获奖人数全国第二的良好成绩；三是认真做好高级专业技术资格申报推荐工作，辖区共有103人申报高级专业技术资格，择优推荐66人参加总行评审，共有50人通过总行评审；四是切实做好人员招录工作，全年共录用129人充实到辖区各单位。

（人事处）

【金融研究】 2012年，人行济南分行金融研究工作以服务领导决策为最终目标，较好完成了各项任务。

一、持续深化特色研究。一是成功立项总行年度重点研究课题《金融服务实体经济：流动性的宏观管理与微观配置》，相关研究成果连续两年在《金融研究》上发表；二是与山东大学联合申报的国家社科重大课题中标立项，并承担子课题的撰写，完成《"蓝黄"经济战略下的金融环境生态建设模式研究》等省社科项目、省软科学研究计划项目等省部级课题4项；三是承担金融学会等重点研究课题6项；四是加强课题研究成果转化，全年立项的55项课题中，有51项公开发表或被党政领导批示，研究成果转化率同比提高25%。

二、增强精品意识，服务领导决策。一是围绕金融支持订单农业和海洋经济发展问题开展重点专题调研；二是完成关于金融支持文化产业问题等6项基础调研，并对邹平民间借贷风险情况进行紧急调研；三是完成省政府调研任务3项，并组织辖区就寿光蔬菜价格体系与发展订单农业等问题开展了10余项调研；四是配合农村支付环境建设"双百目标年"工作，组织编写的《农村金融实用知识读本》发行量达13万册；五是持续开展金融消费者权益保护研究工作，部分成果在《山东社会科学》发表；六是围绕"民生金融"，尤其是对可有效填补弱势群体金融服务空白的手机银行、县域金融服务情况及小额信贷等进行深入研究，完成相关成果6篇在《金融时报》、总行《移动银行通讯》等刊登。

三、拓宽成果转化渠道，科研凝聚力明显提升。一是在成为省软办、省规划办重点课题依托单位的基础上，首次立项"金融专项"课题，畅通了金融学会研究课题向省部级重点研究课题"批量转化"的渠道；二是参与完成国家软科学研究计划项目《国家创新体系企业研发中心建设研究》并通过鉴定；三是持续推动专项分析主办制度和信息资源共享数据库建设，加强信息资源共享；四是组织开展文献翻译和专题研究，先后被总行《金融研究报告专报》等采用6篇；五是加强"金融理论研究与实践基地"的建设与管理，并进行调查研究，相关成果连续两年被省领导作重要批示，撰写的《改变农民命运的新尝试——农业产业化企业的金融使命》一书，已正式出版发行。

四、打造特色栏目，期刊载体作用充分发挥。编辑出版的《金融发展研究》刊物质量不断提高，入选了"复印报刊资料"重要转载来源期刊，并蝉联华东地区优秀期刊。一是针对经济金融热点问题，组织刊登了"小额贷款公司的发展与影响"、"拓展中小企业融资渠道的技术创新"、"农村支付环境建设"等专栏；二是继续推进案例研究特色栏目建设；三是组织召开创刊30周年座谈会，并召开通联会议，加强了与辖区各通联站沟通交流。

五、讲坛、培训、科普活动全面推进。一是与开行山东省分行联合承办了齐鲁大讲坛，并分别与潍坊、临沂两个市级金融学会联合举办金融分坛；二是组织商业银行举办金融案例写作笔会；三是举办学会副秘书长及相关人员培训班；四是"科普周"期间，积极开展金融知识现场咨询。山东省金融学会被山东省委宣传部、山东省社科联评为社科普及周活动先进单位，彭江波被评为全国优秀科普工作者。

（金融研究处）

【征信管理】 2012年，人行济南分行扎实开展征信管理工作，全社会信用体系建设取得新进展。

一、不断深化中小企业信用体系建设。一是开发了山东省中小企业征信平台，进一步丰富了信用档案；二是指导开展试验区建设，试验区扩展到8个；三是建立了"征信+培植+担保+融资"的一体化中小企业信用体系建设工作架构。全省共为16.1万户中小企业建立信用档案，3.5万户征信中小企业取得商业银行的授信意向，累计融资金额折合人民币2609.6亿元。

二、强力推进农村信用体系建设。一是制定下发了《关于进一步推进山东省农村信用体系建设的意见》；二是升级改造农村征信服务平台，逐步将全省涉农金融机构信息全部纳入平台；三是建立农户信用档案1104.6万户，评定信用农户990.5万户，对已建立信用档案的农户累计发放贷款7780.5亿元；四是实行了"农户+农民专业合作社+农业产业化龙头企业"的链式信用建设和金融扶持模式。

三、扎实开展机构信用代码推广应用工作。一是制定了《机构信用代码推广应用工作方案》，将该项工作列入"一把手"工程；二是加强督导，存量账户补发证工作按期高质量完成；三是引导部分中支建立了代码证配发与贷款卡行政许可、外汇业务管理、企业信用评级等工作的联动机制。

四、大力培育信用评级市场。一是开发了"山东省信用评级综合服务平台"，集合了企业信息提报、评级机构作业和人行监管等多项功能；二是对评级机构实施差别化动态管理，制定了《小额贷款公司信用评级工作指引》；三是建立起鼓励商业银行推荐企业和查询使用评级报告的激励机制；四是强化评级机构行业自律管理，积极探索行业协会建设。

五、加大征信业务监督管理力度。一是提高内部管理规范，对全省 98 家县级支行对外查询服务进行了检查；二是推进商业银行代办年审制度，新核准发放贷款卡 1.93 万张，年审贷款卡 10.26 万张；三是在全国率先组织开展了小贷和融资性担保公司信用评级工作；四是开展了全省地方性金融机构个人征信工作现场检查。

六、积极开展对外服务和调研工作。一是全省分别提供企业和个人征信系统查询 4505 次和 24.99 万次；二是开展征信特色调研分析，撰写的信息《部分银行业机构违规向第三方提供信用报告查询服务应予关注》得到总行潘功胜副行长批示。

七、扎实做好征信宣传教育工作。一是组织开展"信用记录关爱日"活动，全省共有 9000 余个金融机构网点参与宣传，举办宣讲活动 300 余场次，发放宣传材料 13 万份，提供现场咨询 2 万人次；二是对全省征信文化建设情况进行了调研，形成专题报告；并开展了全省征信文化建设征文活动。

（征信管理处）

【反洗钱工作】 2012 年，人行济南分行不断完善制度控制，反洗钱工作取得新的进展。

一、不断完善反洗钱管理机制。一是下发了山东省金融机构反洗钱工作自律和考核评估《办法》及《暂行办法》；二是对 1345 家县级以上金融机构建立了反洗钱监管档案，实施动态监管；三是组织开展了对 1072 家市级以上金融机构 2011 年反洗钱工作的综合评价，共评出具有省级管辖权的 A 级金融机构 72 家，B 级 244 家，C 级 23 家；四是开展了反洗钱风险动态管理试点工作，指导青岛中支构建了"以 5C 评估为核心"的新型反洗钱监管模式，得到总行领导高度认可，反洗钱局推动在南京、长沙、青岛三地进行试点，逐步在全国推广；五是制订了辖区机构信用代码推广应用方案，推动机构信用代码在反洗钱领域运用。

二、实施分类监管，构建反洗钱立体化分类监管框架。一是组织完成了对 35 家县级以上金融机构现场检查，对存在严重违法问题的 2 家金融机构处罚 220 万元；二是制定了《反洗钱现场巡查实施方案》，选取 37 家金融机构开展了现场巡查；三是召开了辖区首次支付机构政策通报会，建立了 6 家支付机构监管档案；四是完成了辖区支付机构互联网数字证书发放工作。

三、规范监测调查。一是改进监测分析，提高可疑交易报告质量，全年共接收金融机构报送重点可疑交易报告 227 个，向相关部门移交 53 个，立案 17 个，侦破 17 个；二是进一步明确和规范案件线索移送工作，增强金融机构案件报告的自主性，全年向总行案审会上报线索 3 个；三是发挥反洗钱合作中的主导作用，积极推动洗钱入罪判决，年内宣判洗钱罪案件 1 起；四是严格行政调查、案件协查，全年共开展行政调查 19 次，调查线索 16 个、账户 1896 个，配合总行及相关执法部门协查案件 14 个，涉及账户 970 个，金额 455.3 亿元；五是积极配合总行开展专项行动，协助破获了"票据诈骗案"、"黑社会性质组织犯罪案"等重点案件；六是建立金融机构风险提示制度，向金融机构发布《洗钱风险提示》60 期，提高其抵御风险能力，全年辖区金融机构共成功识破并堵截 32 起金融诈骗案件，有效避免损失 2.18 亿元；七是积极开展金融机构自定可疑交易报告标准研究与试点，组织辖内各中支做好对当地工商银行分支机构自定可疑交易标准的协助、指导工作，召开了山东省城商行大额和可疑交易报告综合试点改革座谈会，指导临商银行开展了自定可疑交易标准试点工作。

四、着力信息调研，服务领导决策。一是加强信息反映，共向总行反洗钱局上报信息 135 篇，被采用 29 篇，总行办公厅采用 3 篇，信息报送和采用量连续四年全国第一；二是开展了对网上银行等高风险业务专项调研，形成《网上银行业务洗钱风险评估》作为行长调研报告报送总行，同时承担了分行重点调研课题《基于 KMFW 模型的金融机构反洗钱工作研究》，探索将声誉机制运用于反洗钱监管；三是认真做好案件信息上报和典型案例分析工作，全年上报各种案件信息 42 篇，6 篇被总行采用；四是开展了辖区反洗钱优秀调研信息评选活动，共评选出优秀调研信息 42 篇。

五、完善协调配合，提升反洗钱工作合力。一是组织召开了金融机构政策通报会；二是在继续完善与公安机关日常联系机制的基础上，加强与检察院、反贪局、海关、工商和税务等部门的协作，年内举行情报会商 52 次；三是深化与专业金融监管部门合作，强化其责任意识，推动保监局举办了全辖保险系统反洗钱高级管理人员培训班。

六、改进内部管理，提高反洗钱规范化水平。一是组织召开了工作会议，制定下发了《反洗钱工作意见》，修订印发了《反洗钱工作考核办法》；二是开展岗位风险排查，认真落实"一岗双责"；三是开展了反洗钱工作先进评选工作，评选出先进集体 33 个，先进个人 57 名，并进行通报表彰；四是梳理反洗钱相关制度，共梳理出有效文件 54 个，增强了工作规范性。

（反洗钱处）

【事后监督工作】 2012 年，人行济南分行事后监督工作较好实现了"防风险、促规范、保安全"的工作目标。

一、依托六项机制，提升监督质效。一是推进"严格监督 - 如实反馈 - 全面整改 - 分析提高"长效工作机制，确保各项制度及时、全面、有效落实；二是推进以"一线课堂"为载体的长效学习机制，提高了监督人员业务技能；三是推进"监测 - 分析 - 预警"长效机制，在全省建立了事后监督专业风险评估季报制度，加强风险监督预警；四是推进应急管理长效机制，全省事后监督部门开展了会计、国库核算应急监督、核算档案管理等实战演练，切实提升了应急处置能力；五是推进调研支撑长效机制，顺利完成了分行重点课题、专题集中调研、青年课题组等调研成果；六是推进日常监测和量化考核长效机制，提高考核工作的客观性和规范性。

二、严格监督检查，防范资金风险。一是对会计、国库、货币发行核算业务实施全面监督，加强对差错问题的及时反馈和督促整改，强化风险环节的重点监督；二是强化机关财务经费业务监督，对公用经费的事前审核及核算情况进行重点把关；三是组织全省事后监督部门集中开展了县支行国库业务现场监督，有效防范支行国库资金风险；四是与国库处对加强防范国库资金风险进行部署和安排，确保国库资金安全；五是加大自查及各类监督检查力度；六是深入分析梳理了事后监督专业 5 项需重点关注的风险，并采取有针对性的防范措施；七是定期通过监督情况通报、会计监督月报、国库监督季报、联席会议等，实现部门联动和监督成果共享。

三、适应国库核算系统 TCBS 上线后核算方式变化，转换监督模式。一是组织举办了 TCBS 会计核算风险变化及事后监督操作培训班；二是起草印发了《关于做好 TCBS 上线后事后监督相关工作的通知》；三是印发《关于开展国库会计核算监督制度比较分析的通知》和《国库会计数据集中系统事后监督配套制度建设实施方案》，初步制定了《国库会计核算事后监督操作指引（试行）》并多次广泛征求意见；四是及时梳理各行报送的 TCBS 上线以来发现的各类问题，汇总分析后研究提出有针对性的措施，并将问题汇总归类下发、指导实践。

四、创新监督手段，提高监督效率。一是为有效化解 TCBS 上线后国库恢复完全手工监督效率低下、监督不到位等风险，组织在全国率先设计开发、测试 TCBS 配套监督系统，并将依据测试结果对系统进一步优化升级，尽早上线试运行；二是为消除货币发行会计核算业务长期以来纯手工监督刚性约束不强、效率较低、风险监督不足等弊端和隐患，推动创新货币发行核算业务信息技术监督方式并试点成功，即将在全省推广。

五、深化分析调研，发挥参谋作用。对山东省各中支和分行机关事后监督情况的专题分析，得到杨子强行长和刘克俭副行长批示肯定。集中骨干力量完成了分行重点课题“基于风险导向的中央银行会计手工监督与信息技术监督结合研究”以及“TCBS 事后监督配套机制研究”、“基于风险防范的 TCBS 事后监督视角分析”、“事后监督部门现场监督新职能履职情况及意见建议”等课题研究。

（事后监督中心）

【安全保卫】 2012 年，人行济南分行安全保卫工作牢固树立“安全第一”的指导思想，加强队伍建设，确保了人行发行库、发行基金押运和枪支弹药安全。

一、大力加强制度建设。一是先后修订完善了发行库守卫、发行基金押运、枪弹安全管理、守押应急预案四个基础性的核心业务制度和安全保卫“十二五”工作规划；二是起草拟定了发行库守卫值班室、发行库安全区封闭式管理两个《标准化建设规范》。

二、加强守卫押运工作力度。一是加大了对发行库守卫和发行基金押运工作的管理力度；二是加强与货币金银、后勤、武警等部门的密切配合；三是加强了监督检查力度，充分利用分行远程监控系统，对守押枪支和守卫值班情况进行了实时监督，并按季度对监督情况进行通报，对整改落实情况进行全程跟踪监督。

三、加大投入，提升安全防范技术水平。一是调整充实了技防专家库人员；二是组织了规范化管理系统现场会；三是组织指导了东营、德州中支守卫值班室和发行库安全区封闭式规范化管理的改造建设，取得良好的示范效果。

四、加大安全保卫检查力度。组织四个检查组，在全省范围内进行了为期半个月的大检查，通过检查，消除了各类安全隐患，确保了发行库守卫、押运、枪支弹药各项工作的绝对安全，为党的十八大胜利召开创造良好社会环境。

（保卫处）

【离退休干部工作】 2012 年，人行济南分行离退休干部工作取得了明显成效。

一、以落实两项待遇为重点，切实做好各项工作。一是全面落实老干部的政治待遇，坚持节假日和生病住院走访的慰问制度；二是对分行机关离休干部的护理费进行了调增；三是坚持以人为本、亲情化服务，切实落实好老干部的生活待遇。

二、以丰富多彩的活动为载体，增强了老干部群体的凝聚力。一是机关和辖区先后采用多种方式组织离退休干部参观考察；二是组队参加了总行举办的人行系统老年门球比赛，并取得了第二名；三是在总行开展的离退休干部“诗书画影抒情怀，喜迎党的十八大”主题活动中，获得优秀组织奖；四是在总行开展的“当年那些事——老银行工作者回忆录”征集评选活动中，上报的 20 篇回忆录全部被总行采用。

三、加强调查研究，增强工作的主动性和预见性。通过座谈讨论等多种形式，对辖区离退休干部队伍的现状进行了调研，并先后撰写了两篇调研报告。其中，《当前退休干部服务管理工作中的问题与探讨》获总行优秀调研成果奖。

（离退休干部处）

【宣传工作】 2012 年，人行济南分行党委宣传部不断深化理论学习、思想政治、文明创建、党建宣传等工作，为促进辖区各级行高效履职提供了有力的思想保障、精神动力和智力支持。

一、突出十八大精神宣传教育。一是举办“科学发展、成就辉煌”庆祝十八大召开主题展览、主题征文及评选活动，择优 15 篇文章上报总行；二是先后组织召开学习宣传贯彻十八大精神动员部署大会和党建工作联席会议，举办辖区十八大精神专题辅导电视会议，在分行内联网、《党建通讯》和文明央行网开辟专栏，创办简报 4 期，营造了浓厚氛围。

二、突出学习型党组织建设，不断深化理论学习和理论武装工作。一是印发党委(党组)中心组《学习意见》、《学习与调研计划配档表》，组织分行党委开展集中学习 8 次，累计学习时间 20 天，编辑学习资料 50 余万字，对辖区各中心支行中心组成员心得文章进行了评比通报；二是在领导干部中开展“读一本好书、写一篇高质量的心得、解决履职中存在的一项重大问题”活动，在广大员工中开展“日学一小时，月读一本书，季写一篇心得”活动，分行学习型党组织建设理论研究和实践经验材料，在总行宣传思想工作调研座谈会上做了专题汇报。

三、突出抓好核心价值体系教育。一是联合机关党办、团委联合举办机关处领导及 40 岁以下青年员工约 160 人参加的“弘扬雷锋精神、倡树时代新风”大讨论活动；二是以“新形势下央行员工思想现状”为题，开展了辖区员工思想动态调查并形成专题调研报告报送分行党委；三是充分发挥总行公德奖正向引导作用，发放《身边的榜样——人行系统先进典型事迹》光盘，部署辖区集中收看，向总行推荐18名公德基金资助对象。目前，辖区5名员工共获得10万元的"公德基金"资助款。

四、突出年度特点和创建重点，全面推动辖区文明单位创建整体发展。一是印发《2012–2014年度文明单位创建指导意见》，召开辖区2012–2014年度文明单位创建动员大会；二是举办分行机关全国文明单位揭牌仪式，总行刘慧兰部长一行莅临揭牌，撰写的《做好文明单位创建的"领头雁"》在总行宣传思想专业会议上做了典型发言；三是开展"我推荐、我评议身边好人"活动，推选产生职业道德、家庭美德、社会公德三方面的"好人"代表105名，编发该项活动的《简报》6期，推出"好人"典型36名；四是指导辖区设立"道德讲堂"，开展道德领域突出问题专项教育和治理活动，对窗口部门存在的不讲诚信和公德失范问题进行认真的自查梳理，剖析问题产生的原因，制定改进措施。

五、突出正确舆论导向，提高履职水平。

(一)不断强化宣传阵地建设，营造风正气顺氛围。一是开展党建宣传专题组稿工作，全年共围绕文明单位创建和党风廉政建设等收集、撰写专题组稿46篇并按时向总行报送；二是对《党建通讯》进行改版升级，全年刊发4期，采用信息150余篇，25万余字，调整央行文明网栏目设置，全年共更新信息400余篇(条)；三是编发《党委宣传工作动态》12期，向总行报送专报件32篇，被总行采用16篇，位居全国前列。

(二)切实加强宣传干部队伍建设。制定辖区宣传思想专业"十二五"期间业务竞赛规划，印发了《关于做好2012年宣传思想调查研究工作的通知》，对该项工作进行安排，对调研报告进行了评审通报。

六、突出重点工作和重要环节，积极推进辖区宣传思想工作履职创新。

(一)中心组学习方式灵活、重点突出，学习效果明显提高。一是采取多种方式，研究探讨小微企业发展现状、金融扶持等问题，《人民网》以《央行济南分行以民生金融为基点助力小微企业发展》为题进行了专题报道，《金融时报》以《命题式学习：理论与实践同行——人行济南分行创新思路提升中心组理论学习质效》专题报道；二是制定了《关于加强和改进县支行中心组学习意见》，提高了县支行领导班子建设水平，分别在山东、河南两省召开中心组学习暨文明单位创建座谈会，提高学习质效。

(二)开展思想政治工作质效问卷调查，撰写《2011年度辖区思想政治工作评估报告》；组织辖区5家中支开展落实"一岗双责"情况专题调研，形成了调研报告，印发了《关于开展文明窗口、文明岗位创建活动的通知》，通过实施限时办结制、推广文明用语等举措，提高服务质量。

(三)央行文化建设稳步推进，凝心聚力作用明显。对2008年以来中支报送的2批700篇小故事文章重新进行整理、汇总，择优汇编为《央行文化故事会》一书，以图文并茂的方式有效传播了央行文化理念，提升了全员文化认同和自觉。

(党委宣传部)

【青年工作】　2012年，人行济南分行团委，带领广大团员青年为高效履行央行职责做出了积极贡献。

一、切实加强青年思想引领工作。一是深入开展"弘扬雷锋精神、倡树时代新风"主题教育活动，组织分行机关青年员工开展了雷锋精神大讨论；二是在分行"青年之窗"网站开辟了"学习宣传贯彻党的十八大精神"专栏，组织辖区各级团组织开展学习活动；三是扎实开展青年课题组活动，全年辖区共成立青年课题组238个，收到课题研究成果102项，推荐上报总行团委的10篇青年课题有2篇获一等奖、2篇获二等奖、3篇获三等奖，其中分行调查统计处青年课题在总行2012年青年论坛上获得银奖第1名的好成绩；四是举办了"青春同心、我们同行"驻济金融机构第2届青年联谊活动。

二、努力提升青年对央行履职的贡献度。一是与山东团省委联合下发了《关于在全省人行系统和涉农金融机构选派优秀年轻干部到县级团委挂职的通知》，从山东省人行系统和农行、邮储银行、农信社等3家涉农金融机构选派了130名青年骨干，分别到各县级团委副书记岗位进行为期半年的挂职锻炼；二是深入开展青年文明号创先争优活动，首次开展了分行机关青年岗位能手评选活动，评选表彰了8名青年岗位能手；三是动员和组织青年员工通过送金融知识进村、企、校、社以及举办专题讲座、发放金融知识明信片等方式，开展宣传培训活动480余次。

三、积极落实各项政策措施，不断提升基层团建工作水平。一是组织完成辖区团委换届工作；二是加强团干部队伍的能力建设和作风建设；三是赴临沂市平邑县温水镇温泉村开展了分行机关"爱在沂蒙、情系学子"捐资助学活动。

(团　委)

【纪检监察】　2012年，人行济南分行纪检监察部门采取有效措施，加大工作力度，较好地完成了全年工作任务。

一、认真完成综合服务及文字工作。一是全年起草各类公文42份，协助发文39份，撰写其他综合材料200多份、调研报告5篇，上报信息被总行采用15篇；二是开展工作调研业务竞赛，评选、交流调研文章120余篇；三是牵头召开联席会议4次，筹备召开了纪检监察工作会议；四是举办区纪检监察干部远程培训班。

二、协助党委加强反腐倡廉建设。一是起草了《党风廉政建设和反腐败工作的意见》，制定了《任务分解落实的意见》；二是完善了"年初分片督导、半年集中座谈、第三季度检查督促、第四季度述职汇报、年底量化考核"的五步工作法。

三、强化监督检查合力。一是强化党内监督，组织开展了《廉政准则》落实情况的专项检查；二是强化行政监督，组织开展了工程领域风险全面排查。全年辖区各类执法效能监察立项54项，发现问题187个，提出整改建议198项，协助建章立制45项。

四、严明政治纪律。一是协助党委印发实施《关于保持党的纯洁性严明政治纪律的意见》，开展了纪律教育，保持党的纯洁性主题教育活动；二是印发《关于加强学习制度落实制度长效机制建设的意见》；三是加强履职问责，辖区各类监督检查发现问题 948 个，履职问责 1482 人，取消评优资格 15 人次，扣发绩效工资 22 人次。

五、全面落实党风廉政建设责任制。一是实行目标管理，印发了《党风廉政建设责任制目标管理办法》；二是做好任务分解，把反腐倡廉工作纳入"决策目标、执行责任、考核监督"三个体系；三是完善工作机制，分 4 个层次和 32 个专业签订《党风廉政建设责任书》308 份；四是建立综合考评制度，强化责任制量化考核和责任追究；五是做好信访举报核查管理，受理举报 48 件，办结 45 件，信访总数同比下降 7.7%，查结率 93.75%；六是印发《加强县（市）支行的监督管理办法》和《关于加强县支行案件风险防控工作的意见》，完善了派驻制监督模式。

六、进一步深化廉政宣传教育。一是制定了《反腐倡廉宣传教育工作的意见》和《廉政文化建设 2012-2016 年工作规划》；二是通过组织廉政歌曲征选、编印廉政文化读本、反腐倡廉知识测试、开展家庭助廉等形式，深入开展廉政文化"宋进"活动；三是召开廉政文化建设经验交流电视电话会议，评选廉洁勤政典型 26 名。

（纪检监察一处　纪检监察二处）

【巡视工作】　2012 年，人行济南分行巡视办公室不断丰富巡视内容，完善程序环节，改进方式方法，扎实开展巡视工作，有力促进了中支党委各项工作的顺利开展。

一、切实增强计划性。一是统筹规划巡视工作，重点围绕"领导班子建设和领导干部作风建设、科学履行央行职责、党风廉政建设、干部队伍和选人用人、内部管理和风险控制"五方面内容开展巡视；二是合理安排巡视周期，逐步探索建立重点巡视与周期巡视相结合的长效巡视机制。

二、扎实提升工作水平。一是完善分行巡视监督检查基本框架体系，从 5 个大方面 27 个小方面调整确定了 65 项巡视评判指标；二是改进问卷测评方式，将巡视组进驻被巡视单位现场的巡视工作见面会与党委整体工作汇报会合二为一；三是制定了《延伸巡视县（市）支行工作办法》，明确了对县支行延伸巡视的工作内容、程序步骤和具体要求；四是对平顶山和东营 2 市中支开展了巡视工作与履职审计的深度整合；五是优化巡视报告的撰写视角，找出影响被巡视单位发展的突出制约因素。

三、努力提高巡视综合效能。一是组织各巡视组顺利完成对辖内 8 市中支党委班子的第三轮巡视工作，全年共发放调查问卷 2098 份，个别谈话 1123 人次，走访当地政府、纪委、金融机构等单位 31 家，召开各类座谈会 18 次，调阅各种资料 2.1 万余份；二是定期归纳总结被巡视单位带有普遍性、苗头性、倾向性的问题，对其原因进行深入分析，提出具体的可行性建议，全年累计发现各类问题与不足 345 项，向分行党委和被巡视单位提出各类工作建议 100 条，各类问题整改率达到 95.9%；三是认真总结巡视工作经验，全年向总行报送巡视工作信息 3 期，专题调研 1 期。

（巡视办公室）

【党建工作】　2012 年，人行济南分行全面推进机关党的建设，努力创先争优，再创全国文明单位。

一、创先争优活动取得新成果。一是组织开展"科学发展辉煌成就"主题教育活动，在机关干部职工中开展征文活动，收到征文 200 余篇，共评选出优秀文章 40 篇，优秀组织奖 7 个；二是组织开展各类党代表的选举推荐工作；三是组织召开专题机关党委会，掀起学习宣传贯彻十八大精神的热潮；四是继续开展"日学一小时，月读一本书，季写一篇心得"读书活动；五是召开机关创先争优活动总结表彰大会，对先进基层党组织和优秀党员进行表彰；六是组织机关各支部观看《人民的好儿女》、《雨中的树》等教育片；七是对分行机关党支部组织生活质量问题进行调研，并撰写调研报告。

二、基层组织建设取得新进展。一是结合人员变动情况，对支部组成人员及时进行调整和改选；二是联合团委举办以"学习弘扬红旗渠精神，争做业务中坚力量"为主题的青年党员暨入党积极分子培训班，分行机关 35 岁以下青年党员及入党积极分子共 80 余人参加；三是组织开展示范教育和廉政教育，集中组织观看预防职务犯罪的警示录像，并参加总分行的廉政知识测试；四是围绕理想信念、价值观念、组织建设、工作状况、思想诉求等方面开展调查问卷，机关共有 261 名员工参加；五是组织各支部开展宣传专题组稿工作，全年共收集、撰写、编发制作宣传栏 35 期。

三、文明单位创建工作取得新成绩。一是扎实做好新一轮文明单位创建工作，将创建的任务、目标、责任明确到岗到人；二是继续深入开展文明处室创建活动，在连续两年获得文明集体的部门中，选拔出 10 个部门做为文明集体标兵单位，起到以点代面的良好效果；三是做好省级文明单位复查工作，对上年度各部门创建的资料进行归集、整理和装订，为再创全国文明单位打下坚实基础。

（党委办公室）

【工会工作】　2012 年，人行济南分行工会工作紧紧围绕"一条主线"（工会桥梁纽带作用的发挥），突出"两个重点"（民主管理、业务竞赛），坚持"三个贴近"（贴近业务、贴近职工、贴近基层），各项工作取得明显成效，先后被授予全国金融系统职工代表大会制度建设示范单位，分行"先进基层党组织"；分行"文明单位示范窗口"。

一、维护职工合法权益。一是印发了《系统职代会实施方案》，指导辖区 13 个中支召开会议，实现了中支、县支行两级共同参与民主管理的良性互动，年初，在总行职工民主管理工作经验交流电视电话会议上作典型发言；二是引导和促进职工代表更好地履行职责、发挥作用，辖区各级行共有 1104 人次参与职代会（职工大会）提案督办工作；1439 名职工代表开展专题调研 655 次；三是指导辖区各级行充分发挥分行职工民主管理信息系统的作用，采取定期或不定期、专题征集与日常征集相结合的方式，自主开展各类建言献策活动，9 月，在辖区开展

"我为岗位风险管理献一策" 专题建言献策竞赛活动,4300 余名干部职工参与,征集建议 4275 条,活动分析报告得到了总行王华庆纪委书记(工会主任)批示并转发。

二、深入开展业务竞赛,发挥"创争"激励效应。一是制定下发了"十二五"期间业务竞赛总体规划和实施方案;二是调查统计、跨境人民币业务竞赛均获得总行竞赛一等奖,自主开展了法律事务专业、职工民主管理信息系统应用等 7 项竞赛活动,指导辖区各级行开展各类竞赛 320 余场次,459 个金融机构 8050 人次参加了各级各类竞赛;三是各级行共选各类竞赛标杆集体 179 个、标杆个人 358 名,分行纪检监察一处崔金平被授予全国金融系统五一劳动奖章获得者,青岛中支辛树人被推荐为全国金融系统"服务三农及小微企业"主题竞赛活动先进个人(全国金融五一劳动奖章获得者)。

三、广泛开展职工文体活动。一是代表人行系统参加了全国金融系统女职工健美操比赛,分行代表队获得一等奖(列第一位),参加第 3 届中国职工艺术节,7 人获奖,2 名职工代表人行参加金融系统桥牌比赛,再次蝉联甲级队资格;二是连续第 7 年成功举办迎春联欢会,成功举办了第 11 届机关职工登山活动、太极拳培训活动、优秀摄影作品展等活动;三是辖区新成立 90 个职工文体活动兴趣小组,均在办公场所专门建立了职工活动场地(馆),共投入 118 万元资金新建、修缮职工活动场地(馆)70 个,为职工租赁社会场馆 42 个,购买文体活动器材 2206 件。

四、扎实开展帮扶送温暖工作。一是及时启动了 4 次四级爱心救助机制,对辖区 4 名患有重大疾病的职工进行了救助,共计 8.45 万元;二是走访困难职工 226 人,发放慰问金 45.2 万元,慰问品 3.6 万元,基本实现了对困难职工走访慰问的全覆盖;三是对社会捐助 2 次,捐款金额 7.305 万元,设立爱心助学基金,对临沂市平邑县温泉、仁孝和西纯庄村 20 名品学兼优、家庭困难学生,一次性资助 1 年的助学金 26250 元。

五、认真开展女职工工作,发挥女职工"半边天"作用。一是深入开展"央行服务创一流、巾帼建功展风采"活动,辖区获得总行级"女职工文明示范岗"、"巾帼建功标兵"和"文明家庭"荣誉各 2 个;二是为辖区女职工续保了四项特殊疾病保险,参保率达到 100%;三是组织开展了丰富多彩的"三八节"纪念活动和各具特色的主题教育活动。

六、切实加强自身建设,提高工会履职能力。一是制定下发了工会《2012-2014 年加强和改进自身建设工作规划》、《工作目标管理考核评价办法》等一系列制度办法;二是通过电视电话会议形式举办了由全体工会干部参加、内容涵盖全部工会业务知识的培训班;三是组织对工会经费收支和预算执行情况审计,对本级和下一级工会财务审计达到了 100%,确保辖区各级行工会财务工作在接受内外部审计中无差错。

(工会办公室)

【清算工作】 2012 年,人行济南分行清算中心技术业务操作无差错,全部六个系统可用率均实现了 100%,支付系统宣传和信息调研工作继续保持领先地位。

2012 年,山东省支付系统业务量实现了超常规增长。1-12 月,大额支付系统共处理业务 6711.29 万笔,金额 96.91 万亿元。小额支付系统共处理业务 6689.46 万笔,金额 1.42 万亿元。全国支票影像交换系统共处理业务 161205 笔,金额 113.15 亿元。电子商业汇票系统按出票人开户行统计共处理业务 52183 笔,金额 863.18 亿元。网上支付跨行清算系统共处理 463.27 万笔,金额 580.60 亿元。

一、确保系统稳定运行。一是认真监控日常业务运行,及时发现和解决问题;二是每日 3 次对系统进行维护检查;三是每月监督小组例行检查绝不流于形式;四是每季度对系统全面维护检查;五是圆满完成了支付清算系统在春节、两会、十一、十八大等重点时期的安全运维工作;六是组织辖内直接参与者完成支付系统应急演练和计算机机房市电供应中断应急演练,提升应对突发事件处置能力。

二、深入开展宣传活动。一是对外联合支付结算处在青岛举办电子商业汇票推广交流座谈会,组织"央行支付杯"支付清算系统知识竞赛;二是对内积极组织山东省 17 地市开展支付清算系统宣传活动,日照中支结合辖区实际制订实施了《金融机构支付清算往来业务监督考核办法》,滨州中支深入滨州学院、滨州职业学院举行了"央行支付、服务千家万户——走进校园"支付宣传系列活动,济宁中支携手南阳镇农信社开展了以"助推湖区发展、共享现代支付"为主题的宣传活动,泰安中支先后到泰山钢材大市场、光彩大市场等大型专业批发市场、大型企业开展电子商业汇票系统业务推广和宣传,临沂中支举办金融机构结算业务培训班,烟台中支通过电视台"今日海阳"栏目对支付清算服务亚沙盛会所取得的成就进行了专题报道,莱芜中支组织支付系统征文大赛活动;三是对下成功举办了 17 市清算分中心参加的第四届"支付清算杯"羽毛球比赛,在全省进一步打造了"央行支付"的品牌形象。

三、运行质量明显提高。一是圆满完成承担的总中心 2011 年支付系统研究课题《基于业务拓展视角下的电子商业汇票体系建设研究》和《山东省支付清算系统运行维护中存在的突出问题》等调研课题;二是精心组织规范操作,圆满完成了总中心安排的四个季度 CCPC 巡检工作。

四、扎实积累支付系统未来运维新模式。一是认真做好作为二代支付系统上线建设及模拟测试工作;二是顺利完成清算总中心建设的生产指挥系统的设备购置、安装、调试、开通运行等工作;三是制订了《中国现代化支付系统济南城市处理中心和山东省直接参与者密押设备使用管理办法》,对密押设备的申请和报废等做了详细规定。

(清算中心)

【后勤服务】 2012 年,人行济南分行后勤服务中心圆满完成了各项任务,被推荐为"十一五"全国节能减排先进集体和人行系统节能减排国家级示范工程。

一、完善工作措施,确保分行机关安全运转。一是定期召开安全生产例会,对安全情况进行通报和部署,发现问题及时报告,尽快排除;二是明确责任人,制定各岗位的安全生产措施,并实行事故责任追究制度；三是认真落实节假日和双休日工作人员值班、处级以上领导带班制度，每季开展一次安全生产大检查，及时消除安全隐患；四是重点抓好行车、用水、用电、用气、设施设备运行、食品、药品安全等方面的工作；五是对突发性公共卫生事件预案进行了突击演练，提高了应急反应和处置能力；六是与辖区公安、街道办事处、宿舍物业公司等部门形成相互配合、联动，确保机关、培训中心和宿舍安全。

二、加强精细管理，促进节约型机关建设。一是进一步明确了各种费用开支的规定和财务审批权限，执行后勤费用开支“一支笔”和大额财务开支的申报签批制；二是细化各项规定，其中，迎送来宾节省费用 10 万余元，公务车节约油耗 7%，通讯费用节省 2 万多元，供热费用节省 20 多万元。

三、加强内部管理，提高规范化水平。一是对 14 个岗位制定了工作流程图，查找了每个环节的岗位风险和廉政风险，并制定了防控措施；二是每月召开一次会议，不定期召开工作专题会议，确保各项工作任务的顺利完成；三是实行报告制度，增强工作的主动性、能动性和计划性；四是进一步细化和完善了后勤安全、行政管理、费用报销、公务派车、接待、资产管理等内部管理制度，使各项工作有章可循。

四、节能减排取得新成效。一是先后组织召开了节能减排工作会议、能源动态监测系统培训和现场推进会，对辖区能耗统计人员进行了两次培训，提高了管理水平；二是对饮用水进行节能改造，对废水进行回收，每年可节约经费约 8 万元；三是投资建立了雨水收集箱，节省自来水；四是组织对辖区各中支进行现场检查，进一步促进节能减排工作的开展；五是在重点耗能部位加装了电表，及时检测，实现了三级计量，创办了《节能减排信息》，截至年底，全辖人均综合能耗、人均水耗同比分别下降 4%，单位建筑面积能耗同比下降 3.2%的节能目标。

（后勤服务中心）

【大事记】 1 月 11 日 人行济南分行联合省经信委召开全省重点技术改造导向计划项目推介会。

1 月 15 日 人行济南分行印发《（山东省）发行库守卫、发行基金押运安全应急处置预案》的通知。

1 月 20 日 人行济南分行印发《〈金融业机构信息管理规定〉操作细则（试行）》的通知。

人行济南分行、山东银监局印发《关于金融促进山东省钢铁成员结构调整的指导意见》。

2 月 10 日 ~12 日 人行济南分行在日照召开 2012 年工作会议暨纪检监察工作会议。分行党委书记、行长杨子强出席会议并做重要讲话，分行各党委成员、机关各部门主要负责人、辖区各中支和县支行行长参加了会议。

2 月 21 日 人行济南分行、山东银监局印发《进一步规范票据业务推动票据市场健康发展的通知》。

2 月 22 日 人行济南分行转发总行《关于下调人民币存款准备金的通知》。

2 月 28 日 人行济南分行印发《开展山东省农村支付环境建设“双百目标年”活动的意见》。

3 月 20 日 ~23 日 人行济南分行组织举办 2012 年山东省信用评级从业人员业务培训班，来自中国诚信信用管理有限公司山东分公司等 6 家信用评级机构的 164 名从业人员参加了培训。

3 月 26 日 人行济南分行转发总行《关于印发〈支付机构反洗钱和反恐怖融资管理办法〉的通知》。

3 月 28 日 人行济南分行副行长于华民带领货币信贷管理处、支付结算处、国库处、征信管理处、经常项目管理处有关同志参加了省广播电台“阳光政务热线”节目。

4 月 6 日 人行济南分行、省发改委、省旅游局、山东银监局、山东证监局、山东保监局、外管局山东省分局联合转发中国人民银行、发展改革委、旅游局银监会、证监会、保监会外汇局《关于金融支持旅游业加快发展的若干意见》的通知。

4 月 13 日 人行济南分行印发《山东省机构信用代码推广应用工作方案》。

4 月 14 日 人行济南分行举办机关第 11 届职工登山活动。分行党委书记、行长杨子强等行领导，以及分行机关和泰安中支机关的 280 余名干部职工参加了登山活动。

5 月 8 日 ~9 日 人行济南分行举办山东省金融 IC 卡培训，培训人员包括全省商业银行分管银行卡行领导，银行卡及技术部门负责人及骨干，共计 210 余人。

5 月 15 日 人行济南分行转发总行《关于下调人民币存款准备金的通知》。

5 月 29 日 人行济南分行印发《山东省现金服务“承诺十八项、献礼十八大”活动方案》。

5 月 31 日 人行济南分行举办调查统计业务竞赛。

6 月 2 日 人行济南分行行长杨子强到临沂市平邑县温水镇看望分行选派的驻村“第一书记”张金柱、刘峰和李剑，并对温泉、仁孝、西纯庄三个村抓党建促脱贫工作进行了现场调研指导。

6 月 5 日 ~10 日 《山东金融年鉴》工作研讨会在济南举行，共有 18 个金融机构参加了此次会议，会议期间对于相关的议题进行了研究、交流和探讨。

6 月 6 日 人行济南分行、省经信委印发《流动资金贷款需求重点企业名单的通知》。

6 月 7 日 人行济南分行组织召开 2012 年第一次支付结算联席会议。分行党委委员、副行长肖龙沧出席会议并讲话。人行济南分行有关处室，22 家银行业金融机构，银联山东分公司负责人及业务部负责人，9 家驻济支付机构、8 家驻山东财务公司分管领导，特邀代表北京鑫科聚融科技公司、海尔财务公司、支付宝网络技术公司负责人等共计 82 人参加了会议。

7 月 5 日 人行济南分行转发总行《关于下调金融机构人民币存贷款基准利率和调整贷款利率浮动区间的通知》。

7 月 26 日 人行济南分行转发总行《关于建立支付机构监管报告制度的通知》。

8 月 2 日 人行济南分行转发总行《关于进一步推进银行业信息安全等级保护工作的通知》。

8 月 10 日　人行济南分行组织召开山东省银行业金融机构信息安全等级保护工作会议。山东省内各政策性银行、国有商行、股份制银行，以及城商行等 30 余家金融机构的科技部门负责人和技术人员参加了此次会议。

8 月 18 日　人行济南分行举办商业银行代理国库业务培训班。辖内 16 家商业银行省级管辖行代理国库业务管理部门负责人、业务经办人员以及省级国库集中支付代理银行业务部门负责人、经办人员共 53 人参加了培训。

8 月 30 日 ~31 日　《山东金融年鉴》专项课题研究在济宁邹城市召开，通过对上报课题的认真筛选，对青岛、烟台、济宁等 8 个中支报送的课题进行了立项和布置。截至年末，已经完成了《山东省区域产业结构协调发展的比较研究》、《金融支持山东省不同地区产业结构协调发展的比较研究》等多篇论文，在开发利用《山东金融年鉴》资源从事经济金融研究方面，再次走到了全国前列。

9 月 12 日　人行济南分行印发《山东省银行业金融机构示范网点现场考核验收方案》。

9 月 19 日　人行济南分行、省经信委印发《关于第二批流动资金贷款需求重点企业名单的通知》。

9 月 27 日　人行济南分行印发山东省金融机构反洗钱工作《自律评估办法》和《考核评估暂行办法》。

10 月 19 日　人行济南分行组织召开 2012 年内审转型交流促进会。总行内审司杨立杰司长出席会议，分行刘振海纪委书记到会讲话、全辖 35 个中支内审科主要负责人参加了会议。

10 月 30 日　人行济南分行印发《实施公务卡管理办法》。

11 月 1 日　人行济南分行印发《进一步做好金融机构综合评估工作的通知》。

11 月 7 日　人行济南分行组织举办山东省支付清算运维培训班，山东省各市中支、分行营管部清算分中心，以及省内 60 余家商行的支付清算系统运行维护业务和技术人员共 150 余人参加了培训。

11 月 8 日　人行济南分行印发《山东省银行金融机构现金全额清分规划》。

11 月 20 日 ~25 日　《山东金融年鉴》工作会议在济南举行，共有 37 家金融机构参加了此次会议，会议表彰了先进集体和个人，总结了工作，交流了经验，通过讨论汲取了合理化建议，取得了新的共识，会议期间还安排了考察。

11 月 26 日　人行济南分行印发《山东省省级国库集中代理银行资格认定管理暂行办法》。

12 月 5 日　人行济南分行、省财政厅印发《山东省凭证式国债承销团成员及分支机构考核评比实施细则(试行)》。

12 月 10 日　山东省支付清算协会成立大会暨第一次会员代表大会在济南隆重召开。省政府副秘书长张德宽、人行济南分行行长杨子强出席会议并讲话。山东银监局局长廖平之、省金融办副主任郭永利、省民间组织管理局副局长徐建国等，以及全体会员单位代表参加了会议。

12 月 11 日　人行济南分行召开山东省省级银行业金融机构统计制度会议。分行党委委员、副行长肖龙沧出席会议并讲话，来自全省 40 家省级金融机构分管统计工作的行长(副行长)、统计部门负责人及统计人员共 120 余人参加会议。

12 月 19 日　人行济南分行转发总行《关于发布〈银行业标准体系〉的通知》。

人行济南分行与菏泽市政府联合召开“支持菏泽打造四省交界地区科学发展高地银企对接会”。人行济南分行行长杨子强，菏泽市委副书记、市长孙爱军，25 家省级金融机构主要负责人等约 200 余人出席会议。对接会精选菏泽市基础设施建设项目、工业项目及流动资金项目 869 个，与 25 家金融机构签订协议金额 1269 亿元。

（李　玲）

国家外汇管理局山东省分局

【综述】 2012年，国家外汇管理局山东省分局（以下简称“外管局山东分局”）认真贯彻落实总局的各项方针政策，牢牢把握“稳中求进”的工作总基调，坚持管理与服务并重，密切监测跨境资金流动，扎实深化重点领域外汇管理改革，着力提高外汇管理有效性，各项工作取得新成效。

一、严格清理规范性文件，推动依法行政。成立了法规清理小组，并制定《法规清理工作实施方案》，协调省档案局等部门，列出1984年以来所有发文清单共3324件，逐一核对、全面梳理规范性文件，形成了现行有效的规范性文件目录。

二、创新外汇管理和服务措施，促进贸易投资便利化。一是连续第7年以〔鲁汇发1号文〕出台《关于进一步改进外汇管理，支持全省涉外经济平稳较快发展的指导意见》，受到涉外企业普遍欢迎；二是制定了《关于进一步加强外汇服务、促进全省外经贸稳定增长的意见》，提出16条服务措施；三是按季召开省级金融机构参加的会议，探索建立金融支持涉外经济贸易融资全口径统计制度，督促银行机构加强对涉外经济的服务；四是组织全省各分支局深入689家企业，开展“一企一策”式外汇服务。

三、加强监测分析和信息调研，服务领导科学决策。一是进一步加强区域跨境资金流动监测，撰写完成《监测报告（2011年）》；二是积极参与综合司《区域外汇收支运行报告》提纲的修订工作，不断完善山东省区域跨境资金流动监测报告框架；三是着力提高外汇管理信息调研质量，累计上报材料188篇，被总局采用87篇；四是针对外汇管理热点、难点问题深入调研，部分报告被总行和山东省政府领导批示。

四、深入开展政策宣传活动，提高外汇管理透明度。一是撰写完成“农村书屋”工程书系——《农村金融实用知识读本》“走出国门的桥梁－外汇”部分；二是编撰的《融“汇”贯通－外汇知识一本通》在第2届山东省社会科学普及优秀作品评选中获得1等奖，并被全国社科联评为“全国科普读物优秀作品奖”；三是对省国资委管理的31家国有企业财务高管进行政策业务培训，详细讲解汇管理政策；四是全省共举办外汇政策业务巡回宣讲培训班140余次，开展广场宣传活动72次，宣讲企业1万余家，发放宣传材料十万余份。

五、把防范风险作为重中之重，不断加强内控监督。一是制定印发《外汇管理绩效审计实施办法（试行）》，完善指标体系，对济宁市中心支局短期外债管理绩效进行审计；二是统一组织开展2010–2012年内控监督检查，进行了通报；三是配合总局做好内控风险测评系统应用门户整合推广试点工作，同时认真总结分局及3家中心支局试点经验上报总局；四是印发突发网络舆情事件、群体性冲击外汇业务窗口事件两个《应急预案》，切实加强应急管理。

【经常项目管理】 2012年，外管局山东分局紧紧围绕“推改革、防风险、促转型”工作思路，扎实开展货物贸易外汇管理改革，积极推动管理转型。

一、货物贸易外汇管理改革有新成效。一是作为首批试点分局，率先在全国开展货物贸易综合分析工作，探索建立了“五类核查法”和“四排除三协查法”等非现场监测方法；二是建立重大业务事项集体审议制度，形成了规范化工作流程；三是建立了“综合分析、非现场监测经验”和“典型案例分析”两个交流平台，激发了员工探索实践和创新工作的动力。

二、跨境资金风险防控有新成绩。一是切实加强重点行业和交易渠道监测，开展专有权利使用费、利润汇出和佣金等三项专项核查；二是综合利用个人结售汇、金宏及非现场检查等系统进行数据交叉分析，制定实施电子银行个人“关注名单”制度；三是加强保险机构业务合规性监管。年内，汇总上报2个服务贸易非现场监管典型案例，均被总局纳入《服务贸易非现场监管案例汇编》，并转全国借鉴。

三、外汇服务能力水平有新提升。一是就货物和服务贸易便利化提出7项措施，受到市场主体普遍欢迎和省政府的充分肯定；二是积极为亚洲沙滩运动会提供政策支持，得到参会团体好评，烟台市委、市政府专门发来感谢信；三是开展“一企一策、一事一策”式服务，解决大地保险公司共同海损项下向第三方支付保险赔偿金难题。

四、推动管理转型工作有新局面。一是扎实进行岗位和人员优化整合，实现了全年业务零差错；二是建立实施重点培训和不定期核查制度，提高了银行尽职审查和合规经营意识；三是与税务、海关等部门协调，货物贸易联合监管、服务贸易项下海运费核查方法等工作均取得新突破。

五、助推总局重点攻关有新建树。一是作为货物贸易外汇管理改革攻关小组核心成员，全程参与了改革法规和系统论证测试、操作规程及培训教材撰写；二是作为“跨境资金流动监测分析平台”建设攻关小组成员，完成服务贸易、保险机构两项外汇业务分析框架需求和数据标准的撰写工作；三是作为总局指定的唯一分局，起草了《经常项目外汇管理内控指引》，下一步拟在全国推广实施。

【资本项目管理】 2012年，外管局山东省分局进一步转变管理理念，大力促进投资贸易便利化，完善跨境资金流动统计监测与分析预警，强化内部管理与风险控制。

一、进一步转变工作理念，积极推进投资贸易便利化。一是系统性研究业务下放类型、存在风险及相应管理措施，并在总局形势分析会议进行经验介绍；二是召开全省“法人金融机构及中资企业短期外债余额指标管理工作座谈会”，为8家法人金融机构核定基础指标1.21亿美元、调剂临时指标

0.89 亿美元；三是积极推进融资性对外担保和中资企业外保内贷业务发展，及时为法人金融机构核定对外担保余额指标 1.95 亿美元，向总局申请外保内贷试点额度 5000 万美元。

二、助推改革，积极参与总局各项重点工作。一是顺利完成外汇账户等操作规程的修订，独立承担银行版操作指引编写工作，提出直投系统调整方案，多项建议被总局采纳；二是牵头拟定全国跨境信贷业务外汇管理操作规程修订方案，并完成整理和统稿工作；三是做好境内银行账户信息、账户内结售汇数据和资本项目数据接口验收和联调工作。

三、加大信息调研力度。一是围绕热点开展专题调研，形成专报件《关于提升外汇服务水平支持涉外企业集团跨境投融资的报告》和《关于推进直接投资外汇管理政策调整促进全省投资便利化的报告》报送省政府，经验做法被总局转发全国；二是承担重点课题的撰写，形成《山东涉外债务融资现状、效应及对策研究》报告并公开发表。

四、完善手段，提升非现场核查能力。一是进一步完善修订《资本金结汇非现场核查工作指引》，加强对违规资金的精准打击；二是加强信贷业务非现场核查，完善对银行两项指标执行情况的监测和事后核查手段；三是制定了《山东省外商投资企业外汇年检非现场核查工作试行方案》。

五、全面协调，周密部署，扎实有效做好两项年检工作。一是积极开展会计师事务所外汇年检业务培训，多手段、全方位宣传外汇年检新政策，加强建立与联合年检部门的信息共享机制，确保参检率和通过率均达到 100%；二是充分利用年检数据做好信息调研，向总局报送专报 17 篇、专题报告 3 篇；三是组织召开全省外汇年检工作总结会议，为先进单位的创新做法提供交流平台。

【国际收支】 2012 年，外管局山东分局以提高监测分析水平为核心，以探索结售汇统计核查方法为突破口，完善统计申报制度体系，构建工作规范化长效机制。

一、进一步加大工作创新力度，力促整体工作上水平。一是编写《结售汇统计工作现场核查方法指引》，初步建立了“一行一策”的国际收支及结售汇现场核查工作体系；二是升级国际收支非现场核查系统，补充和完善核查规则和功能，并就相关做法在全国国际收支核查工作会上作经验交流；三是连续两年举办全省法人金融机构培训暨座谈会，搭建了法人金融机构外汇业务交流的平台；四是制定《金融机构国际收支统计申报数据自查制度》，建立了省级金融机构数据质量定期通报制度。

二、不断强化监测调研，增强分析工作的有效性。一是转变分析思路，重点监测和分析跨境资本流动的主要渠道和风险点；二是拓宽信息来源渠道，建立与商务厅等部门信息定期交流机制；三是完善重点企业调查体系，举办监测企业表彰暨培训会，调动了企业参与调查的积极性。

三、不断提高国际收支统计数据质量。一是完善日常数据核查机制，并就相关做法在总局结售汇核查工作座谈会上作经验介绍；二是加大专项核查力度，选择交易编码、交易附言、交易国别等较难把握的问题在全省统一组织专项核查；三是组织召开推广会，全面推进企业国际收支网上申报试点；四是协助总局制定国际收支数据标准，并作为全国唯一一家分局参加总局标准化建设攻关工作。

四、坚持管理与服务并举，不断提升银行外汇收支管理水平。一是借助网上测试系统对 91 家银行进行了测试，提高银行合规经营能力；二是是推进个人本外币兑换特许业务试点，切实规范机构经营。

【外汇检查】 2012 年，外管局山东省分局结合国际国内经济和外汇收支形势变化，加强对异常资金双向流动异常情况的监测和检查，切实履行外汇检查为外汇管理大局服务的工作职责。

一、整合全省资源，全力推进外汇非现场检查系统二期升级。一是组成攻关小组，按照“同步推进、集中攻关”的工作步骤，完善系统指标管理和应用功能，顺利通过总局验收；二是积极配合总局在全国推广系统应用，6 次派技术和业务骨干开展核心业务培训和集中分析。

二、坚持依法行政，狠抓外汇违法违规案件查处落实工作。一是继续对外汇流入和流出重点领域进行专项检查，狠抓异常交易线索督办和落实；二是创新外汇检查手段，加大对外汇大要案的查处力度；三是完善跨境资金双向流动冲击的工作机制，向全省下发异常案件线索 108 条。全年处罚违规企业 58 家，查处案件 103 个，收缴罚没款 2154 万元。

三、加强金融机构管理，提高检查频率和覆盖面。一是对交行 83 个、华夏银行 22 个支行开展外汇业务合规性检查；二是组织全省工行 201 个支行进行自查；三是选取 3 家驻济股份制银行外汇业务进行抽查。全年查处银行 44 家支行以上分支机构，行政处罚 139.3 万元，确保外汇管理政策执行到位。

四、积极探索银行数据提取与应用工作。一是自主研发了“银行外汇业务数据导入软件”；二是整理针对银行的非现场检查指标体系，形成指标 100 余个；三是研究利用总局下发的工行数据，尝试将其并入外汇非现场检查系统，初步实现了“加大检查覆盖面、加快检查频率”的目标。

五、关注重点领域和关键环节，开展专项检查。一是针对资本项下外商投资企业资本金结汇进行专项检查，涉及企业 43 家；二是开展外债流入异常情况专项检查，涉及企业 6 家；三是开展“华润系”大企业外汇资金运用专项检查；四是针对银行短期融资、创新类融资等业务开展专项检查。

【大事记】 1 月 30 日 外管局山东省分局印发《外汇管理突发网络舆情事件应急预案》和《群体性冲击外汇业务窗口事件应急预案》。

1 月 31 日 外管局山东省分局印发《外汇管理绩效审计实施办法(试行)》。

3 月 7 日 外管局山东省分局印发《表彰 2011 年度山东省贸易信贷调查及出口换汇成本优秀监测企业的通报》。

3月19日　外管局山东省分局印发《专项经费管理实施细则》的通知。

5月7日　外管局山东省分局转发总局综合司《关于印发〈银行执行外汇管理规定情况考核内容及评分标准(2012年)〉的通知》。

5月15日　外管局山东省分局转发总局《关于印发〈个人本外币兑换特许业务试点管理办法〉的通知》。

6月16日　外管局山东省分局举办2012年全省国际收支统计申报暨银行贸易融资业务统计培训班，并对2011年全省国际收支优秀申报单位和优秀申报员进行了表彰。外管总局国际收支司副司长王春英等应邀出席并授课，人行济南分行副行长于华民讲话，全省各市分支局申报人员，以及各市外汇指定银行具体业务人员600余人参加了培训。

7月10日　外管局山东省分局转发总局《关于做好货物贸易外汇管理制度改革推广工作有关问题的通知》。

7月12日　外管局山东省分局转发总局《关于印发货物贸易外汇管理法规有关问题的通知》。

11月24日　外管局山东省分局在济南举办山东省直接投资外汇管理新政策培训会。人行济南分行副行长、外管局山东省分局副局长于华民到会并讲话。省分局、各分支局、各驻济外汇指定银行和地方法人银行资本项目经办人员320人参加了此次培训会。

（外管局山东省分局）

中国银行业监督管理委员会山东监管局

【第一负责人简介】　廖平之，男，汉族，1954年7月生，江西临川人，中共党员，大学学历，高级经济师。1972年3月参加工作，历任人行抚州地区分行人事科副科长、党组成员、副行长，人行赣州地区分行党组书记、行长，人行南昌中心支行党委委员、副行长兼国家外汇管理局江西分局副局长，人行武汉分行党委委员、副行长，武汉分行营管部调研员，党委委员、副主任；2005年12月任湖北银监局副局长、党委委员；2008年8月任西藏银监局局长、党委书记(副局级)；2009年5月任西藏银监局局长、党委书记(正局级)；2010年10月至今任中国银行业监督管理委员会山东监管局党委书记、局长。

【综述】　2012年，中国银行业监督管理委员会山东监管局(以下简称“山东银监局”)认真履行监管职责，着力打基础、强管理、稳增长、守底线、转方式、促发展，各项监管工作稳中有进，保障了辖区银行业健康有序运行。截至2012年末，辖区银行业资产总额56242亿元，较年初增加9736亿元，同比增长20.94%，负债总额54373亿元，较年初增加9423亿元，同比增长20.96%；不良贷款余额605亿元，较年初下降4.87亿元，不良贷款率为1.75%，较年初下降0.26个百分点；全年实现利润774.69亿元，同比增加104.47亿元，增长15.59%。辖区法人银行业机构统算资本充足率较年初提高1.43个百分点，核心资本充足率较年初提高1.2个百分点；辖区银行业金融机构各项贷款损失准备金余额较年初增加157.44亿元，同比增长21.49%，统算拨备覆盖率较年初提高27个百分点，银行业抵御风险能力显著提高。

【风险监管】　2012年，山东银监局着力抓好重点风险防范，坚守风险监管底线，成效显著。

一、稳步推进平台贷款清理规范。一是督促银行业按照“控制总量、严格退出、抓紧整改、注重增信”原则，着力实现规范运作、提高现金流覆盖率、完善合法有效担保，积极防范和化解财政金融领域的潜在风险；二是坚持区别对待，在控制贷款总量的基础上，满足重点项目“保在建、保续建、保完工”的合理信贷需求，防止出现“半拉子”工程。

二、密切关注房地产领域风险。一是强化工作主动性，加强与政府主管部门的联系沟通，前瞻预判市场变化；二是通过召开座谈会、培训会等形式，及时向银行业提示风险，督促提前制定应对措施；三是对贷款借道建筑安装企业变相流入房市问题组织专项排查，并督导有关银行进行全面整改。

三、积极防范信用风险。一是建立与银行和分局防范信用风险协调联动工作机制，注重与政府间的沟通交流，调动一切资源，形成工作合力；二是加强对重点领域、重点行业、重点客户等方面信贷风险的监测分析，适时开展专题调研，同时就风险事件召开专门处置工作座谈会，提出化解风险、保全资产的措施和要求；三是强化问责机制，对涉及违规问题的机构和个人严肃处理。

四、持续加强信息科技风险管控。一是注重运用银监会信息科技非现场监管报表体系，建立常态化的报表收集、审核、分析机制，完成对辖区15家法人机构的风险评估；二是重视现场检查，完成对2家城商行的现场检查以及对辖内分支机构信息科技快速巡查；三是在自查基础上，抽取部分机构进行现场评估核查，对发现的问题，督促整改到位。

五、紧密盯防中小机构流动性风险。一是重视流动性风险的持续性监管，针对性地组织、指导法人机构开展流动性压力测试；二是综合运用监管手段，督促地方法人机构优化考核指标体系，切实解决储蓄存款占比过低、存款客户单一、负债集中度过高等问题；三是关注各类违规揽储行为造成的声誉风险，并依法严肃查处。

六、有效应对外部风险渗透。一是采取有力措施，统筹抓好非法集资、民间融资等新型风险点的风险防控；二是督促银行开展自查并建立严密的"防火墙"，防范外部风险向银行系统蔓延。

【案件处置与防控】 2012年，山东银监局将抓好案防作为监管工作的重中之重，强化案件防控取得积极成果。

一、突出案防重点。一是落实城商行案件风险隐患整改，推动城商行实行会计主管委派制，同时督促修订完善内部问责办法；二是积极推进农村中小机构案防技术手段、预警系统开发使用，调整系统运行模式，查实整纠有关违规问题；三是指导省联社完善核心业务操作系统风险防控功能，对网银交易实行限额控制，全面推广指纹识别系统，最大限度降低业务层面操作风险。

二、稳抓案件处置。高度重视案件后续处置工作，指导涉案银行拟定实施改革方案，保证案件处置和风险化解工作的顺利进行。

三、推动省政府组织实施地方法人机构风险全面排查，进一步摸清了风险底数；同时对充分暴露的深层次问题进行全面整改落实。

【金融改革】 2012年，山东银监局将深化改革作为提升银行业持续发展能力的根本举措，积极推进辖区机构改革转型，提升银行业综合实力。

一、加快农村中小金融机构改革步伐。一是加快推进农信社城区机构整合以及银行化改革；二是创新高风险社风险化解方法，出台了《优质农村商业银行战略投资入股农村合作金融机构的指导意见（试行）》；三是优化新型农村金融机构布局。辖区已组建村镇银行56家，总体数量和增量均居全国前列，开业村镇银行已覆盖16地市48个县级经济区域。

二、提升城商行整体实力。一是推动辖区城商行更换、配齐"三长"，配备独立董事和外部监事；二是城商行服务网络稳步向县域延伸，县域覆盖面大幅提高；三是城商行联盟完成增资扩股，财务风险有效化解，核心业务系统上线运行。

四、完善银行业市场体系。一是国有商行全年在县域及乡镇批设分支机构30个，农行三农事业部改革持续推进，银行服务县域的能力大大增强；二是渣打银行济南分行开业，东亚银行济南分行、韩国友利银行威海分行获批筹建；三是3家财务公司相继开业，1家财务公司批复筹建，辖区财务公司已达7家；四是邮储银行二类支行改革稳步推进。

【金融服务】 2012年，山东银监局积极督促银行业践行金融支持实体经济发展的要求，加大对实体经济的信贷支持，为地方经济平稳发展发挥了积极作用。

一、有力保障重点行业和重点区域信贷需求。强化窗口指导和政策引领，引导银行业提升资金配置效率，优先保障实体行业及重点区域发展的资金需求。

二、有力改善"小农"等薄弱领域金融服务。一是出台《关于支持商业银行开展小微企业金融服务的工作指导意见》，指导银行业协会开发小微企业金融服务业务平台系统，组织开展小微企业金融服务宣传月活动；二是完善支农服务体系，加强支农服务力度，畅通支农服务渠道，促进支农服务创新，"三农"服务能力持续提高。

三、开展以"规范经营行为，科学合理收费"为主题的专项整治活动，有效规范了银行经营行为，维护了消费者合法权益。

【监管能力建设】 2012年，山东银监局着力加快监管方式转变，推动监管工作更加精细化、专业化，切实提升监管工作质效。一是推广应用EAST系统，建立"双线进点、双线反馈、双线整改、双线问责"的检查机制，提升现场检查质效；二是切实加强非现场监管，探索建立多维度监管指标体系，坚持季度、月度监管分析例会制度；三是严把准入质量关口，坚持审慎与效率并重，完成512名高管人员任职资格和552家机构准入的审查工作，制定出台了《大型银行机构准入质量评估制度》和《邮政储蓄银行新设分支机构后评价办法》；四是制定下发了《进一步改善监管统计数据质量管理工作有关问题的通知》、《监管统计报表常见错误问题》，指导银行开展数据差错排查。

【内部管理】 2012年，山东银监局注重综合保障能力建设，监管保障水平进一步提升。

一、充分发挥纪检监察效能。一是把廉政建设作为党建工作的生命线，综合运用巡视、履职后评价、廉政监察等手段，加强监督检查；二是部署开展廉政风险排查，有效堵塞廉政风险漏洞。

二、推进财务规范化管理。一是狠抓精细化管理，加强预算资金的调配；二是提高资金使用效率，做好公务用车清理，推进公务卡制度改革，财务规范化管理水平进一步提升。

【大事记】 1月12日 山东银监局召开2012年监管工作会议。

2月7日 山东银监局召开辖区银行业不规范经营问题

专项整治活动动员(电视电话)会议。

2 月 13 日　银监会郭利根副主席来山东调研，并出席在济南召开的银监会系统 2012 年组织部长会议。

3 月 6 日　山东银监局召开山东城市商业银行第 13 次监管联席会议。

3 月 21 日　山东银监局召开辖内银行业地方法人金融机构风险排查工作动员(电视电话)会议。

3 月 22 日　山东银监局召开辖区地方政府融资平台贷款监管工作会议。

4 月 12 日　银监会尚福林主席、阎庆民主席助理来山东调研，并出席在济南召开的银监会 2012 年全国银监局办公室主任会议。

4 月 23 日　山东银监局召开一季度监管分析例会。

5 月 23 日　银监会《村镇银行信息科技建设指引》项目启动会议在济南召开。

7 月 5 日　山东银监局联合山东保监局召开山东省商业银行代理保险业务联席会议。

7 月 14 日　山东银监局召开年中工作会议。

8 月 7 日　山东银监局组织召开金融服务进村入社区工程、阳光信贷工程和富民惠农金融创新工程等“三大工程”启动会议。

10 月 22 日　山东银监局召开三季度监管分析例会。

10 月 26 日　全国银监局信息安全等级保护工作经验交流会在山东银监局召开。

11 月 2 日　山东省委常委、常务副省长孙伟来山东银监局走访视察。

11 月 22 日　山东银监局联合省金融办召开山东银行业银担业务合作工作推进会。

12 月 24 日　银监会 2012 年新闻信息舆情工作会议在山东泰安召开。

12 月 28 日　山东省委常委、济南市委书记王敏来山东银监局走访座谈。

（徐彦睿）

中国银行业监督管理委员会青岛监管局

【第一负责人简介】　陈育林，1964 年 3 月生，四川蓬安县人，硕士研究生学历，高级经济师，曾供职于中国人民银行重庆市分行、重庆营管部和中国银行业监督管理委员会重庆监管局，2004 年 10 月，任重庆银监局副局长、党委委员，2008 年 6 月至今，任中国银行业监督管理委员会青岛监管局党委书记、局长。

【综述】　2012 年，中国银行业监督管理委员会青岛监管局(以下简称“青岛银监局”)着力提高监管措施的前瞻性、深入性和有效性，布控防范系统性和区域性风险，有力促进辖区银行业安全稳健运行和青岛市经济平稳较快发展。

截至2012 年末，该局辖区银行机构规模总量稳步增长，资产总额 13243.13 亿元，较年初增加 1792.92 亿元，增长 15.66%；负债总额 12777.0 亿元，较年初增加 1674.34 亿元，增长 15.08%。各项贷款增速平稳，年末余额 8629.05 亿元，比年初增加 1131.06 亿元，同比增长 15.08%，与 2011 年基本持平。各项存款增长趋缓，对公存款增速下降，年末余额 9818.33 亿元，比年初增加 917.05 亿元，同比少增 85.54 亿元，增长 10.30%。资产质量下滑，不良贷款余额比年初增加 13.98 亿元，不良贷款率比年初上升 0.03 个百分点。全年实现账面利润 224.60 亿元，同比增长 21.93%。贷款损失准备金余额 197.0 亿元，比年初增加 35.82 亿元；拨备覆盖率为 221.19%，比年初上升 6.53 个百分点。

【业务监管】　2012 年，青岛银监局引导银行业机构加强对经济金融形势的分析研判，制定合理的信贷投放计划，积极支持地方经济转变发展方式，不断创新工作机制，加大金融支持实体经济力度。

一、督促小微企业金融服务稳步推进。一是明确了差异化监管措施，允许小微金融服务突出的银行机构同时筹建多家同城支行；二是制定实施了考核评价办法，对未完成增长目标的银行机构采取了相应监管措施；三是持续实施小企业联络员制度，实现了联络员在区市的全覆盖；四是举办了小微企业金融服务博览会及产品推介会，汇编了小微企业特色产品宣传册，开展了送小微企业金融服务进园区活动。截至年末，辖区小企业贷款余额1578.26亿元，比年初增长29.40%，高于全部贷款增速14.32个百分点。央视、《经济日报》等媒体对此进行了报道。

二、推动“三农”金融服务不断完善。一是要求新组建的农村中小金融机构主要股东出具支农承诺，并将落实监管要求情况纳入准入审核评价；二是支持股份制银行到县域设立网点，支持银行机构网点和自助终端向乡镇延伸。年末，辖区涉农贷款增速高于全部贷款增速8.34个百分点。

三、不规范经营专项治理持续深化。该局会同市物价局等部门开展银行机构纠风工作，并对22家银行机构、56个网点进行了重点查访，督导取消收费项目1300个，调低收费项目549个；查处不合理收费2162万元，清退违规收费97万元。

四、切实加强保护金融消费者。该局召开了信访维稳工作会议，修订了信访工作制度，督导银行机构完善客户投诉处理机制和信访突发事件应急预案，确保了十八大期间零信访。同时，组织了“3·15金融消费者权益保护宣传周”活动，强化了公众金融教育。

五、进一步做实贷款五级分类。一是按月监测关注类贷款、逾期贷款变化，对逾期90天以上贷款比重提升较快的银行进行质询；二是督导并跟踪评估银行机构完成贷款五级分类的情况及对五级分类的自查自纠情况。

【风险监管】 2012年，青岛银监局通过建立长效机制，增强银行机构全面风险管理能力和可持续发展能力。

一、稳步推进平台贷款整改化解。加强与地方政府的沟通，督导银行机构逐户制定平台贷款整改措施和还款方案，化解存量风险，加强监测检查，严控新增贷款发放，严格平台退出管理。截至年末，辖区平台贷款总额比年初下降16.3亿元，未新增不良贷款。

二、不断加强房地产贷款风险管控。建立了房地产贷款风险监测制度，在全国首家实施了基于新监测指标的区域房地产信贷运行及风险分析框架，督导银行按季对房企进行风险排查。截至年末，辖区房地产贷款余额比年初增加125.03亿元，增速持续回落。在国务院督查组对青岛房地产政策执行情况的专项督查中，该局做法得到了肯定。

三、持续强化案件风险防控。一是与银行机构主要负责人签订了责任书，创建了网格化案防体系；二是制定实施了案防工作考核评价方案，并将考评结果作为实施重点督导、制定年度监管规划、风险评级和监管资源配置的重要参考；三是制定了《银行员工异常行为排查指导意见》，并对24家支行进行了突击查访；四是推动相关银行机构实施了违规积分管理；五是指导银行业协会建立了从业人员不良信息库，编印并组织银行学习案防工作资料。。

四、积极处置集团客户风险。一是加强对重点集团客户贷款的风险处置，多次专题向地方政府汇报；二是指导银行业协会成立了银行债权人委员会，统一与地方政府、相关企业协商解决问题。在该局的推动下，地方政府协调各相关方多次组织召开专题会议研究风险处置工作，加强对银行债权的保全。

五、切实加强表外风险管控。一是与青岛保监局建立了联席会议制度，规范银保合作；二是多次召开银担合作座谈会，推动完善银担合作机制；三是加强对钢贸类企业的风险提示，组织银行机构进行风险排查；四是开展了委托贷款、同业代付、信贷资产转让等影子银行类业务检查，督导银行认真执行相关监管要求；五是持续监测银行个人理财、信用卡等业务，协助地方政府做好非法集资处置工作。

六、不断加大信息科技风险防控力度。一是规范了法人机构信息科技风险非现场报表报送，推动其提高重视程度，加大信息科技投入；二是及时处置某银行网银系统服务异常事件，对部分机构开展了信息科技及电子渠道风险情况现场检查；三是参与了银监会多项信息科技风险监管制度的制定。

七、加强全面风险排查。成立了一把手负责的领导小组，部署全辖银行业开展风险排查工作，局领导分头带队对10余家银行机构重点督导，共梳理各项制度4218条，排查各项业务115.48万笔，发现风险隐患2466个，督促银行机构对发现问题逐一制定整改方案，达到了预期目标。

【机构改革监管】 2012年，青岛银监局的主要做法是：

一、推动经营管理转型。督导银行机构特别是法人银行机构加强内控、改进IT和绩效考评模式，引导其适应利率市场化改革要求，优化存贷款品种、结构和质量，加强利差管理和中间业务成本管理，积极做好新资本管理办法实施，培育资本集约意识和内涵式发展理念。

二、推进发展模式改革。推动青岛农商行从组织架构重筑到位、业务制度及流程再造、金融服务手段创新等多方面逐步达到现代银行的管理要求；督促青岛银行加快完善董事会履职评价机制，加快薪酬激励机制落实；指导村镇银行正确处理好业务发展和风险防控、支农服务与可持续发展、健全公司治理与主发起行履行大股东职责之间的关系；引导财务公司改进、优化金融服务；指导陆家嘴信托公司进一步明确市场定位、优化战略规划，完善公司治理。

【日常监管】 2012年，青岛银监局通过完善机制建设、加强监管联动和信息共享等多种方式实现精细化、全方位监管，提升监管效率。

一、充分发挥非现场监管对市场准入和现场检查的引领与指导作用，及时捕捉并认真分析非现场监管中的各类信息，做到早发现、早防范。

二、提高市场准入的效率。一是完善差别化准入措施，审慎引导银行机构优化网点布局；二是把合规经营意识和风险管理能力作为审核高管人员任职资格的重要依据，强化履职评价。

三、增强现场检查的效能。科学安排好现场检查项目计划进度，做深、做细、做实检查项目，提出有针对性和操作性的检查意见，严格查处、严厉问责违规问题。

【大事记】 1月17日 青岛银监局召开2012年工作及表彰会议，陈育林局长讲话。

2月10日 青岛银监局组织召开青岛市银行业整治不规范经营工作会议，罗中纪委书记讲话。

3月15日 青岛银监局联合人行青岛中心支行开展金融消费者权益保护宣传周活动，青岛市王书坚副市长讲话。

4月9日 青岛银监局举办银行业小微企业金融服务宣传月活动启动仪式，陈育林局长、罗中纪委书记出席。

6月6日~8日 青岛银监局徐强副局长带队赴重庆银监局就EAST现场检查经验与良好做法进行调研。

8月3日 青岛银监局召开2012年辖区银行机构年中监管工作会议，陈育林局长讲话。

9月29日 青岛银监局举办青岛市银行业与主流新闻媒体新闻宣传工作座谈会，韩冰副局长讲话。

12月10日 青岛银监局李继明副局长主持召开辖区银行业代销业务风险排查抽查工作动员会。

（刘淑芳 庞洪涛）

中国证券监督管理委员会山东监管局

【第一负责人简介】 徐铁，山东济南人，中共党员。1983年5月起先后任贵州省政府经济研究室副处长、处长；1990年1月任中共务川县委副书记；1992年2月起历任贵州省体改委处长、副主任，其间兼任贵州省政府证券委办公室主任和开发区办公室主任；1999年1月任中国证监会贵阳特派办主任；2001年1月任中国证监会发行监管部副主任；2008年10月至今任中国证券监督管理委员会山东监管局党委书记、局长兼济南稽查局局长。

【综述】 2012年，中国证券监督管理委员会山东监管局（以下简称“山东证监局”）加强和改进监管，辖区市场得到了持续发展，为全省经济又好又快发展做出了积极贡献。

【上市公司监管】 2012年，山东证监局以深化信息披露监管为重点，不断提高上市公司规范运作水平。

一、抓好信息披露监管。一是完善信息舆情监控、筛查及快速响应机制，编制“监管信息日报”230余期，处置媒体质疑事项30余件，督促52家次公司发布澄清公告，接收处理信访事项29件；二是组织2011年年报监管工作，对19家公司进行专项检查，并撰写年报分析等。

二、继续夯实上市公司治理基础，提高现场检查的有效性。一是解决辖区重点公司的同业竞争与关联交易问题，督导92家上市公司及其关联方履行有关承诺；二是推动辖区公司建立持续、合理、透明的现金分红机制；三是对近10家公司开展治理专项核查，并列席多家公司年度股东大会，实施现场检查39家次；四是精心组织创业板保荐机构持续督导现场核查工作，抽取3家公司纳入年度现场检查范围，于9月底完成对上述公司的现场检查。

三、抓好风险公司处置，着力提高并购重组、再融资监管质量。一是系统梳理各类风险问题，盯紧重大风险公司情况；二是关注退市新政策出台给辖区公司带来的影响，做好政策解读、退市风险评估等；三是累计完成5家次并购重组现场核查，对申请再融资的公司安排实地核查6家次，累计对17家公司相关事宜出具了持续监管意见表。

四、强化内幕信息管理及交易综合防控，稳步推进主板公司内控建设。一是更新并发放《内幕交易防控宣传手册》，与省金融办接洽《山东省行政机关涉及资本市场内幕信息管理办法》修订取得进展；二是完善《内幕信息知情人登记制度现场检查指引》，加大检查力度；三是举办辖区内控实施动员暨培训会议，共有75家公司270余人参会；四是开展会计基础自查整改工作；五是深入开展中国重汽等4家公司的内控专项检查。

五、强化对审计与评估机构监管。一是专门召开年报审计机构监管座谈会，对审计工作进行全程跟踪；二是关注审计机构执业情况，与审计、评估人员沟通90余次，下发责令改正决定1份、监管意见函1份、监管关注函3份。

【拟上市公司监管】 2012年，山东证监局增强拟上市公司辅导监管针对性，着力提高辅导监管效果。

一、加强监管制度建设，优化监管流程。一是简化公司接受辅导信息公开的签批程序，提高辅导备案效率；二是采取“事先检查→下发检查反馈函（如必要）→督促整改问题→辅导验收出具监管报告”的验收流程，取得了较好效果；三是起草《辖区律师事务所从事IPO业务监管指引》等3项制度，辅导监管制度进一步完备。

二、“点面”结合，督促中介机构提高执业质量和辅导效果。一是对21家保荐机构、14家审计机构、20家律师事务所在40个项目上的执业情况进行检查，下发20份检查反馈意见函，审阅中介机构报送的整改报告40份，向发行监管部门出具辅导监管工作报告32份；二是下发《关于辅导拟上市公司进一步提高公司治理水平的通知》、《关于进一步提高律师事务所从事IPO业务质量的通知》，明确监管要求和措施。

三、指导拟上市企业提高公司治理水平。一是督促保荐机构指导公司完善公司治理结构，健全并有效实施内控制度；二是督促30家公司的保荐机构制定切实可行的辅导计划及实施方案，审阅辅导工作报告100余份，指导公司整改80余项不规范问题；三是编发《上市资源培育工作简报》，及时消除上市障碍。

四、多方式、有效培育上市资源。一是在泰安、枣庄、聊城等上市公司较少的地区召开企业上市片区座谈会暨培训会，“一对一”做好企业改制上市指导；二是走访13个地市的50余家后备企业，及时整理有关企业上市的最新政策、审核实例等；三是建立、完善包括540余家企业在内的辖区上市资源后备数据库，并对重点企业跟踪指导。

【证券经营机构监管】 2012年，山东证监局推动提高合规风控水平，支持证券机构创新发展。

一、依法做好行政许可审核工作。一是优化审核机制，全年共审核人员任职资格36件（41名），对10人调整备案出具无异议函，对25人进行谈话；二是审核17家次机构申请事项，对15家机构开业验收，对26家经纪人制度备案进行确认；三是对8家机构出具无异议函、确认函，审阅资产管理计划推广备案材料114项；四是对齐鲁证券有限公司（以下简称“齐鲁证券”）拟实施证券经纪人制度进行现场核查。

二、推动证券经营机构深化合规管理。一是通过召开座谈会、下发监管情况通报等方式，及时通报监管政策；二是督促指导齐鲁证券健全落实信息隔离墙制度，提高合规管理水平。

三、督导证券经营机构提升风险防控能力。一是督导齐鲁证券针对新业务建立健全风控制度，并健全压力测试机制；二是针对市场风险，快速反应，妥善处置。

四、加强辖区证券机构创新业务监管。一是制订《山东辖区创新业务监管主要工作思路和计划》；二是通过对证券经营机构新业务、新产品、新市场风险因素的研究和监测，形成了10篇研究报告；三是组织召开“山东辖区证券经营机构合规运作与创新发展座谈会”；四是全面支持和推动齐鲁证券加大创新发展力度。

五、深化非现场检查和现场检查制度。一是深化证券营业部联系人非现场检查制度，促进证券机构提高信息报送质量；二是对3家营业部全面检查，对46家营业部、齐鲁证券2项业务专项检查；三是做好齐鲁证券年报审计监管工作。

六、加强证券投资咨询活动监管。一是推动齐鲁证券加快投资顾问业务系统平台建设与推广，督导其开发完成“融易汇”服务终端；二是深化广播电视证券节目监听监看制度；三是做好投资咨询机构2011年度年检工作，并对65项举办投资报告会、参与媒体证券节目、通过媒体进行广告宣传事项进行备案审查。

【期货经营机构监管】 2012年，山东证监局注重市场监管与培育相结合，提升期货市场服务经济发展的能力。

一、推动期货公司发展、加强治理。一是支持鲁证期货注册资本由5.2亿元增至7.5亿元，推动鲁证期货上市，促进其完善治理结构；二是与招金期货公司控股股东探讨有效治理结构的构建，并督促中州期货进一步完善“三会一层”法人治理结构；三是支持期货公司参与银行间同业拆借市场业务、申请资产管理业务投资咨询业务资格、开展仓单质押业务研究等；四是举办“2012泰山期货论坛”，邀请资深专家与辖区130多家上市公司、120余家期货、证券IB经营机构及部分银行等相关单位的负责人围绕“山东期货市场服务实体经济与现代风险管理”进行交流与讨论。

二、做好行政许可审核工作。完成行政许可类工作约161项，其中董监事资格审批、营业部新设及变更等46项，营业部开业验收6家，向期货二部上报1份反馈意见函、60份审核统计表和3份营业部设立申请备案表，向相关证监局出具45份合规情况说明。

三、加强期货经营机构合规监管。一是组织召开期货公司监管年会；二是组织召开山东辖区期货公司首席风险官年度联席会议，建立联系会议制度；三是下发《关于进一步加强期货营业部合规监管的通知》；四是举办4期合规培训班，培训660余人；五是加强合规检查，现场检查1家公司、23家营业部。

四、开展IB业务和投资咨询业务监管工作。一是按月进行IB业务开展情况分析，对34家证券营业部进行IB业务验收，并做好IB业务的备案审核；二是引导3家期货公司取得投资咨询业务资格，审阅65家次报备材料。

【非上市公众公司监管工作】 2012年，山东证监局一是开展《山东辖区非上市公众公司规范管理存在问题及建议》调研，并对《非上市公众公司监督管理办法》提出修改建议；二是下发《关于请协助调查历史遗留股东超200人股份有限公司有关情况的函》，并向非公部报送调查报告；三是配合山东省金融办完成了对不规范交易场所的清理整顿工作。

【稽查打非工作】 2012年，山东证监局从严从快查处违法违规行为，严厉打击非法证券活动。一是开展正式立案案件调查工作，完成“YXHX”信息披露违法违规案（2011）、“SDHL”信息披露违法违规案、崔某内幕交易“ST华光”、陈某内幕交易“山东海龙”及马某内幕交易“胜利股份”等5案调查工作；二是完成“HYKJ”、“ZRZY”、“YTG”、“SDGF”、“XRK”及马某等人涉嫌内幕交易等6起股票异常交易事项初步调查工作，并做好“THJM”等3起股票异常交易事项初步调查工作；三是完成“HYKJ”、“YXHX”披露违法违规案（2011）等8起案件的复核、审理、听证、送达、执行等后续工作，完成8起协助调查事项，其中涉外协查3起；四是完成TART等4起涉嫌非法证券活动调查工作，并扎实开展反洗钱工作。

【法制工作】 2012年，山东证监局加强法制工作建设，全面提高监管工作合规性。一是制定《法律审核工作规程》，审查会签制度、文件43件，出具法律意见21份；二是组织召开法律专业小组会议8次、案件复核4次。

【信访和维稳工作】 2012年,山东证监局审慎处理信访事项,全力抓好维稳工作。一是全年共接收来信123封、来访39批47人次,重要来电459个;二是做好维稳和应急管理工作,制订了《十八大维稳工作方案》,每月向会办公厅报送相关报表;三是完成了投资者保护局部署的两次集中宣传活动,扩大宣传的受众群体。

【大事记】 2月9日 山东证监局联合上海证券交易所、山东上市公司协会召开山东辖区上市公司内控实施动员暨培训会。徐铁局长出席会议并讲话。辖区65家主板上市公司、10余家中小板公司董事长、内控实施相关部门负责人共270余人参加会议。

3月6日 山东证监局在烟台召开2012年证券期货监管座谈会。陈飞副局长主持会议,徐铁局长出席会议并讲话,赵洪军局长助理出席会议。

4月14日 山东证监局与山东省证券业协会组织辖区16个地市的证券机构在各市地广场同步开展投资者保护广场宣传活动。辖区证券公司、近200家证券营业部参加了活动。

5月12日~6月2日 围绕"合规经营"和"创新发展"两个主题,山东证监局分别在济南、潍坊、临沂等市举办了4期期货从业人员培训班。辖区3家期货公司、45家营业部、1家在筹营业部660人参加了培训。

5月16日 山东证监局在济南举办山东辖区上市公司投资者关系互动平台开通仪式暨2012年投资者网上集体接待日活动。徐铁局长出席仪式并讲话,深圳证券信息有限公司、山东上市公司协会相关负责人及辖区65家上市公司的150多位高管人员和投资者关系工作负责人参加。

6月14日~15日 山东证监局与深圳证券交易所联合举办主题为"透明性、理性、适当性"的投资者保护培训交流活动。

6月15日 山东证监局在济南举办山东辖区证券经营机构合规运作与创新发展座谈会。徐铁局长、赵洪军局长助理出席会议并讲话。

6月27日~29日 山东证监局在宁波举办2012年山东辖区财务总监培训暨交流活动。

7月6日 山东证监局在济南召开期货公司董事长、总经理座谈会,通报期货市场发展新趋势与行业监管政策导向,研究加强期货市场培育及合规运作的措施。陈家琰副局长参加会议并讲话。

8月14日~15日 山东证监局在烟台组织召开证券期货业网络与信息安全专家组座谈会,赵洪军副局长出席会议并讲话。

9月11日~13日 证监会上市部副主任周健男带队进行现场检查并与山东省国资委、金融办就上市公司监管进行座谈。徐铁局长、陈飞副局长陪同检查并参加座谈会。

11月6日~7日 山东证监局联合山东省金融办等相关单位在济南举办2012泰山期货论坛,陈家琰副局长主持论坛,徐铁局长做了主旨发言。山东省各地市金融管理系统、部分省直经济部门、银行和辖区130多家上市公司、120余家期货及证券IB经营机构等相关单位的负责人400余人参加了此次论坛。论坛还举行了《期货服务产企》和《期货服务"三农"》两套视频光盘首发仪式。

11月7日~9日 证监会庄心一副主席带队到山东调研《非上市公众公司监督管理办法》实施前的准备工作。

11月12日~16日 由证监会纪委主办,山东证监局、深圳证券交易所承办的"内幕交易警示教育展"在济南举办。

11月13日 证监会人事教育部下发人教函[2012]172号),同意山东证监局增设新业务监管处。

12月20日 证监会下发(证监会党委任[2012]120号),免去陈家琰的山东证监局党委委员、纪委书记、副局长职务,另有任用。

(山东证监局)

中国证券监督管理委员会青岛监管局

【第一负责人简介】 姜岩,山东青岛人,澳门科技大学行政管理学院工商管理专业硕士。1980年12月任人行青岛市分行市北区办科员;1984年10月任工行青岛市分行市北区办副科长;1986年9月起历任青岛市体改委综合处主任科员,宏观体制处副处长、处长,中国证监会青岛特派员办事处党委委员、副主任、纪委书记;2004年3月起任中国证监会青岛监管局党委委员、纪委书记、副局长;2008年9月起任中国证监会青岛监管局党委书记、纪委书记、局长;2009年11月起任中国证监会青岛监管局党委书记、局长。

【综述】 2012年,中国证券监督管理委员会青岛监管局(以下简称"青岛证监局")紧紧把握资本市场服务实体经济的方向,改进市场监管,确保了辖区资本市场的健康稳定发展。

一、上市公司回报股东的意识不断增强,市场结构进一步优化。一是市场主体数量稳中有增，年内新增2家证券分公司、1家基金分公司、4家证券营业部和1家期货营业部，证券营业部数量列同类计划单列市第1位；二是引进中信证券控股的2家法人投资公司，丰富了青岛辖区的金融业态；三是证券营业部加快业务转型和创新步伐，15家营业部创新业务收入比重达30%以上，创新业务实现总收入1.28亿元，占比20%以上；四是期货营业部积极创新服务模式，截至12月末，辖区日均客户权益超过1亿元的有14家，占比47%，净利润超过300万元的有7家。

二、服务区域经济发展取得新突破。积极推动限售股转让工作，努力为地方经济增加税源，截至9月底，据地税局统计，已实现税额5.6亿元，预缴8.38亿元，同比增幅达72.59%，限售股存量市值168亿元。年内被青岛市政府授予“金融发展特别贡献单位”称号。

三、上市公司保持平稳运行。截至12月底，辖区公司资产总额1405亿元，全年营业收入合计实现1685.91亿元，同比增长7.51%，净利润82.48亿元，增长8.3%，总市值1415亿元，上涨2.06%。全年辖区4家上市公司通过增发、发行公司债和中小企业私募债等募集方式，实现再融资15.88亿元，另有2家公司发行公司债券申请获审核通过。截至12月底，辖区上市公司累计融资274亿元。

【监管服务】 2012年，青岛证监局着力加强服务区域实体经济的能力建设，突出科学发展。

一、进一步落实建设多层次市场体系的工作部署，提升服务实体经济能力。一是强化对拟上市公司的辅导验收，积极支持辖区优质公司借助资本市场做大做强，在该局辅导备案的拟上市公司已达19家，其中上报证监会4家，创历史最好水平；二是继续推动“新三板”的扩大试点准备工作，促进备案券商与企业对接交流，目前与券商签约的企业有34家，通过券商内核的有10家，储备资源100余家，备案资格券商22家；三是做好《非上市公众公司管理办法》实施前的准备工作；四是大力推进区域性股权交易市场建设；五是邀请上交所专家来青加大中小企业私募债的宣传力度，开辟了一条解决中小企业融资难问题的新渠道。

二、促进市场机构转型发展，增强行业竞争力。一是推动法人证券公司积极开展业务创新，年内获批债券质押式报价回购等2项业务资格，正积极准备申报承销等2项业务资格；二是举办创新发展专题研讨班等活动；三是深入开展“打造优秀团队，创建品牌营业部”和“期货业服务升级”专题活动，并深入进行期货市场服务“三农”调研。新湖、中证期货青岛营业部在《期货日报》、《证券时报》联合《新财富》举办的“2012全国十佳期货营业部”评选中，获得“十佳期货营业部”。

【综合监管】 2012年，青岛证监局着力加强适应市场发展的监管能力建设，突出保护投资者合法权益。

一、落实基础制度改革政策，提高依法行政能力和市场运行效率。一是积极开展上市公司现金分红调研，推动其不断完善投资者回报机制；二是严把拟上市公司“入门关”，推行实际表现与保荐机构评价挂钩机制；三是持续关注*ST黄海的退市风险，推动公司停牌筹划重大资产重组，做好退市预案；四是建立并实施上市公司、拟上市公司内幕信息知情人登记管理制度，举办了“内幕交易警示教育展”，并会同市监察局制定《青岛市政府公务人员涉及内幕交易的行政责任追究办法》，全年辖区上市公司及公司高管人员未出现内幕交易及违规减持股票行为；五是加大对内幕交易的打击力度，全年先后完成非正式调查案件4起，立案调查案件1起，协查案件4起，涉外协助调查案件1起。

二、积极探索上市公司监管的新途径。一是依托上市公司年报审计“3+1”监管模式，创新建立并实施信息披露质量分类评价机制；二是辖区2家上市公司获选进入了深交所“信息披露直通车”体系，10家深市公司2011年信息披露均被深交所评为良好以上；三是历史遗留问题取得较大突破，推动2家着手解决问题，1家上报证监会重大资产重组申请，1家重大资产重组预案已经公告；四是开展上市公司财务预警实证研究，目前该研究报告已被深交所“2012年提升资本市场服务实体经济能力实践案例征文活动”选入前十名；五是对3家重大资产重组公司进行现场核查，并作为系统内第一家派出机构被上市部邀请参加上市公司重大资产重组审核首次“会前会”；六是做好上市公司2011年年报审计监管工作，会计与评估机构执业质量明显提升。

三、探索创新监管方式方法，确保辖区证券期货经营机构规范运作。一是继续实施分类监管考核制度，全年辖区10家证券期货营业部被评选为青岛市优秀金融单位；二是采取“延伸检查”、“检查+指导”相结合、“辅导式监管”的方式，开展信息技术系统安全专项检查和应急演练；三是建立证券机构监管发展动态通报制度和与信访人、期货营业部、期货公司首席风险官的三方沟通机制，切实加强信访问题的源头治理；四是开展期货营业部“查摆建”活动，梳理114个风险点与256条应对措施，总结梳理岗位风险案例80个；五是对拟任高管审核增加诚信查询和学历认证两个环节，组织辖区相关人员签署诚信自律承诺书，倡导诚信文化。

四、坚持“三公”原则，全力保护投资者合法权益。一是深化政务公开，并推进行政许可审批过程信息公开；二是与人行青岛中心支行签署《青岛金融业征信平台信息查询机制备忘录》，积极推进诚信体系建设；三是开展“辖区上市公司投资者网上集体接待日”及“投资者走进上市公司”活动，组织辖区市场主体签署《关于施行商品期货自然人投资者适当性制度的诚信自律承诺书》；四是组织开展了以理性投资为主题的投资者保护宣传、3.15金融消费者保护集中宣传、第3届证券投资者教育百日讲坛以及期货投资者教育“五个一”工程等活动。截至12月底，辖区共举办各类投资者教育培训活动2900场，参训投资者8.8万人次。

【内部管理与队伍建设】 2012年，青岛证监局着力加强队伍和党风廉政建设，突出作风养成。一是召开会议，不断完善以绩效考核和效能督查为核心的激励约束机制；二是重新梳理各类制度172项，新增制度41项，绘制“权力运行流程图”19个，查找廉政风险点7个，形成了以“信息为先、岗位为点、流程为线、制度为面”的廉政风险防范体系；三是全面推行“廉政监督卡”制度，前移监督关口。截至12月底，共发放“廉政监督卡”161份，同比增加45%。

（青岛证监局）

中国保险监督管理委员会山东监管局

【第一负责人简介】 任建国，1957年9月生，第11届全国人大代表，历任人行湖南省分行办公室主任、非银行金融机构管理处处长，民生银行人事部副总经理，太平洋保险公司长沙分公司总经理，湖北保监局党委书记、局长，2008年4月至2012年11月任山东保监局党委书记、局长，现任中国保险保障基金公司总裁。

【综述】 2012年，中国保险监督委员会山东监管局（以下简称“山东保监局”）坚持“抓服务、严监管、防风险、促发展”，稳步推进各项工作，行业发展呈现稳中有进、进中趋好的良好态势。

【业务发展】 2012年，山东保险业保持了平稳较快发展的良好态势。

一、行业整体实力迈上新台阶。一是全省保费收入居全国第3位，增速高于全国0.87个百分点；二是财产险承保利润30.58亿元，居全国第1位，人身险业务结构居全国前列，内涵价值较高的个人代理业务占比54.75%，高于全国4.4个百分点；三是市场吸引力不断增强，全年新增保险公司2家，总数达77家，多家保险公司在山东设立区域或职能中心，保险公司法人机构建设取得新突破，中德合资的德华安顾人寿获批筹建，法人机构数量达到2家；四是各级保险机构遍布城乡，总量6191家，居全国首位，形成了产、寿、农业、责任、养老、健康等专业化、多元化发展的格局；保险专业中介法人机构134家，兼业代理机构12309家；对外开放稳步推进，外资机构19家。

二、服务经济社会做出新贡献。全行业认真落实中国保监会与山东省政府签署的战略合作备忘录精神，大力支持经济社会发展，全年承担各类风险责任19.4万亿元，赔付324.6亿元。一是大力服务三农发展，农业保险开办地区由55个县（市）扩展到103个县（市），实现保费收入8.07亿元，同比增长185%，为1658.36万户农民提供了281.74亿元的风险保障；二是扎实推进大病保险，覆盖6500万农村居民；三是实现了治安管理与保险保障的有机结合，其县区覆盖面达80%以上，受到中央综治委的肯定；四是面向老年人的“银龄安康保险”参保人数400万人，企业年金、农村小额人身保险等业务发展迅速，累计为334家企业提供业务，参保职工8万人；五是保险资金积极投资重点项目建设，部分公司就日照港集团新港建设、山东高速集团债权投资等项目进行合作，金额150多亿元；住房、汽车等消费信贷保证保险拉动个人消费贷款金额5.84亿元，出口信用保险支持对外贸易出口1410亿元；同时，全行业缴纳和代扣代缴各类地方税金32.52亿元，保险从业人员34.79万人，已经成为培植税源、吸纳就业的重要产业。

三、防范化解风险取得新进展。一是建立了以“三盯住”（盯住渠道、公司、产品）为核心的，常态化、系统化风险跟踪评估机制，健全了公司、地市与行业相结合的“三维”风险监测体系，妥善处置保单诈骗等风险苗头10余项；二是建立风险防范联动机制，与银监局深化合作，建立银保业务风险共处机制，加强与周边省市联系，严防风险跨地区传递，积极与省委宣传部沟通协调，防范舆论风险；三是防范非正常退保风险，建立人身险公司退保及满期给付半月度监测制度，对出现异常的公司采取重点关注、风险提示等措施，截至年末，全省退保率为2.16%，低于全国0.6个百分点；四是防范化解案件风险，配合公安部门开展“破案会战”，提供案件线索58条，联合破获并妥善处置非法经营保险案件。

【监督服务】 2012年，山东保监局创新完善各项机制，强力规范市场秩序，在保监会对10个省份开展的人身险公司客户满意度调查中居第2位，银行代理和投诉处理客户满意度分别居第1位、第2位。

一、综合治理车险理赔难。一是建立车险模拟查勘现场测评机制；二是实施车险理赔人员资格考试认证制度，2500名理赔查勘人员通过考试并建立电子档案；三是坚持每季度向社会公示各公司的私家车理赔周期、结案率等理赔效率指标；四是建立车险险种和索赔资料明细等告知单，规范拒赔案件管理；五是全面清理车险积压赔案35.7万件，车险5000元以下、以上案件的理赔结案周期分别下降6.12、17.06天。

二、探索治理销售误导长效机制。一是率先在全国建立销售人员评价管理体系，开发相关系统，营销员参评率97.7%；二是率先建立个人新单业务“访后付费”机制，强化对客户信息真实性和回访质量的硬性约束；三是推广建立“保单直通车”查询平台，为消费者提供便捷查询；四是出台客户回访与客户信息、销售品质、培训、“七项禁令”等管理制度，增强对不当销售行为的制约。

三、畅通维权投诉渠道。一是高效完成12378维权热线建设工作，建立7日快速处理、“双告知、双督办”等机制，全年热线共接听电话5517件，问题解决率达90%以上，成为消费者维护权益的重要平台；二是发布局长接待日公告9次，共接受预约申请12批次；三是聘任了15名社会监督员，加大了监督力度；四是索赔纠纷调解委员会进一步完善机制，共受理案件416件，调解成功343件。

四、坚持严查重处。一是扎实开展保险公司中介业务、电销、农险、招投标业务等专项检查，组织69家保险公司开展中介业务合规自查，共查实违规套取资金1233万元；二是清理专业代理机构10家，注销兼业代理机构221家，全年共派出135个检查组，检查机构103家次，增加45.1%，对56家次机构实施行政处罚，罚款288万元。

五、探索建立市场准入退出机制，改善服务薄弱环节。一是细化了地市和区县市场准入标准，制定了地市级以下保险机构市场退出指引；二是重新修订完善全国首个经质监部门认证的《保险行业服务质量规范》，组织开展了行业服务技能大比武活动；三是推动全省9个地市新车保险服务大厅转型，维护了消费者自主选择权；四是编制、赠阅1.5万册《山东保险服务》，强化了对消费者的教育和行业宣传。

六、加强制度建设。一是认真做好规范性文件清理工作，共清理规范性文件219件；二是开展“制度落实年”和创建“三铁”活动；三是强化高管人员管理，开发了“保险机构负责人法规测试系统”，实现了测试全流程电子化，提高了效率和透明度，全年共测试1400余人；四是严格落实管理人员责任追究办法，对32名高管人员给予警告、罚款等处罚，督促公司内部追责417人。加强高管人员法规培训，累计培训1616人。

【内部管理与队伍建设】 2012年，山东保监局一是严格落实党委班子每月集中学习一次制度，注重调查研究；二是坚持“六让、六不让”的选人用人导向，局工会每月举办两期监管论坛，促进了干部素质提升；三是扎实开展创先争优活动，对综合治理车险理赔难、寿险销售误导及烟台分局开展行政效能监察，出台《关于进一步加强和改进思想政治工作的意见》；四是设立监察处，聘请30名特邀廉政监督员，发出廉政监督卡106份，全年无违法违纪反映；五是开展了监管文化大讨论，丰富了“依法、公正、专业、为民、清廉”监管价值观，出台了加强行业文化建设的指导意见，深化学习型、服务型、和谐型、廉洁型“四型”机关建设。

【大事记】 2月28日 山东保监局组织召开会议，全面部署保险业治理车险理赔难的工作。

3月 山东保监局印发《工作方案》，在全行业深入开展综合治理人身保险业销售误导工作。

3月30日 山东省首家人身保险公司法人机构——德华安顾人寿保险公司获批筹建。

12月 山东保监局与省公安厅签署《备忘录》，推动建立覆盖全省的打击保险诈骗工作联系机制。

（马俊川）

中国保险监督管理委员会青岛监管局

【第一负责人简介】 宋志华，男，1955年8月生，研究生学历，高级经济师。曾在江苏省人大常委会办公厅、江苏省政府办公厅工作，2001年7月任中国保险监督管理委员会南京特派员办事处党委委员、副主任，2004年6月任中国保险监督管理委员会江苏监管局党委委员、纪委书记、副局长，2010年9月任中国保险监督管理委员会山东监管局巡视员兼中国保险监督管理委员会青岛监管局党委书记、局长。

【综述】 2012年，中国保险监督管理委员会青岛监管局（以下简称“青岛保监局”）深刻领会保监会提出的“抓服务、严监管、防风险、促发展”十二字方针，准确把握“稳中求进、进中求好”的工作基调，以加快转变发展方式为主线，使青岛保险业保持了持续健康的良好发展态势。

【业务发展】 2012年，青岛保险业实现保费收入160.3亿元，同比增长9.99%，其中，财产险公司实现保费收入66.34

亿元，同比增长 16.08%，人身险公司实现保费收入 93.95 亿元，同比增长 6.07%。财产保险业综合赔付率 55.26%，全行业共实现净利润 5.37 亿元，14 个大类险种中有 12 个实现盈利，经营效益在全国名列前茅。

截至年末，全市已开业市级保险分支机构 59 家，较年初增加 7 家，保险业总资产达到 373 亿元，较年初增加 45.2 亿元。

【监督服务】 2012 年，青岛保监局坚持依法、科学、审慎监管，探索建立了集部门监管、行业自律、媒体监督和公众参与四位一体联动工作格局，夯实行业持续健康发展的基础。

一、坚守风险防范底线。一是扎实开展风险监测预警，全年对存在异动趋势或保单费用率持续上升的 15 家产险公司和退保率较高的 5 家寿险公司进行了监管约谈或风险提示；二是修订完善了各类风险应急预案，建立了产险公司专项内部审计制度，与银监局联合发文，开展全行业应急管理培训；三是开展退保风险排查，使得青岛寿险退保率下降 0.51 个百分点，全年未发生一起非正常集中退保事件；四是妥善处理重大案件，协调市政府部门并指导相关公司成功处置一起非法集资诈骗案，对已到追责时限的 2 起司法案件，按照问责规定对 11 人次进行责任追究。

二、综合治理销售误导理赔难。一是构建公司层面的销售误导综合治理体系，全年累计核查案件 229 件，对涉嫌销售误导的 2 家机构和 3 名个人进行处罚，累计罚款 9.8 万元；二是在治理车险理赔难方面，开展测评活动 4 次，财产险积压未决赔案清理率达 58%；对 10 家产险公司进行现场检查，对 7 家公司进行监管提示，对 3 家公司下发监管函。

三、加强检查处罚力度。一是突出现场检查工作重点，财产险方面以车险为重点，人身险方面重点查处销售误导等违法违规问题，中介方面整治保险公司利用中介业务和中介渠道非法套取资金等问题；二是派出 40 余个检查组 2100 余人次，对阳光财险等 36 家次保险公司和中介机构开展现场检查；三是严格落实“双罚制”，并与其机构批设、高管人员任职等行政许可事项挂钩，全年共对 12 家保险机构和 14 名个人做出处罚决定，罚款 121.3 万元，暂停接受个人代理人新业务 1 家次，吊销保险兼业代理业务许可证 1 家次；四是协同公安机关破获一起系列车险骗赔案，抓获 9 名犯罪嫌疑人，涉案金额 104 万元，与公安司法机关通力合作，国内最大一起制售航意险假保单案件做出司法判决。

四、强化制度建立执行。一是建立了保监局局长信访接待日制度，全年举行 9 次接待日活动，年内对 300 余家次公司总经理接待日执行情况进行了抽查，全年正式受理的有效信访事项同比下降 27.40%；二是建立社会监管员制度，面向社会选出 12 名保险消费者权益保护工作社会监督员；三是指导保险行业协会成立“青岛市保险合同纠纷调解中心”，与青岛市仲裁委联合成立纠纷调解仲裁中心，与青岛市消保委联合成立保险投诉与咨询分中心，全年，调解中心成功调解保险合同纠纷案件 93 件，维权金额 130 余万元。

五、推动行业科学创新发展。一是与青岛市政府签署了《关于青岛保险创新发展战略合作备忘录》，建立战略合作关系；二是推动政府下发《关于开展环境污染责任保险试点工作的实施意见》等相关政策；三是扎实开展车商保险专业化经营试点；四是改革提升服务效率，推进规范性文件的“废改立”工作，废止文件 19 件，修订 8 件，探索建立了高管人员电子化考试系统。

【内部管理与队伍建设】 2012 年，青岛保监局加强和谐保险建设。一是围绕总体目标，从规范经营、改善服务、培育诚信、打造保险品牌、传播和谐文化、实现创新发展等六个方面入手，制定了创建方案；二是完善和谐保险建设评价指标体系，大力培育保险业和谐文化，组织开展了“爱心红飘带，保险在行动”等公益活动，开展“和谐号服务示范岗”暨青岛保险业“双十佳”评选活动。

在自身建设方面，一是加强领导班子队伍建设；二是加强基层党员干部队伍建设，5 名优秀年轻干部竞争上岗，选拔为副处长、处长助理；三是注重干部的学习培训，组织专家讲座、外出学习，制定了《加强监管文化建设实施方案》。

【大事记】 2 月 16 日 按照保监会统一部署，青岛保监局作为分会场，召开人身保险业综合治理销售误导工作视频会议，部署 2012 年治理销售误导的具体工作。

3 月 6 日 保监会人教部在青岛召开保险监管高级专业人才能力建设研修班，宋志华局长出席开班仪式并致辞。

3 月 8 日 宋志华局长陪同山东省委常委、青岛市委书记李群，市人大常委会主任张若飞，市委副书记、代市长张新起以及常务副市长王书坚等一行赴京拜会保监会项俊波主席，就推进双方战略合作以及在青岛设立中路交通财产保险公司等事宜进行沟通协商。

3 月 14 日 青岛保监局举行市保险合同纠纷调解中心揭牌暨首批调解员聘书颁发仪式。

3 月 28 日 青岛保监局向驻青各保险公司、保险行业协会、保险学会下发《和谐保险建设工作方案》。

4 月 19 日 中纪委委员、保监会党委委员、纪委书记陈新权视察青岛保监局，宋志华局长作专题工作汇报。

4 月 20 日 保监会系统青年五四奖章、青年文明号和青年岗位能手表彰会在青召开，宋志华局长出席并致辞。

5 月 15 日 青岛保监局向驻青各保险公司、保险专业中介机构、保险行业协会下发《特邀行风廉政监督员聘用暂行规定》。

6 月 7 日 青岛保监局与青岛银监局联合向驻青各人身险公司、各股份制银行分行、青岛银行、青岛市农联社（农商行）下发《关于加强辖区银行代理保险业务不规范销售行为治理工作的通知》和《关于加强保险公司与商业银行重大突发事件协同处理的通知》。

7 月 12 日 青岛保监局与青岛银监局召开银保业务监管联席会议。

7月23日　中国保监会党委副书记、副主席李克穆莅临视察青岛保监局，宋志华局长汇报工作情况。

7月24日~25日　第八次中美保险会谈和中美保险监管研讨会在青岛举办，中国保监会党委副书记、副主席李克穆会见美国助理贸易代表雷明。

10月14日　保监会主席项俊波视察青岛保监局，宋志华局长做工作汇报，保监会主席项俊波还与青岛市委书记李群出席青岛市政府与中国保监会“保险创新发展战略合作备忘录”签约仪式。

11月30日　青岛保监局向各驻青保险机构、保险专业中介机构下发《关于开展“和谐号服务示范岗”暨青岛保险业“双十佳”评选活动的通知》。

11月15日　青岛保监局向驻青各保险公司、各保险中介机构、保险行业协会、保险学会转发《关于加强反保险欺诈工作的指导意见》。

12月7日　曹光中副局长会见青岛市人力资源与社会保障局刘林瑞、官伟杰副局长，就长期护理保险招标工作、各地及保险公司承办项目推动工作进行了会谈。

12月11日　宋志华局长主持局长接待日，接待保险消费者。

12月15日~16日　青岛保监局举办2012年保险公司高级管理人员培训班，邀请原保监会副主席魏迎宁、稽查局长裴光做主题讲座。

12月26日　青岛保监局下发《关于2012年人身保险公司服务质量测评行业基本情况的通报》。

12月　青岛保监局开展保险监管信息交换平台电子文件传输系统试运行工作。

（袁本刚）

第三部分

金融机构运行报告
——政策性银行

国家开发银行山东省分行

【第一负责人简介】于泽水，男，山东烟台人，中共党员，研究生学历，管理学硕士，高级经济师，现任国家开发银行山东省分行党委书记、行长，山东省银行业协会会长，山东省金融学会副会长。

【综 述】 2012年，国家开发银行山东省分行（以下简称"开行山东分行"）主动发挥中长期投融资优势，各项工作取得了新进展，继续巩固和保持了优良的经营业绩。截至年末，该行表内资产总额3310亿元，其中表内贷款余额2654亿元，受托业务余额385亿元。全年实现人民币项目开发1217亿元，外汇项目开发172亿美元；人民币评审承诺883亿元，外币评审承诺143亿美元；全年本息累计回收率99.96%，当期回收率100.01%；不良贷款余额4.83亿元，不良贷款率0.18%，分别较年初下降1.52亿元、0.09个百分点。

一、贯彻宏观经济政策，支持稳增长、调结构重点领域。一是支持科技自主创新，支持重点产业调整振兴、战略性新兴产业发展，就7个省级战略性新兴产业项目达成意向合作额度97亿元；二是支持文化、体育、旅游产业发展，开发入库曲阜明故城恢复改造二期工程、邹城峄山风景区旅游综合开发、文登昆嵛山红色文化旅游、山东盐业遗址公园等项目，向济南文艺大剧院项目、泰山体育全民在线运动健身项目、寿光市绿色生态农业观光园等文化产业项目发放贷款11.46亿元；三是发放环保和节能减排贷款96亿元，推进了信发集团拜耳赤泥项目、泉林纸业秸秆综合利用等项目；四是积极配合山东援藏援疆建设，发放贷款5.3亿元，支持了力诺集团绿色新能源、新疆英吉沙县新型水泥熟料生产线等项目；五是加强对战略性成长型企业的开发培育，开行已认定的烟台万华、歌尔声学两家战略性成长型企业均实现评审承诺及贷款发放；六是全年新增发放煤电油运、农林水、公共基础设施等中长期贷款384亿元，推动了华能烟台、威海电厂，沂沭铁路、济广高速连接线、滨德高速、京沪高速山东段改扩建、海阳核电、南山人工岛等一大批建设项目。

二、深化与各级政府的合作，全面推进规划先行。一是5月份与山东省政府签署了5000亿元《"十二五"开发性金融合作备忘录》；二是推动与山东省宏观经济研究院签署《战略合作协议》，与济南、临沂、淄博、烟台、东营等地市政府签署了开发性金融合作协议；三是开展了16项跨国、区域、村镇等规划的编制及修编工作，其中作为重点区域规划的沂蒙革命老区和省会城市群经济圈等两个《发展规划》取得阶段性成果；四是继续推动黄河三角洲和山东半岛蓝色经济区系统性融资规划的成果转化。截至年末，该行在山东半岛蓝色经济区贷款余额406亿元，在黄河三角洲地区贷款余额432亿元。

三、贯彻"走出去"战略，国际合作业务再上新台阶。一是完成中委基金二期第一次滚动项目、中委大额融资项目、厄瓜多尔石油融资二期项目、PDVSA专项设备采购项目、BDS预付款银团贷款项目、卡拉波波航运公司船舶购置项目的贷款发放工作；二是积极推进了厄瓜多尔石油融资三期、哥伦比亚国际机场改扩建项目、美国旧金山城区综合开发项目、委内瑞拉MPE-3石油区块融资等项目；三是大力开展跨境人民币贷款业务，累计发放跨境人民币贷款327亿元；四是支持企业"走出去"，开发储备了山东高速乌干达道路开发项目、山东电力咨询院投标南非、莫桑比克煤电项目；五是通过香港分行实现山钢集团收购非洲铁矿项目簿记发放12亿美元、潍柴动力收购德国凯傲项目簿记发放5.5亿欧元，推进了台海集团收购法国玛努尔项目、中航林业俄罗斯森林资源开发等项目；截至年末，该行外汇贷款余额178亿美元，继续位居山东省银行业首位。

四、保障和改善民生，基层金融业务继续稳步发展。一是先后与潍坊农信社、天津银行济南分行、省再担保集团、东营市政府签署合作协议，并联合省再担保集团建立中小企业贷款合作机制，发放贷款10.9亿元；二是加强与小额贷款公司合作，全年向35家小贷公司发放贷款19.5亿元，通过诸城、高密统贷平台发放中小企业贷款5.58亿元，通过南山村镇银行实现转贷款发放1.7亿元，与日照银行合作发放贷款1.88亿元，并成功发行东营市首期中小企业集合票据，解决中小企业融资需求2.1亿元；三是继续大力支持保障性安居工程建设，全年发放贷款55.84亿元，贷款余额达105.45亿元；四是发放生源地信用助学贷款9亿元，惠及家庭困难学生16万人，累计发放生源地信用助学贷款51万人次、金额28亿元；五是与省水利厅签订了《开发性金融支持水利发展合作协议》，加强与济宁、潍坊、滕州等地方政府合作，融资融智支持地方重点水利项目建设，全年共发放水利贷款29亿元；六是继续加大对农村基础设施及农业产业化龙头企业的支持力度，发放贷款44亿元，贷款余额达198亿元；七是发放应急贷款3000万元，支持荣成应对"布拉万"台风的袭击。

五、发挥综合经营优势，提升金融服务水平。一是开展了信贷资产证券化、委托贷款、银行承兑汇票、财务顾问、信用证、结售汇、外汇买卖、保险代理等业务品种,实现中间业务净收入3.57亿元;二是推进润银化工、兖州供热管网、加纳公路、中国重汽、福田雷沃、亿诺轮胎等项目,累计实现协同资金到位25.95亿元,协同收益3522万元;三是与山东高速、山东能源、中国重汽、浪潮等集团签署《开发性金融合作协议》,并开展债券承销工作,为山东能源集团成功发行80亿元中期票据,与祥光铜业、南山集团分别签订了20亿元和10亿元短期融资券承销合作协议,配合国开证券积极推进滕州国资公司、力诺集团、润峰集团等企业债券承销业务,全年发行债券92亿元,销售债券12.2亿元。

【计划资金管理】 2012年,开行山东分行一是合理控制信贷增量,积极争取总行规模资源倾斜,全力支持“两基一支”领域重大项目建设,截至年末,该行负债总额3278.38亿元,其中吸收机构存款120.42亿元,其他负债3157.96亿元,主要为从总行拆入资金;二是加强资金调度与分析,有效规避资金运作风险,合理控制头寸备付;三是研究制定了人民币贷款利率优惠和外汇贷款定价等两个《审批操作规程(暂行)》,成立了贷款定价委员会,统筹人民币和外汇贷款利率管理。

【信贷项目及管理】 2012年,开行山东分行严格控制贷款投向,积极优化信贷结构。一是在支持传统“两基一支”业务领域、保证铁路、电力、煤炭等重点领域资金链不断的基础上,不断加大对中小企业、保障性住房、助学、水利等基层民生领域项目的信贷支持;二是坚持“以客户为中心,以合同管理为基础,以风险控制为主线”的信贷管理基本原则,切实防范贷款风险;三是累计完成62个客户的信用评级初评、503个存量客户信用评级更新、139个项目的贷前债项评级和928个项目的贷后债项评级工作;四是会同省监察厅、省审计厅对保障性安居工程、水利建设、文化产业、援疆援藏等73个贷款项目共计192亿贷款实施了联合监督检查;五是及时召开各类审议审查会议,加快项目开发评审进度。

同时,积极向总行争取贷款规模,追加规模76.58亿,圆满完成全年贷款发放和余额调控目标。

【金融债权维护】 2012年,开行山东分行以提高资产质量和保全金融债权为目标,以机制建设为基础,积极主动地开展依法收贷工作。

一、领导重视,健全机制,维护金融债权。一是成立了由行长任组长、法律部门牵头、各业务处室为成员的依法收贷领导小组,确保每个收贷项目都有法律人员和客户经理参与;二是建立起业务部门初步法律风险识别、内部法律部门配合、外部法律专业人士协助的“三道防线”,建立了全面的信贷法律风险防范机制;三是从信贷项目源头进行风险防范,认真调查借款人信用记录和经营状况,审查借款人、担保人主体资格,认真审查每一份信贷合同,将监管政策贯彻到实处。

二、积极主动,做好不良贷款化解工作。指定专人及时跟踪不良贷款化解进程,定期向开行总行和监管部门汇报。截至年末,累计对32个项目采取依法收贷措施,涉及贷款总额16.57亿元,累计回收贷款本息13.27亿元。

【会计与财务管理】 2012年,开行山东分行积极进行业务创新,实现了会计与财务管理对主营业务发展服务的保障职能。

一、全面提高财务管理水平。一是统筹预算管理,优化财务资源配置,高质量地完成财会决算工作;二是推广应用管理会计,并认真开展年度、季度财务分析,有力地支持决策。

二、大力发展国际结算业务。全年共完成国际结算业务量513.35亿美元,其中,传统国际结算业务量511.45亿美元,贸易融资结算量1.90亿美元,实现国际结算业务手续费收入1153.43万元人民币(包含进口押汇收入),在外汇局山东省分局2011年度执行外汇管理规定考核中,该行被评为A级。

【电子化建设】 2012年,开行山东分行贯彻落实总行“推动IT与业务的融合,实现科技兴行的战略目标”的指导精神,不断提升IT管理和科技服务水平。

一、以深化信息安全管理为目标,努力提升内部管理效率。一是制定印发了《信息安全事件管理办法》和《信息资产管理办法》,并对《IT外包服务管理办法》、《IT应急预案管理规范》进行了修订;二是组织开展了计算机及存储设备保密大检查;三是完善台账制度,不定期开展信息类资产盘点工作,进一步提高IT资产的安全性。

二、综合利用各种手段,推进信息规划的实施。一是对视频会议系统进行了整体升级,开展了IP电话项目建设工作;二是积极参与拟定新办公楼机房建设要求及相关技术指标;三是开展统一通信(UC)系统语音功能升级推广工作;四是进一步加大电子银行推广力度,优化业务办理流程,提高工作效率。

三、努力提高运维管理水平。一是加强网管监控、提高桌面设备及视频会议技术服务水平;二是对主要网络线路采用不同运营商双线路备份,并指派专人负责网络运维,及时发现、解决运行安全隐患;三是指派专人负责对该行大小额支付系统、OA系统和视频会议系统等10余个IT系统的日常维护、信息备份和升级工作。

【干部队伍建设】 2012年,开行山东分行紧紧围绕中心工作,不断加强干部队伍建设。一是新提拔了10名处级干部;二是通过民主测评、处室推荐、组织考察等程序,确定71人次行员晋升;三是通过笔试、面试、体检等程序招录了11名新员工;四是完成了部分员工专业技术职务任职资格的初认以及2012年高级专业技术资格评审材料的审核上报工作;五是以庆祝分行总资产超三千亿、信贷资产超三千亿为契机,加强团队建设。

【大事记】 2月15日 开行副行长李吉平与山东钢铁集团

董事长邹仲琛就全面开展海外资源项目合作及其投资 15 亿美元收购非洲矿业唐克里里铁矿 25%股权项目进行座谈。

2 月 17 日　开行与山东省宏观经济研究院签署《战略合作协议》，并启动《沂蒙革命老区融资规划》编制工作。

3 月 31 日　在全省金融工作会议上，开行山东分行被省政府授予“山东省金融发展贡献奖”。

5 月 2 日　开行董事长陈元与山东省委书记姜异康座谈。省委常委、副省长孙伟，省委秘书长雷建国和开行副行长王用生，董秘陈民，总监郭明社出席。

开行与山东省政府举行高层联席会暨《“十二五”开发性金融合作备忘录》签约仪式。开行党委书记、董事长陈元，副行长王用生，省委副书记、省长姜大明，省委常委、副省长孙伟，济南市长杨鲁豫，省政府秘书长蒿峰和出席。会上，开行山东分行还分别与济南市政府、山东高速集团、山东能源集团签署了“十二五”开发性金融合作《备忘录》及《协议》。

5 月 3 日　开行党委书记、董事长陈元在济南考察。山东省委常委、副省长孙伟，省委常委、济南市委书记王敏，济南市长杨鲁豫和开行副行长王用生陪同考察。

6 月 13 日　开行主承销山东能源集团 2012 年度第一期 50 亿元中期票据在全国银行间债券市场交易流通。

6 月 19 日　开行山东分行主承销的东营市首只区域集优中小企业集合票据成功发行。共为当地 4 家中小企业募集资金 2.1 亿元，发行利率为 5.55%。该票据为 2012 年银行间市场交易商协会接受注册的首支区域集优中小企业集合票据。

6 月 28 日　开行山东分行与东营市政府签署《支持中小微企业发展合作协议》。双方将在中小微企业信贷、小额贷款公司融资、中小企业债券业务和共建中小微企业网络综合服务平台等方面加强合作。

6 月 30 日　开行贷款 12 亿美元支持的山东钢铁集团非洲唐可里里铁矿项目第一船 17 万吨铁矿石运抵青岛港。

8 月 1 日　开行山东分行、国银租赁与中国重汽集团签署战略合作仪式。

8 月 27 日　中委基金二期第一次滚动项目 40 亿美元贷款顺利发放。

9 月 27 日　开行纪委书记周清玉与山东省委常委、纪委书记李法泉座谈。

10 月 16 日　开行主承销山东能源集团 2012 年度第 2 期 30 亿元中期票据以 4.56%的利率成功发行。

11 月 2 日　山东省委常委、常务副省长孙伟赴开行山东分行调研。

10 月 9 日　开行山东分行举行“跨越三千亿、喜庆十八大”庆典活动，以信贷资产突破 3000 亿元的工作业绩向党的十八大献礼。

11 月 15 日　开行山东分行成功发放 2012–2013 学年生源地信用助学贷款 9 亿元，惠及全省 16 万家庭贫困学生。

12 月 5 日　开行山东分行与浪潮集团签署《开发性金融合作协议》。

12 月 6 日　开行纪委书记周清玉与山东省委常委、纪委书记李法泉座谈。

12 月 7 日　开行纪委书记周清玉与人行济南分行行长杨子强座谈。

（赵恒新）

国家开发银行青岛市分行

【第一负责人简介】　郭蕾，女，中共党员，北京大学经济系毕业，本科学历，硕士学位，高级经济师。曾任职于中国农业银行总行、中国投资银行总行，1998 年 12 月起先后任国家开发银行总行国金局处长、副局长，2012 年 10 月任国家开发银行青岛市分行党委书记、行长（正厅级）。

【综述】　2012 年，国家开发银行青岛市分行(以下简称“开行青岛分行”)截至年末，已累计向青岛地区发放本外币各项贷款 1183 亿元，牵头引导银行、信托等社会力量投入资金 346 亿元，有力地支持了城市轨道交通、海底隧道、高新区建设、董家口港区、云南路低收入家庭危旧房改造等重大项目和民生工程，为服务青岛经济社会全面发展做出了积极贡献。

一、主要经营业绩。截至年末，该行资产总额 824 亿元，同比增长 17%；贷款余额新增 127 亿元，同比增长 20.4%，资产质量持续优良，实现拨备前净利润 13.76 亿元，同比增长 35%；实缴税收 7.31 亿元，人均纳税 689 万元，其中向青岛地方实缴税收 3.72 亿元。2012 年 8 月，该行非个人中长期贷款市场份额突破 20%，在岛城稳居第一，在青岛银团贷款市场份额保持第一。2012 年 4 月，该行获得青岛市政府授予的“金融发展突出贡献单位”称号。

二、坚持规划先行，支持青岛蓝色经济区建设。一是与政府、客户签署开发性金融合作协议 24 份；二是组织编写区域、行业、客户及业务发展等规划 14 项；三是在中冰两国领导人的见证下，与冰岛促进总局签署规划咨询合作备忘录，推动在能源、地热、旅游等重点领域的全面合作；四是推进规划成果转化，积极推进本外币项目储备入库。

三、发挥中长期优势，助力岛城蓝色经济发展。该行作为担当基础设施、基础产业、支柱产业（简称“两基一支”）建设的主力银行，融资推动青岛市城市化和工业化进程，为促进青岛经济结构升级，一是支持重点领域建设，全年发放重大项目贷款 177.29 亿元，支持了地铁、青龙高速、世园会园区、高新区、青荣城际铁路、中化油气、铁路客运北站等重大项目建设；二是支持青岛市蓝色新兴、高新技术和地方优势等产业发展，助推青岛经济“转方式、调结构”，重点支持了海尔、海信、青啤、青建等青岛龙头企业和南车四方、中船重工、国网能源、华能国际、国华瑞丰、大唐电力等驻青央企。

四、改善民生，致力普惠制金融体系建设。一是支持保障性安居工程建设，加强创新驱动，新增保障性安居工程贷款 10.47 亿元；二是支持中小企业发展，聚合各方力量，缓解中小企业融资难题，截至年末，中小企业贷款余额达 18.46 亿元；三是推动水利事业发展，发放水利贷款 6.92 亿元；四是积极开展助学贷款业务，发放生源地助学贷款 1100 万元，惠及 2200 余名学生；五是支持现代农业发展，完善开发性金融机制，支持县域农业示范园区建设和农业龙头企业发展。

五、放眼世界，为企业“走出去”铺路搭桥。一是巩固与海尔、海信、青建、电建三公司等大型涉外企业的合作关系；二是对非洲合作再上新台阶，在推动前期储备项目的同时，积极开发推动多个新项目取得进展；三是积极开展与挪威、冰岛当地企业合作，并推动中国企业走出去开展投资，积极开发国际银团贷款项目。

六、开拓创新，不断提升综合金融服务水平。债券承销、募资、票据等工作取得新进展，实现非利息净收入 3696 万元。一是企业债、短融、中票、保险代理等业务实现突破，主承或联合主承企业中票和短融共计 32 亿元；二是完成银团和信托工作量 40 亿元，引导社会资金支持青岛世园会、董家口港区等重大项目建设；三是制定债券承销、财务顾问、保险代理等业务实施细则，促进业务规范化、程序化。

【计划资金管理】 2012 年，开行青岛分行进一步加强了计划资金管理：

一、贷款发放计划管理。该行组织编制了年度经营业务情景计划，按季分月调度分析和调整，切实做到精心组织，合理调度，确保了对青岛市“两基一支”、县域民生和岛城企业“走出去”等领域的信贷资金支持。

二、贷款回收计划管理。该行以难点回收项目为重点，加强信贷资产质量管理和贷款回收计划管理，狠抓贷款回收责任制和收贷挂钩项目的落实，全年累计回收贷款本息 195.22 亿元，贷款本息当期和累计回收率连续 25 个季度保持 100%，不良贷款额和不良贷款率连续 25 个季度保持“双降”。

三、加强同业合作业务。该行积极发挥项目评审优势，大力开发优质大项目，深入与各商业银行开展合作，全年合作额度达到 33.62 亿元。

四、严格资金管理工作。一是强化头寸管理，通过勤查询、勤调度，严格控制分行头寸，减少无效低效资金头寸占用；二是加强系统内拆借管理。

【信贷项目及管理】 2012 年，开行青岛分行全力支持中央“扩内需、保增长、调结构”各项工作，大力提高信贷管理水平，促进了各项业务合规、稳步、健康发展。

一、提高信贷基础管理工作成效。该行认真贯彻信贷管理 AB 角制度，AB 角相互审核，综合岗综合把关，将提高信贷管理工作的合规性意识贯穿于业务发展的全过程。

二、强化风险防范意识，保障合规经营和稳健发展。该行一是评审水平稳步提升，评审计划准确率明显提高；二是深化全面风险管理，资产质量稳中有升；三是扎实推进融资平台规范发展，严格按照外监部门及总行要求对平台公司进行规范管理；四是法律审查岗参与项目前期融资模式设计，强化法律保障职能。

三、不良资产率持续下降。该行加强不良贷款项目的预警监测，密切关注借款人经营情况，加强与客户沟通协调，确保到期利息及时、足额回收，资产质量持续优化。

四、严格贷后管理制度，及时整改落实内外部检查问题。该行一是积极配合银监局进行现场审计检查，认真剖析问题产生的根源，及时落实责任人并进行整改，并提出进一步加强和改进信贷管理的工作措施；二是积极配合总行稽核专员对分行贷款资产质量分类、信贷管理、固定资产等有关业务的现场稽核检查，对检查提出的建议和要求逐一落实，不断强化信贷基础管理工作。

五、加强员工培训力度，提高信贷管理水平。该行一是对员工定期开展新业务品种、银监会出台的新文件以及总行新出台的有关制度等相关方面的培训；二是不断完善规章制度和操作细则；三是充分发挥老信贷员业务熟、经验多的优势，认真做好“传帮带”，不断提高信贷队伍的整体管理水平。

【筹资工作】 2012 年，开行青岛分行积极落实存款责任部门，建立内部考核机制，加强项目资金监管，吸收贷款项下与项目有关的存款，推进各品种存款均衡发展，努力降低筹资成本，截至年底，各项存款余额 65.17 亿元。

【电子化建设】 2012 年，开行青岛分行全面开展应用系统与基础设施建设，强化数据标准和数据大集中，提升信息科技运维能力，逐步建立安全高效的信息系统运行平台，为加快分行业务发展、提升内部管理和强化全面风险防控提供了强有力的支撑。一是修订 IT 外包服务管理办法，建立了由 14 个管理办法和 5 个应急预案组成的分行信息科技制度体系，信息化建设能力、执行效率以及信息科技管理规范化和标准化水平明显提升；二是上线了全流程信贷系统、中小企业贷款管理系统和数据仓库等全行逻辑和数据大集中的关键性项目；三是通过加强信息安全保障体系和技术防控，提高灾备管理和应急处置能力等措施，不断建立健全信息安全保障体系。

【大事记】　2月15日　开行总行李吉平副行长与山东省委常委、青岛市委书记李群出席开发性金融支持蓝色经济区核心区重点项目签约仪式，与市委市政府主要领导共同见证开行青岛分行与青岛港投集团、城投集团、青岛开发区、青岛市科技局、中国高新投资集团公司签署合作协议。

3月26日　开行青岛分行与青岛胶州市政府召开高层联席会，并签订开发性金融合作备忘录。

4月20日　开行青岛分行与胶南市委、市政府举行高层联系会暨《开发性金融合作备忘录》签字仪式，双方将加强全方位合作。

5月2日　开行总行陈元董事长会见青岛市委副书记、市长张新起，双方就下一步深化合作、共同推进蓝色经济区核心区建设等方面达成一致。

8月1日　时任开行总行副行长高坚出席"开发性金融支持青岛市重点区域建设签约仪式"。开行青岛分行分别与西海岸发展集团、蓝色硅谷管委会、青岛城乡统筹发展集团、即墨市政府签署开发性金融合作协议。

8月18日　开行总行陈元董事长会见山东省委常委、青岛市委书记李群，双方一致同意将在西海岸经济新区、蓝色硅谷、海洋装备制造和深潜基地等领域开展合作。

8月31日　开行青岛分行人民币非个人中长期贷款市场份额突破20%，达20.37%，较年初提高2.55个百分点，稳居青岛市第一位。

9月20日　开行青岛分行与市北区政府签订《开发性金融合作备忘录》，"十二五"时期双方将在文化、中小企业、保障性住房等重点领域开展全面合作。

10月29日　青岛市担保行业联盟成立，开行青岛分行代表全市金融机构与其签署"战略合作协议"。

11月8日　开行青岛分行与莱西市政府签订支持该市国家现代农业示范区《合作协议》，双方确定首批市级以上农业产业化龙头企业合作名单，并表示将共同完善开发性金融合作机制，支持现代农业发展。

（张艳国　张鹏飞　郭　杰）

中国农业发展银行山东省分行

【综述】　2012年，中国农业发展银行山东省分行（以下简称"农发行山东省分行"）积极应对复杂形势，把握好"稳中求进"的工作总基调，埋头苦干，严细管理，各项业务稳健发展，经营效益大幅增长，管理水平全面提升，文化建设深入推进，全行上下呈现出管理规范、绩效优良、队伍和谐的良好局面。

截至年末，全行各项贷款余额1238.9亿元，新增216.4亿元，增幅21.1%，信贷支农能力显著增强；各项存款余额275.3亿元，新增48.8亿元，增幅21.5%，负债结构进一步优化；年末实现账面利润28.5亿元，各分支行首次全面实现账面盈利。人均利润89万元，同比增加18万元。收入成本比16.9%，降低1.8个百分点。经营绩效位居全系统前列；年末不良贷款率0.26%，比全系统平均水平低0.73个百分点，比2005年末下降22个百分点，资产质量明显改善。

【业务发展】　2012年，农发行山东省分行各项业务稳中有进，在农村金融中的骨干和支柱作用明显增强。

一、确保收购资金及时足额供应。一是全年投放收购贷款188.1亿元，同比增长27%，支持收购粮油2128万吨、棉花722.4万担，约占全省粮棉商品量的60%和50%，确保了粮棉安全和市场稳定；二是做好财补资金管理工作，全省粮棉政策性挂账地方贴息到位率达到106%；三是全年累计代理拨付种粮农民直补、农资综合直补等各类财政补贴资金94.3亿元，促进了国家强农惠农富农政策的落实。

二、积极支持农业农村基础设施建设。全年投放此类贷款203.8亿元，年末余额达560亿元，居全系统第2位。支持复垦土地面积3700亩，新增有效耕地面积2600亩；支持新增农民住房面积82万平方米、近万农户居住条件得到改善；修缮疏浚河道沟渠52公里、解决15万农民饮水问题。

三、加大对涉农企业支持力度。一是立足服务实体经济，全年投放农业产业化龙头和加工企业贷款252亿元，农业科技贷款20.6亿元，农村流通体系贷款19.8亿元，促进了农业产业化经营和科技进步；二是进一步优化企业客户结构，年末AA-级以上客户贷款占比86.1%，较年初提高6个百分点。

四、大力发展存款和中间业务。一是加大存款考核督导力度，广开渠道，积极营销，推动低成本存款业务较快增长，各项存款日均增加额居全系统首位；二是实行本外币一体化营销，全行共办理国际结算业务居省级分行首位，达18.7亿美元，同比增长28%；三是新开办海外代付、发票融资业务，贸易融资业务较快发展；四是积极开展网银及信用卡业务，全年客户网银结算额增长40%。

【经营管理】　2012年，农发行山东省分行坚持严细管理，夯实基础工作。

一、严格落实总行条线管理要求，促进了制度落实。年末省行半数以上处室获得总行部室考核前三名。

二、加强信贷管理。一是严格贷前调查、贷时审查、贷后检查，落实岗位责任，规范操作流程；二是完善评级授信管理机制，严控客户信用总量；三是狠抓CM2006系统升级，二期上线运行基本平稳；四是规范完善贷款调查中心运行机制，提高了贷款调查质量和效率；五是加强法律合规基础管理，认真落实银监会“七不准”规定，积极做好整治不规范经营活动专项工作。

三、加强营运管理。一是完善经营绩效考评体系，发挥了业务考核导向作用；二是组织开展财会工作“四化”管理活动和柜员技能等级考评，提升了服务水平；三是加强资金计划管理，保证了资金安排有序，调拨顺畅；四是夯实统计管理基础，统计质量明显提高；五是研发推广了综合报表平台、综合办公平台、国际业务台账等系统，科技支撑作用日益明显。

四、强化内审职能。一是认真开展序时、经济责任和不良贷款等项审计；二是创新审计模式，开展了县级支行基础管理飞行审计和专项审计；三是配合银监局、监事会和总行内审部，做好相关检查。

【风险防控】 2012年，农发行山东省分行保持高压态势，严控信贷风险。

一、注重分析把握宏观形势，加强行业与政策研究，强化监测分析，深化风险管理，确保了业务稳健运行。组织开展粮油、纺织等多个行业运行状况分析，及时编发《信息参考》，主动防控行业与市场风险。

二、严格贷款准入。收购贷款准入实行“五审”；农业农村基础设施贷款准入坚持“五严”；商业性贷款提高准入标准，严控涉及房地产、高息民间借贷等客户，从源头控制风险。

三、强化风险监测预警。一是充分运用各类信贷风险预警系统，强化对借款人和第二还款来源的风险监测；二是建立地方财政收入、土地市场、商业性贷款样本客户等监测制度，增强时效性；三是将贷款客户的对外担保单位和本行贷款担保人纳入监管视野，对互保客户按月监测分析，及时揭示风险。

四、组织风险排查和不良贷款清收。一是组织开展了信贷管理、合规管理、收购库存等风险排查，发现风险及时化解；二是大力清收不良贷款，现金清收2219万元，呆账核销2.1亿元。

【队伍建设】 2012年，农发行山东省分行坚持以人为本，构建和谐团队。一是不断增强班子执行力，调整优化了部分分支行领导班子，积极落实领导干部考核评价办法，认真组织包点情况考试；二是提升队伍素质，完成了省行机关和15个市分行中层管理人员竞聘上岗工作，大力开展培训活动；三是不断加强反腐倡廉建设，推行岗位廉政风险防控管理，开展大客户和风险预警客户贷款管理效能监察，深化对支行行长、客户经理等重要岗位的监督制约；四是组织开展“文化建设年”活动，大力宣传弘扬农发行价值体系，深入践行管理文化，积极开展劳动竞赛和文明创建活动，巩固了和谐向上的良好局面，在总行企业文化建设会议上作了典型发言。

【大事记】 1月13日 山东省省长姜大明对农发行山东省分行报送的《关于2011年主要工作开展情况的报告》做出批示：“农发行山东省分行在2011年支持‘三农’工作中做了大量开创性的工作，收到了良好效果，特致感谢!”。

2月16日～17日 全省农发行行长会议在济南召开。会议学习贯彻了农发行全国分行行长会议精神，总结了上年工作，安排部署了2012年的工作。

3月31日 在山东省政府召开的全省金融工作会议上，农发行山东省分行荣获2011年度山东省金融发展贡献奖。

4月24日 农发行山东省分行印发《关于信贷支持菏泽科学发展的措施和意见》(鲁农发银办〔2012〕53号)。

5月9日～12日 农发行总行副行长刘梅生在枣庄、临沂、日照等地调研。

5月14日～17日 中共农发行代表会议，农发行企业文化建设、组织和人力资源工作等会议在青岛市召开。

5月16日 农发行总行行长郑晖在青岛会见山东省委常委、青岛市委书记李群。

农发行总行副行长鲍建安在潍坊市分行检查指导工作，并到福田雷沃公司调研。

6月27日 全省农发行企业文化建设会议在济南召开。

9月12日 全省农发行2012年度棉花收购信贷会议在济南召开。

11月2日 农发行山东省分行行长杨杰向来行走访的山东省政府常务副省长孙伟一行汇报信贷支农工作。

12月31日 农发行总行副行长陈剑英在山东省分行走访慰问困难职工。

(段玉华)

中国进出口银行青岛分行

【第一负责人简介】 王伟明，男，1960年7月11日生，硕士研究生。1982年起历任山东银行学校外汇保险、银行业务等教研室教师、副主任；1996年起历任国家外汇管理局山东分局、济南分局副主任科员、主任科员、山东省分局经常项目管理处副处长、人民银行青岛市中心支行党委委员、副行长、国家外汇管理局青岛市分局副局长、山东省分局国际收支处处长；2007年起任中国进出口银行青岛分行副行长、党委委员；2010年5月起任中国进出口银行业务开发与创新部总经理；2011年12月至今任中国进出口银行青岛分行党委书记、行长。

【综述】 2012年，中国进出口银行青岛分行（以下简称"进出口青岛分行"）实现了信贷业务快速发展，超额完成了全年指标；风险管理水平进一步提高，没有发生新增不良；内部控制进一步完善，依法合规经营理念得到加强。

【业务发展】 2012年，进出口青岛分行信贷业务实现平稳较快发展。

一、加大信贷投入，支持进出口贸易保增长。一是支持具有自主知识产权的高、精、尖、新产品出口，培育以技术、品牌、质量和服务为核心的竞争新优势，如向山推股份贷款2亿元支持其工程机械出口；二是支持先进制造和重大装备制造业发展，如联合山东省政府有关部门召开了支持重大装备制造业业务推介会，开发了济南铸锻所等客户；三是支持高技术、高附加值船型出口，如向扬帆船厂发放8000万元支持其高端船型出口；四是对出口形势不乐观的轮胎、家电等传统行业，选择附加值高的继续予以支持，如向海尔集团、玲珑轮胎、赛轮股份等企业新发放贷款17.5亿元支持其产品出口；五是支持企业进口能源和战略资源，满足经济发展需要，如向山东钢铁、东营方圆、德正资源、威海华岳、渤海实业等企业新发放19亿元贷款，支持进口铁矿砂、铜精矿、氧化铝、原油、大豆等能源和战略资源；六是支持企业进口先进技术和关键设备，如向山东海阳核电发放贷款18.4亿元，支持其进口AP1000核电机组。

二、发展创新业务，丰富政策性金融服务手段。一是为烟台万华收购的匈牙利BC公司量身定制了境外投资流动资金贷款业务品种；二是向境外投资企业发放境外人民币投资贷款9000万元，此为山东省内首笔跨境人民币境外投资贷款业务；三是开办进口租赁贷款业务，如向中飞建章发放贷款4335万美元，用于支持其为山东航空进口波音737-800型飞机；四是叙做进出口项下租金保理业务，如为长城融资租赁公司保理租金1.8亿元，支持其为合力车轮建设火车车轮压轧生产线；五是开办融资性保函业务，如为祥光铜业、青建集团开立融资性保函，为企业在商业银行融资提供担保；六是开办出口退税保函，如为扬帆船厂开具出口退税保函，帮助企业从海关获得退税；七是主承销的孚日集团3亿元中期票据顺利发行，实现了企业债券承销零的突破。

三、履行社会责任，支持文化产业、农业、中小企业和扶贫事业发展。一是运用旅游文化国际化贷款业务支持旅游景区建设，如贷款3亿元支持汶上宝相寺景区建设；二是贷款支持了安德利果汁、昌华海产、京鲁渔业等企业农产品出口，带动上游农户增收；三是与青岛市商务局、国税局、中信保山东公司、新华锦集团等5方联合推出青岛市中小微企业外贸供应链服务平台，为中小外贸企业发展提供资金支持。如批准贷款3000万元，用于扶持禄禧新能源公司的发展；在原有扶贫贷款的基础上，新发放3000万元扶贫贷款，用于支持雪菱淀粉25万吨高麦芽糖项目建设。

【转贷业务贷后管理】 截至2012年末，进出口青岛分行在山东省的转贷项目71个，余额10.13亿美元；其中，部分项目存在不同程度的拖欠。为此，该行密切跟踪企业改制、重组等情况，并积极向政府反映，引起了当地政府的重视，取得较为理想的成果，转贷拖欠项目已由2006年末的44个下降到22个。

【不良资产清收】 2012年，进出口青岛分行有效应对风险事件，未产生新的不良贷款。对生产经营正常、政府态度积极，遇到暂时性困难的企业，在风险可控、符合监管要求情况下，采取适当措施予以支持，目前，上述企业贷款还本付息正常，逐步渡过困难时期。对1家经营管理有问题、政府态度不积极、生产经营恢复无望的企业，积极采取法律措施，同时，寻找相关客户承接债务，化解风险。

【内部管理】 2012年，进出口青岛分行一是制订了《操作风险事件统计监测实施方案》等19项新制度，规范了基础管理和业务操作流程；二是制订了信贷人员守则，确保每笔贷款调查尽职、审查严格、贷后到位；三是认真组织问题整改工作，确保责任落实到人，整改措施到位。

【员工队伍建设】 2012年，进出口青岛分行坚持一手抓业务发展，一手抓队伍建设：

一、提高队伍执行力。一是修改和完善考勤制度和绩效考核制度，规范了工作秩序，调动了员工积极性；二是调整组织结构，成立了公司业务三处，调整了原中间业务处、营业部职能，内部运转更加流畅；三是落实总行要求，制订轮岗制度，培养员工综合素质；四是招聘新员工，充实人员力量；五是加强业务培训，提高员工的综合素养和专业技能；六是组织开展了丰富多彩的业余文化活动。

二、抓好廉政工作。一是开展了职业操守教育活动，培养员工良好的职业道德和廉政意识；二是加强对重点环节和重点部位权力行使的监督，通过完善信访、案防等工作制度，加强对员工的约束力；三是签订廉政建设责任书，要求每个部门"看好自己的人，把好自己的门"。

【大事记】 1月 进出口青岛分行获得山东省政府颁发的金融创新奖。

进出口青岛分行与济宁市政府联合召开重点企业座谈及业务推介会。

2月21日 进出口青岛分行与山东省经信委联合召开自主创新和重大装备制造业务推介会。

2月26日 进出口青岛分行与青岛市商务局、国税局、中国出口信保山东分公司、新华锦集团共同签订了"青岛市中小微企业外贸供应链服务平台"战略合作协议，正式启动该平台。

3月 进出口青岛分行参加山东省和青岛市举行的走出去政策宣讲会，并向与会企业宣传该行支持走出去的政策。

进出口青岛分行中小微企业宣传周活动正式举行。

5月2日，进出口青岛分行举行工会会员大会，改选了工会委员会和经费审查委员，陈在维当选为工会主席。

5月15日～16日 中国进出口银行党委书记、董事长、行长李若谷带队赴山东省调研外经贸发展情况，期间与山东省委书记姜异康、省长姜大明、副省长才利民进行了会谈。

5月25日～27日 中国进出口银行副行长诸鑫强带队赴山东省调研。

5月 中国进出口银行任命陈在维为青岛分行党委委员、副行长。

6月8日～10日 中国进出口银行总行总经理助理级以上干部培训班在山东举行。

6月29日～30日 中国进出口银行副行长朱鸿杰赴青岛调研审计署检查有关情况。期间，与青岛市姚坚副市长进行了会谈。

7月20日～21日 中国进出口银行纪委书记宫杰带队赴山东省调研。

8月22日 进出口青岛分行副行长王学超带队赴岷县灾区捐赠价值20万元的毛毯，支援救灾工作。

10月 中国进出口银行监事会检查组入驻青岛分行，开展了为期1个月的经营情况现场检查。

11月7日～11日 中国进出口银行监事会主席丁仲篪带队赴青岛调研，召开了企业座谈会，并考察了即发集团、金王集团等企业。

12月 进出口青岛分行叙做了系统内第一笔境外投资流动资金贷款和代开银行承兑汇票业务。

（进出口青岛分行）

第四部分

金融机构运行报告
——商业银行（上）

中国工商银行股份有限公司山东省分行

【第一负责人简介】 谷澍,男,汉族,1967年8月生,中共党员,博士研究生,高级会计师。曾任中国工商银行会计结算部副总经理、计划财务部副总经理、财务会计部总经理。2008年7月任工行董事会秘书、战略管理与投资者关系部总经理。2010年11月任中国工商银行股份有限公司山东省分行党委书记、行长。

【综述】 2012年,中国工商银行股份有限公司山东省分行(以下简称"工行山东省分行")认真贯彻宏观调控政策,全面落实金融监管要求,努力服务山东经济社会发展,保持了健康快速发展的良好势头,在全国工行系统一级分行经营绩效考核中排名第4位,创历史最好成绩;滨州、东营、聊城、潍坊、日照、济宁、枣庄、临沂等8家分行跻身全国二级分行经营30强。

一、融资总量平稳适度增长,信贷投向重点更加突出。一是坚持有保有压,优先保证重点项目和"黄蓝"两区建设资金需求,大力支持传统产业升级和战略性新兴行业发展;二是加大中小企业信贷支持力度,配套做好重点县域、乡镇和新农村建设金融服务。当年,该行成为省内首家、也是惟一一家贷款余额突破5000亿元的商业银行。全年发放在建续建项目贷款270亿元,同比多发放124亿元;新增"黄蓝"两区贷款210亿元,多增60亿元;新增全省十大振兴产业贷款220亿元,多增14亿元;新增中小企业贷款169亿元,增幅14.54%,高于各项贷款平均增幅4.76个百分点;新增重点县域、乡镇贷款180亿元,余额达1480亿元。

二、服务质量持续提升,各项业务快速增长。一是新建物理网点111家,优化网点81家;二是持续推进业务流程优化再造,启动实施授信审批集中管理体制改革,业务审批和前台处理效率显著提高;三是深入组织开展"满意在工行"活动,高度重视消费者权益保护,业务经营和服务收费行为更加规范。在总行服务质量专项考核中,服务管理专业取得第1名的好成绩。

三、风险防控不断加强,内控管理卓有成效。全年退出"两高一剩"贷款38亿元,清收处置不良贷款35亿元。贷款拨备覆盖率达228.7%,较年初提高17.63个百分点。连续6年实现零发案,连续11年未发生责任性案件事故。在全国工行一级分行内控评价中,保持了第1位。

【对公业务】 2012年,工行山东省分行以拓展营销资源为核心,持续扩大客户基础,深化结构调整,各项业务快速均衡增长。一是加大目标客户拓展力度,狠抓重点支行突破,公司存款稳定增长;二是积极发展贸易融资、银团贷款和理财业务,大力拓展中型客户,平稳投放房地产贷款,融资结构进一步优化;三是突出抓好市场资源拓展储备,建立营销资源储备库,构建起覆盖贷款营销全过程的动态化管理机制;四是企业年金、资产托管业务稳步发展,养老金理财、非信贷安心账户、投资类托管业务进一步做大做强。截至年末,该行企业年金客户较年初增加126户,新增个人账户5.4万户;新增资产托管规模3078.20亿元。

【零售业务】 2012年,工行山东省分行积极改善服务品质,全力增强个人金融业务市场竞争力。一是以商友卡、汇款套餐、福农灵通卡、区域理财产品等特色产品为依托,加强公私联动营销,拓展重点区域市场,大力发展代发工资业务;二是做好储蓄存款和理财产品的承接互动,加强对基金、保险等重点产品的营销推动,成功推出银医一卡通产品;三是加强营业网点和自助银行管理,规范财富管理中心运营模式,加快应用个人客户(网点)预填单、网点业态可视化等新设备和新功能;四是加强对个贷业务发展的支持和管理,大力发展个人消费经营贷款。

【国际业务】 2012年,工行山东省分行强化风险防范,加快产品创新,实施精准营销,实现了国际业务提速发展。一是建立国际业务客户主维护人制度,开展多项主题营销活动,有效拓展重点客户群体规模;二是对重点项目开辟绿色通道,有效提高服务效率和品质;三是以合作远期结售汇业务为切入点,进一步深化同业客户合作;四是加快业务创新,积极发展贸易融资组合产品、外汇交易创新产品和对外担保业务;五是倾斜资源配置,加强渠道建设,推动重点支行国际业务发展;六是积极推进全功能外汇业务网点建设,全年增批对公外汇业务网点50家。截至年末,国际结算业务量同比增加245亿美元;跨境人民币业务同比增加245.5亿元;累计发放国际贸易融资133亿美元,办理结售汇业务194亿美元。

【风险控制】 2012年,工行山东省分行一是根据不同贷款

中国工商银行股份有限公司山东省分行主要统计指标 1

单位：亿元

项目	2008	2009	2010	2011	2012	2012 年同比增幅（%）
本外币资产总额	3598.49	4546.8	4882.44	5564.18	6392.33	14.88
本外币存款余额	3358.54	4317.47	4624.99	5079.87	5755.24	13.30
人民币存款余额	3325.88	4281.38	4586.74	5006.72	5627.04	12.39
企业存款	931.67	1260.97	1305.11	1419.56	1555.39	9.57
机关团体存款	686.85	872.31	1016.09	1151.71	1268.88	10.17
储蓄存款	1631.47	1956.05	2175.13	2435.45	2802.76	15.08
本外币贷款余额	2898.77	3592.29	4122.1	4647.45	5044.73	8.55
人民币贷款余额	2846.07	3524.28	4034.23	4464.24	4867.93	9.04
短期贷款	1100.26	1188.89	1347.05	1648.4	2101.50	27.49
中长期贷款	1745.81	2335.39	2775.05	2815.85	2766.43	-1.76
票据融资	102.95	110.68	48.04	69.31	140.29	102.41
利润总额	74.02	84.55	92.07	114.80	126.49	10.18
不良贷款余额	55.45	67.95	64.05	58.53	59.71	2.02
不良贷款占比%	1.91	1.89	1.55	1.26	1.19	-5.56

中国工商银行股份有限公司山东省分行主要统计指标 2

项目 \ 年度	2008	2009	2010	2011	2012	2012 年同比增幅（%）
单位结算账户（万户）	16.64	19.96	22.91	20.71	21.04	1.59
单位结算金额（亿元）	225066	384068	465122	524337	539739	2.94
个人结算账户（万户）	—	—	—	—	—	—
个人结算金额（亿元）	—	—	—	—	—	—
信用卡发卡量（万张）	201.81	279.83	387.17	450.00	506.32	12.52
信用卡消费额（亿元）	134.34	103.96	329.64	485.72	582.85	20.00
企业网银客户（万户）	6.7	8.0	9.5	10.3	9.8	-4.85
个人网银客户（万户）	297.5	414.7	554.5	684.1	798.9	16.78
手机银行客户（万户）	10.3	90	199.6	308.8	460.4	49.09
电话银行客户（万户）	255	341.3	456.9	612.3	702	14.65
现金自助设备（台）	1340	1737	2088	2681	3469	29.39
营业网点（个）	866	867	866	894	975	9.06
自助网点（个）	12	14	22	41	94	129.27

品种和客户类型的特点，采取针对性风险管理措施，加大非现场监测力度，积极防范房地产、小企业、地方融资平台等重点领域系统性风险，努力化解大额突发信贷风险；二是加强放款核准和合规性非现场监测力度，采取有效措施进一步提高贷款受托支付比重，全部贷款累计受托支付比例达 96.2%；三是强化对金融资产服务业务的存续期管理、业务档案归集、规章制度建设、组织架构完善等的规范；四是探索实施差异化政策，推动重点县域支行加快发展，在信贷政策、资源投入和员工力量等多方面予以倾斜。截至年末，30 家重点县域支行贷款(含票据贴现)余额较年初新增 178.21 亿元。

【投资银行业务】 2012 年，工行山东省分行加快业务创新步伐，强化品牌建设力度，积极调整业务结构，投资银行业务快速健康发展。一是积极为重点行业龙头企业提供并购业务服务，为有重组需求的企业提供债务与股权融资、企业债务调整等综合性金融服务；二是积极拓展股权融资顾问业务，成功营销多个 PE 主理银行项目；三是积极推进发债顾问业务，存量业务收尾工作顺利进行。

【银行卡业务】 2012 年，工行山东省分行银行卡业务突出抓好分期消费和有效发卡，持续夯实客户服务和风险管控基础,信用卡业务发展迈出新步伐。一是成功推出牡丹交通卡、山东物流卡等项目,大力开展多币种卡、闪酷卡、借贷合一卡等新产品营销,持续推进财政预算单位、军队及武警公务卡发卡;二是细化专项分期业务审批管理制度,完善灵活定价机制,积极推进分期付款业务健康快速发展;三是大力发展收单业务,打造良好用卡环境,进一步巩固了"第一收单银行"地位。

【电子银行】 2012年,工行山东省分行电子银行业务加快产品创新推广,柜面业务分流成效显著。一是新投产自动柜员机、自助终端及网银自助机分别达到788台、256台和283台,实现了对现金存取款、转账汇款业务分流的全面支撑;二是大力推广手机银行,客户和业务规模实现快速增长;三是先后投产了电子银行渠道燃气费、自来水费等多种缴费品种;四是加快银企互联、电子商务发展,新增客户数均创历史新高。

【财务会计】 2012年,工行山东省分行强化全过程预算管理,不断提高财务会计管理精细化水平。一是以提高前瞻性和指导性为原则,强化动态管理;二是完善绩效考核和营业费用管理办法,优化固定资产投资结构,提高资金使用效益;三是加快中间业务转型发展,深入开展不规范经营整治;四是加强基础管理,严格集中采购管理,提升应税事务管理水平。

【内部管理与企业文化建设】 2012年,工行山东省分行扎实推进内部管理,强化思想文化建设,为顺利实现全行经营发展目标奠定了坚实基础。一是深入开展创先争优活动,加强基层党组织和党员队伍建设,深入推进党风廉政建设,强化案件防范;二是不断完善选人用人机制,加强员工培训和资格认证工作,畅通员工职业发展通道,全年举办各类培训班1770期,参训人员10.13万人次,员工素质和队伍竞争力不断提升;三是继续强化"以岗定薪、以能定资、以绩定奖"的薪酬分配理念,坚持把工资分配向基层、服务一线和关键人才倾斜;四是持续增强人文关怀,有效解除员工后顾之忧,积极推进职工之家建设,健全完善医疗保险、企业年金和贫困救助制度;累计发放各类特困救助资金276万元;五是深入开展"打造卓越金融服务建设客户满意银行"主题教育活动,组织开展"感动工行——山东分行十大好人好事"和"道德模范"评选活动,形成了知礼明义、诚实守信、从善厚德、和谐和睦的良好风气。

【大事记】 1月11日 工行山东省分行参加2012年全省中小企业工作会议,并与省中小企业办公室签署合作协议。

3月1日 工行山东省分行在日照出席山东蓝色经济区产权交易中心揭牌仪式,并签署战略合作协议。

3月7日 工总行与山东省政府在北京签署《支持县域经济暨中小企业发展战略合作协议》。

4月17日 工行山东省分行与山东大学齐鲁医院签署全面战略合作协议。

4月19日 工行山东省分行与济宁市政府签署战略合作协议。

5月18日 工行山东省分行与泰安市政府签署战略合作协议。

6月28日 工行山东省分行与长城公司济南办签署业务合作协议。

7月25日~27日 工总行首席风险官魏国雄在山东进行不良资产批量转让试点工作调研。

8月24日 工行山东省分行历程馆隆重开馆。

9月19日 工总行赵林监事长一行到工行山东省分行进行调研,并先后到省行营业部、泰安肥城支行、临沂分行视察指导工作。

9月28日 工行山东省分行召开行务会议,宣布苗帅任行长助理。

10月8日 工行山东省分行本外币各项贷款余额达5188亿元,成为省内首家贷款余额突破5000亿元的商业银行,综合服务实力迈上新的台阶。

10月19日 工行山东省分行召开全省授信审批集中管理改革动员视频会议,全面启动改革工作。

11月2日 山东省委常委、常务副省长孙伟,省政府副秘书长张德宽,省金融办副主任郭永利,人行济南分行行长杨子强,山东银监局局长廖平之一行到工行山东省分行视察指导工作。期间,视察了济南大观园支行营业室、省行授信审批中心。

11月9日 工行山东省分行与胜利油田相关企业签署企业年金基金管理合同。

11月12日 山东省政府召开全省落实小型微型企业政策工作会议,工行山东省分行与优质中小企业代表签署合作协议。

11月30日 工总行易会满副行长来山东分行调研指导工作,并主持召开公司业务座谈会。

12月6日 工行山东省分行在山东大厦举行山东物流卡开通仪式,并与部分合作单位代表签署合作协议。

12月10日 工行山东省分行行长谷澍出席山东省支付清算协会成立大会暨第一次会员代表大会,并当选第一届理事会会长。

12月13日 工行山东省分行成立国际业务部。

(段维斌)

中国工商银行股份有限公司青岛市分行

【第一负责人简介】 侯本旗，男，1971年9月生，汉族，中共党员，中国社会科学院经济学博士学位。1996年8月参加工作；2006年6月任工行总行人力资源部（党委组织部）副总经理；2009年2月任工行广东省分行党委委员、副行长；2012年4月至今，任工行青岛市分行党委书记、行长。

【综述】 2012年，中国工商银行股份有限公司青岛市分行（以下简称“工行青岛市分行”）深化经营结构调整和发展方式转变，竞争发展能力得到进一步提升，全行总体保持了盈利增长、业务发展、结构优化、风险可控的稳健发展态势，经营效益继续以明显优势居同业第一位，实现经济增加值13.21亿元，同比增加0.87亿元，增幅7.05%；中间业务收入11.14亿元，增加1.29亿元，增幅13.07%，完成额和增量首次领先同业居于首位，“第一盈利银行”的地位日益巩固。

【贷款业务】 2012年，工行青岛市分行合理把握信贷投向，深度挖掘信贷客户资源，压缩风险较高行业贷款，信贷、客户和收入等结构进一步优化。一是严把信贷投向，积极营销战略新兴产业、文化旅游、现代物流、现代服务等客户的信贷业务，培育先进制造业、节能与新能源汽车、新能源发电、节能环保等领域的优质客户；二是通过加大创新型表外融资业务的推广力度，综合运用债权、股权和收益权类单一或集合信托融资模式，全年累计为客户融资50.45亿元；三是加快股权业务平台建设，初步形成了蓝色半岛基金、股权信托和外部投资公司为主体的三大股权平台结构。5月，该行与工银国际共同筹建的青岛蓝色半岛股权投资管理有限公司正式注册成立，标志着该行股权投融资运作平台建设取得了历史性突破。

【存款业务】 2012年，工行青岛市分行坚持“负债增效”的经营理念，积极开拓思路，有效整合行内资源，深入挖掘客户资源，推动负债业务全面发展。一是调动各专业联动营销积极性，以优质客户代发工资为重要突破口，着力实施公司、机构、小企业、现金结算和零售业务联动营销；二是充分利用大额资金监控平台等工具，落实资金流动中各节点的营销与稳存责任，做好目标客户的筛选和产品的对接营销；三是提高公司无贷户存款市场竞争力，并加强有贷户存贷比管理和销售归行率管理，有效拉动公司存款增长；四是强化同业存款增长机制，把握好各类重点客户的新需求，以个性化服务方案逐个突破，持续扩大市场份额。

【国际业务】 2012年，工行青岛市分行以青岛市扩大对外开放和实施企业“走出去”战略为契机，以客户提升和产品创新为主要着力点，增强产品市场竞争力，推动实现国际业务一体化经营目标。全年共办理国际结算业务194.85亿美元，同比增长13%；办理贸易融资业务341527万美元，增长19.8%；实现外汇中间业务收入20010万元，增长18.7%；办理结售汇业务468274万美元，同比增长15.6%，办理对外担保业务6835万美元，增长227.5%；累计办理跨境人民币业务61.3亿元，增长12.1%。该行一是确定分层营销、一户一策的策略，通过产品创新的手段加强产品渗透，深入挖掘产品需求，针对小型客户围绕贸易上下游情况，设计专项产品方案，解决融资和结算需求；二是先后推出跨境人民币链式融资、双币信用证和增强型环球理财通等创新产品及组合，有效满足客户结算、融资和理财的一揽子金融需求。

【银行卡业务】 2012年，工行青岛市分行紧紧围绕新产品推广、有效发卡、分期付款、风险管理等重点工作，量质并举，信用卡贷款余额、总收入、中高端客户渗透率等指标开创了历史最好水平。一是加快产品创新，开创了银行卡“一卡多商户”联盟合作的全新理念；二是全力推进信用卡分期付款业务；三是从服务模式、渠道、系统、流程、标准等多方面与标杆银行进行对比评估，进行服务全流程优化，增强品牌竞争力。

【电子银行业务】 2012年，工行青岛市分行加快电子渠道建设步伐，深入推进业务分流，在电子银行客户数量、业务规模、中间业务收入实现额及增量占比等方面保持了同业领先优势。一是变“坐商”为“行商”，到学校、市场、医院、商场等场所开展项目营销，从源头上拓展优质客户；二是适应市场需求和发展要求，在扩大客户总量的同时将证书客户、手机银行客户、银企互联、电子商务作为重点，加快重点新产品的应用推广；三是将柜面业务分流工作与业务流程综合改造优化、转介分润和服务提升工作有机结合，促进网点功能转型，提高服务效率。

【内部管理与企业文化建设】 2012年，工行青岛市分行坚

中国工商银行股份有限公司青岛市分行主要统计指标 1

单位：亿元

项目 \ 年度	2008	2009	2010	2011	2012	2012 年同比增幅 (%)
本外币资产总额	647.89	790.05	885.91	961.74	1053.17	9.51
本外币存款余额	611.43	754.68	820.07	880.23	939.88	6.78
人民币存款余额	594.96	733.1	804.1	859.8	921.11	7.13
单位存款	252.84	336.15	384.93	414.05	421.14	1.71
储蓄存款	343.35	391.80	435.14	466.18	520.4	11.63
本外币贷款余额	488.79	641.32	772.54	911.44	1016.21	11.49
人民币贷款余额	470.77	625.89	733.97	865.99	973.48	12.41
短期贷款	185.33	118.69	165.04	275.88	388.45	40.80
中长期贷款	303.46	423.82	597.34	635.57	627.76	-1.23
票据融资	51.8	98.81	10.17	18.99	77.24	306.74
利润总额	15.58	15.89	23.11	30.51	35.11	15.08
不良贷款余额	9.29	9.16	6.98	10.77	15.68	45.59
不良贷款占比(%)	1.90	1.43	0.90	1.18	1.54	0.36

中国工商银行股份有限公司青岛市分行主要统计指标 2

项目 \ 年度	2008	2009	2010	2011	2012	2012 年同比增幅 (%)
单位结算账户（万户）	4.34	4.41	5.07	4.84	5.15	6.44
单位结算金额（亿元）	33251.46	41642.84	56085.84	76455	57855	-24.33
个人结算账户（万户）	291.01	307.54	346.47	385.01	424.73	10.32
个人结算金额（亿元）	3441.15	5930.48	7843.15	8977.75	9821.67	9.4
信用卡发卡量（万张）	46.56	59.8	63.85	63.93	66.92	4.68
信用卡消费额（亿元）	20.4	33.2	40.5	56.1	70.7	26.02
企业网银客户（万户）	0.84	1.21	1.45	1.82	2.12	16.48
个人网银客户（万户）	54.3	77.1	93.7	111.2	126.6	13.85
手机银行客户（万户）	0.4	7.7	18.6	33.1	52.7	59.21
电话银行客户（万户）	41.4	61.1	75.1	82.6	88.1	6.66
现金自助设备（台）	183	247	351	489	634	5
营业网点（个）	112	112	111	115	122	6.09
自助网点（个）	4	7	11	25	36	44

持内控优先、合规至上原则，完善事前、事中、事后的全过程内控管理，充分发挥先进企业文化的引领作用，将“工于至诚，行以致远”的企业文化落脚到“一心一意谋发展、全心全意为客户、真心实意待员工”的经营理念上，牢固树立和强化“六种意识”：一是锐意进取的竞争意识，做到“不惟计划惟市场”；二是户至上的服务意识，从经营指标向服务客户转变；三是严谨规范的风险合规意识，以信贷风险管理为重点，加强内控管理和风险防范；四是勤勉尽责的执行意识，有效调动员工积极性；五是立新求变的创新意识，提高市场反应速度和竞争能力；六是协调高效的团队意识，注重员工职业发展，实现银行与员工共发展。

【大事记】 1 月 10 日 工行青岛市分行孙建勇行长出席 “工商银行杯”2011 青岛民营经济年度人物、优秀民营企业和最具成长性企业颁奖典礼，并代表该行与青岛市民营企业协会签订了战略合作协议。

2 月 7 日　工行青岛市分行召开 2012 年支行行长会议。孙建勇行长作了题为《加快推进经营转型 开创可持续发展新局面》的报告。

3 月 13 日　根据中国金融工会文（金工发〔2012〕8 号），工行青岛市南二支行营业部被授予全国金融系统“女职工文明示范岗”。

工行青岛市分行成功办理第一笔黄金质押业务，实现了在贵金属融资业务领域零的突破。

4 月 25 日　工行青岛市分行与即墨市服装批发市场所签署战略合作协议。

5 月 9 日　工行青岛市分行印发（工银青党发〔2012〕22 号）、(工银青发〔2012〕155 号）文。任命侯本旗为工行青岛市分行党委书记、行长；免去孙建勇工行青岛市分行党委书记、行长职务，另有任用。

6 月 8 日　工行青岛市分行成功办理首笔黄金租赁业务，实现了贵金属业务历史性突破。

6 月 26 日　工行青岛市分行全部存贷款余额双双突破千亿元大关，成为青岛市金融系统首家全部存贷款余额双超千亿元大关的银行。

7 月 14 日　工行青岛市分行举行“工银联购卡”首发仪式。侯本旗行长、青岛市人大常委会副主任、市工商联主席徐航、工总行牡丹卡中心副总裁韩旭升、市商业联合会会长孟广耀分别致辞。青岛市 10 家商场和 40 余家大型商户的负责人参加了首发仪式。

8 月 17 日　工行青岛市分行成功办理首笔代理进口代付业务。

9 月 6 日　工总行罗熹副行长出席在青岛举办的全国银行同业合作研讨会并进行工作调研。

10 月 17 日　工行青岛市分行印发（工银青发〔2012〕268 号）文，成立“工行私人银行中心(青岛)”。

11 月 14 日　工行青岛市分行印发（工银青发〔2012〕304 号）文，成立“工行青岛市分行营业部”，营业地址为青岛市市南区山东路 25 号。

（杨　杰）

中国农业银行股份有限公司山东省分行

【第一负责人简介】　陈军，男，1963 年 1 月生，汉族，中共党员，大学学历，高级经济师。1979 年 11 月参加工作，1999 年 12 月任农行泰安市分行党委书记、行长，2004 年 5 月任农行山东省分行党委委员、副行长；2005 年 12 月任农行新疆区分行党委书记、行长兼新疆兵团分行党委书记、行长；2009 年 11 月任农行房地产信贷部总经理，2010 年 4 月任中国农业银行山东省分行党委书记、行长。

【综述】　2012 年，中国农业银行股份有限公司山东省分行（以下简称“农行山东省分行”）紧紧围绕“同业争排头、系统创一流”的战略目标，拼搏进取拓市场、审慎经营控风险、精细管理增效益、昂扬奋进促发展，各项工作取得明显成效，被授予“全国金融五一劳动奖状”等称号。

一、提升金融服务能力，助推全省经济发展。紧紧围绕省委省政府战略部署，争取总行信贷倾斜政策，加大信贷投放力度，加快信贷结构调整，确保信贷投放与山东经济大省的地位相匹配。一是认真落实总行与山东省政府签订的服务“蓝黄”两区战略合作协议，“蓝黄”两区新增贷款 298 亿元，占全部贷款增量的 62.7%；二是大力培育核心客户，逐步完善分层服务体系，省行级核心客户存、贷款分别增加 187.9 亿元和 181.7 亿元；三是按照集约化、专业化的经营导向，不断完善小企业业务运行机制，全行小企业贷款增加 52.4 亿元，增速达 54.2%；四是重点支持三大财政代理业务、五类财政资金、九类社保等项目，着力突破部队、海关等薄弱市场，成为唯一一家全部中标“新农保社保卡”、“蓝色基金托管”等八大省级项目的商业银行；五是组织实施了“网点综合竞争力提升工程”，建设和改造人工网点 225 个、自助银行 49 个，对 157 个网点实施了标准化导入；六是积极推进电子渠道建设，全年新增电子银行注册客户 804 万户，电子渠道交易占比达到 78.27%。

二、扎实提高“三农”服务水平，支持全省县域经济发展。一是认真抓好“三农”金融事业部改革，做实“六个单独”管理机制，即：在资本、信贷、会计核算、资金平衡与运营、风险拨备与核销、考评激励与约束六个方面，建立一套有别于城市业务的体制机制和制度安排，激发三农金融事业部经营活力；二是以农业产业化龙头企业，县域骨干企业，央企、省国资委企业县域落地项目为重点进行扶持，与 57 个省级以上产业园区建立了全面合作；三是大力支持城镇化建设，县域城镇化建设信贷业务已覆盖 33 个县，余额 79.3 亿元；四是借助项目营销带动惠农卡发卡，累计代理新农合、新农保及其他涉农代理项目 114 个，惠农卡发行总量 691.8 万张，在全省金融机构中率先发行了新农保社保卡；五是依托产业化龙头企业，以产业链农户为

中国农业银行股份有限公司山东省分行主要统计指标1

单位：亿元

项　　目	2008	2009	2010	2011	2012	2012年同比增幅（%）
本外币资产总额	3476	4622	4916	5475	6708	22.52
本外币存款余额	3266	4203	4697	5193	6307	21.46
人民币存款余额	3244	4181	4664	5157	6239	20.98
单位存款	1088	1605	1773	2130	2509	17.79
储蓄存款	2015	2410	2706	2989	3503	17.20
本外币贷款余额	1820	2680	3220	3684	4159	12.91
人民币贷款余额	1808	2623	3166	3622	4053	11.89
短期贷款	997	1286	1586	1929	2295	18.94
中长期贷款	666	1142	1494	1659	1704	2.73
票据融资	144	194	86	34	54	60.81
利润总额	32	71	105	133	120	-9.86

中国农业银行股份有限公司山东省分行主要统计指标2

项　　目	2008	2009	2010	2011	2012	2012年同比增幅（%）
单位结算账户（万户）	--	--	11.78	13.59	14.83	9.22
单位结算金额（亿元）	--	--	10111	14274	18240	27.78
个人结算账户（万户）	3618	4398	3738	4391	4829	9.97
个人结算金额（亿元）	--	--	--	--	--	--
信用卡发卡量（万张）	50	50	45	48	51	6.25
信用卡消费额（亿元）	86	143	246	444	537	20.95
企业网银客户（万户）	1.68	2.49	3.71	6.19	11.99	93.70
个人网银客户（万户）	82.54	174.67	286.74	496.19	646.42	30.28
手机银行客户（万户）	--	6.58	76	285.77	439.79	53.90
电话银行客户（万户）	34.51	107.11	229.67	557.05	761.05	36.62
现金自助设备（台）	2017	2592	3215	3892	4633	19.04
营业网点（个）	1478	1436	1420	1411	1411	0
自助网点（个）	33	42	63	105	179	70.48

主要贷款对象，农户贷款总量达148.3亿元，居系统第1位；六是从产品、服务、渠道等多个维度，不断完善“三农”现代支付结算体系建设，全行“惠农通”工程服务点1.9万个，电子机具行政村覆盖率达66%。

三、注重金融创新，满足客户多元化需求。在对公产品方面，针对不同客户群推出各类综合营销服务方案，研发了小企业多户联保贷款、小微企业产业链综合授信与融资等产品，丰富中小企业担保和质押融资方式；在零售产品方面，研发了金穗贷记卡车位分期付款等新产品，推出金穗淄博马踏湖风景区联名准贷记卡、金穗吉祥桓台卡、山东牧校校园卡、金穗魏桥创业联名准贷记卡等系列联名卡新产品；在投行产品方面，研发了资产池对接融资租赁项目、区域集优债券、信贷资产转让等产品；在三农产品方面，研发了农业产业链、“惠农桥”产业链、生猪价值链等农户贷款新产品。全年共组织研发新产品425

项，在省银行业协会组织的“双十佳”评选活动中，4项产品获得服务小微企业、服务三农十佳金融产品奖和金融产品推广奖。

【三农业务】 2012年，农行山东省分行坚持服务三农市场定位，推进产品和服务模式创新。一是加强对重点县域支行的现场帮扶指导和营销支持，不断强化“三农”和县域业务的支撑保障作用；二是大力支持县域优质法人客户，筛选确定240家省级三农核心客户，通过倾斜信贷规模、完善授权管理等措施加大信贷扶持力度，240家三农核心法人客户存、贷款余额分别较年初增加51.8亿元和115.5亿元；三是加强服务方式和产品创新，依托龙头企业深化农业产业链服务，强化银政合作，支持山东黑牛等县域主导产业发展；四是积极支持优质县域中小企业，大力拓展县域商贸、水利等民生工程，打造城镇化业务亮点；五是加快惠农通工程建设，将“惠农通”工程作为服务“三农”的综合平台，研发了“惠农通”服务点动态管理系统，完成了对电子机具助农取款菜单设置等系统改造，方便农户进行小额取现业务。

【公司业务】 2012年，农行山东省分行一是大力扶持重点客户，开展了核心客户需求普查工作，逐客户组建跨部门营销团队，深挖客户需求，按需制定服务方案，成功拓展了兖州煤业、潍柴动力、东阿阿胶、华鲁恒升、山东路桥等一批优质核心客户和山东移动、山东烟草、山东电力、鲁能集团、国网山东中电装备等一批集团客户，同时，协助银监局开发了小微企业金融服务平台系统，提供24小时在线综合金融服务；二是加大重点区域信贷扶持力度，密切银政合作，全力支持蓝、黄两区优势行业、企业拓宽融资渠道，两区存、贷款分别比年初增加459.39亿元和297.7亿元；三是深化产品创新，先后推出定向资产管理、股权融资、合同能源管理等新型产品，不断完善银赁通、信托理财、贸易融资、债务融资工具等各种产品的推广和捆绑应用手段，创造性满足客户需求。

【机构业务】 2012年，农行山东省分行锁定行业高端，强化系统拓展，加快产品创新，推进综合营销，实现了机构业务的稳步、持续、健康发展，连续3年荣获省财政厅“代理非税收入突出贡献奖”。一是按照“拓高端、抓系统、促均衡”的思路，有效提升对财政、社保、住房资金、部队等资源型系统客户的整体服务能力；二是按照“拓领域、保份额、控风险”的思路，探索以产品链接、带动对公与零售业务交叉营销的新模式，加强广电传媒行业、地矿系统、医院、教育等事业法人的综合服务；三是加快代理转型，优化业务流程，推进代理保险稳健、持续发展。

【个人业务】 2012年，农行山东省分行持续加大营销力度，个人业务实现稳定健康发展。一是提升贵宾服务内涵，加快理财中心平台建设，全年建成15家分行理财中心和36家支行理财中心，完善服务体系，实现银客双赢；二是转变营销方式，提高服务针对性，制定了批量营销与服务方案，加强了优质集团性、系统性单位个人贵宾客户服务；三是进一步优化网点布局和结构，完成了标准化改造的网点950个，居系统内第1位，同时，完成了全部支行的网点布局规划，持续调整结构布局，有效提升了服务效率和管理水平；四是将第三方神秘人检查、省行远程视频监控和不定期明查相结合，按季度梳理暗访中短板问题，全年服务综合考评始终保持在系统内先进水平，25个网点获山东省银行业文明规范服务示范单位，4个网点入选中国银行业文明规范服务千佳示范单位。

【国际业务】 2012年，农行山东省分行国际业务以客户为中心，以效益为目标，对全行的综合贡献度不断提高。

一、加大产品创新推广力度。一是大力发展贸易融资业务，满足重点客户融资需求；二是狠抓国内信用证及保函发展，拓宽中间业务收入渠道；三是将贸易融资与远期结售汇业务捆绑营销，切实提高交易类产品收益水平；四是及时推出跨境人民币出口代付、境外结汇、错币代付等领先市场的产品和服务。

二、加大对客户服务力度。一是建立了外汇重点客户走访制度，实地分析和解决客户困难和问题；二是对重点客户实施外汇政策倾斜；三是积极开展培训工作，全面提高国际结算人员的业务素质。

【房地产信贷】 2012年，农行山东省分行一是按照“优中选优”的原则，重点营销拓展支持符合准入条件的优质客户和项目，不断改善业务结构，全年营销总、省优客户项目贷款54个、183.4亿元；二是注重住房开发贷款与个人按揭贷款的联动营销，开发贷款拉动个人住房贷款作用明显。

【风险控制】 2012年，农行山东省分行把全面风险管理作为第一责任，不断加强各类风险的全过程管控，保障了业务经营安全运行。一是组织实施了《信贷结构调整三年规划》，着力构建行业优势明显、区域布局合理、业务品种丰富、资产质量优良的信贷体系，将转授权管理与“三农”信贷产品停复牌制度相结合，防止了部分三农信贷业务风险在部分区域的累积和爆发；二是组织开展了7项信贷业务领域尽职监督检查，加大贷款风险分类检查力度，扎实开展不规范经营专项治理活动，进一步规范了各级行金融服务行为；三是对操作风险管理信息系统进行了优化升级，强化对关键指标和关键业务的实时监控，组建了首批操作风险评估专家库，并组织各业务条线开展了操作风险自我评估工作，及时发现、处置各类风险隐患和事件。

【电子银行业务】 2012年，农行山东省分行丰富渠道功能，强化宣传营销，深化基础管理，加强风险防控，全行电子银行业务继续保持了高效、稳健的发展态势。个人电话银行、个人网银、手机银行、短信通、电子商务和智付通增量份额均居同业第一。一是创新营销模式，以代发工资为切入点，实施批量营销；针对目标客户，实施一对一名单式营销；通过产品计价，大力实施“柜面营销”；二是加强与政府合作，加大电子产品在县域配置，实施了“医保卡”、“社保卡”项目，开展了“电子产品下乡”活动，实现了电子渠道与物理网点优势互补，全省县域地区自助设备配置占比达51%，智付通占有率为51%；三是全面完成了全省自助设备IC卡受理环境改造，在全省范围内推广自助存折补登机，在5家分行试点应用了自助发卡机，丰富、拓宽了电子渠道；四是实施了电话外呼辅助农户贷款贷后管理，进一步丰富了管理手段；开办了信用卡逾期催收服务、智付通唤醒服务，有效控制和化解了贷记卡透支风险，提高了产品使用率。

【金融科技】 2012年，农行山东省分行信息科技工作以"保障业务运营，服务金融创新"为己任，一是健全"一体化生产运行体系"，提高保障能力，及时、有效处置各类信息系统突发事件；二是顺利完成了BoEing系统一期上线工作，构建了金穗社保卡和金穗惠农社保卡业务平台，同时，完成了总行IC借记卡发卡系统上线工作和"三大集中"工程系统推广工作，网点覆盖率达100%；三是配合总行完成了惩防体系信息管理系统、分行基础数据平台、统一办公门户系统等项目。

【企业文化建设】 2012年，农行山东省分行坚持以人为本，大力推进企业文化建设。一是以"五好党支部"、"党员示范岗"、"窗口单位创先争优"为抓手，不断提高党建水平；二是圆满完成了岗位管理体系和薪酬体系改革落地工作，打通了管理、专业和操作人才多元化晋升通道；三是扎实开展廉政建设，在全行积极倡树"心齐气顺、风正劲足、步调一致、奋发进取"的良好氛围；四是积极开展文明单位创建活动，通过建立一批样板支行、培树一批典型人物、建立一支专业队伍，深入推进企业文化核心理念的落地深植，着力打造"文明农行"品牌。

【大事记】 2月 农行山东省分行荣获总行"三农金融事业部改革示范行"荣誉称号。

3月13日 农总行以农银党任〔2012〕21号和农银任〔2012〕22文件任命娄群为山东省分行副行长、党委委员，免去其农行山东省分行营业部总经理、党委书记、委员职务；任命马林为山东省分行行长助理、党委委员。

4月~12月 农行山东省分行完成了全行岗位管理体系和省行本部工资制度改革落地工作。

4月13日 农总行下发农银党任〔2012〕33号和农银任〔2012〕35号文，免去张晓男山东省分行副行长、党委副书记职务。

4月19日 人行济南分行下发济银发〔2012〕68号文，授予农行山东省分行"2011年度山东省金融机构综合评价A级单位"荣誉称号，该行连续两年获此殊荣。

4月24日 山东省公安厅、银监局联合召开省级金融单位2012年第一季度工作例会，农行山东省分行安全保卫部荣获省直单位内部治安保卫先进集体荣誉称号，并记集体二等功。

6月 农行寿光市支行党委被中组部授予2010—2012年"全国创先争优先进基层党组织"荣誉称号。

在山东银监局、山东省银行业协会组织开展的"2012年山东省银行业服务小微企业及三农双十佳金融产品评选活动"中，农行山东省分行有5个产品获奖。

7月20日 农行山东省分行与中国人寿股份有限公司山东省分公司在济南联合召开会议，现场签署了《全面战略合作协议》，陈军行长讲话。

8月7日 农总行下发农银任〔2012〕91号文，任命王志胜为山东省分行巡视员。

8月13日~15日 农总行党委委员、副行长、纪委书记龚超一行莅临山东省分行视察指导工作。

8月24日 农总行下发农银党任〔2012〕80号和农银任〔2012〕105号文，任命王延磊为农行山东省分行党委委员、副行长。

9月11日 农总行下发农银办发〔2012〕687号文，授予农行山东省分行"2010-2011年度合规文化建设工作先进单位"荣誉称号。

9月11日~12日 农总行党委委员王纬到潍坊、德州分行视察指导工作。

10月17日~19日 农总行楼文龙副行长一行到山东分行调研指导工作。

10月26日 农行山东省分行与山东省人力资源和社会保障厅在山东大厦举办了全省新农保参保人员社会保障一卡通合作签约仪式。

11月2日 山东省委常委、常务副省长孙伟到农行山东省分行视察工作。

12月 农行山东省分行被全国金融工会授予"全国金融五一劳动奖状"荣誉称号。

12月21日 农行山东省分行在山东会堂举办2013新年音乐会。

12月28日 农行山东省分行成功取得"省属驻济机关事业单位社会保障卡"发卡合作资格。

12月31日 农行山东省分行与山东省人社厅联合在临沂举行了"山东省新农保社会保障卡首发仪式"。

（高中义 张爱民 赵新喜）

中国农业银行股份有限公司青岛市分行

【第一负责人简介】 张晓男，男，汉族，1963年1月生，山东济南长清人。2004年5月起，历任农行山东省分行党委委员、纪委书记，农行海南省分行党委委员、纪委书记、副行长，农行山东省分行党委副书记、副行长；2012年8月至今，任农行青岛市分行党委书记、行长。

【综述】 2012年，中国农业银行股份有限公司青岛市分行(以下简称"农行青岛市分行")突出做好抓客户、调结构、强服务、控风险、增活力五项重点工作，各项业务保持了良好的发展态势，经营管理水平迈上新台阶。

【对公业务】 2012年，农行青岛市分行大力实施扩户工程和名单制管理，强化营销体系建设和产品创新推广，加快推进业务经营转型，不断提高公司业务综合竞争力、价值创造力和风险管控力，实现了对公业务又好又快发展。

一、加大对重点项目、区域和行业龙头企业的信贷支持力度。一是与青岛国家高新技术产业开发区、西海岸发展(集团)有限公司签署战略合作协议，分别提供总额40亿元意向性信用支持；二是为西海岸管委会、西海岸发展集团、董家口港区管委会、董家口大宗商品交易中心等16个单位量身定制了《金融服务方案》，在西海岸累计投放贷款94.2亿元；三是为青荣铁路、港投集团基础设施等重点项目新增授信；为世园会、蓝色硅谷、大沽河高效生态经济区、国家大学科技园4个项目提供授信9.4亿元，已发放贷款3.6亿元。

二、突出支持实体经济转方式、调结构。一是加大对港口建设、海洋渔业等蓝色产业信贷投放，相关企业贷款余额43.6亿元；二是大力推广投融资财务顾问、融资租赁、短期融资券等新兴业务，拓宽实体经济融资渠道，累计办理表外融资13.1亿元；三是积极支持小微企业发展，其贷款余额49.9亿元，比年初增加21.4亿元，增速高于全行贷款平均增速60.2个百分点。

三、突出支持外向型经济发展。积极参与地方政府招商引资活动，支持本土企业"走出去"。同时，不断创新金融服务，为企业提供押汇、代付、出口商品融资和内保外贷等新兴金融产品。

四、突出落实强农富农惠农各项措施。围绕青岛市六大功能区和产业集群建设，重点支持县域城镇化、工业化、农业产业化以及新型农村社区建设。一是强化对农业产业化龙头企业的服务，与市财政局联合制定《扶持农业产业化经营项目的实施意见》，对市级以上重点龙头企业服务覆盖面达96%；二是大力实施惠农"村村通"工程，加快在县域和农村地区布设自助终端、POS机和转账电话，努力改善农村地区金融支付环境，累计发放惠农卡44.7万张，"三类重点区域" 电子机具乡镇和行政村覆盖率分别达100%和63.8%。

【个人业务】 2012年，农行青岛市分行充分发挥网点覆盖面广、客户群体广泛、社会认同度高的优势，大力实施金融产品综合和交叉营销，加快推进零售业务转型，努力建设现代化零售业务强行。连续4年被农总行授予"大行德广、伴您成长"个人金融产品综合营销活动示范分行。

一、满足城乡居民日益增长的金融需求。一是大力推广个人理财服务，全年销售基金、国债、个人理财产品698亿元，销售贵金属606.26公斤；二是顺利完成了金穗IC借记卡业务培训、测试上线及发卡工作，累计发卡58019张，同时，强化对农民的金融服务，新发放惠农卡3.3万张。

二、加大对居民个人贷款和消费领域的信贷支持力度。一是积极参与城市"两改"和保障房建设，保障房贷款余额4.1亿元；二是深入落实国家扩大内需策略，在继续发展住房贷款业务的同时，积极开办个人创业、个人生产经营贷款以及"房抵贷"、"随薪贷"等新业务。

三、加快推进网点升级改造。一是完成了33个网点装修改造和30个网点转型方案现场导入工作，精品以上网点达64%；二是全面提升营业网点软环境，增配理财经理、大堂经理和引导员，实行窗口弹性工作制，推行文明标准服务，进一步提高网点服务水平。

【中间业务】 2012年，农行青岛市分行始终将发展中间业务作为战略性工作来抓，及时出台激励政策，大力挖掘新的中间业务收入增长点。

一、大力开拓新兴中间业务。注重发挥其带动作用，新兴中间业务收入占比达36.73%，比上年提高13.84个百分点。对接客户多元化融资需求，办理融资租赁3.63亿元、股权受益权转让1.5亿元、单一信托理财计划3亿元，发行短期融资券5亿元，进一步提升了金融服务层次，拓宽了收入来源。同时，持续提升电子银行业务发展质量，实现电子银行业务收入1.02亿元，居工、农、中、建四大行首位。

二、加快推进国际业务发展。重点推广跨境贸易人民币结算、国内信用证和外汇衍生交易等业务，取得新突破。截至年末，累计实现国际结算业务量219.15亿美元，同比增加52.09亿美元，增幅31.18%；实现国际业务收入2.5亿元，同比增加7446万元，增幅42.33%；累计办理贸易融资46.68亿美元。在贸易结算中，进口开证业务增长迅速，累计开证2398笔，金额

中国农业银行股份有限公司青岛市分行主要统计指标

单位：亿元

项　目	2008	2009	2010	2011	2012	2012年同比增幅（%）
本外币资产总额	683	852.20	988.20	1058.52	1204.61	13.80
本外币存款余额	642.30	788.10	939.13	1001.6	1127.24	12.54
人民币存款余额	628.20	770.20	921.70	984.03	1090.14	10.78
企业存款	224	291	309.86	238.33	255.71	7.29
机关团体存款	8.60	21.20	79.36	179.8	189.36	5.32
储蓄存款	395.60	458	532.48	565.9	645.07	13.99
本外币贷款余额	364.90	515	625.38	708.31	815.54	15.14
人民币贷款余额	344.30	478.90	588.82	667.73	750.53	12.4
短期贷款	169.91	211.51	237.69	318.2	431.93	35.74
中长期贷款	160.29	259.19	334.10	349.53	359.5	2.85
票据融资	34.70	44.30	17.03	15.75	24.11	53.08
利润总额	11.84	12.70	15.71	25.27	30.07	18.99
不良贷款余额	13.45	9.34	8.67	9.02	9.97	10.53
不良贷款占比%	3.68	1.81	1.39	1.27	1.22	-3.94

48.93亿美元，增长47.64%，总量跃居同业第一位；累计办理法人衍生交易2亿美元，交易量及业务收入均位居系统内第一位。

【电子化建设】　2012年，农行青岛市分行把服务城乡居民作为工作的重中之重，强化电子渠道建设，加大产品功能创新和风险防控，提高了电子化建设水平。

一、丰富业务办理渠道。大力推广网上银行、电话银行、手机银行及短消息服务等服务方式，加大柜面业务分流力度，满足客户多样化、个性化需求。

二、加大自助设备投放量。设备总量、交易量及手续费收入均居同业首位。成立了四方、崂山加钞中心，进一步加强离行式自助设备集中管理。

三、电子商务实现跨越式发展。根据青岛市场客户特点，确立了自身特色的电子商务三大板块（三农、工商和网上交易市场板块）目标市场发展战略，电子商务各项指标位居全国农行第3位。

【风险管理】　2012年，农行青岛市分行在加快业务有效发展的同时，采取多种措施提高内控管理水平和风险防控能力。

一、加强全面风险管理体系建设。一是对经营行风险经理派驻制度进行调整，设立了风险管理部，进一步前移风险关口；二是稳步推进三大后台运营中心建设，实现集中作业、集中授权、集中监控全覆盖，现金集中调拨网点覆盖面达到100%，对城区行网点实行重要空白凭证统一配送。

二、突出强化信用风险防控。一是加强对政府融资平台、房地产、“两高一剩”贷款和集团客户、外贸进出口企业的风险预警和处置，有效防控信用风险；二是针对信用风险的多发、易发环节，先后组织开展了全面信贷业务、韩、日资客户、代工企业、重点客户和行业等风险排查活动；三是严格落实“三个办法、一个指引”贷款新规，加强信贷资金用途管理，信贷资金受托支付比例达83.88%，同比提高5.94个百分点。

三、始终保持案件防控高压态势。一是深入开展“不规范经营”专项治理，成立了专项检查组和督导组，逐个客户、逐笔业务进行检查整改，确保业务经营依法合规；二是扎实开展“基础管理提升年”活动、合规文化巩固提升年、案件风险排查、员工行为排查、操作风险评估等系列活动，强化部门监督；三是建立了问题整改台账，定期开展“回头看”，持续提升整改效果；四是开展“平安农行”创建，将全部网点、自助银行、银亭和离行式自助设备纳入分行视频监控范围，安全管理信息化水平进一步提升。

【企业文化建设】　2012年，农行青岛市分行进一步推动企业文化核心理念落地深植，健全制度体系。一是制定了《企业文化核心理念第二轮深植方案》、企业文化建设《实施方案》和《考核评价作业指导书》；二是通过创办《绿蕴》文化内刊、在经管网开辟文化专栏、建立企业文化长廊、录制企业文化建设专题片等，营造企业文化建设的良好氛围；三是举办了先进典型事迹报告会，评选"员工之星"，进一步激发全行员工干事创业热情；四是组织开展了丰富多彩的文化活动，推动文化理念深植和品牌宣传。

【大事记】 3 月 7 日 农行青岛市分行积极响应团中央及总行团委关于开展学雷锋活动的号召，组织机关团员青年赴结对帮扶小学——青岛河西小学，向学校捐赠了价值万元的电子钢琴、体育、益智棋类等物品，受到学校师生的热烈欢迎，同时，向学校师生进行了人民币反假、投资理财等金融知识宣讲。

4 月 27 日 农行青岛市分行召开全行干部大会。农总行人力资源部系统高管处处长宣布总行决定：任命张晓男为青岛分行党委委员、书记，王志胜不再担任青岛分行党委书记、委员。青岛市人大副主任张锡君、总行党委委员王纬分别讲话。青岛市金融办副主任柳兴刚、人行青岛市中支副行长吕峰、青岛银监局副局长徐强及分行机关副处级以上干部、各支行主要负责人参加了会议。

6 月 27 日 农行青岛市分行开发区分行隆重举行揭牌仪式。分行党委书记张晓男，中共青岛开发区工委副书记、区长孙恒勤，人行青岛市中支副行长时东、青岛银监局副局长徐强共同为开发区分行揭牌，开发区分行是西海岸经济区首家分行级银行机构。

8 月 7 日 农行青岛市分行与青岛农商银行签订全面合作协议。农行青岛分行党委书记、行长张晓男，青岛农商银行党委书记、董事长刘仲生分别致辞。青岛市副市长刘明君、市金融办主任白光昭及双方班子成员出席了签约仪式。双方将在代理业务、国际业务、资金业务、授信业务、理财业务、托管业务及银团贷款等领域开展全面合作。

9 月 农行青岛市分行与青岛国家高新技术开发区管理委员会签订战略合作协议，将在重大基础设施项目、软件及电子信息产业、生物医药产业、高端装备制造业、现代服务业以及高端中小企业等领域开展战略合作，将提供总额人民币 40 亿元的意向性信用额度。

11 月 30 日 山东省委常委、青岛市委书记李群在农行青岛市分行《关于支持岛城经济发展情况的报告》(农银青岛发〔2012〕229 号）上批示："农行青岛分行为青岛率先科学发展，实现蓝色跨越提供了有力支持，作出了突出贡献，谨向晓男行长和农行全体员工表示衷心感谢！望继续加大对青岛的金融支持力度，加强行地合作，实现共赢发展。全市各级各部门也应不断提高服务水平，优化发展环境，为农行发展、为金融业振兴创造良好的条件。"

（宁吉会）

中国银行股份有限公司山东省分行

【第一负责人简介】 何兴祥，男，1963 年 11 月生，浙江绍兴人，毕业于华南理工大学工商管理专业，研究生学历，经济师。1982 年 8 月参加工作，历任中国银行嘉兴分行副行长、行长，浙江省分行风险管理处处长，吉林省分行副行长、海南省分行行长；2008 年 4 月至今，任中国银行股份有限公司山东省分行党委书记、行长。

【综述】 2012 年，中国银行股份有限公司山东省分行(以下简称"中行山东省分行")围绕"建设系统内一流分行"和"山东省最具竞争力银行"战略目标，以"做实战略，持续转型"为重点，加快市场拓展，推进战略执行，经营业绩显著提高。

【财务管理】 2012 年，中行山东省分行以"严控财务风险、服务业务发展"为核心，不断完善财务管理体制建设，加强综合平衡管理，有效推动财务管理工作健康发展。一是持续推进矩阵式全面预算管理，重点突出预算的"市场导向"和"动态调整"，强化预算的过程控制；二是加强对经济资本预算指标的动态监控，及时进行资本预算重检工作，确保资本约束的有效性；三是建立健全财务、客户维度考核体系，加大对综合效益的考核力度，完善条块结合的矩阵式考核机制；四是积极探索流动性管理方法的创新，提高资金管理的主动性。

【个人业务】 2012 年，中行山东省分行以创新和转型破解发展难题，着力夯实客户基础，提升渠道服务能力，个人业务综合实力显著增强，价值贡献明显提升。

一、加快推进个贷创新，提升综合竞争能力。一是依托专业市场、行业协会、商会，创新推广"双享贷"、"生意贷"、"商户贷"产品；二是依托出国金融服务中心，创新推广出国留学保证金贷款；三是依托郊县区域特色，创新推广"益农贷"产品；四是加快个贷产品下沉网点，提高网点增收盈利能力，在中行系统内首家实现个贷业务网点全覆盖。

二、完善客户营销体系，抢抓项目发展机遇。一是开展"百年中行·好礼尊享"存量客户资产提升活动，持续推出客户营销策略指引；二是梳理源头项目，批量拓展客户。

三、提升专业管理能力，落实中高端客户发展战略。一是加强三级财富渠道和理财经理队伍建设，大力提升客户服务能力，实现中高端客户数量和金融资产稳步提升；二是强力推进产品销售，理财产品、基金、贵金属三大投资产品市场份额均有效提升，其中实物贵金属收益市场份额稳居四大行首位。

四、把握高端客户需求，做精私人银行业务。一是积极推广私人银行客户专属"长城美国运通信用卡"，通过市场细分推动客户管理精细化；二是借助中银财富跨境服务平台，发挥海内外集团联动优势，为客户提供投资移民、海外置业、子女留学实

中国银行股份有限公司山东省分行主要统计指标 1

单位：亿元

项目＼年度	2008	2009	2010	2011	2012	2012 年同比增幅（%）
本外币资产总额	2677.17	3719.44	4237.74	4681.98	5156.99	10.15
本外币存款余额	2416.27	3471.10	3898.85	4327.97	4648.78	7.41
人民币存款余额	2275.20	3298.40	3737.57	4146.70	4386.82	5.79
单位存款	825.05	1334.36	1192.33	1827.04	2391.19	30.88
储蓄存款	1093.30	1373.75	1507.22	1631.33	1814.02	11.20
本外币贷款余额	1679.90	2774.11	3125.92	3394.98	3579.62	5.44
人民币贷款余额	1464.27	2309.71	2655.20	2950.45	3215.05	8.97
短期贷款	650.81	869.26	876.60	1104.29	1308.82	18.52
中长期贷款	738.30	1285.39	1742.13	1797.52	1786.40	-0.62
票据融资	73.42	153.00	34.34	45.08	116.20	157.76
利润总额	54.12	58.18	79.67	58.57	90.09	53.82
不良贷款余额	36.72	26.80	21.03	22.99	22.23	-3.31
不良贷款占比（%）	2.19	0.97	0.67	0.68	0.62	—

中国银行股份有限公司山东省分行主要统计指标 2

项目＼年度	2008	2009	2010	2011	2012	2012 年同比增幅（%）
单位结算账户（万户）	12.64	13.23	15.52	20.29	25.04	23.41
单位结算金额（亿元）	6247.55	6434.97	6628.01	7749.58	7799.19	0.64
个人结算账户（万户）	1550.58	1177.70	1232.58	1604.39	1993.16	24.23
个人结算金额（亿元）	1878.60	2549.21	2920.40	3094.91	3279.85	5.98
信用卡发卡量（万张）	67.67	99.85	156.76	244.65	301.80	23.36
信用卡消费额（亿元）	75.50	170.63	276.96	468.85	695.12	48.26
企业网银客户（万户）	1.01	1.76	3.55	10.35	18.44	78.16
个人网银客户（万户）	67.18	85.34	185.28	425.45	781.44	83.67
手机银行客户（万户）	—	—	5.76	175.13	371.11	111.91
电话银行客户（万户）	64.21	126.88	235.61	358.58	522.01	45.58
现金自助设备（台）	840	1078	1510	2312	3487	50.82
营业网点（个）	593	593	593	594	606	2.02
自助网点（个）	24	42	60	129	337	161.24

习等综合服务；三是自主研发 22 款创新产品，满足客户财富保值增值需求。

五、加强渠道建设，提升服务能力。一是自助渠道实现跨越发展，提升幅度为四大行第一；二是设备功能逐步完善，成为四大行中唯一在 ATM 开通跨行转账功能的银行。

【公司业务】 2012 年，中行山东省分行认真贯彻落实稳健的货币政策，努力保持信贷总量合理适度投放，着力调整、优化信贷结构，进一步创新金融产品和服务方式，服务地方经济发展。年末，该行对公贷款（包括贸易融资、票据贴现）余额 2646.07 亿元，同比增长 78.42 亿元，增幅 3.05%。对公不良贷款余额 18.82 亿元，同比减少 1.40 亿元，不良率 0.71%，降低 0.08 个百分点。

一、持续优化信贷结构，深入贯彻重点区域带动战略。一是向黄河三角洲高效生态经济区和山东半岛蓝色经济区内行业、企业加大信贷投放，支持重点区域发展；二是围绕实力雄厚、发展前景良好的产业集群、核心企业上下游客户，积极创新货押融资和供应链融资业务；三是加大对战略性新兴产业的授信扶植力度，积极介入低碳、循环经济、民生工程、农业现代化及新农村建设等新业务领域；四是注重对涉农小企业的金融支持，陆续开发了“棉贷通宝”、“煤贷通宝”、“苹果通宝”等货押类产品，并围绕核心企业上下游推广 1+N 供应链融资业务；五是开发了“海外直贷”、“跨境转收款”等新产品，全力支持重点企业跨境发展。

二、以增效益为导向，提升风险管理价值创造能力。一是明确发展定位，制定完善全省公司和各地区域授信政策；二是开辟重点项目审批绿色通道，完善授信标准化体系，优化审批流程，提高质效；三是完善综合效益测算模型，强化资本约束，引导银行经营向精细化管理转型。

三、严把风险控制底线，确保资产质量稳定。一是密切关注涉及高利贷、民间融资企业，准确评估项目风险程度，通过合理设计授信品种、调整信贷期限、优化担保措施等，主动化解风险，防范潜在新发生不良；二是定期对重点领域实施快速盘存，明确阶段性监控重点和管控措施；三是组织开展特定客户风险排查，规范贸易背景、货权控制、还款来源等环节的操作；四是加强风险识别和额度管理机制，严防授信大户风险隐患；五是持续推进地方政府融资平台贷款风险化解工作，不断加强对房地产、政府融资平台等重点领域风险管控。

四、强化主动创新，促进创新发展。一是实施小额贷款公司授信管理模式；二是建立全球风险管理制，为“走出去”企业集团提供“全球、全产品、全方位、差异化、一揽子”金融服务；三是出台货押类授信风险管理指引，深入应用 RAROC、EVA 等新资本协议新工具，从机构、行业、客户等角度优化公司授信业务的资本配置；四是针对利率市场化、人民币汇率宽幅波动和大宗商品价格剧烈变动等情况，加强市场研究，做好风险管控。

【资金业务】 2012 年，中行山东省分行不断推动汇率和利率风险管理、本外币理财、贵金属、债券承分销、票据融资等金融市场业务发展。截至年末，远期结售汇交易量 141 亿美元，同比增长 87%；“日积月累”理财业务日均余额 68 亿元，增长 157%；贵金属交易量 73 亿元，增长 92%；债券承销额达 79.90 亿元，省内同业市场份额排名第四；票据融资业务交易量 225.02 亿元，增长 109.91%。

一、加强产品创新，提升创新发展能力。一是扩展产品结构，推出委托挂单远期结售汇交易；二是紧跟市场变化，推动人民币利率掉期业务；三是拓展商品远期交易，并结合市场时机，推广黄金融资组合业务；四是积极拓展海外联动业务。

二、围绕核心存款，促进理财产品销售。一是发挥“日积月累”理财产品功效，以优质理财产品稳定已有客户、争揽潜在客户；二是抢抓市场机遇，加强上下联动，及时提供产品信息支持；三是创新产品销售组合，稳定客户理财资金。

三、加强系统建设，实施精细化管理。一是简化业务叙做流程，在全辖推广对公理财、资金等两个产品销售平台；二是突破债务市场业务瓶颈，推动债券承销业务奖惩制度建设，实施目标客户动态管理和业务的进程管理。

【国际业务】 2012 年，中行山东省分行完成国际贸易结算量 1036 亿美元，首次突破 1000 亿美元大关，同比增长 12.36%。其中，出口业务完成 539 亿美元，增长 8.55%；进口业务完成 497 亿美元，增长 17.04%；实现中间业务收入 19.55 亿元，增长 19.06%；实现贸易融资利息收入 27.30 亿元，增长 54.41%；跨境人民币结算业务量达 948 亿元，持续领跑跨境人民币业务市场。

一、发挥优势抓服务，促进外向型经济发展。一是充分利用广泛的国际结算渠道和专业优势，大力服务进出口企业，支持全省外向型经济发展；二是针对企业不同的业务背景及结算方式，量身订做金融产品，有效地满足企业多元化需求。

二、加强海内外联动，服务重点企业“走出去”。扩大贸易金融、银团贷款、项目融资业务优势，与海外机构加强联动合作，通过积极协调各方资源、提供对外担保，有效解决外贸企业的融资难题。

三、拓宽渠道支持企业融资需求。为企业提供出口信用保险项下融资业务、出口企业订单项下融资业务及传统的福费廷业务等多种融资方式和渠道，帮助企业规避市场风险。

四、加强内控合规管理。一是完善和加强风险内控体系建设，指导辖内行开展贸易融资授信业务；二是对涉高风险地区贸易融资业务进行动态管理，提高全辖风险防范意识。

【银行卡业务】 2012 年，中行山东省分行实现银行卡中间业务收入 6.62 亿元，同比增长 71.97%。

一、推动多元化发卡方式，扩大客户规模。一是优化拓展 IC 卡行业应用功能，实现了与企业全方位、深层次金融合作；二是发挥渠道发卡优势，实现点面结合的高效发卡；三是夯实网点发卡基础，提升网点发卡综合贡献度；四是强化行内交叉联动营销，全面带动银行卡业务批量化拓展。

二、围绕效益中心，做实促消费、促分期两个增收支撑点。一是围绕社会消费热点举办多样化刷卡促销活动，加强品牌宣传与推广；二是重视分期业务发展，全年实现分期付款交易额 56.95 亿元，同比增长 83.59%。

三、加大风险管控力度，持续提升资产质量。一是修订完善各项规章制度和授信政策；二是强化银行卡资产质量管理，努力拓展催收渠道；三是加强案件防控措施，组织全辖开展欺诈风险排查，严控信用卡风险事件和案件的发生。

【电子银行业务】 2012年，中行山东省分行不断完善电子银行业务系统和功能，各项服务更趋完善、更具人性化，增强了客户满意度和忠诚度。年末，企业网银、手机银行和电子商务、个人网银客户数分列中行系统内第一、二、三名，并荣获总行“2012年企业网银突出贡献奖”荣誉称号。

【内部管理与企业文化建设】 2012年，中行山东省分行大力夯实内控、队伍和文化基础，突出重点领域、加强动态预警、深化规范经营，并实施人才强行战略，班子队伍和文化建设齐抓共管。

一、加强内控管理，完善案防建设。一是深化内控长效机制建设，提高三道防线的融合度，推进对屡查屡犯问题的专项整治；二是持续加强对重点业务、流程改造、网点转型、业务整合以及新产品的监督检查和辅导；三是加强对监控手段、IT系统、流程、人员的全面整合，建立起流程、系统、现场三结合的基层管控模式；四是强化反洗钱管理；五是健全反腐倡廉机制，全面推进惩防体系建设；六是全面开展异常行为排查，防范员工参与高利贷、非法集资等违法金融活动；七是继续开展“平安中行”创建活动，加大安保检查，防范各类案件事故。

二、加大人才培养开发，推进业务架构整合。一是加强领导班子建设，选拔“品德、能力和业绩”优秀人才充实到中高级管理队伍；二是突出“动态管理，科学评价”，持续优化班子结构；三是实施“基业常青”、“素质提升”和“大学生提速成才”计划，加强后备人才队伍建设；四是加强机构管理，对业务发展前景好、符合监管和内控要求的分理处升格支行；五是完成行政事业机构部、资金业务部、个人金融板块架构职能调整。

三、注重企业文化建设。一是持续开展核心价值观宣传培育，并开展员工思想动态和工作作风网络调查活动；二是开展“服务环境优化季、服务规范落实季、服务技能提升季、服务质效巩固季”主题活动；三是深入推进“基层组织建设年”活动；四是积极服务第3届亚洲沙滩运动会，并在中行总行全球业务技能大比武和全球职工运动会上分别夺得团体第2名和第4名；五是积极参与各项社会公益活动。该行先后荣膺山东省政府、青岛市政府颁发的“山东省金融发展贡献奖”和“青岛市金融发展先进单位”称号，蝉联山东省残疾人福利基金会“爱心助残之星”等荣誉称号。

【大事记】 1月17日 中行山东省分行2012年工作会议在青岛召开。

3月1日 中行山东省分行与山东蓝色经济区产权交易中心签署战略合作协议。

3月12日 中行山东省分行举办“庆百年，迎三八，颂巾帼”颁奖大典，对全辖评选出的“十佳巾帼标兵岗”、“十佳岗位明星”、“十佳优秀母亲”、“十佳女孝星”及“十佳女职工之友”等“五十佳”先进女职工集体和个人进行表彰。

3月22日 山东省政府与中国银行“走出去”金融业务合作协议签约仪式暨中行服务山东省“走出去”企业论坛在济南隆重举行。省政府才利民副省长，全国人大财经委吴晓灵副主任委员、商务部陈健副部长、人行胡晓炼副行长，总行肖钢董事长、陈四清副行长、王建强总裁、丁向群总裁以及附属机构、部分海内外分行、总行有关部门负责人，中行山东省分行何兴祥行长、张维克、孟和平副行长，以及山东省百余家重点企业代表出席该活动。

4月26日 中行山东省分行信用卡累计有效卡存量突破300万张，其中本年新增有效卡59.33万张，位列全国中行系统首位。

6月1日 中行山东省分行与济宁市政府签约《战略合作协议》。

6月8日 中行山东省分行与山东省贸促会、菏泽市政府联合举办投资环境说明会，并与菏泽市政府签署全面战略合作协议。

6月26日 人行青岛市中支和青岛市委联合举办的全市银行业金融机构“喜迎十八大 建功十二五”群星璀璨青年风采大赛，中行山东省分行勇夺大赛冠军和最佳组织奖。

9月28日 中行山东省分行与中国石油大学(华东)签署战略合作协议。

12月12日 中行山东省分行在人行济南分行举办的“山东省银行业金融机构跨境人民币业务竞赛活动”中荣获一等奖，被授予“先进单位”称号。

12月25日 中行山东省分行本部第一家贵金属交易中心在青岛国际金融中心一楼正式开业运行。

(张　民)

中国建设银行股份有限公司山东省分行

【第一负责人简介】 薛峰，男，汉族，辽宁大连人，中共党员，高级经济师，管理学博士。历任建行大连市分行、黑龙江省分行党委书记、行长，现任建行山东省分行党委书记、行长。

【综述】 2012年，中国建设银行股份有限公司山东省分行(以下简称“建行山东省分行”)紧紧围绕“紧盯先进、比学赶超、提升位次、稳中求快”的标准和“固基础、强管理、提士气、快发展”的要求，内控管理水平持续提升，案件防控能力全面加强，发展活力和后劲进一步增强，各项业务实现跨越式增长，全面迈上新的台阶。

【计划财务】 2012年，建行山东省分行以精细化管理为手

中国建设银行股份有限公司山东省分行主要统计指标 1

单位: 亿元

项目 \ 年度	2008	2009	2010	2011	2012	2012 年同比增幅 (%)
本外币资产总额	2880.57	3760.06	4105.93	4248.46	5212.01	22.68
本外币存款余额	2679.06	3495.28	3850.06	3958.9	4879.1	23.24
人民币存款余额	2658.49	3463.72	3812.57	3922.3	4783.3	21.95
企业存款	1028.73	1261.04	1332.38	1286.86	1975.98	53.55
机关团体存款	339.28	615.43	702.97	723.3	461.2	-36.24
储蓄存款	1290.48	1587.25	1777.22	1912.2	2346.2	22.70
本外币贷款余额	1842.06	2307.38	2678.46	2919.3	3340.3	14.42
人民币贷款余额	1797.68	2242.90	2586.83	2857.1	3133.9	9.69
短期贷款	446.69	515.48	591.93	874.05	1099.84	25.83
中长期贷款	1160.72	1561.88	1873.63	1858.2	1918.5	3.25
票据融资	190.27	165.54	121.27	124.9	115.6	-7.46
利润总额	47.61	55.80	64.59	76.19	91.37	19.93
不良贷款余额	32.48	30.01	25.41	23.10	19.85	-14.07
不良贷款占比%	1.76	1.30	0.98	0.79	0.59	-25.32

中国建设银行股份有限公司山东省分行主要统计指标 2

项目 \ 年度	2008	2009	2010	2011	2012	2012 年同比增幅 (%)
单位结算账户（万户）	11.39	11.88	12.25	12.71	14.95	17.66
单位结算金额（亿元）	28324.59	36026.32	53583.63	69296.46	92639.75	33.69
个人结算账户（万户）	1244.00	1357.00	1671.00	2294.00	2861.00	24.72
个人结算金额（亿元）	2938.49	1801.52	10062.52	14555.56	16546.35	13.68
信用卡发卡量（万张）	94.27	119.82	136.39	156.07	196.36	25.82
信用卡消费额（亿元）	93.99	181.73	242.72	334.84	497.51	48.58
企业网银客户（万户）	2.45	3.05	4.09	6.79	9.85	45.07
个人网银客户（万户）	136.84	201.63	340.37	546.26	760.62	39.24
手机银行客户（万户）	22.16	90.44	171.96	351.41	572.91	63.03
电话银行客户（万户）	256.16	338.91	453.48	679.54	915.13	34.67
现金自助设备（台）	1541	1862	2028	2886	3316	14.90
营业网点（个）	771	771	771	771	786	1.95
自助网点（个）	474	604	563	560	571	1.96

段,优化完善绩效评价与资源配置机制,加强过程管理,提升能力,提高效率,引导全行加快发展。

一、突出业绩导向。一是将各二级行工作业绩与考评结果和财务、信贷资源挂钩;二是坚持以经济增加值挂钩为核心的薪酬分配制度,激励价值创造;三是贯彻“高目标、高配置”、“高投入、高回报”要求,员工费用按当年经营情况考核兑现,增大费用配置与业务发展的敏感性。

二、突出核心指标。加大对存款、中间业务的考核力度,高度关注战略性业务,体现对核心业务和价值创造链前端的发展要求。

三、突出市场导向。一是将市场导向贯穿到等级行和KPI等管理工具中;二是以市场占比提升目标实现情况作为评价业务发展和业绩优劣的主要标准;三是资源配置主要根据市场表现实施差别化政策。

四、完善考核体系。一是加强计划执行序时管理、核心指标的推进管理、计划执行与资源配置的匹配管理等;二是组织制定二级行分管行领导KPI考核办法，建立起各层级、各条线统一的考核坐标体系；三是强化对二级行重点业务、重点县域支行的考核激励，各层级、各条线的责任进一步明确清晰。

【公司业务】 2012年，建行山东省分行强化市场营销，优化信贷结构，提高综合收益，夯实基础管理，公司业务总体发展态势良好。

一、突出工作重点，全力提升市场份额。在存款方面，一是成立12个大客户直营团队，将营销目标落实到行、到人；二是抓重点区域，截至年底，11个中心城市行市场份额较年初均有大幅提升，6个分行新增居同业第一；三是抓供应链，筛选的135家核心目标企业日均对公存款增加18.7亿元，其中52家制定了供应链金融服务方案，拓展上下游客户1525户；四是抓直接融资，高度关注系统及集团客户资金流向和大额融资业务，全年发行债券117.3亿元。

在中间业务方面，一是突出重点产品，巩固提高国内保理、银团贷款、单位人民币结算等市场竞争力，国内保理、国内信用证收入均居系统第1位；二是大力发展投行业务，全年实现投行业务收入7.7亿元，其中财务顾问业务收入5亿元，债券承销业务收入0.6亿元。

二、夯实客户基础，大力拓展对公客户。一是截至年末，对公客户总量12.6万户，较年初增加1.7万户；二是开展了"对公结算账户、结算量双提升"活动，抢抓新账户、活化无效账户、激活不动账户，充分利用工商验资通系统，并取得较好成效；三是建立存量客户维护体系，认真执行挽留审批程序，减少销户数量；四是通过严格受托支付方式，延伸营销相关客户，提高收款人开户率；五是大力推行全面金融解决方案，使该方案成为营销客户、提高效率、提升效益的重要工具。

三、坚持可持续发展，积极调整信贷结构。一是加快投行业务发展，优化企业融资结构，全年累计利用债券理财、IPO等增加资金运用517亿元，远超信贷投放；二是扎实做好贷款储备，截至年末，公司及机构客户贷款储备总量1734.9亿元，比年初新增912.5亿元；三是积极支持新农村建设业务，促成了总行与省政府签署支持山东省新农村暨基础设施建设战略合作协议，截至年末，签约投放新农村及旧城改造贷款7.7亿元、营销储备项目304.3亿元；四是率先研发了首单矿权收益权类理财产品，累计办理电子商业汇票贴现业务99亿元，发行博兴县中小企业集合中票4.5亿元，开创了全国县域经济发行集合中票第1单。

四、坚持精细管理，实现业务稳健运行。一是建立对公存款变动日报和旬报制度，强化存款日常监控，对公存款稳定性在同业和系统均居前列；二是不定期开展大型客户分析，提高业务营销和风险防范水平；三是进一步改进资产保全业务运行体制，明晰省分行、二级分行和项目经办行职责，优化考核机制，做到责、权、利有效结合。

五、强化风险管控，提高资产质量。梳理关键风险点，严格落实贷款新规，对公不良贷款下降8.25亿元，不良贷款率下降0.47%。

【中间业务】 2012年，建行山东省分行以"确保增量四行前二，力争四行占比达到25%"为年度工作目标，实现中间业务毛收入48.46亿元，居四行第二，分别超过四行平均增速、建行平均增速5.6和6.6个百分点，增量居四行第一。一是积极引导和推动中间业务健康发展，CTS、贵金属租赁、国际贸易融资四行占比超过30%，国际贸易融资市场占比提升超过10个百分点，同业和系统内排名均居第1位；二是建立多维立体的绩效考评体系，并配套差别化的财务资源配置机制，纳入省分行部门KPI考核，落实责任，对二级分行业务部门按季进行点激励，营造各条线争先进位氛围，对县域支行按季考核排名；三是制定实施专项推动方案，开展增收挖潜竞赛等专项活动；四是不断总结、培养、挖掘在综合管理或产品营销方面的经验及典型，开展标杆案例交流活动；五是组织召开工作推进会和座谈会，统一思想，分析和解决问题；五是实施"按旬调度、按月分析、按季考核"，加强关键时点督导，确保目标顺利落实。

【个人业务】 2012年，建行山东省分行个人业务发展呈现出持续向好态势，实现了总量、质量、效率全面提升。

一、以个人存款为核心，做大客户AUM。一是在资金流方面，坚持存款和理财产品两手抓，通过各种结算渠道，扩大资金流量，提高资金存量，抓好理财产品营销，着力吸引行外客户和客户的行外资金，做大客户AUM；二是通过开展县域存款擂台赛、加快县域自助设备布放、推广E动终端应用等，突破县域短板。

二、坚持数量与质量并重，提升客户拓展效果。一是积极做大客户总量，确定目标客户群体，通过各种有效的营销手段，提高客户拓展和维护效率；二是将资源配置向高等级客户倾斜，实现客户数量和质量同步提升。

三、突出重点产品，提高零售业务收入贡献。一是中间业务收入方面，提升重点产品销售能力，陆续推出多种新产品、新服务；二是资产业务收入方面，个人贷款利息收入占全行贷款利息收入的24.54%，小企业贷款综合收益较基准利率上浮40.96%。

四、规范渠道管理，提高运行效率。一是推进网点建设专业化，规范化，细化建设装修标准；二是试点自助设备集中管理；三是加快电子渠道推广，善融商务B2B商户成交金额突破7亿元，占比达20%；四是理财、私人银行、个贷、小企业等中心建设更加规范，客户体验和业务效率进一步提升。

五、提升基础管理水平。一是加强柜面操作风险管理体系建设，强化全流程管理；二是加强信用风险管控，个贷不良贷款连续3年实现"双降"，个人住房贷款资产质量四行最优，小企业贷款不良率较年初下降0.03个百分点。

【国际业务】 2012年，建行山东省分行国际业务的同业竞争力和市场表现显著提升，外币贸易融资新增、境外筹资转贷款及转贷费收入、代客资金业务收入新增及增幅、人民币期权业务及收入、国际保理业务及收入、远期结售汇业务及收入、境外保函业务及收入等均居当地四行首位。

一、强化战略规划和统筹引领能力。一是加大资源配置和激励考核力度,编写一行一策,加强政策引导,提高基层分支行发展外汇业务的主动性;二是建立营销团队,开展精准营销,举办客户研讨会,加大客户走访营销力度。

二、夯实客户基础。一是确定国际业务重点客户 21 家、潜力客户 5 家,外汇存款客户 100 家、跨境客户 100 家,外汇资金直通车客户 34 家,组建团队、责任到人;二是构建全省外汇市场信息交流和快速传递平台,建立"速赢"机制。

三、抓联动促发展。一是加强本外币联动,通过办理国际业务累计带动人民币存款 121.4 亿元,实现中间业务收入 5.1 亿元;二是加强海内外联动,与建行香港分行、建银亚洲等十几家海外分行在新产品开发、资本市场拓展方面进行合作,推动跨境人民币业务快速发展。

四、加强业务创新。一是推出境内筹资转贷款、新型欧贷盈、人民币对外汇期权、黄金远期等创新产品,拓宽发展广度和宽度;二是完成新增币种(韩元)在 CCBS 系统中的上线;三是有序推进人民币期权业务,授权 16 家二级分行开办人民币期权。

【房地产金融业务】 2012 年,建行山东省分行房金业务发展势头良好,个人贷款新增市场占比跃居第一,业务收益平稳,资产质量提升。一是重点支持百姓购买自住房的刚性需求,个人住房贷款余额突破 800 亿元;二是积极推进个人支农类贷款业务创新,全年累计发放此类贷款 2800 万元;三是积极推广消费金融创新产品,房 e 通个贷频道项目在 16 家二级分行成功上线运行,电商平台建设取得新突破。四是组织客户进行研讨与交流,全面了解住房公积金职工、维修资金和物业质量保修金缴纳人的实际需求,优化服务流程,提升服务水平;五是住房资金归集余额突破 700 亿元,住房资金存款、公积金贷款余额同业及系统内占比新增均创历史新高;六是编制住房公积金支持保障性住房建设操作规程和管理办法,在同业内率先推出住房公积金项目贷款服务,在全省 4 个住房公积金支持保障性住房试点城市取得承办权;七是是完善个贷业务经营架构体系,在全辖建成 128 家个贷中心,为客户提供"一条龙"服务;八是将贷前调查和贷后管理全部纳入个贷中心,规范岗位设置,强化个贷中心集中催收和贷后管理职责,不良、逾期贷款连续 3 年实现"双降"。

【风险控制】 2012 年,建行山东省分行加强重点领域风险防范,构建科学高效的全面风险管理体系。一是完善风险管理组织架构和评价体系;二是制定信贷资产质量监控办法,组织风险排查,强化风险预警与核查,加大不良贷款攻坚力度,积极处置化解风险客户,不良贷款实现"双降",创历史最优;三是制订新农村建设项目评估指引;四是建立信贷会商机制,实施精准营销和主动授信管理;五是层层分解风险责任,明确排查重点,组织全面风险排查工作,对重要岗位签订风险管理责任书;六是加强重点领域的操作风险管理,组织对涉及营运管理、信用卡商户管理、不良资产等 15 个外包业务的检查。

【银行卡业务】 2012 年,建行山东省分行大力发展分期付款业务,实现信用卡中间业务收入 4.3 亿元,客户存量和新增在同业及系统内实现占比双提升,分期交易额实现系统内占比和排名双提升,信用卡不良率 0.66%,同比下降 0.44 个百分点。一是持续推进网点渠道发卡,开展汽车卡重点产品营销推广,实现汽车卡新增 8.7 万张,拓展卓越卡项目 222 个;二是实施收单商户名单制营销,积极拓展特惠商户,提升信用卡客户忠诚度和龙卡品牌知名度;三是推出抵押担保模式购车分期、委托清算模式安居分期、车位分期等新产品;四是成功发行建行系统内第一张具有 ETC 功能的储值式 IC 信用卡——鲁通龙卡,并顺利推出第一张与传媒行业合作的联名卡——鲁信院线龙卡 IC 信用卡。

【电子银行业务】 2012 年,建行山东省分行个人电子银行各渠道客户新增和存量客户均列系统前 3 位,手机银行同业新增和存量均列第 1 位,个人网银同业新增和存量分列第 1 位、第 2 位。一是坚持综合考评月通报制度,加大对电子银行资源配置;二是编写电子银行五年规划,,组建 15 个典型案例推进团队,每月召开推进会;三是对外开展"相伴 e 路通,交易好礼送"、"交易送网银盾"、网银积分换礼等活动,对内开展电子银行网点营销竞赛、移动签约网点结对共建 PK 赛等活动,有效促进了电子银行的推广;四是加大业务培训,大力推动典型商户的营销拓展,做好客户储备;五是深入开展企业网银流程优化项目,组建企业网银售后服务团队;六是将移动公司无线网络通讯纳入 E 动终端网络方案,全省 E 动终端设备达 770 台,网点覆盖度 100%;七是将企业网银客户管理和代发管理操作权限下放二级行,简化工作流程;八是丰富电子渠道理财产品发行品种,发行 3 期分行网银专享理财产品和 1 期夜市理财产品,配合总行发行 62 期网银专享理财产品。

【内部管理与企业文化建设】 2012 年,建行山东省分行转变工作作风,加强队伍建设,做好关爱员工的工作。一是组织开展作风整顿活动,强化对基层行的指导和服务,有效提升整体合力;二是完成行级领导后备人才队伍建设,完善客户经理管理办法,将短期、定向及劳务用工纳入内部等级管理;三是健全福利保障体系,推进医疗保险商业化运作;四是在全辖开展"夏季送清凉"活动,健全员工"婚、丧、喜、病、灾"五必访制度,充分体现建行大家庭的温暖;五是先后举办员工趣味运动会、羽毛球比赛和"心系建行,美在瞬间"摄影展等活动,丰富员工的业余文化生活。

【大事记】 1 月 9 日 建行山东省分行与齐鲁股权托管交易中心签署战略合作协议。

1 月 30 日 建行山东省分行设立内控管理办公室,成立巡视工作领导小组及巡视工作办公室。

3 月 15 日 经建总行批复同意并报省外汇管理局备案,建行山东省分行获准开办人民币对外汇期权业务。

4 月 19 日 建行山东省分行与中国人民武装警察部队山

东省边防总队签署全面合作协议。

5月4日　建行山东省分行牵头成立"齐鲁女性俱乐部",并在济南举行成立仪式,省工商联女企业家协会的20余位副会长出席仪式。

7月2日　建行山东省分行成功中标东营银行企业年金账户管理人资格。

8月1日　建行山东省分行与山东省工商业联合会举行战略合作协议签约仪式。

9月21日　建行山东省分行在全辖综合性网点推广上线深化前后台业务分离项目。

12月18日　建行山东省分行信息安全管理体系(ISO27001)通过国际认证机构DNV(挪威船级社)公司的换证审核。

(刘太丽)

中国建设银行股份有限公司青岛市分行

【第一负责人简介】　冯涛,山东临沂人,1958年12月生,中共党员,研究生学历,高级会计师。历任建行山东省分行财会处和营业部副处长、处长,1996年任建行青岛市分行副行长、党委委员,2007年8月任建行大连市分行副行长、党委委员,2011年11月任建行沈阳审计分部主任、党委书记,2012年3月任建行青岛市分行主要负责人,2012年5月至今任建行青岛市分行行长、党委书记。

【综述】　2012年,中国建设银行股份有限公司青岛市分行(以下简称"建行青岛市分行")把握"打好基础,加强管理,稳中求进"的总思路,坚持发展不动摇,稳步推进各项改革,努力夯实管理基础,业务发展态势向好,各项工作朝着有利于拓展业务、把控风险、优化机制、引领文化的方向发展。

【公司业务】　2012年,建行青岛市分行以条线改革为契机,大力推进产品和服务创新,推动公司业务持续、健康、稳健发展。

一、抢抓发展机遇。一是贷款主要投向蓝色经济区、西海岸新区、蓝色硅谷和青岛港、地铁三号线等重点项目以及民生领域,与地方政府衔接制定了相应的金融服务方案,拓宽合作空间;二是加强对传统优质客户的服务和营销,与海尔、青啤等大客户进一步深化了战略合作关系;三是中标青岛银行企业年金业务的托管资格和市房屋专项维修资金承办银行资格;四是举办"修之于道、善建者行"上市企业工作专题研讨会,巩固了服务拟上市企业的优势,为业务发展夯实基础。

二、拓展重点领域,机构业务实现多点突破。一是取得了铁路经济适用房的首付款代收、公积金委贷业务独家承办权;二是成立财政社保团队主动为市社保资金"保值增值"出谋划策,实现了该行在省级社保定期存款业务的"零突破",积极争办金融社保卡,以代发工资户、授信户为主攻对象,积极拓展市场份额。

三、注重业务创新,小企业业务稳健发展。一是组织开展旺季营销活动,策划实施小微企业融资服务宣传月活动,积极参加小微企业金融博览会和小微企业融资对接活动;二是与市科技局签署了《科技金融战略协议》,为今后与科技型企业合作奠定了基础;三是推出了"小企业固定资产购置贷款"、"网银循环贷"、"信用贷"等新业务,为服务小企业客户提供了新的产品支持。

【个人业务】　2012年,建行青岛市分行紧紧围绕"提增速、增占比、上位次"的要求,坚持"以客户为中心,以基层为重心,以价值为核心"的职能定位,齐心协力,共同拼搏,努力作为,扎实推进个人业务的稳健发展。

一、抢占市场先机,组织各类营销活动。一季度抢抓旺季营销,二季度扎实开展"重点工作落地攻坚战",三季度首次推出"金九银十"小旺季主题营销,四季度全力抓好"收官"和"布局",稳扎稳打。

二、实施经营策略,抓实抓好私人银行业务转型。一是实施基金、理财、账户金等重点产品营销策略,完善了理财室、理财中心和私人银行三级理财机构,全年销售投资及理财产品290亿元;二是个人资产客户新增11万户,借记卡新增40.2万张,手机银行、个人网银和个人短信3项产品客户新增85万户,同比增加25万户。

三、加快网点建设,推进网点转型。一是全年新增网点6个,网点总量达116个,并列同业四行第二;二是自助设备新增94台,同比增加54台,为前3年的总和,自助设备开机率99.2%,处于系统内先进行列。

四、全方位营销,电子银行业务驶入快车道。一是扎实推进总行"手机银行刷一刷奔驰smart开回家"、"青春年华E动飞扬"E动终端入校园等活动,推出"电子银行交易 缤纷好礼相送"等营销活动,推动电子银行业务快速增长;二是拓宽营销渠道,媒体宣传工作取得进展,电子银行微博粉丝数已超过12万人,系统内排名第5位;三是积极配合总行全力打造"善融商务"电商交易平台,引导客户主动使用"悦生活",持续提升客户体验。

五、转变经营思路,信用卡业务稳健发展。一是认真落实总

中国建设银行股份有限公司青岛市分行主要统计指标 1

单位：亿元

项目 \ 年度	2008	2009	2010	2011	2012	2012 年同比增幅（%）
本外币资产总额	548.08	712.53	826.09	936.12	899	-3.95
本外币存款余额	535.77	658.88	775.21	912.12	877.9	-3.73
人民币存款余额	523.98	641.67	754.32	896.97	852	-5.01
企业存款	242.70	364.15	434.14	466.36	459.33	-1.51
机关团体存款	45.42	52.18	69.83	80.86	31.24	-59.87
储蓄存款	234.98	294.73	341.07	342.60	394.41	15.13
本外币贷款余额	418.23	508.41	620.67	712.26	798.8	12.15
人民币贷款余额	408.26	494.95	597.10	689.51	753.5	9.28
短期贷款	90.03	101.80	169.05	197.57	240.21	21.58
中长期贷款	301.11	371.32	440.02	514.69	513.21	-0.00
票据融资	27.09	35.29	11.60	23.10	23.24	0.60
利润总额	10.13	13.47	14.60	19.19	21.26	10.79
不良贷款余额	14.30	10.06	7.17	6.17	6.82	10.53
不良贷款占比％	3.42	1.98	1.15	0.87	0.85	-2.30

中国建设银行股份有限公司青岛市分行主要统计指标 2

项目 \ 年度	2008	2009	2010	2011	2012	2012 年同比增幅（%）
单位结算账户（万户）	5.70	4.20	4.40	4.70	5.10	8.51
单位结算金额（亿元）	—	15114	23592	29912	37014	23.74
个人结算账户（万户）	433.98	496.60	544.33	597.10	600.24	0.53
个人结算金额（亿元）	—	3180.60	4606.07	5597.48	5369.35	-4.07
信用卡发卡量（万张）	11.20	11.05	8.16	9.26	14.91	61.02
信用卡消费额（亿元）	20.46	35.93	41.92	51.80	68.44	32.12
企业网银客户（万户）	0.64	0.71	0.99	1.34	1.69	26.10
个人网银客户（万户）	16.66	27.84	37.16	58.34	88.15	51.06
手机银行客户（万户）	18.87	47.01	10.32	28.76	59.98	108.54
电话银行客户（万户）	33.76	42.39	55.56	89.77	125.73	40
现金自助设备（台）	286	309	326	369	456	23.58
营业网点（个）	107	107	107	108	116	7.41
自助网点（个）	218	243	253	278	361	29.86

行的网点常态化营销目标；二是大力发展分期业务，陆续推出了安居、商铺租赁、车险及高端车分期等项目，推进分期业务健康发展；三是本着“季季有主题，月月有活动”的原则，策划开展了“新春年夜饭　刷卡享欢宴”等 38 场次的促销活动并组织了形式多样的员工竞赛活动。2012 年，该行信用卡发卡量、消费额、贷款额均排名四行首位。

【国际业务】　2012 年，建行青岛市分行实现国际结算业务量 183 亿美元。

一、着力打造外汇业务“融通”系列特色业务品牌。组织开展了全辖跨境人民币结算业务、外汇资金等 3 个营销竞赛活动，举办“融通四海、龙行天下”等 6 个客户营销活动，通过多个高层级、广参与的平台营销，扩大市场影响，外汇客户数量、质量全面提升。

二、坚持创新发展。一是取得总行非信贷类和低风险业务新产品的设计开发权和试点权;其中,应收账款受益权转让型理财产品、海尔"安逸融"贷款、外币质押融汇通、"财富贷"、香港投资移民等创新业务得到客户认可;二是在系统内首推NRA账户组合贸易融资、外币质押融汇通业务等3项自主研发创新产品,办理了全国建行首笔CNH远期结汇和首笔全球授信业务。

三、将跨境人民币业务作为全行战略性业务重点发展,全年完成跨境人民币结算业务量95.2亿元。

【房地产信贷】 2012年,建行青岛市分行个人信贷业务呈现结构调整加快、资产质量稳定、综合收益提高的特点。一是开展了重点楼盘营销活动和个贷中心客户体验活动,进一步加强与青房置换等大型中介机构的合作;二是有重点地开拓个人助业贷款营销渠道,形成了即墨批发市场、胶州产业集群等多个营销渠道齐头并进,共同发展的有利形势;三是积极研发支农贷款产品,正大蛋鸡农户贷款和生猪养殖农户贷款均实现贷款投放,个人支农贷款累计投放3700余笔,金额近11亿元,受到农民客户体的欢迎,取得经济和社会效益的双赢;四是打造"房e通"电子商务平台,有力地促进了"房e通"业务的快速发展。截至年末,个人贷款和住房贷款的余额、新增额及消费经营类贷款新增额5项指标均居同业首位。

【风险控制】 2012年,建行青岛市分行以不良资产处置为主线,从强化内控管理和狠抓队伍建设入手,为全行经营目标和资产质量控制目标的实现做出贡献。一是推进公司类不良贷款处置,广源发重组系列取得实质性突破;二是用足用好各项处置手段,能快则快、能多则多,全年实现处置1.85亿元,其中全额处置7户,清户率占年初项目个数的64%,有效缓解不良贷款反弹压力;三是发挥专业优势,做好集中经营,加大个贷不良处置力度,累计处置0.84亿元,继续保持快速处置态势;四是进一步做好核销后资产的管理与处置,按照"分类管理、早收多收"的思路,强化核销后资产管理。

【内部管理和企业文化建设】 2012年,建行青岛市分行坚持从严治行,强化依法经营,一是认真组织"强管理 夯基础 促发展"主题活动,组织开展合规管理讲座、不良行为排查,梳理完善规章制度与业务流程,加强和改进纪检监察组织建设,积极构建案件防范长效机制;二是加强信贷风险管理,重点关注政府融资平台、房地产、大宗商品贸易融资、小企业以及理财产品、国内保理业务等重点领域风险客户,定期排查,严格防控;三是强化合规管理,反洗钱、"两管理和两综合"等基础工作得到监管部门的充分肯定,在山东省金融机构综合评价中获A级等次;四是印制《廉洁合规从业手册》"口袋书",人手一册,引导员工规范从业行为;五是突出信贷业务、商业贿赂、柜面业务、员工参与民间借贷案件风险等4项治理重点,定期召开分支行案件防控联席会议,从严治行,连续6年未发生案件和重大责任事故。

在企业文化建设方面一是大力倡导"风清气正、崇德尚进、爱行敬业、履职尽责"的企业文化,扎实开展创先争优活动,组织了一系列契合员工实际需求、富有时代感的文体活动,举办了"身边的感动"等先进评选,开展了"走基层、转作风、促发展"活动;二是坚持每年为员工进行健康查体,建立了困难员工档案,完善了员工职业生涯发展规划,树立了建行良好的服务品牌形象。

【大事记】 1月8日 建行青岛市分行正式对外发行"金融IC卡"。

1月17日 经青岛银监局(青银监复〔2011〕205号)和人行青岛市中支批准,建行青岛高新区支行正式开业。

1月19日 经青岛银监局(青银监复〔2012〕13号)批准,建行青岛银川西路支行设立开业。

2月10日 受海尔集团电器产业有限公司委托,建行青岛市分行与建行伦敦子行成功办理首笔金额500万美元的一年期CNH市场跨境远期结汇业务。这是该行继CNH市场NDF业务之后在境内外联动业务领域的又一次成功尝试。

3月1日 建行总行胡哲一副行长到青岛市分行出席该行与海尔集团《客户及渠道战略合作协议》签署仪式。

建行青岛市分行取得了青岛市房屋专项维修资金承办银行资格,并成功办理了该市第一笔房屋维修资金交存业务,标志着青岛市房屋"养老金"制度正式启动。

3月16日 建行青岛市分行举办了"房e通"产品发布仪式,标志着该产品在全市范围的营销推广活动正式启动。

3月29日 建行青岛市分行召开中层以上人员大会,总行党委副书记、监事长张福荣出席大会并讲话,党委组织部李卫平部长宣布冯涛任建行青岛市分行主要负责人,郭英辉调回河北省分行工作。

5月9日 建行青岛市中山路支行为某公司发放了首笔小企业固定资产购置贷款,这标志着该行该项业务实现了零的突破。

5月17日 建行青岛市分行通过"财富贷"发放首笔私人银行客户贷款。

5月25日 建行青岛市分行冯涛行长赴济南向建行总行王洪章董事长汇报工作。

建行青岛市分行启动"龙腾拓新篇,房贷惠万家"住房金融与个人信贷业务旺季营销活动。

5月31日 建行总行以(建总任〔2012〕63号)文件聘任冯涛为建行青岛市分行行长,解聘郭英辉建行青岛市分行行长职务。

6月16日 建行青岛市分行在青岛新华书店(书城)举行"龙卡揭牌暨发行启动仪式"。

6月18日 建行总行以(建总任〔2012〕70号)文件免去刘津南建行青岛市分行资深专员职务,批准退休。

7月11日 经青岛银监局(青银监复〔2012〕207号)批准,郑州路支行设立开业。

7月16日 根据建行总行集约化管理要求,并报经监管部门同意，经该行党委研究，下发(建青岛发〔2012〕130 号)文，撤销公司与机构业务部(市南)分部等 9 个区域分部，其承担的职责整体划转至其所在的城区综合型支行。

7 月 18 日　建行青岛市分行以(建青岛任〔2012〕16 号)文解聘孙剑波建行青岛市分行行长助理、人力资源部总经理(兼)；以(建青岛党任〔2012〕2 号)文免去其党委组织部部长职务。

8 月 14 日　建行青岛市分行成功营销世界 500 强之一的博世(BOSCH)集团落户该行辖属城阳支行。

9 月 6 日　经青岛银监局(青银监复〔2012〕267 号)、(青银监复〔2012〕269 号)文批准，齐东路储蓄所升格为齐东路支行、山东路储蓄所升格为山东路第二支行。

9 月 21 日　建行总行陈佐夫副行长一行到青岛考察，并在青岛建行冯涛行长等陪同下赴海尔集团与集团高管层就业务合作事宜进行商谈。

9 月 24 日　根据总行对分支机构内设职能部门设置的有关要求，建行青岛市分行印发(建青岛发〔2012〕171 号)文，撤销公司与机构业务委员会办公室、集团客户部、房地产建筑业客户部、产品中心，其职责相应划转至新成立的公司业务部。

经青岛银监局(青银监复〔2012〕295 号)批准，同安路储蓄所升格为同安路支行。

9 月 27 日　经青岛银监局(青银监复〔2012〕300 号)、青银监复〔2012〕298 号)、(青银监复〔2012〕299 号)文批准，南崂路储蓄所升格为南崂路支行、人民路第一储蓄所升格为人民路第二支行、商邱路储蓄所升格为商丘路支行。

10 月 10 日　经青岛银监局 (青银监复 〔2012〕317 号)批准，胶南王台支行设立开业。

10 月 19 日　建行总行黄志凌首席风险官一行 4 人到青岛调研。青岛分行行长冯涛等出席座谈会，风险管理部、市南支行等相关单位负责人参加会议。

11 月 23 日　建行青岛市分行与首尔分行共同联动，为辖属市南三支行客户成功办理了该行首笔远期信用证买方付息贴现业务，该业务是该行在海外代付业务暂停后一次新的尝试，为进一步满足进口客户融资需求提供了新的渠道。

12 月 1 日　建行青岛市分行与海尔集团推出的海尔园区“一卡通”项目正式上线启用，标志着海尔集团园区一卡通项目成功实施，这成为该行智能 IC 卡行业应用的第一个落地项目。

12 月 5 日　经青岛银监局(青银监复〔2012〕371 号)、(青银监复〔2012〕368 号)、(青银监复〔2012〕370 号)批准，建行青岛同安路第二支行、京口路支行、平度同和支行设立开业。

12 月 7 日　经青岛银监局(青银监复〔2012〕374 号)批准，建行青岛即墨鹤山路支行设立开业。

建行青岛市分行发放了小企业“网银循环贷”300 万元，实现了小企业“网银循环贷”业务的零突破，这是该行首次依托电子银行渠道办理小企业贷款支用业务。

12 月 26 日　经青岛银监局(青银监复〔2012〕390 号)批准，建行青岛胶州北京东路支行设立开业。

(孙　岩　谭庆勋)

交通银行股份有限公司山东省分行

【第一负责人简介】　王锋，男，1969 年 5 月生，河南南阳人，博士研究生，高级经济师。1989 年 7 月工作，1995 年 5 月入党。1994 年 8 月起，历任交通银行郑州分行紫荆山支行副行长、文化路支行副行长(主持工作)、百花路支行行长。2000 年 9 月任交行郑州分行党委委员、副行长，2004 年 3 月任交行郑州分行党委副书记、纪委书记、副行长。2005 年 11 月任交行山西省分行党委书记、行长。2010 年 4 月至今，任交行山东省分行党委书记、行长。

【综述】　2012 年，交通银行股份有限公司山东省分行(以下简称“交行山东省分行”)坚持以科学发展观为统领，以能力建设为抓手，全面实施“二次改革”，较好地完成了全年经营任务。

【资产负债管理】　2012 年，交行山东省分行围绕“稳发展、促转型、控风险、抓改革、增效益”的工作主线，在管理创新和推动业务发展方面取得了明显成效。

一、加强贷款规模调控，支持全行业务发展。一是按照“时间有限、价格优先”的原则，突出信贷资源配置重点，保证信贷资源向综合效益高的优质贷款项目倾斜；二是通过合理吞吐票据资产规模，提高贷款规模使用的饱满度，贷款规模使用率达到 100%。

二、规范利率定价管理流程，不断优化贷款结构。一是针对

交通银行股份有限公司山东省银行主要统计指标 1

单位: 亿元

项目 \ 年度	2008	2009	2010	2011	2012	2012 年同比增幅 (%)
本外币资产总额	552.95	677.92	848.20	1105.39	1298.32	17.45
本外币存款余额	520.68	643.95	810.02	1037.73	1226.89	18.23
人民币存款余额	513.36	636.66	802.86	1028.21	1209.81	17.66
企业存款	245.07	315.80	395.86	502.44	592.06	17.84
机关团体存款	33.25	40.57	60.24	65.84	79.91	21.36
储蓄存款	132.44	164.92	199.66	268.00	306.01	14.18
本外币贷款余额	379.24	516.76	597.94	691.51	816.89	18.13
人民币贷款余额	374.78	510.70	588.88	678.13	779.14	14.90
短期贷款	243.63	213.42	260.33	327.93	504.59	53.87
中长期贷款	123.33	238.79	311.87	346.78	273.57	-21.11
票据融资	7.10	58.10	16.49	3.29	0.96	-70.80
利润总额	9.16	7.78	11.49	16.84	17.06	1.31
不良贷款余额	15.45	9.20	7.63	4.81	4.83	0.42
不良贷款占比 (%)	4.07	1.78	1.28	0.69	0.59	--

交通银行股份有限公司山东省银行主要统计指标 2

项目 \ 年度	2008	2009	2010	2011	2012	2012 年同比增幅 (%)
单位结算账户 (万户)	2.37	2.60	2.84	3.38	3.93	16.27
单位结算金额 (亿元)	725.46	955.63	1161.31	1398.12	1671.04	19.52
个人结算账户 (万户)	181.92	181.92	181.92	233.67	517.76	121.58
个人结算金额 (亿元)	171.96	205.08	246.65	331.11	372.75	12.58
信用卡发卡量 (万张)	34.16	47.76	70.02	104.73	143.63	37.14
信用卡消费额 (亿元)	47.26	78.74	114.30	187.67	333.75	77.84
企业网银客户 (万户)	0.38	0.43	0.58	0.89	1.38	55.06
个人网银客户 (万户)	29.33	39.22	53.28	70.86	97.74	37.93
手机银行客户 (万户)	0	0.61	3.28	5.86	12.83	118.94
电话银行客户 (万户)	0.01	0.06	0.05	0.24	0.66	175.00
现金自助设备 (台)	321	336	374	534	749	40.26
营业网点 (个)	152	151	138	132	135	2.27
自助网点 (个)	24	26	30	58	94	62.07

利率市场化逐步深入的新形势,及时采取措施,密切关注同业和市场反馈信息;二是通过价格手段调整业务结构,提高资产负债配置效率,继续加大对中小企业优质客户的信贷支持。截至年末,全行零售贷款较年初增加 34.21 亿元,增幅达到 28.55%,超过各项贷款增幅 13.65 个百分点。

三、加强流动性管理,确保支付安全。一是密切关注大额资金进出,掌握资金流向,合理确定资金拆借金额和调拨额度;二是在确保安全支付的基础上,合理控制备付率,日均备付率达到 1.25%,保持了较高的资金使用效率。

【授信业务】 2012 年,交行山东省分行坚持以发展为主线、以客户为中心、以风险防控为保障、以创新为驱动,推动授信工作质效发展。

一、实施转授权体制改革，提高审批效率。交总行审批通过对该行辖属的淄博、潍坊、烟台、威海、济宁 5 家省辖行转授权，在业务发展方面起到了提升市场竞争力、加快发展的作用。

二、创新结构模式，试行全行一会审批。经总行同意，对超出省辖行审批权限的客户，省辖行不再召开贷审会，统一由省分行贷审会审议决策。同时，全行一会也采用各分行视频备询形式，通过“以会代训”提高客户经理的业务水平。

三、延伸授信管理半径，实行风险流程全控制。一是推行授信客户全名单管理，在引导前台营销方向同时，引入风险控制机制；二是对大企业、大项目提前介入，进行授信全程指导，并跟踪授信审批进度；三是对省辖行授信安排及转授权分行权限内批复业务进行复核，对已批授信的提用进行定期与不定期检查，确保授信提款条件的落实。

【公司业务】 2012 年，交行山东省分行依靠综合服务优势，加快建立适应市场竞争需要的工作机制，实现了公司机构业务的快速健康发展。一是通过组织举办蕴通财富走进城市全国路演山东站、山东省航运金融研讨会等活动，有力的宣传了交行的服务特色；二是建立了以公司部牵头，投行部、国际部为支撑的“一体两翼”板块联动营销机制，实现与多个重点客户在战略层面的紧密契合；三是投行业务持续增长，全年完成投行项目 51 个，净收入首次突破亿元，增幅达 70.74%，成为业务发展新亮点。

【个人业务】 2012 年，交行山东省分行在个人业务方面切实加强内部管理，积极推进“好客交行”服务品牌的建设，取得较快发展。

一、加强板块内联动，优化综合营销模式。一是将零贷直营中心并入济南营管部，把服务办公室从综合管理部剥离出来，成为独立的二级部门；二是成立了储蓄存款二级部和私人银行二级部；三是将所有零贷、个贷客户经理按其原岗位转换成为个金客户服务经理，使客户只需面对一位客户经理，即可解决多方面的业务需求。

二、继续推进“好客交行”服务品牌。该行成立了由省分行行长任组长的品牌建设工作领导小组，增设 12 名员工(含外包人员)专职负责服务推进，通过行内资源的倾斜和管理机制的建立，促进了服务质量的提升。

三、完善业务品种，加快个人贷款业务发展。一是推出了“商易贷”、“e 贷在线”2.0 版、个人置业安心计划、“安居工程”按揭、“快捷 e 贷”、“e 车贷”、“e 消费”(A 款、B 款)、“e 商贷”、汽车贷款贴息等特色产品；二是积极推进个贷影像流程，规范全流程管理，使个贷流程实现电子化。

【国际业务】 2012 年，交行山东省分行加强市场分析和调研，通过“三年发展规划”的实施与推进，实现了国际业务规模、质量与效益的协调发展。

一、持续推进名单式管理，客户营销成效显著。一是根据“大户做大，中户做多，小户做准”的客户发展策略，下达了国际业务中高端客户数和新增有效客户数拓展计划；二是充分利用牌照优势，大力开展离岸客户的营销拓展。全年新增国际业务客户数 817 户；完成领汇中高端客户 351 户。

二、加强市场拓展力度，国际中间业务收入创新高。该行积极开拓市场，大力发展进口开证、国内信用证结算等高收入产品，不断提升国际中间业务贡献度。国际中间业务净收入年末突破 1.8 亿元，占全行中间业务净收入的 32.7%，同比提升 5.82 个百分点。

三、积极引导各经营单位和客户经理，运用国际业务产品和国内结算产品的结合，促进本外币存款业务的发展。

四、开展名单式营销，跨境人民币结算突破百亿。该行下发了全省跨境人民币结算客户营销名单，积极开展名单客户营销，大力推介跨境人民币结算产品及优势。全年实现跨境人民币业务量 104 亿元，同比增幅高达 140.60%。

【会计结算】 2012 年，交行山东省分行以“操作安全、运行高效、服务优质”为营运宗旨，全力提升营运服务支撑能力，严密防范风险，保障了营运安全。

一、加强营运现场与非现场检查辅导力度，严密防控操作风险。一是开展重点专题排查 14 项，现场检查 728 次；二是加强节假日期间检查辅导，节假日监控与电话辅导 116 家、现场检查辅导 18 家。

二、落实内控机制，做好案件防控工作。一是严格落实营运主管委派制度，不断提高基层营运主管的履职能力；二是认真落实营运条线员工轮岗轮调、强制休假制度；三是严格落实失范行为排查工作，同时开展全面家访活动。

三、优化营运业务流程，支持业务发展。该行先后完成银联“总对总”改造项目上线、特色卡制卡集中上收、对私特殊业务集中化处理项目全国推广上线、柜员指纹身份认证项目上线、各项业务优化投产上线等工作，有力支持了业务的发展。

四、突出县域支行管理，提高条线管控效果。一是加强县行检查辅导力度，每季到网点检查辅导，各县行营运主管准入退出由省分行决定；二是把跨地区营运人员轮调时间由 3 年缩短为 1 年到 1 年半。

五、加强能力建设，提升人员综合素质。一是坚持营运人员学习月考制，建立制度流程优化答疑周报制度；二是建立营运人员脱产轮训制度，全年开展小班式脱产培训 13 期，累计培训人员 646 人。

【电子银行业务】 2012 年，交行山东省分行积极整合科技资源，提高信息技术和业务发展的融合度，有力地支持了业务发展。

一、有效提高 EPS(自助设备前置系统)及 ICS(核心业务前置系统)交易成功率。一是定期提取失败交易数据，按返回码等要素进行归类分析，分析查找数据波动情况原因；二是通过发布《客户自助区用卡提醒》，减少因客户操作不当引起的交易失败次数。EPS 成功率从年初的 99.18%上升到 99.63%，ICS 成功率从 99.983%上升到 99.997%。

二、加大研发力度，支持业务发展。一是完成了交互式密码键盘、身份影像留存、对公对私集中开户、网络资产管理等 15 个系统的上线工作；二是进行了 27 项特色项目研发工作，其中国土资源网上交易、客户全角度分析等系统在全国范围内处于领先水平，“银卫安康”项目已成功对接 5 家医院。

三、加快自助银行铺设力度。该行进一步丰富自助银行功能，自助设备除了存取款、转账查询等业务之外，还支持对公结算、自助发卡、自助渠道签约等功能。截至年末，当年新建自助银行 36 家，在建自助银行 7 家；新投放自助设备 256 台，其中撤离风险隐患大业务效益低的单机设备 41 台。

【内部管理与企业文化建设】 2012 年，交行山东省分行不断夯实内部管理，经营管理水平不断提升。一是撤销原有的会计结算部及下设的账务中心、风险监督中心、现金储运（清分）中心等机构，成立了营运管理部和业务处理中心；二是完成了组织结构的进一步优化。成立公司机构业务部中型企业业务部、金融机构部，作为公司机构业务部的内设二级部门；三是成立个人金融业务部服务部，作为个人金融业务部的内设二级部门；四是持续强化人人有责的全面风险意识，逐步形成以价值为目标、以客户为中心、以市场为导向、以责任为纽带、以能力为基础的全员风险文化；五是围绕“责任立业、创新超越”的核心价值观，开展了弘扬交行精神，全面提升核心竞争力为主题的教育活动；六是认真履行社会责任，先后捐助菏泽鄄城县左营中学多媒体教学设施项目 10 万元，捐助省立医院复明工程项目 10 万元。

【大事记】 1 月 10 日 总行纪委书记寿梅生来交行山东省分行参加交总行巡视情况反馈会议。

1 月 11 日 交行山东省分行在万达凯悦国际酒店举办“2011 年度沃德客户答谢宴会”。

2 月 4 日 ~5 日 交行山东省分行 2012 年工作会议在济南召开。

3 月 9 日 交行山东省分行召开 2012 年服务提升工作专项会议，王锋行长讲话。

3 月 20 日 交总行与山东黄金集团在上海举行全面战略合作协议签约仪式。

3 月 28 日 交行烟台蓬莱支行正式开业。

交行潍坊青州支行正式开业。

4 月 26 日 交行山东省分行与省中小企业办在济宁举行中小企业金融服务战略合作协议签约仪式。

6 月 6 日 交行临沂分行正式开业。交总行董事长秘书杜江龙、省金融办纪检组组长韩炜、人行济南分行纪委书记刘振海、山东银监局副局长王朝弟、临沂市委副书记李峰、交行山东省分行行长王锋、董莹副行长、王磊副行长等出席了活动。

6 月 12 日~13 日 交总行行长牛锡明、副行长于亚利一行到交行山东省分行调研指导工作。在济期间，牛锡明行长分别拜访了省委书记、省人大常委会主任姜异康，省委副书记、省长姜大明，省委常委、副省长孙伟，省委常委、秘书长雷建国及当地金融办、人民银行、银监局主要负责人。

6 月 28 日 交行济宁邹城支行正式开业。

6 月 29 日 交行济宁兖州支行正式开业。

7 月 6 日 交行潍坊高密支行举办开业仪式。

7 月 16 日 交行日照分行举办开业仪式。交总行董事胡华庭，财政部驻山东省财政监察专员办事处监察专员杨明亮，人行济南分行行长杨子强，山东银监局局长廖平之，省金融办副主任赵理尘，日照市委书记杨军，副市长刘兆亮，交行山东省分行行长王锋、副行长董莹、胡翔、王磊出席开业仪式。

9 月 21 日 在上海举行的交行第 4 届信用卡知识竞赛总决赛上，交行山东省分行代表队荣获亚军。

9 月 27 日 交通银行泰安肥城支行举办开业仪式，交行山东省分行副行长叶宁、泰安市副市长闫新建出席开业仪式。

9 月 26 日 交行山东省分行 2012 年 “伙伴 合作 共赢”投行论坛在济南喜来登酒店成功举办。

10 月 18 日 交行山东省分行与海通证券山东省分公司签署了全面战略合作协议。

10 月 28 日 交行山东省分行联合国泰君安证券山东省分公司在山东黄金崮云湖国际高尔夫俱乐部联合举办了 “沃德·君弘”杯高尔夫球邀请赛。

10 月 28 日 由济南报业集团主办、交行山东省分行冠名的“交通银行”杯首届济南读者文化节在济南启幕，交行山东省分行副行长董莹出席活动并为文化节揭幕。

11 月 2 日 交总行与山东能源集团在上海举行全面战略合作协议签约仪式，山东能源集团董事长卜昌森，交总行副行长钱文挥，交行山东省分行行长王锋、副行长王磊出席了签约仪式。

11 月 2 日 省委常委、常务副省长孙伟一行来交行山东省分行调研指导工作。省政府副秘书长张德宽、人行济南分行行长杨子强、山东银监局局长廖平之、省金融办副主任郭永利等陪同调研。交行山东省分行王锋行长，董莹、叶宁、胡翔副行长出席座谈会。

12 月 19 日 交通银行滨州分行开业庆典仪式在滨州市滨州大饭店举行。省金融办主任李永健、人行济南分行副行长肖龙沧、滨州市市长张光峰、市人大常委会常务副主任曹兴宽，市政协主席孙承志，副市长王文禄，市政府秘书长赵建明出席典礼及滨州市委、市政府有关部门负责人、滨州市重要企业代表、金融同业等 400 余人参加了庆典仪式。交行山东省分行行长王锋，副行长董莹、王磊出席了开业庆典。

12 月 25 日 交行山东省分行在山东大厦举办 2012 年“交至诚·行至远”高端客户年末答谢会。

12 月 28 日 交行山东省分行在万达凯悦国际酒店举办 2012 年“交至诚·行至远”沃德客户专场答谢会。

（李光飞）

交通银行股份有限公司青岛分行

【第一负责人简介】 李智斌，男，1966 年 3 月生，云南武定人，汉族，大学本科学历，1987 年 6 月加入中国共产党，1989 年 9 月参加工作，高级工程师职称。历任交行昆明分行电脑室主任、电脑处处长、私人金融业务处处长，交行云南省分行党委委员、副行长、高级信贷执行官。2011 年至今任交行青岛分行党委书记，行长。

【综述】 2012 年，交通银行股份有限公司青岛分行(以下简称"交行青岛分行")全行员工紧紧围绕"拼搏进取 责任立业 创新超越"的交行精神，全面落实"跑赢大市、争先进位"的工作要求，以"用心服务、创造价值"工作主题为指导，通过全面提高服务质量意识、优化体制机制和工作流程、提升金融服务内涵、夯实持续发展基础，不断增强价值创造能力，使各项经营管理工作取得长足进步。

截至 12 月末，该行各项人民币存款余额突破 700 亿元大关，各项人民币存款市场占比达到 11.54%。其中，对公存款市场占比历史性跃居本地同业首位，对公和储蓄存款市场占比均在交行系统内排名首位。

【公司业务】 2012 年，交行青岛分行努力夯实客户基础，深挖客户群业务潜力，市场份额实现历史性突破，稳居当地同业之首。

一、加强结构调整，加快公司业务发展。一是加强与财政、社保、公积金的联网平台建设，不断深化与医疗机构的合作，以丰富的服务手段和完善的服务功能，持续增加存款沉淀；二是以产业链为主线，积极与大型客户产业链上下游企业开展业务往来，逐步完善围绕核心客户的产业链客户群体，提高中小型客户的综合回报和收益；三是进一步完善市区两级财政的专户代理资格体系，拓展合作关系；四是积极推进投行业务，在债券承销、海外融资、融资租赁、国内保理、信托融资及咨询顾问等多方面取得了较好的成绩，形成新的业务增长点。

二、加大对民生项目的金融支持。一是加大对电力、交通运输等基础设施，关系国计民生的基础性产业和国家重点建设工程的信贷支持力度；二是支持青岛市蓝色经济建设，建立了以港口、船舶及配套产业制造为核心的航运金融客户群；三是坚持绿色信贷，充分发挥金融资源配置在推动资源节约型、环境友好型发展模式中的引导作用。

【个金业务】 2012 年，交行青岛分行积极调整业务发展思路，制定总体发展策略，在逆境中谋求发展，通过细化客户群，精准营销推动储蓄存款稳定增长。当年储蓄存款突破 200 亿元，市场占比超过 8%，稳居交行系统首位。

一、建立客户发展长效机制。通过活动推动和政策引导，在全行营造"以客户为先导，内提外拓求发展"的营销氛围，精耕细作全面夯实客户基础。

二、以差异化精细服务赢得客户。一是为代发客户打造规范化服务体系，为结算类客户推广"家易通"，为交易类客户设计理财产品；二是通过"高层领跑"为基层业务合作搭建基础，开展与券商的全面合作和紧密联动。

三、充分发挥公用事业规模优势，吸引优质客户资源。一是推行公积金联名卡，独家推出了"公积金客户办理太平洋信用卡的优惠政策"；二是规范社保代理业务，出台了《代理社会保险业务管理办法》；三是探索"银医合作"，创新推出了"诊疗一卡通"业务，通过与青岛市市立医院、青岛医学院附属医院的全方位合作，联名发行诊疗卡，加强对客户诊疗资金的流量管理。

【中间业务】 2012 年，交行青岛分行充分应用交行国际化、综合化经营平台，向客户推广多样化的融资理财方案和创新型金融服务模式，中间业务收入占比创新高。截至年末，中间业务净收入同比增幅 24.9%，中间业务净收入占比达 20.82%，在交行系统内排名第三。

一、充分发挥经营优势，提高对实体经济的服务水平。一是承销华电煤业短期融资券 24 亿元，刷新分行债券承销单笔最大额记录；二是与香港分行联动为青岛前湾港融得境外人民币资金 22 亿元，刷新青岛市境外人民币融资单笔最大额记录；三是以融资租赁方式为青岛市公交车更新换代项目提供融资 2.2 亿元；四是为中铁十四局、华能电力等企业发行信托累计 52 亿元。

二、充分发挥口岸城市驻地优势，大力发展国际结算业务。该行国际结算量当年累计 140 亿美元，其中离岸业务市场份额上升到本地同业首位。跨境人民币结算量突破 100 亿元大关，位列本地同业"三甲"。国内信用证业务量超过 100 亿元，成为新的中间业务收入增长点。

三、创新产品销售模式，推进电子商务业务，提升零售板块

交通银行股份有限公司青岛分行主要统计指标 1

单位：亿元

项目＼年度	2008	2009	2010	2011	2012	2012 年同比增幅（%）
本外币资产总额	356.96	488.77	639.97	761.82	869.04	14.07
本外币存款余额	330.19	458.41	575.26	679.3	776.14	14.26
人民币存款余额	318.4	444.4	557.33	656.59	748.83	14.05
单位存款	155.18	191.74	351.66	416.52	528.81	26.96
储蓄存款	117.36	146.6	168.45	184.35	220.02	19.35
本外币贷款余额	228.55	289.43	385.05	438.85	504.12	14.87
人民币贷款余额	216.2	276.74	376.29	426.52	477.47	11.95
短期贷款	98.18	123.95	195.59	196.95	220.15	11.78
中长期贷款	117.5	152.44	158.76	206.55	234.02	13.30
票据融资	7.4	44.88	21.83	22.82	22.84	0.08
利润总额	7.83	8	10.26	12.87	14.23	10.57
不良贷款余额	4.32	4.32	2.81	6.38	6.66	4.39
不良贷款占比（%）	18.28	12.92	0.73	1.45	1.32	-8.97

交通银行股份有限公司青岛分行主要统计指标 2

项目＼年度	2008	2009	2010	2011	2012	2012 年同比增幅（%）
单位结算账户（万户）	1.02	1.13	1.47	1.72	1.91	11.03
单位结算金额（亿元）	2.01	2.21	2.43	2.68	2.94	10.00
个人结算账户（万户）	177.93	206.40	228.63	308.84	390.68	26.50
个人结算金额（亿元）	0.37	0.44	0.53	0.64	0.76	20.00
信用卡发卡量（万张）	2.85	4.75	4.39	2.39	3.37	41
信用卡消费额（亿元）			24.32	30.37	34.35	13.11
企业网银客户（万户）	0.19	0.21	0.37	0.58	0.79	36.21
个人网银客户（万户）	21.63	29.25	39.77	47.14	61.21	29.85
手机银行客户（万户）	0	2.35	5.42	7.95	13.68	72.08
电话银行客户（万户）	0.05	0.12	0.5	0.19	0.19	0
现金自助设备（台）	270	312	328	380	405	6.58
营业网点（个）	58	58	58	58	54	-6.90
自助网点（个）	43	47	53	64	68	6.25

注：信用卡消费额 2008 年、2009 年数据无法统计

中间业务盈利能力。一是保险代理业务良性发展，全年代理保险手续费完成率交行系统内排名第 1 位；二是推出“最红星期五、青岛欢乐购”等刷卡促销活动，与多家第三方支付公司建立合作关系，卡收入同比增长 34.20%；三是利用交总行推出的“交博会企业馆”、“收富通宝”、“银联线上支付”等新产品，大力拓展电子商务线上收单业务。

【内部管理】 2012 年，交行青岛分行全面落实各项风险防控措施，在党风廉政建设、案件防范、风险管理等方面取得较好成效。

一、狠抓党风廉政建设，自律意识进一步加强。一是实行领导干部“一岗双责”的一把手工程，各级负责人签订了党风廉政建设、案件防控《责任书》；二是制定了《党风廉政建设和反腐败工作任务分解办法》，建立了较为完善的监督考核机制；三是分

行纪委坚持每月、逢重大节日为中层以上领导干部发送作风建设和廉政建设方面的短信提示语。

二、内控体系建设取得实效，案件防范能力进一步巩固。一是积极开展警示教育，组织员工观看了《泄密—就在我身边》以及自编自演的《密码管理—警示录》等多部警示教育片；二是全面开展员工失范行为排查，建立员工管理信息台账，坚持员工家访制度，按季进行思想动态排查。

三、全面风险管理水平不断提升。一是规范和完善分行风险管理委员会运作，制定了《议事规则》；二是对全口径平台客户进行逐户排查，加强房地产领域风险管控，持续开展民间借贷风险排查；三是加强全流程管理，制定实施了《公司客户授信业务管理综合考核办法》和《支行内部控制评价试行办法》。

四、会计基础工作进一步规范，金融服务质量明显提升。一是加强营运基础管理，完成"十八大"期间残损币回笼工作；二是支持重点项目建设，开发了房屋专项维修资金业务系统，制定了济南铁路公积金业务需求金融服务方案；三是持续开展岗位技能练兵，要求网点通过日日练、周周测、月月考，提高柜面服务效率。

【企业文化建设】 2012年，交行青岛分行积极参与社会公益活动，加强精神文明建设。一是连续13年与青岛市政府协办"青岛市新年音乐会"，连续8年协办"青岛市万人健身跑"活动；二是关心员工健康，为全行员工缴纳补充养老保险、完善医疗保险等，举办健康知识讲座、员工按期查体等活动；三是丰富员工的业余文化生活，举办乒乓球、羽毛球等多项比赛，成立篮球、羽毛球等多个活动小组，为每个基层工会发放运动器材；四是关心员工精神状态，倡导"快乐工作、工作快乐"的良好氛围，建立"交融驿站"员工关爱工程；五是为员工订购生日蛋糕，为员工的父母订阅《老年生活报》，为员工的未成年子女发放书卡；六是解决员工早餐、午餐问题，统一为员工配餐；七是向困难职工、离退休人员发放补助，逢年过节主动上门探望慰问。

【大事记】 1月1日 交行青岛分行成功营销青岛市住房维修资金代收代缴业务。

1月2日 交行青岛分行召开区域机构经营管理模式改革（试点）实施动员会，在开发区4家网点试点管辖支行机构经营管理模式。

1月4日 交行青岛分行市南第一支行新址正式对外营业。

1月9日 交行青岛分行第一家"企业馆"商户（青岛浪海潮电子科技有限公司）通过审批成功入驻总行"交博会网上商城"。

1月11日 交行青岛分行联动交银租赁公司成功为青岛公交集团、交运集团发放融资租赁贷款。

1月13日 交行青岛分行成功上线区财政非税代理业务系统。

2月8日 交行青岛分行成功开办小企业国内信用证议付业务。

2月 交行青岛分行与中石化青岛分公司、琴岛通卡公司签订合作协议。

3月5日~8日 交行青岛分行平稳完成海江路、逍遥一路、深圳路、海尔路4家支行网点的整合撤并工作。

3月12日 交行青岛分行成功牵头组建青岛海晶化工银团贷款业务。

3月31日 交行青岛分行第一户"收富通宝"收单商户（青岛海都大酒店有限公司）顺利上线。

3月 交行青岛分行成功营销青岛市住房维修基金业务。

4月8日 交行青岛分行召开开发区机构经营管理模式改革试点工作总结会，为该模式在全行范围内的推广奠定基础。

4月16日 交行青岛分行奋进四路支行新址正式对外营业，并更名为前湾港支行。

4月17日 交行董事会秘书杜江龙来青拜访交行股东单位，分别拜访了海信集团有限公司、青岛市企业发展投资有限公司。

5月10日 交行青岛分行成功上线新版中间业务平台，包括新版联通代收费等业务系统。

5月14日 交行青岛分行成功上线自行开发、测试、运行太平洋卡对账簿补登项目功能。

5月28日 杨东平首席风险官到交行青岛分行调研。在青期间见了青岛前湾集装箱码头有限公司高层管理人员。交行青岛分行成功营销青岛前湾集装箱码头融资项目。

5月29日 交行青岛分行成功承办青岛市2012年国库代理支库工作会议。

5月30日 交行青岛分行在交行系统内首家上线经营机构机房环境监控系统。

6月27日 交行青岛分行与港交行联动，采用三方协议的形式，为青岛前湾集装箱码头有限责任公司发放境外人民币贷款。

6月28日 交行青岛分行福州南路第二支行新址正式对外营业，并更名为高新技术产业开发区支行。

6月29日 交行青岛分行成功上线房屋专项维修资金管理系统，成为青岛市首家上线该系统的银行。

7月4日 交行青岛分行与青岛担保中心有限公司举行业务合作签约仪式。

7月16日 交行青岛分行跨境人民币业务量跃居该市同业首位。

7月18日 交行青岛分行与青岛市市立医院合作开发的"诊疗医卡通"系统成功上线。

7月31日 交行青岛分行与青岛华商汇通投资担保公司、青岛橡胶谷集团签订了三方知识产权质押融资签约仪式，并首次为此模式授信。

8月14日 交行青岛分行与深圳市永泰融资租赁有限公司合作，成功叙做宁夏宝塔能源有限公司宁东动力站技改项目首期应收租金国内保理业务。

8月24日 交行青岛分行储蓄存款余额突破200亿元。

8月26日 交行青岛分行南京路支行新址正式对外营业。

8月29日 交行青岛分行与青岛大学医学院附属医院签订“银医自助诊疗综合服务系统合作协议”。

8月31日 交行青岛分行与青岛大宗商品交易中心有限公司合作的银商通资金结算系统正式上线。

8月 交行青岛分行国际结算量突破百亿美元大关。

交行青岛分行为青岛农商行成功申请2.5亿美元同业授信额度。

9月21日 青岛交银崂山村镇银行正式营业。

9月28日 交行青岛分行成功为诚联融资租赁有限责任公司办理售后回租项下国内保理融资业务。

交行青岛分行成功入选海信集团财务公司现金管理“二级账户”合作行,双方启动“银企直联+蕴通二级账户”全面合作。

10月10日 交行青岛分行与青岛港(集团)有限公司前港分公司就散煤码头B2C电子商务合作项目签署协议。

10月11日 交行青岛分行人民币存款突破700亿元。

10月15日 交行青岛分行为青岛前湾西港联合码头有限责任公司提供固定资产贷款授信额。

10月19日 交行青岛分行成功办理了全行首笔国内再保理业务。

11月2日 交行青岛分行与快钱公司合作成功办理首笔国内再保理业务。

11月5日 交行青岛分行为电视剧《年画》剧组成功办理文化产业“著作权质押”模式授信。

11月17日~18日 交总行监事长华庆山出席交行青岛分行党委民主生活会。在青期间会见了青岛市委副书记、市长张新起。

11月23日 交行青岛分行上线社保基金账户监管系统。

11月26日 交行青岛分行胶南支行新址正式对外营业。

11月27日 交行青岛分行与上海信托及海信财务合作,以单一资金信托对接分行信贷资产模式,成功操作信贷资产转让业务。

11月30日 交行青岛分行B2C直联商户年累计收单交易量首次突破1亿元。

12月30日 由青岛市政府主办、青岛分行协办的“2013年青岛新年音乐会”在青岛市大剧院举行,音乐会邀请了国内著名歌唱家与青岛交响乐团同台献艺。青岛市市委、市政府李群等主要领导与该行公司重点客户、沃德客户一起共享音乐盛典。这也是该行连续13年协办“青岛新年音乐会”。

12月31日 交行青岛分行外联网络区域顺利完成Juniper防火墙上线工作,在全国系统内率先完成外联区域防火墙异构改造。

(李庆童)

中国邮政储蓄银行山东省分行

【第一负责人简介】 马洪宁,山东单县人,1964年11月生,大学本科学历,中共党员,经济师。1982年1月参加工作,历任江苏省邮政储汇局副局长、党委书记,中国邮政储蓄银行江苏省分行党委书记、行长;2013年4月至今任中国邮政储蓄银行山东省分行行长。

【综述】 2012年,中国邮政储蓄银行山东省分行(以下简称“邮储银行山东省分行”)立足于服务城乡、服务社区、支持“三农”的零售银行定位,以加快发展为第一要务,各项工作不断取得新突破,企业运行质量显著提升,整体工作始终走在了全国邮储银行系统前列,连续3年被山东省政府授予金融创新奖荣誉称号。

【经营管理】 2012年,邮储银行山东省分行以提升经营能力为重心,以做精产品、做细业务、做大市场为重点,通过整合队伍、产品、客户资源,有效推进了各业务板块联动发展。

一、整体业务稳健发展,业务收入和利润分别居全国邮储同业第5位和第4位。截至年底,该行邮政储蓄存款和对公存款余额分别居全国邮储同业第4位和第5位;流动资金贷款余额居全国第2位;票据贴现业务累计交易302亿元,票据转贴现业务累计交易2673亿元,合计实现利润居全国邮储同业第2位;代理保费99亿元,继续居全省银保渠道第1位;信用卡发卡居全国邮储同业第3位。

二、进一步加大风险管控力度。

(一)风险合规工作深入开展。一是以督导建设“合规管理示范行”工作为抓手,扎实开展了全面风险管理体系建设;二是规范、完善了法律事务与合规管理建设,做实做细反洗钱工作;三是全力推进资产保全工作,成为首家获得总行验收合格批复的一级分行。

(二)审计监督作用有效发挥。一是完善了各条线业务检查制度,明确了检查监督职责归属,保证了检查有落实,整改有督促;二是坚持常规审计、内控评价与专项审计有机结合,实施了8项专项审计活动;三是积极推进责任认定、经济责任、工程项目结算审计等工作,为经营发展做好支撑。

中国邮政储蓄银行山东省分行主要统计指标 1

单位：亿元

项目＼年度	2008	2009	2010	2011	2012	2012 年同比增幅（%）
本外币资产总额	1351.49	1602.64	2004.03	2428.48	2943.44	21.21
本外币存款余额	1296.76	1577.02	1973.23	2378.21	2827.16	18.88
人民币存款余额	1296.72	1576.97	1973.18	2378.16	2827.09	18.88
单位存款	34.18	137.73	225.19	308.41	377.29	22.33
储蓄存款	1260.99	1434.26	1717.02	2049.42	2449.80	19.54
本外币贷款余额	32.19	145.68	225.60	299.55	422.07	40.90
人民币贷款余额	32.19	145.68	225.60	299.55	422.05	40.89
短期贷款	31.03	102.84	133.65	170.91	229.84	34.48
中长期贷款	1.16	42.83	91.96	128.64	192.21	49.42
票据融资	--	--	10.51	27.98	57.37	105.04
利润总额	-0.08	1.84	7.67	7.29	14.06	92.87
不良贷款余额	0.01	0.63	2.18	4.22	6.32	49.76
不良贷款占比（%）	0.02	0.43	0.92	1.57	1.32	-15.92

中国邮政储蓄银行山东省分行主要统计指标 2

项目＼年度	2008	2009	2010	2011	2012	2012 年同比增幅（%）
单位结算账户（万户）	1.10	2.44	3.38	4.24	4.91	15.80
单位结算金额（亿元）	261.98	1690.02	3541.2	5643.93	6990.77	23.86
个人结算账户（万户）	2925.20	3287.97	5136.92	5604.78	6453.48	15.14
个人结算金额（亿元）	271.19	305.92	569.04	588.52	682.90	16.04
信用卡发卡量（万张）	--	0.64	2.76	8.52	10.39	21.89
信用卡消费额（亿元）	--	0.13	1.98	18.44	58.29	216.11
企业网银客户（万户）	0.04	0.23	0.47	0.78	1.15	17.26
个人网银客户（万户）	--	--	34.56	143.34	292.64	104
手机银行客户（万户）	--	--	--	--	74.0	--
电话银行客户（万户）	--	48.74	137.66	237.25	329.7	39
现金自助设备（台）	921	1003	1253	1831	2481	35.5
营业网点（个）	2575	2542	2542	2622	2694	2.7
自助网点（个）	--	--	--	--	873	--

（三）安全保卫工作稳步加强。一是整合了安全保卫资源，实行扁平化管理；二是以营业场所安全防范为重点，以遵守安全防范操作制度和强化应急预案演练为手段，确保了企业安全稳定运行。

【电子银行业务】 2012 年，邮储银行山东省分行电子银行业务快速发展。截至年底，该行个人网银用户和手机银行客户均居全国邮储同业第 1 位；ATM 同比新增 174 台，电子渠道分流率达 67%，同比提高 7 个百分点。全年该行完成信息系统工程建设 51 项，信息系统运行稳定、保障有力，全年无重大安全运行故障。

【大事记】 2 月 10 日 邮储银行山东省分行工作会议在济南召开。

2 月 山东省政府授予邮储银行山东省分行金融创新奖荣誉称号。

4 月 邮储银行山东省分行各级分支机构均完成了强支行战略组织架构调整工作。

5 月 29 日 邮储银行山东省分行工会组建。

7 月 17 日 邮储银行山东省分行在济南召开全行行长座谈会。

8 月 邮储银行山东省分行启动了网点转型标准化流程导

入推广工作。

8月~10月 邮储银行山东省分行圆满完成了国有企业思想政治工作评价指标体系试点工作,得到中国政研会、中国金融政研会及总行领导的高度评价。

12月 邮储银行山东省分行举办了"邮储银行杯"第2届山东省青年创业大赛暨金融支持青年创业高峰论坛。

邮储银行山东省分行完成了400家网点转型标准化流程导入工作。

(梁 骞)

中国邮政储蓄银行青岛分行

【第一负责人简介】 银青志,1966年3月生,毕业于北京邮电大学,硕士研究生学历,中共党员,高级经济师。1987年7月参加工作,历任河南省辉县市邮政局局长、党委书记,新乡市邮政局局长、党委书记,中国邮政储蓄银行河南省分行副行长,中国邮政储蓄银行总行信贷业务部副总经理;2012年11月至今,任中国邮政储蓄银行青岛分行行长、党委书记。

【综述】 2012年,中国邮政储蓄银行青岛分行(以下简称"邮储青岛分行")以支持地方经济发展、支持新农村建设为已任,以服务"三农"、服务中小企业为目标,加大业务发展力度,增强企业核心竞争力,强化基础管理工作,努力构建和谐企业,服务功能不断完善,业务种类逐渐丰富,抗风险能力进一步提升。

【内部管理】 2012年,邮储青岛分行实行全面风险控制,强化内部管理工作,夯实发展基础。

一、风险管控能力进一步提升。遵循"适度风险、适度回报、服务发展、稳健经营"的指导思想,进一步优化全面风险管理体系,完善了各项规章制度,组织开展了以合规审查、合同审查、法律性文件审查以及授权管理为主体的法律合规"四大平台"建设,进一步夯实了风险合规管理工作的基础。

二、审计基础建设进一步完善。积极推进审计工作转型,审计队伍综合素质不断提高,审计流程不断优化,审计质量和效

中国邮政储蓄银行青岛分行主要统计指标1

单位:亿元

项 目	2008	2009	2010	2011	2012	2012年同比增幅(%)
本外币资产总额	152.99	171.52	206.01	244.55	288.93	18.15
本外币存款余额	148.41	167.77	202.01	237.97	280.40	17.83
人民币存款余额	148.36	167.67	201.89	237.86	280.24	17.83
单位存款	2.43	7.66	12.78	16.31	19.47	19.37
储蓄存款	145.98	159.79	187.56	219.57	260.93	18.84
本外币贷款余额		11.56	19.35	29.97	38.09	27.09
人民币贷款余额		11.56	19.35	29.97	38.09	27.09
短期贷款		5.42	6.47	10.58	14.08	33.08
中长期贷款		6.14	12.88	19.29	24.02	24.52
票据融资			3.83	4.59	9.31	1.03
利润总额	-0.04	0.06	0.35	0.02	0.47	21.49
不良贷款余额		0.07	0.11	0.14	0.25	71.53
不良贷款占比(%)		0.57	0.57	0.42	0.52	23.81

中国邮政储蓄银行青岛分行主要统计指标 2

项　目	2008	2009	2010	2011	2012	2012年同比增幅(%)
单位结算账户（户）	584	1377	2727	3200	3327	3.97
单位结算金额（亿元）	2.43	7.97	14.44	18.97	19.69	3.83
个人结算账户（万户）	464.27	55.07	632.71	697.30	784.32	12.47
个人结算金额（亿元）	846.01	971.28	1122.41	1326.56	1456.43	9.79
信用卡发卡量（张）	15	160	3121	6812	4324	-36.52
信用卡消费额（万元）	41.87	263.68	1166.70	5365.92	10488.47	95.46
企业网银客户（户）		26	381	468	399	-14.74
个人网银客户（户）			64627	52559	36645	-30.27
手机银行客户（户）					32574	
电话银行客户（户）			7250	37013	35711	-3.52
现金自助设备（台）	247	191	238	255	319	25.10
营业网点（个）	248	248	248	250	255	2
自助网点（个）					1	

率不断提升。深入开展了代收付类中间业务、小企业贷款、个人贷款、网点负责人履职等9个专项审计和内控评价活动。

三、安全保卫工作得到加强。一是严格按照监管要求对新建、改建网点配备安防设施，并对部分不达标网点安防设施进行了整改，消除了安全隐患；二是加大安全教育培训力度，提高了员工自我保护意识和安全工作技能。全年无安全事故和资金案件发生。

【电子银行建设】　2012年，邮储青岛分行高度重视电子银行渠道建设，多方位、大力度促进电子银行产品的销售，有效缓解了柜台压力，并将服务延伸到农村金融市场。

【新兴业务】　2012年，邮储青岛分行十分注重新业务的引进和推广，积极培育新的业务亮点。一是本着"审慎经营、风险可控、逐步推进"的原则全面启动了公司信贷业务，做到稳妥开办、专业化运作；正式开办了一手房贷款业务，进一步完善了信贷产品；二是深入开展票据贴现业务，认真研究票据市场形势，把握宏观利率走势，及时调整业务发展思路，加大市场开发力度，广泛拓展同业客户；三是进一步拓宽客户交易渠道，开办了手机银行业务。

【大事记】　3月1日　邮储青岛分行手机银行业务正式对外开办。

3月　邮储青岛分行开办经营性车辆按揭贷款业务。

5月　邮储青岛分行获得总行批复将小企业单户授信额度上限调整至人民币2000(含)万元，进一步提高了信贷支持中小企业发展的力度。

8月　邮储青岛分行正式开办一手房贷款业务。

9月6日　邮储青岛分行启动2012年创富大赛，为青岛市创业青年提供了展示创意的舞台和融资支持。

11月7日　山东省委常委、青岛市委书记李群接见了邮储青岛分行银青志行长。

11月24日　邮储总行李财林副行长一行莅临青岛分行视察指导工作。

11月27日　邮储青岛分行成功获得人行国库集中支付代理银行资格。

（邮储银行青岛分行）

第五部分

金融机构运行报告
——商业银行（下）

中国光大银行股份有限公司济南分行

【第一负责人简介】 王欣,男,汉族,1968年3月出生,中共党员,研究生,经济师。历任中国光大银行太原分行公司银行部副总经理、总经理;太原分行行长助理、纪委书记、风险总监;2010年5月至今,任中国光大银行股份有限公司济南分行党委书记、行长。

【综述】 2012年,中国光大银行股份有限公司济南分行(以下简称"光大济南分行")围绕"培养竞争优势,打造服务领先

中国光大银行股份有限公司济南分行主要统计指标 1

单位: 亿元

项目 \ 年度	2008	2009	2010	2011	2012	2012年同比增幅(%)
本外币资产总额	137.85	196.77	229.98	256.17	240.52	-6.11
本外币存款余额	104.82	135.41	196.32	234.7	230.05	-1.98
人民币存款余额	103.49	134.04	194.44	233.86	228.89	-2.13
单位存款	92.88	116.79	174.54	207.95	199.76	-3.94
储蓄存款	11.94	18.61	21.78	26.42	30.29	14.65
本外币贷款余额	84.71	106.05	149.77	176.76	173.61	-1.78
人民币贷款余额	80.73	104.85	136.6	167.3	168	0.42
短期贷款	38.7	39.22	73.6	77.58	104.3	34.44
中长期贷款	46.01	66.83	76.17	90.85	63.19	-30.45
票据融资	4.79	12.72	1.12	0.09	1.05	1066.67
利润总额	0.61	1.76	3.47	3.05	4.52	48.20
不良贷款余额	4.27	2.63	1.89	1.83	1.63	-10.93
不良贷款占比(%)	5.04	2.48	1.25	1.04	—	—

中国光大银行股份有限公司济南分行主要统计指标 2

项目 \ 年度	2008	2009	2010	2011	2012	2012年同比增幅(%)
单位结算账户(户)	4629	5738	5640	5376	5209	-3.10
单位结算金额(亿元)	2.19	2.71	4.96	4.31	4.12	-4.45
个人结算账户(万户)	31.89	37.28	43.26	47.98	53.28	11
个人结算金额(亿元)	231.40	376.35	589.43	756.15	582.73	-24.25
信用卡发卡量(万张)	—	—	—	—	—	—
信用卡消费额(亿元)	—	—	—	—	—	—
企业网银客户(万户)	—	1369	1428	1988	3031	52.46
个人网银客户(万户)	1.57	3.21	6.00	8.70	11.55	32.83
手机银行客户(万户)	—	0.11	0.36	1.00	3.86	284.15
电话银行客户(万户)	—	2.95	3.50	—	—	—
现金自助设备(台)	—	229	261	280	278	-0.71
营业网点(个)	11	12	13	14	14	0
自助网点(个)	1	1	2	2	2	0

银行”的目标，勇于开拓，积极进取，实现了规模、质量、效益的大幅度增长。

【公司业务】 2012年，光大济南分行加强营销创新，努力做大做强公司业务。

一、抓住机遇，加快发展。充分发掘营销山东市场优质客户，扩大营销触角，采取多种激励措施，充分调动广大客户经理业务拓展的积极性，不断培育新的增长空间。

二、创新营销，拓展市场。一是成功营销了山东黄金私募基金、新矿集团高资质理财；二是积极拓展山东钢铁短期债券、山东高速中期票据、魏桥集团信托计划等业务；三是与光大证券合作成立的债券山东营销部已经取得了60亿的发债储备；四是实现了与山东能源集团的业务合作；五是水务领域实现了济南、淄博地区的业务合作；六是实现国际结算收付汇超过6亿美元，增幅46%，远高出济南市进出口量6.8%的增幅，全行排名第5位。

【零售业务】 2012年，光大济南分行认真贯彻落实总行发展战略，着力推进零售业务发展。一是通过组织全行储蓄竞赛、网点营销PK等活动，推动储蓄业务的持续增长；二是在成立工程机械贷款中心基础上，进一步开发重汽车辆按揭业务，优化整合流程；三是逐步提升网点环境的改造建设，推进星级网点、客户最佳体验、旗舰网点的形成；四是改造客户服务流程，提供高效、便捷、差异化、多样化的金融服务，提高客户忠诚度。

小微企业方面，出台了“房抵快贷”、“链式快贷”、“POS快贷”等系列标准化信贷产品；信用卡发卡量居全行第5位，中间业务收入突破亿元大关。

【合规建设】 2012年，光大济南分行牢固树立以合规促发展的思想观念，狠抓合规建设，深化认识，强化行动，确保安全运营。

一、梳理制度，完善考核机制。落实合规和案防工作责任制，研究强化分行“四位一体”内控监督平台的制度措施，在系统内率先尝试内部审计中心的机构建设。

二、改进流程，严把授信准入关口。改进授信审批流程，细分授信管理团队，试行了风险经理“项目经理”制，提高工作效能。

三、坚持风险排查机制，强化预警管理。一是组织召开了多次风险排查工作，对重点客户进行现场走访，针对协查、自查过程中发现的柜台业务操作存在的薄弱环节，采取了一系列强化措施；二是组织召开预警会15次，针对阶段性出现的不同问题，拟定了具体的防范和化解风险措施，有效化解了钢铁保兑仓、全程通等因市场因素产生的信贷风险。

四、增强全员合规、案防意识，增强防范技能。采取举办合规演讲比赛、合规与发展员工大讨论、参观监狱与服刑人员现场说法教育等活动，开展合规教育，强化问责机制。

【服务提升】 2012年，光大济南分行按照“一年看变化，两年见成效，三年有影响，四年树品牌”的工作目标，坚持以客户服务为中心，打造服务领先银行。一是持续推进“标杆营业网点”打造工作，积极做好网点硬件、服务设施的改造配置升级；二是建立客户服务标准和客户满意度调查体系，将支行和分行各部室服务质量考评纳入绩效考核体系，全面提升服务质量和效率；三是通过开展阳光服务“十项做法”、“倾听计划”等活动，确保阳光服务建设切实落到实处；四是加大形象广告投入力度，冠名经七路光大银行人行天桥、设置经十路灯箱广告、高速口户外广告牌，全面提升光大银行在老百姓心中的形象。

【企业文化建设】 2012年，光大济南分行积极建设学习型企业，努力营造和谐企业氛围。一是举办了首届集团驻济单位职工运动会，并组织了三次员工春游活动；二是持续开展员工家访活动，坚持召开“员工倾听座谈会”，解决员工实际困难；三是组织了行庆20周年演讲比赛、征文比赛及“光大好声音”十佳歌手大赛、“三八节”晚会、“庆行庆书法、摄影展”等活动；四是成立了分行阳光关爱基金，增强员工的凝聚力和向心力。

【大事记】 8月 光大济南分行与潍坊市政府签订战略合作协议。

10月 光大银行总行专职董事俞二牛等一行6人赴济南分行巡视调研。

光大济南分行与济宁市政府签订战略合作协议。

12月 光大集团工会主席康臻赴光大济南分行调研，慰问一线员工。

（陆德军 郭 峰）

中国光大银行股份有限公司青岛分行

【第一负责人简介】 范建华，男，汉族，1966年生，中共党员，本科学历，会计师。1988年7月在国家外汇管理局参加工作，1999年6月调入中国光大银行，历任总行信用卡中心总经理助理、私人业务部总经理助理，海口分行行长助理、副行长、风险总监(分行副行长级)、纪委书记等职，2009年5月至今任光大银行青岛分行党委书记、行长。

【综述】 2012年，中国光大银行股份有限公司青岛分行(以下简称"光大青岛分行")认真贯彻落实总行各项部署，本着"价值提升、区域领先"的理念，稳中求进，不断推动规模、结构、质量和效益的均衡协调发展。

【公司业务】 2012年，光大青岛分行全力抓好"市场营销、客户发展、结构调整、盈利提升、队伍建设、风险防范"等工作，实现了业务规模、盈利水平、客户数量等方面同业可比的发展目标。一是中小企业表内新增贷款额系统内排第11名；二是表外授信新增额系统内排第10名；三是新增中小企业客户数系统内排第8名；四是通过票据的卖出回购、引入同业拆借资金等方式，继续保持票据业务在光大系统内的领先地位。

【零售业务】 2012年，光大青岛分行明确发展思路，强化团队合作，各项业务指标均有显著增长。一是全年开展各项营销竞赛活动，效果显著；二是大幅提高利率定价水平，调整个贷产品结构，在做大做强住房、工程机械贷款的同时，发展综合消费、助业、经营性物业抵押类贷款的规模；三是个贷不良贷款实现双降，在青岛可比同业中个人贷款余额和新增额排第3名。

【贸金业务】 2012年，光大青岛分行明确业务发展重点方向，依托港口优势，以货押、贸易融资业务为主线，全面推进经营单位的业务发展。全年贸金中间业务收入、贸易融资时点余额、收付汇业务均实现了快速增幅，在青岛市同业及系统内均排名靠前。

【同业业务】 2012年，光大青岛分行结合自身架构、区域特点，积极开展营销，取得了较好成绩。全年同业票据利润和中间业务收入分别完成年初计划的115%和103%。

【会计结算】 2012年，光大青岛分行不断强化基础管理，优化业务流程，初步建立起制度完善、内控严密、运作高效、响应及时的运营操作和管理平台。一是以阳光服务为契机，不断提高内外部服务水平；二是制定适合员工的培训计划，培训工作成效显著；三是强化风险控制意识，把握重点业务的关键控制环节，不断提高操作风险管理水平和风险控制能力。

【电子化建设】 2012年，光大青岛分行电子化建设成效显著。一是加大手机、网上银行客户引入工作，客户电子化转化率不断提高；二是积极推动资金归集业务，充分利用人行"跨行互联"平台，为客户搭建便利的资金归集渠道；三是代缴费业务发展迅猛，项目涵盖了公共事业、有线电视、电费、电信、联通等基础代收业务，并实现柜面、网银、手机银行、ATM、第三方支付平台等多渠道缴纳；四是积极拓展电子商户，成功接入家居电子商务平台——青岛闺谷 girlvalley，为其提供支付结算服务。

【内部管理和企业文化建设】 2012年，光大青岛分行：

一、内控管理水平不断提高。一是对原有规章制度的执行情况、效果进行了梳理检查和补充完善；二是全面推进合规稽核检查和条线部门业务检查工作，制定并实施了《内控合规检查规划及信息共享管理办法》和《稽核检查整改工作暂行办法》；三是加强问责管理，加大责任追究力度；四是积极落实支行行长岗位轮换和强制休假制度，严格执行柜台经理派驻制；五是组织开展合规学习、宣讲等一系列活动，提高了全员合规意识。

二、加强企业文化建设。一是在营业网点中实行柜员"一帮一"师徒结对子活动；二是坚持分行部门负责人到支行担任"大堂经理"，深入基层，了解一线；三是积极开展"关爱新市民子女志愿服务活动"；四是组织光大集团驻青企业举办了新春联欢会；五是建立困难员工档案，切实解决其实际困难；六是举办了光大集团驻青企业第3届职工运动会，营造团结向上的团队氛围。

【大事记】 1月14日 光大青岛分行举行2012年表彰先进暨新春联欢会。

2月25日 光大青岛分行召开2012年度工作会议，总结上年工作并部署全年各项工作。

4月6日 光大青岛分行威海路支行崔昕获得山东省金

融业反洗钱工作先进个人。

5月18日　光大青岛分行积极参与组织德州市资本交易大会，并与10余家企业签订了合作意向书。

6月17日　光大集团驻青企业职工运动会在中联运动公园举行。

6月21日　光大青岛分行荣获青岛市政府颁发的"2011年度纳税50强"企业，排名第44名。

7月17日　光大青岛分行崂山支行正式开业。

8月8日　光大东营分行正式开业。

8月18日　光大青岛分行在颐中皇冠假日酒店隆重举行"中国光大银行20周年行庆暨'金阳光俱乐部'挂牌仪式"。

10月23日　光大青岛分行在云南腾冲举办2012年战略客户研讨会。

11月29日　光大青岛分行与青岛市科学技术局签署了科技金融战略合作协议。

11月30日　光大青岛分行在山东省银行业金融机构跨境人民币业务竞赛活动中获得先进单位的称号。

12月4日　光大青岛分行香港中路支行喜获青岛银行业"青年文明号"称号。

12月17日　光大青岛分行城阳支行、李沧支行获得山东省银行业协会文明规范服务示范单位的称号。

光大青岛分行殷灵晓获得山东省银行业协会文明规范服务明星大堂经理的称号，赵文星获得山东省银行业协会文明规范服务优秀柜员的称号。

12月20日　光大青岛分行完成对分行大楼3-10层抵债房产的过户登记手续以及抵债资产账务处理工作。

12月22日　光大青岛分行与山东省四川商会签署战略合作协议。

12月25日　光大青岛分行香港中路支行获得中国银行业协会文明规范千佳示范单位的称号。

12月31日　光大青岛分行荣获省级"残损币管理活动年"先进集体称号，运营管理部李滨荣获"承诺十八项，献礼十八大"省级先进个人称号。

（孙昌勇　张钟文）

中国光大银行股份有限公司烟台分行

【第一负责人简介】　唐健，男，汉族，1964年9月生，中共党员，硕士研究生，经济师、讲师。1985年5月参加工作，历任中国光大银行重庆分行副行长、党委委员、纪委书记；现任中国光大银行烟台分行党委副书记（主持工作）。

【综述】　中国光大银行股份有限公司烟台分行（以下简称"光大烟台分行"）成立于1993年12月29日，是直属总行的一级分行。

2012年，该行业务实现健康较快发展，队伍整体素质得到较大提升，案件实现零发生。

【公司业务】　2012年，光大烟台分行围绕"强化服务模式创新"及"存款营销、客户发展、结构调整、盈利提升、队伍建设、风险防范"等工作，以创新产品为突破口，注重提高团队凝聚力，推动对公业务全面发展。

一、着力推动资本节约型业务发展。一是成功实现IPO资金监管户、代理法人贵金属交易、私募股权基金托管（PE）、"跨行通"现金管理、高资理财、债市通、信托受益权转让等7个产品零的突破；二是标准版现金管理、托管业务、资金业务均实现较大发展，被总行资金部、托管部邀请作为先进分行参加了年末工作会议，其中，现金管理新开户和交易额双超总行全年任务；三是新开立债市通13户，系统内排第一；四是开立代理法人贵金属客户7户，成为光大系统内首家实现代理法人贵金属交易的分行。

二、大力推动模式化经营。截至年末，该行10大行业模式化中经营核心客户10户，通过模式化平台新增上下游客户37户，通过1+N保理、保兑仓、供应商融资等方式为此类客户融资9.7亿元，同时带动日均存款增加近2亿元。

三、加强中小企业模式化平台建设。截至年末，该行中小企业模式化平台16个，平台项下有授信余额的客户38户，授信余额4.34亿元。其中，新搭建平台10个，有6个获授信批复，批复金额10.4亿元。

【零售业务】　2012年，光大烟台分行围绕"夯实基础，提升规模"的思路，以优质客户为核心，以理财、小微等为重点，先后组织"对私存款开门红"、"优质客户增长"等多项竞赛活动，实现了零售业务较快增长。

一、负债业务。全年新增代发户221户、代发人15383人，带动储蓄存款增加1.74亿元；累计签约超级网银有效客户1033户，自动归集资金2652万元；新增小企业主个人收单商户1035户，带动储蓄存款余额1.7亿元。

二、资产业务。一是大力发展小微业务，全年小微贷款累计投放8亿元，占比48%，业务结构调整初显成效；二是对私

中国光大银行股份有限公司烟台分行主要统计指标 1

单位：亿元

项目 \ 年度	2008	2009	2010	2011	2012	2012 年同比增幅（%）
本外币资产总额	45.32	81.03	128.58	127.58	161.06	26.24
本外币存款总额	35.61	55.38	77.59	96.65	111.87	15.75
人民币存款余额	34.01	54.28	75.28	91.26	99.66	9.20
单位存款	24.80	32.98	43.81	61.02	62.29	2.08
储蓄存款	7.56	13.09	18.82	30.24	37.37	23.58
本外币贷款余额	32.66	61.15	82.43	90.36	94.78	4.89
人民币贷款余额	32.66	56.35	77.87	86.57	83.36	-3.71
短期贷款	10.54	18.81	46.18	51.36	48.71	-5.16
中长期贷款	17.96	22.7	29.51	33.75	33.25	-1.48
票据融资	4.09	14.84	2.17	1.46	1.40	-4.11
利润总额	0.34	0.56	0.89	2.24	2.80	25.00
不良贷款余额	1.09	0.95	0.85	0.80	0.54	-32.50
不良贷款占比（%）	3.34	1.55	1.03	0.88	0.57	-35.23

中国光大银行股份有限公司烟台分行主要统计指标 2

项目 \ 年度	2008	2009	2010	2011	2012	2012 年同比增幅（%）
单位结算账户（万户）	0.26	0.30	0.35	0.40	0.45	13
单位结算金额（亿元）	637.4	810.1	1343.5	1632.3	1978.2	21
个人结算帐户（万户）	22.5	27.3	33.89	57.51	61.57	7
个人结算金额（亿元）	438.8	728.1	1189.2	1626.80	1867.9	15
信用卡发卡量（万张）	4.7	1.5	3.62	3.14	3.81	121
信用卡消费额（亿元）	2.83	6.27	9.77	15.15	36.64	241
企业网银客户（万户）	0	0.04	0.05	0.07	0.12	84
个人网银客户（万户）	0	2.83	3.93	5.48	7.67	40
手机银行客户（万户）	0	0	0.21	0.49	1.34	170
电话银行客户（万户）	--	--	--	--	--	--
现金自助设备（台）	34	40	44	49	55	12
营业网点（个）	5	7	8	8	9	13
自助网点（个）	9	10	11	13	16	23

贷款继续保持该市 8 家股份制商行领先地位，余额规模、新增额均列第一；三是开展的“海参”、“苹果”模式化项目被总行及银行业协会确定为小微业务重点案例，并荣获相应奖项。

【内部管理】 2012 年，光大烟台分行：

一、加强风险管理与案件防控。一是对客户经理和风险经理进行培训，并对风险隐患较大的行业、业务品种、客户群体开展专项排查；二是与各支行、各部门主要负责人签订《案件防控目标责任书》；三是开展了不规范经营的排查整改工作。

二、重视运营管理，落实风险排查。一是深入开展“内控和案防制度执行年”活动，重点开展对大额不良贷款、内控制度执行、防范操作风险 3 个方面的排查；二是组织员工到监狱和看守所进行警示教育，并对员工“8 小时之外”的风险因素摸底排查；三是继续坚持柜台经理例会制度，及时发现风险隐患，确保运营结算安全无案件。

三、重视人才队伍建设。一是充实员工队伍,强化条线培训,落实好“每日晨会”、“以师带徒”、“定期考核”三大员工培训机制;二是开办“光大讲堂”,开展员工轮岗;三是在中层干部及二级部经理选拔上实行公开竞聘,体现“能者上、庸者下”的用人原则。

四、开展阳光服务精益管理工作。一是邀请培训机构老师对人员进行培训和指导;二是加强营业网点设施建设,提高对客户的吸引力。

【企业文化建设】 2012年,光大烟台分行加强人才队伍和企业文化建设,为其实现长期、健康、快速发展夯实良好的文化基础。

一、深入开展“为民服务,创先争优”活动。重点强化制度建设,逐步建立了组织管理、考核评价、网点管理、投诉管理、各条线应急保障工作预案等多项规章制度,将该活动制度化、常态化。

二、开展“红色经典”教育活动。一是为员工购买《做最好的党员》、《毛泽东传》等书籍,并开展“精读一本有意义的书”活动;二是组织全行党员观看学习《信仰》、《创先争优教育片》、《党性之问》及十八大报告等教育片及书籍;三是组织优秀党员等到长白山杨靖宇烈士陵园开展红色教育。

三、加强党务建设。增设了莱州支行和莱山支行两个基层党支部,同时加大对新党员的培养力度。全年共发展5名党员,9名预备党员转为正式党员,新发展入党积极分子20余人。

四、开展工会活动。先后联合光大证券烟台营业部组织了春季爬山活动、客户经理户外拓展训练和光大驻烟台地区企业第3次职工运动会,16支代表队近500名运动员参加了21个项目的比赛。

【大事记】 1月14日~15日 光大烟台分行在文登汤泊温泉度假村召开2012年度工作会议。

2月31日 光大烟台分行一般性存款余额100.28亿元,首次达到百亿大关,在烟台市7家同类中小股份制商业银行中居第1位。

3月14日 光大总行印发(光银党任〔2012〕16号)文,任张永军为光大烟台分行党委委员。

4月27日 光大烟台分行正式与山东网络有限公司烟台分公司上线开通了代缴有线电视费的网络代缴费业务。

6月5日 光大烟台分行第3个县域支行莱州支行正式开业。

6月6日 光大烟台分行第一户也是全国医药行业第一户“跨行通”客户成功上线。

6月29日 光大烟台分行成功营销系统内首家代理法人贵金属客户。

7月12日 光大烟台分行成功营销系统内首笔贵金属货押业务。

8月13日 中国光大银行印发(光银任〔2012〕126号)文,聘任张永军为光大烟台分行行长助理。

10月12日 中国光大集团工会主席康臻到烟台分行视察指导工作。

10月13日 光大烟台分行在山东工商学院成功举行中国光大集团驻烟台企业职工运动会暨光大烟台分行第3届职工运动会。

12月11日 光大总行印发(光银党任〔2012〕45号)文,聘任唐健为光大烟台分行委员会副书记(主持工作)。

12月12日 光大总行副行长单建保莅临烟台分行视察指导工作。

(徐中华)

中信银行股份有限公司济南分行

【第一负责人简介】 侯训义,男,1959年11月生,中共党员,研究生学历,高级经济师。历任中国银行济南分行工业信贷处副处长、长清县支行副行长、开发区支行行长、山东省分行工业信贷处、资产风险处处长、营业部副总经理;2001年5月,任中信济南分行副行长;2008年7月,任中信济南分行行长;2010年3月,任中信济南分行党委书记。

【综述】 2012年,中信银行股份有限公司济南分行(以下简称“中信济南分行”)按照“加快转型、加强管理、加速提升市场竞争力”的方针,切实贯彻落实“转方式、调结构”的要求,实现发展质量的稳步提升。

【公司业务】 2012年,中信济南分行继续贯彻“以供应链金融为显著特征”的公司银行战略,不断打造和提升“获取客户、经营客户、提升客户感受和价值”的能力,针对不同类型客户特点实施差异化的营销策略、服务模式和资源配置。年末,全行日均百万元以上的对公存款客户2038户,较上年增加203户。

【机构业务】 2012年,中信济南分行加大营销力度,实现了机构业务的平稳较快发展。一是积极开展省级国库现金管理,推进济南市国库集中支付业务;二是全面推进“彩银通”全省福彩POS缴款业务;三是努力推进银医合作,配合经营机构营销社保板块;四是协助异地分行进行竞争性谈判工作,拓宽同

中信银行股份有限公司济南分行主要统计指标 1

单位：亿元

项目＼年度	2008	2009	2010	2011	2012	2012 年同比增幅（%）
本外币资产总额	301.78	423.08	477.91	622.46	656.47	5.46
本外币存款余额	264.56	365.72	441.56	497.61	588.95	18.36
人民币存款余额	262.59	353.87	430.73	493.12	585.17	18.67
企业存款	186.82	264.6	312.68	350.46	407.30	16.22
机关团体存款	19.1	31.62	48.66	61.1	72.65	18.90
储蓄存款	58.63	69.51	80.22	86.06	109.01	26.66
本外币各项贷款余额	183.86	251.84	285.75	354.07	416.76	17.71
人民币贷款余额	181.25	247.27	280.97	349.8	400.42	14.47
短期贷款	129.75	145.01	168.51	235.1	262.30	11.57
中长期贷款	37.21	83.27	109.46	113.69	106.29	-6.51
票据融资	16.9	23.56	7.78	5.11	48.17	842.67
利润总额	5.49	5.46	7.59	12.24	13.27	8.41
不良贷款余额	7.15	5.56	2.78	1.59	1.74	9.43
不良贷款占比（%）	3.89	2.21	0.97	0.45	0.42	-6.67

中信银行股份有限公司济南分行主要统计指标 2

项目＼年度	2008	2009	2010	2011	2012	2012 年同比增幅（%）
单位结算账户（万户）	1.62	1.56	1.45	1.33	1.42	6.8
单位结算金额（亿元）	144.48	235.78	240.52	370.54	362.73	-2.1
个人结算账户（万户）	—	—	—	—	—	—
个人结算金额（亿元）	—	—	—	—	—	—
信用卡发卡量（万张）	7.35	3.7	6.87	10.26	12.6	23
信用卡消费额（亿元）	26.4	39.7	61.5	95.6	149.6	56
企业网银客户（万户）	0.22	0.33	0.31	0.35	0.49	40
个人网银客户（万户）	2.89	6.36	10.9	15.8	22.51	42
手机银行客户（万户）	—	—	—	0.13	5.79	4343
电话银行客户（万户）	—	—	—	—	—	—
现金自助设备（台）	106	197	250	252	277	10
营业网点（个）	19	22	25	26	28	8
自助网点（个）	58	136	176	179	194	8

注：单位结算账户口径：1.不含保证金账户　2.当年日均余额不为 0 的存款账户　3.包含活期、定期、通知存款。

业资金运用渠道，有效控制负债业务成本，持续推动同业业务的健康发展。

【零售业务】　2012 年，中信济南分行确立了“分层经营”和“分类经营”的基本思路：一是增设了营业经理及低柜理财经理两个岗位序列，并赋予前台柜员营销职能，大堂营销体系更加完善；二是通过客户转介，使获取客户与经营客户既各具专业性又紧密联系，同时指导一线人员针对不同客户采取不同的营销与维护模式。

【国际业务】 2012 年,中信济南分行围绕总行提出的“稳中求进”的业务发展思路,采取合规内控和营销拓展并重的举措,实现了国际业务健康、快速发展。贸易融资方面,继续通过灵活的产品运用,推动业务较快发展。跨境人民币结算方面,通过深化跨境人民币业务营销推动,努力推广优势产品,使该项业务获得快速发展。年末,该行荣获人行济南分行举办的“山东省跨境人民币业务竞赛”一等奖。

【风险管理】 2012 年,中信济南分行不断提升风险控制水平,牢固树立“全面、全程、全员”的风险管理理念,积极探索新风险管理体系建设。一是始终保持对经济形势变化的高度敏感,加强对风险的把控;二是制定信贷政策,并加强动态调整,引导优化信贷投放;三是进一步完善授信审批机制,提高了授信审批质效;四是继续加大对优质创新业务的推动;五是强化服务职能,积极推动重点业务的开展;六是进一步完善流程和制度,强化内控合规管理;七是持续开展业务检查,落实合规案防和不规范经营整治工作;八是加大客户退出力度,主动规避风险,全年累计退出 50 户质量不优的授信客户,退出金额 9.62 亿元;九是加强对厂商发货、经销商回款、价格盯市及质物价值变化等方面的实时监控、风险预警及放款管理。

【大事记】 1 月 1 日 中信银行临沂分行获得总行批复设立。

1 月 9 日 中信银行首个总行级“信福华年爱心之家”在临沂孟良崮敬老院成立,以此作为客户奉献爱心及各分支行开展公益活动的基地。

1 月 13 日 中信济南分行成功为汉唐融资租赁(江苏)股份有限公司发放保理贷款 2.3 亿元,这是该行首笔回租租赁保理业务。

1 月 中信济南分行成功收回济南铭峰纺织有限公司已核销呆账 3232.19 万元,历时 10 多年的铭峰项目全部处置完毕。

3 月 中信济南分行在外管局山东省分局考核中被评定为 A 级,这是该行连续两年获此殊荣。

4 月 17 日 中信济南分行顺利通过总行试点模式个人经营贷款验收,成为系统内第一批验收通过的分行。

4 月 中信济南分行快速为博兴县供电公司开展首笔售后回租应收租金保理业务,开创了此项业务的先河。

5 月 4 日 中信济南分行个人贷款中心营业厅正式对外营业,逐步实现此项业务的专业化、标准化、流程化、集约化运营操作。

5 月 24 日~25 日 中信济南分行承办了总行 2012 年机构工作座谈会。

5 月 25 日 中信济南分行贵宾理财中心揭牌成立。

5 月 中信济南分行出国金融服务中心成立。

6 月 9 日 中信济南分行首支自主包装票据理财产品成功发行。

6 月 11 日 中信济宁分行成功签约山东鲁泰煤业有限公司票据库业务,实现了中信济南分行全辖此项业务零的突破。

6 月 15 日 中信济南分行成功发行信福年华山东老年大学联名卡。

7 月 17 日 中信银行东营胜利支行开业。

7 月 26 日 中信银行现金管理云服务发布会在济南成功召开,济南分行成为系统内首家拥有分行级现金管理云服务平台的省级分行。

7 月 27 日 中信济南分行公司电子金融管理新平台通过总行验收,是全系统第一家通过总行验收的分行。

7 月 中信济南分行被总行定为信福年华片区开发试点分行,启动了以信福年华卡为载体、以老年公益活动为切入点的片区及渠道开发工作。

8 月 中信济南分行完成了省级政府融资平台山东省鲁信投资控股集团有限公司 5 亿元中期票据的发行审批工作,该笔业务为中信系统内首笔上报的政府融资平台发债业务。

9 月 27 日 中信银行临沂分行经山东银监局批复筹建。

10 月 16 日 中信济南分行代销总行成立 25 周年纪念金条业务上线,标志着该行正式开展了代销贵金属实物产品业务。

10 月 中信济南分行理财 pos 业务上线,增强了一线营销渠道竞争力。

11 月 8 日 中信济南分行公安交警非税电子化代缴系统在省内首家成功上线,实现了公安交警非税收入资金的自动化归集和信息的自动化更新,方便了缴款人,提高了政府工作效率。

11 月 28 日 中信济南分行被山东省财政厅评为 2012 年度“全省政府非税收入代理收缴服务创新银行”,这是该行连续第 3 年获此殊荣。

11 月 29 日 中信济南分行为兖矿集团有限公司发行 15 亿元非公开定向发行债务融资工具,这是该行首笔非公开定向发行债务融资工具,也打破了原四大国有银行对兖矿集团债券承销业务的垄断。

12 月 18 日 中信银行东营广饶支行开业。

12 月 22 日 中信济南分行联合山东省老龄事业发展基金会,共同组织“情系沂蒙、功臣关爱”大型主题活动,呼吁全社会共同关注为中国革命做出贡献的沂蒙功臣的晚年生活。

12 月 28 日 中信济南分行汽车消费信贷分中心成立。

(施广智)

中信银行股份有限公司青岛分行

【第一负责人简介】 杨威，男，汉族，湖北武汉市人，中共党员，硕士。历任建行武汉开发区支行办公室副主任、信贷部经理，中信武汉分行开发支行行长，湖北省鄂州市政府挂职副市长，中信武汉分行副行长、党委委员，现任中信青岛分行党委书记、行长。

【综述】 2012年，中信银行股份有限公司青岛分行（以下简称"中信青岛分行"）整合发展资源、调整充实人员、优化考核机制、强化平台支撑，形成了各个经营单位业绩协同增长的良好发展格局，成为系统内唯一一家全年服务水平及客户满意度位居前5名的分行。

【公司业务】 2012年，中信青岛分行通过加强贷款定价，实施"一户一策"策略，深化了与战略客户的合作关系，其贡献度稳步提升。组织召开了第4届"中信银财通"合作论坛，搭建银财交流合作平台，全年共取得7项代理资格，即墨、开发区、市南3家支行取得区级财政代理资格。

一、小企业金融方面。通过搭建业务平台，制定独立的业务考核办法，加大特色产品的推广力度，提升专业化经营能力，全年实现小企业授信960户，较年初增长309户。

二、金融同业方面。得益于交易平台建设、科学的考核机制和灵活的定价，实现利润1.13亿元，增长0.57亿元，增幅102%；贴现1400亿元，同比增长92%，其中直贴量连续2年在青岛同业排名第一，市场份额26%。同业存款日均余额44.06亿元，增长33.48亿元。

三、投行业务方面。抓住重点客户，实施专业化营销，多项

中信银行股份有限公司青岛分行主要统计指标

单位：亿元

项目＼年度	2008	2009	2010	2011	2012	2012年同比增幅（%）
本外币资产总额	335.09	432.95	480	581.66	684.28	17.64
本外币存款余额	262.31	344.06	449.45	513.44	603.3	17.50
人民币存款余额	252.44	334.24	433.84	501.88	582.39	16.04
单位存款	179.16	247.2	335.18	399.35	447.92	12.16
储蓄存款	73.28	87.04	98.66	102.53	134.47	31.15
本外币贷款余额	203.4	256.9	319.65	369.91	458.8	24.03
人民币贷款余额	190.59	237.47	310.21	357.99	417.69	16.68
短期贷款	133.35	168.36	228.15	247.23	303.84	22.90
中长期贷款	57.24	69.11	82.06	110.76	113.85	2.79
票据融资	8.12	8.84	1.79	11.66	6.41	-45.03
利润总额	6.25	6.7	8.84	12.51	13.5	7.91
不良贷款余额	8.81	4.95	3.91	3.41	3.89	14.08
不良贷款占比（%）	4.17	1.86	1.22	0.89	0.84	-6.43

重点产品取得突破，累计带动对公存款时点新增 83 亿元，带动托管规模增加 47 亿元，节约信贷规模 82 亿元，实现投行中间业务收入 6020 万元。

四、资金资本市场及托管业务方面。坚持“简单产品，高效营销”的理念，实现托管规模 60 亿元，增幅 108%；托管费收入 504 万元，增幅 120%。

【个人业务】 2012 年，中信青岛分行顺应形势变化，积极推动零售网点转型，以体系建设、客户经营和队伍建设为重点，扎实推进全年工作，零售管理资产跨越 200 亿元大关，在系统内排名第 3，同比提升 23 名，荣获总行“零售银行标兵行”称号。

【国际业务】 2012 年，中信青岛分行通过确立重点行业和产品，搭建“走出去”综合金融平台，实现收付汇量 180 亿美元，居中小股份制商业银行首位，实现中间业务收入 2.2 亿元，同比增长 38%，利润居本系统第一，系统内占比达 15%。全辖共完成考核口径收付汇量 176.96 亿美元，融资利息收入 8036 万人民币，同比增长 76%。

【电子银行业务】 2012 年，中信青岛分行通过制定激励方案，有效推动公司电子金融业务全面发展，各项指标保持较高增速。通过公司和会计条线联动，推广公司柜台签约业务，并顺利通过总行考核验收。在电子商务、现金管理云服务、MBS-多银行资金管理系统等特色产品营销中，鲁西化工和金宇黑狮项目已于年内成功上线。个人网银及移动银行的客户新增及网银交易量均保持了持续的增长。

【会计财务】 2012 年，中信青岛分行强化基础管理建设，为各项经营目标的顺利实现提供了有力保障。一是完善了以预算管理，等级行、部门、零售、对公客户经理等考核为重点的考核体系，健全利率管理体系，加强以流动性和 FTP 管理等为主的基础管理；二是持续深化“制度、培训、考核、监督” 的会计管理体系建设，通过创建标杆示范岗，实现标准化流程管理；三是通过事中事后把控，强化检查辅导，有效防范了操作风险，会计核算质量差错率降至万分之 0.26。截至年末，共堵截案件 34 起，涉及金额高达 5 亿元。

【内部管理】 2012 年，中信青岛分行扎实推进分支行班子建设和干部管理，进一步优化人力资源配置。一是通过开展新员工、中高层管理人员及其他专业金融资格培训活动，促进员工综合素质的提高；二是完善福利保险和薪酬体系，构建多元化的福利保障体系，解除员工后顾之忧；三是通过加强内控合规制度建设，完善考评与问责机制，开展合规和案防教育等措施，提高员工风险防范意识和能力，全行连续 6 年无案件发生。

【大事记】 2 月 11 日 ~ 12 日 中信银行推出国内首张老年人专属银行卡七彩华龄卡的高端新品七彩华龄卡“金卡”和“白金卡”，为老龄事业再增新辉。

5 月 23 日 ~ 24 日 中信总行陈小宪行长到青岛分行开展工作调研，与分行领导班子及辖属各分支行行长、各部门负责人进行了座谈。

6 月 4 日 中信青岛分行贵宾理财中心隆重揭牌。

6 月 18 日 中信银行青岛绍兴路支行开业。

8 月 30 日 由国家体育总局、中国高尔夫球协会主办，中信银行独家冠名赞助的“中国业余高尔夫球巡回赛”本赛季第 4 站比赛在青岛华山高尔夫俱乐部完美落幕。

10 月 18 日 中信银行潍坊潍城支行开业。

10 月 19 日 中信银行外汇业务战略客户高层论坛在青岛隆重举办，中信总行欧阳谦副行长亲临青岛，介绍严峻复杂的外贸形势，推介中信银行“3S”外汇服务最新应对策略，并以“新挑战，新机遇，助力蓝色经济”为主题，与近百家外贸企业高管智慧互动。

11 月 21 日 中信总行党委决定，任命杨威为中信青岛分行党委委员、党委书记，聘任其为中信青岛分行行长（待监管机构核准）；免去吴小平中信青岛分行党委书记、行长职务，另有任用。

12 月 21 日 中信银行香卡“2012‘我奉献，我最美’青岛市女性风采大型电视评选活动”在青岛市广电大厦圆满落幕。青岛市委副书记王伟、市总工会党组书记、主席李皓、市妇联主席刘青华、中信青岛分行党委书记杨威、副行长迟存国等出席仪式并为获奖人员颁奖。全国劳动模范、优秀党员、新时期产业工人杰出代表许振超作为特邀嘉宾到场。

12 月 27 日 中信青岛分行首家异地支行烟台龙口支行开业。

（田 鹏）

华夏银行股份有限公司济南分行

【第一负责人简介】 孙彤军，男，1961年11月生，中共党员，高级经济师。历任农业银行蓬莱市支行农信科科长、营业部主任、支行副行长、行长，农业银行烟台市分行、淄博市分行副行长，华夏银行烟台支行党委书记、行长，华夏银行沈阳分行党委书记、行长，华夏银行济南分行党委书记、行长。

【综述】 2012年，华夏银行股份有限公司济南分行(以下简称"华夏济南分行")积极应对复杂形势带来的挑战，加快推进"转方式、调结构"，进一步提高服务实体经济的能力，持续加大信贷投放，经过全行上下共同努力，各项业务实现平稳较快发展，规模不断扩大，效益大幅增长，资产质量明显提升，班子和队伍建设进一步加强。

一、业务规模不断扩大。截至年末，全行总资产同比增加160.01亿元，其中贷款同比增加62.29亿元。一般性存款同比增加114.16亿元。

二、效益实现大幅增长。全行实现利润总额同比增加2.10亿元，其中中间业务收入同比增加5800万元，增长34.94%，资产利润率和人均创利能力进一步提高。

三、资产质量明显提升。全面完成不良资产控制计划，不良贷款余额、不良贷款率继续实现"双降"。

四、客户基础得到夯实。全年净增公司业务有效客户完成计划的100%，净增贸易融资授信客户完成计划的151.61%，净增小微企业授信客户完成计划的100%，净增信用卡VIP客户完成计划的169.63%。

【公司业务】 2012年，华夏济南分行坚持以客户为中心、以产品为支持、以新兴业务为提升，通过进一步细化和完善服务方案，大力开发新客户、挖潜老客户，推动公司业务实现健康快速发展。

一、认真做实客户倍增计划。一是建立常态化工作机制，进一步加强分支行联动和公私联动；二是组织同城实施高端客户的"520"开发计划(全年每个同城支行要增加5个高端公司客户、20个财富级个人客户)，有效夯实客户基础。

二、产品推广机制不断完善。一是组织修订《产品经理管理办法》，实行分级管理；二是在经营单位设立专职和兼职产品经理；三是按月召集产品经理团队会议，学习成功案例、营销简报和先进行经验；四是加大奖励力度，鼓励全行围绕核心客户开展上下游链式营销。

三、新兴业务发展实现突破。一是坚持把产品作为撬动市场和客户的抓手，引导全行通过推广运用新产品；二是加快转变增长方式，推动承销、资产托管、票据托管、电子银行等业务快速发展。

四、持续加强团队营销服务。一是认真落实高级客户经理制，强化重点客户、重点项目服务；二是进一步提高服务层次，分行班子成员与有关部门、经营单位负责人和客户经理组成专门团队，上下联动，加强团队营销。

五、坚持以总行季度营销竞赛活动为依托，以客户、产品为主线，持续开展竞赛活动，引导经营单位和客户经理投入到营销工作中，推动公司业务平稳发展。

【个人业务】 2012年，华夏济南分行个人业务以客户开发为主线，进一步深化营销平台建设，不断提高网点服务层次，加强高端客户维护和提升，积极推动网点经营转型，个人业务持续快速发展。

一、持续完善服务体系。一是修订服务标准，制定行为指引，弥补制度空白；二是设立了"2012版神秘访客监测标准"项目，加大监督力度；三是在全辖开展5+2标杆导入式培训，提高了前台服务的规范性。

二、推广四位一体厅堂服务模式。一是制定网点阵地服务指导意见和模板，编制厅堂服务"一句话"话术，对支行分管副行长、大堂经理、理财经理、柜员四位一体的厅堂服务动作进行了规范；二是将厅堂纳入服务检查体系，定期抽查营销服务效果，提升了阵地服务水平。

三、拓宽客户服务渠道。一是加快布设自助设备，在齐鲁美食城、舜泰广场、外国语学校、银座花园、联通营业厅、新华联购物广场等地布设取款机；二是在业务量较大的离行式及依附式自助银行增加设备，配合金融IC卡上线，完成了自助设备IC卡升级改造。

四、优化机制，拓展财富级客户。一是积极转变财富中心职能，加强上下联动，由管理型逐步向服务型转变；二是先后组织开展理财讲座、高端车主自驾游、珠宝鉴赏等近百场高端客户活动，成功开发了高尔夫球场、高端汽车俱乐部和商会等客户平台。

【国际业务】 2012年，华夏济南分行坚持规模优先，强化营销服务，突出结构调整，深化产品推广，严密防控风险，国际业务在总行评比中名列前茅。

一、突出产品营销重点、大力提升服务水平。一是认真研究市场和客户需求，重点推广国内信用证和跨境贸易人民币结算等新产品；二是为深化银企合作，制定了本外币一体化的客户服务方案，为其提供综合性、全方位服务。

二、立足同城，加强专业营销推动。从同城国际业务现有客户群中选择发展潜力较大的客户，建立重点客户目标档案，实施重点服务，设计营销方案，跟进营销过程，定期上门服务。

三、开展营销竞赛和产品推介活动。一是组织开展了国际业务客户营销和倍增竞赛活动；二是有针对性的开展国际业务

华夏银行股份有限公司济南分行主要统计指标 1

单位：亿元

项目 \ 年度	2008	2009	2010	2011	2012	2012 年同比增幅（%）
本外币资产总额	325.99	384.67	454.85	440.67	599.98	36.15
本外币存款余额	308.59	335.23	430.18	382.22	496.16	29.81
人民币存款余额	305.81	333.52	426.84	377.71	463.83	22.80
单位存款	139.32	159.92	221.62	187.04	229.84	22.88
储蓄存款	51.91	60.17	79.60	69.23	92.58	33.73
本外币贷款余额	229.30	291.47	345.01	371.43	433.72	16.77
人民币贷款余额	227.06	290.41	339.99	365.14	402.43	10.21
短期贷款	176.27	173.23	209.07	264.60	295.05	11.51
中长期贷款	38.02	115.29	130.12	99.26	102.33	3.09
票据融资	12.06	1.06	0.11	0.89	4.44	398.88
利润总额	3.65	2.59	5.68	9.26	11.58	25.05
不良贷款余额	6.29	4.41	4.83	3.33	2.62	-21.32
不良贷款占比（%）	2.74	1.51	1.40	0.90	0.60	-33.33

华夏银行股份有限公司济南分行主要统计指标 2

项目 \ 年度	2008	2009	2010	2011	2012	2012 年同比增幅（%）
单位结算账户（万户）	1.15	1.23	1.35	1.51	1.65	9.27
单位结算金额（亿元）	5022	5466	6832	7987	8524	6.72
个人结算账户（万户）	22.67	31.13	41.36	52.32	64.59	23.45
个人结算金额（亿元）	535	709	1146	1661	2450	47.5
信用卡发卡量（万张）	2.97	1.72	2.55	3.10	4.37	41
信用卡消费额（亿元）	1.91	4.7	8.74	16.06	25.38	58
企业网银客户（万户）	0.18	0.24	0.19	0.15	0.31	206
个人网银客户（万户）	2.8	3.1	3.4	5.3	11.8	112.6
手机银行客户（万户）	–	–	–	0.11	0.15	150
电话银行客户（万户）	1.6	2.5	3.2	12.3	21.3	73.2
现金自助设备（台）	96	113	139	158	182	15
营业网点（个）	24	26	27	28	28	0
自助网点（个）	36	41	49	50	53	6

结算、贸易融资客户营销服务，进一步推动国际业务持续健康快速发展，

【会计工作】 2012 年，华夏济南分行坚持“狠抓风险防控、夯实会计基础、强化问题整改、突出重点工作、提高服务质效”工作主线，采取一系列措施，实现会计结算安全平稳运行。一是加强会计人员资格管理，坚持支行营业室经理、总会计委派制，进一步深化专业培训；二是搭建了层级清晰的风险排查常态机制；三是印制《柜台高风险业务操作手册》，优化会计业务流程；四是提高基础管理规范化，严格落实“会计风险例会制度”；五是深入开展支行会计达标升级工作；六是开发洗钱风险等级划分系统，实现了与客户建立业务关系后 10 个工作日内完成等

级划分的要求。

【风险管理】 2012年，华夏济南分行坚持以风险控制为底线，强化全方位、全过程的风险管理。一是制定了业务制度管理等实施细则；二是定期发布合规工作提示，梳理风险管理节点；三是对存量房地产业务落实封闭运行管理，加大信贷资金支付及回笼的跟踪与控制力度；四是加强融资平台贷款管理，严格准入标准和条件；五是开展重点行业、地区、业务品种和客户的风险排查；六是加强对异地分支机构的管理，定期开展专业检查；七是密切关注员工8小时以外的行为，加大员工异常行为排查力度。

【科技工作】 2012年，华夏济南分行将保障信息系统安全、助推各项业务发展作为科技工作的出发点，加大生产数据管控力度，保证了系统运行安全。一是多次组织开展重要信息系统应急演练，提高了突发事件的应急处置能力；二是建立信息技术日报和月报制度，真实有效的记录了各业务系统、基础设施和网络运行情况；三是完成了特色业务项目开发和现有系统升级，为业务发展提供了系统保障；四是加大信息安全检查力度，组织开展了“科技安全月”活动。

【安全保卫】 2012年，华夏济南分行围绕实现“零案件”工作目标，牢固树立以人为本、安全发展的理念，进一步强化人防、技防、物防，确保了安全无事故。一是强化全员安全意识，积极构建制度化、规范化的安全保卫工作长效机制；二是加大案防工作力度，进一步完善了“谁主管谁负责，预防为主，综合治理，人防、技防、物防相结合”案防工作体系；三是完善各类应急预案并定期组织演练，确保运营安全。

【企业文化建设】 2012年，华夏济南分行深化“诚信，规范，和谐”的核心价值理念，开展了丰富多彩的企业文化创建和文体活动，进一步提高凝聚力和感召力。一是以总行20周年行庆为契机，回顾发展历程，增强员工的事业心和责任感；二是组织员工自导自演了分行16周年行庆文艺汇演，融入华夏银行元素的话剧、小品等节目引起员工及家属的共鸣；三是举办了第6届运动会，进一步提高员工的竞争意识和团队精神；四是充分发挥工会职工之家作用，持续开展“比贡献，促发展”劳动竞赛、“龙盈华夏·青春先行”主题活动，以及篮球、足球、网球、乒乓球和书法摄影等协会活动；五是组织困难员工慰问、员工健康体检等活动，浓郁了“以人为本”的优秀文化氛围。

【大事记】 1月5日 华夏济南分行召开文明服务动员大会，对2012年服务工作进行了部署。

1月8日 华夏临沂分行举行开业暨扶老助残捐赠仪式。

2月11日 华夏济南分行召开2012年工作会议暨纪检监察工作会议。

2月16日～17日 华夏总行董事长吴建、副行长李翔一行到华夏济南分行调研；期间拜会了人行济南分行行长杨子强、山东银监局局长廖平之，就风险防控、合规建设和发展思路等问题进行了交流。

3月9日 华夏总行2012年公司业务工作交流会在济南召开，总行副行长王耀庭，南京、济南、宁波、绍兴等8家分行行长参加了会议。

4月1日 华夏济南分行召开2012年“创先争优”活动动员大会，总行副行长李翔出席会议并讲话。

5月9日 山东银监局局长廖平之、副局长刘悦芹一行到华夏济南分行调研，对分行工作给予充分肯定。

6月5日 华夏济南分行召开全体员工风险警示大会，行长孙彤军作了案防政策解读。

6月7日 华夏济南分行与山东省文化体制改革和发展工作领导小组办公室正式签署《战略合作协议》。

8月4日 华夏济南分行举办以“服务技能，我最闪亮！”为主题的“服务技能达人秀”竞赛活动，有效提升员工服务技能和综合业务素质。

8月24日 华夏济南分行召开“迎行庆，提前实现五年规划存款目标”营销动员大会。

9月 华夏济南分行个人理财产品销售量突破百亿。

10月10日～11日 华夏总行行长樊大志一行到华夏济南分行进行调研；期间分别与人行济南分行行长杨子强、山东银监局局长廖平之等有关领导举行了会谈，并走访了山东高速集团，与集团党委书记、董事长孙亮等领导进行了座谈。

10月17日 华夏济南分行隆重举办华夏银行成立20周年暨电子银行品牌推介会，隆重推介“华夏龙网”。

11月25日 华夏济南分行举办2012年会计专业业务技能大赛。

12月16日 华夏济南分行举办“澎湃十六载，有你更炫彩”行庆员工文艺演出活动。

（尤元宝）

华夏银行股份有限公司青岛分行

【第一负责人简介】 刘辉，男，汉族，1959年1月生，福建省泉州市南安县人。中共党员，经济师，澳大利亚弗林德斯大学国际经贸关系专业硕士，1978年12月参加工作，历任中国光大银行青岛分行信贷管理部总经理、华夏银行青岛支行市场营销本部总经理、华夏银行青岛分行副行长等职，现任华夏银行青岛分行党委书记、行长。

【综述】 2012年，华夏银行股份有限公司青岛分行（以下简称"华夏青岛分行"）按照提升特色地位，加快营销转型，强化风险管控，夯实管理基础，加强队伍建设的经营思路，真抓实干，开拓进取，实现了各项业务持续稳定发展。

一、业务规模稳定增长。一般性存款和各项贷款分别新增29.32亿元和31.22亿元，在当地同类股份制银行中均排名第4位。

二、国际业务高速发展。全年实现国际结算量61.08亿美元，完成计划117.46%，同比增长38.94%；实现国际业务收入9296万元，增长22.19%，完成计划104%；贸易融资授信客户242户，完成计划101.70%。

【公司业务】 2012年，华夏青岛分行营销转型稳步推进，系统性客户开发成为主流模式，产品推广应用成为主要金融服务手段。

一、信贷支持力度增强。一是投放对公贷款530笔，123.21亿元；二是新增供应链金融授信客户42户，28.62亿元；三是为海信、益佳海业、蓝海、鲁南水泥等一批重点客户、重点项目设计特色产品，深化银企合作；四是发行龙力生物和青特集团两只短期融资券，树立了积极支持民营经济及中小企业发展的良好形象。

二、小企业服务能力提高。一是投放小企业贷款26.40亿元，授信48亿元，贷款增速达35%，高于全行平均增速20个百分点；二是新增授信客户143户，贷款25亿元，新增6.46亿元；三是批量开发成为业务拓展的重要方式，参与青岛市集合优惠贷款担保平台项目，担保业务63户2.61亿元；四是租金贷业务实现突破，审批合作额度达4000万元；五是与福建商会合作，办理联保联贷3900万元；六是打造小企业特色支行取得明显成效，5家小企业特色支行贷款占比达60%。

【个人业务】 2012年，华夏青岛分行个人业务经营特色更加鲜明，对全行的贡献度越来越大。截至年末，储蓄占比28%，系统排名第1位。一是通过启动"龙腾华夏"网点竞争力提升项目，使所有支行实现厅堂服务流程导入，提升了业务效率和质量；二是平台营销与社区营销一起成为业务增长的主渠道，重点搭建了三方存管、易达金等业务营销平台，新增三方存管客户7629户，系统排名第4位；三是社区营销渐入佳境，社区营销储蓄3.4亿元，占储蓄新增29%；四是通过推广"龙盈理财"品牌，实现理财销售189亿元。

【国际业务】 2012年，华夏青岛分行国际业务继续保持快速发展。一是国际结算量、国际业务收入、贸易融资授信客户数量等主要指标全面完成总行计划，综合考评在系统内保持领先位置；二是业务基础进一步稳固，市场占比稳居青岛市同类股份制银行前3位；三是客户数量和质量显著提高，新国际结算系统顺利上线运行。截至年末，国际结算量超过1000万美元的客户123户；新增贸易融资授信55户，总额118亿元，新增33亿元，增幅38.82%。

【金融服务】 2012年，华夏青岛分行服务质量和效率明显提高，金融服务能力进一步增强。

一、服务品质有效提升。一是全面改善软硬件服务环境，增设贵宾窗口、贵宾室，配备沙发、报刊、电视、饮水机等设施；二是组织员工到专业学校接受半军事化服务培训，全力打造"一流服务"银行，服务品质有了显著提升。

二、金融环境建设加强。一是持续推进自助网络建设，新增TPOS1000台、间联POS750台，新增自助银行8家、机具85台，自助设备台均交易量、跨行交易量一直位居同类型股份制银行前两名；二是推广自助银亭进社区项目，与凸点公司合作40个便民服务缴费站项目，为社区居民提供了便捷、稳定的一站式服务平台；三是机构网点建设创历年之最，新增莱西支行等4家支行，成为青岛唯一一家对所有县域实现营业机构全覆盖的股份制银行。日照分行筹建快速推进，成为该行第一家异地二级分行。

【电子银行业务】 2012年，华夏青岛分行电子银行业务产

华夏银行股份有限公司青岛分行主要统计指标 1

单位：亿元

项目 \ 年度	2008	2009	2010	2011	2012	2012 年同比增幅（%）
本外币资产总额	149.17	204.25	213.29	264.80	298.33	12.66
本外币存款余额	123.54	161.2	202.93	249.68	280.9	12.50
人民币存款余额	121.96	158.95	199.57	244.44	272.91	11.65
单位存款	86.02	116.92	145.62	177.58	194.43	9.49
储蓄存款	35.94	42.03	53.95	66.86	78.48	17.38
本外币贷款余额	106.22	145.87	168.16	190.88	220.2	15.36
人民币贷款余额	103.49	144.11	165.11	185.89	204.98	10.27
短期贷款	62.71	68.26	78.44	102.84	131.75	28.11
中长期贷款	35.06	75.34	86.00	80.25	72.28	-9.93
票据融资	5.4	0.37	0.67	2.76	0.38	-86.23
利润总额	3.2	2.39	4.22	5.80	5.29	-8.79
不良贷款余额	1.17	1.41	1.06	1.43	2.34	63.64
不良贷款占比（%）	1.10	0.97	0.63	0.75	1.06	41.33

华夏银行股份有限公司青岛分行主要统计指标 2

项目 \ 年度	2008	2009	2010	2011	2012	2012 年同比增幅（%）
单位结算账户（万户）	0.19	0.18	0.22	0.26	0.29	11.54
单位结算金额（亿元）	489	554	592	653	739	13.17
个人结算账户（万户）	2.17	2.96	6.07	8.53	10.49	22.98
个人结算金额（亿元）	432	531	641	702	827	17.81
信用卡发卡量（万张）	6.14	2.81	2.62	3.46	5.55	60.4
信用卡消费额（亿元）	5.45	9.88	12.19	18.57	24.51	32
企业网银客户（万户）	0.10	0.14	0.19	0.30	0.47	56.67
个人网银客户（万户）	—	1.1	1.7	2.9	7	141
手机银行客户（万户）	—	—	—	—	—	—
电话银行客户（万户）	—	—	—	—	—	—
现金自助设备（台）	71	153	214	248	303	22
营业网点（个）	12	113	14	15	19	26.67
自助网点（个）	23	26	36	46	56	22

品不断丰富，业务发展较快。截至年末，企业网银交易笔数30余万笔；个人网银交易笔数 57 万笔，增加 29.58 万笔，增幅107.87%。一是通过组织网银客户答谢会、“华夏龙网”品牌推介会等，有效扩大品牌影响力；二是不断丰富电子银行业务产品，为青岛市 2 家电子交易中心提供电子商务平台服务，为多家集团客户提供银企直联服务，东方支付平台关税支付系统顺利上线运营；三是积极推进网银代发工资、集团结算签约、电子票据等产品推广工作。

【内部管理与企业文化建设】 2012 年，华夏青岛分行继续强化内控管理和企业文化建设，积极开展公益活动，为业务发展提供了有力保障。

一、风险防控有效推进。一是强化贷后检查，对融资平台贷款、房地产开发贷款、供应链金融业务、钢铁、汽车等行业开展风险排查，预警有风险苗头的企业18户；二是落实全员强休轮岗，强休、轮岗覆盖面均在86%以上；三是发挥风险把控作用，堵截风险业务52件，涉及金额1374万元，没收假币1.28万元；四是开展重点风险岗位参与社会融资活动专项检查，加强对重点岗位和人员日常行为的管理和检查；五是加大违规问责、查处力度，实现全年零案件。

二、加强企业文化建设。一是创先争优活动卓有成效，荣获总行先进党支部1个，总行优秀党员3人；二是举办了首届职工篮球赛、第二届职工秋季运动会、职工摄影大赛，兴趣爱好协会活动丰富多彩；三是通过开展困难员工家庭送温暖，向员工赠送生日蛋糕，组织员工健康体检，为员工增加"补充医疗保险"等活动，为员工做好事、办实事、解难题。

三、积极开展公益活动。一是开展"送金融知识下乡"活动，发放宣传材料4.6万份，受理咨询1.8万人次；二是举办"关爱新市民子女志愿服务行动"系列，捐助学习用品、书籍、电影票等累计3.2万元；三是与市南区交警、教育局等联办"关爱生命文明交通"活动；四是开展"爱心白菜"活动，帮助解决菜农滞销问题，反响极大。截至年末，该行连续8年荣获"山东省文明单位"称号。

【大事记】 2月18日 华夏青岛分行召开2012年工作会议暨纪检监察工作会议，对2011年工作进行总结表彰，对2012年工作进行规划安排。

3月15日 华夏青岛分行举办"3·15"金融消费者权益保护宣传活动，宣传权益保护常识及反假币知识。

3月21日 华夏青岛分行2011年度监管评级为2+级，为青岛市辖区股份制商业银行最高监管评级。

5月16日 华夏青岛莱西支行正式开业，标志着华夏青岛分行在青岛市5个县域全部设立了支行，成为岛城唯一对所有县域实现营业机构全覆盖的股份制银行。

5月16日～21日 华夏总行在青岛分行举办"支行行长培训班"，华夏银行纪委书记成燕红参加培训班并讲话。

5月26日 华夏青岛分行举办"2012职工篮球赛"。

5月31日 华夏总行副行长黄金老在青岛分行举办"个人业务营销座谈会"。

6月15日 德意志银行到华夏青岛分行考察确认项目，推进质押人民币/美元贷外币业务开展。

8月20日 华夏青岛分行与中国投资担保有限公司正式建立合作关系，推进政府采购业务开展。

8月22日 华夏银行董事、监事调研会在青岛举行。华夏总行董事长吴建一行就青岛分行服务地方实体经济工作进行了调研。

9月15日 华夏青岛分行举办"创先争优、建功立业"技能竞赛。

9月18日 华夏银行青岛橡胶谷支行正式开业。

9月19日 华夏青岛分行办理了首笔华夏银行与德意志银行合作的债券质押担保业务，开创了华夏银行与德意志银行合作新的里程碑。

9月21日～22日 华夏青岛分行举办"2012年全行团员青年拓展活动"。

9月28日 华夏青岛分行发行山东龙力生物科技股份有限公司2012年度第一期短期融资券，募集资金3.5亿元。

10月23日 华夏总行"社区营销经验交流会"在青岛分行举行，香港中路支行作为先进典型，现场进行经验交流。

10月28日 华夏青岛分行在青岛大学体育场举办"秋季职工运动会"。

11月7日 华夏青岛分行召开2012年"感谢您的关爱，助力我们成长"专题座谈会，邀请客户给银行服务把脉。

11月8日 华夏青岛分行为青岛金盾交通设施有限公司办理首笔商票保贴业务。

11月17日 华夏青岛分行开展"爱心白菜"送社区活动，累计发放"爱心白菜"60万斤，帮助菜农解决白菜滞销问题，广受好评。

11月24日 华夏青岛分行冠名的"第12届世界柔道大奖赛(青岛站)"正式开赛。

12月28日 华夏银行青岛鹤山路支行隆重开业。

（曲文豪）

平安银行股份有限公司济南分行

【第一负责人简介】 王方政，1972年8月出生，会计学专业本科毕业，经济师。1995年起先后在投资银行济南分行从事国际结算业务，在国家开发银行济南分行任副经理，在光大银行济南分行任经理；2004年加入平安银行济南分行，历任分行营业部总经理助理、副总经理(主持工作)、总经理，分行市场营销总监、分行行长助理；2012年6月起任平安银行济南分行副行长(主持工作)。

【综述】 2012年，平安银行股份有限公司济南分行(以下简称"平安济南分行")各项事业取得了长足进展，较好地完成了

平安银行股份有限公司济南分行主要统计指标 1

单位：亿元

项目＼年度	2008	2009	2010	2011	2012	2012 年同比增幅（%）
本外币资产总额	147.70	158.14	202.87	251.77	357.07	41.82
本外币存款余额	106.87	134.13	169.03	198.41	279.49	40.86
人民币存款余额	106.77	134.00	168.89	198.03	278.31	40.54
单位存款	96.08	120.47	151.41	179.99	248.36	37.99
储蓄存款	10.78	13.67	17.62	18.42	31.12	68.95
本外币贷款余额	78.34	89.51	112.72	142.71	186.67	30.80
人民币贷款余额	78.34	89.51	112.42	142.71	184.03	28.95
短期贷款	64.00	49.87	66.82	115.04	167.72	45.79
中长期贷款	14.34	39.63	45.90	27.67	18.95	-31.51
票据融资	32.26	17.95	7.38	5.12	3.01	-41.21
利润总额	-0.17	1.93	1.39	0.38	0.89	134.21
不良贷款余额	0.01	0.33	0.27	0.39	1.03	164.10
不良贷款占比（%）	0.01	0.30	0.22	0.26	0.54	107.69

平安银行股份有限公司济南分行主要统计指标 2

项目＼年度	2008	2009	2010	2011	2012	2012 年同比增幅（%）
单位结算账户（万户）	32.86	33.68	33.86	34.07	34.26	0.60
单位结算金额（亿元）	15.58	29.08	18.27	12.62	53.23	321.79
个人结算账户（万户）	36.20	38.60	42.70	44.20	46.90	0.60
个人结算金额（亿元）	1.50	1.77	2.23	5.02	7.26	44.62
信用卡发卡量（万张）	13.10	15.30	17.20	27.60	45.20	63.70
信用卡消费额（亿元）	16.40	22.30	26.90	33.20	78.30	235.80
企业网银客户（万户）	0.03	0.07	0.13	0.25	0.36	44.00
个人网银客户（万户）	5.10	8.50	17.90	25.80	32.60	26.35
手机银行客户（万户）	0	0	0.10	0.80	1.30	62.50
电话银行客户（万户）	15.60	26.70	32.70	37.70	43.50	15.40
现金自助设备（台）	21	23	24	25	25	0.00
营业网点（个）	7	8	8	9	10	11.11
自助网点（个）	9	10	10	11	13	18.19

既定业务指标；员工队伍稳定，合规经营理念深入人心，逐步形成了“简单、务实、担当、绩效”的经营理念。

【公司业务】 2012 年，平安济南分行按照“上半年对标同业上规模，下半年夯实基础调结构”的全年工作方针，公司业务各项指标取得了较好成绩。

一、积极扩大存款规模，改善存款结构。一是积极响应北区组织的“开门红”存款竞赛活动，4 月份存款总规模突破 310 亿元；二是通过发展供应链金融等措施，大力调整存款结构，提前完成了总行下达的日均存款、市场份额、投行托管、现金管理、客户升级等指标。

二、推进供应链金融业务发展。截至年底，该行成功开展供应链金融业务 10 单，行业涉及钢铁、煤炭、汽车、工程机械等，区域横跨冀鲁豫三省，供应链金融项下直接授信有效客户近 70 户，授信规模突破 33 亿元。

三、多措并举，加快产品创新步伐。一是对开展新业务的客户经理予以专项奖励，并多次邀请总行专家举办现场培训；二是建立贸易融资共享资源库，将最新的业务信息、产品信息、案例信息随时分享；三是成功开办了反向保理、跨境人民币信用证、信用保险项下国内保理、保理代付等新产品，贸易融资产品得以进一步丰富。

四、进一步优化业务结构。通过考核、专项劳动竞赛、产品宣导等措施，进一步加大业务结构调整力度，为抵御市场风险，提高收益水平，促进公司业务可持续健康发展起到了重要作用。

【资金业务】 2012 年，平安济南分行紧紧围绕“实现利润增长、夯实渠道建设、平衡资产负债、优化业务结构”的工作规划展开工作。一是完成总行年度指标的 161%，同业日均负债完成考核指标的 130%，同业理财产品销售 28 笔，完成年度指标的 120%；二是跟踪票据市场动态，及时调整贴现指导利率，规避利率风险；三是加强资金调配，落实头寸管理，防范支付风险。

【个人业务】 2012 年，平安济南分行开展了一系列形式多样的营销宣传活动，不断扩大产品市场影响力，夯实了客户基础。

一、加大业务培训力度。全年共组织“新人入职”、“信托销售技巧”、“房贷业务受理流程及风险政策”、“收银宝知识”、“综拓专员专题”等业务培训近百场，涉及产品、流程、销售等多个环节，为队伍素质提升和人均产能潜力挖掘提供支持。

二、开展营销竞赛，拓展财富渠道。开展了“龙年迎春储蓄竞赛”，组织了龙年春节“金抵利”大优惠、三方存管营销活动、信用卡升级、贵金属交易大赛、银保开门红营销竞赛、银保微训营等多项营销活动，调动了营销拓展的积极性。银保、信托指标均在当年 10 月提前超额完成全年任务，其中银保指标以 110% 预算完成率全行排名第一名。

三、发挥金融集团优势，大力发展综拓业务。完成和平安人寿济南分公司双方营业网点的合理对接，并将该公司本部业务员工资卡全部更换为平安银行金卡。

【内部管理和企业文化建设】 2012 年，平安济南分行不断加强合规风险体系建设，加强企业文化建设，内部管理水平不断提高。

一、切实加强内部管理。一是成立案防合规委员会，完善了组织架构；二是开展各类风险排查和高风险领域检视工作，进一步规范员工行为，及时消除风险隐患；三是认真梳理内外部检查中发现的问题，剖析问题根源，跟踪督促整改；四是建立针对后台的排名机制、内部投诉机制，提高了各类服务问题的透明度和解决效率；五是实行阶梯型人才培养和发展战略，积极落实人才引进计划，通过培训、轮岗、内外勤交流等形式，全面提升员工素质。

二、重视企业文化建设。一是积极拓宽宣传渠道，全年发布《工作简报》13 期，在外部宣传平台发布信息 178 则；二是建立舆情反馈机制，缓解员工压力；三是关心员工生活，坚持每年为员工进行一次体检，并持续开展“送温暖”工程和员工关爱活动；四是推进基层食堂建设，改善员工餐饮质量；五是组织举办了第 4 届职工运动会，并组织了济南地区“平安一家亲”系列活动，丰富员工业余文化生活。

【大事记】 2 月 15 日 平安济南分行荣获山东省政府“2011 年度金融创新奖”。

2 月 22 日 平安济南分行首笔债融业务成功发行，实现零的突破。

2 月 24 日 平安济南分行历山路支行各项存款余额达到 42.34 亿的新高度，成为该行首家存款过 40 亿的支行。

3 月 5 日 平安济南分行召开贸易融资年度工作会议，确立供应链金融业务为公司业务战略发展方向。

4 月 28 日 平安济南分行荣获平安集团“先进单位”荣誉称号。

8 月 2 日 平安济南分行聘任赵军为零售综拓总监（深发银济[2012]155 号）。

8 月 29 日 平安济南分行聘任王方政为副行长（主持工作）（平银发[2012]881 号）。

9 月 12 日 平安济南分行电子政务业务取得重大突破，省财政厅非税系统成功上线。

10 月 31 日 平安济南分行率先完成全年银保业务销售指标，以 110%预算完成率全行排名第一。

10 月 12 日 平安济南分行高新支行获得“省级文明示范单位”称号，入选国家级“千佳示范单位”评选候选资格。

11 月 16 日 平安济南分行聘任叶逢海为财务兼运营执行官（平银发[2012]1159 号）。

12 月 18 日 平安济南分行明湖支行开业。

（崔建伟 张 睿）

平安银行股份有限公司青岛分行

【第一负责人简介】 陈昊序,男,1970 年 2 月生,硕士研究生学历,中共党员。历任深圳发展银行青岛城阳支行副行长、青岛分行计划财务部总经理,青岛分行财务执行官;2012 年 8 月至今,任平安银行青岛分行副行长(主持工作)。

【综述】 平安银行股份有限公司青岛分行(以下简称“平安银行青岛分行”)原名深圳发展银行股份有限公司青岛分行,2012 年 8 月 13 日,经青岛银监局、工商登记管理机关核准,名称变更为平安银行青岛分行。

2012 年,该行实现了规模和效益的显著增长,资产质量继续保持良好态势,经营管理水平迈上了新台阶。

【公司业务】 2012 年,平安银行青岛分行公司业务规模再上新台阶。

一、加强营销管理。一是组织各类营销竞赛活动,拓宽中间业务收入渠道,推动无贷户存款增长,并严格执行资产负债管理;二是筛选确定了青岛地区 140 户和潍坊地区 26 户重点营销目标客户,制定区域营销管理制度,按照“双周行事历”制度进行现场跟踪督导。

二、推进贸易融资业务。一是积极推进“1+N”供应链金融及反向保理业务,协助经营单位实地营销,全年新增“总对总”核心企业 6 家;二是优化贸易融资行业结构,积极挖潜,开展批量营销;三是通过稳步推进线上供应链金融、优化业务流程、充实监管队伍、加大客户经理培训力度等措施,坚实贸易融资业务的开展基础。

三、大力发展现金管理、投行托管业务。一是通过重点产品推动、增加产品粘连度等措施,逐步改善结算存款增长,提高稳定性和忠诚度;二是大力推进债融业务,对净资产在 8 亿元以上的 92 户企业开展一对一营销,有效推进投行托管业务的发展。

【个人业务】 2012 年,平安银行青岛分行加大理财业务营销力度,执行网点标准化,推动零售业务持续、快速发展。一是充实支行零售队伍,加强理财人员持证管理;二是完善考核及理财业务管理办法,加强合规管理;三是制定例会制度,加强零售指标进展情况监控;四是不断丰富贵宾俱乐部活动,并开展各种形式的劳动竞赛。

【国际业务】 2012 年,平安银行青岛分行依托离在岸业务特色优势,通过开拓在岸授信客户、推进跨境人民币结算、建立客户营销策略、推广银关通业务等措施,大力推进国际业务,市场份额持续增长。一是在外贸形势严峻,铁矿石、天然橡胶价格波动加剧的背景下,离在岸结算量继续保持增长态势,全年完成结算量 162 亿美元,同比增加 25.58%,离岸结算量在总行排名第四,利润连续 3 年排名第一;二是持续推广融资产品,以信用方式开证、DA 保理押汇等新产品为切入点,制定不同的授信方案,提供产品支持。

【资金同业】 2012 年,平安银行青岛分行一是加强资金流动性、效益性管理,合理调剂头寸,压缩低息资金的占用;二是密切联系总行金融市场部,争取为总行代收票据 137 亿元,累计实现中间业务收入 877 万元;三是加强理财产品销售力度,全年销售交易量 30 亿元,实现中间业务收入 19 万元;四是积极开拓新业务,陆续操作非标债业务 95.4 亿元,其中信托受益权 7 亿元,理财产品 88.4 亿元(含联动 5 亿元),实现净利息收入 1264 万元。

【内部管理和企业文化建设】 2012 年,平安银行青岛分行加强内部管理和企业文化建设,为业务发展提供强大的精神动力。

一、加强信贷制度建设。一是制定一系列信贷制度,加强授信业务的后续管理;二是通过制定对公信贷投向导向,对五大行业开展调研,扩展信息来源等方式,积极发挥信贷风险管理环节对业务发展的引领作用;三是优化资产质量,加大风险排查和风险客户退出力度。

二、实施运营流程优化。一是每月组织由分支行相关业务部门参加的沟通会议,分行运营执行官、运营部总经理定期到网点进行业务调研;二是建立周志、关键工作月度检视制度;三是加强运营团队建设,推动“学习、主动、积极、创新、服务”的运营文化建设。

平安银行股份有限公司青岛分行主要统计指标 1

单位：亿元

项目＼年度	2008	2009	2010	2011	2012	2012 年同比增幅（%）
本外币资产总额	133.52	128.52	204.77	225.04	296.75	31.87
本外币存款余额	96.06	111.44	133.91	155.3	162.95	4.93
人民币存款余额	95.53	110.2	132.71	154.11	155.15	0.67
单位存款	85.57	101.03	115.42	132.99	134.92	1.45
储蓄存款	9.96	9.17	17.29	21.12	20.23	-4.21
本外币贷款余额	82.58	103.08	116.13	122.07	120.07	-1.64
人民币贷款余额	82.58	103.08	113.88	121.39	116.73	-3.84
短期贷款	48.84	60.43	75.6	92.12	91.00	-1.22
中长期贷款	14.84	23.37	28.33	28.5	25.73	-9.72
票据融资	18.9	19.28	9.95	0.77	1.78	131.06
利润总额	2.07	2.22	2.78	4.43	5.31	19.86
不良贷款余额	0.06	0.08	0.03	0.34	1.34	294.12
不良贷款占比（%）	0.07	0.08	0.03	0.28	1.11	296.43

平安银行股份有限公司青岛分行主要统计指标 2

项目＼年度	2008	2009	2010	2011	2012	2012 年同比增幅（%）
单位结算账户（万户）	0.65	0.77	0.93	1.1	1.2	9.09
单位结算金额（亿元）	1592.24	1977.30	2190.58	2983.13	3461.23	16.03
个人结算账户（万户）	26.50	28.76	31.00	32.88	35.52	8.03
个人结算金额（亿元）	210.54	435.53	645.90	1578.23	2226.29	41.06
信用卡发卡量（万张）	0.95	1.87	2.88	10.08	11.76	16.67
信用卡消费额（亿元）	0.60	0.77	0.98	1.12	3.86	44.64
企业网银客户（万户）	0.12	0.27	0.47	0.76	1.15	51.30
个人网银客户（万户）	0.49	0.84	2.41	4.07	5.91	45.20
手机银行客户（万户）	0	0	0.6	1.02	1.48	45.10
电话银行客户（万户）	0.52	0.61	0.68	0.72	0.88	22.22
现金自助设备（台）	17	17	17	19	15	-21.05
营业网点（个）	7	8	8	8	10	42.86
自助网点（个）	5	5	5	5	3	-40

三、加强合规文化建设。一是完善合规组织架构，深入开展案件防控工作；二是加大稽核检查工作力度，全年完成各项稽核检查 18 项，出具稽核报告 9 份，完成非现场审计查证 39 条；三是落实安全保卫责任制，加大安保检查，发现安全隐患及时消除。

四、加强内部管理。一是顺利完成了分行更名换证、换标等项工作；二是加快网点建设步伐，青岛即墨支行、胶州支行开业，李沧支行营业执照办理完毕；三是严格费用管理，引导财务资源合理分配，完善客户经理绩效考核办法。

五、积极开展群工活动。一是积极开展“送金融知识下乡”、“关爱新市民子女志愿服务行动”等活动；二是以登山、羽毛球、足球、篮球等俱乐部为依托，组织员工积极参加各项文体活动；三是举办10周年行庆活动，并开展“辉煌发展十周年 铸就平安新明天”的主题宣传；四是组织参加首届“平安一家亲”青岛地区运动会，加强了与兄弟公司的交流。

【大事记】 1月14日 平安银行青岛分行在青岛黄海饭店召开2011年度工作总结表彰大会。

3月20日 平安银行青岛分行第8家支行即墨支行隆重开业。

4月18日 平安银行青岛分行在青岛花园大酒店召开“群龙争霸、赢在起点”2012年开门红表彰大会。

5月28日 平安银行青岛分行在青岛香格里拉大酒店隆重举行“辉煌发展十周年 铸就平安新明天”成立10周年大型庆典。

8月13日 经青岛银监局、工商登记管理机关核准，深圳发展银行青岛分行名称变更为平安银行青岛分行。

8月20日 平安银行总行吴鹏副行长至青岛分行宣布由分行陈昊序财务执行官负责分行日常工作；10月31日，总行《关于陈昊序等任职的通知》（平银发[2012]1100号）正式发文，决定聘任陈昊序为平安银行青岛分行副行长（主持工作）。

10月26日 平安银行总行孙建一董事长、吴鹏副行长莅临青岛分行召开调研座谈会。

11月26日 平安银行青岛分行完成全部网点的门头店招及市内标识更换工作。

12月21日 平安银行青岛分行召开“新平安、新征程、争佳绩、创辉煌”2013年开门红动员大会，分行全体公司、零售客户经理及中层以上干部共200多人参加了会议。

（侯保平）

招商银行股份有限公司济南分行

【第一负责人简介】 周伟林，男，中共党员，高级经济师，硕士。1976年起历任中国工商银行黑龙江省分行办公室主任、大兴安岭分行行长、黑龙江省分行副行长；招商银行哈尔滨分行行长。2011年7月至今，任招商银行济南分行行长。

【综述】 2012年，面对纷繁复杂的国内外经济形势，招商银行股份有限公司济南分行（以下简称“招行济南分行”）按照“认清形势、转变机制、真抓实干、加快发展”的思路，各项业务实现了较快发展。

【公司业务】 2012年，招行济南分行加大市场拓展与经营力度，公司业务实现了较快发展。

一、大力发展负债业务。一是强化重点客户、资金、项目营销，拓宽增存渠道，对公存款增速同比加快，市场份额稳步提升；二是通过强化考核、加大激励等手段，继续加大财政性存款开发；三是积极规划创新业务产品，大力拓展新兴市场存款，带动公司存款规模快速攀升。

二、加大企业资金支持力度。一是信贷投放平稳有序，信贷结构进一步优化，通过资产经营、信托贷款等新兴融资业务，多渠道为客户筹措资金，努力降低客户融资成本；二是加强资产负债管理和统筹协调，引导贷款投放更多转向中小企业和贸易融资客户；三是通过信托贷款、融资租赁、中期票据、短期融资券、跨境融资等新兴融资方式，多渠道为客户筹措资金，支持企业发展，全年开办新兴融资逾百亿元。

【零售业务】 2012年，招行济南分行加强条线资源整合，调整业务结构，推动零售业务持续、健康发展。

一、零售业务协调发展。一是通过“双卡”联动营销、营业厅销售常态化管理、数据库营销等，全面推进客群和资产规模迅速增长；二是加强移动金融、出国金融等业务发展，提升新兴战略业务的竞争优势；三是创新服务方式，不断深化服务内涵。

二、个贷业务创新发展。大力推进专业化经营，实现了小微信贷业务的流水线操作。相继推出了抵押贷、POS流量贷等多种担保方式的贷款产品，以及全新小微企业贷款产品“生意一卡通”，该产品为国内首创，它是集融资、结算和生活于一体的小微企业专属金融服务工具，实现了借款、还款的网上自主办理、金融增值服务的一站式体验。

【国际业务】 2012年，招行济南分行国际业务持续稳步增长。一是成功开发了多项跨境业务产品，提升了中间业务收益，助力负债业务增长；二是在岸业务逆势增长，积极发挥考核和激励的“指挥棒”作用，形成了分支行密切协作的国际业

招商银行股份有限公司济南分行主要统计指标

单位：亿元

项目 \ 年度	2008	2009	2010	2011	2012	2012 年同比增幅（%）
本外币资产总额	330.14	424.56	515.86	531.37	636.72	19.83
本外币存款余额	301.52	368.24	440.11	462.36	596.86	29.09
人民币存款余额	296.91	352.39	428.62	455.43	588.69	29.26
企业存款（本外币）	138.5	180.56	268.88	264.35	331.78	25.51
机关团体存款（本外币）	9.07	9.09	39.56	55.17	68.53	24.22
储蓄存款（本外币）	83.41	103.79	121.76	135.59	187.07	37.97
本外币贷款余额	320.94	393.01	463.87	501.44	558.6	11.40
人民币贷款余额	317.29	382.16	451.62	490.22	536.76	9.49
短期贷款（本外币）	183.12	188.86	202.91	246.8	338.47	37.14
个人短期（本外币）	4.3	6.13	13.5	16.7	36.12	116.29
中长期贷款（本外币）	119.29	179.26	236.24	229.78	197.65	-13.98
票据融资	18.33	24.7	24.69	24.86	22.47	-9.61
利润总额（税前）	8.86	6.65	8.81	15.16	16.32	7.65
不良贷款余额	4.04	3.23	3.18	2.84	3.59	26.41
不良借款占比（%）	1.26	0.82	0.69	0.57	0.64	12.28

务运营模式，营销工作卓有成效；三是跨境人民币实现跨越式发展，全年办理跨境人民币结算业务同比增幅 109%。

【中间业务】 2012 年，招行济南分行通过加大资源倾斜力度，创新业务品种，大力推进贸易金融和投行业务，积极拓宽中间业务收入来源。

一、公司中间业务多元化发展。一是大力发展投资银行业务，加大对 AA 级客户的营销力度，积极把握机遇，大力拓展私募债券和承销业务；二是抢抓金融市场发展机遇，在继续强化银银合作的同时，积极拓宽非银合作渠道和表外创利空间；三是围绕客户倍增计划，充分发挥国内信用证、网上电子票据等产品优势，实现现金管理中间业务收入增长；四是融资租赁、黄金租赁等业务较快发展，公司理财等中间业务收入稳步增长。

二、零售中间业务收入快速增长。一是通过对客户资产全方位配置的方式，提升客户经营水平和综合贡献度；二是深入研究产品营销策略，提升基金、保险等产品的结构优化；三是加大理财产品开发力度，中间业务收入再创新高；四是通过举办黄金巡展等方式推动贵金属业务快速发展；五是加强两卡商户资源整合，大力推进 POS 刷卡消费。

三、国际中间业务收入贡献突出。一是快速提升盈利能力，在岸中间收益同比增幅 28%；二是强力推进联动业务，丰富业务种类，有效带动单证业务及贸易融资的快速增长，联动收益同比增长 8%，获总行“批发业务境内外联动综合贡献奖”和“国际业务综合突出贡献奖”。

【风险管理】 2012 年，招行济南分行一是建立风险经理队伍，优化风险管理体系；二是坚持授信后复审制度，最大限度保证信贷资产安全；三是进一步强化对二级分行的信用风险管控，建立起三位一体的分层次信贷内部考评机制，四是进一步优化核保和放款流程，加强对敏感性行业及区域专项检查力度，提高信贷管理的精细化水平。

【企业文化建设】 2012 年，招行济南分行积极推进企业文化和品牌形象建设。一是制定了《宣传报导管理办法》，组织多次征文活动，丰富了员工精神生活，为业务发展提供了精神动力；二是举办了以“激情、奉献、关爱、分享”为主题的 12 周年行庆活动，组织了“百年招银林”植树、“巅峰梦想”全员健身登山、拔河比赛、足球联赛、羽毛球比赛等文体活动；三是开展了对云南灾区的捐款和对莱芜希望小学的捐助。

【大事记】 2 月 23 日 招行总行尹凤兰副行长到济南分行调研内控工作。

3 月 4 日 招行济南分行成功举办“金葵花”杯全国少儿钢琴济南赛区大赛。

3 月 15 日 招行济南分行营业部获“中国银行业文明规

范服务百佳示范单位”称号。

4月10日　招行济南分行在外管局山东省分局组织的“2011年度银行执行外汇管理规定情况考核”评比中,荣获“A类银行”。

5月28日　招行济南分行举办“葵花朵朵 迎六一招行少儿才艺秀”活动。

9月6日　招行总行马蔚华行长、王庆彬副行长出席招商银行与山东省政府战略合作签约仪式,会晤了山东省、济南市党政领导。

招行滨州分行开业,总行马蔚华行长参加开业盛典,并会见了滨州市党政领导。

10月19日　招行济南分行私人银行中心成立,总行丁伟副行长出席开业活动。

10月20日　招行济南分行举办12周年行庆文艺活动。

10月21日　招行济南分行举办第12届业务技术比赛,来自济南及二级分行的22支代表队参加了比赛。

10月29日　招行东营分行胜利支行获批成立。

11月6日　招行总行李浩副行长赴济南分行调研。

11月8日　招行总行监事会韩明智主席一行赴济南分行调研。

12月3日　招行济南分行及辖属二级分行会计柜面流程二期改造第一批项目成功上线。

12月5日　招行东营分行迁址。

12月21日　招行济南分行在人行济南分行主办的“承诺十八项,献礼十八大”活动中荣获先进集体称号。

(康　玲)

招商银行股份有限公司青岛分行

【第一负责人简介】　王纪全,男,汉族,中共党员,1960年1月生,博士研究生学历。1983年参加工作,历任中共济南市委党校教员,山东省委党史研究室副主任科员,山东省政府办公厅正科、副处、正处,山东省人大常委会办公厅正处,招商银行济南分行党委副书记、副行长,招行兰州分行党委书记、行长,2009年6月至今,任招商银行青岛分行党委书记、行长。

【综述】　2012年,招商银行股份有限公司青岛分行(以下简称“招行青岛分行”)加快经营战略调整,不断提升服务水平,积极履行社会责任,树立了良好形象。截至年末,该行辖有日照、威海、淄博、济宁4家异地分行,在青岛地区设有16家支行。

【资产业务】　2012年,招行青岛分行以山东半岛蓝色经济区发展战略为指导,加快信贷结构调整,加大对新兴产业、蓝色金融、实体经济的支持力度,资产业务在控制风险、提高收益前提下稳定增长。截至年末,对公授信有效客户1407户,同比增加325户;其中贷款户1066户,同比增加258户;一般关注类贷款人民币1.81亿元,同比增加253万元;特别关注类贷款人民币6863万元,同比增加1686万元。关注及不良贷款规模控制在总行核定的容忍额以内。

【公司业务】　2012年,招行青岛分行大力拓展“两小”业务,不断提升中间业务收入水平。成功中标青岛银行企业年金基金账户管理人资格;签约23亿元债券项目,当年发行债券13亿元;发放租赁业务3笔,投放金额3亿元;通过入池转让资产24亿元,发行信托融资19.5亿元;重点推动财政公务卡,发卡超过1000张。

【票据业务】　2012年,招行青岛分行票据业务继续保持较快增长。截至年末,累计办理票据直贴业务495亿元,增幅60%。直贴业务量居当地市场份额之首。转贴现卖出业务512亿元,票据周转率105%。全行票据业务净收入2.43亿元;其中,票据业务非利息收入1.48亿元,实现新突破。

【国际业务】　2012年,招行青岛分行国际业务不断完善,中间业务收入逆市增长再创新高,联动创新产品亮点纷呈。截至年末,累计完成国际结算量165.5亿美元,同比增长11.5%,系统内排名第7。累计办理结售汇业务49.1亿美元,同比增长10.8%,系统内排名第7。贸易融资余额3.02亿美元,较年初增长11.4%。累计发放贸易融资10.22亿美元,同比增长54.1%。

【内部管理与企业文化建设】　2012年,招行青岛分行不断夯实内部基础管理,加强支持保障工作,重视企业文化建设,党建工作取得突破性进展。成功树立十八大党代表刘娟这一典型,成为银监会系统唯一一名基层员工党代表、招商银行成立25年来首位党代表。

【大事记】　1月6日~7日　“招商银行之夜”朝鲜版歌剧《梁祝》在青岛大剧院隆重上演。

2月27日　即墨市委副书记、市长郑德雁一行赴招行总行与马蔚华行长就中国(青岛)财富管理学院筹建情况和下一步工作进行了深入交流。

3月15日　招行青岛分行在人行青岛中支、青岛银监局等部门的组织下,在台东三路步行商业街繁华地段举行“3·15金融消费者权益保护集中宣传日”活动。青岛市常务副市长王书坚、人行青岛中支行长辛树人、青岛证监局局长姜岩、青岛银

招商银行股份有限公司青岛分行主要统计指标

单位：亿元

项目＼年度	2008	2009	2010	2011	2012	2012年同比增幅（%）
本外币资产总额	231.05	314.72	449.41	466.51	521.35	11.76
本外币存款余额	207.56	294.65	409.55	436.49	498.44	14.19
人民币存款余额	196.39	277.13	398.47	415.69	465.95	12.09
单位存款	110.26	169.25	280.56	285.35	305.32	7
储蓄存款	86.13	107.88	117.91	130.34	160.63	23.24
本外币贷款余额	223.74	277.85	345.5	387.38	456.28	17.79
人民币贷款余额	199.77	257.06	331.59	368.12	420.11	14.12
短期贷款	131.01	183.4	161.1	190.98	247.81	29.76
中长期贷款	68.76	73.66	170.49	177.14	172.3	-2.73
票据融资	45.24	21.72	27.24	22.57	25.72	13.96
利润总额	7.34	4.34	7.52	13.65	14.06	3
不良贷款余额	0.62	0.64	0.64	0.78	2.24	187.18
不良贷款占比（%）	0.28	0.23	0.18	0.20	0.49	145

注：本表提供的是青岛全辖数据（包含四家异地机构）

监局纪委书记罗中等到现场巡视指导。

3月28日　中国(青岛)财富管理学院项目合作签约仪式在青岛举行,总行王庆彬副行长赴青出席签约仪式。

4月8日　招行总行举行25周年行庆全行视频大会暨颁奖典礼。

4月　招行青岛分行荣膺国家外管总局和山东省分局颁发的2011年度国际收支优秀申报单位，青岛市外汇管理局2011年度对辖内37家外汇指定银行考核中的A级行。

5月18日　招行青岛分行“爱心涌动、情满校园”关爱新市民子女捐赠仪式在青岛寿光路小学举行。

招行青岛分行成功中标青岛银行股份有限公司企业年金账户管理人资格，喜获2012年以来山东省金融行业客户开展企业年金业务的最大一单。

6月7日　招商银行威海荣成支行盛大开业。

6月15日　“招商银行杯”青岛市第7届国际高尔夫邀请赛隆重开幕,该行高端客户200余人参加了该项活动。

7月3日　招行日照支行升分行仪式在日照市岚桥锦江大酒店隆重举行。

招行总行马蔚华行长一行赶赴青岛，会晤山东省委常委、青岛市委书记李群,青岛市委副书记、市长张新起,出席青岛市政府顾问聘任仪式,并在市委理论报告会上作报告。

7月4日　招行总行马蔚华行长出席了中国(青岛)财富管理论坛,作了题为《全球视野下的财富管理发展新趋向》的演讲,并与多位政府领导、金融高管、专家学者共话中国财富管理发展路径。

7月6日　招商银行淄博周村支行盛大开业。

7月7日　2012年中国银行业分行行长论坛暨“第4届中国银行业好分行评选”颁奖典礼在京举行,招行青岛分行获得“支持中小企业最佳分行”奖,这是该行连续第4年获得“好分行”奖项。

9月24日　招商银行济宁邹城支行盛大开业。

11月6日　人行青岛中支行长辛树人赴招行青岛分行调研,就股份制商业银行业务发展、内部激励机制、信贷风险控制、资本监管等问题进行深入交流与指导。

12月6日　招商银行威海文登支行盛大开业。

12月21日　招行青岛分行在日照金海花园隆重举行“日照分行票据中心挂牌仪式暨四周年行庆答谢酒会”活动。

（刘　鑫）

上海浦东发展银行济南分行

【第一负责人简介】　耿光新，男，汉族，1961年7月生，山东泰安人，1984年加入中国共产党，研究生学历，高级经济师。1978年9月起先后任人行莒县支行会计员、信贷员、股长；1984年7月起先后任人行、工行临沂地区中支人事、计划科科员、副科长、科长；1989年12月起任工行日照市分行副行长、党委副书记，行长、党委书记；2000年8月至今，任上海浦东发展银行济南分行行长、党委书记。

【综述】　2012年，上海浦东发展银行济南分行（以下简称“浦发济南分行”）大力实施内涵外延并举的发展战略，深化客户经营，优化增长方式，强化管理保障，早部署、抢机遇、抓落实、重创新，坚定信心，积极作为，各项经营管理工作取得了新的成绩。截至年末，一般性存款余额700.94亿元，同比增加142.02亿元，增长25.41%；贷款余额530亿元，同比增加94.88亿元，增长21.81%；实现账面利润14.24亿元，同比增加1.71亿元，增长13.71%。

【业务发展】　2012年，浦发济南分行着力强化营销推进体系和全行联动机制建设，推动了各项业务的持续快速发展。

一、客户体系建设成效卓著，发展基础更加夯实。一是深入推进“1+N”目标客户体系建设，充分发挥“三位一体”营销推进体系效能和项目负责人制度优势，实施重点大项目的全行参与和重点营销，实施资源的统筹规划和适当倾斜，成功中标蓝色基金，与山东黄金、恒隆广场、山东钢铁、华鲁集团、日照港等客户的全面战略合作取得积极成果；二是加强对公司类客户个人业务的营销挖掘，大力实施小微客户和个人客户的交集开发，优化内部协作机制，推动包点联系机制，建立宣讲机制，取得了显著成效；三是加强中小专营中心建设，补充审贷人员，优化审贷流程，成立二级分行中小专营中心，打造了四家小微专业支行，加强“吉祥三宝”和“两区一链”业务推广，积极落实总行“千户工程”建设要求，实施信贷资源的专项配置，积极推动产品创新，有效提升了中小业务发展后劲。

二、发展方式更趋科学，发展内涵显著提升。一是推出项目负责人制度，明确了行领导包点联系、重大项目组织推进和管理部室与经营单位联系包点制度，进一步强化了全行联动的组织推进体系，加强渠道和职能整合，成立金融机构部、卡及渠道部，进一步完善了新兴业务发展的框架、制度、流程。强化战略执行力，发展战略得到有效贯彻落实；二是创新驱动成果显著，办理贸易融资234亿元，同比增长27%，发放IFC能效贷款1亿元，投放额系统内第一，承销短期融资券26.3亿

上海浦东发展银行济南分行主要统计指标

单位：亿元

项目＼年度	2008	2009	2010	2011	2012	2012年同比增幅（%）
本外币资产总额	354.66	367.31	516.90	653.09	867.32	32.80
本外币存款余额	262.52	330.75	444.61	558.92	700.94	25.41
人民币存款余额	259.71	326.12	441.43	551.91	695.60	26.04
单位存款	224.51	280.71	304.32	466.98	574.16	22.95
储蓄存款	20.96	29.63	44.99	52.84	75.45	42.79
本外币贷款余额	216.74	267.23	348.43	428.87	530.00	23.58
人民币贷款余额	216.45	291.66	335.46	417.56	509.59	22.04
短期贷款	155.94	149.96	230.07	299.52	391.58	30.74
中长期贷款	58.96	112.88	117.00	127.89	116.22	-9.13
票据融资	1.84	4.39	2.06	6.26	19.78	215.98
利润总额	4.59	5.52	6.84	12.53	14.24	13.71
不良贷款余额	2.76	1.44	1.39	1.32	1.89	43.33
不良贷款占比（%）	1.27	0.54	0.39	0.31	0.36	16.13

元，创新办理了供应链融资租赁保理业务、航运金融内保外贷业务、资本项下跨境人民币业务、出口双保理业务、国内信用证福费廷包买让渡业务等；三是浦发聊城分行开业，4 家异地支行开业，浦发日照分行获准筹建，机构总数增至 25 家，制定了机构建设管理办法和二级分行转授权、风险管理、运营管理、信息科技等工作办法，进一步强化了二级分行机制建设，浦发淄博分行、东营分行跻身 A 类行。

【内部管理与企业文化建设】 2012 年，浦发济南分行坚持发展管理并举，积极增强管理的精细化、规范化水平，实现对经营工作的持续推动和有效保障。

一、巩固风险管理根基，提升运营科技管理水平，筑牢合规管理屏障。一是加强研判，及时发布信贷政策指引，加强风险提示和预警，将风险管理的关口前移，全年共发布风险提示 14 份；二是做好信贷三查，继续推进授信准入、信用评级授信问责等制度；三是推进信贷结构调整，全年调整 205 户，金额 54.2 亿元，其中压缩退出 71 户，金额 23.42 亿元，超额完成总行计划；四是成功化解船舶预付款退款保函风险，收回逾期贷款 1.4 亿元，累计现金清收不良贷款 3780 万元；五是上线、测试总行银联集中清算系统等运营科技系统近 30 项；六是发布合规提示 10 项，完成合规咨询、合规审核 188 项，开展了 3 项合规测试，制定了整改监管管理办法，开展不规范经营专项治理工作；七是组织开展了十大重点领域案件风险排查和内控检查“回头看”及内控专项治理活动，制定了《风险事件应急处置预案》。

二、社会公益活动反响巨大。一是组织了“西藏光明行”大型公益活动，捐助 130 余名白内障患者实施了复明手术，走访慰问贫困小学，得到了省政府和社会各界的高度评价；二是深入开展“普及金融知识万里行”活动，组织开展了“乡村孩子新年爱心圆梦”志愿者活动、慈心一日捐等公益活动。

【大事记】 2 月 24 日 济南市金融办对“微笑服务 诚信金融”活动先进单位和个人进行了表彰，浦发济南分行荣获“微笑服务窗口”、“优秀行长”、“优秀网点主任”、“微笑服务之星”多项荣誉。

3 月 18 日 浦发聊城分行举行隆重的开业暨捐赠仪式，省金融办、人行济南分行、山东银监局、浦发总行等相关领导出席仪式。

3 月 31 日 在省政府召开全省金融工作会议上，浦发济南分行荣获“金融发展贡献奖”。

4 月 12 日 在人行济南分行营管部召开的济南市银行行长联席会议上，浦发济南分行获得 2011 年“金融机构综合评价 A 级单位”称号。

4 月 20 日 蓝色经济区产业投资基金托管银行招标活动在济南举行，浦发济南分行成功中标成为蓝色基金托管银行。

4 月 24 日 在人行济南分行召开一季度货币政策和金融管理工作通报会议上，浦发济南分行荣获“山东省金融机构 2011 年度综合评价 A 级单位”称号。

7 月 6 日 “2012 浦发济南分行西藏光明行”新闻发布会暨援藏车队启动仪式隆重举行。省委宣传部、省对口支援办公室、山东广播电视台、山东省立医院、浦发总行等领导出席仪式。

12 月 21 日 在省银行业协会举办的“银行业服务小微企业及三农双十佳金融产品”评选活动中，浦发济南分行凭借“助推器成长型企业金融服务方案”获得“山东省银行业服务小微企业十佳金融产品推广奖”。

（燕 峰）

兴业银行股份有限公司济南分行

【第一负责人简介】 张霆，男，汉族，1969 年 5 月生，祖籍福建泉州，中共党员，工商管理硕士，高级经济师。曾任兴业银行福州鼓楼、龙岩、泉州分行行长等职务，现任兴业银行济南分行党委书记、行长。

【综述】 2012 年，兴业银行股份有限公司济南分行（以下简称“兴业济南分行”）创新求变，深化改革，抢抓机遇，加快发展，圆满完成了各项任务，该行主要业务指标继续位居山东同类银行先进行列，市场份额、综合竞争力及品牌影响力持续攀升。

【中间业务】 2012 年，兴业济南分行灵活运用本外币、表内外、直接与间接融资等各类业务模式，扎实服务实体经济，积极抢占市场机遇，稳步调整业务结构，持续推进科学发展。

一、企业金融业务方面。一是突破了一系列重点客户，机构日均存款新增 40 亿元，投资银行业务以债务融资工具等产品为重点，融资总规模突破 200 亿元，债务融资工具承销 109 亿元，承销总量居同业第 2 位；二是贸易金融业务重点从总对总合作、本地网络等 5 个模式入手，切入钢铁、汽车、煤炭等产业链条，供应链融资业务量 553 亿元；三是绿色金融业务继续发挥领先的优势，融资余额突破 100 亿元，成为全系统首家百亿元量级分行，融资余额新增和非信贷融资投放均列全系统第 1

兴业银行股份有限公司济南分行主要统计指标 1

单位：亿元

项目＼年度	2008	2009	2010	2011	2012	2012 年同比增幅（%）
本外币资产总额	307.92	624.96	598.15	758.51	1153.93	52.13
本外币存款余额	177.48	333.11	530.07	657.32	872.21	32.69
人民币存款余额	176.53	330.69	523.99	650.94	831.97	27.81
单位存款	99.99	156.4	367.87	468.77	693.43	47.93
储蓄存款	12.32	28.73	42.86	67.06	111.58	66.39
本外币贷款余额	150.09	291.76	352.20	393.96	494.31	25.47
人民币贷款余额	149.93	291.28	349.50	388.96	449.18	15.48
短期贷款	74.8	66.05	94.39	158.93	244.56	53.88
中长期贷款	67.98	215.21	253.95	229.54	200.91	-12.47
票据融资	7.15	10.02	1.09	0.49	1.17	138.78
利润总额	1.52	6.26	9.55	14.89	21.25	42.71
不良贷款余额	1.21	0.82	0.55	0.57	4.56	700.00
不良贷款占比（%）	0.81	0.28	0.15	0.15	0.92	513.33

兴业银行股份有限公司济南分行主要统计指标 2

项目＼年度	2008	2009	2010	2011	2012	2012 年同比增幅（%）
单位结算账户（万户）	—	—	—	—	1.92	—
单位结算金额（亿元）	—	—	—	—	13771	—
个人结算账户（万户）	—	—	—	—	76.62	—
个人结算金额（亿元）	—	—	—	—	—	—
信用卡发卡量（万张）	—	—	—	—	39.95	—
信用卡消费额（亿元）	—	—	—	—	106.94	—
企业网银客户（万户）	—	—	—	—	0.73	0.30
个人网银客户（万户）	—	—	—	—	28.89	3.20
手机银行客户（万户）	—	—	—	—	37.03	16.90
电话银行客户（万户）	—	—	—	—	43.32	6.79
现金自助设备（台）	—	—	—	—	237	—
营业网点（个）	—	—	—	—	26	—
自助网点（个）	—	—	—	—	52	—

位；四是小企业业务围绕“芝麻开花”等重点产品进行集成式、批量化拓展，有效基础客户新增 720 家。

二、零售业务方面。该行扎实推进人力资源达标和终端标准化两项战略，不断夯实业务基础。一是持续抓好重点产品全面营销，组织开展了“兴业通 - 重点商圈行”、“金彩继续、银得未来”贵金属活动、“安愉人生”服务宣传等营销活动，有效满足各类客户群体的需求；二是进一步优化客户销售服务平台，将理财、个贷、兴业通、信用卡等客户等单一分销渠道进行融合管理，加大对重点商圈、商会、俱乐部等高端客户群体的针对性营销力度。

三、金融市场业务方面，一是同业业务持续突破，同业负债余额 268 亿元，同比增长 190 亿元，超额完成总行计划；二是银银平台取得重大进展，与省联社结成全面战略合作，完成城商行联盟柜面互通上线；三是财富管理业务突飞猛进，合计新增项目 65 个，金额总计 198 亿元；四是票据业务稳健增长，全年共办理贴现业务 1195 亿元，回售式转贴现业务 471 亿元，买断式转贴现业务 435 亿元，转出业务 290 亿元。

【电子银行业务】 2012 年，兴业济南分行坚持“服务业务，提升效率”的科技运营观念，强调科技创新与科技保障两手抓，致力于银行业务电子化、现代化、综合化的创新探索。

一、电子银行平台不断丰富。始终以“打造一流电子银行”为主线，已形成一个由“在线兴业”网上银行、“无线兴业”手机银行、“热线兴业”电话银行 95561 客服热线三线产品组成的综合金融服务平台。2012 年，该行企业网银交易笔数约 77 万笔，交易金额达 4739 亿元，柜面替代率 92.18%；个人网银交易笔数约 426 万笔，交易金额达 1226 亿元；手机银行交易笔数约 34 万笔，手机银行柜面替代率 5.57%，零售电子银行柜面替代率达 75.29%。

二、客户服务体验日趋优化。一是新一代个人网银成功上线，进一步提高交易的安全性，网银的支持能力大大提高；二是客户端手机银行和在线版手机银行全面升级，优化了登录方式和客户体验，支持无线网络登录，使手机银行使用更便捷；三是创新开发了资金归集业务，可实现实时跨行查询、跨行转入、自动归集、归集明细查询等业务办理，为客户实现个人账户资金的高效管理与财富增值提供便捷、安全与实惠的通道。

三、信息科技管理更加严谨。一是调整信息科技组织架构和岗位设置，逐步构建省、市、县三级科技一体化运维体系；二是加强信息科技运行管理，保障各项系统安全、稳定、高效运行；三是独立研发上线了济南社保、联通等代收费项目升级、山东省非税 POS 代收项目等 12 个科技项目，更大限度地体现科技对业务的支撑和助推作用。

【内部管理与企业文化建设】 2012 年，兴业济南分行坚持“从严治行、专家办行、科技兴行、服务立行”的治行方略，实现效益、质量、规模的协调发展。

一、人力资源管理逐步加强。一是建立公开竞聘、末位淘汰等制度，健全“合适的人做合适的事”的用人机制，实施了牌照考试 1316 人次，开展了岗位及干部竞聘 99 人次；二是构建人力资源培训体系，重点建立起各条线牌照管理和任职资格考试制度，逐步实现各级干部和业务人员学习的制度化；三是组织了优秀行员赴北京大学学习培训等多层次、多方位的培训活动，建立了以“实例、实践、实战、实效”为主旨的培训模式。

二、风险管理体系持续完善。一是建立了企金、零售、新兴业务与风险条线畅通的沟通协作机制；二是建立了完善的信贷沙盘作业方案和有效的非沙盘客户预审会商机制；三是加强房地产、小企业等业务风险排查及后评价，深入推进融资平台到期管理，建立存量客户分类管理、退出机制，形成了评价、揭示、整改、反馈、跟踪的良性机制；四是健全三级风险管理体系，建立授权差别化动态管理机制，加大了考核问责力度，组织完成了 8 项业务流程内控自评、40 余次业务检查。

三、资源配置优化积极推进。一是落地实施 FTP 管理，建立及时的转移价格传导机制，引导经营团队按照导向拓展业务，进一步优化资产负债结构和业务结构；二是积极探索业务资源分条线调控，灵活调剂有限的信贷规模，实现了规模紧张状态下对业务的有效支撑；三是不断提升财务资源配置效率，通过资源倾斜、条线统筹、强化后评价有效推动机构、财富等重点业务的发展和资源的合理分配与投入产出。

四、运营支持保障更加有力。一是设立了保卫部，完成省分支三级安保架构的组建，确保全年安全无事故；二是制定了 10 余项会计制度，开展了覆盖全辖的 36 次各类检查；三是大力加强企业文化建设，丰富了日常文体活动，进一步增强了员工的凝聚力和向心力，全行“风正、气顺、人和、业兴”的氛围更加浓郁。

【大事记】 7 月 19 日 兴业济南分行第 7 家异地机构——兴业滨州分行开业。

7 月 31 日 沈健任兴业济南分行行长助理。（兴银鲁党委〔2012〕12 号）

10 月 23 日 兴业济南分行与淄博市政府签署战略合作协议。

10 月 25～26 日 兴业银行总行 2012 年第 3 次企金业务季度分析会在济南召开。

12 月 31 日 兴业济南分行绿色金融业务融资余额 100.48 亿元，成为系统内首家百亿元量级分行。

（布晨光）

兴业银行股份有限公司青岛分行

【第一负责人简介】　沈健，男，中共党员，经济师，山东大学本科学历，历任兴业烟台分行党委书记、行长，兴业济南分行党委委员、行长助理，2013 年 1 月至今，任兴业银行股份有限公司青岛分行负责人。

【综述】　2012 年，兴业银行股份有限公司青岛分行（以下简称“兴业青岛分行”）以转型促发展、创新拓市场、改革添活力、人才强根基，事业步入可持续发展轨道。截至年末，按可比口径，一般性存款新增在青岛市同类银行中排名第 3 位；经营效益良好。

【公司业务】　2012 年，兴业青岛分行深化企业金融条线专业化改革，坚持“授信铺底、贸金跟进、投行突破、现金加强”的业务策略，以核心负债和客户为中心，明确重点，企金业务加速赶超。一是对公存款市场份额显著提升，截至年末，本外币对公存款余额 153.57 亿元，同比增长 39.07 亿元，增幅34.12%，对公存款新增在青岛市场排名首位；二是优质客户群持续壮大，截至年末，该行有效基础及以上客户 1057 户，现金管理集团客户 63 户，供应链核心企业 9 户，“兴业芝麻开花”入池基础客户较年初新增 14 户，均完成总行计划；三是全年办理供应链业务量 145.92 亿元，同比增长 33.71%，其中：国际结算量 20.98 亿美元，同比增长 57.74%，截至年末，外币存款余额 5.28 亿美元，日均余额 1.39 亿美元，同比增长 578.26%，各项指标均大幅超额完成总行计划；四是投行业务厚积薄发，全年发行短券 8 亿元，结构化融资 19.3 亿元，实现中间业务收入 1324.37 万元；五是小企业金融持续快速发展，截至年末，小企业日均存款 14.91 亿元，同比增长 56.95%，“兴业芝麻开花”入池客户日均存款 5.27 亿元，同比增长 93.75%，小企业贷款余额 20.80 亿元，同比增长 36.84%，主要业务指标超额完成总行计划。

【个人业务】　2012 年，兴业青岛分行坚持以“夯基础、重经营”为主线，以提升产品服务能力为手段，努力实现个人业务跨越式发展。一是截至年末，考核口径储蓄存款余额 33.05 亿元，同比增长 49.82%，零售信贷余额 19.03 亿元；二是零售客户 14.65 万户，同比增长 34.65%；三是销售综合理财产品逾 80 亿元，代理贵金属交易量 22.8 亿元，代理基金交易额超 1 亿元，实现财富类中间业务收入 1590.49 万元；四是信用卡首刷卡考评量 4.31 万张，信用卡中间业务收入 2812 万元，借记卡中间业务收入 247 万元。

【同业业务】　2012 年，兴业青岛分行以“做大、做强、赶超”为主要目标，进一步抢抓发展机遇，加快同业业务发展步伐。一是成立金融市场部，与 85 家银行类客户、6 家券商类客户、8 家信托类客户、区域内 3 家财务公司建立合作关系，实现区域内法人金融机构全覆盖合作，在同业资金揽存、票据转贴现、理财类中间业务创收、银银合作等方面在当地同业中具有较强竞争力和良好口碑；二是截至年末，实现条线利润 17815 万元，同业存款余额 180.77 亿元，累计办理票据转贴现 958 亿元；完成三个银银平台产品上线，银银平台柜面交易 6.3 万笔，清算沉淀资金额日均 5000 万元，销售同业理财产品 128 亿元，创设同业票据理财 37.5 亿元，代理业务 27 亿元，办理买入返售信托受益权业务 13.3 亿元，信托资产托管及监管业务 32.5 亿元，委托债权计划 11 亿元，证券公司定向资产管理计划买入 59 亿元，代付及偿付业务 28 亿元。

【电子银行业务】　2012 年，兴业青岛分行十分重视电子银行业务的发展，一是截至年末，新增零售个人网上银行有效客户 18767 户，其中有效积分客户 10233 户；二是新增零售手机银行有效客户 14947 户，其中有效积分客户 2818 户；三是手机银行柜面替代率 3.19%，零售电子银行柜面替代率为 63.06%，客户在个人网上银行、手机银行发生的交易量是柜台交易量的 2 倍。

【内部管理与企业文化建设】　2012 年，兴业青岛分行以夯实管理基础为主基调，重点推进组织架构、人力资源与企业文化、风险控制及服务体系建设，通过优化各类资源配置，提升业务管理效率，增强全行的执行力，为业务发展提供有力保障。

一、细化经营管理专业分工，优化组织体系。成立企业金融总部、金融市场部、法律与合规部，专业分工的经营管理架构日趋完备，精细化经营管理能力不断提高。秦岭路支行、延安三路支行顺利开业，黄岛支行获青岛银监局开业批复，城阳支行筹备工作稳步推进中，截至年末，该行已拥有 1 家营业部、6 家同城支行、2 家县域支行和 1 家异地支行，立足青岛、辐射周边的机构网络布局愈加清晰。

兴业银行股份有限公司青岛分行主要统计指标 1

单位：亿元

项目 \ 年度	2008	2009	2010	2011	2012	2012年同比增幅（%）
本外币资产总额	92.71	159.30	256.75	270.88	430.96	59.10
本外币存款余额	68.48	121.76	157.87	168.49	219.58	30.32
人民币存款余额	68.27	121.18	141.65	164.32	185.84	13.10
单位存款	64.41	109.86	123.46	142.42	154.90	8.76
储蓄存款	4.07	11.90	18.19	21.90	30.94	41.28
本外币贷款余额	63.26	78.14	103.68	130.25	137.48	5.55
人民币贷款余额	62.88	77.39	103.05	123.55	105.81	-14.36
短期贷款	32.55	30.34	42.23	61.97	47.40	-23.51
中长期贷款	3.71	42.81	60.82	61.52	58.41	-5.06
票据融资	27.00	4.99	5.90	0.06	0.99	1550.00
利润总额	0.93	1.01	1.55	3.66	4.28	16.94
不良贷款余额	0	0	0	0.30	1.05	250.00
不良贷款占比（%）	0	0	0	0	0.01	231.59

兴业银行股份有限公司青岛分行主要统计指标 2

单位：亿元

项目 \ 年度	2008	2009	2010	2011	2012	2012年同比增幅（%）
单位结算账户（万户）	0.11	0.20	0.40	0.72	1.15	59.78
单位结算金额（亿元）	824.66	1344.54	2158.40	3399.99	5836.90	71.67
个人结算账户（万户）	1.03	4.12	7.28	12.17	16.67	37.05
个人结算金额（亿元）	34.58	224.24	396.23	768.92	1179.42	53.39
信用卡发卡量（万张）	4.76	2.66	2.65	4.31	3.22	-25
信用卡消费额（亿元）	1.47	2.25	8.00	18.87	31.39	66.36
企业网银客户（万户）	0.01	0.02	0.05	0.10	0.14	41.24
个人网银客户（万户）	0.63	2.76	5.27	9.27	10.50	13.32
手机银行客户（万户）	0.39	2.07	3.61	7.38	11.45	55.14
电话银行客户（万户）	2.47	6.03	9.74	12.33	14.73	19.48
现金自助设备（台）	24	59	72	76	86	13.16
营业网点（个）	2	4	6	8	10	25
自助网点（个）	4	11	11	11	13	18.18

二、全面强化风险管理工作。一是做好贷款“三查”工作，加强授信业务贷后管理及到期前重点监控工作，强化授信客户的账户监督及结算管理，开展重要业务领域风险排查；二是提高反洗钱工作水平，全力做好案防工作；三是防范网络攻击和客户信息泄露，抓好信息科技风险管理；四是严格落实安保责任制，开展安保检查及防抢、防爆和消防演练，确保全年无安全事故。

三、人才队伍建设卓有成效。一是截至年末，凭借领先同业的体制机制变革，经营单位各显其能，管理部门真抓实干。该行对公业务部中，达标15个，其中年内新引进达标对公业务部4个，均完成总行计划；二是坚持“重点向一线倾斜，管理为经营服务”，全年共引进各类专业人员91人，其中一线经营机构负责人和客户经理50人，提拔和重用一批中青年业务骨干，初步形成了一支敢于亮剑、在同业中具有竞争力的优秀干部员工队伍。

四、科技保障更加有力。一是完成分支行二级骨干网改造和重要信息系统等级保护的测评及定级工作；二是加大对业务发展的技术支持，先后完成青岛市房地产资金监管系统项目、内部交流平台升级、梦网短信平台、电子银行活动管理系统的开发。

五、企业文化建设不断深入。一是持续开展“做主人，尽责任，讲奉献”主题实践活动，强化作风建设、执行力建设，推动简单纯洁、积极向上的兴业文化大发展、大繁荣；二是加强人文关怀，热心公益事业，开展形式多样的文体和公益活动，增强员工对兴业事业的认同感、归属感和自豪感，塑造良好的企业形象。

【大事记】　1月12日　兴业青岛分行党委委员、行长助理廖卫华被总行评为“做主人，尽责任，讲奉献”主题实践活动先进人物。

1月13日　兴业青岛分行与海信集团财务有限公司签订全面战略合作协议。

2月17日　兴业青岛分行辖内第8家支行——秦岭路支行正式开业。

2月21日　兴业青岛分行在总行2011年企业金融业务综合考评中获优胜三等奖。

2月23日　兴业青岛分行被人行青岛市中支评为2011年反洗钱自律考核评价A级单位。

3月12日　兴业青岛分行在2011年度青岛市信贷政策导向效果考核评估中的25家银行中居第5位，在9家同类银行中居第4位。

3月27日　兴业青岛分行辖内第9家支行——延安三路支行正式开业。

7月17日　兴业青岛分行首笔民营企业发债业务，也是青岛首笔纺织类企业发债业务——即发集团短期融资券第一期3亿元成功发行。

8月1日　兴业银行总行副行长蒋云明一行莅临分行调研。

上半年　兴业青岛分行在青岛辖区银行机构小微企业金融服务工作考核中，贷款增速居同类银行首位。

9月20、24日　兴业青岛分行首笔结构化融资——国信集团4亿元和第二笔结构化融资——青岛城市建设投资（集团）有限责任公司5亿元相继发行。

10月31日　兴业青岛分行第三笔结构化融资——日照港集团有限公司7亿元发行。

（郭文娟）

中国民生银行济南分行

【第一负责人简介】
陈焕德，男，汉族，中共党员，研究生学历，高级经济师。1989年7月参加工作，2007年3月加入中国民生银行，历任民生济南分行党委委员、行长助理，副行长，2012年9月起任济南分行党委副书记、副行长（主持工作）。

【综述】　2012年，中国民生银行济南分行（以下简称“民生济南分行”）突出“负债、小微、内控、中收”四项经营重点工作，深入推进业务发展和战略转型，各项业务保持平稳健康发展，专业经营能力和内生增长动力稳步提升，取得了良好的经营业绩。

【经营管理】　2012年，民生济南分行公司业务稳步增长，小微金融推进有力，私人银行再上台阶，资产质量保持稳定，各项经营管理工作协调运行，同步发展。

一、公司业务稳步发展。以实施民企战略和金融管家服务为核心，在发展中持续推动业务结构调整和增长方式转型，逐步形成了以交易融资、发债融资、投资银行、现金管理四项重点产品为基础的业务格局。

二、小微金融推进有力。一是倾力打造“小微综合金融服务商”品牌，与小微企业“同成长，共见证”；二是零售业务强力聚焦“小微金融”战略，以小微金融为核心，带动传统零售，打通产业链金融，推动分行转型和特色化经营又好又快发展。截至年末，该行小微贷款余额129亿元，同比增长26亿元，小微贷款占该行贷款总量的37.6%；小微客户数量达3.8万户，同比增长2.2万户。

三、私人银行再上台阶。截至年末，该行私人银行条线累计业务量44亿元，实现产品销售10.74亿元，产品销量同比增长近三倍，荣获总行“2012年度私人银行突出进步奖”。

四、资产质量保持稳定。该行通过规范贷前、贷中、贷后管理操作流程，组织开展各类风险排查活动等一系列扎实有效的措施，保证了资产质量始终保持正常水平。

五、机构建设取得突破。2012年，该行新建营业机构9家，

中国民生银行济南分行主要统计指标1

单位：亿元

项目 \ 年度	2008	2009	2010	2011	2012	2012 年同比增幅（%）
本外币资产总额	259	351	476	615	745	21
本外币存款余额	231	296	448	553	569	3
人民币存款余额	211	294	445	551	567	3
单位存款	191	257	393	482	460	-5
储蓄存款	20	37	52	69	107	55
本外币贷款余额	185	286	355	400	411	3
人民币贷款余额	185	286	355	400	411	3
短期贷款	103	106	161	235	305	30
中长期贷款	82	180	194	165	106	-36
票据融资	2.52	2.37	0.87	0.05	2.84	5580
利润总额	4.37	3.67	7.46	12.15	9.00	-26
不良贷款余额	1.04	0.54	0.44	0.79	1.94	146
不良贷款占比（%）	0.56	0.19	0.12	0.20	0.47	136

中国民生银行济南分行主要统计指标2

项目 \ 年度	2008	2009	2010	2011	2012	2012 年同比增幅（%）
单位结算账户（万户）	0.42	0.53	0.83	1.44	2.12	50
单位结算金额（亿元）	3345	10900	13260	15943	18090	13
个人结算账户（万户）	41	46	50	53	103	94
个人结算金额（亿元）	506	668	1392	2498	4087	64
信用卡发卡量（万张）	5.6	3.19	5.01	7.78	13.55	75
信用卡消费额（亿元）	32.60	47.96	52.10	74.99	117.35	57
企业网银客户（万户）	293	797	2347	4650	8394	180
个人网银客户（万户）	8019	24005	41269	54871	84175	153
手机银行客户（万户）	0	0	0	0	26032	--
电话银行客户（万户）	19457	31387	41491	50844	61271	120
现金自助设备（台）	52	51	55	73	112	53
营业网点（个）	10	11	13	16	25	33
自助网点（个）	28	29	29	39	59	51

新建各类自助网点 23 家，圆满完成了机构建设年度计划任务。

【中间业务】 2012 年，民生济南分行以加强产品应用和产品推广为引擎，拉动中间业务收入持续增长，各项业务多元化发展，盈利能力进一步提升。全年共实现净非利息收入 3.1 亿元，完成总行年度计划的 122%。其中，票据业务创利贡献凸显，实现创利 2.2 亿元，有效促进了收入结构的优化调整。

【电子银行业务】 2012 年，民生济南分行积极利用手机银行、B2B 电子商务、现金池资金归集、集团账户管理、银企直联等电子银行产品，大力拓宽服务渠道，不断创新服务模式，持续提升服务水平。民生手机银行软件全面支持 iPhone、iPad 及 Android 操作系统，可以实现手机账务查询、代理缴费、转账支付等业务操作，安全等级和系数较高，客户满意度持续攀升。截至年末，该行企业网银有效户新增 3682 户，超总行年度计划近 4 倍，电子银行公司业务柜台交易替代率达到 88.38%，个人业务柜台交易替代率达 94.68%，全年通过电子银行渠道实现理财销售突破 100 亿元。

【内部管理与企业文化建设】 2012 年，民生济南分行推动中后台专业化建设,各项工作协调发展,企业文化建设也取得了长足进步。一是通过不断完善各项管理制度,明确部门职能和岗位职责,实现了分层次管理,建立了高效的工作运行模式;二是建立目标管理体系,调动工作积极性确保战略目标的实现;三是推行部门月度工作总结汇报例会和客户经理月度培训例会制度,使决策层紧密贴近市场一线及时调整经营策略和思路,保证总行各项政策的有效实施;四是通过不断加强团队建设和人才培养,保证了分行新建机构和战略业务开展的人才储备,同时不断加强和改进绩效考核措施,奖优汰劣,树立正气,全面提升团队战斗力;五是通过持续开展各类文体活动和推行员工幸福计划,让全行员工分享发展成果,培育民生精神,树立民生理念。

【大事记】 1月16日 由山东省委宣传部、大众日报报业集团联合主办,经济导报社和山东财经大学(筹)承办的第九届山东财经风云榜揭晓,民生济南分行马琳行长荣获"山东财经风云人物"称号。

4月10日 民生济南章丘支行开业庆典暨银政战略合作签约仪式在章丘银座佳悦大酒店举行。

5月3日 民生济南分行召开"小微金融服务提升暨专业化支行建设推进会"。

6月19日 民生济南分行举行开办外汇业务10周年庆典暨支持实体经济发展银企合作签约仪式。

6月29日 民生潍坊青州支行开业庆典暨青州现代农业商业合作社成立仪式在青州青都大饭店隆重举行。

9月1日 民生银行监事会段青山主席一行赴济南分行视察指导工作,并宣布总行关于调整济南分行领导班子的决定,马琳行长调任民生银行北京管理部任职(民银任【2012】143号),陈焕德副行长任民生济南分行党委副书记、副行长(主持工作)(民银任【2012】172号)。

9月13日 2012年海内外知名企业家齐鲁行活动在山东省枣庄市开幕,全国政协副主席、全国工商联主席黄孟复,山东省委副书记、省长姜大明出席活动并致辞。民生银行副董事长梁玉堂在济南分行陈焕德副行长(主持工作)的陪同下参加了此次活动。

9月17日 第十届中国艺术节合作伙伴签约仪式在山东大厦隆重举行,民生银行正式签约成为十艺节唯一一家银行业高级合作伙伴。

9月28日 第十届中国艺术节倒计时一周年大型宣传活动在山东济南隆重举行,民生银行党委副书记、副行长邢本秀与文化部副部长王文章、文化部艺术司司长董伟等一同见证了第十届中国艺术节倒计时牌的揭幕,济南分行陈焕德副行长(主持工作)陪同参加了此次活动。

11月30日 民生济南分行储蓄存款余额突破百亿。总行林云山行长助理向分行签发贺信。

12月12日 民生临沂西城支行、东营广饶支行开业。

12月13日 民生临沂商城支行开业。

12月14日 民生潍坊安丘支行、临沂城东支行开业。

12月15日 民生潍坊寿光支行开业。

12月18日 民生蓬莱村镇银行村里集支行正式开业运营。

12月19日 民生济宁分行开业仪式在济宁圣都国际会议中心隆重举行,民生银行副董事长梁玉堂,民生金融租赁公司董事长孔林山,山东省政府副秘书长张德宽,山东省金融工作办公室纪检组长韩炜,人行济南分行行长杨子强,山东银监局副局长刘悦芹,济宁市委常委、高新区党工委书记余春明,济宁市政府副市长白山,济南分行副行长(主持工作)陈焕德、行长高级助理彭曙光、党委委员韩咏军等领导出席仪式并为该行开业剪彩。

(鲍 健 霍 岩)

中国民生银行青岛分行

【综述】 中国民生银行青岛分行(以下简称"民生青岛分行")成立于2006年3月18日,为一级分行,下辖青岛、烟台、威海、日照4个地市。现有19家分支机构,其中1家二级分行,1家异地支行,5家县域支行,12家同城支行。

【经营管理】 2012年,民生青岛分行立足胶东半岛本土优势,服务地方经济,着重发展海洋渔业、港口等特色金融,全力推行小微金融战略,重点打造高端银行服务品牌。

一、强力聚焦小微,做强做大零售银行。截至年末,小微金融贷款余额突破100亿元,有贷款的小微客户6700多家(多分布在县域地区或农村地区)。以海洋渔业、农产品为代表的12大特色行业占项目贷款的42%。

二、实施特色金融战略,服务蓝色经济。中国民生银行海洋渔业金融中心(总行级)于2012年6月28日在青岛揭牌,民生总行与青岛市政府签署了战略合作协议。

民生青岛分行展开了对海洋渔业全产业链开发,积极推动并参与北方国际海产品交易中心和冷链物流基地建设;和青岛市海洋与渔业局签署了全面战略合作协议,在育苗、销售等多个领域进行了大量资金扶持,并向加工、冷链物流等领域拓展。同时,结合区域特点及行业实际,相继推出海域使用权抵押、渔船建造贷款等授信方式,利用"油补"、"修造船补贴"等财税政策,创新抵押担保方式,有效推动了远洋捕捞产业发展。截至年末,海洋产业项目授信额度已近50亿元。

三、创新模式,发展重点公司业务。一是短融、中票均实现历史性突破,为青啤集团成功注册中期票据20亿元,并已成功发行10亿元;二是票据业务盈利创历史纪录;三是交易融

中国民生银行青岛分行主要统计指标

单位：亿元

项目 \ 年度	2008	2009	2010	2011	2012	2012年同比增幅（%）
本外币资产总额	121.34	219.36	178.72	284.72	414.24	45.49
本外币存款余额	98.02	165.78	168.4	249.17	327.23	31.33
人民币存款余额	96.03	163.9	166.98	246.75	322.89	30.86
单位存款	82.23	134.23	140.78	193.41	242.11	25.18
储蓄存款	13.81	29.67	26.2	53.34	80.78	51.44
本外币贷款余额	84.55	124.17	141.41	183.87	233.04	26.74
人民币贷款余额	84.55	124.17	141.41	183.87	233.04	26.74
短期贷款	55.33	65.72	70.91	127.93	167.35	30.81
中长期贷款	29.21	58.09	69.56	55.94	55.69	-0.45
票据融资	0.01	0.36	0.94	0	0	0
利润总额	1.64	1.89	2.92	5.61	6.03	7.49
不良贷款余额	1.8	0.01	0.06	0.16	1.79	1018.75
不良贷款占比（%）	2.13	0.01	0.04	0.09	0.77	782.70

注：本表口径含事业部，含烟台、威海

资不但业务量持续增长，并一直保持零不良的记录；四是现金管理取得跨越式发展。

四、稳打基础，高端财富迈上新台阶。一是财富管理格局增长有序，财富资产余额快速提升，高端客户数快速增长；二是理财销售突飞猛进，新客户开发效果渐显；三是零售营销模式取得突破，开展了龙年开门红六大主题、“幸福套餐，小微铺路”等活动。

五、严把风险防控，做好全面风险管理。积极创新思路，多措并举压缩存量不良贷款，综合运用多种方式遏制不良贷款的凸增现象。其中，充分利用市政府扶持小微企业贷款的政策，争取了2011年度小企业贷款风险补偿奖励资金2600万元，是青岛市乃至山东省第一笔。

【中间业务】 2012年，民生青岛分行根据市场变化不断调整策略，业务规模和质量都有明显进步。中间业务尤其是收费业务管理体系进一步完善，确保达到监管要求的同时，没有出现不利舆情，维护了良好市场形象。业务收入从过去主要依靠结算手续费收入，逐渐向理财、托管等新业务领域转移，新产品和服务不断扩展，新的业务亮点不断涌现，已经成为节约资本和利润增长的助推因素。

【电子银行业务】 2012年，民生青岛分行网上银行业务发展迅猛，客户规模大幅增长，交易日趋活跃。7月11日，手机银行正式推出，正逐步成为客户集中管理资金、支付结算、投资理财的主要渠道之一。12月11日，率先推出了手机银行二维码收付款功能，为客户打造以二维码为载体的全新便捷的收付款方式，进一步提升了该行手机银行的服务水平和同业竞争力。

【内部管理与企业文化建设】 2012年，民生青岛分行组织架构进一步理顺，风险把控和业务服务水平进一步提升。一是配合小微金融战略实施，调整充实售后服务团队；二是持续提升资金管理能力和水平，整合金融市场和票据业务部；三是积极调整激励政策，引导全行员工服务战略定位，加大小微金融战略实施的广度和力度；四是围绕业务重点，积极开展各项劳动竞赛，充分调动全行员工的创业激情和主动性；五是组织了征文、演讲比赛等活动，丰富员工精神文化生活；六是增加员工体检、带薪休假旅游、生日贺礼、员工餐厅等福利项目，给员工送温暖。

【大事记】 2月29日～3月1日 民生总行副行长梁玉堂率公司银行、授信评审、现代农业金融事业等部门领导一行4人到青岛调研海洋渔业开发工作。

6月28日 中国民生银行海洋渔业金融中心成立庆典暨中国民生银行与青岛市政府战略合作签约仪式隆重举行。民生总行董事长董文标、监事会主席段青山及总行各部门领导，来自国家农业部，中国渔业、水产加工、远洋等协会领导，海洋渔业界的优秀企业家，以及青岛市委、市政府领导等100余人出席庆典。董事长董文标与山东省委常委、青岛市委书记李群共同为民生银行海洋渔业金融中心揭牌。庆典上还隆重举行了民生银行海洋渔业企业家俱乐部和民生银行青岛海洋渔业城市商业合作社成立仪式。

7月26日 赵志敏不再担任民生青岛分行党委书记、行长职务，杨新军担任该行党委副书记、副行长（主持工作）职

务。（民银任[2012]号126文、181号文）

8月1日　民生总行监事会主席段青山一行到青岛指导工作并召开中层干部会议。

8月6日～8月8日　民生总行全行战略转型实施执行力评估工作小组一行11人到青岛开展评估工作。

8月18日　民生青岛分行在啤酒城德国柏龙啤酒大棚举办了“激情畅饮，魅力民生”主题夜活动，盛情款待各界宾朋，答谢新老客户。

8月24日　“青岛市工商联中国民生银行分行小微企业城市商业合作社”启动大会成功召开。

11月15日　“中国民生银行青岛啤酒集团战略合作协议签署暨青啤集团中期票据发行仪式”在北京举行，民生总行副行长毛晓峰出席并讲话。

12月3日～4日　民生总行行长助理石杰带领纪检监察室、党委组织部、办公室相关人员到青岛视察指导工作，并组织召开了青岛分行党委民主生活会暨高管考核述职大会。

12月8日　民生青岛分行召开2012年度零售工作会议，该行行长、副行长、人力资源部、计划财务部、零售条线各部门、各支行（筹备组）负责人及员工300余人参加会议，东北审计中心首席稽核检查官受邀参加会议。

12月18日　民生青岛分行与青岛市海洋与渔业局战略合作协议签署仪式在市海洋渔业局会议室举行，青岛市海洋与渔业局局长于成璞、民生青岛分行党委副书记（主持工作）杨新军等相关领导参加签约仪式。

（于　鹏）

渤海银行股份有限公司济南分行

【第一负责人简介】　王仁宝，男，1958年7月生，中共党员，大学本科学历，高级经济师。曾任山东航空公司财务部、证券部部长，深圳发展银行济南分行副行长，深圳发展银行公司银行部副总经理，深圳发展银行青岛分行副行长，渤海银行济南分行党委书记、行长。曾获山东省劳动模范、渤海银行优秀管理者、十大风云鲁商等荣誉称号。

【综述】　渤海银行股份有限公司济南分行（以下简称“渤海济南分行”）于2008年10月27日开业。2012年，该行在外部经营环境复杂多变、同业竞争激烈的形势下，根据总行部署，快速转变经营思路，着力推进业务转型和结构调整，不断提高内控案防和风险管理水平，不良贷款保持零纪录，各项业务实现持续健康发展。

渤海银行股份有限公司济南分行主要统计指标1

单位：亿元

项目＼年度	2008	2009	2010	2011	2012	2012年同比增幅（%）
本外币资产总额	41.31	86.53	173.22	148.77	277.42	86.48
本外币存款余额	18.92	83.61	91.02	100.9	112.44	11.44
人民币存款余额	18.92	83.55	90.99	96.45	109.72	13.76
单位存款	18.69	80.71	85.63	89.05	98.55	10.67
储蓄存款	0.23	2.84	5.36	7.41	11.18	50.88
本外币贷款余额	37.3	68.42	81.69	86.9	78.19	-10.02
人民币贷款余额	37.3	68.27	81.69	84.83	77.05	-9.17
短期贷款	22.5	35.06	38.29	54.32	59.19	8.97
中长期贷款	14.8	33.21	43.4	30.51	17.85	-41.49
票据融资	3.7	0	1.25	3.81	6.22	63.25
利润总额	-0.48	1.06	1.12	1.26	1.47	16.67
不良贷款余额	0	0	0	0	0	--
不良贷款占比（%）	0	0	0	0	0	--

渤海银行股份有限公司济南分行主要统计指标2

项目 \ 年度	2008	2009	2010	2011	2012	2012年同比增幅（%）
单位结算账户（万户）	--	0.05	0.07	0.11	0.17	55
单位结算金额（亿元）	--	2.1	6.3	21	23.9	14
个人结算账户（万户）	--	0.99	1.7	3.72	4.56	23
个人结算金额（亿元）	--	0.35	0.84	2	3.3	65
信用卡发卡量（万张）	--	0	0	0	0	0
信用卡消费额（亿元）	--	0	0	0	0	0
企业网银客户（万户）	--	0.01	0.018	0.036	0.098	172
个人网银客户（万户）	--	0.43	1.11	1.45	1.77	22
手机银行客户（万户）	--	0	0.16	0.3	0.4	33
电话银行客户（万户）	--	0	0	0	0	0
现金自助设备（台）	--	4	8	10	12	20
营业网点（个）	--	2	2	4	4	0
自助网点（个）	--	0	0	0	0	0

【经营管理】 2012年，渤海济南分行重新确定批发业务发展定位，明确了在严格控制风险的前提下，加强产品和服务创新，坚定不移地向资本节约类业务发展转型，取得了明显成效。年内，国际结算量在全总行系统名列前茅，金融市场业务表现突出，全部业务均实现了资金匹配、利差锁定的目标，为确保年度利润目标的完成奠定了坚实基础。

在信贷投向上，该行进一步加大对实体经济和地方经济的支持力度，制造业、交通运输、仓储和邮政业贷款占比较年初有较大增长，黄河三角洲、蓝色经济区贷款占比较年初也有了较大增长。

在零售业务方面，该行围绕储蓄存款、有效客户和中间收入开展工作，各项指标完成情况良好。储蓄存款增幅在当地同业中名列前茅，理财产品销售保持良好势头，零售中高端客户超额完成全年计划，电子银行业绩在总行排名中名列前茅。

【中间业务】 2012年，渤海济南分行加快创新转型力度，转变过度依赖信贷增长和以贷吸存的传统经营模式，积极开展产品、服务、技术和管理创新，大力拓展投行类业务和创新性理财产品，减少信贷规模占用，信贷结构进一步优化，有力提升了资产收益水平和中间业务创收水平。

【内部管理与企业文化建设】 2012年，渤海济南分行进一步强化内部管理，提高精细化、规范化管理水平，不断夯实发展基础。

一、提高内控管理水平。该行通过完善绩效考核体系、员工参与民间融资排查、不规范经营专项整治、特殊敏感时期网点蹲点指导、互联网隔离改造等措施，强化员工合规意识，确保各项业务安全运营。

二、积极实施主动风险管理。一是稳定队伍，强化风险意识，推进形成“客户经理第一责任”、“风险管理人人有责”的管理文化；二是通过预审会、修订预审管理办法等措施，严把准入关口；三是严格审查审批，通过授信评审委员会严守风险端口，高度关注重点领域风险。

三、企业文化建设有声有色。一是成立了乒乓球、羽毛球、户外运动等7个职工文体活动小组，丰富了员工业余文化生活；二是在为员工提供生育慰问、困难家庭慰问等关怀活动的基础上，又组织了读书月、六一亲子专题讲座、“代员工尽孝心向老人送报纸”、“家访送温暖”等活动；三是开展了倡议“喜迎十八大和行庆四周年 做爱党爱国爱行爱岗渤海人”，组织征集员工金点子、评选“我身边最美的渤海人”服务明星等活动，激发了员工爱行爱岗、干事创业的激情。

【大事记】 8月30日 渤海济南分行和人行济南分行联合举办“渤海银行杯”职工乒乓球邀请赛。人行济南分行党委书记、行长杨子强出席开幕式并为比赛开球，《金融时报》等媒体对此进行了报道。

9月21日 渤海济南分行举办“浩瀚理财”杯亲子高尔夫大赛济南巡回赛。

10月23日 渤海济南天桥支行获山东银监局批筹。

10月26日 2012年渤海济南分行“浩瀚理财杯”迎行庆高尔夫邀请赛在烟台举办。

11月15日 渤海济南分行举办“心系孩子 情暖寒冬”送暖衣公益活动，向聊城市梁水镇小学师生们捐赠了价值10多万元的羽绒服。

（李琥珀 吴文锴）

天津银行股份有限公司济南分行

【第一负责人简介】 姚志坚,男,1970 年 3 月生,山东济南人,中共党员,清华大学工商管理专业毕业,硕士学位。1990 年 7 月参加工作,历任兴业银行支行行长、恒丰银行济南分行副行长。2010 年 5 月至今,任天津银行股份有限公司济南分行党委书记、行长。

【综述】 2012 年,天津银行股份有限公司济南分行(以下简称“天津银行济南分行”)秉承“服务地方经济、服务中小企业、服务市民百姓”的经营理念,深化改革,加强创新,健全管理和内控机制,提高防范风险的能力,取得新成绩。

【存款业务】 2012 年,天津银行济南分行大力拓展基本客户群体,推动授信客户、结算客户、中小企业客户和个人客户开户数量的迅速增加,实行差别化服务,全力促进负债业务的良性发展。

【贷款业务】 2012 年,天津银行济南分行大力拓展国家重点支持行业,严格控制产能过剩的钢铁、电解铝、铁合金、焦炭、水泥等行业的客户授信,不断优化信贷资产结构,加大对中小企业信贷支持力度。同时,进一步完善贷款定价机制,强化贷款价格的分类控制,资产质量保持优秀,贷款收息率达 100%,不良贷款率为零。

【中间业务】 截至 2012 年末,天津银行济南分行实现中间业务收入 5236 万元,同比增加 2441 万元,增长 87.33%。其中,国际结算手续费收入 4011 万元,结算手续费收入 771 万元,结售汇业务收入 264 万元。

天津银行股份有限公司济南分行主要统计指标 1

单位: 亿元

项目 \ 年度	2008	2009	2010	2011	2012	2012 年同比增幅 (%)
本外币资产总额	0	0	58.56	133.38	182.04	36.48
本外币存款余额	0	0	53.49	83.69	122.93	46.89
人民币存款余额	0	0	53.49	83.58	122.82	46.95
单位存款	0	0	51.7	81.13	119.14	46.85
储蓄存款	0	0	1.79	2.39	3.6	50.63
本外币贷款余额	0	0	11.91	35.56	79.17	122.64
人民币贷款余额	0	0	11.91	32.81	77.83	137.21
短期贷款	0	0	10.21	29.68	72.2	143.26
中长期贷款	0	0	1.7	3.13	4.38	39.94
票据融资	0	0	0	0	2.59	--
利润总额	0	0	0.32	1.55	2.99	92.90
不良贷款余额	0	0	0	0	0	0
不良贷款占比 (%)	0	0	0	0	0	0

天津银行股份有限公司济南分行主要统计指标 2

项目＼年度	2008	2009	2010	2011	2012	2012年同比增幅（%）
单位结算账户（万户）	0	0	0.0414	0.1005	0.1467	45.97
单位结算金额（亿元）	0	0	236	987	1441	46.00
个人结算账户（万户）	0	0	0.0993	0.1967	0.3071	56.13
个人结算金额（亿元）	0	0	1.45	1.23	1.87	51.92
信用卡发卡量（万张）	0	0	0.0031	0.0458	0.0807	76.20
信用卡消费额（亿元）	0	0	0	0	0.38	
企业网银客户（万户）	0	0	0.0049	0.0273	0.052	90.50
个人网银客户（万户）	0	0	0.004	0.0161	0.0487	202.50
手机银行客户（万户）	0	0	0	0	0	0
电话银行客户（万户）	0	0	0	0	0	0
现金自助设备（台）	0	0	2	2	6	200.00
营业网点（个）	0	0	0	0	2	--
自助网点（个）	0	0	0	0	0	--

【经营管理】 2012年，天津银行济南分行以建设内控有效、财务良好、创新能力强、商业可持续的现代金融企业为目标，不断提高科学管理、战略谋划和统筹协调能力，各项工作取得良性发展。

一、不断推进制度建设，保障业务运营安全。一是重新梳理、补充和修正各条线制度，下发了《个贷营销指引》、《关于防范贷记卡虚假申请的风险提示》和《关于规范个贷业务抵（质）押物出、入库手续及流程的通知》，编写了《柜员操作规程》；二是上线指纹仪系统，进一步加强日常操作业务的监督和管理，提高了整体风险防范能力。

二、积极搭建业务平台，不断拓展发展空间。一是先后与长城公司济南办、开行山东省分行签署了战略合作协议；二是与银联商务签订全民付合作协议，实现包括水、电、煤费缴费等多项便民支付业务；三是上线了理财系统，通过对客户分级管理，积极推进名单制营销；四是成功接入了银联2.1系统，为实现ATM跨行转账和柜面通打下了基础。

三、有序开展各项培训，提高全员综合素质。2012年，风险管理部、运营部、公司部和个金部分别开展培训5次、23次、5次和10次。同时，该行还两次聘请山东舜达律师事务所律师进行法律知识培训，全面提升员工的内控案防能力。

四、健全预警机制建设，强化风险管控力度。一是开展了"九种人"风险排查和全员经济活动调查，实时把控潜在风险点；二是把好信贷审查关，定期发布业务通报，提高出账合规性；三是非现场检查与现场检查相结合，提高授信后审查力度；四是通过开展廉政教育系列活动、开辟廉政文化墙和征集廉洁座右铭等方式，努力营造"时时合规、事事合规、人人合规"的良好氛围。

五、加强规范化管理，提升安全保卫水平。一是建立完善《安全保卫基础管理档案》，纳入计算机管理并实时更新；二是通过开展技能培训和同业交流等方式，加强安全保卫队伍管理；三是多次开展"防火、防盗、防抢"预案演练，有效提高了对突发事件的应对和处置能力。

【企业文化建设】 2012年，天津银行济南分行从党群建设、对外交流和信息宣传三方面着手，努力形成"发展才是硬道理"和"不抛弃、不放弃、不抱怨"的企业文化精神。一是组织党员干部阅读《苦难辉煌》并撰写读书心得；二是开展了"迎行庆 展风采"歌唱比赛；三是发起了"三争一创比贡献 建功立业当先锋"劳动竞赛；四是开展了"向雷锋同志、向郭明义同志学习"等活动；五是多部门联动，深入推动文明规范服务千佳示范单位创建活动；六是上线运行了官方网站，并与齐鲁网建立了合作关系；七是出版发行了两期行报"天行泉城"，得到总行好评；八是发起了以绿色环保、公益回馈社会为主题的信息宣传月活动，起到了良好的宣传效果。

【大事记】 1月8日 天津银行济南分行召开2011年度总结表彰大会。

2月3日 天津银行总行任命申凤玲为天津银行济南分行纪委书记（天银党【2012】4号）。

3月12日 天津银行济南分行开展"3.15金融消费者权益保护宣传周"活动。

3月31日 天津银行济南分行与长城公司济南办签订战略合作协议。

4月14日 天津银行济南分行召开新产品推介会。

5月25日 天津银行济南分行开展"迎行庆 展风采"歌唱比赛。

6月29日　天津银行总行董事长王金龙、天津金融工委领导来济南分行视察指导工作。

7月24日　天津银行总行监事长桑瑞敏来济南分行视察指导工作。

7月31日　天津银行总行2012年联动监管会在济南召开。

9月1日　天津银行济南分行行报“天行泉城”创刊号正式出版发行。

9月8日　天津银行济南分行组织员工开展“行者无疆再创辉煌”黄河30公里暴走活动。

9月19日　天津银行济南分行与开行山东省分行签订战略合作协议。

11月2日　天津银行总行首届团干部培训会议在济南召开。

11月7日　天津银行济南历城支行正式开业并启动阳光民生工程。

11月25日　天津银行济南分行与商河县房家村小学开展“心连心”联谊活动。

12月5日　天津银行总行任命刘亚军为天津银行济南分行行长助理、任命张维东为风险总监（天银任【2012】25号）。

12月28日　天津银行济南历下支行正式开业并启动爱心助学工程。

（田　霄）

浙商银行股份有限公司济南分行

【第一负责人简介】　李玉波，男，1963年4月生，祖籍山东章丘，中共党员，工商管理硕士，高级经济师。历任人行济南章丘支行行长，人行济南市分行计划资金处处长、人行济南分行营管部办公室主任，兴业银行济南分行党委委员、副行长。2010年6月至今，任浙商银行济南分行党委书记、行长。

【综述】　浙商银行股份有限公司济南分行（以下简称“浙商济南分行”）是浙商银行设立的第8家浙江省外分行，于2010年8月正式开业。

2012年，浙商济南分行以“向存量要增量、向增量要质量、以核心客户上规模、以方案产品出效益”为总抓手，着力系统客户营销，着眼特色业务发展，着重全面风险管理，从严治行，强化内控，提升服务，各项业务实现平稳健康发展。截至年末，该行实现各项存款日均余额92.41亿元，较上年增加33.73亿元，增长57.5%，存款增速在当地股份制商业银行中排名第一；实现营业增加值3.02亿元，较上年增加1.08亿元，增幅55.7%。

【特色业务发展】　2012年，浙商济南分行不断加强对特色优势业务及产品的培育和推广，力求逐步建立区域市场优势，树立良好品牌声誉。

一、投资银行业务。全年非金融企业债务融资工具项目发行额度18.5亿元，预计实现承销手续费收入1950万元；全年资金业务累计发生额223亿元，增长63%，实现营业增加值3700万元，增长76%。

二、小企业业务。单笔500万元以下的小企业年末贷款余额4.53亿元，较上年增加4.03亿元，新增额在系统同期专营机构中排名第二。

三、国际业务。全年实现国际结算量6亿美元，同比增长317.6%，系统排名由上年的第11位升至第5位；实现国际结算收入926.5万元，增长120.7%，系统排名第一；办理进口开证业务2.6亿美元，系统排名第二；办理结售汇业务4.3亿美元，增长681%，系统排名第四；沉淀外币资本金及结算存款2200余万美元。

四、电子银行业务。一是通过完善考核办法、优化岗位职责和定期考核评价等方式，推动兼职产品经理队伍建设，人员业务素质不断提高；二是系统梳理现有客户，重点拓展“银企直联”及“代发工资”业务模式，成功开发“银企直联”和“代发工资＋企业网银”客户各1户。截至年末，个人存量网银使用率65.7%，企业存量网银使用率78.5%。

【风险管理】　2012年，浙商济南分行严把风险准入关口，不断健全风险防控机制，部分预警事件得到及时化解，全面风险管理水平大幅提升。

一、完善风险防控体系。一是组织专题会，重点研究授信业务发展方向以及相关政策调整内容；二是筛选地炼、有色金属冶炼及压延加工、炼焦、汽车零部件及配件制造、造纸、轮胎、大豆加工等7个行业进行专题调研，强化前瞻性管理要求。

浙商银行股份有限公司济南分行主要统计指标 1

单位：亿元

项目＼年度	2008	2009	2010	2011	2012	2012年同比增幅（%）
本外币资产总额	—	—	66.92	129.55	173.58	33.99
本外币存款余额	—	—	58.29	79.74	107.69	35.05
人民币存款余额	—	—	58.29	79.12	106.32	34.38
单位存款	—	—	57.04	77.97	104.89	34.53
储蓄存款	—	—	1.25	1.15	1.43	24.35
本外币贷款余额	—	—	33.42	46.14	62.75	36.00
人民币贷款余额	—	—	33.42	46.10	62.31	35.16
短期贷款	—	—	33.42	38.92	56.56	45.32
中长期贷款	—	—	0	6.58	5.75	-12.61
票据融资	—	—	0	0	0	—
利润总额	—	—	-0.18	1.63	2.54	55.83
不良贷款余额	—	—	0	0	0	—
不良贷款占比（%）	—	—	0	0	0	—

浙商银行股份有限公司济南分行主要统计指标 2

项目＼年度	2008	2009	2010	2011	2012	2012年同比增幅（%）
单位结算账户（万户）	—	—	0.045	0.030	0.029	-3.63
单位结算金额（亿元）	—	—	629.66	2378.29	2368.93	-0.39
个人结算账户（万户）	—	—	0.27	0.15	0.12	-20.88
个人结算金额（亿元）	—	—	8.89	28.61	55.65	94.50
信用卡发卡量（万张）	—	—	—	0	0	—
信用卡消费额（亿元）	—	—	—	0	0	—
企业网银客户（万户）	—	—	—	0.046	0.055	19.05
个人网银客户（万户）	—	—	—	0.056	0.106	90.66
手机银行客户（万户）	—	—	—	0	0.044	—
电话银行客户（万户）	—	—	—	0.008	0.012	55.70
现金自助设备（台）	—	—	—	2	3	50.00
营业网点（个）	—	—	—	1	2	50.00
自助网点（个）	—	—	—	1	2	50.00

二、开展全面风险排查。一是集中开展了3次全面风险排查，牵头对5大类50多户授信企业进行重点检查，确定了增进类、维持类及压缩退出类企业名单；二是分阶段开展票据、“两高”和“内保”授信业务专项检查，切实加强对重点区域和业务的风险防范。

三、延伸风险防控端口。一是制定出台《授信申报质量评价办法》，评价结果与部门年度绩效考核挂钩；二是实现电子化集中放款流程上线，配备了一批经验丰富、业务基础扎实的骨干人员，授信业务放款效率显著提升。

【内部控制】 2012年，浙商济南分行始终践行“内控优先”理念，进一步完善制度，加强检查稽核。一是制定内控案防工作实施意见，组织开展“内控回头看”活动；二是通过组建经理队伍，建立联络员制度，制定考核细则等方式，强化内控机制；三是组织开展了票据、投行业务以及内控交叉等专项检查，进一步规范业务运作；四是不定期开展员工警示教育和异常行为排查，采取内控督办单、约谈和考试等措施，加强关键岗位的履职监督。

【企业文化建设】 2012 年，浙商济南分行持续深化“负责、勤奋、务实、大气”的企业精神，提倡管理民主化，畅通上下沟通渠道，确保各项政策落实。一是以“做事”文化为重点，组织各级负责人带头学习，切实将理念转化为行动；二是重视对新员工的企业文化培训和传导，引导员工树立正确的职业观和价值观；三是不断改善员工工作环境，及时帮助员工疏导压力，强化员工团队意识，促进“员工向团队负责、团队向分行负责、分行对员工负责”的有机结合；四是举办首届业务技能比武活动，提升各条线服务能力。

【大事记】 1 月 17 日 浙商济南分行召开 2012 年度工作会议，李玉波行长作题为《明确目标、强化执行、推动分行各项业务健康发展》的工作报告。

3 月 12 日 浙商济南分行参加“3·15”金融消费者权益保护集中宣传活动。

3 月 21 日 山东银监局 2011 年度审慎监管会议在浙商济南分行召开。

4 月 12 日 浙商总行副行长徐仁艳到济南分行调研。

4 月 19 日 浙商总行副行长陈春祥来济南参加分行年度党委民主生活会。

5 月 26 日 浙商济南分行组织开展反假宣传活动。

8 月 23 日 浙商济南分行与肥城矿业集团有限责任公司签订 13 亿元 5 年期中期票据主承销合作协议。

8 月 25 日 浙商之夜京剧专场圆满落幕，省市有关领导应邀出席活动。

8 月 浙商济南分行各项存款余额首次突破 100 亿元。

9 月 浙商济南分行启动“迎行庆百日营销”竞赛活动。

9 月 27 日 浙商德州分行正式获准筹建。

10 月 16 日 浙商济南分行承办济南市融资性担保机构保证金规范管理培训。

11 月 浙商济南分行组织开展员工警示教育，外聘公安部门专家到场授课。

11 月 26 日 浙商银行济南历下支行正式开业。

12 月 浙商济南分行办理首笔出口交单业务，金额 25.37 万美元。

12 月 13 日 浙商总行副行长叶建清到济南分行调研。

（武建锐 李 阳）

北京银行济南分行

【第一负责人简介】 王淑梅，女，1962 年生，中共党员，厦门大学 EMBA，工商管理硕士，经济师。1993 年至 1999 年 2 月任锦州市商业银行金华支行行长；1999 年 3 月至 2010 年 8 月，历任北京银行华安支行副行长，北京银行万寿路支行副行长、行长，北京银行总部基地支行行长，北京银行北京管理部副总经理；2010 年 8 月至今任北京银行济南分行行长。

【经营管理】 2012 年，北京银行济南分行积极推动业务发展，取得良好成效。

一、业务指标全面完成。截至年末，本外币各项存款占济南市场份额的 0.97%，排名第 23 位，较年初上升 1 位。其中，公司存款市场份额为 1.38%，排名第 21 位；储蓄存款市场份额为 0.22%，排名第 22 位。各项存款指标完成情况居系统内第 3 位，中小微企业贷款增量指标在系统内排名第 2 位。中间业务收入 8327 万元，其中，公司类收入（不含国际业务）3601 万元，国际业务类收入 4111 万元，零售类收入 617 万元。

二、战略转型初见成效。一是全年开展大投行业务超过 65 亿元，发行债券承销总金额 33.45 亿元；二是开拓零售条线业务渠道，全年业务综合排名跃居系统内第 1 位；三是实现同业客户数量倍增计划，特别是在国有银行、外资银行、村镇银行和非银行金融机构等方面实现较大突破，截至年末，同业资产规模 175 亿元，负债规模 168 亿元；四是国际业务综合收益不断提高，完成国际结算量 15.1 亿美元；五是业务结构得到优化。从存款结构看，储蓄占比有所提升，大客户存款占比降低，从贷款结构看，个贷占各项贷款的比例为 19.88%，中小微企业贷款客户数和贷款余额完成率分别位居系统内第 1 位和第 3 位；从盈利结构看，非息净收入占比、手续费收入占比稳步提高。

三、区域拓展略具规模。一是千佛山支行和舜耕支行相继开业；二是分行第一家科技型支行的筹建已获得总行批复；三是加大硬件设施建设，形成了 4 家支行（营业部）和附行式自助银行、2 家离行式自助银行、9 台离行式 ATM 的服务渠道格局。

四、品牌形象持续提升。一是承办了北京银行制造链产品发布会，省委常委、常务副省长孙伟和总行严晓燕行长共同为济南分行“供应链特色分行”揭牌；二是先后同山东省商务厅，聊城、德州、潍坊等市政府签订战略合作协议，在省内首创了区域集优贷款，发行了首支绿色概念中小企业集合票据；三是与省财政厅合作，成为第 2 家省政府采购项目指定合作银行；四是与山东省中小企业局合作开展知识产权质押贷款试点，

北京银行济南分行主要统计指标 1

单位：亿元

项目 \ 年度	2008	2009	2010	2011	2012	2012 年同比增幅（%）
本外币资产总额	0	0	21.36	140.21	299.13	113.34
本外币存款余额	0	0	19.21	42.82	88.43	106.52
人民币存款余额	0	0	19.21	42.82	87.12	103.46
单位存款	0	0	18.13	39.85	80.69	102.48
储蓄存款	0	0	1.07	2.96	6.43	117.23
本外币贷款余额	0	0	14.1	68.12	117.4	72.34
人民币贷款余额	0	0	14.1	66.51	110.56	66.23
短期贷款	0	0	8.81	50.99	84.84	66.39
中长期贷款	0	0	5.29	15.51	25.72	65.83
票据融资	0	0	0	0.89	0.1	-88.76
利润总额	0	0	-0.38	-0.02	1.45	-7350.00
不良贷款余额	0	0	0	0	0	0
不良贷款占比（%）	0	0	0	0	0	0

北京银行济南分行主要统计指标 2

项目 \ 年度	2008	2009	2010	2011	2012	2012 年同比增幅（%）
单位结算账户（万户）	0	0	0.02	0.02	0.08	71.52
单位结算金额（亿元）	0	0	79	876	1866	113
个人结算账户（万户）	0	0	0.34	1.51	2.50	66.10
个人结算金额（亿元）	0	0	6	92	248	170
信用卡发卡量（万张）	0	0	0	0.36	1.12	207.78
信用卡消费额（亿元）	0	0	0	1.2	3.5	191.67
企业网银客户（万户）	0	0	0.004	0.02	0.05	193.22
个人网银客户（万户）	0	0	0.07	0.27	0.87	229.66
手机银行客户（万户）	0	0		0.01	0.27	2423.81
电话银行客户（万户）	0	0	0	0	0	0
现金自助设备（台）	0	0	3	11	24	118.18
营业网点（个）	0	0	1	2	4	100
自助网点（个）	0	0	0	1	1	0

打响了“智权贷”的品牌；五是成功中标济南市科技局风险补偿基金项目，成为系统内首家建立风险补偿金制度的分行；六是针对各地不同的产业集群和经济特色，逐个制定中小企业营销服务方案，形成了具有分行特色的、“批量式、分层式、联动式”开发的“博兴模式”。

【内部管理与企业文化建设】 2012 年，北京银行济南分行切实加强内部管理和企业文化建设。

一、内部管理。一是组织架构不断完善，形成了 11 部 1 室的管理架构；二是成立了由各分管行长牵头的 7 个检查组，安排部署了全面风险大排查，确保了信贷资产的安全。

二、企业文化建设。一是通过组织国学讲座、定期发送论语小故事等形式，引导员工走近传统文化，并与中国孔子基金会联合，启动了“论语普及工程示范基地”创建工作；二是坚持开展员工生日送祝福、疾病探视及家庭重要事项慰问等员工关爱计划；三是在培训室增设了图书角，促进“学习型银行”的建设；四是利用人力资源风险排查、入职培训等契机，组织了青年员工座谈；五是组队参加了银监局、市中区组织的羽毛球、乒乓球比赛和全民运动会等；六是组织了成立两周年系列宣传活动。

该行先后被人行济南分行营管部授予“绿色信贷工作先进单位”称号，被济南市政府授予“金融业支持实体经济发展贡献奖”。年末，“节能贷”产品荣获山东省银行业服务小微企业优秀金融产品推广奖，分行营业部荣膺山东省银行业文明规范服务示范单位。

【大事记】 1月18日 北京银行济南分行在银联山东分公司评选活动中荣获“2011年度银行卡跨行交易成长奖”。

2月 济南市委、市政府联合授予北京银行济南分行“文明单位”荣誉称号。

3月22日 北京银行济南分行与山东省商务厅在山东大厦签署战略合作协议，并联合举行“商户贷”启动仪式。

3月23日 北京银行济南分行与聊城市政府、山东省再担保集团举行战略合作协议签约仪式。

4月11日 北京银行济南分行成功发行系统内第一支绿色概念中小企业集合票据。

4月13日 人行济南分行营管部授予北京银行济南分行“绿色信贷工作先进单位”光荣称号。

4月20日 北京银行济南分行与德州市政府、山东省再担保集团举行战略合作签约仪式暨省内首支绿色概念中小企业集合票据发行仪式。

5月21日 济南市政府授予北京银行济南分行“金融业支持实体经济发展贡献奖”。

6月7日 山东省财政厅正式批准北京银行济南分行为第2家省级政府采购合同融资试点银行。

6月11日 北京银行济南分行成功发行第一支中期票据，为山东航空股份有限公司融资5亿元。

6月12日 北京银行济南分行被山东省中小企业办公室批准为省中小企业知识产权质押融资试点行。

6月29日 北京银行济南分行各项贷款余额突破100亿元。

6月 北京银行济南分行首个现金管理产品鲁商集团财务公司银企直联成功上线。

7月20日 北京银行济南分行与潍坊市政府签署全面战略合作协议。

7月26日 北京银行济南分行成功发行第一支短期融资券，为山东垦利石化集团有限公司融资4亿元。

8月31日 北京银行济南分行各项存款余额突破100亿元大关。

10月17日 由北京银行济南分行主承销的“潍坊市2012年度第三期中小企业集合票据”成功发行，为分行带来中间业务收入115万元。该期票据是该行获批并发行的首支区域集优票据，也是山东地区首支由城市商业银行承销发行的区域集优票据。

10月 北京银行济南分行发放首笔知识产权质押贷款山东侨牌集团有限公司以商标“侨”作质押的2000万元贷款。

济南市政府连同济南市科技局等5部门宣布北京银行等4家银行正式成为首批济南市科技金融风险补偿金合作银行。

11月6日 北京银行千佛山支行举行了开业庆典，这是济南分行的第2家同城支行。

12月3日 济南市委副书记、市长杨鲁豫在舜耕山庄会见了北京银行总行严晓燕行长一行，双方就如何进一步深化山东省、济南市的交流合作展开讨论。

12月4日 北京银行济南分行成功承办了北京银行制造链产品发布暨供应链特色分行揭牌仪式。山东省委常委、常务副省长孙伟与和北京银行总行行长严晓燕为分行“供应链特色分行”揭牌。

北京银行舜耕支行正式开业，北京银行总行行长严晓燕亲自为其授“社区支行”牌。

12月14日 北京银行济南分行召开党员代表大会，选举产生了第一届委员会和纪律检查委员会。

（季 玮）

恒丰银行股份有限公司

【第一负责人简介】 姜喜运，恒丰银行党委书记、董事长，高级经济师、教授级高级政工师。

【综述】 2012年，恒丰银行股份有限公司（以下简称“恒丰银行”）资产规模、机构规模和经营管理水平均呈现良好发展态势，综合实力不断增强。在英国《银行家》“全球1000家大银行”排名继续前移至第264位，较2011年上升了41个位次，再次实现新跨越。

截至年末，该行资产利润率1.1%，资本利润率25.33%，成本收入比24.32%，人民币流动性比例40.96%，资本充足率11.38%，存贷款比例55.98%，拨备覆盖率343.85%。

【信贷管理】 2012年，恒丰银行在信贷管理方面的主要工作：

一、严格贯彻落实贷款新规，扎实开展不规范经营专项整治活动。一是对信贷业务定价均严格遵循"风险与收益匹配"的原则，科学合理定价，做到"质价相符、服务有效"；二是认真梳理条线服务项目及收费标准，坚决杜绝"六类不合理收费问题"，重新制定并公布了服务收费价目，形成了涵盖电子银行、零售、信贷等业务条线为主的全行服务收费标准；三是建立和完善不规范经营问题投诉举报回应机制，及时妥善处理金融消费者的合理诉求，做到件件有回音、事事有答复；四是成立了不规范经营专项整治督查组，开展了现场访查工作，有效保证了经营整治活动取得实效。

恒丰银行主要统计指标1

单位：亿元

项目＼年度	2008	2009	2010	2011	2012	2012年同比增幅（%）
本外币资产总额	1509	2137.6	2741	4373	6179.5	41.31
本外币存款余额	881	1386.5	1804	2027	3065	51.22
人民币存款余额	847	1382	1795	2020	3028	49.90
单位存款	546	939	1107	1319	2165	64.06
储蓄存款	203.31	281	369	401	548	36.66
本外币贷款余额	657.55	937.3	1201	1447	1716	18.62
人民币贷款余额	652	934	1194	1408	1677.9	19.17
短期贷款	512.64	497	576	787	1035.2	31.55
中长期贷款	144.92	435	545	495	473	-4.44
票据融资	176.57	50	65	122	160.5	31.69
利润总额	9.34	11.9	25	54.16	74.9	38.29
不良贷款余额	3.61	3.6	7.5	8.53	11.46	34.35
不良贷款占比（%）	0.54	0.38	0.62	0.59	0.67	13.56

恒丰银行主要统计指标2

项目＼年度	2008	2009	2010	2011	2012	2012年同比增幅（%）
单位结算账户（万户）	1.18	1.53	2.15	3.06	4.13	34.76
单位结算金额（亿元）	506.93	9479.89	6370.79	223663.31	247206.18	10.53
个人结算账户（万户）	37.94	51.05	68.19	91.36	119.16	30.43
个人结算金额（亿元）	32.9	445.46	285.19	12910.73	13839.95	7.20
信用卡发卡量（万张）	0	0	0	0	0	--
信用卡消费额（亿元）	0	0	0	0	0	--
企业网银客户（万户）	0.17	0.3	0.64	1.11	1.43	28.18
个人网银客户（万户）	0.27	0.75	2.8	5.79	12.18	110.35
手机银行客户（万户）	0	0	0	0	0	--
电话银行客户（万户）	0.01	0.26	0.33	0.37	0.3915	6.70
现金自助设备（台）	105	169	311	399	525	31.58
营业网点（个）	86	93	107	117	130	0.11
自助网点（个）	31	55	79	102	125	22.55

二、调整优化信贷结构，夯实发展基础。截至年末，全行抵质押贷款比率达 68.07%，较年初提高 10.03 个百分点；中长期贷款占比 30.83%，较年初下降 8.39 个百分点；政府融资平台类贷款余额 162.49 亿元，较年初下降 20.16 亿元，无不良贷款，无逾期、欠息贷款，信贷资产质量较高；涉农贷款余额 462.28 亿元，较年初增加 116.11 亿元，同比多增 61 亿元，增速为 33.52%，高于各项贷款平均增速 15 个百分点。

三、加大对小微企业的信贷支持力度。截至年末，全行国标小微企业贷款余额 195.21 亿元，占全部贷款的比例为 11.38%。小微企业贷款较年初增加 49.80 亿元，同比高出 14.60 亿元；小微企业贷款较年初增幅 34.25%，高出全部贷款增幅 15.98 个百分点，完成了“国标小微企业贷款增速不低于全部贷款平均增速，增量高于上年同期水平”的监管指标。

【中间业务】 2012 年，恒丰银行将大力发展中间业务作为“转方式 调结构”、实现新的利润增长点的突破口，通过积极转变发展方式，完善创新机制，强化内控管理等举措，持续加强产品业务创新，推动中间业务实现快速健康发展。

一、理财业务实现稳中求好。全年共发行零售端理财产品 1153 只，募集资金 144.47 亿元，机构理财产品 208 期，募集资金 718.17 亿元；发行机构理财产品 102 期，募集资金 268.77 亿元。

二、、贵金属业务表现出良好的发展势头。截至年末，代理上海黄金交易所交易业务累计新增个人客户数 41402 户，同比增长 258%；客户总量为 57010 户，同比增长 136%；全年交易总量为 985 亿元，代理交易手续费收入 776 万元。

三、国债、银行卡、品牌金、保险等业务实现健康快速发展。截至年末，承销储蓄国债 4.97 亿元；累计发卡 106.76 万张，同比增加 24.74 万张，增长 30.16%，实现 POS 消费 45.21 亿元，同比增加 7.27 亿元，增长 19.16%，实现银行卡中间业务收入 1347 万元；全年销售品牌金金条 305881 克，同比增加 159302 克，增长 108.68%；全年代理保险业务 678 笔，实现代理保险销售收入 1035.38 万元，同比增加 646.95 万元，增长 166.56%。

【国际业务】 2012 年，恒丰银行国际业务稳步增长。截至年末，共完成结算量 209.62 亿美元，同比增加 38.87 亿美元，增长 22.76%；各项外汇存款日均余额折合 2.7 亿美元，同比增加 1.43 亿美元，增长 112.93%。实现中间业务收入 5.02 亿元，同比增加 2.70 亿元，增长 116.39%。

一、贸易融资业务快速发展。截至年末，累计办理贸易融资专项额度出账业务 2489 笔，贸易融资业务保证金存款 179 亿元人民币；贸易融资累计投放 825 亿元人民币；贸易融资业务余额 313 亿元，与去年同期基本持平。

二、新业务稳步推进。印发了《金融同业进口代付管理办法》，正式办理金融同业进口代付业务。截至年末，业务量达 7672 万美元，标志着外汇业务品种的日益丰富和同业合作方式的不断扩大。

三、加强建设全球同业合作网络。截至年末，与该行建立代理行关系的同业 728 家，其中包含 15 家账户行，合作范围遍及 86 个国家和地区。成功获得渣打银行、永隆银行和中国进出口银行的整体授信额度；分别与渤海银行和中信银行签订了国内信用证代付协议和国内信用证合作协议；与中国进出口银行签订了战略合作协议。

【电子银行业务】 2012 年，恒丰银行网上银行业务呈现良好发展态势。全年实现网银动账交易笔数 221.86 万笔，同比增长 148.72%，跨行交易柜面替代率 93.79%；网银动账交易额 10516.32 亿元，同比增长 119.27%；网银查询类交易 175.32 万笔；电子票据业务 60 笔，交易额 6.24 亿元。网银用户在线购买理财 3564 笔，交易额 93388 万元；贵金属交易 3701 笔，交易额 6429.80 万元；全年共实现互联网电子支付业务 2868 笔，交易金额 392.14 万元。自助银行渠道建设取得新进展，截至年末，该行商户数达 4059 户，同比增加 1504 户，增长 58.86%。

【内部管理及企业文化建设】 2012 年，恒丰银行一是开展了“内控建设年”质量评估检查活动，内容涵盖内控环境、内控机制建设、内控管理情况、计算机系统管理、财务管理、授信业务、资金业务、员工行为排查等多个方面，有效地提升了内控管理水平；二是在认真梳理外部法律法规和本行规章制度的基础上，整理出各条线行为禁令 214 条，业务红线 40 条，行为铁律 16 条，以正式文件形式下发全行，对违法、违规行为起到了有力的警示作用；三是在《全面风险管理纲要》的基础上，先后制定了《声誉风险管理制度》、《业务连续性管理政策》和《外包风险管理政策》等风险管理制度；四是加强以党风廉政建设为主线的纪检监察工作，全行“清廉自守、洁身自好、严守制度、从我做起”的氛围日益浓厚；五是持续强化全行人力资源管理，进一步提高干部选拔任用的透明度，把好高管人员入口关和出口关，加强员工思想教育和行为管控，明令禁止员工从事第二职业；六是注重品牌文化建设，截至年末，该行已累计取得由国家工商总局颁发的 34 项商标注册证，特别是“恒丰银行”品牌商标被国家工商行政管理总局正式认定为中国驰名商标，成为国内第 4 家银行业驰名商标企业。

【大事记】 1 月 9 日 山东省银行业协会以鲁银协发〔2012〕3 号文件，表彰恒丰银行荣获“山东省银行业 2011 年度信息宣传工作先进单位”。

1 月 11 日 中国银行业协会以银协发〔2012〕4 号文件，授予恒丰杭州分行大堂经理王燕“明星大堂经理”和“魅力之星”称号。

1 月 19 日 中国银行业协会以银协发〔2012〕6 号文件，表彰恒丰银行荣获“普及金融知识万里行系列活动最佳宣传奖”。

1 月 30 日 人行济南分行《山东金融年鉴》编委会以济银《年鉴》编〔2012〕1 号文件，通报恒丰银行荣获《山东金融年鉴》(2011 年卷)一等奖。

2 月 29 日 恒丰银行被山东省审计厅评为 2012 年度“全省内部审计先进单位”。

3月6日　恒丰银行股份有限公司宁波分行获准成立。

3月9日　恒丰银行推出排污权抵押贷款创新业务，绍兴支行向一家小微企业发放3500万元的排污权抵押贷款。

3月13日　上海黄金交易所授予恒丰银行“优秀会员一等奖”、“交易白银单项奖优秀会员”等荣誉称号。

3月31日　恒丰银行被中共烟台市委农村工作领导小组授予“2009—2011年度‘3+1’联手共建社会主义新农村”称号。

4月14日　恒丰银行中小企业品牌“财运恒通”正式获得国家工商总局批准注册。

4月27日　恒丰银行推出知识产权质押贷款新业务。

6月28日　桐庐恒丰村镇银行员工杨悦在住所勇救悬空女邻居，此事在6月30日的《钱江晚报》头版给予了报道，此后被人民网、新华网、新浪网等大型网站转载，杨悦也因此被誉为杭版“托举哥”。

6月30日　恒丰银行被山东省企业联合会、山东省企业家协会、山东省工业经济联合会联合授予“山东省企业文化品牌十佳单位”。

7月21日　恒丰银行改革发展研讨会在呼和浩特市召开，总行领导、各部门主要负责人、各分行行长参加，各一级分行所在地银监局领导出席会议。

9月25日　由中国外汇交易中心主办、恒丰银行承办的“新版中国票据网暨票据业务工作会议”在青岛召开。全国股份制商业银行、城商行代表等120余人参加了此次会议。

9月26日　恒丰银行获准开展合作办理远期结售汇业务。

12月26日　恒丰银行与中国长城资产管理公司签署战略合作协议。

12月31日　“恒丰银行”被国家工商总局授予“中国驰名商标”称号。

（恒丰银行）

广发银行股份有限公司济南分行

【综述】　2012年是广发银行股份有限公司济南分行（以下简称“广发济南分行”）成立后的第一个经营年度，作为当年最后一家进驻山东的全国性股份制商行，该行积极落实总行战略，真抓实干，锐意进取，创造了经营管理工作的良好开局。截至12月末，资产总额84.81亿元，负债总额83.64亿元；各项存款余额80.31亿元，各项贷款余额56.19亿元；累计实现营业收入7343.74万元，利润总额1693.41万元。

【经营管理】　2012年，广发济南分行积极推动业务发展，取得良好成效。

一、建章立制、规范管理，为业务发展提供支持保障。一是制定实施了《薪酬制度设计方案》、《员工绩效管理实施细则》、《公司银行客户经理管理办法》、《员工考勤及休假管理暂行办法》等一系列规章制度，并编制《员工手册》；二是制定对公客户、个人客户分层管理及提升计划等，推动对公、对私业务发展；三是成立财审会，建立了《对账实施细则（试行）》、《印鉴卡实施细则》以及《运营条线风险防控检查方案》等制度；四是成立内部控制与合规委员会，定期开会，确保各项业务合规有序的开展。

二、明确目标市场定位，公司、个人银行业务齐头并进。一是组织对山东省内市场进行调研，形成2012–2014年的战略规划；二是对重点行业进行深入分析，将目标客户进行分类，完成了钢铁及有色金属、地炼、纺织和轮胎及橡胶四大行业的调研报告并上报总行；三是针对具有广发特色的“付汇金”、“贸融通”等产品，积极进行债务融资工具、险资债券计划、私募债权基金、中小企业私募债等各类中收产品的培训和营销；四是加强公私联动，与中国重汽集团签订了总对总全面合作的战略协议；五是组织各营销团队进行企事业单位、政府、部队等客户的营销和访问，全面开展金融服务。截至12月末，储蓄存款余额4.6亿元，个人贷款余额2209万元，分行渠道实现信用卡发卡5000余张。

三、加强信贷审查和管理，提高审批效率。

（一）立足发展，加强信贷审查工作。一是组织信贷审查人员积极进行现场调研，制定符合山东特点的区域授信审批方案；二是研究并印发《2012年授信指引》，并定期进行更新和修订；三是制定和建立《信贷审查审批管理办法》、《对公授信业务调查报告模板》多项制度及操作管理办法，确保授信调查质量；四是梳理个贷业务规章制度，对个贷审查业务实行流程化审批，最大限度地提高审查审批效率。

（二）统筹部署，做好风险管理平台建设。一是建立授信审查平台，加强资产风险管理，强化审查人员责任；二是梳理放款出账相关制度，修订相关合同文本；三是制定风险信息查询操作指引，并定期召开信贷业务风险分析例会，对资产组合情况、风险分类变动、贷后管理工作、重大突发事件处理情况等进行评价；四是制定《反洗钱业务管理办法》，高度重视其工作开展。

四、加强案件防范与合规工作。一是开展对重要岗位和敏感环节人员八小时内外行为排查，引导员工严格按照业务操作规程和程序操作；二是逐级签订《安全保卫工作目标管理责任书》和《消防安全责任书》，做到“谁主管，谁负责”；三是组织开展安防和消防演练，并建立应急维稳和舆情监测机制；四是制定了《内控与风险防范联席会议工作机制》、《内部控制与合规委员会规则》等制度；五是开展对员工参与民间借贷和非法集资行为自查自纠。截至12月末，该行运营正常，未发生金融案件和违法违规经营行为。

【内部管理与企业文化建设】　2012年，广发济南分行加强干部员工队伍和党风廉政建设，强化培训工作，打造优秀企业文化。

一、加强干部员工队伍建设。一是制定印发《党委班子成员加强自身建设按照“三个高标准”做好分管工作的指导意见》，加强领导班子建设；二是加强员工队伍建设，呈现出高学历、高素质、专业化、年轻化的显著特点。截至12月末，员工164人，具有大学本科以上学历的占比93%，其中硕士、博士研究生占比19%，平均年龄31.8岁。

二、加强党风廉政建设。一是分行党委与各部门负责人签订了《党风廉政建设责任书》，建立反腐倡廉工作机制；二是与中层干部签订《中层干部廉政提示函》；三是深入开展纪律教育学习月活动，组织“三个三”合规风险防控金点子建言、参观监狱接受警示教育等活动。

三、强化员工培训工作，全面提升员工素质。一是制定《内部培训师管理暂行办法》，并开展“大练兵、大比武”活动；二是在各专业部门推行“导师”辅导制度；三是建立“广发济南大课堂”，分享知识与经验；员工凝聚力、向心力空前增强。

四、全力打造企业文化。一是加强对新员工的文化宣传，建立员工职业生涯设计与成长、中层干部绩效沟通辅导手册，定期开展上下级之间的沟通交流；二是利用举行开业典礼的契机，强化对外宣传，提升银行品牌价值；三是组织党员开展学习“十八大”精神等活动，并参加总行组织的创建“青年文明号”专题培训；四是关心员工生活，创造“一家人”文化氛围。

（广发银行济南分行）

第六部分

金融机构运行报告
——区域性金融机构

一、农村信用合作社

山东省农村信用社联合社

【第一负责人简介】 宋文瑄，男，中共党员，1954 年 9 月生，山东乳山人，硕士研究生。1989 年 9 月起，历任山东省政府办公厅政工处副处长、处长、机关党委副书记，驻海南办事处主任，山东省政府副秘书长，省政府办公厅党组成员。2004 年 5 月至今，任山东省农村信用社联合社理事长、党委书记。

【综述】 2012 年，山东省农村信用社联合社（以下简称“省联社”）积极深化改革，加强管理，改进服务，防范风险，各项业务持续健康发展。

【内部改革】 2012 年，省联社稳步推进银行化改革。一是新组建 13 家农商行，截至年末，已有 52 家机构完成了银行化改革，占全部法人机构的 40%，银行类机构资产占全省农信社资产总额的 50.6%；二是积极改进内部治理，推进机制转换，公司治理水平进一步提高；三是强化创新研发、信息科技、教育培训、电子银行等平台建设，增强服务职能，改进服务方式。

【经营管理】 2012 年，省联社业务稳健发展，电子银行、银行卡、国际业务等发展迅速，初步构建了适应不同层次客户需求的产品和服务体系。同时，加大系统内资金调剂力度，综合运用各种手段提高资金效率，全年自营业务交易量达 3298.9 亿元，增长 82.6%。

一、支农力度持续加大。一是以支持“三农”、小微企业和县域经济为重点，深入推进金融服务进村入社区、阳光信贷和富民惠农创新“三大工程”，年末涉农贷款余额 4871.7 亿元，小微企业贷款余额 2079.8 亿元，较年初分别增加 549.4 亿元和 391.6 亿元，增长 12.7%和 23.2%，全年累计向“蓝黄”两区建设投放贷款 5897.3 亿元；二是加快农村地区支付结算畅通工程建设，扎实创建农村金融服务示范区，基本实现了农村金融服务全覆盖。

二、资产质量稳步提高。一是细化信贷管理，规范调查、审批流程，严格抵质押和担保要求，提高贷款风险管控水平；二是强化不良贷款管理，拓宽处置渠道，加大清收力度，年末不良贷款余额、占比实现“双降”；三是与司法部门联合打击骗贷和诉讼保全工作成效明显，全年立案清收处置贷款 6.6 亿元，诉讼保全资产 28.3 亿元。

三、经营基础更加坚实。一是强化核算和效益意识，深挖增收潜力，从严控制费用，经营效益稳步增长；二是加大拨备计提力度，年末资本充足率、拨备覆盖率分别较年初提高 1.7 和 25.5 个百分点，94 家机构资本充足率达到 8%以上，有 59 家机构拨备覆盖率达到 150%的监管要求。

【电子化建设】 2012 年，省联社科技创新步伐加快。一是加快新产品、新系统研发步伐，年内上线万村千乡工程、银行卡助农取款、一级清算、法人机构整合等项目 59 个，呼叫中心、IC 卡发卡、新手机银行系统投入运营，网上支付系统功能更加完善，电子银行渠道日益丰富；二是健全完善 ISO20000 科技服务管理体系，加强信息系统运维集中监控平台建设，强化运维管理，各类系统实现安全稳定运行。

【内部管理与企业文化建设】 2012 年，省联社切实加强内部管理和企业文化建设。

一、完善制度办法，强化合规教育。一是推广风险预警、柜员指纹认证等系统，加大案防考核和责任追究力度，发案数量及涉案金额实现“双降”；二是提高安全防范和应急处置能力；三是深入开展财务、不良资产管理、高管履职等专项审计及飞行检查；四是全面推进领导干部公开接访，全年受理信访件 463 件，办结率 94%。

二、队伍建设扎实推进。一是强化高管人员管理，稳步推行交流调整和竞聘选拔，全年交流调整县级及以上机构高管人员 406 人，县级高管本科以上学历人员占比达 87.4%；二是全年公开招聘大学生员工 1289 人，专科以上学历员工占比提高到 80.1%；三是完善薪酬管理体系，深入推行薪酬总额核定与监管评级、经营利润“双挂钩”；四是加大培训力度，创新培训方式，全年开展各类培训项目 5930 个，累计培训 61.4 万人次。

三、社会形象明显提升。一是全面推广应用新企业形象识别系统，稳步推进网点转型，年内荣获“2012 年度中国银行业

山东省农村信用社联合社主要统计指标 1

单位：亿元

项目 \ 年度	2008	2009	2010	2011	2012	2012 年同比增幅（%）
本外币资产总额	6176.89	7405.37	8510.88	10209.83	11669	14.3
本外币存款总额	4900.18	5761.34	6839.22	8002.1	9319.54	16.46
人民币存款余额	4900.18	5761.34	6839.22	8002.1	9319.54	16.46
单位存款	593.67	820.22	1066.11	1722.37	1535.47	4.25
储蓄存款	4150.4	4764.48	5605.67	6516.02	7764.57	19.16
本外币贷款余额	3689.42	4392.70	5109.76	5823.02	6669.10	14.53
人民币贷款余额	3689.42	4392.70	5109.76	5823.02	6669.10	14.53
短期贷款	3210.69	3838.36	4095.64	4539.84	5010.83	10.37
中长期贷款	110.87	170.56	684.67	922.59	1058.90	14.77
票据融资	365.59	381.65	326.86	356.7	586.6	64.45
利润总额	59.68	50.47	61.38	107.18	143	33.08
不良贷款余额	—	—	—	—	—	—
不良贷款占比（%）	—	—	—	—	—	—

山东省农村信用社联合社主要统计指标 2

项目 \ 年度	2008	2009	2010	2011	2012	2012 年同比增幅（%）
单位结算账户（万户）	—	—	—	37	40	8.11
单位结算金额（亿元）	—	—	—	—	—	—
个人结算账户（万户）	—	—	—	8578	9850	14.83
个人结算金额（亿元）	—	—	—	—	—	—
银行卡发卡量（万张）	834	1127	1518	1992	2874	44.28
银行卡消费额（亿元）	726	847	890	1013	1119	10.46
企业网银客户（万户）	—	—	—	3.19	8.70	172.20
个人网银客户（万户）	—	—	—	45.75	184.97	304.36
手机银行客户（万户）	—	—	—	21.29	101.65	377.41
电话银行客户（万户）	120.16	153.33	167.14	490.87	500.68	2.01
现金自助设备（台）	2286	2957	3971	5657	6488	14.69
营业网点（个）	5301	5279	5265	5228	5183	-0.86
自助网点（个）	78	96	155	329	468	42.25

文明规范服务千佳示范单位评选活动突出贡献奖”，辖内 5 家机构网点荣获“千佳示范单位”称号，数量居全国农合系统、全省各金融机构首位；二是加强行风建设，解决客户反映的问题 334 个；三是为“慈心一日捐”活动募捐 548 万元，通过省残联设立了 21 个无障碍康复服务站；四是为特困职工申请发放救助金 347 万元；五是开展丰富多彩的文体活动，进一步增强凝聚力。

【大事记】 1 月 9 日 ~ 11 日　省联社召开二届十四次理事会、年度总结分析会、2012 年首季业务工作（电视）会议。

1 月 16 日　山东省农信社信息科技中心大楼底座浇筑仪式在济南举行。

1 月 17 日　山东省副省长张建国一行到省联社走访慰问。

2 月 17 日　全省农信社开展“不规范经营”问题专项整治暨票据业务风险排查工作（电视）会议召开。

全省一级清算系统上线运行，有效提高了全省农信社资金清算效率。

3 月 2 日 ~ 4 日　省联社二届十五次理事会、第二届社员大会第四次会议、2012 年纪检监察工作会议在济南召开。山东省副省长贾万志出席大会并讲话，省联社理事长、党委书记宋文瑄代表理事会作报告，会议隆重表彰了先进集体和个人。

3 月 21 日　国家信息安全认证中心向省联社颁发《信息技术服务管理认证证书》,ISO20000 科技服务管理体系顺利通过审核。

3 月 30 日　信息机管理系统成功上线运行，标志着全省农信社参与实施全省“万村千乡市场工程”信息化建设试点工作全面展开。

3 月 31 日　在济南举行全省金融工作会议上，省联社荣获省政府表彰的“2011 年度山东省金融发展贡献奖”。

4 月 13 日 ~ 15 日　全省农信社一级资金清算系统在全省成功推广上线,实现了省县直接清算。

4 月 27 日　财税库银财政集中支付系统上线运行，进一步拓宽了财政集中支付渠道。

5 月 1 日　全省农信社(农村商业银行、农村合作银行)系统全面推广应用新标志。

5 月 25 日　省联社客户账务信息协查系统、网上支付(财付通一点通)上线运行。

6 月 1 日　银联互联网支付、网上银行代缴电费业务在全省农信社推广应用。

6 月 7 日　全省农信社重点机构风险化解工作会议在济南召开。

6 月 12 日 ~ 13 日　省联社理事长、党委书记宋文瑄在福建泉州参加银监会召开的全国农村中小金融机构支持“三农”科学发展现场会并作典型发言。

6 月 22 日 ~ 24 日　省联社济南科技中心顺利实施了机房搬迁,将 26 个系统及 113 台设备迁移到新机房。

6 月 29 日　青岛农商银行举行开业庆典仪式。省联社理事长、党委书记宋文瑄出席仪式并致辞,党委副书记、副理事长、主任张建民出席仪式。

7 月 6 日　省联社济南信息科技中心揭牌仪式在济南高新区举行,省联社领导宋文瑄、王继东、王宝城出席仪式。

7 月 19 日 ~ 21 日　省联社二届理事会第十七次会议、2012 年上半年经营分析暨创先争优总结表彰大会在烟台海阳召开。

9 月 22 日　山东省农信社第 4 届职工运动会在济南举行。

9 月 ~ 11 月　山东省委第四巡视组对省联社 2009 年以来的工作进行了巡视。

10 月 10 日　省联社理事长、党委书记宋文瑄在济南会见了神州数码控股有限公司助理总裁姜冬、山东平台总经理张茜一行,双方就进一步加强科技领域合作进行了会谈。省联社副主任王继东参加了会谈。

10 月 13 日　省联社客服中心正式对外运营,将全省分散在 17 市的客服电话(96668)上收至省联社统一运营管理,同时支持 96668 和 4008896668 两个客服号码。

10 月 17 日 ~ 19 日　省联社第二届理事会第十八次会议、2012 年三季度经营分析暨信访稳定工作会议在莱芜召开。

10 月 18 日　财付通一点通业务在全省农信社推广应用。

10 月 19 日　手机银行(WAP)版系统上线运行,进一步拓宽了电子银行服务渠道。

10 月 26 日　省联社理事长、党委书记宋文瑄出席山东省新农保参保人员社会保障一卡通合作签约仪式并致辞。省联社副主任丁浩升出席仪式并代表省联社与省人社厅签订合作协议。

11 月 2 日　山东省委常委、常务副省长孙伟一行莅临省联社视察工作。

11 月 15 日　潍坊农村商业银行股份有限公司挂牌开业。省联社理事长、党委书记宋文瑄出席仪式并揭牌,省联社副主任丁浩升代表省联社致辞。

11 月 26 日　全国地方金融第 16 次论坛在安徽合肥召开。中国银行业协会副会长、农村合作金融工作委员会主任、山东省联社理事长宋文瑄出席论坛并发言。农民专业合作社贷款获得“服务小微企业及三农双十佳特色金融产品”称号。

12 月 15 日　银联无卡支付业务在全省农信社推广应用。

12 月 20 日　广饶农商行新泰联社、河口农商行肥城联社战略投资合作协议签约仪式在泰安举行。省联社副主任郇涛出席签约仪式。

12 月 31 日　省联社领导分赴济南、淄博、莱芜、德州、聊城等市看望一线员工,并在济南信息科技中心现场指挥决算。

(省联社)

二、城市商业银行

【齐鲁银行】　2012 年,齐鲁银行按照“调整架构、清理风险、打实基础、稳健发展”的方针,对内严控风险促整顿,对外强化服务树形象,各项工作逐步走上正轨。

一、优化业务结构,以稳健促业务发展。一是快速顺应利率市场化形势,增加储蓄沉淀,其中,日均 50 万以上的中高端客户 4579 户,同比增加 550 户,客户基础得以夯实;二是大胆创新“担保池”授信模式,引进德国储蓄银行成熟的微贷技术,成立专门的小微企业服务机构,单户 500 万元(含)以下小企业一般贷款余额 46.7 亿元,较年初增加 9.97 亿元,授信户数 2431 户;三是节约成本、增加盈利,全年实现中间业务收入 1.35 亿元，同比增长 20.76%，新设网点布局上实现租金和营业面积“双控”,主流电子渠道平台已全面搭建完成,电子渠道分流率达 57.52%;四是实施信贷流程梳理,推进费用开支过程控制和后评价机制，强化定价管理，新增贷款整体加权平均利率为 7.47%,平均提高 25.37 个百分点。

二、狠抓风险防范,提升内控管理。一是积极落实检查、审

齐鲁银行主要统计指标 1

单位：亿元

项目 \ 年度	2008	2009	2010	2011	2012	2012年同比增幅（%）
本外币资产总额	495.45	617.89	821.25	772.79	841.39	8.28
本外币存款余额	434.4	546.55	656.93	661.13	712.22	7.89
人民币存款余额	433.71	544.84	655.78	658.02	710.3	8.11
单位存款	212.72	234.23	254.98	504.93	513.73	1.81
储蓄存款	99.94	124.88	139.43	153.09	196.57	28.9
本外币贷款余额	281.64	353.10	422.58	434.44	294.98	8.32
人民币贷款余额	281.39	352.76	421.53	434.12	294.28	8.23
短期贷款	142.12	162.93	214.97	183.96	211.43	14.93
中长期贷款	91.38	125.94	156.16	149.4	82.2	-44.98
票据融资	47.65	63.84	49.68	92.23	174.91	89.72
利润总额	4.55	6.09	8.25	9.59	11.05	11.37
不良贷款余额	7.17	7.04	4.73	41.52	5.40	-87
不良贷款占比（%）	2.55	1.99	1.12	9.56	1.15	-8.41

齐鲁银行主要统计指标 2

项目 \ 年度	2008	2009	2010	2011	2012	2012年同比增幅（%）
单位结算账户（万户）	—	—	—	—	6.76	1.05
单位结算金额（亿元）	—	—	—	—	514.82	3.37
个人结算账户（万户）	—	—	—	—	288.53	-6.8
个人结算金额（亿元）	—	—	—	—	196.64	28.37
信用卡发卡量（万张）	—	—	—	—	0.27	0.004
信用卡消费额（亿元）	—	—	—	—	0.75	-0.23
企业网银客户（万户）	—	—	—	—	2.07	0.38
个人网银客户（万户）	—	—	—	—	15.23	0.71
手机银行客户（万户）	—	—	—	—	0	0
电话银行客户（万户）	—	—	—	—	12.60	0.73
现金自助设备（台）	—	—	—	—	426	0.04
营业网点（个）	—	—	—	—	83	0
自助网点（个）	—	—	—	—	58	0.14

计发现问题的整改，切实将问题追到底、改到底，确保整改效果；二是梳理完善规章制度200多项，开发上线信贷风险监控、风险管理预警、会计风险预警等系统，启动审计管理系统建设，实施重要岗位交流，风险防控能力大幅提升；三是修订员工违规行为处理规定，积极开展警示教育，下一步该行还将根据案件进展和检查后评价结果开展持续性问责；四是搭建了《内控评价办法》框架，完善会计主管委派，建立会计操作样示范行。

三、调整完善组织架构，以机构改革促管理提升。对济南市区的62家支行进行整合，设立了9家管辖行，搭建了"总行—分行(管辖行)—支行"的三级管理架构。管辖行设立后，作为单独一级的管理机构，实现了业务、运营、风险条线的垂直和集中管理，实现了风险关口的前移，资源的优化配置，为巩固风险管控成果、集约营销、特色发展奠定了体制机制基础。

四、潜心修复受损形象，服务水平有了一定进步。一是对大额开支预算分别建账控制，对部分项目投入产出的效果进行分析，为营销决策提供支持和后评价，彻底改变无成本观念扩张的积习诟病；二是组织全行服务标兵外出培训，提高柔性服务水平；三是深入开展品牌修复工作，广泛参与公益活动，展现积极风貌，提高大众认同，彰显社会责任。

（齐鲁银行）

【青岛银行】 2012年，青岛银行在公司治理、制度建设、业务发展、风险管理、产品创新和服务提升等方面均取得了优异成绩。

一、经营业绩再上台阶。资产总额突破千亿，资产质量有了明显改善，拨备覆盖率达353%，资本充足率13.99%。社会影响力不断提高，入选英国《银行家》杂志世界银行1000强，《亚洲周刊》亚洲银行300强。

二、金桥项目稳步推进。一是上市准备工作取得重大进展，首发上市议案获股东大会通过，已被青岛市政府列为重点扶持上市企业并在青岛证监局进行上市辅导备案；二是持续推进公司治理建设，董事会组织架构达到上市标准；三是稳步推进内控制度的梳理、体系的测试与完善工作；四是开展股权、资产确

青岛银行主要统计指标1

单位：亿元

项目＼年度	2008	2009	2010	2011	2012	2012年同比增幅（%）
本外币资产总额	325.21	436.50	636.06	770.47	1016.52	31.94
本外币存款余额	267.37	311.73	451.13	549.28	649.47	18.24
人民币存款余额	249.60	310.57	446.51	546.45	645.88	18.20
单位存款	138.80	163	261.53	408.05	430.66	5.54
储蓄存款	63.31	73.62	89.67	118.11	196.68	66.52
本外币贷款余额	176.90	201.19	249.21	299.62	376.18	25.55
人民币贷款余额	172.28	197.80	246.50	295.86	373.33	26.18
短期贷款	100.49	108.54	121.08	140.27	193.41	37.88
中长期贷款	45.16	79.51	117.32	145.54	162.08	11.36
票据融资	26	9.44	7.81	9.52	17.28	81.51
利润总额	4.61	5.11	6.86	8.29	10.28	24.00
不良贷款余额	3.45	3.36	3.31	3.00	3.47	15.67
不良贷款占比（%）	1.95	1.49	1.19	0.88	0.76	-0.12

注：1.“单位存款”指标为2011年新增指标，2010年以前数据为“企业存款”。

青岛银行主要统计指标2

项目＼年度	2008	2009	2010	2011	2012	2012年同比增幅（%）
单位结算账户（万户）	2.49	2.80	3.29	3.90	4.46	14.36
单位结算金额（亿元）	3851.79	4621.25	7415.88	10711.69	11647.73	8.73
个人结算账户（万户）	57.62	70.70	84.61	103	124.98	0.56
个人结算金额（亿元）	665.37	853.73	1302.25	2591.24	4461.32	-26.81
信用卡发卡量（万张）	--	--	--	0.06	0.34	423.53
信用卡消费额（亿元）	--	--	--	0.04	1.12	2658.62
企业网银客户（万户）	0.23	0.44	0.79	1.41	2.12	50.35
个人网银客户（万户）	0.66	1.34	2.66	6.58	11.19	70.06
手机银行客户（万户）	--	--	--	--	--	--
电话银行客户（万户）	0.91	1.04	1.31	1.44	1.51	4.85
现金自助设备（台）	100	117	140	166	195	17.47
营业网点（个）	42	44	45	47	51	8.51
自助网点（个）	45	47	48	49	54	10.20

注：1.“--”为未开通此项业务。

权工作，推进不合规股东的规范清理和瑕疵物业处置。

三、结构调整已显成效。一是负债业务结构调整效果尤其明显，零售存款突破 213.50 亿元，占比 27.80%，零售客户资产余额 275.90 亿元，公司负债规模市场占比连续 3 年提升；二是"两小"金融贷款大幅增长，其中 1000 万以下小企业贷款余额 33.30 亿元，金融市场业务管理的表内外资产（不含准备金）共计 329.30 亿元，增长 43%；三是全行实现中间业务净收入 2.47 亿，增长 46%；四是渠道交易结构方面，电子银行账务性交易占比 54%，自助设备账务性交易占比 48.50%，较年初均有了大幅提升。

四、差异化水平持续增强。一是零售条线以社区银行和商圈银行为基点，以青银理财节为突破，大力提升差异化和特色化水平；二是积极开拓与信托、券商的业务创新，银行间市场交易量再创新高；三是加强小企业业务内部流程创新，积极推行风险经理平行作业制，实施品牌营销，规模、客户数均实现翻番。

五、信息科技水平快速提升。一是积极推进信息系统应用项目的建设；二是全年完成新网银、金融 IC 卡系统、统一上报平台等业务产品线、标准化建设和功能改进类项目共计 45 个，其中 SOA 项目在银监会主办的"银行业信息科技风险管理研究成果奖"评比中喜获 3 等奖。

六、渠道建设取得长足进步。一是物理网点的建设和布局进一步优化，启动威海分行和淄博分行的筹建工作，新设董家口支行、章丘支行等 4 家县域及异地支行，完成搬迁改造 5 家支行；二是新一代个人网银成功上线，手机银行进入试运行阶段；三是加强自助银行的智能化管理，降低了柜员的操作风险。

七、全面风险管理不断增强。一是成立核保中心，在放款流程中添加验印环节，推进实施营业部经理委派制等，加强操作风险防控；二是深入扎实做好反洗钱工作，连续 3 年被评为反洗钱工作 A 级金融机构；三是严格日常资金头寸管理，做好重要时点流动性指标监控；四是开展内部管理督导、"合规大检查，拉网排地雷"等活动，强化合规管理。全年全行无重大案件、责任事故发生。

（青岛银行）

【齐商银行股份有限公司】 2012 年，齐商银行股份有限公司（以下简称"齐商银行"）围绕"市民银行"和"中小企业主办行"的市场定位，着力加强结构调整力度，继续深化战略转型，持续加强全面风险管理和内部控制，加大对小微业务和零售业务的支持力度，圆满完成了年初制定的各项任务，实现了规模、质量、效益的全面提升。

一、风险管控水平再上新台阶。一是坚持董事会战略决策、高级管理层执行落实、监事会监督制衡的协调运行机制；二是充分利用各类内外部检查成果，不断强化合规经营意识，细化风险管理措施，优化内部控制架构与流程，在各级、各类风险排查、检查或审计评估中受到好评。

二、业务结构持续优化，转型调整工作取得新突破。一是小微企业贷款增速达到了监管部门"两个不低于"的要求，个人零售贷款超额完成了年初计划；二是储蓄存款占比达到存款总额的 1/3，对公存款稳中有升，基础存款稳定性明显增强；三是资产质量持续优化，不良资产实现双降；四是产品创新持续优化，"齐动力－租金贷、出疆棉补贴、政通贷"等多款产品在省市产

齐商银行股份有限公司主要统计指标 1

单位：亿元

项目 \ 年度	2008	2009	2010	2011	2012	2012 年同比增幅（%）
本外币资产总额	248.64	300.92	366.19	418.26	483.19	15.52
本外币存款余额	218.41	264.59	317.46	356.76	408.38	14.47
人民币存款余额	217.45	264	316.61	355.73	407.53	14.56
单位存款	124.74	159.27	207.93	232.38	258.8	11.37
储蓄存款	74.74	88.03	93.33	108.85	131.72	21.01
本外币贷款余额	156.29	193.83	233.51	260.01	290.27	12.13
人民币贷款余额	154.11	189.47	232.71	257.25	283.23	10.10
短期贷款	105.72	127.78	161.26	189.9	219.35	15.51
中长期贷款	12.92	17.66	21.09	22.39	19.46	-13.09
票据融资	35.47	43.41	50.33	44.9	43.98	-2.05
利润总额	3.82	4.33	6.25	9.08	9.93	9.36
不良贷款余额	4.21	4.03	2.84	4.37	4.13	-5.49
不良贷款占比（%）	2.69	2.08	1.22	1.68	1.42	-15.48

齐商银行股份有限公司主要统计指标 2

项目 \ 年度	2008	2009	2010	2011	2012	2012 年同比增幅（%）
单位结算账户（万户）	24125	25225	26255	26015	27657	6.31
单位结算金额（亿元）	4548	5160	6541	8102	8528	5.26
个人结算账户（万户）	483558	490061	566452	677526	790777	16.72
个人结算金融（亿元）	1022	1158	1420	1705	1785	4.69
信用卡发卡量（万张）	--	0.01	0.02	0.17	0.18	5.88
信用卡消费额（亿元）	--	0	0.02	0.17	0.25	47.06
企业网银客户（户）	--	39	3211	5254	7659	45.77
个人网银客户（户）	--	290	6538	12535	20755	65.58
手机银行客户（户）	--	--	--	--	--	--
电话银行客户（户）	162613	198200	232213	276205	326213	18.11
现金自助设备（台）	126	128	143	185	227	22.70
营业网点（个）	71	74	76	77	80	37.50
自助网点（个）	2	2	13	41	47	14.63

品大赛获奖，理财产品发行期次和金额创历史新高，服务市民和中小企业的能力日益增强；五是服务渠道持续优化，网银交易量在联盟成员行中名列前茅，自助设备数量居全市第 1 位。

三、政策助推分行发力，异地机构发展迈出新步伐。一是对异地分行实行授权管理、放权经营、加强监督，进一步加大政策支持力度，有效促进了异地分支行的持续健康发展；截至年末，该行异地分支行存款和净利润分别占全行总额的 22.01%和 25.6%，对全行的贡献度持续提升；二是东营分行、西安新城区支行、滨州滨城支行和惠民支行相继开业，潍坊分行、西安明德门支行、滨州黛溪支行获批筹建，为加快发展奠定了扎实基础；三是村镇银行运行良好，所辖汤头支行顺利开业，成功实现了机构的进一步延伸。

（齐商银行）

【烟台银行】 2012 年，烟台银行狠抓内控机制建设，采取一系列措施，推动全行业务经营稳健发展。

一、调整信贷结构，积极支持实体经济和小企业发展。年末，全行 500 万元以下小企业授信余额 39 亿元，较年初增加

烟台银行主要统计指标 1

单位：亿元

项目 \ 年度	2008	2009	2010	2011	2012	2012 年同比增幅（%）
本外币资产总额	274.50	262.59	292.73	348.49	377.98	8.46
本外币存款余额	215.40	220.40	255.82	296.21	336.78	13.7
人民币存款余额	214.28	219.46	254.77	295.51	336.39	13.83
单位存款	97.28	104.44	134.03	131.47	141.7	7.78
储蓄存款	116.55	114.57	120.52	163.74	194.54	18.81
本外币贷款余额	159.59	159.72	185.35	207.30	202.48	-2.33
人民币贷款余额	158.82	158.83	184.40	206.25	201.35	-2.38
短期贷款	60.07	45.98	90.28	108.48	135.73	25.12
中长期贷款	44.83	51.70	78.76	78.88	65.57	-16.87
票据融资	53.56	61.10	15.33	18.84	0	-100
利润总额	0.77	0.21	2.00	2.01	2.08	3.5
不良贷款余额	6.35	2.93	2.90	4.27	4.7	10
不良贷款占比（%）	3.98	1.83	1.56	2.06	2.34	0.28

烟台银行主要统计指标 2

项目 \ 年度	2008	2009	2010	2011	2012	2012年同比增幅（%）
单位结算账户（万户）	4.7	4.87	5.06	5.28	5.42	2.65
单位结算金额（亿元）	2677.4	3537.6	3375.6	4227.4	4330.77	2.45
个人结算账户（万户）	72.6	79.4	87.7	98.4	106.68	8.41
个人结算金额（亿元）	409.73	478.93	629.8	901.5	934.5	3.66
信用卡发卡量（万张）	0	0	0	0	0	0
信用卡消费额（亿元）	0	0	0	0	0	0
企业网银客户（万户）	--	--	0.11	0.24	0.29	20.83
个人网银客户（万户）	--	--	0.27	0.54	0.70	29.63
手机银行客户（万户）	0	0	0	0	0	0
电话银行客户（万户）	0.001	0.007	0.008	0.01	0.01	0
现金自助设备（台）	70	78	78	78	80	2.56
营业网点（个）	70	72	73	73	73	0
自助网点（个）	0	0	0	0	0	0

13亿元，增长50%；个人贷款余额37.5亿元，较年初增加7亿元，增长23%。

二、开拓创新，审慎开展投资业务。在严格控制风险的前提下，该行加大金融市场业务运作，积极拓宽盈利渠道。全年金融机构往来利息收入及投资收入同比分别增长404%、61%；实现债券投资、理财产品、同业存放、债券回购等业务收入逾3亿元，增长117.8%。

三、开展全面风险排查，强化内控体系建设。一是3月份起，对所有岗位、全部人员、各个业务风险点开展历时9个月的拉网式风险大排查；二是在全行推出“会计官”、“信贷官”委派制，对支行风险加强管控；三是建立对两个“一把手”（支行一把手、总行部室一把手）的案防工作领导机制，强化约束机制，明确问责标准；四是对高管人员交流、重要岗位员工轮岗、强制休假进行了严格的制度规定；五是拟定、修改《员工异常行为排查管理办法》等制度，强化员工管理。

四、改进考核办法，强化激励约束机制。一是实行新的《绩效考核办法》，提高不良贷款率、违规操作、案件风险在绩效考核中的权重；二是激励向一线倾斜，实行待遇与业绩挂钩，提升奖励机制透明度。

五、加大科技投入，打造业务技术信息支持平台。一是对总行内外网进行了隔离整改，初步实现了内外网分离；二是完成了加入山东省城商行合作联盟的前期准备工作；三是完成二代支付、同城清算、企业授信、银联无卡支付等新系统的开发，并对ATM前置系统、人民币跨境结算系统、银联2.1系统进行升级改造，不断满足业务发展与管理需求。

六、加强队伍建设。一是按照“德才兼备、群众公认”的干部选用原则，对总行部分中层干部进行了调整；二是公开招聘首席风险官、风险管理部总经理、战略部总经理以及部分支行负责人，充实经营管理队伍；三是以“外请内培”相结合方式，培训多岗位人员3839人次，努力提升全员的从业素质。

（郄丽宁）

【潍坊银行】 2012年，潍坊银行经营业绩再上新台阶，主要经营指标实现了“五四三七四”的新突破，即：全行总资产规模突破500亿元，存款突破400亿元，贷款突破300亿元，净利润突破7亿元，上交税金突破4亿元。

一、差异化发展战略深入实施。一是成功召开第2次小微金融工作会议，研究出台了加强服务的37条指导意见；二是微贷中心实现较快发展，业务规模和覆盖面不断扩大，微贷业务年末存量户数4094户，贷款余额超过6亿元；三是个人金融业务取得新突破，全年代理推介信托理财产品5.73亿元，完成年度计划的286%；四是研发推出“金鼎·泰利达”人民币理财产品，实现自有理财产品“零”突破；五是推出贵金属延期交易业务，成为山东省第一家对外开办该业务的城商行。

二、改革机制持续优化。一是建立并完善拓展条线与运行条线联席会议制度和争议仲裁协调机制；二是推出了客服及运行中心内部机构设置及运行管理的框架意见，明确了基层单元内部职责边界和工作流程；三是实行员工个人考核与经营团队考核相结合的方式，绩效考核更加合理；四是实现了城区客服中心县域业务的顺利划转。

三、内控管理基础进一步夯实。一是圆满完成年度外部监管要求以及各项审计、检查计划，组织开展了全员合规诚信教育和内控风险管理轮训；二是制定了20条员工禁令，加大对员工违规行为的警示力度；三是建立了代理负责人管理、会计主管委派和运行风险经理工作制度；四是对全部基层网点进行检查，强化监督力度，防范操作、案件风险。

四、渠道建设迈出新步伐。寿光、诸城、高密三市的第2家支行相继开业，第2轮县域机构设置工作迈出新步伐。青岛平

潍坊银行主要统计指标 1

单位：亿元

项目＼年度	2008	2009	2010	2011	2012	2012 年同比增幅（%）
本外币资产总额	269.31	313.80	401.03	453.69	519.10	14.42
本外币存款余额	229.85	284.42	344.20	373.48	446.34	19.51
人民币存款余额	229.59	283.79	341.07	372.54	445.94	19.70
单位存款	138.02	235.03	215.91	229.29	274.78	19.84
储蓄存款	91.57	105.30	128.29	144.19	171.56	18.98
本外币贷款余额	153.12	189.49	231.83	267.51	310.49	16.07
人民币贷款余额	153.07	189.04	230.53	265.80	307.72	15.77
短期贷款	109.21	141.54	184.35	218.07	254.96	16.92
中长期贷款	8.09	15.82	28.62	30.13	25.82	-14.30
票据融资	35.77	31.68	15.11	14.92	22.69	52.08
利润总额	1.54	3.59	7.62	8.31	9.50	14.32
不良贷款余额	2.91	2.68	2.43	2.31	4.02	74.03
不良贷款占比（%）	1.9	1.41	1.05	0.86	1.29	50

潍坊银行主要统计指标 2

项目＼年度	2008	2009	2010	2011	2012	2012 年同比增幅（%）
单位结算账户（万户）	1.98	1.93	3.13	1.99	2.16	8.5
单位结算金额（亿元）	58.61	86.92	104.8	101.33	106.52	5.1
个人结算账户（万户）	73.36	88.26	107.24	105.56	118.93	1.12
个人结算金额（亿元）	19.17	24.12	35.05	41.65	40.38	-3
信用卡发卡量（万张）	0	0	0.03	0.06	0.18	185.9
信用卡消费额（亿元）	0	0	0.003	0.06	0.1535	155.8
企业网银客户（万户）	0	0.09	0.26	0.47	0.73	56.7
个人网银客户（万户）	0	0.1	0.4	1.14	2.72	137.5
手机银行客户（万户）	0	0	0	0.02	0.08	390.2
电话银行客户（万户）	5.90	6.13	8.02	10.35	10.82	4.5
现金自助设备（台）	48	54	75	111	173	55.8
营业网点（个）	45	47	48	50	55	10
自助网点（个）	0	2	18	34	54	58.8

度支行、胶州支行顺利开业，异地支行取得新突破，并在青州、临朐及潍坊市区新设 3 处离行式自助银行。

五、金融创新工作取得新进展。一是推出全市首单“股权 + 知识产权”质押融资业务，为盛瑞传动公司发放 8AT 金奖专利项目贷款 5000 万元；二是携手投资控股集团搭建中小企业融资服务新模式，采取“债权 + 股权性投资 + 履约保函”的合作模式，丰富企业融资渠道；三是推出一个合作社担保 + 多个农户贷款的“1+N”授信模式，探索农村金融服务新模式。

六、内部管理水平持续提升。一是启动任职资格体系建设，做好员工分级管理各项准备工作；二是搭建在线培训考试平台，实施高管任职资格预考制度，全年举办各类培训班 33 个，累计培训 8800 余人次；三是扎实做好流动性管理、财务预算、费用管理、指标监控、核算分析、绩效考核、业务授权等综合管理工作；四是新信贷管理、绩效考核、CRM、审计管理、业务连续性管理平台等 15 个新系统上线，为提升管理水平提供了科技支撑。

七、企业文化建设扎实有效。一是围绕金鼎与红风筝两个俱乐部客户定位，积极开展会员活动；二是积极参与文明规范服务网点创建，总行营业部、胜利东街、潍城、樱前街、青州金鼎支行被授予"省级文明规范服务示范单位"；三是加强信息宣传，全年在省级以上主流媒体刊发稿件 46 篇，被市人行、银监分局分别授予信息工作先进单位荣誉称号。

（闫少卿）

【威海市商业银行】 2012 年，威海市商业银行坚持"持续跨越，持续提升"的战略，不断加大对实体经济的支持力度，各项业务实现平稳健康快速发展。

一、经营业绩持续攀升。截至年末，资产总额突破 700 亿

威海市商业银行主要统计指标 1

单位：亿元

项目 \ 年度	2008	2009	2010	2011	2012	2012 年同比增幅（%）
本外币资产总额	251.77	410.58	519.87	562.81	720.58	28.04
本外币存款余额	207.51	303.32	420.67	456.32	536.56	17.58
人民币存款余额	207.51	303.32	420.35	455.68	535.26	17.46
单位存款	110.96	187.19	287.92	112.11	116.99	4.35
储蓄存款	96.55	116.13	132.37	149.05	177.83	19.31
本外币贷款余额	149.42	200.28	249.83	294.54	350.76	19.09
人民币贷款余额	149.42	200.28	248.14	293.56	347.14	18.25
短期贷款	57.30	101.05	160.82	204.41	241.34	18.07
中长期贷款	46.82	61.43	68.89	68.79	74.24	7.92
票据融资	45.15	37.63	18.2	20.20	31.56	56.24
利润总额	0.51	0.94	3.54	6.61	8.6	30.11
不良贷款余额	2.39	2.23	2.1	2.03	2.01	-0.99
不良贷款占比（%）	1.60	1.12	0.83	0.69	0.57	-17.36

威海市商业银行主要统计指标 2

项目 \ 年度	2008	2009	2010	2011	2012	2012 年同比增幅（%）
单位结算账户（万户）	1.74	1.76	1.81	1.76	1.86	5.68
单位结算金额（亿元）	50.48	72.88	119.37	123.75	117.51	-5.04
个人结算账户（万户）	45.41	52.94	59.25	69.77	82.96	18.9
个人结算金融（亿元）	7.91	10.43	13.72	20.86	18.19	-12.8
信用卡发卡量（万张）	—	—	0.16	0.28	0.33	17.86
信用卡消费额（亿元）	—	—	0.16	0.54	0.78	44.44
企业网银客户（万户）	0.02	0.02	0.04	0.15	0.32	113.3
个人网银客户（万户）	0.02	0.02	0.03	0.4	3.13	682.5
手机银行客户（万户）	—	—	—	—	—	—
电话银行客户（万户）	0.3	0.5	0.8	1.3	6.8	423.1
现金自助设备（台）	30	42	54	71	106	49.3
营业网点（个）	34	37	42	47	56	19.15
自助网点（个）	—	—	—	1	1	0

元，经营利润突破 10 亿元，总资产、存款、贷款、利润等发展指标增长情况均创历史新高。

二、发展质量持续提高。不良贷款持续实现余额和比例“双下降”，资本充足率、拨备覆盖率、流动性比例等各项监管指标全面达标并持续向好改善，连续多年被监管部门评为二级行。

三、社会贡献持续增加。实现税收 4.76 亿元，同比增加 1.82 亿元，增长 61.9%；全年全口径信贷累计投放突破 1000 亿元。

四、跨区域发展持续推进。威海市商行“立足山东，环绕渤海，面向全国”的跨区域发展战略实现了新的突破，服务区域经济的能力得到进一步提升。年内新设立两家分行，其中烟台分行于 12 月 9 日正式开业，德州分行 12 月 30 日顺利试营业。

五、品牌影响持续扩大。在威海市文明礼仪大赛、人行金融统计竞赛等各项活动中，均获得一等奖。

（徐文杰）

【临商银行】　截至 2012 年末，临商银行资产总额同比增加 113.07 亿元，各项存款增加 65.18 亿元，各项贷款增加 56.22 亿元；拨备覆盖率 307.10%，增加 42.73 个百分点；贷款损失准备充足率 468.33%，增加 231.67 个百分点；资本充足率 12.83%，增加 0.77 个百分点。

一、经营转型。一是紧扣质效发展主线，加速提升法人客户

临商银行主要统计指标 1

单位：亿元

项目＼年度	2008	2009	2010	2011	2012	2012 年同比增幅（%）
本外币资产总额	169.61	253.23	310.74	373.99	487.06	30.23
本外币存款余额	148.62	223.53	273.59	327.48	393.07	20.03
人民币存款余额	148.59	223.4	273.22	326.16	390.72	19.79
单位存款	41.87	80.98	93.97	104.25	230.25	18.40
储蓄存款	74.48	91.70	109.98	132.82	162.04	22.00
本外币贷款余额	106.20	144.83	180.53	227.96	284.19	24.67
人民币贷款余额	104.79	143.67	179.11	224.72	275.63	22.65
短期贷款	93.23	115.26	143.71	180.09	237.5	29.54
中长期贷款	2.09	17.71	21.67	23.51	24.57	4.51
票据融资	8.97	10.65	13.62	21.11	21.93	3.88
利润总额	3.62	3.64	4.85	8.25	9.16	11.03
不良贷款余额	4.57	3.4	1.83	1.73	2.5	44.51
不良贷款占比（%）	4.31	2.34	1.01	0.76	0.88	15.79

临商银行主要统计指标 2

项目＼年度	2008	2009	2010	2011	2012	2012 年同比增幅（%）
单位结算账户（万户）	—	0.91	1.24	1.68	2.16	28.57
单位结算金额（亿元）	—	75.61	104.11	122.67	135.02	10.07
个人结算账户（万户）	—	84.84	105.93	126.78	139.28	9.86
个人结算金额（亿元）	—	36.19	42.82	50.10	58.93	17.62
信用卡发卡量（万张）	—	—	—	0.10	0.14	40
信用卡消费额（亿元）	—	—	—	0.40	0.60	50
企业网银客户（万户）	—	0.30	0.50	0.55	0.60	9
个人网银客户（万户）	—	1.90	2.10	2.30	2.50	8.70
手机银行客户（万户）	—	—	1.10	1.20	1.60	33
电话银行客户（万户）	—	—	—	—	—	—
现金自助设备（台）	89	96	109	108	110	1.85
营业网点（个）	68	64	67	69	70	1.45
自助网点（个）	—	—	—	—	—	—

业务发展能力;二是银政合作成效显著,开展重点县域战略合作;三是战略转型系统布局,个人高端集聚能力有效提升。截至年末,全行优质法人客户310户,新增110户;对公存款总量、增量持续保持全市首位;国际业务结算量18.5亿美元,同比增加3.5亿美元;机关事业团体存款余额70亿元,新增14亿元;个人存款总量、增量分列全市银行业第2位、第3位;电子业务替代率38.8%,提升5.5个百分点。

二、改革创新。一是开展绩效考核改革,挂钩资源配置,提升发展源动力;二是实施总部内设机构改革,形成了后台为前台、总行为基层、上级为下级、全行为客户的运行机制;三是立项研发新产品17项,推出"惠盈"理财产品,打破了自主理财产品的历史空白。

三、支持地方。一是构建地方经济多维支持体系,通过差异服务,分层客户群,全面提升金融服务水平;二是把握全市经济工作重心,保证对六大传统产业和升级换代产业的支持,全年支持重点项目20亿元;三是落实县域经济"三年倍增、五年跨越"发展目标,实现县域机构全覆盖,重点支持主导产业和特色经济。

四、细分市场。一是将小微企业发展列入战略转型重点,实施"百千万"客户提升工程(即"百家小企业成长计划"、"千家小企业扩户工程"、"万家小企业服务提升计划"),对接小企业40多家,年末小企业贷款总量132亿元、新增26亿元,两项指标均居全市银行业首位;二是致力打造物流金融品牌银行,全年投放50多亿元支持物流企业及其上下游产业,此经验做法多次被中央电视台报道。

五、精细管控。一是上线精准管控系统,开展"内控和资产质量管理年"活动,搭建了信贷精细精准管理的新机制;二是全面廓清风险资产底子,通过实施切块管理、专项管理和监管意见书制度,信用风险得到有效防控;三是确立核心入联和信息中心建设意见,加快重点系统研发;四是完成增资扩股7.8亿元,解决了资本不足制约发展的难题;五是规范上门收款和远程服务终端,抓好风险排查、会计主管、审计监督和安保工作,确保了全年安全无事故。

六、自身建设。一是落实党风廉政建设责任制,举办专业培训、作风建设、技术比赛和建言献策等活动,提升了整体素质;二是以规范管理为保障,推动专业自律、违规积分和案例教育,培育了照章办事、合规操作的良好文化;三是开展创先争优和四比四看活动,树立了"唯实奋进、质效发展"的发展观和"信为天、客为本、效为源"的核心价值观;四是以金融系统第一名的成绩,荣获"全市十佳服务优胜单位"。

(李会利)

【日照银行】 2012年,日照银行以"尽职·素质·价值"年为主题,创新思路,扎实工作,实现了持续性、突破性发展。截至年末,在日照地区市场份额22.07%,居同业第1位,储蓄市场份额升至第2位;监管指标保持达标。

一、发展战略实现新突破。一是科学制定5年战略规划,描绘了"打造一流的区域精品银行"愿景;二是稳步推进跨区及向下网点布局,获准筹建临沂分行,第3家村镇银行济宁高新村镇银行开业;三是公开发行6亿元次级债补充附属资本,联合南京银行发行岚桥集团10亿元短期融资券,实现日照市民营企业使用债务融资工具直接融资的突破;四是探索社区银行建

日照银行主要统计指标1

单位:亿元

项目 \ 年度	2008	2009	2010	2011	2012	2012年同比增幅(%)
本外币资产总额	183.33	253.55	376.89	394.89	507.99	28.64
本外币存款余额	137.65	215.61	305.77	328.32	411.88	25.45
人民币存款余额	136.76	213.72	303.37	324.93	401.58	23.59
单位存款	102.02	169.77	251	266.02	318.95	19.90
储蓄存款	34.74	43.95	52.37	58.91	82.63	40.26
本外币贷款余额	102.71	147.24	181.26	225.86	281.05	24.44
人民币贷款余额	101.67	144.27	179.96	223.80	265.57	18.66
短期贷款	93.51	136.12	161.97	200.58	248.14	23.71
中长期贷款	8.16	8.15	17.99	23.22	17.43	-24.94
票据融资	16.21	23.12	16.80	21.52	21.97	2.09
利润总额	5.53	5.59	6.22	10.67	13.30	24.65
不良贷款余额	0.95	1.24	1.24	1.44	2.75	90.97
不良贷款占比(%)	0.93	0.84	0.68	0.64	0.98	53.13

日照银行主要统计指标 2

项目 \ 年度	2008	2009	2010	2011	2012	2012 年同比增幅（%）
单位结算账户（万户）	1.69	1.93	2.52	2.89	4.88	69.2
单位结算金额（亿元）	2786.69	3861.79	5834.00	5962.66	10337.89	43.4
个人结算账户（万户）	55.38	66.06	75.70	101.19	114.63	13.28
个人结算金额（亿元）	449.63	664.3	1103.57	1094.78	1664.90	52.07
信用卡发卡量（万张）	—	—	0.07	0.08	0.16	101
信用卡消费额（亿元）	—	—	0.05	0.15	0.25	66
企业网银客户（万户）	—	8.00	0.17	0.39	0.70	82
个人网银客户（万户）	—	0.01	0.64	1.35	2.43	80
手机银行客户（万户）	—	—	—	0.65	1.21	85
电话银行客户（万户）	—	—	—	0.45	1.03	129
现金自助设备（台）	25	36	47	65	124	91
营业网点（个）	23	25	27	29	36	16
自助网点（个）	1	—	—	—	4	300

设。

二、市场营销注入新动力。构建了考核带动、条线推动、部门互动、上下联动营销新格局，提前一个季度完成存款目标。特别日照辖区在四大业务条线强力推动下，打开了营销新局面，存款增长强劲，支行取得历年最好考核业绩。新建或改造支行网点、自助服务区、离行式自助银行 35 处，电子银行业务井喷式增长，柜台业务替代率 58%，比年初提高 9 个百分点。

三、综合考核引入新机制。完善高管人员考核办法，对总行部室全面考核，提升了合力。分行考核引入平衡计分卡，增加经济资本回报率指标，实行等级行管理，推动了业务转型，优化了业务结构。日照辖区首次推行条线考核，成效明显，持续发展能力显著增强。

四、支持保障加大新力度。一是加大监督检查频率。围绕 389 项要点全面排查风险，内审及各业务主管部门组织 61 项检查，机构覆盖面 100%；二是加重责任追究。对违规行为从严从重处理；三是突出重点领域防控，研究出台年度授信指导、加强信贷风险、异地授信风险、信用证及相关贸易融资业务风险、房地产及相关行业授信风险、表外授信业务风险等管理意见；四是加快科技项目开发。启动数据仓库及灾备建设，完成二代支付、金融 IC 卡、金融数据标准化试点等 11 个上级部署项目，以及“阳光贷”无抵押无担保个人消费贷款等 10 个行内开发项目。

五、服务经济做出新贡献。围绕“蓝、红、金”战略、地方经济重点和实体经济，优化贷款投向，全年累计投放表内外授信 1421 亿元，同比增加 182 亿元。一是加强重点领域信贷支持，加大对石油化工、进出口贸易、机械制造、港口物流、园区建设、农产品加工等六大行业以及节能减排、循环经济、低碳经济、绿色环保等项目授信投放力度；二是加强目标市场信贷投放。小微企业贷款余额 119 亿元，比年初增加 25 亿元，增幅高于全部贷款平均增幅 1.3 个百分点，达到“两个不低于”监管要求；涉农贷款余额 69 亿元，比年初增加 20 亿元。“渔家乐”获山东银行业服务小微企业及三农双十佳金融产品；三是加强外向型企业金融服务。全年国际结算业务量 61.9 亿美元，同比增长 45%，总量保持山东省城商行第一位，实现外汇综合收益 2.1 亿元人民币；四是加强货币市场业务发展。全年货币市场交易量 4890 亿元，同比增加 2837 亿元，实现净收入 7.2 亿元，同比增加 2.1 亿元。

（宋 文 陈 迎 林 凡）

【德州银行】 2012 年，德州银行不断增强风险防控能力和逆周期发展能力，突出抓好信用风险及其他业务风险防控，重点加强内部管理精细化建设，科学统筹经营资源和发展要素，保持了平稳较快发展。

一、主营业务健康发展，信贷结构不断优化。为全市重点项目及企业、两区同建工程安排信贷投放近 11 亿元。遵循金融服务实体经济的要求，推进小微企业和涉农信贷优先增长，截至年末，小微企业贷款余额 54.5 亿元，同比增加 13.8 亿元，增幅 34.03%，高于全部贷款平均增速 15 个百分点。

二、风险控制能力提高，资产质量取得新进步。一是巩固了以贷款风险管理为核心的授权授信、审贷分离、分级审批、集体审批、贷款“三查”等风险控制体系；二是有效防控流动性风险、操作风险和信息科技等业务管理风险，保持案防高压态势，培养干部职工“诚信为本、操守为重”职业理念，全年无案件和重大责任事故。

三、以科技为支撑的现代化服务水平不断提升。一是在着力发展传统信贷业务的同时，积极拓展表外融资业务，通过推

德州银行主要统计指标 1

单位：亿元

项目＼年度	2008	2009	2010	2011	2012	2012年同比增幅（%）
本外币资产总额	103.65	133.24	175.66	206.70	250.73	21.30
本外币存款余额	90.92	116.54	154.57	163.99	193.42	17.95
人民币存款余额	90.62	116.44	153.93	163.75	193.20	17.98
单位存款	44.57	65.10	95.80	102.27	115.93	13.36
储蓄存款	46.36	51.44	58.13	61.34	77.09	25.68
本外币贷款余额	66.17	85.10	104.67	114.00	132.86	16.54
人民币贷款余额	65.71	83.64	103.62	112.93	132.60	17.42
短期贷款	53.49	68.28	87.53	92.61	100.94	8.99
中长期贷款	3.50	5.56	5.43	4.65	7.52	61.72
票据融资	8.72	9.79	10.82	15.8	23.76	50.38
利润总额	2.61	1.8	2.42	6.85	4.35	-36.50
不良贷款余额	1.92	1.65	0.98	1.9	2.19	15.26
不良贷款占比（%）	2.9	1.94	0.94	1.66	1.65	-0.60

德州银行主要统计指标 2

项目＼年度	2008	2009	2010	2011	2012	2012年同比增幅（%）
单位结算账户（万户）	0.65	0.82	1.14	1.31	1.47	12.21
单位结算金额（亿元）	1567.41	1792.85	2717.18	3781.55	4190.84	10.82
个人结算账户（万户）	11.5	19.79	35.03	38.51	51.75	34.38
个人结算金额（亿元）	273.05	465.56	928.72	1386.20	1411.12	1.80
信用卡发卡量（万张）	0	0	0.05	0.06	0.18	200
信用卡消费额（亿元）	0	0	0.04	0.20	0.32	60.00
企业网银客户（万户）	0	0.02	0.19	0.31	0.43	38.71
个人网银客户（万户）	0	0.04	0.60	1.36	2.08	52.94
手机银行客户（万户）	0	0.05	1.60	2.45	2.79	13.87
电话银行客户（万户）	0	0.01	0.63	1.73	3.65	110.98
现金自助设备（台）	6	22	32	50	78	56.00
营业网点（个）	26	29	32	34	38	11.76
自助网点（个）	6	13	16	35	39	11.42

进承兑汇票、国际信用证、保函、委托贷款等业务，为全市实体经济提供便利的金融服务和有效的资金支持；二是开展了代收业务、代理保险、代发理财产品、代理税款征缴、验资服务、资金证明等中间业务，在提供便捷多样和高效的金融服务基础上，谋求手续费、代理服务费等中间业务收入最大化。

四、县域支行运行呈现良好态势。新建4家县域支行，县域支行存款新增23.1亿元，对全行存款工作贡献度达78.3%。陵县、武城、宁津、平原、临邑5家县域支行年度新增小企业贷款过亿元，平原、夏津2支行小企业贷款占比超过80%。

五、稳步推动管理模式创新。一是建成了社科院金融研究所重点金融实验室中小银行发展基地，完成了未来5年规划纲要的编制工作；二是积极落实监事会对经营成果开展审计认定的监管要求，逐季开展经营成果报表审计，并出具内审意见；三是探索完善管辖中心管理模式，对全行审慎经营发挥了“四个增强”的作用，即：总部部门风险控制第二条防线的作用增强；管理政策和规章制度执行力的增强；把握方向、资源统筹和市场拓展能力的增强；营销小微企业客户能力和贷款审批效率的增强。

六、恪守职责，增强服务经济发展科学性。积极参加全国千佳文明规范服务网点创建活动，推动实施“金融服务进村入社区”、“阳光信贷”和“富民惠农金融创新”三大工程，有力地支持了全市“三农”发展。在由金融时报社联合中国社会科学院金融研究所共同举办的“2012中国金融机构金牌榜‘金龙奖’颁奖盛典”上，荣获“年度最佳公司治理中小银行”荣誉称号。

（德州银行）

【济宁银行】 2012年，济宁银行坚持"服务地方经济、服务中小企业、服务城市居民"的市场定位，以差异化、特色化发展为主线，以服务创新为动力，以强化管理、防范风险为重点，积极应对宏观经济下行带来的不利影响，持续保持了各项业务的稳健较快发展。

一、公司治理进一步完善。一是董事会增设发展战略委员会，薪酬委员会改为提名及薪酬委员会，并对专门委员会成员结构进行调整优化；二是制定实施《授权管理办法》，规范董事会对经营班子授权管理机制；三是将"三长（董事长、监事长、理事长）"引咎辞职和责令辞职制度写入《章程》，进一步加强对"三长"履职的监督约束。

二、机构建设实现重大突破。一是7月鱼台支行开业，实现了机构网点在济宁市县域的全覆盖；二是在兖州、微山、梁山及枣庄滕州等地新设4家二级支行；三是发起设立的第一家村镇

济宁银行主要统计指标1

单位：亿元

项目 \ 年度	2008	2009	2010	2011	2012	2012年同比增幅（%）
本外币资产总额	68.40	89.87	144.71	178.74	244.47	36.77
本外币存款余额	57.48	81.61	118.75	151.52	200.10	32.06
人民币存款余额	57.48	81.61	118.75	151.49	199.70	31.82
单位存款	—	—	83.06	105.00	131.95	25.67
储蓄存款	22.75	28.32	35.44	46.10	66.02	43.21
本外币贷款余额	41.59	59.22	78.21	107.29	147.23	37.23
人民币贷款余额	41.59	59.22	78.21	107.29	145.98	36.06
短期贷款	25.06	41.18	51.60	82.57	118.04	42.96
中长期贷款	2.20	8.04	16.19	14.30	10.41	-27.20
票据融资	14.28	9.98	10.39	10.39	17.49	68.33
利润总额	1.22	1.68	2.50	3.85	5.04	30.91
不良贷款余额	0.82	0.82	0.80	0.79	1.09	37.97
不良贷款占比（%）	1.97	1.38	1.02	0.74	0.74	0

济宁银行主要统计指标2

项目 \ 年度	2008	2009	2010	2011	2012	2012年同比增幅（%）
单位结算账户（万户）	0.45	0.57	0.79	1.05	1.46	39.05
单位结算金额（亿元）	14.80	25.80	36.00	49.80	51.50	3.41
个人结算账户（万户）	2.16	3.81	8.94	13.40	30.30	126.12
个人结算金额（亿元）	2.50	5.50	10.40	18.30	30.50	66.67
信用卡发卡量（万张）	—	—	—	—	—	—
信用卡消费额（亿元）	—	—	—	—	—	—
企业网银客户（万户）	—	—	0.13	0.37	0.65	75.68
个人网银客户（万户）	—	—	1.18	5.44	10.65	95.77
手机银行客户（万户）	—	—	—	—	—	—
电话银行客户（万户）	—	—	—	—	—	—
现金自助设备（台）	—	—	16	54	80	48.15
营业网点（个）	19	22	25	27	32	18.52
自助网点（个）	—	12	16	24	30	25

银行——济宁儒商村镇银行于 11 月顺利开业；四是设立金宇汽配城、舒雅苑等两家离行式自助银行，加装存取款一体机 2 台，ATM 机 2 台。

三、业务创新迈出新步伐。一是按照“流程银行”的管理理念，建立标准化、专业化的操作流程，推出小企业创业互助、股权质押等 20 余项适合中小企业特点的信贷产品，同时主动降低贷款利率，让利中小企业客户；二是创新、复制“小微信贷工厂”模式，着力构建小微企业“融资绿色通道”，实现了在市场差异化战略转型上的新突破；三是 CBUS 核心业务系统于 8 月 26 日成功上线，增加了新的服务手段和业务产品。

四、风险防控能力全面提升。一是通过优化部门、岗位设置，理顺部门职责分工，真正实现前后台分离、横向纵向制约的监督制衡机制；二是加强重要领域风险排查，完善对分支行、重点岗位、关键环节的管理监督；三是严格执行关键岗位人员轮岗和强制休假制度，重要岗位人员实行总行直派制，形成真正的岗位制约；四是高度重视内外部检查、审计工作中发现的问题，强化业务操作的合规性管理；五是严格落实责任追究，加大对违规行为的处罚力度；六是积极开展安全、消防、防抢防盗演练，提高员工应对突发事件能力，形成以人防、物防、技防三位一体的案件防范体系，确保全年安全无事故。

五、努力提升全员综合素质。一是按照市场用人机制引进、选用、激励人才，陆续对入行一年半以上员工，在考核和考试的基础上办理转正手续，激发企业发展活力；二是积极开展员工业务知识和文明服务培训，加强素质增长教育；三是聘请国际知名的韬睿惠悦咨询公司对全行的组织架构、岗位体系、薪酬管理体系、绩效管理体系等进行重新梳理和优化，构建与发展战略相适应的现代商业银行管理体系；四是积极组织开展各种形式的劳动竞赛，树立先进典范，激励鞭策广大员工为实现全行战略目标做出新的贡献。

（郭晓娟）

【东营银行】 2012 年，东营银行坚持“发展、特色、审慎、提升”的工作基调，积极抢抓黄蓝战略机遇，扎实推进发展战略转型，取得显著成绩。

一、成功更名为东营银行。3 月 12 日，该行举办了隆重的更名新闻发布会，并以此为契机，组织开展了一系列体制机制

东营银行主要统计指标 1

单位：亿元

项目 \ 年度	2008	2009	2010	2011	2012	2012 年同比增幅（%）
本外币资产总额	142.8	172.47	218.38	257.54	307.50	19.40
本外币存款余额	123.48	153.07	188.17	219.60	266.31	21.27
人民币存款余额	122.77	152.43	186.88	218.77	265.29	21.26
单位存款	78.72	102.18	129.18	152.46	181.67	19.16
储蓄存款	44.05	50.25	57.70	66.31	83.62	26.10
本外币贷款余额	86.32	103.98	130.94	155.00	178.47	15.14
人民币贷款余额	85.53	103.03	129.31	152.29	174.86	14.82
短期贷款	70.28	83.45	106.35	134.14	154.55	15.22
中长期贷款	15.25	19.58	22.96	18.15	20.31	11.90
票据融资	18.80	19.00	14.46	24.07	16.19	-32.73
利润总额	2.14	2.57	4.29	5.76	7.25	25.87
不良贷款余额	0.89	0.87	0.87	0.87	0.91	4.60
不良贷款占比（%）	1.04	0.84	0.66	0.56	0.51	-8.93

东营银行主要统计指标 2

项目 \ 年度	2008	2009	2010	2011	2012	2012 年同比增幅（%）
单位结算账户（万户）	0.56	0.68	0.86	1.01	1.34	32.67
单位结算金额（亿元）	46.37	74.58	78.36	94.68	116.09	22.61
个人结算账户（万户）	12.22	21.17	30.84	43.81	64.85	48.03
个人结算金额（亿元）	6.99	11.07	16.51	20.92	26.43	26.34
信用卡发卡量（万张）	0	0	0	0	0	0
信用卡消费额（亿元）	0	0	0	0	0	0

续表

项目＼年度	2008	2009	2010	2011	2012	2012年同比增幅（%）
企业网银客户（万户）	0	0	0.13	0.34	0.50	47.06
个人网银客户（万户）	0	0	1.11	3.35	5.4	61.19
手机银行客户（万户）	0	0	0	0.01	0.03	200
电话银行客户（万户）	0.72	2.19	4.30	7.60	9.53	25.39
现金自助设备（台）	36	53	57	69	87	26.09
营业网点（个）	19	23	25	28	31	10.71
自助网点（个）	0	1	2	2	2	0

的改革和总体品牌形象的宣传工作，品牌号召力明显提升，社会各界反响良好。

二、圆满完成了法人治理换届工作。董事会成员由9人增加到11人，监事会成员由5人增加到7人，进一步增强了法人治理力量。按照上市公司标准，修订完善了公司章程及“两会一层”议事规则等法人治理制度，运行机制更加健全和规范。

三、成功上线核心系统。为促进业务发展、提升服务水平和提高核心竞争能力，实施了CBUS新核心系统建设项目，项目历时7个月，参与人员456人，开发完成报表163张，涉及外围系统46个，进行模拟演练4轮，于9月16日成功上线，为加强改革创新、加快业务发展、加强内控管理提供了有力科技支撑。

四、全力支持中小企业发展。全行小微贷款余额85.77亿元，较年初增加18.91亿元，增长28.29%，高于全部贷款增幅13.15个百分点，贷款增量高于上年同期水平，达到小型微型企业贷款“两个不低于”的监管要求，有力支持了地方经济发展。

（东营银行）

【莱商银行】 2012年，莱商银行积极应对经济下行给业务发展带来的压力，及时改进经营管理，各项业务保持了又好又快发展。截至年末，拨备覆盖率603.15%，资本充足率19.13%，实现拨备前利润（税前）10.76亿元，提取拨备1.8亿元，缴纳税金3.98亿元。该行全年监管评级继续保持二类行，人行综合评价中业务全部为A级；在英国银行家杂志社2012世界银行千强榜单中名列705位，较上年提升200多位；先后被省委宣传部、省企业联合会等单位评为“山东省企业文化优秀品牌”、“山东省思想政治工作先进单位”、“山东省企业文化建设十佳单位”等，李敏实董事长被评为“山东富民强省功勋人物”。

一、可持续发展能力提升。一是推出主办行制度和信用贷款业务，为首批71家信用贷款客户授牌，探索出了一条“发展

莱商银行主要统计指标1

单位：亿元

项目＼年度	2008	2009	2010	2011	2012	2012年同比增幅（%）
本外币资产总额	137.09	194.34	214.42	348.14	400.02	14.90
本外币存款余额	118.19	155.17	158.99	222.40	279.33	25.60
人民币存款余额	118.09	155.06	158.58	201.81	277.78	37.64
单位存款	89.86	118.40	71.36	146.21	134.48	-8.02
储蓄存款	28.23	36.67	40.04	55.60	66.41	19.44
本外币贷款余额	53.20	75.79	86.73	151.18	184.38	21.96
人民币贷款余额	52.75	74.64	85.69	143.22	181.41	26.67
短期贷款	49.30	68.43	75.98	119.11	178.18	49.59
中长期贷款	3.45	6.21	9.71	8.44	6.2	-26.54
票据融资	20.08	12.62	14.45	15.67	32.51	107.47
利润总额	3.07	3.12	5.16	8.19	8.11	32.30
不良贷款余额	0.63	0.91	0.87	0.82	0.92	12.20
不良贷款占比（%）	0.8	1.03	0.86	0.57	0.5	-12.28

莱商银行主要统计指标 2

项目 \ 年度	2008	2009	2010	2011	2012	2012 年同比增幅（%）
单位结算账户（万户）	0.87	1.21	1.62	2.1	2.59	10.55
单位结算金额（亿元）	3867	4525	6151	7646.41	8947.56	17
个人结算账户（万户）	13.88	17.77	42.08	55.66	74.93	35
个人结算金额（亿元）	344	521	761	1136.01	1358.20	20
信用卡发卡量（万张）	0	0	0.07	0.12	0.13	8.33
信用卡消费额（亿元）	0	0	0.04	0.24	0.24	0
企业网银客户（万户）	0	0	0.15	0.30	0.48	60
个人网银客户（万户）	0	0	0.19	0.59	1.04	76
手机银行客户（万户）	0	0	0	0	0.52	0
电话银行客户（万户）	0	0	0	0	0	0
现金自助设备（台）	29	33	45	55	77	40
营业网点（个）	24	27	33	36	43	19
自助网点（个）	1	1	1	1	1	0

有序、支持有度、责任主导、风险可控”的银企合作新模式；二是强化服务定位，严控政府融资平台贷款、房地产和“两高一剩”行业贷款，将信贷资金更多投向中小企业和实体经济，全年累计向中小企业投放信贷资金 174.12 亿元；三是先后推出支付宝快捷支付、手机银行、惠利通等新业务，扩大业务的受理渠道，增大服务范围；四是滚动发行理财产品，通过各种媒体大力宣传，逐步树立“金凤理财”品牌，针对符合条件的外汇业务客户在授信范围内开展订单贸易融资业务，分减流动资金额度。

二、机构拓展稳步推进，品牌竞争力增强。一是泰安、济宁两家分行顺利开业，市场空间进一步扩大；二是加快异地分行下设支行的建设步伐，济南分行新设立高新区、章丘、天桥 3 家支行，徐州分行新设立邳州、开发区 2 家支行，菏泽分行新设立鄄城、巨野 2 家支行，营业网点总数达 45 家，机构遍及 3 省 9 地市；三是深入当地经济，找准业务突破口，全力挖掘优势客户资源，异地机构业务不断拓展。

三、严密防控各类风险，各项工作安全稳健运行。一是通过变更、追加担保、抵质押等风险缓释措施加强防控工作的同时，加大贷后检查工作，及时掌握企业的经营财务状况，全年累计退出潜在风险客户近 200 户，保证了信贷资产安全；二是对机房进行改造，完成核心存储设备升级，上线网络入侵检测、事后监督和风险预警等系统，对 18 项潜在风险能够做到实时或者次日提醒，操作风险识别效率进一步提高；三是完善声誉风险管理机制，制定声誉风险紧急预案，梳理重大事项报告流程，建立由下而上的清晰报告路线，并聘请专门机构进行 24 小时舆情监测，确保出现负面舆情时能够及时、有效应对。

四、精细化管理水平提高。一是对原有制度体系进行重新梳理，形成各类规章制度 275 项；二是实行会计业务等级行考核，对全行所有会计主管实行统一管理、逐级委派、定期轮换、动态考核；三是对星级行的考核体系进行改革，按照业务等条线将经营计划分解，充分激活了全行的员工营销意识和创新意识。

（莱商银行）

【枣庄银行】 2012 年，枣庄银行按照“高端定位、内涵发展”的指导思想，坚持“服务地方、服务民生、服务中小、服务高端”的市场定位，全力打造“区域品牌银行”，各项工作取得了跨越式发展，开创了历史最好水平。

一、各项指标明显上升，资产规模有效扩张。存、贷款增幅居全省城商行同业之首、全市银行业前列。各项贷款增量为前 3 年增量之和，同比多增 12.48 亿元；贷款增幅高于全市银行业 34.72 个百分点，高于全省城商行同业 30.27 个百分点；市场占有率为 6.56%，同比提高 1.55 个百分点。

二、提升信贷服务水平。一是着重压降中长期贷款比例，实现了向“短、平、快”目标方式的转移滚动；二是引导加大对低碳经济、新兴产业、节能减排和生态环保项目等重点领域的营销力度，促进经济转型和产业结构的升级支持；三是坚持市场定位，明确支持重点，不断加大对小企业的支持力度；四是每周召开二次贷审会，特殊情况即时召开会议，同时改进贷审委模式，实行成员随机抽样动态构成方法，提高了授信服务综合水平；五是进一步加大清收工作力度，特别针对部分收回难度较大的贷款，运用支行、特资部联动方式，借助司法介入等多种举措盘活资产，全年清收不良贷款 4774 万元。

三、强化风险控制工作。一是建立健全规章制度，先后研究制定、修订完善制度 27 项；二是在对机关部门进行履职稽核的基础上，进一步厘清业务经营和管理条线工作流程，增强对分支机构的督导和帮扶职能，提高风险防范能力。

四、全面加强和改进会计工作。一是先后补充修订了《远程影像监控系统管理办法》、《非税收收入收缴业务管理办法》、

《对账实施细则》、《反洗钱自律评估办法》等；二是完成了银行卡 BIN 号申请、卡面设计、卡系统检测、卡片检测、数字证书申请及面签、联盟业务测试等一系列准备工作；三是运用突击检查的方式，大力开展日常监督和重点检查，及时消除会计案件风险隐患。

五、努力提升科技支撑取得新突破。一是搭建二代支付系统平台，完成了远程授权系统和官方网站的上线工作；二是借助联盟平台，以“幸福卡”和网上银行业务为着力点，为开展“一卡通”、“一站式” 金融服务奠定了基础； 三是积极推广公司类“便捷通”、“快捷贷”、“惠易通”， 以及个人类 “创业贷”、“车易贷”、“安居贷”、“随心贷”等系列金融产品；四是建立有效的信息科技风险防范机制，完成了银行卡系统现场检查。

枣庄银行主要统计指标 1

单位：亿元

年度 项目	2008	2009	2010	2011	2012	2012 年同比增幅（%）
本外币资产总额	43.90	53.63	65.37	73.22	99.22	35.51
本外币存款余额	40.14	49.65	58.56	65.09	90.49	39.02
人民币存款余额	40.14	49.65	58.56	65.09	90.49	39.02
单位存款	18.43	25.47	26.31	45.79	63.29	38.22
储蓄存款	15.23	15.93	17.25	19.3	27.2	40.93
本外币贷款余额	21.01	27.00	34.01	40.76	60	47.2
人民币贷款余额	21.01	27.00	34.01	40.76	60	47.2
短期贷款	18.09	22.76	30.28	34.01	40.48	19.02
中长期贷款	2.16	2.79	2.52	1.53	1.85	20.92
票据融资	0.76	1.45	1.21	5.22	17.67	238.51
利润总额	0.57	0.98	1.28	0.99	0.96	-3.03
不良贷款余额	0.41	0.41	0.41	0.69	1.06	53.62
不良贷款占比（%）	1.97	1.53	1.21	1.7	1.76	0.06

枣庄银行主要统计指标 2

年度 项目	2008	2009	2010	2011	2012	2012 年同比增幅（%）
单位结算账户（万户）	0.24	0.28	0.21	0.27	0.29	7.41
单位结算金额（亿元）	15.95	24.41	27.78	28.41	40.91	44
个人结算账户（万户）	3.35	3.78	4.29	8.84	9.65	9.16
个人结算金额（亿元）	1.18	1.84	2.49	3.07	4.05	31.92
信用卡发卡量（万张）	—	—	—	—	—	—
信用卡消费额（亿元）	—	—	—	—	—	—
企业网银客户（万户）	—	—	—	—	—	—
个人网银客户（万户）	—	—	—	—	—	—
手机银行客户（万户）	—	—	—	—	—	—
电话银行客户（万户）	—	—	—	—	—	—
现金自助设备（台）	—	—	—	—	—	—
营业网点（个）	13	14	14	15	16	6.67
自助网点（个）	—	—	—	—	—	—

（马洪素）

【泰安市商业银行】 2012 年，泰安商行主要监管指标得到进一步的改善。截至年末，在资本充足指标、资产质量指标、盈

泰安市商业银行主要统计指标

单位：亿元

项目 \ 年度	2008	2009	2010	2011	2012	2012年同比增幅（%）
本外币资产总额	150.5	163.84	192.39	215.19	244.67	13.69
本外币存款余额	105.37	121.60	144.36	146.58	188.87	28.85
人民币存款余额	105.37	121.60	144.36	146.58	188.87	28.85
单位存款	--	--	59.62	71.92	86.14	19.77
储蓄存款	46.90	54.63	58.03	68.67	93.77	36.55
本外币贷款余额	64.52	70.64	84.62	96.18	108.88	13.20
人民币贷款余额	64.52	70.64	84.62	96.18	108.88	13.20
短期贷款	32.24	42.76	56.45	69.42	82.58	18.95
中长期贷款	10.01	13.62	13.77	11.92	5.68	-52.34
票据融资	22.27	14.26	14.4	14.84	20.53	38.34
利润总额	0.61	0.91	2.10	2.81	2.63	-6.40
不良贷款余额	1.26	0.97	0.97	1.90	1.95	2.63
不良贷款占比（%）	1.95	1.37	1.14	1.98	1.80	-9.09

利状况指标、流动性指标4个大项指标中除核心负债依存度指标这一明细指标外，其余指标都在监管评级满分标准以上。

一、法人治理水平进一步提高。一是三会一层完成了换届工作，调整成立了五个董事会专业委员会、两个监事会专业委员会，职能进一步明确；二是有效开展工作，董事会明确了192字的战略发展目标，协调法人股东出资化解了近2亿元的非应计贷款。

二、盈利能力进一步提升。一是同业业务实现收入1.15亿元，利润6400万元，完成了新查庄矿业债券的发行项目；二是票据业务日均资金占用9.04亿元，实现净利润1.11亿元，净利润较去年同期增长29.07%；三是债券业务发生交易量5300亿元，同比增长69.17%，收入3.07亿元，利润2.38亿元，利润同比增长9.17%。

三、小企业金融服务能力持续加强。一是截至年末，小企业贷款余额43.34亿元，占全部贷款余额的54.32%，小企业客户937户；二是着手组建了小微企业专营中心。

四、零售产品创新发展。一是全面开展“金紫薇”自营理财产品发售业务，年内共发售理财产品39期，募集资金10.54亿元，发展投资理财中高端客户2000余户；二是正式发行该行第一张金融IC借记卡；三是银行卡收单业务稳步开展，中间业务代收费业务进一步推进，新增发展特约商户415户，布放POS设备509台，特约商户存款余额1.2亿元，全年实现银行卡刷卡、柜面通等佣金收入208.3万元，收单业务手续费收入106.9万元。

五、新的核心业务系统上线，科技系统得到有效优化提升。一是完成了联盟新核心业务系统上线及周边系统的改造工作；二是新上线了信贷管理、综合理财、实时预警、决策支持、绩效考核、指纹、桌面管理、验印、安全审计9个系统，改造了TIPS、账户管理、支票影像等30个系统，中心机房应用软件和计算机设备安全运转率均达到100%。

（毕晓军）

三、农村合作银行

【山东临沂兰山农村合作银行】 2012年，山东临沂兰山农村合作银行以“夯实基础”为根本，以“普惠金融”建设为主线，立足基础管理优化、竞争力提升和业务发展，强化市场营销、内部控制和风险防范，各项业务稳步健康发展。

一、经营管理。一是加强队伍建设，开展了多层次、多渠道的全员培训，同时采取双向选择竞聘方式，提高中层整体素质；二是按照“前中后”台分离的模式整合了部分部室，并增设自营部室，逐步完善两元营销；三是成立督察考核部，强化了督察机制运行；四是改革客户经理考核办法，建立了面向客户经理个人、以业绩计酬、上不封顶的薪酬激励机制；五是加大对营业网点的整合优化，新设两家支行，提升市场拓展能力。

二、业务发展。一是加大推进支农营销服务网络和信用工

山东临沂兰山农村合作银行主要统计指标1

单位：亿元

年度 项目	2008	2009	2010	2011	2012	2012年同比增幅(%)
本外币资产总额	132.06	140.81	162.38	164.67	197.6	16.11
本外币存款余额	105.45	122.72	140.55	141.98	164.14	14.58
人民币存款余额	105.45	122.72	140.55	141.98	164.05	14.51
单位存款	12.49	16.37	20.08	24.99	30.17	25.92
储蓄存款	85.06	96.15	110.43	111.95	126.48	11.87
本外币贷款余额	80.25	94.83	103.35	113.21	122.79	-1.08
人民币贷款余额	80.25	94.83	103.32	113.13	122.34	-1.35
短期贷款	68.71	78.39	87.58	97.79	96.45	-14.12
中长期贷款	2.97	7.52	12.18	11.49	14.43	40.6
票据融资	8.57	8.92	3.56	3.83	11.44	191.11
利润总额	2.54	1.86	2.35	2.29	2.1	-5.74
不良贷款余额	5.69	4.72	2.68	2.67	4.55	70.79
不良贷款占比(%)	7.09	4.98	2.59	2.36	3.70	65.66

山东临沂兰山农村合作银行主要统计指标2

年度 项目	2008	2009	2010	2011	2012	2012年同比增幅(%)
单位结算账户(万户)	0.39	0.45	0.59	0.79	1.07	35.44
单位结算金额(亿元)	855.24	1004.5	1231.6	1340.9	1544.9	15.22
个人结算账户(万户)	132.6	140.9	150.8	163.56	176.52	7.92
个人结算金额(亿元)	3206.8	3462.8	3958.8	4622.1	4753.2	2.84
信用卡发卡量(万张)	0	0	0	0	0	0
信用卡消费额(亿元)	0	0	0	0	0	0
企业网银客户(万户)	0	0	0	0.04	0.13	225.00
个人网银客户(万户)	0	0	0	1.36	5.44	300.00
手机银行客户(万户)	0	0	0	0.55	3.11	465.45
电话银行客户(万户)	11.9	13.02	14.22	15.72	17.52	11.45
现金自助设备(台)	57	65	80	100	140	40.00
营业网点(个)	92	92	92	92	92	0.00
自助网点(个)	6	6	7	9	15	66.67

程建设力度，强化督导包点机制，扎实开展“普惠金融”工程建设活动；二是扎实开展“电子机具村村通、户户用上银行卡”活动，成功运行流动银行服务；三是创新信贷营销模式，推行了“一个报告、三个方案、一个档案”的“131”营销方法；四是深入调查研究客户市场，对部分产品实施了费率优惠措施；五是加强同市场管理方、行政机关的联系与合作，努力维护拓展优质大客户；六是适时开展了业务“突击战”和“攻坚战”等活动。

三、信贷管理。一是先后举办数期信贷管理方式转变培训班、信贷业务技能培训班；二是扎实开展信贷专柜建设，积极推行信贷资料影像化管理；三是推进信用风险管理系统建设，将贷款到期收回率、利息收回率等指标作为重要指标进行考核；四是与上海理工大学合作研发小微贷调查模板技术，不断提升调查质量；五是对涉及信贷操作的客户经理、信贷内勤、协理员、资金支付柜员等岗位进行了培训，促进了流程控制的综合落实。

四、风险控制。一是强化财务会计及信贷基础管理工作检查辅导，提高操作风险的防控能力；二是强化信贷责任管理和追究力度，开展大额、抵质押贷款的专项风险排查；三是引导审计部门进行全方位监督，发现、解决、防范了大量的风险隐患；四是加强安全管理，将业务管理与案件防控相结合，强化风险排查。

五、企业文化。一是建立并深化定期学习制度，努力打造“知识型”员工和“学习型”企业；二是实施关爱员工温馨家园工程建设，提高远程交通补助，制定周末轮休措施，提升了员工凝聚力和向心力；三是通过举办业务技术比赛、知识竞赛、文艺晚会、运动会等文体活动，丰富了职工业余文化生活；四是积极参与开展捐资助学、帮扶困难职工和走访慰问敬老院等活动，社会公信力进一步提升。

（姜良强）

【山东圣泰农村合作银行】 2012年，山东圣泰农村合作银行以“扎根济宁、服务市区、诚信合作、稳健经营”为原则，加快创新步伐，提升服务水平，增强竞争实力，实现了“规模速度、质量效益”双提升的良好发展态势。

一、加大资金组织力度，存款业务取得新突破。通过积极争取财政、社保、建设、教育等财政资金，积极推广票据池、新农保、银商联名卡、国际业务等新业务，定期对存款增长缓慢的单位负责人实施约见谈话，进行重点帮扶等措施，存款增长呈现可喜态势。截至年末，该行财政存款余额4.02亿元，同比增加1.26亿元；办理票据池业务4笔，累计发放贷款2.43亿元，带动存款增加0.48亿元，开办新农保业务带动存款增加685万元。

二、强化贷款营销力度，信贷投放实现新提升。一是选拔23名大学生员工充实客户经理队伍，扭转了1个分支机构仅有1名客户经理的局面；二是建立客户经理月度例会制度，同时注重教育培养，全年累计培训1300人次；三是设置贷后检查、信贷专管员、放款等三大中心，细化岗位职责，加强日常管理；四是加快“三大信用联盟”建设步伐，通过全面摸底和调查，制订了《下半年信用联盟组建计划》，全年组建信用联盟34个，其中商户信用联盟16个，中小企业信用联盟18个；五是通过大力推介“白领通、一抵通、票据池”等贷款业务，拓展基础客户和高端客户群体，信贷结构不断优化。

山东圣泰农村合作银行主要统计指标1

单位：亿元

项目＼年度	2008	2009	2010	2011	2012	2012年同比增幅（%）
本外币资产总额	31.79	39.09	45.01	47.30	55.84	18.05
本外币存款余额	27.87	34.67	40.59	42.27	50.48	19.42
人民币存款余额	27.87	34.67	40.59	42.27	50.48	19.42
单位存款	--	--	17.63	18.71	22.76	21.65
储蓄存款	16.44	18.91	21.95	23.42	27.52	17.51
本外币贷款余额	22.16	26.80	29.72	30.89	37.02	19.84
人民币贷款余额	22.16	26.80	29.72	30.89	37.02	19.84
短期贷款	19.59	22.57	21.19	24.45	28.86	18.04
中长期贷款	0.25	3.34	6.56	5.05	5.92	17.23
票据融资	2.19	0.84	1.97	1.40	2.24	60
利润总额	0.42	0.72	0.57	0.40	0.66	65
不良贷款余额	2.49	2.44	1.54	2.25	1.78	-20.89
不良贷款占比（%）	11.23	9.11	5.18	7.27	4.81	-33.84

山东圣泰农村合作银行主要统计指标 2

项目 \ 年度	2008	2009	2010	2011	2012	2012 年同比增幅（%）
单位结算账户（万户）	0.56	0.61	0.70	0.82	0.97	18.29
单位结算金额（亿元）	--	--	--	--	--	--
个人结算账户（万户）	10.65	13.59	17.42	27.76	36.25	30.58
个人结算金额（亿元）	--	--	--	--	--	--
信用卡发卡量（万张）	--	5.9	8.11	10.25	15.08	47.12
信用卡消费额（亿元）	--	11.85	5.38	18.29	9.6	-47.51
企业网银客户（万户）	--	--	--	0.04	0.12	200
个人网银客户（万户）	--	--	--	0.19	1.05	452.63
手机银行客户（万户）	--	--	--	0.10	0.41	310
电话银行客户（万户）	--	--	--	--	--	--
现金自助设备（台）	13	17	21	24	37	54.17
营业网点（个）	27	27	27	27	27	0
自助网点（个）	2	2	2	2	2	0

三、加大不良贷款清收力度，资产质量实现提升。一是为确保贷款到期正常回收，将抵质押贷款占比由年初的 46.80%提升至 50.45%，年末到期贷款收回率为 98.2%，位居全市农合机构第 3 位；二是制定“保控压”序列筛选标准，对不同客户实施差异化政策，全年认定公司客户 570 户，其中划入“保”序列客户 312 个，划入“控”序列客户 148 个，划入“压”序列客户 110 个；三是面对部分中小企业出现突发性倒闭等风险，通过诉讼保全渠道，化解风险 7 起，涉及贷款 2988 万元，现金收回 1209 万元，落实 1156 万元。

四、以增收节支为着力点，进一步提升经营效益。一是加大对各网点贷款利息、表内外应收利息的核算管理，督导其加大利息回收力度，做到“应收尽收、颗粒归仓”；二是合理运用资金头寸，抢抓贴现利息，积极开展票据业务，全年办理票据直贴 438 笔，金额 6.31 亿元，实现利息收入 1209 万元，位居全市农合机构第一位；三是通过加大非应计清收，强化资金合理运营等多个“增收渠道”，努力挖掘增收潜力；四是加强财务开支精细化管理，在保障业务正常运转的基础上，努力压缩不必要的费用开支。

五、强化内控管理，提高精细化管理水平。一是研究出台了《信贷工作指导意见》、《包保责任制管理办法》和《业务营销奖励暂行办法》等文件；二是制定完善了《绩效考评办法》和《客户经理绩效考核办法》；三是健全了月度、季度经营分析会，会计主管、客户经理月度例会，重大部署工作动员会等会议制度；四是将资金组织、联盟建设等重要工作纳入班子成员包保范围，确保各项重要工作部署及时贯彻落实；五是提高对重点岗位、易发风险点的审计强度，突出对各项新业务、新规章、新操作的全流程审计。

（郭晓娟）

四、外资银行

南洋商业银行(中国)有限公司青岛分行

【第一负责人简介】 张少雄，男，汉族，1959年11月生，福建泉州人，中共党员，会计学本科学历，经济师。自1987年起先后担任中国银行泉州分行股长、科长，惠安支行副行长，肖厝支行行长，宁德分行副行长、行长、党委书记，福清支行(省行直属)行长、党委书记，福建省分行营业部总经理，福建省分行工委会主任；2007年任南洋商业银行（中国）广州分行副行长；2009年起任南洋商业银行(中国)有限公司青岛分行行长。

【综述】 南洋商业银行(中国)有限公司(以下简称“南商(中国)”)是中国银行(香港)有限公司(以下简称“中银香港”)通过其全资附属机构南洋商业银行有限公司(以下简称“南商”)全资拥有的外商独资法人银行。

南商于1949年在香港成立，1982年在深圳特区开设分行，成为新中国成立后第一家在内地经营的外资银行。2007年12月3日，南商将其在内地的分支行改制为外商独资法人银行——南洋商业银行(中国)有限公司，总部设于上海。2009年8月，中银香港原青岛分行改制更名为南洋商业银行(中国)有限公司青岛分行。南商(中国)目前在全国设有12家分行、20家支行，其中青岛分行辖设1分2支。

【经营管理】 2012年，南商(中国)青岛分行着力为境内、外个人及企业客户提供境内及跨境金融服务，各项业务健康快速发展。该行为国内走出去与海外走进来的企业提供整套的金融解决方案，帮助企业发展壮大；同时，个人银行为境内外个人提供本外币按揭贷款、非标准定期外币存款、理财、跨境见证开户等特色服务，帮助个人客户实现财富增值。

目前，南商(中国)青岛分行资产负债规模在青岛外资银行中名列前茅，各项业务指标在其系统内列居首位，其主要经营特点：一是坚持调整和优化客户结构、货币结构及利率结构；二是积极拓展营销渠道，不断扩大基础客户群体；三是继续推进网点建设，网点效能不断提升。

【大事记】 7月10日 程泽宇接替曾小平担任南商(中国)执行董事兼行政总裁。(银监复(2012)349号)

8月14日 南商(中国)新任总裁程泽宇上任后首次到该行视察指导工作。

10月18日 南商(中国)青岛分行第二家支行暨南商(中国)青岛秦岭路支行正式挂牌对外营业。

11月13日 任命陶伟担任南商(中国)青岛分行副行长。(青银监函(2012)31号)

(刘方圆)

新韩银行(中国)有限公司青岛分行

【第一负责人简介】 郑浩喆，男，1963年3月生于韩国，毕业于韩国忠北大学经济学系，1988年12月起先后担任韩国忠北银行忠仁洞分行代理，韩国朝兴银行忠北本部副部长、纷坪洞分行副行长，韩国新韩银行纷坪洞分行副行长，忠北营业部金融中心分行长；2010年8月3日起任新韩银行(中国)有限公司青岛分行分行长。

【综述】 新韩银行(中国)有限公司(以下简称“新韩银行”)于2008年5月12日在北京设立，自1994年在天津设立分行起，共拥有天津、上海、青岛、北京、无锡、长沙、深圳七个分行和天津滨海、天津奥城、上海浦西、青岛城阳、上海虹桥、北京顺义、北京望京七个支行。

【经营管理】 2012年，新韩银行（中国）有限公司青岛分行（以下简称“新韩银行青岛分行”）资产总额17.7亿元，各项存款8.6亿元，各项贷款17.4亿元，纯损益1646万元。该行主要业务范围除全面本外币业务以外，已开展银行卡业务、电子银行业务（网上银行、电话银行）、理财业务并将开展远期结售汇业务等。截至年末，韩币汇款业务564余笔179亿韩元；理财业务，共发行产品29支，募集资金约2.29亿元人民币，个人和企业全年累计兑付加权平均收益率分别为3.65%和3.57%，同时为提高理财产品投资范围和收益水平，该行准备发售挂钩于股票市场的结构型理财产品。

【大事记】 3月 新韩银行正式获得银监会关于开办衍生产品交易资格的批复。

11月 新韩银行获得了国家外汇管理局关于远期结售汇业务和银行间外汇市场人民币远期掉期业务的备案回复。

12月 新韩银行青岛分行电话银行系统经升级改造正式运行，短信功能推出新一批通知服务。

新韩银行青岛分行开发完成了社会公益性定期存款产品和swift报文资金管理。

（宋 柏）

汇丰银行（中国）有限公司济南分行

【第一负责人简介】 仇吉媛，1999年加入汇丰青岛分行，先后在贸易服务部、工商业务部工作，2008年4月任青岛分行副行长，2010年任山东地区工商业务总监，2012年11月任汇丰济南分行行长。

【综述】 汇丰银行（中国）有限公司（以下简称“汇行（中国）”）由香港上海汇丰银行有限公司全资拥有，总行设于上海，于2007年4月2日正式开业，现有超过140个网点。

汇丰银行（中国）有限公司济南分行（以下简称“汇行（中国）济南分行”）于2009年7月21日正式开业，业务区域覆盖济南及周边地区，向中外资企业和个人客户提供全面的本外币银行服务。

【经营管理】 2012年，汇行（中国）济南分行的业务继续健康发展，存款余额同比增长14%，贷款余额同比增长21%，净营业收入同比增长37%，拨备前利润同比增长49%。该行在发展业务的同时，注重风险控制，另外还力求在人才培养，企业社会责任等方面全面发展。

【大事记】 3月 汇行（中国）行政副总裁戴志凯到济南分行视察工作、拜访监管机构，并参加了该行的“年度联谊会”。

汇行（中国）战略与业务伙伴总监吴婉鸿到济南分行视察工作。

5月 由汇行（中国）捐赠的两所“安康图书馆”正式落座章丘市妇女儿童活动中心以及相公镇黉塘小学。汇行（中国）济南分行时任行长张芳，山东省妇联副主席任月英共同为图书馆揭牌。

10月 汇行（中国）行政总裁黄碧娟及战略与业务伙伴总监吴婉鸿到济南分行视察工作，并与全体员工进行了汇行战略分享和交流。

（亓晓牧）

汇丰银行（中国）有限公司青岛分行

【第一负责人简介】 张芳，女，1974年10月生，毕业于山东经济学院，现山东大学EMBA在读。1995年加入香港上海汇丰银行有限公司青岛分行，历任汇丰贸易服务部主任、企业银行部经理、青岛经济技术开发区支行行长。2009年初调任济南筹建并任汇丰银行（中国）有限公司济南分行行长。2013年1月起，任汇丰银行（中国）有限公司青岛分行行长。

【综述】 汇丰银行（中国）有限公司（以下简称“汇行（中国）”）是由设于香港特别行政区的母行香港上海汇丰银行有限公司（以下简称“汇行”）全资拥有的、设在原中国内地的分支机构，2007年4月2日正式开业。截至2012年年底，该行在中国拥有141个网点。

汇行于1865年在香港和上海成立，1992年1月在青岛设立代表处，该代表处于1993年2月升格为分行。

汇行（中国）青岛分行于2007年4月取得了对本地居民提供人民币零售业务的资格，全面开展外汇业务和人民币业务。截至2012年年底，该行在青岛已拥有一家分行和四家同城支行。

【经营管理】　2012年,汇行(中国)青岛分行各项业务指标稳中有升,存款、贷款及税前利润等均同比大幅增长,同时,该行严格把控信贷及操作风险,保持较高的信贷资产质量,截至年底,无不良贷款。

【大事记】　2月　汇行(中国)青岛分行被人行青岛市中支授予“2011年反洗钱自律考核评价A级行”。

3月　汇行(中国)青岛分行被青岛外汇管理局授予“2011年度银行执行外汇管理规定情况考核A级行”。

汇行(中国)副行政总裁戴志凯来青岛分行视察工作。

4月　汇行(中国)青岛分行被山东省外汇管理分局授予“2011年度山东省国际收支优秀申报单位”。

汇行(中国)青岛分行营运部荣获人行济南分行“山东省金融业反洗钱工作先进集体”。

9月　汇行(中国)青岛分行在颐中皇冠假日酒店成功举办了一年一度的“汇丰之夜”德国慕尼黑啤酒节,山东省内近400名重要客户受邀参加。

(韩彦平　丁维鑫)

东亚银行(中国)有限公司青岛分行

【第一负责人简介】　李颖新,加拿大阿尔伯塔省大学工商管理硕士,曾先后担任东亚银行(中国)有限公司广州分行、大连分行副行长、深圳分行、广州分行行长,现任东亚银行(中国)有限公司青岛分行行长。

【综述】　2012年,东亚银行(中国)有限公司青岛分行(以下简称“东亚银行青岛分行”)继续保持良好的发展势头。一是积极支持优良客户的发展,逐步压缩收益低、风险高的客户;二是大力扶持中小企业发展,加大其信贷支持力度;三是充分利用供应链金融、人民币跨境结算、银行承兑汇票、企业网银和现金管理等工具,为客户提供全面优质服务。

【经营管理】　2012年,东亚银行青岛分行继续重点做好优质客户的开发工作和资源性人才的吸纳。一是加强资产负债管理的意识,完善贷存比政策;二是加强交叉销售,提高高端企业客户在资金业务方面的贡献度;三是继续开拓人民币跨境业务;四是在个人业务方面,大力推行多种个性化产品。

2012年,该行集中上线了零售贷款系统,电子综合月结单、抵押品和担保品管理、学习管理、外汇综合管理等平台和对公理财系统,数据和报表的质量达到根本性的提升。

东亚银行青岛分行高度重视员工操守、案件防控和合规建设。一是调整了非房产类贷款的比率;二是加强了房地产行业信贷风险控制;三是加强对合规、内审工作的建设。

【大事记】　6月　东亚银行青岛分行“显卓理财”和“东亚(中国)个人网上银行”分别获得银行业协会、城市信报联合颁发的“2012青岛特色银行产品(服务)品牌”。

7月　东亚银行青岛分行香港中路支行行长陈文离职。

10月　青岛银监局核准李子辉东亚银行青岛分行行长助理任职资格。

(孙　璐)

渣打银行(中国)有限公司青岛分行

【第一负责人简介】　陈国华(Lucy Chen)毕业于首都经济贸易大学,硕士学位,拥有16年银行工作经验,涉及领域包括运营、营销、法律合规、个人银行业务、财务管理和业务战略规划。2009年5月20日加入渣打银行,出任渣打银行(中国)有限公司青岛分行行长。

【综述】　渣打集团是一家国际领先银行,分别在伦敦、香港以及孟买交易所上市,在70个国家设有1700多个分支机构。渣打银行自1858年在上海开设首家分行以来,目前在中国拥有23家分行、75家支行和1家村镇银行。同时,该行已获准筹建济南分行。渣打银行(中国)有限公司(以下简称“渣打青岛分行”)于2007年4月成为第一批本地法人银行之一。

【经营管理】　2012年,渣打青岛分行秉承致力于成为个人客户和企业客户的首选银行和合作伙伴的经营理念,各项业务取得了健康快速增长,经营情况呈现出业务结构的优化、存款较快增长、盈利同比提高三个特点。一是利用渣打的国际网络,在巩固传统业务的同时,注重新兴业务品种开发,为当地企业实现走出国门,发展海外业务提供创新金融解决方案;二是坚持对中小企业加大扶持力度，提供银行多样化产品的配套销售，大力推广中小企业无抵押贷款等新产品；三是个人银行继续通过“优先理财”和“创智理财”两个品牌为本地客户提供全面高效而且个性化的理财产品，挂钩标的覆盖汇率、利率、股票指数/篮子、商品指数/价格等各类资产。

【大事记】 12月 渣打银行(中国)青岛城阳支行获得青岛银监局颁发《金融许可证》。

高磊先生得到青岛银监局关于青岛城阳支行行长任职资格的批准回复。

渣打银行(中国)青岛城阳支行获得人行青岛市中支的准入文件。

(高 祥)

企业银行(中国)有限公司烟台分行

【第一负责人简介】 权纯沐，男，1999年2月起先后任韩国中小企业银行外换业务部经理、企业顾客部经理、商品开发部经理、人力开发部高级经理，2008年11月至今，任企业银行(中国)有限公司烟台分行行长。

【综述】 企业银行(中国)有限公司烟台分行(以下简称“企业银行烟台分行”)前身是韩国中小企业银行有限公司烟台分行，于2009年6月22日正式成立。

【经营管理】 2012年，企业银行烟台分行已开办的业务为：对各类客户的外汇业务以及对除中国境内公民以外客户的人民币业务；吸收公众存款；发放短期、中期和长期贷款；办理票据承兑与贴现；买卖政府债券、金融债券；买卖股票以外的其他外币有价证券；提供信用证服务及担保；办理国内外结算；买卖、代理买卖外汇；代理保险；同业拆借；银行卡业务；保管箱服务；资信调查和咨询服务以及经银监局批准的其他业务。

截至年末，该行资产总额为10.41亿元人民币，授信总量为4.10亿元人民币，存款总额8.05亿元人民币；资产负债比例合理，各项指标控制良好，风险管理体制健全，各项业务发展稳定。

一、经营策略与发展规划。一是在中韩贸易中提供结算、融资、汇兑等一揽子的金融服务；二是参与及扩大中国的主要投资项目，引导境内企业购买海外债权，开展与资金筹措相关联的市场调查及提高国际投资融资的能力；三是与国内分行(天津、青岛、沈阳、苏州、深圳等)一同，成为中国国内区域性的、以服务于中小企业为特色的经营及联系中心，促进该行国内机构网络建设的发展，现已成立天津西青、青岛城阳、江苏昆山支行3家支行；四是努力扩大与中国金融机构间的交流合作。

二、内部管理和组织工作。一是建立了结售汇业务操作规程、统计报告制度、综合头寸管理制度、单证管理、会计核算规程，大额和可疑外汇资金交易报告管理、客户身份识别制度、客户身份资料和交易记录保存制度等内部规章制度；二是完善了反洗钱有关规章、安全生产有关制度以及应急反应措施等相关规定。

三、重视在经营意识层面对职员素质的培养和改造。一是长期坚持CS(Customer Satisfactory)培训制度，养成和固化银行职员对客户的基本礼仪和亲和态度；二是长期坚持韩语。

【大事记】 9月 企业银行(中国)有限公司总行吴忠焕行长一行来烟调研、检查并指导工作。

(许 松)

日本山口银行股份有限公司青岛分行

【第一负责人简介】 兼重清史，男，1960年10月生，1984年3月毕业于日本广岛大学经济系，同年4月入山口银行工作，先后在总行人事部、德山分行、岩国分行、名古屋分行、北九州分行、青岛分行、国际部任职；2008年4月任国际部次长，2009年4月任青岛分行行长。

【综述】 日本山口银行股份有限公司(以下简称“山口银行”)位于日本山口县下关市，是一家经营稳妥的地方银行。除了在青岛、大连和韩国的釜山设有分行之外，在香港还设有代表处。

山口银行青岛代表处设立于1985年11月，1992年升格为山口银行青岛分行。该行立足青岛，辐射周边，凭借先进的经营管理理念，为客户提供周到、便捷的本外币金融服务。主要客户为省内的日资企业，以及部分中资企业和韩资企业。

【经营管理】　山口银行青岛分行在对中小企业进行积极支援的同时，努力预防风险，坚持合规经营。开设人民币及外币方面的存贷款业务，国内国际结算业务和投资企业咨询业务，对应客户需求，提供优良服务。

【大事记】　2 月　山口银行青岛分行经银监会批准完成了 2 亿元人民币的增资手续。

（吴慧兰）

韩亚银行（中国）有限公司烟台分行

【第一负责人简介】　文昶元，男，1968 年生；1995 年延世大学工商管理硕士毕业后进入韩国韩亚银行工作，1999 年起历任该行上溪美都波支行经理、法人营业部经理，2008 年 2 月任韩亚（中国）有限公司沈阳分行 OJT，2008 年 8 月起历任韩国韩亚银行审查部 Team 长、公共关系部 Team 长，2011 年 3 月任韩亚银行（中国）有限公司烟台分行行长。

【综述】　韩亚银行（中国）有限公司烟台分行（前身为青岛国际银行烟台分行，以下简称“韩亚银行烟台分行”）于 2007 年 12 月 24 日改制成立，是在烟台设立的首家外资银行，也是山东银监局辖属范围内成立的首家外资银行。目前，该行下辖一个支行——烟台经济技术开发区支行，主要经营全部的外汇业务和人民币业务。

【经营管理】　2012 年，韩亚银行烟台分行强化内部管理，防范经营风险，各项业务实现了较快增长。截至年末，总资产为 12.72 亿元，同比增加 0.17 亿元，增长 1.35%，其中：贷款 12.57 亿元，同比增加 0.06 亿元，增长 0.50%；负债总额 11.58 亿元，同比增加 0.09 亿元，增长 0.78%；存款 11.15 亿元，同比增加 2.10 亿元，增长 23.25%；国际业务结算量 10.35 亿美元，同比减少 0.68 亿美元，减少 6.17%；净利润 3584.94 万元，同比增加 793 万元，增幅 28.38%；不良资产率为 0。

一、大力发展中间业务，积极扩大存、贷款规模。一是寻找新的存款增长点，利用理财产品和钻石卡提高竞争力，提高产品及服务能力；二是加强优质客户关系维护，增强对优质客户的增值服务能力，提高产品对客户的渗透度；三是积极推进国际结算业务、借记卡业务、委托贷款等中间业务，提高每个客户的综合利润贡献率。

二、提升风险控制能力，加强内部管理，提高服务品质。一是加强全员合规教育，以合规系统规范、指导经营管理工作；二是严格实施信贷管理的预警预报制度，坚持贷款客户的分类管理，逐步压缩一般客户，主动淘汰劣质客户，全面提高信贷资产管理水平；三是提高资金营运水平，全方位增收节支，扩大收益；四是开展“创一流服务，树韩亚品牌”活动，追求服务上档次；五是开展形式多样的银企宣讲会、推介会等文明优质服务主题活动，切实提高服务水平。

【大事记】　8 月 14 日　韩亚银行（中国）有限公司烟台经济技术开发区支行行长董长青正式离职。韩亚银行烟台分行副行长韩尚宪担任经济技术开发区支行行长。

10 月 9 日　韩亚银行（中国）有限公司总行王萌副行长莅临烟台分行指导工作。

11 月 26 日　韩亚银行烟台分行正式变更营业场所至烟台市莱山区迎春大街 163 号 109 号。

韩亚银行（中国）有限公司总行刘帝奉行长莅临烟台分行指导工作。

12 月 6 日　韩亚银行烟台分行获准开办各类客户的人民币业务。

（段　霄）

瑞穗实业银行(中国)有限公司青岛分行

【第一负责人简介】 藤武秀三(Fujitake Shuzo),男,1964年9月生,1988年3月毕业于日本一桥大学商学系,1988年4月进入第一劝业银行茅场町分行,先后任职于第一劝业银行雅加达分行、第一劝业银行亚洲室;2002年先后在日本瑞穗实业银行股份有限公司(以下简称"日本瑞穗实业银行")亚洲企划部、亚洲业务管理部任职;2008年4月任瑞穗实业银行(中国)有限公司(以下简称"瑞穗中国)总行营销部副总经理;2011年5月,任瑞穗中国青岛分行行长。

【综述】 日本瑞穗实业银行成立于2002年4月1日,以大企业、金融机构和海外重要企业为主要客户。1987年设立中国内地第一家分行——深圳分行,2009年3月设立中国中西部地区第一家营业机构——武汉分行,2007年6月,瑞穗中国正式开业,注册资本为40亿元人民币,2010年注册资本获准增加至65亿元人民币。2012年6月,瑞穗中国获准筹建合肥分行,同年7月,获准筹建天津和平支行和昆山支行,并于12月天津和平支行开业。截至2012年12月31日瑞穗中国已在中国开设11个营业网点。

2008年4月,经中国银监会核准,瑞穗中国青岛分行成立,并于28日正式开业,该行是瑞穗中国在中国开设的第8个营业网点,同时也是瑞穗中国法人改制后申请设立的第一家分行。

【经营管理】 2012年,青岛分行积极进行业务拓展,继续大力推进跨境人民币结算业务,在加强和完善传统商业银行业务的同时,针对金融监管进一步放宽的情况以及客户筹资方式日趋多样化的需求,以先进的金融技术为客户的业务发展提供帮助,各项业务健康发展。

该行的业务范围为对各类客户的外汇业务以及对除中国境内公民以外客户的人民币业务。该行服务区域主要覆盖山东全省和部分周边地区。

【大事记】 1月 青岛银监局核准山口真一青岛分行副行长的任职资格。

3月 瑞穗中国副董事长、行长宫口丈人,新任行长网野良一到青岛分行视察工作,并拜访了青岛市政府、人行青岛市中支领导。

5月 瑞穗中国董事长宫口丈人到青岛分行视察工作。

6月 日本瑞穗实业银行负责东亚地区业务的三宅洁常务执行董事到青岛分行视察工作。

8月 青岛银监局核准李香淑青岛分行合规负责人的任职资格。

9月 瑞穗中国青岛分行被人行青岛市中支授予跨境人民币业务先进单位称号。

(李香淑 文德苏)

华侨银行(中国)有限公司青岛分行

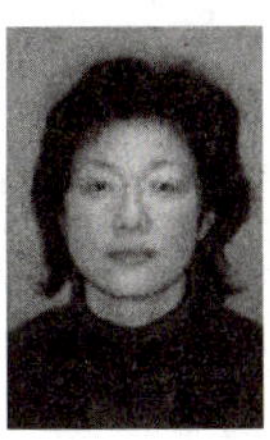

【第一负责人简介】 邹仁杰,女,汉族。1988年进入建行青岛分行国际业务部任职。1998年起先后担任华夏银行青岛分行企业发展部客户经理、高科园支行副行长、人民路支行/福州南路支行行长、公司业务部总经理;2010年起任华侨银行(中国)有限公司青岛分行行长。

【综述】 新加坡华侨银行(以下简称"华侨银行")设立于1912年,于1996年7月在青岛设立代表处。该行在中国的全资子公司——华侨银行(中国)有限公司(以下简称"华侨(中国)青岛分行")于2011年9月8日正式营业。截至2012年底,除了上海总部,在北京、厦门、天津、成都、广州、重庆、青岛和绍兴共设有17家分支机构。

【经营管理】 2012年,华侨(中国)青岛分行各项业务平稳开展,主要为中外企业提供账户、存贷款、国际结算、票据、投资理财和外汇贷款等方面的服务。各项贷款业务均为无敞口授信,100%存款保证金质押均能覆盖贷款风险,尚未发生不良贷款、垫款等。截至年底,累计完成结构性存款业务39220.71万元,人民币定期存款21982.42万元,保证金存款1961.08万元,其他活期存款1905.01万元,票据贴现余额44825.85万元,美元贷款3406.88万美元,开立外币远期信用证余额312.00万美元，跨境人民币信用证 4413.32 万元，贸易融资进口押汇 160.25 万美元。

该行的营销策略，一是将客户定位于有大宗商品进口业务的贸易商和生产制造类企业，培育稳定的客户群体；二是向客户提供更多业务选择，增加客户认知度，提升该行在山东地区的品牌效应；三是继续加强与母行、总行及其他同业的合作，拓宽营销渠道；四是开展敞口授信业务。

【大事记】 5 月 7 日 华侨（中国）青岛分行取得人行支付结算司关于同意其加入支付系统的批复。

5 月 11 日 华侨（中国）青岛分行取得开办对客户远期结售汇业务资格。

6 月 19 日 华侨（中国）青岛分行开办第一笔跨境人民币业务。

9 月 11 日 华侨（中国）青岛分行开办以人民币计价的信用联接型结构性理财产品业务。

11 月 1 日 青华侨（中国）岛分行取得自行办理外商投资项下资本金结汇审核业务资格。

（华侨银行（中国）青岛分行）

第七部分

金融机构运行报告——保险机构

中国人民财产保险股份有限公司山东省分公司

【第一负责人简介】 方杰，男，汉族，1958 年 11 月生，宁夏人，中共党员，高级经济师。1975 年 8 月参加工作；1982 年 8 月进入中国人民保险公司宁夏分公司工作，历任支公司业务员、副经理、自治区分公司处长、副总经理、总经理；2004 年 7 月，任重庆分公司党委书记、总经理；2009 年 4 月至今，任中国人民财产保险股份有限公司山东省分公司党委书记、总经理。

【综述】 2012 年，人保财险山东省分公司秉承“以人为本、诚信服务、价值至上、永续经营”的理念，充分发挥品牌、人才、产品、技术和服务等优势，为促进改革、保障经济、稳定社会、造福人民提供强大的保险保障。先后荣获“全国守合同重信用企业”等荣誉称号。

【经营管理】 2012 年，人保财险山东省分公司一是业务规模历史性突破百亿元大关，市场份额稳定在 32%以上；二是盈利能力持续提升，自 2010 年以来已连续三年盈利，其中，车险盈利能力显著增强，14 家市分公司实现盈利；三是三农保险基层服务体系建设稳步推进，城市区域综合服务体系建设顺利启动；四是销售队伍人力资源改革取得阶段性成果，个代营销渠道保费贡献度排名全国系统第一，电子商务渠道保费收入位居全国系统第一、行业第一；五是集约化建设实现新突破，车险自动核保率超过 90%，车险人工核保平均时长 3 分钟以内，非车险 5 分钟以内；六是服务能力得到新显现，客户实名制考评为 A 类，连续 7 个月排名系统第一，客户满意度连续三年排名行业首位，投诉客户满意度位居山东市场第一，荣获“第九届山东省消费者满意单位”称号；七是在山东保监局理赔效率指标分类测评中，二、三季度连续排名行业第 1 位，万元以下车险理赔周期 10.32 天，居系统第 1 位，荣获“山东保险行业最佳理赔服务公司”称号；八是以第一名成绩中标山东省新农合大病医疗保险业务，并成为第三届海阳亚沙会独家保险赞助商，进一步提升了社会地位和品牌形象。

【内部管理】 2012 年，人保财险山东省分公司切实加强内部管理。一是积极开展“讲党性修养、树良好作风、倡廉洁从业、促科学发展”主题教育、“法律规章制度落实年”、“合规文化年”等活动；二是制定出台了《关于加强和改进基层党组织建设的意见》、《系统党的制度》、《系统干部管理办法》等制度；三是持续深化人力资源改革，加大干部交流力度；四是通过组织运动会、文艺调演、书画摄影大赛、编发内刊等，丰富员工文化生活，畅通沟通渠道。

中国人民财产保险股份有限公司山东省分公司主要统计指标

项目 \ 年度	2008	2009	2010	2011	2012	2012 年同比增幅(%)
总资产(亿元)	64.61	73.13	88.8	104.13	113.96	9.44
签单数量(万件)	378.85	360.4	385.14	396.43	453.36	14.36
保费收入(亿元)	58.75	72.02	90.05	93.62	104.07	11.16
处理赔案(万件)	81.33	84.49	93.81	86.64	105.88	22.21
赔付支出(亿元)	35.32	42.84	46.19	51.36	59.52	15.89

【大事记】 2 月 人保财险王银成总裁拜访山东省委书记姜异康和省长姜大明，就深化战略合作、加快三农保险发展、服务地方经济社会等问题进行交谈。

3 月 人保财险山东省分公司荣获“山东省金融创新奖”。人保财险山东省分公司与山东航空建立战略合作关系。

5 月 人保财险山东省分公司成为第三届亚洲沙滩运动会独家保险赞助商。

7 月 人保财险山东省分公司启动城市区域综合服务体系建设。

9 月 人保财险山东省分公司启动政策性森林保险试点工作。

11 月 人保财险山东省分公司与山东邮政建立全面战略

合作关系。

12 月 人保财险山东省分公司成为我省首家保费规模突破 100 亿的非寿险公司。

人保财险山东省分公司以第一名成绩中标山东省新型农村合作医疗重大疾病医疗保险。

人保财险王银成总裁拜访山东省委书记姜异康和省长姜大明，就深化战略合作、加快三农保险发展、服务地方经济社会等内容达成广泛共识。

（尚 斌）

中国人寿保险股份有限公司山东省分公司

【第一负责人简介】 白彬，男，回族，1958 年 2 月生，中共党员，高级经济师，高级工商管理硕士（EMBA），山东省保险行业协会常务理事，山东大学经济学院特聘教授、硕士生导师。1975 年 11 月参加工作，1982 年 12 月起在中国人民保险公司山东分公司先后任科员、副主任科员、主任科员、副处长，1996 年 7 月起在人寿山东省分公司任副处长、处长、党委委员、副总经理、个险销售部总经理，2009 年 6 月至今，任人寿山东省分公司党委书记、总经理。

【综述】 2012 年，中国人寿保险股份有限公司山东省分公司（以下简称“人寿山东分公司”）深入坚持转方式、调结构、强后劲的主攻方向，沉着应对形势环境深刻变化，在推动竞争发展和经营管理转型升级上取得积极成效。

【经营管理】 2012 年，人寿山东分公司主要做法：

一、加大优质业务市场拓展力度，全省系统续期保费 119.77 亿元，同比增长 16.07%；长险首年保费 72.71 亿元；首年标准保费 13.73 亿元，同比增长 1.01%；5 年及以上、10 年及以上首年期交保费分别达 29.98 亿元和 16.32 亿元，同比增长 14.26%和 10.46%；意外险保费 6.20 亿元，同比增长 8.74%。代理企业年金新增中标规模 11.82 亿元，代理国寿财险业务规模 6.3 亿元，市场份额 31.61%。

二、积极探索预算责任主体延伸下沉路径，个险销售、团险销售、银行保险 3 个渠道 7 个平台销售队伍基础夯实。个险城区、农村、收展平台人力分别达 17558 人、26065 人、11298 人，实现首年期交保费 8.52 亿元、8.63 亿元、4.8 亿元。银行保险代理平台可用代理网点 4998 个，实现长险首年保费 29.47 亿元；专管员平台人力 1962 人，自主销售首年期交保费 7135 万元；理财经理平台人力 4588 人，实现首年期交保费 3.04 亿元。团险销售平台人力达 1848 人，实现长险首年保费 1.36 亿元。个险渠道新签约人力 18812 人，月均增员率达到 3.55%。

三、内部管理。一是运营管理支持服务发展的能力增强，该公司构建实施“7+1”考核激励模式，开展保单打印外包、寿险录入外包、理赔集中管理、保全统一受理、跨机构无障碍理赔等业务集中优化工作，强化“国寿 1+N”服务品牌，推进 IT 服务平台建设和网络扁平化改造，后台运营的服务支持能力显著提升，全省授权银行转账收费率达 44.65%，付费率达 93.07%，同比提高 7.82 和 4.16 个百分点。95519 人工受理呼入申请电话 98 万通，同比增长 26%，人工接通率达 94.44%，同比提高 0.65 个百分点；个险和银保新单电话回访成功率达 99.29%和 97.22%，同比分别提高 3.78 和 25.27 个百分点。“国寿客户节”、“牵手”系列活动覆盖客户达 7 万人次。国寿 E 家用户突破 3 万人，出单件数达 12 万件，出单保费达 5.9 亿元；二是严格管理防风险促稳定能力增强，认真做好内控标准执行、内控专项评估工作，加强关键岗位异常数据和风险数据分析核查，完善联动机制，有效化解了各类经营风险；三是优化竞争发展环境的能力持续增强，深入开展创先争优主题实践活动，加强干部员工队伍管理。

【大事记】 1 月 4 日 人寿山东分公司荣膺“山东省金融发展贡献奖”。

2 月 23 日 人寿山东分公司白彬总经理会见省老龄办丁希滨主任一行，双方围绕合力推动山东省银龄安康工程全面协调可持续发展展开会谈。

3 月 21 日 人寿山东分公司总经理白彬在济南会见了到访的俄罗斯国家保险公司（RGS）副总裁 Nechepa Vladimir 一行。

3 月 23 日 人寿保险（集团）公司在济南召开银行保险理财经理第三届 F1 冠军赛表彰暨第四届黄金联赛启动会议。山东省分公司白彬总经理致欢迎辞，总公司副总裁缪平发表重要讲话。

3 月 31 日 人寿山东分公司荣膺“2011 年度山东省金融

中国人寿保险股份有限公司山东省分公司主要统计指标

项目 \ 年度	2008	2009	2010	2011	2012	2012 年同比增幅（%）
总资产（亿元）	491.31	587.02	709.23	810.98	908.39	-12.01
签单数量（万件）	518.06	581.97	633.53	616.58	548.93	-10.97
保费收入（亿元）	177.39	183.05	202.83	198.81	202.91	2.06
处理赔案（万件）	25.85	28.57	30.63	30.2	34.48	14.17
赔付支出（亿元）	44.29	42.83	33.42	42.40	51.25	20.88

创新奖”，总经理白彬出席全省金融工作会议并接受姜大明省长颁奖。

4 月 24 日　在人行济南分行 2012 年 1 季度全省货币政策及金融管理工作通报会上，人寿山东分公司荣膺“山东省金融机构 2011 年度综合评价‘A’级单位”。

5 月 17 日 ~ 18 日　人寿保险（集团）公司党委委员、纪委书记、副总裁周英一行赴山东调研指导工作。

5 月 31 日　中国人寿保险（集团）公司党委书记、董事长杨明生在省公司总经理白彬陪同下，在济南拜会了山东省省委常委、副省长才利民。

5 月 31 日 ~ 6 月 1 日　人寿保险（集团）公司杨明生董事长一行赴山东调研指导工作。

6 月 16 日　人寿山东省分公司举办“牵手国寿·品味生活”第 6 届国寿客户节启动仪式，省公司白彬总经理向公开聘请的 9 位社会监督员颁发了聘书。

6 月 27 日　人寿山东分公司总经理白彬会见农行山东省分行副行长娄群。

7 月 2 日　人寿山东分公司推出“国寿一家 齐鲁通赔”理赔服务。

7 月 19 日　人寿山东分公司启动“CRM 分析项目助推销售”服务企划活动。

8 月 9 日　人寿山东分公司总经理白彬在青岛会见了中行山东省分行副行长葛春尧。

12 月 31 日　人寿山东分公司成功中标山东省新型农村合作医疗重大疾病医疗保险承办资格。

（齐登宝）

泰山财产保险股份有限公司

【第一负责人简介】　宋文平，男，汉族，1952 年 12 月生，大专学历，高级会计师，泰山财产保险股份有限公司董事长、党委书记。历任山东省财政厅处长、国有资产管理局局长、副厅长、国资局（办）局长（主任），山东省国资委副主任，山东省省管企业监事会主席（正厅级）。

【综述】　泰山财产保险股份有限公司（以下简称“泰山保险公司”）是由中国重汽集团、山东高速集团等 16 家省管国有企业发起设立，于 2009 年 8 月 25 日经中国保险监督管理委员会批准成立的首家注册地在山东的全国性保险法人机构，2011 年 1 月 18 日正式揭牌开业，注册资本 20.3 亿元。主要经营范围：财产损失保险；责任保险、信用保险和保证保险；短期健康保险和意外伤害保险；上述业务的再保险业务；国家法律、法规允许的保险资金运用业务；经保监会批准的其他业务。

【经营管理】　2012 年，泰山保险公司秉承“规范治理、稳健发展、创新经营、诚信服务”的理念，扎实推进各项工作。

一、以理赔服务为标志的品牌形象得到提升。一是进一步完善理赔服务体系建设，强化理赔指标考核与品质监督，落实客户服务承诺，推行“小案快赔、大案挤水”和“异地出险、就地理赔”服务；二是代位求偿系统顺利推进，内蒙古、宁波、青岛等地区理赔全流程系统正式上线运营；三是实施了对公司理赔人员全部进行专业测试和持证上岗制度，在浙江、江苏分公

泰山财产保险股份有限公司主要统计指标

项目 \ 年度	2008	2009	2010	2011	2012	2012年同比增幅(%)
总资产(亿元)	--	--	--	21.32	23.91	12
签单数量(万件)	--	--	--	1.23	16.7	1257
保费收入(亿元)	--	--	--	0.46	3.86	739
处理赔案(万件)	--	--	--	0.14	2.09	1392
赔付支出(亿元)	--	--	--	0.01	0.51	5000

司实施理赔服务站建设试点。

二、投资收益大幅增长。该公司实行稳健经营策略，加强投资分析，准确把握资本市场运行趋势，积极调整投资策略及配置结构，以固息类资产为主要配置方向，加大投资渠道拓展力度，充分体现“稳健安全、持续增长”的资金运用原则。

三、机构建设稳步推进。年内，内蒙古和浙江分公司正式投入运营，宁波分公司获准筹建并开业。筹建3级机构15家、4级机构16家。

四、新型业务取得积极进展。该公司探索介入农业、森林、科技、小微企业信用和保证等保险新型业务领域，特别是农业保险取得重大突破，实现了“当年申报资格、当年获批准入、当年开展业务”的目标，获得了8个县区政策性农险承办权，进一步完善了业务结构，提高了金融服务的能力和水平。

五、各项基础管理逐步加强。一是对开业以来报批报备的800多个条款费率进行了全面清理，建立了公司的产品库；二是强化信息技术支撑，保障系统稳定运行，全年开发完善系统功能706项，新建信息系统项目8个；三是强化预算管理，将资金与预算额度进行联动，实行年度统筹、进度控制的差异化管控模式；四是内控建设不断加强，全年制定和修订各类内控制度68个，完成了《经营管理内控制度汇编》工作；五是深入开展合规风险检查，预防管理漏洞，全年无洗钱风险发生；六是认真开展财务业务数据真实性检查和筹建专项审计工作，对多家分支机构实施审计和效能监察17项，全年无重大违法违规案件发生；七是重视人才管理与引进，编制了“十二五”人力资源规划，落实教育培训计划，全年举办各类培训40余次。

六、精神文明建设成绩突出。深入推进创先争优和文明创建活动，积极开展业务竞赛和业务冲刺，在比学赶超中涌现出一大批先进单位和个人。

【客户服务】 2012年，泰山保险公司高度重视理赔服务工作，提出“诚信重如泰山”的服务理念，初步搭建起基本的理赔服务管理架构，形成覆盖省内外7家分公司的理赔服务网络。理赔服务考核遵循“高起点、严要求，着眼于行业领先标准”，队伍建设推行“打造专业能力强、品质优的服务团队”。

2012年，该公司车险结案周期10天、结案率92.43%，居于省内行业前列。山东保监局发布2012年第一、二季度各产险公司私家车理赔质量测评数据，山东分公司5000元以下交强险商业险的结案周期、结案率、未决赔款准备金充足率3项考核指标在29家财险公司中名列前茅。河北保监局发布《2012年上半年保险公司服务质量评价情况的通报》中，河北分公司车险件数结案率、结案周期两项指标在开业不满两年的6家分公司中排名第一。

【大事记】 1月18日 泰山保险公司2012年工作会议在济南召开。

7月26日 泰山保险宁波分公司获准开业。

8月30日 泰山保险公司参展第4届山东文化创意产业博览会并荣获“优秀展示奖”。

9月11日 中国保监会核准泰山保险公司在山东省开办农业保险资格。

11月26日 泰山保险山东分公司与农行山东省分行正式签署《全面业务合作协议》。

（郭宝峰）

中国平安人寿保险股份有限公司济南分公司

【第一负责人简介】胡跃，毕业于南京大学工商企业管理专业，1995年11月进入中国平安，曾任平安人寿江苏分公司营销部经理、总经理助理，平安人寿烟台中心支公司总经理，2010年2月至今担任平安人寿济南分公司总经理。

【综述】 中国平安保险(集团)股份有限公司于1988年诞生于深圳蛇口，是中国第一家股份制保险企业，于2002年成立中国平安人寿保险股份有限公司，首开国内个人寿险营销先河。1994年中国平安人寿保险股份有限公司在济南率先推行个人寿险营销体制。

【经营管理】 中国平安人寿保险股份有限公司济南分公司(以下简称"平安人寿济南分公司")目前拥有个险、银保、电销等三大销售渠道，产品体系清晰完整，涵盖从传统的储蓄型、保障型产品，到非传统的分红型、投资型产品。旗下共有泰安、济宁、德州、聊城、菏泽、枣庄、莱芜7个三级机构，为客户提供"一个账户、多个产品、一站式服务"。

【客户服务】 2012年，平安人寿济南分公司第十七届客户服务节，以"平安有约·健康同行"为主题，陆续推出多项兼顾健康、社区、儿童、环保等主题活动，突出公益特色，近8万名新老客户参与其中。

2012年6月至12月，平安人寿济南分公司策划推出"平安有约，关爱同行"特定客户关爱活动，陆续开展客户手机号添加、寻找生存金的主人、一代身份证升位、投诉客户回馈等主题项目。

2012年平安继续推广分层级客户服务。"平安VIP俱乐部"实行全面扩充完善，以"健康财富 尊崇礼遇"为主旨，推出财富盛宴、健康关怀、商旅服务、驾车关爱、尊贵礼遇、平安援助6大系列会员专项服务。同时，推出生日礼品订单化管理，升级机场贵宾服务，拓展合作机场，推出覆盖全部层级会员的非事故车辆道路救援服务，推出黄金会员私人中医专家电话服务，和钻石、铂金会员中医养生服务，会员可以享受中医线上体质测评、门店调理等服务，部分地区的会员还能享受家庭私人医生服务。

中国平安人寿保险股份有限公司济南分公司主要统计指标

项目 \ 年度	2008	2009	2010	2011	2012	2012年同比增幅(%)
总资产(亿元)	66.03	82.84	134.27	174.68	203.47	16.48
签单数量(万件)	11.89	15.83	18.94	22.64	18.92	-16.43
保费收入(亿元)	17.86	28.47	43.40	50.59	52.03	2.85
处理赔案(万件)	--	--	2.63	3.55	4.82	35.60
赔付支出(亿元)	2.36	3.95	3.52	6.43	8.75	36.12

在增值服务升级的同时，平安人寿济南分公司在各个季度推出平安VIP俱乐部会员活动，通过分层级、分年龄的差异化VIP活动让高端客户体验一体化管理所带来的尊贵礼遇。平安VIP俱乐部持续关注亲子互动教育，聘请教练团队带领VIP会员体验高尔夫运动，在年末为钻石层级会员奉上国学讲坛。

【大事记】 2月 平安人寿济南分公司启动了"专业创价值 诚信促发展"主题传播活动。

3月5日 平安人寿济南分公司参加了济南电台"政务监督热线"节目。

5月6日 "中国平安常青林"揭牌仪式在济南商河县殷巷镇举行，来自平安人寿济南分公司、中国青少年发展基金会、商河县政府领导及1400多名平安客户代表出席了活动，此次中国平安共出资 18 万元，为商河县殷巷镇捐建了 1000 亩常青林。

10 月 平安人寿济南分公司礼仪推广小组举行了名为“礼行平安铸就价值”的礼仪之星评选活动。

（张心颖 张力韦）

中国平安财产保险股份有限公司青岛分公司

【第一负责人简介】 李小安，1967 年 1 月生，安徽太湖人。1991 年毕业于湖南经济学院经济法专业，大学本科，经济师，中共党员，曾就任于中国人民银行安徽省分行金融管理处。1996 年加入中国平安财产保险股份有限公司，先后任江西分公司总经理助理、西区事业部督导部总经理、广西分公司总经理；2010 年 6 月起，担任中国平安财产保险股份有限公司青岛分公司总经理。

【综述】 中国平安财产保险股份有限公司青岛分公司（以下简称“平安财险青岛分公司”）是省级管辖分公司，业务范围覆盖青岛、淄博、潍坊、烟台、威海、日照、临沂 7 个地市。

2012 年，平安产险青岛分公司统保了青岛市教育局及所属学校校方责任险，承保了高速公路财产险一揽子保险、海尔集团公司一揽子保险业务、海信电器股份有限公司产品责任险、中远国际国运有限公司货运险和大唐电力有限公司企财险等，大项目承保能力进一步增强，竞争优势明显。

【经营管理】 2012 年，平安产险青岛分公司结合地域实际，深化渠道发展，狠抓基础管理，推进合规经营、践行服务承诺，加快储备人才培养。一是顺利完成了查勘队伍的转型，运营作业流程不断优化；二是在内控管理方面坚持“以保护客户权益、合法合规、风险可控为根本”，进一步对内部控制与风险管理体系进行整合、完善与升级。

【优质服务】 2012 年，平安产险青岛分公司不仅率先在业内推出了“驾车宝典”服务，让客户免于查询违章等讯息的烦恼，更秉承一贯的服务宗旨，将 IPAD 查勘、简单快赔、极速理赔、一袋式服务等延伸到服务领域的方方面面。在柜面服务环节中，坚持以提升质量为先导，立足从细节打动客户，积极打造柜面服务“心”品牌。

【大事记】 1 月 平安产险青岛分公司首次成功承保海信科龙出口产品责任险，保费 260 万元。

平安产险青岛分公司创新理赔服务举措，对于责任成立且估损在 20 万以上的财产险案件，无需客户申请，实行主动预赔。

3 月 平安产险青岛分公司再次成功统保青岛市教育局及所属学校校方责任险，保费 590 万；这是该公司连续 6 年独家承保此项业务。

中国平安财产保险股份有限公司青岛分公司主要统计指标

项目 \ 年度	2008	2009	2010	2011	2012	2012 年同比增幅（%）
总资产（亿元）	9.19	12.76	18.83	30.38	38.61	27.10
签单数量（万件）	44.82	55.83	105.75	151.21	207.97	37.5
保费收入（亿元）	9.16	12.50	19.37	26.26	31.66	20.6
处理赔案（万件）	13.96	17.47	23.35	27.38	33.87	23.7
赔付支出（亿元）	5.26	5.09	7.84	9.64	13.71	42.2

5月　平安产险青岛分公司成功中标江苏熔盛重工，保费近400万元。

6月1日　平安产险青岛分公司正式实施“全险种万元以下小额案件，资料齐全，次一工作日赔付”的理赔服务举措，此种举措实施以来，提高了结案时效，30天内结案占比达82.12%，客户满意度不断提高。

6月　平安产险青岛分公司成功中标青岛高速公路管理处。

9月　平安产险青岛分公司入围青岛财政局“网上超市”供应商库。

（莫思思）

中国平安人寿保险股份有限公司
青岛分公司

【第一负责人简介】　张毅，1965年生，河北省石家庄人，党员，中国人民大学MBA专业研究生学历。1996年加入平安人寿，历任烟台中支副总经理、兰州分公司副总经理、重庆分公司总经理。2012年9月任青岛分公司总经理。先后荣获2004年度集团“优秀经理”、2007年度集团“杰出经理人”称号。

【综述】　中国平安人寿保险股份有限公司青岛分公司（以下简称“平安人寿青岛分公司”）是省级管辖分公司，下辖青岛、淄博、潍坊、临沂、日照、威海、东营、滨州8个地市分支机构。该公司合规经营，形成以个人代理渠道为基础，银邮代理渠道为补充的发展格局，通过创新服务形式、提高服务品质，赢得了良好的社会效益。截至年末，该公司位列青岛企业100强第54位，服务业50强第18位。

【经营管理】　2012年，平安人寿青岛分公司不断深化产品结构调整，转变经营观念。一是业务规模方面，辖区总保费收入73亿元，其中个人代理渠道总保费68亿元，占比93.62%，个险新业务保费17亿元，续期业务保费51亿元；二是服务社会经济方面，公司死伤医疗赔偿23567万元，同比增长29%，满期给付支出77581万元，同比增长45%，累计上缴税金1202万元，同比增长66%；三是业务推动方面，通过产品结构调整、保额销售、标准件销售等项工作引领队伍转型。

【客户服务】　2012年，平安人寿不断提升服务水平。一是在传统营业厅办理保单服务的单一模式基础上开发多种渠道办理保单服务的升级服务；二是理赔服务升级，推出“标准案件，资料齐全，3天赔付”承诺，此外，重、特大事故理赔绿色通道、住院探视、上门送款等个性化服务，也赢得了广大客户好评；三是使用MIT移动展业，使客户可以借助自动化销售平台了解产品、完成投保；四是树立服务品牌，继续与青岛电视台、青岛新闻网等媒体单位合作，开展系列少儿活动；五是2012年7月特别推出“关爱有你 平安随行”主题活动，旨在向生存金应领未领的孤儿单客户和系统无手机记录的孤儿单客户提供“特别”关爱。

中国平安人寿保险股份有限公司青岛分公司主要统计指标

项目＼年度	2008	2009	2010	2011	2012	2012年同比增幅(%)
总资产(亿元)	145.73	192.96	239.12	284.30	329.07	15.75
签单数量(万件)	15.26	19.57	24.29	26.79	24.75	-7.61
保费收入(亿元)	36.17	45.65	34.04	41.92	45.24	7.92
处理赔案(万件)	2.81	3.19	3.63	4.72	6.07	28.66
赔付支出(亿元)	5.85	7.26	6.07	9.09	12.18	33.99

【大事记】 3月9日 青岛市保监局在平安人寿青岛分公司组织召开了保险投诉经验交流研讨会，青岛市保险行业协会相关领导及岛城30余家保险公司代表参加此次会议。

5月 平安人寿青岛分公司获评人行济南分行“山东省金融机构2011年度综合评价A级单位”称号。

9月 经青岛保监局批准，张毅出任平安人寿青岛分公司总经理一职。

12月 由省消协、省文明办等14家单位授予平安人寿青岛分公司“山东省第九届消费者满意单位”称号。

（闫 欣）

华泰财产保险有限公司山东分公司

【第一负责人简介】 耿仁伟，本科学历，1989年毕业于中央财政金融学院，2001年赴英国诺丁汉大学就读，获硕士学位。1989年起先后在中国人民保险公司青岛分公司、太平保险有限公司达信保险与风险管理咨询公司就职，2008年任华泰财险山东分公司总经理。

【综述】 华泰财产保险有限公司山东分公司（以下简称“华泰财险山东分公司”）2008年6月在济南开业，下辖烟台、威海、潍坊、临沂、淄博、聊城6家中支。华泰财险连续两年被评为亚洲非寿险公司第6名、中国非寿险公司第4名。2012年，被国际信用评级机构惠誉授予财务实力评级（IFS）‘A-’级，并荣获“2012年最具成长力保险公司奖”、“2012年度中国最佳客户联络中心客户服务奖”。

【经营管理】 华泰财险山东分公司秉承质量优先，效益导向的经营理念，按国际标准计提未到期责任准备金，财务状况稳定，偿付能力充足。内部管理方面，华泰的矩阵式管理模式将营销、两核、共同资源3个条线的垂直管理与机构的横向管理相结合，在此框架下建立了规范的内部授权管理体系和人员任命机制，能够有效控制风险，公司内审部门则通过定期和专项审计开展内部监督。

2012年，华泰财险山东分公司发展趋势良好，其中车险实现保费收入18083.19万元，同比增长43.14%，非车险实现保费收入2904.38万元，同比增长13.83%。各项赔款和给付8243.57万元，同比增长50.27%。实现利润1300余万元，上缴税金4073万元，其中，代收代缴车船税2645万元，营业税1030万元，个税196万元，企业所得税46万元。

【客户服务】 华泰财险拥有专业规范的理赔队伍，建有全国集中式的客服中心，形成了覆盖全国的客户服务网络和完善的客户服务体系，全国统一客服电话实行365天、24小时接入，能够为客户提供全方位的专业化服务。一是将“善待客户，忠实履约，树立诚信形象，以优良服务赢得市场”的理念贯穿到经营中；二是遵循着“以经纪人的角色为客户着想”，将销

华泰财产保险有限公司山东分公司主要统计指标

项目＼年度	2008	2009	2010	2011	2012	2012年同比增幅(%)
总资产(亿元)	0.14	0.19	0.18	0.22	0.23	4.41
签单数量(万件)	2.28	6.19	7.95	8.28	12.39	49.64
保费收入(亿元)	0.35	0.88	1.13	1.52	2.10	38.22
处理赔案(万件)	0.68	1.52	2.55	2.60	3.19	22.70
赔付支出(亿元)	0.15	0.22	0.42	0.48	0.71	48.94

售、承保、理赔等各环节有机地化为一个整体，采取各项措施，改造各项流程，提高工作效率，竭尽所能地为客户解决问题；三是从制度、流程和措施上给以机制保证，诸如总分公司的集中接报案调度、速赔、首问负责、就近理赔、客户跟踪反馈等制度，保证服务客户的及时有效。

【大事记】 2月8日 华泰财险烟台中支莱州营销服务部改建为支公司的申请获山东保监局烟台分局批复。

4月18日 华泰财险临沂中支获山东保监局开业批复。

9月10日 华泰财险淄博中支获山东保监局开业批复。

10月31日 华泰财险济南市长清支公司获山东保监局开业批复。

12月13日 华泰财险聊城中支获山东保监局开业批复。

（王兴秀 刘昌金）

太平财产保险有限公司山东分公司

【第一负责人简介】 陈中乾，男，1968年11月生，籍贯河北，中共党员，大学本科学历，从事保险工作20年，曾在平安保险、安邦保险及太平财产保险有限公司任职，2009年12月调任太平财产保险有限公司山东分公司总经理。

【综述】 太平财产保险有限公司山东分公司（以下简称“太平财险山东分公司”）设立于2003年7月，下设11家中支和19家支公司，主要经营车险、财产险、水险和意康险业务。2012年，实现保费收入超行业43%；市场排位16位，同比前进一位；实现考核利润1235万元，预算达成率108.44%。

【经营管理】 2012年，太平财险山东分公司通过努力取得了比较理想的成绩。一是采取差异化的承保及费用政策，同时，对有效益的道危板块业务及时调整了政策；二是加强渠道管理，推动业务快速增长；三是积极推进客户服务，提升公司品牌形象；四是认真组织机构筹建，增加服务网络，在临沂、德州、东营、日照地区设立了4家三级机构；五是进一步完善绩效管理体制和用人机制；六是加强党、团、工会建设。

【客户服务】 在常规客户服务方面，太平财险山东分公司设立了统一客户服务热线95529，提供365天、24小时全天候的专业服务，查勘7×24小时服务、定损7×8小时服务，并开通了全国通赔服务；在快速理赔服务方面，推出了“万元以下，8小时赔付”和“快易赔”服务；在增值服务方面，推出了非事故道路救援服务，服务内容包括：拖车服务、搭电服务、援油服务、换胎服务、抢修服务等。同时，该公司还组织人员对服务承诺的执行情况进行追踪检查，有效的提高了服务水平和质量。

【大事记】 1月19日 太平财险总公司授予山东分公司“进步奖”光荣称号。

太平财产保险有限公司山东分公司主要统计指标

项目 \ 年度	2008	2009	2010	2011	2012	2012年同比增幅(%)
总资产(亿元)	0.33	0.26	0.24	0.25	0.37	48.00
签单数量(万件)	7.63	6.3	6.79	8.67	17.96	107.15
保费收入(亿元)	1.29	1.22	1.57	2.10	3.32	58.41
处理赔案(万件)	3.18	3.13	2.39	2.31	2.92	26.14
赔付支出(亿元)	1.06	0.8	0.74	0.93	1.02	9.68

4月24日　人行济南分行授予山东分公司“山东省金融机构2011年度综合评价A级单位”荣誉奖牌。

4月28日　太平财产保险临沂中支获山东保监局开业批复。

5月2日　太平财产保险德州中支获山东保监局开业批复。

7月5日~6日　中国太平保险集团副总经理、太平财险党委书记、董事长李劲夫一行莅临山东调研指导工作。

10月31日　太平财产保险东营中支获山东保监局开业批复。

11月9日　太平财产保险日照中支获山东保监局开业批复。

（杜钦杰）

中国太平洋财产保险股份有限公司山东分公司

【第一负责人简介】　武博，男，汉族，1970年6月生，中共党员，高级政工师、经济师、市场营销总监；先后获北京大学金融学硕士学位、南开大学保险学博士学位，中央财经大学兼职教授，山东大学保险专业硕士研究生合作导师，中国太平洋财产保险股份有限公司山东分公司党委书记、总经理。

【综述】　2012年，中国太平洋财产保险股份有限公司山东分公司（以下简称“太平洋产险山东分公司”）不断推进以客户需求为导向的战略转型，坚持推动和实现可持续增长的经营理念，实现了规模与效益的协调增长，保费收入和实现利润均创历史最高。该公司连续2年获得省政府授予的“山东省金融创新奖”和“山东省金融发展贡献奖”，还获得“山东省第九届消费者满意单位”、中国太平洋保险集团公司价值贡献奖、山东省最佳理赔服务保险公司等。

【经营管理】　2012年，太平洋产险山东分公司切实加强经营管理。一是渠道建设成效明显，成立了新渠道部，不断提升业务能力，实现电销保费收入9.5亿元，同比增长67.4%，车商渠道实现保费收入6.85亿元，增长65.8%；二是销售模式转型加快，总结形成了“双轮驱动”发展模式；三是确立了“优化干部队伍、夯实发展基础、提高管理能力、提升社会影响、实现持续发展”的县域机构转型发展思路，并制定县域机构《管理暂行办法》、《综合评定办法》等规范和评价标准，提出了县域机构发展“十大关键举措”。全辖县域机构保费收入同比增长16.6%，占比达43%，保费收入过千万元县域机构达到75家。

【内部管理】　2012年，太平洋产险山东分公司坚持改革创新，强化内部管控。一是稳步推进“内控执行年”系列活动，分公司以及辖内多个中支公司在人行年度金融机构综合测评中被评为“A级”机构；二是不断完善客户关系管理平台，制定《窗口服务标准化工作实施方案》，提升95500客户服务质量，服务水平全面提升；三是强化客户投诉管控和单证管理、电话回访和现场模拟等工作；四是推广应用新技术、配合当地政府处置公共事件和积极协调总部项目等，创新推出了“易审车”服务等特色增值服务，全面推广3G移动视频定损技术，启动智能核赔系统上线运行工作；五是通过公开竞聘上岗等方式打通干部上升通道，推进绩效考核、职务退出机制，加强人才梯队建设；六是通过一线业务人员集中或视频培训等方式，提高干部员工的知识水平和业务能力；七是大力推进员工长效激励机制，为干部员工购买企业年金，组织员工开展民主生活会和各类文体活动。

【大事记】　1月4日　山东省委副书记、省长姜大明在济南会见了中国太平洋保险（集团）股份有限公司党委书记、董事长高国富一行。

1月5日　中国太平洋保险（集团）公司与淄博市政府战略合作协议签约仪式暨太平洋在线服务科技有限公司揭牌仪式在淄博市隆重举行。

1月　太平洋产险山东分公司在业内首家使用了车辆合格证二维码扫描技术。

2月15日　山东省保险行业协会和《中国保险报》社共同评选出2011年度山东保险业十大新闻，太平洋产险山东分公司快速赔付7.22京港澳高速特大交通事故案例入选，成为唯

中国太平洋财产保险股份有限公司山东分公司主要统计指标

项目＼年度	2008	2009	2010	2011	2012	2012年同比增幅(%)
总资产(亿元)	4.82	5.69	6.64	7.26	6.59	-9.20
签单数量(万件)	358.01	366.26	352.01	473.86	544.92	15.00
保费收入(亿元)	17.74	23.48	34.89	38.40	43.14	12.34
处理赔案(万件)	30.78	33.62	32.77	32.72	41.90	28.06
赔付支出(亿元)	10.62	11.69	13.93	17.61	21.40	21.54

一入选的保险公司个案。

3月　太平洋产险山东分公司在财产险业内率先开发了“随E保”车险移动出单系统。

3月31日　太平洋产险山东分公司荣获山东省政府颁发的2011年度山东省金融发展贡献奖，是本年度唯一荣获该奖项的保险业机构。。

6月　太平洋产险山东分公司成功续保山东晨鸣纸业集团股份有限公司财产险业务，承保金额达630亿元。

6月7日　太平洋产险山东分公司向被保险人——日照格瑞菲斯纺织有限公司支付火灾赔款616万元。

10月19日　太平洋产险山东分公司荣获省消协、文明办等14家单位联合授予的“山东省第九届消费者满意单位”荣誉称号。

11月2日　太平洋产险山东分公司协调山东能源集团与太平洋保险集团公司在上海签署战略合作协议。

12月18日　太平洋产险山东分公司向被保险人斯比凯可(山东)生物制品有限公司支付营业中断赔款861万元。

(太平洋产险山东分公司)

第八部分

金融机构运行报告
——其他金融机构

一、信托公司

山东省国际信托有限公司

【第一负责人简介】 孟凡利，男，1965年8月生，经济学博士。1997年12月历任山东经济学院财务会计系副主任、主任；2000年6月，任财政厅副厅长、党组成员；2005年7月任山东省鲁信投资控股集团有限公司副董事长、党委副书记、总经理；2009年7月，任山东省鲁信投资控股集团有限公司董事长、党委书记、总经理；2007年7月至今，兼任山东省国际信托有限公司董事长。

【综述】 山东省国际信托有限公司（以下简称"山东信托"）成立于1988年2月，为国有独资公司。2002年8月进行了增资改制，变更为有限责任公司，注册资本由11亿元增至12.8亿元（其中美元1500万元）。2007年8月，经中国银监会批准，名称变更为"山东省国际信托有限公司"，股东包括山东省鲁信投资控股集团有限公司、山东省高新技术创业投资有限公司、山东黄金集团有限公司、济南市能源投资有限责任公司、潍坊市投资公司等5家单位。

2012年，山东信托继续秉承"专业、诚信、勤勉、成就"的核心价值理念，稳健经营，规范运作，运用信托平台服务经济社会发展。投资领域涉及证券、产业、城市基础设施、房地产、服务业等；投资方式包括贷款、股权投资、资产证券化、收益权证券化、融资租赁等多种形式。

山东省国际信托有限公司主要统计指标（本部自营）

单位：亿元

项目＼年度	2008	2009	2010	2011	2012	2012年同比增幅（%）
本外币资产总额	16.03	16.57	28.3	29.97	27.57	-8.01
本外币负债总额	0.81	0.87	11.14	11.32	1.85	-83.66
营业收入	1.25	1.18	1.89	4.14	11.11	168.36
投资收益	1.19	0.81	1.28	0.55	3.9	609.09
利润	1.91	1.71	2.87	3.07	9.53	210.42
净利润	1.68	1.54	2.59	2.43	7.36	202.88
信托资产总额	304.11	539.65	966.13	1140.23	1897	66.37

山东省国际信托有限公司主要统计指标（合并）

单位：亿元

项目＼年度	2008	2009	2010	2011	2012	2012年同比增幅（%）
本外币资产总额	18.22	19.06	30.9	32.29	30.03	-7
本外币负债总额	1.25	1.25	11.51	11.75	2.33	-80.17
营业收入	3.3	2.91	3.39	5.51	12.19	121.23
投资收益	1.21	0.86	1.39	0.41	3.9	851.22
利润	2.55	2.25	3.36	3.19	9.4	194.67
净利润	1.89	1.93	2.95	2.47	7.24	193.12
信托资产总额	304.11	539.65	966.13	1140.23	1897	66.37

【信托业务】 2012年，山东信托以做大做强证券信托、产业信托和上市公司股权质押融资信托为重点，积极开拓创新，盈利能力进一步增强。截至年末，公司新增信托业务规模2113.46亿元，同比增加978.8亿元，增长86.26%；信托报酬收入突破7亿元大关，达到7.08亿元。

一、传统优势业务实现稳步发展。一是证券信托优势进一步加大，阳光私募信托与优秀投资管理人的合作日益深化，设计推出了伞形证券信托产品，结构化、交易类债券信托业务规模日趋扩大；二是产业信托规模进一步增大，已形成恒富、恒丰、信元、弘毅、远投、长江富源等系列多个产业信托品牌；三是上市公司股权质押融资业务进一步增长，设计推出了投资定向增发股票的集合资金信托计划。

二、创新型业务取得新突破。一是设计开发了尊岳进取2号集合资金信托计划，积极尝试在证券集合信托领域开展自主管理实践；二是艺术品信托业务逐步形成品牌和规模，产品标的涉及名家书法、版画、油画、国画等多个品种；三是发行"阿里星"系列产品3期，集中支持了阿里巴巴及淘宝网的上万家小微客户；四是创新推出国内首支钻石信托计划，在行业内引起积极反响；五是探索业务协同类创新产品，在信托业务与基建基金、公募基金、创投、文交所业务结合以及联合开展实业投资方面进行了有益尝试；同时股指期货和资产证券化业务资格申请资料被中国银监会正式受理，并完成答辩。

三、异地业务取得新进展。该公司坚持立足省内、走向全国的经营方针，加快异地业务的拓展步伐；在北京、青岛、上海、深圳的四个异地业务部门实现了业务规模和收益同步提升，其中深圳业务部成为公司首个年信托收入过亿的业务部门；新设立的厦门和长沙业务部，业务开端良好。

四、自主营销能力显著提升。一是自主发行集合资金信托计划规模较上年同期增长88%；二是积极转换营销策略，大力拓展和维护高端客户；三是创新营销模式，针对机构大客户的特点，设计推出个性化理财方案。

【自营业务】 2012年，山东信托一是加大金融股权投资考察力度，积极寻求金融股权项目资源，先后在入股城市商业银行、期货公司、证券公司方面做了大量前期调研和论证工作；二是充分利用自有闲置资金，加大金融产品投资力度，在保证流动性的同时提高资金收益；三是通过股东会、董事会等平台，继续加强对投资项目的管理；四是完成了泰信基金董事会换届和管理层改组工作。截至年末，6支权益类基金中，有3支进入同类前1/3；3支固定收益类基金全部进入同类前1/3。

【内部管理】 2012年，山东信托的主要做法是：

一、不断加强制度体系建设。新制订了《集合信托融资类业务合作企业评级授信实施细则》、《抵押担保管理办法》、《评级授信操作流程》等项制度，修改完善了《公司集合信托融资类业务合作企业综合考核评价实施细则》；在充分征求意见与建议的基础上，研究起草了《融资类集合信托项目指引（试行）》。

二、努力完善风险控制和合规管理体系。一是制定了《公司融资类集合信托项目准入标准》，与律师事务所合作，着手构建公司业务标准化合同文本库；二是开展抵（质）押物、合同执行、信托档案管理专项检查，进一步提升风险甄别、风险防范和项目管控能力；三是新设合规审计部，原风险管理部更名为风险控制部。

三、信息化建设取得新进展。一是重点开展综合管理信息系统建设，公司信托业务系统一期项目开发已基本完成，综合管理平台、TA、估值核算系统、CRM系统运行正常；二是升级提高证券资产管理系统性能，完成了ETF、货币基金和报价式回购业务估值系统的建设。

四、深入推进企业文化、安全生产和廉洁从业建设。一是继续开展创先争优活动，利用公司网站、《今日鲁信》等载体，加大对优秀员工的宣传推介；二是与全体员工签订廉洁从业承诺书，并以某城商行腐败窝案为例，开展了以防范职务犯罪加强廉洁从业为主题的教育活动；三是坚持安全生产例会制度和定期安全检查，制定印发了消防安全、车辆安全和安全保卫管理办法。

【大事记】 3月31日 山东信托荣获山东省金融办评选的"2011年度山东省金融创新奖"。

5月23日 山东中华发电有限公司换发营业执照，山东信托顺利完成股权转让工作。

6月11日 山东信托厦门业务部成立。

6月21日 山东信托召开2011年度股东会、董事会、监事会暨四届一次董事会、监事会。

6月 山东信托设计推出了国内首支钻石信托"美钻之缘1号集合资金信托计划"。

9月 山东信托高端净值客户迅速增长，有资产存续的客户突破1万个。

10月15日 山东信托设立第一单管理型证券信托尊岳进取2号，共募集资金6820万元。

11月15日 山东信托长沙业务部成立。

12月28日 山东信托与意向投资者签订增资扩股框架协议。

（王 超）

二、资产管理公司

中国长城资产管理公司济南办事处

【第一负责人简介】 刘学堂，男，1962年生，中共党员，高级会计师，现任中国长城资产管理公司济南办事处党委书记。

【综述】 中国长城资产管理公司（以下简称“长城公司”）是经国务院批准成立、具有独立法人资格的国有独资金融企业，注册资本金100亿元人民币，由财政部全额拨入。该公司济南办事处（以下简称“长城济南办”）是长城公司在山东省派驻的分支机构，2000年3月3日正式挂牌成立。

2012年，该办紧紧围绕工行资产包处置退出和商业化业务拓展两条主线，科学谋划，强化措施，克服重重困难和不利因素，实现了经营业绩的历史性突破。全年实现工行包现金还款5.01亿元，实现商业化利润1.51亿元，经营目标任务全面超额完成。

【不良资产经营处置】 2012年，长城济南办妥善处理实现最大化回收与维护社会稳定的关系，多措并举，加快资产处置进度，取得较好成效。

该办一是在对存量资产进行分析判断的基础上，区分不同情况，实行分类处置；二是在挂牌、竞价、拍卖等公开化处置项目过程中，通过一系列工作，确保了处置项目的顺利实施，全年通过3种公开处置方式成交项目95个，批复处置价格22944万元，实际成交24466万元，溢价1522万元，溢价率6.63%；三是对拟转让项目及早形成详尽的推介材料，通过询价、向库内客户发送邮件、向当地国资委发函、公司网站发布等方式进行推介营销；四是全年新增委托代理项目116个、标的额19亿元，其中提高代理费率项目7个，标的额0.74亿元，收到良好效果。

【金融服务业务】 2012年，长城济南办以商业化收购为主线，依托租赁、信托等平台公司，为中小企业提供优质的金融服务，培育并构建“1+3”业务模式，即“以资产管理业务为主体，其他三类综合服务业务协同发展”的模式。全年操作项目76个，实现总收入2.31亿元，净利润1.51亿元，取得了突破性进展。

该办一是资产管理业务共立项35个、金额32.95亿元，其中，成功实施项目17个，出资总额15.91亿元，实现总收入2.03亿元；二是采取收购承诺及资产管理综合服务的方式为企业融资1.4亿元，实现财务顾问费收入420万元；三是财务性投资业务全年立项项目7个，其中，成功实施4个，投资金额4.88亿元；四是代理平台公司业务，全年推荐租赁项目12个，其中已实施10个，资金投放6.23亿元，实现代理费收入0.08亿元。

【内部管理和队伍建设】 2012年，长城济南办基础工作不断深化，内部管理水平进一步提高，队伍建设不断加强。

一、内部管理水平再上新台阶。一是尽职调查、项目审核、法律审查关口前移，不断优化、完善审核程序，进一步提高审查审批效率；二是完善风险责任和业务审核体系，加强成本控制和财务管理，严格审批制度；三是加强廉政教育，筑牢廉洁从业思想根基；四是深化考核激励措施。

二、队伍凝聚力、向心力不断增强。一是组织开展了干部竞聘选拔和职位晋升工作；二是提高员工基础工资，改善了员工待遇；三是注重员工培训，全年通过专题培训、专家讲座、以会代训等方式举办各类培训9次，参训人数达500余人次。

三、企业文化理念深入人心。一是组织了企业文化知识竞赛、演讲比赛、企业文化上墙以及拓展训练、登山比赛、到革命传统教育基地参观学习等一系列活动；二是开展了提合理化建议活动；三是研究、完善谈心谈话制度，建立了员工约谈部门负责人、约谈领导制度，设立了公开意见箱；四是建立员工定期体检制度，严格执行休假制度，对生病住院的员工看望慰问等，增强了员工归属感。

【大事记】 1月5日 长城济南办召开副经理以上高级人员述职大会。

1月13日 长城济南办与农行山东省分行签订《业务合

作协议》。

2 月 15 日　长城济南办召开 2011 年度工作总结表彰大会。

3 月 31 日　长城济南办与天津银行济南分行举行洽谈会并签订《业务合作协议》。

4 月 6 日 ~ 7 日　长城济南办举行一季度经营情况分析会议及中层干部竞聘大会。

4 月 26 日　长城济南办召开工行包资产处置进度分析会推进资产处置工作。

6 月 28 日　长城济南办与工行山东省分行举行洽谈会并签署《业务合作协议》。

7 月 30 日　长城济南办承办驻济金融资产管理公司监管座谈及联席会议。

8 月 31 日 ~ 9 月 11 日　长城济南办开展商业化项目"收(投)后管理检查月"活动。

9 月 14 日　长城济南办组织全体干部员工参观济南监狱(济南市反腐倡廉教育基地),进行警示教育。

12 月 28 日　长城济南办与山东省国有资产投资控股有限公司举行了业务合作协议签约仪式。

(李　伟　雷　娟)

中国信达资产管理股份有限公司山东省分公司

【第一负责人简介】　彭新,男,1962 年 8 月生,汉族,中共党员,高级经济师。1983 年 7 月任建设银行江苏省分行扬子乙烯专业支行员工;1984 年 9 月任建行江苏省分行投资二处科员;1987 年 3 月任建行江苏省信托投资公司副科长、科长;1995 年 3 月任江苏省建设租赁有限公司副总经理(副处);1999 年 12 月历任中国信达资产管理公司南京办事处资产部执行高级经理、副主任、党委委员、纪委书记;2009 年 4 月历任信达公司南昌办事处党委副书记、信达公司南昌办事处主任、党委书记,信达公司江西分公司总经理、党委书记;2011 年 3 月至今,任中国信达资产管理股份有限公司山东分公司总经理、党委书记。

【综述】　经国务院批准,由财政部独家发起,中国信达资产管理股份有限公司于 2010 年 6 月 29 日在北京成立。山东分公司(以下简称"信达山东分公司")于 2010 年 8 月 5 日,由中国信达资产管理公司济南办事处正式更名成立。

2012 年,信达山东分公司以公司改制为契机,坚守诚信为本的经营理念,坚持以市场为导向,以客户为中心,以利润最大化为目标,围绕总公司提出的以不良资产经营为主业,全力打造以资产管理和金融服务为重点的综合化、国际化的金融集团目标,同心协力、积极创新,不断提高经营业绩和内控管理水平。同时依托总公司各项金融业务平台,秉承客户至上的服务理念,科学合理布局各项工作,注重防范风险,积极为广大客户和地方经济建设提供各项优质的金融服务,全面超额完成年度经营计划任务。

【不良资产收购与处置】　2012 年,信达山东分公司狠抓增量资产拓展,加快存量资产处置。截至年末,该公司新增收购资产 31.4 亿;实现税前利润 49810 万元,各类资产经营回收现金共计 86172 万元。

【中间业务】　2012 年,信达山东分公司实现中间业务收入 9909 万元。

【债转股股权管理】　2012 年,信达山东分公司深化股权资产经营,积极提高市场化业务收入和利润贡献度。一是对股权企业实施分类管理,积极维护公司权益;二是积极清收股权企业分红款,创造利润增长点;三是股权处置取得多项成效。

【大事记】　1 月 10 日　信达山东分公司主办的"让我们携手同行"新春联欢会在济南举行。

1 月 31 日　信达山东分公司总经理彭新主持召开全体员工大会,通报 2011 年综合考评结果,学习《财务管理方案》,并对部分人员进行调整。

2 月 9 日　信达公司监事长陈维中一行到山东分公司调研。

3 月 14 日 ~ 15 日　信达山东分公司召开 2012 年工作会议。

4 月 20 日　信达公司副总裁李月瑾一行到山东分公司调研。

5 月 4 日　信达山东分公司总经理彭新主持召开青年员工座谈会,并组织青年员工赴济南战役纪念馆参观。

9 月 10 日～11 日　信达公司董事长侯建杭赴山东分公司调研，并与分公司领导班子成员、各部门负责人及部分员工座谈。

（吴新明　赵利国）

中国东方资产管理公司青岛办事处

【第一负责人简介】　吴少杰，男，山东莱西人，1960 年 10 月生，中共党员，大学学历。1977 年 11 月起先后任山东省即墨县汽车配件厂主管会计、地方工业供销公司会计、乡镇企业局财务科长、中行即墨支行副行长、行长等职；1997 年 10 月任中行青岛市分行副行长、党委委员；1999 年 5 月任中行山东省分行公司业务处处长；2000 年 5 月任中国东方资产管理公司青岛办事处助理总经理、党委委员；2005 年 12 月，先后任中国东方资产管理公司西安办事处副总经理（主持工作）、党委副书记和总经理、党委书记等职；2008 年 11 月至今任中国东方资产管理公司青岛办事处总经理、党委书记。

【综述】　2012 年，中国东方资产管理公司青岛办事处（以下简称“东资公司青岛办”）严格按照总公司的工作部署和商业化转型的要求，不畏困难，积极进取，圆满完成了各项任务，实现了既定的工作目标。在各项业务迅速发展的同时，内部管理、综合治理更加规范有序，班子、队伍建设不断加强。

【不良资产的接收】　截至 2012 年末，东资公司青岛办累计接收中行山东省分行剥离的政策性不良资产企业 1174 户，金额 265.39 亿元。其中，债权企业 1155 户，金额 207.60 亿元，分别占总户数和总金额的 98.38%和 78.22%；政策性债转股企业 19 户，金额 57.79 亿元，分别占总户数和总金额的 1.62%和 21.78%。除接收政策性不良资产外，该办还于 2004 年接收了财政部委托处置的中行山东省分行损失类贷款本金 159.12 亿元；通过市场化运作收购了建行山东省分行可疑类贷款本金 73.85 亿元。

【不良资产处置和管理】　2012 年，东资公司青岛办根据资产资源合理配置人力资源，坚持两条战线作战，两项业务并举，一条战线抓建行可疑类资产收现不放松，一条战线抓商业化新业务不动摇，全年各类资产处置回收现金或实现收益共计 34655.26 万元，其中，中行损失类不良资产处置回收现金 7640.96 万元，建行可疑类资产处置回收现金 2165.83 万元，年度内新发生其它新商业化业务实现收益 7237.21 万元，不良贷款类资产处置收益 3205.62 万元，另外还实现手续费及佣金收入 13911.68 万元；同时，该办新增商业化业务累计融通资金 50 亿元，为山东省和青岛市众多企业提供了金融、资金服务，支持了地方经济建设。

该办在不良资产管理工作方面：一是要求项目经理做好尽职调查工作并及时入档，确保档案管理的完整性；二是加强与政府和媒体的交流沟通，采取有效措施推动了部分限制转让项目的处置；三是积极做好项目管理，及时公告催收，确保时效延续；四是强化 ISO9001 体系文件学习和内审工作，使各项工作严格按公司体系文件要求操作。

【债转股进展情况】　截至 2012 年末，东资公司青岛办现有债转股企业共 9 家，持股金额 15.39 亿元。前期完成债转股注册登记的 11 家企业，持股金额 17.45 亿元。其中，由该办牵头的完成注册登记 3 家，金额 15.24 亿元。前期已退出股权企业 2 家，金额 2.06 亿元，回收现金 1.09 亿元，回收率 52.91%。

【大事记】　3 月 8 日　东资公司陈建雄副总裁到该办考察项目，并对该办小贷公司筹建情况进行调研。

3 月 28 日　东资公司青岛办王建英任该办党委委员、纪委副书记（中东党【任】〔2012〕6 号）。

5 月 14 日～18 日　总部上海审计分部对东资公司青岛办进行现场审计检查。

5 月 16 日　东资公司青岛办刘照任该办党委委员、助理总经理（中东党【任】〔2012〕13 号、中东任〔2012〕27 号）。

5 月 31 日　东资公司陈景耀副总裁到该办进行工作调研，与该办中层以上管理人员进行座谈。

6 月 19 日　全辖片区总经理座谈会在青岛召开，东资公司陈江旭副总裁以及 7 家办事处主要负责人及业务骨干参会。

6 月 28 日　山东省金融工作办公室批准成立青岛邦信小额贷款有限责任公司。

8 月 15 日　东资公司胡小钢总裁助理到该办调研。

8 月 24 日　东资公司张子艾总裁视察该办中联、三元项目。

9 月 4 日　东资公司青岛办副总经理闫玉林因年龄原因任办事处督导员（中东任〔2012〕47 号）。

10 月 23 日　东资公司胡小钢总裁助理到济南，对开展的新商业化业务进行调研。

（李　宇）

三、银联公司

中国银联股份有限公司山东分公司

【第一负责人简介】 李金良，男，山东宁津人，高级工程师，原就职于人行济南分行科技处，2001年5月任山东银行卡网络服务中心总经理，2002年3月至今任中国银联山东分公司总经理。

【综述】 2012年，中国银联股份有限公司山东分公司（以下简称“银联山东分公司”）积极构建山东省银行卡和谐发展环境，与银行卡产业各方通力合作，推动银行卡事业又好又快发展。

【业务发展】 2012年，银联山东分公司继续推动银联标准卡发行，扩大受理市场规模，促进受理市场规范发展，防范银行卡风险，提高跨行交易质量，推动创新业务开展，深化内部管理，全面提升市场竞争力，各项工作取得较大成绩。

一、促进银联卡份额不断提升。一是选取重点银行签订年度银联卡合作协议，对发卡量、交易量和活卡量均作出明确约定；二是抓住时机向发卡银行推介银联高端卡，并提供该卡详细服务内容；三是围绕重点卡产品开展形式多样的营销宣传活动，提升公众认知度和认同度，引导客户使用银联卡。

二、促进受理市场健康快速发展。一是就专业批发市场个体工商户入网试点工作下发规范性指引文件；二是继续开展受理市场竞赛，围绕改进金融IC卡受理环境建设，改善县乡农村地区基础受理环境，提升银联卡交易质量；三是一行一策，与成员机构开展受理市场合作共建工作，重点完善农村地区基础受理网络，拓展重点涉农商户，加快推广银行卡助农取款服务。

三、拓展银行卡应用领域，做深做精受理市场。一是积极与工行、浦发银行等成员机构及银联商务等第三方机构合作，推动其对电影院、咖啡厅、茶座、面包店等商户进行终端改造，打造闪付生活圈；二是积极与快餐企业沟通，共同推动快速支付类行业的IC卡受理，已经完成济南永和豆浆10余家门店的入网。

四、创新工作有序开展。一是积极探索手机支付业务推广模式，加大与手机第三方机构、成员银行以及各大行业间的合作，为下一步该项业务快速发展打下良好的基础；二是充分利用收单机构、银商以及其他第三方的社会资源，共同拓展互联网业务网流程，加强银联在线支付宣传，吸引用户选择、注册银联在线支付；三是加强景区、酒店、宾馆、旅行社多元化营销渠道，推动省内重点地区六大旅游相关行业旅游卡特色商圈

中国银联股份有限公司山东分公司主要统计指标

项目 \ 年度	2008	2009	2010	2011	2012	2012年同比增幅（%）
入网特约商户（家）	54891	74695	99347	158694	228285	43.9
POS终端（台）	79373	117238	156519	244067	351418	44.0
交易业务（万笔）	9331	13825	19348	26321	33534	27.4
交易金额（亿元）	2024	3,092	4432	6042	7447	23.3
ATM机具（台）	6847	6900	15210	24044	25909	7.8
交易业务（万笔）	4535	5470	6739	8570	10330	20.5
交易金额（亿元）	312	411	566	799	1041	30.3
借记卡发行（万张）	1990	1823	1652	2647	1810	-31.6
信用卡发行（万张）	158	288	310	370	390	5.4

注：ATM交易数据为银联统计的跨行取款交易数据，不含银行本行卡在本行ATM机具上交易数据。

建设工作。

【风险管理】 2012 年，银联山东分公司积极发挥银联卡组织职能，促进市场健康有序发展。一是市场秩序规范常抓不懈，共筛选出不合规商户 6992 户、其中争抢存量商户 4363 户、风险商户 283 户，MCC、扣率不符商户 1340 户、其他违规入网商户 1006 户，通过严格审核新增入网商户，规范了 MCC 使用，有效防止了不合规商户入网，保证了市场健康有序的发展；二是通报疑似违规商户 940 家，名称不规范商户 1044 家，已全部完成整改；三是认真落实风险防范，维护市场安全，向各成员机构共发送疑似风险商户案例 12.7 万例，成员机构案例自行回复率为 93%，各成员机构共向风险系统报送可疑商户 119 户，查询风险系统不良信息 3.57 万次，获得不良信息报告 1090 份；四是协助公检法机关打击银行卡犯罪，为公检法机关提供案件查询 746 件，其中套现案件 315 件，涉及交易金额达到 100 万元以上的商户 337 户，其他盗窃、绑架、职务犯罪等刑事案件 431 件。

（段好勇）

中国银联股份有限公司青岛分公司

【第一负责人简介】 赵玉东，男，1970 年 5 月生，中共党员，本科学历，经济师。1993 年 7 月参加工作，历任人行青岛中支计划处副主任科员，青岛市银行卡网络服务中心办公室副主任、市场部经理、总经理助理，中国银联青岛分公司助理总经理、副总经理等职。2004 年 8 月起，担任中国银联青岛分公司总经理。

【综述】 2012 年，中国银联股份有限公司青岛分公司（以下简称“银联青岛分公司”）以推广银联标准卡为主线，从传统业务、创新业务、受理市场建设等方面，加快推动各项重点工作，跨行业务继续保持较为良好的增长态势。

【经营管理】 2012 年，银联青岛分公司积极开展丰富多样的营销活动，不断推动 ATM 跨行交易及 POS 刷卡消费再上新台阶。一是开展 POS 联合营销活动；二是继续开展郊区 POS 联合营销活动，与工行、农行、邮储银行、青岛农商银行、青岛银行等 5 家机构合作，自 6 月起至年底，共同在郊区五市二区开展针对银联标准卡的刷卡营销活动；三是先后启动了与交行、中信银行、农行、招商银行、光大银行的 ATM 联合营销活动，促进传统业务继续保持较快增长；四是先后推动齐鲁银行、新韩银行、南洋商业银行、中行、建行、韩亚银行开通了 ATM 跨行转账业务，截至年底，辖内开通此项业务的银行已达 22 家；五是与青岛市银行业协会联合推动并组织启动了《ATM

中国银联股份有限公司青岛分公司主要统计指标

项目 \ 年度	2008	2009	2010	2011	2012	2012 年同比增幅（%）
入网特约商户（万家）	1.08	1.6	2.4	3.3	3.6	9.09
POS 终端（万台）	1.89	2.80	3.8	5.1	5.5	7.84
交易业务（亿笔）	0.38	0.55	0.64	0.73	0.83	13.96
交易金额（亿元）	378	963	1322	1551	1876	20.95
ATM 机具（万台）	0.26	0.30	0.38	0.45	0.57	25.97
交易业务（亿笔）	0.17	0.18	0.20	0.24	0.27	14.01
交易金额（亿元）	111	131	162	215	255	18.60
借记卡发行（万张）	1848	2129	2435	2666	2890	8.40
信用卡发行（万张）	245	268	340	490	550	12.24

等自助终端评比活动》,加大对持卡客户使用自助设备的引导力度,不断优化 ATM 布局,提高 ATM 整体使用效率;六是突出银联标准信用卡的用卡营销,积极推进"总对总"营销项目落实;七是推动各行加快发行金融 IC 卡,适时开展金融 IC 卡刷卡促销活动;八是协调青岛市银行业协会于年初印发《关于开展银行卡受理市场规范评比活动的通知》,对辖内银行卡受理市场的不规范行为进行检查整改;九是深入开展创新业务,加快推进互联网支付,出台《互联网业务竞赛方案》,激励成员机构积极开展业务合作;十是加快推进手机支付。

【大事记】 1 月 1 日 "青岛市银行卡受理市场规范评比活动"正式启动。

4 月 1 日 启动青岛市 2012 年度 "银联刷卡月月奖"活动。

8 月 11 日 国家发改委正式批复核准《青岛市金融 IC 卡多应用试点项目》。

12 月 4 日 与市银行业协会联合召开全市各收单银行同业会议,讨论确定并签署了《银行卡刷卡手续费标准自律公约》、《公益类商户受理银行卡入网业务规范》、《公示类商户受理银行卡入网业务规范》等同业公约。

(路 瑶)

四、财务公司

中国重汽财务有限公司

【第一负责人简介】 宋其东，男、1963年4月生，山东泰安市人，中共党员，高级会计师，武汉理工大学经济学硕士研究生。1984年参加工作，先后任职于中国重型汽车集团公司财务处科长、副处长、处长，财务部副部长，销售公司副总经理兼总会计师，计划财务部部长兼中国重型汽车财务有限责任公司副董事长、总经理。2004年10月至今，任中国重型汽车集团有限公司副总会计师兼中国重汽财务有限公司董事长。

【综述】 2012年，中国重汽财务有限公司（以下简称“重汽财务公司”）积极为集团成员单位、上下游客户提供金融合规服务，以汽车消费信贷、融资租赁、买方信贷等措施助推集团汽车产品销售，对集团利润的贡献度大幅度提升，公司的金融属性逐步增强。

【集团资金的统一结算】 2012年，重汽财务公司作为集团的资金结算平台，始终坚持为集团提供及时周到的优质服务，累计实现结算量2784亿元、2.44万笔。一是对所有开户的成员单位统一调整了结算存款的利率，上浮到顶，并不断开发新业务；二是对结算系统进行了升级，大大节省了时间、提高了工作效率。

中国重汽财务有限公司主要统计指标

单位：亿元

项目 \ 年度	2008	2009	2010	2011	2012	2012年同比增幅（%）
本外币资产总额	24.09	37.63	35.43	60.86	57.17	-6
本外币负债总额	13.09	27.37	23.98	48.57	44.93	-7.5
营业收入	1.66	0.91	1.24	2.53	2.65	4.5
利润	1.02	0.70	0.98	2.01	1.73	-14
净利润	0.77	0.51	0.74	1.51	1.30	-14
上交税金	0.27	0.25	0.26	0.54	0.64	19

【汽车金融业务】 2012年，重汽财务公司充分发挥汽车金融的优势，大力开展汽车融资租赁业务，并加强风险、制度及内部管理。一是坚持定期召开贷审会制度，并对业务人员进行风险意识和思想道德、廉洁自律培训教育；二是对汽车金融业务的大量需求进行了系统完善；三是制定或修订了《信贷审查委员会工作规则》、《客户信用等级评定办法》、《融资车辆车载位置监控系统管理办法》等制度；四是加强了业务办理过程的事前、事中、事后的征信、合同审核、放款、收款、收发资料、报表报送、GPS复核等工作。

【大事记】 2月29日 山东银监局在重汽财务公司召开2011年度审慎监管会议。山东银监局王忠坦副局长，重汽集团公司总经济师童金根和重汽财务公司部分董事及财务公司领导班子成员参加了会议。

经股东会通过，2102年将重汽财务公司资本金增至10.33亿元。

4月25日 重汽财务公司在济南召开二届六次董事会。

4月26日 重汽财务公司在济南召开2011年度股东会。

10月 重汽财务公司召开成立25周年发展回顾座谈会，财务公司协会、山东银监局、人行济南分行、山东银行业协会有关人员出席了会议。

11月13日 重汽财务公司二届第七次董事会在济南召开。

重汽财务公司监事长变更：重汽集团公司委派吴建义任重汽财务公司监事会监事、任监事长职务，孔祥泉不再担任此项职务。

（刘其贵）

南山集团财务有限公司

【第一负责人简介】　隋政，男，山东乳山人，1963 年 5 月生，工商管理硕士。1979 年参加工作，1992 年 10 月起，历任香港中银集团投资有限公司副经理、经理、高级经理、副总裁、中国银行威海分行副行长、东方资产管理公司青岛办事处经理、高级经理、助理总经理、副总经理等职；2006 年 4 月起，任南山集团公司董事、副总经理兼财务公司筹备组组长；2008 年 8 月至今，任南山集团财务有限公司副董事长兼总经理。

【综述】　2012 年，南山集团财务有限公司（以下简称“南山财务公司”）积极推动业务创新，强化内部管理和队伍建设，较为圆满地完成了各项任务。

【公司经营】　2012 年，南山财务公司牢固树立“以服务求发展”的经营理念，不断提升服务能力，职能得到进一步发挥。一是围绕金融资源不断创新，从设计与集团财务管理相适应的账户管理模式到完善服务网络，实现异地企业服务全覆盖，“现金池”规模不断扩大，日均存款规模同比增长 9.1%；二是全面发挥资金中枢职能，畅通资金往来渠道，累计办理结算业务 17.7 万笔，结算金额同比增长 47%，其中网银业务占比达 80% 以上；三是着力发挥资金调节作用，累计发放贷款（含贴现）153 笔，投放资金 33.4 亿元，并设计开办了首笔买方信贷业务；四是完善柜台服务体系，通过主动上门服务、组织企业财务会计、供销人员培训以及为企业设计金融服务方案等方式，提升服务质量；五是继续实施对成员单位存款执行协定存款利率，对符合信用评级的工业企业给予基准利率下浮 10%的“两个最优”优惠政策；六是加强流动性管理，适时、适度调整资产结构，净资产收益率达 14.6%。

南山集团财务有限公司主要统计指标

单位：亿元

项目 \ 年度	2008	2009	2010	2011	2012	2012 年同比增幅（%）
本外币资产总额	5.29	33.42	43.00	49.31	45.73	-7.26
本外币负债总额	0.29	28.22	36.79	41.97	37.21	-11.34
营业收入	0.05	0.67	2.06	2.50	2.56	2.40
利润	0	0.26	1.38	1.48	1.57	6.08
净利润	0	0.19	1.01	1.11	1.18	6.31
上交税金	0	0.01	0.47	0.48	0.51	6.25

【内控及风险管理】　2012 年，南山财务公司继续加强内控及全面风险管理体系建设，全年未发生一起案件。一是大力开展合规风险评估、案件防控风险整治、地方金融风险排查等系列活动，及时消除隐患；二是对规章制度进行梳理汇编，新增了 20 余项制度；三是加大内审工作力度，强化对风险点的监督，开展各类检查 30 余次；四是超额提取风险拨备，增强抗风险能力，全年超额计提专项准备 2500 多万元，贷款损失充足率达 271.46%；五是着力推动合规文化建设，通过持续不断的案例警示教育、差错点评等，打牢案防根基。

【企业文化建设】　2012 年，南山财务公司全面推进队伍建设。一是加大培训力度，通过交任务、压担子，引导员工提高专业素质；二是充分发挥票据价格、汇率走势和国际结算产品等 3 个课题小组的作用，培养员工的求知、探索精神；三是组织开展全员读书、植树、野外拓展、参观等活动，提高队伍的凝聚力和向心力。

【大事记】 3月2日 南山财务公司相继召开第一届董事会第五次会议、第一届监事会第五次会议、第五次股东会、第二届董事会第一次会议和第二届监事会第一次会议。

（高玉臣）

海信集团财务有限公司

【第一负责人简介】 黄金萍，女，1997年5月毕业于复旦大学世界经济专业，硕士研究生学历。曾在中国建设银行任职10年，先后担任深圳市海汇、海源投资有限公司常务副总经理、总经理，现任海信集团财务有限公司总经理。

【综述】 2012年，海信集团财务有限公司（以下简称“海信财务公司”）以“立足集团、服务产业”为宗旨，加强集团资金集中管理，通过灵活运用各种金融工具，创新业务功能，有效地降低了集团整体的融资成本。截至年末，公司资本充足率44.20%，流动性比率105.43%，各项指标均优于监管要求。全年实现净资产利润率15.54%，同比提高4.65个百分点。

【公司经营】 2012年，海信财务公司全面贯彻集团发展战略，积极应对宏观调控和金融形势变化，坚持审慎合规经营原则，努力夯实基础管理工作，提升金融服务水平，稳步提升经营业绩。

一、大力推广电子商业汇票，提升海信品牌在金融市场的信誉度。一是改善现金流状况，提高集团整体支付能力；二是加强监管沟通和政策研究，创新业务形式，解决推广过程中遇到的各项疑难和障碍，取得阶段性成果。截至年末，各成员单位累计对集团外签发电票38.20亿元。

二、积极开展即期结售汇业务。通过内部结售汇和外汇市场交易调剂集团内部外汇资金余缺，降低集团整体汇兑成本。全年累计为成员单位办理内部结售汇232笔，金额合计13.50亿美元，为集团节约汇兑成本546.30万元。

海信集团财务有限公司主要统计指标

单位：亿元

项目 \ 年度	2008	2009	2010	2011	2012	2012年同比增幅（%）
本外币资产总额	8.95	30.12	40.70	49.68	46.12	-7.17
本外币负债总额	5.92	24.74	34.90	43.22	38.56	-10.78
营业收入	0.15	0.41	0.66	1.02	1.50	46.71
利润	0.04	0.29	0.56	0.89	1.45	62.86
净利润	0.03	0.21	0.42	0.67	1.09	63.24
上交税金	0.03	0.10	0.18	0.27	0.43	61.64

三、充分发挥同业业务议价优势。通过对同业利率走势进行深入分析研究，借助每日询价制度，结合自身资金状况，灵活进行短期资金的配置。当年短期同业定存业务年平均收益率4.34%，有效提高了资金收益。

四、顺利上线新一代核心业务系统。一是在保障各项业务日常管理的基础上，新系统实现了对集团资金集中收付方案的支持；二是提高资金收付效率，上线了电子回单、电子对账单及线上自动对账等功能，有效提高业务处理效率和后台服务支持能力。

【内控与风险管理】 2012年，在加强和完善内控制度建设的同时，海信财务公司一是通过加强专项稽核力度，加强对制度执行情况的监督，进一步促进业务规范化，提高基础工作质量；二是借助核心系统更换的契机，加强信息系统安全管理，完善了网络安全机制，将业务网与互联网和集团办公网络物理隔离，实现业务系统专网运行，最大程度上保障信息系统安全运行。

【大事记】 1月13日 海信财务公司与兴业银行签订全面战略合作协议。

1月 海信财务公司召开2012年年度经营工作会议。

6月 海信财务公司与成员单位签订第一份《票据库质押开票协议》。

7月 海信财务公司召开2012年年中经营工作会议。

9月 青岛银监局完成对海信财务公司的风险评价现场检查。

9月14日 海信财务公司完成股东变更，并完成相关章程修改事项。

11月9日 人民银行对海信财务公司准备金缴存及重大事项报告执行情况开展现场检查。

12月21日 海信财务公司新核心业务系统上线试运行。

（王璐璐）

中国石化财务有限责任公司山东分公司

【第一负责人简介】 张建江，中共党员，经济师。曾任中国石化总公司财务部综合处副处长兼办公室副主任，中石化财务公司信贷处副处长、南京办事处副主任（主持工作），办公室主任、人事劳资部经理、信息部经理，2010年9月起，任中石化财务公司副总工程师（首席信息师），2011年7月起，兼任山东分公司经理。

【综述】 中国石化财务有限责任公司山东分公司（以下简称“中石化财务山东分公司”）是经中国银行业监督管理委员会批准，于2007年7月成立的非银行金融机构。2007年9月1日正式营业，公司设在山东省青岛市，营运资金1亿元，现有从业人员31人。

2012年，山东分公司秉承“立足石化、服务主业、争创一流”的经营宗旨，重点为山东辖区的胜利油田、齐鲁石化、青岛炼化和青岛石化等80多家成员企业提供金融服务。

【公司经营】 2012年，中石化财务山东分公司可以办理《企业集团财务公司管理办法》中规定的人民币业务有：对成员单位吸收存款、办理贷款、委托贷款、票据贴现及转贴现、票据承兑、融资租赁；办理成员单位之间的内部结算；办理成员单位之间的；协助成员单位实现交易款项的收付。

【内控与风险管理】 2012年，中石化财务山东分公司认真落实内控稽核有关规定，坚持把风险防范和业务安全放在一切工作的首位，相继开展了各项业务常规检查及2010年以来各项业务自查，并顺利通过中石化财务公司稽核部现场检查，进一步深化了风险意识、规范了业务开展。

【大事记】 2月2日 海信财务公司同仁赴中石化财务山东分公司进行业务交流。

中国石化财务有限责任公司山东分公司主要统计指标

单位：亿元

项目＼年度	2008	2009	2010	2011	2012	2012年同比增幅（%）
本外币资产总额	114.79	123.76	65.53	89.31	156.02	74.69
本外币负债总额	114.24	122.76	64.56	88.87	154.55	73.91
营业收入	4.65	3.39	2.94	2.50	5.21	108.40
利润	0.77	1.33	1.28	0.58	1.96	237.93
净利润	0.58	1.00	0.96	0.44	1.47	234.09
上交税金	0.46	0.68	0.41	0.35	0.50	42.86

2月16日　中国银行山东省分行同仁赴中石化财务山东分公司交流金融风险控制经验。

3月20日　中石化财务公司副总经理史立明莅临山东分公司检查指导工作。

4月9日　中石化财务公司党委副书记、纪委书记、工会主席谢东一行莅临山东分公司检查指导工作。

5月21日　中石化财务公司副总经理高中元一行莅临山东分公司检查指导工作，并赴成员企业调研资金集中管理开展情况。

7月6日　中石化财务公司党委书记、总经理张保龙一行莅临山东分公司检查指导工作,并深入成员企业调研。

7月23日　中石化财务公司稽核部赴山东分公司开展现场稽核。

12月18日　中石化财务公司印发财司经[2012]80号文，授予山东分公司2012年度先进集体称号。

（许钦珍）

五、金融院校

山东轻工业学院财政与金融学院

【第一负责人简介】 许广法，男，1966 年 7 月生，山东济宁人，中共党员，1987 年参加工作，大学本科学历，华中科技大学在读软件工程硕士，副研究员。历任山东轻工业学院教师、成人教育处副科长、办公室主任。2001 年 6 月起，先后任山东轻工业学院成人教育学院副院长，艺术设计学院党总支副书记（主持工作），艺术设计学院党总支书记，2011 年 3 月至今任山东轻工业学院财政与金融学院院长。

【综述】 山东轻工业学院财政与金融学院（以下简称“山轻财金学院”）组建于 2011 年 3 月。作为山东轻工业学院的二级学院，经历了两个发展时期：隶属于人行的山东银行学校发展时期（1948–2001）、山轻金融职业学院发展时期（2001–2011）。2011 年 3 月组建山轻财金学院；并以山轻金融职业学院的管理人员为依托成立山轻东校区管委会办公室，承担行政管理、后勤保障、社会服务等职能，山轻金融职业学院的法人代表由东校区管委会办公室负责人兼任。

该院内设 2 个系、4 个教学部、2 个研究所和 1 个实验教学中心，教学服务设施齐全。设置金融学、国际经济与贸易 2 个本科专业，以及金融学、会计学、财务管理、法学、市场营销、计算机信息管理、金融保险、投资与理财、计算机应用技术、国际经济与贸易 10 个专科专业；全日制在校生本科为 201 人、专科为 1951 人；有专任教师 75 人，其中，教授 11 人，副教授 33 人；具有博士学位（含在读）的教师 11 人，具有硕士学位的 56 人；毕业生综合就业率达 93.82%以上。

【教学工作】 2012 年，山轻财金学院坚持以学生为中心，不断深化教育教学改革，完善质量监控体系，注重学生实践创新能力的培养，教育教学质量保持较高水平。一是加强学科专业建设，新增 2 个本科专业，停招 4 个专科专业，金融学专业被列入省级非财政支持重点专业建设项目，启动“金融学”校级重点学科的申报工作；二是启动 8 门创新课程的试点工作；三是重新修订《人才培养和引进管理办法》，鼓励教师在职攻读博士学位，2012 年在职考取博士 3 人，引进博士 2 人，海外留学人员 1 人，选派 4 名教师到国内外访学，晋升教授 2 名、副教授 5 名；四是设立证券投资、银行、金融手工、国际贸易实务、会计模拟等各个实验室（ERP），新建校外教学实习基地 2 个，制订《实践技能测试办法》，举办了小键盘录入、点钞技能等大赛；五是重新修订《教学质量评价暂行办法》，建立了教学质量评价和监控体系，开展了教风、学风建设活动、多媒体课件评比、批改作业评比、英语“天天读”、英语词汇比赛、英语角等一系列活动，促进了教学水平的不断提高。

2012 年，学生计算机文化基础考试通过率 95.01%，英语四级考试通过率 53.64%，专升本考试录取率 64.2%。

【内部管理】 2012 年，山轻财金学院认真做好服务保障和管理工作，确保各项工作顺利进行。一是制定了《社会办学管理暂行办法》，《经费管理办法》，《教学与学术委员会工作职责》，《物资设备招标采购工作规程》，《关于进一步完善岗位津贴分配制度的实施方案》等，健全了各项规章制度；二是认真编报年度经费预算和决算报告，教育经费较上年增长 26%，严格执行财会制度和各项收支标准，努力提高会计核算质量；三是投资 165 万元新建了第一语音室、两个模拟实验室以及 34 个多媒体教室，采购教学用投影仪 2 台，全面改造田径场，新建了主席台，铺设了塑胶跑道，翻新了篮球场，投资 40 万元对第二食堂进行改造，投资改造新办公楼的暖气设备，更换了办公桌椅；四是在清查全部资产基础上，对涉及 2500 多件、原值 291 万元的报废资产分 6 个批次进行了处置，获残值收益 13 万多元；五是积极做好师生员工的卫生保健和防疫工作；六是采购图书 2026 册、订购期刊、报纸 169 种，延长阅览室开放时间，平均每天开放达 10 小时，接待读者 25000 多人次；七是成立消防安全领导机构，定期开展以防火、防盗、防事故为主要内容的安全检查，培训义务安全消防队员，组织消防演习，经常对驾驶员进行行车安全教育，确保车辆安全行驶。

【科研工作】 2012年，山轻财金学院加大科研平台建设力度，科研水平稳步提高。一是建立考核办法，完善评价机制；二是设立科研项目配套和奖励专项资金，引导和鼓励教师积极开展科研工作；三是成立6个科研团队；四是开展科研人员学术素质提升工程计划，组织专题讲座6次，邀请国内知名教授、专家来院做学术讲座5人次，教师参加国内学术会议40余人次。2012年，省部级课题立项10项，厅局级课题立项30项，科研经费到位22万元，发表论文84篇，其中CSSCI9篇，北大核心期刊23篇，国际学术论文、外文期刊52篇，主编或参编教材6部。

【招生与就业】 2012年，山轻财金学院一是录取本专科生902人，其中本科生202人，专科生700人，本科报到率为99.5%，专科报到率为86.57%，创历年新高；二是成立毕业生就业指导领导小组，通过多种形式服务于毕业生就业工作。2012年，534名专科毕业生顺利毕业。其中，有88名同学考取了专升本，66名通过参加自考取得本科文凭，24人获得省级优秀毕业生称号，30人获得校级优秀毕业生称号，综合就业率达93.82%。

【精神文明建设】 2012年，山轻财金学院大力加强精神文明建设，促进校园和谐发展。一是认真落实学校文明单位创建活动实施方案，美化、绿化校园环境，认真落实学院文化与文明建设春天行动计划，不断提升文化氛围；二是制定《师德师风建设活动实施方案》、《“教风、学风建设活动月”实施方案》，开展了形式多样的活动，形成了教师爱岗敬业、严谨治学，学生勤奋好学、努力成才的优良教风和学风；三是充分发挥院工会、团委、学生社团的作用，开展了各项有意义的活动；四是坚持党委中心组理论学习制度，充分发挥其政治核心作用；五是组织填写《岗位廉政风险点查找表》，进一步强化了岗位责任意识和廉政风险意识。

（周光云）

第九部分

区域性金融运行报告
——鲁中地区

济南市

【经济金融概况】 2012年，济南市呈现出经济运行逐季回升、平稳向好，社会事业健康发展、和谐稳定的良好局面。一是全市经济运行呈现“低位开局，逐季回升”的态势；二是社会融资规模大幅增长，截至年末，银行表外融资大幅增长78.8%，而非金融企业通过证券市场直接融资更是高速增长，特别是企业通过银行间债券市场净增直接融资356.9亿元，同比多增273.9亿元，增长3.3倍；三是信贷结构进一步优化，对全市重点领域和薄弱环节支持力度不断加大，信贷投放进一步向传统支柱性行业倾斜，重点项目建设资金供应加大，银团贷款大幅增加，重点支持领域贷款增势良好；四是全市金融机构致力于支持经济发展的基础薄弱环节，“三农”和中小企业贷款均保持了良好增长态势。

【货币政策实施】 2012年，中国人民银行济南分行营业管理部（以下简称“人行济南分行营管部”）加强“窗口指导”和政策引导，推进信贷结构调整优化，引导金融支持实体经济，取得了明显成效。

一、引导金融支持实体经济发展成效显著。一是制定印发了《关于贯彻执行稳健的货币政策 支持实体经济发展的指导意见》，引导全市银行机构进一步加大对在建续建重点项目、战略性新兴产业、节能环保产业、文化产业、社会民生领域等的信贷支持力度，为实体经济发展创造了良好的货币信贷环境；二是继续深化银政企合作，协调市发改委等部门举办了实体经济重点项目银企合作活动，组织驻济银行机构对120个省市级重点实体经济项目达成贷款意向208亿元，对项目企业综合授信480亿元；三是灵活运用货币政策工具“支实、支农、支小”，有效发挥人行资金的杠杆撬动作用，引导银行机构进一步加大对机械制造、贸易服务等经济发展薄弱环节的信贷投入，信贷增长基本实现了总量适度，结构优化。

二、创新货币政策传导方式收到实效。一是协调市科技局、财政局出台了《科技金融风险补偿金管理办法（试行）》，设立了科技金融风险补偿基金，健全完善了科技型中小企业贷款风险分担和投入激励机制；二是全年共运用风险补偿资金1343万元，支持中小企业和战略性新兴产业，促进了银企良性互动发展；三是深入推进落实绿色信贷政策，对银行机构实施该政策情况进行评估，督促其不断扩大绿色信贷规模，建立健全产品和服务体系，对该工作取得明显成效的8家银行机构进行了通报表彰，进一步增加了对绿色、低碳、循环经济等的信贷投入，严格控制对“两高一剩”行业的贷款，推动全市经济发展方式的进一步转型；四是继续加强与市政府有关部门、各银行机构和企业的沟通协调，积极为企业利用银行间债券市场直接融资疏通渠道、创造条件，协调济南市大中型企业通过银行间债券市场直接融资593.9亿元，同比增加256亿元，进一步拓展了企业融资渠道、优化了融资结构。

【金融稳定】 2012年，人行济南分行营管部强化金融稳定措施效果明显。一是在全省率先开展了信托机构稳健性现场评估，并就评估中发现的问题向被评估机构发出了评估事实确认书和风险提示书，达到了及早发现风险隐患、有效规避风险的目的，为全省提供了模式范本；二是与金融机构签署了《维护金融稳定责任书》，提高了其履行金融稳定工作职责的主动性；三是建立了“金融稳定工作联席会议制度”，进一步加强与政府部门、金融监管部门间的信息交流与工作协调，增强了有效防范金融风险、及时处置金融突发事件的整体合力；四是部分县（市）建立了司法金融联席会议制度，进一步提高了县域金融风险处置效率，推动了县域金融生态环境的进一步优化。

【金融服务】 2012年，人行济南分行营管部积极开展金融服务创新，服务民生、服务社会的能力进一步提升。一是支付体系和环境建设成果显著，农村支付服务环境建设工作提前3个月实现了“辖区行政村金融基础设施100%全覆盖、100%的县域以下银行机构参与农村支付环境建设”的目标；二是国库综合服务向更高层次延伸，实现了财税库行横向联网系统与国库会计数据集中系统(TCBS)的成功对接，多部门联合下发了《关于进一步规范预算收入退库业务的通知》，简化、规范了退库业务流程；实现了市级、区级非税收入联网集中缴库，征缴时间缩短为最迟次日入库；三是人民币管理和服务工作取得新进展，在全省率先开展了“零币直通车活动”试点，实现了零币流通从人行到商场、超市的无缝对接，组织全市银行机构在人员密集区域累计开展了207次以“打击假币犯罪，净化人民币流通环境”等为主题的反假货币专题宣传，进一步提高了城乡居民反假技能和意识；四是征信服务水平进一步提高，通过增设征信服务窗口和人员，购置设备，严格标准化操作流程，征信窗口服务效率进一步提高，信用评级工作继续推进，全辖评级签约企业同比增长近20%，评级签约担保机构增至35家，机构信用代码推广工作有效开展，辖内共发放机构信用代码证13.8万张，完成率110.9%，位列全省前列；五是金融消费者权益保护工作有效开展，组织全市银行机构开展了“3·15”金融消费者权益保护宣传周活动，认真受理并圆满解决了多起金融消费者投诉，并开展了对齐鲁银行等3家金融机构个人金融信息保护情况的专项检查，督促银行机构切实履行保护个人金融信息安全的法定义务。

【金融监管】 2012年，人行济南分行营管部更新监管理念

济南市经济主要统计指标

指标 \ 年度	2008	2009	2010	2011	2012	2012 年同比增幅（%）
土地面积（平方公里）	8177	8177	8177	8177	8177	0
人口（万人）	603.99	603.27	604.1	606.64	609.21	0.4
城镇人口（万人）	109.26	111.07	112.91	115.42	—	—
乡村人口（万人）	494.73	492.2	491.19	491.22	—	—
地区生产总值（亿元）	3017.42	3351.4	3910.8	4406.29	4812.68	9.5
第一产业（亿元）	175.01	187.1	215.2	237.86	252.92	4.7
第二产业（亿元）	1330.68	1453.6	1637.5	1828.97	1938.14	9.2
工业（亿元）	1140.14	1211.4	1352.4	1507.88	1603.08	9.7
建筑业（亿元）	190.54	242.2	285.03	321.09	335.06	6.8
第三产业（亿元）	1511.73	1710.74	1720.33	2339.46	2621.62	10.1
人均地区生产总值（元）	45724	55520	64783	64311	69574	8.4
地区生产总值构成（%）	—	—	—	—	—	—
第一产业（%）	5.80	5.6	5.50	5.4	5.3	-0.1
第二产业（%）	44.10	43.4	41.87	41.5	40.3	-1.2
第三产业（%）	50.10	51	52.63	53.1	54.5	1.4
财政总收入（亿元）	922.6	967.7	1285.1	1387.4	1610.3	16.1
地方财政收入（亿元）	186.0	210.2	266.1	325.4	380.8	17.0
财政总支出（亿元）	—	—	659.7	668.1	—	—
地方财政支出（亿元）	221.5	259.3	336.8	396.9	461.4	16.6
全社会固定资产投资（亿元）	1415.3	1655.4	1987.4	1934.3	2186.1	20.4
规模以上固定资产投资（亿元）	994.1	—	—	—	—	—
房地产开发（亿元）	274.1	332.6	484.5	527.2	663.3	25.8
进出口总值（亿美元）	80.27	56.57	74.1	104.0	91.5	-12.1
出口总值（亿美元）	45.97	30.47	40.6	43.5	57.2	-5.4
实际利用外资（亿美元）	8.64	9.81	10.4	11.0	12.2	10.9
社会消费品零售总额（亿元）	1356.7	1617.9	1725.5	2023.1	2323.6	14.9
居民消费价格指数（%）	105.69	100.33	102.1	105.4	103.0	3.0
城市居民人均可支配收入（元）	20802.2	22721.7	25321.1	28892	32570	12.7
农民人均现金收入（元）	7180.2	7804.8	8903.3	10412	11786	13.2

济南市工农业主要统计指标

农业主要统计指标（万吨）				规模以上工业企业主要统计指标（亿元）			
项目 \ 年度	2011 年	2012 年	增幅（%）	项目 \ 年度	2011 年	2012 年	增幅（%）
粮食	295.84	304.00	2.8	工业增加值	1355.2	1357.4	10.11
夏粮	128.95	—	—	国有工业	240.7	240.4	11.8
秋粮	166.89	—	—	集体工业	21.2	10.2	37.2

续表

农业主要统计指标（万吨）				规模以上工业企业主要统计指标（亿元）			
项目＼年度	2011年	2012年	增幅（%）	项目＼年度	2011年	2012年	增幅（%）
棉花	2.84	2.76	-4.5	股份制工业	799.5	839.5	10.0
油料	5.48	5.67	3.5	股份合作制工业	1.6	2.1	1.2
水果	48.01	50.6	5.3	外商及港澳台投资工业	116.8	130.8	12.9
蔬菜	617.82	633.62	2.6	轻工业	329.9	351.0	10.63
肉类	38.8	39.80	2.5	重工业	1025.3	1006.4	9.94
禽蛋	35.2	36.12	2.6	销售收入	4818.6	5032.4	9.64
奶类	31.4	33.23	5.8	利税	448.5	420.6	-2.38
水产品	4.4	4.5	3.4	利润	239.4	176.9	-9.76
森林覆盖率（%）	31.1	32.3	3.9	经济效益综合指数（%）	299.51	246.87	3.7

注：自2012年起，规模以上工业经济的统计口径改为2000万。

济南市主要金融机构负责人

单位名称	行长（或其他称谓的第一负责人）	副行长（或其他称谓的同级领导）	员工总数	辖内营业网点数
人行济南分行营管部	陈好孟	岳隆杰 黄 磊 孙国强 王 刚 刁云涛 刘向群	--	--
农发行山东省分行营业部	谢 军	李 慧 邢怀超 刘 健	209	7
工行山东省分行营业部	朱岩峰	武宗选 刘 静 杨景泉 王 波 王愿红 刘瑞林 董 矫 许 龙	3984	147
农行山东省分行营业部	翟世勇	王旭光 孙延风 袁朝阳 李登才 刘剑波 吴晓娟	3017	140
中行济南分行	孟和平	郝连才 张述明 仲维功 周曙光 刘焕竹 李栋柱 左文莉 陈 静 靳红举 解传富 王 妤	1770	66
建行山东省分行营业部	朱治昌	陈 鹏 朱晓磊 荣卫民 刘 双 赵海红	2753	125
中信银行济南分行	侯训义	刘国栋 柳永生 张少华 张海鹰 季向霞	1008	29
光大银行济南分行	王 欣	陈贵明 林 燕 王衍行 张建华 姜立惠	489	14
华夏银行济南分行	孙彤军	李 燕 王秀荣 陈立京 张沛儒 张 虹	1087	29
平安银行济南分行	王方政	张汉忠 陈振华 叶逢海 范广文 林 杰	502	10

续表

单位名称	行长（或其他称谓的第一负责人）	副行长（或其他称谓的同级领导）	员工总数	辖内营业网点数
招行济南分行	周伟林	季　萍　齐君承　孟　丽　吕成玉　胡文有　张　洪　文　磊　卢　燕	1353	35
浦发银行济南分行	耿光新	刘　华　孔　建　丛威娜	946	26
民生银行济南分行	陈焕德	李　伟　孙　兴　彭曙光　韩咏军　蔡丹平	1341	26
恒丰银行济南分行	朱　鸣	韩　民　李　静　赵　煜　赵先海	275	8
渤海银行济南分行	王仁宝	宋　奇　孙开贤　陈光伟　王铁华	264	4
浙商银行济南分行	李玉波	陆为民　吴宝国　姜　兵	174	2
广发银行济南分行	庞新锋	杜经涛　许铁民　顾　蓉	164	1
齐鲁银行	王晓春（董事长、党委书记） 胡晓蒙（党委副书记） 黄家栋（行长）	王建军　王洪业　赵学金　张常平　柴传早　李迎春　毛芳竹　徐业东　张　华　崔　香　张海燕　张殿东	2100	83
威海市商行济南分行	张仁钊	凌　伟　谢　磊　王希峰　王振江	237	6
青岛银行济南分行	潘丽宏	刘同刚　张甲富　张渤林	206	4
日照银行济南分行	王云龙	郭全海　王　刚	84	2
天津银行济南分行	姚志坚	潘　玲　栾德志　申凤玲　刘亚军　张维东	173	3
北京银行济南分行	王淑梅	曹亦男　李国庆	219	4
莱商银行济南分行	苏全利	马新生　李华珍　巩长青	92	4
山东省农信联社济南办事处	王宝城	张洪堂　张新华　杨　艳	4155	348
邮储银行济南市分行	李玉柱	李大鹏　席晓琳	1174	195
汇丰银行济南分行	仇吉媛	黄黎明	31	1
渣打银行济南分行	王敬禹		32	1
山东省商业集团财务有限公司	李　明（董事长） 张志强（总经理）	马玉义　王金栋　吕元忠　高振斌　周卫民	29	1
山东重工集团财务有限公司	吴汝江	庄新亭　张　珉　黄　震	33	1
章丘齐鲁村镇银行	马　峰	王　芳	29	1
济南槐荫沪农商村镇银行	张成立	孙剑锋	25	1
济南长清沪农商村镇银行	李军昌	陆　勇	17	1

济南市金融业务统计指标

指标（亿元）＼年度		2008	2009	2010	2011	2012	2012年同比	
							增加额	增幅（%）
银行类	本外币存款余额	5075.96	6422.7	7601.9	8364.1	9893.8	1530.1	18.3
	人民币存款余额	5036.81	6363.3	7510.4	8275.8	9798.5	1523	18.4
	*单位存款	1936.17	2669.78	2955.3	5385.3	6392.1	997.1	18.5
	储蓄存款	1588.53	1911.53	2187.7	2427.5	2888.7	461.3	19
	本外币贷款余额	4176.19	6200.59	7035	8009.8	8632.8	622.9	7.8
	人民币贷款余额	4116.68	5700.86	6319.1	6893.7	7406.2	512.5	7.4

续表

指标（亿元） \ 年度		2008	2009	2010	2011	2012	2012年同比 增加额	2012年同比 增幅（%）
银行类	短期贷款	1762.04	1729.33	1898.6	2313.6	2756	442.4	19.1
	中长期贷款	1971.8	3524.97	4093.7	4151.8	3948.7	-203.1	-4.9
	票据融资	379.87	443.39	220.2	270.1	451	180.9	67
	当年结益	69.64	86.66	101.5	120.2	195.1	50.5	34.9
	不良贷款余额	110.77	119.15	115.6	86.7	86.5	-0.2	-0.23
	不良贷款占比%	2.65	1.92	1.83	1.02	1.00	-0.02	-1.96
保险类	保险公司保费收入	85.3	84.3	113	110.345	122.5	12.2	11
	财险收入	17.5	21.9	27.7	32.91	37.9	5	15.11
	寿险收入	67.8	62.4	85.3	77.44	84.6	7.2	9.3
	保险公司赔款和给付支出	20.5	23.15	21.4	27.73	35.2	7.5	26.93
	财险赔款	9.7	9.89	10.6	12.61	16.8	4.2	33
	寿险给付	10.8	13.26	10.8	15.12	18.4	3.3	21.87
	当年结益	—	—	—	—	—	—	—
证券类	证券市场成交总额	5094.82	9934.38	11263.8	6860.13	5346.63	-1513.5	-20.97
	投资者保证金余额	107.02	268.84	271.1	265.2	233.5	-31.7	-12
	证券账户开户数（万）	66.13	73.19	75.3	118.22	107.4	-10.82	-9.2
	佣金收入	28.87	31.5	32.7	30.4	26.8	-3.6	-11.8
	净利润	4.47	8.7	8.9	1.75	1.27	-0.48	-27.4
	期货市场成交总额	22562.27	16108.2	18909.6	27627	23858	-3769	-13.6
	期货客户保证金余额		21.71	27.4	13.25	15.0	1.75	13.2
	期货账户开户数（万户）	3.7	4.31	4.85	6.61	5.48	-1.13	-17.1
	期货手续费收入	—	—	—	—	—	—	—
	利润总额	0.46	0.58	0.71	0.6	0.46	-0.14	-23.3

济南市金融机构统计指标

指标（个） \ 年度		2008	2009	2010	2011	2012	2012年同比增幅（%）
银行类	法人机构	8	8	8	11	16	45.45
	省级分行	2	2	2	25	28	12
	二级分行	8	8	8	13	14	7.69
	县区支行	191	194	196	198	200	1.01
	分理处、营业所	244	234	237	240	263	9.58
	储蓄所	—	—	—	—	—	—
	从业人员总数	21407	23137	24937	26436	26298	-0.52
保险类	保险机构	49	52	55	71	72	1.41
	财险机构	20	21	22	29	30	3.45
	省级分公司	—	10	10	14	15	7.14
	地市分公司	20	11	12	13	13	0
	县区支公司	43	43	44	47	49	4.26
	寿险机构	29	31	33	42	42	0

续表

指标（个） \ 年度		2008	2009	2010	2011	2012	2012年同比增幅（%）
保险类	省级分公司	--	25	26	29	29	0
	地市分公司	19	6	8	4	4	0
	县区支公司	20	20	20	40	42	5
	从业人员总数	2530	27418	27841	31381	31124	-0.82
	财险人员	5016	5560	5977	6361	5156	-18.94
	寿险人员	20289	21858	21864	25020	25968	3.79
证券类	证券机构	39	42	43	87	89	2.3
	证券公司	1	1	1	1	1	0
	证券营业部	36	41	42	53	57	7.55
	证券服务部	2	3	3	4	4	0
	从业人员总数	1563	1582	1608	1621	1618	-0.19
	投资者开户（万户）	95.93	119.2	128.7	124.4	121.5	-2.33
	境内上市股票支数	20	21	21	23	28	21.74
	境外上市股票支数	6	6	7	8	4	-50
	辖区上市公司总数	24	25	26	30	30	0

济南市主要金融机构业务概况

单位：亿元

单位名称	本外币存款余额	人民币单位存款	人民币储蓄存款	本外币贷款余额	人民币短期贷款	人民币中长期贷款
国开山东省分行	120.4	51.6	0.0	2654.9	83.3	1212.8
农发行山东省分行营业部	19.2	19.2	0.0	73.3	48.2	17.0
工行山东省分行营业部	1263.8	709.9	531.5	877.3	136.1	658.3
农行山东省分行营业部	1102.2	608.5	455.2	659.1	184.6	435.4
中行济南分行	622.4	428.2	145.3	352.3	63.6	265.4
建行山东省分行营业部	1033.8	564.8	437.3	460.8	79.5	351.8
交行山东省分行	382.8	292.3	56.5	207.4	107.9	98.1
中信银行济南分行	378.6	287.2	59.4	251.8	143.8	88.0
光大银行济南分行	201.3	172.9	20.4	161.6	91.5	63.0
华夏银行济南分行	193.9	162.5	29.9	173.8	106.8	58.7
平安银行济南分行	279.5	226.9	30.6	189.7	164.2	19.1
招行济南分行	388.1	255.3	125.9	355.8	193.9	141.2
浦发银行济南分行	373.2	277.3	54.5	230.1	140.8	79.2
兴业银行济南分行	315.5	263.5	50.5	155.4	63.7	82.5
民生银行济南分行	398.0	329.1	50.0	244.5	166.7	75.2
恒丰银行济南分行	73.4	64.4	8.4	43.9	28.8	11.3
渤海银行济南分行	105.5	95.5	7.1	79.5	54.2	17.8
浙商银行济南分行	107.7	101.9	1.4	62.7	56.6	5.8
广发银行济南分行	80.3	75.4	4.3	56.2	51.9	0.2

续表

单位名称	本外币存款余额	人民币单位存款	人民币储蓄存款	本外币贷款余额	人民币短期贷款	人民币中长期贷款
齐鲁银行	560.8	346.8	174.7	375.4	133.8	73.3
威海市商行济南分行	114.2	104.9	8.8	73.2	63.3	8.2
青岛银行济南分行	97.7	86.4	10.7	65.6	59.4	6.0
日照银行济南分行	36.4	33.1	2.4	24.7	23.7	0.7
天津银行济南分行	122.9	119.0	3.6	79.2	70.9	4.4
北京银行济南分行	88.4	80.5	4.8	117.6	84.8	25.7
莱商银行济南分行	26.1	23.7	2.4	19.8	17.0	0
农信合作机构合计	599.5	127.6	468.6	434.0	263.1	99.7
邮储银行济南市分行	179.1	37.7	141.3	43.9	13.6	24.9
重汽财务公司	43.1	43.1	0	26.4	9.8	6.4
汇丰银行济南分行	10.7	6.3	1.0	30.1	14.6	7.1
渣打银行	0.4	0.4	0.1	4.7	2.6	0.4
村镇银行合计	7.2	4.9	2.3	3.4	3.1	0.2
鲁商财务公司	15.7	15.7	0	6.7	5.6	1.1
山钢财务公司	14.5	14.5	0	15.7	15.0	0
山东重工财务公司	24.4	24.4	0	9.5	6.5	0
中国电力财务公司	336.6	336.6	0	13.1	3.0	10.1

济南市各县级区域经济金融主要统计指标

名称	人口（万人）	面积（平方公里）	地区生产总值（亿元）	地区生产总值增速（%）	本外币存款余额（亿元）	储蓄存款（亿元）	本外币贷款余额（亿元）
章丘市	101.8	1855	678.7	10.5	369.35	249.35	231.27
平阴县	37.09	827	164.2	11.5	110.48	68.90	57.65
济阳县	55.67	1098.8	238.0	11.5	95.3	70.50	44.4
商河县	62.85	1162.9	128.2	13.2	90.28	61.65	52.10

和方法，金融监管效率明显提升。一是稳步实施金融机构法人监管制度，推动由“合规监管”向“风险为本”的模式转变；二是“两管理、两综合”工作继续强化，完成了对济南市102家金融机构的综合评价，并提出了整改意见，认真做好新设银行机构开业管理工作，进一步规范了新设银行机构开业相关文件的报送、流转及新设机构现场验收程序；三是严格执行新设银行机构高级管理人员及重要岗位从业人员考试制度，全年共组织渣打济南分行等19家新设机构201人参加了业务技能考核；四是先后组织开展了支付结算、现金收付、金融统计等业务的专项检查20余次，并采用约见谈话、情况通报、罚款、行政处罚等方式督促相关金融机构对存在问题进行全面整改，巩固了辖区金融业依法合规经营、稳健有序发展的良好局面。

【保险业务】 2012年，济南市保险业务保持平稳增长，经济补偿和保障民生的功能持续增强。

【证券市场】 2012年，济南市证券期货交易持续下滑，企业上市进展顺利。今年以来，该市证券期货市场持续低迷，但下半年较上半年有所好转。上市融资方面，澳华新能源在伦敦交易所挂牌上市，山东路桥借壳ST丹化即将复牌，山东钢铁于3月19日增发再融资37.6亿元，华电国际7月3日增发再融资18.72亿元，积成电子增发再融资申请已获证监会审核通过，计划再融资2.18亿元。

【精神文明建设】 2012年，人行济南分行营管部、工行山东省分行营业部、农行山东省分行营业部、招行济南分行、邮储济南市分行、农行商河县支行、长清区农信联社张夏信用社等多家机构经复查合格为省级文明单位。山东济南润丰农村合作银行在省精神文明建设委员会、省社会科学界联合会与省创新管理研究院合办的评选中获得省级管理文明先进单位称号。

【大事记】 3月10日 山东省第一家中小企业综合性金融服务平台山东九信金融超市管理有限公司（简称：山东金融超市）在济开业。

4月13日 人行济南分行营管部组织召开了2012年一季度济南市银行行长联席会议。该分行营管部党委书记、主任陈好孟通报了一季度金融运行情况，安排部署了2012年货币信贷、金融管理与服务等工作。会议通报了金融机构综合评价A级单位和绿色信贷工作先进单位，各金融机构主要负责人签订了维护金融稳定责任书，建行山东省分行营业部等部分银行机构主要负责人做了交流发言，市政府特邀咨询张宗祥到会讲话。

4月25日 人行济南分行营管部召开机构信用代码推广应用动员会暨2012年征信管理工作会议，正式启动其推广工作。

4月28日 山东省商业集团财务有限公司在济南成立。

5月18日 广发银行济南分行正式开业，这是最后一家入驻济南的全国性股份制银行。至此，全国13家股份制银行已经全部入驻济南，济南向区域性金融中心目标又迈进一大步。

5月29日～30日 济南槐荫沪农商村镇银行和长清沪农商村镇银行分别正式开业。

6月5日 中国银监会下发文件（银监复〔2012〕269号），正式批准山东重工财务公司开业。

6月6日 “齐鲁银行”号环城游船起航仪式举行。

6月11日 人行济南分行营管部联合市发改委等部门在龙奥大厦举办了济南市实体经济重点项目银企合作签约仪式。驻济银行机构围绕全市实体经济125个重点项目和列入省级战略性新兴产业的33个重点项目，积极与企业进行对接，签订了208亿元贷款和480亿元综合授信意向协议。

6月27日 渣打银行（中国）有限公司济南分行正式开业。

7月6日 “2012浦发银行济南分行西藏光明行”新闻发布会暨援藏车队启动仪式隆重举行。

8月21日 济南市政府召开全市金融稳定工作联席会议。会议研究同意《金融稳定工作联席会议制度》，会议确定由多部门联合发布《关于防范和打击非法金融活动维护金融稳定的通告》，以引导公众增强法律意识和识别能力，从源头上遏制非法金融活动。

9月27日 邮储济南市分行发放该市首笔林权抵押贷款，平阴榆山林农胡卫华取得了林权抵押贷款10万元。

11月14日 在人行济南分行营管部和市科技局的协调推动下，市政府在龙奥大厦举办了济南科技金融支撑计划启动签约仪式。北京银行、民生银行、招行、齐鲁银行4家银行成为首批济南市科技金融风险补偿金合作银行。

12月6日 济南市政府与建行山东省分行在舜耕山庄签署了《战略合作协议》，确定进一步扩大和深化全面合作，建立更加紧密稳定、持续成长的政银合作关系。

12月7日 济阳农村商业银行正式挂牌成立，这是该县首家挂牌成立的农村商业银行。

12月末 中行济南分行跨境人民币结算业务量实现46.73亿元，较去年新增18.48亿元，跨境人民币结算业务量和市场份额连续3年保持济南市各商业银行第1位。

（唐鲁生）

章丘市

【经济金融概况】 2012年，章丘市继续保持了较好的发展势头。一是加快转型升级，效益继续提高，粮食产量实现十连增，农产品地理标志登记总数名列全国第一；二是金融运行平稳，对地方经济发展的支持力度加大；三是金融机构贡献和收益大幅增长，截至年末，该市银行机构综合贷存比为62.8%，同比增长1.8个百分点，新增贷存比73%，同比提高19个百分点，实现利润6.35亿元，同比增长19.8%。

【金融发展与改革】 2012年，章丘市现代农村金融制度改革试点取得新进展，农村金融服务体系进一步完善。人行章丘市支行根据“两综合、两管理”的要求和《新设银行机构金融管理与服务操作规程（试行）》文件精神，对民生银行、青岛银行、莱商银行等分支机构的设立实施了开业管理，对其征信业务、统计业务、利率和重大事项报备等业务组织了资格审查和业务准入对接。章丘市恒通小额贷款公司积极拓展业务空间，先后在6个乡镇增设新网点。

【金融服务与监管】 2012年。章丘市金融部门以“服务三农、服务民生”为主题，积极创新，不断优化金融服务，大力加强农村支付环境建设，切实实现了基层金融的“小而有为”。

人行章丘市支行疏通货币政策传导机制，正确引导资金流向。一是召开4次金融联席会，1次信贷工作座谈会、2次银企对接会，强化“窗口指导”；二是加强涉农信贷政策导向和金融机构综合评价工作。

各金融机构开展信贷产品与服务方式创新，加大信贷投放。一是创新推出了应付账款融资、保险增信、存货抵押等各类信贷产品10余种，进一步缓解中小企业融资难问题；二是7家银行机构、1家担保机构与塔机、锻压铸造、汽车零部件、食品饮料四大行业协会签署了战略合作协议，构建了“协会＋银行”新型银企合作关系；三是协调建立了商户信用联盟3个、村级

章丘市主要经济指标

经济指标	2011	2012	2012年同比增幅（%）	经济指标	2011	2012	2012年同比增幅（%）
土地面积（平方公里）	1855	1855	0	地方财政支出（亿元）	44.69	50.5	13
人口（万人）	101.7	101.8	0.1	全社会固定资产投资（亿元）	241.41	290.9	20.5
城镇人口（万人）	20	20.3	1.5	进出口总值（万美元）	46149.23	48549	5.2
*乡村人口（万人）	81.7	81.5	--	出口总值（万美元）	39370.54	40906	3.9
地区生产总值（亿元）	614.21	678.7	10.5	实际利用外资（万美元）	16059.82	16108	0.3
第一产业（亿元）	65.27	68.4	4.8	社会消费品零售总额（亿元）	209.84	240.9	14.8
第二产业（亿元）	329.2	409.2	11.4	居民消费价格指数（%）	--	--	--
第三产业（亿元）	180	201.2	10.7	人均地区生产总值（元）	60450.59	66677	10.3
财政总收入（亿元）	55.22	61.1	10.6	城镇居民可支配收入（元）	20236.22	23130	14.3
地方财政收入（亿元）	30.51	35.9	17.6	农民人均现金收入（元）	11960.39	13587	13.6
财政总支出（亿元）	--	--	--				

章丘市主要金融指标

金融指标（亿元）	2011	2012	2012年同比增幅（%）	金融指标（亿元）	2011	2012	2012年同比增幅（%）
本外币存款余额	313.60	369.35	17.78	财险收入	0.4	0.69	72.50
人民币存款余额	312.64	368.01	17.71	寿险收入	3.66	3.58	-2.19
单位存款	85.88	106.46	23.96	财险赔款	0.2	0.26	30
储蓄存款	209.53	249.35	19.00	寿险给付	1.56	2.06	32.05
本外币贷款余额	190.65	231.27	21.31	当年结益	0.6	0.4	-33.33
人民币贷款余额	190.65	231.26	21.30	证券市场交易总额	94.06	68.38	-27.30
短期贷款	100.91	115.54	14.50	投资者保证金余额	0.48	0.47	-2.08
中长期贷款	72.81	84.36	15.86	证券账户开户数	1528	19650	1185.99
票据融资	16.92	31.36	85.34	证券交易佣金收入	0.18	0.12	-33.33
当年结益	5.08	5.92	16.54	净利润	0.12	0.07	-41.67
不良贷款余额	7.20	7.30	1.39				

章丘市主要金融机构概况

单位名称	行长（或其他称谓的第一负责人）	副行长（或其他称谓的同级领导）	员工总数	辖内营业网点数
人行章丘市支行	李　杰	吕　萍　赵延东　李山才　宋广敏	31	--
银监会章丘办事处	马印忠	王振斌	4	--
农发行章丘市支行	任　方	张光华　郝　冰	27	1
工行章丘支行	穆庆军	庞会伟　刘　伟　胡云鹏　冯爱军	147	7
农行章丘市支行	曹体康	肖　峰　范连涛　术洪涛	225	15
中行章丘支行	陈士平	李文菊　程　宁	69	3
建行章丘支行	王绍鹏	李枝玖　韩建波	117	6
齐鲁银行章丘支行	韩明磊	杨长春	25	1

续表

单位名称	行长（或其他称谓的第一负责人）	副行长（或其他称谓的同级领导）	员工总数	辖内营业网点数
交行章丘支行	刘春霞	杜海洋	19	1
华夏银行章丘支行	马惊涛	靳云彤	20	1
威海银行章丘支行	王建红	李　波	20	1
民生银行章丘支行	董　强	吴　澎　刘　跃	20	1
莱商银行章丘支行	陈金鹏	王　敏　王进军	23	1
青岛银行章丘支行	李志强	李　玮	19	1
章丘市农信联社	马秀东	任成常　苏广军　李忠臣　李　哲　张　玲	693	67
邮储银行章丘市支行	开鸿新	王志勇	112	4
章丘市齐鲁村镇银行	马　峰	王　芳	29	1

章丘市主要金融机构业务概况

单位：亿元

单位名称	本外币存款余额	人民币单位存款	人民币储蓄存款	本外币贷款余额	人民币短期贷款	人民币中长期贷款
农发行章丘市支行	1.24	1.24		6.79	1.80	1.66
工行章丘支行	50.80	50.45	27.95	51.04	12.55	37.07
农行章丘市支行	67.29	67.03	51.23	29.90	19.80	8.19
中行章丘支行	15.24	14.68	8.05	12.37	4.54	6.32
建行章丘支行	44.00	43.88	25.42	23.59	5.03	18.56
交行章丘支行	13.31	13.28	2.47	6.76	3.19	3.57
华夏银行章丘市支行	5.95	5.95	2.33	3.70	2.25	1.45
民生银行章丘市支行	3.44	3.44	0.54	2.46	2.46	0
齐鲁银行章丘市支行	11.40	11.39	3.42	8.48	4.61	3.87
威海银行章丘市支行	5.18	5.18	1.89	3.31	2.89	0.42
莱商银行章丘支行	0.86	0.86	0.13	1.17	1.01	0
青岛银行章丘支行	1.23	1.23	0.28	0.53	0.53	0
章丘市农信联社	103.94	103.94	94.11	76.17	52.38	0.82
邮储银行章丘市支行	34.49	34.49	30.75	4.34	1.94	2.40
章丘齐鲁村镇银行	1.09	1.09	0.77	0.67	0.57	0.03

农户信用联盟19个，联盟社员420人；四是继续推进金融支持农民专业合作社试点工作，截至年末，累计发放农民专业合作社贷款11家1820万元，是去年同期的5.5倍和2.6倍，发放社员贷款1.31万户3.92亿元，同比分别增长9.2%和12%；五是推进农村支付环境建设，优化金融服务，截至年末，辖内ATM机布放222台、普通POS布放1974台、电话POS布放6414台、借记卡发卡量1437437张，分别同比增长28.3%、62.7%、22.4%和18.9%；六是农民金融自助服务终端年内安装达79台，同比增长295%，累计交易笔数151205笔，交易金额5.84亿元；七是累计发放贷款卡 2733张，年审877张；八是累计办理个人信用报告查询12924份，信用代码发放总量9354个。

平阴县

【经济金融概况】 2012年，平阴县深入落实科学发展观和调控政策,积极实施“三年突破平阴计划”,荣获“全省县域经济跨越发展先进单位”、“全省生态文明乡村建设先进县”称号。

【金融发展与改革】 2012年，平阴县银行机构积极落实货币政策,继续深化金融改革,持续增加对实体经济的支持力度。

一、货币政策得到有效落实。人行平阴县支行积极引导金融机构增加对实体经济、重点领域等方面的资金投入,搭建政银企合作平台,5次召开全县金融工作联席会议、2次协办银企项目对接会、3次召开司法金融联席会议。

二、金融改革继续深化。农行平阴县支行“三农事业部”改革稳步推进,通过对小额农户贷款包放、包管、包收回以及和效益工资挂钩等措施，加大惠农卡农户贷款发放，截至年末,共发放惠农卡37838张,同比增加4000余张,授信8863户,授信额度39582万元,在全县245个村布放了转账电话,覆盖率为72.7%。

三、新型金融机构拓宽了县域融资渠道。一是注册资金5000万元的济南市平阴县金鼎小额贷款公司成立，全年累计放贷427笔、金额1.97亿元;二是济南九鼎典当公司全年累计开展典当业务86笔、当金1.51亿元。

【金融服务与监管】 2012年,人行平阴县支行一是对14家金融机构开展年度综合评价,对县农信社分别进行票据业务专项检查和票据兑付后监督情况检查,11月对县工行、农行执行

平阴县主要经济指标

经济指标	2011	2012	2012年同比增幅（%）	经济指标	2011	2012	2012年同比增幅（%）
土地面积（平方公里）	827	827	0	地方财政支出（亿元）	14.06	17.56	24.89
人口（万人）	37.35	37.09	-0.69	全社会固定资产投资（亿元）	101.10	128.60	27.20
城镇人口（万人）	10.26	10.41	1.46	进出口总值（万美元）	45534	46952	3.11
*乡村人口（万人）	27.09	26.68	-1.51	出口总值（万美元）	45534	45681	0.32
地区生产总值（亿元）	142.68	164.23	11.51	实际利用外资（万美元）	267	443	65.92
第一产业（亿元）	24.72	25.91	4.82	社会消费品零售总额（亿元）	56.60	65.16	15.12
第二产业（亿元）	80.08	90.74	13.31	居民消费价格指数（%）	--	--	--
第三产业（亿元）	43.26	47.59	10.00	人均地区生产总值（元）	38201	44278	15.91
财政总收入（亿元）	19.63	21.92	11.67	城镇居民可支配收入（元）	14900	17023	14.24
地方财政收入（亿元）	10.75	12.96	20.26	农民人均现金收入（元）	8490	9632	13.45
财政总支出（亿元）	18.16	24.65	35.74				

平阴县主要金融指标

金融指标（亿元）	2011	2012	2012年同比增幅（%）	金融指标（亿元）	2011	2012	2012年同比增幅（%）
本外币存款余额	96.28	110.48	14.75	财险收入	0.19	0.27	42.11
人民币存款余额	95.68	109.67	14.62	寿险收入	1.22	1.29	5.74
单位存款	31.32	35.90	14.62	财险赔款	0.13	0.15	15.38
储蓄存款	57.51	68.90	19.81	寿险给付	0.41	0.62	51.22
本外币贷款余额	48.65	57.65	18.50	当年结益	0.08	0.13	62.50
人民币贷款余额	48.65	57.58	18.36	证券市场交易总额	--	--	--
短期贷款	28.26	29.09	2.94	投资者保证金余额	--	--	--
中长期贷款	15.32	14.84	-3.13	证券账户开户数	--	--	--
票据融资	5.04	13.72	172.22	证券交易佣金收入	--	--	--
当年结益	1.07	1.07	0.00	净利润	--	--	--
不良贷款余额	2.78	1.35	-51.44				

平阴县主要金融机构概况

单位名称	行长（或其他称谓的第一负责人）	副行长（或其他称谓的同级领导）	员工总数	辖内营业网点数
人行平阴县支行	杜恒华	李明强　生士海	28	1
银监会平阴县办事处	伊　勇		2	1
农发行平阴县支行	王爱平	陈家宝　董　峰	21	1
工行平阴支行	郝　军	王勇泰　刘　媛　韩先平	85	3
农行平阴县支行	杨位彦	贾传科　田义栋　王君国	105	7
中行平阴支行	任发平	毕恒元　师仰民	47	2
建行平阴支行	张宏文	张建军　陈玉琴　谷吉雷	50	2
齐鲁银行平阴支行	王光明	张其安	17	1
平阴县农信联社	刘绍旺	周　力　展召峰　张明新　李水清	300	18
邮储银行平阴县支行	郭志柱	解培军	72	12

平阴县主要金融机构业务概况

单位：亿元

单位名称	本外币存款余额	人民币单位存款	人民币储蓄存款	本外币贷款余额	人民币短期贷款	人民币中长期贷款
农发行平阴县支行	0.77	0.77	--	0.75	0.75	--
工行平阴支行	15.91	7.22	8.57	2.16	1.17	0.99
农行平阴县支行	20.02	7.33	12.55	18.71	5.43	6.66
中行平阴支行	12.26	5.72	6.00	6.72	2.38	2.59
建行平阴支行	8.74	4.14	4.47	3.39	0.86	2.52
齐鲁银行平阴支行	7.34	4.99	2.31	4.28	3.19	1.09
平阴县农信联社	27.81	2.92	24.89	20.54	14.52	0.58
邮储银行平阴县支行	12.24	2.09	10.15	1.11	0.71	0.40

金融稳定重大事项报告制度情况进行了检查，促进了金融稳健运行；二是金融服务水平不断提高，国库会计核算连续 38 个月保持零差错，征信窗口对外提供个人信用查询报告 4771 笔，同比增长 211.34%，办理新增机构代码证 167 个，发放存量代码证 2216 户，完成率为 100%，办理出口收汇 44673 万美元，进口付汇 1339 万美元；三是农村支付环境建设提前实现“双百”目标，实现了辖内涉农金融机构和行政村的金融基础设施全覆盖，截至年末，个人结算账户 123.51 万个、ATM 机 76 台、POS 机 2887 台、借记卡 48.11 万张、农民自助服务终端 65 台，同比分别增长 0.80%、20.62%、34.28%、22.61%和 182.61%；四是农村青年信用示范户评定稳步推进，把农行、邮储银行纳入全县农村青年信用示范户创建范围，实现了涉农金融机构的全覆盖，全年评出青年信用示范户 508 户，授信额度 1.08 亿元，累计放贷 1.29 亿元，分别同比增长 139.64%、76.8%。

（李　平）

济阳县

【经济金融概况】　2012 年，济阳县金融机构加大金融产品和服务方式创新，改善金融生态环境，促进生产、投资、消费、出口、税收等主要经济指标继续向好的方向发展。

【金融发展与改革】　2012 年，人行济阳县支行不断加大对县域经济的支持力度，加快农村经济发展。一是继续加大对农信联社改革试点工作的考核，促使其完成了向农商行的改制工作；二是密切关注农行、农发行、邮储银行等涉农金融机构

济阳县主要经济指标

经济指标	2011	2012	2012年同比增幅（%）	经济指标	2011	2012	2012年同比增幅（%）
土地面积（平方公里）	1098.8	1098.8	0	地方财政支出（亿元）	15.84	18.99	19.89
人口（万人）	55.55	55.67	0.22	全社会固定资产投资（亿元）	119.83	138.75	15.79
城镇人口（万人）	10.17	10.27	0.98	进出口总值（万美元）	--	--	--
*乡村人口（万人）	45.38	45.4	0.04	出口总值（万美元）	9571	11376	18.86
地区生产总值（亿元）	213.48	237.96	11.47	实际利用外资（万美元）	5516	6234	13.02
第一产业（亿元）	40.95	40.35	-1.47	社会消费品零售总额（亿元）	68.09	78.43	15.19
第二产业（亿元）	125.42	146.51	16.82	居民消费价格指数（%）	--	--	--
第三产业（亿元）	47.11	51.1	8.47	人均地区生产总值（元）	38639	42743	10.62
财政总收入（亿元）	15.44	19.78	28.11	城镇居民可支配收入（元）	16627	18984	14.18
地方财政收入（亿元）	8.01	10.02	25.09	农民人均现金收入（元）	9507	10886	14.51
财政总支出（亿元）	--	--	--				

济阳县主要金融指标

金融指标（亿元）	2011	2012	2012年同比增幅（%）	金融指标（亿元）	2011	2012	2012年同比增幅（%）
本外币存款余额	78.84	95.33	20.92	财险收入	0.33	0.39	18.18
人民币存款余额	78.77	95.21	20.87	寿险收入	2.17	2.68	23.50
单位存款	20.11	21.14	5.12	财险赔款	0.22	0.24	9.10
储蓄存款	55.22	70.50	27.67	寿险给付	0.74	0.89	20.27
本外币贷款余额	35.92	44.44	23.72	当年结益	0.05	0.07	40.00
人民币贷款余额	35.73	44.24	23.82	证券市场交易总额	--	--	--
短期贷款	26.83	30.16	12.41	投资者保证金余额	--	--	--
中长期贷款	8.09	10.40	28.55	证券账户开户数	--	--	--
票据融资	0.81	3.68	354.32	证券交易佣金收入	--	--	--
当年结益	0.66	0.96	45.45	净利润	--	--	--
不良贷款余额	2.04	1.59	-22.06				

济阳县主要金融机构概况

单位名称	行长（或其他称谓的第一负责人）	副行长（或其他称谓的同级领导）	员工总数	辖内营业网点数
人行济阳县支行	任道华	牛传东　赵宪昌　车春玲	25	1
银监会济阳县办事处	王修功		3	1
农发行济阳县支行	马玉强	李传涛	20	1
工行济阳支行	贾象波		15	1
农行济阳县支行	俞纯初	李付胜　杜春生　王　磊	129	9
中行济阳支行	卢士玉	施　祎　刘　波	31	1
建行济阳支行	李永富	刘永勤　孙善森　叶国致	43	2
齐鲁银行济阳支行	张　波	朱光峰	14	1
济阳县农商行	王兆星	徐庆三　娄以奎　于　强　王建民　王尔设	399	28
邮储银行济阳县支行	王以强	葛庆国　齐旭清	88	3

济阳县主要金融机构业务概况

单位：亿元

单位名称	本外币存款余额	人民币单位存款	人民币储蓄存款	本外币贷款余额	人民币短期贷款	人民币中长期贷款
农发行济阳县支行	0.38	0.38	--	3.81	3.12	0.69
工行济阳支行	0.78	--	0.78	0.44	0.44	--
农行济阳县支行	25.56	0.61	19.28	4.35	2.43	1.88
中行济阳支行	6.81	3.34	3.25	4.07	2.19	1.88
建行济阳支行	8.62	3.76	4.83	4.65	0.42	4.23
齐鲁银行济阳支行	3.24	2.16	1.08	1.02	0.70	0.32
济阳县农商行	36.92	2.72	34.20	24.87	20.30	0.93
邮储银行济阳县支行	10.58	2.73	7.85	1.47	1.00	0.47

改革动向，多次深入金融机构、政府职能部门、企业、农村开展调研，为上级部门深化农村金融改革提供了较有价值的决策依据。

【金融服务与监管】 2012年，人行济阳县支行：

一、加强"窗口指导"。一是制定了《关于加强金融支持县域实体经济发展的指导意见》，要求各银行机构全面提高服务实体经济的质量和水平；二是印发了《济北中小企业信用体系试验区建设工作实施方案》并加以实施；三是组建济南市首个企业联盟济北商会信用联盟，并由农信联社完成了对该联盟的评级，获得4000万元授信；四是先后指导农信社、齐鲁银行、工行分别举办银企洽谈会，签约金额3.94亿元。

二、改善金融服务。一是国库业务方面，全年共办理中央预算收入7.3亿元，同比增长36%，办理地方预算收入（县级）9.93亿元，同比增长24%，全年一般预算支出12.16亿元，同比增长27%，基金支出6.71亿元，同比增长74%；二是征信业务方面，新发放贷款卡70个，年审贷款卡320个，提供个人信用记录查询1250人次，同比分别增长40%、45%和148%，三是在农村支付环境建设方面，组织3家涉农金融机构在852个行政村布放ATM机、POS机、农民自助服务终端等设施500余台，极大地改善了农村支付环境。

三、监管成效显著。一是加强人员培训，提高员工依法行政水平；二是突出重点，对部分金融机构开展执法检查；三是开展银行机构重大事项报告、综合评价、开业管理等工作，提高人行权威。

山东银监局济阳办事处紧紧围绕"抓监管、促规范，抓改革、求发展"这一重心，以合规监管为基础，以风险监管为核心，积极改进监管方式、方法，创新监管思路，增加监管有效性，有力地促进了银行机构持续、稳定、健康发展。

（任平亮）

商河县

【经济金融概况】 2012年，商河县农业生产稳步发展，工业经济快速发展，财政状况逐步好转，金融运行总体平稳，存款快速增长，增量和增幅创历史之最。

年内，高标准规划建设了现代农业科技示范园、乡村绿洲等4个现代农业园区，打造了商南彩椒、白桥大蒜、玉皇庙黑皮冬瓜等8个市级现代农业特色品牌基地，并形成了新能源、玻璃制品、电子机械、纺织服装、农副食品五大主导产业。

【金融改革与发展】 2012年，商河县金融机构在改革中不断发展，截至年末，该县金融系统从业人员1200人，其中拥有正式编制人员671人；各种类型的金融机构8家，金融营业网点65个，工行商河县支行正在试营业之中。

【金融服务与监管】 2012年，商河县努力提高金融监管能力和服务水平，强化金融企业内部管理，保障了金融稳定和资金安全。一是县政府印发《关于打造金融安全区促进金融业又好又快发展的实施意见》，并开展了"诚信教育第一课"、"征信知识进校园"等活动，全县金融生态环境不断优化；二是完善金融分业监管机制，加强监管协调配合，强化金融监管手段，防范化解金融风险，人行先后组织了对农信社、农行、建行的现场检查；三是加强对跨区短期资本流动的有效监控，加大了反洗钱工作力度；四是加大农村支付环境建设，全县金融机构

商河县主要经济指标

经济指标	2011	2012	2012年同比增幅%	经济指标	2011	2012	2012年同比增幅%
土地面积（平方公里）	1162.90	1162.9	0	地方财政支出（亿元）	15.40	17.45	13.31
人口（万人）	62.52	62.85	0.53	全社会固定资产投资（亿元）	44.5	57.98	30.29
城镇人口（万人）	20.98	10.35	-50.67	进出口总值（万美元）	8512	9280	9.02
*乡村人口（万人）	41.54	52.50	26.38	出口总值（万美元）	5806	6075	4.63
地区生产总值（亿元）	113.2	128.16	13.22	实际利用外资（万美元）	1494	1584	6.02
第一产业（亿元）	36.10	38.45	6.51	社会消费品零售总额（亿元）	47.7	55.01	15.32
第二产业（亿元）	42.50	50.43	18.66	居民消费价格指数（%）	6.2	6.2	0
第三产业（亿元）	34.60	39.27	13.50	人均地区生产总值（元）	18106	20391	12.62
财政总收入（亿元）	7.98	8.99	12.66	城镇居民可支配收入（元）	14562	16497	13.29
地方财政收入（亿元）	4.39	5.30	20.73	农民人均现金收入（元）	8050	9457	17.48
财政总支出（亿元）	20.06	22.01	9.72				

商河县主要金融指标

金融指标（亿元）	2011	2012	2012年同比增幅%	金融指标（亿元）	2011	2012	2012年同比增幅%
本外币存款余额	70.93	90.28	27.28	财险收入	0.42	0.46	9.52
人民币存款余额	70.84	90.20	27.33	寿险收入	1.46	1.68	15.07
单位存款	21.35	24.32	13.91	财险赔款	0.27	0.20	-25.93
储蓄存款	47.73	61.65	29.16	寿险给付	0.86	0.76	-11.63
本外币贷款余额	43.73	52.10	19.14	当年结益	0.17	0.24	41.18
人民币贷款余额	43.73	52.10	19.14	证券市场交易总额	—	—	—
短期贷款	26.89	29.41	9.37	投资者保证金余额	—	—	—
中长期贷款	14.08	18.28	29.83	证券账户开户数	—	—	—
票据融资	2.76	4.41	59.78	证券交易佣金收入	—	—	—
当年结益	0.93	2.64	183.87	净利润	—	—	—
不良贷款余额	1.92	2.08	8.33				

商河县主要金融机构概况

单位名称	行长（或其他称谓的第一负责人）	副行长（或其他称谓的同级领导）	员工人数	辖内营业网点数
人行商河县支行	吴广焕	张 利 孙加奎	19	1
银监会商河县办事处	曲学友	李桂华	2	1
农发行商河县支行	宋志勇	卞胜强	23	1
农行商河县支行	李曰兵	徐之涛 姜光福 孙 健	111	9
建行商河支行	李 辉	孙培江 李传福	42	2
齐鲁银行商河支行	林寿生	王云清	13	1
商河县农信联社	肖建华	王银之 李广峰 杨家花	385	28
邮储银行商河县支行	王雁昌	王玉银	76	22

商河县主要金融机构业务概况

单位：亿元

单位名称	本外币存款余额	*单位存款	储蓄存款	本外币贷款余额	短期贷款	中长期贷款
农发行商河县支行	0.60	0.60	0	1.34	1.34	0
工行商河支行	--	--	--	--	--	--
农行商河县支行	28.22	10.03	17.74	14.86	10.16	4.62
建行商河支行	5.11	3.12	1.99	9.61	0.30	9.31
齐鲁银行商河支行	3.95	1.99	1.96	2.05	1.63	0.42
商河县农信联社	32.54	4.74	27.81	23.15	15.11	3.72
邮储银行商河县支行	16.18	3.84	12.34	1.08	0.87	0.21

年末共发放银行卡64万张，布放POS机714部，ATM机72台，安装转账电话4386部，网银68928户，手机银行64889户，电话银行121623户，农村支付环境显著改善。

淄博市

【经济金融概况】 2012年，淄博市经济保持平稳运行，主要经济指标实现增长，部分指标增幅回落。

【货币政策实施】 2012年，人行淄博市中支结合辖区实际，切实找准工作的着力点和突破口，形成了一批特色亮点工作，有力促进了辖区经济金融和谐发展。

一、加大对地方经济支持力度。一是组织实施对涉农金融机构差别准备金率政策，增强了其资金投放能力，全年累计发放支农再贷款6.2亿元、再贴现5亿元；二是落实民品企业贷款贴息政策，为4家企业累计审批发放优惠利率贷款9.45亿元，办理利差补贴1311万元，支持了企业发展；全市中小企业贷款、涉农贷款增幅均高于全部贷款平均增长水平。

二、拓宽实体经济资金渠道。一是制定金融支持实体经济持续健康发展的意见、深化金融创新促进小型微型企业健康发展的意见，编写信贷服务手册，创新融资方式、明确支持重点、简化服务流程；二是大力拓展"区域集优"债务融资模式，推动企业通过银行间市场发行短期融资券、中小企业集合票据等直接融资方式募集资金逾50亿元；三是深入推进金融支持创新成长型企业"金成长"工程，重新筛选53户企业进行重点支持，在临淄区创新开展金融支持小微企业融资增信工程，全年累计落实小企业贷款风险奖励资金365万元，战略新兴产业项目风险补偿奖励资金1529万元；四是积极开展生物资产、林权等抵押贷款业务，指导张店农村商业银行发放辖内首笔3000万元的林权抵押贷款；五是加大政银企合作，通过召开全市、淄川区、桓台县银企合作重点项目推进会等方式，为重点项目建设提供资金保障。

人行济南分行联合淄博市政府主办了政银企合作推进会，共达成签约授信金额2277.16亿元，涉及企业1963家、项目1003个，签约金额、签约企业项目数量均创历史新高。

三、创新金融维稳工作，切实防范风险。一是认真执行金融稳定重大事项报告制度，进一步规范报送内容和程序，组织对3家银行机构进行重大事项专项检查；二是建立金融稳定会商制度，构建了以"监测预警、评估研判、维稳责任、沟通协调、风险处置"5项机制为主体的金融维稳工作体系；三是针对部分企业经营困难引发的企业担保圈风险，协调地方党政及有关部门，加强政银企合作，积极应对，妥善处置，有效防范系统性区域性金融风险，得到市委、市政府领导的高度评价；四是积极发挥金融稳定评估作用，组织对农行淄博分行三农事业部改革、齐商银行稳健经营及证券营业部等进行现场评估，实现风险预警关口前移；五是组织8家金融机构开展突发事件应急演练，增强应对能力，切实维护金融稳定。

【外汇管理】 2012年，外管局淄博市中心支局一是制定了关于进一步改进外汇管理支持全市涉外经济平稳较快发展的指导意见，明确支持涉外经济发展的思路措施；二是积极搭建以信息互动、外汇服务、监督管理为内容的"三个平台"并进行试点推行，做法得到省分局领导肯定并转发全省；三是继续严格落实局领导重点企业、特色涉外产业监测分析制度，对企业实施了"一企一策"式外汇服务；四是探索外汇年检方式、改进年检措施；五是制定实施了《银行业外汇分类管理办法》，规范银行业外汇业务操作。该局被山东省分局表彰为"应对和打击'热钱'工作先进集体"，被市委表彰为"招商引资优秀服务单

淄博市经济主要统计指标

指标＼年度	2008	2009	2010	2011	2012	2012年同比增幅（%）
土地面积（平方公里）	5965	5965	5965	5965	5965	0
人口（万人）	420.62	421.41	422.36	423.83	423.7	-0.03
非农业人口（万人）	184.13	181.74	182.24	226.28	197.47	-12.73
地区生产总值（亿元）	2316.78	2473.1	2866.75	3280.23	3557.2	10.5
第一产业（亿元）	82.18	87.86	105.3	116.75	123.8	5.2
第二产业（亿元）	1500.45	1554.28	1766.57	1975.38	2101.2	11.5
工业（亿元）	1393.15	1425.80	1612.07	1793.43	1897.6	11.5
建筑业（亿元）	107.30	128.48	154.50	181.95	203.6	10.8
第三产业（亿元）	734.15	830.96	994.88	1188.10	1332.3	9.4
人均地区生产总值（元）	51547	54846	63464	77395	77876	10
地区生产总值构成（%）	100	100	100	100	100	0
第一产业（%）	3.5	3.55	3.7	3.56	3.48	-2.25
第二产业（%）	64.8	62.85	61.6	60.22	59.07	-1.91
第三产业（%）	31.7	33.60	34.7	36.22	37.45	3.4
财政总收入（亿元）	229.78	289.09	371.70	441.75	458.98	3.90
地方财政收入（亿元）	114.69	128.77	162.4	203.59	236.28	16.1
财政总支出（亿元）	--	--	--	--	--	--
地方财政支出（亿元）	141.44	161.96	201.88	253.19	290.88	14.9
全社会固定资产投资（亿元）	--	--	--	--	--	--
规模以上固定资产投资（亿元）	807.97	1009.6	1290.92	1499.22	1743.33	20.5
房地产开发（亿元）	121.37	140.61	166.99	197.19	155.66	-21.1
进出口总值（亿美元）	56.93	48.35	67.2	90.55	95.28	5.5
出口总值（亿美元）	36.33	30.63	40.3	53.27	53.21	-0.1
实际利用外资（亿美元）	3.12	5.24	5.86	7.10	7.92	11.4
社会消费品零售总额（亿元）	729.62	868.78	1005.68	1186.25	1363.64	14.95
居民消费价格指数（%）	104.4	99.4	102.7	104.5	102.3	2.3
城市居民人均可支配收入（元）	17629	19284	21784	24955	29803	12.3
农民人均现金收入（元）	7364	8013	9195	10878	12378	13.8

注：划“--”的指标为统计局已停用的指标和年报数据未核实仍不能提供的指标。

淄博市工农业主要统计指标

农业主要统计指标（万吨）				规模以上工业企业主要统计指标（亿元）			
项目＼年度	2011年	2012年	增幅(%)	项目＼年度	2011年	2012年	增幅（%）
粮食	177.57	177.9	0.2	工业增加值	2065.38	--	11.2
夏粮	77.36	77.7	0.4	国有工业	--	--	--
秋粮	100.21	100.2	0	集体工业	--	--	--
棉花	1.07	0.8	-24.7	股份制工业	--	--	--
油料	2.46	2.5	0.5	股份合作制工业	--	--	--

续表

农业主要统计指标（万吨）				规模以上工业企业主要统计指标（亿元）			
项目＼年度	2011年	2012年	增幅（%）	项目＼年度	2011年	2012年	增幅（%）
水果	102.09	110.3	8.0	外商及港澳台投资工业	--	--	--
蔬菜	216.8	221.5	2.2	轻工业	351.78	--	8.13
肉类	17.75	18.5	4.2	重工业	1713.60	--	12.01
禽蛋	7.04	7.2	2.2	销售收入	9497.21	10164.5	12.3
奶类	12.29	12.6	2.3	利税	1216.82	1270.83	9.0
水产品	2.49	2.58	3.6	利润	748.50	774.85	8.7
森林覆盖率（%）	36.0	36.5	0.5	经济效益综合指数（%）	--	360.7	13.9

注：划“--”的指标为市统计局已停用的指标和年报数据未核实仍不能提供的指标。

淄博市主要金融机构概况

单位名称	行长（或其他第一称谓负责人）	副行长（或其他称谓同级领导）	员工总数	辖内营业网点数
人行淄博市中支	张光森	宋洪礼　刘　洁　张维健　王　剑（工会主席）杨远军	376	7
银监会淄博监管分局	陈保君	郭传刚　朱　锋　房爱国　宋海澎　杨鲁燕	65	5
农发行淄博市分行	张志强	李　钢　杨庆岭　李长红	187	8
工行淄博分行	王世明	王国友（资深营销经理）王立亭　石志国　王云龙（高级经理）　肖芳俊　段　军（纪委书记）燕淑风（高级营销经理）　李　炬　王光生　强　弢（高级经理）　翟晶德（高级业务运营经理）	1714	87
农行淄博分行	李长波	付　晓　韩文英　黄砚章　范建强　徐兴岭	1892	115
中行淄博分行	张　军	朱国庆　王　军　张　铭　田俊征（纪委书记）	1026	42
建行淄博分行	闫天兵	邵　磊　张兆鹏　魏成花　孟祥晶　隋守江（风险主管）	1403	66
交行淄博分行	桑　剑	鲁林法　丁绍波	520	22
中信银行淄博分行	张　军	赵　波　赵建刚　朱　刚（行长助理）	192	7
齐商银行股份有限公司	杲传勇（董事长）赵晓东（行长）	韩兴柱（监事长）　鞠　杰（副行长）　王　强（副行长）　丁树博（副行长）　王　涛（副行长）郑文杰（纪委书记）　曹爱萍（工会主席）张东升（总经济师）　孙高荣（党委委员）张劲东（副行长级调研员）	1867	80
农信社淄博办事处	马立军	丁　涛　张红玲　王鹏兰（党委委员）	4461	395
邮储银行司淄博市分行	许同博	焦方正 马洪生	804	全辖148 自营33
浦发银行淄博支行	丁　平	吴　卫　张晓黎　李　军	90	2
招商银行淄博分行	娄文杰	杨卫国　刘　钧　薛盛林	129	5
兴业银行淄博支行	李滨南	李怀兵　陆　强	94	1
光大银行淄博分行	牛希军	郭冬青　荆　飞　翟洪涛	66	1

淄博市金融业务统计指标

指标（亿元） \ 年度		2008	2009	2010	2011	2012	2012年同比	
							增加额	增幅（%）
银行类	本外币存款余额	1692.20	2163.68	2489.42	2744.88	3191.43	446.55	16.27
	人民币存款余额	1677.90	2145.22	2470.56	2725.44	3164.90	439.46	16.12
	单位存款	377.74	618.92	691.25	1221.64	1376.75	155.11	12.70
	储蓄存款	1007.37	1184.98	1311.19	1437.07	1690.22	253.15	17.62
	定期储蓄存款	703.57	801.61	856.15	--	--	--	--
	活期储蓄存款	303.79	383.36	455.04	--	--	--	--
	本外币贷款余额	1105.22	1446.48	1745.35	1927.00	2162.57	235.57	12.22
	人民币贷款余额	1076.88	1395.29	1686.13	1872.31	2109.76	237.45	12.68
	短期贷款	648.25	758.73	918.24	1120.72	1366.87	246.15	21.96
	中长期贷款	286.77	492.00	650.58	680.84	644.40	-36.43	-5.35
	票据融资	140.88	142.89	116.49	70.32	96.64	26.32	37.43
	当年结益	28.36	35.04	45.2	--	--	--	--
	不良贷款余额	86.50	71.80	40.97	32.23	30.73	-1.5	-4.65
	不良贷款占比%	7.83	5.01	2.43	1.67	1.47	-0.2	-11.98
	现金收入	4086.75	4051.76	4775.97	--	--	--	--
	现金支出	4088.92	4047.86	4807.27	--	--	--	--
	现金投放（+）回笼（-）	2.17	-3.91	31.3	--	--	--	--
保险类	保险公司保费收入	40.37	48.32	63.33	60.35	64.84	4.49	7.20
	财险收入	11.46	14.18	19.93	22.11	24.13	2.02	9.30
	寿险收入	28.91	34.14	43.4	38.24	40.71	2.47	5.99
	保险公司赔款和给付支出	13.16	13.94	10.17	11.40	13.64	2.24	19.72
	财险赔款	6.28	7.96	7.73	9.05	10.90	1.85	20.34
	寿险给付	6.88	5.98	2.44	2.34	2.74	0.4	17.32
	当年结益	--	--	--	--	--	--	--
证券类	证券市场成交总额	2697.8	5010.69	4223.56	2867.62	1847.73	-1019.89	-35.57
	投资者保证金余额	18.42	46.9	85.04	21.39	19.84	-1.55	-7.25
	证券账户开户数（万户）	62.81	87.13	95.46	91.51	93.17	1.66	1.81
	佣金收入	--	--	--	--	--	--	--
	净利润	--	--	--	--	--	--	--
	期货市场成交总额	--	--	--	--	--	--	--
	期货客户保证金余额	--	--	--	--	--	--	--
	期货账户开户数	--	--	--	--	--	--	--
	期货手续费收入	--	--	--	--	--	--	--
	利润总额	--	--	--	--	--	--	--

注：1、保险类划“--”部分的说明：由于市级寿险公司要经省公司核定才能核算当年结益情况，截至报送日仍无法核定全市保险行业当年结益。

2、证券类划“--”部分的说明：证券类统计数据取自淄博市政府金融证券工作办公室，数据真实性由其负责。

淄博市金融机构统计指标

	指标（个）＼年度	2008	2009	2010	2011	2012	2012年同比增幅（%）
银行类	法人机构	9	9	9	10	10	0
	省级分行	0	0	0	0	0	0
	二级分行	12	13	14	15	15	0
	县区支行	193	229	239	203	463	128.08
	分理处、营业所	745	703	550	483	488	1.04
	储蓄所	41	39	150	266	--	--
	从业人员总数	13331	13757	13535	14330	13998	-2.37
保险类	保险机构	146	156	168	176	204	15.91
	财险机构	94	96	96	92	111	20.65
	省级分公司	0	0	0	0	0	--
	地市分公司	17	17	17	19	22	15.79
	县区支公司	77	79	79	73	89	21.92
	寿险机构	52	60	72	84	93	10.71
	省级分公司	0	0	0	0	0	--
	地市分公司	19	19	20	22	23	4.55
	县区支公司	33	41	52	62	70	12.90
	从业人员总数	20889	23916	--	--	--	--
	财险人员	8062	9962	--	--	--	--
	寿险人员	12827	13954	--	--	--	--
证券类	证券机构	4	4	4	7	8	14.29
	证券公司	4	4	4	7	8	14.29
	证券营业部	14	14	14	17	18	5.88
	证券服务部	2	2	0	0	0	0
	从业人员总数	225	--	--	--	--	--
	投资者开户（户）	549100	600902	709328	915100	931700	1.81
	境内上市股票支数	12	13	17	20	23	15.00
	境外上市股票支数	3	4	4	4	5	25.00
	辖区上市公司总数	14	15	19	22	26	18.18

注：1、本表中2008-2009年统计的机构数量包括邮政局代理的59个网点，但人员统计中不包括邮政局人员。

2、划“--”部分的数据说明：证券类统计数据取自淄博市政府金融证券工作办公室。市金融办对证券行业的数据统计始于2007年，以前年度无数据或未提供；保险类数据取自淄博市保险行业协会，划“--”部分为市保险行业协会未提供数据。

淄博市主要金融机构业务概况

单位：亿元

单位名称	本外币存款余额	人民币单位存款	人民币储蓄存款	本外币贷款余额	人民币短期贷款	人民币中长期贷款
农发行淄博市分行	12.88	12.06	0	43.70	20.74	22.96
工行淄博分行	472.29	197.63	259.18	324.69	187.05	129.04
农行淄博分行	556.01	220.91	335.09	328.92	202.57	117.67

续表

单位名称	本外币存款余额	人民币单位存款	人民币储蓄存款	本外币贷款余额	人民币短期贷款	人民币中长期贷款
中行淄博分行	288.88	146.23	127.63	234.93	102.82	104.80
建行淄博分行	344.6	140.6	193.6	222	91.9	111.9
交行淄博分行	143.6	143.1	50.9	113.6	85.6	28
中信银行淄博分行	87.66	64.95	19.37	67.60	58.71	7.22
齐商银行股份有限公司	408.38	258.80	131.72	290.27	219.35	19.46
农信社淄博办事处	574.17	130.98	441.73	422.82	348.62	64.23
邮储银行淄博市分行	153.61	18.46	135.15	24.27	8.74	8.46
浦发银行淄博分行	84.23	84.06	5.78	64.13	49.37	7.45
招商银行淄博分行	35.98	27.79	7.87	36.79	29.16	4.06
兴业银行淄博支行	72	62.8	9.2	47	27.8	19.2
光大银行淄博分行	28.8	26.13	2.67	12.05	12.03	0.02

淄博市各县级区域经济金融主要统计指标

名称	人口（万人）	面积（平方公里）	地区生产总值（亿元）	地区生产总值增速（%）	本外币存款余额（亿元）	储蓄存款（亿元）	本外币贷款余额（亿元）
淄川区	64.6	960.27	517.72	9.98	387	259	139
博山区	45.9	682	328.45	7.57	211.71	157.57	122.33
临淄区	61.14	664	750.2	10.8	609.64	299.25	394.21
桓台县	49.86	508.97	417.24	7.45	292.3	139.69	297.95
高青县	36.58	831	149.34	16.44	97.94	55.75	75.53
沂源县	56.52	1635.6	208.84	10.24	137.44	87.51	96.31

位”。

跨境人民币结算工作向纵深开展。该局一是通过媒体加大宣传力度，广泛普及跨境人民币结算知识，推动了业务开展；二是进一步完善政银企联动机制，两次召开由商务、经信等部门参加的联席会议，通报情况并交流经验，营造了良好的结算环境；三是认真落实考核办法，按季进行考核通报，提高了工作主动性。截至年末，全市跨境人民币结算额 172.79 亿元，其中 2012 年来结算额达 129.23 亿元。

【金融监管】 2012 年，人行淄博市中支一是进一步修订完善了《金融机构综合评价办法》，改进日常考核评价机制，切实提高综合评价的全面性、客观性和科学性；二是组织 54 家市级金融机构进行综合评价和反馈；三是建立市级银行新设分支机构备案制度，探索并推行“听汇报、分头谈、看现场、预反馈、集中考”的五步现场考核方法，对 8 家新设银行机构开业申报综合考核验收，进一步提升新设机构的规范化管理；四是制定了依法行政三年规划，组织开展了征信管理、金融稳定、国库、调查统计及反洗钱等 9 个专业专项执法检查，对 2 家银行机构进行综合执法检查，有效实施对金融机构的管理职能；五是全面推动金融消费者权益保护工作，制定《金融消费者申诉处理办法实施细则(暂行)》，辖区各支行均挂牌成立了金融消费者权益保护中心，初步建立起多部门参与、共同处置的金融消费维权工作机制，截至目前，累计受理涉及支付结算、征信管理、货币信贷等方面的金融消费者投诉 46 件，均得到妥善处理，对改善辖区金融服务环境发挥了积极作用。

【保险业务】 2012 年，淄博市保费规模(不含青岛)列全省第 6 位。一是机构数目有所增加，全年有泰山财险、华泰财险、中德安联人寿、紫金保险 4 家公司进驻；二是服务社会能力逐步增强，全市保险业为广大居民、企事业单位提供了 6062.64 亿元的风险保障，全年缴纳地方税收 2 亿元，保险深度 1.82%，保险密度 1516.23 元。

【证券市场】 2012 年，淄博市新增 3 家上市公司，2 家公司实现借壳上市。一是山东龙泉管道工程股份有限公司于 4 月 26 日在深交所挂牌上市，融资 4.96 亿元，银仕来控股有限责任公司7月12日在香港联交所挂牌上市，融资1.44亿元，山东联创节能新材料股份有限公司8月1日在深交所创业板挂牌上市，融资2.81亿元；二是新华医疗实施再融资6.21亿元，全年直接融资合计15.42亿元；三是华联矿业成功重组大成农药，向上市公司注入铁矿资产15.8亿元；四是宏达矿业重组华阳科技实现借壳上市，注入资产23.19亿元。截至目前，该市共有26家上市公司的28只股票分别在沪、深、港和新加坡证券交易所挂牌交易，累计融资347亿元。

齐鲁股权托管交易中心新增挂牌企业90家。一是截至年末，中心挂牌企业135家，市值近90亿元，行业涉及新材料、新农业、精细化工、生物医药、高端装备制造业等领域，其中，市内企业65家，实现股权融资10.6亿元，市外企业70家，实现股权融资3.7亿元；二是企业通过挂牌实现直接和间接融资累计近55亿元；三是与16家银行签署战略合作协议，授信额度50.3亿元，实际使用33.6亿元；四是托管企业230家（市内122家，市外108家），托管总股本近60亿股，培育和发展各类中介服务机构190家，建立了投资者俱乐部，吸引股权投资机构117家，有18家券商进入市场开展相关业务；五是制定了58个市场规则和制度，开发了具有自主知识产权的非上市股权交易系统；六是建立了全省性综合监管体系和及时有效的风险处置机制，保证了市场平稳有序健康运行，同时，积极做好上市后备资源培育，托管挂牌企业中已有10家公司启动了上市程序，在省内设立了30家分支机构，托管挂牌企业覆盖15个市，全省性股权交易市场格局初步形成。

【精神文明建设】 2012年，淄博市金融系统全面加强班子队伍建设，着力提高干部职工的思想道德素质、业务能力和服务水平，取得了良好效果。

一、人行淄博市中支领导干部亲力亲为、示范带动，文明单位创建成果进一步巩固，党建保障作用有效发挥，为各项工作的开展打下坚实基础，连续21年被评为省级文明单位。

二、农发行淄博市分行坚持党委统管，上下联动机制，结合企业文化建设，做到了有计划、有检查、有落实、有评比；业务操作更加规范，制度执行力明显提高。

三、工行淄博分行一是加强领导，完善机制，严格管理，强化激励，带动了班子、员工队伍建设，提升了服务质量和管理水平；二是深入开展主题教育活动，针对不同客户提供个性化服务，客户满意度明显提升；三是制作了企业文化展区，对企业文化理念、愿景、价值观，以及近年来的主要发展成果进行集中展示，提升了员工的向心力和凝聚力。

四、农行淄博分行通过设立公开投诉电话（95599）、召开社会监督员座谈会等多种方式，加强服务监督，使该行服务水平得到极大提升。

五、齐商银行持续完善神秘人测评机制，加大监测和奖惩力度，全行文明规范服务水平得到持续提升。

【大事记】 1月12日 齐商银行在滨州设立的第3家支行滨城支行隆重开业。

1月16日 浦发淄博临淄支行正式开业。

1月18日 中行淄博分行叙做首笔小额贷款公司资金对接代理同业委托付款业务，金额714万元，实现了同业代付业务的创新和尝试。

1月19日 工行淄博分行第1家二级支行——高青芦湖支行隆重开业。

1月20日 工行淄博分行成功办理首笔代理中小企业设备租赁业务，5000万元设备租赁资金一次性发放到位。

1月29日 工行高青支行升格为一级支行。

工行临淄学府支行、高新华侨城支行成立。

2月14日 山东周村农村商业银行股份有限公司揭牌成立，成为全市暨临淄、张店之后第3家挂牌成立的农村商业银行。

2月15日 人行淄博市中支联合市林业局出台《林权抵押贷款管理办法（试行）》（淄银发〔2012〕11号），指导张店农村商业银行为山东齐山林业发放全市首笔林权抵押贷款3000万元。

2月17日 人行淄博市中支、银监会淄博监管分局、高青县政府联合主办的“2012山东高青黄河三角洲重点项目推介会暨政银企合作促进会”隆重召开，会上共达成授信意向82.8亿元。

2月23日 人行淄博市中支、市经信委主办的全市银企合作重点项目对接会议召开。会上市中行、交行、邮储银行、农信社4家金融机构与市经信委签订了《金融支持实体经济发展合作协议书》。

2月 根据人行等3部门规定，淄博市由跨境人民币结算试行试点名单制度，改为凡具有进出口经营资格的企业均可开展跨境人民币结算。

3月8日 中行淄博分行与鲁泰纺织股份有限公司签署“中银·鲁泰一卡通”合作协议，在金融IC卡的发展方面取得重大突破。

3月13日 中行淄博分行叙做全辖首笔中银集富理财池资金对接中银集富票据理财产品8000万元。

3月15日 农行桓台县支行隆重举行“金穗吉祥桓台卡”首发仪式。该卡是为桓台居民量身定做的借贷合一型的特色个人信用卡产品，是全国县域支行推出的唯一一款地方特色卡。

3月17日 招行小微企业产品发布会暨淄博分行成立两周年客户答谢会隆重举行。

3月20日 中行淄博分行成功叙做山东省分行首笔销易达业务，融资金额2050万元。

3月23日 人行胡晓炼副行长一行来淄博对企业运行情况进行调研。

3月29日 邮储淄博市分行新反洗钱系统正式上线运行。

4月9日 齐商银行与德国IPC公司小微企业贷款技术合作项目启动仪式在淄博举行，这是德国IPC公司首次与山东省内金融机构合作。

4月10日 人行淄博市中支印发（淄银办发〔2012〕54号）

文，启动机构信用代码推广工作。

中行淄博分行成功叙做首笔海外汇兑偿还融资业务，拓宽了外币融资偿还业务的渠道。

4月17日　工行山东省分行经济资本回报率(RAROC)管理提升项目座谈会在淄博召开，省工行徐光林副行长出席会议。

4月22日　中国金融工会《关于表彰全国金融五一劳动奖状、全国金融五一劳动奖章和全国金融系统工人先锋号的决定》(金工发[2012]13号)，授予农行临淄支行行长徐其栋“全国金融五一劳动奖章”荣誉称号。

4月26日~27日　全省农信社资产管理工作会议在淄博召开。

5月7日　省农联社党委书记、理事长宋文瑄一行来淄博调研指导工作。

5月22日　齐商银行与市工商局、市个体私营企业协会联合主办“助小扶微、促企发展”活动启动仪式。该行与市工商局签署了合作协议书，并安排了专项信贷资金20亿元。

5月23日　交行淄博分行营业部发现并成功堵截一张面额35万元的伪造银行承兑汇票。

5月　国库会计集中核算系统(TCBS)上线运行。

6月13日　邮储淄博市分行成功办理第一笔票据贴现业务。

6月14日　山东银监局局长廖平之到齐商银行视察指导工作。

6月25日　农行淄博分行与山东理工大学合作开发的“校园一卡通”项目正式上线。

6月26日　中行淄博分行与某公司签署“票据池业务协议”，成为全省第一家叙做“票据池”产品的分行。

7月6日　招行淄博分行辖内第3家支行——周村支行正式开业。

7月16日　浦发淄博分行为客户办理的首笔设备融资租赁款1.5亿元成功汇入其结算账户，成为浦发济南分行辖区首笔融资租赁业务。

招行淄博分行正式开通办理“香港一卡通”业务，此前省内招行系统仅有青岛分行营业部一家开办“香港一卡通”业务。

7月18日　中信淄博分行在世纪大酒店成功举办了“信福年华卡”淄博启动仪式。

光大淄博分行信用卡团队新增发卡量位居全国第一，在总行信用卡中心举办的“百日争先竞赛”活动中荣获优胜支行。

7月24日　淄博市金融学会六届二次理事会会议暨“金融：服务与责任”高峰论坛在齐盛国际宾馆会议中心隆重举行。来自山东省金融学会、淄博市社会科学联合会以及各理事会员单位的领导、专家160余人参加了会议。

7月27日　农联社淄博办事处迁址至张店区华光路28号云龙国际大厦A座。

7月　招行淄博分行永旺东泰西城购物中心、尚城大厦等自助银行相继获得银监局开业批复并顺利投入运营。

8月8日　光大淄博分行首次成功发放个人助业贷款58万元，填补了零售信贷业务的空白。

8月17日　邮储淄博市分行与市人力资源与社会保障局签订社保资金代发合作协议。

淄博农信“沂源红·香飘万家”贷款授信仪式在沂源县苹果主产区之一的东里镇成功举办。

8月18日　中行淄博桓台少海路支行开业。

8月23日　工行淄博分行财富管理中心和贵金属交易中心开业，省工行夏侯静波副行长，市领导刘晓、郭利民出席开业仪式并剪彩。

建行淄博分行为淄博市城市资产运营投资有限公司成功发行15亿元企业债。

8月24日　光大淄博分行成功为客户办理了首笔银关通业务。(银关通是银行为进出口纳税企业提供的，通过中国电子口岸平台完成企业进出口通关应缴税费的网上报缴、网上支付业务。)

8月28日　齐商银行隆重举行成立15周年庆典仪式暨新产品发布会，发布了“金达财富卡”等3款个人金融产品和“齐动力－租金贷”等5款小企业金融产品。

8月　中信淄博分行获得省公安厅“全省银行业金融安全评估工作先进集体”。

9月12日　省政协副主席王志民、农行山东省分行副行长娄群共同为“金穗淄博市蹴鞠联名准贷记卡”揭牌。此卡是淄博分行推出的集金融服务、文化鉴赏和纪念收藏于一体的个人金融创新产品，实现了金融与文化的完美融合，这是农行山东省分行系统首张文化题材的联名卡，更是全国第一张宣扬齐文化的准贷记卡。

9月14日　人行淄博市中心支行、市财政局、市人力资源和社会保障局、市妇联、共青团淄博市委联合对《下岗失业人员小额担保贷款实施办法》(淄银发〔2003〕82号)进行了修订，出台了《小额担保贷款实施办法》(淄银发〔2012〕142号)，对于规范发展小额担保贷款业务，促进淄博市就业再就业工作将起到积极作用。

邮储淄博市分行成功办理全省首笔定期保证金人民币保函业务。

浦发淄博分行成功办理国内信用证福费廷包买让渡业务一笔，金额3000万元。

9月21日　人行调查统计司徐诺金副司长一行在济南分行党委委员、副行长肖龙沧等陪同下到淄博调研企业状况。

9月23日　建行淄博分行与淄博市工商联签订战略合作协议。

9月28日　中行淄博共青团西路支行迁至张店区联通路118号，并更名为中行淄博新区支行。

10月3日　齐商银行潍坊青州支行借助第12届中国(青州)花卉博览交易会召开之机，举行金达借记卡·寿卡发行仪式，并与部分花卉企业签定了总额1亿元的授信意向书。

10月15日　工行淄博分行贵金属交易中心办理首笔黄金回购业务。

10月16日~17日　人行金融稳定局陶玲副局长、农行

“三农金融事业部”改革试点调研组一行9人，在农行山东省分行陈军行长的陪同下，到淄博进行督导调研。市委书记周清利，市委副书记、代市长徐景颜等接见了调研组一行。

中行淄博分行与某公司合作跨境现金管理平台成功上线，叙做中行山东省系统首笔跨境现金管理业务。

10月18日　农发行山东省分行行长杨杰一行到淄博调研，并与淄博市委书记周清利、市长徐景颜座谈新农村建设工作。

10月19日　中行淄博分行与某期货公司全国集中式银期转账系统成功上线。

10月23日　兴业银行林章毅副行长、兴业济南分行行长张霆、淄博市徐景颜市长一行到淄博支行视察指导工作.

兴业济南分行与淄博市政府签署战略合作协议。根据协议，该行将在3年内向淄博市提供总额不低于300亿元的融资支持。

10月25日，中行淄博分行与淄博市工商行政管理局签署战略合作协议。

11月8日　齐商银行在北京与德国IPC国际项目咨询公司正式签署小微企业贷款技术引进合同。全面启动了该行与德国IPC国际项目咨询公司为期2年的全面技术引进合作。

11月16日　由淄博市共青团市委、银监会淄博监管分局主办，齐商银行承办的“淄青贷”青年创业小额贷款项目合作签约仪式举行。

11月20日~30日　农行淄博分行成功为山东大地肉牛清真食品股份有限公司和山东布莱凯特黑牛科技股份有限公司投放“肉牛”抵押贷款1000万元和3000万元。这是全省农行系统首笔动物性资产抵押贷款，该项业务的成功落地，帮助企业扩大了融资的担保渠道，有力支持了“山东黑牛”产业的快速健康发展。

11月23日　海力化工在全国银行间市场成功发行第一期中期票据3亿元、期限2年。

11月27日　浦发淄博桓台支行正式开业。

11月30日　齐商银行滨州惠民支行开业。

12月2日　BoEing系统一期在农行淄博分行127个营运机构顺利投产上线，BoEing系统是ABIS综合应用系统的替代业务平台，业务范围包括“基础运行框架、基础应用、国债、基金和私人银行”等功能产品。系统的成功投产，有利的提升业务管理层次。

12月4日　人行淄博市中支、临淄区政府出台《深化政银企合作　实施小型微型企业融资增信工程的意见》（淄银发〔2012〕166号），拓宽小微企业抵押担保范围。

12月4日~5日　工行山东省分行谷澍行长来淄博调研，出席淄博市政银企合作推动会，走访山东汇丰石化集团有限公司，并到临淄支行视察指导工作。

12月5日　由人行济南分行、淄博市政府联合主办的“优化金融生态　助推淄博发展——淄博市政银企合作推进会”隆重召开。国开行山东省分行等14家省级金融机构的主要负责人到会，分别与淄博市政府和相关企业现场签约。推进会共签订授信协议金额2277.16亿元，涉及企业1963家、项目1003个，签约企业项目数量、金额均创新高。

12月6日　中信淄博分行成功召开网点转型“新支点”项目启动会，成为全省中信银行系统首家正式启动网点转型工作的二级分行。

12月11日　招行淄博高新区支行获淄博银监分局批复同意开业。

12月17日　工行淄博市分行“小企业产业集群联保融资业务”荣获“山东省银行业服务小微企业十佳金融产品推广奖”。

12月19日　工行淄博分行成功发行山东扳倒井股份有限公司“国井30年原浆基酒（大师限量版）”收益权理财产品。拟募集资金5亿元，成为省内第一笔白酒收益权理财融资业务。

12月21日　光大集团党委委员、工会主席康臻一行到光大淄博分行调研指导工作。

12月28日　光大淄博临淄支行获山东银监局批复同意筹建。

中行淄博博山支行与某企业签署全辖首份“单用途商业预付卡预收资金存管协议”，取得“商誉宝”产品的突破。

（冯　波）

淄川区

【经济金融概况】　2012年，淄川区各项金融业务持续发展，各项金融指标逐步提高。

【金融发展与改革】　2012年，人行淄川区支行加大对中小企业及新农村建设的支持力度，积极引导辖内银行业认真执行宏观调控政策，本着“总体稳健，调节有度，结构优化”的思路，在“控总量、调结构、防风险”方面发挥了积极作用。

【金融服务与监管】　2012年，人行淄川区支行一是制定了《关于做好2012年货币信贷工作　促进全区实体经济持续健康发展的意见》，加大“窗口指导”力度；二是抓典型、重监测，深入开展“4+5”工程，年内共为65家“四个一”企业净增贷款13868万元，余额13.78亿元；三是加强对商业银行贯彻货币信贷政策的考核与评价，进一步调动各金融机构加大信贷投入，支持地方经济发展的积极性和主动性；四是深入开展金融个性化服务活动，尤其在信贷、结算、外汇、信息咨询等方面开展金融服务，扎实推进政银企之间沟通交流和务实合作；五是协调组织了淄川区第一届银企合作促进会，现场12家银行与企业签约资金11.2亿元，达成协议支持金额75亿元，合作意

淄川区主要经济指标

经济指标	2011	2012	2012年同比增幅（%）	经济指标	2011	2012	2012年同比增幅（%）
土地面积（平方公里）	960.27	960.27	0	地方财政支出（亿元）	22.43	26.53	18.28
人口（万人）	64.8	64.6	-0.31	全社会固定资产投资（亿元）	199.73	240.95	20.63
城镇人口（万人）	25.94	25.8	-0.3	进出口总值（万美元）	112913	113481	0.50
乡村人口（万人）	38.86	38.8	-0.15	出口总值（万美元）	90949	92396	1.59
地区生产总值（亿元）	470.74	517.72	9.98	实际利用外资（万美元）	--	--	--
第一产业（亿元）	8.58	8.63	0.58	社会消费品零售总额（亿元）	165.63	189.02	14.12
第二产业（亿元）	291.79	315.50	8.13	居民消费价格指数（%）	104.5	102.3	-2.1
第三产业（亿元）	170.36	193.58	13.63	人均地区生产总值（元）	72520	80019	10.34
财政总收入（亿元）	--	--	--	城镇居民可支配收入（元）	24080	27523	14.29
地方财政收入（亿元）	18.13	21.06	16.16	农民人均现金收入（元）	11211	12713	13.40
财政总支出（亿元）	--	--	--				

淄川区主要金融指标

金融指标（亿元）	2011	2012	2012年同比增幅（%）	金融指标（亿元）	2011	2012	2012年同比增幅（%）
本外币存款余额	336	387	15.17	财险收入	--	--	--
人民币存款余额	335	385	14.92	寿险收入	--	--	--
单位存款	110	121	10	财险赔款	--	--	--
储蓄存款	222	259	16.67	寿险给付	--	--	--
本外币贷款余额	117	139	18.8	当年结益	--	--	--
人民币贷款余额	111	133	19.82	证券市场交易总额	--	--	--
短期贷款	80	92	15	投资者保证金余额	--	--	--
中长期贷款	30	36	20	证券账户开户数	--	--	--
票据融资	5.1	5.3	3.9	证券交易佣金收入	--	--	--
当年结益	3.35	4.76	41.49	净利润	--	--	--
不良贷款余额	7.2	6.7	-6.94				

淄川区主要金融机构概况

单位名称	行长（或其他称谓的第一负责人）	副行长（或其他称谓的同级领导）	员工总数	辖内营业网点数
人行淄川区支行	宋继水	陈玉胜 韩克路 史评菊	37	1
农发行淄川区支行	刘玉栋	李瑞东 张成刚	20	1
工行淄川支行	李长青	谭 军 李 强 许 萍	185	12
农行淄川支行	郑建春	陈 锋 胡国忠 薛君玉	221	18
中行淄川支行	张梅芳	张 磊 冯艳霖	117	7
建行淄川支行	李明强	陈德泉 荆丽萍	109	7
交行淄川支行	鹿子红	姬 峰 杨文昌	57	3
中信淄川支行	于丽华	陈 澄	15	1
齐商银行淄川支行	王洪刚	袁 峰 李炳峰	129	6
淄川区农信联社	于光辉	崔军昌 马 雷 高 超 许 斌 孙宁通	805	64
邮储银行淄川支行	郭俊青	齐昌华	82	5

淄川区主要金融机构业务概况

单位：亿元

单位名称	本外币存款余额	人民币单位存款	人民币储蓄存款	本外币贷款余额	人民币短期贷款	人民币中长期贷款
农发行淄川区支行	0.31	0.31	0	4.02	1.02	3.00
工行淄川支行	64.37	26.22	37.69	14.94	6.68	7.85
农行淄川支行	66.38	7.69	58.22	6.50	4.22	2.20
中行淄川支行	41.37	16	24	8.50	2.4	3.9
建行淄川支行	41.38	18.42	20.81	14.94	6.86	5.24
交行淄川支行	18.41	10.59	7.22	10.97	3.65	7.31
中信淄川支行	28.76	15.93	12.54	8.71	8.71	1.15
齐商银行淄川支行	89.12	89.12	74.25	65.00	55.53	4.43
淄川区农信联社	24.11	24.11	20.01	1.56	0.86	0.69

注：上述表格中所有未填写部分为无相关归口管理部门统计或相关统计部门未统计指标。

向67.95亿元；六是组织编印了《银行支持中小企业典型融资案例》，为政府部门和中小企业实现融资提供借鉴；七是组织了对工行、农行有关金融稳定重大事项报告制度落实情况现场检查和对齐鲁证券淄博松龄东路营业部的金融稳定评估工作；八是上报金融统计和辖区贷款行业分布及500万元以上贷款企业的统计等十几个报表的统计分析工作；九是继续坚持做好景气企业、民间借贷、房地产企业、上市公司、跨境人民币企业、外向型企业调查和监测以及利率、汇率等基点调查工作；十是做好对农联社票据兑付后监测和法人银行机构评估以及金融重大事项报告工作；十一是加强中小企业和个人信用信息数据库的应用、落实机构信用代码推广应用工作以及开展征信宣传活动，组织有关现场检查工作；十二是组织报送了《关于地方党政选拔考察干部使用银行信用记录的建议》，组织开展了2011年度区文明信用单位评定、区金融行业十佳青年服务标兵和十大农村青年信用示范户创建评选活动；十三是做好金融稳定工作，优化区域金融生态环境，积极推动建立了政府主导、人行协调、部门配合、银企共同参与的良性信用治理机制，促进了社会各界信用观念的提高；十四是根据上级行安排和工作需要，结合有关经济规划、产业布局、金融运行、风险处置等工作中的重大问题，积极完成各项调研工作。

（赵进波　刘红霞）

临淄区

【经济金融概况】　2012年，临淄区银行业金融机构突出稳增长、防风险这一主线，提升素质，创新服务，高效履职。一是社会融资快速增加，对经济支持力度明显增强；二是金融生态环境进一步优化，区域资金吸纳能力持续增加；三是金融运行质量提高，金融实力进一步增强；四是金融创新力度进一步加大，企业融资担保难问题明显缓解，为临淄区经济金融的平稳健康发展提供了强有力的资金保证。

【金融发展与改革】　2012年，人行临淄区支行一是制定并印发了《做好2012年货币信贷工作服务全区实体经济持续健康发展的意见》；二是搭建银企合作平台，支持实体经济发展，凤凰镇银企洽谈会签约金额达51.81亿元，再创历史最高水平；三是创新推出中小企业“三户联保”、“第三方监管质押”、“助保金池”等多种适合中小企业的特色贷款品种，有效缓解了其融资担保难问题；四是首家创新试点开展金融支持小型微型企业融资增信工程；五是印发了《农村支付环境建设“一卡通”工程实施方案》，在山东农信系统首家试点社保卡加载金融功能。

【金融服务与监管】　2012年，人行临淄区支行一是制定了《金融机构综合评价办法》；二是推动区政府出台《临淄区金融消费者权益保护暂行办法》，初步建立起多部门参与、共同处置的金融消费维权工作机制；三是组织召开了农村支付环境建设暨银行卡助农取款服务推进会，提前完成了农村支付环境建设“双百目标”，临淄区银行卡受理终端布放数量、大小额系统覆盖率位居全市前列；四是制定了关于进一步改进外汇管理支持辖区涉外经济平稳较快发展的指导意见，借助涉外

临淄区主要经济指标

经济指标	2011	2012	2012年同比增幅（%）	经济指标	2011	2012	2012年同比增幅（%）
土地面积（平方公里）	664	664	0	地方财政支出（亿元）	33.04	40.12	21.43
人口（万人）	61.01	61.14	0.21	全社会固定资产投资（亿元）	261.8	320.96	22.6
城镇人口（万人）	31.47	31.47	0	进出口总值（万美元）	177591	207347	16.1
乡村人口（万人）	29.54	29.67	0.44	出口总值（万美元）	72777	77075	4.8
地区生产总值（亿元）	679.89	750.2	10.8	实际利用外资（万美元）	4539	4428	-2.45
第一产业（亿元）	28.21	30.01	5.5	社会消费品零售总额（亿元）	148.78	171.65	15.37
第二产业（亿元）	477.51	518.05	11.19	居民消费价格指数（%）	104.9	102.1	-2.8
第三产业（亿元）	174.17	202.14	10.67	人均地区生产总值（元）	111438	122704	10.11
财政总收入（亿元）	32.95	40.01	21.4	城镇居民可支配收入（元）	25684	29454	14.68
地方财政收入（亿元）	32.95	40.01	21.4	农民人均现金收入（元）	12305	14021	13.95
财政总支出（亿元）	33.04	40.12	21.43				

临淄区主要金融指标

金融指标（亿元）	2011	2012	2012年同比增幅（%）	金融指标（亿元）	2011	2012	2012年同比增幅（%）
本外币存款余额	498.4	609.64	22.32	财险收入	—	—	—
人民币存款余额	495.66	605.35	22.13	寿险收入	—	—	—
单位存款	230.2	285.9	24.20	财险赔款	—	—	—
储蓄存款	253.75	299.25	17.93	寿险给付	—	—	—
本外币贷款余额	317.73	394.21	24.07	当年结益	—	—	—
人民币贷款余额	304.36	376.48	23.70	证券市场交易总额	—	—	—
短期贷款	249.41	307.65	23.35	投资者保证金余额	—	—	—
中长期贷款	54.45	57.94	6.41	证券账户开户数	—	—	—
票据融资	0.5	10.89	2078.00	证券交易佣金收入	—	—	—
当年结益	10.64	10.27	-3.48	净利润	—	—	—
不良贷款余额	2.1	1.33	-36.67				

临淄区主要金融机构概况

单位名称	行长（或其他称谓的第一负责人）	副行长（或其他称谓的同级领导）	员工总数	辖内营业网点数
人行临淄区支行	王利明	张　光　路其永　孙延滨	36	1
银监会临淄区办事处	吕文亮	苏建新	2	1
农发行临淄区支行	李三卫	巩　伟　丁爱丽	18	1
工行临淄支行	赵有锋	李俊庆　何正刚　刘静华	133	12
农行临淄区支行	徐其栋	李全德　高建军　徐振兴　于彦福	150	18
中行临淄支行	王　锐	解　博　田树国	95	6
建行齐鲁石化支行	丁敬军	唐兴民　张继刚　李　强	135	15
交行临淄支行	褚玉河	马会利　刘　群	37	4
中信银行临淄支行	韩　凌	罗俊美　王　勇	16	1
招行临淄支行	徐学元	王　蔚	17	1
浦发银行临淄支行	李　涛	于洪港　周　颖	20	1

续表

单位名称	行长（或其他称谓的第一负责人）	副行长（或其他称谓的同级领导）	员工总数	辖内营业网点数
齐商银行临淄支行	荆　铭	刘　军　吴海静	5	71
齐商银行齐都支行	谭　勇	周　飞　孙连胜	5	70
山东临淄农村商业银行	张春生	毕方利　王廷军　薛　宁　王　峰　毛元春	567	56
邮储银行临淄区支行	穆洪强	王克禄	26	3

临淄区主要金融机构业务概况

单位：亿元

单位名称	本外币存款余额	人民币单位存款	人民币储蓄存款	本外币贷款余额	人民币短期贷款	人民币中长期贷款
农发临淄区支行	0.64	0.64	--	1.77	1.77	--
工行临淄支行	96.73	51.85	44.48	70.78	50.69	14.01
农行临淄区支行	141.37	68.25	59.01	90.19	69.61	14.66
中行临淄支行	46.58	29.88	14.5	43.42	22.11	10.64
建行齐鲁石化支行	70.15	21.37	47.41	21.93	15.4	6.53
交行临淄支行	22.87	14.16	7.98	19.95	18.62	1.33
中信银行临淄支行	7.33	3.78	3	1.32	0.19	1.13
招行淄博临淄支行	10.31	8.81	1.47	9.54	9.13	0.02
浦发银行临淄支行	19.72	18.03	1.69	9.24	6.45	--
齐商银行临淄两家支行合计	48.38	33.1	14.64	39.85	35.24	1.85
山东临淄农村商业银行	118.41	33.83	84.15	84.01	76.97	7.04
邮储银行临淄区支行	23.13	2.21	20.92	2.2	1.47	0.73

主体联系会议制度、涉外重点企业联系制度和局领导重点企业监测服务制度“三个平台”，适时组织了 3 次货物贸易改革政策宣讲，培训范围实现涉外企业全覆盖。

（孙小青）

博山区

【经济金融概况】　2012 年，博山区坚持把项目建设作为稳增长的重要抓手，投资千万元以上在建项目 355 个，过亿元项目 45 个。一是突出抓好产业布局调整，积极推进城市核心区内工业企业搬迁改造，核心区范围内规模以上工业企业 395 家；二是着力提高自主创新能力，完成技改投资 57.3 亿元，国家泵类产品质量监督检验中心和山东机电产品检验检测技术公共服务平台建成投用；三是加快整建制有机农产品示范区建设，新增有机农业种植面积 2 万亩，治理改造中低产田 7000 亩，新增省级农业产业化龙头企业 1 家，建成山东颜山有机农业研究院、淄博有机农业种植工程技术中心；四是两家企业分别在深交所和香港联交所成功上市，齐鲁股权托管交易中心挂牌企业达到 14 家，企业融资方式实现了新突破。

【金融发展与改革】　2012 年，人行博山区支行一是制定了《关于做好 2012 年货币信贷工作服务全区实体经济发展的指导意见》；二是与区总工会联合开展了“创新金融服务，优化信贷结构”竞赛活动；三是对 1999 年以来支行制定的各项制度进行全面梳理；四是积极推广机构信用代码证发放应用工作；五是成立了区金融消费者权益保护中心。2012 年，该行被人行表彰为“标杆职工之家”（银工委〔2012〕2 号）。

【金融服务与监管】　2012 年，人行博山区支行一是加大金融稳定重大事项报告制度执行力度，对辖内 9 家银行业机构进行了综合评价，对齐鲁证券驻地营业机构进行了稳健性现场评估；二是进一步推行农村青年信用示范户试点工作；三是

博山区主要经济指标

经济指标	2011	2012	2012年同比增幅（%）	经济指标	2011	2012	2012年同比增幅（%）
土地面积（平方公里）	682	682	0	地方财政支出（亿元）	16.07	18.13	12.88
人口（万人）	46.2	45.9	-0.6	全社会固定资产投资（亿元）	180.59	214.40	18.7
城镇人口（万人）	23.70	23.68	-0.08	进出口总值（万美元）	49826	54803	8.11
乡村人口（万人）	22.50	22.22	-1.24	出口总值（万美元）	40320	43815	8.67
地区生产总值（亿元）	305.32	328.45	7.57	实际利用外资（万美元）	4095	4413	7.76
第一产业（亿元）	9.20	9.78	4.7	社会消费品零售总额（亿元）	143.25	163.99	14.48
第二产业（亿元）	181.65	191.80	8.8	居民消费价格指数（%）	103.6	103	-0.57
第三产业（亿元）	114.40	126.88	8.4	人均地区生产总值（元）	66088.3	67167.69	1.63
财政总收入（亿元）	22.00	23.29	5.86	城镇居民可支配收入（元）	22730.5	25834.19	13.65
地方财政收入（亿元）	13.40	15.59	16.35	农民人均现金收入（元）	10498.7	11859.4	12.96
财政总支出（亿元）	14.30	16.17	13.1				

博山区主要金融指标

金融指标（亿元）	2011	2012	2012年同比增幅（%）	金融指标（亿元）	2011	2012	2012年同比增幅（%）
本外币存款余额	186.50	211.71	13.51	财险收入	--	--	--
人民币存款余额	185.45	210.48	13.49	寿险收入	--	--	--
单位存款	48.32	50.12	3.7	财险赔款	--	--	--
储蓄存款	135.73	157.57	16.01	寿险给付	--	--	--
本外币贷款余额	110.37	122.33	10.83	当年结益	--	--	--
人民币贷款余额	109.27	121.54	11.23	证券市场交易总额	--	--	--
短期贷款	66.91	77.94	16.48	投资者保证金余额	--	--	--
中长期贷款	40.04	40.38	0.85	证券账户开户数	--	--	--
票据融资	2.31	3.1	34.20	证券交易佣金收入	--	--	--
当年结益	--	--	--	净利润	--	--	--
不良贷款余额	1.54	2.86	85.7				

博山区主要金融机构概况

单位名称	行长（或其他称谓的第一负责人）	副行长（或其他称谓的同级领导）	员工总数	辖内营业网点数
人行博山区支行	邵承伟	许聿文　张学问　赵玉文	29	1
银监会博山区办事处	黄立恩		2	1
农发行博山区支行	王有星	刘孝德　王　刚	20	1
工行博山支行	王恒利	石　岩　程乃林　张家鹏　杨长义	151	12
农行博山区支行	王向阳	张　焱　施春雷　王中亮	142	9
中行博山支行	杨　键	苏立华　逯　永	78	4
建行博山支行	程红祥	王俊祥　胡　波　孙大杰　马传峰	84	5
交行博山支行	杨　毅	赵红丽　曹　霞	40	2
齐商银行博山支行	孙红涛	刘　红　徐美静	99	6
博山区农信联社	范京卫	宋新伟　李　杰　杨立军　张艳芳	378	48
邮储银行博山区支行	万瑞海	张弘君　韩　刚	81	11

博山区主要金融机构业务概况

单位：亿元

单位名称	本外币存款余额	人民币单位存款	人民币储蓄存款	本外币贷款余额	人民币短期贷款	人民币中长期贷款
农发行博山区支行	0.24	0.24	0	1.19	1.19	0
工行博山支行	40.58	9.06	31.39	15.79	8.15	7.50
农行博山区支行	32.38	8.26	23.59	20.28	13.59	6.69
中行博山支行	19.31	7.21	10.97	11.96	6.21	4.55
建行博山支行	15.45	4.03	10.22	11.98	4.31	7.67
交行博山支行	10.33	4.57	5.76	10.63	6.04	4.59
齐商银行博山支行	20.45	8.54	9.84	7.75	7.62	0.12
博山区农信联社	57.14	7.02	50.10	41.94	30.46	8.78
邮储银行博山区支行	17.35	1.19	16.16	0.81	0.34	0.47

继续推动辖区农村支付服务环境建设工作，加快推广银行卡助农取款服务，实现了行政村金融基础设施 100%全覆盖；四是对重点外向型企业采取“一企一策”的方式给与政策扶持，实行了涉汇主体法人代表约见谈话制度。

（杜文杰　刘承海）

桓台县

【经济金融概况】　2012 年，桓台县“打造实力桓台，建设幸福城乡”迈出坚实步伐，县域经济综合实力显著增强。

【金融发展与改革】　2012 年，桓台县金融业以支持实体经济发展为核心，紧密结合全县“一个中心四个片区”和新能源、新材料等六大特色产业集群的特点，加大信贷资金支持力度。一是实施货币信贷会商项目发布制度，14 家银行与 166 家项目企业签约 140.64 亿元，签订授信协议 308 亿元，为重点项目建设提供资金保障，助推辖区经济转方式调结构；二是大力推动融资产品创新，通过“海外直贷”业务、表外融资租赁业务、“助保贷”业务，分别为企业提供低息流动资金贷款 1 亿元，为博汇等 5 家企业融资 13 亿元，为 16 家企业授信 2.37 亿元，并协助海力化工破冰全县首笔企业中期票据发行，在全国银行间市场发行 6 亿元中期票据；三是 2012 年全县社会融资总量 479 亿元，创历史新高；四是通过“征信 + 信用培植 + 信贷”模式，共为 50 家企业累计提供信贷总量超过 64 亿元，贴息 1480 万元，扶持企业发展壮大，有 10 家企业跨入亿元行列；五是加

桓台县主要经济指标

经济指标	2011	2012	2012 年同比增幅（%）	经济指标	2011	2012	2012 年同比增幅（%）
土地面积（平方公里）	508.97	508.97	0	地方财政支出（亿元）	25.95	44.44	71.25
人口（万人）	49.75	49.86	0.22	全社会固定资产投资（亿元）	206.82	257.04	24.28
城镇人口（万人）	9.32	9.36	0.42	进出口总值（万美元）	164178	169602	3.31
乡村人口（万人）	40.49	40.50	0.02	出口总值（万美元）	81427	95501	17.28
地区生产总值（亿元）	387.24	417.24	7.45	实际利用外资（万美元）	9570	9810	2.51
第一产业（亿元）	19.75	17.59	-10.94	社会消费品零售总额（亿元）	110.42	127.19	15.19
第二产业（亿元）	245.84	270.12	9.87	居民消费价格指数（%）	104.52	105.73	1.16
第三产业（亿元）	121.65	129.53	6.48	人均地区生产总值（元）	77837	83682	7.51
财政总收入（亿元）	45.26	58.08	28.33	城镇居民可支配收入（元）	24058	27310	13.52
地方财政收入（亿元）	21.57	25.03	16.04	农民人均现金收入（元）	11478	13602	18.50
财政总支出（亿元）	44.55	59.27	33.04				

桓台县主要金融指标

金融指标（亿元）	2011	2012	2012年同比增幅（%）	金融指标（亿元）	2011	2012	2012年同比增幅（%）
本外币存款余额	243.23	292.30	20.17	财险收入	—	—	—
人民币存款余额	241.50	288.93	19.64	寿险收入	—	—	—
单位存款	119.45	142.74	19.50	财险赔款	—	—	—
储蓄存款	117.26	139.69	19.13	寿险给付	—	—	—
本外币贷款余额	244.86	297.95	21.68	当年结益	—	—	—
人民币贷款余额	237.76	293.03	23.25	证券市场交易总额	—	—	—
短期贷款	163.81	229.99	40.40	投资者保证金余额	—	—	—
中长期贷款	73.15	61.15	-16.40	证券账户开户数	—	—	—
票据融资	0.48	1.56	225.00	证券交易佣金收入	—	—	—
当年结益	8.57	9.37	9.33	净利润	—	—	—
不良贷款余额	3.49	2.62	-24.92				

桓台县主要金融机构概况

单位名称	行长（或其他称谓的第一负责人）	副行长（或其他称谓的同级领导）	员工总数	辖内营业网点数
人行桓台县支行	高文博	董　雷　毕祯忠	36	1
银监会桓台县办事处	黄向政		1	1
农发行桓台县支行	刘志玉	王贞军　吕海燕	19	1
工行桓台支行	郑　东	崔　凌　李立柱　罗汉新　崔守东　李　青　张　波	103	6
农行桓台县支行	宗　新	沈　剑　陈　伟　胡敬臣　牛　强	170	17
中行桓台支行	丁　伟	李辉　曹晶　付晓斌	56	2
建行桓台支行	林　楠	常承波　王立军　王红富　吕允考	81	4
交行桓台县支行	柴　广	王新海　张丽艳	20	1
中信银行桓台支行	巩向军	邢　超	15	1
招商银行桓台支行	王学光	王安军	16	1
浦发银行桓台支行	孙传兵	甘明秋	17	1
齐商银行桓台支行	寇海英	曹　源　张　娣	59	3
桓台县农信联社	宋　文（理事长） 唐光发（主任）	尚延辰　李嘉耘　刘　磊　张　丽	603	65
邮储银行桓台县支行	王红梅	荆丽丽	69	3

桓台县主要金融机构业务概况

单位：亿元

单位名称	本外币存款余额	人民币单位存款	人民币储蓄存款	本外币贷款余额	人民币短期贷款	人民币中长期贷款
农发行桓台县支行	0.69	0.69	0	6.64	4.24	2.40
工行桓台支行	42.03	30.08	11.50	57.05	44.12	11.31
农行桓台县支行	72.73	30.43	38.43	58.52	46.94	11.31
中行桓台支行	28.67	23.97	4.18	40.95	25.65	13.78
建行桓台支行	26.59	14.83	8.91	34.05	19.29	12.67

续表

单位名称	本外币存款余额	人民币单位存款	人民币储蓄存款	本外币贷款余额	人民币短期贷款	人民币中长期贷款
交行桓台县支行	7.34	6.12	1.12	11.60	9.81	1.79
中信银行桓台支行	6.71	3.62	2.26	5.97	4.92	1.05
招商银行桓台支行	5.92	5.07	0.85	9.78	8.95	0.04
齐商银行桓台支行	12.64	8.95	3.58	15.81	13.87	1.43
桓台县农信联社	71.46	17.13	54.13	53.91	51.13	2.77
邮储银行桓台县支行	16.57	1.85	14.73	3.67	1.07	2.60

快中小企业信用信息数据库建设，进一步完善金融生态镇考核，为中小企业信用体系试验区建设创造良好的社会环境。

【金融服务与监管】 2012年，桓台县金融机构不断加大金融基础设施投入，提高资金运转效率。一是截至年末，辖区设立规范化的助农取款点348个，实现乡镇全覆盖，行政村覆盖率达到64%；二是通过国库服务惠民工作站，发售凭证式国债2期，金额260多万元；三是非现金结算工具推广使用进一步加快，ATM数量达到210台、POS机1684部，实现了行政村金融基础设施的全覆盖。

人行桓台县支行搭建外汇服务“三个平台”，提供“投资项目先行介入”、“外汇融资支持”、“业务绿色通道”三项特色服务，促进了汇银企的互惠互利，促进了全县进出口业务健康发展。

（徐学峰　王红梅）

高青县

【经济金融概况】 2012年，高青县加快推进由农业县向工业县的重大转变，综合实力明显增强。一是三次产业比例调整为15∶53∶32；二是信贷投放重点突出，中长期项目贷款领跑全市，大地肉牛、永盛新材料、隆华化工3个重点项目贷款是拉动全年贷款增长的重要因素；三是银行经营形势稳定，信贷资产质量进一步提高，2012年，金融机构综合收息率99 %，实现利润2.89亿元。

【金融发展与改革】 2012年，人行高青县支行引导金融机构积极调整信贷结构，促进了全县实体经济的发展。一是制定印发了《关于做好2012年货币信贷工作服务全县实体经济持续健康发展的意见》等文件，加大对实体经济和小微企业信贷投入；二是与县团委联合制定了《关于进一步推进农村青年创业富民暨信用示范户工作的实施意见》，为其提供了政策支持；三是积极搭建银企对接平台，促进实体经济健康发展；四

高青县主要经济指标

经济指标	2011	2012	2012年同比增幅（%）	经济指标	2011	2012	2012年同比增幅（%）
土地面积（平方公里）	831	831	0	地方财政支出（亿元）	14.14	16.40	15.98
人口（万人）	36.60	36.58	-0.06	全社会固定资产投资（亿元）	71.5	86.11	20.43
城镇人口（万人）	8.55	8.52	-0.35	进出口总值（万美元）	33595	29245	-12.95
乡村人口（万人）	28.05	28.06	0.04	出口总值（万美元）	16505	16441	-0.39
地区生产总值（亿元）	128.26	149.34	16.44	实际利用外资（万美元）	2041.4	2029	-0.61
第一产业（亿元）	19.39	21.09	8.77	社会消费品零售总额（亿元）	30.29	34.94	15.35
第二产业（亿元）	66.69	78.00	16.96	居民消费价格指数（%）	103.9	102.7	-1.16
第三产业（亿元）	42.18	50.26	19.16	人均地区生产总值（元）	35120	40804	16.18
财政总收入（亿元）	16.38	--	--	城镇居民可支配收入（元）	17337	19786	14.13
地方财政收入（亿元）	7.60	8.9	17.2	农民人均现金收入（元）	7687	8807	14.57
财政总支出（亿元）	17.38	--	--				

高青县主要金融指标

金融指标（亿元）	2011	2012	2012年同比增幅（%）	金融指标（亿元）	2011	2012	2012年同比增幅（%）
本外币存款余额	82.49	97.94	18.73	财险收入	—	—	—
人民币存款余额	82.39	97.75	18.64	寿险收入	—	—	—
单位存款	33.66	37.90	12.60	财险赔款	—	—	—
储蓄存款	45.47	55.75	22.61	寿险给付	—	—	—
本外币贷款余额	60.67	75.53	24.49	当年结益	—	—	—
人民币贷款余额	58.79	72.98	24.14	证券市场交易总额	—	—	—
短期贷款	44.57	50.86	14.11	投资者保证金余额	—	—	—
中长期贷款	14.23	21.36	50.11	证券账户开户数	—	—	—
票据融资	0	0.77	--	证券交易佣金收入	—	—	—
当年结益	2.34	2.89	23.30	净利润	—	—	—
不良贷款余额	1.03	1.17	1.55				

高青县主要金融机构概况

单位名称	行长（或其他称谓的第一负责人）	副行长（或其他称谓的同级领导）	员工总数	辖内营业网点数
人行高青县支行	王振平	孙洪彬　樊守彬　董有明	28	1
银监会高青县办事处	刘永涛		1	1
农发行高青县支行	李建民	魏星太　耿在文	20	1
工行高青支行	杨　瑜	王锡民　石海滔　于修漳	31	2
农行高青县支行	徐兴岭	陈会清　曹玉波　宋振文	74	5
建行高青支行	李爱民	刘文勇　柴德光　孟　力	48	2
齐商银行高青支行	仇　涛	刘保华	57	2
高青县农信联社	田成钰（理事长） 孙希荣（主任）	翟恒修　王玉华　张　勇	339	25
邮储银行高青县支行	张　峰	杨志国	66	11

高青县主要金融机构业务概况

单位：亿元

单位名称	本外币存款余额	人民币单位存款	人民币储蓄存款	本外币贷款余额	人民币短期贷款	人民币中长期贷款
农发行高青县支行	0.9	0.8	0	1.9	1.9	0
工行高青支行	12.2	9.3	2.9	12.1	6.1	6
农行高青县支行	20.66	9.04	11.55	13.89	8.63	4.56
建行高青支行	10.15	6.48	3.6	13.52	5.48	7.82
齐商银行高青支行	7.64	2.36	1.69	8.31	6.97	0.51
高青县农信联社	31.54	4.53	26.89	24.39	21.98	1.64
邮储银行高青县支行	11.08	1.84	9.24	1.40	0.37	1.02

是成功组织举办了2012·山东高青黄河三角洲重点项目推介暨政银企合作促进会，达成授信签约金额82.8亿元，签约资金到位率80%，与团县委组织举办了农村青年企业富民暨信用示范户工作促进会，当年资金到位3825万元；五是支持“三农”经济发展，累计发放支农再贷款2.8亿元，对于引导农信社加大对县域经济的信贷投放起到了积极作用；六是加强企业风险监测，成功化解德元制革担保代偿风险，维护了区域金融稳定大局。

【金融服务与监管】 2012年，人行高青县支行坚持监管与服务并重，社会形象明显提升。一是加强农村支付服务环境建设，优化农村支付结算环境；二是完善外汇管理功能，外汇管理水平及金融服务能力得到明显提高；三是开展征信、人民币反假等金融知识宣传活动；四是依法行政，服务质量明显提升，群众满意度明显提高，实现了"零投诉"；五是以"两综合、两管理"为总抓手，强化对金融机构监督管理，实现了辖内金融稳定；六是先后组织开展了对农信联社风险评估、全县涉农贷款评估、农行三农金融事业部评估和支农再贷款现场、重大事项报告专项检查等，较好地规范了各行社经营行为，提高了依法合规经营的意识。

（刘恒营　李春光）

沂源县

【经济金融概况】 2012年，沂源县按照"一个坚持、三个突出"和总体布局部署，进一步强化内涵发展、民生为先、生态文明和城乡统筹的理念，社会综合实力和人民生活水平稳步提高，实现了全县经济社会持续健康协调发展。

【金融发展与改革】 2012年，沂源县金融机构积极把握形势变化，结合实际深入贯彻落实货币政策。人行沂源县支行一是制定实施《关于做好2012年货币信贷工作服务全县实体经济持续健康发展意见》、《关于金融支持沂源革命老区加快发

沂源县主要经济指标

经济指标	2011	2012	2012年同比增幅（%）	经济指标	2011	2012	2012年同比增幅（%）
土地面积（平方公里）	1635.6	1635.6	0	地方财政支出（亿元）	20.20	25.04	23.96
人口（万人）	56.51	56.52	0.02	全社会固定资产投资（亿元）	95.20	94.97	-0.24
城镇人口（万人）	12.6	13.9	8.47	进出口总值（万美元）	24416	27719	13.52
乡村人口（万人）	44.5	43.33	-2.29	出口总值（万美元）	20546	22019	7.17
地区生产总值（亿元）	189.44	208.84	10.24	实际利用外资（万美元）	--	--	--
第一产业（亿元）	22.93	24.89	8.55	社会消费品零售总额（亿元）	81.41	93.75	15.15
第二产业（亿元）	94.27	101.64	7.82	居民消费价格指数（%）	103.6	103.2	-0.4
第三产业（亿元）	72.24	82.31	13.94	人均地区生产总值（元）	33529	36950	10.20
财政总收入（亿元）	19.90	22.11	11.11	城镇居民可支配收入（元）	21051	24229	15.10
地方财政收入（亿元）	12.10	14.13	16.78	农民人均现金收入（元）	9558	10950	14.56
财政总支出（亿元）	--	--	--				

沂源县主要金融指标

金融指标（亿元）	2011	2012	2012年同比增幅（%）	金融指标（亿元）	2011	2012	2012年同比增幅（%）
本外币存款余额	122.50	137.44	12.20	财险收入	--	--	--
人民币存款余额	122.12	137.04	12.22	寿险收入	--	--	--
单位存款	45.74	48.27	5.53	财险赔款	--	--	--
储蓄存款	72.92	87.51	20.00	寿险给付	--	--	--
本外币贷款余额	86.80	96.31	10.96	当年结益	--	--	--
人民币贷款余额	86.55	96.01	10.94	证券市场交易总额	--	--	--
短期贷款	60.08	66.06	9.95	投资者保证金余额	--	--	--
中长期贷款	26.22	27.30	4.12	证券账户开户数	--	--	--
票据融资	0.24	2.65	1008.59	证券交易佣金收入	--	--	--
当年结益	--	--	--	净利润	--	--	--
不良贷款余额	--	--	--				

沂源县主要金融机构概况

单位名称	行长（或其他称谓的第一负责人）	副行长（或其他称谓的同级领导）	员工总数	辖内营业网点数
人行沂源县支行	胡振兵	刘艳玲 张佩珠 张培祥	34	1
农发行沂源县支行	翟永果	唐加梅 高海峰	17	1
工行沂源支行	王恒利	宋以国 唐玉成 赵国伟 秦海云 黄立军	63	4
农行沂源县支行	张福强	张 炎 齐向东 张福虎	95	6
中行沂源支行	李爱军	张会红 钱 进	33	1
建行沂源支行	张继刚	崔 军 张 岩 唐文凤	72	3
淄博市商行沂源支行	刘向东	葛 兵 蒲 晶	53	2
邮储银行沂源县支行	耿庆涛	张正新 韩 刚	70	3
沂源县农信联社	牛文辉	朱利民 荆 春 刘东义 杨建军 葛勤成 杜 鹃	427	37
沂源博商村镇银行	马兆峰	常 玲 王成伟	56	2

沂源县主要金融机构业务概况

单位：亿元

单位名称	本外币存款余额	人民币单位存款	人民币储蓄存款	本外币贷款余额	人民币短期贷款	人民币中长期贷款
农发行沂源县支行	0.63	0.63	0	1.78	0.85	0.26
工行沂源支行	18.89	9.77	9.07	12.08	6.29	5.54
农行沂源县支行	22.63	8.88	13.44	16.79	8.78	7.95
中行沂源支行	7.68	4.17	3.22	8.76	4.16	3.68
建行沂源支行	14.82	7.47	7.13	15.06	8.39	6.66
齐商银行沂源支行	7.79	6.39	1.38	5.61	5.61	0
沂源县农信联社	44.14	8.65	35.49	34.44	30.87	2.57
邮储银行沂源县支行	18.32	1.65	16.68	0.69	0.21	0.48
沂源博商村镇银行	1.76	0.67	1.09	1.06	0.90	0.16

展的意见》，引导金融机构加大对实体经济的信贷投入，抢抓机遇，推动沂源革命老区加快发展；二是推行银行派驻企业工作组制度，因地制宜发放小微企业贷款、下岗再就业贷款、巾帼创业贷款，相关做法被《金融时报》报道；三是探索开展林权质押贷款，为特色农业发展带来契机；四是继续落实区域金融稳定工作机制，密切关注区域金融的风险动态，完善防范对策，确保金融稳定。

【金融服务与监管】 2012 年，人行沂源县支行一是定期报送《金融要情快报》和《专报件》，向政府提出金融与经济发展建议，把握全辖信贷节奏，调整信贷结构，引导经济平稳较快发展；二是做好新型农村金融机构的服务，为农信联社投放再贷款 2.4 亿元，对博商村镇银行开展了综合评估；三是制定农户信用评级增信“一体化”实施方案，不断推进农村信用体系建设，建成了全市唯一一家”文明信用县”；四是深入推进农村支付环境建设，实现本地农村支付区域的“全覆盖”；五是加强外汇监管，促进法规制度落实。

（丁 峰 蔡成霞）

泰 安 市

【经济金融概况】 2012年，泰安市经济继续保持平稳较快增长，转方式、调结构取得积极成效，经济运行质量进一步提升，民生状况进一步改善，生态环境进一步优化，各项社会事业全面进步。

【货币政策实施】 2012年，人行泰安市中支积极助推辖区经济金融持续发展，认真落实货币信贷政策，最大限度满足实体经济合理信贷需求。一是制定《关于加强和改进实体经济金融服务推进富民强市建设幸福泰安进程的指导意见》，以及“金融支持旅游业、农业科技创新”等一系列信贷指导意见，以信贷结构优化为着力点全面贯彻落实稳健货币政策；二是与市发改委联合召开重点建设项目银企对接会，加大支持力度，举办了金融支持实体经济银企合作会议，签约资金199.8亿元，资金到位率超95%；三是积极探索与政府合作新模式，在肥城市创建省内首个金融支持实体经济发展示范区，引领和带动金融机构加大支持实体经济的力度，得到了人行济南分行和市委、市政府主要领导的肯定；四是组织开展了小微企业经营和融资情况、县域住房消费不良贷款情况调查，调研报告得到人行济南分行领导的批示。

【金融稳定】 2012年，人行泰安市中支一是组织召开了全市金融管理工作会议，市领导及金融办、银监局、保险协会主要负责人出席会议，共同为A级单位授牌；二是进一步规范新设机构开业管理，对发现的违规问题及时从严处理；三是建立完善金融运营报告制度，加大对C类机构金融运营情况的跟踪监测力度；四是积极创新开展金融消费权益保护和申诉处理工作，制定金融消费者《个人信息保护暂行办法》和《权益保护考核评价办法》，金融消费申诉办结率100%，满意率达98%，得到总行金融消费权益保护局领导表扬；五是在全省率先制定金融机构《风控部门联席会议制度》和《舆情监测报告制度》，积极推进金融机构稳健性评估和压力测试工作，切实防范和化解金融风险；六是与市金融办联合召开金融稳定座谈会，研究基层人行与金融办加强合作、协力维护金融稳定的政策措施，健全金融风险防控长效机制。

【金融服务】 2012年，人行泰安市中支一是深化农村支付服务环境建设，提前3个月完成全市3635个行政村金融基础设施全覆盖目标；二是加快现代化支付系统建设步伐，全辖银行机构支付系统覆盖率再创新高，位居全省前列，开展账户管理系统与同城清算系统账户信息比对工作，探索账户非现场监管措施，确保了账户信息真实完整；三是组织召开农村信用体系建设推进会，扎实开展“农村青年信用示范户”活动，实现了与青年文明号创建等七项奖励项目的有机结合，全市共评选出农村青年信用示范户342户；四是积极开展“服务直通车”活动，全力支持涉外经济发展，举办了直接投资外汇管理新政策培训会议，以专报件形式向市政府报送了推进直接投资外汇管理改革，促进全市投资便利化等报告，得到市政府领导的批示；五是在全省率先成功举办了“泰安市国际收支知识竞赛”，提升了辖区国际收支申报整体水平；六是成立了银行机构反洗钱调研人才库，举办反洗钱调研信息写作培训班和反洗钱征文比赛，提高工作水平；七是积极做好TCBS上线工作，实现平稳运行，努力拓展非税收入直缴入库项目和国库直接支付的范围，赢得了社会各界好评；八是组织开展以“金融服务民生、银行卡走进‘芯’时代”为主题的金融IC卡应用宣传活动，强力推动金融IC卡在全市的应用，得到人行济南分行领导肯定；九是组织开展现金服务“承诺十八项、献礼十八大”活动，提高了流通中人民币整洁度和反假货币工作水平，群众满意度大幅提升。

【金融监管】 2012年，泰安银监分局以“推动科学发展”为第一要务，以“促发展防风险、转方式、强监管”为主线，增强工作的前瞻性和主动性，理顺关系、凝心聚力、开拓进取，取得积极成效，全年无案件和重大风险事件发生，整体实现稳健运行。

一、完善监管质量控制体系。一是修订完善了分局“工作绩效考核办法”，突出了现场检查发现重大问题等硬指标和量化的考核；二是实施重点工作项目责任制，建立督办台帐，实施全程跟踪督办；三是按季度开展效能评价和执法检查，对工作质效和落实情况进行考核评价和通报，对发现问题进行强力督导整改。

二、提升现场检查、非现场监管、市场准入效能。一是加强检查前准备和检查后的追究、整改落实，现场检查方案和检查处理意见上报局长办公会讨论研究，严肃责任追究，持续推进问题整改，前三季度累计派出检查组31个(次)，投入1312人天，发现各类违规问题235个，提出整改意见161条，整改落实率94%，责令银行内部纪律追究和处理51人，其中记过以上处分近20人；二是实行“一行一策”差别化监管措施，逐行制定年度监管计划，建立持续非现场监管台帐，着力提高其敏感性，前三季度，累计撰写非现场监管报告126份，下发监管意见和风险提示17份，跟踪整改意见56条，整改率87.5%；三是制定下发《关于进一步加强行政许可的意见》，规范流程，适当下放权限，推出高管任职谈话备忘录制度，有效提升了行政

泰安市经济主要统计指标

指标 \ 年度	2008	2009	2010	2011	2012	2012年同比增幅（%）
土地面积（平方公里）	7762	7762	7762	7762	7762	0
人口（万人）	554.7	555.8	557.1	559.5	558.9	-0.1
城镇人口（万人）	—	—	276.8	283.5	290.6	2.5
乡村人口（万人）	—	—	273.0	267.9	262.3	-2.1
地区生产总值（亿元）	1513.3	1715.7	2051.7	2304.3	2547	10.7
第一产业（亿元）	161.1	170.3	195.3	215	233.1	4.7
第二产业（亿元）	839.3	936.4	1099.5	1202.8	1290.5	11.2
工业（亿元）	752.2	807.1	950	1037.3	1110.9	11.8
建筑业（亿元）	87.1	—	—	—	—	—
第三产业（亿元）	512.9	609.0	756.9	886.5	1023.4	11.4
人均地区生产总值（元）	27794	31375	36901	41850	46130	10.4
地区生产总值构成（%）	100	100	100	100	100	—
第一产业（%）	10.6	9.9	9.5	9.3	9.1	—
第二产业（%）	55.5	54.6	53.6	52.2	50.7	—
第三产业（%）	33.9	35.5	36.9	38.5	40.2	—
财政总收入（亿元）	131.58	150.71	—	—	—	—
地方财政收入（亿元）	76.4	91.4	116.9	138.1	158.9	15
财政总支出（亿元）	—	—	—	—	—	—
地方财政支出（亿元）	111.6	134.5	175.6	208.4	242.7	16.5
全社会固定资产投资（亿元）	809.4	1031.9	1270.5	1473.7	1774.5	22
规模以上固定资产投资（亿元）	803.0	1031.9	1270.5	1473.7	1774.5	—
房地产开发（亿元）	43.1	52.2	75.1	86.1	108.9	26.5
进出口总值（亿美元）	15.08	10.8	15.9	18.2	21.7	19
出口总值（亿美元）	9.21	7.05	9.3	11.9	12.2	3.2
实际利用外资（亿美元）	11.75	12.78	13.1	13.3	1.7	69.5
社会消费品零售总额（亿元）	466.8	556.3	687.4	806.7	928.3	15.1
居民消费价格指数（%）	104.9	101.8	103.6	104.3	101.9	2.5
城市居民人均可支配收入（元）	16095	17672	19953	22687	25659	13.1
农民人均现金收入（元）	6533	6600	7592	8974	10194	13.6

注：自2012年起实际利用外资数取消，此处为外商直接投资数。

泰安市工农业主要统计指标

农业主要统计指标（万吨）				规模以上工业企业主要统计指标（亿元）			
项目 \ 年度	2011年	2012年	增幅（%）	项目 \ 年度	2011年	2012年	增幅（%）
粮食	317.1	303.9	-2.2	工业增加值	—	1224.7	12.7
夏粮	148.5	—	—	国有工业	—	—	—
秋粮	168.6	—	—	集体工业	—	—	—
棉花	0.88	0.8	-5.3	股份制工业	—	—	—
油料	22.4	23.2	3.5	股份合作制工业	—	—	—

续表

农业主要统计指标（万吨）				规模以上工业企业主要统计指标（亿元）			
项目 \ 年度	2011 年	2012 年	增幅（%）	项目 \ 年度	2011 年	2012 年	增幅（%）
水果	50.4	50.7	0.7	外商及港澳台投资工业	--	--	--
蔬菜	760.2	775.5	2.0	轻工业	--	--	--
肉类	43	44.7	4.1	重工业	--	--	--
禽蛋	19.2	19.8	3.3	销售收入	4550.2	5524.6	21.2
奶类	50.9	55.1	8.3	利税	579.5	670.5	15.4
水产品	8.3	8.7	4.3	利润	361.3	418.5	16
森林覆盖率（%）	37.8	38.5	0.7	经济效益综合指数（%）	278.9	339.1	31.2

泰安市主要金融机构概况

单位名称	行长（或其他称谓的第一负责人）	副行长（或其他称谓的同级领导）	员工总数	辖内营业网点数
人行泰安市中心支行	张海清	杜树星 庞建敏 刘慧英 孙世超 蒋建军	178	1
银监会泰安监管分局	高旺东	王希娟 刘 健 张 琳	65	1
农发行泰安市分行	李元林	孔庆才 巩克深 王 君	173	6
工行泰安分行	宋鲁田	陈玉明 周成芳 武 晓 卞 涛 李新武 刘洪波 陶 静	1002	54
农行泰安市分行	孟宪军	张长胜 王明军 赵焕军 单伟强 牛小龙	1303	75
中行泰安分行	孙成刚	刘 钧 冯德厚 王 华 张文华	678	28
建行泰安分行	陈海东	张岱山 王君泰 张开锦 李其祥 耿效太 李 军	1130	45
交行泰安分行	王 克	任宪富 乔立华 赵晓军	251	11
兴业银行泰安市分行	康 健	闫 明 牛淑明	88	1
泰安市商业银行	展 鹏	石占银 张海涛 史建国 李志辉 李成山 赵传迎 杨方步	717	27
农信社泰安市办事处	陈运成	焦学杰 郑允幸	3579	260
邮储银行泰安市分行	冯克军	谢 强 张兆辉	568	139
人保财险泰安市分公司	赵玉强	杜庆凯 张立群 王 梅 王长文	2011	18
中国人寿泰安市分公司	刘新乐	冯金国 余 巍	3235	8
海通证券泰安营业部	李美玲	高 敏 项 颖	15	1
齐鲁证券泰安营业部	刘敬斌		198	6

泰安市金融业务统计指标

指标（亿元） \ 年度		2008	2009	2010	2011	2012	2012 年同比	
							增加额	增幅（%）
银行类	本外币存款余额	980.43	1221.67	1405.87	1571.71	1947.98	376.27	23.94
	人民币存款余额	974.14	1213.17	1399.53	1563.56	1934.23	370.67	23.71
	*单位存款	---	---	522.26	533.15	680.41	147.26	27.62
	储蓄存款	624.83	722.51	824.31	967.18	1185.88	218.70	22.61

续表

指标（亿元） \ 年度		2008	2009	2010	2011	2012	2012年同比	
							增加额	增幅（%）
银行类	本外币贷款余额	607.81	775.67	920.23	1055.25	1240.07	184.82	17.57
	人民币贷款余额	605.12	769.58	917.6	1043.11	1219.64	176.48	16.92
	短期贷款	357.63	410.6	470.51	550.82	647.00	96.18	17.46
	中长期贷款	191.74	302.54	390.4	439.5	485.02	45.52	10.36
	票据融资	55.66	56.22	56.4	52.4	87.36	34.96	66.71
	当年结益	16.06	12.9	20.04	22.22	23.00	0.78	3.51
	不良贷款余额	52.04	56.46	43.63	41.34	38.68	-2.65	-6.41
	不良贷款占比%	8.56	7.28	4.74	3.92	3.12	-0.8	-20.40
保险类	保险公司保费收入	30.33	36.15	46.62	48.67	51.60	2.93	6.02
	财险收入	6.14	7.81	10.32	11.2	12.13	0.93	8.30
	寿险收入	24.19	28.34	36.3	37.47	39.47	2	5.33
	保险公司赔款和给付支出	8.46	9.11	9.64	12.2	11.54	-0.66	-5.41
	财险赔款	3.48	3.76	4.67	5.45	5.87	0.42	7.7
	寿险给付	4.97	5.35	4.97	6.75	5.67	-1.08	-16
	当年结益	—	—	—	—	—	—	—
证券类	证券市场成交总额	708.8	1255.8	1075.3	757.8	546.89	-210.91	-27.83
	投资者保证金余额	6.27	12.61	11.09	6.71	6.49	-0.22	-3.28
	证券账户开户数	73542	61462	58600	60845	59823	-1022	-1.68
	佣金收入	1.76	2.97	2.33	1.45	1.02	-0.43	-29.34
	净利润	1.33	2.25	1.4	0.82	0.51	-0.31	-37.35
	期货市场成交总额	—	—	—	—	—	—	—
	期货客户保证金余额	—	—	—	—	—	—	—
	期货账户开户数	—	—	—	—	—	—	—
	期货手续费收入	—	—	—	—	—	—	—
	利润总额	—	—	—	—	—	—	—

注："*"该项指标2010年前为"企业存款"，其数字亦是如此。

泰安市金融机构统计指标

指标（个） \ 年度		2008	2009	2010	2011	2012	2012年同比增幅（%）
银行类	法人机构	7	7	7	8	11	37.5
	省级分行	0	0	0	0	0	—
	二级分行	6	6	7	8	11	37.5
	县区支行	98	83	86	87	91	4.6
	分理处、营业所	130	106	112	113	121	7.1
	储蓄所	437	577	553	435	651	49.65
	从业人员总数	9196	9938	9144	9368	9399	0.33

续表

指标（个）		年度 2008	2009	2010	2011	2012	2012年同比增幅（%）
保险类	保险机构	—	—	—	—	—	—
	财险机构	—	—	—	—	—	—
	省级分公司	0	0	0	0	0	
	地市分公司	11	6	7	13	12	7.69
	县区支公司	48	32	106	155	98	-36.7
	寿险机构	—	—	—	—	—	—
	省级分公司	0	0	0	0	0	—
	地市分公司	17	16	16	20	20	0
	县区支公司	38	25	35	57	75	31.57
	从业人员总数	16821	10307	19791	20126	19765	-1.79
	财险人员	2547	2325	3525	3619	3447	-4.75
	寿险人员	14274	7982	16266	16507	16318	-1.14
证券类	证券机构	—	—	—	—	—	—
	证券公司	0	0	0	0	0	—
	证券营业部	6	7	7	7	8	14.3
	证券服务部	1	1	1	1	1	—
	从业人员总数	155	160	172	183	213	16.4
	投资者开户	73542	61462	58600	60845	59823	-1.68
	境内上市股票支数	5	5	5	3	3	—
	境外上市股票支数	2	2	2	2	2	—
	辖区上市公司总数	7	7	8	5	5	—

泰安市主要金融机构业务概况

单位：亿元

单位名称	本外币存款余额	人民币单位存款	人民币储蓄存款	本外币贷款余额	人民币短期贷款	人民币中长期贷款
农发行泰安市分行	17.07	17.05	—	66.50	20.55	45.83
工行泰安分行	241.48	101.29	135.17	177.96	61.76	105.06
农行泰安市分行	300.70	115.27	181.58	178.13	90.47	84.30
中行泰安分行	181.16	97.42	68.95	144.32	43.15	89.67
建行泰安分行	220.54	108.91	104.16	147.38	46.53	91.09
交行泰安分行	67.47	51.08	15.50	49.28	32.66	16.52
兴业银行泰安分行	49.12	42.56	6.53	23.28	13.63	7.51
泰安市商业银行	188.87	86.14	93.77	108.88	82.58	5.68
莱商银行泰安新泰支行	3.44	2.73	0.68	2.62	1.72	0
农信社泰安市办事处	469.00	35.53	433.17	325.45	243.76	34.11

泰安市各县级区域经济金融主要统计指标

名称	人口（万人）	面积（平方公里）	地区生产总值（亿元）	地区生产总值增速（%）	本外币存款余额（亿元）	储蓄存款（亿元）	本外币贷款余额（亿元）
泰山区	--	337	--	--	--	--	--
岱岳区	--	1750	--	--	--	--	--
高新区	--	107	--	--	--	--	--
新泰市	140.3	1933	751.1	10.6	384.85	255.65	249.46
肥城市	98.4	1277.3	618.82	11.04	316.84	202.38	213.78
宁阳县	81.79	1125	281.38	16.6	139.1	106.88	76.7
东平县	75.17	1340	270.3	14.99	139.98	106.35	91.07

许可工作效率，2012年，行政许可办理时限较上年缩短3天。

三、完善监管办事处运行机制。一是制订实施了《关于进一步强化监管办事处履职效能的意见》，梳理完善工作流程，明确履职定位，构建履职模式；二是明确监管办对县域银行业监管负有限属地责任，赋予部分市场准入等监管权限，增强县域监管履职存在。2012年，该局先后有3个监管办和3名工作人员获当地政府表彰，相关经验做法得到了山东银监局领导的批示肯定。

四、加强监管传导机制建设。除传统季度监管分析例会等平台外，该局进一步创建载体，构建了“县域银行业主任负责人座谈会”、“大型银行季度合规发展联席会议”、“农村合作金融机构主要负责人座谈会”和“监事会季度履职报告制度”、“银、邮、监管三方季度会谈制度”、“泰安商行三长定期约见谈话制度”等平台，进一步加强了与银行机构的沟通互信，推动了监管意见的贯彻落实。

【外汇管理】 2012年，外管局泰安市中心支局扎实推进外汇重点领域制度改革，推动贸易投资便利化，积极创新外汇管理与服务措施，提升科学履职效能。

一、优化外汇服务，促进贸易投资便利化。一是制定印发了《进一步加强和改进外汇管理与服务 支持全市涉外实体经济平稳较快发展的指导意见》，推出20条重点举措，大力助推涉外经济发展；二是完善资本项目外汇管理，扎实推进货物贸易外汇管理等外汇领域制度改革，简化企业业务办理程序，支持和鼓励企业开展对外贸易和投资；三是先后对山东岱银纺织集团、泰山玻璃纤维有限公司等龙头企业以及辖内30家重点进出口企业开展了专题调研和政策辅导，一对一的帮助企业设计可行解决方案，被市政府授予“商务工作先进单位”荣誉称号；四是开展了对涉外企业融资情况、实施货物贸易外汇管理制度改革情况等方面的专题调研，并形成5篇专报件，均被市政府领导批示并给予肯定；五是扎实开展外汇政策宣讲活动，全年共对500余家企业、7家外汇指定银行开展了3期政策巡讲活动。

二、创新方式方法，扎实推进外汇重点领域改革。一是在省内率先完成货物贸易改革试点《内控方案》和《工作流程》的制订工作；二是建立企业主体监测信息档案，为主体管理打下坚实的基础；三是建立重点监测企业管理台账，对辖内的710家企业进行了重点监测，对90家企业进行了现场核查；四是实行企业约谈辅导制度，被省分局评为“山东省货物贸易外汇管理改革工作先进集体”；五是扎实推进直接投资外汇管理制度改革，举办了改革培训班，确保新政策实施后各项直接投资业务顺利开展。

三、强化业务管理，扎实开展各项基础工作。一是开展了以“我的工作无差错，我的岗位请放心”为主题的争创活动；二是积极创新国际收支核查方法，全年共对8家银行进行了非现场核查，对4家银行开展了现场核查，国际收支统计申报工作继续在全省保持先进；三是举办国际收支知识竞赛；四是多措并举提高外汇年检质量和效率，全市参检企业211家，参检率93.4%，超过考核参检率8.4个百分点，年检数据质量较上年显著提高。

四、创新执法机制，推进外部协调机制建设。一是开展了两期外商投资资本金结汇异常线索现场排查，分别对辖内4家外商投资企业的5笔资本金结汇异常线索进行了核查，排查异常交易金额1568.7万美元，二是对交行泰安分行和工行泰安分行外汇业务合规性开展了专项检查，查出违规金额48.7万美元，督促银行健全了内控制度；三是与市国税局联合，对辖内4家外汇银行开展了服务贸易对外支付专项检查，对2家存在问题的银行做出了限期整改处理，该做法受到总局管理检查司的充分肯定。

【金融改革】 2012年，在泰安市监管部门推动下，银行业不断加快改革发展步伐。

一、坚定不移推进农合机构银行化改革。通过引入战略投资者、溢价发行股权消化不良、国有企业股权置换等方式，全力推进不良贷款处置，取得积极成效。新泰联社和肥城联社已成功签订引入战略投资者协议，成为全省第一批跨市引入战略投资者的机构，农合机构改革发展步伐明显加快。

二、着力推动泰安商行稳健提升。一是多次向市政府分管领导汇报泰安商行发展情况，增强推动合力；二是稳妥推进该行董事会换届和高管层变更，完善高管薪酬延期支付和追索机制，提升了公司治理机制；三是加大现场检查力度，督导该行进一步精细信贷管理，夯实资产质量，1-11 月累计处置不良贷款 1.36 亿元；四是严格责任追究制约，免职了该行对风险管理负有责任的 9 名支行行长，推动提升内部管理水平。2012 年下半年，该行的负债结构趋于稳定。

三、推进辖区银行组织体系进一步丰富完善。一是推动上海农商行在岱岳区、宁阳、东平设立的 3 家村镇银行相继开业，莱商银行新泰支行升格为泰安分行的请示已上报省银监局；二是督导兴业银行泰安分行、肥城民丰村镇银行贯彻落实各项监管要求，强化内部管理和风险防控，实现平稳起步、合规发展。

【保险业务】 2012 年，全市新增保险公司 7 家，驻泰保险机构增加到 38 家，其中财产保险 14 家，人身险公司 24 家，另有 2 家财产险公司筹建中。全市已批准开业的保险中介机构 7 家，其中 6 家保险代理公司，1 家保险经纪公司。

【证券市场】 2012 年，泰安市 A 股业务交易量为 546.89 亿元，比去年同期减少 210.91 亿元，同比下降 27.83%。

【精神文明建设】 2012 年，人行泰安市中支制定并实施 2012～2014 年度文明单位创建规划和方案，不断深化文明单位“细胞工程”，着力打造员工“文明素质”；被总行党委授予“人行文明单位”荣誉称号，中支综合服务大厅获“全国工人先锋号”荣誉称号，中支系统被市文明委表彰为首届“全市十大文明示范行业”，连续 9 年被评为“省级文明单位”，营业室连续 7 年保持“全国级青年文明号”称号。

泰安银监分局被市政府授予市“金融发展贡献奖”，工行泰安分行被全国妇联授予“巾帼文明岗”荣誉称号，农行新泰市支行被省政府“新型农村和城镇居民社会养老保险工作先进单位”称号，建行泰安分行荣获省“承诺十八项、献礼十八大”活动先进集体和“省级文明单位”称号。

【大事记】 1 月 10 日 泰安市商业银行东平支行开业。

3 月 15 日 东平县银泰小额贷款有限公司成立。

3 月 26 日 交行肥城分行开业。

4 月 6 日 泰安市金融管理工作会议在人行泰安中支召开。

4 月 28 日 举办金融支持实体经济银企合作会议，签约资金 199.8 亿元。

7 月 10 日 宁阳沪农商村镇银行股份有限公司成立。

7 月 12 日 泰安市 2012 年金融 IC 卡推广应用宣传活动启动仪式在人行泰安中支隆重举行。

7 月 20 日 东平沪农商村镇银行股份有限公司成立。

7 月 25 日 泰安高新区融智鑫成小额贷款有限公司成立。

9 月 17 日 泰安沪农商村镇银行股份有限公司正式营业。

（贾泰峰）

新泰市

【经济金融概况】 2012 年，新泰市坚持以“三提三创”（工作提标、发展提速、干部提能，创新强市、创业富民、创先超越）为

新泰市主要经济指标

经济指标	2011	2012	2012 年同比增幅（%）	经济指标	2011	2012	2012 年同比增幅（%）
土地面积（平方公里）	1933	1933	0	地方财政支出（亿元）	49.80	55.9	12.3
人口（万人）	139.92	140.30	0.27	全社会固定资产投资（亿元）	342.60	408.7	21.0
城镇人口（万人）	68.87	70.67	2.61	进出口总值（万美元）	23411	28747	22.8
乡村人口（万人）	63.20	61.71	-2.36	出口总值（万美元）	13087	11347	-13.3
地区生产总值（亿元）	667.30	751.1	10.6	实际利用外资（万美元）	27000	--	--
第一产业（亿元）	49.10	52.0	2.4	社会消费品零售总额（亿元）	180.10	207.1	14.9
第二产业（亿元）	382.20	423.8	10.9	居民消费价格指数（%）	--	--	--
第三产业（亿元）	236.00	275.3	11.7	人均地区生产总值（元）	50596	56803	12.3
财政总收入（亿元）	87.90	90.2	2.5	城镇居民可支配收入（元）	21939	25321	15.4
地方财政收入（亿元）	36.90	38.4	4.0	农民人均现金收入（元）	10141	11391	12.3
财政总支出（亿元）	--	--	--				

注：2012 年实际利用外资（万美元）指标改为外商直接投资

新泰市主要金融指标

金融指标（亿元）	2011	2012	2012年同比增幅（%）	金融指标（亿元）	2011	2012	2012年同比增幅（%）
本外币存款余额	311.84	384.85	23.41	财险收入	2.13	2.32	8.92
人民币存款余额	311.46	383.16	23.02	寿险收入	7.20	7.14	-0.83
单位存款	103.27	119.28	15.50	财险赔款	—	—	—
储蓄存款	202.91	255.65	25.99	寿险给付	—	—	—
本外币贷款余额	214.23	249.46	16.44	当年结益	—	—	—
人民币贷款余额	209.22	240.93	15.16	证券市场交易总额	85.96	57.52	-33.09
短期贷款	100.00	100.99	0.99	投资者保证金余额	1.27	0.93	-26.77
中长期贷款	99.20	123.51	24.51	证券账户开户数	30776	31959	3.84
票据融资	9.93	16.44	65.56	证券交易佣金收入	0.21	0.14	-33.33
当年结益	5.35	5.62	5.05	净利润	—	—	—
不良贷款余额	5.98	8.30	38.80				

新泰市主要金融机构概况

单位名称	行长（或其他称谓的第一负责人）	副行长（或其他称谓的同级领导）	员工总数	辖内营业网点数
人行新泰市支行	吴　勇	刘灿升　李长征	29	1
银监会新泰办事处	孙兆木	李　红	3	1
农发行新泰市支行	王　峰	李　云　刘宝爱	25	1
工行新泰支行	杨　帆	林贞全　郭　政　秦成利　刘　克　董　超	100	6
工行泰安新汶支行	白　伟	徐庆梓　张振中　柏向民　席　儒	66	5
农行新泰市支行	张兴宏	尹贻新　张钦勇　纪衍超	214	16
中行新泰支行	曹　峰	许崇唐　迟利群　张玉德	84	5
建行新泰支行	刘广孝	杨立清　刘　强	5	92
建行新汶支行	董　波	徐　鹏　韩尚祯	7	111
交行新泰支行	周　军	吴光强　单光战　李　洁	12	1
泰安市商行新泰支行	高　虎	李建军	15	1
莱商银行新泰支行	王素荣	付伟宏	18	1
新泰市农信社	李　斌	徐西军　侯　涛　佟兆庆　张凌峰　王敏庆	759	53
邮储银行新泰市支行	张钦良	刘建立	89	36

新泰市主要金融机构业务概况

单位：亿元

单位名称	本外币存款余额	人民币单位存款	人民币储蓄存款	本外币贷款余额	人民币短期贷款	人民币中长期贷款
农发行新泰市支行	4.14	4.14	0	13.15	1.21	11.94
工行新泰支行	73.74	34.78	38.51	51.32	18.42	27.17
农行新泰市支行	62.09	18.69	42.54	51.30	17.28	31.70

续表

单位名称	本外币存款余额	人民币单位存款	人民币储蓄存款	本外币贷款余额	人民币短期贷款	人民币中长期贷款
中行新泰支行	32.98	17.35	13.95	26.73	1.88	21.02
建行新泰支行	62.72	24.93	32.91	28.81	5.70	21.76
交行新泰支行	4.01	3.49	0.49	5.22	4.09	1.13
泰安市商行新泰支行	6.70	4.34	2.36	2.93	2.86	0.01
莱商银行泰安新泰支行	3.44	2.73	0.69	2.62	1.73	0.00
新泰市农信社	93.34	5.28	88.02	65.70	47.20	7.66
邮储银行新泰市支行	39.72	3.54	36.18	1.68	0.63	1.04

动力,克难奋进,经济社会持续健康发展。

金融部门积极调整优化信贷结构,加大金融创新力度,强化银企合作,各项贷款快速增长,各项存款高速增长,保险事业稳定发展,金融生态环境不断优化,金融服务水平不断提高,金融运行呈现良好的发展势头。

【金融发展与改革】 2012 年,人行新泰市支行制定下发了《关于加强和改进实体经济金融服务,推进全市经济又好又快发展的意见》,加强政策宣传,强化窗口指导。金融机构加强产品创新,开办了商标专用权质押贷款等信贷新产品,表外融资业务发展迅速,累计办理表外融资 112.6 亿元。

【金融服务与监管】 2012 年,人行新泰市支行一是监管与服务并重,开展了金融统计、人民币账户管理、反洗钱、准备金、货币市场、票据市场、人民币管理、金融消费者权益保护等执法检查,对辖区金融机构进行了综合评价,规范了金融机构业务发展;二是组织开展了对市农信社信用风险专项评估,强化金融稳定重大事项报告制度,维护了金融稳定;三是大力推进农村支付服务环境建设,提前实现了辖内行政村金融基础设施"全覆盖"和辖内金融机构全参与的"双百"目标,畅通结算渠道,创新国库服务手段;四是加强征信管理,认真做好贷款卡发放、年审、信用信息查询等工作,积极推进信用体系建设;五是全面完成机构信用代码发放工作;六是加强监测分析,强化调查研究,60 余篇信息被总行、分行和泰安市中支采用。

(刘 磊 李桂兰)

肥城市

【经济金融概况】 2012 年,肥城市经济平稳健康发展,金融机构认真贯彻稳健的货币政策,按照"总量适度、审慎灵活、定向支持"的要求,多渠道增加信用供给,金融运行保持良好态势。

肥城市主要经济指标

经济指标	2011	2012	2012 年同比增幅(%)	经济指标	2011	2012	2012 年同比增幅(%)
土地面积(平方公里)	1277.3	1277.3	0	地方财政支出(亿元)	37.14	44.19	18.98
人口(万人)	95.01	98.4	3.56	全社会固定资产投资(亿元)	324.2	387	21
城镇人口(万人)	48.46	50.2	3.59	进出口总值(万美元)	52044	50278	-3.39
乡村人口(万人)	46.55	48.2	3.54	出口总值(万美元)	22993	24883	8
地区生产总值(亿元)	560.95	618.82	11.04	实际利用外资(万美元)	3218	3024	-6.03
第一产业(亿元)	40.24	43.76	4.9	社会消费品零售总额(亿元)	161.8	184.4	15.1
第二产业(亿元)	322.18	348.1	11.3	居民消费价格指数(%)	—	—	—
第三产业(亿元)	198.54	226.96	11.8	人均地区生产总值(元)	59041	65105	10.27
财政总收入(亿元)	46.26	51.60	11.5	城镇居民可支配收入(元)	22586	25884	14.6
地方财政收入(亿元)	27.45	31.87	16.1	农民人均现金收入(元)	10149	11421	12.53
财政总支出(亿元)	47.1	55.53	17.9				

肥城市主要金融指标

金融指标（亿元）	2011	2012	2012年同比增幅（%）	金融指标（亿元）	2011	2012	2012年同比增幅（%）
本外币存款余额	261.63	316.84	21.1	财险收入	0.63	0.50	-20.63
人民币存款余额	259.66	314.50	21.12	寿险收入	2.13	2.06	-3.29
单位存款	73.12	91.28	24.84	财险赔款	0.19	0.18	-5.26
储蓄存款	166.08	202.38	21.86	寿险给付	0.69	0.94	36.23
本外币贷款余额	183.68	213.78	16.39	当年结益	0.07	0.07	0
人民币贷款余额	182.30	212.02	16.30	证券市场交易总额	72.9	45.58	-37.48
短期贷款	96.53	113.43	17.51	投资者保证金余额	0.43	0.5	16.28
中长期贷款	81.53	87.82	7.71	证券账户开户数	2373	1697	-28.49
票据融资	4.24	10.77	154.01	证券交易佣金收入	0.16	0.1	-37.5
当年结益	4.85	4.71	-2.89	净利润	0.1	0.06	-40
不良贷款余额	10.28	8.92	-13.23				

肥城市主要金融机构概况

单位名称	行长（或其他称谓的第一负责人）	副行长（或其他称谓的同级领导）	员工总数	辖内营业网点数
人行肥城市支行	张继轩	冷 静 牛兰季	29	1
银监会肥城办事处	刘同新	赵来春	3	1
农发行肥城市支行	李元华	郭雪峰 王 慧	25	1
工行肥城支行	陈福五	祝云岗 汪顺成 曲少平 李守军 尹 凯 夏东升 张永刚 李秀华	141	11
农行肥城支行	李立东	徐宝瑾 赵 彬 孙建华	241	15
中行肥城支行	孙克祥	张 勇 王 健 张德强	69	4
建行肥城支行	刘 峰	张 燕 孙国庆 房建荣 王延峰 李光营	125	6
交行肥城支行	田力男	李鸣宇 赵咏莉 赵宝萍	12	1
泰安商行肥城支行	玄建涛		24	1
肥城市农信社	赵平东	李传颖 侯国振 王延防 赵庆功 胡家迎 张淑斌	605	42
邮储银行肥城支行	赵祥东	王 兵	80	3
肥城民丰村镇银行	徐小强	张宪民 张 辉	18	1

肥城市主要金融机构业务概况

单位：亿元

单位名称	本外币存款余额	人民币单位存款	人民币储蓄存款	本外币贷款余额	人民币短期贷款	人民币中长期贷款
农发行肥城市支行	1.52	1.52	---	9.33	3.44	5.89
工行肥城支行	44.95	17.41	25.67	33.38	14.54	17.07
农行肥城支行	51.00	19.09	31.81	40.69	28.88	11.24

续表

单位名称	本外币存款余额	人民币单位存款	人民币储蓄存款	本外币贷款余额	人民币短期贷款	人民币中长期贷款
中行肥城支行	23.92	12.46	9.21	29.24	6.51	21.98
建行肥城支行	41.64	26.10	15.15	28.70	10.04	18.65
交行肥城支行	3.41	2.62	0.60	10.14	3.83	6.31
泰安商行肥城支行	4.36	2.70	1.66	2.47	2.46	0
肥城市农信社	91.86	3.88	87.91	55.71	41.17	5.52
邮储银行肥城支行	32.80	2.77	30.03	1.71	0.63	1.08
肥城民丰村镇银行	3.07	2.72	0.34	2.41	1.92	0.08

【金融发展与改革】 2012 年，人行肥城市支行加强“窗口指导”，制定信贷指导意见，协调有关部门和机构创办金融支持实体经济发展示范区，开展了中小企业结对帮扶、信用培植工作；银行机构推出了股权质押贷款、“诚信通”农民信用联盟、中小企业信用联盟、钢结构抵押贷款等业务；涉农金融机构大力推进农村产权融资试点工作，推出了农村土地承包经营权抵押贷款、个人林权抵押贷款业务。

银行间市场直接融资规模实现新突破，通过发行公司债券、中期票据筹措资金 22 亿元；农信社增资扩股引进战略投资者，经营机制和法人治理结构进一步完善；农行肥城支行继续推进“三农”金融事业部制改革，完善面向“三农”服务的组织架构和工作机制；交行肥城支行成立。

【金融服务与监管】 2012 年，人行肥城支行和银监会肥城办事处进一步强化金融监管和服务，防范和化解金融风险，确保金融稳定。一是加强对存款准备金、利率、账户、国库、统计等业务的监督管理，开展了执法检查；二是打造农村支付环境建设示范县，肥城市 607 个村全部实现金融基础设施全覆盖；三是完成 3 家机构的开业验收工作。

宁阳县

【经济金融概况】 2012 年，宁阳县经济持续健康发展，运行质量大幅提高。一是农业生产稳定增长，全县粮食总产 68.4 万吨，增长 4%；二是工业高位运行，全县规模以上工业企业 340 家，实现主营业务收入 816.8 亿元、利润 77.3 亿元、利税 115 亿元，分别增长 44.7%、45.6%、41.6%，增幅均居泰安市第 1 位；三是企业核心竞争力进一步增强，新增省级创新型企业 4 家、国家级高技术企业 6 家、省级以上名牌产品 12 个，高新技术产业产值占规模工业总产值的比重 17.3%，较上年增加 1.3 个百分点；四是开展的“项目集中建设年”活动，使一大批投资规模大、带动能力强、综合效益好的项目相继开工建设，消费

宁阳县主要经济指标

经济指标	2011	2012	2012 年同比增幅（%）	经济指标	2011	2012	2012 年同比增幅（%）
土地面积（平方公里）	1125	1125	0	地方财政支出（亿元）	18.37	22.99	25.15
人口（万人）	82.69	81.79	-1.09	全社会固定资产投资（亿元）	196.99	238.47	21.11
城镇人口（万人）	19.82	19.65	-0.86	进出口总值（万美元）	6507	7169	10.17
乡村人口（万人）	62.87	62.14	-1.16	出口总值（万美元）	6083	6702	10.18
地区生产总值（亿元）	241.32	281.38	16.60	实际利用外资（万美元）	3304	4163	26.00
第一产业（亿元）	41.49	44.84	8.07	社会消费品零售总额（亿元）	92.21	105.9	14.85
第二产业（亿元）	111.15	131.20	18.04	居民消费价格指数（%）	104.4	101.9	2.50
第三产业（亿元）	88.68	105.33	18.78	人均地区生产总值（元）	29184	34403	17.88
财政总收入（亿元）	14.38	17.68	22.95	城镇居民可支配收入（元）	18307	21091	15.21
地方财政收入（亿元）	6.96	9.04	30.02	农民人均现金收入（元）	8256	9496	15.02
财政总支出（亿元）	25.10	41.11	63.75				

宁阳县主要金融指标

金融指标（亿元）	2011	2012	2012年同比增幅（%）	金融指标（亿元）	2011	2012	2012年同比增幅（%）
本外币存款余额	114.16	139.1	21.84	财险收入	0.28	0.27	-3.15
人民币存款余额	113.96	138.77	21.77	寿险收入	1.34	1.38	2.83
单位存款	27.78	31.01	11.62	财险赔款	0.16	0.15	-7.11
储蓄存款	84.8	106.88	26.04	寿险给付	0.65	0.65	0.35
本外币贷款余额	63.44	76.70	20.91	当年结益	0	0	0
人民币贷款余额	63.44	76.70	20.91	证券市场交易总额	0	0	0
短期贷款	39.67	44.76	12.85	投资者保证金余额	0	0	0
中长期贷款	19.05	22.63	18.79	证券账户开户数	0	0	0
票据融资	4.72	9.31	97.28	证券交易佣金收入	0	0	0
当年结益	1.69	1.92	13.97	净利润	0	0	0
不良贷款余额	2.54	1.41	-44.47				

宁阳县主要金融机构概况

单位名称	行长（或其他称谓的第一负责人）	副行长（或其他称谓的同级领导）	员工总数	辖内营业网点数
人行宁阳县支行	张文玖	何传信　陈树立　程令顺	25	1
银监会宁阳县办事处	董艳秋		3	1
农发行宁阳县支行	申　波	张　辉　张　伟	21	1
工行宁阳支行	董金国	李建军　任海涛　顾　俊 郗金玉　赵　兵	70	5
农行宁阳县支行	戴国岩	李宗旺　周长传　曹海林	133	8
中行宁阳支行	周　鲁	刘大勇　刘　超	52	3
建行宁阳支行	李德健	平　伟　顾远波	49	2
泰安市商行宁阳支行	赵　敏		12	1
宁阳县农信联社	李延玲	王学军　刘玉岳　刘　锋 王聘国　刘　岑	470	35
邮储银行宁阳县支行	徐文强	马燕民　肖继军	140	20
宁阳沪农商村镇银行	李庆斌		15	1

宁阳县主要金融机构业务概况

单位：亿元

单位名称	本外币存款余额	人民币单位存款	人民币储蓄存款	本外币贷款余额	人民币短期贷款	人民币中长期贷款
农发行宁阳县支行	2.27	2.27	0	6.76	1.33	5.43
工行宁阳支行	12.99	3.54	9.43	9.07	2.91	6.16
农行宁阳县支行	24.05	7.61	16.39	8.69	6.56	2.02
中行宁阳支行	13.74	7.38	5.81	4.40	3.32	1.08
建行宁阳支行	5.69	2.91	2.76	5.36	1.71	3.65
泰安市商行宁阳支行	1.60	0.86	0.74	0.71	0.71	0
宁阳县农信联社	54.86	3.64	51.20	39.61	26.49	2.91
邮储银行宁阳县支行	20.66	0.94	19.72	0.59	0.22	0.37
宁阳沪农商村镇银行	2.70	1.86	0.84	1.51	1.51	0.0038

需求稳定增长，外部需求总体平稳；五是财税收入大幅增长，城镇居民收入持续增加。

宁阳县金融机构加大对地方经济的信贷支持，促进了产业结构调整和经济发展方式转变。一是存款稳定增加；二是贷款快速增加，信贷结构优化，重点支持了18家骨干企业、小微企业和特色经济的资金需求。

【金融发展与改革】 2012年，人行宁阳县支行发挥好“窗口指导”作用，强化监测分析，支持地方经济持续健康发展。一是充分发挥金融机构联席会议的作用，分析、通报县域金融运行情况及宏观政策信息，引导各金融机构创新服务方式，积极支持全县经济发展；二是及时了解掌握县农行“三农金融事业部”的经营现状，促使其稳健运行；三是继续做好对县农信社专项央行票据兑付后续监测考核工作，促使该社的资本充足率、信贷资产质量、财务经营状况大幅提高。

【金融服务与监管】 2012年，人行宁阳县支行指导各金融机构防范化解风险，创新信贷产品、提升服务水平，改善银企关系，服务经济发展。一是加大对账户、结算、缴存款准备金、金融统计、反洗钱等业务的监督管理；二是建立完善农村信用服务体系，推动助农取款服务点提供优质服务；三是开展金融知识系列宣传活动，开展了金融消费者权益保护、支付结算、征信、打击银行卡犯罪等宣传活动，优化了金融生态环境；四是制定并落实了《金融机构高级管理人员约见谈话制度》。

（谢 涛 刘亚平）

东平县

【经济金融概况】 2012年，东平县经济快速增长，农村经济健康发展，旅游服务业发展势头迅猛，城市开发建设力度不断加大，城乡统筹发展，民生改善积极推进，财政收入实现较快增长，社会事业全面进步。

金融机构信贷重点支持了造纸、生物、食品加工等重点行业和农村流通体系建设，中长期贷款重点支持了瑞星化工、宏达铁矿等企业的项目建设及企业技术改造以及旅游服务业基础设施建设。

【金融发展与改革】 2012年，人行东平县支行不断强化窗口指导，促进信贷结构调整，积极引导各金融机构服务地方经济发展。泰安商业银行东平县支行正式成立，东平县银泰小额贷款公司正式开业；东平沪农商村镇银行的开业验收工作圆满完成。

【金融服务与监管】 2012年，人行东平县支行以强化窗口指导、优化信贷结构为着力点，一是制定下发了《关于认真贯执行稳健货币政策，着力推进全县实体经济平稳健康发展的指导意见》和《关于继续加大金融支持力度促进文化创意产业

东平县主要经济指标

经济指标	2011	2012	2012年同比增幅（%）	经济指标	2011	2012	2012年同比增幅（%）
土地面积（平方公里）	1340	1340	0	地方财政支出（亿元）	17.09	20.51	20.01
人口（万人）	79.52	79.42	-0.13	全社会固定资产投资（亿元）	139.7	170.9	22.33
城镇人口（万人）	10.32	9.47	-8.24	进出口总值（万美元）	10596	33182	213.16
乡村人口（万人）	69.2	69.95	1.08	出口总值（万美元）	1397	1379	-1.29
地区生产总值（亿元）	235.06	270.3	14.99	实际利用外资（万美元）	144	165	14.58
第一产业（亿元）	31.76	35	10.20	社会消费品零售总额（亿元）	76.2	89.6	17.59
第二产业（亿元）	119.4	133.7	11.98	居民消费价格指数（%）	—	—	—
第三产业（亿元）	83.91	101.6	21.08	人均地区生产总值（元）	31628	36139	14.26
财政总收入（亿元）	18.51	18.44	-0.38	城镇居民可支配收入（元）	15942	17855	12
地方财政收入（亿元）	6.4	7.6	18.75	农民人均现金收入（元）	6936	8304	19.72
财政总支出（亿元）	29.71	32.03	7.81				

东平县主要金融指标

金融指标（亿元）	2011	2012	2012年同比增幅（%）	金融指标（亿元）	2011	2012	2012年同比增幅（%）
本外币存款余额	107.95	139.98	29.67	财险收入	—	—	—
人民币存款余额	107.90	139.89	29.65	寿险收入	—	—	—
单位存款	19.78	30.64	54.90	财险赔款	—	—	—
储蓄存款	84.75	106.29	25.42	寿险给付	—	—	—
本外币贷款余额	75.5	91.07	20.62	当年结益	—	—	—
人民币贷款余额	74.82	90.82	21.38	证券市场交易总额	16.1	9.04	-43.85
短期贷款	39.85	43.61	9.44	投资者保证金余额	0.39	0.04	-89.74
中长期贷款	30.15	38.26	26.90	证券账户开户数	1298	1123	-13.48
票据融资	4.83	8.94	85.09	证券交易佣金收入	0.17	0.01	-94.12
当年结益	4.76	5.93	24.58	净利润	-0.013	-0.009	-32.31
不良贷款余额	5.09	5.18	1.77				

东平县主要金融机构概况

单位名称	行长（或其他称谓的第一负责人）	副行长（或其他称谓的同级领导）	员工总数	辖内营业网点数
人行东平县支行	张　伟	谷　平　展东文　徐艳霜	23	1
银监会东平县办事处	陈曰颖		3	1
农发行东平县支行	张　波	刘广涵　孙素美	21	1
工行东平支行	娄岱光	刘在民　赵静波　刘建民	50	3
农行东平县支行	亚　军	宁　东　薛军广　赵　峰	114	7
中行东平支行	解洪涛	王　锐	28	1
建行东平支行	乔　滢	周长波　路　明	38	1
泰安商行东平支行	郭新勇		10	1
东平县农村合作银行	田汝会	吴国栋　张义玉　王　钰　汪　振　郭德成	494	32
邮储银行东平县支行	赵友林	李　杨　杨祥桥	74	22
东平沪农商村镇银行	魏　超	郑　群	17	1

东平县主要金融机构业务概况

单位：亿元

单位名称	本外币存款余额	人民币单位存款	人民币储蓄存款	本外币贷款余额	人民币短期贷款	人民币中长期贷款
农发行东平县支行	0.68	0.68	0	4.45	1.53	2.92
工行东平支行	12.05	5.33	6.68	15.30	3.51	11.54
农行东平县支行	21.83	8.73	13.07	8.99	6.55	2.44
中行东平支行	6.84	4.14	2.36	8.35	0.92	7.43
建行东平支行	8.07	5.99	2.06	8.31	1.17	7.14
泰安商行东平支行	0.85	0.5	0.35	0.68	0.68	0
东平县农村合作银行	62.32	2.1	60.21	43.21	27.71	6.56
邮储银行东平县支行	22.23	1.54	20.69	0.53	0.3	0.23
东平沪农商村镇银行	2.5	1.64	0.87	1.25	1.24	0.01

加快发展的意见》,就加快信贷产品创新、提升金融服务效率等提出了具体要求;二是制定出台了疏通货币政策传导渠道、优化信贷结构、加大对弱势群体和产业支持的一系列措施和办法,以促进经济结构调整和经济发展方式的转变;三是协助县政府召开了泰安市重点建设项目融资对接东平现场会,向各金融机构推介重点建设项目81个,还组织召开了泰安市辖内首家金融支持文化创意产业重点项目协作会议,签订11项合作项目,协议贷款额3.66亿元;四是采取任务分解、现场督导等行之有效的措施,督促各涉农金融机构强力推进农村支付环境建设工作,使全县716个行政村金融基础设施全覆盖;五是召开了机构信用代码推广应用业务操作培训会议,确保了新增机构信用代码证100%发放;六是积极组织辖内金融机构精心开展“动产融资登记公示系统宣传推广工作”、“信用记录关爱日”集中宣传活动,促进了全社会信用意识的提高;七是对金融机构的残损币兑换、假币收缴、反假知识宣传、银行结算账户、票据、银行卡、支付系统建设、金融统计、征信、金融消费者权益保护等业务进行了监督检查;八是对齐鲁证券和部分保险公司进行了反洗钱督导,规范了各项业务操作,防范了各类风险发生。

(李娅群)

莱芜市

【经济金融概况】 2012年,莱芜市经济稳步回升势头得到巩固和发展。一是工业生产保持较快增长,规模以上工业实现增加值311.57亿元,同比增长13.11%;二是转型升级步伐加快,三次产业增加值结构由2011年的6.7∶60.5∶32.8调整为7.0∶57.8∶35.2,第三产业的比重提高了2.4个百分点,其中,非钢产业和高新技术产业发展加快,分别实现工业增加值149.7亿元和241.2亿元,同比增长18.72%和29.95%,民营经济继续壮大,全年新登记注册私营企业2034家、个体工商户7171户,实现税收21.06亿元,同比增长11.2%;三是投资快速增长,实施规模以上固定资产投资项目504个,完成投资441.06亿元,同比增长23.5%;四是镇域经济加速发展,全年各镇(街道)共新建及续建过10亿元项目57个、过亿元项目285个;城镇化进程加快,城镇化率达54.17%。

【货币政策实施】 2012年,莱芜市金融机构认真落实稳健的货币政策,优化信贷结构,多渠道增加信贷供给,积极改善金融服务,加大了对实体经济的资金支持。

一、信贷结构进一步优化,货币政策传导效果明显。截至年末一是对重点行业和项目信贷投放较快,全市制造业贷款余额256.38亿元(不含贴现),较年初增加30.38亿元,增长13.44%;二是对“三农”及民生支持力度加大,涉农贷款余额135.41亿元(不含贴现),较年初增加10.88亿元,增长8.74%,下岗失业人员贷款余额1749万元,较年初增加1117万元,增长176.74%;三是中小微型企业贷款余额291.97亿元,较年初增加27.72亿元,增长10.49%。

二、金融产品不断完善,服务水平不断提高。一是金融机构继续加强农村金融服务环境建设,截至年末,全市银行网点187个,加入支付系统的网点136个;二是农联社莱芜市办事处农民自助金融服务终端已安装运行116台,农村支付系统覆盖率达72.7%;三是莱商银行推出信用贷款业务,全年累计发放此类贷款13.53亿元;四是工行莱芜分行以“买断型国内保理”方式突破对莱钢信贷支持瓶颈,全年累计发放此类贷款18.3亿元;五是建行莱芜分行大力拓展助保金贷款业务,全年累计发放此类贷款2.34亿元。

【金融监管】 2012年,人行莱芜市中支与莱芜银监分局坚持监管与服务并举,积极实施监管创新,着力提高监管能力和银行业竞争能力,各项工作取得新进展。

一、加强风险控制,加大检查力度。莱芜银监分局一是督促全市银行业加大不良贷款真实性反映力度,开展了潜在风险客户排查,加强担保链、民间借贷、“逃废债”等风险苗头的防范与化解;二是认真制定针对性措施,积极协调有关部门稳妥处置金融风险,下达《非现场监管意见书》6份,撰写监管报告122份,下发监管提示35期,约见高管人员谈话8次;三是累计派出检查组18个,投入工作量722人/天,检查业务量181.67亿元,提出整改意见65条。

人行莱芜市中支组织综合执法检查1次,开展反洗钱等专项检查13次,对11家银行、企业违法行为进行了处罚,累计罚款82万元,约见金融机构高管人员谈话16次,有效规范了辖区机构执行金融法律法规行为。

二、金融生态环境不断优化。2012年,人行莱芜市中支一是主办召开全市金融生态环境建设会议,推动市政府出台进一步加强金融生态环境建设的意见;二是积极参与市政府打击贷款“老赖”行动,将4家企业及多个自然人违约信息纳入征信系统;三是不断推进农村信用环境建设,共评定信用户4.5万户,授信总额24.3亿元,用信余额21.6亿元。

莱芜银监分局督促各银行业机构认真落实“七不准、四公开”规定,深入开展以“规范经营行为,科学合理收费”为主题的不规范经营专项整治活动,并加强政策传导,提高制度执行力,改善银行服务,取得了明显效果。

【外汇管理】 2012年,外汇管理局莱芜市中心支局加强内控建设,全面提升外汇监管和服务水平。

一、推进货物贸易外汇管理改革,支持外贸发展。一是通

莱芜市经济主要统计指标

指标 \ 年度	2008	2009	2010	2011	2012	2012年同比增幅（%）
土地面积（平方公里）	2246.21	2246.03	2246	2246	2246	0
人口（万人）	125.96	126.38	126.69	126.95	126.3	-0.51
城镇人口（万人）	49.62	50.41	58.22	58.15	64.65	11.18
乡村人口（万人）	76.34	75.97	68.47	68.8	61.65	-10.39
地区生产总值（亿元）	466.01	471.3	546.33	611.88	631.41	3.19
第一产业（亿元）	27.98	30.36	38.61	41.18	44.2	7.33
第二产业（亿元）	306.6	292.41	330.18	370.4	365.2	-1.40
工业（亿元）	286.12	268.08	302.71	340.12	332.5	-2.24
建筑业（亿元）	20.48	24.33	27.47	30.28	32.7	7.99
第三产业（亿元）	131.43	148.54	177.54	200.3	222.01	10.84
人均地区生产总值（元）	36648	36907	42367	46983	48212	2.62
地区生产总值构成（%）	100	100	100	100	100	--
第一产业（%）	6	6.4	7.1	6.7	7	4.48
第二产业（%）	65.8	62.1	60.4	60.5	57.8	-4.46
第三产业（%）	28.2	31.5	32.5	32.8	35.2	7.32
财政总收入（亿元）	77.95	64.11	71.01	78.36	84.76	8.17
地方财政收入（亿元）	30.25	32.7	35.32	39.23	42.02	7.11
财政总支出（亿元）	--	--	--	--	--	--
地方财政支出（亿元）	39.38	44.61	51.94	59.23	66.73	12.66
全社会固定资产投资（亿元）	207.46	260.55	321.36	350.1	441.06	25.98
规模以上固定资产投资（亿元）	207.46	260.55	321.36	350.1	441.06	25.98
房地产开发（亿元）	13.27	16.39	18.34	28.83	35.24	22.23
进出口总值（亿美元）	27.63	15.74	26.5	35.81	21.3	-40.52
出口总值（亿美元）	13.66	5.91	10.33	11.41	7.4	-35.14
实际利用外资（亿美元）	0.76	0.89	0.98	1	1.2	20.00
社会消费品零售总额（亿元）	135.6	160.6	182.06	198.39	228.05	14.95
居民消费价格指数（%）	105.56	101.1	104.39	104.2	101.3	-2.78
城市居民人均可支配收入（元）	17224	18943	20988	23509	26589	13.10
农民人均现金收入（元）	6646	7317	8311	9626	10887	13.10

莱芜市工农业主要统计指标

农业主要统计指标（万吨）				规模以上工业企业主要统计指标（亿元）			
项目 \ 年度	2011年	2012年	增幅（%）	项目 \ 年度	2011年	2012年	增幅（%）
粮食	26.98	30.14	11.70	工业增加值	324.71	311.57	-4.05
夏粮	7.15	8.35	16.72	国有工业	20.9	24	14.83
秋粮	19.82	21.79	9.95	集体工业	0.24	0.24	0
棉花	0.12	0.13	8.33	股份制工业	286.39	279.7	-2.34

续表

农业主要统计指标（万吨）				规模以上工业企业主要统计指标（亿元）			
项目＼年度	2011 年	2012 年	增幅（%）	项目＼年度	2011 年	2012 年	增幅（%）
油料	1.74	1.72	-1.32	股份合作制工业	0	0	0
水果	8.99	9.27	3.11	外商及港澳台投资工业	14.47	1.9	-86.87
蔬菜	102.1	98.99	-3.05	轻工业	26.77	25.5	-4.74
肉类	6.3	6.55	4.01	重工业	297.94	286.1	-3.97
禽蛋	3.07	3.09	0.52	销售收入	1507.83	1603.46	6.34
奶类	0.22	0.21	-4.55	利税	64.91	34.22	-47.28
水产品	0.34	0.35	2.94	利润	38.12	6.6	-82.69
森林覆盖率（%）	33.9	33.9	0	经济效益综合指数（%）	260.42	255.97	-1.71

莱芜市主要金融机构概况

单位名称	行长（或其他称谓的第一负责人）	副行长（或其他称谓的同级领导）	员工总数	辖内营业网点数
人行莱芜市中心支行	崔玉林	李念国　张　森　李玉祥　孟宪彦　王秀芸	98	1
银监会莱芜监管分局	薛建波	赵建民　孟兆杰	22	1
农发行莱芜市分行	张为民	王世军	38	1
工行莱芜分行	许在敏	亓建国　刘振民　亓登明　杨宗海　李沧海　谭慧鹰　王文力	430	21
农行莱芜分行	吴照军	徐希民　刘学德　王秀斌	347	19
中行莱芜分行	高建芳	张立刚　纪兆峰　郑桂峰　刘新宇	328	16
建行莱芜分行	赵安臣	刘　庆　边永彪　刘庆富　张玉林　牟玉鹏	279	13
莱商银行	李敏实	谭乐清　徐信英　赵怀方　尚海燕　李学斌　崔　军　苏全利　段　霞　于　泓	1000	44
农信社莱芜市办事处	于富海	李玉林　钟金铭　王其学　焦学杰　韩广胜　吴修田　卢信友	954	87
邮储银行莱芜市分行	金卫东	谢印利　王　健	177	51
莱芜珠江村镇银行	劳崇光	董鲁南　张　巍　田书东	37	3
人保财险莱芜分公司	刘传锋	魏念云	74	17
人寿保险莱芜分公司	张期亮	张延彪	1520	29
齐鲁证券公司莱芜市联合协作中心	马　军		49	2

莱芜市金融业务统计指标

指标（亿元）＼年度		2008	2009	2010	2011	2012	2012 年同比	
							增加额	增幅（%）
银行类	本外币存款余额	446.03	564.67	587.37	606.85	725.4	118.55	19.54
	人民币存款余额	444.81	562.44	585.78	604.97	719.24	114.27	18.89
	*单位存款	125.14	153.29	124.28	261.88	321.98	60.1	22.95
	储蓄存款	216.41	261.95	300.03	324.06	379	54.94	16.95
	本外币贷款余额	320.87	408.31	489.74	531.6	567.52	35.92	6.76
	人民币贷款余额	309.33	389.97	464.7	490.05	548.07	58.02	11.84

续表

指标（亿元） 年度		2008	2009	2010	2011	2012	2012年同比 增加额	2012年同比 增幅（%）
银行类	短期贷款	184.58	292.73	285.28	358.65	413.16	54.51	15.20
	中长期贷款	124.16	96.39	151.14	149.15	117.01	-32.14	-21.55
	票据融资	40.81	36.92	27.92	22.24	35.64	13.4	60.25
	当年结益	10.16	9.24	11.95	12.94	11.43	-1.51	-11.67
	不良贷款余额	12.33	19.15	23.85	27.33	30.25	2.92	10.68
	不良贷款占比%	3.41	4.3	5.13	5.58	5.33	-0.25	-4.48
保险类	保险公司保费收入	9.7	10.8	13.2	13	13.5	0.5	3.85
	财险收入	2.5	3	3.7	3.95	4.13	0.18	4.56
	寿险收入	7.2	7.8	9.5	9.03	9.34	0.31	3.43
	保险公司赔款和给付支出	2.1	2.5	2.7	2.7	3.09	0.39	14.44
	财险赔款	1.3	1.3	1.4	1.6	1.71	0.11	6.87
	寿险给付	0.8	1.2	1.3	1.1	1.38	0.28	25.45
	当年结益	7.6	8.3	10.5	10.3	10.4	0.1	0.97
证券类	证券市场成交总额	264	580	445	280	191	-89	-31.79
	投资者保证金余额	2.29	4.9	4.2	2.3	2.2	-0.1	-4.35
	证券账户开户数	87708	98298	104949	109192	112846	3654	3.35
	佣金收入	0.58	1.17	0.91	0.48	0.32	-0.16	-33.33
	净利润	0.27	0.56	0.5	0.25	0.13	-0.12	-48.00
	期货市场成交总额	—	—	—	—	—	—	—
	期货客户保证金余额	—	—	—	—	—	—	—
	期货账户开户数	—	—	—	—	—	—	—
	期货手续费收入	—	—	—	—	—	—	—
	利润总额	—	—	—	—	—	—	—

注：“*”该项指标2010年前为“企业存款”，其数字亦是如此。

莱芜市金融机构统计指标

指标（个） 年度		2008	2009	2010	2011	2012	2012年同比 增幅（%）
银行类	法人机构	2	2	2	3	3	0
	省级分行	0	0	0	0	0	0
	二级分行	35	35	34	32	32	0
	县区支行	55	60	66	78	104	33.33
	分理处、营业所	142	138	136	131	115	-12.21
	储蓄所	1	1	1	1	1	0
	从业人员总数	2633	2869	3141	3376	3590	6.34

续表

指标（个） \ 年度		2008	2009	2010	2011	2012	2012 年同比增幅（%）
保险类	保险机构	18	18	20	21	22	4.76
	财险机构	10	10	10	11	11	0
	省级分公司	0	0	0	0	0	0
	地市分公司	10	10	10	11	11	0
	县区支公司	13	13	13	14	14	0
	寿险机构	8	8	10	11	11	0
	省级分公司	0	0	0	0	0	0
	地市分公司	8	8	10	11	11	0
	县区支公司	7	9	9	10	10	0
	从业人员总数	8949	10200	11073	13785	16078	16.63
	财险人员	417	494	510	543	657	20.99
	寿险人员	8532	9706	10563	13242	15421	16.46
证券类	证券机构	3	3	3	3	3	0
	证券公司	1	1	1	1	1	0
	证券营业部	2	2	2	2	2	0
	证券服务部	—	—	—	—	—	—
	从业人员总数	42	44	45	47	49	4.26
	投资者开户	67469	75614	80730	83383	85819	2.92
	境内上市股票支数	—	—	—	—	—	—
	境外上市股票支数	—	—	—	—	—	—
	辖区上市公司总数	—	—	—	—	—	—

莱芜市主要金融机构业务概况

单位：亿元

单位名称	本外币存款余额	人民币单位存款	人民币储蓄存款	本外币贷款余额	人民币短期贷款	人民币中长期贷款
农发行莱芜市分行	1.62	1.62	0	11.77	2.39	9.38
工行莱芜分行	118.98	55.83	60.12	89.85	55.96	24.08
农行莱芜分行	67.11	33.10	32.64	74.29	51.61	20.39
中行莱芜分行	86.11	53.56	30.81	113.38	81.50	24.71
建行莱芜分行	52.61	23.57	26.46	46.02	18.43	19.52
莱商银行	183.44	120.01	50.75	112.30	83.59	6.72
农信社莱芜市办事处	145.22	20.12	124.53	107.73	95.08	9.26
邮储银行莱芜市分行	60.17	8.05	52.11	10.92	4.62	2.20
莱芜珠江村镇银行	1.56	1.09	0.48	1.27	1.23	0.04

过多种渠道宣传，强化对贸易收支合规性、政策法规认识；二是简化对外债权债务外汇管理，扩大企业融资渠道：放宽外债指标政策限制，放宽部分专用外汇账户资金收付限制，开展境内企业境外担保项下境内贷款试点，有效提升境内企业融资能力，简化直接投资业务流程，进一步落实贸易信贷管理政策，建立重大外汇业务审批绿色通道等。为莱商银行核定外债指标1000万美元，为其办理海外代付、信用证等融资业务，对涉外企业发展提供了有力支持。

二、改善管理方式，提升服务水平。一是全面推进电子银行结售汇业务，便利个人通过银行多种电子渠道进行自助结售汇操作；二是支持工行莱芜分行与其他商业银行合作办理远期结售汇业务，加强银行外汇业务产品创新，增强支持涉外经济能力；三是积极支持民安保险莱芜支公司等保险机构开展外汇业务，拓展辖区保险外汇市场发展空间。全年共有8家银行机构和7家保险机构开办外汇业务，其中银行机构支持涉外主体人民币贷款274.19亿元，外币贷款9.06亿美元，为支持涉外经济发展营造了良好的金融环境。

【保险业务】 2012年，莱芜市保险行业加强风险管控和行业自律，实现了保险业务的规范有序、平稳发展。

一、改善服务质量，拓宽服务领域，提升服务水平。一是着力解决理赔难、销售误导、电话扰民等问题，注重运用信息技术，提高运营效率，缩短理赔周期，进一步提高服务质量和水平，维护了被保险人合法权益；二是改进服务方式，与医院开展“健保通”直付式理赔服务，消费者满意度明显提升；三是将政策性农业保险逐渐扩展到全市各个农村，业务运作更加规范；四是积极参与社会管理，保证全市经济建设的稳定和谐发展。

二、加强行业自律，促进保险业规范发展。重点抓好车险理赔难和寿险销售误导两大问题，制定综合治理上述问题的《实施方案》，补充完善《机动车辆保险自律公约》等，对保险机构理赔和展业行为进行了约束。

【精神文明建设】 2012年，莱芜市金融系统加强精神文明建设，提升服务水平，取得明显成效。一是人行莱芜市中支开展人生格言征集和“学、讲、唱、树”等文化活动，连续5年荣获“省级文明机关”；二是农行莱芜分行“围绕经营抓党建、抓好党建促经营”，开展丰富多彩的党建活动和廉政文化进流程、进岗位、进家庭活动，同时，加强制度、营销和风险等文化建设，发挥了全员的主观能动性；三是中行莱芜分行制定《“文明优质服务年”活动方案》，落实“每周一查、每月小结、每季点评”的普查制度，提升品牌形象；四是农联社莱芜市办事处推广应用新标识，积极开展争创省级文明单位和争当文明服务标兵等活动，荣获省级文明单位、山东省消费者满意单位、山东省重点服务业企业、山东省思想政治工作优秀企业、“平安莱芜”建设工作先进单位、城乡妇女岗位建功先进集体等多项荣誉称号；五是邮储银行莱芜市分行推进职工之家建设，建设职工书屋、员工食堂，开展“慈心一日捐”、“义务扫街”等活动，荣获省级文明单位荣誉称号；六是莱芜珠江村镇银行组织开展全员拓展训练活动，增强凝聚力，激发了工作热情，丰富了文化生活。

【大事记】 1月18日 莱商银行高庄支行开业。

1月19日 莱商银行济南高新区支行开业。

1月29日 在2011年度工作实绩考评中人行莱芜市中支被授予“先进单位”荣誉称号，党委书记、行长崔玉林被评为“优秀领导干部”。

2月7日 吴照军任农行莱芜市分行党委委员、书记(农银鲁党任【2012】8号)。

2月8日 人行莱芜市中支举办全市金融机构反洗钱人员业务能力测试。

2月14日 莱芜银监局组织召开辖内银行业整治不规范经营问题工作会议。

2月15日 人行莱芜市中支联合市商务局、青岛海关驻莱芜办事处召开2012年全市跨境人民币工作会议。

2月16日 人行莱芜市中支组织召开全市2011年度金融运行分析会暨货币政策通报会。

2月17日 田书东任莱芜珠江村镇银行副行长（银监莱准【2012】5号）。

2月21日 莱芜保险业召开2011年度“保险双星”总结表彰大会。

2月28日 省联社副主任丁浩升一行到莱芜调研。

3月6日 山东银监局在莱芜召开山东城市商业银行第十三次监管联席会议。

3月7日 人行莱芜市中支组织召开辖区外汇管理工作会议。

3月8日 山东银监局在莱芜召开山东银监局中小商业银行监管工作会议。

3月14日 莱芜银监局与莱城区政府联合召开“中小企业金融服务推进会”。

莱商银行荣获山东省“优秀企业文化品牌”荣誉称号。

3月15日 人行莱芜市中支组织全市33家金融机构集中开展“3·15金融消费者权益保护”宣传。

3月16日 省联社副主任郇涛一行到莱芜调研。

邮储银行莱芜市分行获“农村支付环境建设先进单位”荣誉称号。

3月30日 建行山东省分行薛峰行长到莱芜调研，分别会见莱芜市委书记刘士合、市长杨宜新等。

刘庆任建行莱芜分行副行长(建鲁任〔2012〕18号)。

4月24日 吴照军任农行莱芜分行行长（农银鲁任【2012】28号）。

4月25日 工行山东省分行刘志刚副行长视察莱芜张家洼支行。

山东银监局廖平之局长、邮储银行山东省分行常江副行长、省联社副主任王宝城等出席莱芜市金融生态环境建设会议。

山东保监局局长助理姚飞到莱芜召开治理寿险销售误导座谈会。

4 月 27 日　农联社莱芜市办事处被授予 2011 年度“山东省思想政治工作优秀企业”荣誉称号。

5 月 5 日　莱芜市“反假货币宣传月”活动启动仪式在市政府广场举行。

5 月 17 日　莱商银行徐州邳州支行开业。

5 月 28 日　工行莱芜分行铁铜沟支行自助银行开业。

5 月 29 日　山东银监局在莱芜举办山东城商行风险管理培训会议。

6 月 25 日　山东银监局王朝弟副局长到莱芜调研。

6 月 29 日　山东保监局副局长巩庆军一行到莱芜开展党日活动。

7 月 17 日　莱商银行举行信用贷款发布会暨首批客户授牌仪式，在莱芜地区推行主办行制度和开办信用贷款业务。

7 月 31 日　山东省地方商业银行座谈会在莱芜市召开。

8 月 2 日　人行莱芜市中支组织召开“支持实体经济暨重点项目银企合作会”。

农行山东省分行在莱芜举办全省首场“六五”法制宣传教育宣讲活动。

8 月 27 日　赵安臣任建行莱芜分行行长（建鲁任〔2012〕54 号）。

9 月 11 日　山东银监局王忠坦副局长到莱芜调研。

9 月 13 日　《中国农村金融》杂志社、中华合作时报、新华社山东分社、山东科技报、《地方银行》杂志社等新闻媒体到农联社莱芜市办事处采访农村金融服务全覆盖及大学生村官情况。

9 月 26 日　莱商银行菏泽巨野支行开业。

10 月 17 日　省联社第二届理事会第十八次会议在莱芜召开。

省联社全省农信三季度经营分析暨信访稳定工作会议在莱芜召开。

10 月 19 日　人行莱芜市中支团委与莱城区团委联合举办莱城区青年企业家协会银企洽谈会。

11 月 9 日　工行山东省分行赵树厂纪委书记到莱芜钢城支行视察职工之家建设。

11 月 16 日　人行济南分行党委委员、副行长肖龙沧一行到莱芜调研督导工作。

11 月 26 日　工行山东省分行纪委副书记赵玉良一行到莱芜分行进行综合检查。

12 月 7 日　王秀斌任中共农行莱芜市分行委员会委员（农银鲁党任【2012】50 号）。

12 月 18 日　莱芜珠江村镇银行口镇支行开业。

12 月 21 日　莱商银行徐州开发区支行开业。

12 月 25 日　莱商银行菏泽郓城支行开业。

12 月 28 日　莱商银行济南天桥支行开业。

12 月 30 日　莱芜市市长杨宜新一行代表莱芜市委、市政府对全市银行业进行岁末走访慰问。

12 月 31 日　省联社纪委书记展西亮一行到莱芜市办事处基层社走访慰问。

（张勤清　李金实）

第十部分

区域性金融运行报告
——鲁东地区

青岛市

【经济金融概况】 2012年，青岛市全面落实中央各项宏观调控政策，经济运行稳中有进，民生状况持续改善。全市金融业保持快速健康发展，全年引进金融机构17家，总数达178家，金融业对地方经济贡献突出，保障实体经济作用加大，金融业增加值同比增长18%，增速在全市各行业中排名第一。

一、信贷投放增长较快，银行资产规模持续增加，保险、证券期货业运行有序。全市各项贷款增速较全省高0.90个百分点，在计划单列市中居第2位。

二、各项金融工作取得新进展。"千万平米"金融中心建设快速推进，金融机构培育成绩明显，直接融资规模大幅增长，金融改革持续深化，金融生态不断完善。

【货币政策实施】 2012年，青岛市银行机构认真贯彻落实稳健的货币政策，着力优化信贷结构，有力支持全市经济平稳发展。

（一）大力支持蓝色经济区核心区建设。一是研究制定了金融支持实体经济和外向型经济发展的意见，组织召开了重点项目洽谈会，为230个项目提供金融支持；二是组织举办了金融支持西海岸经济新区推进会，达成银企合作协议311亿元；三是组织举办了"银企对接周"活动，达成合作金额1020亿元。

（二）加大对薄弱环节、民生领域和县域经济的金融支持。一是协助市政府完善了小微企业贷款风险补偿机制，全年风险补偿金额同比增长71.60%；二是开展了金融服务小微企业经验交流及签约活动，签订银企战略合作协议110亿元；三是推动发展电子商业汇票业务，2100家产业链上的中小企业获得融资74亿元；四是依托征信平台实时收集企业融资信息，680家小微企业实现了贷款需求信息网上发布。支持小微企业发展的经验被《金融时报》在头版要闻导读进行了报道。

（三）直接债务融资实现重大突破。全年全市7家企业在全国银行间市场注册短期融资券、中期票据发行金额125亿元，同比增长超2倍。注册企业数量、融资金额都较往年实现了成倍增长，直接债务融资的快速发展在降低企业融资成本、推动银行试水转型等方面发挥了积极的作用。

【金融稳定】 2012年，人行青岛市中支不断强化风险监测与工作管理，有效维护辖区金融稳定。一是在济南分行辖区率先建立了行内金融稳定协作机制，提高了区域金融风险监测分析预警水平，济南分行领导做出批示并要求在全省推广；二是整合行内资源，创造性地完成青岛银行现场评估；三是修订完善了重大事项报告制度，对45家银行机构开展了现场检查，年内共收到重大事项报告1030份，据此进行风险提示3次。

【金融服务】 2012年，人行青岛市中支积极推动工作创新，金融服务水平进一步提高。一是农村支付环境建设提前3个月完成了"双百目标"，共在全市农村地区布放ATM、POS等金融机具3.30万台，实现了对5447个行政村的全覆盖，农村人均持卡1.76张，并在3500多个村庄开展了银行卡助农取款服务试点；二是对发行基金投放实施比例管理，完善人民币银行间横向调剂机制，并开展了残损币回收质量管理专项行动；三是金融IC卡发行应用工作进展顺利，全市100%的POS终端、72.30%的ATM机完成了接触式改造，累计发行金融IC卡40多万张，成为全国5家"国家级金融IC卡多应用试点城市"之一；四是在全省率先开通了POS刷卡缴税，缩短国库资金在途时间1–2天，16个国库直接支付项目年内累计直接支付2.04亿元；五是在全国率先开展贷款卡年审提醒和个人信用报告使用告知制度，首创了信用评级使用方付费模式，得到了总行认可。

【金融监管】 2012年，人行青岛市中支一是对103家金融机构进行了综合评价，对62家新设银行机构进行了开业考核验收，对2家银行机构开展了综合执法检查，先后开展了74次专业执法检查，有效提升了金融管理水平；二是挂牌成立了"金融消费者权益申诉处理中心"，并积极开展"3.15金融消费者权益保护宣传周"活动；三是独家承担了全国反洗钱风险动态管理试点任务，探索建立了金融机构洗钱风险动态管理5C评估指标体系，得到了总行领导的充分肯定。

【外汇管理】 2012年，外管局青岛市分局不断推动外汇管理改革。一是在全国率先进行了岗位流程再造，简化了银行结售汇操作流程，进一步缩减柜台业务办理时间；二是研究出台了《支持全市涉外经济发展的指导意见》，并举办金融支持对外贸易发展推进会暨贸易投资便利化政策与服务宣讲活动，达成了60亿美元的融资授信协议；三是大力推动跨境人民币业务，全年全市跨境人民币结算量799.50亿元，稳居全省第一位；四是率先在全国开展了韩元挂牌交易试点，全年交易量超过6400万元；五是创新外汇监管模式，基于进出口核销制度改革后的货物贸易外汇非现场监测"五五工作法"在全国推广。

【金融改革】 2012年，青岛市金融改革持续深化。

一、围绕区域金融中心和蓝色经济区建设，地方法人机构深化改革。一是青岛农商行顺利完成筹建并正式挂牌，历时3

青岛市经济主要统计指标

指标 \ 年度	2008	2009	2010	2011	2012	2012 年同比增幅（%）
土地面积（平方公里）	10654	10654	10654	10654	11175	4.89
人口（万人）	761.56	762.92	763.64	766.36	769.56	0.42
城镇人口（万人）	276.25	275.47	275.50	277.09	363.90	0.74
乡村人口（万人）	485.31	487.45	488.14	489.27	405.66	0.13
地区生产总值（亿元）	4436.18	4890.33	5666.19	6615.60	7302.11	10.60
第一产业（亿元）	223.40	230.25	276.99	306.38	324.41	3.20
第二产业（亿元）	2255.45	2449.80	2758.62	3150.72	3402.23	11.50
工业（亿元）	2062	2338.13	2714.57	3081.04	3438.44	11.60
建筑业（亿元）	193.45	245.71	304.43	356.16	360.92	8.50
第三产业（亿元）	1957.33	2210.28	2630.58	3158.50	3575.47	10.50
人均地区生产总值（元）	58251.22	64100.17	74199.75	86324.96	82680	-4.22
地区生产总值构成（%）	100	100	100	100	100	--
第一产业（%）	5.10	4.70	4.90	4.60	4.40	-0.20
第二产业（%）	50.80	50.10	48.70	47.60	46.60	-1.00
第三产业（%）	44.10	45.20	46.40	47.80	49.00	1.20
财政总收入（亿元）	1251.60	1463.63	1990.54	2407.76	2449.69	1.70
地方财政收入（亿元）	342.40	376.99	452.61	566	670.18	18.40
财政总支出（亿元）	--	--	--	--	--	--
地方财政支出（亿元）	369.40	433.58	532.39	658.70	765.98	16.29
全社会固定资产投资（亿元）	--	--	3022.50	3502.50	4153.90	22.30
规模以上固定资产投资（亿元）	2019	2458.90	--	--	--	--
房地产开发（亿元）	373.10	459.50	602.40	782.70	930.10	18.80
进出口总值（亿美元）	536.37	448.51	570.60	712.63	732.08	4.20
出口总值（亿美元）	326.25	272.99	339.16	400.56	408.20	3.60
实际利用外资（亿美元）	26.40	18.64	28.43	36.34	46	27.80
社会消费品零售总额（亿元）	1464.77	1743.99	1902.74	2232.88	2564.50	14.90
居民消费价格指数（%）	104.70	100.50	102.20	105.00	102.70	-2.30
城市居民人均可支配收入（元）	20464	22368	24998	28567	32145	12.50
农民人均现金收入（元）	8509	9249	10550	12370	13990	13.10

注：1、“规模以上固定资产投资”自 2010 年起改为“全社会固定资产投资”统计指标；“财政总支出”青岛市统计局不对外部提供。

2、青岛市统计局只统计市区（含原胶南市）人口和四市（县级）人口，故城镇人口和乡村人口分别对应“市区（含原胶南市）人口”和“四市（县级）人口”。

青岛市工农业主要统计指标

农业主要统计指标（万吨）				规模以上工业企业主要统计指标（亿元）			
项目 \ 年度	2011年	2012年	增幅（%）	项目 \ 年度	2011年	2012年	增幅（%）
粮食	363.00	369.96	1.90	工业增加值	3081.04	3438.44	11.60
夏粮	165.40	--	--	国有工业	189.15	196.15	3.70
秋粮	197.60	--	--	集体工业	137.92	141.37	2.50
棉花	0.39	0.43	10.26	股份制工业	1458.91	1657.32	13.60
油料	44.40	45.90	3.38	股份合作制工业	--	--	--
水果	80.52	79.87	-0.80	外商及港澳台投资工业	1000.32	1099.35	9.90
蔬菜	583.82	534.65	-2.20	轻工业	1294.39	1439.36	11.20
肉类	59.55	61.37	3.10	重工业	1796.38	2011.95	12
禽蛋	19.14	19.12	-0.10	销售收入	12273.80	13751.98	12.60
奶类	37.17	37.64	1.30	利税	1146.10	1255.28	11.80
水产品	113.41	112.44	-0.90	利润	627.90	670.73	9.70
森林覆盖率（%）	37.77	38.60	0.80	经济效益综合指数（%）	294.43	309.71	27.38

注：自2012年起青岛市统计局不对外部提供“夏粮”和“秋粮”指标。

青岛市主要金融机构概况

单位名称	行长（或其他称谓的第一负责人）	副行长（或其他称谓的同级领导）	员工总数	辖内营业网点数
人行青岛市中心支行	辛树人	吕　峰　朱传友　顾延善　时　东　王延伟　邹蜀宁　管发进　裴云燕　王丽艳	286	6
银监会青岛监管局	陈育林	罗　中　徐　强　韩　冰　李继明	136	6
开行青岛市分行	郭　蕾	刘　新　金　哲　马鲁海	106	1
农发行青岛市分行	吴辉家	张玉华　董祚涛　高玉国	199	6
进出口银行青岛分行	王伟明	王学超　李　明　陈在维	51	1
工行青岛市分行	侯本旗	李　波　吴　刚　程　青　时　辉　薛德贵　乔　霞　毛　波　张世英　唐进平　刘　斌　张　磊　李广林	3477	122
农行青岛市分行	张晓男	于　东　兰卫东　毕吉宝　孙文秀	4198	190
中行山东省分行	何兴祥	张维克　孟和平　漆德京　陈　斌　隋春玲　王锡峰　王仁堂　葛春尧　郝连才	4119	95
建行青岛市分行	冯　涛	王士清　郭中华　刘从正　杨洲德　陈庆辉　崔凤芹	3460	116
交行青岛分行	李智斌	徐建民　杨　勇　刘鹏涛　王纪铭　常　青	1339	54
中信青岛分行	杨　威	迟存国　陈文德　邢丽青　李耀东　张强军　黄树彬	889	40

续表

单位名称	行长（或其他称谓的第一负责人）	副行长（或其他称谓的同级领导）	员工总数	辖内营业网点数
光大青岛分行	范建华	郭志雄 范华廷 颜庆迪 孙昌勇 叶长春	526	15
华夏青岛分行	刘 辉	吕 东 赵 劼 于丰星 崔 巍 顾新静 韩 波	647	19
深发展青岛分行	陈昊序	谷 辉	538	10
招行青岛分行	王纪全	杨 虹 陈旭红 王 京 战长春 姚 红	825	16
浦发青岛分行	孙轶卿	王京杰 刘建波	385	16
兴业青岛分行	沈 健	步延进 廖卫华	326	10
民生青岛分行	杨新军	李 贤 张俊涛 崔俊峰	819	19
恒丰青岛分行	王 旭	于 玲 于国强 张 渤 贾淑萍 陈志国	235	9
河北银行青岛分行	郑铁军	霍庆红	110	2
青岛银行	郭少泉	王 麟 邹君秋 陈 青 王 瑜 杨峰江 杨长德 肖 群 姜福鑫	2281	51
日照银行青岛分行	孙小琰	唐百军 黄玉萍	119	3
潍坊银行青岛分行	郑友坤	张 涛 聂兴华 冷本光 陈 勇	160	5
齐鲁银行青岛分行	张 华	韩 松	80	2
威海银行青岛分行	张海瑛	王绍训 李晓峰	118	2
邮储银行青岛分行	银青志	王平顺 江守湖 王 平 孙 皓	1109	258
青岛农商银行	刘仲生	刘宗波	5000	335
汇丰银行青岛分行	张 芳	孙翠霞 姜 鲁	137	5
山口银行青岛分行	兼重清史	渡边正彦 夏 铮	28	1
南商银行青岛分行	张少雄	马 勇 马 强 陶 伟	86	3
韩亚银行青岛分行	赵章行	柳相赫	101	4
企业银行青岛分行	徐廷焕	金基云	52	2
新韩银行青岛分行	郑浩喆	李垣硕	23	1
渣打银行青岛分行	陈国华		120	5
东亚银行青岛分行	李颖新	孙善功 李作伦 隋 青 冯 蕾 李子辉 秦立山	130	2
瑞穗银行青岛分行	藤武秀三	山口真一	59	1
华侨银行青岛分行	邹仁杰		22	1
三菱东京银行青岛分行	高桥伸彦	陈守信	65	1
海尔财务公司	李占国		101	1
海信财务公司	黄金萍	王曙光	29	1
青啤财务公司	徐振声	孙 燮 张德志	28	1
中石化财务公司	张建江	吕固江 赵 博	34	1
银联青岛分公司	赵玉东	吴 坚	27	1
中信万通证券	杨宝林	姜晓林	1666	1

续表

单位名称	行长（或其他称谓的第一负责人）	副行长（或其他称谓的同级领导）	员工总数	辖内营业网点数
太平洋财险青岛分公司	于 璇	张为民 崔祥峰 马霄虹 侯传和	216	1
陆家嘴国际信托公司	常 宏	陈 文	103	1

青岛市金融业务统计指标

	指标（亿元） \ 年度	2008	2009	2010	2011	2012	2012年同比	
							增加额	增幅（%）
银行类	本外币存款余额	4896.29	6504.54	7895.52	8901.27	9818.33	917.05	10.30
	人民币存款余额	4735.38	6301.98	7659.21	8638.50	9434.89	796.39	9.22
	*单位存款	1464.19	2100.12	2727.20	4918.94	5097.90	178.96	3.64
	储蓄存款	2123.36	2527.87	2912.33	3198.51	3757.60	559.09	17.48
	本外币贷款余额	4067.60	5268.58	6365.19	7495.25	8632.84	1134.89	15.18
	人民币贷款余额	3748.32	4873.53	5886.23	6947.75	7946.55	996.10	14.38
	短期贷款	1660.27	1826.97	2158.03	2687.14	3288.64	601.40	22.38
	中长期贷款	1683.29	2568.09	3510.97	4005.11	4266.34	258.64	6.52
	票据融资	385.74	404.63	201.21	250.22	378.29	128.08	51.18
	当年结益	88.03	--	--	--	--	--	--
	不良贷款余额	120.32	100.07	82.07	75.08	89.06	13.98	18.62
	不良贷款占比%	2.97	1.92	1.29	1.00	1.03	0.03	0.03
保险类	保险公司保费收入	102.72	115.37	153.85	145.73	160.30	14.57	10.00
	财险收入	29.21	35.34	50.50	55.95	64.90	8.95	16.00
	寿险收入	73.51	80.03	103.40	77.69	81.50	3.81	4.90
	保险公司赔款和给付支出	33.32	34.26	38.83	46.38	51.50	5.12	11.04
	财险赔款	16.96	19.22	25.40	28.76	33.10	4.34	15.09
	寿险给付	16.36	11.41	9.30	11.75	14.30	2.55	21.70
	当年结益	--	--	--	--	--	--	--
证券类	证券市场成交总额	5593.47	12299.10	12364.50	11133.47	10187.94	-945.53	-8.49
	投资者保证金余额	60.45	153.21	135.70	66.58	60.74	-5.84	-8.77
	证券账户开户数（万户）	79.25	97.07	105.60	113.20	123.96	10.76	9.51
	佣金收入	8.64	15.10	12.19	8.08	5.86	-2.22	-23.48
	净利润	4.63	9.15	6.61	2.66	1.23	-1.43	-53.76
	期货市场成交总额	5871.74	17677.51	40200	36588.51	43440.41	6851.90	18.73
	期货客户保证金余额	5.93	19.04	35.51	32.20	38.81	6.61	20.53
	期货账户开户数（户）	7338	16086	24902	30665	36469	5804	18.93
	期货手续费收入（万元）	4552.49	9864.50	15684.62	17357.40	16700	657.40	-3.79
	利润总额（万元）	956.88	3455.20	4888.08	3981.18	4295.84	314.66	7.90

注：1.“*单位存款”该项指标2010年前为“企业存款”，其数字亦是如此。银行类“当年结益”指标2009年已取消。

2.保险类“当年结益”青岛保监局无此统计；保费收入指标、赔款和给付支出指标2011年起统计口径发生调整。

青岛市金融机构统计指标

类别	指标（个）\ 年度	2008	2009	2010	2011	2012	2012年同比增幅（%）
银行类	法人机构	5	10	19	25	37	48
	省级分行	36	38	41	41	34	-17.07
	二级分行	1	1	1	1	1	0
	县区支行	557	639	662	730	729	-0.14
	分理处、营业所	399	358	375	292	334	14.38
	储蓄所	183	155	130	171	108	-36.84
	从业人员总数	26095	27222	28669	28348	33503	18.18
保险类	保险机构	364	398	548	221	248	12.22
	财险机构	241	254	250	123	137	11.38
	省级分公司	18	19	21	28	30	7.14
	地市分公司	3	3	4	2	0	-100
	县区支公司	63	78	87	93	107	15.05
	寿险机构	123	144	298	98	111	13.27
	省级分公司	15	16	22	20	29	45
	地市分公司	3	1	3	1	0	-100
	县区支公司	53	55	60	77	82	6.49
	从业人员总数	34104	33871	35000	33566	31927	-4.88
	财险人员	5110	6389	6000	6539	7295	11.56
	寿险人员	28994	27482	29000	27027	24632	-8.86
证券类	证券机构	44	47	55	59	63	6.78
	证券公司	1	1	1	1	1	0
	证券营业部	43	46	54	58	62	6.90
	证券服务部	0	0	0	0	0	——
	从业人员总数	--	--	--	--	--	--
	投资者开户（万户）	124.14	151.10	155.90	169.54	182.30	7.53
	境内上市股票支数	11	11	14	19	20	5.26
	境外上市股票支数	1	1	1	1	1	0
	辖区上市公司总数	11	11	14	19	20	5.26

注：1. “省级分行”含一级分行。
2. “从业人员总数”青岛证监局无此统计。

青岛市主要金融机构业务概况

单位：亿元

单位名称	本外币存款余额	人民币单位存款	人民币储蓄存款	本外币贷款余额	人民币短期贷款	人民币中长期贷款
开行青岛市分行	65.17	65.17	0	748.60	59.10	624.76
农发行青岛市分行	13.76	13.62	0	95.36	34.02	60.71

续表

单位名称	本外币存款余额	人民币单位存款	人民币储蓄存款	本外币贷款余额	人民币短期贷款	人民币中长期贷款
进出口青岛分行	12.55	10.03	0	402.99	53.24	257.76
工行青岛市分行	940.04	405.44	511.45	1016.57	267.95	626.42
农行青岛市分行	1127.24	443.51	645.07	815.54	366.77	359.34
中行山东省分行	957.41	369.60	396.71	647.96	172.33	350.15
建行青岛市分行	853.97	432.40	391.80	799.25	213.42	508.62
交行青岛分行	776.14	502.02	200.30	504.12	220.15	234.00
中信青岛分行	383.20	255.91	70.66	309.51	199.96	78.63
光大青岛分行	240.12	170.39	50.23	235.40	124.50	85.28
华夏青岛分行	280.90	193.85	78.48	220.20	131.75	72.28
平安青岛分行	163.02	130.32	19.83	120.10	87.78	25.72
招行青岛分行	364.00	205.36	136.36	329.09	146.91	143.68
浦发青岛分行	170.33	102.96	38.99	137.85	57.12	59.45
兴业青岛分行	179.81	85.60	24.98	112.87	40.99	46.70
民生青岛分行	290.14	195.67	58.15	186.38	137.13	48.81
恒丰青岛分行	204.80	144.85	13.26	110.71	62.13	32.37
青岛银行	649.47	430.66	196.68	376.18	193.41	162.08
青岛农商银行	862.35	260.19	599.76	630.62	324.08	289.06
邮储银行青岛市分行	280.40	19.43	260.77	47.18	14.08	24.02
日照银行青岛分行	67.89	57.11	2.94	49.18	37.83	3.21
河北银行青岛分行	26.43	23.87	2.51	24.17	17.30	4.78
潍坊银行青岛分行	40.41	27.46	4.71	22.47	21.09	0.23
齐鲁银行青岛分行	46.26	40.19	4.99	18.04	14.65	0.84
威海商行青岛分行	50.60	47.66	2.61	38.81	32.66	0.17
苏州张家港农商行	10.09	8.45	1.52	9.39	7.82	1.48
汇丰银行青岛分行	31.95	13.54	6.03	35.86	11.91	2.81
山口银行青岛分行	1.75	0.48	0.04	8.21	4.11	1.23
南商银行青岛分行	20.35	13.25	6.25	52.64	43.90	3.95
韩亚银行青岛分行	22.94	12.42	3.55	33.30	2.67	5.27
企业银行青岛分行	9.80	5.11	1.15	5.56	1.70	0.43
新韩银行青岛分行	8.67	4.78	2.09	17.79	1.79	0.80
渣打银行青岛分行	11.08	3.84	5.20	13.29	3.13	5.81
东亚银行青岛分行	31.80	17.29	8.47	26.36	4.72	16.54
瑞穗银行青岛分行	19.56	8.80	0	13.67	4.86	0.48
三菱东京青岛分行	3.54	2.24	0	12.45	1.75	0.27
华侨银行青岛分行	6.31	6.31	0	6.62	0	0
海尔财务公司	294.25	258.30	0	272.56	55.82	122.89
中石化财务公司	7.52	7.52	0	89.90	85.69	2.95
海信财务公司	37.42	37.42	0	9.86	7.27	0

续表

单位名称	本外币存款余额	人民币单位存款	人民币储蓄存款	本外币贷款余额	人民币短期贷款	人民币中长期贷款
青啤财务公司	54.70	54.70	0	4.08	3.48	0.60
陆家嘴国际信托公司	0	0	0	2.60	0	0

青岛市各县级区域经济金融主要统计指标

名称	人口（万人）	面积（平方公里）	地区生产总值（亿元）	地区生产总值增速（%）	本外币存款余额（亿元）	储蓄存款（亿元）	本外币贷款余额（亿元）
平度市	137.62	3176	704.47	12.88	366.96	279.49	174.52
即墨市	113.40	1780	787.97	14.30	512.02	323.17	396.35
莱西市	73.54	1522	529.88	12.14	227.03	171.31	136.26
开发区	31.69	274.10	1365.01	14.50	609	240.76	615.49
胶南市	84.33	1822	725.71	13.10	366.68	211.09	268.84
胶州市	85.24	1210	754.28	12.86	420.25	250.36	330.31

年的农信社一级法人改革全面完成；二是海协信托完成重组并顺利复业，更名为陆家嘴国际信托有限公司；三是青岛银行将打造中国首家特色鲜明的“蓝色银行”作为发展战略，大力发展特色化经营。

二、财富管理建设迈出坚实步伐。截至年末，全市已有7家私人银行、8家财富管理中心、多家第三方财富管理机构和基金管理公司，共12家中资银行开展相关业务，私人银行客户数达5000多人，管理资产达415.60亿元。

【保险业务】 2012年，青岛市保险市场保持了平稳健康发展的势头。保费收入平稳增长，车险业务稳步增长、非车险业务快速增长，分红险、健康险平稳增长，普通寿险小幅下滑，保险投诉渠道更加畅通，车险理赔满意度大幅提升，保险对经济稳定运行的保障作用进一步提升。

【证券市场】 受经济减速、企业经营状况恶化及股市下滑等多种因素影响，2012年，青岛市证券市场交易和经营状况均呈现下滑趋势。全年全市新设证券营业部4家，新增2家证券分公司和1家基金分公司。截至年末，共有32家异地证券公司在青岛设立营业部，营业部总数达到62家，位列计划单列市第1位。

【精神文明建设】 2012年，青岛市金融机构深入开展精神文明建设活动，为推动各项工作开展提供了有力支撑。一是深入推进“群星璀璨”、“倾情暖心”等文化品牌建设，开展了全市银行机构青年风采大赛、课题交流、知识竞赛等活动；二是持续推动“送金融知识下乡”和社会公众教育服务活动，累计开展活动185次，参与人数1856人，惠及乡镇126个，发放宣传资料20.68万份；三是在全国银行系统内率先开展“关爱新市民子女”志愿者活动，累计开展活动80余次，受惠新市民子女680人，有效提升了青岛市银行业的社会形象。

【大事记】 2月 人行青岛市中支被命名表彰为2009-2011年度中国人民银行文明单位。

3月5日 青岛市金融学会组织召开2012年工作会议暨“青岛金融讲坛”。大会推选人行青岛市中支辛树人行长担任金融学会会长。会议还邀请专家做了专题学术讲座。

3月15日 人行青岛市中支牵头青岛市银监局、证监局、公安局、工商局、金融办、消费者协会、保险协会组织全市银行、证券等40家单位开展“青岛市3·15金融消费者权益保护集中宣传日”活动。市政府王书坚常务副市长，青岛市中支辛树人行长、时东副行长等亲临现场巡视指导。

5月9日 工总行任命侯本旗为工行青岛分行党委书记、行长（工银青党发〔2012〕22号）。

6月12日 人行青岛市中支与青岛西海岸经济新区管委会联合举办“金融支持西海岸经济新区推进会”，人行济南分行杨子强行长、青岛市政府刘明君副市长出席会议并讲话。

6月26日 人行青岛市中支成功举办青岛市银行业“喜迎十八大、建功十二五”群星璀璨青年风采大赛决赛。人总行团委书记王英杰作了精彩点评，中行山东省分行夺得冠军。

工行青岛市分行全部存贷款余额双双突破千亿元大关，成为青岛市金融系统首家全部存贷款余额双超千亿元大关的银行。

6月28日 中国民生银行海洋渔业金融中心成立庆典暨

中国民生银行与青岛市政府战略合作签约仪式隆重举行。民生银行董事长董文标、监事会主席段青山出席庆典。

6月29日　青岛农村商业银行股份有限公司举行揭牌仪式。青岛市委书记李群，人行济南分行副行长肖龙沧，省联社理事长宋文瑄等出席庆典仪式。

7月3日　外管局青岛分局联合青岛市商务局举办了“金融支持对外贸易发展推进会暨贸易投资便利化政策与服务宣讲活动”，全市32家银行与327家企业达成融资授信协议，金额折合人民币379.10亿元。

7月4日　2012年中国（青岛）财富管理论坛在青举行，青岛市委副书记、市长张新，招商银行行长马蔚华、省金融办主任李永健等出席。

8月13日　深圳发展银行青岛分行名称变更为平安银行青岛分行。

8月18日　国家开发银行总行陈元董事长会见山东省委常委、青岛市委书记李群。双方商定将在西海岸经济新区、蓝色硅谷、海洋装备制造和深潜基地等领域开展合作。

9月29日　山东省委书记姜异康来青岛调研促进外贸发展情况，人行青岛市中支朱传友副行长参加座谈会并作汇报发言。

10月23日　人总行潘功胜副行长一行在济南分行杨子强行长的陪同下到人行青岛市中支调研指导工作。

10月29日　青岛农商银行与德国商业银行（Commerzbank）签署战略合作备忘录。

11月20日　人行青岛市中支与青岛市金融办联合举办了“青岛市银企对接周启动暨重点融资项目签约仪式”，青岛市刘明君副市长、市政协副主席方漪出席，青岛市中支辛树人行长致辞。市有关部门、银行机构和签约企业代表共230余人参加活动。

12月25日　中行山东省分行营业部贵金属交易中心正式开业运行。这是该行在省内开设的第一家贵金属交易中心。

平度市

【经济金融概况】　2012年，平度市经济金融实现持续较快发展。传统农业加快改造，新型工业强力推进，现代服务业提速发展，三产布局日趋合理，综合竞争力不断提升。金融运行态势总体良好，各项存款平稳增加，各项贷款再攀新高，信贷结构持续优化，对“三农”、中小企业的支持力度不断加大，形成了经济金融互动发展的较好局面。

平度市主要经济指标

经济指标	2011	2012	2012年同比增幅（%）	经济指标	2011	2012	2012年同比增幅（%）
土地面积（平方公里）	3176	3176	0	地方财政支出（亿元）	28.89	53.88	86.50
人口（万人）	137.12	137.78	0.48	全社会固定资产投资（亿元）	350	427.90	22.26
城镇人口（万人）	44.77	44.70	-0.16	进出口总值（万美元）	159885	182338	14.04
乡村人口（万人）	92.35	93.08	0.79	出口总值（万美元）	123613	133642	8.11
地区生产总值（亿元）	624.07	704.47	12.88	实际利用外资（万美元）	25270	36200	43.25
第一产业（亿元）	84.08	89.05	5.91	社会消费品零售总额（亿元）	208.6	242.55	16.28
第二产业（亿元）	317.09	353.45	11.47	居民消费价格指数（%）	105	102.70	-2.19
第三产业（亿元）	222.9	261.97	17.53	人均地区生产总值（元）	45512	51130	12.34
财政总收入（亿元）	44.03	59.63	35.43	城镇居民可支配收入（元）	22590	25420	12.53
地方财政收入（亿元）	27.56	36.40	32.08	农民人均现金收入（元）	12022	13593	13.07
财政总支出（亿元）	45.36	56.15	23.79				

平度市主要金融指标

金融指标（亿元）	2011	2012	2012年同比增幅（%）	金融指标（亿元）	2011	2012	2012年同比增幅（%）
本外币存款余额	315.62	366.96	16.27	财险收入	--	--	--
人民币存款余额	312.88	364.55	16.51	寿险收入	--	--	--
单位存款	73.57	72.15	-1.93	财险赔款	--	--	--

续表

金融指标（亿元）	2011	2012	2012年同比增幅（%）	金融指标（亿元）	2011	2012	2012年同比增幅（%）
储蓄存款	229.61	279.49	21.72	寿险给付	--	--	--
本外币贷款余额	150.42	174.52	16.02	当年结益	--	--	--
人民币贷款余额	149.88	173.82	15.97	证券市场交易总额	--	--	--
短期贷款	82.98	101.16	21.91	投资者保证金余额	--	--	--
中长期贷款	61.63	70.25	13.99	证券账户开户数	--	--	--
票据融资	5.27	3.02	-42.69	证券交易佣金收入	--	--	--
当年结益	--	--	--	净利润	--	--	--
不良贷款余额	3.29	4.36	32.52				

注：1、关于保险、证券的金融指标青岛市保监局、证监局没有相关县级区域统计。

2、当年结益指标已取消，下同。

平度市主要金融机构概况

单位名称	行长（或其他称谓的第一负责人）	副行长（或其他称谓的同级领导）	员工总数	辖内营业网点数
人行平度市支行	陈付仁	滕振瑞　张文森　王世彧	29	1
银监会平度市办事处	张贤智		2	1
农发行平度市支行	王民生	张晓华　范明娟	24	1
工行平度支行	韩伟民	李增强　王光松　高洪华	98	5
农行平度市支行	李　洪	田洪芳　刘永高　张功伟	330	22
中行平度支行	周　波	盖　波　邢　林	132	5
建行平度支行	林玉忠	孙德军　李　勇	112	7
交行平度支行	刘春书	毕德宝	21	1
民生平度支行	孟庆纲		23	1
华夏平度支行	李正斌	蒋永涛　吴永贵	38	1
邮储银行平度市支行	刘智玉	赵奇山	129	6
青岛银行平度支行	王红征	袁丽梅	34	2
青岛农商银行平度支行	牟黎明	朱光青　高国明　薛　冰	599	54
潍坊银行平度支行	孙　华	丁　成	16	1
平度惠民村镇银行	王培旭	张　超	54	2

平度市主要金融机构业务概况

单位：亿元

单位名称	本外币存款余额	人民币单位存款	人民币储蓄存款	本外币贷款余额	人民币短期贷款	人民币中长期贷款
农发行平度市支行	0.29	0.29	0	6.07	4.57	1.50
工行平度支行	18.59	5.97	12.53	18.90	7.88	11.02

续表

单位名称	本外币存款余额	人民币单位存款	人民币储蓄存款	本外币贷款余额	人民币短期贷款	人民币中长期贷款
农行平度市支行	82.20	14.15	67.27	25.40	13.46	11.57
中行平度支行	35.34	9.32	22.45	16.65	1.73	12.25
建行平度支行	24.30	8.12	15.98	21.58	7.95	13.58
交行平度支行	4.94	2.87	1.71	3.31	1.61	1.70
民生平度支行	5.25	0.84	3.36	7.54	7.54	0
华夏平度支行	3.70	1.33	2.37	1.56	1.42	0.08
邮储银行平度市支行	60.08	1.88	58.20	3.58	3.03	0.55
青岛银行平度支行	10.65	5.74	4.88	9.33	3.35	5.97
青岛农商银行平度支行	104.92	17.92	86.93	57.45	45.31	11.47
潍坊银行平度支行	1.86	1.12	0.73	1.25	1.22	0.03
平度惠民村镇银行	3.30	1.00	2.30	1.91	1.38	0.53

【金融发展与改革】 2012年，平度市金融组织框架体系不断完善，非法人机构改革持续深化，法人机构改革取得新成效，经营效益不断提升；潍坊银行、金翔小贷公司等金融机构加快入驻平度，成为推动经济发展的新生力量。

【金融服务与监管】 2012年，平度市各金融部门一是推动出台实施农民专业合作社贷款贴息等惠农政策，信用工程建设深入推进，农村支付结算建设提前实现双百目标，农村金融服务环境显著改善；二是探索实施金融支持地方经济考评办法，促进了金融创新深化与信贷结构优化；三是认真做好银行机构开业验收及日常营运管理工作；四是完善非现场监测指标分析预警体系，加大现场检查执法力度，维护了辖区金融秩序稳定。

即墨市

【经济金融概况】 2012年，即墨市经济平稳较快发展的势头进一步巩固，农业生产稳步推进，工业生产高开稳走，固定资产投资稳定增长，城乡消费市场繁荣稳定，对外贸易形势继续向好，财政收入增幅稳步提升。金融运行稳健，存贷款稳定增长，城乡居民收入持续增长。

即墨市主要经济指标

经济指标	2011	2012	2012年同比增幅（%）	经济指标	2011	2012	2012年同比增幅（%）
土地面积（平方公里）	1780	1780	0	地方财政支出（亿元）	73.30	86.80	18.42
人口（万人）	113.18	113.40	0.19	全社会固定资产投资（亿元）	418.66	515.35	24.60
城镇人口（万人）	49.99	50.16	0.34	进出口总值（万美元）	455983	476259	4.50
乡村人口（万人）	63.19	63.24	0.08	出口总值（万美元）	370632	379100	5.00
地区生产总值（亿元）	690.10	787.97	14.18	实际利用外资（万美元）	37068	52900	42.71
第一产业（亿元）	53.52	56.80	3.10	社会消费品零售总额（亿元）	228	264.34	16.10
第二产业（亿元）	373.43	417.65	15.10	居民消费价格指数（%）	--	--	--
第三产业（亿元）	263.15	313.52	15.30	人均地区生产总值（元）	60974	69486	13.96
财政总收入（亿元）	91.69	109.10	18.99	城镇居民可支配收入（元）	25419	28609	12.60
地方财政收入（亿元）	68.70	83.00	20.82	农民人均现金收入（元）	12294	13923	13.30
财政总支出（亿元）	73.30	86.80	18.42				

即墨市主要金融指标

金融指标（亿元）	2011	2012	2012 年同比增幅（%）	金融指标（亿元）	2011	2012	2012 年同比增幅（%）
本外币存款余额	422.17	512.02	21.28	财险收入	--	--	--
人民币存款余额	416.24	505.45	21.43	寿险收入	--	--	--
单位存款	144.84	178.83	23.47	财险赔款	--	--	--
储蓄存款	266.05	321.56	20.86	寿险给付	--	--	--
本外币贷款余额	332.54	396.35	19.19	当年结益	--	--	--
人民币贷款余额	329.61	393.74	19.46	证券市场交易总额	--	--	--
短期贷款	157.18	214.00	36.15	投资者保证金余额	--	--	--
中长期贷款	171.12	174.31	1.86	证券账户开户数	--	--	--
票据融资	1.29	5.43	320.93	证券交易佣金收入	--	--	--
当年结益	--	--	--	净利润	--	--	--
不良贷款余额	2.60	2.43	-6.54				

即墨市主要金融机构概况

单位名称	行长（或其他称谓的第一负责人）	副行长（或其他称谓的同级领导）	员工总数	辖内营业网点数
人行即墨市支行	曹展鹏	马德梅　宋光波　冯　刚	35	1
银监会即墨市办事处	周建青		4	1
农发行即墨市支行	王飞剑	刘竹清　迟锡哲	26	1
工行即墨支行	姜蓬勃	张曰聪　韩卫民　崔杰甫	147	7
农行即墨支行	尹兆宏	谢炳坚　王　波　张昌良	315	22
中行即墨支行	钟学德	刘振贤　徐明远	176	8
建行即墨支行	施　勇	潘占宗　蓝　敏	133	8
青岛银行即墨支行	黄　云	杜　燕　陈卫东	41	2
青岛即墨农合行	姜秀娟	王平刚　丁　伟　陈玉云	493	47
邮储银行即墨市支行	于　彬	韩晓明	118	40
交行即墨支行	侯倩旭	肖志明	28	1
华夏即墨支行	孙保雷	李　锋　项　军　夏钦东	42	2
招行即墨支行	郭志强	黄绪红　戴锡凯	26	1
浦发即墨支行	李泽鹏	盛同强　于敬清	29	1
民生即墨支行	贾先举	王　思　王　梦	45	2
光大即墨支行	李　波	韩　涛　王成娜	24	1
兴业即墨支行	张启宁	邢　豪	21	1
青岛即墨北农商村镇银行	邹文学	王永和　江　娟	35	2
张家港农商行青岛即墨支行	汪志鸿	黄敏杰　黄巧玲	30	1
中信银行即墨支行	姜海波		22	1
平安银行即墨支行	傅培涛	周海亭	30	1

即墨市主要金融机构业务概况

单位：亿元

单位名称	本外币存款余额	人民币单位存款	人民币储蓄存款	本外币贷款余额	人民币短期贷款	人民币中长期贷款
农发行即墨市支行	1.35	1.35	0	18.64	1.57	17.07
工行即墨支行	33.69	15.37	17.96	52.24	16.11	35.67
农行即墨支行	82.81	23.77	56.89	65.41	40.04	23.91
中行即墨支行	67.85	26.03	39.02	30.38	9.13	17.93
建行即墨支行	35.23	14.23	20.79	32.29	7.97	24.33
青岛银行即墨支行	12.86	8.86	3.97	12.54	4.91	7.64
农商行即墨支行	133.44	31.88	101.36	98.38	69.70	28.61
邮储银行即墨支行	54.90	6.33	48.57	3.38	2.48	0.90
交行即墨支行	9.51	4.88	3.85	6.72	3.11	3.59
华夏即墨支行	12.98	5.22	7.68	15.65	10.60	5.05
招行即墨支行	8.29	4.01	3.42	9.41	5.44	3.94
浦发即墨支行	5.63	4.68	0.94	12.69	7.49	2.60
民生即墨支行	12.56	3.99	6.99	15.98	15.75	0.24
光大即墨支行	5.96	3.70	2.03	4.68	4.28	0.40
兴业即墨支行	11.18	7.76	3.42	2.49	2.49	0
青岛即墨北农商村镇银行	2.32	1.83	0.50	1.95	1.64	0.31
张家港农商行青岛即墨支行	10.09	8.45	1.52	9.39	7.82	1.48
中信银行即墨支行	4.30	2.48	1.48	2.36	1.73	0.63
平安银行即墨支行	5.22	4.01	1.17	1.76	1.75	0.01

【金融发展与改革】　2012年，即墨市金融发展与改革取得新进展。一是国有商行资产规模稳定增长，资产质量明显改观，盈利水平不断增强；二是央行专项票据改革取得可喜成果，青岛即墨农商行成功转型，资产流动性增强，不良贷款率较上年有较大幅度下降；三是辖内金融机构新增2家平安银行、即墨市卓瑞小额贷款公司。截至年末，全市经营性银行机构19家，小额贷款公司3家。

【金融服务与监管】　2012年，人行即墨市支行一是引导金融机构做好小企业融资服务工作，推进农村企业金融服务创新，推动商行创新商标权质押和农户小额信用贷款；二是加强征信、反洗钱、账户管理和现金管理建设；三是加强系统性风险的监测与评估，加快农村信用体系建设；四是深化外汇管理与服务，支持涉外经济健康发展。

莱西市

【经济金融概况】　2012年，莱西市继续推进新型工业化进程，加快产业结构调整和发展方式转变，实现了经济平稳较快发展。全市金融机构严格执行稳健货币政策，不断优化信贷结构，积极开展金融服务创新，加大对重点项目、中小企业及三农领域的信贷支持力度。

【金融发展与改革】　2012年，莱西市金融改革继续深化发展。莱西农信社成功改制并入青岛农商行，更名为青岛农村商业银行莱西支行，其历史包袱得到有效化解。金融体系不断完善，规模持续壮大，新增设一家股份制银行机构华夏银行莱西支行。截至年末，辖区银行机构11家，网点101个，从业人员1284人。

【金融服务与监管】　2012年，人行莱西市支行不断提高金融管理和服务水平。一是制定出台了《金融支持莱西加快崛起

莱西市主要经济指标

经济指标	2011	2012	2012年同比增幅（%）	经济指标	2011	2012	2012年同比增幅（%）
土地面积（平方公里）	1522	1522	0	地方财政支出（亿元）	26.19	31.59	20.62
人口（万人）	73.80	73.54	-0.35	全社会固定资产投资（亿元）	304.87	372	22.02
城镇人口（万人）	33.07	32.86	-0.64	进出口总值（万美元）	253162	261454	3.28
乡村人口（万人）	40.73	40.68	-0.12	出口总值（万美元）	193694	200191	3.35
地区生产总值（亿元）	472.52	529.88	12.14	实际利用外资（万美元）	20710	19491	-5.89
第一产业（亿元）	49.77	52.50	5.49	社会消费品零售总额（亿元）	158.49	182.20	14.96
第二产业（亿元）	234.52	259.43	10.62	居民消费价格指数（%）	--	--	--
第三产业（亿元）	188.23	217.95	15.79	人均地区生产总值（元）	64027	72053	12.54
财政总收入（亿元）	29.61	34.86	17.73	城镇居民可支配收入（元）	24524	27594	12.52
地方财政收入（亿元）	23.64	29.50	24.79	农民人均现金收入（元）	12048	13623	13.07
财政总支出（亿元）	37.71	42.14	11.75				

莱西市主要金融指标

金融指标（亿元）	2011	2012	2012年同比增幅（%）	金融指标（亿元）	2011	2012	2012年同比增幅（%）
本外币存款余额	193.26	227.03	17.47	财险收入	--	--	--
人民币存款余额	189.93	224.25	18.07	寿险收入	--	--	--
单位存款	50.28	51.76	2.94	财险赔款	--	--	--
储蓄存款	137.97	170.10	23.29	寿险给付	--	--	--
本外币贷款余额	112.08	136.26	21.57	当年结益	--	--	--
人民币贷款余额	109.93	134.63	22.47	证券市场交易总额	--	--	--
短期贷款	61.25	82.16	34.14	投资者保证金余额	--	--	--
中长期贷款	45.85	50.66	10.49	证券账户开户数	--	--	--
票据融资	2.84	1.80	-36.62	证券交易佣金收入	--	--	--
当年结益	--	--	--	净利润	--	--	--
不良贷款余额	0.66	0.47	-28.79				

莱西市主要金融机构概况

单位名称	行长（或其他称谓的第一负责人）	副行长（或其他称谓的同级领导）	员工总数	辖内营业网点数
人行莱西市支行	马昌武	张忠民　宋延边　孙雪梅	32	1
银监会莱西市办事处	耿以明		3	1
农发行莱西市支行	魏学敏	党志松　徐永涛	21	1
工行莱西支行	孙　建	李英杰　王维民　尹瑞杰	94	4
农行莱西市支行	张风臣	刘　波　姜　伟　王振峰　李忠东	249	15
中行莱西支行	戴鲁华	姜柏卿　张　力　崔俊伟	130	5
建行莱西支行	孙伟波	陈建新	83	3

续表

单位名称	行长（或其他称谓的第一负责人）	副行长（或其他称谓的同级领导）	员工总数	辖内营业网点数
交行莱西市支行	刘正伟	王怀波	22	1
华夏莱西市支行	葛　鑫	谭涛哲　高云翔	13	1
青岛银行莱西市支行	于胜功	陆春霞　郭广爱	23	1
青岛农商行莱西市支行	衣林龙	李慎峰　梁玉礼	507	40
邮储银行莱西市支行	胡　磊	张琳辉	85	28
青岛莱西元泰村镇银行	李赛春	蔡世宁　孙文耀	57	2

莱西市主要金融机构业务概况

单位：亿元

单位名称	本外币存款余额	人民币单位存款	人民币储蓄存款	本外币贷款余额	人民币短期贷款	人民币中长期贷款
农发行莱西市支行	1.06	1.06	0	10.71	9.13	0.95
工行莱西支行	17.28	5.87	11.40	12.88	3.69	9.19
农行莱西市支行	57.60	10.75	46.77	27.64	13.29	14.35
中行莱西支行	31.64	9.55	21.94	16.27	6.86	8.66
建行莱西支行	8.16	4.11	4.04	13.12	7.99	5.13
交行莱西市支行	3.77	2.55	1.16	5.28	5.26	0.02
华夏莱西市支行	2.48	0.92	1.56	1.63	1.46	0.17
青岛银行莱西市支行	10.19	5.60	4.55	8.05	3.29	4.75
青岛农商行莱西市支行	63.92	10.85	53.07	34.78	27.92	6.55
邮储银行莱西市支行	23.97	1.16	22.81	1.31	0.76	0.55
青岛莱西元泰村镇银行	4.90	0.90	4.00	4.59	4.13	0.34

的意见》，并召开金融支持莱西政策发布会暨政银企合作签约仪式，达成合作意向89亿元；二是积极推动金融产品创新，组织银行机构推出了小额贴息贷款、花生存货质押等信贷新产品；三是深入开展“农村支付服务环境建设强力推进年”活动，提前完成“双百”目标；四是完成了对3家新设银行机构开业验收与考核，对9家银行机构开展了综合评价，对3家银行开展了综合执法检查。

开发区

【经济金融概况】　2012年，青岛开发区坚持“稳中求进”的总基调，加快转变经济发展方式，经济保持了较快的增长速度，工业生产平稳增长，企业利润增加。银行机构进一步加大了对开发区经济发展的支持力度。

【金融发展与改革】　2012年，青岛开发区金融体系持续发展，金融服务体系进一步完善。新增设支行级银行机构5家，包括股份制银行2家、地方银行2家和外资银行1家，原农村合作银行改制为农村商业银行。

【金融服务与监管】　2012年，人行青岛开发区支行一是积极开展以“金助创业 融通小微”为主题的金融支持全民创业活动，共帮助140户居民、28家中小企业实现了创业发展；二是在全省率先建立了依托于征信服务窗口的银企融资信息对接平台，通过平台全年向104家企业投放贷款17.50亿元；三

开发区主要经济指标

经济指标	2011	2012	2012年同比增幅（%）	经济指标	2011	2012	2012年同比增幅（%）
土地面积（平方公里）	274.10	274.10	0	地方财政支出（亿元）	112.85	116.08	2.90
人口（万人）	31.50	31.69	0.60	全社会固定资产投资（亿元）	442	543.70	22.80
城镇人口（万人）	31.50	31.69	0.60	进出口总值（万美元）	914797	959922	3.60
乡村人口（万人）	0	0	0	出口总值（万美元）	491039	454417	-7.60
地区生产总值（亿元）	1174.60	1365.01	14.50	实际利用外资（万美元）	76397	85357	11.70
第一产业（亿元）	4.21	4.56	3.80	社会消费品零售总额（亿元）	122.78	140.70	14.60
第二产业（亿元）	750.12	857.88	14.70	居民消费价格指数（%）	--	--	--
第三产业（亿元）	420.28	502.57	14.30	人均地区生产总值（元）	372889.89	430738	15.50
财政总收入（亿元）	935.70	1057.15	13.00	城镇居民可支配收入（元）	31420	35354	12.50
地方财政收入（亿元）	136.08	142.27	4.50	农民人均现金收入（元）	13976	15800	13.10
财政总支出（亿元）	112.85	116.08	2.90				

开发区主要金融指标

金融指标（亿元）	2011	2012	2012年同比增幅（%）	金融指标（亿元）	2011	2012	2012年同比增幅（%）
本外币存款余额	628.71	609.00	-3.13	财险收入	--	--	--
人民币存款余额	597.14	565.83	-5.24	寿险收入	--	--	--
单位存款	377.90	307.68	-18.58	财险赔款	--	--	--
储蓄存款	196.08	239.21	22.00	寿险给付	--	--	--
本外币贷款余额	513.23	615.495	19.93	当年结益	--	--	--
人民币贷款余额	488.60	555.312	13.65	证券市场交易总额	--	--	--
短期贷款	177.31	240.97	35.90	投资者保证金余额	--	--	--
中长期贷款	310.61	309.05	-0.50	证券账户开户数	--	--	--
票据融资	0.61	5.24	759.02	证券交易佣金收入	--	--	--
当年结益	--	--	--	净利润	--	--	--
不良贷款余额	3.52	0.97	-72.44				

开发区主要金融机构概况

单位名称	行长（或其他称谓的第一负责人）	副行长（或其他称谓的同级领导）	员工总数	辖内营业网点数
人行开发区支行	蒋国庆	于 兵	36	1
银监会开发区办事处	张森虎		3	1
工行开发区支行	陈 兵	夏建同 王 青 龚晓洁	144	6
农行开发区支行	张 勇	张茂森 张玉忠 刘鹏飞	178	12
中行开发区支行	董军峰	赵俊方 夏岩岚	115	4
建行开发区支行	吴文忠	黄金莲 管 华 张黎明	153	6
交行开发区支行	徐芝清	王承森 薛 君	63	4
中信开发区支行	王新明	杨卫山	39	1

续表

单位名称	行长（或其他称谓的第一负责人）	副行长（或其他称谓的同级领导）	员工总数	辖内营业网点数
光大开发区支行	杨绍刚	陆海宁　邢　斌	23	1
华夏开发区支行	张　杨	李明传	24	1
平安开发区支行	王立华	程晓华	33	1
招行开发区支行	孙东光	于　鹏　于　静	31	1
浦发开发区支行	姜　双	孙　刚　朱颖伟	27	1
兴业开发区支行	张　伟	刘　勇	21	1
民生开发区支行	张咸江	孙建国　任佰平	26	1
恒丰开发区支行	曲世志	缪　丹	24	1
青岛银行开发区支行	李金增	王爱洪　薛　瑛	74	3
日照银行开发区支行	韩卫华	尚江峰	18	1
潍坊银行开发区支行	单树涛	杨　兵	14	1
农商行黄岛支行	孟庆杰	宋景华　薛坤强	342	19
邮储银行开发区支行	纪　岩	张泽村　刘　岩	33	3
威海银行开发区支行	张海瑛	王绍训　李晓峰	8	1
齐鲁银行开发区支行	陈　波	孙长兵	15	1

开发区主要金融机构业务概况

单位：亿元

单位名称	本外币存款余额	人民币单位存款	人民币储蓄存款	本外币贷款余额	人民币短期贷款	人民币中长期贷款
工行开发区支行	53.25	25.10	25.03	112.81	35.47	67.30
农行开发区支行	77.35	32.66	39.84	75.69	29.81	43.15
中行开发区支行	50.93	21.21	21.08	43.09	9.53	20.00
建行开发区支行	58.65	25.43	23.33	96.68	19.41	64.40
交行开发区支行	60.12	39.89	11.23	47.95	16.81	26.16
中信开发区支行	20.96	14.82	5.06	25.11	16.75	5.33
光大开发区支行	8.13	3.92	3.37	15.34	4.14	5.37
华夏开发区支行	27.61	21.12	6.12	9.62	4.19	4.55
平安开发区支行	10.85	8.62	1.97	7.77	4.56	3.21
招行开发区支行	25.23	12.77	12.01	20.73	11.97	8.12
浦发开发区支行	18.75	16.13	1.16	18.64	10.15	4.76
兴业开发区支行	17.29	9.15	3.93	15.16	5.02	6.13
民生开发区支行	24.77	11.98	8.84	31.62	27.45	4.18
恒丰开发区支行	9.30	6.15	1.78	8.67	7.04	0.47
青岛银行开发区支行	32.25	17.74	14.50	14.72	6.68	8.04
邮储开发区支行	14.95	1.40	13.54	3.19	0.59	2.60
农商行黄岛支行	73.27	28.12	44.81	62.51	25.95	35.23

续表

单位名称	本外币存款余额	人民币单位存款	人民币储蓄存款	本外币贷款余额	人民币短期贷款	人民币中长期贷款
日照银行开发区支行	2.99	2.08	0.62	1.25	0.56	0
威海银行开发区支行	3.65	3.36	0.30	0.47	0.46	0.01
齐鲁银行开发区支行	3.58	3.28	0.30	1.09	1.09	0
潍坊银行开发区支行	3.15	2.74	0.41	3.39	3.34	0.04

是举办“外汇金融助力外经贸发展推进会”，促成22家银行与160家企业签署融资授信协议8亿美元；四是实现了全区票据交换由乙类交换向甲类交换升级，顺利完成了银行卡助农取款“四百”目标。

胶南市

【经济金融概况】 2012年，胶南市经济继续保持健康快速发展，经济综合实力显著增强，外贸出口稳步提高，各项改革不断向纵深推进。

金融业运行态势良好，银行机构信贷投放平稳健康增长，在大力支持重点项目发展、加强对小微企业金融服务、加强涉农信贷投放力度、加快发展直接债务融资等方面取得了积极进展。

胶南市主要经济指标

经济指标	2011	2012	2012年同比增幅（%）	经济指标	2011	2012	2012年同比增幅（%）
土地面积（平方公里）	1822	1822	0	地方财政支出（亿元）	46.29	57.45	24.10
人口（万人）	84.12	84.33	0.25	全社会固定资产投资（亿元）	412.87	507	22.80
城镇人口（万人）	39.32	39.54	0.56	进出口总值（万美元）	342562	370995	8.30
乡村人口（万人）	44.80	44.79	0.02	出口总值（万美元）	254743	272065	6.80
地区生产总值（亿元）	648.51	725.71	13.10	实际利用外资（万美元）	30882	42000	36
第一产业（亿元）	48.86	52.31	3.30	社会消费品零售总额（亿元）	167.81	193.32	15.20
第二产业（亿元）	381.86	422.65	14.40	居民消费价格指数（%）	--	--	--
第三产业（亿元）	217.79	250.75	12.80	人均地区生产总值（元）	73764	83280	12.90
财政总收入（亿元）	89.04	85.52	-3.95	城镇居民可支配收入（元）	24529	27600	12.52
地方财政收入（亿元）	38.18	51.05	33.70	农民人均现金收入（元）	12282	13879	13
财政总支出（亿元）	96.94	94.59	-2.42				

胶南市主要金融指标

金融指标（亿元）	2011	2012	2012年同比增幅（%）	金融指标（亿元）	2011	2012	2012年同比增幅（%）
本外币存款余额	308.43	366.68	18.89	财险收入	--	--	--
人民币存款余额	301.54	361.56	19.90	寿险收入	--	--	--
单位存款	122.24	141.59	15.83	财险赔款	--	--	--
储蓄存款	173.53	210.48	21.29	寿险给付	--	--	--
本外币贷款余额	208.30	268.84	29.06	当年结益	--	--	--

续表

金融指标（亿元）	2011	2012	2012年同比增幅（%）	金融指标（亿元）	2011	2012	2012年同比增幅（%）
人民币贷款余额	204.06	262.85	28.81	证券市场交易总额	--	--	--
短期贷款	63.31	87.86	38.78	投资者保证金余额	--	--	--
中长期贷款	136.35	168.62	23.67	证券账户开户数	--	--	--
票据融资	4.35	6.32	45.29	证券交易佣金收入	--	--	--
当年结益	--	--	--	净利润	--	--	--
不良贷款余额	4.45	3.86	-13.26				

胶南市主要金融机构概况

单位名称	行长（或其他称谓的第一负责人）	副行长（或其他称谓的同级领导）	员工总数	辖内营业网点数
人行胶南市支行	王德利	闫金美　毕恩忠　王秀云	31	1
银监会胶南市办事处	秦　伟		2	0
农发行胶南市支行	徐桂军	于　萍　赵崇江	25	1
工行胶南支行	王　波	范立胜　张　敏　郑向东	123	6
农行胶南市支行	万　磊	逄焕波　关向迎　狄同晓　安玉伟　兰振华　陈宝江	268	17
中行胶南支行	薛　涛	李　丽　王安英　王伟东	147	5
建行胶南支行	徐建军	丁明伟　孟　刚	126	6
青岛银行胶南市支行	薛福勤	邵振华	66	3
青岛农商行胶南市支行	张才栋	娄晓文　陈积鹏　曲志琴	480	38
交行胶南支行	闫　萍	马海洋	18	1
华夏胶南支行	鲍　伟	刘兰翠　柴方智	40	1
民生胶南支行	戴　巍	董　辉　赵珠峰	23	1
光大胶南支行	隋军生	崔永军	20	1
邮储银行胶南市支行	匡秀艳	陈焕伟	77	2
威海银行胶南市支行	于向风		10	1

胶南市主要金融机构业务概况

单位：亿元

单位名称	本外币存款余额	人民币单位存款	人民币储蓄存款	本外币贷款余额	人民币短期贷款	人民币中长期贷款
农发行胶南市支行	2.64	2.64	0	13.78	4.19	9.59
工行胶南支行	34.72	16.13	18.20	50.31	13.11	36.06
农行胶南市支行	84.75	27.24	55.78	54.02	17.30	33.62
中行胶南支行	37.63	16.51	19.27	27.15	4.56	15.28
建行胶南支行	33.16	14.78	17.75	29.48	10.25	18.66
青岛银行胶南市支行	33.24	26.01	7.17	19.09	4.66	14.44

续表

单位名称	本外币存款余额	人民币单位存款	人民币储蓄存款	本外币贷款余额	人民币短期贷款	人民币中长期贷款
青岛农商行胶南市支行	71.20	15.16	55.97	45.98	14.09	31.89
交行胶南市行	12.66	10.24	1.70	5.50	3.30	2.19
华夏胶南支行	9.38	5.91	3.45	10.27	5.08	4.99
民生胶南支行	3.85	1.41	1.81	4.22	4.21	0.01
光大胶南支行	1.94	1.13	0.69	1.53	1.50	0.02
邮储银行胶南支行	27.96	1.92	26.04	1.73	0.20	1.53
威海银行胶南市支行	0.03	0	0.03	0	0	0
青岛胶南海汇村镇银行	5.20	2.52	2.63	5.78	5.41	0.34

【金融发展与改革】 2012年，胶南市各金融机构进一步优化信贷结构，信贷资金优先向实体经济倾斜。联合举办了“金融支持西海岸经济新区推进会”，强化银企对接，有力助推了新区的跨越发展。年内，胶南市农信联社改制更名为青岛农商行胶南市支行，威海银行在胶南开设支行。

【金融服务与监管】 2012年，胶南市各金融机构注重改善服务手段，不断提高服务质量。一是大力推动农村支付环境建设，推动金融结算工具在重点乡镇、工业园区、企业的快速布设，基础设施覆盖率75%；二是积极做好外汇管理改革，努力防范和打击“热钱”流入；三是加快推进农村信用示范镇、示范村、示范户建设活动以及企业、个人征信系统的推广使用，社会信用体系进一步发展。

胶州市

【经济金融概况】 2012年，胶州市抢抓蓝色经济区建设机遇，构筑滨海新区和国际物流港两大引擎，着力发展高端制造业，壮大现代物流商贸业，开辟旅游度假区等重点项目建设，经济持续、高速、稳健运行。金融生态持续改善，信贷结构进一步优化，中小微企业、“三农”、全市重点的物流、商贸、文化旅游等在建续建项目资金需求得到有力支持。

【金融发展与改革】 2012年，胶州市银行机构新增4家，总数达19家。各金融机构立足于中小企业和“三农”发展需要，不断加大支持力度，信贷投向和结构更加合理，金融服务环境

胶州市主要经济指标

经济指标	2011	2012	2012年同比增幅（%）	经济指标	2011	2012	2012年同比增幅（%）
土地面积（平方公里）	1210	1210	0	地方财政支出（亿元）	46.06	51.32	11.42
人口（万人）	80.71	80.94	0.28	全社会固定资产投资（亿元）	424.01	525.80	24.00
城镇人口（万人）	38.82	39.11	0.74	进出口总值（万美元）	556933	583240	4.72
乡村人口（万人）	41.89	41.83	-0.14	出口总值（万美元）	411991	437523	6.19
地区生产总值（亿元）	668.33	754.28	12.86	实际利用外资（万美元）	41882	53001	26.54
第一产业（亿元）	44.95	47.68	6.07	社会消费品零售总额（亿元）	191.71	226.20	17.99
第二产业（亿元）	377.12	418.85	11.06	居民消费价格指数（%）	--	--	--
第三产业（亿元）	246.26	287.75	16.85	人均地区生产总值（元）	82806	93190	12.54
财政总收入（亿元）	117.81	83.15	-29.42	城镇居民可支配收入（元）	25405	29292	15.30
地方财政收入（亿元）	34.30	45.06	31.37	农民人均现金收入（元）	12318	14290	16.01
财政总支出（亿元）	117.24	75.04	-35.99				

胶州市主要金融指标

金融指标（亿元）	2011	2012	2012年同比增幅（%）	金融指标（亿元）	2011	2012	2012年同比增幅（%）
本外币存款余额	351.49	420.26	19.56	财险收入	--	--	--
人民币存款余额	346.20	424.21	22.53	寿险收入	--	--	--
单位存款	127.83	148.02	15.79	财险赔款	--	--	--
储蓄存款	211.57	247.81	17.13	寿险给付	--	--	--
本外币贷款余额	242.87	330.31	36.00	当年结益	--	--	--
人民币贷款余额	238.48	324.86	36.22	证券市场交易总额	--	--	--
短期贷款	100.96	151.91	50.46	投资者保证金余额	--	--	--
中长期贷款	137.29	171.53	24.93	证券账户开户数	--	--	--
票据融资	0.18	1.29	616.66	证券交易佣金收入	--	--	--
当年结益	--	--	--	净利润	--	--	--
不良贷款余额	2.30	3.04	32.17				

胶州市主要金融机构概况

单位名称	行长（或其他称谓的第一负责人）	副行长（或其他称谓的同级领导）	员工总数	辖内营业网点数
人行胶州市支行	董旭洲	安　青　王美玲	28	1
银监会胶州市办事处	王国峰	刘西学	1	2
农发行胶州市支行	徐敏健	班希山	18	1
工行胶州支行	李棣华	王新波　王宝春	118	6
农行胶州支行	张拥辉	刘静波　张文生	270	17
中行胶州支行	范成进	耿　烨	158	5
建行胶州支行	陈焕炎	杨德强　高　炜	144	5
交行胶州支行	侯倩旭	匡　明	24	1
光大胶州支行	王寿海	孙慧欣　徐莉莉	22	1
华夏胶州支行	孙文德	沙跃伟	20	1
招行胶州支行	刘凤华	贾德梓	20	1
青岛银行胶州支行	牛建祥	贾秀芹　周　航	26	1
胶州市农商银行	范云钊	姜成刚　李鹏斌	491	32
邮储银行胶州市支行	孙　毅	王正生　杜翠荣	107	32
浦发胶州支行	陆　强	董文浩　迟新生	15	1
兴业胶州支行	张照凌	雷秀芹	25	1
潍坊银行胶州支行	李昌海	张　峰	18	1
胶州市农商村镇银行	华　沙	易　强	30	1

胶州市主要金融机构业务概况

单位：亿元

单位名称	本外币存款余额	人民币单位存款	人民币储蓄存款	本外币贷款余额	人民币短期贷款	人民币中长期贷款
农发行胶州市支行	6.95	6.95	0	32.12	1.72	30.40
工行胶州支行	38.25	15.51	21.96	40.11	17.26	21.82
农行胶州支行	74.27	19.30	53.07	34.24	20.46	12.83
中行胶州支行	51.34	22.28	24.72	41.70	19.43	18.24
建行胶州支行	34.14	13.61	19.97	41.36	14.28	27.07
交行胶州支行	10.93	5.19	5.57	15.67	8.73	6.44
青岛银行胶州支行	13.09	8.72	4.33	10.45	7.00	3.44
光大胶州支行	7.20	5.47	1.22	6.68	5.08	1.30
招行胶州支行	8.55	5.18	3.22	8.47	5.12	3.30
华夏胶州支行	10.20	5.01	5.10	7.07	4.99	2.05
胶州市农商银行	94.89	32.04	62.77	76.22	32.75	43.47
邮储银行胶州支行	41.02	1.62	39.40	1.46	0.94	0.52
浦发胶州支行	1.57	1.16	0.41	1.87	1.48	0.39
兴业胶州支行	4.73	2.88	1.75	5.29	5.29	0
潍坊银行胶州支行	1.33	0.85	0.48	1.41	1.41	0
胶州市农商村镇银行	3.02	1.45	1.57	2.04	1.82	0.22

进一步优化，强力支持了地方经济的持续发展。

【金融服务与监管】 2012年，人行胶州市支行积极引导金融机构切实改进和完善中小企业融资服务体系，有针对性地组织银企推介会，协助解决不同企业的资金需求。一是努力推进农村金融产品和服务方式创新，小企业贷款投放再创新高；二是切实加强对金融机构的业务考核，按季通报，考核情况纳入支行“两综合、两管理”之中；三是加强对新设银行机构的验收管理，严把机构准入关；四是积极开展会计结算、反洗钱、账户管理等专项监督检查，维护辖区金融稳定。

（牟晓丽）

烟台市

【经济金融概况】 2012年，烟台市经济运行保持平稳较快发展态势。第三产业比重进一步上升，经济增速呈现先抑后扬走势；工业增加值稳步增长，累计增长率呈现“U”型走势，全年增幅仍同比回落，企业效益同比下降；固定资产投资缓中趋稳，房地产投资增速大幅下降；对外贸易波动中小幅上升，居民消费平稳增长。

全市金融总量不断攀升，人民币存贷款分别突破5000、3000亿元，其中居民储蓄存款大幅增长，同比多增155.96亿元。全市金融机构认真贯彻实施“稳健”的货币政策，合理扩大信贷规模，加强对“三农”、中小企业贷款的投放，两类贷款增速均高于全部贷款平均增速，金融资产质量不断提高，不良贷款率及不良贷款额持续下降。

【货币政策实施】 2012年，人行烟台市中支认真贯彻实施稳健的货币政策，多渠道开展窗口指导，多层次推动金融创新，多形式引导金融机构加强对重点项目、中小企业、“三农”等重点领域和薄弱环节的信贷支持。

一、加强窗口指导的针对性和有效性。一是坚持“区别对待、有扶有控”的原则，促进辖区金融平稳运行和信贷结构的优化；二是结合辖区烟台银行发生“131”案件和市区农信社组建农商行的实际情况，多次进行窗口指导、约见谈话；三是大力督促法人机构优化信贷结构，加大对涉农、中小微等领域的

烟台市经济主要统计指标

指标 \ 年度	2008	2009	2010	2011	2012	2012 年同比增幅（%）
土地面积（平方公里）	13746.47	13746.47	13746.47	13746.47	13746.47	0
人口（万人）	651.69	652.00	651.14	651.76	650.29	-0.22
城镇人口（万人）	267.29	270.09	263.45	267.1	325.85	--
乡村人口（万人）	384.40	381.91	387.69	384.66	324.44	--
地区生产总值（亿元）	3434.19	3701.79	4358.46	4906.83	5281.38	10.3
第一产业（亿元）	275.55	285.90	334.49	361.43	377.31	4.6
第二产业（亿元）	2090.97	2227.32	2566.49	2830.88	2985.09	10.2
工业（亿元）	1920.00	2017.60	2319.02	2543.44	2694.25	11.2
建筑业（亿元）	170.97	209.72	247.47	287.44	290.84	0.2
第三产业（亿元）	1067.67	1188.58	1457.48	1714.52	1918.98	11.6
人均地区生产总值（元）	49012	52683	62254	70339	75672	10.2
地区生产总值构成（%）	100	100	100	100	100	--
第一产业（%）	8.02	7.72	7.67	7.37	7.2	-0.17
第二产业（%）	60.89	60.17	58.89	57.69	56.5	-1.19
第三产业（%）	31.09	32.11	33.44	34.94	36.3	1.36
财政总收入（亿元）	--	--	--	--	--	--
地方财政收入（亿元）	166.17	189.12	237. 80	303.19	357.36	17.87
财政总支出（亿元）	--	--	--	--	--	--
地方财政支出（亿元）	209.25	248.03	323. 86	407.53	476.87	17.01
全社会固定资产投资（亿元）	1953.79	2222.17	2705.86	2883.80	3043.92	20.5
规模以上固定资产投资（亿元）	1953.79	2222.17	2705.86	2883.80	3043.92	20.5
房地产开发（亿元）	263.69	271.20	383.12	568.97	573.52	0.80
进出口总值（亿美元）	350.31	342.94	437. 81	453.49	478.02	5.41
出口总值（亿美元）	206.47	198.34	254. 80	266.95	283.59	6.23
实际利用外资（亿美元）	10.58	10.85	11. 53	13.39	14.10	10.8
社会消费品零售总额（亿元）	1023.44	1219.96	1378.35	1616.49	1859.82	15.05
居民消费价格指数（%）	104.20	99.20	102.3	104.2	101.8	-2.40
城市居民人均可支配收入（元）	19350	21125	23288	26542	30045	13.20
农民人均现金收入（元）	7182	7810	9916	10217	12017	17.62

注：因统计局城镇人口与乡村人口统计口径发生变化，因此近两年数据不可比。

烟台市工农业主要统计指标

农业主要统计指标（万吨）				规模以上工业企业主要统计指标（亿元）			
项目 \ 年度	2011 年	2012 年	增幅（%）	项目 \ 年度	2011 年	2012 年	增幅（%）
粮食	260.75	269.69	3.43	工业增加值	--	--	11.4
夏粮	94.2	98.96	5.05	国有工业	--	--	4.3
秋粮	166.5	170.73	2.54	集体工业	--	--	13.3
棉花	--	--	--	股份制工业	--	--	8.4
油料	45.30	46.26	2.12	股份合作制工业	--	--	24.3

续表

农业主要统计指标（万吨）				规模以上工业企业主要统计指标（亿元）			
项目＼年度	2011年	2012年	增幅（%）	项目＼年度	2011年	2012年	增幅（%）
水果	483.06	506.42	4.84	外商及港澳台投资工业	--	--	16.8
蔬菜	192.94	195.67	1.41	轻工业	--	--	0.4
肉类	46.94	49.4	5.24	重工业	--	--	15.8
禽蛋	28.89	25.6	-11.39	销售收入	11154.65	12627.04	16.00
奶类	22.44	21.5	-4.19	利税	1263.45	1274.38	12.2
水产品	185.82	185.40	-0.23	利润	977.41	971.15	11.0
森林覆盖率（%）	41.7	42.5	0.80	经济效益综合指数（%）	--	--	

烟台市主要金融机构概况

单位名称	行长（或其他称谓的第一负责人）	副行长（或其他称谓的同级领导）	员工总数	辖内营业网点数
人行烟台市中心支行	吴明理	张春晓 徐忠波 王卫东 宋建平 官志诚 官云美 王锦玲 夏红旗 林学龙	501	10
银监会烟台监管分局	毕继繁	于海 宋孚军 王建春 苏明军	85	6
保监会烟台监管分局	许彦峰	李大平 田世波	17	1
农发行烟台市分行	薛迎余	曲天军 于忠保 任小燕	228	9
工行烟台分行	亓立强	唐德元 王存东 宋建军 官毓昌 赵辉 柳峻林 付忠 杨明 姜克才 于忠全 李敏 张立涛 刘进胜	1902	84
农行烟台市分行	刘聪盛	李锋刚 许永增 于强 刘玉壮 张庆伟 孙树东 韦永杰	2793	158
中行烟台分行	李进生	曹亚军 宋春光 邵军 张晓文 刁玉波	1679	58
建行烟台分行	郝子建	刘军 刘月余 李旭阳 张爱忠 王曙光 石学东	1736	68
交行烟台分行	赵秀军	薛峰 王洁 镡方东 牟典华	473	20
中信烟台分行	黄树彬	苏展 蔡伟波 雷建林 王慧 冷庆辉	208	6
招行烟台分行	张洪	李向党 韩少伟	271	8
华夏烟台分行	鲍军民	王裕文 巩卫中 潘涛 李艳霞	262	8
兴业烟台分行	曾勇	高丽萍 李伟杰 王健	166	4
民生烟台支行	耿京东	侯健	70	1

续表

单位名称	行长（或其他称谓的第一负责人）	副行长（或其他称谓的同级领导）	员工总数	辖内营业网点数
浦发烟台分行	任志昱	李建亮　刘进杰　薛泉君　赵凌云	67	2
渤海银行烟台分行	张树国	王景瑞　梁新华	47	1
恒丰银行烟台分行	秦雪梅	刘永东　来荷华　于　宙　李　军	1100	65
烟台银行	孙才厚	孙　涛　左　华	1481	73
威海市商行烟台分行	肖辉杰	于　波　赵德彬　张凯成	77	1
农信社烟台市办事处	纪中慷	刘韶伟　申大田	6356	462
邮储银行烟台市分行	陈光灵	王　辉　车宗洪　杨永强	1147	280
福山珠江村镇银行	陈志刚（行　长） 李建全（董事长）	宋绥亮（监事长） 刘爱娟（副行长）	36	1
烟台市保险行业协会	彭翠兰	张安澜	17	1
人保财险烟台分公司	黄　海	于树文　王永明　王志平	2193	21
人寿保险烟台分公司	王清涛	隋　涛　徐元本	6724	118
太平洋财险烟台中心支公司	张春毅	李宏宇　赵　昱	374	13
太平洋人寿保险烟台中心支公司	蒋　鹏	郑文杰　王云剑	1602	33
平安财险烟台中心支公司	刘　旺	孙培忠	445	11
平安人寿保险烟台中心支公司	童　燹	毕英杰　王捷宇　陈明星	3925	21
阳光财险烟台中心支公司	刘　涛	马　勇　姜在农	163	11
新华人寿保险烟台中心支公司	徐忠涛	王洪春　李　蕤	3963	17
大地财险烟台中心支公司	曹雪梅	邹　平　刘登胜	494	12
泰康人寿保险烟台中心支公司	陈扬炜	王佐华　刘恩中	1523	28

烟台市金融业务统计指标

指标（亿元）　年度		2008	2009	2010	2011	2012	2012年同比	
							增加额	增幅（%）
银行类	本外币存款余额	2615.93	3401.76	4081.18	4467.85	5286.02	812.79	18.19
	人民币存款余额	2570.05	3342.26	4021.24	4397.14	5054.35	669.84	15.23
	*单位存款	648.98	955.49	1109.77	1861.83	2048.56	186.81	10.03
	储蓄存款	1566.75	1851.19	2110.29	2365.95	2767.33	401.38	16.96
	本外币贷款余额	1632.34	2236.40	2644.45	3070.96	3560.15	489.19	15.93
	人民币贷款余额	1575.60	2105.14	2511.91	2963.41	3327.52	364.11	12.29
	短期贷款	824.71	999.22	1238.54	1539.48	1775.28	235.8	15.32
	中长期贷款	534.95	857.77	1082.87	1221.12	1283.00	61.88	5.07
	票据融资	214.74	247.31	189.90	201.05	267.43	66.38	33.02
	当年结益	31.24	39.42	53.35	75.26	86.96	11.7	15.55
	不良贷款余额	74.56	90.02	75.97	59.92	59.81	-0.11	-0.18
	不良贷款占比%	4.57	4.02	2.87	1.95	1.68	-0.27	-13.85

续表

指标（亿元）		2008	2009	2010	2011	2012	2012年同比 增加额	2012年同比 增幅（%）
保险类	保险公司保费收入	68.65	73.88	96.31	98.44	108.14	9.7	9.85
	财险收入	16.08	18.89	27.07	31.44	36.18	4.74	15.1
	寿险收入	52.58	54.99	69.24	66.99	71.96	4.97	7.42
	保险公司赔款和给付支出	19.23	22.41	19.57	25.13	32.58	7.45	29.65
	财险赔款	8.59	11.22	12.4	15.12	18.14	3.02	19.97
	寿险给付	10.64	11.20	7.17	10.01	14.44	4.43	44.26
	当年结益	0	-0.54	1.19	1.84	3.40	1.56	84.78
证券类	证券市场成交总额	2576.40	5010.43	4781.89	3562.75	2399.11	-1163.64	-32.66
	投资者保证金余额	--	--	--	--	--	--	
	证券账户开户数	417000	467275	535863	597058	593416	-3642	-0.61
	佣金收入	--	--	--	--	--	--	--
	净利润	--	--	--	--	--	--	--
	期货市场成交总额	--	--	7089.66	6662.18	8511.62	1849.44	27.76
	期货客户保证金余额	--	--	--	--	--	--	--
	期货账户开户数	--	--	--	--	--	--	--
	期货手续费收入	--	--	--	--	--	--	--
	利润总额	--	--	--	--	--	--	--

注：“*”该项指标2010年前为“企业存款”，其数字亦是如此。

烟台市金融机构统计指标

指标（个）		2008	2009	2010	2011	2012	2012年同比增幅（%）
银行类	法人机构	15	15	14	14	15	7.14
	省级分行	4	4	1	2	3	50.00
	二级分行	10	12	13	16	16	0
	县区支行	279	298	213	293	296	1.02
	分理处、营业所	765	751	905	841	801	-4.76
	储蓄所	76	27	155	160	176	10.00
	从业人员总数	17663	19063	19137	20065	20432	1.83
保险类	保险机构	44	49	53	56	61	8.93
	财险机构	20	22	23	25	28	12.00
	省级分公司	0	0	0	0	0	0
	地市分公司	1	1	23	25	28	12.00
	县区支公司	19	92	202	189	171	-9.52
	寿险机构	24	27	30	31	33	6.45
	省级分公司	0	0	0	0	0	0
	地市分公司	1	1	30	31	33	6.45

续表

指标（个）		2008	2009	2010	2011	2012	2012年同比增幅（%）
保险类	县区支公司	23	88	279	263	286	8.75
	从业人员总数	38038	28521	28313	29185	32415	11.07
	财险人员	7104	6284	5784	5673	6703	18.16
	寿险人员	20934	20018	22529	23512	25712	9.36
证券类	证券机构	--	--	--	--	--	--
	证券公司	--	--	--	--	--	--
	证券营业部	--	--	--	--	--	--
	证券服务部	--	--	--	--	--	--
	从业人员总数	--	--	--	--	--	--
	投资者开户	417000	467275	535863	597058	593416	-0.61
	境内上市股票支数	14	14	21	25	27	8.00
	境外上市股票支数	6	6	6	6	6	0
	辖区上市公司总数	19	19	26	30	33	10.00

烟台市主要金融机构业务概况

单位：亿元

单位名称	本外币存款余额	人民币单位存款	人民币储蓄存款	本外币贷款余额	人民币短期贷款	人民币中长期贷款
农发行烟台市分行	24.27	24.16	0	109.11	36.10	71.51
工行烟台分行	512.56	261.51	218.65	442.60	154.61	250.51
农行烟台市分行	739.86	220.09	438.70	397.39	185.15	194.30
中行烟台分行	497.12	240.55	212.60	278.50	102.30	136.12
建行烟台分行	488.01	257.31	199.28	387.11	139.74	204.93
交行烟台分行	138.92	83.64	42.87	106.27	56.69	26.83
中信烟台分行	79.12	57.93	13.35	53.2	33.64	5.66
招行烟台分行	95.88	58.96	34.02	78.23	41.51	25.41
华夏烟台分行	103.97	58.47	21.83	109.58	67.28	22.00
兴业烟台分行	126.18	69.11	13.30	99.50	23.27	40.94
民生烟台支行	30.48	19.48	4.94	36.57	29.65	6.87
浦发烟台分行	24.39	18.75	1.31	35.33	21.17	2.02
渤海银行烟台分行	6.91	2.97	0.38	4.97	4.97	0
恒丰银行烟台分行	615.27	240.43	332.38	383.21	164.69	114.35
烟台银行	336.78	141.7	194.54	202.48	135.73	65.57
威海商行烟台分行	7.12	6.8	0.32	2.73	0.73	2
农信社烟台市办事处	876.51	124.64	751.14	632.97	486.45	39.76
邮储银行烟台市分行	313.55	47.96	265.59	39.39	17.15	16.77
福山珠江村镇银行	2.17	1.23	0.94	2.44	2.44	0

烟台市各县级区域经济金融主要统计指标

名称	人口（万人）	面积（平方公里）	地区生产总值（亿元）	地区生产总值增速（%）	本外币存款余额（亿元）	储蓄存款（亿元）	本外币贷款余额（亿元）
牟平区	45.53	1519.75	247.86	13.00	297.55	174.81	178.26
蓬莱市	44.94	1128.6	425.45	11.4	295.54	184.7	214.6
龙口市	63.54	901.05	845.01	12.0	622.63	338.88	446.24
招远市	56.75	1432.32	551.12	12.6	373.95	218.89	236.68
莱州市	85.58	1878	578.74	12.40	482.39	339.77	217.42
莱阳市	86.80	1732	281.52	6.2	257.74	193.05	148.80
栖霞市	62.16	2016	201.29	10.3	166.46	133.35	93.99
海阳市	65.99	1887	277.40	10.33	238.65	164.55	176.71
长岛县	4.3	56	61.56	6.7	29.01	21.39	11.36

信贷投放。

二、加强重点领域信贷投放。一是在全省率先举办了以“金融支持实体经济”为主题的大型银企合作活动，联合各县市区政府、中小企业局等部门举办县域银企合作推介活动 12 次；二是认真贯彻“山东半岛蓝色经济区”、“黄河三角洲高效生态经济区”等重大战略决策，着力引导金融机构增加对重点区域和领域的信贷投入。

三、加强利率政策执行情况的监督管理。一是指导商行严格执行有关利率政策及管理规定，规范利率操作；二是制定了《烟台市金融机构民族用品生产贷款监督管理实施办法》，积极加强民品贷款贴息政策宣传。

四、积极运用工具疏导，发挥基层央行调控作用。一是强化准备金管理职能，切实发挥监督和指导职责；二是灵活运用再贴现再贷款工具，有效发挥支农再贷款引导扩大“三农”信贷投放的杠杆作用。全年累计发放支农再贷款 26 笔，金额 14.1 亿元。

【金融稳定】 2012 年，人行烟台市中支以促稳定、防风险为目标，以风险监测和现场评估为抓手，保证了辖内经济金融稳定运行。一是稳妥做好烟台银行“131”案件处置工作，截至年末，该行各项工作已步入正轨；二是开展对辖区银行机构关键部门和支行主要负责人任职时间的专项调查，对制度不完善和任职超时限问题进行了督促纠改，发放风险提示函 25 份；三是持续强化对金融机构重大事项报告的监督管理，对辖区市级 19 家银行机构重大事项报告情况进行了检查；四是开展全省首次证券机构突发事件应急演练；五是圆满完成了法人金融机构非现场评估、法人机构流动性监测、上市公司风险监测、跨市场交叉性金融风险监测、金融稳定再贷款管理、涉外企业监测以及农发行改革等各项工作。

【金融服务】 2012 年，烟台市各金融部门不断改善金融服务方式，水平不断提高。

一、大力改善小微企业融资服务。一是促成市政府首次设立中小企业贷款风险补偿基金，政府每年拿出 500 万元对金融机构中小微企业贷款予以风险补偿；二是推动中行、建行与市政府签署了总额 80 亿元的中小企业融资战略合作协议；三是组织汇编了《2012 金融服务与信贷产品推介手册》，介绍金融服务产品 300 余项。

二、提高三农和弱势群体金融服务。一是不断完善农村金融产品和服务方式创新；二是联合政府部门召开小额担保贷款联席会议，推进下岗失业人员小额担保贷款业务快速发展；三是推出“创业培训 + 信用社区 + 小额担保贷款”模式，不断拓宽大学生村官融资渠道。

三、狠抓两个“一把手”工程，信用服务水平稳步提升。一是深入推进农村信用体系建设，并与支付环境建设、落实信贷政策、农村金融服务与信贷产品创新等有机结合；二是顺利完成机构信用代码证推广工作。

四、积极改善农村支付环境。人行烟台市中支提前两个月完成农村支付环境建设“双百”目标，行政村金融基础设施布放量和人均持卡量分别居全省第 3 位和第 4 位。

五、全方面提升亚洲沙滩运动会金融服务质量。人行烟台市中支积极做好亚沙会期间支付结算、现金投放和券别调剂等工作，并帮助亚沙会工委会向外管总局申请特殊外汇管理政策，为亚沙会顺利召开创造了良好的支付环境。

六、跨境贸易人民币结算业务深入开展。一是积极引导山东省最大涉外集团富士康实现跨境人民币业务零的突破；二是成功办理烟台市首笔外商直接投资人民币结算业务；三是辖区金融机构实现跨境人民币业务全覆盖。

七、金融宣传活动丰富多彩。成功举办了金融知识进社区、进校企宣传活动，开展了“反假币宣传”、“金融知识广场宣传”和“国际禁毒日”反洗钱宣传等30余场活动。

【金融监管】 2012年，烟台市监管部门积极转变监管方式，辖区银行业在复杂形势下实现了又好又快发展。一是对符合国家产业政策、产品有市场，但由于调整造成暂时资金周转困难的企业，引导各行通过适当延长贷款期限、封闭贷款等形式帮助企业渡过难关；二是引导银行不断提升风险管理，构建与高利贷、民间融资等影子银行的“防火墙”，严防风险传染；三是指导五区农联社通过溢价增资扩股方式消化不良贷款5.13亿元；四是积极推进“两管理、两综合”工作，对4家银行机构进行了开业验收，对农行烟台分行开展了综合执法检查，对金融机构执行政策法规等情况开展了25项专项检查；五是认真做好对辖区内银行间债券市场和金融衍生产品市场运行的监督管理；六是不断完善黄金市场管理；七是联合法院建立了空头支票联合惩戒机制，对8家列入“黑名单”的企业停办支付结算业务，全市空头支票签发量同比下降39%。

【外汇管理】 2012年，外管局烟台市中心支局在服务促发展和管理促规范方面取得新突破。一是探索完善外部监管协调机制，创新内部监督管理方式，提升货物贸易外汇改革的监管质效；二是转变方式，推进资本项目外汇管理改革，对莱阳、龙口2个联系点支局下放了部分资本项目外汇业务审批权限，并授予部分银行资本金自主结汇资格；三是强化跨境资金流动监测，加大违规线索排查力度；四是加强宣讲，引导企业主动运用外汇政策解决自身投融资难题，提高对外服务水平。

【金融改革】 2012年，烟台市金融管理部门持续深化改革，银行发展活力和动力不断增强。一是推动城区五联社成功组建农商行，并新增一家地方法人银行；二是在县域新增机构16家，支持县域经济和中小企业发展；三是加快推进新型农村金融机构建设，全市村镇银行已达6家，资产总额27亿元，存款20亿元，发放贷款18亿元；四是积极引进威海城商行入驻，推动莱州农商行走出去参股青岛农商行。

【保险业务】 2012年，烟台市保险业平稳健康发展：一是积极发挥经济补偿功能，全市保险行业共承担各类风险责任1.50万亿元；二是参与完善社会保障体系，为全市773.18万人次提供了养老、健康保险保障，累计支付各项医疗费用等2.08亿元；三是大力推动农业保险发展，为6.13万农户提供了1.04亿元的农业风险保障；四是充分发挥信用保险作用，累计帮助35家企业从银行获得融资约3.25亿美元。截至年末，全市出口信用保险服务出口企业350余家，累计承保出口金额41.21亿美元。

【精神文明建设】 2012年，烟台市金融机构坚持“两个文明”一起抓，全市金融系统精神文明进一步提高。

一、人行烟台市中支一是建立“道德讲堂”，有效促进精神文明创建；二是举办庆“三八”女性健康知识讲座、乒羽比赛等系列职工文体活动。

二、烟台银监局一是开展“强组织、增活力，创先争优迎十八大”主题活动；二是开展“基层组织建设年”活动，确定“选优训强一个好书记、研究谋划一个好思路、建立完善一套好制度、健全落实一个好机制”的“四个一”工作任务；三是强化廉政教育。

三、烟台保监分局一是积极开展创先争优活动，制定了实施方案和量化考核标准；二是将烟台SOS儿童村作为思想道德教育基地，定期组织党员干部开展支持帮助活动。

四、烟台市各金融机构金融服务有效提升。一是开展各种形式的反腐倡廉教育；二是开展劳动服务竞赛、开展素质拓展训练等，不断提升服务水平；三是践行社会责任，积极开展各类形式的爱心捐助活动。

【大事记】 2月7日 人行烟台市中支被烟台市委、市政府授予“2011年建设和谐稳定模范城市先进单位”称号。

3月12日 山东保监局巡视员、副局长巩庆军一行来烟视察。

3月15日 烟台保监分局与烟台市保险行业协会共同组织保险行业机构参与烟台市3.15消费者权益保护日宣传活动。

3月19日 人行烟台市中支被烟台市委市政府表彰为2011年度烟台发展突出贡献单位。

3月21日 农行烟台市分行党委书记、行长刘聪盛就职全面主持烟台分行工作（农银鲁任〔2012〕36号），钱进离职。

3月27日 由人行济南分行和烟台市政府联合举办的金融支持实体经济银企洽谈会在烟台东方海天酒店举行。

4月2日 叶文君被任命为烟台银行党委书记。

4月9日 中国银监会监管二部主任肖远企、副主任陈刚明等一行4人到烟台银行视察。

4月10日 兴业烟台分行首支异地分支机构蓬莱支行正式开业。

5月5日 中行烟台分行成功完成银行卡客服系统在全辖网点的全覆盖式推广落地，成为全省首家实现系统全面推广的二级分行。

5月9日 人行烟台市中支党委委员、副行长王卫东率队参加了烟台人民广播电台《民生热线》节目。

5月18日 浦发烟台开发区支行正式营业。

6月5日 光大莱州支行正式开业。

6月15日 烟台农商行筹建申请获得银监会正式批复。

7月10日～12日 山东保监局任建国局长到烟台视察。

7月27日 农行总行举办“E商务、赢财智”电子银行走进企业烟台推介会。农行总行电子银行部总经理马曙光和农行山东省分行党委书记、行长陈军莅临大会。

7月28日～29日 保监会消保局李世玲局长一行来烟视察。

7月30日 外汇局山东省分局和烟台市政府共同举办“园区企业外汇政策业务辅导活动启动仪式”。

8月2日　保监会陈文辉副主席一行来烟视察工作。

8月6日　民生银行总行邢本秀副行长莅临烟台视察指导工作，并就支行升格与机构建设等工作与当地监管部门进行洽谈。

8月14日　山东省银监局王朝弟副局长、烟台银监分局毕继繁局长等到农行烟台分行调研。

8月15日　渤海烟台分行举办“我与渤海共成长 捐助贫困大学生”公益慈善活动。

9月20日　由人行哈尔滨中支副行长宋志国率领的赴山东省学习考察农村支付环境建设工作考察组一行10人到烟台栖霞参观考察。

9月24日　山东保监局任命李大平为烟台分局调研员(鲁保监任〔2012〕7号)。

10月20日　人行烟台市中支被授予“第三届亚洲沙滩运动会筹办工作先进集体”荣誉称号。

10月24日　山东省银监局郭宝珍、鲁素英等到恒丰烟台分行视察工作。

10月29日　邮储烟台市分行被山东省消费者协会授予“山东省第九届消费者满意单位”。

11月26日　耿京东获批担任民生烟台支行行长(民银青任〔2012〕98号)。

11月29日　邮储烟台市分行被山东省政府授予“全省新型农村和城镇居民社会养老保险工作先进单位”。

12月6日　韩亚银行(中国)烟台分行获准开办各类客户的人民币业务。

12月11日　光大总行印发(光银党任〔2012〕45号)，聘任唐健为光大烟台分行党委副书记(主持工作)。

12月24日　烟台保监分局下发《烟威地区银邮代理保险业务责任追究办法》，进一步明确银保合作双方对代理保险业务的管控责任和追究标准。

12月26日　烟台农村商业银行股份有限公司及分支机构开业、姜国平等85人任职资格等正式获批（银监鲁准〔2012〕915号）。

12月27日　中信银行烟台龙口支行开业。

12月28日　兴业银行烟台龙口支行正式开业。

（李信见　姜　全）

牟平区

【经济金融概况】　2012年，牟平区紧紧抓住加快推进和优先打造烟台东部高技术海洋经济新区这一重大机遇，推进经济平稳较快发展。一是突破重点区域、项目和工程，蓝色经济区建设步伐加快；二是坚持扩大总量、优化存量、提升质量，实体经济做大做强；三是注重借助外力、挖掘潜力、激发活力，三产发展日趋繁荣；四是突出城镇带动、示范推动、产业拉动，城乡面貌日新月异；五是加快招商选优、体制调优、品牌创优，改革开放纵深推进。

各金融机构积极贯彻稳健的货币政策，加大金融创新力度，不断优化信贷结构，加大对实体经济的信贷支持力度，各项存贷款稳步增长，确保了全区经济金融的平稳健康发展。

【金融发展与改革】　2012年，牟平区金融改革与发展取得显著成效。一是信贷资产质量持续改善，盈利能力大幅提高；二是组织召开了银企联谊会，银企合作取得明显成效，初步达成意向贷款金额143亿元；三是企业短期融资券发行取得突破，山东安德利集团在银行间市场成功发行第一期、二期短期融资券，发行总额为5.5亿元人民币。

牟平区主要经济指标

经济指标	2011	2012	2012年同比增幅(%)	经济指标	2011	2012	2012年同比增幅(%)
土地面积(平方公里)	1519.75	1519.75	0	地方财政支出(亿元)	19.85	23.93	20.55
人口(万人)	45.58	45.53	-0.11	全社会固定资产投资(亿元)	252.33	276.82	9.71
城镇人口(万人)	22.84	23.88	4.55	进出口总值(万美元)	129829	131437	1.20
乡村人口(万人)	22.74	21.65	-4.79	出口总值(万美元)	70405	70733	0.50
地区生产总值(亿元)	226.77	247.86	13.00	实际利用外资(万美元)	8157	8710	6.80
第一产业(亿元)	30.41	31.23	7.00	社会消费品零售总额(亿元)	92.44	106.85	15.60
第二产业(亿元)	117.99	126.80	12.80	居民消费价格指数(%)	104.20	101.8	-2.30
第三产业(亿元)	78.37	89.84	15.40	人均地区生产总值(元)	49841	55968	12.29
财政总收入(亿元)	19.72	24.83	25.91	城镇居民可支配收入(元)	24317	28218	16.00
地方财政收入(亿元)	15.02	19.32	28.63	农民人均现金收入(元)	11736	13532	15.30
财政总支出(亿元)	19.85	23.93	20.55				

牟平区主要金融指标

金融指标（亿元）	2011	2012	2012年同比增幅（%）	金融指标（亿元）	2011	2012	2012年同比增幅（%）
本外币存款余额	270.60	297.55	9.96	财险收入	1.00	1.53	53.00
人民币存款余额	269.24	294.70	9.46	寿险收入	1.85	2.45	32.43
单位存款	109.28	105.81	-3.18	财险赔款	0.60	0.80	33.33
储蓄存款	150.78	174.81	15.94	寿险给付	0.38	0.60	57.89
本外币贷款余额	145.25	178.26	22.73	当年结益	0.35	0.42	20.00
人民币贷款余额	144.15	164.92	14.41	证券市场交易总额	115.00	83	-27.83
短期贷款	98.12	107.46	9.52	投资者保证金余额	1.30	0.96	-26.15
中长期贷款	46.02	57.46	24.86	证券账户开户数	1600	1335	-16.56
票据融资	0	0	0	证券交易佣金收入	0.10	0.12	20.00
当年结益	4.77	5.49	15.09	净利润	0.03	0.04	33.33
不良贷款余额	3.13	0.63	-79.87				

牟平区主要金融机构负责人

单位名称	行长（或其他称谓的第一负责人）	副行长（或其他称谓的同级领导）	员工总数	辖内营业网点数
人行牟平区支行	郑　军	林正星　孙覃春　张建波	34	1
农发行牟平区支行	陆　伟	蓝红梅　杨　勇	17	1
工行牟平支行	曲宏云	刘永江　慕志鸣　曲培悌	63	4
农行牟平支行	聂永茂	马瑞恩　宋文明	154	9
中行牟平支行	毕晓鹏	曹翔东　曲向阳	46	2
建行牟平支行	刘　勇	徐绍花　吕英志	72	4
交行牟平支行	杨　涛	姜克周	22	1
烟台银行牟平支行	郭峰涛	曲长林　刘　军	89	7
恒丰银行牟平支行	于百志	赵　涛	89	7
中信牟平支行	张振义		11	1
烟台农商行牟平区支行	佘黎平	张学刚　张世忠	378	26
邮储银行牟平区支行	杨作建	郭积信	69	3

牟平区主要金融机构业务概况

单位：亿元

单位名称	本外币存款余额	人民币单位存款	人民币储蓄存款	本外币贷款余额	人民币短期贷款	人民币中长期贷款
农发行牟平区支行	0.16	0.16	0	2.44	0.87	1.57
工行牟平支行	31.88	21.94	9.78	23.75	7.13	16.63
农行牟平支行	42.38	15.88	26.21	25.09	9.44	14.89
中行牟平支行	15.40	6.02	8.76	8.69	4.67	4.00
建行牟平支行	23.98	9.66	12.12	24.03	8.68	12.98

续表

单位名称	本外币存款余额	人民币单位存款	人民币储蓄存款	本外币贷款余额	人民币短期贷款	人民币中长期贷款
交行牟平支行	12.36	9.27	2.57	18.69	10.88	1.04
烟台银行牟平支行	29.64	8.52	21.13	12.72	11.18	1.54
恒丰银行牟平支行	41.08	18.48	22.54	13.24	10.15	3.08
中信牟平支行	7.37	5.48	1.41	8.32	4.88	0.02
烟台农商行牟平区支行	53.31	5.10	48.20	39.87	38.69	1.19
邮储银行牟平区支行	27.40	5.30	22.10	1.42	0.90	0.52

【金融服务与监管】 2012 年，人行牟平区支行坚持服务与管理并重,保障了辖区金融业的平稳健康发展。一是加大窗口指导力度,引导信贷资金向实体经济和中小企业倾斜;二是加大对征信、统计、反洗钱、反假币等业务的宣传力度;三是进一步提高银行结算、国库集中支付、征信管理及外汇管理服务水平和监管力度;四是开展中小企业信用体系实验区创建工作;五是进一步加大对下岗失业人员创业的信贷投放力度；六是进一步更新管理理念,突出风险防范与化解工作,确保了辖区金融秩序的稳定。

（郑　军　陈玉东）

蓬莱市

【经济金融概况】 蓬莱市以“蓬莱阁”和“海市蜃楼”景观而成为国际知名的海滨旅游城市，以葡萄与葡萄酒产业集群化发展而成为“中国葡萄酒城”,葡萄酒产量居全国县级市之首。2012 年,该市临港工业、旅游业、葡萄及葡萄酒、汽车及零部件四大主导产业发展势头强劲。截至年末,该市银行机构 14 家,营业网点 108 个,从业人员 1253 人;存、贷款增量均同比翻番,并创历史同期最高水平。

蓬莱市主要经济指标

经济指标	2011	2012	2012 年同比增幅（%）	经济指标	2011	2012	2012 年同比增幅（%）
土地面积（平方公里）	1128.6	1128.6	0	地方财政支出（亿元）	24.18	30.40	25.72
人口（万人）	45.00	44.94	-0.13	全社会固定资产投资（亿元）	216.09	258.51	21.1
城镇人口（万人）	17.86	17.78	-0.45	进出口总值（万美元）	109997	122593	11.5
乡村人口（万人）	27.14	27.16	0.07	出口总值（万美元）	73548	79241	7.7
地区生产总值（亿元）	390.88	425.45	11.4	实际利用外资（万美元）	10045	10400	3.5
第一产业（亿元）	24.48	25.06	2.5	社会消费品零售总额（亿元）	88.82	102.14	15.0
第二产业（亿元）	226.05	239.05	11.4	居民消费价格指数（%）	104.20	101.6	1.6
第三产业（亿元）	140.34	161.34	12.9	人均地区生产总值（元）	86853	94604	11.5
财政总收入（亿元）	46.82	48.80	4.23	城镇居民可支配收入（元）	26544	30393	14.50
地方财政收入（亿元）	20.07	23.61	17.64	农民人均现金收入（元）	12655	14519	14.7
财政总支出（亿元）	31.47	45.11	43.34				

蓬莱市主要金融指标

金融指标（亿元）	2011	2012	2012 年同比增幅（%）	金融指标（亿元）	2011	2012	2012 年同比增幅（%）
本外币存款余额	248.61	295.54	18.88	财险收入	1.01	1.45	43.56

续表

金融指标（亿元）	2011	2012	2012年同比增幅（%）	金融指标（亿元）	2011	2012	2012年同比增幅（%）
人民币存款余额	246.90	293.96	19.06	寿险收入	3.21	3.95	23.05
单位存款	79.23	91.69	15.72	财险赔款	0.79	1.13	43.04
储蓄存款	159.01	184.70	16.16	寿险给付	1.24	1.58	27.42
本外币贷款余额	177.11	214.60	21.17	当年结益	1.05	1.35	28.57
人民币贷款余额	176.45	212.53	20.45	证券市场交易总额	85.06	76.54	-10.02
短期贷款	99.20	120.41	21.38	投资者保证金余额	0.72	0.68	-5.55
中长期贷款	75.59	86.11	13.92	证券账户开户数	21663	21719	2.59
票据融资	1.48	5.83	395.16	证券交易佣金收入	0.17	0.15	-11.76
当年结益	4.83	5.54	14.70	净利润	0.07	0.06	-14.29
不良贷款余额	6.61	9.25	39.94				

蓬莱市主要金融机构概况

单位名称	行长（或其他称谓的第一负责人）	副行长（或其他称谓的同级领导）	员工总数	辖内营业网点数
人行蓬莱市支行	陈勇军	王振通　高明祥　杨　芸	35	1
银监会蓬莱市办事处	李淑梅		3	1
农发行蓬莱市支行	王世川	王　倩　张　颖	19	1
工行蓬莱支行	臧红阳	孟祥君　王福永 王　平　陈　韬　孙坚刚	121	6
农行蓬莱市支行	李元忠	张仁领　杨　清　王晓云	158	14
中行蓬莱支行	丁向东	见绍瑛　于万里　温松志	59	2
建行蓬莱支行	凌明通	丁建庆　王秀丽 梁春科　原显英　周成江	70	3
恒丰银行蓬莱支行	葛　元	顾建军	67	7
华夏蓬莱支行	张启栋	戴　辉　蔡君贞	12	1
光大蓬莱支行	丁维平	张　雷　卢亚明	20	1
烟台银行蓬莱支行	纪　丽	王建伟	19	1
交行蓬莱支行	姜　蕾	隋　元　曲　健　陈晓军	12	1
兴业蓬莱支行	王　涛	邹伟杰	15	1
蓬莱市农信联社	孙益平	宋　海　谭博慧　张绍先 孙铭省　闫韶明	563	45
邮储银行蓬莱市支行	陈维锦	刘　娜　高丽娜	56	23
蓬莱民生村镇银行	王立奎	白兆杰　高建伟	62	2

蓬莱市主要金融机构业务概况

单位：亿元

单位名称	本外币存款余额	人民币单位存款	人民币储蓄存款	本外币贷款余额	人民币短期贷款	人民币中长期贷款
农发行蓬莱市支行	1.18	1.14	0	5.39	1.84	3.55
工行蓬莱支行	28.51	16.29	12.06	38.71	13.79	24.35
农行蓬莱市支行	48.89	14.70	31.64	30.49	16.10	14.39
中行蓬莱支行	17.24	8.55	7.48	9.77	2.61	6.12
建行蓬莱支行	20.71	10.43	9.37	14.40	5.57	8.80
恒丰银行蓬莱支行	42.64	11.95	30.67	31.87	12.23	19.64
华夏蓬莱支行	7.74	5.24	2.38	5.56	5.04	0.52
光大蓬莱支行	5.79	2.58	0.79	10.26	7.95	1.05
烟台银行蓬莱支行	4.53	2.50	2.04	7.56	4.95	2.61
交行蓬莱支行	2.59	2.16	0.28	1.18	1.16	0.02
兴业蓬莱支行	9.36	8.36	1.01	3.32	1.92	1.40
蓬莱市农信联社	65.78	5.11	60.67	48.17	39.78	3.21
邮储银行蓬莱市支行	22.09	1.37	20.72	1.77	1.31	0.46
蓬莱民生村镇银行	7.21	1.31	5.61	6.16	6.16	0

【金融发展与改革】 2012 年，蓬莱市各金融部门不断优化信贷结构，努力改善金融服务，大力支持地方经济发展，较好地发挥了金融杠杆作用。一是农行蓬莱市支行积极推进“三农事业部”改革；二是蓬莱市农信社充分发挥支农主力军作用，大力支持“三农”经济发展；三是蓬莱民生村镇银行股份有限公司在乡镇设立支行，拓展了农村金融服务领域；四是设立了交行、兴业银行支行，实现平稳有序运行并呈现良好发展势头；五是蓬莱市鑫源小额贷款有限公司、蓬莱金信担保投资有限公司、蓬莱汇洋融资担保有限公司积极开展融资、担保业务，拓宽了中小企业融资渠道。

【金融服务与监管】 2012 年，人行蓬莱市支行和金融监管部门认真履行职能，服务与监管并重，保障了辖区银行业安全高效运行。一是通过制定指导意见、组织行长联席会等形式推动国家货币政策落实；二是通过银企座谈会、推介会等形式，推动银企合作；三是推动金融创新，支持各类实体经济发展；四是通过有效运行外汇业务管理、大小额支付、征信管理等系统，为银行机构、企业和个人提供优质服务；五是推动外部信用评级、信用村信用户评定、建立与司法部门联席会议制度等，不断优化金融生态环境；六是通过约见谈话、非现场监管、现场检查等方式，促进银行机构强化内部管理，维护金融秩序和稳定。

（李凤文　陶传学）

龙口市

【经济金融概况】 2012 年，龙口市经济运行平稳，各项指标大幅增长。全市金融机构坚持“稳中求进”货币政策主基调，确立了以结构优化为支撑点、以服务民生为切入点、以业务创新为突破点的工作思路，实现了信贷投放合理增长、银行业自身健康发展和区域金融平稳运行的总体目标。

【金融发展与改革】 2012 年，龙口市各金融机构继续坚持“有扶有控”，加强货币信贷和产业结构调整，积极推动新型融资业务开展，有力支持了区域经济平稳较快发展。一是加大创新力度，全年推出以股权、动产质押为代表的创新型融资业务 27 亿元；二是增加对小微企业的资金投放，全年新增小微企业贷款 11 亿元；三是以农村支付环境建设为切入点，创新发展符合农村需求和实际的非现金支付工具；四是以服务企业和社会为立足点，加大结算、征信和外汇服务力度；五是建立健全社会信用体系，为居民提供更便捷的金融服务。

龙口市主要经济指标

经济指标	2011	2012	2012年同比增幅（%）	经济指标	2011	2012	2012年同比增幅（%）
土地面积（平方公里）	901.05	901.05	0	地方财政支出（亿元）	52.59	63.20	20.1
人口（万人）	63.50	63.54	0.06	全社会固定资产投资（亿元）	419	403.11	20.6
城镇人口（万人）	14.53	14.42	-0.76	进出口总值（万美元）	267684	303619	13.4
乡村人口（万人）	48.91	49.12	0.31	出口总值（万美元）	150111	161900	7.9
地区生产总值（亿元）	764.10	845.04	12.0	实际利用外资（万美元）	9460	10951	15.8
第一产业（亿元）	28.70	29.20	3.4	社会消费品零售总额（亿元）	210.5	242.92	15.4
第二产业（亿元）	482.90	524.82	12.0	居民消费价格指数（%）	108.7	101.8	-6.9
第三产业（亿元）	252.50	291.02	12.9	人均地区生产总值（元）	120399	133042	11.9
财政总收入（亿元）	140.77	156.68	26.2	城镇居民可支配收入（元）	27275	31610	15.9
地方财政收入（亿元）	47.60	58.57	23.1	农民人均现金收入（元）	13302	15201	14.3
财政总支出（亿元）	52.59	63.20	20.1				

龙口市主要金融指标

金融指标（亿元）	2011	2012	2012年同比增幅（%）	金融指标（亿元）	2011	2012	2012年同比增幅（%）
本外币存款余额	517.79	622.63	20.25	财险收入	1.71	3.37	97.08
人民币存款余额	513.18	610.70	19.00	寿险收入	3.31	5.06	52.87
单位存款	219.53	256.36	16.78	财险赔款	1.36	2.86	110.29
储蓄存款	286.78	337.81	17.79	寿险给付	0.61	1.02	67.21
本外币贷款余额	374.59	446.24	19.13	当年结益	1.24	1.51	21.77
人民币贷款余额	372.33	437.95	17.62	证券市场交易总额	170.05	126.89	-25.38
短期贷款	212.27	246.67	16.21	投资者保证金余额	1.76	1.88	6.82
中长期贷款	147.03	164.67	12.00	证券账户开户数	34595	43823	26.67
票据融资	13.03	26.60	104.14	证券交易佣金收入	0.25	0.21	16
当年结益	9.08	10.31	13.55	净利润	0.12	0.05	-58.33
不良贷款余额	1.95	1.99	2.05				

龙口市主要金融机构概况

单位名称	行长（或其他称谓的第一负责人）	副行长（或其他称谓的同级领导）	员工总数	辖内营业网点数
人行龙口市支行	夏法云	王　政　赵福臻　官佩君	31	1
银监会龙口市办事处	孙建民		3	1
农发行龙口市支行	于昌美	隋　丽　柳华顺	18	1
工行龙口支行	刘进胜	史春健　姚克庆　张　杰　周　波　辛德武　范崇静　刘坤月	161	10
农行龙口市支行	张　华	迟　波　王红新　陈　雷	298	20
中行龙口支行	林秀武	曲显涛　丁豪杰	139	6
建行龙口支行	刘忠涛	王彦一　王庆健　裴晓燕	142	9

续表

单位名称	行长（或其他称谓的第一负责人）	副行长（或其他称谓的同级领导）	员工总数	辖内营业网点数
交行龙口支行	王宗立	郭　强	33	1
中信龙口支行	林向进	刘　栋　于　静　于兴国	30	1
华夏龙口支行	于　强	丁峰松　连云峰	20	1
招行龙口支行	张　伟	姜庆国	30	1
兴业龙口支行	黑大磊	郭鹏程	20	1
恒丰银行龙口支行	王亚妮	王　伟	67	5
烟台银行龙口市支行	张　斌	贾振飞	23	1
山东龙口农商行	王海滨	于瑞章　姜青松　王旭田　初志远　辛　文	840	62
邮储银行龙口支行	孙伟涛	孙永红　秦　泓	104	27
龙口国开南山村镇银行	尹言波	郑延绚　耿　竣	57	1
南山财务公司	隋　政	曲丽华　郭　芸	30	1

龙口市主要金融机构业务概况

单位：亿元

单位名称	本外币存款余额	人民币单位存款	人民币储蓄存款	本外币贷款余额	人民币短期贷款	人民币中长期贷款
农发行龙口市支行	2.99	2.99	0	5.06	3.16	0.40
工行龙口支行	79.81	48.17	29.61	57.30	19.11	37.23
农行龙口市支行	108.40	39.56	58.01	61.61	30.34	28.30
中行龙口支行	47.18	21.89	22.36	41.63	25.15	13.04
建行龙口支行	78.76	43.43	31.76	79.90	32.64	41.74
交行龙口支行	0.67	0.67	0	0	0	0
中信龙口支行	1.98	1.98	0.32	0.90	0.90	0
华夏龙口支行	9.16	6.76	2.39	6.01	5.26	0.70
招行龙口支行	10.49	6.20	3.78	10.46	6.90	3.41
恒丰银行龙口支行	51.31	19.05	32.20	30.78	22.50	8.27
烟台银行龙口市支行	9.45	3.68	5.77	8.44	6.55	1.89
山东龙口农商行	154.81	26.00	128.59	108.26	84.27	10.18
邮储银行龙口支行	23.59	2.10	21.50	0.78	0.34	0.44
龙口国开南山村镇银行	7.46	5.92	1.54	6.57	6.08	0.49
南山财务公司	28.89	5.10	0	28.55	3.46	18.59

【金融服务与监管】　2012 年，人行龙口市支行和金融监管部门认真履行职能，不断提高金融管理与服务水平。一是坚持稳中求增、稳中求新、稳中求活的信贷思路，引导各家银行做到优化信贷结构和保证支持力度并重；二是大力推动商业承兑汇票业务，通过“再贴现”、“再贷款”等政策工具积极向上争取资金，全年累计办理再贴现 10.7 亿元，办理再贷款 0.6 亿元；三是加大信贷政策调控力度，通过约见谈话、实地调研、政策通报等途径，引导法人金融机构科学掌握信贷投放节奏。

（肖　翼　胡志广）

招远市

【经济金融概况】 2012年，招远市经济金融实现平稳较快发展，合同外资、实际使用外资超额完成任务，进出口总额、出口创汇居烟台市前列。自产黄金117.9万两，成为全国首个黄金生产超百万两县市。

全市银行机构紧密结合辖内实际，合理增加信贷投放，着力优化信贷结构，积极推进服务创新，全市信贷运行总体平稳，支持实体经济力度进一步加大。年末，黄金租赁业务达5760公斤，折合人民币金额19.3亿元左右。

【金融发展与改革】 2012年，招远市金融发展与改革取得显著成效：一是村镇银行基本筹建完毕，渤海银行也在积极谋划筹建中；二是全市担保机构已达6家，担保资本持续注入和增加，各家担保资本均过亿元；三是完善了全市金融生态环境考核评价指标体系，年末在烟台各县市综合考核中主要指标名列首位。

【金融服务与监管】 2012年，人行招远市支行认真履行职责，强化监管理念，确保了辖区金融的稳健运行。一是先后出台了《关于认真贯彻落实稳健货币政策推进全市经济平稳健康发展的意见》和《关于进一步改进外汇管理、支持涉外经济平稳较快发展的指导意见》，进一步强化对金融机构的窗口指导；二是成功举办“调结构、促发展”银企合作推进会，签约项

招远市主要经济指标

经济指标	2011	2012	2012年同比增幅（%）	经济指标	2011	2012	2012年同比增幅（%）
土地面积（平方公里）	1432.32	1432.32	0	地方财政支出（亿元）	28.85	34.69	20.2
人口（万人）	57.04	56.75	-0.5	全社会固定资产投资（亿元）	278.57	258.90	21.1
城镇人口（万人）	25.57	25.47	-0.4	进出口总值（万美元）	195296	202213	3.5
乡村人口（万人）	31.46	31.28	-0.6	出口总值（万美元）	121643	127397	4.7
地区生产总值（亿元）	505.58	551.12	12.6	实际利用外资（万美元）	10908	11362	4.2
第一产业（亿元）	30.03	31.48	6.8	社会消费品零售总额（亿元）	100.86	116.60	15.6
第二产业（亿元）	300	319.16	12.1	居民消费价格指数（%）	105.10	103.00	3.00
第三产业（亿元）	175.55	200.48	14.3	人均地区生产总值（元）	88600	96871	12.9
财政总收入（亿元）	75.19	80.21	6.7	城镇居民可支配收入（元）	25834	29331	13.5
地方财政收入（亿元）	28.53	33.81	18.5	农民人均现金收入（元）	11483	13222	15.1
财政总支出（亿元）	34.45	41.01	19.1				

招远市主要金融指标

金融指标（亿元）	2011	2012	2012年同比增幅（%）	金融指标（亿元）	2011	2012	2012年同比增幅（%）
本外币存款余额	327.42	373.95	14.22	财险收入	0.45	0.54	20.00
人民币存款余额	323.65	370.02	14.33	寿险收入	2.43	2.57	5.77
单位存款	132.17	145.32	9.95	财险赔款	0.26	0.33	26.93
储蓄存款	187.65	217.83	16.09	寿险给付	1.34	1.81	35.08
本外币贷款余额	190.30	236.68	24.38	当年结益	1.13	0.81	-28.32
人民币贷款余额	180.94	219.47	21.30	证券市场交易总额	135	92.71	-31.33
短期贷款	129.86	163.46	25.88	投资者保证金余额	0.89	0.90	1.13
中长期贷款	39.94	34.78	-12.92	证券账户开户数	24623	26666	8.30
票据融资	11.13	21.23	90.75	证券交易佣金收入	0.18	0.12	-33.34
当年结益	4.60	5.30	15.22	净利润	0.11	0.06	-45.46
不良贷款余额	4.51	4.71	4.44				

招远市主要金融机构概况

单位名称	行长（或其他称谓的第一负责人）	副行长（或其他称谓的同级领导）	员工总数	辖内营业网点数
人行招远市支行	杨　强	赵广兴　林旭东　栾茂庆	31	1
银监会招远市办事处	孙建民		3	1
农发行招远市支行	李　涛	栾云涛　刘俊峰	21	1
工行招远支行	李永平	李韶光　李　平　李桂寿　王敬东　宁光庭　丁国群	116	6
农行招远市支行	李庆阳	梁又丰　王旭东　王　波	178	15
中行招远支行	王茂顺	杨　健　闫振杰　徐学臻	123	6
建行招远支行	门成松	孙明盛　王文杰　陈　凯　方同义　温洪福　王学珍	90	5
交行招远支行	田亚堃	蓝　明　于　青	16	1
烟台银行招远市支行	赵彦平	王青松　孙秀峰	23	1
招远市农信联社	张绍伟	马旭东　李维刚　臧松茂　高　军　门恩章	439	36
邮储银行招远支行	张群波	王　林　张少轶	55	26
恒丰银行招远支行	刘　静	柳金英　刑爱敏	80	10
光大招远支行	隋俊超	张清艳　孙淑芬	20	1

招远市主要金融机构业务概况

单位：亿元

单位名称	本外币存款余额	人民币单位存款	人民币储蓄存款	本外币贷款余额	人民币短期贷款	人民币中长期贷款
农发行招远市支行	1.50	1.50	0	8.33	3.43	4.90
工行招远支行	51.93	35.87	15.66	35.26	22.28	11.83
农行招远市支行	58.58	16.67	41.61	13.60	11.63	1.35
中行招远支行	42.70	16.10	24.05	24.19	16.89	4.12
建行招远支行	41.61	24.46	15.68	32.19	15.45	8.51
交行招远支行	7.49	5.70	1.17	18.15	13.61	0.70
烟台银行招远市支行	8.31	5.17	3.13	10.04	9.05	0.99
招远市农信联社	67.65	12.53	55.09	52.20	29.92	1.63
恒丰银行招远支行	54.11	19.78	34.23	23.70	23.68	0.02
光大招远支行	8.57	5.01	1.98	18.37	17.16	0.45
邮储银行招远市支行	27.74	2.51	25.23	0.64	0.36	0.28

目42个，签约资金76.3亿元，资金到位率达120%；三是继续组织银行、企业等相关人员举行跨境人民币结算试点、外汇业务、“一卡通”金融创新支付工具等活动，累计培训800多人次；四是先后组织开展了农信社专项票据改革、征信、贷款卡、统计、外汇、国库、账户等业务的监督检查，规范了业务操作，维护了金融秩序，确保了金融稳定。

（于瑞亮　范淑敏）

莱州市

【经济金融概况】 2012年，莱州市金融机构贯彻落实中央各项宏观调控政策，着重从“三农”、中小企业、重点建设项目、外向型经济、节能减排和自主创新、服务业和消费信贷、区域经济协调发展、推进和谐社会建设八个方面加大信贷投放，切实满足全市各种经济主体发展的合理资金需求。全市保险业稳步发展，整体实力与核心竞争力不断提升，在保障经济社会稳定运行和人民生产生活方面发挥了积极的作用。

【金融发展与改革】 2012年，莱州市金融机构在改革、创新中稳健运行，整体实力明显增加。一是农行“三农金融事业部”改革试点扎实推进；二是莱州农商行进一步加大产品创新力度，开办了“海域使用权质押贷款”业务，被山东省银行业协会授予服务三农十佳金融产品推广奖；三是保障性住房贷款取得新突破；四是莱州珠江村镇银行于3月30日正式挂牌成立，光大莱州支行于5月24日开业。

【金融服务与监管】 2012年，人行莱州市支行和金融监管部门积极改善支付结算环境，改进和提升监管水平，加强监督检查。一是引导银行机构加大对ATM、POS机具的布放力度，积极向农户推广网上银行、手机银行、转账电话和多功能POS

莱州市主要经济指标

经济指标	2011	2012	2012年同比增幅（%）	经济指标	2011	2012	2012年同比增幅（%）
土地面积（平方公里）	1878	1878	0	地方财政支出（亿元）	38.86	45.47	17
人口（万人）	85.81	85.58	-0.27	全社会固定资产投资（亿元）	285	282.85	21.1
城镇人口（万人）	16.57	17.28	4.28	进出口总值（万美元）	143391	188852	31.7
乡村人口（万人）	69.24	68.3	-1.36	出口总值（万美元）	101715	112109	10.2
地区生产总值（亿元）	527.73	578.74	12.4	实际利用外资（万美元）	10039	12367	23.2
第一产业（亿元）	55.01	58.60	6.8	社会消费品零售总额（亿元）	184.60	212.53	15.1
第二产业（亿元）	303.86	323.70	12.2	居民消费价格指数（%）	105.23	102.9	-2.3
第三产业（亿元）	168.85	196.43	14.7	人均地区生产总值（元）	61453	67537	12.7
财政总收入（亿元）	80.71	106.29	31.7	城镇居民可支配收入（元）	25864	29486	14
地方财政收入（亿元）	30.37	36	18.5	农民人均现金收入（元）	13976	13713	21.14
财政总支出（亿元）	38.87	45.47	17				

莱州市主要金融指标

金融指标（亿元）	2011	2012	2012年同比增幅（%）	金融指标（亿元）	2011	2012	2012年同比增幅（%）
本外币存款余额	405.54	482.39	18.95	财险收入	1.74	3.02	73.56
人民币存款余额	402.44	479.84	19.23	寿险收入	1.17	6.34	441.88
单位存款	112.27	132.06	17.63	财险赔款	0.56	1.27	126.79
储蓄存款	285.82	338.89	18.57	寿险给付	0.28	1.94	592.86
本外币贷款余额	174.26	217.42	24.77	当年结益	0.02	0.04	100
人民币贷款余额	173.48	215.85	24.42	证券市场交易总额	86.62	66.23	-23.54
短期贷款	106.87	117.84	10.26	投资者保证金余额	0.74	1.03	39.19
中长期贷款	54.18	72.49	33.79	证券账户开户数	2647	1870	-29.35
票据融资	12.44	25.51	105.06	证券交易佣金收入	0.15	0.14	-6.67
当年结益	5.64	8.37	48.40	净利润	0.06	0.05	-16.67
不良贷款余额	2.15	1.74	-19.07				

莱州市主要金融机构概况

单位名称	行长（或其他称谓的第一负责人）	副行长（或其他称谓的同级领导）	员工总数	辖内营业网点数
人行莱州市支行	杨占法（行长）	李长胜 张建成 王清军	33	1
银监会莱州市办事处	陈忠毅（主任）		3	1
农发行莱州市支行	王家川（行长）	赵先伟 孙治娟	21	1
工行莱州支行	鲁金盛（行长）	郑叶琪 胡庆芳 李明军 王奎效 吕宁	132	8
农行莱州市支行	杨宏光（行长）	潘峰 裴闯 曲新平 杨珅	200	21
中行莱州支行	吴语田（行长）	董武 于海燕 龚新中	132	6
建行莱州支行	檀又俊（行长）	侯旭祥 董强 黄菊霞 杨竹立	106	7
恒丰银行莱州支行	孙积存（副行长主持工作）	提云霞 郭君	61	5
莱州农商行	初晓光（董事长）	邱国耀 刘国荣 段常洲 刘曙光 朱世杰	722	94
邮储银行莱州市支行	万鹏涛（行长）	李春苹	57	37
招行莱州支行	马常辉（行长）	吕永军 李旭升	20	1
交行莱州支行	孙文波（行长）	刘妍 龚大杰	12	1
光大莱州支行	孙思功	王传岳 臧晓伟	16	1
烟台银行莱州支行	郭海涛	韩东升	24	1
莱州珠江村镇银行	王君波	马建军	22	1

莱州市主要金融机构业务概况

单位：亿元

单位名称	本外币存款余额	人民币单位存款	人民币储蓄存款	本外币贷款余额	人民币短期贷款	人民币中长期贷款
农发行莱州市支行	1.95	1.95	0	3.95	2.70	1.25
工行莱州支行	38.61	12.48	25.94	13.72	4.49	9.16
农行莱州市支行	89.47	20.23	67.93	30.49	3.79	26.70
中行莱州支行	42.49	18.60	22.39	6.57	1.87	4.11
建行莱州支行	32.69	14.65	17.37	24.92	2.68	22.24
恒丰银行莱州支行	37.89	21.19	16.63	17.48	14.56	2.91
莱州农商行	161.03	12.99	148	98.09	69.63	3.61
邮储银行莱州市支行	40.58	5.10	35.48	2.40	1.5	0.94
烟台银行莱州支行	10.40	8.98	1.41	9.43	8.51	0.92
招行莱州支行	9.61	7.71	1.74	3.81	3.55	0.26
交行莱州支行	7.07	5.66	0.87	1.80	1.80	1.80
光大莱州支行	2.47	1.57	0.50	1.27	1.20	0.07
莱州珠江村镇银行	1.54	0.94	0.60	1.91	1.60	0.31

机等非现金支付工具，截至年末，共设有银行卡助农取款服务点475个，覆盖行政村475个；二是重点解决中小企业流动资金不足的困难，年末，中小企业贷款余额97亿元，同比多增16亿元；三是对莱州农商行经营稳健性状况进行了现场评估；四是对辖内各金融机构的金融稳定、外汇、账户、统计、征信、存款准备金、反洗钱、人民币流通管理等业务进行了现场检查42次，现场走访保险公司、证券公司20余次，有效维护了辖区稳定。

（周　涛　付霞德）

莱阳市

【经济金融概况】　2012年，莱阳市紧紧围绕“优化提升绿色食品产业，快速膨胀机械汽车产业，巩固整合精细化工产业，拓展延伸生物制药产业，大力发展电子信息产业”五大产业定位，适度增加信贷投入，全市经济金融保持了健康稳定发展。

【金融发展与改革】　2012年，莱阳市金融机构积极强化内部管理，严格实行金融稳定重大事项报告制度，积极开展金融服务和产品创新，扎实推进农村支付环境建设。

农信社不断完善法人治理结构，强化内控建设，提高服务水平。

莱阳市主要经济指标

经济指标	2011	2012	2012年同比增幅（%）	经济指标	2011	2012	2012年同比增幅（%）
土地面积（平方公里）	1732	1732	0	地方财政支出（亿元）	17.23	18.07	4.90
人口（万人）	87.37	86.80	-0.65	全社会固定资产投资（亿元）	102.56	104.69	20.80
城镇人口（万人）	29.40	29.24	-0.54	进出口总值（万美元）	87729	95851	9.26
乡村人口（万人）	57.97	57.56	-0.71	出口总值（万美元）	76071	81956	7.70
地区生产总值（亿元）	335.57	281.52	6.20	实际利用外资（万美元）	6814	3079	-54.81
第一产业（亿元）	36.82	37.02	2.40	社会消费品零售总额（亿元）	169.19	194.56	15.00
第二产业（亿元）	198.10	149.61	7.60	居民消费价格指数（%）	104.20	101.8	-2.40
第三产业（亿元）	100.66	94.89	5.60	人均地区生产总值（元）	38399	32327	6.60
财政总收入（亿元）	17.80	16.98	3.60	城镇居民可支配收入（元）	19629	22181	13.00
地方财政收入（亿元）	9.40	7.74	5.70	农民人均现金收入（元）	9848	10853	10.20
财政总支出（亿元）	17.23	18.07	4.90				

莱阳市主要金融指标

金融指标（亿元）	2011	2012	2012年同比增幅（%）	金融指标（亿元）	2011	2012	2012年同比增幅（%）
本外币存款余额	227.52	257.74	13.28	财险收入	0.43	1.97	358.14
人民币存款余额	225.47	256.35	13.70	寿险收入	2.85	4.54	59.30
单位存款	60.10	61.54	2.40	财险赔款	0.22	0.24	20
储蓄存款	163.54	192.38	17.63	寿险给付	1.61	1.70	6
本外币贷款余额	137.12	148.80	8.52	当年结益	1.42	1.53	7.75
人民币贷款余额	136.84	148.07	8.21	证券市场交易总额	128.50	130.01	1.18
短期贷款	96.89	102.62	5.91	投资者保证金余额	0.71	0.80	12.68
中长期贷款	32.25	32.38	0.04	证券账户开户数	23563	23600	0.16
票据融资	7.70	13.07	69.74	证券交易佣金收入	0.19	0.20	5.26
当年结益	3.23	3.00	-7.12	净利润	0.09	0.1	11
不良贷款余额	8.82	9.08	2.95				

莱阳市主要金融机构概况

单位名称	行长（或其他称谓的第一负责人）	副行长（或其他称谓的同级领导）	员工总数	辖内营业网点数
人行莱阳市支行	郝立君	尹培尧　孙培宽　杨本花	29	1
银监会莱阳市办事处	封慧盈	宋振玺	4	1
农发行莱阳市支行	刘永盛	梁旭东　于　琪	20	1
工行莱阳支行	门新军	董灵珍　谭　琨　宋协辉 孔鲁东　祝晓丹　衣龙波	95	6
农行莱阳市支行	王辉波	张红光　遇炳起　战可为　杨天超	171	14
中行莱阳支行	宋庆亮	崔爱华　张海东	60	2
建行莱阳支行	李田涛	陈　波　林　军　马旭光 秦立萍　董绍苓　蔡小燕	78	4
交行莱阳支行	王建科	刘运生　徐建凤	31	2
恒丰银行莱阳支行	王小强	郝向明　李　静	66	6
莱阳市农信联社	孙克文	张玉璞　闫福敏　宋秀君　范　涛	480	39
邮储银行莱阳市支行	秦晓东	孙艳萍	33	3

莱阳市主要金融机构业务概况

单位：亿元

单位名称	本外币存款余额	人民币单位存款	人民币储蓄存款	本外币贷款余额	人民币短期贷款	人民币中长期贷款
农发行莱阳市支行	2.40	2.40	0	15.62	9.02	6.60
工行莱阳支行	27.00	9.63	17.22	16.70	10.60	6.07
农行莱阳市支行	49.47	10.81	38.28	16.39	13.93	2.46
中行莱阳支行	16.55	5.18	10.32	10.38	7.04	2.98
建行莱阳支行	17.07	5.93	10.72	21.15	14.33	6.34
交行莱阳支行	10.59	5.79	4.32	3.54	3.03	0.50
恒丰莱阳支行	31.93	16.69	15.14	14.32	11.27	3.05
莱阳市农信联社	65.08	1.77	63.31	48.73	32.40	3.40
邮储银行莱阳市支行	36.40	3.33	33.06	1.96	0.99	0.98

人行莱阳市支行对金融机构涉农信贷政策导向效果以及农行三农事业部改革试点情况开展评估，引导金融机构加大涉农信贷投入。

全年新增机构网点2处。

【金融服务与监管】　2012年，人行莱阳市支行正确把握稳健货币政策的内涵，积极引导辖区金融机构适度增加信贷投放，优化信贷结构。一是加大对农业、中小企业、高新技术企业、重点项目、重点企业等方面的信贷支持；二是配合市政府举办银企合作项目暨金融产品推介会，9家金融机构和54家企业共同参加了会议，签约资金22.3亿元，到位率100%；三是积极推进农村青年信用示范户创建工作；四是深入推进中小企业信用体系实验区创建活动；五是组织开展多种形式的征信知识宣传活动，社会公众的信用意识明显增强。

（任常松　刁国平）

栖霞市

【经济金融概况】 2012年，栖霞市以科学发展观为指导，转变经济发展方式，提高综合竞争实力，全市经济平稳协调发展。一是国民经济持续较快增长，物价总水平稳定；二是固定资产投资合理增长，基础设施建设逐步完善；三是消费品市场销售旺盛，对外经济贸易快速增长；四是生态城市建设逐步优化，居民生活环境进一步改善。

全市金融机构认真贯彻落实稳健的货币政策，优化信贷结构，全市经济金融保持了持续、快速、协调发展的良好态势。

【金融发展与改革】 2012年，栖霞市银行业发展和改革继续稳步推进，提高了金融服务水平和效率，金融设施进一步完善。一是农信社改革逐步推进，继续加大支农力度，信贷投放保持快速增长；二是工行栖霞支行加大农村金融机构网点设置，增设了一个二级支行；三是金融生态环境明显改善，吸引域外银行加大对栖霞的信贷投放。

【金融服务与监管】 2012年，人行栖霞市支行加大窗口指导力度，引导金融部门优化信贷结构，支持地方经济转方式、

栖霞市主要经济指标

经济指标	2011	2012	2012年同比增幅（%）	经济指标	2011	2012	2012年同比增幅（%）
土地面积（平方公里）	2016	2016	0	地方财政支出（亿元）	8.30	9.70	16.87
人口（万人）	62.7	62.16	-0.86	全社会固定资产投资（亿元）	107.6	95.03	20.8
城镇人口（万人）	18.9	18.69	-1.11	进出口总值（万美元）	31920	37021	16.70
乡村人口（万人）	43.8	43.47	-0.75	出口总值（万美元）	26188	30857	17.83
地区生产总值（亿元）	186.23	201.29	10.3	实际利用外资（万美元）	1718	2080	21.07
第一产业（亿元）	40.27	41.03	3.9	社会消费品零售总额（亿元）	82.46	94.4	15.10
第二产业（亿元）	85.91	91.61	11.6	居民消费价格指数（%）	103.6	101.8	-1.8
第三产业（亿元）	60.06	68.65	12.7	人均地区生产总值（元）	29732	32268	10.8
财政总收入（亿元）	13.90	16.60	19.42	城镇居民可支配收入（元）	18768	21209	13.01
地方财政收入（亿元）	5.06	6.32	24.90	农民人均现金收入（元）	9761	10742	10.05
财政总支出（亿元）	13.90	16.60	19.42				

注："全社会固定资产投资"指标2012年统计口径发生变化，2012年及同比增幅数据来源于当地统计局。

栖霞市主要金融指标

金融指标（亿元）	2011	2012	2012年同比增幅（%）	金融指标（亿元）	2011	2012	2012年同比增幅（%）
本外币存款余额	147.43	166.46	12.91	财险收入	1.05	1.73	64.76
人民币存款余额	146.92	165.24	12.47	寿险收入	1.84	3.16	71.74
单位存款	30.03	30.89	2.86	财险赔款	0.86	1.04	20.93
储蓄存款	116.12	133.04	14.57	寿险给付	0.51	0.86	68.63
本外币贷款余额	82.72	93.99	13.62	当年结益	0.76	1.12	47.37
人民币贷款余额	82.72	93.99	13.62	证券市场交易总额	—	49.73	—
短期贷款	52.94	58.39	10.29	投资者保证金余额	—	0.36	—
中长期贷款	26.12	25.90	-0.84	证券账户开户数	—	839	—
票据融资	3.66	9.71	165.30	证券交易佣金收入	—	0.01	—
当年结益	1.87	1.80	-3.74	净利润	—	-0.01	—
不良贷款余额	3.57	4.03	12.89				

栖霞市主要金融机构概况

单位名称	行长（或其他称谓的第一负责人）	副行长（或其他称谓的同级领导）	员工总数	辖内营业网点数
人行栖霞市支行	李建章	张立群　王　政　李沙强	30	1
银监会栖霞市办事处	宫立萍		3	1
农发行栖霞市支行	范　军	蒋少玲　王　磊	16	1
工行栖霞支行	柳永正	王永光　柳冬松　崔海霞	75	4
农行栖霞支行	王学军	迟兴光　周嘉勇　姜筱博	147	7
中行栖霞支行	刘永军	吕广东　高荣华	40	1
建行栖霞支行	徐克旭	刘棋学　王天阳　王　平	39	2
恒丰银行栖霞支行	李　娜	孙亚玲	26	1
栖霞市农信联社	徐　杰	温向东　高志铭　杨绪新　孟令冰　王宝刚	430	31
邮储银行栖霞市支行	李　彬	赵衍鹏	68	2

栖霞市主要金融机构业务概况

单位：亿元

单位名称	本外币存款余额	人民币单位存款	人民币储蓄存款	本外币贷款余额	人民币短期贷款	人民币中长期贷款
农发行栖霞市支行	1.08	1.08	—	4.41	0.71	3.70
工行栖霞支行	13.03	4.57	8.43	16.48	8.62	7.86
农行栖霞支行	21.17	3.98	16.22	5.55	3.17	1.68
中行栖霞支行	11.96	6.44	5.15	5.67	2.32	2.93
建行栖霞支行	9.26	3.83	5.29	5.32	2.56	2.76
恒丰银行栖霞支行	9.46	3.51	5.95	3.82	0.94	2.88
栖霞市农信联社	63.09	2.79	60.31	49.74	39.02	2.13
邮储银行栖霞市支行	36.40	4.70	31.70	3.01	1.05	1.96

调结构。一是通过召开金融联席会议、下发《货币信贷工作指导意见》、举办银企座谈会等方式，引导金融机构加强对“三农”、中小企业、民生工程、节能减排和低碳经济的信贷支持；二是开展农村信用体系试验区建设；三是组织“3·15”金融消费者权益保护活动和“送金融知识进村社企校活动”；四是加强金融稳定重大事项报告工作的机制建设；五是加快银行卡助农取款服务点建设和规范发展；六是加强货物贸易外汇管理制度改革宣传和培训，外管服务水平进一步提高。

（迟克幸　牟战森）

海阳市

【经济金融概况】　2012年，海阳市经济实现稳中求进，经济综合实力不断增强。一是以“和谐亚沙年”为主题，圆满成功举办第三届亚洲沙滩运动会；二是大力发展海洋经济、新型能源、生物科技等新兴产业，经济结构持续优化，三次产业比例由上年的18.9:46.9:34.2调整至18.5:46.2:35.3；三是依托亚沙盛会、山地生态旅游、海洋休闲度假、历史民俗体验、亚沙文化旅游等项目，服务业发展活力增强；四是加快核电装备制造工业园区和丁字湾海洋文化旅游产业聚集区开发，促进全市经济健康稳定发展。

【金融发展与改革】　2012年，人行海阳市支行进一步完善

海阳市主要经济指标

经济指标	2011	2012	2012年同比增幅（%）	经济指标	2011	2012	2012年同比增幅（%）
土地面积（平方公里）	1887	1887	0	地方财政支出（亿元）	24.66	26.40	7.1
人口（万人）	66.5	65.99	-0.8	全社会固定资产投资（亿元）	256.4	268.12	21.1
城镇人口（万人）	7.7	7.36	-4.4	进出口总值（万美元）	85199	87099	2.2
乡村人口（万人）	58.8	58.63	-0.3	出口总值（万美元）	59587	59783	0.3
地区生产总值（亿元）	255.5	277.42	10.3	实际利用外资（万美元）	6180	6512	5.4
第一产业（亿元）	48.2	51.18	5.5	社会消费品零售总额（亿元）	99.8	115.15	15.4
第二产业（亿元）	120	127.09	10.9	居民消费价格指数（%）	104.5	102.2	2.2
第三产业（亿元）	87.3	99.15	12.0	人均地区生产总值（元）	38421	41874	10.6
财政总收入（亿元）	26.45	35.92	35.8	城镇居民可支配收入（元）	23884	27891	16.8
地方财政收入（亿元）	16.2	17.51	8.1	农民人均现金收入（元）	11064	12733	15.1
财政总支出（亿元）	25.24	36.79	45.8				

海阳市主要金融指标

金融指标（亿元）	2011	2012	2012年同比增幅（%）	金融指标（亿元）	2011	2012	2012年同比增幅（%）
本外币存款余额	213.73	238.65	11.66	财险收入	0.43	0.51	18.6
人民币存款余额	211.87	236.96	11.84	寿险收入	1.33	1.35	1.5
单位存款	61.81	59.74	-3.35	财险赔款	0.42	0.28	-33.33
储蓄存款	140.16	164.16	17.12	寿险给付	0.75	0.76	1.33
本外币贷款余额	143.07	176.71	23.51	当年结益	0.14	0.20	42.86
人民币贷款余额	120.30	144.23	19.89	证券市场交易总额	28	21	-25.00
短期贷款	42.28	48.64	15.04	投资者保证金余额	1.47	1.56	6.12
中长期贷款	68.11	82.13	20.58	证券账户开户数	9186	10164	10.65
票据融资	9.85	13.41	36.14	证券交易佣金收入	0.043	0.037	-13.95
当年结益	5.67	6.90	21.69	净利润	-0.011	-0.004	-63.64
不良贷款余额	4.62	7.47	61.69				

海阳市主要金融机构概况

单位名称	行长（或其他称谓的第一负责人）	副行长（或其他称谓的同级领导）	员工总数	辖内营业网点数
人行海阳市支行	孙伟力	徐　杰　陈玉刚　于永斌	29	1
银监会海阳市办事处	于建平		2	1
农发行海阳市支行	王吉伟	于少勇　刘俊峰	18	1
工行海阳支行	王晓华	由永秋　从德忠　王钟伟　徐维军	76	4
农行海阳市支行	秦德军	胡殿光　董丰国　李世波　杨克峰	171	9
中行海阳支行	王春增	梁永杰　柳耀正　成绍杰	66	3
建行海阳支行	姜华庆	官庆凯　赵秀莉　吕启超　王建梁	59	3
恒丰银行海阳市支行	姜利勇	于小华	67	2

续表

单位名称	行长（或其他称谓的第一负责人）	副行长（或其他称谓的同级领导）	员工总数	辖内营业网点数
烟台银行海阳市支行	包　益	于　荣	20	1
海阳市农信联社	王彤辉	王祥兴　杨竹山　刘　利　程　明　隋英杰	450	31
邮储银行海阳市支行	鲁振华	赵海玲　王　良	77	2
海阳珠江村镇银行	李建全	孙定臻　王金枝　马义涛　李惠玲	29	1

海阳市主要金融机构业务概况

单位：亿元

单位名称	本外币存款余额	人民币单位存款	人民币储蓄存款	本外币贷款余额	人民币短期贷款	人民币中长期贷款
农发行海阳市支行	1.94	1.94	0	10.34	0.64	9.70
工行海阳支行	18.16	8.09	9.86	43.49	2.62	26.10
农行海阳市支行	37.27	9.72	24.93	28.49	2.31	18.40
中行海阳支行	17.81	7.34	9.26	23.59	2.61	11.10
建行海阳支行	21.04	10.82	9.32	6.21	0.73	5.38
恒丰银行海阳市支行	27.44	7.98	19.40	9.26	2.10	7.16
烟台银行海阳市支行	5.56	3.06	2.50	2.54	2.03	0.51
海阳市农信联社	67.10	3.41	63.69	49.15	32.42	3.32
邮储银行海阳市支行	30.68	6.82	23.86	1.75	1.57	0.18
海阳珠江村镇银行	1.89	0.55	1.34	1.88	1.60	0.28

信贷政策导向评估机制，引导金融机构优化信贷投向。金融机构加快产品和服务创新，尝试各种进出口贸易融资和动产质押贷款业务，其中，中行成功为山东核电有限公司办理汇出汇款融资 1.1 亿元。海阳珠江村镇银行股份有限公司于 3 月 21 日正式开始营业。

【金融服务与监管】　2012 年，人行海阳市支行一是积极落实“两管理、两综合”，规范辖内金融机构行为；二是创新监管方式，通过约见金融机构负责人谈话、问责等方式，传导货币政策，维护辖区金融稳定；三是召开“和谐办亚沙，支持实体经济发展”银企洽谈会，为银企合作搭建交流平台；四是强力推进农村支付环境建设，截至年末，全辖 ATM 布放 113 台，POS 机具合计增加 3857 台，农村结算支付达到村村全覆盖。

（于优红　于福生）

长岛县

【经济金融概况】　2012 年，长岛县经济运行平稳，各项指标平稳增长。长岛县金融机构确立了以结构优化为支撑点、以服务民生为切入点、以业务创新为突破点的思路，实现了信贷投放健康增长和区域金融平稳运行的总体目标。各项贷款投向突出了“三农”、旅游、风电、环保和小微企业等重点，有力地推动了区域经济和谐健康发展。

【金融发展与改革】　2012 年，长岛县各金融机构继续坚持“有扶有控”，加强货币信贷和产业结构调整。受海岛地理位置和产业结构的影响，该县银行业呈现出信用社“一枝独大”的局面。信用社作为一级法人金融机构，存款所占份额为 40%，而贷款所占份额为 85%。

【金融服务与监管】　2012 年，人行长岛县支行加强考核和

长岛县主要经济指标

经济指标	2011	2012	2012年同比增幅（%）	经济指标	2011	2012	2012年同比增幅（%）
土地面积（平方公里）	56	56	0	地方财政支出（亿元）	4.26	5.43	12
人口（万人）	4.3	4.3	0	全社会固定资产投资（亿元）	3.72	4.45	19.8
城镇人口（万人）	1.7	1.7	0	进出口总值（万美元）	3600	4012	10.9
乡村人口（万人）	2.6	2.6	0	出口总值（万美元）	3200	3394	6.8
地区生产总值（亿元）	55.46	61.56	6.7	实际利用外资（万美元）	200	411	107.6
第一产业（亿元）	33.07	36.5	5.4	社会消费品零售总额（亿元）	11.65	13.3	13.9
第二产业（亿元）	4.92	5.4	5.7	居民消费价格指数（%）	104.2	101.8	-2.4
第三产业（亿元）	17.47	19.68	9.5	人均地区生产总值（元）	128970	143493	7.1
财政总收入（亿元）	4.26	6.29	47.65	城镇居民可支配收入（元）	--	--	--
地方财政收入（亿元）	1.21	0.81	-33.5	农民人均现金收入（元）	13666	15048	10.1
财政总支出（亿元）	4.26	5.43	27.46				

长岛县主要金融指标

金融指标（亿元）	2011	2012	2012年同比增幅（%）	金融指标（亿元）	2011	2012	2012年同比增幅（%）
本外币存款余额	26.15	29.01	10.94	财险收入	0.08	0.08	0
人民币存款余额	26.02	28.91	11.11	寿险收入	0.42	0.6	42.86
单位存款	6.28	6.55	4.30	财险赔款	0.04	0.04	0
储蓄存款	19.61	21.3	8.62	寿险给付	0.04	0.05	25
本外币贷款余额	11.62	11.36	-2.24	当年结益	0.01	0.01	0
人民币贷款余额	11.62	11.36	-2.24	证券市场交易总额	—	—	—
短期贷款	7.94	7.85	-1.13	投资者保证金余额	—	—	—
中长期贷款	3.69	3.21	-13.01	证券账户开户数	—	—	—
票据融资	0	0.3	0	证券交易佣金收入	—	—	—
当年结益	0.43	0.25	41.86	净利润	—	—	—
不良贷款余额	0.3	0.37	23.33				

长岛县主要金融机构概况

单位名称	行长（或其他称谓的第一负责人）	副行长（或其他称谓的同级领导）	员工总数	辖内营业网点数
人行长岛县支行	贾通志	王晓方 张双庆 徐 萍	19	1
银监会长岛县办事处	邢攸江		2	1
工行长岛支行	李 刚		12	1
农行长岛县支行	王 莉	高 群	30	1
建行长岛支行	王善威		17	1
恒丰银行长岛县支行	欧学贤	高英卫	11	1
长岛县农信联社	谭冯翊	吕 辉	116	12
邮储银行长岛县支行	邹曙光	王运海	20	9

长岛县主要金融机构业务概况

单位：亿元

单位名称	本外币存款余额	人民币单位存款	人民币储蓄存款	本外币贷款余额	人民币短期贷款	人民币中长期贷款
农行长岛县支行	5.76	2.47	3.23	0.95	0.56	0.39
建行长岛支行	2.12	0.9	1.16	0.15	0	0.15
恒丰银行长岛县支行	2.82	0.83	1.96	0.61	0.15	0.46
长岛县农信联社	11.4	1.67	9.73	9.3	7.04	1.96
邮储银行长岛县支行	5.89	0.67	5.22	0.35	0.11	0.24

监督指导，抓促“两管理、两综合”，努力提高金融服务水平、推动县域经济金融平稳较快发展。一是制定货币信贷工作指导意见，组织做好农信社1.8亿元支农再贷款的管理和使用；二是组织对2家银行机构的综合执法检查，对6家银行机构进行了专项检查，核实银行机构重大事项报告5项；三是围绕农村信用体系建设和机构信用代码推广，实施了两个一把手工程；四是组织“送金融知识进村社企校”宣传活动和产品推介活动，收到较好效果。

（吴　强）

威海市

【经济金融概况】　2012年，威海市坚持以科学发展为主题，千方百计促发展，经济运行稳中有进，结构不断优化，民生继续改善，金融运行质量稳步提高，经济社会发展的稳定性和协调性进一步增强。

一、存款增长较快，同比增速提高。金融机构本外币各项存款增速同比提高3.24个百分点，来源呈现多元化，包括信贷投放增加企业临时存款、企业闲置资金购买收益较高理财产品、企业回笼货款以及单位工资奖金投放等。从结构看，储蓄存款和单位存款分别同比多增49.5亿元、52.5亿元。

二、贷款投放稳步增加，投向进一步优化。信贷资源向蓝色经济区和重点银企对接项目大幅倾斜，短期贷款投放明显增多，中长期贷款增长乏力；地方性金融机构贷款增速加快，国有银行贷款增速缓慢。

【货币政策实施】　2012年，人行威海市中支进一步加大窗口指导力度，继续落实稳健的货币政策，促进了地方经济平稳健康发展。

一、不断提高货币政策执行效力。联合市金融办、银监分局、中小企业局研究制定金融支持实体经济、三农、小微企业发展的措施，并推动市政府将相关措施以3个正式文件的形式印发。

二、着力调整优化信贷结构。一是加大银企对接力度，共筛选推介了重点项目257个，促成59家企业与16家银行开展合作，达成意向贷款176亿元；二是引导信贷资金投向小微企业和战略性新兴产业，中小微企业新增贷款51.46亿元，同比增长11.1%。

【金融稳定】　2012年，威海市金融监管部门采取各种措施调整产业结构，确保金融稳定运行。一是与辖内4个市区政府、管委联合建立金融协调机制，先后联合举行各类金融会议和政策培训班6次，组织银企对接活动4次；二是对3家开业满一年的新设机构进行综合执法和评估，处罚违法行为5件次、金额3.6万元；三是组织150余名银行高管人员和中层干部在郑州培训学院举办了2期培训班；四是对50家市级金融机构进行综合评价，通报表彰11家“A级”单位，对民生银行等10家新设机构进行“一站式”开业综合验收；五是开展金融消费者权益保护宣传活动，累计受理金融消费者投诉110余次，办结率达100%。

【金融服务】　2012年，威海市金融监管部门不断提升服务水平。一是对中支综合服务大厅进行了标准化改造，并开展文明窗口、岗位创建活动，推行首问负责制、限时办结制、服务承诺制等制度；二是全面提高人民币管理，创新建立“零币横向调剂”机制，累计调剂1元、5角零币285次，金额5560万元；三是切实推广金融IC卡，实现102万社保卡持卡人全部零费用换卡，1400余台具备芯片卡识别功能的POS机全部零费用配置，该市成为全省首个社保卡加载金融功能市级通用城市。

【金融监管】　2012年，威海市金融监管部门立足辖区实际，切实提高政策引导水平和风险管控能力。

威海市经济主要统计指标

指标＼年度	2008	2009	2010	2011	2012	2012 年同比增幅（%）
土地面积（平方公里）	5698	5698	5698	5698	5698	0
人口（万人）	252.23	252.97	253.61	253.84	253.57	-0.11
*非农业人口（万人）	120.78	122.90	129.96	130.07	130.25	0.14
*农业人口（万人）	131.45	130.07	123.65	123.77	123.32	-0.36
地区生产总值（亿元）	1780.35	1969.36	1944.9	2110.95	2337.86	9.4
第一产业（亿元）	132.28	136.34	153.94	171.18	180.11	5
第二产业（亿元）	1088.56	1192.71	1087.03	1139.36	1249.3	9.7
工业（亿元）	1015.15	1156.05	982.13	1022.72	1077.89	10.5
建筑业（亿元）	73.41	36.66	104.9	116.64	126.5	9.5
第三产业（亿元）	559.51	640.31	703.73	800.41	908.45	9.7
人均地区生产总值（元）	63519	70047	76778	83199	92198	10.82
地区生产总值构成（%）	100	100	100	100	100	--
第一产业（%）	7.43	6.92	7.92	8.11	7.7	-5.06
第二产业（%）	61.14	60.57	55.9	53.97	53.44	-0.98
第三产业（%）	31.43	32.51	36.19	37.92	38.86	2.45
财政总收入（亿元）	180.63	217.44	358.28	435.72	421.48	-3.27
地方财政收入（亿元）	93.67	102.52	118.27	136.44	158.4	16.9
财政总支出（亿元）	--	--	--	--	--	--
地方财政支出（亿元）	122.22	136.91	167.93	200.59	244.31	21.8
全社会固定资产投资（亿元）	--	--	--	--	--	--
规模以上固定资产投资（亿元）	926.14	1165.54	1168.17	1341.6	1595.45	20.2
房地产开发（亿元）	150.21	209.51	269.8	352.26	366.19	4
进出口总值（亿美元）	118.05	106.13	139.16	169.21	171.19	1.6
出口总值（亿美元）	74.55	68.18	89.23	107.46	106.62	-0.2
实际利用外资（亿美元）	5.26	5.50	5.55	7.27	8	10.1
社会消费品零售总额（亿元）	483.62	576	683.99	802.79	923.07	15
居民消费价格指数（%）	104.64	101.07	102.72	104.6	101.79	-2.69
城市居民人均可支配收入（元）	18536.80	20117	22235	25290	28630	13.2
农民人均现金收入（元）	8495.42	9226	10517	12334	13962	13.2

注：威海市统计局“人口”不再按“城镇人口”和“乡村人口”分类，改为按“非农业人口”和“农业人口”分类。“非农业人口”指标 2012 年前为“城镇人口”，“农业人口”指标 2012 年前为“乡村人口”，其数字亦是如此。

威海市工农业主要统计指标

农业主要统计指标（万吨）				规模以上工业企业主要统计指标（亿元）			
项目＼年度	2011 年	2012 年	增幅（%）	项目＼年度	2011 年	2012 年	增幅（%）
粮食	105.37	104.21	-1.1	工业增加值	1211.84	1077.89	10.5
夏粮	43.44	43.57	0.3	国有工业	23.56	25.33	2.15
秋粮	63.29	60.64	-4.19	集体工业	67.48	61.82	10.11
棉花	--	--	--	股份制工业	479.62	456.79	11.35
油料	25.32	24.57	-2.96	股份合作制工业	26.27	6.72	0.32

续表

农业主要统计指标（万吨）				规模以上工业企业主要统计指标（亿元）			
项目 \ 年度	2011 年	2012 年	增幅（%）	项目 \ 年度	2011 年	2012 年	增幅（%）
水果	81.56	88.06	7.97	外商及港澳台投资工业	420.87	364.44	10.03
蔬菜	90.79	91.88	1.2	轻工业	493.83	513.94	11.5
肉类	16.12	16.57	2.8	重工业	726.11	563.96	9.49
禽蛋	12.88	14.96	16.1	销售收入	4997.95	5542.63	11.5
奶类	19.68	19.13	-2.8	利税	378.72	453.64	17.6
水产品	218.43	229.34	4.99	利润	247.45	278.65	17
森林覆盖率（%）	40.5	40.7	0.49	经济效益综合指数（%）	258.63	253.66	16.47

威海市主要金融机构概况

单位名称	行长（或其他称谓的第一负责人）	副行长（或其他称谓的同级领导）	员工总数	辖内营业网点数
人行威海市中心支行	刘贤军	曲吉光 吴志家 叶景亮 李少伟 岳宝生	253	4
银监会威海监管分局	于明文	刘玉洋 杨鸿祥 连秀丽	50	4
农发行威海分行	刘志远	徐文君 陈 建 杨源清	118	4
工行威海分行	姜 宁	杨振广 隋志勇 常乃海 唐学政 邱义闽 张明军 王庆毅	837	46
农行威海市分行	耿曙明	陈 鹏 杨志宇 吴鸿琦 朱永平 王君兰 蒋学才	942	67
中行威海分行	王 骏	王军法 孔令军 于 飞 谢书波	787	28
建行威海分行	孙鲁泉	胡光明 刘绍涛 王 进 路宏梅 隋学海 梁洪亮	886	35
交行威海分行	姜孔瑞	张宗谦 苏先锋	309	13
中信威海分行	于 珂	崔毅敏 于春燕 王 涛	285	8
招行威海分行	王智华	朱友琪 王吉鹏	138	3
浦发威海分行	胡永军	韩晓健 孙洪波	42	1
民生威海分行	汤正鹏	姜守强 董红伟 姚明波	47	1
威海市商行	赛志毅	王新志 刘 河 邓 卫 张仁钊 刘昌杰 毕秋波 姜学明 邢志强 李海清	1130	36
农信社威海市办事处	丁新强	肖军辉	2386	189
邮储银行威海市分行	牟秋波	李 忠	516	110
山东荣成汇丰村镇银行	马健强	闫凤芹 史永杰 王 维	44	1
乳山市天骄村镇银行	王 飞	袁晨光	37	1
中国人寿威海市分公司	李洪涛	于艳丽 谷庆雨 马常清	4100	4
泰康人寿威海中心支公司	石 磊	田述峰 李爱秀	650	4
平安人寿威海中心支公司	王 刚	薛 梅	976	4

续表

单位名称	行长（或其他称谓的第一负责人）	副行长（或其他称谓的同级领导）	员工总数	辖内营业网点数
平安养老保险威海中心支公司	王笑怡		3	1
太平人寿威海中心支公司	蔡志贤	于立新	364	4
新华人寿威海中心支公司	李世新	段俊超	1420	6
太平洋人寿威海中心支公司	毕建华	陈锡强　宋　进　姜荣建	489	5
长城人寿威海中心支公司	杨春光		189	3
民生人寿威海中心支公司	张振成	刘喜茹	367	4
嘉禾人寿威海中心支公司	郑寿智		22	4
人民人寿威海中心支公司	宋艳岩	林芳洲	462	4
人民健康保险威海中心支公司	宋志刚		25	1
华夏人寿威海中心支公司	杨威红		173	3
恒安标准保险公司威海中心支公司	李　杰		42	1
信诚人寿威海中心支公司	于作文		46	1
阳光人寿威海中心支公司	耿成龙	宋海娇	80	1
生命人寿威海中心支公司	王　巨	王胜超	512	4
中宏人寿威海中心支公司	吴浩英		165	1
华泰人寿威海中心支公司	牛元斌		83	1
国华人寿威海中心支公司	高长林	闫　伟	36	1
建信人寿威海中心支公司	田广合		30	1
人保财险威海市分公司	顾恩谭	孙　丽　崔焕海　许志军　付勇波	602	10
华泰财险威海中心支公司	徐宏伟	李　洋	18	1
太平财险威海中心支公司	邹明华		67	5
太平洋财险威海中心支公司	曲　斌	江志满　邹　伟　李大寨	128	8
平安财险威海中心支公司	徐德平	陈　强　张　波	73	5
大地财险威海中心支公司	王　健	王军波　李长青	90	6
永安财险威海中心支公司	谷士刚		80	6
中华联合财险威海中心支公司	姜　峰	陈建华　初海涛　程　伟	194	8
安邦财险威海中心支公司	蔡淑芹	刘丽霞	62	5
天安保险威海中心支公司	胡晓明	丛　萍	52	7
华安财险威海中心支公司	孙政涛		33	3
阳光财险威海中心支公司	张润洁	李　斐	113	5
都邦财险威海中心支公司	闫智美		30	7
安华农业保险公司威海中心支公司	王　伟		25	2
永诚财险威海中心支公司	于海涌	鲍永君	30	1
渤海财险威海中心支公司	孙政行		24	2
长安责任保险公司威海中心支公司	于云腾		40	2
人寿财险威海中心支公司	冯前程	田昌文	50	2
天平汽车保险公司威海中心支公司	王　健		12	1
泰山财险威海中心支公司	车明强		27	1

续表

单位名称	行长（或其他称谓的第一负责人）	副行长（或其他称谓的同级领导）	员工总数	辖内营业网点数
浙商财险威海中心支公司	丛　杰		30	1
紫金财险威海中心支公司	张明良		37	1
海通证券公司威海高山街营业部	孙晓东	杨竹芬　汤　琼	23	1
齐鲁证券公司威海分公司	段少波		93	6
中投证券公司威海证券营业部	于海强	王陆睿　魏　兵	30	1
中信万通证券公司威海证券营业部	杨景东		25	1
中信万通证券公司荣成证券营业部	张　丽		24	1

威海市金融业务统计指标

类别	年度 指标（亿元）	2008	2009	2010	2011	2012	2012年同比	
							增加额	增幅（%）
银行类	本外币存款余额	1113.08	1415.27	1636.59	1810.19	2060.63	250.44	13.84
	人民币存款余额	1126.37	1380.8	1603.3	1778.1	1982.16	204.06	11.47
	*单位存款	307.48	432.5	541.87	658.1	713.71	55.61	5.45
	储蓄存款	700.51	826.38	949.17	1054.95	1205.74	150.79	14.29
	本外币贷款余额	766.44	983.98	1150.14	1259.09	1376.1	117.01	9.29
	人民币贷款余额	778.45	953.05	1121.73	1226.65	1329.76	103.22	8.41
	短期贷款	370.29	405.92	423.1	479.45	566.19	86.74	18.09
	中长期贷款	323.95	464.67	640.52	688.59	674.46	-14.12	-2.05
	票据融资	83.88	82.25	57.94	57.58	87.23	29.65	51.49
	当年结益	17.98	15.32	22.95	29.51	20	-9.51	-32.23
	不良贷款余额	36.13	36.27	27.27	20.58	28.9	8.32	40.43
	不良贷款占比%	4.56	3.69	2.37	1.63	2.1	0.47	28.83
保险类	保险公司保费收入	26.42	34.73	41.62	48.58	50.29	1.71	3.52
	财险收入	5.52	10.28	12.48	14.22	15.95	1.73	12.16
	寿险收入	20.90	24.57	29.14	34.36	34.34	-0.02	-0.01
	保险公司赔款和给付支出	8.98	12.49	10.92	12.67	14.91	2.24	17.67
	财险赔款	3.44	6.28	6.89	7.46	9.11	1.65	22.12
	寿险给付	5.54	6.21	4.03	5.21	5.8	0.59	11.32
	当年结益	-0.69	0.67	1.01	1.21	0.78	-0.43	-35.53
证券类	证券市场成交总额	703.47	1341.48	1433.92	1173.01	825.19	-347.82	-29.65
	投资者保证金余额	9.24	20.25	18.87	9.36	7.64	-1.72	-18.38
	证券账户开户数	149800	167900	182800	194105	201533	7483	3.86
	佣金收入	2.96	4.61	4.32	2.45	1.25	-1.87	-48.98
	净利润	1.10	1.87	1.91	0.55	0.36	-0.19	-34.55
	期货市场成交总额	--	--	--	--	--	--	--
	期货客户保证金余额	--	--	0.5	0.3	0.1	-0.2	-66.67
	期货账户开户数	--	--	--	--	--	--	--
	期货手续费收入	--	--	0.02	0.01	0.01	--	--
	利润总额	--	--	--	--	--	--	--

注："*"该指标2010年前为"企业存款"，其数字也是如此。

威海市金融机构统计指标

指标（个）		2008	2009	2010	2011	2012	2012年同比增幅（%）
银行类	法人机构	5	5	6	7	7	--
	省级分行	--	--	--	--	--	--
	二级分行	8	9	9	9	11	22.22
	县区支行	127	128	135	137	161	17.52
	分理处、营业所	265	255	250	251	286	13.94
	储蓄所	120	125	124	126	82	-34.92
	从业人员总数	7640	7725	7831	7818	8504	8.77
保险类	保险机构	134	135	140	144	147	2.08
	财险机构	92	92	94	88	89	1.14
	省级分公司	--	--	--	--	--	--
	地市分公司	17	17	18	18	22	22.22
	县区支公司	75	75	76	70	67	-4.29
	寿险机构	42	43	46	56	58	2.57
	省级分公司	--	--	--	--	--	--
	地市分公司	11	12	14	16	21	14.29
	县区支公司	31	31	32	40	37	-7.5
	从业人员总数	10195	11756	12027	12282	12051	-1.88
	财险人员	2432	2841	2945	3011	1817	-39.65
	寿险人员	7763	8915	9082	9271	10234	10.38
证券类	证券机构	6	7	8	9	10	11.11
	证券公司	--	--	--	--	--	--
	证券营业部	6	7	8	9	10	11.11
	证券服务部	--	--	--	--	--	--
	从业人员总数	275	277	304	335	195	-41.79
	投资者开户	149900	167900	183400	194050	201533	3.86
	境内上市股票支数	6	6	6	8	8	--
	境外上市股票支数	3	4	4	5	5	--
	辖区上市公司总数	9	10	10	13	13	--

威海市主要金融机构业务概况

单位：亿元

单位名称	本外币存款余额	人民币单位存款	人民币储蓄存款	本外币贷款余额	人民币短期贷款	人民币中长期贷款
农发行威海市分行	8.61	8.6	--	40.08	14.71	25.37
工行威海市分行	208.27	93.15	97.81	173.77	44.02	120.09
农行威海市分行	235.39	85.31	145.39	189.49	102.07	78.76
中行威海分行	192.11	68.65	92.08	150.66	42.68	86.67
建行威海分行	182.34	87.07	89.18	139.36	35.24	97.06
交行威海分行	121.57	71.93	36.57	54.37	38.02	13.3

续表

单位名称	本外币存款余额	人民币单位存款	人民币储蓄存款	本外币贷款余额	人民币短期贷款	人民币中长期贷款
中信威海分行	86.24	49.4	25.3	57.39	38.78	17.09
招行威海分行	43.25	25.12	8.35	34.29	19.49	11.3
浦发威海分行	19.82	15.73	1.21	20.16	14.58	5.44
民生威海分行	6.61	6.35	0.23	0.1	0.1	--
威海市商行	276.14	116.99	158.23	173.45	85.58	60.56
邮储银行威海市分行	174.95	16.21	158.72	24.13	10.26	12.4
农信社威海市办事处	207.89	16.52	191.19	133.37	38.76	61.26
威海农商行	248.89	48.82	199.63	182.5	78.94	85.16
威海市村镇银行	5.72	3.88	1.84	2.98	2.98	-
威海市小额贷款公司	--	--	--	20.07	19.74	0.32

威海市各县级区域经济金融主要统计指标

名称	人口（万人）	面积（平方公里）	地区生产总值（亿元）	地区生产总值增速（%）	本外币存款余额（亿元）	储蓄存款（亿元）	本外币贷款余额（亿元）
荣成市	66.98	1526	800.07	11.5	475.47	262.81	319.8
文登市	64.31	1645	561.65	11	318.43	211.58	198.08
乳山市	56.72	1668	369.29	8.5	241.73	157.63	175.41

一、着力推进案件防范长效机制建设。与14家银行机构负责人签订案件防控工作责任书，对7家法人的32个分支机构进行了现场检查，共发现各类问题164个。

二、着力提升监管水平，增强现场检查质效。细化出台了《现场检查跟踪监督工作管理办法》，全年累计开展现场检查17项，发现问题22类、115个，约见谈话7次，下发监管意见16份、风险提示10份，责令金融机构处理责任人23名。

【外汇管理】 2012年，外管局威海市中心支局管理与服务并重，促进了辖区经济平稳较快发展。全年全市实现涉外收支总量161.72亿美元，同比下降0.63%。其中，收入103.9亿美元，下降3.9%；支出56.8亿美元，增长8.39%；实现顺差47.1亿美元，下降13.77%。结售汇总量102.2亿美元，增长2.01%。其中，结汇74.2亿美元，下降5.87%；售汇28亿美元，增长31.09%；实现顺差46.2亿美元，增长6.38%。

一、加大外汇违法案件侦破力度。一是通过深挖违规线索开展各项检查，立案、结案8起，罚没款225.81万元，收缴罚没款217.86万元；二是与公安部门紧密合作，破获以金某、崔某为首的非法买卖韩币案，涉案金额28.55亿元韩币，折合人民币1557.87万元。

二、创新推出“五步递进核查”方式，促进直接投资便利化。一是对辖区986家重点监测企业进行了非现场监测分析，形成监测记录4516条，对134家重点监测企业实施了现场核查；二是确定并发布B类企业5家、C类企业4家，并对其贸易外汇收支实施重点监管；三是为13家境外投资项目办理了外汇登记手续，中方投资金额达1.01亿美元。

【金融改革】 2012年，人行威海市中支一是协调市政府等部门制定了支持实体经济发展、支持中小微企业发展指导意见，海域使用权抵押授信、专利权质押贷款管理办法等；二是与市海洋渔业局加强合作，推动海域使用权和海上物资抵质押贷款扩面增量，贷款余额4.8亿元，比年初增长26%；三是引导威海商行科技支行开发“智领通”金融产品，累计为6家高科技成长型中小企业发放知识产权、股权、法人设备按揭贷款5136万元；四是累计为下岗失业人员、妇女、高校毕业生、大学生“村官”发放小额担保贷款6573万元，同比增长189%，直接和间接带动8.46万人实现就业。

【保险业务】 2012年，威海市保险业继续保持较快增长，保险公司机构增长较为迅猛。全年新增机构9家。保费收入稳步增长，其中，财产险保费收入、各项赔款和给付支出增长较快，人身险保费收入略有下降。

【证券市场】 2012年，受宏观经济环境的影响，威海市证券市场总体呈下降趋势，业务量大幅萎缩。全市共有上市公司11家，总市值164.32亿元，同比呈下降趋势。

【精神文明建设】 2012年，威海市各金融机构全面推进精神文明建设。

人行威海市中支积极构建集“规范、创争、民主、温馨、文化、创新”六要素为一体的职工之家,中支工会被全国总工会授予“会员评议职工之家示范单位”荣誉称号。一是先后开展了“金融服务‘三农’和中小微企业”、金融统计、国际收支专业、支付结算专业等业务竞赛;二是组织“名师带高徒”竞赛、“学习文明礼仪、争做文明先锋”、迎“五一”登泰山、“喜迎十八大、岗位建新功”演讲比赛、“学雷锋、创业绩、当先锋”等主题活动;三是中支女职工健美操队代表济南分行参加总行女职工健美操比赛夺得冠军,又代表总行参加全国金融系统女职工健美操大赛获得一等奖第一名。

工行威海市分行一是成立学雷锋自愿服务队,在网点设立学雷锋自愿服务岗;二是坚持联村、联校、联敬老院,开展扶贫济困送温暖和“爱心一日捐”公益活动;三是开展业务技术比赛、职工运动会、新年文艺晚会活动等,丰富职工文化生活。

农行威海市分行积极开展敬老院慰问、帮扶村帮扶等工作,并举办秋季职工运动会、新年联欢晚会、乒乓球比赛等活动,丰富了员工生活。荣获2012年省级文明单位称号。

中行威海分行继续推进“快乐中行”文化建设,组织开展“十大卓越人物颁奖盛典”、“庆三八主题纪念活动”、“快乐中行杯全辖篮球锦标赛”、“快乐登山健身月”、“第九套广播体操推广月”、“最美大堂经理评选”等活动,连续7年荣获“山东省文明单位”荣誉称号。

建行威海分行一是组织开展“读好书快乐工作,学知识健康生活”等赠书、读书活动,全年举办各类培训61期3300多人次;二是推进“关爱员工”工程,全年慰问帮扶员工69人,慰问补助金额约28万元;三是积极为扶贫村修建漫水桥并捐款过万元。

威海市商行一是先后举办了“国际帆船拉力赛”、“理查德·克莱德曼新年音乐会”等公益活动;二是投身对口帮扶、爱心助学、救灾捐赠、关爱儿童等公益事业。

浦发威海市分行一是成立了羽毛球队、乒乓球队和游泳队,组织开展登山、拓展训练活动;二是在新外滩举办“浦发之夜”市民纳凉晚会,为翠竹小学300余名农民工子女订阅《作文报》、《小学生学习报》等多种报刊杂志。

【大事记】 3月15日 人行威海市中支与市工商局、威海市消费者协会联合主办金融消费者权益保护集中宣传活动。

4月18日 农行山东省分行任命耿曙明为威海市分行党委书记、行长(农银鲁党任[2012]7号、农银鲁任[2012]27号)。

4月27日 威海市商行的信贷产品“智领通”被中国银监会评为“全国小微企业特色产品”。

6月14日 人行威海市中支组织各支行和全市银行业机构开展第5次“信用记录关爱日”宣传活动,共发放资料5000余份,设立咨询服务台20余处,现场解答征信相关咨询300余人次。

6月19日 邮储山东省分行聘任威海分行牟秋波行长为高级业务经理(鲁邮银行任〔2012〕7号)。

6月20日~21日 农行山东省分行党委书记、行长陈军来威海调研。

7月8日 人行威海市中支举办国际收支统计知识培训及竞赛活动。全市106家机构、179人参加了培训与考试。

7月26日~27日 工行总行魏国雄首席风险官在山东省分行谷澍行长、李明副行长陪同下来威海调研,。

9月5日 张明君被工行山东省分行任命为威海分行党委委员、副行长(工银鲁党委任免[2012]46号)。

9月6日~12日 威海市金融学会在河南郑州金融干部管理学院举办金融管理与服务培训班,全市所有金融机构的主要负责人及金融写作骨干100多人参加了培训。

9月12日 人行济南分行党委副书记、副行长于华民到威海市中支调研指导工作。

9月15日 人行威海市中支组织举办“喜迎十八大 金秋颂家乡”主题教育暨职工摄影展评活动。

9月25日 人行威海市中支举办“喜迎十八大 岗位建新功”主题演讲比赛。

9月29日 建行山东省分行任命吕元理为威海市分行党委书记、行长(建鲁党任[2012]30号、建鲁任[2012]71号)。

10月10日 人行总行在威海合庆饭店举办账户管理系统日常运维及应急处理技术培训班。总行科技司杨竑副司长、济南分行党委委员、副行长刘克俭,总行金融信息中心、金电公司,上海总部、各分行、省会城市中支科技工作人员70余人参加培训。

10月23日~29日 人行威海市中支和威海市金融学会联合在人行郑州培训学院举办了第2期金融管理与服务培训班,辖区20家银行业金融机构行级领导、办公室主任近40人参加本次培训。

11月5日 人行威海市中支和共青团威海市委在威海市电视台联合举办支付结算业务知识电视竞赛,全市金融机构共200余人参加了比赛。

11月9日 农行山东省分行任命陈鹏为威海市分行党委副书记、副行长(农银鲁党任[2012]37号和农银鲁任[2012]76号)。

11月21日 邮储山东省分行聘任史靖宇为威海市分行党委委员、副行长。(鲁邮银党任〔2012〕10号文和鲁邮银行任〔2012〕14号文)

(邵明志 吕迎社)

荣成市

【经济金融概况】 2012年,荣成市全面实施“科技兴荣”战略,深入推进城乡一体化和半岛蓝色经济区建设,经济社会保持了良好发展态势。金融部门认真贯彻稳健货币政策,深化金融改革,金融运行质量呈大幅提高态势,全市经济金融呈现和谐共赢的良好局面。

【金融发展与改革】 2012年,人行荣成市支行一是引导金融机构把信贷资金更多投向涉蓝重点企业、“三农”和中小企业;二是针对个别大企业因过度融资而造成潜在资金链断裂风险的现象,建立贷款和银行承兑汇票续贷续签工作情况报告制度;三是探索“一企一策”式外汇服务,将贸易投资便利化政策转化为企业经营便利;四是开办“人民币出口代付业务”,借助海外资金,破解出口企业融资难题。

【金融服务与监管】 2012年,荣成市金融监管部门深化农村支付环境建设。一是积极布设ATM、农金通、POS等金融服务机具,全市800多个村实现了金融服务机具全覆盖,年末全市400多个社区服务中心均配备了农民自助服务终端;二是以“大联保体”为载体推动农村信用体系建设试验区创建工

荣成市主要经济指标

经济指标	2011	2012	2012年同比增幅(%)	经济指标	2011	2012	2012年同比增幅(%)
土地面积(平方公里)	1665	1665	0	地方财政支出(亿元)	57.97	74.4	28.4
人口(万人)	67.08	66.98	0.15	全社会固定资产投资(亿元)	337.9	434.2	28.5
*非农业人口(万人)	62.6	22.93	-63.37	进出口总值(万美元)	381130	358000	-5.9
*农业人口(万人)	4.48	44.05	883.26	出口总值(万美元)	262616	261000	-0.2
地区生产总值(亿元)	699.4	800.1	11.5	实际利用外资(万美元)	4618	8934.5	93.5
第一产业(亿元)	66.8	70.2	4.4	社会消费品零售总额(亿元)	199.1	229.4	15.2
第二产业(亿元)	369.8	420.1	11.8	居民消费价格指数(%)	--	--	--
第三产业(亿元)	262.8	309.8	12.8	人均地区生产总值(元)	104267	119361	11.6
财政总收入(亿元)	80.06	100.1	25.1	城镇居民可支配收入(元)	24300	24459	13.0
地方财政收入(亿元)	36.06	42.7	18.3	农民人均现金收入(元)	--	--	--
财政总支出(亿元)	81.79	109.7	34.2				

注:“非农业人口”指标2011年为“城镇人口”,“农业人口”指标2011年为“乡村人口”,其数字亦是如此。

荣成市主要金融指标

金融指标(亿元)	2011	2012	2012年同比增幅(%)	金融指标(亿元)	2011	2012	2012年同比增幅(%)
本外币存款余额	405.90	475.47	17.14	财险收入	2.97	3.5	17.85
人民币存款余额	401.30	470.16	17.16	寿险收入	8.27	8.2	-0.85
单位存款	129.97	152.69	17.48	财险赔款	1.47	2.1	42.86
储蓄存款	262.81	305.26	16.15	寿险给付	0.22	0.9	309.1
本外币贷款余额	293.86	319.80	8.82	当年结益	--	--	--
人民币贷款余额	287.04	315.32	9.85	证券市场交易总额	151.48	90.02	-40.57
短期贷款	155.02	174.98	12.88	投资者保证金余额	1.4	1.11	-20.71
中长期贷款	126.76	128.9	1.68	证券账户开户数	24868	24534	-1.34
票据融资	5.26	11.4	16.73	证券交易佣金收入	0.22	0.30	36.36
当年结益	--	--	--	净利润	0.01	0.02	100
不良贷款余额	3.41	2.35	-31.09				

荣成市主要金融机构概况

单位名称	行长（或其他称谓的第一负责人）	副行长（或其他称谓的同级领导）	员工人数	辖内营业网点数
人行荣成市支行	张明波	张福信　杨　斌　周军威	26	1
银监会荣成市办事处	王树奇	丛明滋	4	1
农发行荣成支行	赵学坤	王传胜　邹积华	24	1
工行荣成支行	许永刚	宁树章　孙白冰　王文明　于晓玲	89	6
工行石岛支行	房　泽	宋洪杰　郑　勇　于卓强	48	3
农行荣成市支行	宋学峰	王连强　耿　志　刘彦霖		
农行威海石岛支行	张明光	袁敬永　张春林	85	6
中行荣成支行	李若祥	梁华双	57	3
中行石岛支行	原建海	于小伟　曲　明	48	2
建行荣成支行	吴明凯	葛建文	90	4
建行石岛支行	王继康	赵光辉	36	2
交行荣成支行	孙永建	刘会涛　于锡斌	19	1
招行荣成支行	岳红娟	解　楠	17	1
中信荣成支行	张军辉	鞠学军	31	1
中信威海石岛支行	张永胜	李雪飞	26	1
威海商行荣成支行	李　明	王　娜　吕鸿毅	40	2
威海商行石岛支行	姜忠洲	沈　阳	17	1
荣成市农商行	卢均平	李　岩	804	71
邮储银行荣成市支行	车延宁	王小霞	89	30
山东荣成汇丰村镇银行	马健强	闫凤芹　史永杰　王　维	44	1

荣成市主要金融机构业务概况

单位：亿元

单位名称	本外币存款余额	人民币单位存款	人民币储蓄存款	本外币贷款余额	人民币短期贷款	人民币中长期贷款
农发行荣成市支行	2.46	2.46	--	13.28	4.65	8.63
工行荣成支行	33.41	21.29	11.89	20.89	8.63	9.70
工行石岛支行	13.37	7.15	6.07	18.82	10.84	7.12
农行荣成市支行	38.13	12.42	25.48	20.73	15.64	5.09
农行威海石岛支行	20.13	3.60	16.38	13.23	8.63	4.59
中行荣成支行	22.94	10.68	10.00	12	2.86	6.94
中行石岛支行	13.85	4.63	7.98	14.98	8.59	5.89
建行荣成支行	24.65	14.94	6.05	11.93	7.27	4.66
建行石岛支行	7.70	2.65	4.98	15.07	2.29	9.68
交行荣成支行	10.94	8.96	1.96	7.74	7.10	0
中信荣成支行	14.02	8.99	3.67	13.93	10.16	3.67
中信石岛支行	7.86	4.50	2.82	4.12	8.13	4.19
招行荣成支行	3.76	2.85	0.90	12.32	4.09	0
威海商行荣成支行	22.39	9.48	12.90	11.48	7.87	3.61
威海商行石岛支行	10.13	3.10	7.04	5. 59	4.88	0.71
荣成农商行	160.44	27.10	132.92	118.73	59.97	51.60
邮储银行荣成市支行	57.68	6.25	51.43	3.66	1.51	2.15
山东荣成汇丰村镇银行	2.46	2.04	0.42	1.46	1.46	--

作；三是组织对辖内 17 家金融机构上年工作情况进行了综合评价，对 2 家机构进行了综合执法检查，对 4 家机构重大事项报告制度执行情况进行了检查。

（姜 洲 车 红）

文登市

【经济金融概况】 2012 年，文登市努力打造蓝色经济区、城市新区、经济开发区三大板块，同时大力推进新型工业化、社会主义新农村、和谐文登三个建设，经济实现了平稳较快发展。金融运行继续保持平稳的发展态势，各项存款持续增长，储蓄稳定增长，保险业发展态势平稳，证券市场交易下降趋势明显。

【金融发展与改革】 2012 年，人行文登市支行一是发挥窗口指导作用，积极引导辖区金融机构强化内控建设，防范金融风险能力不断提高；二是利用各种会议和地方媒体，广泛宣传货币信贷政策；三是积极引进异地金融机构，优化营业网点布局，先后设立了 3 家异地机构支行。

文登市主要经济指标

经济指标	2011	2012	2012 年同比增幅（%）	经济指标	2011	2012	2012 年同比增幅（%）
土地面积（平方公里）	1645	1645	0	地方财政支出（亿元）	39.33	44.56	13.30
人口（万人）	64.45	64.31	-0.22	全社会固定资产投资（亿元）	301.24	349.77	16.11
*非农业人口（万人）	25.31	17.63	-99.99	进出口总值（万美元）	135067	111610	-17.37
*农业人口（万人）	39.14	45.41	16.02	出口总值（万美元）	91130	74783	-17.94
地区生产总值（亿元）	530.27	561.65	5.92	实际利用外资（万美元）	5324	11072	107.96
第一产业（亿元）	47.98	48.14	0.33	社会消费品零售总额（亿元）	193.86	222.91	14.99
第二产业（亿元）	290.42	295.17	1.64	居民消费价格指数（%）	105.30	103.6	-1.61
第三产业（亿元）	191.87	218.34	13.8	人均地区生产总值（元）	82267	87335	6.16
财政总收入（亿元）	104.03	77.73	-25.28	城镇居民可支配收入（元）	18767	21023	12.02
地方财政收入（亿元）	27.86	4.84	10.73	农民人均现金收入（元）	12699	14559	14.65
财政总支出（亿元）	--	--	--				

注："非农业人口"指标 2011 年为"城镇人口"，"农业人口"指标 2011 年为"乡村人口"，其数字亦是如此。

文登市主要金融指标

金融指标（亿元）	2011	2012	2012 年同比增幅（%）	金融指标（亿元）	2011	2012	2012 年同比增幅（%）
本外币存款余额	284.59	318.43	11.89	财险收入	0.81	0.99	22.22
人民币存款余额	282.26	315.55	11.79	寿险收入	4.52	3.39	-25.00
单位存款	69.52	68.42	-1.58	财险赔款	0.42	0.6	42.86
储蓄存款	211.58	243.31	15.00	寿险给付	0.24	1.24	416.67
本外币贷款余额	177.44	198.08	11.63	当年结益	0.23	0.12	-47.83
人民币贷款余额	177.22	197.11	11.22	证券市场交易总额	91.11	55.11	-39.51
短期贷款	61.28	70.95	15.78	投资者保证金余额	0.86	10.19	18.49
中长期贷款	104.60	108.12	3.37	证券账户开户数	1300	893	-31.31
票据融资	11.33	18.04	59.22	证券交易佣金收入	0.17	0.11	-35.29
当年结益	4.50	4.1	-8.89	净利润	0.07	0.03	-57.14
不良贷款余额	6.54	2.4	-63.30				

文登市主要金融机构概况

单位名称	行长（或其他称谓的第一负责人）	副行长（或其他称谓的同级领导）	员工人数	辖内营业网点数
人行文登市支行	姜　春	王　军　宋吉刚　赛明霞	28	1
银监会文登市办事处	王进生		3	1
农发行文登市支行	曲厚礼	王虎强　傅　蓉	24	1
工行文登支行	宋震旦	秦之开　丛东明　董　剑	102	6
农行文登市支行	王　光	曲思强　于春霞　李　彬	230	18
中行文登支行	沙海涛	戴　青　崔忠健	85	4
建行文登支行	李　晓	袁　明　王凤英	107	5
中信文登支行	刁世波	李　玲　丰向东	26	1
交行文登支行	徐　林	崔喜祝　刘彩辉	21	1
威海商行文登支行	赵晓博	王　文　田　亚	52	3
文登市农信联社	王志勇	李松旦　丛培刚　韩晓松	651	39
邮储银行文登市支行	于　杰	毕崇强	88	4

文登市主要金融机构业务概况

单位：亿元

单位名称	本外币存款余额	人民币单位存款	人民币储蓄存款	本外币贷款余额	人民币短期贷款	人民币中长期贷款
农发行文登市支行	4.08	4.08	--	14.85	4.55	10.30
工行文登支行	25.13	10.01	14.90	26.56	2.88	23.27
农行文登市支行	51.71	15.06	35.91	26.99	8.77	18.22
中行文登支行	19.57	4.61	13.04	9.69	3.20	6.12
建行文登支行	24.70	9.51	14.46	15.27	3.69	11.38
中信文登支行	5.88	2.70	2.93	7.86	4.88	2.95
交行文登支行	6.76	4.24	1.69	4.51	4.34	0.17
招行文登支行	2.64	2.26	0.38	3.53	3.53	--
威海商行文登支行	30.21	9.56	20.55	15.66	9.86	5.59
文登市农联社	101.25	4.77	96.41	69.54	24.28	27.47
邮储银行文登市支行	44.69	1.64	43.04	3.61	0.96	2.65

【金融服务与监管】　2012 年，人行文登市支行引导各金融机构克服国家信贷逐渐收紧因素影响，不断调整优化信贷结构，推动文登经济平稳较快发展.

（杨建萍　梁海涛）

乳山市

【经济金融概况】　2012 年，乳山市经济平衡增长，总量不断扩大，运行质量进一步优化。全市金融机构认真贯彻执行稳健的货币政策，货币信贷增长继续向常态水平回归，社会融资规模保持适度。保险业发展继续保持平稳态势，证券市场呈现明显下降趋势。

【金融发展与改革】　2012 年，人行乳山市支行一是坚持货币信贷总量调控与结构优化并重，各项工作呈现重点突破、整体推进的良好局面；二是积极搭建银企合作平台，开展金融产品推介等活动，促进了经济的发展。

【金融服务与监管】　2012 年，人行乳山市支行加大金融创新，亮点凸现。一是在分行辖内首创集组织领导、信息共享、协

乳山市主要经济指标

经济指标	2011	2012	2012年同比增幅（%）	经济指标	2011	2012	2012年同比增幅（%）
土地面积（平方公里）	1668	1668	0	地方财政支出（亿元）	26.4	29.66	12.34
人口（万人）	57.12	56.72	-0.45	全社会固定资产投资（亿元）	242.6	298.96	23.22
城镇人口（万人）	16.11	16.05	-0.56	进出口总值（万美元）	56130	58164	11.5
乡村人口（万人）	41.01	40.67	-0.41	出口总值（万美元）	47203	49880	10.1
地区生产总值（亿元）	344.21	369.29	10.9	实际利用外资（万美元）	3279	6801	107.4
第一产业（亿元）	29.6	31.21	1.89	社会消费品零售总额（亿元）	131.4	151.04	15
第二产业（亿元）	188.45	201.20	12.95	居民消费价格指数（%）	--	--	--
第三产业（亿元）	126.15	136.89	10.77	人均地区生产总值（元）	60260	65107	8.04
财政总收入（亿元）	43.08	41.45	-14.17	城镇居民可支配收入（元）	26827	28491	6.2
地方财政收入（亿元）	17.27	20	14	农民人均现金收入（元）	10953	10953	17.06
财政总支出（亿元）	--	--	--				

乳山市主要金融指标

金融指标（亿元）	2011	2012	2012年同比增幅（%）	金融指标（亿元）	2011	2012	2012年同比增幅（%）
本外币存款余额	225.45	241.73	7.22	财险收入	1.17	1.16	-0.8
人民币存款余额	224.36	240.24	7.08	寿险收入	4.17	4.16	-0.2
单位存款	64.73	62.45	-3.5	财险赔款	0.72	0.7	-2.78
储蓄存款	157.63	178.04	12.95	寿险给付	0.12	0.1	-8.33
本外币贷款余额	169.23	175.41	3.66	当年结益	--	--	--
人民币贷款余额	168.98	167.20	-1.05	证券市场交易总额	95	48	-49.47
短期贷款	29.88	29.72	-0.53	投资者保证金余额	0.51	0.36	-29.41
中长期贷款	126.38	121.87	-3.57	证券账户开户数	0.07	0.08	14.28
票据融资	12.66	15.56	22.91	证券交易佣金收入	0.13	0.09	-30.77
当年结益	3.61	-6.05	-267.59	净利润	0.08	0.02	-75
不良贷款余额	1.92	4.80	149.87				

乳山市主要金融机构概况

单位名称	行长（或其他称谓的第一负责人）	副行长（或其他称谓的同级领导）	员工人数	辖内营业网点数
人行乳山市支行	李明杰	高　伟　官云山　姜福芝	27	1
银监会乳山市办事处	王卫东		3	1
农发行乳山市支行	姜庶先	王钧禄	25	1
工行乳山市支行	宋　宁	王国强　宋海涛	74	5
农行乳山支行	邵明刚	宋旭日　陶海华	116	9
中行乳山支行	于志强	孙海军	56	3
建行乳山市支行	徐　辉	曹绍伟	85	4
威海商行乳山支行	孙京柱	官本军	58	2
乳山市农信联社	于　洋	郑　利　丁建平　陈　凯	469	33
邮储银行乳山市支行	刘桂峰	刘　利	67	21
乳山市天骄村镇银行	王　飞	袁晨光	41	2

乳山市主要金融机构业务概况

单位：亿元

单位名称	本外币存款余额	人民币单位存款	人民币储蓄存款	本外币贷款余额	人民币短期贷款	人民币中长期贷款
农发行乳山市支行	1.17	1.17	--	6.96	1.73	5.23
工行乳山支行	23.81	10.98	12.31	24.43	2.48	21.94
农行乳山市支行	25.15	9.68	15.41	32.19	3.60	20.38
中行乳山支行	14.29	4.05	9.20	8.44	0.60	7.81
建行乳山支行	20.15	10.31	9.52	27.73	0.31	27.42
威海商行乳山市支行	19.66	8.50	11.15	6.18	2.75	3.43
乳山市农信联社	106.64	11.75	94.78	63.83	14.47	33.79
邮储银行乳山市支行	24.79	2.52	22.27	2.66	0.86	1.80
乳山市天骄村镇银行	3.26	1.83	1.42	1.52	1.52	--

同处置等特点为一体的金融稳定重大及突发事件信息管理协作机制；二是为涉及金融稳定重大及突发事件的信息舆情处置提供制度保障；三是突出区域特色，扎实推进农村信用体系试验区建设。

（宋　宁　孔瑞华）

潍坊市

【经济金融概况】　2012年，潍坊市认真贯彻落实国家宏观政策，坚持稳中求进，推动全市经济金融健康发展，主要经济指标企稳回升。金融运行主要呈现以下特点：

一、社会融资规模突破1000亿。全市社会融资规模达1032亿元，同比多增126.5亿元，增长14%。其中，银行融资843.4亿元，占比81.7%；直接融资143.9亿元，占比13.9%；其他融资44.7亿元，占比4.3%。

二、全市银行信用总量突破2000亿。全市新增银行信用总量2404.1亿元，同比多增628.2亿元，创历史最高水平。其中，各项贷款增加530.4亿元，占比22.1%；表外融资新增1538.2亿元，占比64%；直接融资新增40.2亿元，占比1.7%；其他融资新增295.3亿元，占比12.3%。

三、信贷结构稳步优化。一是先进制造业贷款大幅增长，贷款余额1259.2亿元，较年初增加239.6亿元，增长23.5%，高于各项贷款增速5.8个百分点；二是“三农”信贷投入加大，涉农贷款余额1997.7亿元，比年初增加368.1亿元，增长22.6%，高于各项贷款增速4.9个百分点；三是小微企业信贷支持力度加大，小微企业贷款余额675.3亿元，比年初增加166.6亿元，增长32.8%，高于各项贷款增速15.1个百分点；四是县域贷款比重持续提升，8县（市）贷款余额为2063.4亿元，较年初增加373.7亿元，增长22.1%，高出全市贷款增速4.4个百分点；五是个人消费贷款较快增长，比年初增加76.6亿元。

四、各项存款增长创历史第二高，增量居全省第4位。全市银行机构本外币各项存款比年初增加688.9亿元，仅次于2009年创历史第二高，增量居全省第4位。

五、涉外收支增势放缓，跨境人民币结算大幅增长。全市涉外收支总规模达188.7亿美元，同比增加17亿美元；增长9.9%，增速下降45.8个百分点。实现跨境人民币结算量174亿元，占同期国际收支结算总量的15%，涉及企业106家，结算区域扩展至境外52个国家和地区。

六、行政村支付服务实现全覆盖。实现了全市6254个行政村金融基础设施全覆盖，达到了“电子机具村村通、银行折卡户户用、足不出村存取款、田间地头可转账”的效果。

【货币政策实施】　2012年，人行潍坊市中支引导金融机构认真贯彻执行稳健的货币政策，着力优化信贷结构，切实把稳增长放在突出位置。

一、强化政策引导和窗口指导。一是灵活运用差别存款准备金动态调整、信贷政策导向效果评估等工具，引导优化信贷资源配置；二是按季召开货币信贷及金融管理政策通报会；三是制定支持农业科技创新、专利权质押贷款等意见；四是联合有关县市政府和部门召开银企交流会5次，促成授信意向700亿元。

二、创新试点蔬菜订单质押融资业务。指导寿光市政府出台了《农产品订单质押贷款暂行办法》，通过建立“订单+信贷+保险”的农业发展模式，实施信用保险加融资助推蔬菜产业化发展项目，用融资支持订单，用订单稳定生产，用生产稳定价格。

潍坊市经济主要统计指标

指标 \ 年度	2008	2009	2010	2011	2012	2012 年同比增幅（%）
土地面积（平方公里）	16005	16005	16005	16005	16005	0
人口（万人）	862.48	867.85	873.8	877.61	878.87	1.44
城镇人口（万人）	398.30	418.82	--	--	--	--
乡村人口（万人）	464.18	449.03	--	--	--	--
地区生产总值（亿元）	2491.81	2727.77	3090.92	3541.85	4012.43	10.6
第一产业（亿元）	281.69	301.96	330.51	359.28	390.52	5.2
第二产业（亿元）	1455.05	1564.67	1720.29	1961.40	2166.17	11.7
工业（亿元）	1339.38	1419.08	1545.56	1760.97	1952.43	12.0
建筑业（亿元）	120.71	145.59	174.7	200.43	213.74	6.64
第三产业（亿元）	755.07	861.15	1040.13	1221.17	1455.74	10.5
人均地区生产总值（元）	28106	30568	34250	40358	45654	13.12
地区生产总值构成（%）	100	100	100	100	100	--
第一产业（%）	11.31	11.07	10.69	10.14	9.73	-0.41
第二产业（%）	58.39	57.36	55.66	55.38	53.99	-1.39
第三产业（%）	30.30	31.57	33.65	34.48	36.28	1.80
财政总收入（亿元）	259.96	299.49	380.92	466.81	529.97	13.5
地方财政收入（亿元）	131.96	157.95	202.43	253.92	306.12	20.6
财政总支出（亿元）	182.30	227.7	291	358.26	425.6	18.8
地方财政支出（亿元）	160.4	196.9	248.5	--	--	--
全社会固定资产投资（亿元）	1523.40	1890.50	2331.02	2603.17	3012.9	22.3
规模以上固定资产投资（亿元）	1499.88	1858.77	2304.2	2603.17	--	--
房地产开发（亿元）	196.44	266.50	367.63	405.87	468.81	15.5
进出口总值（亿美元）	83.78	80.80	117.51	140.93	149.76	6.3
出口总值（亿美元）	65.40	62.00	86.96	103.68	109.71	5.8
实际利用外资（亿美元）	4.85	6.78	7.21	7.22	7.68	6.5
社会消费品零售总额（亿元）	830.30	988.49	1151.12	1349.82	1551.6	15.0
居民消费价格指数（%）	105.2	100.50	102.60	104.40	101.7	-2.7
城市居民人均可支配收入（元）	15691.37	17267.30	19675.1	22508.2	25817.5	14.7
农民人均现金收入（元）	7071.6	7694.55	8871.6	10408.9	11796.9	13.3

注：表格中空缺的地方是因为缺乏相关统计数据所致，特此说明。

潍坊市工农业主要统计指标

农业主要统计指标（万吨）				规模以上工业企业主要统计指标（亿元）			
项目 \ 年度	2011 年	2012 年	增幅（%）	项目 \ 年度	2011 年	2012 年	增幅（%）
粮食	533.7	552.0	3.4	工业增加值	2261.80	--	13.5
夏粮	245.6	254.3	3.6	国有工业	106.42	--	11.8
秋粮	288.0	297.6	3.3	集体工业	66.22	--	4.6
棉花	5.1	4.9	-2.4	股份制工业	1594.99	--	16.1
油料	25.1	24.4	-2.7	股份合作制工业	9.16	--	17.9

续表

农业主要统计指标（万吨）				规模以上工业企业主要统计指标（亿元）			
项目 \ 年度	2011 年	2012 年	增幅（%）	项目 \ 年度	2011 年	2012 年	增幅（%）
水果	88.4	89.5	1.2	外商及港澳台投资工业	337.93	--	7.5
蔬菜	1129.6	1153.0	2.1	轻工业	891.04	--	15.4
肉类	135.3	142.4	5.2	重工业	1370.59	--	12.2
禽蛋	26.9	26.2	-2.3	销售收入	9377.91	10684.4	14.4
奶类	27.7	31.1	12.1	利税	792.93	837.4	5
水产品	50.0	53.0	6.0	利润	529.99	545.5	3.5
森林覆盖率（%）	35.5	--	--	经济效益综合指数（%）	--	--	--

注：表格中空缺的地方是因为缺乏相关统计数据所致，特此说明。

潍坊市主要金融机构负责人

单位名称	行长（或其他称谓的第一负责人）	副行长（或其他称谓的同级领导）	员工总数	辖内营业网点数
人行潍坊市中心支行	刘福毅	郑录军 李万友 孙广明 陈光升 徐广平	453	9
银监会潍坊监管分局	刘世明	张志荣 刘文正 刘 勇 璩新民	73	8
农发行潍坊市分行	许 静	韩玉忠 杜 军 庄红梅	281	11
工行潍坊分行	孙长庚	冯 洁 高华江 刘明江 高洪涛 吴 江 鞠立坤 韩志忠 王友乾 李绪国	1853	94
农行潍坊市分行	闵令民	田树江 贾建生 贺祥君 董月民 王永明	2721	175
中行潍坊分行	汪 雷	焉长海 韩桂志 宋若钦 冯传亮 孙晓宁	1271	47
建行潍坊分行	修 琦	封汇泉 逄显辉 辛立国 王腾江 刘志勇	1645	66
交行潍坊分行	刘安奎	陈允建 齐文江 韩 永 丛 杰	509	19
潍坊银行	史跃峰	闫红兵 陈瑞源 王宗华 温英杰 仪修喜 朱毅达 李建卫 黄建军	1698	50
招行潍坊分行	齐君承	董绍东 侯云辉 陈 伟	190	5
兴业潍坊分行	黄春强	朱新军 张 勇	164	4
浦发潍坊分行	朱金禄	刘兆建 刘 炜 宋立华	89	2
华夏潍坊支行	梁君生	于伟民 刘安忠 韩海燕 孙绍军 刘为军	73	1
中信潍坊分行	黄千文	江世津 袁 菲	83	2
民生潍坊分行	马 杰	刘洪涛 杨林东 井 昌	130	4
农信社潍坊市办事处	王新声	王祖玉	7121	590
邮储银行潍坊市分行	张立海	张俊兰 薛 梅 王风华 梁伟业	1243	71

续表

单位名称	行长（或其他称谓的第一负责人）	副行长（或其他称谓的同级领导）	员工总数	辖内营业网点数
齐商银行青州支行	贾如玉	王　文　秦广军	34	1
寿光张农商村镇银行	颜廷军	赵　磊　郎咸鹏　赵庆国　韩奎成　胡素霞	904	87
青州中银富登村镇银行	于建波	吴　光　史云龙　余　平	45	1
高密惠民村镇银行	葛全宝	郑晓军　李　萍	62	3
诸城建信村镇银行	鹿桂波	肖艳国　毕昆明	23	1
临朐聚丰村镇银行	张明杰	郭　志　薛　丽	52	1

潍坊市金融业务统计指标

指标（亿元）＼年度		2008	2009	2010	2011	2012	2012年同比	
							增加额	增幅（%）
银行类	本外币存款余额	2060.05	2768.22	3307.7	3748.88	4437.81	688.9	18.38
	人民币存款余额	2040.46	2738.96	3281.25	3706.93	4367.27	660.3	17.81
	*单位存款	389.97	619.10	746.94	1540.10	1802.55	262.5	17.04
	储蓄存款	1326.49	1605.11	1843.79	2081.80	2450.37	368.6	17.7
	本外币贷款余额	1513.40	2074.45	2570.84	3001.53	3531.88	530.4	17.67
	人民币贷款余额	1495.57	2042.63	2514.81	2932.69	3398.51	465.8	15.88
	短期贷款	829.43	1086.94	1350.12	1654.51	2016.35	361.8	21.87
	中长期贷款	486.05	789.99	1078.88	1181.44	1269.19	87.75	7.43
	票据融资	179.88	165.36	85.65	96.62	112.3	15.68	16.23
	当年结益	38.86	53.21	67.4	97.8	111.5	13.7	14.01
	不良贷款余额	54.87	41.55	32.46	21.28	30.69	9.41	44.22
	不良贷款占比%	3.63	2.00	1.26	0.71	0.87	0.16	22.54
保险类	保险公司保费收入	56.58	64.92	86.45	89.70	94.7	5	5.57
	财险收入	15.91	19.57	27.54	31.70	37.3	5.6	17.67
	寿险收入	40.67	45.36	58.91	58.0	57.5	-0.5	-0.86
	保险公司赔款和给付支出	9.77	12.36	14.98	23.6	27.4	3.8	16.10
	财险赔款	8.62	10.54	12.84	15.6	18.5	2.9	18.59
	寿险给付	1.15	1.82	2.14	8.0	8.9	0.9	12.1
	当年结益	-3.02	—	—	—	—	—	—
证券类	证券市场成交总额	965.27	1829.55	1418	1392	1502	110	7.9
	投资者保证金余额	11.11	22.41	17.1	16.8	17.4	0.6	3.57
	证券账户开户数	27.8	29.46	31.55	33.24	33.35	0.11	0.33
	佣金收入	2.29	4.38	3.36	2.13	—	—	—
	净利润	1.52	3.2	2.27	1.2	—	—	—
	期货市场成交总额	1110.23	1429.04	1594	1610	—	—	—

续表

指标（亿元） \ 年度		2008	2009	2010	2011	2012	2012年同比	
							增加额	增幅（%）
证券类	期货客户保证金余额	0.35	1.10	2	2.1	--	--	--
	期货账户开户数	372	1708	3346	3352	--	--	--
	期货手续费收入	--	--	--	--	--	--	--
	利润总额	--	--	--	--	--	--	--

注：“*”该项指标2010年前为“企业存款”，其数字亦是如此。

潍坊市金融机构统计指标

指标（个） \ 年度		2008	2009	2010	2011	2012	2012年同比增幅（%）
银行类	法人机构	14	15	15	18	18	0
	省级分行	0	0	0	0	0	0
	二级分行	10	12	12	15	15	0
	县区支行	174	132	145	150	195	30
	分理处、营业所	607	965	962	1014	1135	11.93
	储蓄所	410	11	11	9	5	-44.44
	从业人员总数	18982	19006	19628	18423	19023	3.26
保险类	保险机构	252	263	271	293	369	25.94
	财险机构	122	127	131	142	173	21.83
	省级分公司	0	0	0	0	0	0
	地市分公司	20	21	23	26	28	7.69
	县区支公司	102	106	108	116	145	25
	寿险机构	130	136	140	151	196	29.8
	省级分公司	0	0	0	0	0	0
	地市分公司	20	22	23	26	30	15.38
	县区支公司	110	115	117	125	166	32.8
	从业人员总数	29684	28974	30599	30823	32870	6.64
	财险人员	7111	7136	7540	7645	8283	8.35
	寿险人员	22573	21838	23058	23178	24587	6.08
证券类	证券机构	12	16	21	21	23	9.52
	证券公司	1	1	3	3	5	66.67
	证券营业部	7	11	15	15	15	0
	证券服务部	4	4	3	3	3	0
	从业人员总数	170	176	283	287	305	6.27
	投资者开户	262226	297889	315670	325752	325983	0.07
	境内上市股票支数	11	12	15	18	20	11.11
	境外上市股票支数	11	13	18	19	19	0
	辖区上市公司总数	19	21	29	33	35	6.06

潍坊市主要金融机构业务概况

单位：亿元

单位名称	本外币存款余额	人民币单位存款	人民币储蓄存款	本外币贷款余额	人民币短期贷款	人民币中长期贷款
农发行潍坊市分行	23.61	23.32	0	147.53	44.72	95.06
工行潍坊分行	486.59	234.69	228.63	543.97	200.20	300.20
农行潍坊市分行	682.07	239.28	412.22	463.55	296.94	156.26
中行潍坊分行	333.46	183.75	133.78	311.03	139.92	125.51
建行潍坊分行	420.35	185.51	213.19	389.52	97.14	248.45
交行潍坊分行	185.42	124.64	48.34	150.92	85.07	65.32
华夏潍坊支行	36.80	25.85	4.06	35.24	12.16	15.59
招行潍坊分行	54.62	39.21	13.78	57.12	33.45	18.32
浦发潍坊分行	52.59	47.97	3.92	48.56	41.09	6.41
兴业潍坊分行	152.86	118.73	14.32	91.18	53.73	36.39
民生潍坊分行	64.50	52.51	9.07	52.63	40.47	11.31
中信潍坊分行	54.74	49.89	3.65	45.10	30.32	12.49
潍坊银行	405.94	236.32	166.84	288.02	237.35	25.58
农信社潍坊市办事处	1160.04	194.03	962.07	834.54	661.77	126.33
邮储银行潍坊市分行	256.98	29.72	227.25	53.02	24.50	23.51
齐商银行青州支行	9.45	8.06	1.34	5.21	5.13	0.07
寿光张农商村镇银行	6.64	3.21	3.43	6.68	6.05	0.63
青州中银富登村镇银行	2.07	0.76	1.31	2.26	0.54	1.71
高密惠民村镇银行	3.11	1.95	1.16	1.62	1.61	0.01
诸城建信村镇银行	1.15	0.45	0.70	1.28	1.28	0
临朐聚丰村镇银行	0	0	0	0	0	0

潍坊市各县级区域经济金融主要统计指标

名称	人口（万人）	面积（平方公里）	地区生产总值（亿元）	地区生产总值增速（%）	本外币存款余额（亿元）	储蓄存款（亿元）	本外币贷款余额（亿元）
潍城区	36.45	289	187.5	9.0	--	--	--
奎文区	49.70	88	143.2	9.5	--	--	--
坊子区	53.78	312	104.3	10.8	--	--	--
寒亭区	43.11	869	154.1	11.7	--	--	--
青州市	91.86	1569	449.1	11.5	449.4	302.0	331.4
诸城市	108.80	2168.6	581.6	13.0	399.0	251.1	346.2
寿光市	105.10	2072	618.1	13.2	567.1	326.0	520.1
安丘市	94.91	1710	221.2	10.2	231.0	174.3	167.2
高密市	87.63	1526.6	445.8	13.0	242.9	173.4	214.0
昌邑市	58.26	1582	298.0	12.1	269.8	197.1	176.7
临朐县	87.76	1833	181.4	10.9	204.3	160.9	144.7
昌乐县	61.52	1101	214.6	12.1	186.4	117.3	163.1

注：表格中空缺的地方是因为市辖区缺乏相关统计数据所致，特此说明。

三、切实加大“三农”和民生领域支持。一是重点加强对农村妇女、弱势群体创业就业和现代农业的金融支持；二是先后在青州、临朐、昌邑召开现场会，发放2亿元支农再贷款重点支持青州市巾帼花卉产业创业就业，青州市花卉高科技示范基地被认定为“全国首批巾帼现代农业科技示范基地”；三是发放2亿元支农再贷款重点支持临朐县大樱桃、奶牛、林业特色高效农业，发放2亿元支农再贷款支持昌邑市现代农业园区建设。

四、大力拓宽企业融资渠道。一是先后组织8户企业发行3期中小企业区域集优票据，共融资5.15亿元，年末，全市已累计组织38户企业发行8单中小企业集合票据和区域集优票据，融资26.15亿元；二是协助海化集团、孚日家纺发行短期融资券8.5亿元，晨鸣纸业、孚日家纺两家企业发行中期票据融资14亿元。

【金融稳定】 2012年，人行潍坊市中支积极采取措施防范风险，维护稳定。一是先后召开3次金融机构管理工作会议，制定了执法检查管理规程、约见高级管理人员谈话等5个制度；二是完成了16家新设银行机构开业管理服务工作；三是将重大事项报告及时纳入金融稳定日常监测评估内容；四是协助地方政府做好同全国银行间市场交易商协会的沟通，确保了山东海龙股份有限公司在银行间市场发行的4亿元短期融资券到期按时兑付；五是组织开展“金融消费者权益保护周”活动。

【金融服务】 2012年，潍坊市金融机构不断优化服务，为全市经济社会发展做出了重要贡献。

人行潍坊市中支一是推行“计划供应与市场调剂相结合的现金供应”模式，累计向20家零币重点供应单位“点对点”投放零币280万元；二是组织开展了残损人民币回收质量管理年、承诺18项献礼十八大等系列活动；三是实施重点企业跟踪服务制度，确定了26个行业的100家重点企业作为跟踪分析对象，《潍坊日报》对此进行了专题报道，潍坊市刘曙光市长做出批示；四是深入开展“金融知识潍坊行”活动，送金融知识进村社企校。

【金融监管】 2012年，人行潍坊市中支正确处理监管与服务的关系，积极履行监督管理职能。一是举办了“两管理、两综合”工作培训班；二是组织完成了潍坊银行稳健性现场评估、票据业务、反洗钱、人民币收付、个人征信、支付结算、金融市场等10项专业执法检查；三是建议并参与由市政府组织的全市地方金融风险排查工作，对66家银行、小额贷款公司、融资性担保公司、典当行进行了检查，有效防范区域性金融风险。

【外汇管理】 2012年，外管局潍坊市中心支局做到服务与管理并重、寓管理于服务之中，切实发挥外汇服务职能。

一、积极促进贸易投资便利化。一是做好贸易外汇管理改革试点和推广，银行培训面100%，涉外企业培训面达90%以上；二是取消进出口收付汇核销、出口收结汇联网核查、出口报关和申报出口退税时提供核销单要求，降低企业经营成本。

二、实施重点区域和重点企业服务。一是确定综合保税区为重点服务区域，并印发《支持重点涉外企业发展促进贸易投资便利化十二条措施》；二是深入福田雷沃、乐港食品等17家企业进行“一对一”辅导，帮扶乐港食品、杰富意化工、美林卫浴等公司从国外融入资金76亿元；三是成功助推潍柴集团境外收购3.75亿欧元的法拉帝游艇项目，并积极协助晨鸣集团获得全省第2家外币资金池业务资格。

三、强化外汇政策和业务宣讲。一是通过上门宣讲、知识竞赛和发放宣传材料等活动，提升企业运用贸易融资、借用外债、境外发债、内保外贷等金融产品的能力；二是联合潍坊市商务局召开了中小微外贸企业银企保对接会，15家银行机构与21家企业参会并签订了银企、银保合作协议；三是举办国际收支结售汇业务知识竞赛，16家外汇指定银行的48名从业人员参加了竞赛。

四、不断强化外汇监督检查。一是组织开展外汇检查和核查项目6个，检查金融机构16家、企业9家，立、结案7起，收缴罚没款446万元，结案率、收缴率均达100%；二是制定实施了《加强银行外汇业务管理指导意见》；三是对货物贸易企业实行动态分类管理，累计对750家企业实施非现场重点监测，对88家企业进行现场核查，将3家企业列为B类，提高了对违规违法行为“精准打击”的能力。

【保险业务】 2012年，潍坊市保险业健康发展，驻潍市级保险机构由上年的52家增加到58家，县市区保险机构由241家增加到311家。截至年末，全市保险深度为2.36%，同比下降0.17个百分点；保险密度为1077.52元/人，增加55.43元。

【证券市场】 2012年，潍坊市新增上市公司2家，共达电声和同大股份分别在中小板和创业板发行上市，共募集资金5.9亿元；歌尔声学顺利完成定向增发，募集资金23.8亿元。全市有10家企业在天交所潍坊股权交易中心挂牌，1家企业在齐鲁股权托管交易中心挂牌，7家企业通过券商内核，拟在新三板市场挂牌融资。

【精神文明建设】 2012年，潍坊市金融部门进一步加强精神文明建设。人行潍坊市中支将“创先争优”与政风行风建设活动有机结合，先后组织了“弘扬雷锋精神，彰显道德风尚”、青年志愿者等10次主题教育活动。农行潍坊分行深入开展员工教育培训，被农行总行授予文明单位。中行潍坊分行举办首届员工服务礼仪大赛，深入实施服务提升“八大工程”，网点服务水平显著提升。建行潍坊分行举办“怎样做个好员工”青年员工会谈、“激扬青春·放飞梦想”青年员工联谊晚会、“平凡的感动”故事宣讲等活动。

交行潍坊分行通过员工生日送蛋糕、组织员工“互助会”等方式营造温馨的工作环境。潍坊银行建立职工思想职业道德讲堂，开展幸福潍坊银行创建活动，冠名举行全市青年创业大赛，为失学儿童举办国画义卖募捐募集善款56万元。招行潍坊分行举办了趣味运动会、羽毛球比赛、篮球比赛等活动。兴业潍坊分行先后组织党员到革命老区学习、优秀员工外出考察、赴青州帮扶贫困学生等活动。中信银行潍坊分行发起若水爱心基金，并将寒亭社会福利院和潍坊市儿童福利院设为定点帮扶单位。

【大事记】 1月19日 建行寿光华茂支行正式开业。

1月20日 建行诸城繁荣支行正式开业。

2月2日 农行山东省分行行长陈军拜会潍坊市委书记许立全和市委副书记、代市长刘曙光。

2月28日 华夏济南分行首席风险官陈立京到潍坊调研。

3月28日 诸城建信村镇银行正式开业。

3月28日 交行青州支行正式开业。

4月9日～10日 交行山东省分行行长王锋到潍坊调研。

4月16日 潍坊市农村金融财政公共服务体系建设现场会在安丘召开，潍坊市政府副市长夏芳晨出席并讲话。

4月18日 中信青岛分行行长吴小平到潍坊调研。

4月20日 山东省巾帼现代农业科技花卉示范园区揭牌暨金融支持妇女花卉产业创业就业授信仪式在青州举行。

5月4日 民生济南分行下发（民银济任〔2012〕33号）文，聘任王晓光、刘洪涛为潍坊分行副行长。

5月8日 建行山东省分行下发（建鲁任〔2012〕30号）文，聘任修琦为潍坊分行行长。

5月18日 民生济南分行下发（民银济党〔2012〕3号）文，任命杨林东为潍坊分行纪律检查委员会书记(兼)。

5月23日 交行山东省分行下发（交银鲁任〔2012〕28号）文，聘任王波、齐文江为潍坊分行副行长。

5月29日 华夏济南分行行长孙彤军到潍坊调研。

6月18日 昌乐农村商业银行股份有限公司挂牌开业。

6月20日 潍坊银行股份有限公司青岛平度支行开业。

6月22日 农行寿光支行党委被中央组织部授予“全国创先争优先进基层党组织”荣誉称号。

6月28日 潍坊市农村青年信用示范户工作现场推进会在寿光召开。

6月28日～29日 山东银监局局长廖平之到潍坊银行、潍坊市农信联社等金融机构调研。

7月5日 招行潍坊分行胜利东街支行迁址新华路，并更名为新华路支行。

7月6日 交行高密支行开业。

7月19日 潍坊市委书记许立全到人行潍坊市中支专题调研金融运行情况。

7月24日 浦发济南分行下发（浦银济发〔2012〕193号）文，聘任宋立华、刘炜为潍坊分行行长助理。

8月10日 诸城农村商业银行股份有限公司挂牌成立。

8月29日 人行济南分行李建文副行长到青州调研助农取款点反假货币工作。

8月29日～30日 山东省第三次银行业金融机构现金业务联席会议在青州召开。

9月10日 交行山东省分行下发（交银鲁任〔2012〕51号）文，聘任刘安奎为潍坊分行行长。

9月25日 中行潍坊分行滨海支行正式营业。

10月18日 由青州农商行作为主发起人的山东邹平青隆村镇银行挂牌开业。

10月18日 中信潍坊潍城支行开业。

10月21日 建行总行黄志凌首席风险官到潍坊调研。

11月7日 人行济南分行党委书记、行长杨子强到寿光调研蔬菜订单融资业务开展情况。

11月15日 潍坊农村商业银行股份有限公司举行开业庆典仪式。

11月16日 华夏总行批准潍坊支行筹建奎文支行。

12月10日 浦发潍坊分行设立的第一家异地支行诸城支行开业。

12月12日 昌邑农村商业银行股份有限公司挂牌开业。

12月18日 高密农村商业银行股份有限公司挂牌开业。

12月19日 临朐农村商业银行股份有限公司挂牌开业。

12月29日 建行潍坊分行凤凰支行正式开业。

（杨金柱 庆建奎）

青州市

【经济金融概况】 2012年，青州市认真贯彻落实国家宏观调控政策，全市经济金融呈现协调、持续、快速发展态势。

【金融发展与改革】 2012年，青州市金融改革取得新进展。一是金融体系进一步完善，交通、民生银行先后开业运营，辖区银行业机构达12家；二是农行“三农金融事业部”改革持续推进，管理体制和运行机制进一步优化；三是地方法人机构规模、实力显著提升，青州农商行存款和贷款规模分别达到150.82和112.62亿元，市场份额分别达33.6%和34%，青州农商行作为主发起人设立的邹平青隆村镇银行于10月开业。

【金融服务与监管】 2012年，人行青州市支行进一步加强监管，防范和化解金融风险，维护辖区金融稳定。一是加强了“两管理、两综合”和金融消费者权益保护工作；二是建立“政府主导、金融助推、部门配合、妇女参与”的“四位一体”工作机制，实现助农取款服务村村通，1063个行政村全部开通基本金融服务，覆盖面由年初的31.6%提高到100%；三是开展了金融统计、基本存款账户年检、账户信息比对、国库经收、外汇管理

青州市主要经济指标

经济指标	2011	2012	2012年同比增幅（%）	经济指标	2011	2012	2012年同比增幅（%）
土地面积（平方公里）	1561	1561	0	地方财政支出（亿元）	22.90	26.90	17.5
人口（万人）	91.75	91.86	0.1	全社会固定资产投资（亿元）	272.10	312.60	22.8
城镇人口（万人）	32.67	--	--	进出口总值（万美元）	39000	42166	9.1
乡村人口（万人）	59.08	--	--	出口总值（万美元）	32000	35023	9.8
地区生产总值（亿元）	402.30	449.10	11.5	实际利用外资（万美元）	2977	4109	38.0
第一产业（亿元）	36.20	42.0	5.4	社会消费品零售总额（亿元）	120.60	140.70	16.6
第二产业（亿元）	222.40	238.90	13.3	居民消费价格指数（%）	105.60	102.5	2.5
第三产业（亿元）	143.60	168.20	10.2	人均地区生产总值（元）	43926	48919	11.5
财政总收入（亿元）	52.00	60.60	16.4	城镇居民可支配收入（元）	22508	25817	14.7
地方财政收入（亿元）	27.20	27.10	24.6	农民人均纯收入（元）	10484	11797	13.4
财政总支出（亿元）	26.70	32.20	20.3				

青州市主要金融指标

金融指标（亿元）	2011	2012	2012年同比增幅（%）	金融指标（亿元）	2011	2012	2012年同比增幅（%）
本外币存款余额	365.02	449.44	23.1	财险收入	2.31	3.06	32.5
人民币存款余额	364.01	440.97	21.1	寿险收入	5.73	5.25	-8.4
单位存款	99.47	123.80	24.5	财险赔款	0.83	1.08	30.1
储蓄存款	258.30	301.21	16.7	寿险给付	0.70	0.78	11.4
本外币贷款余额	255.03	331.38	29.9	当年结益	0.72	--	--
人民币贷款余额	245.77	298.37	21.4	证券市场交易总额	89.26	91.33	2.3
短期贷款	168.92	196.40	16.3	投资者保证金余额	1.03	0.67	-35.0
中长期贷款	73.66	98.80	34.1	证券账户开户数	2500	1700	-32.0
票据融资	3.19	3.17	-0.6	证券交易佣金收入	0.13	0.12	-7.7
当年结益	10.03	12.60	25.6	净利润	0.07	0.09	28.6
不良贷款余额	0.90	1.59	76.7				

青州市主要金融机构概况

单位名称	行长（或其他称谓的第一负责人）	副行长（或其他称谓的同级领导）	员工总数	辖内营业网点数
人行青州市支行	杨金河	董建平 高永玲 李英海	35	1
银监会青州市办事处	张洪波		1	1
农发行青州市支行	葛金忠	张连斌 张成国	1	24
工行青州支行	肖剑峰	刘世春 刘 军 刘 健 李乐国 王 苗	134	10
农行青州市支行	李少波	郭立芳 吴振坤 尹爱生 史洪春 马 欣	166	23
中行青州支行	刘宝新	邵桂珠 王若军	68	3

续表

单位名称	行长（或其他称谓的第一负责人）	副行长（或其他称谓的同级领导）	员工总数	辖内营业网点数
建行青州支行	黄 杰	王玉惠 冯恩生 陈德鹏	105	7
交行青州支行	齐洪波	郎 钢 朱 峰	16	1
民生青州支行	李继龙	陈 亮	14	1
潍坊银行青州客服中心	崔家祥	高永梅	21	1
潍坊银行青州支行	于佳彤		14	1
潍坊银行青州金鼎支行	张丽红		11	1
齐商银行青州支行	贾如玉	王 文 秦广军	34	1
青州农商行	褚玉国	李全富 李新江 刘敬军 王家厚 赵建军 王学生 贾兴德	750	74
邮储银行青州市支行	尹兆禄	郭江波 范夕涛	80	28
青州中银富登村镇银行	于建波	吴 光 史云龙 余 平	45	1

青州市主要金融机构业务概况

单位：亿元

单位名称	本外币存款余额	人民币单位存款	人民币储蓄存款	本外币贷款余额	人民币短期贷款	人民币中长期贷款
农发行青州市支行	1.59	1.59	--	12.19	5.95	6.24
工行青州支行	44.05	17.86	26.00	36.90	14.44	21.63
农行青州市支行	100.25	28.58	63.94	62.24	37.51	18.03
中行青州支行	33.25	18.67	12.73	41.55	16.42	7.74
建行青州支行	47.29	16.33	24.01	34.85	10.58	16.09
交行青州支行	1.90	0.82	1.03	3.25	3.25	0
民生青州支行	3.52	1.76	1.64	2.61	1.86	0.75
齐商银行青州支行	9.45	8.06	1.34	5.21	5.13	0.07
潍坊银行	17.05	10.15	6.81	13.91	13.22	0.69
青州农商行	150.82	17.95	132.71	112.62	84.84	24.79
邮储银行青州市支行	30.93	1.26	29.67	3.72	2.65	1.06
青州中银富登村镇银行	2.07	0.76	1.31	2.26	0.54	1.71

等系列检查监督，并强化货物贸易、外资外债等管理；四是扎实开展“送金融知识进村社企校”活动，全年共组织开展支付结算、反假人民币、反洗钱、征信等金融知识集中宣传23次，发放各类宣传资料9000多份。

（刘序刚 王 波）

诸城市

【经济金融概况】 2012年，诸城市坚持以科学发展观为指导，积极应对经济运行中出现的各种矛盾和问题，推动经济稳健发展。

全市金融机构认真贯彻国家宏观调控政策，各项业务快速发展，截至年末，本外币各项存款余额列潍坊市第3位，增量、增幅分列潍坊市第2位和第1位；各项贷款余额列潍坊市

诸城市主要经济指标

经济指标	2011	2012	2012年同比增幅（%）	经济指标	2011	2012	2012年同比增幅（%）
土地面积（平方公里）	2168.6	2168.6	0	地方财政支出（亿元）	41.62	55.3	16.4
人口（万人）	108.5	108.8	0.3	全社会固定资产投资（亿元）	296.59	356.6	23.4
城镇人口（万人）	53.72	54	0.5	进出口总值（万美元）	149216	163560	9.6
乡村人口（万人）	54.78	54.8	-0.2	出口总值（万美元）	118258	126743	7.2
地区生产总值（亿元）	520.96	586.1	12.5	实际利用外资（万美元）	5772	8309	44
第一产业（亿元）	49.05	52.6	5.3	社会消费品零售总额（亿元）	143.68	167.9	16.9
第二产业（亿元）	316.54	344.4	14.4	居民消费价格指数（%）	105.7	100.9	0.9
第三产业（亿元）	155.37	184.6	12.4	人均地区生产总值（元）	48015	53869	12.3
财政总收入（亿元）	61.98	69.6	12.3	城镇居民可支配收入（元）	18738	21368	12.6
地方财政收入（亿元）	40.06	47.3	18	农民人均现金收入（元）	10290	12804	13.5
财政总支出（亿元）	47.49	55.3	16.4				

诸城市主要金融指标

金融指标（亿元）	2011	2012	2012年同比增幅（%）	金融指标（亿元）	2011	2012	2012年同比增幅（%）
本外币存款余额	313.52	399.00	27.26	财险收入	2.06	2.86	38.83
人民币存款余额	310.95	392.72	26.30	寿险收入	5.06	4.84	-4.35
单位存款	101.19	135.76	34.16	财险赔款	1.10	1.19	8.18
储蓄存款	209.16	250.59	19.81	寿险给付	0.21	0.17	-19.05
本外币贷款余额	284.84	346.23	21.55	当年结益	0.22	0.2	-9.09
人民币贷款余额	280.62	338.61	20.66	证券市场交易总额	54.95	52.72	-4.06
短期贷款	168.44	217.62	29.20	投资者保证金余额	0.47	0.41	-12.77
中长期贷款	108.11	113.58	5.06	证券账户开户数	1826	1803	-1.26
票据融资	4.05	7.38	82.22	证券交易佣金收入	0.12	0.09	-25
当年结益	8.03	10.02	24.78	净利润	0.077	0.053	-31.17
不良贷款余额	1.25	2.46	96.80				

诸城市主要金融机构负责人

单位名称	行长（或其他称谓的第一负责人）	副行长（或其他称谓的同级领导）	员工总数	辖内营业网点数
人行诸城市支行	陈关庆	张作良　张振望　王泽民	32	1
银监会诸城市办事处	刘永国	郑凤楼　李砚学	4	1
农发行诸城支行	许永明	刁建华	21	1
工行诸城支行	宋新岗	王海军　常见京　周云波　赵景平　殷卫东　窦传杰　李　明	110	9
农行诸城市支行	张俊生	刘中华　王利民　杨　兵　时同恩	163	20
中行诸城支行	孟　咏	曹　明　李臣伟	74	4

续表

单位名称	行长（或其他称谓的第一负责人）	副行长（或其他称谓的同级领导）	员工总数	辖内营业网点数
建行诸城支行	王传文	王　群　郭智勇　方振吉　赵　勇　王淑斌	98	6
潍坊银行诸城支行	王方和	郭培森　张海建　安　娜	45	2
山东诸城农商行	王学伟（董事长）	孙　军　王季智　杨炳法　张维平　于云智	683	53
邮储银行诸城市支行	东庆凯	辛卫国	104	24
山东诸城建信村镇银行	鹿桂波	肖艳国　毕昆明	23	1
交行诸城支行	黄建光	董会军　刘荣荣　姜　锐	20	1
兴业诸城支行	马曙平	宋立庆	20	1
招行诸城支行	朱振华	孙风清	18	1

诸城市主要金融机构业务概况

单位：亿元

单位名称	本外币存款余额	人民币单位存款	人民币储蓄存款	本外币贷款余额	人民币短期贷款	人民币中长期贷款
农发行诸城市支行	3.28	3.28	--	18.82	8.59	8.85
工行诸城支行	48.60	23.81	21.31	59.02	19.80	35.58
农行诸城市支行	91.74	32.83	53.36	71.50	49.65	21.86
中行诸城支行	29.80	13.42	14.87	29.36	18.97	6.72
建行诸城支行	32.21	14.87	16.84	34.41	9.04	23.39
潍坊银行诸城支行	15.95	10.94	4.82	15.15	14.44	0.71
山东诸城农商行	130.43	17.32	112.04	90.73	72.79	13.65
邮储银行诸城市支行	24.04	1.41	22.63	4.65	2.15	2.50
交行诸城支行	7.83	6.26	1.52	11.02	10.78	0.25
招行诸城支行	4.38	3.33	1.05	5.07	4.93	0.09
兴业诸城支行	8.58	7.18	1.40	5.21	5.21	0
山东诸城建信村镇银行	1.15	0.45	0.70	1.28	1.28	0
浦发诸城支行	0.71	0.65	0.06	0	0	0

第 2 位，增量、增幅分别列潍坊市第 3 位和第 5 位。

【金融发展与改革】　2012 年，人行诸城市支行一是强化政策引导，每季度一次召开金融形势分析行长联席会议，引导银行机构优化信贷结构，加大信贷投放，引导新增贷款向工业企业和支柱行业聚集；二是召开“银企对接镇（街）行”现场会议，6 家金融机构与 16 家企业签订了贷款协议和意向书，完成授信 2.92 亿元；三是大力发展表外业务，累计办理表外融资类业务 198.38 亿元，同比多增 64.46 亿元。

【金融服务与监管】　2012 年，人行诸城市支行多措并举，改善金融服务，加强金融监管。一是借助银行卡助农取款服务活动，提升农村支付环境建设水平，全市 208 个农村社区实现金融基础设施 100%覆盖；二是在辛兴镇辛兴社区举办了“金融知识潍坊行暨走进诸城”活动启动仪式，现场发放宣传材料 2300 多份、接受群众咨询 500 余人次；三是专门录制反假币专题栏目，在诸城广播电台进行循环播放；借助银警合作反假货币工作站，提升农村地区反假币工作水平。

（周文平　肖　玲）

寿光市

【经济金融概况】 2012 年,寿光市加大科技投入,推进项目建设,深化改革创新,全市经济实现健康发展。一、二、三产业结构比由上年的 13.4:51.7:34.9 调整为 12.7:50.6:36.7,产业结构进一步优化。

金融业发展迅速,各项金融指标取得历史性突破,各项存、贷款余额、增量均居潍坊各县市第一位。

【金融发展与改革】 2012 年,寿光市不断加大信贷投放力度,创新金融服务方式。一是积极开展蔬菜订单融资创新试点工作,探索"订单 + 融资 + 保险"的蔬菜发展模式;二是承办"政银企合作交流会",签约授信金额 830.3 亿元;三是 3 次召开片区、工业园区银企项目对接会,扩大了信贷支持覆盖面;四是协助潍坊市团市委与人行潍坊市中支联合在寿光召开"潍坊市农村青年信用示范户工作现场推进会",共评定示范户 2.02 万户,授信额度 16.28 亿元,实际发放贷款 9.89 亿元。

【金融服务与监管】 2012 年,寿光市金融部门继续加大服务力度。一是不断拓展支付服务体系的广度和深度,实现了农村金融服务的全覆盖;二是认真做好"两管理、两综合"工作,对工行侯镇支行、建行华茂支行、潍坊银行圣城支行、民生寿

寿光市主要经济指标

经济指标	2011	2012	2012 年同比增幅(%)	经济指标	2011	2012	2012 年同比增幅(%)
土地面积(平方公里)	2072	2072	0	地方财政支出(亿元)	44.04	120.20	172.9
人口(万人)	104	105	0.96	全社会固定资产投资(亿元)	297.20	360.7	21.37
城镇人口(万人)	49.93	50.23	0.60	进出口总值(万美元)	216100	220000	1.8
乡村人口(万人)	54.07	54.77	1.29	出口总值(万美元)	144000	165000	14.58
地区生产总值(亿元)	542.48	618.1	13.94	实际利用外资(万美元)	25000	19000	-24
第一产业(亿元)	72.7	78.5	7.98	社会消费品零售总额(亿元)	149.61	175.0	16.97
第二产业(亿元)	280.64	312.7	11.42	居民消费价格指数(%)	--	--	--
第三产业(亿元)	189.14	226.9	19.96	人均地区生产总值(元)	52153	58857	12.85
财政总收入(亿元)	98.51	82.8	-15.95	城镇居民可支配收入(元)	25986	29260	12.60
地方财政收入(亿元)	41.61	55.0	32.18	农民人均现金收入(元)	17639	12805	-27.44
财政总支出(亿元)	98.49	120.20	22.04				

寿光市主要金融指标

金融指标(亿元)	2011	2012	2012 年同比增幅(%)	金融指标(亿元)	2011	2012	2012 年同比增幅(%)
本外币存款余额	463.83	567.05	22.25	财险收入	3.48	3.04	-12.6
人民币存款余额	458.90	559.62	21.95	寿险收入	6.27	3.76	-40.03
单位存款	171.13	228.67	33.62	财险赔款	0.24	2.01	737
储蓄存款	280.66	325.96	16.14	寿险给付	1.66	0.23	-86.14
本外币贷款余额	418.99	520.12	24.14	当年结益	7.85	6.80	-13.38
人民币贷款余额	392.59	481.60	22.67	证券市场交易总额	50.81	49.65	-2.28
短期贷款	266.11	385.50	44.86	投资者保证金余额	0.51	0.49	-3.92
中长期贷款	124.95	132.98	6.43	证券账户开户数	13971	13000	-6.95
票据融资	1.52	1.54	1.32	证券交易佣金收入	0.10	0.10	0
当年结益	15.21	21.46	41.09	净利润	0.06	0.05	-16.67
不良贷款余额	1.50	2.77	84.67				

寿光市主要金融机构负责人

单位名称	行长（或其他称谓的第一负责人）	副行长（或其他称谓的同级领导）	员工总数	辖内营业网点数
人行寿光市支行	姜　森	翟　波　孙瑞民　张　杰	33	1
银监会寿光市办事处		牟俊国	1	1
农发行寿光市支行	苗乃敏	孙建华　张小帅	22	1
工行寿光支行	张鲁生	徐庆方　王翠兰　张坤鹏	140	12
农行寿光市支行	王会堂	桂卫东　韩亿民　张子之	280	25
中行寿光支行	付廷泉	郑福信　赵治学	62	4
建行寿光支行	周　岩	郭春宇　王登祥　王宏杰	111	7
潍坊银行寿光支行	王　雷	薛建华　王　军　李　峰	44	2
寿光农商行	颜廷军	赵　磊　郎咸鹏　赵庆国　韩奎成　胡素霞	904	87
邮储银行寿光市支行	张　磊	孙玉成　蒋仲元	101	3
张农商村镇银行	周兴江	王月民	26	3
交行寿光支行	王洪涛	宋晓东　张旭东	23	1
招行寿光支行	张海波	李　超	20	1
兴业寿光支行	高　军	崔清涛	29	1
民生寿光支行	杨林东	张　明	28	1

寿光市主要金融机构业务概况

单位：亿元

单位名称	本外币存款余额	人民币单位存款	人民币储蓄存款	本外币贷款余额	人民币短期贷款	人民币中长期贷款
农发行寿光市支行	1.86	1.86	0	10.95	5.72	5.23
工行寿光支行	65.77	32.97	28.89	101.69	36.12	51
农行寿光市支行	111.7	38.39	65.13	88.21	62.71	25.36
中行寿光支行	35.98	24.75	9.1	51.08	28.89	6.48
建行寿光支行	42.58	24.75	16.25	41.19	11.3	22.32
潍坊银行寿光支行	21.98	17.43	4.13	22.7	21.21	1.38
寿光市农商行	189.99	35.46	152.91	143.93	127.43	14.91
邮储银行寿光市支行	41.66	3.44	38.22	3.63	2.31	1.32
张农商村镇银行	6.64	3.21	3.43	6.68	6.05	0.63
交行寿光支行	19.6	16.88	2.46	25.82	23.69	2.13
招行寿光支行	10.21	7.34	2.7	10.35	7.85	2.02
兴业寿光支行	15.2	12.92	2.17	10.73	10.59	0.13
民生寿光支行	2.41	0	0.18	3.15	0	0

光支行等7家银行业机构进行开业前考核验收，对辖内金融机构进行综合评定，上报重大事项10次；三是加强账户、人民币、国库和反洗钱管理，组织辖区46家金融机构进行了反洗钱业务能力测试，对4个自然人账户和5个单位账户进行了反洗钱调查。

（王向明　王晓燕）

安丘市

【经济金融概况】 2012年,安丘市经济平稳较快发展,财政收入较快增长,城乡居民生活水平不断提高。全市金融机构认真贯彻执行稳健货币政策,积极创新金融产品,为经济平稳运行提供了强有力的支持。

【金融发展与改革】 2012年,人行安丘市支行一是制定了《关于金融支持现代农业发展的指导意见》和《改进外汇管理与服务支持涉外经济平稳较快发展的意见》,引导信贷资金合理投放和信贷结构调整优化;二是推动市政府出资5000万元设立过桥还贷基金,出资1000万元设立小额担保贷款基金;三是联合国土资源部门出台了《矿产资源抵押贷款管理办法》,引导农商行开办了矿产资源抵押贷款业务;四是推动工行在潍坊市率先推出了“小贷保”贷款业务,拓宽了企业融资渠道。

【金融服务与监管】 2012年,人行安丘市支行一是有效推动形成了独具特色的“两个融合、三个全覆盖、四个结合”的农村金融财政公共服务体系建设“安丘模式”,潍坊市政府全面推广;二是对全市29家金融机构进行了年度综合评价,开展涉农信贷政策效果导向评估、农行三农事业部考核等非现场

安丘市主要经济指标

经济指标	2011	2012	2012年同比增幅(%)	经济指标	2011	2012	2012年同比增幅(%)
土地面积(平方公里)	1712	1712	0	地方财政支出(亿元)	--	--	--
人口(万人)	95.03	94.91	-0.13	全社会固定资产投资(亿元)	145.60	165.07	22.5
城镇人口(万人)	--	--	--	进出口总值(万美元)	69373	74213	6.98
乡村人口(万人)	--	--	--	出口总值(万美元)	62592	62522	-0.11
地区生产总值(亿元)	197.07	221.19	12.23	实际利用外资(万美元)	951	962	1.16
第一产业(亿元)	37.94	41.01	8.09	社会消费品零售总额(亿元)	91.56	105.3	15.01
第二产业(亿元)	95.81	105.27	9.87	居民消费价格指数(%)	--	--	--
第三产业(亿元)	63.32	74.91	18.30	人均地区生产总值(元)	20755	23295	12.24
财政总收入(亿元)	16.01	18.93	18.20	城镇居民可支配收入(元)	15930	19589	22.96
地方财政收入(亿元)	7.78	10.01	28.60	农民人均现金收入(元)	9450	10773	14.00
财政总支出(亿元)	20.71	24.77	19.60				

安丘市主要金融指标

金融指标(亿元)	2011	2012	2012年同比增幅(%)	金融指标(亿元)	2011	2012	2012年同比增幅(%)
本外币存款余额	196.48	230.96	17.55	财险收入	1.15	1.41	22.11
人民币存款余额	195.6	229.69	17.43	寿险收入	3.47	3.86	11.11
单位存款	47.60	53.78	12.98	财险赔款	0.71	0.79	10.71
储蓄存款	146.95	174.04	18.43	寿险给付	0.53	0.51	4.01
本外币贷款余额	135.2	167.15	23.66	当年结益	--	--	--
人民币贷款余额	134.95	165.39	22.56	证券市场交易总额	53.16	53.2	0.15
短期贷款	78.59	103.59	31.81	投资者保证金余额	--	--	--
中长期贷款	52.89	58.27	10.17	证券账户开户数	9857	12723	29.08
票据融资	3.47	3.53	1.73	证券交易佣金收入	0.04	0.04	0
当年结益	5.33	5.34	0.18	净利润	--	--	--
不良贷款余额	2.02	2.55	26.23				

安丘市主要金融机构负责人

单位名称	行长（或其他称谓的第一负责人）	副行长（或其他称谓的同级领导）	员工总数	辖内营业网点数
人行安丘市支行	潘海平	张子程　孙远征	31	1
银监会安丘市办事处	薛德绍	刘金欣	3	1
农发行安丘市支行	刘其祥	王凤山	22	1
工行安丘支行	张敬一	杨国庭　李锦和　张淑琴　王友明	98	5
农行安丘市支行	袁荣春	刘运华　冯在瑞	220	12
中行安丘支行	王国邦	孙洪祥　钱　昌　刘象超	67	4
建行安丘支行	江佃伟	郑有冰　李忠波	82	4
潍坊银行安丘市支行	魏成田	李增海　崔向荣	34	1
安丘市农商行	岳俊强	刘际中　闫永政　林　强　尹兆法　衣光强　郭德杰	670	59
邮储银行安丘市支行	魏中华	鞠小阳	81	4
民生安丘市支行	张瑞波	卢　新	23	1

安丘市主要金融机构业务概况

单位：亿元

单位名称	本外币存款余额	人民币单位存款	人民币储蓄存款	本外币贷款余额	人民币短期贷款	人民币中长期贷款
农发行安丘市支行	1.43	1.43	0	7.43	2.44	4.99
工行安丘支行	22.14	8.03	13.74	23.86	11.17	12.65
农行安丘市支行	40.27	11.41	28.40	25.92	18.98	6.73
中行安丘支行	17.67	6.15	11.00	10.51	4.76	5.55
建行安丘支行	21.81	7.27	14.27	17.71	5.15	11.22
潍坊银行安丘市支行	7.78	5.73	2.03	6.88	5.96	0.92
安丘市农商行	98.15	11.00	87.10	71.45	52.83	15.12
邮储银行安丘市支行	18.91	1.77	17.14	2.40	1.32	1.08
民生安丘市支行	1.38	0.97	0.36	0.98	0.98	0

监测和农商行票据业务检查、小额贷款公司统计检查、建行国库经收和集中支付代理银行业务检查等，进一步规范金融机构经营行为；三是完成对民生安丘支行筹建开业考核验收和业务系统准入的审查提报工作。

（王全林　王炳春）

高密市

【经济金融概况】　2012年，高密市深入实施“蓝黄”战略，以“融入青岛经济圈、接轨山东半岛城市群、挤进胶东半岛制造业基地”为发展定位，突出“招商引资、工业立市、民营经济、农业三化”四大重点，抢抓机遇，开拓创新，经济综合实力显著增强。

各金融机构继续落实稳健货币政策，突出重点，优化信贷结构，为经济持续稳健发展提供了强有力支撑。

【金融发展与改革】　2012年，高密市各金融机构不断加大对地方经济发展的信贷支持力度，各项业务取得长足进展。一

高密市主要经济指标

经济指标	2011	2012	2012年同比增幅（%）	经济指标	2011	2012	2012年同比增幅（%）
土地面积（平方公里）	1526.6	1526.6	0	地方财政支出（亿元）	30.24	36.02	19.11
人口（万人）	87.36	87.63	0.31	全社会固定资产投资（亿元）	260.45	298.13	14.47
城镇人口（万人）	28.90	--	--	进出口总值（万美元）	167373	180072	7.59
乡村人口（万人）	58.46	--	--	出口总值（万美元）	137791	138036	0.18
地区生产总值（亿元）	384.52	445.82	15.94	实际利用外资（万美元）	12531	19171	52.99
第一产业（亿元）	40.67	45.18	11.09	社会消费品零售总额（亿元）	103.64	125.09	20.70
第二产业（亿元）	231.14	261.28	13.04	居民消费价格指数（%）	109.03	107.24	-1.64
第三产业（亿元）	112.71	139.36	23.64	人均地区生产总值（元）	44016	50876	15.19
财政总收入（亿元）	35.30	40.92	15.92	城镇居民可支配收入（元）	19097	20532	7.51
地方财政收入（亿元）	23.09	28.17	22.00	农民人均现金收入（元）	10377	11774	13.46
财政总支出（亿元）	30.24	36.02	19.11				

高密市主要金融指标

金融指标（亿元）	2011	2012	2012年同比增幅（%）	金融指标（亿元）	2011	2012	2012年同比增幅（%）
本外币存款余额	203.03	242.93	19.65	财险收入	2.05	2.79	36.10
人民币存款余额	201.20	239.82	19.19	寿险收入	4.03	4.13	2.48
单位存款	56.42	69.01	22.31	财险赔款	0.80	1.05	31.25
储蓄存款	145.26	173.44	19.40	寿险给付	0.17	0.19	11.76
本外币贷款余额	183.04	214.03	16.93	当年结益	5.11	5.68	11.15
人民币贷款余额	181.13	209.29	15.55	证券市场交易总额	54.82	47.61	-13.15
短期贷款	109.78	138.30	25.98	投资者保证金余额	1.32	0.46	-65.15
中长期贷款	68.07	65.55	-3.70	证券账户开户数	1800	2000	11.11
票据融资	5.18	10.17	96.33	证券交易佣金收入	0.11	0.08	27.27
当年结益	4.76	7.25	52.31	净利润	0.08	0.03	-62.5
不良贷款余额	1.15	1.19	3.48				

高密市主要金融机构负责人

单位名称	行长（或其他称谓的第一负责人）	副行长（或其他称谓的同级领导）	员工总数	辖内营业网点数
人行高密市支行	胡家顺	井光祥　李卫东	33	1
银监会高密市办事处	肖育生	张亦兵	3	1
农发行高密市支行	王建生	宗延波　单　真	26	1
工行高密支行	王成华	王建波　潘爱琴　裴国才 于冠海　付　伟	117	8
农行高密支行	张聿诚	王　岩　谢文峰　单连良	162	17
中行高密支行	鹿治理	胡庭法　刘继君	64	3
建行高密支行	高镇滨	马克霞　宿爱丽	80	4

续表

单位名称	行长（或其他称谓的第一负责人）	副行长（或其他称谓的同级领导）	员工总数	辖内营业网点数
潍坊银行高密支行	傅希宝	王冲 李建胜	42	2
山东高密农商行	朱相中	韩泓冰 李伟波 郭丽清	633	53
邮储银行高密市支行	岳华	赵明勇 徐民	85	35
高密惠民村镇银行	葛全宝	郑晓军 李萍	62	3
交行高密支行	谭福强	郭金鹏 黄智泉	15	1

高密市主要金融机构业务概况

单位：亿元

单位名称	本外币存款余额	人民币单位存款	人民币储蓄存款	本外币贷款余额	人民币短期贷款	人民币中长期贷款
农发行高密市支行	4.53	4.45	0	19.82	9.49	4.23
工行高密支行	24.71	8.88	15.03	33.25	18.28	13.98
农行高密支行	43.54	10.27	32.50	29.75	21.49	8.25
中行高密支行	15.71	6.49	8.73	14.69	4.94	8.35
建行高密支行	19.48	6.72	11.54	21.50	6.71	12.38
潍坊银行高密支行	12.51	8.30	4.14	12.86	12.64	0.22
山东高密农商行	95.32	15.06	80.22	72.46	53.40	15.06
邮储银行高密市支行	21.30	2.29	19.01	4.40	1.98	2.42
高密惠民村镇银行	3.11	1.95	1.16	1.62	1.61	0.01
交行高密支行	2.61	1.77	0.83	3.67	3.02	0.65

是农信社正式改制为农商行；二是农行“三农金融事业部”改革有序推进；三是完成交行潍坊高密支行，高密惠民村镇银行夏庄、咸家支行，潍坊银行高密凤城支行 4 家新设银行机构的组建工作，2 家小额贷款公司获省金融办批准成立，金融体系进一步完善。

【金融服务与监管】 2012 年，高密市银行服务体系进一步完善，城区网点布局不断优化。一是积极推进农村非现金支付工具的推广应用，实现了全市 960 个行政村金融基础设施全覆盖、各涉农银行机构农村金融服务全覆盖的“双百目标”，并利用现代化支付系统发放新农合、新农保、财政补贴等惠农资金 4264 万元；二是加强外汇管理和服务，跨境人民币结算金额达 18.15 亿元，实现境外融资 11 亿元；三是大力推进金融产品创新，金融生态环境进一步优化，被省政府授予“山东省金融生态环境建设模范奖”；四是对交行高密支行等新成立银行机构实施开业验收；五是组织开展了金融统计、外汇、账户管理、票据业务、反洗钱等专项检查活动。

（鹿中虎 王金堂）

昌邑市

【经济金融概况】 2012 年，昌邑市全力以赴稳增长、调结构、抓改革、促和谐，经济总量持续壮大，产业升级成效明显，滨海建设步伐进一步加快。金融机构贯彻执行国家宏观调控政策，不断调整信贷结构，区域金融资源配置与经济社会发展需要日趋协调，全市经济金融保持了平稳增长势头。

【金融发展与改革】 2012 年，人行昌邑市支行充分发挥“窗口指导”作用，积极引导、督促辖内金融机构合理增加信贷投入，支持辖区经济健康发展。一是继续加大信贷支农力度，累

昌邑市主要经济指标

经济指标	2011	2012	2012年同比增幅（%）	经济指标	2011	2012	2012年同比增幅（%）
土地面积（平方公里）	1582	1582	0	地方财政支出（亿元）	22.11	25.15	13.8
人口（万人）	58.23	58.25	0.03	全社会固定资产投资（亿元）	186.35	213.54	22.7
城镇人口（万人）	--	--	--	进出口总值（万美元）	52175	55780	6.9
乡村人口（万人）	--	--	--	出口总值（万美元）	45287	43836	-3.2
地区生产总值（亿元）	263.89	297.95	121.1	实际利用外资（万美元）	6752	6629	3
第一产业（亿元）	29.42	31.29	4.7	社会消费品零售总额（亿元）	92.60	110	14.9
第二产业（亿元）	158.59	175.78	14.5	居民消费价格指数（%）	107.6	104.3	-3.06
第三产业（亿元）	75.89	90.88	9.8	人均地区生产总值（元）	45317	51150	12.87
财政总收入（亿元）	28.63	32.07	12	城镇居民可支配收入（元）	12665	14564	11.5
地方财政收入（亿元）	15.81	18.66	18	农民人均现金收入（元）	8376	11860	13
财政总支出（亿元）	22.11	25.15	13.8				

昌邑市主要金融指标

金融指标（亿元）	2011	2012	2012年同比增幅（%）	金融指标（亿元）	2011	2012	2012年同比增幅（%）
本外币存款余额	230.15	269.82	17.23	财险收入	1.29	1.72	33.33
人民币存款余额	229.67	267.80	16.60	寿险收入	4.28	4.07	-2.57
单位存款	56.33	68.53	21.65	财险赔款	0.59	0.81	37.29
储蓄存款	170.83	196.86	15.23	寿险给付	0.71	0.12	-29.41
本外币贷款余额	147.99	176.19	19.39	当年结益	--	--	--
人民币贷款余额	146.78	169.66	15.59	证券市场交易总额	--	--	--
短期贷款	92.92	115.23	24.01	投资者保证金余额	--	--	--
中长期贷款	44.33	42.62	-3.85	证券账户开户数	--	--	--
票据融资	9.52	11.81	24.05	证券交易佣金收入	--	--	--
当年结益	4.45	5.13	15.28	净利润	--	--	--
不良贷款余额	1.34	1.79	33.58				

昌邑市主要金融机构负责人

单位名称	行长（或其他称谓的第一负责人）	副行长（或其他称谓的同级领导）	员工总数	辖内营业网点数
人行昌邑市支行	郭　海	魏同亮　郝建芳	36	1
银监会昌邑办事处	李秀美		3	1
农发行昌邑市支行	陈瑞吉	方海滨　乔俊富	27	1
工行昌邑支行	孙善伟	徐黎明　孟迎晨	75	6
农行昌邑支行	李洪波	夏连之　冯爱生　王焕杰	234	17
中行昌邑支行	胡金宝	刘永成　杨建波	67	4
建行昌邑支行	齐群华	邵明霖　李学达	73	4
潍坊银行昌邑支行	姜言辉	高继亭　王春杰	39	1
昌邑农商行	张有彪	徐伟民　杨旭光　孙山明　黄官杰	604	58
邮储银行昌邑市支行	夏增欣	于秀芝　刘炳煜	98	3

昌邑市主要金融机构业务概况

单位：亿元

单位名称	本外币存款余额	人民币单位存款	人民币储蓄存款	本外币贷款余额	人民币短期贷款	人民币中长期贷款
农发行昌邑市支行	2.53	2.53	0	13.60	2.50	11.1
工行昌邑支行	27.03	12.55	13.07	21.12	9.64	5.97
农行昌邑支行	47.77	12.73	34.84	22.77	17.79	4.98
中行昌邑支行	17.17	8.15	8.56	11.92	9.13	2.34
建行昌邑支行	21.05	9.91	10.63	17.96	8.32	8.54
潍坊银行昌邑支行	10.61	7.27	3.21	11.85	11.33	0.52
昌邑村商行	106.08	11.52	94.13	74.11	54.94	7.98
邮储银行昌邑市支行	36.27	3.85	32.42	2.74	1.57	1.17

计向农信社发放支农再贷款1.01亿元；二是积极搭建中小企业融资平台，引导金融机构不断优化信贷结构和投向；三是加大对重点骨干企业、民营经济、高科技产业和个人消费的支持力度；四是继续深化金融生态环境建设，加强对农信社改革试点后续监测考核工作。

【金融服务与监管】 2012年，人行昌邑市支行一是进一步加强和深化金融监管，防范和化解金融风险，维护辖区金融稳定；二是积极推进"两管理、两综合"工作深入开展，做到金融管理和服务有机结合。

（徐振三 孙亚梅）

临朐县

【经济金融概况】 2012年，临朐县深入贯彻落实科学发展观，坚定不移转方式、调结构、促发展、惠民生，扎实推进经济社会建设，国民经济继续保持平稳较快增长，民生状况进一步改善。金融机构认真贯彻稳健的货币政策，存款稳步增长，贷款投放力度显著增强，有力支持了地方经济发展。

【金融发展与改革】 2012年，人行临朐县支行一是对农行三农事业部、农信社实行差别存款准备金率优惠政策，引导涉农金融机构加大对"三农"和县域经济的支持力度；二是对辖内银行机构开展涉农信贷政策导向效果评估工作，为上级行决策提供参考。

临朐县主要经济指标

经济指标	2011	2012	2012年同比增幅（%）	经济指标	2011	2012	2012年同比增幅（%）
土地面积（平方公里）	1831	1831	0	地方财政支出（亿元）	12.3	14.4	17.4
人口（万人）	87.65	87.76	0.1	全社会固定资产投资（亿元）	156.0	178.7	22.6
城镇人口（万人）	10.6	10.7	0.9	进出口总值（万美元）	23262	30463	31
乡村人口（万人）	77.1	77.1	0	出口总值（万美元）	18203	23457	28.9
地区生产总值（亿元）	162.2	181.4	10.9	实际利用外资（万美元）	3109	3302	3.5
第一产业（亿元）	27.4	29.6	5.3	社会消费品零售总额（亿元）	81.5	94.1	15.7
第二产业（亿元）	79.6	86.7	13.2	居民消费价格指数（%）	104.4	101.7	--
第三产业（亿元）	55.2	65.1	10.1	人均地区生产总值（元）	18566	20683	10.8
财政总收入（亿元）	11.6	14.1	21.2	城镇居民可支配收入（元）	16447	18503	12.5
地方财政收入（亿元）	5.6	7.2	28.5	农民人均现金收入（元）	9232	10512	13.9
财政总支出（亿元）	17.0	20.6	21.1				

临朐县主要金融指标

金融指标（亿元）	2011	2012	2012年同比增幅（%）	金融指标（亿元）	2011	2012	2012年同比增幅（%）
本外币存款余额	171.72	204.29	18.97	财险收入	1.02	1.36	33.33
人民币存款余额	171.26	203.68	18.93	寿险收入	3.41	3.89	14.08
单位存款	32.62	39.76	21.89	财险赔款	0.49	0.53	8.16
储蓄存款	136.81	160.93	17.63	寿险给付	0.19	0.14	-26.32
本外币贷款余额	118.60	144.73	22.03	当年结益	--	--	--
人民币贷款余额	118.01	144.24	22.23	证券市场交易总额	0	5.23	--
短期贷款	83.24	103.82	24.72	投资者保证金余额	0	0	--
中长期贷款	28.58	34.28	19.94	证券账户开户数	83	1534	1748.19
票据融资	6.78	6.63	-2.21	证券交易佣金收入	0	0.01	——
当年结益	3.75	4.52	20.53	净利润	--	--	--
不良贷款余额	0.99	1.63	64.65				

临朐县主要金融机构负责人

单位名称	行长（或其他称谓的第一负责人）	副行长（或其他称谓的同级领导）	员工总数	辖内营业网点数
人行临朐县支行	刘福龙	郭晗军 宗先克 何同文 陈洪源	35	1
银监会临朐县办事处	郭顺亮	王 涛	3	1
农发行临朐县支行	党永胜	李 政	18	1
工行临朐支行	王玉国	范海波 李 波 刘海峰 孙启飞	67	3
农行临朐县支行	江文胜	官延庆 谢宝川 冯淑忠	129	11
中行临朐支行	谭炳毅	潘维亭	60	4
建行临朐支行	孙欣伟	刘松之 李 勇 陆明章	73	3
潍坊银行临朐支行	刘玉欣	赵传伟 于海涛 王 策	32	1
山东临朐农商行	郭生业	徐 敏 刘树伟 王洪涛 陈当亭 赵玉友	609	54
邮储银行临朐县支行	郭伟政	刘成志 季津富	82	3
临朐聚丰村镇银行	张明杰	郭 志 薛 丽	52	1

临朐县主要金融机构业务概况

单位：亿元

单位名称	本外币存款余额	人民币单位存款	人民币储蓄存款	本外币贷款余额	人民币短期贷款	人民币中长期贷款
农发行临朐县支行	1.60	1.60	0	6.18	0.99	5.19
工行临朐支行	14.00	7.04	6.95	18.43	8.64	9.76
农行临朐县支行	29.49	7.44	22.06	12.53	9.31	3.22
中行临朐支行	16.34	5.51	10.38	8.00	4.76	3.24
建行临朐支行	16.45	5.63	10.81	16.46	6.72	9.71
潍坊银行临朐支行	8.79	6.13	2.66	10.53	9.17	1.36
山东临朐农商行	95.94	5.92	89.42	69.32	68.53	0.79
邮储银行临朐县支行	21.08	1.49	19.59	3.27	2.21	1.06
临朐聚丰村镇银行	0	0	0	0	0	0

【金融服务与监管】 2012年，人行临朐县支行认真履行央行职能，不断提高金融服务质效。一是完成工行文苑支行、临朐农商行、聚丰村镇银行等3家机构的开业管理工作，完成对辖内8家银行业机构、12家保险公司的综合评价和通报，并开展对人民币结算账户、票据业务、征信管理、货币信贷、国际收支、金融稳定重大事项报告执行等情况的专项执法检查；二是推进信贷产品创新，突出特色支行建设；三是组织了"朐城之夏"金融专场文艺晚会；四是通过金融机构集中上街宣传、编排演出文艺节目、媒体宣传等多种形式，宣传普及金融知识，培育良好金融生态环境。

（周陆军）

昌乐县

【经济金融概况】 2012年，昌乐县继续坚持"工业立县、工业强县"战略不动摇，大力实施大企业、大项目、大产业、大园区带动战略，加快转变发展方式，全面加强生态建设，社会持续和谐稳定，群众生产生活环境明显改善。

各金融机构认真贯彻执行稳健的货币政策，不断提升金融服务水平，实现了全县经济金融协调可持续发展。

【金融发展与改革】 2012年，人行昌乐县支行不断深化农

昌乐县主要经济指标

经济指标	2011	2012	2012年同比增幅（%）	经济指标	2011	2012	2012年同比增幅（%）
土地面积（平方公里）	1101	1101	0	地方财政支出（亿元）	19.98	21.78	9.0
人口（万人）	61.53	61.53	0	全社会固定资产投资（亿元）	155.05	178.32	22.8
城镇人口（万人）	--	--	--	进出口总值（万美元）	103071	168200	63.2
乡村人口（万人）	--	--	--	出口总值（万美元）	69122	136900	98.0
地区生产总值（亿元）	191.75	214.59	12.1	实际利用外资（万美元）	2018	4050	100.7
第一产业（亿元）	28.47	30.32	5.0	社会消费品零售总额（亿元）	69.70	88.19	16.5
第二产业（亿元）	99.19	108.82	15.8	居民消费价格指数（%）	--	--	--
第三产业（亿元）	64.09	75.45	9.4	人均地区生产总值（元）	31163	34876	11.9
财政总收入（亿元）	23.34	24.87	6.5	城镇居民可支配收入（元）	--	--	--
地方财政收入（亿元）	12.87	15.30	18.6	农民人均现金收入（元）	13079	15797	20.8
财政总支出（亿元）	19.98	21.78	9.0				

昌乐县主要金融指标

金融指标（亿元）	2011	2012	2012年同比增幅（%）	金融指标（亿元）	2011	2012	2012年同比增幅（%）
本外币存款余额	160.12	186.44	16.43	财险收入	0.76	0.99	30.26
人民币存款余额	158.45	180.27	13.77	寿险收入	2.18	2.24	2.75
单位存款	59.01	59.88	1.47	财险赔款	0.36	0.41	13.89
储蓄存款	97.53	117.16	20.13	寿险给付	0.23	0.09	-60.87
本外币贷款余额	146.07	163.09	11.65	当年结益	--	--	--
人民币贷款余额	144.22	160.69	11.42	证券市场交易总额	0.62	15.35	2375.81
短期贷款	85.93	94.20	9.62	投资者保证金余额	0.01	0.32	3100
中长期贷款	56.86	60.22	5.91	证券账户开户数	1300	2700	107.69
票据融资	1.44	6.26	334.72	证券交易佣金收入	0	0.02	--
当年结益	5.72	4.65	-18.71	净利润	-0.02	-0.01	50
不良贷款余额	0.62	3.04	390.32				

昌乐县主要金融机构负责人

单位名称	行长（或其他称谓的第一负责人）	副行长（或其他称谓的同级领导）	员工总数	辖内营业网点数
人行昌乐县支行	范存敬	鞠剑波 桂 强 徐启军	33	1
农发行昌乐县支行	李 峰	张现仪 张伟义	21	1
工行昌乐支行	孙秋平	官克强 高国义 李向方 张学福	71	4
农行昌乐县支行	王永明	吴玉生 党永利 任 江	136	9
中行昌乐支行	秦维堂	董法政	56	3
建行昌乐支行	都汝平	李忠良 刘 民 曹跃志	50	2
潍坊银行昌乐支行	李宏光	徐卫东 韩 瑛 李 英	33	1
昌乐县农商行	赵连东	张华喜 李海燕 刘光富 吕永祥 邢国华	450	35
邮储银行昌乐县支行	韩海波	赵长城	28	3

昌乐县主要金融机构业务概况

单位：亿元

单位名称	本外币存款余额	人民币单位存款	人民币储蓄存款	本外币贷款余额	人民币短期贷款	人民币中长期贷款
农发行昌乐县支行	1.68	1.68	0	7.65	1.77	5.88
工行昌乐支行	26.76	13.00	9.75	29.91	14.54	15.20
农行昌乐县支行	31.23	14.28	16.47	18.44	9.35	8.42
中行昌乐支行	15.21	6.16	8.15	13.25	8.30	3.86
建行昌乐支行	12.57	6.44	4.67	28.02	7.41	19.41
潍坊银行昌乐支行	8.12	5.94	2.07	8.88	8.67	0.21
昌乐县农商行	77.18	10.95	66.18	55.14	43.09	6.53
邮储银行昌乐县支行	11.31	1.44	9.87	1.79	1.06	0.73

村金融服务体系建设，优化金融生态环境，实现了辖区农村金融服务全覆盖。同时，进一步推动农信社改革，6月份成功将农信社改制为农商行。

【金融服务与监管】 2012年，人行昌乐县支行加强对全县金融机构的管理和服务，促进金融业稳健运行。一是对辖区新迁址开业的2家金融机构进行了考核验收工作，对农信社改制农商行进行了全面考核检查验收，并先后组织对统计、征信、外汇、支付结算等执法检查12次；二是坚持“一企一策”服务方式，深入调研，有力促进了外向型经济的发展；三是继续加大对法人金融机构的监测力度，促进其各项业务健康稳健运行。

（李玉利 路瑞霞）

日 照 市

【经济金融概况】 2012年，日照市抢抓国家战略机遇，落实稳增长的各项调控措施，全市经济运行经历了年初下探、年中筑底企稳、三季度趋稳回升、四季度继续回暖的发展过程。高新技术产业较快发展，社会主义新农村建设迈出新步伐；工业生产平稳发展，固定资产投资较快增长；消费品市场增势稳定，外贸进出口总额快速增长；财政综合实力继续提升。

日照市金融业完善服务功能，保持快速增长态势。一是金融机构加速集聚，形成了包括国有大型银行、股份制银行、城商行、农信社、村镇银行在内的多元化金融组织体系；二是发展速度加快，在国民经济中的占比提高；三是金融业税收大幅增长，成为地方税收新的增长点。

【货币政策实施】 2012年，人行日照市中支创新货币信贷政策贯彻落实机制，一是采取企业现场和银行座谈督导相结合的方式，对全市14家银行机构进行了督导，市委、市政府主要领导先后9次批示肯定；二是分别与辖区5区、2县签订全面金融战略合作协议，在企业融资服务、金融产品和服务方式创新、金融政策宣传、金融生态环境建设等各领域加强合作，并建立了工作双向交流会商机制；三是会同银监局、金融办、经信委、民营经济发展局等部门，在全市范围内广泛开展了“中小企业金融服务年”活动；四是组织编写《中小企业融资服务手册》，构建金融产品创新长效机制。

【金融稳定】 2012年，人行日照市中支金融风险防控处置工作有力，全市金融业整体运行平稳。一是构建区域金融稳定信息共享合作框架，开展了全市金融风险大排查；二是在全国率先组织编写完成《银行业金融机构金融稳健性评估实务手册》，被人行济南分行认可；三是重点推进金融消费者权益保护工作，全年共接到金融消费者申诉30件，全部在2日内办结，满意率达100%；四是组织会员公司对产险公司进行了3次检查，对3家单位的违规行为进行了处罚。

人保财险、太保财险、平安财险三家公司发起日照财险行业规范市场秩序自律倡议，14家公司总经理现场签订了《日照市机动车辆保险自律公约》。

【金融服务】 2012年，日照市各金融部门一是小额担保贷款业务经办银行由原来的日照银行扩大到各行的156家分支机构，全年共发放小额担保贷款7236万元，同比增长450.3%，带动就业3728人；二是深入推进农村支付环境建设，全年设立银行卡助农服务点295个，布放终端606台，2858个行政村实现了“足不出村”办理存取款业务，“双百”目标得以全面实现；三是在全国率先开展“千店千村”工程，在莒县刘官庄、峤山镇、五莲洪凝镇开展“残损人民币集中兑换”和“上门收兑零残币志愿服务活动”；四是成功申请设立国家金库日照国际海洋城支库，年内新增3项直接支付项目，全年累计拨付26.99万笔，金额1.41亿元；五是社区金融服务建设取得初步成效，日照银行正逐步构建农村金融服务网络，农信社全年建成农村金融服务示范区16个。

【金融监管】 2012年，日照市金融监管部门围绕半岛蓝色经济区建设，积极扩大融资投放，改善金融服务，满足各类企业的需求。一是积极争取信贷规模，确保资金投向重点向港口建设、临港工业、先进制造业、高新技术产业倾斜；二是对符合国家产业政策的节能减排、技术创新和循环经济项目，优先安排融资计划，促进产业结构的调整优化；三是研发推出了融货达、商贷宝、货易贷、钢贷通宝、药商通达等23项金融产品，探索开展了采矿权质押、景区门票收费权质押、海域使用权质押等金融创新产品，不断扩大抵(质)押物范围。

【外汇管理】 2012年，外管局日照市中心支局被济南分局授予“山东省外汇年检工作先进单位”和“山东省货物贸易外汇管理改革先进集体”称号。一是出台改进外汇管理支持涉外经济平稳较快发展的指导意见，并与市商务局、海关等部门建立了监管协作机制；二是深入推进货物贸易外汇管理制度改革、外汇主体监管试点、国际收支企业网上申报工作，并开展了资本金结汇和网络炒汇专项检查，查办外汇案件8个，收缴罚款238万元；三是创新建立外汇业务先行介入机制，开辟外汇业务“绿色通道”；四是完善重点涉外企业联系工作制度，将重点企业联系范围由60家扩大至100家。

【金融改革】 2012年，日照市各金融机构改革稳步推进。一是日照农商行组建进展顺利，1家全国性股份制银行在日照市设立分支机构，新设1家村镇银行，金融体系进一步健全；二是中行日照分行推动实施以“两个转变”为核心的资产业务转型，即推动资产业务由做总量向做流量的转变、推动资产业务由信贷大行向信用大行转变，并积极开展投行业务和金融市场业务。该行成功叙做首笔期货保值业务，开创山东省外资企业发债先河。

【证券市场】 2012年，日照市上市后备资源企业50家，其中有15家与中介机构签订了合作协议，有6家企业已经进入股改阶段。

【精神文明建设】 2012年，日照市各金融机构切实加强精

日照市经济主要统计指标

指标＼年度	2008	2009	2010	2011	2012	2012年同比增幅（%）
土地面积（平方公里）	5310	5310	5348	5348	5348	0
人口（万人）	284.54	285.76	287.92	289.03	288.1	0.23
非农业人口（万人）	100.66	100.76	101.57	103.04	103.22	0.17
乡村人口（万人）	--	--	--	--	--	--
地区生产总值（亿元）	774.22	864.66	1025.08	1214.07	1352.57	11.8
第一产业（亿元）	82.73	87.33	100.26	112.08	117.64	4.1
第二产业（亿元）	413.11	471.85	561.55	660.66	724.06	12.6
工业（亿元）	369.57	463.85	494.95	582.54	575.1	12.7
建筑业（亿元）	49.43	58.14	66.6	78.12	80.1	1.7
第三产业（亿元）	278.38	305.48	363.27	441.33	510.87	12.5
人均地区生产总值（元）	28340	31451	36870	43191	47851	11.1
地区生产总值构成（%）	100	100	100	100	100	--
第一产业（%）	10.70	10.10	9.8	9.2	8.7	--
第二产业（%）	53.4	54.6	54.8	54.4	53.5	--
第三产业（%）	35.9	35.3	35.4	36.4	37.8	--
财政总收入（亿元）	163.05	244.91	349.87	510.15	701.6	37.5
地方财政收入（亿元）	36.33	43.48	55.61	68.5	78.86	15.1
财政总支出（亿元）	--	--	--	--	--	--
地方财政支出（亿元）	57.08	72.85	94.83	124.35	138.02	11
全社会固定资产投资（亿元）	518.43	631.86	775.36	880.69	922.38	20.2
规模以上固定资产投资（亿元）	518.43	506.89	621.3	665.24	678.56	16.8
房地产开发（亿元）	54.08	61.14	63.33	62.9	65.99	8.1
进出口总值（亿美元）	92.68	85.70	133.14	207.57	252.5	21.3
出口总值（亿美元）	25.25	16.27	22.11	39.07	38.85	-0.8
实际外商直接投资（亿美元）	5.13	3.64	3.49	3.8	4.21	15.0
社会消费品零售总额（亿元）	212.36	252.87	311.63	365.44	420.1	15.0
居民消费价格指数（%）	104.80	99.8	102.9	104.5	102.4	2.1
城市居民人均可支配收入（元）	14409	15795	17558	20098	22817	13.5
农民人均纯收入（元）	6038	6548	7504	8756	10026	14.5

日照市工农业主要统计指标

农业主要统计指标（万吨）				规模以上工业企业主要统计指标（亿元）			
项目＼年度	2011年	2012年	增幅（%）	项目＼年度	2011年	2012年	增幅（%）
粮食	118.87	113.17	-4.8	工业增加值	727.63	575.1	12.7
夏粮	48.20	50.91	5.6	国有工业	35.43	23.1	3.7
秋粮	70.66	62.97	-10.9	集体工业	8.18	2.54	143.2
棉花	0.22	0.2	-12.4	股份制工业	486.51	415.03	17.3
油料	25.10	24.09	-4	股份合作制工业	--	--	--
水果	20.40	21.02	3	外商及港澳台投资工业	174.78	117.89	7
蔬菜	96.53	90.71	-6	轻工业	266.16	217.87	10.5

续表

农业主要统计指标（万吨）				规模以上工业企业主要统计指标（亿元）			
项目＼年度	2011年	2012年	增幅（%）	项目＼年度	2011年	2012年	增幅（%）
肉类	19.98	20.89	4.6	重工业	461.47	357.23	16.3
禽蛋	12.18	12.12	-0.5	销售收入	2516.05	2365.95	12.5
奶类	1.62	1.72	6.5	利税	196.35	111.05	-23.8
水产品	52.18	54.92	5.6	利润	136.44	65.39	-32.2
森林覆盖率（%）	37.2	38.3	1.1	经济效益综合指数（%）	--	--	--

注：2012年执行2011年国家统计局正式颁布的国民经济新的行业分类标准（GB/T 4754-2011），企业规模进行了调整，导致2012年与2011年规模以上工业企业主要统计指标数据不可比。

日照市主要金融机构概况

单位名称	行长（或其他称谓的第一负责人）	副行长（或其他称谓的同级领导）	员工总数	辖内营业网点数
人行日照市中心支行	刘艳武	尹峰世 苏 涛 刘茂伟 孙元学 庄举伦	176	3
银监会日照监管分局	汲长虹	罗玉民 秦 军 于家富	38	1
农发行日照市分行	田 青	李绪光 孙海平 王宗桂	92	3
工行日照分行	贾 萍	高月日 娄 波 周 华 于 涛 刘 森	544	20
农行日照市分行	王刚胤	戴国文 孔令军 丁 勇 刘 江	718	35
中行日照分行	徐浴泉	谢其善 史 华 杨永春 徐立军	600	20
建行日照分行	赵德昌	陈志诚 赵 晋 王建国	616	21
交行日照分行	张海峰	焦自钦 惠文峰 吕 峰	44	1
招行日照分行	王 智	田国强 安佰刚 兰冰心	84	2
兴业日照支行	马 浩	张 弘 孙正洪 路奎友 尹德强	48	1
日照银行	费洪军（董事长） 王 森（行长） 闫 明（监事长）	焦自竺 黄 玲 宋兴华 王永健 袁玲玲	789	29
农信社日照市办事处	张洪俊	胡予宁 胡克敬	2050	136
邮储银行日照市分行	张建明	郑 森 种 钢	370	77
莒县金谷村镇银行	邹方军	张治国 郝真平 孙世涛	52	4
日照九银村镇银行	杨 华	王均峰 申劼信 左煜鑫	30	2
日照沪农商村镇银行	纪洪成	薛彦铎 冯艳云	29	1
齐鲁证券日照营业部	万 强		72	4
中信万通证券日照营业部	赵世军		34	1
人保财险日照市分公司	郭和平	毕岩玉 申志军 张 涛	--	--
人寿保险日照分公司	沈洪斌	张大海 何召理 王 林	--	--
太平洋财险日照中心支公司	葛庆民	李 霞 魏 兵	--	--
太平洋人寿日照中心支公司	任永军	陈伟国 郭承刚	--	--
平安财险日照中心支公司	李晓光	孔 杰	--	--
平安人寿日照中心支公司	黄体昌	郑 军 费红霞	--	--
泰康人寿日照中心支公司	贾慧芳	黄聚昌	--	--
天安保险日照中心支公司	李 玲	曾宪斌	--	--

续表

单位名称	行长（或其他称谓的第一负责人）	副行长（或其他称谓的同级领导）	员工总数	辖内营业网点数
永安财险日照中心支公司	王爱国	王文民	--	--
中国大地财险日照中心支公司	李德海	曹向东	--	--
太平人寿保险日照中心支公司	李　青	孔　娜	--	--
中华联合财险日照中心支公司	孙运磊	张宗战　毕士杰	--	--
阳光财险日照中心支公司	李　岩	王志伦　白宗光	--	--
人民人寿保险日照中心支公司	李　鹏	孙桂利　秦绪磊	--	--

日照市金融业务统计指标

	指标（亿元）＼年度	2008	2009	2010	2011	2012	2012年同比 增加额	2012年同比 增幅（%）
银行类	本外币存款余额	620.59	819.47	1003.16	1161.07	1469.14	308.07	26.53
	人民币存款余额	612.15	811.98	993.14	1147.65	1442.48	294.84	25.69
	*单位存款	129.11	188.90	220.71	530.00	697.02	167.02	31.51
	储蓄存款	321.02	389.44	455.84	548.99	658.65	109.66	20.18
	本外币贷款余额	574.53	830.24	960.79	1107.14	1303.68	196.54	17.75
	人民币贷款余额	533.03	726.74	832.71	986.85	1113.89	127.03	12.87
	短期贷款	302.52	385.29	468.23	581.28	709.48	128.20	22.05
	中长期贷款	184.21	272.61	332.61	360.70	353.01	-7.69	-2.13
	票据融资	45.97	68.50	31.60	44.62	51.12	6.50	14.58
	当年结益	18.43	19.34	25.84	36.71	46.86	10.15	27.65
	不良贷款余额	26.17	27.05	19.92	14.16	10.18	-3.98	-28.11
	不良贷款占比%	4.56	3.26	2.07	1.28	0.78	-0.5	--
保险类	保险公司保费收入	15.45	19.35	23.62	24.47	27.11	2.64	10.8
	财险收入	6.21	8.08	9.6	10.88	12.58	1.7	15.6
	寿险收入	9.24	11.28	14.02	13.59	14.53	0.94	7.0
	保险公司赔款和给付支出	3.70	4.59	6.03	8.75	9.05	-0.05	-8.9
	财险赔款	3.50	4.11	4.60	8.18	6.48	-1.7	-20.3
	寿险给付	0.20	0.48	0.46	0.57	2.57	1.65	46.9
	当年结益	--	--	--	--	--	--	--
证券类	证券市场成交总额	261.44	639.82	822.77	427.48	331.2	-96.28	-22.52
	投资者保证金余额	2.12	4.07	3.92	2.66	2.59	-0.07	-2.63
	证券账户开户数	54513	64753	77271	80104	88846	8742	10.91
	佣金收入	0.64	1.13	0.83	0.49	0.42	-0.07	-14.29
	净利润	--	--	0.47	0.24	--	--	--
	期货市场成交总额	--	--	--	56.62	37.79	-18.83	-33.26
	期货客户保证金余额	--	--	--	0.083	0.068	-0.015	-18.07
	期货账户开户数	--	--	--	95	153	45	47.37
	期货手续费收入	--	--	--	0.002	0.005	0.003	150
	利润总额	--	--	--	0.002	0.005	0.003	150

注："*"该项指标2010年前为"企业存款"，其数字亦是如此。

日照市金融机构统计指标

指标（个）		2008	2009	2010	2011	2012	2012年同比增幅（%）
银行类	法人机构	5	5	6	7	8	14.3
	省级分行	--	--	--	--	--	--
	二级分行	5	7	7	7	9	28.6
	县区支行	70	64	87	92	110	19.6
	分理处、营业所	123	196	248	239	233	-2.5
	储蓄所	147	--	--	--	--	--
	从业人员总数	5236	5095	5721	6182	6337	2.51
保险类	保险机构	20	22	22	23	26	13.0
	财险机构	13	14	14	14	16	14.29
	省级分公司	--	--	--	--	--	--
	地市分公司	13	14	14	14	16	14.29
	县区支公司	--	--	47	49	52	6.12
	寿险机构	7	8	8	9	10	11.11
	省级分公司	--	--	--	--	--	--
	地市分公司	7	8	8	9	10	11.11
	县区支公司	--	--	30	30	30	--
	从业人员总数	14893	23189	--	--	--	--
	财险人员	4532	6957	--	--	--	--
	寿险人员	10361	16232	--	--	--	--
证券类	证券机构	3	5	5	5	5	--
	证券公司	--	--	--	--	--	--
	证券营业部	3	5	5	5	5	--
	证券服务部	--	--	--	--	--	--
	从业人员总数	39	55	105	126	109	-15.6
	投资者开户	54513	64753	77271	80104	94091	17.46
	境内上市股票支数	1	1	1	1	1	--
	境外上市股票支数	--	--	--	--	--	--
	辖区上市公司总数	1	1	1	1	1	--

日照市主要金融机构业务概况

单位：亿元

单位名称	本外币存款余额	人民币单位存款	人民币储蓄存款	本外币贷款余额	人民币短期贷款	人民币中长期贷款
农发行日照市分行	10.59	10.59	--	74.35	55.05	14.09
工行日照分行	138.21	75.30	57.39	231.41	77.17	117.26
农行日照市分行	152.73	85.19	65.56	148.87	83.14	40.12
中行日照分行	173.25	104.09	56.82	212.87	67.88	70.81

续表

单位名称	本外币存款余额	人民币单位存款	人民币储蓄存款	本外币贷款余额	人民币短期贷款	人民币中长期贷款
建行日照分行	139.35	75.90	55.98	141.31	33.74	70.35
交行日照分行	16.93	15.18	1.36	11.45	4.92	3.01
招行日照分行	32.01	26.54	4.37	33.75	16.71	4.16
兴业日照支行	39.77	33.77	5.96	24.63	16.14	0.71
日照银行	307.61	221.29	77.25	207.19	164.33	13.54
农信社日照市办事处	287.10	29.81	256.94	196.17	176.31	11.38
邮储银行日照市分行	83.97	11.33	72.63	14.32	6.75	7.57
莒县金谷村镇银行	5.90	4.61	1.28	3.33	3.30	0.02
日照九银村镇银行	4.12	3.30	0.82	2.80	2.80	--
日照沪农商村镇银行	2.39	0.11	2.29	1.23	1.23	--
日照市10家小额贷款公司	--	--	--	18.20	18.18	0.01

日照市各县级区域经济金融主要统计指标

名称	人口（万人）	面积（平方公里）	地区生产总值（亿元）	地区生产总值增速（%）	本外币存款余额（亿元）	储蓄存款（亿元）	本外币贷款余额（亿元）
市辖区	128.78	2030	949.67	12	1068.80	403.19	1070.34
莒　县	107.82	1821	240.88	11	257.58	158.89	151.24
五莲县	51.5	1497	162.02	11.69	142.76	99.85	82.11

神文明建设。

人行日照市中支一是积极开展“我为岗位风险管理献一策”主题建言献策活动，全辖共推荐高质量建议64条，在济南分行建议质量项目竞赛中获第1名；二是修建了职工活动广场，建立了职工健康档案，并开展乒乓球、羽毛球、网球、篮球、登山、钓鱼等比赛和太极拳培训班、户外摄影、送生日祝福等形式多样的职工文体和送温暖活动。

工行日照分行到受台风“达维”影响受灾的包联村，向受灾严重的农户每户捐助600元，共计捐款1万余元，并积极参与日照市慈善总会组织的“慈心一日捐”活动，全行干部员工捐款5.2万余元。农行日照分行开展“学雷锋、献爱心”结对帮扶活动，向包联村莒县库山镇连五河村捐赠40吨水泥等物资，向东港区西湖村捐助现金1万元，帮助减灾救灾。

【大事记】 3月6日　中行日照分行在日照市良友君豪大酒店举办“问道2012中国经济形势论坛”，市金融办孙运峰致辞，人行日照市中支、银监局、招商局、财政局、经信局相关部门领导，以及全市近百家进出口企业负责人应邀出席论坛。

3月14日　外管局日照市中心支局组织召开了全市外汇管理工作会议。刘艳武局长讲话，日照市万同副市长出席会议并讲话。日照市中心支局、各县支局干部职工，日照海关、市商务局等涉外管理部门主要负责人、辖区60家外汇指定银行行长、分管副行长、国际部门负责人和125家涉外经营企业代表共280余人参加会议。

3月15日　日照保险业联合市工商局、市消费者协会等13个部门，在日照凌云大厦广场开展“诚信服务我为先”暨3.15大型户外宣传，驻日照23家保险公司参加了宣传咨询活动。市人大常委会副主任薄明、副市长万同、市政协副主席王坤英等出席会议。日照广播电视台、日照日报等新闻单位现场采访宣传报道。

5月11日～12日　农发行总行党委副书记、副行长刘梅生在山东省分行杨杰行长、刘文平副行长陪同下来日照调研。

5月18日　根据日照银监分局《关于同意日照沪农商村镇银行股份有限公司开业的批复》(银监日准【2012】23号)，日照沪农商村镇银行股份有限公司任命周庆峰为该行董事长，纪洪成任行长，冯艳云任行长助理。8月15日，日照沪农商村镇银行正式开业。

6月26日　日照市农信社与山东招金金银精炼有限公司

签订实物金银产品合作协议，标志着日照市农信社代理贵金属业务正式开办。

7月16日　交行日照分行开业仪式在日照岚桥锦江大酒店举行。交行总行董事胡华庭,财政部驻山东省财政监察专员办事处监察专员杨明亮,人行济南分行行长杨子强,山东银监局局长廖平之,省金融办副主任赵理尘,和日照市委书记、市人大常委会主任杨军,副市长刘兆亮及日照市政府有关部门、日照地区重点企业代表、金融同业等400余人参加了庆典仪式。山东省分行王锋行长、董莹、胡翔、王磊副行长出席了开业仪式。

7月19日　人行总行党委委员、纪委书记王华庆在人行济南分行党委书记、行长杨子强的陪同下,莅临日照市中支视察指导工作。总行纪委常务副书记徐联初，总行人事司副司长、组织部副部长、机关党委常务副书记齐小东,总行办公厅副主任金鹏辉,分行党委委员、纪委书记刘振海等总分行领导一同参加了视察活动。

8月30日　建行日照分行与市工商联签定战略合作协议,未来三年将为全市600户中小企业提供融资支持。

11月26日　由日照银行、徽商银行、吉林银行、晋商银行、河北银行等5家城商行共同发起设立的中小银行贸易金融联合会成立。

12月20日　日照银行在全国银行间债券市场成功发行6亿元次级债券。

（厉平福　丁　文）

莒　县

【经济金融概况】　2012年，莒县金融运行主要特点是各项存、贷款增加。从存款结构上看,单位存款与储蓄存款共同拉动了各项存款增长。从贷款期限结构来看,短期贷款、中长期贷款高速增长。

【金融发展与改革】　2012年，人行莒县支行一是制定下发了《金融支持小微企业健康快速发展指导意见》、召开金融形势分析会等形式,引导金融机构科学执行稳健货币政策,全力支持县域实体经济发展;二是以银企合作推进会为平台、以深入实施成长型企业金融帮扶工程和A级信用企业培植工程为

莒县主要经济指标

经济指标	2011	2012	2012年同比增幅（%）	经济指标	2011	2012	2012年同比增幅（%）
土地面积（平方公里）	1952	1821	--	地方财政支出（亿元）	23.03	26.38	14.55
人口（万人）	113.55	107.82	0.28	全社会固定资产投资（亿元）	129.81	139.54	28
城镇人口（万人）	11.89	11.54	0.26	进出口总值（万美元）	310650	454908	46.44
乡村人口（万人）	101.66	96.28	0.65	出口总值（万美元）	28213	28942	2.58
地区生产总值（亿元）	230.58	240.88	11	实际利用外资（万美元）	5300	4664	-12
第一产业（亿元）	40.55	37.54	-2	社会消费品零售总额（亿元）	91.11	104.38	15.56
第二产业（亿元）	110.89	119.06	1.3	居民消费价格指数（%）	--	--	--
第三产业（亿元）	79.14	84.28	0.7	人均地区生产总值（元）	20326	22372	10.07
财政总收入（亿元）	23.03	27.1	17.70	城镇居民可支配收入（元）	16574	18814	13.5
地方财政收入（亿元）	5.94	7.01	18.85	农民人均现金收入（元）	8369	9561	14.2
财政总支出（亿元）	23.03	26.38	14.55				

注：行政区划变化。莒县中楼镇划归日照市辖区，导致莒县土地面积、人口减少。

莒县主要金融指标

金融指标（亿元）	2011	2012	2012年同比增幅（%）	金融指标（亿元）	2011	2012	2012年同比增幅（%）
本外币存款余额	204.86	257.58	25.73	财险收入	1.49	1.85	24.16
人民币存款余额	203.57	254.04	24.79	寿险收入	3.89	4.21	8.23
单位存款	70.72	92.53	30.84	财险赔款	0.75	0.96	28
储蓄存款	130.6	158.08	21.04	寿险给付	0.68	0.74	8.82

续表

金融指标（亿元）	2011	2012	2012年同比增幅（%）	金融指标（亿元）	2011	2012	2012年同比增幅（%）
本外币贷款余额	123.25	151.24	22.71	当年结益	--	--	--
人民币贷款余额	112.17	133.95	19.42	证券市场交易总额	25.1	20.05	-20.12
短期贷款	93.97	110.13	17.20	投资者保证金余额	0.16	0.18	12.5
中长期贷款	18.11	22.17	22.42	证券账户开户数	759	1089	43.78
票据融资	--	1.58	100	证券交易佣金收入	0.05	0.04	-20
当年结益	3.26	4.35	33.44	净利润	0.02	0.01	-50
不良贷款余额	3.27	0.92	-71.87				

莒县主要金融机构概况

单位名称	行长（或其他称谓的第一负责人）	副行长（或其他称谓的同级领导）	员工总数	辖内营业网点数
人行莒县支行	孙东明	杜家强 庞尊臣	22	1
银监会莒县办事处	宋兆德		2	1
农发行莒县支行	李学民	刘相周 何茂远	24	1
工行莒县支行	丁风海	张廷钏 陈淑俊 王希利 王晓明	54	3
农行莒县支行	李 光	战仁国 刘汉钦 郑德志 王培军	143	8
中行莒县支行	商玉平	夏 波 张元真 宋嘉海	59	3
建行莒县支行	朱风华	韩秀星 段福禛	50	2
日照银行莒县支行	马继军	钟 杰 张亮三	45	3
莒县农信联社	单连涛	牛学强 陈为国 魏宗京 刘振华 张 勇	657	40
邮储银行莒县支行	史国栋	郭淑梅 徐伟燕	164	25
莒县金谷村镇银行	邹方军	张治国 郝真平 孙世涛	57	4

莒县主要金融机构业务概况

单位：亿元

单位名称	本外币存款余额	人民币单位存款	人民币储蓄存款	本外币贷款余额	人民币短期贷款	人民币中长期贷款
农发行莒县支行	3.21	3.21	0	3.19	2.87	0.32
工行莒县支行	23.56	13.22	8.89	22.79	10.90	10.31
农行莒县支行	25.67	10.56	14.97	8.41	4.00	1.02
中行莒县支行	29.74	19.03	9.54	24.04	12.24	2.69
建行莒县支行	16.00	9.64	5.44	9.23	3.23	2.93
日照银行	24.48	18.84	5.60	18.48	16.67	0
莒县农信联社	93.65	8.59	84.84	60.36	55.82	4.54
邮储银行莒县支行	32.35	4.85	27.50	1.41	1.08	0.33
莒县金谷村镇银行	5.90	4.61	1.28	3.33	3.30	0.02

主线、以创新金融产品为抓手，加大对"三农"和中小微企业等信贷投放，取得显著成效。

【金融服务与监管】 2012，人行莒县支行一是通过修改完善《辖内银行业金融机构非现场考核办法》、制定实施《辖内金融机构营业网点服务质量考核评价办法》等方式，加强对辖内金融机构人民币结算账户、反洗钱等业务的非现场监管；二是组织各涉农金融机构加快金融服务资源向农村地区配置步伐，实现了非现金支付工具和支付系统在农村全覆盖；三是组织各金融机构加强基础设施，不断提高工作效率与服务质量。

（黄甫昌　梁荣晓）

五莲县

【经济金融概况】 2012年，五莲县金融系统立足县域经济发展和结构调整大局，用足用活政策，贷款投放继续呈现出快速增长的势头，贷款规模不断扩大。

【金融发展与改革】 2012年，五莲县金融系统正确处理理贯彻货币政策与支持县域经济发展的关系，注重做好信贷政策

五莲县主要经济指标

经济指标	2011	2012	2012年同比增幅（%）	经济指标	2011	2012	2012年同比增幅（%）
土地面积（平方公里）	1497	1497	--	地方财政支出（亿元）	10.91	16.55	51.70
人口（万人）	51.5	51.5	--	全社会固定资产投资（亿元）	71.08	86.93	22.30
城镇人口（万人）	17.9	17.9	--	进出口总值（万美元）	19400	23200	19.59
乡村人口（万人）	33.6	33.6	--	出口总值（万美元）	17300	19200	10.98
地区生产总值（亿元）	145.06	162.02	11.69	实际利用外资（万美元）	3170	6897	117.57
第一产业（亿元）	16.4	17.13	4.45	社会消费品零售总额（亿元）	45.08	52.69	16.88
第二产业（亿元）	90.97	101.04	11.07	居民消费价格指数（%）	--	--	--
第三产业（亿元）	37.69	43.85	16.34	人均地区生产总值（元）	28169	31499	11.82
财政总收入（亿元）	8.26	12.99	57.26	城镇居民可支配收入（元）	--	--	--
地方财政收入（亿元）	4.3	5.59	30	农民人均现金收入（元）	8311	9575	15.21
财政总支出（亿元）	14.53	23.83	64				

五莲县主要金融指标

金融指标（亿元）	2011	2012	2012年同比增幅（%）	金融指标（亿元）	2011	2012	2012年同比增幅（%）
本外币存款余额	116.25	142.76	22.80	财险收入	0.36	0.46	27.78
人民币存款余额	115.95	142.50	22.90	寿险收入	0.81	0.80	-1.23
单位存款	27.65	35.83	29.58	财险赔款	0.23	0.32	39.13
储蓄存款	83.54	99.74	19.39	寿险给付	0.14	0.23	64.29
本外币贷款余额	72.79	82.11	12.80	当年结益	--	--	--
人民币贷款余额	72.79	82.11	12.80	证券市场交易总额	--	--	--
短期贷款	56.44	61.83	9.55	投资者保证金余额	--	--	--
中长期贷款	11.34	13.82	21.87	证券账户开户数	--	--	--
票据融资	5.01	6.46	28.94	证券交易佣金收入	--	--	--
当年结益	--	--	--	净利润	--	--	--
不良贷款余额	2.11	1.51	-28.44				

五莲县主要金融机构概况

单位名称	行长（或其他称谓的第一负责人）	副行长（或其他称谓的同级领导）	员工总数	辖内营业网点数
人行五莲县支行	司斌涛	高　飞　张　华	21	1
银监会五莲县办事处				
农发行五莲县支行	翟玉金	郑俊生　高月笑	20	1
工行五莲支行	秦　勇	王富青　闫荣章 管锡钢　管成龙	48	3
农行五莲县支行	齐　东	崔亚林　齐　峰	102	5
中行五莲支行	李善民	王宗生　段博文	51	3
建行五莲支行	孙明波	周　磊　李公湖	43	2
日照银行五莲县支行	赵中华	娄元新　宋作峰	49	2
五莲县农信联社	陈修善	刘峰生　商庆收　鲁　中 李世祥　陈　坤	490	27
邮储银行五莲县支行	王新慧	吉少民	68	2

五莲县主要金融机构业务概况

单位：亿元

单位名称	本外币存款余额	人民币单位存款	人民币储蓄存款	本外币贷款余额	人民币短期贷款	人民币中长期贷款
农发行五莲县支行	0.45	0.45	0	3.7	1.99	1.7
工行五莲支行	13.26	3.07	10.18	5.85	2.4	3.44
农行五莲县支行	13.92	3.45	10.45	9.34	8.56	0.78
中行五莲支行	12.75	5.97	6.56	5.85	5.12	0.73
建行五莲支行	8.99	4.70	4.20	7.41	2.71	4.71
日照银行五莲县支行	13.81	11.08	2.70	9.56	8.86	0.70
五莲县农信联社	55.21	5.16	50.01	38.92	30.89	1.58
邮储银行五莲县支行	17.59	1.95	15.64	1.47	1.30	0.17

与产业政策的衔接，积极对上争取信贷规模和授信额度，大力创新金融产品，提升金融服务水平，金融运行质量稳步提高，初步形成了经济社会和金融同步协调发展的良好局面。

【金融服务与监管】　2012年，五莲县各金融机构大力开展农村支付环境建设工作，全县行政村金融基础设施普及率达100%，农民金融服务终端布设超额完成全年任务。人行五莲县支行坚持管理与服务并重，不断适应社会对央行服务的新要求和履职环境的新变化，切实提高基层央行履职水平。

（刘善国　丁玉凤）

第十一部分

区域性金融运行报告
——鲁北地区

东 营 市

【经济金融概况】 2012年,东营市紧紧围绕"黄蓝"国家战略实施,认真贯彻落实稳健的货币政策,积极争取信贷资金,支持经济转方式调结构,金融运行呈现平稳健康发展态势。

【货币政策实施】 2012年,人行东营市中支引导金融机构信贷投放合理适度增长,有力支持了黄河三角洲高效生态经济区的开发建设。

一、强化窗口指导作用,加强信贷政策导向评估。制定了金融支持"黄蓝"两大战略及生态文明典范城市建设、金融支持石油装备业、金融支持高效生态农业发展等《指导意见》,引导全市金融机构围绕"黄蓝"战略加大对实体经济的支持力度,全年信贷增速居全省第一。

二、努力强化多方合作,引导金融机构加大对企业的支持。一是召开了政银企合作洽谈会,全年签约项目498个,项目总投资831亿元,签约贷款额531亿元;二是引导各县区召开了金融支持中小企业发展暨产品展示会、金融支持文化产业发展促进会、金融支持服务外包产业等现代服务业发展对接会,完善银企合作的上下联动机制;三是开展了"小巨人"企业信贷培育工程,制定了实施办法,引导金融机构进一步加大对小微企业的信贷支持力度;四是开展了金智惠农暨涉农金融产品和服务方式创新推介会,在全市推广创新经验做法。

三、引导产品创新,优化信贷结构。一是推出了物权抵押融资、承兑汇票池质押贷款、担保公司担保贷款、应收账款质押贷款、多户联保贷款、商票保贴、存货质押仓储监管贷款等一系列针对小微企业的特色信贷产品;二是加强与人力资源和社会保障局、财政局等部门的沟通联系,密切配合,不断扩充经办银行数量,共同推动小额担保贷款实现新突破。

四、创新活动载体,加大信贷支持。通过下发货币信贷指导意见、召开座谈会、推介会等形式,引导金融机构加大对"黄蓝"战略项目、新兴产业以及文化产业,对新能源、新技术、新材料、新医药、海洋经济"四新一海"产业项目,临港产业区、生态旅游区、生态高效农业区、高端产业区和黄河水城"四区一城"主体产业建设,以及石油能源战略储备、现代精细化工、石油装备制造、新能源、高端产业、生态休闲度假、生态高效农业、生态林业示范等"八大产业基地"的信贷支持。

【金融稳定】 2012年,人行东营中支不断加大风险监测力度,建立和完善了金融稳定协调机制,全市金融风险防控能力显著增强。一是会同相关部门全面开展了地方金融风险排查;二是对东营银行开展了稳定性评估;三是抓好重大事项报告制度的落实,组织了培训和考试;四是完善应急预案,积极组织开展金融机构突发事件应急演练;五是建立和完善了金融稳定内外部协调机制,制定了《金融稳定内部协调机制和信息共享制度》,与市政府办公室联合下发了《关于建立东营市金融稳定工作联席会议的通知》,增强了维护区域金融稳定的合力。

【金融服务】 2012年,人行东营中支金融服务创新亮点突出,得到各级的充分肯定。一是组织开展了"信用记录关爱日"、"反假货币宣传月"、"农村青年金融创业培训村村行活动";二是以"时贷系列"产品为平台,积极推广"征信+信贷+利率"模式,深化农村信用体系试验区建设;三是以"明日之星"企业信贷培育工程和开办知识产权质押贷款为契机,大力开展中小企业信用体系建设;四是加强农村支付环境建设,圆满完成了该项环境建设全覆盖目标;五是建成了高标准综合服务大厅,搭建了开展对外业务、金融服务的一站式快捷服务平台;六是开展了"承诺十八项,献礼十八大"活动和残损人民币质量回收专项活动,顺利上线TCBS系统,建立了财税库信息共享机制,新增棉花良种、玉米良种、渔民导航定位等三项补贴国库直接支付项目;七是认真做好支农再贷款、再贴现发放和管理工作,全年累计发放支农再贷款22笔,发放额度9亿元;累计办理回购式再贴现0.5亿元,重点加大涉农领域的信贷投入。

全市金融机构涉农贷款余额1087亿元,增长208亿元,增长23.7%;累计发放民品贴息贷款21亿元,累计贴息4913万元,同比增加1309万元;下岗失业人员小额担保贷款取得突破性进展,累计发放1.9亿元,支持下岗失业人员1746余人。

【金融监管】 2012年,人行东营中支和银监会东营监管分局严格依法监管,确保辖区金融业安全稳健运行。

一、人行东营中支不断强化监管,履职力度进一步加大。一是印发了《关于进一步改善金融服务工作的函》,对金融机构业务中存在的问题进行了提示,并提出了整改建议;二是对光大东营分行及6家机构的9家新设支行进行了开业管理,对全市银行、证券、保险机构进行了综合评价,开展了个人金融信息保护、票据管理、金融统计、反洗钱等10余项监督检查;三是成立了金融消费者权益保护中心,制定了《金融消费者权益保护工作考核评价办法》,在保护消费者权益的同时,有效督促金融机构加强自身建设,全年共受理投诉27件,满意率100%。

二、银监会东营监管分局坚持以重点风险管控带动整体监管效能的提升,取得良好成效。一是按照"分类管理、区别对待、逐步化解"的原则,稳步推进平台贷款的风险缓释和整改增信工作;二是通过开展案防考评、狠抓制度落实、强化行为监管、组织风险排查等一系列措施对辖区金融案件风险管控标本兼治;三是指导各法人机构积极应对利率市场化进程加快的影响,提高主动负债管理能力,应对可能的流动性风险。

【外汇管理】 2012年,外管局东营市中心支局坚持管理与

东营市经济主要统计指标

指标＼年度	2008	2009	2010	2011	2012	2012年同比增幅（%）
土地面积（平方公里）	7923.3	7923.3	7923.3	7923.3	7923.3	0
人口（万人）	184.0	184.6	184.9	186.0	185.45	-0.3
城镇人口（万人）	76.9	79.3	80.9	81.0	80.38	-0.8
乡村人口（万人）	107.1	105.3	104.0	104.9	105.07	0.1
地区生产总值（亿元）	2052.6	2076.6	2359.6	2676.4	3000.66	12.1
第一产业（亿元）	70.1	74.7	87.4	99.2	104.34	4
第二产业（亿元）	1570.9	1541.3	1712.2	1914.8	2126.02	12.2
工业（亿元）	1500.0	1456.3	1612.0	1801.1	2007.59	12.4
建筑业（亿元）	70.9	85.0	100.2	113.7	118.43	12.4
第三产业（亿元）	411.6	460.5	560.4	662.4	770.3	13.1
人均地区生产总值（元）	102741	103246	127638	130811	145395	11.1
地区生产总值构成（%）	100.0	100.0	100.0	100.0	100.0	—
第一产业（%）	3.4	3.6	3.7	3.7	3.48	-6.3
第二产业（%）	76.5	74.2	72.6	71.6	70.85	-1.0
第三产业（%）	20.1	22.2	23.8	24.8	25.67	3.7
财政总收入（亿元）	413.9	299.4	395.6	500.0	571.29	14.3
地方财政收入（亿元）	71.0	80.9	104.9	135.3	158.71	17.3
财政总支出（亿元）	89.7	105.2	142.1	179.8	208.4	15.9
地方财政支出（亿元）	89.7	105.2	142.1	179.8	208.4	15.9
全社会固定资产投资（亿元）	873.8	1095.6	1349.0	1574.4	1963	23.4
规模以上固定资产投资（亿元）	754.4	988.6	1185.1	1324.0	—	—
房地产开发（亿元）	70.0	84.6	100.3	122.9	147.75	20.2
进出口总值（亿美元）	41.2	39.6	79.6	102.2	123.7	20.7
出口总值（亿美元）	19.7	17.6	27.6	43.6	49.83	14.3
实际利用外资（亿美元）	1.8	1.7	2.1	1.4	1.6	15.7
社会消费品零售总额（亿元）	254.6	303.3	382.4	448.9	516.08	15.0
居民消费价格指数（%）	103.5	99.0	102.3	104.4	102.4	2.4
城市居民人均可支配收入（元）	19487	21313	23795	27343	30952	13.2
农民人均现金收入（元）	6660	7327	8427	10025	11489	14.6

东营市工农业主要统计指标

农业主要统计指标（万吨）				规模以上工业企业主要统计指标（亿元）			
项目＼年度	2011年	2012年	增幅（%）	项目＼年度	2011年	2012年	增幅（%）
粮食	81.57	75.91	-6.9	工业增加值	—	—	12.7
夏粮	35.28	34.41	-2.5	国有工业	—	—	15.3

续表

农业主要统计指标（万吨）				规模以上工业企业主要统计指标（亿元）			
项目＼年度	2011 年	2012 年	增幅（%）	项目＼年度	2011 年	2012 年	增幅（%）
秋粮	46.30	41.50	-10.4	集体工业	--	--	63.1
棉花	14.91	12.86	-13.7	股份制工业	--	--	12.9
油料	0.34	0.32	-5.9	股份合作制工业	--	--	-7.3
水果	11.79	11.44	-3	外商及港澳台投资工业	--	--	17.0
蔬菜	146.39	146.94	-0.4	轻工业	--	--	-12.7
肉类	25.71	26.84	4.4	重工业	--	--	5.0
禽蛋	12.75	12.84	0.7	销售收入	8222.7	10292.8	24.2
奶类	16.42	18.78	14.4	利税	1653.2	1898.3	15.4
水产品	48.16	50.00	3.8	利润	999.7	1177.6	18.7
森林覆盖率（%）	--	--	--	经济效益综合指数（%）	--	--	--

东营市主要金融机构概况

单位名称	行长（或其他称谓的第一负责人）	副行长（或其他称谓的同级领导）	员工总数	辖内营业网点数
人行东营市中心支行	徐小林	李　刚　岳　弘　李永清　梁久科　关志勇　段作强	243	4
银监会东营监管分局	于树明	王百春　张洪恩　杜明洁　宋维哲	57	1
农发行东营市分行	时祝华	段宗臣　陈　军　隋全亮	139	5
工行东营分行	刘爱峰	王英利　杨仕华　张金清　任德富　牛明贤	1032	58
农行东营分行	郑祖刚	李宗海　韩怀德　张俊国　王东风　张连海	883	59
中行东营分行	李向前	邱永明　徐　林　武明国　徐浴泉	651	26
建行东营分行	王心红	田　青　赵学刚　宗继科　李华东　高　筠　张建平　孙　炜	915	47
交行东营分行	韩会雷	刘德安　王树青　姜　宏	56	1
东营银行	石子强	袁学军　高树松　王希凯　王乃军　付光远　张爱民	612	27
邮储银行东营市分行	许凤亮	宋道峰　刘彦军	357	77
东营市农村合作机构	高传星	张德兵　魏　民	1891	168
恒丰东营分行	任显芬	张启新　晁前程　曹　兵	50	2
华夏东营分行	刘国辉	杨　坤　刘　光　李龙吉	61	1
中信东营分行	毕新宇	韩学斌　康立博　黄　涛　徐　明	100	3
招商东营分行	郑　玲	张广信　牟德华	69	2
民生东营分行	尚永兴	张晓东　刘金湘	73	2
浦发东营分行	李华堂	边盛强　刘功业　贾国良	79	2
青岛银行东营分行	王鹏华	刘元华　冯勋斌　郭　鹏	47	1

续表

单位名称	行长（或其他称谓的第一负责人）	副行长（或其他称谓的同级领导）	员工总数	辖内营业网点数
齐商银行东营分行	李　庆	王建平　岳　雷　陈永顺	74	1
东营莱商村镇银行	李敏实	李翠芳　刘汉忠　范水波	91	7

东营市金融业务统计指标

指标（亿元）＼年度		2008	2009	2010	2011	2012	2012 年同比	
							增加额	增幅（%）
银行类	本外币存款余额	1040.4	1312.1	1580.2	1927.7	2394.0	466.3	24.2
	人民币存款余额	1032.8	1301.0	1567.1	1904.0	2348.9	444.9	23.4
	*单位存款	243.6	356.1	420.1	1048.4	1368.3	319.9	30.5
	储蓄存款	554.1	640.2	703.1	789.9	946.6	156.7	19.8
	本外币贷款余额	716.0	934.3	1189.5	1439.6	1806.0	366.4	25.5
	人民币贷款余额	695.9	899.9	1148.1	1390.9	1748.4	357.5	25.7
	短期贷款	456.7	601.3	763.0	950.2	1318.7	368.5	38.8
	中长期贷款	205.7	299.3	364.8	399.9	448.4	48.5	12.1
	票据融资	33.2	29.2	20.3	40.4	37.9	-2.5	-6.1
	当年结益	25.6	29.7	38.9	53.3	68.0	14.7	27.5
	不良贷款余额	19.4	20.3	9.2	12.0	11.6	-0.4	-3.4
	不良贷款占比%	2.7	2.2	1.3	0.9	0.6	-0.2	-24.7
保险类	保险公司保费收入	31.5	42	42.9	41.7	42.53	0.8	2.0
	财险收入	8.3	10.8	13.8	15.6	18.19	2.6	16.6
	寿险收入	23.2	31.3	29.1	26.1	24.34	-1.8	-6.7
	保险公司赔款和给付支出	5.5	6.1	7	11.8	10.96	-0.8	-7.1
	财险赔款	4.7	5.2	5.9	6.7	9.48	2.8	41.5
	寿险给付	0.9	0.9	1.1	1.49	1.48	0.01	-0.7
	当年结益	26	36	35.9	29.9	31.57	1.7	5.6
证券类	证券市场成交总额	1542	1600	1857	1036	774	-262.0	-25.3
	投资者保证金余额	6.8	8.5	9.1	8.9	9	0.1	1.1
	证券账户开户数	66300	200000	201800	254000	265100	11100	4.4
	佣金收入	1	1	1.1	1	1.1	0.1	10.0
	净利润	0.4	0.4	0.5	1.3	0.37	-0.9	-71.5
	期货市场成交总额	—	—	—	—	1809	—	—
	期货客户保证金余额	—	—	—	—	0.52	—	—
	期货账户开户数	—	—	—	—	349	—	—
	期货手续费收入	—	—	—	—	1108	—	—
	利润总额	—	—	—	—	0.02	—	—

注：“*”该项指标 2010 年前为“企业存款”，其数字亦是如此。

东营市金融机构统计指标

指标（个）		2008	2009	2010	2011	2012	2012年同比增幅（%）
银行类	法人机构	6	6	7	9	9	0
	省级分行	0	0	0	0	0	--
	二级分行	6	6	10	14	16	14.3
	县区支行	81	82	82	85	97	14.1
	分理处、营业所	377	361	431	442	445	0.7
	储蓄所	11	11	11	11	11	0
	从业人员总数	4714	5273	6192	6697	7053	5.3
保险类	保险机构	22	23	23	29	29	0
	财险机构	13	13	13	16	16	0
	省级分公司	0	0	0	0	0	--
	地市分公司	13	13	13	16	16	0
	县区支公司	0	0	0	0	0	--
	寿险机构	9	10	10	13	13	0
	省级分公司	0	0	0	0	0	--
	地市分公司	9	10	10	13	13	0
	县区支公司	0	0	0	0	0	--
	从业人员总数	11733	11056	11759	8757	8988	2.6
	财险人员	4303	3349	3456	1394	1452	4.2
	寿险人员	7430	7707	8303	7363	7536	2.3
证券类	证券机构	3	3	3	3	10	233.3
	证券公司	0	0	0	0	0	--
	证券营业部	3	3	3	3	10	233.3
	证券服务部	0	0	0	0	0	--
	从业人员总数	186	300	356	400	337	-15.8
	投资者开户	18600	200000	201800	254000	265100	4.4
	境内上市股票支数	2	2	3	3	4	33.3
	境外上市股票支数	3	3	3	3	3	0
	辖区上市公司总数	5	5	6	6	7	16.7

东营市主要金融机构业务概况

单位：亿元

单位名称	本外币存款余额	人民币单位存款	人民币储蓄存款	本外币贷款余额	人民币短期贷款	人民币中长期贷款
农发行东营市分行	14.14	14.1	0	51.70	22.44	29.26
工行东营分行	396.10	195.73	191.51	291.48	160.7	122.74
农行东营分行	349.47	212.27	127.06	304.07	223.03	74.2
中行东营分行	230.81	130.87	84.33	208.23	119.18	75.68
建行东营分行	332.69	177.77	138.89	245.71	135.63	82.36

续表

单位名称	本外币存款余额	人民币单位存款	人民币储蓄存款	本外币贷款余额	人民币短期贷款	人民币中长期贷款
交行东营分行	23.17	20.09	2.54	19.05	18.02	1.03
东营银行	232.13	151.28	79.69	153.57	114.23	19.47
邮储银行东营市分行	104.04	24.77	79.26	22.20	9.49	12.71
东营市农村合作机构	291.28	97.25	193.53	218.21	208.65	4.9
恒丰东营分行	68.22	55.83	7.15	40.26	31.67	6.35
华夏东营分行	49.96	44.24	4.9	41.56	39.89	1.28
中信东营分行	61.54	56.04	3.22	50.56	43.5	4.26
招行东营分行	28.36	23.71	4.44	29.86	21.43	6.94
民生东营分行	34.14	22.38	11.4	23.81	23.16	0.07
浦发东营分行	63.57	61.11	2.07	58.17	49.15	4.84
青岛银行东营分行	20.41	14.22	6.11	15.43	14.78	0.65
光大东营分行	2.81	2.49	0.29	9.91	9.9	0
东营莱商村镇银行	25.70	21.88	3.82	19.16	14.76	0.11
垦利乐安村镇银行	2.08	1.7	0.37	1.72	1.72	0
广饶梁邹村镇银行	1.77	1.06	0.71	1.33	1.33	0

东营市各县级区域经济金融主要统计指标

名称	人口（万人）	面积（平方公里）	地区生产总值（亿元）	地区生产总值增速（%）	本外币存款余额（亿元）	储蓄存款（亿元）	本外币贷款余额（亿元）
东营区	62.04	1155.62	322.01	17.6	1681.38	659.33	970.74
河口区	21.51	2138.79	194.62	17.6			
垦利县	21.96	2204.07	301.21	17.4	215.94	98.89	220.04
利津县	29.88	1289.91	201.26	16.9	84.46	45.28	76.33
广饶县	50.06	1137.87	607.31	17.3	412.24	143.06	538.88

服务并重，积极深化外汇管理改革，创新服务措施，努力支持涉外经济平稳较快发展。

一、加强外汇管理有效性，密切关注跨境资金流动，切实防范化解外汇风险。一是组织开展了对辖内4家外商投资企业资本金结汇及人民币资金流向专项检查；二是对东营市网络炒汇情况进行了调查；三是组织开展对工行、华夏银行外汇业务合规性检查；四是加强对外汇银行外债管理的检查和指导，提高管理质量；五是积极宣传外汇年检工作新要求，认真开展年检工作，提高年检数据质量。

二、扎实深化货物贸易外汇管理制度改革。一是成功举办了此项改革的培训班，辖内400多家企业、450余人参加了培训；二是加强涉外企业非现场监测和现场核查工作；三是积极对名录内档案信息不准确的情况进行清理，并联系企业核对更正。

三、提高外汇服务水平。一是制定出台了《关于进一步改进外汇管理支持全市涉外经济平稳较快发展的指导意见》和《关于促进对外贸易发展的实施细则》，为涉外经济发展提供良好环境；二是加强外汇政策法规宣传和知识培训，开展宣讲培训班3次，培训800人次。

【金融改革】 2012年，东营市金融主管部门着力深化银行业改革，完善现代金融体系。

一、城商行改革进一步深化。东营银行一是修订完善了《董事及高级管理人员履职评价办法》，增强“三会一层”履职的能动性；二是顺利完成了二期配股工作，新增股本3.65亿元，总股本达到11.95亿元；三是建立完善激励约束机制，出台了以资本收益率为核心的绩效考核制度。

二、农村金融改革成效明显。河口农商行、垦利农商行顺利挂牌开业，核心竞争力得以提升；农合机构认真落实风险管理达标提升规划，风险抵补能力进一步增强；辖区村镇银行经营正常，支农服务水平不断提升，其中，东营莱商村镇银行网点数量已达5家，存款、贷款、利润3项指标全省第一。

三、其他机构改革进展良好。光大、齐商等东营分行于年内获批开业；6家已入驻机构共新设支行7家，其中开业3家、筹建3家、已上报筹建材料1家。

【精神文明建设】 2012年，东营市金融系统全面推进精神文明建设，促进各项工作顺利开展。

人行东营中支开展了“金融改革创新研修班”、“青春使命勇担当 创先争优做先锋”青年论坛、“文化展现青春 调研体现价值”青年座谈会、“喜迎十八大 讲文明树新风”、科学发展“成就辉煌”主题征文等系列活动，提升了凝聚力。

银监会东营监管局组织开展了以“创建先进分局、争当监管标兵”为主题的“创先争优论坛”活动；农行东营分行顺利通过了山东省文明委“文明单位”的复查验收，其市行营业部被中国银行业协会评为全国银行业“千佳”示范单位；农发行成功举办鲁中协作片区“相约黄河口，共享鲁中情”摄影比赛活动；邮储东营市分行组织开展了勇于担当大讨论、三八节健步行、女职工座谈会、元旦文艺汇演等活动，积极打造竞争、合规、执行、和谐的企业文化。

【大事记】 2月22日 中行广饶支行“全国文明单位”授牌，中行总分行有关领导参加了授牌仪式。

2月24日 外管局东营市中心支局召开2012年外汇管理工作会议。

3月7日 东营市金融消费者权益保护新闻发布会在人行东营中支举行，标志着金融消费者权益保护工作在全市全面正式启动。

3月7日 省联社副主任丁浩升到东营就“银银通”项目进展情况进行调研指导。

3月12日 东营市商业银行更名东营银行新闻发布会暨揭牌仪式在东营市东营宾馆隆重举行。

3月14日 建行山东省分行薛峰行长、王晓永副行长等到东营调研，东营市委书记姜杰等有关市领导接见。

3月28日 省联社副主任王宝城到东营调研指导工作。

3月31日 山东河口农村商业银行股份有限公司挂牌开业。

4月6日 农行山东省分行党委委员、行长助理郑祖刚兼任农行东营分行党委书记、行长。（农银鲁党任〔2012〕17号、农银鲁任〔2012〕23号）

5月21日 刘彦军任邮储东营市分行副行长。（鲁邮银行任〔2012〕8号）

5月30日 华夏济南分行党委书记、行长孙彤军到东营调研。

7月27日 东营银行滨州分行无棣支行正式对外营业。

8月28日 交行山东省分行行长王锋到东营调研，东营市市委书记、市人大常委会主任姜杰等市领导接见。

9月13日 人行东营中支组织召开了2012年东营市银行机构现金业务联席会议，党委书记、行长徐小林出席会议并讲话。

9月16日 东营银行成功上线运行CBUS核心系统。

12月5日 招行东营分行举办分行机关及营业部乔迁暨胜利支行开业庆典。

12月12日 民生东营广饶支行开业。

12月17日 山东垦利农村商业银行股份有限公司挂牌开业。

12月20日 东营银行安泰支行正式对外营业。

12月28日 齐商银行东营分行开业。

12月31日 东营垦利乐安村镇银行首家支行——郝家支行开业。

（刘春华 石文华 任小强）

广饶县

【经济金融概况】 2012年，广饶县经济金融继续保持向好发展态势，工业生产保持较高速度，经济效益稳中有升，综合实力不断增强。信贷结构不断优化，信贷投放稳步增长，金融运行质量明显提高。

【金融发展与改革】 2012年，人行广饶县支行认真贯彻落实稳健的货币政策，加强窗口指导，以金融生态环境建设为主线，有效地促进政、银、企之间的合作，确保了支柱行业、重点项目和工程的资金需求，实现三者共赢。

广饶县主要经济指标

经济指标	2011	2012	2012年同比增幅（%）	经济指标	2011	2012	2012年同比增幅（%）
土地面积（平方公里）	1138	1138	0	地方财政支出（亿元）	47.82	59.31	24.0
人口（万人）	50.06	50.06	--	全社会固定资产投资（亿元）	334.98	411.13	23.8
城镇人口（万人）	6.76	6.55	-3.1	进出口总值（万美元）	504019	545778	8.3
乡村人口（万人）	43.3	43.51	0.5	出口总值（万美元）	282833	319036	12.8
地区生产总值（亿元）	538.72	607.31	17.3	实际利用外资（万美元）	4515.5	3645.2	-19.3

续表

经济指标	2011	2012	2012年同比增幅（%）	经济指标	2011	2012	2012年同比增幅（%）
第一产业（亿元）	35.45	36.82	3.6	社会消费品零售总额（亿元）	104.53	120.73	15.5
第二产业（亿元）	385.88	429.01	19.6	居民消费价格指数（%）	106.8	109.4	2.4
第三产业（亿元）	117.39	141.48	13.2	人均地区生产总值（元）	108065	121317	16.8
财政总收入（亿元）	53.52	58.93	10.1	城镇居民可支配收入（元）	24425	27504	12.6
地方财政收入（亿元）	38.95	48.49	24.5	农民人均现金收入（元）	10517	12055	14.6
财政总支出（亿元）	48.70	59.31	21.79				

广饶县主要金融指标

金融指标（亿元）	2011	2012	2012年同比增幅（%）	金融指标（亿元）	2011	2012	2012年同比增幅（%）
本外币存款余额	330.79	412.24	24.62	财险收入	0.69	2.7	291.30
人民币存款余额	317.64	389.60	22.65	寿险收入	1.45	2.56	76.55
单位存款	198.04	242.13	22.26	财险赔款	0.31	0.82	164.52
储蓄存款	115.82	142.82	23.31	寿险给付	0.30	0.28	-6.67
本外币贷款余额	452.86	538.88	18.99	当年结益	—	—	—
人民币贷款余额	433.97	518.33	19.44	证券市场交易总额	—	—	—
短期贷款	335.56	413.75	23.30	投资者保证金余额	—	—	—
中长期贷款	98.10	103.60	5.61	证券账户开户数	—	—	—
票据融资	0.30	0.98	226.67	证券交易佣金收入	—	—	—
当年结益	17.81	23.61	32.57	净利润	—	—	—
不良贷款余额	0.89	0.88	-1.12				

广饶县主要金融机构概况

单位名称	行长（或其他称谓的第一负责人）	副行长（或其他称谓的同级领导）	员工总数	辖内营业网点数
人行广饶县支行	王永强	刘延忠　蒋吉昌　谭　斌	34	1
银监会广饶县办事处	隋　勇		1	1
农发行广饶县支行	韩绥军	井玉蓉　刘　宁	26	1
工行广饶支行	段其明	郭洪明　邱　峰　徐同文　王明荣	96	6
农行广饶县支行	巩稚峰	郭　伟　陈　琪　陈　超　林　健　钟迎宾	233	12
中行广饶支行	李明光	刘金鑫　于海生	68	3
建行广饶支行	李华东	王建峰　聂丽玉　张　勇　郑成泉	86	4
东营银行广饶支行	田晓东	乔　静	29	2
广饶县农商行	高传星	赵树华　戴国建　刘建云　刘玉明　生国江　孙鹏飞	562	70
邮储银行广饶县支行	陈树立	韩　晓	62	3
中信广饶支行	胡广胜	赵新生	20	1
民生广饶支行	毛怀东	陈建军	23	1
广饶县梁邹村镇银行	张　立	高　峰　成玉环	24	1

广饶县主要金融机构业务概况

单位：亿元

单位名称	本外币存款余额	人民币单位存款	人民币储蓄存款	本外币贷款余额	人民币短期贷款	人民币中长期贷款
农发行广饶县支行	4.63	4.63	0	19.77	7.44	12.33
工行广饶支行	49.56	33.76	11.57	104.22	68.81	34.34
农行广饶县支行	102.43	70.99	25.38	131.37	109.90	16.98
中行广饶支行	39.43	31.54	4.73	60.87	47.70	9.72
建行广饶支行	55.06	38.60	7.17	111.24	73.18	25.67
东营银行广饶支行	17.03	15.15	1.86	17.77	16.56	1.21
广饶县农商行	120.77	41.29	79.16	88.99	86.78	2.09
邮储银行广饶县支行	14.13	3.18	10.95	3.32	2.05	1.27
中信广饶支行	2.21	1.73	0.19	0	0	0
民生广饶支行	1.31	0.20	1.12	0	0	0
广饶县梁邹村镇银行	1.77	1.06	0.71	1.33	1.33	0

【金融服务与监管】 2012 年，人行广饶县支行进一步强化金融服务与监管。一是加强对经济金融热点、难点问题的调研分析，为决策提供信息和依据；二是通过强化对监管人员的业绩和行为考核，提高监管能力和水平；三是引导金融部门加大支农和中小企业信贷投放，优化信贷结构；四是先后组织了人民币流通管理、外汇、金融统计、国库业务、反洗钱等业务监督检查，有效规范了金融运行秩序；五是加大征信宣传力度，保障金融的健康运行。

（张子东　宋振红）

垦利县

【经济金融概况】 2012 年，人行垦利县支行认真履行基层央行职责，引导辖区金融机构优化金融服务，调整信贷结构，创新金融产品，围绕当地经济建设实际，加大信贷支持力度。

【金融发展与改革】 2012 年，人行垦利县支行一是加强对法人金融机构和商业银行流动性状况监测，促进宏观调控政策顺利实施以及金融机构稳健经营；二是加强对农信社专项央行票据兑付的后续考核监测管理，巩固和提高改革成果；三是开展了对农行“三农金融事业部”考核检查评估工作，促进其真正构建起“三级督导、一级经营”管理体制和“六个单独”运行机制；四是积极引进股份制银行落户，扩大辖区金融机构队伍，增大信贷支持和其他金融服务支持。12 月，浦发垦利支行挂牌成立。

【金融服务与监管】 2012 年，人行垦利县支行一是充分发

垦利县主要经济指标

经济指标	2011	2012	2012 年同比增幅（%）	经济指标	2011	2012	2012 年同比增幅（%）
土地面积（平方公里）	2204	2204	0	地方财政支出（亿元）	19.3	22.28	15.44
人口（万人）	22.06	22.09	0.14	全社会固定资产投资（亿元）	206.8	254.5	23.07
城镇人口（万人）	3.91	4.38	12.02	进出口总值（万美元）	36543	46000	25.88
乡村人口（万人）	18.15	17.71	-2.42	出口总值（万美元）	23242	33000	41.98
地区生产总值（亿元）	252.7	301.21	19.20	实际利用外资（万美元）	1527	1624	6.35
第一产业（亿元）	15.6	16.6	6.41	社会消费品零售总额（亿元）	35.5	40.8	14.93
第二产业（亿元）	163.1	192.0	17.72	居民消费价格指数（%）	104.7	102.9	-1.72
第三产业（亿元）	73.9	92.6	25.30	人均地区生产总值（元）	114551	128674	12

续表

经济指标	2011	2012	2012 年同比增幅（%）	经济指标	2011	2012	2012 年同比增幅（%）
财政总收入（亿元）	38.81	41.56	7.09	城镇居民可支配收入（元）	24666	28070	13.80
地方财政收入（亿元）	12.01	14.57	21.32	农民人均现金收入（元）	9905	11411	15.20
财政总支出（亿元）	38.18	41.05	7.60				

垦利县主要金融指标

金融指标（亿元）	2011	2012	2012 年同比增幅（%）	金融指标（亿元）	2011	2012	2012 年同比增幅（%）
本外币存款余额	177.83	215.94	21.43	财险收入	1.37	1.85	35.04
人民币存款余额	176.91	212.7	20.23	寿险收入	1.88	1.77	-6
单位存款	85.43	113.03	32.31	财险赔款	0.56	0.81	44.64
储蓄存款	89.91	98.53	9.59	寿险给付	0.23	0.28	21.74
本外币贷款余额	190.27	220.04	15.65	当年结益	2.08	2.53	21.63
人民币贷款余额	185.63	219.68	18.34	证券市场交易总额	--	4.09	--
短期贷款	129.68	153.97	18.73	投资者保证金余额	--	7.46	--
中长期贷款	53.22	62.86	18.11	证券账户开户数	--	1441	--
票据融资	2.72	2.76	1.47	证券交易佣金收入	--	0.005	--
当年结益	8.61	10.57	22.76	净利润	--	-0.01	--
不良贷款余额	1.71	1.51	-11.70				

垦利县主要金融机构概况

单位名称	行长（或其他称谓的第一负责人）	副行长（或其他称谓的同级领导）	员工总数	辖内营业网点数
人行垦利县支行	张晋平	陈　田　王志明	38	1
银监会垦利县办事处	王文良	王文良	1	0
农发行垦利县支行	李好贞	窦景宏　李　鹏	16	1
工行垦利支行	李　琰	宋金玲　邓晓云	107	6
农行垦利县支行	刘明鹤	常西金　张林同	102	10
中行垦利支行	武英江	张广森　刘　冰	59	3
建行垦利支行	毕玉军	周　淼　张卫华	57	3
东营银行垦利支行	牟光辉	梁继明	20	1
垦利县农商行	徐树彬	单爱凤　李英军	348	26
邮储银行垦利县支行	李晓明	石小琴	67	3
垦利乐安村镇银行	孙鹏飞	孙怀华　李跟锋	32	1
浦发银行东营垦利支行	李建成	李广兴	18	1

垦利县主要金融机构业务概况

单位：亿元

单位名称	本外币存款余额	人民币单位存款	人民币储蓄存款	本外币贷款余额	人民币短期贷款	人民币中长期贷款
农发行垦利县支行	0.69	0.69	0	5.31	2.48	2.83

续表

单位名称	本外币存款余额	人民币单位存款	人民币储蓄存款	本外币贷款余额	人民币短期贷款	人民币中长期贷款
工行垦利支行	44.01	21.94	20.67	50.80	33.75	17.05
农行垦利县支行	50.56	27.24	22.92	44.33	29.98	14.35
中行垦利支行	30.69	20.51	8.90	40.72	27.09	12.92
建行垦利支行	20.48	15.91	4.15	30.96	18.62	12.34
东营银行垦利支行	9.94	7.72	2.20	8.22	7.67	0.55
垦利县农商行	44.06	12.08	31.92	34.29	31.18	0.61
邮储银行垦利县支行	10.94	3.55	7.40	3.70	1.48	2.22
垦利乐安村镇银行	2.08	1.70	0.37	1.72	1.72	0

挥货币政策工具的引导作用，全年发放支农再贷款2.1亿元；二是认真做好贷款卡发放和年审工作，继续深入推行挂牌服务和客户满意度监督工作；三是充分利用西宋桃花节、万亩葵园等活动，积极开展反假货币宣传、征信管理咨询和支付结算服务活动；四是加强征信知识宣传，在辖区46个金融营业网点发放海报、宣传折页7500多份，推进公众对征信知识的进一步了解；五是组织四大民生工程建设，推进金融服务向深层次发展。

(李祥勇)

利津县

【经济金融概况】 2012年，利津县金融业平稳运行，各项存贷款大幅增长，信贷结构进一步优化，服务质量明显提升，优先满足重点行业、重点客户和重点项目的信贷需求，继续加大对县域中小企业、“三农”、民生和薄弱环节等信贷支持力度。

【金融发展与改革】 2012年，利津县金融机构认真贯彻执行稳健的货币政策，金融发展势头良好，改革稳步推进。农行利津县支行三农金融事业部改革进一步推进，服务“三农”功能不断强化；利津农商行按照统筹城乡经济社会发展的要求，支持发展农村经济，改进服务方式，完善服务功能，进一步提升农村

利津县主要经济指标

经济指标	2011	2012	2012年同比增幅(%)	经济指标	2011	2012	2012年同比增幅(%)
土地面积(平方公里)	1665.6	1665.6	0	地方财政支出(亿元)	13.96	18.28	30.95
人口(万人)	29.96	29.88	-0.27	全社会固定资产投资(亿元)	118.5	148.4	25.23
城镇人口(万人)	3.84	3.81	-0.78	进出口总值(万美元)	33730	37700	11.77
乡村人口(万人)	26.12	26.08	-0.15	出口总值(万美元)	7630	8500	11.4
地区生产总值(亿元)	175.6	201.3	14.64	实际利用外资(万美元)	813	1000	23
第一产业(亿元)	24	25.2	5	社会消费品零售总额(亿元)	21.3	24.5	15.02
第二产业(亿元)	98.5	111.6	13.3	居民消费价格指数(%)	104.9	102.4	-2.38
第三产业(亿元)	53.1	64.5	21.47	人均地区生产总值(元)	57291	67263	17.41
财政总收入(亿元)	16.5	24	45.45	城镇居民可支配收入(元)	21970	24387	11
地方财政收入(亿元)	6.13	7.46	21.7	农民人均现金收入(元)	9224	10483	13.65
财政总支出(亿元)	19.1	26.96	41.15				

利津县主要金融指标

金融指标(亿元)	2011	2012	2012年同比增幅(%)	金融指标(亿元)	2011	2012	2012年同比增幅(%)
本外币存款余额	73.48	84.46	14.94	财险收入	0.36	0.43	19.44

续表

金融指标（亿元）	2011	2012	2012年同比增幅（%）	金融指标（亿元）	2011	2012	2012年同比增幅（%）
人民币存款余额	73.19	83.27	13.77	寿险收入	0.56	0.56	0
单位存款	32.34	37.60	16.26	财险赔款	0.2	0.34	70
储蓄存款	38.24	45.27	18.38	寿险给付	0.1	0.16	60
本外币贷款余额	66.11	76.33	15.46	当年结益	--	--	--
人民币贷款余额	65.91	75.17	14.05	证券市场交易总额	--	--	--
短期贷款	47.50	53.30	12.21	投资者保证金余额	--	--	--
中长期贷款	18.34	21.67	18.16	证券账户开户数	--	--	--
票据融资	0	0	--	证券交易佣金收入	--	--	--
当年结益	2.19	2.62	19.63	净利润	--	--	--
不良贷款余额	1.06	1.06	0				

利津县主要金融机构概况

单位名称	行长（或其他称谓的第一负责人）	副行长（或其他称谓的同级领导）	员工总数	辖内营业网点数
人行利津县支行	王学亮	李士春　张爱民	27	1
银监会利津县办事处	马　斌		1	1
农发行利津县支行	杜　勇	李冠忠	18	1
农行利津县支行	李万刚	刘志勇　秦晓鹏　冯永波	81	3
建行利津支行	任向阳	王岱刚　陈龙武　刘合理　王爱玲	42	2
东营银行利津支行	袁　刚	谢遵建　陈　闯	19	1
利津农商银行	徐奇祥	朱美村　黄花厂　李卫东　张玉东	259	20
邮储银行利津县支行	韩兴火	郭玉华	73	4

利津县主要金融机构业务概况

单位：亿元

单位名称	本外币存款余额	人民币单位存款	人民币储蓄存款	本外币贷款余额	人民币短期贷款	人民币中长期贷款
农发行利津县支行	3.22	3.22		7.03	4.43	2.60
农行利津县支行	20.70	12.10	8.56	17.14	12.17	4.96
建行利津支行	16.03	9.20	5.63	23.55	11.33	11.06
东营银行利津支行	7.07	4.95	2.08	6.48	4.56	1.92
利津农商银行	26.77	6.13	20.59	19.82	19.60	0.02
邮储银行利津县支行	10.39	1.99	8.40	2.31	1.20	1.11

金融服务水平和效率；邮储利津支行的业务范围进一步拓宽；全县第3家小额贷款公司——利津县金昊小额贷款股份有限公司成立，进一步缓解了全县农户和小微企业贷款难、担保难问题。

【金融服务与监管】　2012年，人行利津县支行认真履行基层央行职责，为全县经济社会发展提供了良好的金融服务，确保了金融业平稳运行。一是制定了《关于金融支持全县高效生态农业发展的指导意见》；二是积极搭建银企合作平台，协调组织召开了全县银企合作洽谈会，签约项目86个，资金到位率78.26%；三是认真做好对金融机构的检查、考核、绩效评价、评估等工作；四是积极开展“发展民生金融，推动四大工程（即：诚信示范企业、农村支付环境建设、金融稳定、金融服务提升年）”活动；五是是加强对再贷款、存款准备金、央行专项票据等资金的管理，以及征信管理与服务，提高全社会信用意识；六是组织贯彻实施金融统计制度，协调、管理全县金融统计工作；七是提升外汇管理水平，继续推行跨境贸易人民币结算业务，为出口企业提供便利化服务；八是认真做好国库集中支付工作。

（辛玉梅　高建刚）

滨州市

【经济金融概况】　2012年，滨州市经济实现了平稳较快发展。金融运行稳中趋快，呈现四个特点：

一、贷款与融资规模创历史新高，存贷比达88.1%；社会融资规模快速增长，信用总量持续攀升，各银行机构商业汇票、信用证、保函、保理等表外业务余额628.6亿元，同比增加187.2亿元。

二、各项存款大幅增长，增速在全省排名第1位，新增额创历史最高水平。

三、贷款趋向短期化，企业投资意愿降低，短期贷款余额占全部新增贷款的89.4%，同比提高11.8个百分点。

四、贷款结构持续优化，全市前20户大型企业贷款较年初增加98.3亿元，增幅155.1%，高出贷款平均增幅125.5个百分点；新增小微企业贷款余额75.7亿元，增长32.5%，较大、中型企业分别高出23.9和2个百分点，增速是贷款平均增速的1.7倍；农林牧渔业贷款余额23亿元，较年初增长56.2%，高出贷款平均增速26.6个百分点。

【货币政策实施】　2012年，人行滨州市中心支行不断丰富窗口指导手段，积极探索新形势下基层央行履职方式。一是累计发放支农再贷款25.26亿元，办理再贴现11.2亿元，有效增强了金融机构的信贷投放能力；二是成功举行了“2012’诚信滨州第十一届银企合作促进会”，济南分行杨子强行长亲临指导，本次会议共签订信贷合同项目2835个，合同贷款金额1493.36亿元，签约额再创历史新高，会议得到了山东省委姜异康书记的充分肯定和重要批示；三是联合滨州市金融证券办公室、市发改委联合举办了“2012年滨州市重点项目建设银企对接洽谈会”，共签订合同金额89.01亿元，协议金额165.5亿元。

【金融监管】　2012年，针对民间借贷可能转嫁的银行风险，银监会滨州监管分局一是安排全辖银行业开展全面自查，防止银行信贷资金成为民间融资来源，防止银行工作人员成为民间融资的“掮客”，风险防范的前瞻性进一步增强；二是在全市范围内开展了以“防范和打击非法集资”为主题的金融风险知识普及教育活动，采取“市县同步、点面结合”的宣传方式，对非法集资特征、主要表现形式、常用手段等进行了集中宣讲。

【外汇管理】　2012年，外管局滨州市中心支局加强跨境资金流动监测，提高对区域外汇收支形势的分析研判能力，落实简政放权，促进结构优化，推动利用外资水平进一步提高。全年共办理外商投资企业外汇登记12家，投资总额14.97亿美元；办理境外投资登记5笔，新增中方投资额1.31亿美元，是去年同期的4.68倍；投资到位0.71亿美元，是去年同期的6.6倍，境外投资呈现快速发展态势。

【金融改革】　2012年，人行滨州市中心支行不断推进农村中小金融机构改革，完善法人治理结构，推动农村中小金融机构向现代金融企业过渡。博兴农合行改制农商行的工作稳步推进，邹平青隆、博兴新华等村镇银行顺利开业。银监会滨州监管局充分利用由监管部门、邮储银行、邮政局参与的“三方会谈”机制，稳步推进邮储银行二类支行改革，切实解决邮储银行经营、改革中的问题，年内共核准了7家二类支行准入。

【精神文明建设】　2012年，滨州市金融系统开展了“学雷锋、争服务标兵”活动，深入学习“十八大”会议精神。工行滨州分行继续被授予“全国文明单位”荣誉称号；农行滨州分行被农总行授予“文明单位”荣誉称号，农行阳信县支行被农总行表彰为“精神文明建设工作先进单位”。

【大事记】　1月6日　王建平任齐商银行滨州分行行长助理，傅士仁任齐商银行滨州分行工会主席（齐银发〔2012〕21号）。

2月9日　建行滨州分行与黄河三角洲建设开发有限公司签订《战略合作协议》。

3月6日　工行滨州分行成功承销魏桥创业集团第二期中期票据15亿元。

3月21日　王炳学任农行滨州分行党委书记，拟任行长；刘聪盛不再担任滨州分行党委书记、行长（农银鲁印〔2012〕31号）。

3月30日　工行滨州分行阳信县支行开业。

5月8日　焦兵任建行滨州分行行长，解除修琦建行滨州分行行长职务（建鲁任〔2012〕29号）。

5月17日　朱前锋任工行滨州分行党委委员、副行长（工银鲁党委任免〔2012〕21号）。

5月23日　建行滨州分行成功发行4.5亿元博兴中小企业集合票据，该笔业务是建行全国第二单、山东省第一单中小企业集合票据业务。

滨州市经济主要统计指标

指标＼年度	2008	2009	2010	2011	2012	2012 年同比增幅（%）
土地面积（平方公里）	9453	9453	9453	9453	9453	0
人口（万人）	375.68	377.5	377.92	380.68	380.9	0.06
城镇人口（万人）	104.69	105.26	120.47	139.83	143.5	2.62
乡村人口（万人）	--	--	--	--	--	--
地区生产总值（亿元）	1236.83	1350.9	1551.52	1817.58	1987.73	10.8
第一产业（亿元）	122.69	135.93	155.48	178.07	189.51	5.1
第二产业（亿元）	753.67	788.7	847.31	972.29	1045.61	12.2
工业（亿元）	693	720.61	767.26	877.08	948.62	12.7
建筑业（亿元）	60.67	68.09	80.05	95.21	96.99	7.2
第三产业（亿元）	360.47	426.27	548.73	667.22	752.61	10
人均地区生产总值（元）	33610	36568	41054.19	48326	52591	10.2
地区生产总值构成（%）	100	100	100	100	100	--
第一产业（%）	9.92	10.06	10.02	9.8	9.54	-0.3
第二产业（%）	60.94	58.38	54.61	53.49	52.6	-0.9
第三产业（%）	29.14	31.56	35.37	36.71	37.86	1.2
财政总收入（亿元）	138.32	151	198.29	242.91	266.25	9.61
地方财政收入（亿元）	70.37	80.17	103.99	130.76	150.46	15.1
财政总支出（亿元）	--	--	--	--	--	--
地方财政支出（亿元）	100.88	124.72	161.62	201.17	226.56	12.62
全社会固定资产投资（亿元）	650	--	--	--	--	--
规模以上固定资产投资（亿元）	578.69	723.41	886.12	1010.69	1262.73	22.7
房地产开发（亿元）	50.67	69.83	96.55	106.28	135.26	27.3
进出口总值（亿美元）	45.28	33.67	50.92	66.93	62.86	-6.07
出口总值（亿美元）	23.01	17.66	25.51	28.47	28.29	-0.61
实际利用外资（亿美元）	3.01	1.69	3.1	10.43	5.41	-48.12
社会消费品零售总额（亿元）	302.62	360.28	431.16	505.75	581.46	15
居民消费价格指数（%）	104.8	99.2	102.5	103.9	102.1	-1.8
城市居民人均可支配收入（元）	15960	17500	19686	22540	25810	14.51
农民人均现金收入（元）	5662	6245	7194	8743	10047	14.9

滨州市工农业主要统计指标

农业主要统计指标（万吨）				规模以上工业企业主要统计指标（亿元）			
项目＼年度	2011 年	2012 年	增幅（%）	项目＼年度	2011 年	2012 年	增幅（%）
粮食	309.37	295.02	-4.6	工业增加值	1066.27	1206.06	13.11
夏粮	149.39	150.01	--	国有工业	91.38	93.24	2.03

续表

农业主要统计指标（万吨）				规模以上工业企业主要统计指标（亿元）			
项目 \ 年度	2011年	2012年	增幅（%）	项目 \ 年度	2011年	2012年	增幅（%）
秋粮	159.97	145.01	--	集体工业	1.67	1.77	5.9
棉花	15.71	11.15	-29	股份制工业	921.67	1055.5	14.52
油料	0.84	1.29	53.3	股份合作制工业	0.08	7.97	67.8
水果	112.85	108.63	-3.7	外商及港澳台投资工业	44.86	47.56	6.01
蔬菜	184.59	179.97	-2.5	轻工业	534.77	599.42	12.09
肉类	45.41	47.13	3.8	重工业	535.11	610.24	14.04
禽蛋	23.92	24.61	2.9	销售收入	4978.04	5994.41	19.51
奶类	13.27	13.3	0.3	利税	362.8	423.23	14.83
水产品	39.17	41.17	5.1	利润	238.55	273.85	14.01
森林覆盖率（%）	28.8	30.1	7.9	经济效益综合指数（%）	272.35	329.07	25.02

滨州市主要金融机构概况

单位名称	行长（或其他称谓的第一负责人）	副行长（或其他称谓的同级领导）	员工总数	辖内营业网点数
人行滨州市中心支行	韩　伟	李秀杰　李　虹　贾克玲　王晓黎　李庶泳　张中志　栾金泉	316	7
银监会滨州监管分局	郝　军	侯庆华　胡宏坚　刘寿章　孟庆信	51	1
农发行滨州市分行	陈鲁宁	刘志波　张炳俊	185	6
工行滨州分行	苗　帅	王　莹　张建新　吴建华　姚春洪　李　战　朱前锋	832	41
农行滨州市分行	王炳学	陈　东　何宝林　郝　政　孙学雷　丁　捷	1092	68
中行滨州分行	孟　斐	万志强	485	19
建行滨州分行	焦　兵	孔凡忠　徐元兴　高立江	840	34
交行滨州分行	程家玺	米　军　赵　晖	42	1
招行滨州分行	王大鹏	魏东国　李东方	42	1
兴业滨州分行	李俊云	陈连合　刘广东	58	1
恒丰滨州分行	杨　文	王文博　贾青冰　祁　明	30	1
齐商银行滨州分行	张　波	林学强　张玉鹏	163	5
东营银行滨州分行	石钦勇	耿小军　朱玉平	112	4
农信社滨州市办事处	王　军	杨忠诚　李　臣　高　平	2766	215
邮储银行滨州市分行	王金虎	许欣山　张　萍　孙　浩	636	140

滨州市金融业务统计指标

指标（亿元）		2008	2009	2010	2011	2012	2012年同比	
							增加额	增幅（%）
银行类	本外币存款余额	700.22	921.55	1065.83	1309.69	1697.66	387.97	29.62
	人民币存款余额	696.69	918.27	1061.01	1300.81	1683.78	382.97	29.44
	*单位存款	126.62	242.15	279.34	693.31	941.16	247.85	35.75
	储蓄存款	383.67	444.54	508.31	586.45	709.22	122.77	20.93
	本外币贷款余额	669.44	889.54	1068.47	1256.49	1495.13	238.64	18.99
	人民币贷款余额	649.87	846.99	1020.38	1211.55	1453.14	241.59	19.94
	短期贷款	421.5	563.96	587.57	834.97	1053.49	218.52	26.17
	中长期贷款	196.62	270.08	328.26	363.44	379.3	15.86	4.36
	票据融资	34.79	12.93	4.53	13.11	20.11	7	53.39
	当年结益	24.12	25.79	36.06	42.01	47.63	5.62	13.38
	不良贷款余额	25.33	40.29	24.9	14.33	14.3	-0.03	-0.21
	不良贷款占比%	3.8	4.53	2.33	1.14	0.96	-0.18	-0.18
保险类	保险公司保费收入	20.5	27.14	33.72	37.59	44.40	6.81	18.13
	财险收入	7.01	9.23	11.66	14.02	16.55	2.53	18.01
	寿险收入	13.49	17.91	22.06	23.57	27.86	4.29	18.20
	保险公司赔款和给付支出	3.87	8.49	8.13	10.29	11.64	1.35	13.09
	财险赔款	3.35	4.58	6.07	6.94	8.85	1.91	27.49
	寿险给付	0.52	3.91	2.07	3.35	2.79	-0.56	-16.74
	当年结益	--	--	--	--	--	--	--
证券类	证券市场成交总额	1032.7	1495.16	751.57	427.37	348.84	-78.53	-18.38
	投资者保证金余额	3.41	7.06	--	--	--	--	--
	证券账户开户数	102110	106526	64100	99700	141260	41560	41.69
	佣金收入	1.16	1.64	--	--	--	--	--
	净利润	0.68	1.08	--	--	--	--	--
	期货市场成交总额	--	--	--	--	--	--	--
	期货客户保证金余额	--	--	--	--	--	--	--
	期货账户开户数	--	--	--	--	--	--	--
	期货手续费收入	--	--	--	--	--	--	--
	利润总额	--	--	--	--	--	--	--

注：1、“*”该项指标2010年前为“企业存款”，其数字亦是如此。

2、保险类“当年结益”指标因部分保险公司数据未核实不能对外提供，无法汇总统计。

3、证券类2010年后“投资者保证金余额”、“佣金收入”、“净利润”三指标因证券公司未提供，无法汇总统计。

4、滨州无期货市场。

滨州市金融机构统计指标

指标（个）		2008	2009	2010	2011	2012	2012年同比增幅（%）
银行类	法人机构	7	7	8	11	9	-18.18
	省级分行	—	—	—	—	—	—
	二级分行	7	7	9	11	13	18.18
	县区支行	150	158	167	73	87	19.18
	分理处、营业所	274	265	275	405	430	6.17
	储蓄所	17	17	0	29	15	-48.28
	从业人员总数	6117	6383	6310	6566	6821	0.04
保险类	保险机构	43	60	75	88	93	5.68
	财险机构	38	38	40	44	46	4.55
	省级分公司	—	—	—	—	—	—
	地市分公司	14	14	15	17	18	5.88
	县区支公司	24	24	25	27	28	3.70
	寿险机构	15	22	35	44	47	6.82
	省级分公司	—	—	—	—	—	—
	地市分公司	9	9	10	11	12	9.09
	县区支公司	6	13	25	33	35	6.06
	从业人员总数	9830	12800	13500	13700	13716	0.12
	财险人员	1350	1395	1595	1695	1699	0.24
	寿险人员	8480	11405	11905	12005	12017	0.10
证券类	证券机构	6	5	5	5	7	0.4
	证券公司	—	—	—	—	—	—
	证券营业部	6	5	5	5	7	0.4
	证券服务部	—	—	—	—	—	—
	从业人员总数	43	43	85	85	127	0.49
	投资者开户	102110	106526	93369	99700	141260	0.42
	境内上市股票支数	3	3	6	7	8	0.14
	境外上市股票支数	5	5	5	7	7	0
	辖区上市公司总数	8	8	11	14	15	0.07

滨州市主要金融机构业务概况

单位：亿元

单位名称	本外币存款余额	人民币单位存款	人民币储蓄存款	本外币贷款余额	人民币短期贷款	人民币中长期贷款
农发行滨州市分行	25.67	25.33	0	108.74	53.87	47.43
工行滨州分行	294.78	186.50	102.79	339.38	185.86	143.92
农行滨州市分行	349.40	201.90	144.63	294.17	224.73	57.04

续表

单位名称	本外币存款余额	人民币单位存款	人民币储蓄存款	本外币贷款余额	人民币短期贷款	人民币中长期贷款
中行滨州分行	128.17	86.46	37.99	153.24	91.18	47.53
建行滨州分行	225.71	138.68	79.45	180.57	116.23	56.42
交行滨州分行	17.51	15.80	1.65	9.26	9.26	0
招行滨州分行	6.52	5.24	1.28	9.24	7.01	0.16
兴业滨州分行	33.39	30.71	2.68	9.31	9.29	0.01
恒丰滨州分行	46.78	40.38	3.17	21.59	20.67	0.07
齐商银行滨州分行	38.43	30.75	5.07	34.29	28.88	0.86
东营银行滨州分行	34.18	29.98	3.93	24.91	24.08	0.83
农信社滨州市办事处	358.61	118.49	239.11	284.68	262.39	19.33
邮储银行滨州市分行	102.31	16.99	85.32	13.14	7.44	5.70
邹平浦发村镇银行	14.97	13.21	1.64	11.21	11.20	0
山东邹平青隆村镇银行	1.27	0.75	0.52	1.41	1.41	0

滨州市各县级区域经济金融主要统计指标

名称	人口（万人）	面积（平方公里）	地区生产总值（亿元）	地区生产总值增速（%）	本外币存款余额（亿元）	储蓄存款（亿元）	本外币贷款余额（亿元）
滨州市	380.90	9453	1987.73	10.8	1697.66	711.17	1495.13
市辖区	47.50	1041	308.44	7.6	527.62	207.46	420.56
惠民县	64.07	1363	150.43	10.8	104.84	68.16	79.07
阳信县	45.23	799	120.15	9.8	80.35	45.44	61.34
无棣县	42.96	1984	211.73	11.1	111.05	62.67	113.55
沾化县	39.06	2116	147.05	10.9	75.49	41.91	68.91
博兴县	48.90	900	259.38	10.7	305.16	129.53	253.51
邹平县	72.97	1250	694.92	10.5	493.15	156	498.20

注：因无金融数据，故未单列滨州开发区、高新区、北海开发区的人口、面积与GDP数据，“滨州市”一行将其包括在内。

6月20日 建行滨州分行10年来第一个新设机构——滨州北海支行正式开业。

7月17日 刘东任中行滨州分行副行长(鲁中银任〔2012〕61号)。

7月19日 兴业滨州分行开业(银监鲁准〔2012〕289号)。

7月27日 东营银行滨州无棣县支行开业。

8月23日 祁明任恒丰滨州分行副行长(恒银济发〔2012〕145号)。

9月26日~27日 滨州市举办“2012诚信滨州第十一届银企合作促进会”,40家银行业机构和滨州市550余家企业对接洽谈。

11月12日 林学强任齐商银行滨州分行党委委员、副书记(齐银党发〔2012〕27号)。

11月30日 齐商银行滨州惠民支行开业。

12月14日 中行滨州分行北海支行正式筹建。

12月 农发行滨州分行获得由农发总行颁发的“五一劳动奖状”。

(郑方敬　魏　伟)

惠民县

【经济金融概况】 2012年，惠民县金融机构进一步优化信贷结构，不断加大对全县重点项目及在建续建项目的信贷投放,加大对“三农”经济及小型微型企业的信贷支持,推动特色产业基地建设,加快培育装备制造、生物医药、新能源新材料等新兴产业。

惠民县主要经济指标

经济指标	2011	2012	2012年同比增幅（%）	经济指标	2011	2012	2012年同比增幅（%）
土地面积（平方公里）	1357	1357	0	地方财政支出（亿元）	12.32	14.39	16.8
人口（万人）	64.18	64.07	-0.17	全社会固定资产投资（亿元）	105	112.98	7.6
城镇人口（万人）	8.91	8.71	-2.24	进出口总值（万美元）	4300	6614	53.81
乡村人口（万人）	55.27	55.36	0.16	出口总值（万美元）	2400	3891	62.13
地区生产总值（亿元）	140	150.43	7.45	实际利用外资（万美元）	336	578	72.02
第一产业（亿元）	26.9	28.39	5.54	社会消费品零售总额（亿元）	62.23	71.86	15.47
第二产业（亿元）	60.10	61.84	2.40	居民消费价格指数（%）	—	—	—
第三产业（亿元）	53	60.20	13.58	人均地区生产总值（元）	21943	23438	6.82
财政总收入（亿元）	10.20	23.37	129.12	城镇居民可支配收入（元）	19200	21880	13.96
地方财政收入（亿元）	5.17	6.02	16.44	农民人均现金收入（元）	7625	9007	18.12
财政总支出（亿元）	29.63	23.51	-20.65				

惠民县主要金融指标

金融指标（亿元）	2011	2012	2012年同比增幅（%）	金融指标（亿元）	2011	2012	2012年同比增幅（%）
本外币存款余额	85.58	104.84	22.5	财险收入	0.71	1.18	66.19
人民币存款余额	85.54	104.81	22.53	寿险收入	0.66	3.00	354.55
单位存款	27.07	35.51	31.18	财险赔款	0.45	0.57	26.7
储蓄存款	57.24	68.17	19.09	寿险给付	0.34	0.26	-23.5
本外币贷款余额	69.10	79.07	14.43	当年结益	—	—	—
人民币贷款余额	69.10	79.07	14.43	证券市场交易总额	—	—	—
短期贷款	48.12	60.50	25.73	投资者保证金余额	—	—	—
中长期贷款	18.46	18.47	0.05	证券账户开户数	—	—	—
票据融资	2.52	0.1	-96.03	证券交易佣金收入	—	—	—
当年结益	1.31	2.45	90.1	净利润	—	—	—
不良贷款余额	—	—	—				

惠民县主要金融机构概况

单位名称	行长（或其他称谓的第一负责人）	副行长（或其他称谓的同级领导）	员工总数	辖内营业网点数
人行惠民县支行	姜 伟	张 伟 郭其高	25	1
银监会惠民县办事处	王 晋		1	1
农发行惠民县支行	韩士义	赵新国	18	1
工行惠民支行	马风格	陈卫红 蒋 岭 李 斌 毛建华	45	3
农行惠民县支行	张尊义	杭玉刚 商公德 田加双	107	7
建行惠民县支行	栾兴林	刘有伟 宋 伟 尚学军	47	2

续表

单位名称	行长（或其他称谓的第一负责人）	副行长（或其他称谓的同级领导）	员工总数	辖内营业网点数
齐商银行惠民县支行	李新耀	单　伟	20	1
惠民县农信联社	张海涛	李景龙　张卫东 刘国栋　张玉江	324	27
邮储银行惠民县支行	徐　克	赵　泉　王　芹	67	3

惠民县主要金融机构业务概况

单位：亿元

单位名称	本外币存款余额	人民币单位存款	人民币储蓄存款	本外币贷款余额	人民币短期贷款	人民币中长期贷款
农发行惠民县支行	1.07	1.07	--	4.55	3.32	1.13
工行惠民支行	14.31	6.06	8.24	15.12	7.76	7.36
农行惠民县支行	22.75	8.27	14.46	16.48	12.72	3.76
建行惠民支行	9.05	4.35	4.69	5.41	2.83	2.58
齐商银行惠民县支行	1.67	1.59	0.08	1.56	1.56	
惠民县农信联社	42.78	12.73	29.99	34.57	31.28	3.29
邮储银行惠民县支行	12.15	1.43	10.72	1.38	1.02	0.36

【金融发展与改革】　2012年，人行惠民县支行一是出台了《信贷工作指导意见》，全年累计发放支农再贷款5.06亿元，有效缓解了农民贷款难的问题；二是开展了对金融机构责任目标考核和政策导向效果评估，强化正向激励机制；三是继续开展多种形式的银企合作并建立了银企合作例会制度，对签约情况进行跟踪督导，实现了企业项目与金融信贷投放真正对接；四是积极推动县外股份制银行及其他金融机构到该县开展信贷业务及机构落户，目前已有民生、恒丰、浦发银行等十几家金融机构在该县有信贷业务，齐商银行和齐鲁证券公司设立了机构网点。

【金融服务与监管】　2012年，人行惠民县支行一是加大农村支付结算环境建设力度，推进非现金结算工具应用，实现了农村地区银行网点支付系统和金融基础设施全覆盖；二是开展机构信用代码的普及发放工作，全年发放机构信用代码证343份；三是做好中小企业信息采集工作，全年采集中小企业信息273户；四是做好贷款企业外部评级工作，推荐参加资信评级的企业达到15家；五是开展征信知识宣传活动，取得了较好的效果。

（张馥芳）

阳信县

【经济金融概况】　2012年，阳信县金融运行健康平稳，贷款投放合理适度，信贷结构进一步优化。

【金融发展与改革】　2012年，人行阳信县支行协助政府改善辖区金融生态环境，经济金融实现了快速协调健康发展。一是加强对中央银行专项票据兑付后续监测考核，推动农信社改

阳信县主要经济指标

经济指标	2011	2012	2012年同比增幅（%）	经济指标	2011	2012	2012年同比增幅（%）
土地面积（平方公里）	793.00	793.00	0	地方财政支出（亿元）	12.4	14.6	17.56
人口（万人）	45.21	45.23	0.04	全社会固定资产投资（亿元）	89.1	110.92	21.3
城镇人口（万人）	9.41	4.99	—	进出口总值（万美元）	36515.76	33882.46	-7.21
乡村人口（万人）	35.79	40.24	—	出口总值（万美元）	26166.97	24266.34	-7.26

续表

经济指标	2011	2012	2012年同比增幅（%）	经济指标	2011	2012	2012年同比增幅（%）
地区生产总值（亿元）	108.49	120.15	9.8	实际利用外资（万美元）	273	264	-3.30
第一产业（亿元）	19.65	20.57	4.2	社会消费品零售总额（亿元）	39.67	45.64	15.05
第二产业（亿元）	45.31	50.63	11.8	居民消费价格指数（%）	—	—	—
第三产业（亿元）	43.52	48.96	10.1	人均地区生产总值（元）	25324	27910	9.2
财政总收入（亿元）	9.20	9.23	0.37	城镇居民可支配收入（元）	31251	36997	19.5
地方财政收入（亿元）	4.06	5.08	25.02	农民人均现金收入（元）	7345	8415	14.6
财政总支出（亿元）	12.4	14.59	17.6				

注：城镇、乡村人口统计调整，不可比

阳信县主要金融指标

金融指标（亿元）	2011	2012	2012年同比增幅（%）	金融指标（亿元）	2011	2012	2012年同比增幅（%）
本外币存款余额	62.14	80.35	29.30	财险收入	0.69	0.97	40.58
人民币存款余额	61.82	80	29.41	寿险收入	1.30	2.04	56.92
单位存款	23.90	33.35	39.54	财险赔款	0.12	0.39	225.0
储蓄存款	37.05	45.36	22.43	寿险给付	0.27	0.22	-18.5
本外币贷款余额	47.67	61.34	28.68	当年结益	—	—	—
人民币贷款余额	47.67	61.04	28.05	证券市场交易总额	—	—	—
短期贷款	39.56	47.26	19.46	投资者保证金余额	—	—	—
中长期贷款	8.11	12.97	59.93	证券账户开户数	—	—	—
票据融资	—	0.80	—	证券交易佣金收入	—	—	—
当年结益	1.6	1.87	16.9	净利润	—	—	—
不良贷款余额	—	—	—				

阳信县主要金融机构概况

单位名称	行长（或其他称谓的第一负责人）	副行长（或其他称谓的同级领导）	员工总数	辖内营业网点数
人行阳信县支行	张枚房	副行长：陈少波　张　明	18	1
银监会阳信县办事处	赵景刚		1	1
农发行阳信县支行	邢建国	副行长：温向东	19	1
工行阳信支行	曲　双	行长助理：赵　军　郭安山	15	1
农行阳信县支行	郭建海	副行长：房泽玉　史建新	84	5
中行阳信支行	王　勇	副行长：马　泳　吴明亮	43	3
建行阳信支行	杜希波	副行长：张寿军　行长助理：王书敏	24	1
阳信县农信联社	尚子彬	主任：刘永新　监事长：从荣普 副主任：张　波　张昭永 主任助理：常承琳	248	19
邮储银行阳信县支行	王　涛（主持工作）	副行长：商建华	112	15

阳信县主要金融机构业务概况

单位：亿元

单位名称	本外币存款余额	人民币单位存款	人民币储蓄存款	本外币贷款余额	人民币短期贷款	人民币中长期贷款
农发行阳信县支行	1.05	1.05	--	3.59	2.19	0.6
工行阳信支行	1.63	0.98	0.65	4.82	2.92	1.90
农行阳信县支行	17.64	8.53	9.10	11.04	9.58	1.46
中行阳信支行	13.83	7.92	5.61	10.03	7.35	2.68
建行阳信支行	8.90	5.73	2.97	7.95	3.93	3.72
阳信县农信联社	27.50	8.17	19.27	22.90	20.63	2.27
邮储银行阳信县支行	8.72	0.96	7.76	1.01	0.66	0.34

革发展；二是贯彻对农行“三农金融事业部”执行差别化存款准备金率政策，稳步推进其改革试点工作。

工行完成了在阳信县组织机构的重新设置，并顺利营业。各金融机构在适度增加信贷投放的同时，注意防范风险，经济金融发展实现了良性互动。

【金融服务与监管】 2012年，人行阳信县支行强力推进农村支付环境建设，提前实现了金融基础设施覆盖全部行政村、县域各家金融机构全部参与提供农村金融支付服务的“双百”目标，让全县农民群众“足不出村”就能享受到方便、快捷、全面的金融服务。

银监会阳信办事处紧紧围绕“守底线、强服务、严内控、促转型”的工作目标，以提高监管有效性为手段，努力维护辖内银行业稳健经营和持续发展。

（沈国星　段曰新）

无棣县

【经济金融概况】 2012年，无棣县金融机构夯实基础工作，加大有效信贷投入，调整优化信贷结构，努力实现经济金融良性互动发展。

【金融发展与改革】 2012年，人行无棣县支行通过季度行长联席会、制定《货币信贷工作指导意见》等方式，及时向当地政府和辖内金融机构传递宏观调控意图。

各金融机构与县统计局建立了信息共享机制，从而在政

无棣县主要经济指标

经济指标	2011	2012	2012年同比增幅（%）	经济指标	2011	2012	2012年同比增幅（%）
土地面积（平方公里）	1357	1357	0	地方财政支出（亿元）	15.98	22.93	43.49
人口（万人）	42.98	42.76	-0.51	全社会固定资产投资（亿元）	103.11	118.59	15.01
城镇人口（万人）	8.55	8.03	-6.08	进出口总值（万美元）	13244	12439	-6.08
乡村人口（万人）	34.73	34.73	0	出口总值（万美元）	3210	4240	32.09
地区生产总值（亿元）	196.9	211.73	7.53	实际利用外资（万美元）	306	350	14.38
第一产业（亿元）	30.2	31.89	5.60	社会消费品零售总额（亿元）	49.75	57.29	15.16
第二产业（亿元）	107.7	113.66	5.53	居民消费价格指数（%）	100	100	--
第三产业（亿元）	59	66.19	12.19	人均地区生产总值（元）	46102	49515.9	7.41
财政总收入（亿元）	12.84	22.66	76.48	城镇居民可支配收入（元）	31267	36332	16.7
地方财政收入（亿元）	8.33	10.4	25.21	农民人均现金收入（元）	8541	10003	17.12
财政总支出（亿元）	15.98	22.93	43.49				

无棣县主要金融指标

金融指标（亿元）	2011	2012	2012年同比增幅（%）	金融指标（亿元）	2011	2012	2012年同比增幅（%）
本外币存款余额	93.47	111.05	18.81	财险收入	1.19	1.46	22.69
人民币存款余额	93.36	110.8	18.68	寿险收入	2.52	2.75	9.13
单位存款	36.05	47.43	31.57	财险赔款	0.66	0.68	0.03
储蓄存款	56.79	62.59	10.21	寿险给付	0.22	0.23	4.55
本外币贷款余额	107.97	113.55	5.20	当年结益	--	--	--
人民币贷款余额	107.94	113.53	5.18	证券市场交易总额	--	--	--
短期贷款	71.54	70.1	-2.01	投资者保证金余额	--	--	--
中长期贷款	35.48	42.78	20.57	证券账户开户数	--	--	--
票据融资	0.92	0.65	-29.35	证券交易佣金收入	--	--	--
当年结益	3.57	4.21	17.93	净利润	--	--	--
不良贷款余额	0.9	1.6	77.78				

无棣县主要金融机构概况

单位名称	行长（或其他称谓的第一负责人）	副行长（或其他称谓的同级领导）	员工总数	辖内营业网点数
人行无棣县支行	刘洪欣	吴文德　张　伟　丁　晖	24	
银监会无棣县办事处	付启平		1	
农发行无棣县支行	张瑞冬	张桂苹　吕墩岗	21	1
工行无棣支行	张可冰	曹宗智　李　红 吴文波　张文东	61	3
农行无棣县支行	梁仁强	沈卫东　石　磊　陈洪华	91	7
中行无棣支行	刘　军	付存民　张　林	46	3
建行无棣支行	吴国强	孙龙波	49	3
无棣农村合作银行	刘长平	刘　伟　霍振洪 王　凌　吴洪生	247	22
东营银行无棣支行	孔　磊	王军华	13	1
邮储银行无棣县支行	孙　涛	齐鹏义	69	17

无棣县主要金融机构业务概况

单位：亿元

单位名称	本外币存款余额	人民币单位存款	人民币储蓄存款	本外币贷款余额	人民币短期贷款	人民币中长期贷款
农发行无棣县支行	0.74	0.74	0	0	5.12	3.68
工行无棣支行	16.95	9.10	7.85	32.25	14.84	17.41
农行无棣县支行	23.89	23.89	13.57	18.57	14.50	4.02
中行无棣支行	9.21	4.38	4.42	13.79	5.62	8.17
建行无棣支行	16.02	9.73	5.88	14.84	6.23	8.61
无棣农村合作银行	31.29	11.14	20.12	27.30	26.74	0.56
东营银行无棣支行	1.10	0.92	0.19	0.5	0.5	0
邮储银行无棣县支行	11.68	1.12	10.27	1.2	0.87	0.33

府、金融、企业之间搭起了经济金融信息资源共享平台。

建行与县政府合作开展了中小企业助保金贷款业务，拓宽了小微企业融资渠道。

农村支付环境建设取得明显成效，593 个行政村实现了金融基础设施全覆盖。

东营银行无棣支行、建行北海支行成立。

【金融服务与监管】 2012 年，人行无棣县支行一是制定下发了《金融机构综合评价暂行办法》，国库直接支付、征信、反假等各类基层央行职能有效履行；二是开展了对农村合作银行的重点调查、对农行“三农事业部”改革的检查评估及对辖内金融机构涉农信贷政策导向效果评估；三是继续深化金融支持大学生村官创业富民和农村青年信用示范户两项试点活动，大力推进农村支付环境建设；四是积极举办企业外汇结算知识、外汇政策等培训班、进出口企业发展座谈会，为企业提供政策咨询服务，指导其有效规避汇率风险。

（丁 晖 徐元芳）

沾化县

【经济金融概况】 2012 年，沾化县经济总体增长较快，呈现出“工业农业齐头并进，商业服务业明显跨越；存款贷款同步大增”的良好态势。海洋产业不断壮大，贡献值达 10 亿元，皮革、化工、金属冶炼、食品加工等生产企业初具规模。

【金融发展与改革】 2012 年，人行沾化县支行认真贯彻执行货币政策，以行长联席会、经济金融形势分析会的形式向政府部门和金融机构传递宏观调控意图，促进经济发展。一是积

沾化县主要经济指标

经济指标	2011	2012	2012 年同比增幅（%）	经济指标	2011	2012	2012 年同比增幅（%）
土地面积（平方公里）	2117	2117	0	地方财政支出（亿元）	15.50	17.01	9.74
人口（万人）	38.92	39.06	0.36	全社会固定资产投资（亿元）	97.18	119.81	23.29
城镇人口（万人）	11.78	11.70	-0.68	进出口总值（万美元）	18384.00	17131.00	-6.82
乡村人口（万人）	27.14	27.36	0.81	出口总值（万美元）	1158.00	1218.00	5.18
地区生产总值（亿元）	132.54	147.05	10.95	实际利用外资（万美元）	196.00	558	184.69
第一产业（亿元）	30.18	32.35	7.19	社会消费品零售总额（亿元）	48.29	55.54	15.01
第二产业（亿元）	51.62	56.97	10.36	居民消费价格指数（%）	--	--	--
第三产业（亿元）	50.74	57.73	13.78	人均地区生产总值（元）	29829.00	41475.35	39.04
财政总收入（亿元）	11.40	22.56	97.89	城镇居民可支配收入（元）	9962.00	11350.00	13.93
地方财政收入（亿元）	7.01	8.42	20.11	农民人均现金收入（元）	8748.00	10100.76	15.46
财政总支出（亿元）	15.5	17	9.68				

沾化县主要金融指标

金融指标（亿元）	2011	2012	2012 年同比增幅（%）	金融指标（亿元）	2011	2012	2012 年同比增幅（%）
本外币存款余额	61.32	75.49	23.11	财险收入	0.35	0.33	-5.71
人民币存款余额	61.30	75.46	23.10	寿险收入	0.54	0.57	5.56
单位存款	27.47	32.40	17.95	财险赔款	0.22	0.20	-9.09
储蓄存款	33.41	41.88	25.35	寿险给付	0.24	0.26	8.33
本外币贷款余额	57.16	68.91	20.56	当年结益	0.02	0.03	50.00
人民币贷款余额	56.02	67.99	21.37	证券市场交易总额	--	--	--

续表

金融指标（亿元）	2011	2012	2012年同比增幅（%）	金融指标（亿元）	2011	2012	2012年同比增幅（%）
短期贷款	33.86	46.62	37.68	投资者保证金余额	—	—	—
中长期贷款	20.83	19.91	-4.42	证券账户开户数	—	—	—
票据融资	1.34	1.46	8.96	证券交易佣金收入	—	—	—
当年结益	1.82	1.89	3.85	净利润	—	—	—
不良贷款余额	3.64	2.10	-42.31				

沾化县主要金融机构概况

单位名称	行长（或其他称谓的第一负责人）	副行长（或其他称谓的同级领导）	员工总数	辖内营业网点数
人行沾化县支行	赵　粟	石立伟　陈振迎	24	
银监会沾化县办事处	徐明利		1	
农发行沾化县支行	杨景春	刘恩山	13	1
工行沾化支行	刘洪忠	张　涛　张　鹏 李桂贞　赵淑香	30	2
农行沾化县支行	张立东	宋延民　牟秀忠	65	4
中行沾化支行	王胜利	李海军　王新建　宋德芳	22	1
建行沾化支行	张晓亮	尹晓林　王向梅　王建滨	32	2
沾化县农信联社	任汉真	庞建中　王今峰　刘　霞 王俊杰　郭天新	257	18
邮储银行沾化县支行	齐鹏鸣	何世军　牟洪波	60	4

沾化县主要金融机构业务概况

单位：亿元

单位名称	本外币存款余额	人民币单位存款	人民币储蓄存款	本外币贷款余额	人民币短期贷款	人民币中长期贷款
农发行沾化县支行	0.32	0.32	0	2.59	0.89	1.70
工行沾化支行	18.56	18.56	5.28	20.86	12.80	7.19
农行沾化县支行	12.11	6.27	5.83	9.76	7.14	2.62
中行沾化支行	4.90	2.87	2.01	7.14	3.69	3.45
建行沾化支行	6.94	3.28	3.65	8.80	6.01	2.79
沾化县农信联社	21.47	4.39	17.08	18.39	15.35	1.58
邮储银行沾化县支行	10.19	2.01	8.18	1.32	0.75	0.57

极发挥与政府沟通的主渠道作用，组织金融机构参加银企洽谈会，为银企双方架起了合作桥梁，签约合同金额75亿元；二是用足用好国家信贷产业政策，引导金融部门继续增加对“三农”的贷款投入，推动冬枣、棉花、农产品加工等农业产业化龙头企业发展壮大。

【金融服务与监管】　2012年，外管局沾化支局通过加大监管与服务力度，积极配合省市局进行货物贸易改革试点工作，尽最大努力为企业提供便利化服务，有效支持了地方经济跨越式发展。全年新增进出口企业13家，完成了农村支付环境建设“双百目标年”任务，即全县行政村金融基础设施100%全覆盖，县域以下银行机构100%参与当地农村支付环境建设。

（李云增　尹　青）

博兴县

【经济金融概况】 2012 年，博兴县工业生产持续较快增长，经济效益稳步回升。金融支撑作用保持平稳，存贷款余额快速增长。

【金融发展与改革】 2012 年，人行博兴县支行积极引导金融机构加大对辖区经济的支持力度，辖区企业融资渠道进一步拓宽。成功发行第一期中小企业集合票据 4.5 亿元；组织辖区银行机构找项目，主动联系企业，在滨州银企洽谈会上，全县签约资金 161.7 亿元，同比增长 9.77%。

【金融服务与监管】 2012 年，人行博兴县支行有效传导货币信贷政策，一是累计向县农合行发放支农再贷款 4.53 亿元、再贴现 3.3 亿元；二是为渤海油脂申请民品贷款贴息累计达

博兴县主要经济指标

经济指标	2011	2012	2012 年同比增幅（%）	经济指标	2011	2012	2012 年同比增幅（%）
土地面积（平方公里）	900	900	0	地方财政支出（亿元）	13.85	19.95	44.04
人口（万人）	49.9	51.3	0.8	全社会固定资产投资（亿元）	142.54	164.97	24.65
城镇人口（万人）	12.1	13.5	2.81	进出口总值（万美元）	190886	181251	-5.05
乡村人口（万人）	37.8	37.7	-0.3	出口总值（万美元）	63295	69975	10.55
地区生产总值（亿元）	235.37	259.38	10.71	实际利用外资（万美元）	4384	4442	1.32
第一产业（亿元）	19.99	20.17	4.72	社会消费品零售总额（亿元）	60.52	62.15	2.69
第二产业（亿元）	129.25	140.72	12.87	居民消费价格指数（%）	101.9	102.3	0.4
第三产业（亿元）	85.9	98.49	8.79	人均地区生产总值（元）	47120	51567	9.44
财政总收入（亿元）	31.23	35.47	13.59	城镇居民可支配收入（元）	23051	24103	4.56
地方财政收入（亿元）	18.01	20.89	16.02	农民人均现金收入（元）	8013	8522	6.35
财政总支出（亿元）	21.33	27.5	28.93				

博兴县主要金融指标

金融指标（亿元）	2011	2012	2012 年同比增幅（%）	金融指标（亿元）	2011	2012	2012 年同比增幅（%）
本外币存款余额	222.65	305.16	38.83	财险收入	2.58	3.86	33.16
人民币存款余额	219.98	299.78	36.28	寿险收入	1.79	2.72	51.96
单位存款	116.35	165.61	42.34	财险赔款	0.91	1.02	12.09
储蓄存款	100.47	129.4	28.79	寿险给付	0.33	0.41	24.24
本外币贷款余额	181.08	253.51	39.99	当年结益	0.99	1.01	2.02
人民币贷款余额	162.76	233.24	43.3	证券市场交易总额	—	—	—
短期贷款	117.18	173.02	47.65	投资者保证金余额	—	—	—
中长期贷款	45.58	57.19	25.47	证券账户开户数	—	—	—
票据融资	0	3.03	—	证券交易佣金收入	—	—	—
当年结益	7.18	9.12	27.02	净利润	—	—	—
不良贷款余额	3.89	1.49	-61.7				

博兴县主要金融机构概况

单位名称	行长（或其他称谓的第一负责人）	副行长（或其他称谓的同级领导）	员工总数	辖内营业网点数
人行博兴县支行	刘凤贤	孙建平　王孔宝	28	1
银监会博兴县办事处	周　齐		1	1
农发行博兴县支行	王力军	于西恩　李文强	21	1
工行博兴支行	李永青	崔新村　黄树青 白长波　张　松	86	6
农行博兴县支行	郭志伟	张世珍　贾希光 孙　艳　牛恩利	139	10
中行博兴支行	钟绵祥	姜海泉　刘国梁	59	3
建行博兴支行	赵文成	尹金波　张　凯　徐岩明	91	5
东营银行博兴支行	赵　凯	王　涛　李莹莹	15	1
齐商银行博兴支行	李晨明	郝县明	28	1
博兴农合行	吴加军	陈宝政　马久峰 高　生　孙兴波	359	34
邮储银行博兴县支行	吴佃新	陈振耀	71	16

博兴县主要金融机构业务概况

单位：亿元

单位名称	本外币存款余额	人民币单位存款	人民币储蓄存款	本外币贷款余额	人民币短期贷款	人民币中长期贷款
农发行博兴县支行	3.83	3.83	0	13.62	6.3	6.33
工行博兴支行	55.58	38.29	16.53	64.78	35.77	25.69
农行博兴县支行	73.08	41.76	29.29	50.89	36.62	6.85
中行博兴支行	23.54	17.65	5.27	24.16	10.6	6.91
建行博兴支行	39.31	25.2	11.12	32.79	21.15	8.15
东营银行博兴支行	9.99	9.33	0.66	5.37	5.28	0.1
齐商银行博兴支行	10.46	8.52	1.94	7.98	7.95	0
博兴农合行	67.23	15.9	51.09	51.51	48.08	2
邮储银行博兴县支行	18.62	5.13	13.48	2.41	1.26	1.15

2175.3 万元；三是开展了“两管理两综合”现场评估、票据业务专项检查、金融统计检查、支农再贷款检查、农行“三农事业部”达标现场考核以及金融稳定重大事项报告制度落实情况现场检查等工作；四是审查批复各类账户 5321 户；新办贷款卡 191 个，为 86 家企业和个人 1808 人次查询了信用报告。

（张建波）

邹平县

【经济金融概况】　2012 年，邹平县抓住黄河三角洲和半岛蓝色经济开发区建设的历史机遇，以冲刺全国县域经济前十强为目标，推动全县经济继续保持平稳较快发展。

全县金融运行的主要特征为：存款快速增长，存贷款余额均创历史新高，但是贷款增长速度放缓。

【金融发展与改革】　2012 年，邹平县金融发展较快。青隆村镇银行设立，并成立天瑞、联鑫两家小额贷款公司。

【金融服务与监管】　2012 年，人行邹平县支行通过召开行长联席会、金融形势分析会，约见金融机构负责人谈话、发布

邹平县主要经济指标

经济指标	2011	2012	2012年同比增幅（%）	经济指标	2011	2012	2012年同比增幅（%）
土地面积（平方公里）	1250	1250	0	地方财政支出（亿元）	49.14	52.96	7.80
人口（万人）	72.9	72.7	0	全社会固定资产投资（亿元）	176.3	217.8	25.50
城镇人口（万人）	22.5	26.2	16.4	进出口总值（万美元）	308933	290233	-6.10
乡村人口（万人）	50.4	46.7	-7.3	出口总值（万美元）	112455	100907	-10.30
地区生产总值（亿元）	632.47	694.92	10.50	实际利用外资（万美元）	102225	30085	-70.60
第一产业（亿元）	30.97	33.68	6.20	社会消费品零售总额（亿元）	105	121	15
第二产业（亿元）	406.7	440.5	11.40	居民消费价格指数（%）	103.9	102.1	—
第三产业（亿元）	194.8	220.7	9.10	人均地区生产总值（元）	79180	88508	9.90
财政总收入（亿元）	86.09	95.17	10.60	城镇居民可支配收入（元）	21763	25027	14
地方财政收入（亿元）	44.6	51.33	15.10	农民人均现金收入（元）	9460	10896	15.18
财政总支出（亿元）	49.14	52.96	7.80				

邹平县主要金融指标

金融指标（亿元）	2011	2012	2012年同比增幅（%）	金融指标（亿元）	2011	2012	2012年同比增幅（%）
本外币存款余额	387.97	493.15	27.11	财险收入	2.92	3.22	10.3
人民币存款余额	385.73	490.41	27.14	寿险收入	4.42	6.43	45.5
单位存款	254.51	330.01	29.66	财险赔款	1.04	1.25	20.2
储蓄存款	129.96	155.89	19.95	寿险给付	0.17	0.57	235.3
本外币贷款余额	432.08	498.2	15.30	当年结益	—	—	—
人民币贷款余额	421.34	486.96	15.57	证券市场交易总额	—	—	—
短期贷款	341.21	407.04	19.29	投资者保证金余额	—	—	—
中长期贷款	78.24	76.22	-2.58	证券账户开户数	—	—	—
票据融资	1.89	3.7	95.77	证券交易佣金收入（元）	—	—	—
当年结益	18.91	20.05	6.03	净利润	—	—	—
不良贷款余额	0.87	0.86	-1.15				

邹平县主要金融机构概况

单位名称	行长（或其他称谓的第一负责人）	副行长（或其他称谓的同级领导）	员工总数	辖内营业网点数
人行邹平县支行	徐书亮	张道红　吕洪军　高建刚	33	1
银监会邹平办事处	张立平	马修忠	3	1
农发行邹平县支行	耿大伟	孙永涛　王　栋　齐向京	26	1
工行邹平支行	高克忠	张可冰　柴树元 张方永　潘伟群	121	8
农行邹平县支行	孙学雷	杨国生　明　新 张　伟　李洪平	212	17
中行邹平支行	赵书会	赵建国　曹　泉	60	3

续表

单位名称	行长（或其他称谓的第一负责人）	副行长（或其他称谓的同级领导）	员工总数	辖内营业网点数
建行邹平支行	赵延军	高　勇　崔鹏程 张　跃　徐承熙	97	5
山东邹平农村商业银行	常兆贤	吴新民　郝树海　王洪兴 尹玉宵　李汉碌　韩胜祥	487	44
邮储银行邹平县支行	郑伟华	张新强　卞志强	71	22
齐商银行邹平支行	王　贵	李　琮	27	1
邹平浦发村镇银行	耿光新	倪明军　薛莲花 刘向来　刘　柳	47	1
东营银行滨州邹平支行	朱玉平	高　冰　王庆芳	14	1

邹平县主要金融机构业务概况

单位：亿元

单位名称	本外币存款余额	人民币单位存款	人民币储蓄存款	本外币贷款余额	人民币短期贷款	人民币中长期贷款
农发行邹平县支行	15.47	15.47	--	55.79	35.11	16.98
工行邹平支行	83.14	66.4	15.08	109.33	78.24	28.71
农行邹平县支行	130.74	86.56	43.59	131.92	111.85	15.42
中行邹平支行	33.94	25.14	8.51	31.12	24.7	5.8
建行邹平支行	61.54	48.47	12.33	59.62	50.52	6.28
邹平农村商业银行	101.71	46.72	54.44	75.88	74.35	1.53
邮储银行邹平县支行	20.26	3.16	17.1	2.04	0.57	1.47
齐商银行邹平支行	12.12	10.95	1.17	11.79	11.02	0.02
邹平浦发村镇银行	14.97	13.21	1.64	11.21	11.21	--
东营商行滨州邹平支行	14.75	13.2	1.52	8.09	8.07	--

《货币信贷工作指引》等方式，及时向当地政府和金融机构传递宏观调控意图。银监会邹平县监管办事处发挥职能，加大操作风险预警提示，确保了辖区金融健康稳健运行。

（成文学）

德州市

【经济金融概况】　2012年，德州市紧紧围绕“实现跨越发展，建设幸福德州”的目标，积极作为、科学务实，全市经济保持平稳较快发展，社会事业全面进步，民生状况进一步改善。

金融机构按照“有扶有控，区别对待”的信贷原则，进一步加大了与产业政策的配合力度。一是各项存款大量增加，创历史最高水平；二是贷款快速稳定增长，短期贷款放量增长，有效满足了企业流动资金需求，小微企业贷款占比提高，信贷结构进一步优化；三是不良贷款、不良率双下降，经营效益有所下降。

【货币政策实施】　2012年，人行德州市中心支行积极引导金融机构贯彻执行稳健货币政策，着力优化信贷结构，支持辖区经济稳增长成效明显。

一、切实加强和改进“窗口指导”，促进全市货币信贷合理增长。一是继续深化政银企合作，推动第二届资本交易大会成功举办；二是定期召开房地产金融联席会议，全面分析其运行情况，科学研判未来走势，严防信贷风险；三是不断加大对民生领域的金融支持，依托小额担保贷款政策，大力支持下岗失业人员、妇女、青年等群体创业就业。

二、积极拓宽企业融资渠道，票据发行工作取得突破。与德州市金融办合作，积极做好与银行间交易商协会、承销银行、担保评级机构沟通联系工作，加快中小企业集合票据的发行进

德州市经济主要统计指标

指标 \ 年度	2008	2009	2010	2011	2012	2012 年同比增幅（%）
土地面积（平方公里）	10356	10356	10356	10356	10356	0
人口（万人）	564.19	569.00	570.18	575.98	577.52	0.27
城镇人口（万人）	160.59	166.59	168.31	174.68	177.14	1.41
乡村人口（万人）	403.6	402.41	401.87	401.3	400.38	-0.23
地区生产总值（亿元）	1400.91	1545.35	1657.82	1950.71	2230.56	12.1
第一产业（亿元）	169.73	191.00	210.51	229.57	244.39	5.2
第二产业（亿元）	783.41	844.09	899.55	1059.8	1208.65	14.7
工业（亿元）	711.04	835.98	794.79	924.79	1048.54	14.6
建筑业（亿元）	72.37	86.95	104.76	135.00	160.11	15.5
第三产业（亿元）	447.77	510.26	547.76	661.4	777.52	10.2
人均地区生产总值（元）	24830	27159	29075	33868	38623	14.04
地区生产总值构成（%）	100	100	100	100	100	--
第一产业（%）	12.1	12.4	12.7	11.8	10.9	-0.9
第二产业（%）	55.9	54.6	54.3	54.3	54.2	-0.1
第三产业（%）	32.0	33.0	33.0	33.9	34.9	1.0
财政总收入（亿元）	96.74	106.7	132.64	167.25	203.24	21.5
地方财政收入（亿元）	47.1	55.3	72.91	95.06	120.2	26.5
财政总支出（亿元）	95.74	114.81	154.91	191.28	242.1	26.6
地方财政支出（亿元）	95.74	114.81	154.91	191.28	242.1	26.6
全社会固定资产投资（亿元）	732.89	926.92	1140.59	1271.3	1542.93	21.4
规模以上固定资产投资（亿元）	669.09	853.61	1050.41	1153.66	1401.62	23.4
房地产开发（亿元）	63.8	73.31	90.19	117.64	141.31	20.1
进出口总值（亿美元）	15.48	14.36	19.46	26.86	27.2	1.3
出口总值（亿美元）	12.19	9.55	13.36	17.47	18.7	6.9
实际利用外资（亿美元）	1.64	1.39	1.30	1.90	2.11	10.8
社会消费品零售总额（亿元）	476.29	567.04	645.6	757.50	872.3	15.2
居民消费价格指数（%）	104.1	99.7	103.1	105.2	101.5	-3.52
城市居民人均可支配收入（元）	14545	15706	17410	19771	22440	13.5
农民人均现金收入（元）	5659	6138	7028	8350	9602	15.0

德州市工农业主要统计指标

农业主要统计指标（万吨）				规模以上工业企业主要统计指标（亿元）			
项目 \ 年度	2011 年	2012 年	增幅（%）	项目 \ 年度	2011 年	2012 年	增幅（%）
粮食	735.0	797.95	8.6	工业增加值	1001.35	1285.36	19.1

续表

农业主要统计指标（万吨）				规模以上工业企业主要统计指标（亿元）			
项目＼年度	2011 年	2012 年	增幅（%）	项目＼年度	2011 年	2012 年	增幅（%）
夏粮	348.9	366.55	5.1	国有工业	56.61	81.54	9.0
秋粮	386.1	431.4	11.7	集体工业	6.80	0.09	-70.9
棉花	14.31	13.5	-5.8	股份制工业	637.07	734.66	18.5
油料	1.86	2.05	10.2	股份合作制工业	1.82	0.93	2.5
水果	38.96	40.17	3.1	外商及港澳台投资工业	57.32	64.82	10.1
蔬菜	450.20	491.31	9.1	轻工业	445.52	587.84	22.6
肉类	65.65	68.87	4.9	重工业	555.83	697.52	16.2
禽蛋	39.76	43.27	8.8	销售收入	5189.72	6447.62	24.5
奶类	17.02	19.34	13.6	利税	596.45	726.79	22.4
水产品	8.90	9.0	1.5	利润	327.82	404.71	24.8
森林覆盖率（%）	30.5	31.5	4.92	经济效益综合指数（%）	—	—	—

注：2011 年起统计局不再计算经济效益综合指数

德州市主要金融机构概况

单位名称	行长（或其他称谓的第一负责人）	副行长（或其他称谓的同级领导）	员工总数	辖内营业网点数
人行德州市中心支行	刘吉运	董　昕　马兴国 徐靖元　陈艳玲	460	11
银监会德州监管分局	李明强	马天奎　王国恩 毕爱玲　王雪双	85	5
农发行德州市分行	薛建强	杨吉良　杨富格　孙建民	268	11
工行德州分行	赵忠江	陶能虹　姜　凯　王向东 侯士彬　马士军　滕云静	847	38
农行德州市分行	李新民	赵传敬　王文平 张海山　董建俊	1429	68
中行德州分行	吴　琳	倪保国　周生显　孙　涛 苏世普　李爱东	578	21
建行德州分行	马世平	苏玉生　肖长智　杨江水 王清杰　周荣田　刘振毅	1043	46
德州银行	孙玉芝	常　青　杜成金　李书华 尹德恩　郑亚林　吴玉华 周成亮　侯玉荣　薛　梅 王　东	847	38
农信社德州市办事处	辛士勇	宋修宝　巩方波　陈志刚	4472	333
邮储银行德州市分行	马金钢	房振平　周振忠　楚华彬	1004	248
临邑中银富登村镇银行	张　伟	刘永军　李尚东　刘洪利	44	1

续表

单位名称	行长（或其他称谓的第一负责人）	副行长（或其他称谓的同级领导）	员工总数	辖内营业网点数
人民财产保险公司德州市分公司	陈庆春	张宪仁　王现琪　王　冰	470	39
中国人寿保险公司德州分公司	刘玉民	姚本建　张　美　刘文栋	365	12
民生人寿保险公司德州中心支公司	张　罡	王　勇	50	8
中国大地财产保险公司德州中心支公司	马圣强	张金勇　张振巧	131	12
永安财产保险公司德州中心支公司	张瑞国		343	2
平安人寿保险公司德州中心支公司	邹军龙	赵　茜	59	6
人民健康保险公司山东分公司德州营销服务部	魏艳丽	刘同林	200	1
人民人寿保险公司德州中心支公司	于建中		1100	7
太平人寿保险有限公司德州中心支公司	张丹	朱云涛	250	4
太平洋财产保险公司德州中心支公司	孙春龙	信卫东　王登峰 吴　静　曹志国	145	11
太平洋人寿保险公司德州中心支公司	王皋鹏	宋俊杰　张爱新 张　霞　齐　卫	173	31
阳光人寿保险公司德州中心支公司	王若华	朱维娜　史桂华	927	9
泰康人寿保险公司德州中心支公司	谢泉志	肖　华	64	15
阳光财产保险公司德州中心支公司	王　伟	鲍　伟	65	6
中华联合财产保险公司德州中心支公司	韩　强	陶铁军　张春国　亓志刚	111	12
新华人寿保险公司德州中心支公司	钟经胜	孙　健	220	35
安邦财产保险公司德州中心支公司	王光炜		36	3
中国平安财产保险公司德州中心支公司	赵　辉	卢建波	110	8
天安保险公司德州中心支公司	张治国		102	8
中国人寿财产保险公司德州市中心支公司	侯　波	于冬春	147	5
生命人寿保险公司德州中心支公司	范增旺	王　维	44	7
渤海保险财产保险公司德州中心支公司	夏志红		22	1
华泰人寿保险公司山东分公司德州营销服务部	姜　杰		178	4
天平汽车保险公司德州中心支公司	齐　璨		102	8
长城人寿保险公司德州支公司	谢风亭			
齐鲁证券德州三八中路营业部	王　政		53	4
中信万通证券公司德州湖滨中大道证券营业部	王起超		50	1

德州市金融业务统计指标

	指标（亿元）＼年度	2008	2009	2010	2011	2012	2012年同比	
							增加额	增幅（%）
银行类	本外币存款余额	889.12	1093.92	1293.76	1426.33	1646.85	220.52	15.46
	人民币存款余额	884.43	1088.41	1286.91	1420.02	1636.49	216.47	15.24
	*单位存款	128.53	206.69	248.66	442.90	484.72	41.82	9.44
	储蓄存款	610.24	707.83	807.18	918.44	1107.54	189.10	20.59
	本外币贷款余额	619.06	776.32	918.09	1003.14	1119.35	116.21	11.58
	人民币贷款余额	617.15	773.20	909.84	995.17	1112.30	117.13	11.77
	短期贷款	428.11	502.37	578.58	619.72	716.41	96.69	15.60
	中长期贷款	170.64	247.74	317.33	354.78	362.52	7.74	2.18
	票据融资	18.27	22.36	13.11	19.90	31.71	11.81	59.35
	当年结益	12.00	15.81	18.73	26.48	22.14	-4.34	-16.39
	不良贷款余额	85.97	97.38	86.37	70.73	60.44	-10.29	-14.55
	不良贷款占比%	13.89	12.54	9.44	7.05	5.40	-1.65	-23.40
保险类	保险公司保费收入	27.75	35.83	46.8	48.6	52.03	3.43	7.05
	财险收入	5.96	7.62	10.9	12.5	14.83	2.33	18.64
	寿险收入	21.79	28.21	35.9	36.1	37.20	1.10	3.05
	保险公司赔款和给付支出	6.25	7.37	7.35	9.93	15.06	5.13	51.66
	财险赔款	3.11	3.82	4.43	5.29	9.66	4.37	82.61
	寿险给付	3.43	3.55	2.92	4.64	5.40	0.76	16.38
	当年结益	0.05	0.79	0.09	0.27	2.14	1.87	698.10
证券类	证券市场成交总额	303.39	305.45	688.26	436.57	326.28	-109.69	-25.13
	投资者保证金余额	2.70	3.20	6.37	5.62	7.10	1.48	26.33
	证券账户开户数	90798	83695	112823	122689	130700	8011	6.53
	佣金收入	0.63	1.10	0.97	0.64	0.37	0.27	-42.32
	净利润	0.41	0.77	0.42	0.30	-0.03	-0.33	-109.26
	期货市场成交总额	--	--	660.03	1329.43	2558.33	1228.90	92.44
	期货客户保证金余额	--	--	0.23	0.30	0.38	0.08	27.12
	期货账户开户数	--	--	863	537	400	-137	-25.51
	期货手续费收入	--	--	0.03	0.05	0.04	-0.005	-9.64
	利润总额	--	--	0.006	0.015	0.017	0.002	13.79

注："*"该项指标2010年前为"企业存款"，其数字亦是如此。

德州市金融机构统计指标

指标（个）		2008	2009	2010	2011	2012	2012 年同比增幅（%）
银行类	法人机构	12	12	12	13	13	0
	省级分行	—	—	—	—	—	—
	二级分行	6	6	6	6	6	0
	县区支行	240	267	149	156	158	1.28
	分理处、营业所	453	199	441	443	652	47.18
	储蓄所	248	450	205	203	12	-94.09
	从业人员总数	9868	9963	10414	10472	10673	1.92
保险类	保险机构	19	22	22	25	32	28.0
	财险机构	9	11	11	12	15	25.0
	省级分公司	—	—	—	—	—	—
	地市分公司	9	11	11	12	15	25.0
	县区支公司	61	68	74	77	91	18.18
	寿险机构	10	11	11	13	17	30.77
	省级分公司	—	—	—	—	—	—
	地市分公司	10	11	11	13	17	30.77
	县区支公司	50	50	54	69	93	34.78
	从业人员总数	9978	12446	15280	15845	16133	1.82
	财险人员	1249	1082	2303	2432	2511	3.25
	寿险人员	8729	11364	12977	13413	13622	1.56
证券类	证券机构	2	3	3	3	5	66.67
	证券公司	—	—	—	—	—	—
	证券营业部	2	3	3	3	5	66.67
	证券服务部	—	—	—	—	—	—
	从业人员总数	58	40	91	127	103	-18.9
	投资者开户	90798	101693	112823	122689	91133	-25.72
	境内上市股票支数	2	3	3	4	5	25.0
	境外上市股票支数	1	1	1	1	0	-100.0
	辖区上市公司总数	3	4	4	5	5	0

德州市主要金融机构业务概况

单位：亿元

单位名称	本外币存款余额	人民币单位存款	人民币储蓄存款	本外币贷款余额	人民币短期贷款	人民币中长期贷款
农发行德州市分行	13.03	12.94	—	78.21	48.81	27.86
工行德州分行	240.33	107.08	130.29	240.29	123.05	113.54

续表

单位名称	本外币存款余额	人民币单位存款	人民币储蓄存款	本外币贷款余额	人民币短期贷款	人民币中长期贷款
农行德州市分行	189.77	63.22	125.76	131.22	82.62	47.10
中行德州分行	109.67	46.84	55.23	81.27	35.84	41.85
建行德州分行	215.90	75.86	136.33	130.76	46.74	79.32
德州银行	193.42	115.93	77.09	132.86	100.94	7.52
农信社德州市办事处	420.78	40.01	379.50	298.60	261.95	35.69
邮储银行德州市分行	224.61	21.82	202.79	25.16	16.12	9.04
中银富登村镇银行	1.58	1.03	0.55	0.95	0.34	0.61

德州市各县级区域经济金融主要统计指标

名称	人口（万人）	面积（平方公里）	地区生产总值（亿元）	地区生产总值增速（%）	本外币存款余额（亿元）	储蓄存款（亿元）	本外币贷款余额（亿元）
德城区	60.84	539	473.37	16.8	555.15	311.67	401.46
乐陵市	69.94	1172	186.85	13.1	118.74	88.30	84.77
禹城市	52.69	990	206.29	12.2	119.85	75.85	112.82
陵　县	59.51	1213	195.64	12.8	109.86	81.01	72.35
宁津县	47.26	833	165.43	12.1	122.49	100.60	56.74
庆云县	31.61	502	120.26	13.0	65.70	43.12	43.44
临邑县	54.19	1016	206.85	11.9	121.59	88.43	82.04
齐河县	62.80	1411	290.58	11.8	137.56	92.83	92.38
平原县	46.74	1047	166.05	11.5	104.07	83.58	53.22
夏津县	52.75	872	151.59	11.7	94.21	72.67	57.78
武城县	39.19	751	151.15	15.7	97.63	72.55	62.34

度，由北京银行承销、山东省再担保集团担保的德州市第一支中小企业集合票据成功发行，共为皇明洁能、谷神生物、禹城绿健3家企业募集资金2.8亿元，为中小企业融资开辟了新渠道。随后，通裕集团有限公司成功发行了由兴业济南分行主承销的4.6亿元短期融资券。

三、创新开展农信社评级。制定了《农信社评级管理办法（试行）》，对辖内11家农合机构进行了连续评级，给予了区别对待，对评级做法进行总结形成的呈阅件，获上级行领导的批示。

四、灵活运用政策工具，提高金融机构支持地方经济发展的能力。累计为德州银行和农信社办理再贷款、再贴现33.74亿元，同比多办理7.34亿元，进一步提高了信贷政策导向效果，较好满足了中小企业和三农的短期资金需求。同时，积极做好民贸民品贷款贴息工作，为7家企业办理贴息5283.35万元，有力支持了辖内民族用品生产企业的发展。

【金融稳定】　2012年，人行德州中支进一步提高履行维护金融稳定职责的能力，各项工作取得新进展。

一、继续强化金融稳定工作机制建设，风险防范和应对体系进一步健全。建立了金融稳定内部协作制度和责任追究制度、银证保金融稳定协调机制、金融机构风险管理部门联席会议，及时提示地方政府及有关部门金融风险，落实处置金融风险责任，协调开展工作，提高应对金融机构突发事件能力，与德州银行联合开展了应急演练，提高了联动处置金融风险水平。

二、着力开展金融机构稳健性现场评估工作，拓展维护区域金融稳定的手段。对德州银行进行了历时3个月的稳健性现场评估，提出了政策建议。同时，加强对评估成果的反馈和运用，形成了较为完整的工作体系。

三、继续优化金融生态环境，提升金融支持经济发展的持续动力。建议市政府在全市开展了“金融生态环境优化年”活动，进一步强化了政府主导、司法介入、银行配合、各方参与的工作机制，全年化解不良贷款45.71亿元。此项工作被总、分行充分肯定，有关经验做法被济南分行领导批示并在全省推广。

四、加强民间融资监测管理。召开了全市民间融资工作会议，先后出台了《民间融资规范整顿工作实施方案》和《民间资本管理公司试点管理暂行办法》，建立了民间融资规范管理联席会议制度。人行作为联席会议成员之一，继续加强对民间融资利率和资金流向的跟踪监测，分析民间融资对宏观调控和金融稳定的影响，指导相关金融机构为民间借贷资金的发放和回收提供便捷服务。

【金融服务】 2012年，人行德州中支全面提升水平，切实提高服务效率，金融管理和服务赢得各界好评。一是农村支付环境建设圆满完成，在农村地区布放ATM机1216台、POS机4.67万台、农民金融自助服务终端540台，有效提高了农村地区金融资源配置效率；二是扎实推进货物贸易外汇管理改革，为企业对外贸易提供便利，争取500万美元、363.6万欧元短期外债支持银企发展，帮助10余家企业解决了实际困难，跨境贸易人民币结算扩展到69个企业，覆盖43个国家和地区；三是在乐陵市设立了人民币现金调剂中心；四是推动43.5万农户信用档案实现了电子化管理，财税库银横向联网协议签约率和联网业务量达到95%以上；五是成功承办了省外汇局诚信经商宣传月活动启动仪式，推动成立了全省首家金融审判合议庭。

【金融监管】 2012年，人行德州中支和银监会德州监管局依法加强金融监管，切实维护金融稳定，促进了辖内银行机构的规范经营和稳健发展。

人行德州中支认真履行监管职能，扎实开展"两管理、两综合"工作。一是组织开展了金融统计、支付结算、票据业务、反洗钱等专项检查，实施行政处罚70万元；二是积极推动金融消费者权益保护，编发了《工作手册》，开展了宣传周活动，受理投诉处理满意率达100%；三是反洗钱工作开展顺利，与公安、工商、海关等职能部门的监管信息共享和合作联运机制进一步完善；四是组织反洗钱从业人员开展了能力测试、业务培训，较好地提高了金融机构反洗钱工作水平。

银监会德州监管局深入转变监管方式，大胆推进机制创新。一是突出抓好重点监管工作，防范关键领域风险，严控政府融资平台贷款和房地产贷款风险；二是修改完善了《关于德州市辖区银行业金融机构"担保圈"贷款风险的监测办法》，加强监管联动和信息共享，化解担保圈贷款23.7亿元；三是开展了地方金融风险排查工作，检查各类贷款14.12亿元，共查出问题862个，其中整改763个，整改率88.52%；四是深入开展银行业整治不规范经营活动，制订了《方案》，联合市经信委、中小企业局、德州日报社等，成立了10个抽查暗访小组，对辖内9家银行业机构的91个网点进行了抽查暗访，整纠银行机构不规范经营活动。

【外汇管理】 2012年，外管局德州市中心支局以夯实基础促管理，以深化改革促服务，着力提高外汇履职能力，有效助推了全市涉外经济平稳较快发展。

一、着力推动规范化管理水平，有效提升工作基础。一是认真查处违法违规行为，共检查受理各类线索20件，其中立案检查并完结行政处罚13件，收缴罚没款金额54.5万元；二是协助省局对德州中鲁国际经济技术合作有限公司服务贸易项下大额收入情况进行核查；三是合规办理资本项目基础业务，办理新设外资企业登记14笔，境外投资企业登记4笔，外债业务167笔。

二、着力推进制度改革，有效提升贸易投资便利化水平。协助省局制定了《货物贸易外汇现场业务操作指南》，对改革后贸易信贷登记数据有效性、管理方式、问题及改进措施进行了研究，与国税局签署《合作备忘录》，进一步发挥双方在跨境资金流动和税收领域的监管职能，实现优势互补，共同打击逃套汇、偷逃税等违法活动。

三、创新服务方式，切实解决企业难题。一是制定了《关于进一步改进外汇管理支持全市涉外经济平稳较快发展的指导意见》，提出了多项简政便民措施；二是完善重点涉外联系企业合作机制，深入平原汉源、国强五金等部分企业进行"一对一"的座谈指导，帮助坤河旅游公司解决服务贸易项下大额付汇难题，有效促进了贸易投资便利化；三是积极为德州银行争取短期外债基础指标500万美元，督促其用足、用活短债指标，有效解决了陵县恒丰纺织等多家企业的融资难题，节约成本近10万美元。

【金融改革】 2012年，人行德州中支一是创新县域实体经济经营状况监测，积极探索制定并组织实施由基本账户所在行负责报告的企业重大事项报告制度，并在平原县试点实施，取得初步效果，形成了企业风险预警、银行业重大事项报告、企业重大事项报告等制度"三位一体"的县域实体经济风险监测分析预警体系，有效延伸了人行分支机构的风险信息触角；二是稳步推进农信社深化改革，指导督促禹城联社和齐河合行加快改制农商行，按照《商业银行内部控制指引》和《农村中小金融风险管理机制建设指引》的标准开展自评，尽快处置2008年虚假政府置换资产，早日进入改制实质实施阶段。

【精神文明建设】 2012年，德州市各金融机构广泛开展了形式多样的精神文明创建活动，取得了良好成果。人行德州中支顺利通过省级文明单位复查验收，荣获省、市级以上团体荣誉15项、个人荣誉36项，在济南分行组织的各类评比、竞赛中，获团体奖9项、个人奖42项。

工行德州分行荣获山东省分行"2012年度小企业金融业务特别贡献分行"称号；建行德州分行被山东省精神文明建设委员会评为省级文明单位。德州银行荣获"2012年度中国金融机构金牌榜年度最佳公司治理中小银行"荣誉称号。

【大事记】 3月14日 禹城市召开金融创新对接大会，人行与禹城市政府签订了"关于共同推进金融创新促进禹城市加快实现转方式、调结构战略目标的合作协议"，促进了该市贷款的快速增长。

4 月 18 日 德州银行举行新办公大楼启用庆典，社科院金融研究所副所长、党委书记王松奇，《银行家》杂志社社长闫美玲等出席。

4 月 20 日 由北京银行承销、山东省再担保集团担保的德州市第一支中小企业集合票据成功发行，共为皇明洁能、谷神生物、禹城绿健 3 家企业募集资金 2.8 亿元，为中小企业融资开辟了新渠道。

5 月 17 日 德州市农村支付环境现场推进会在临邑县召开，金融服务“半径”向基层、农村延伸。

5 月 18 日 ~19 日 人行德州中支协助德州市政府成功举办了“中国·德州第二届资本交易大会”。

7 月 20 日 人行德州中支举办 “德州市金融 IC 卡工作推进会暨宣传工作启动仪式”。

8 月 17 日 “2012 年国家外汇管理局山东省分局诚信兴商宣传月”活动在德州正式启动。

8 月 20 日 德州市民间融资会议在禹城市召开，推广了禹城市民间融资试点工作的经验。

9 月 10 日 人行德州中支与德州银行联合开展了金融机构突发事件应急预案及流动性风险处置操作规程桌面模拟演练。

11 月 22 日 德城区农村青年创业贷款发放仪式在黄河涯镇耿李杨社区举行，被山东省电视台《金色乡村》等媒体进行了报道，收到了良好的经济和社会效益。

12 月 17 日 在由金融时报社联合中国社会科学院金融研究所共同举办的“2012 中国金融机构金牌榜‘金龙奖’颁奖盛典”上，德州银行荣获“2012 年度中国金融机构金牌榜年度最佳公司治理中小银行”荣誉称号。

（王安国 王 静）

乐陵市

【经济金融概况】 2012 年，乐陵市以扩总量、调结构、壮财税、惠民生为主线，加快发展方式转变，全市经济步入了跨越发展的快车道。新增国家级创新战略联盟 1 家、省级各类科技创新平台 10 家。

【金融发展与改革】 2012 年，人行乐陵市支行一是推动市政府出台了《关于支持金融业发展的意见》、《中小企业信用体系试验区建设实施意见》和《关于发展和规范民间融资试点工作意见(试行)》；二是积极构建中小企业融资服务体系，逐步构建了信用征集、评级、担保、融资一体化的新模式，制定了关于对中小企业信用培育进行分类指导的实施意见；三是大力推进农村支付环境建设，支付清算更加快捷，截至年末，全市金融基础设施行政村覆盖率 100%，为农村地区进行非现金支付提供

乐陵市主要经济指标

经济指标	2011	2012	2012 年同比增幅（%）	经济指标	2011	2012	2012 年同比增幅（%）
土地面积（平方公里）	1172	1172	0	地方财政支出（亿元）	15.2	27.98	84.08
人口（万人）	69.68	69.94	0.37	全社会固定资产投资（亿元）	99.07	121.00	22.14
城镇人口（万人）	18.53	18.68	0.81	进出口总值（万美元）	19039	20008	5.08
乡村人口（万人）	51.15	51.26	0.22	出口总值（万美元）	14702	15786	7.4
地区生产总值（亿元）	162.71	186.85	13.1	实际利用外资（万美元）	800	8990.9	1023.86
第一产业（亿元）	25.24	27.22	7.84	社会消费品零售总额（亿元）	65.68	76.71	16.79
第二产业（亿元）	89.3	99.46	11.38	居民消费价格指数（%）	105.2	106.7	1.5
第三产业（亿元）	48.17	60.17	24.91	人均地区生产总值（元）	23351	26716	14.41
财政总收入（亿元）	6.72	28.78	328.27	城镇居民可支配收入（元）	19771	22412	13.36
地方财政收入（亿元）	3.5	4.9	11.43	农民人均现金收入（元）	8316	9564	15.01
财政总支出（亿元）	15.2	27.98	84.08				

乐陵市主要金融指标

金融指标（亿元）	2011	2012	2012 年同比增幅（%）	金融指标（亿元）	2011	2012	2012 年同比增幅（%）
本外币存款余额	98.3	118.74	20.79	财险收入	0.58	0.83	43.58

续表

金融指标（亿元）	2011	2012	2012年同比增幅（%）	金融指标（亿元）	2011	2012	2012年同比增幅（%）
人民币存款余额	98.04	118.48	20.84	寿险收入	2.17	3.03	39.45
单位存款	25.47	28.79	13.03	财险赔款	0.44	0.67	52.96
储蓄存款	72.02	88.23	22.51	寿险给付	0.69	1.04	51.2
本外币贷款余额	72.84	84.77	16.38	当年结益	--	--	--
人民币贷款余额	72.65	84.77	16.68	证券市场交易总额	--	--	--
短期贷款	50.35	60.00	19.16	投资者保证金余额	--	--	--
中长期贷款	22.3	24.77	11.07	证券账户开户数	--	--	--
票据融资	0	0	0	证券交易佣金收入	--	--	--
当年结益	2.05	1.64	-20.0	净利润	--	--	--
不良贷款余额	4.62	2.09	-54.76				

乐陵市主要金融机构概况

单位名称	行长（或其他称谓的第一负责人）	副行长（或其他称谓的同级领导）	员工总数	辖内营业网点数
人行乐陵市支行	杨德阔	孟宪尧　刘长勇　卞东华	27	1
银监会乐陵市办事处	辛俊胜		5	1
农发行乐陵市支行	张　静	王俊忠	20	1
工行乐陵支行	高秀军	杨小玲　李建胜	49	3
农行乐陵市支行	王秀斌	郭爱民　杨　新　王　刚	100	6
中行乐陵支行	张　彬	靳邦斌　金　涛	27	1
建行乐陵支行	魏志军	商国珍　朱建升 张新奎　赵　伟	36	2
德州银行乐陵支行	王文忠	蒋万祥	15	1
乐陵市农信联社	杨希军	李培刚　刘德涛 陈宝宁　杨　萍	413	35
邮储银行乐陵市支行	陆泽顺	王海军	101	23

乐陵市主要金融机构业务概况

单位：亿元

单位名称	本外币存款余额	人民币单位存款	人民币储蓄存款	本外币贷款余额	人民币短期贷款	人民币中长期贷款
农发行乐陵市支行	0.68	0.68	--	7.08	4.36	2.71
工行乐陵支行	15.32	6.74	8.54	11.99	4.97	7.02
农行乐陵市支行	19.94	5.71	14.16	17.48	12.21	5.27
中行乐陵支行	5.99	2.07	3.65	5.67	4.33	1.34
建行乐陵支行	11.62	4.27	7.30	7.11	4.29	2.82

续表

单位名称	本外币存款余额	人民币单位存款	人民币储蓄存款	本外币贷款余额	人民币短期贷款	人民币中长期贷款
德州银行乐陵支行	6.06	4.41	1.65	4.49	4.28	0.20
乐陵市农信联社	38.90	3.34	35.55	29.25	24.43	4.82
邮储银行乐陵市支行	18.95	1.56	17.39	1.71	1.12	0.59

了有力保障。

【金融服务与监管】 2012年，乐陵市金融机构不断创新信贷品种，简化贷款流程，拓宽中间业务，金融服务水平不断提升。人行乐陵市支行以强化金融服务、促进地方经济发展为目的，开展了中小企业融资状况调查，真正摸透中小企业融资难的原因，提出有效措施和建议。在金融监管方面，通过开展账户管理、反洗钱、人民币及现金管理、国库业务、外汇管理、金融统计与征信等专业检查，加强了对辖内金融业务的监管，确保了金融秩序稳定。

（孟宪尧 赵 斌）

禹城市

【经济金融概况】 2012年，禹城市按照“总量适度、审慎灵活、定向支持”的原则，推动把现代金融业列入新兴主导产业，获得全省金融生态环境建设模范奖。

【金融发展与改革】 2012年，人行禹城市支行充分发挥窗口指导作用，大力推进金融发展和改革。一是畅通银企对接渠道，召开了金融创新对接大会，与市政府签订了共同推进金融创新，促进禹城市加快实现“转方式，调结构”战略目标的合作协议，截至年末，已到位资金14.5亿元；二是积极推动金融产品创新，有6家企业启动上市程序，3家企业在股权交易市场挂牌交易，作为“直接融资试点县”，该市实现直接融资21.31

禹城市主要经济指标

经济指标	2011	2012	2012年同比增幅（%）	经济指标	2011	2012	2012年同比增幅（%）
土地面积（平方公里）	990	990	0	地方财政支出（亿元）	15.84	20.76	31.08
人口（万人）	52.69	52.09	-1.14	全社会固定资产投资（亿元）	101.42	126.82	33.1
城镇人口（万人）	9.76	9.38	-3.89	进出口总值（万美元）	18500	19993	8.1
乡村人口（万人）	42.93	42.71	-0.51	出口总值（万美元）	17933	17543	-2.1
地区生产总值（亿元）	179.16	206.29	12.2	实际利用外资（万美元）	1000	2010	101.0
第一产业（亿元）	26.52	28.1	4.7	社会消费品零售总额（亿元）	65.60	75.8	15.4
第二产业（亿元）	99.66	109.14	14.4	居民消费价格指数（%）	105.2	101.5	-3.52
第三产业（亿元）	52.98	69.05	11.8	人均地区生产总值（元）	34132	39374	12.4
财政总收入（亿元）	13.46	16.66	33.75	城镇居民可支配收入（元）	19771	22440	13.5
地方财政收入（亿元）	7.5	10.03	33.79	农民人均现金收入（元）	8350	9601	15.01
财政总支出（亿元）	15.84	20.76	31.08				

禹城市主要金融指标

金融指标（亿元）	2011	2012	2012年同比增幅（%）	金融指标（亿元）	2011	2012	2012年同比增幅（%）
本外币存款余额	106.63	119.85	12.41	财险收入	0.68	0.83	22.06
人民币存款余额	106.47	119.49	12.22	寿险收入	1.29	2.01	55.81

续表

金融指标（亿元）	2011	2012	2012年同比增幅（%）	金融指标（亿元）	2011	2012	2012年同比增幅（%）
单位存款	44.14	41.86	-5.15	财险赔款	0.36	0.52	44.44
储蓄存款	61.38	75.79	23.49	寿险给付	0.04	0.08	100
本外币贷款余额	101.81	112.82	10.82	当年结益	0.27	0.29	7.41
人民币贷款余额	101.78	112.79	10.82	证券市场交易总额	0	1.03	100
短期贷款	66.15	78.11	18.09	投资者保证金余额	0	0.008	100
中长期贷款	35.53	34.49	-2.92	证券账户开户数	0	1529	100
票据融资	0	0.09	100	证券交易佣金收入	0	0.002	100
当年结益	3.27	2.67	-18.33	净利润	--	-0.01	--
不良贷款余额	1.68	2.79	66.31				

禹城市主要金融机构概况

单位名称	行长（或其他称谓的第一负责人）	副行长（或其他称谓的同级领导）	员工总数	辖内营业网点数
人行禹城市支行	何　意	贺明田	27	1
银监会禹城市办事处	刘洪涛		4	1
农发行禹城市支行	张　方	周传勇　崔藏月	24	1
工行禹城支行	张　勇	李文立　张迎晓　王　鹏	57	3
农行禹城市支行	常　勇	张风顺　范　斌　董仁魁	99	5
中行禹城支行	邵秀玲	王德贵　张　军	37	2
建行禹城支行	王振顺	李淑平　彭元新	47	2
德州银行禹城支行	魏　敏	李文东　曹明磊	36	2
禹城市农信联社	付小剑	王吉合　王英明 王惠超　马　超	456	40
邮储银行禹城市支行	李　峰	侯庆勇　李　坤	60	21

禹城市主要金融机构业务概况

单位：亿元

单位名称	本外币存款余额	人民币单位存款	人民币储蓄存款	本外币贷款余额	人民币短期贷款	人民币中长期贷款
农发行禹城市支行	1.49	1.49	--	9.09	5.46	3.63
工行禹城支行	19.79	14.00	5.75	25.91	14.32	11.59
农行禹城市支行	14.22	7.28	6.92	16.28	13.60	2.59
中行禹城支行	8.63	3.69	4.56	6.75	4.47	2.25
建行禹城支行	10.34	6.33	3.94	14.21	4.87	9.34
德州银行禹城支行	6.73	4.76	1.97	5.82	5.01	0.71
禹城市农信联社	41.31	3.40	37.50	32.77	29.20	3.57
邮储银行禹城市支行	16.06	0.91	15.15	1.99	1.18	0.81

亿元,位列德州各县市第1位;三是积极支持地方金融改革,发放支农再贷款2.8亿元,协助农信社依靠政府化解不良贷款,力争达到农商行筹建标准。

【金融服务与监管】 2012年,人行禹城市支行金融服务与监管工作取得了新进展。一是加强制度落实,制定了各专业内控制度建设年活动方案,加强新业务推广,协调财税银关系,确保了TCBS顺利上线运行;二是加强金融宣传力度,开展了“换新钱、迎新年”活动,同时,利用反假货币集中宣传月,开展了保护金融消费者权益宣传周活动,召开了农村支付环境建设“双百”调度会,协调金融机构加强农村支付环境建设;三是认真做好专项检查工作,组织对市内8家金融机构进行了2012年度综合评价,对新开业的银行网点加强审核和业务监管,组织德州银行高管人员进行业务考试,有效发挥了监督作用。

(段立华 范雪芹)

陵 县

【经济金融概况】 2012年,陵县加快实施“全面融入德州市区、发展同城经济”战略,全县呈现出经济又好又快发展。金融机构各项存贷款保持较快增长,贷款投向重点突出,信贷结构优化,有力地支持了全县经济持续快速协调健康发展。

【金融发展与改革】 2012年,人行陵县支行进一步完善了政府主导型企业风险防范机制,有效解决了日常监测中获取企业经营财务信息不全面、不准确、不及时等问题,对企业经营风险、财务风险进行提前预警,并为当地政府提供具有针对性、可操作性的风险化解方案。按照德州市政府关于不良贷款“五个一批”处置措施,各金融机构加大不良贷款的化解力度,全年化解不良贷款17.2亿元,有效防止了金融风险的蔓延。

陵县主要经济指标

经济指标	2011	2012	2012年同比增幅(%)	经济指标	2011	2012	2012年同比增幅(%)
土地面积(平方公里)	1213	1213	0	地方财政支出(亿元)	13.17	14.82	12.53
人口(万人)	59.3	57.7	-2.7	全社会固定资产投资(亿元)	98.77	121.4	22.91
城镇人口(万人)	13.6	13.1	-3.67	进出口总值(万美元)	17923	19397	8.22
乡村人口(万人)	45.7	44.6	-0.2	出口总值(万美元)	12033	12659	5.2
地区生产总值(亿元)	176.7	195.6	12.8	实际利用外资(万美元)	489.5	1683	243.82
第一产业(亿元)	25.87	27.61	6.73	社会消费品零售总额(亿元)	55.4	63.66	14.9
第二产业(亿元)	91.23	96.57	5.85	居民消费价格指数(%)	105.2	101.5	-3.52
第三产业(亿元)	59.63	71.46	19.84	人均地区生产总值(元)	29985	33692	12.36
财政总收入(亿元)	9.00	10.8	20.05	城镇居民可支配收入(元)	29868	31059	3.99
地方财政收入(亿元)	5.18	6.76	30.5	农民人均现金收入(元)	8274	9589	15.84
财政总支出(亿元)	14.25	17.6	23.51				

陵县主要金融指标

金融指标(亿元)	2011	2012	2012年同比增幅(%)	金融指标(亿元)	2011	2012	2012年同比增幅(%)
本外币存款余额	85.92	109.86	27.86	财险收入	1.08	1.78	64.81
人民币存款余额	85.92	109.79	27.78	寿险收入	1.31	1.57	19.85
单位存款	19.93	24.8	24.44	财险赔款	0.37	0.89	140.54
储蓄存款	62.76	80.97	28.73	寿险给付	0.49	0.73	48.97
本外币贷款余额	71.19	72.35	1.63	当年结益	0.35	0.95	171.42
人民币贷款余额	71.19	72.35	1.63	证券市场交易总额	--	--	--

续表

金融指标（亿元）	2011	2012	2012 年同比增幅（%）	金融指标（亿元）	2011	2012	2012 年同比增幅（%）
短期贷款	49.61	50.74	2.28	投资者保证金余额	--	--	--
中长期贷款	21.59	20.14	-6.72	证券账户开户数	--	--	--
票据融资	0.00	0.74	100	证券交易佣金收入	--	--	--
当年结益	1.98	1.62	-1.82	净利润	--	--	--
不良贷款余额	6.46	10.5	62.54				

陵县主要金融机构概况

单位名称	行长（或其他称谓的第一负责人）	副行长（或其他称谓的同级领导）	员工总数	辖内营业网点数
人行陵县支行	邢庆圣	张志远　王胜先	27	1
农发行陵县支行	王世国	王书青　张成双	29	1
工行陵县支行	李德忠	许万磊　宋拥军	41	2
农行陵县支行	张广春	刘秀艳　郭维斌　谯立东	63	4
中行陵县支行	米丰虎	董永军　贾　麟	28	1
建行陵县支行	陶志昆	吴健蕾　吕万新	40	2
德州银行陵县支行	苗　鹏	朱建国	16	1
陵县农信联社	王立国	王成军　扬卫红　谈洪泉	390	30
邮储银行陵县支行	李玉花	高洪彦	59	21

陵县主要金融机构业务概况

单位：亿元

单位名称	本外币存款余额	人民币单位存款	人民币储蓄存款	本外币贷款余额	人民币短期贷款	人民币中长期贷款
农发行陵县支行	0.61	0.61	--	7.38	5.56	1.13
工行陵县支行	13.86	7.51	6.34	15.14	8.89	6.25
农行陵县支行	9.02	3.31	5.48	8.24	6.15	1.31
中行陵县支行	5.39	1.77	3.57	5.42	2.65	2.76
建行陵县支行	8.24	2.03	6.12	7.17	3.45	3.72
德州银行陵县支行	2.84	2.36	0.48	2.41	2.41	0
陵县农信联社	41.01	2.55	38.46	22.89	18.61	4.28
邮储银行陵县支行	22.27	2.25	20.02	0.73	0.54	0.19

【金融服务与监管】　2012 年，陵县金融机构通过完善网点设施，优化柜面资源，加大员工业务技能培训，为社会公众提供了高效、便捷的服务。在金融监管方面，人行陵县支行完善了各项规章制度，加强了账户管理及反洗钱、人民币现金管理、外汇管理等工作；切实履行再贴现、再贷款、金融统计及银行信贷登记咨询系统等各项职能，取得了明显成效。

（刘成章）

宁津县

【经济金融简况】 2012年，宁津县产业结构不断优化，对外开放步伐加快，城乡统筹迸发活力，发展后劲明显增强，人民福祉全面提升。金融运行平稳，金融秩序良好，经济金融实现良性互动。

【金融发展与改革】 2012年，人行宁津县支行积极取得地方政府的支持，加强与各职能部门的联系与合作，充分发挥金融稳定职能，取得了良好的效果。一是稳健货币政策导向指引作用明显，全年累计发放贷款同比增加近9亿元，有力地支持了地方经济健康快速发展；二是配合政府推进"金融生态环境

宁津县主要经济指标

经济指标	2011	2012	2012年同比增幅（%）	经济指标	2011	2012	2012年同比增幅（%）
土地面积（平方公里）	833	833	0	地方财政支出（亿元）	11.21	14.58	30.06
人口（万人）	47.18	46.71	-0.99	全社会固定资产投资（亿元）	121	134	10.74
城镇人口（万人）	6.07	6.13	0.98	进出口总值（万美元）	7556	7731	2.32
乡村人口（万人）	41.11	40.58	-1.29	出口总值（万美元）	6887	7074	2.71
地区生产总值（亿元）	145.36	165.43	12.1	实际利用外资（万美元）	1298	1550	19.41
第一产业（亿元）	19.88	21.13	6.28	社会消费品零售总额（亿元）	59.69	68.95	15.51
第二产业（亿元）	83.53	91.16	9.13	居民消费价格指数（%）	105.2	101.5	-3.7
第三产业（亿元）	41.95	53.14	26.67	人均地区生产总值（元）	30809	35064	13.81
财政总收入（亿元）	5.73	7.24	26.35	城镇居民可支配收入（元）	18695	21069	12.69
地方财政收入（亿元）	3.4	4.5	32.35	农民人均现金收入（元）	8441	9668	14.54
财政总支出（亿元）	11.21	14.58	30.06				

宁津县主要金融指标

金融指标（亿元）	2011	2012	2012年同比增幅（%）	金融指标（亿元）	2011	2012	2012年同比增幅（%）
本外币存款余额	104.54	122.49	17.17	财险收入	0.5	0.6	20
人民币存款余额	104.51	122.43	17.15	寿险收入	0.27	1.44	433
单位存款	17.79	19.85	11.58	财险赔款	0.28	0.42	50
储蓄存款	84.93	100.57	18.42	寿险给付	0.05	0.45	800
本外币贷款余额	54.5	56.74	4.11	当年结益	0.18	0.26	44.45
人民币贷款余额	54.5	56.74	4.11	证券市场交易总额	—	—	—
短期贷款	39.8	39.82	0.05	投资者保证金余额	—	—	—
中长期贷款	14.63	16.79	14.76	证券账户开户数	—	—	—
票据融资	0	0	0	证券交易佣金收入	—	—	—
当年结益	1.92	0.74	-61.45	净利润	—	—	—
不良贷款余额	10.42	9.74	-6.52				

宁津县主要金融机构概况

单位名称	行长（或其他称谓的第一负责人）	副行长（或其他称谓的同级领导）	员工总数	辖内营业网点数
人行宁津县支行	曹国江	郭德生 王长德 张晶华 陈志红	35	1

续表

单位名称	行长（或其他称谓的第一负责人）	副行长（或其他称谓的同级领导）	员工总数	辖内营业网点数
农发行宁津县支行	张志刚	王克智	18	1
工行宁津支行	杜雪亭	蔡建国　朱志刚　梁金林	48	2
农行宁津县支行	刘海燕	张长明　侯成群　宋秀梅	114	8
建行宁津支行	王向东	吕秀峰　贾　敏　王新河	49	3
德州银行宁津支行	王　健		32	2
宁津县农信联社	赵德久	张　波　秦家军 杨海涛　王淑华	417	31
邮储银行宁津县支行	丛立刚	王伟峰　王守江	50	26

宁津县主要金融机构业务概况

单位：亿元

单位名称	本外币存款余额	人民币单位存款	人民币储蓄存款	本外币贷款余额	人民币短期贷款	人民币中长期贷款
农发行宁津县支行	0.16	0.16	--	3.94	1.38	2.50
工行宁津支行	11.53	3.12	8.41	5.74	3.49	2.25
农行宁津县支行	22.91	4.97	17.94	5.52	4.54	0.93
建行宁津支行	15.19	4.86	10.24	5.00	1.70	3.30
德州银行宁津支行	7.57	4.44	3.13	5.48	4.17	1.29
宁津县农信联社	42.33	1.37	40.81	29.52	23.27	6.25
邮储银行宁津县支行	20.97	0.93	20.04	1.54	1.27	0.27

优化年”活动，在农村支付环境建设活动中率先完成任务；三是跨境人民币结算业务实现零的突破，国库数据集中系统成功上线运行。

【金融服务与监管】　2012年，人行宁津县支行确立了以“内抓管理、外树形象”为总体工作思路，监管与服务并重，扎实推进“两管理、两综合”工作，金融管理、服务水平进一步提高。把防范金融风险、维护金融稳定作为重中之重，开展了制度梳理及“回头看”活动，做好风险排查。

（李红梅　张文勇）

庆云县

【经济金融概况】　2012年，庆云县继续坚持“一个突破、四项提升”：即突破工业、提升商贸物流、提升文化旅游、提升城乡建设、提升三农。围绕“打造改革创新示范区、建设经济文化强县”的目标，主动转方式调结构，努力发展高新技术、高端装备制造、新能源、轻工食品、精细化工等十大主导产业集群，全县规模以上工业企业增加到190家。同时，旅游产业迅速发展，成为名符其实的山东旅游强县。

【金融发展与改革】　2012年，庆云县不断健全企业上市培育机制，采取上市挂牌、融资租赁、吸引投资基金等多种方式支持企业扩张，邀请中国融资租赁公司与企业对接，出台一系列优惠政策加快企业挂牌上市进程。中澳控股集团完成股改，山东韩炼石油科技股份有限公司在天交所成功挂牌，海川机械、一通管件在齐鲁股权托管中心成功挂牌，实现了直接融资突破。工行庆云支行迎宾路支行，邮储庆云县支行、商城支行相继成立，引进了一家股权投资公司，增设了汇海民间资本管理有限公司，全县具有融资功能的机构达到15家，形成了梯次有序、服务对象有别的合理的金融机构布局。

庆云县主要经济指标

经济指标	2011	2012	2012年同比增幅（%）	经济指标	2011	2012	2012年同比增幅（%）
土地面积（平方公里）	502	502	--	地方财政支出（亿元）	9.75	11.61	19.06
人口（万人）	31.42	31.61	0.6	全社会固定资产投资（亿元）	88	111.7	27.2
城镇人口（万人）	6.08	6.09	0.16	进出口总值（万美元）	5161	5090	-1.1
乡村人口（万人）	25.33	25.52	0.75	出口总值（万美元）	4987	5001	7.8
地区生产总值（亿元）	104.3	120.3	13.0	实际利用外资（万美元）	236.5	376.8	32.5
第一产业（亿元）	9.3	9.88	5.1	社会消费品零售总额（亿元）	43.42	49.93	14.99
第二产业（亿元）	51.29	58.74	15.6	居民消费价格指数（%）	105.2	101.5	-3.7
第三产业（亿元）	43.79	51.64	11.4	人均地区生产总值（元）	33209	38048	14.57
财政总收入（亿元）	4.84	6.14	26.75	城镇居民可支配收入（元）	11000	13000	18.18
地方财政收入（亿元）	2.85	3.71	30.16	农民人均现金收入（元）	8000	9480	15.03
财政总支出（亿元）	9.75	11.61	19.06				

庆云县主要金融指标

金融指标（亿元）	2011	2012	2012年同比增幅（%）	金融指标（亿元）	2011	2012	2012年同比增幅（%）
本外币存款余额	53.16	65.7	23.6	财险收入	0.71	0.99	39.4
人民币存款余额	53.16	65.7	23.6	寿险收入	1.57	1.91	21.6
单位存款	16.62	20.84	25.4	财险赔款	0.51	0.62	21.6
储蓄存款	35.14	43.12	22.7	寿险给付	0.44	0.52	18.2
本外币贷款余额	37.38	43.44	16.2	当年结益	--	--	--
人民币贷款余额	37.38	43.44	16.2	证券市场交易总额	--	--	--
短期贷款	24.94	29.58	18.6	投资者保证金余额	--	--	--
中长期贷款	12.43	13.74	10.5	证券账户开户数	--	--	--
票据融资	0	0.12	100	证券交易佣金收入	--	--	--
当年结益	1.21	1.49	23.1	净利润	--	--	--
不良贷款余额	0.28	0.31	10.7				

庆云县主要金融机构概况

单位名称	行长（或其他称谓的第一负责人）	副行长（或其他称谓的同级领导）	员工总数	辖内营业网点数
人行庆云县支行	杨金昌	胡成军 魏殿峰 赵关岭	17	1
银监会庆云县办事处	辛俊胜	张芳春	5	1
农发行庆云县支行	许欣忠	潘德章	16	1
工行庆云支行	蒋爱芹	张国伟 赵金强	30	2
农行庆云县支行	郭延超	刘绪生 高勇奇	55	3

续表

单位名称	行长（或其他称谓的第一负责人）	副行长（或其他称谓的同级领导）	员工总数	辖内营业网点数
建行庆云支行	邵立民	郭宝辉 张新成	26	1
德州银行庆云支行	王金峰	张海霞	16	1
庆云县农信联社	方化臣	刘　兰 邵　范 董合泉 张　霖	302	16
邮储银行庆云县支行	王保国	张思明	69	7

庆云县主要金融机构业务概况

单位：亿元

单位名称	本外币存款余额	人民币单位存款	人民币储蓄存款	本外币贷款余额	人民币短期贷款	人民币中长期贷款
农发行庆云县支行	1.10	1.10	--	5.26	3.83	1.42
工行庆云支行	11.09	5.37	5.72	9.46	3.06	6.40
农行庆云县支行	7.96	2.97	4.99	7.88	6.48	1.40
建行庆云支行	8.72	3.90	4.82	5.74	2.00	3.74
德州银行庆云支行	3.20	2.41	0.79	1.15	1.01	0.14
庆云县农信联社	15.81	2.91	12.90	12.83	12.30	0.50
邮储银行庆云县支行	16.26	2.16	14.10	1.12	0.89	0.23

【金融服务与监管】 2012 年，人行庆云县支行继续坚持管理和服务两手抓，完善提升“两综合、两管理”工作。主动对辖内法人机构、农行“三农金融事业部”进行考核并实施差别存款准备金率，对辖内全部金融机构的涉农信贷政策执行效果进行评估，引导和鼓励全县金融机构正确处理增加投入与防范风险的关系，适时把握调控的方向、力度和节奏，积极支持地方经济。对重点建设项目、中小企业、“三农”、“民生”等进行了积极的贷款扶持。另外，积极组织各行在辖区推介各自网上银行、手机银行，规划增设 ATM、POS 机、电话转账、农民自助服务终端等多种非现金支付手段，组合推进提升了辖区多元化、多渠道、多方位的支付结算方式，辖区实现了金融支付工具社区全覆盖。

（胡洪玺　孙景树）

临邑县

【经济金融概况】 2012 年，临邑县经济发展提速提效，综合实力持续增强。11 家企业列入德州市百家重点培植行列，3 家达到省级现场管理样板企业标准。生态环境进一步改善，成为全国生态文明先进县。引进齐鲁证券、和信小额贷款公司等 12 家投融资机构，金融服务体系持续完善和健全，天安化工间接上市，壹诺化工、瑞博龙化工、远征石油、安兴玻璃 4 家企业挂牌交易。

【金融发展与改革】 2012 年，临邑县银行机构强化内部控制，优化网点设置，风险防控能力、核心竞争力持续提升。临邑和信小额贷款公司正式成立，德州银行临邑支行、临盘同城支行开业，这是德州 10 县（市）首家乡镇支行，辖区银行体系逐步健全、信贷服务日趋完善。人行临邑支行积极给予农信社支农再贷款资金支持，积极配合县政府“清收不良贷款专项整治活动”，清收、盘活不良贷款，加强风险防控，资产质量明显改善，资本充足率提高，信贷支农功能不断强化。

【金融服务与监管】 2012 年，临邑县各银行机构依托现代支付结算体系为平台，加大金融基础设施投入，新兴业务快速发展。5 月 17 日，德州市农村支付环境现场推进会在临邑县召开，金融服务“半径”向基层、农村延伸。

人行临邑县支行积极履行职能，对建行、德州银行、农信社等 5 家机构开展了征信业务、金融统计和票据业务检查，对 8 家机构开展了重大事项报告执行情况现场检查，对查出的问题

临邑县主要经济指标

经济指标	2011	2012	2012年同比增幅（%）	经济指标	2011	2012	2012年同比增幅（%）
土地面积（平方公里）	1016	1016	0	地方财政支出（亿元）	15.02	17.88	19.04
人口（万人）	54.19	54.12	-0.13	全社会固定资产投资（亿元）	103.47	129.94	25.58
城镇人口（万人）	19.98	19.32	-3.30	进出口总值（万美元）	30838	36843	19.47
乡村人口（万人）	34.23	34.80	1.67	出口总值（万美元）	28971	34066	17.59
地区生产总值（亿元）	177.8	206.9	11.9	实际利用外资（万美元）	1728.1	1234.2	-28.58
第一产业（亿元）	24.88	26.69	7.27	社会消费品零售总额（亿元）	67.80	78.32	15.52
第二产业（亿元）	94.34	110.01	16.61	居民消费价格指数（%）	105.20	103.8	-1.33
第三产业（亿元）	58.55	70.15	19.81	人均地区生产总值（元）	32806	38221	16.51
财政总收入（亿元）	12.55	14.22	13.31	城镇居民可支配收入（元）	19160	22000	14.82
地方财政收入（亿元）	7.04	8.08	14.77	农民人均现金收入（元）	8434	9661	14.55
财政总支出（亿元）	17.52	20.42	16.55				

临邑县主要金融指标

金融指标（亿元）	2011	2012	2012年同比增幅（%）	金融指标（亿元）	2011	2012	2012年同比增幅（%）
本外币存款余额	97.39	121.58	24.84	财险收入	0.34	0.45	32.35
人民币存款余额	97.20	121.29	24.78	寿险收入	1.41	1.92	36.17
单位存款	23.48	31.60	34.58	财险赔款	0.12	0.33	175
储蓄存款	72.99	88.35	21.04	寿险给付	0.91	1.26	38.46
本外币贷款余额	60.99	82.04	34.51	当年结益	0.05	0.11	120
人民币贷款余额	59.44	82.04	38.02	证券市场交易总额	0	0.01	100
短期贷款	42.15	56.37	33.74	投资者保证金余额	--	--	--
中长期贷款	18.80	25.60	36.17	证券账户开户数	0	107	--
票据融资	0	0.03	100.0	证券交易佣金收入	--	--	--
当年结益	2.28	2.53	11.00	净利润	--	--	--
不良贷款余额	3.66	2.29	-37.43				

临邑县主要金融机构概况

单位名称	行长（或其他称谓的第一负责人）	副行长（或其他称谓的同级领导）	员工总数	辖内营业网点数
人行临邑县支行	杨如冰	许树海 邢增彩 张兆河	28	1
农发行临邑县支行	赵学东	张以楼	22	1
工行临邑支行	郝建波	夏春秋 杜彬 韩起强	72	5
农行临邑县支行	孟德胜	马传胜 卞建强 李广超	80	5
中行临邑支行	姬刚	唐宇 王成武	36	2

续表

单位名称	行长（或其他称谓的第一负责人）	副行长（或其他称谓的同级领导）	员工总数	辖内营业网点数
建行临邑支行	李胜国	孙吉贵 王 力 仝建民 郝金刚	56	4
德州银行临邑支行	韩 磊	叶 欣 肖金利	26	2
临邑县农信联社	杨晓亮	陈艳峰 黄家信 赵云延 邓秀荣	402	29
邮储银行临邑县支行	刘修春	乔 峰	68	26
临邑中银富登村镇银行	张 伟	刘永军 李尚东 刘洪利	44	1

临邑县主要金融机构业务概况

单位：亿元

单位名称	本外币存款余额	人民币单位存款	人民币储蓄存款	本外币贷款余额	人民币短期贷款	人民币中长期贷款
农发行临邑县支行	1.60	1.60	--	6.07	2.72	3.35
工行临邑支行	26.19	9.05	17.12	24.23	13.66	10.56
农行临邑县支行	11.55	3.75	7.79	7.25	5.11	2.08
中行临邑支行	8.40	3.14	4.98	4.92	2.45	2.47
建行临邑支行	15.90	3.90	11.95	8.75	4.49	4.25
德州银行临邑支行	6.02	4.63	1.40	3.58	3.58	0
临邑县农信联社	29.72	3.21	26.21	24.43	22.98	1.45
邮储银行临邑县支行	19.64	1.29	18.35	1.86	1.04	0.81
临邑中银富登村镇银行	1.58	1.03	0.55	0.95	0.34	0.62

及时通报，以检查促规范、防风险。

（李梅英 邢有武）

齐河县

【经济金融概况】 2012 年，齐河县加快转方式、调结构的步伐，经济社会保持了良好的发展态势，连续 5 年荣获全国粮食生产先进县，被评为全国社会主义新农村建设示范县。新能源汽车、高端装备制造、新材料等产业异军突起。成功引进银证国际投资基金管理(北京)有限公司、中国太平洋建设集团等多家企业，为齐河发展带来了先进的投融资理念和管理模式。

【金融发展与改革】 2012 年，人行齐河县支行以加强货币政策的宣传、传导和信息反馈为重点，促进县域经济金融持续健康发展。一是协助齐河县政府制定了对全县金融机构支持地

齐河县主要经济指标

经济指标	2011	2012	2012 年同比增幅（%）	经济指标	2011	2012	2012 年同比增幅（%）
土地面积（平方公里）	1411	1411	0	地方财政支出（亿元）	20.03	25.81	28.87
人口（万人）	62.77	62.80	0.05	全社会固定资产投资（亿元）	111.86	138.93	32.70
城镇人口（万人）	16.28	16.23	-0.31	进出口总值（万美元）	61500	80000	30.08

续表

经济指标	2011	2012	2012年同比增幅（%）	经济指标	2011	2012	2012年同比增幅（%）
乡村人口（万人）	46.49	46.57	0.17	出口总值（万美元）	14000	18700	33.57
地区生产总值（亿元）	252.87	290.58	11.8	实际利用外资（万美元）	2504	3000	19.81
第一产业（亿元）	24.02	27.00	12.8	社会消费品零售总额（亿元）	72.00	80.21	15.30
第二产业（亿元）	136.55	172.00	26.0	居民消费价格指数（%）	105.2	101.5	1.50
第三产业（亿元）	92.30	119.00	29.4	人均地区生产总值（元）	40285	50637	25.70
财政总收入（亿元）	21.82	25.64	17.50	城镇居民可支配收入（元）	19520	23800	22.00
地方财政收入（亿元）	11.02	14.37	30.42	农民人均现金收入（元）	8443	9669	15.03
财政总支出（亿元）	20.03	25.81	28.87				

齐河县主要金融指标

金融指标（亿元）	2011	2012	2012年同比增幅（%）	金融指标（亿元）	2011	2012	2012年同比增幅（%）
本外币存款余额	115.23	137.56	19.38	财险收入	0.76	1.14	50.00
人民币存款余额	114.99	137.30	19.40	寿险收入	1.75	1.64	-6.29
单位存款	38.50	43.02	11.74	财险赔款	0.24	0.60	150.00
储蓄存款	73.35	92.75	26.45	寿险给付	0.28	0.28	0
本外币贷款余额	84.69	92.38	9.08	当年结益	—	—	—
人民币贷款余额	81.47	92.38	13.40	证券市场交易总额	—	—	—
短期贷款	54.92	64.16	16.83	投资者保证金余额	—	—	—
中长期贷款	26.55	28.07	5.73	证券账户开户数	—	—	—
票据融资	0	0.15	100	证券交易佣金收入	—	—	—
当年结益	2.28	2.93	28.67	净利润	—	—	—
不良贷款余额	1.13	0.99	12.65				

齐河县主要金融机构概况

单位名称	行长（或其他称谓的第一负责人）	副行长（或其他称谓的同级领导）	员工总数	辖内营业网点数
人行齐河县支行	张若丰	刘万清 范士俊 司英民	34	1
银监会齐河县办事处	张其勇		2	1
农发行齐河县支行	张建国	黄 齐 马传松	20	1
工行齐河支行	方玉林	张荣珍 张 伟	57	4
农行齐河县支行	杨晓立	黄卫东 段旭光 王凤冬	117	5
中行齐河支行	段 勇	王爱武 孙 辉	37	2
建行齐河支行	杜厚森	孙培军 孟庆东 宋 萍	44	3
德州银行齐河支行	张春玲	徐光峰	28	2

续表

单位名称	行长（或其他称谓的第一负责人）	副行长（或其他称谓的同级领导）	员工总数	辖内营业网点数
山东齐河农村合作银行	房士荣	孙秀斌　吴玉凤 王东新　尹　承	474	35
邮储银行齐河县支行	丁建华	李文军	72	26

齐河县主要金融机构业务概况

单位：亿元

单位名称	本外币存款余额	人民币单位存款	人民币储蓄存款	本外币贷款余额	人民币短期贷款	人民币中长期贷款
农发行齐河县支行	2.62	2.62	--	2.59	2.07	0.37
工行齐河支行	17.59	9.74	7.79	20.36	10.89	9.46
农行齐河县支行	17.02	8.73	8.29	13.33	8.44	4.89
中行齐河支行	10.95	5.00	5.76	7.97	3.32	4.65
建行齐河支行	7.35	2.22	5.03	6.16	4.71	1.45
德州银行齐河支行	10.18	8.73	1.45	5.51	5.50	0.01
山东齐河农村合作银行	48.32	4.17	44.14	33.96	27.76	6.20
邮储银行齐河县支行	22.09	1.81	20.28	2.50	1.48	1.02

方发展业绩考评奖励办法，引导金融机构调整信贷结构，满足实体经济的资金需求；二是协助地方政府搭建融资超市，组织济南7家股份制银行与县内企业的对接会，举办了金融支持小微企业、农民专业合作社及农户情况座谈会，有效解决实体经济融资需求，实现政银企共赢；三是扎实推进农信社改革、利率市场化改革，强化农信社改革后续监测考核，齐河农村合作银行进一步完善法人治理结构，农行“三农金融事业部”改革稳步推进。

【金融服务与监管】　2012年，齐河县金融机构依托现代金融网络信息平台，提高金融服务水平，网上银行、电子银行业务快速发展。创新农村支付环境建设工作，提前实现“双百”目标；组织了对金融机构征信管理、金融统计、金融稳定、国库业务的执法检查，进一步促进了金融业务规范发展。

（焦玉英）

平原县

【经济金融概况】　2012年，平原县坚持以推进科学发展、建设幸福平原为统领，坚持速度与质量并重、生态与产业共进，加大创新驱动力度，扎实推进产业、科教、民生、生态、城乡、民生现代化进程，全县国民经济保持较快发展。平原县华信民间资本管理公司和民间资本登记管理中心的成立，有效缓解了县域内中小微型企业的资金需求矛盾。

【金融发展与改革】　2012年，平原县辖内各金融机构认真执行稳健的货币政策，加强对重点产业和小微型企业的资金支持。开展了“金融生态环境优化年”活动，提升了金融支持地方

平原县主要经济指标

经济指标	2011	2012	2012年同比增幅（%）	经济指标	2011	2012	2012年同比增幅（%）
土地面积（平方公里）	1047	1047	--	地方财政支出（亿元）	11.68	14.78	26.56
人口（万人）	46.56	46.74	0.39	全社会固定资产投资（亿元）	99.18	114.28	26.8

续表

经济指标	2011	2012	2012年同比增幅（%）	经济指标	2011	2012	2012年同比增幅（%）
城镇人口（万人）	12.32	13.04	5.89	进出口总值（万美元）	6806	8230	20.9
乡村人口（万人）	34.24	33.69	-1.6	出口总值（万美元）	5312	6911	30.1
地区生产总值（亿元）	146.51	166.05	11.5	实际利用外资（万美元）	1690	85	-93.5
第一产业（亿元）	22.08	23.61	5.6	社会消费品零售总额（亿元）	54.59	62.77	14.9
第二产业（亿元）	78.23	88.45	12.7	居民消费价格指数（%）	105.20	101.5	-4
第三产业（亿元）	46.20	53.99	12.2	人均地区生产总值（元）	31596	35526	12.4
财政总收入（亿元）	11.17	15.2	36.1	城镇居民可支配收入（元）	16868	19370	14.8
地方财政收入（亿元）	3.92	4.41	12.56	农民人均现金收入（元）	8352	9601	15.05
财政总支出（亿元）	11.68	14.78	26.56				

平原县主要金融指标

金融指标（亿元）	2011	2012	2012年同比增幅（%）	金融指标（亿元）	2011	2012	2012年同比增幅（%）
本外币存款余额	87.38	104.07	19.10	财险收入	0.24	0.59	145.83
人民币存款余额	87.30	104.00	19.13	寿险收入	1.03	1.66	61.16
单位存款	18.01	19.15	6.33	财险赔款	0.16	0.70	337.50
储蓄存款	68.82	83.52	21.36	寿险给付	0.24	0.22	-8.33
本外币贷款余额	50.71	53.22	4.95	当年结益	0.56	-0.09	-116.07
人民币贷款余额	50.71	53.22	4.95	证券市场交易总额	—	—	—
短期贷款	34.85	37.76	8.35	投资者保证金余额	—	—	—
中长期贷款	15.14	13.89	-8.26	证券账户开户数	—	—	—
票据融资	0.31	1.21	290.32	证券交易佣金收入	—	—	—
当年结益	0.52	0.61	17.31	净利润	—	—	—
不良贷款余额	16.97	13.66	-19.51				

平原县主要金融机构概况

单位名称	行长（或其他称谓的第一负责人）	副行长（或其他称谓的同级领导）	员工总数	辖内营业网点数
人行平原县支行	倪　峰	唐吉贵　吕洪昌　栗宝海	23	1
农发行平原县支行	胡志和	金传谱	22	1
工行平原支行	董勇强	王树志　赵德胜	39	2
农行平原县支行	王洪涛	刘恩龙　胡寿勇　张　健	94	6
中行平原支行	张若信	王　东　李春雷	37	2
建行平原支行	倪福田	纪学新　霍瑞军　杨寒冰	38	2

续表

单位名称	行长（或其他称谓的第一负责人）	副行长（或其他称谓的同级领导）	员工总数	辖内营业网点数
德州银行平原支行	赵永辉	张秀霞	19	1
平原县农信联社	陈　海	苑化芳　李国勇 刘希顺　李方泉	380	25
邮储银行平原县支行	李长营	尚立新　王桂荣	71	4

平原县主要金融机构业务概况

单位：亿元

单位名称	本外币存款余额	人民币单位存款	人民币储蓄存款	本外币贷款余额	人民币短期贷款	人民币中长期贷款
农发行平原县支行	0.70	0.70	--	4.80	4.55	0
工行平原支行	11.11	5.33	5.76	9.55	6.24	3.30
农行平原县支行	13.53	3.12	10.36	8.05	5.04	3.01
中行平原支行	7.65	2.53	5.04	4.24	1.53	2.35
建行平原支行	6.18	2.01	4.07	3.36	0.65	2.71
德州银行平原支行	2.98	1.92	1.05	1.70	1.70	0
平原县农信联社	39.06	1.14	37.83	20.06	17.01	2.09
邮储银行平原县支行	21.79	2.39	19.41	1.47	1.04	0.42

经济的积极性，降低了银行业的不良贷款。

【金融服务与监管】　2012年，人行平原县支行分别完成了对中行、建行、德州银行平原支行征信管理和应用情况的执法检查，对建行平原支行、平原县农信联社统计制度执行情况的执法检查，对工行平原支行、农行平原县支行和平原县农信联社票据业务的执法检查，以及对辖内所有银行机构执行重大事项报告制度情况的执法检查。

（张洪来　梁桂华）

夏津县

【经济金融概况】　2012年，夏津县以科学的态度谋发展，以务实的作风抓落实，以创新的精神求突破，民营企业腾飞，全县民营企业达9806户，宏飞包装在齐鲁股权交易中心成功挂牌，成为夏津县第一家挂牌公司。

【金融发展与改革】　2012年，人行夏津县支行发挥窗口指导作用，按照“稳中求进”总原则，推进全县经济平稳较快发展。为农联社发放支农再贷款1.2亿元；出台了《关于金融支持两区同建工作的信贷指导意见》、《关于金融支持小微企业发展的信贷指导意见》，引导金融机构对实体经济和小微企业进行定

夏津县主要经济指标

经济指标	2011	2012	2012年同比增幅（%）	经济指标	2011	2012	2012年同比增幅（%）
土地面积（平方公里）	872.00	872.00	0	地方财政支出（亿元）	12.19	15.85	30.02
人口（万人）	52.46	52.24	-0.42	全社会固定资产投资（亿元）	66.14	75.61	14.32
城镇人口（万人）	6.49	5.52	-14.95	进出口总值（万美元）	4847.60	3362.00	-30.65
乡村人口（万人）	45.97	46.72	1.63	出口总值（万美元）	1554.20	1137.00	-26.84

续表

经济指标	2011	2012	2012年同比增幅（%）	经济指标	2011	2012	2012年同比增幅（%）
地区生产总值（亿元）	134.29	151.59	11.7	实际利用外资（万美元）	1008.5	878.40	-12.90
第一产业（亿元）	19.05	20.09	5.46	社会消费品零售总额（亿元）	42.62	58.80	37.96
第二产业（亿元）	77.52	82.86	6.89	居民消费价格指数（%）	105.20	101.50	-3.52
第三产业（亿元）	37.72	48.64	28.95	人均地区生产总值（元）	25875	29018	12.15
财政总收入（亿元）	6.84	7.95	16.23	城镇居民可支配收入（元）	19771	22440	13.5
地方财政收入（亿元）	4.02	5.15	28.11	农民人均现金收入（元）	7009	9456	34.91
财政总支出（亿元）	12.19	15.85	30.02				

夏津县主要金融指标

金融指标（亿元）	2011	2012	2012年同比增幅（%）	金融指标（亿元）	2011	2012	2012年同比增幅（%）
本外币存款余额	78.04	94.21	20.72	财险收入	0.36	0.41	13.89
人民币存款余额	77.99	94.14	20.71	寿险收入	0.85	0.88	3.53
单位存款	17.34	17.95	3.52	财险赔款	0.19	0.34	78.95
储蓄存款	57.98	72.61	25.23	寿险给付	0.41	0.04	-90.24
本外币贷款余额	55.89	57.78	3.38	当年结益	0.05	0.03	-40.00
人民币贷款余额	55.87	57.63	3.15	证券市场交易总额	—	—	—
短期贷款	36.97	41.05	11.04	投资者保证金余额	—	—	—
中长期贷款	18.87	16.22	-14.04	证券账户开户数	—	—	—
票据融资	0	0.35	100.00	证券交易佣金收入	—	—	—
当年结益	1.74	2.61	50.00	净利润	—	—	—
不良贷款余额	7.53	7.02	-6.77				

夏津县主要金融机构概况

单位名称	行长（或其他称谓的第一负责人）	副行长（或其他称谓的同级领导）	员工总数	辖内营业网点数
人行夏津县支行	宋明军	张国德 刘美青 艾庆国 高洪波	27	1
农发行夏津县支行	李保华	冯树华 赵维安	23	1
工行夏津支行	秦成强	高继勇 徐 斌 冉桂英 刘忠波	35	2
农行夏津县支行	魏文召	孙连耕 孙 博	90	4
中行夏津支行	任松岭	秦玉刚 孙全峰	26	1
建行夏津支行	张桂芹	滕 宁 陈 勇 崔秀丽	32	1
德州银行夏津支行	杨立富	赵 歆	19	1
夏津县农信联社	王加静	郑传涛 闫俊青 张建中 魏玉升	409	31
邮储银行夏津县支行	孙 涛	史 辉	66	17

夏津县主要金融机构业务概况

单位：亿元

单位名称	本外币存款余额	人民币单位存款	人民币储蓄存款	本外币贷款余额	人民币短期贷款	人民币中长期贷款
农发行夏津县支行	0.85	0.85	--	5.28	3.28	2.00
工行夏津支行	6.64	2.97	3.67	11.42	4.32	7.10
农行夏津县支行	11.92	1.23	10.69	4.88	3.52	0.85
中行夏津支行	7.16	2.79	4.27	3.60	1.97	1.63
建行夏津支行	8.41	4.68	3.68	2.52	0.85	1.66
德州银行夏津支行	4.30	2.97	1.33	4.59	4.59	0
夏津县农信联社	33.59	1.81	31.62	24.04	21.31	2.73
邮储银行夏津县支行	18.02	0.65	17.37	1.45	1.21	0.24

向支持，满足企业发展资金需求。

农发行积极支持全县农业产业化龙头企业健康发展；邮储银行发挥点多面广的特点，大力支持全县个体私营经济及“三农”经济发展，全力发放小微企业及个人经营（消费）贷款及农户贷款；农信社以服务“三农”和小微企业为宗旨，创新信贷业务品种，促进“小企业大联保体贷款”业务健康发展。

【金融服务与监管】 2012 年，人行夏津县支行全力服务地方经济发展。一是率先在全市成立了首家金融消费者权益保护中心，对金融机构实施常态化管理；二是农村信用体系建设步伐加快，成为全市“农村青年信用示范户”创建工作试点县，率先在全市达到了支付结算覆盖率 100%；三是开展了“送金融知识进村社企校”宣传活动，圆满完成农村支付环境建设“双百目标年”任务；四是成立了“金融风险防控领导小组”，制定了金融风险防控内部工作机制。

（冉祥武　王　言）

武城县

【经济金融概况】 2012 年，武城县紧紧围绕“工业立县、产业富民、城乡统筹、和谐发展”的思路，经济持续快速健康发展，被评为“全省县域经济跨越发展先进单位”和“中国全面小康成长型百佳县”。该县大力实施百项重点项目攻坚工程，新建、续建项目 165 个，完成固定资产投资 115 亿元；重点企业培植成效明显，纳税过千万元的企业 11 家。汽车零部件、玻璃钢及新材料和农副产品加工产业集群带动能力明显提升。

【金融发展与改革】 2012 年，人行武城县支行通过召开金融运行分析会、银企恳谈会等多种方式积极开展稳健货币政策

武城县主要经济指标

经济指标	2011	2012	2012 年同比增幅（%）	经济指标	2011	2012	2012 年同比增幅（%）
土地面积（平方公里）	751	751	0	地方财政支出（亿元）	11.04	13.7	24.07
人口（万人）	39.19	39.61	1.07	全社会固定资产投资（亿元）	83.73	116.05	28.9
城镇人口（万人）	7.95	8.02	0.88	进出口总值（万美元）	3244	2856	-12.0
乡村人口（万人）	31.24	31.59	1.12	出口总值（万美元）	2892	2658	-8.1
地区生产总值（亿元）	129.58	151.15	15.7	实际利用外资（万美元）	746.5	160	-78.57
第一产业（亿元）	16.77	17.89	5.4	社会消费品零售总额（亿元）	46.48	54.57	15.8
第二产业（亿元）	75.75	84.7	16.3	居民消费价格指数（%）	105.1	101.3	-4
第三产业（亿元）	37.06	48.56	18.9	人均地区生产总值（元）	33064	38159	15.41

续表

经济指标	2011	2012	2012年同比增幅（%）	经济指标	2011	2012	2012年同比增幅（%）
财政总收入（亿元）	6.51	9.44	45.0	城镇居民可支配收入（元）	16293	18581	14.04
地方财政收入（亿元）	3.59	4.81	34.06	农民人均现金收入（元）	8335	9602	15.05
财政总支出（亿元）	11.44	15.24	33.25				

武城县主要金融指标

金融指标（亿元）	2011	2012	2012年同比增幅（%）	金融指标（亿元）	2011	2012	2012年同比增幅（%）
本外币存款余额	77.43	97.63	26.09	财险收入	0.53	0.59	11.32
人民币存款余额	77.38	97.59	26.12	寿险收入	1.61	1.46	-9.32
单位存款	14.34	22.82	59.14	财险赔款	0.26	0.43	65.38
储蓄存款	61.60	72.55	17.78	寿险给付	0.17	0.30	76.47
本外币贷款余额	51.26	62.34	21.62	当年结益	0.72	0.37	-48.61
人民币贷款余额	51.26	62.34	21.62	证券市场交易总额	--	--	--
短期贷款	38.47	47.36	23.11	投资者保证金余额	--	--	--
中长期贷款	12.79	14.98	17.12	证券账户开户数	--	--	--
票据融资	0	0	0	证券交易佣金收入	--	--	--
当年结益	1.29	1.71	32.56	净利润	--	--	--
不良贷款余额	4.72	2.41	-48.94				

武城县主要金融机构概况

单位名称	行长（或其他称谓的第一负责人）	副行长（或其他称谓的同级领导）	员工总数	辖内营业网点数
人行武城县支行	张如宝	林红霞　徐芳庭	28	1
农发行武城县支行	张　军	周庆华　张智慧	19	1
工行武城支行	李春生	代圣华　杨树盛	38	2
农行武城县支行	张宏健	李书军　张继强　孙晓军	77	5
中行武城支行	赵立章	高　勇	26	1
建行武城支行	刘义波	梁　军　赵春利	41	2
德州银行武城支行	张传涛	范金玲　赵　兵	17	1
武城县农信联社	李友山	苑先一　霍　强 刘　勇　郭经胜	366	23
邮储银行武城县支行	纪金国	陈光峰	56	20

武城县主要金融机构业务概况

单位：亿元

单位名称	本外币存款余额	人民币单位存款	人民币储蓄存款	本外币贷款余额	人民币短期贷款	人民币中长期贷款
农发行武城县支行	1.76	1.76	--	7.27	7.27	0

续表

单位名称	本外币存款余额	人民币单位存款	人民币储蓄存款	本外币贷款余额	人民币短期贷款	人民币中长期贷款
工行武城支行	11.84	5.23	6.61	13.17	8.32	4.85
农行武城县支行	12.32	2.83	9.47	5.16	2.88	2.28
中行武城支行	6.13	2.90	3.00	4.92	2.48	2.43
建行武城支行	11.66	4.59	6.98	4.14	2.67	1.47
德州银行武城支行	3.38	2.52	0.86	2.59	2.59	0
武城县农信联社	29.75	1.84	27.91	23.48	22.19	1.29
邮储银行武城县支行	18.84	1.15	17.69	1.62	1.37	0.25

宣传引导。一是制定了《金融支持实体经济发展指导意见》,引导和鼓励金融机构优化信贷结构，把资金更多投向实体经济;二是对农信社加大了再贷款的支持力度，年末余额 1.5 亿元;三是举办了全县首届中小企业金融知识培训班,受到了各界的好评;四是成立了“金融消费者权益保护中心”,受理居民投诉 2 次；五是协调检察院建立了大额贷款行贿犯罪查询制度,对有犯罪记录的企业和个人审慎贷款,确保了银行信贷资金的安全。

【金融服务与监管】 2012 年，武城县积极推进农村金融支付环境建设,实现了“双百目标”。全县所有行政村金融基础设施实现 100%全覆盖、县以下营业网点全部接入了大小额支付系统。一是完成了国库 TCBS 系统顺利上线运行,提高了预算拨款效率;二是创新开展国债兑付业务,对已到期多年未兑付的单位国债收款单,协调县财政局集中统一办理兑付,年兑付金额 4 万元,彻底解决了多年遗留的到期国债收款单未兑付问题;三是开展了对县建行、农信联社、德州银行武城支行的统计业务检查,对全辖金融机构进行了综合执法检查等;四是严肃票据清算纪律,通过约见谈话、通报票据交换情况等措施适时进行了监督规范。

(田瑞超)

聊城市

【经济金融概况】 2012 年,聊城市以科学发展为主题,经济实现平稳较快发展。各项存贷款保持较快增长,金融运行健康平稳。

【货币政策实施】 2012 年,聊城市金融系统认真贯彻落实稳健的货币政策,着力优化信贷结构,不断加大对实体经济的支持力度,满足其合理的资金需求。先后出台了《关于加强和改进金融服务支持全市经济科学发展的意见》、《金融支持文化产业发展繁荣的实施意见》等办法,开展涉农和中小企业专项信贷政策导向效果评估,组织承办“聊城市金融合作洽谈会”,积极推动“聊城融易网”建设,搭建金融机构与企业和网络合作平台。突出对民生领域的信贷支持,加快农村金融创新力度,积极引导金融机构加大对小微企业信贷支持,有效提高了“三农”金融服务水平。

【金融稳定】 2012 年,人行聊城中支着力增强风险预警和防控能力,切实维护金融稳定。一是开展风险监测,重点加大对地方法人金融机构、担保公司和小额贷款公司等融资中介机构以及交叉性金融工具的监测力度;二是制定了《银行、证券和保险业金融机构风险隐患排查报告制度》,督促金融机构建立风险隐患排查常态化机制；三是强化法人金融机构风险评估,及时做好风险研判和风险提示；四是完善重大事项报告制度,切实做好金融机构稳健性现场评估工作;五是定期组织召开金融稳定工作座谈会,增强合力;六是定期开展打击非法集资宣传教育活动,提升市民的金融安全意识。

【金融服务】 2012 年,聊城市金融系统以便利社会民生为根本,不断提升金融服务水平。先后组织开展了“反洗钱宣传月”、金融知识进社区等活动 40 余次,有效普及了金融安全知识;提前两个月实现农村支付环境建设“双百”目标,开通金融机构硬币兑换“绿色通道”,积极推进跨境人民币结算,金融服务水平全面提升。同时,全市银行业金融机构立足实际抓创新,

聊城市经济主要统计指标

指标 \ 年度	2008	2009	2010	2011	2012	2012年同比增幅（%）
土地面积（平方公里）	8715	8715	8715	8715	8628	-0.99
人口（万人）	584.91	590.89	597.53	604.22	589.33	-2.46
城镇人口（万人）	233.96	236.36	239.01	241.69	236.32	-2.22
乡村人口（万人）	350.95	354.53	358.52	362.53	353.01	-2.63
地区生产总值（亿元）	1252.67	1375.92	1606.51	1905.13	2145.65	12.62
第一产业（亿元）	187.03	198.63	221.64	243.37	257.80	5.93
第二产业（亿元）	738.98	808.46	935.70	1085.99	1187.98	9.39
工业（亿元）	692.05	752.22	854.03	997.97	1089.70	9.19
建筑业（亿元）	46.93	68.08	70.06	88.02	98.28	11.66
第三产业（亿元）	326.66	368.84	449.17	575.83	699.87	21.54
人均地区生产总值（元）	22556	24613	26886	32724	36554	11.70
地区生产总值构成（%）	100	100	100	100	100	--
第一产业（%）	14.9	14.4	13.8	12.8	12.0	-6.25
第二产业（%）	59.0	58.8	58.2	57.0	55.4	-2.81
第三产业（%）	26.1	26.8	28.0	30.2	32.6	7.95
财政总收入（亿元）	119.89	132.78	143.22	--	--	--
地方财政收入（亿元）	48.48	55.38	70.50	96.56	104.49	8.21
财政总支出（亿元）	--	--	--	--	--	--
地方财政支出（亿元）	91.20	107.26	144.6	173.47	217.00	25.09
全社会固定资产投资（亿元）	530.34	700.04	887.68	1033.39	1260.74	22.00
规模以上固定资产投资（亿元）	525.22	700.04	887.68	1041.11	1260.74	21.10
房地产开发（亿元）	33.13	32.44	56.45	90.89	108.75	19.65
进出口总值（亿美元）	29.06	22.21	36.32	56.54	55.92	-1.10
出口总值（亿美元）	15.15	8.37	12.89	18.75	18.49	-1.39
实际利用外资（亿美元）	1.19	0.91	1.01	0.80	1.15	43.75
社会消费品零售总额（亿元）	396.73	472.35	536.77	630.00	724.34	14.97
居民消费价格指数（%）	105.20	100.20	103.1	104.8	101.7	-3.10
城市居民人均可支配收入（元）	14559	15957	17889	20649	23685	14.70
农民人均现金收入（元）	5108	5539	6377	7735	8872	14.70

聊城市工农业主要统计指标

农业主要统计指标（万吨）				规模以上工业企业主要统计指标（亿元）			
项目 \ 年度	2011年	2012年	增幅（%）	项目 \ 年度	2011年	2012年	增幅（%）
粮食	537.74	548.95	2.08	工业增加值	1398.98	1670.38	19.40
夏粮	275.67	282.52	2.48	国有工业	50.56	54.76	8.31
秋粮	262.07	266.45	1.67	集体工业	7.03	8.36	18.92
棉花	7.00	5.65	-19.29	股份制工业	1055.54	1248.70	18.30

续表

农业主要统计指标（万吨）				规模以上工业企业主要统计指标（亿元）			
项目＼年度	2011 年	2012 年	增幅（%）	项目＼年度	2011 年	2012 年	增幅（%）
油料	13.73	12.54	-8.67	股份合作制工业	3.44	3.47	0.87
水果	54.83	55.44	1.11	外商及港澳台投资工业	42.79	45.44	6.19
蔬菜	979.71	861.78	-12.04	轻工业	440.96	530.92	20.40
肉类	51.22	53.20	3.87	重工业	958.02	1139.09	18.90
禽蛋	32.45	31.05	-4.31	销售收入	5297.08	6677.00	26.05
奶类	8.50	9.03	6.24	利税	503.71	650.28	29.10
水产品	537.74	560.86	4.30	利润	347.69	440.76	26.77
森林覆盖率（%）	275.67	276.77	0.4	经济效益综合指数（%）	363.61	427.03	17.44

聊城市主要金融机构概况

单位名称	行长（或其他称谓的第一负责人）	副行长（或其他称谓的同级领导）	员工总数	辖内营业网点数
人行聊城市中心支行	吴金忠	姚 冬 王武声 崔长夫 李振林 郭 强	345	8
银监会聊城监管分局	郭虎英	邱玉祥 唐玉明 杨 磊 郝志华	62	7
农发行聊城市分行	徐敬喜	郭 莹 王士韬	206	8
工行聊城分行	刘 磊	皮桂亭 贾广祥 狄建明 叶晓升 谢林明 李建印	831	45
农行聊城分行	段义金	司 峰 刘连军 王建文 罗秉环	1487	58
中行聊城分行	纪 忠	郭兴盛 汪文泰 周东芳 邵新宇	517	24
建行聊城分行	王广升	王怀阁 魏相军 王秀芬 王乃峰 艾胜利 朱 青	856	41
交通银行聊城分行	鲍 峰	张新丽 韩 勇	45	1
邮储银行聊城市分行	石敬民	胡建民 王建华 秦 君	1087	34
农信社聊城市办事处	丁建民	魏凤阳 张念才 吴士合 颜景元 张 磊	4093	231
浦发银行聊城分行	房志波	房居超 苑广新	45	1
华夏银行聊城分行	薛丙珠	郭佳隽 岳帮鲁 颜 文 杨玉民	198	6
恒丰银行聊城分行	王永伟	王德强 陶东升 李志春	69	1
齐鲁银行聊城分行	张克非	潘清亮	143	6
聊城东昌沪农商村镇银行	梁友华	李 辉	24	1
中国人民财产保险股份有限公司聊城市分公司	孙传鲲	王 伟 刘立中 马加平 张德柱	376	26
中国人寿保险股份有限公司聊城分公司	刘 宁	常向东 贾德浩	267	65
中国太平洋财产保险股份有限公司聊城中心支公司	牛建军	张 霞 焦宪忠	141	8

续表

单位名称	行长（或其他称谓的第一负责人）	副行长（或其他称谓的同级领导）	员工总数	辖内营业网点数
中国太平洋人寿保险股份有限公司聊城中心支公司	武书存	郑玉亭	109	22
泰康人寿保险股份有限公司聊城中心支公司	赵育科	魏恩山	136	27
新华人寿保险股份有限公司聊城中心支公司	李　涛	张耀东　纪　龙 王　青　李钦敬	375	8
中国平安财产保险股份有限公司聊城中心支公司	高瑞华	巩选伟	67	9
中国平安人寿保险股份有限公司聊城中心支公司	赵志冰	李　明　丁应祈	56	6
天安保险股份有限公司聊城中心支公司	杜际平	刘　勇　刘　勇	116	6
永安财产保险股份有限公司聊城中心支公司	布占峰		218	9
中华联合财产保险股份有限公司聊城中心支公司	侯朝红	郑中霞　孙广彦	155	13
中国大地财产保险股份有限公司聊城中心支公司	宋一兵	窦　斌　邵长伟	88	8
阳光财产保险股份有限公司聊城中心支公司	周生锋	任建海　任建国	136	8
安邦财产保险股份有限公司聊城中心支公司	赵炳永		35	6
合众人寿保险股份有限公司聊城中心支公司	商长华		246	4
永诚财产保险股份有限公司聊城中心支公司	张建新	段国强	35	1
民安保险（中国）有限公司聊城中心支公司	李广森	张秀梅	56	3
太平人寿保险有限公司聊城中心支公司	蔡守高	杨　泊	59	3
渤海财产保险股份有限公司聊城中心支公司	葛树友		15	1
中国人民人寿保险股份有限公司聊城中心支公司	齐雪林		50	8
民生人寿保险股份有限公司聊城中心支公司	杨　玲		39	6
长安责任保险股份有限公司聊城中心支公司	石福海	石保兵	77	3
信泰人寿保险股份有限公司聊城中心支公司	臧明霞	王运文	24	4
生命人寿保险股份有限公司聊城中心支公司	刘立海	杜同林	47	4
长城人寿保险股份有限公司聊城中心支公司	张　旺		16	2
中国人民健康保险股份有限公司聊城中心支公司	葛懋忠	孙　飙	21	1
中国人寿财产保险股份有限公司聊城市中心支公司	管瑞岩	徐　磊	89	4
阳光人寿保险股份有限公司聊城中心支公司	赵　宏		18	3
华泰人寿保险股份有限公司聊城营销服务部	吕国库		15	2
天平汽车保险股份有限公司聊城中心支公司	袁胜良	王　峰	21	1
华夏人寿保险股份有限公司聊城中心支公司	卜庆炜		20	2
信诚人寿保险有限公司山东省分公司聊城营销服务部	张福明		9	1
国华人寿保险股份有限公司聊城中心支公司	孙来奎		28	1
英大泰和财产保险股份有限公司聊城中心支公司	李　洁		37	0

续表

单位名称	行长（或其他称谓的第一负责人）	副行长（或其他称谓的同级领导）	员工总数	辖内营业网点数
幸福人寿保险股份有限公司聊城中心支公司	孙　立		19	1
浙商财产保险股份有限公司聊城中心支公司	宋　光		47	1
泰山保险股份有限公司聊城中心支公司	郑安局		27	1
华安财产保险股份有限公司聊城中心支公司	关大新		9	1
齐鲁证券有限公司聊城分公司	张大伟		51	4
中信万通证券有限责任公司聊城东昌东路证券营业部	宋继伟	童　军	42	1

聊城市金融业务统计指标

	指标（亿元）＼年度	2008	2009	2010	2011	2012	2012 年同比	
							增加额	增幅（%）
银行类	本外币存款余额	839	1076.68	1236.85	1366.62	1687.69	321.07	23.49
	人民币存款余额	836.64	1074.29	1232.43	1358.10	1673.72	315.62	23.24
	*单位存款	113.74	201.32	216.71	464.99	602.46	137.47	29.56
	储蓄存款	571.48	668.83	753.37	844.14	1018.54	174.40	20.66
	本外币贷款余额	619.4	796.36	963.92	1110.66	1289.20	178.54	16.08
	人民币贷款余额	607.22	771.04	919.65	1047.11	1244.21	197.10	18.82
	短期贷款	434.35	543.78	632.08	720.60	890.82	170.22	23.62
	中长期贷款	151.59	212.51	284.54	309.29	318.07	8.78	2.84
	票据融资	21.30	14.75	11.11	17.19	35.31	18.12	105.41
	当年结益	17.10	19.70	46.73	—	—	—	—
	不良贷款余额	72.40	56.10	34.50	21.73	20.49	-1.24	-5.71
	不良贷款占比%	11.69	7.05	3.6	1.96	20.5	18.54	945.92
保险类	保险公司保费收入	22.30	29.9	37.94	41.1	46.69	5.59	13.60
	财险收入	5.77	8.00	12.16	13.8	16.43	2.63	19.06
	寿险收入	16.53	21.90	25.78	27.3	30.26	2.96	10.84
	保险公司赔款和给付支出	5.09	7.65	7.45	8.72	11.05	2.33	26.72
	财险赔款	2.88	3.54	4.58	6.11	8.12	2.01	32.90
	寿险给付	2.21	4.11	2.87	2.61	2.93	0.32	12.26
	当年结益	—	—	—	—	-0.12	0.05	29.41
证券类	证券市场成交总额	229.00	849.78	694.43	691.27	589.73	-101.54	-14.69
	投资者保证金余额	3.40	5.24	7.24	4.07	0.5	-3.57	-87.71
	证券账户开户数	16050	145800	154722	158517	199993	41476	26.17
	佣金收入	0.70	1.47	0.93	0.94	0.66	-0.28	-29.79
	净利润	0.40	0.84	0.57	0.54	0.33	-0.21	-38.89
	期货市场成交总额	—	—	—	—	286.3	286.30	100
	期货客户保证金余额	—	—	—	—	0.08	0.08	100

续表

指标（亿元） \ 年度		2008	2009	2010	2011	2012	2012年同比 增加额	2012年同比 增幅（%）
证券类	期货账户开户数	--	--	--	--	125	125	100
	期货手续费收入	--	--	--	--	0.02	0.02	100
	利润总额	--	0.84	0.57	--	0.02	0.02	100

注：“*”该项指标2010年前为“企业存款”，其数字亦是如此。

聊城市金融机构统计指标

指标（个） \ 年度		2008	2009	2010	2011	2012	2012年同比增幅（%）
银行类	法人机构	8	8	8	8	12	50.00
	省级分行	--	--	--	--	--	--
	二级分行	9	9	9	11	12	9.09
	县区支行	75	75	78	83	94	13.25
	分理处 营业所	408	325	390	403	480	19.11
	储蓄所	19	19	19	15	14	-6.67
	从业人员总数	8475	8790	7490	8010	10172	26.99
保险类	保险机构	24	25	28	33	38	15.15
	财险机构	13	13	14	15	19	26.67
	省级分公司	--	--	--	--	--	--
	地市分公司	13	13	14	15	19	26.67
	县区支公司	57	57	65	70	76	8.57
	寿险机构	11	12	14	18	19	5.56
	省级分公司	--	--	--	--	--	--
	地市分公司	11	12	14	18	19	5.56
	县区支公司	40	40	58	66	66	0
	从业人员总数	16472	16639	15958	16124	16840	4.44
	财险人员	2547	2846	3073	2803	3421	22.05
	寿险人员	13925	13793	12885	13332	13419	0.65
证券类	证券机构	2	2	2	2	2	0
	证券公司	2	2	2	2	2	0
	证券营业部	2	3	3	5	5	0
	证券服务部	--	--	--	--	--	--
	从业人员总数	26	60	72	153	141	-7.84
	投资者开户	16050	145800	154722	158517	165111	4.16
	境内上市股票支数	3	3	4	4	4	0
	境外上市股票支数	0	0	0	0	0	0

聊城市主要金融机构业务概况

单位：亿元

单位名称	本外币存款余额	人民币单位存款	人民币储蓄存款	本外币贷款余额	人民币短期贷款	人民币中长期贷款
农发行聊城市分行	10.96	10.95	0	52.81	43.70	9.11
工行聊城分行	204.27	97.85	103.69	299.99	167.62	120.65
农行聊城市分行	203.88	89.87	111.77	165.93	104.98	54.25
中行聊城分行	141.88	76.60	60.03	122.10	65.33	47.78
建行聊城分行	199.06	100.47	91.42	144.52	64.22	57.16
交通银行聊城分行	15.54	13.99	1.30	7.79	6.29	0.01
邮储银行聊城市分行	214.35	28.61	185.74	29.49	21.23	3.96
农信社聊城市办事处	457.64	40.00	417.42	332.97	300.63	12.51
浦发银行聊城分行	20.49	19.25	1.17	22.66	20.05	1.71
华夏银行聊城分行	89.95	59.35	29.46	58.74	54.46	4.14
恒丰银行聊城分行	34.14	27.71	3.11	14.52	9.12	2.29
齐鲁银行聊城分行	43.30	33.45	9.32	32.72	28.25	4.47
聊城东昌沪农商村镇银行	1.50	0.80	0.70	0.90	0.90	0

聊城市各县级区域经济金融主要统计指标

名称	人口（万人）	面积（平方公里）	地区生产总值（亿元）	地区生产总值增速（%）	本外币存款余额（亿元）	储蓄存款（亿元）	本外币贷款余额（亿元）
东昌府区	115.06	1443	376.02	12.3	639.1	320.36	472.2
临清市	75.80	960	28.26	12.5	184.23	139.82	142.06
冠　县	80.0	1161.29	201.19	11.42	131.33	86.98	95.39
莘　县	100.66	1416	228.74	11.11	137.44	114.02	73.64
阳谷县	79.48	1065	218.16	9.67	222.32	130.29	168.21
东阿县	39	729	147.89	10.36	114.22	68.66	67.38
茌平县	54.7	1003	331.8	12.99	146.59	90.61	159.07
高唐县	49.26	949	284.01	11.66	112.46	67.80	111.25

金融服务能力不断增强。农发行聊城市分行重点支持农业科技创新，大力支持农业产业化经营，信贷支农取得新成效，全年累放贷款 42.1 亿元，同比多投放 4.1 亿元。工行聊城分行创新融资业务品种，积极开办表外融资业务，为辖内两家大型重点客户办理人民币内保外贷业务 4.96 亿元，有效拓宽了企业融资渠道。

【金融监管】　2012 年，人行聊城中支深入推进“两管理、两综合”工作。一是开展了金融机构市县两级行的综合评价工作，对综合评价结果不理想的金融机构开展了综合执法检查，实现了综合评价与综合执法的协同联动；二是编制了《新设银行业金融机构管理操作手册》，明确开业申报受理操作流程；三是组织对浦发、交行聊城分行和辖区 4 家沪农商村镇银行的开业验收，组织对开业满 1 年的恒丰聊城分行的跟踪检查，确保了各项规章制度的落实。

银监会聊城监管局强化执行，重在质效，监管效能持续提升。一是完善制度，细化流程，整章建制取得新成效；二是前移关口，规范准入，新设机构平稳起步；三是严把数据，强化分析，非现场监管措施更加有效；四是加强联动，严肃查处，现场检查效能持续提升；五是在线考试，以考促学，督促依法合规经营意识持续增强；六是完善机制，全面嵌入，依法监管基础更加扎实；七是严密盯防，守住底线，重点风险防控不断强化。

【外汇管理】　2012 年，外管局聊城市中心支局认真深化重点领域外汇管理改革，着力提高有效性。一是制定了《关于进一步改进外汇管理 支持全市涉外经济平稳较快发展的指导意见》，明确了支持涉外企业发展的具体举措；二是坚持“一企一策”式外汇服务，为企业提供政策辅导和跟踪服务，支持全市重点涉外企业发展；三是做好资本项下的简政放权工作，促进贸易投资便利化，为辖内中资企业跨境投融资提供政策支持；四是开展“金融知识润水城”宣传活动、参与“3.15”在行动涉外业务知识宣传活动，通过外汇知识进社区、进乡镇、进企业等多种形式，进一步普及了相关知识。

【金融改革】 2012年，人行聊城中支继续密切监测已改制上市的工、中、建3家大型国有商业银行分支机构，关注其信贷风险与资产质量状况，及时反映出现的新情况、新问题。一是完善金融机构稳健性现场评估机制，进一步健全重大事项报告制度，不断加大风险隐患排查力度；二是切实强化对法人金融机构的风险评估，按月对农信社的风险状况进行监测，全面做好风险研判与提示。

银监会聊城监管分局积极推进银行化改革，逐联社进行现场调研和督促指导，敦促其加快表外不良处置，进一步增加拨备提取力度，风险抵补能力得到有效增强，银行化改革进程有序推进。

【保险业务】 2012年，聊城市保险协会组织各保险公司签订完善各类自律公约，逐步规范市场经营秩序。不断加强保险代理人资格证书管理，全年共接受1.35万人次报名保险代理从业资格考试，组织开展了7期保险代理人后续教育培训。同时，认真做好信访投诉处理工作，全年共受理来信来访来电155件，受理并处理书面来信22件，处理率达100%。

【证券市场】 2012年，齐鲁证券有限公司聊城分公司正式成立，下辖聊城柳园南路、聊城卫育南路、临清红星路和阳谷运河东路等4家营业部。

【精神文明建设】 2012年，聊城市金融机构以创先争优为载体，进一步推动党建工作和干部队伍建设，精神文明建设取得新成效。

人行聊城中支指导设立临清市金融系统预防职务犯罪警示教育基地，廉政文化建设经验在分行会议上交流，被山东省纪委授予“山东省廉政文化示范点”。工行聊城分行荣获2012年度省级文明单位、聊城市首届“网民最满意的窗口单位”山东省自主创新模范企业等荣誉称号。建行聊城分行被中华全国总工会授予“全国职工教育培训示范点”，被建行总行评为“规范服务、创先争优”系列活动最佳奖和“E商贸通”最佳应用推广奖，被人行济南分行评为“山东省残损人民币回收质量管理专项行动先进集体”等。

农发行聊城市分行印发了《关于开展行风行貌提升年活动的通知》和《关于建立行风行貌治理长效机制的通知》，开展了行风行貌治理专项检查，推动了全行企业文化建设健康发展。邮储聊城市分行及在平县支行获“山东省第九届消费者满意单位”荣誉称号。省农联社聊城办事处荣获省管企业文明单位和市级文明单位荣誉称号，东昌府区、高唐、临清、东阿、莘县联社和润昌农商行获“省级文明单位”荣誉称号。

恒丰聊城分行被聊城市慈善总会授予“2011年度慈善工作先进单位”荣誉称号；华夏聊城分行被省消费者协会授予“山东省第九届消费者满意单位”称号，其东昌支行被银行业协会评为“2012年度中国银行业文明规范服务千佳示范单位”。浦发聊城分行荣获济南分行2012年“星耀浦发、杨帆启航”竞赛优胜单位奖、“挑战自我、金彩2012”个人银行业务竞赛成长进步奖和2012年信息科技工作优秀奖等荣誉称号等。

【大事记】 1月4日 人行聊城中支被山东省档案局授予“全省档案工作优秀集体”荣誉称号。

1月16日~19日 人行聊城中支组织对浦发、交行聊城分行的开业申请资料进行审核，并对交行聊城分行进行开业验收。

1月4日 建行山东省分行薛峰行长、王晓永副行长、葛王杰风险总监到聊城调研。

1月8日 工行聊城分行刘磊行长出席聊城市浙江商会成立庆典大会并致辞，李建印副行长代表该行与浙江商会签署合作协议。

1月20日 交行聊城分行经银监局批准正式对外营业。

2月16日 建行山东省分行李建平副行长到聊城调研，实地考察了临清三合纺织集团、中色奥博特重点客户。

3月7日 人行聊城中支开发的聊城市银行业金融机构电子文件交换系统成功上线运行。

3月15日 山东省农联社丁浩升副主任一行到聊城调研指导工作，并到高唐、临清联社进行了实地调研。

3月18日 浦发银行聊城分行在聊城阿尔卡迪亚举行开业仪式。

4月20日 中行聊城分行根据省中行（鲁中银发〔2012〕311号）文件要求，设立了国际结算部。

6月29日 华夏聊城在平支行经山东银监局批准开始筹建。

7月10日 聊城东昌沪农商村镇银行举行开业庆典。

7月23日 人行聊城中支组织召开全市机构信用代码工作推动会。

7月 根据山东证监局鲁证监许可〔2012〕60号文件批复，齐鲁证券有限公司聊城分公司正式成立，该公司下辖聊城柳园南路、聊城卫育南路、临清红星路和阳谷运河东路等4家证券营业部。张大伟被任命为该公司总经理（鲁证人字〔2012〕26号。

8月15日 建行聊城分行与聊城市工商业联合会成功签署战略合作协议。

8月16日 工行总行魏国雄首席风险官，省行谷澍行长、刘志刚副行长到在平新发集团、高唐泉林纸业进行调研。

8月22日 农发总行巡视组到聊城市分行巡视。

8月10日　中行山东省分行何兴祥行长到聊城宣布新任领导班子，根据鲁中银任〔2012〕86号，纪忠任聊城分行党委书记，行长，张军调任淄博分行党委书记，行长。

8月28日　邮储山东省分行常江副行长一行到聊城进行调研。

9月3日　中行聊城分行与聊城市国土资源局成功签署了“聊城市国有建设用地使用权网上交易系统”全面战略合作协议，开启了省内首家“银土合作”新模式。

11月16日~23日　人行聊城中支对中行聊城分行，平安财险、英大泰和财险聊城中心支公司进行反洗钱现场巡查。

11月21日　交行山东省分行叶宁副行长到聊城分行进行调研指导。

12月7日　华夏聊城支行经山东省银监局批准升格为分行。

12月17日~18日　人行济南分行于华民副行长带领检查组对聊城中支开展年度考核工作。

（王银光　董良泉）

临清市

【经济金融概况】　2012年，临清市以“奋战十二五、跨入百强县”目标为指引，以加快经济发展为第一要务，积极应对不利形势的影响，经济金融运行保持了稳健发展。

【金融发展与改革】　2012年，临清市金融系统认真贯彻落实稳健的货币政策，紧紧把握稳中求进总基调，着力优化信贷结构，保持信贷投放持续增长，信贷质量大幅提升，金融生态环境不断优化，金融运行健康平稳。各金融机构营运水平不断提高，盈利能力不断增强，金融服务体系更加完善。临清沪农商村镇银行股份有限公司于7月16日正式开业，成为首批落户临清市的村镇银行；临清市鸿基小额贷款有限公司于7月2日正式运营，成为临清市第一家小额贷款公司；工行临清支行在烟店设立了二级支行；农行临清支行在老赵庄镇设立了分理处。

临清市主要经济指标

经济指标	2011	2012	2012年同比增幅（%）	经济指标	2011	2012	2012年同比增幅（%）
土地面积（平方公里）	960	960	0	地方财政支出（亿元）	16.02	23.13	44.38
人口（万人）	76.71	75.80	-1.19	全社会固定资产投资（亿元）	146.87	175.07	19.20
城镇人口（万人）	30.86	29.33	-4.96	进出口总值（万美元）	53182	49637	-6.67
乡村人口（万人）	39.85	46.47	16.61	出口总值（万美元）	33170	33833	2.00
地区生产总值（亿元）	261.37	285.26	12.5	实际利用外资（万美元）	571	321	-43.78
第一产业（亿元）	18.89	20.05	4.6	社会消费品零售总额（亿元）	91.72	111.51	21.58
第二产业（亿元）	167.99	177.28	13.5	居民消费价格指数（%）	103.6	102.3	-1.25
第三产业（亿元）	74.49	87.93	12.3	人均地区生产总值（元）	34072	37633	10.45
财政总收入（亿元）	17.56	18.51	6.74	城镇居民可支配收入（元）	17561	20072	14.30
地方财政收入（亿元）	8.87	10.64	19.95	农民人均现金收入（元）	7651	8757	14.46
财政总支出（亿元）	16.02	19.69	22.91				

临清市主要金融指标

金融指标（亿元）	2011	2012	2012年同比增幅（%）	金融指标（亿元）	2011	2012	2012年同比增幅（%）
本外币存款余额	153.59	184.23	19.94	财险收入	0.35	1.26	2600.00
人民币存款余额	152.85	183.40	19.99	寿险收入	0.72	2.99	315.28
单位存款	36.74	40.71	10.81	财险赔款	0.18	0.25	38.89
储蓄存款	116.86	139.82	19.65	寿险给付	0.03	0.26	766.67

续表

金融指标（亿元）	2011	2012	2012 年同比增幅（%）	金融指标（亿元）	2011	2012	2012 年同比增幅（%）
本外币贷款余额	129.38	142.04	9.79	当年结益	—	—	—
人民币贷款余额	126.83	134.58	6.11	证券市场交易总额	0.62	5.6	803.23
短期贷款	93.78	101.66	8.40	投资者保证金余额	0.04	0.03	-25.00
中长期贷款	34.64	30.29	-12.56	证券账户开户数	658	1000	51.98
票据融资	14.93	2.62	-82.45	证券交易佣金收入	92400	97130	5.12
当年结益	3.35	3.51	4.78	净利润	950000	-142000	-114.95
不良贷款余额	2.28	1.32	-42.11				

临清市主要金融机构概况

单位名称	行长（或其他称谓的第一负责人）	副行长（或其他称谓的同级领导）	员工总数	辖内营业网点数
人行临清市支行	苏子顺	李琰玲　张　超	20	1
银监会临清市办事处	张利民	刘广忠	2	1
农发行临清市支行	赵　明	杜生华　肖　铮	17	1
工行临清支行	韩庆光	夏志平　高振荣	95	8
农行临清支行	杜朝宏	许广利　甄兰峰　王承庸	173	7
中行临清支行	胡海英	蔡　丽　谭　华	61	4
建行临清支行	董经庆	李克良　王国红　彭艳春	74	6
齐鲁银行临清支行	燕东勇	孙广新	19	1
临清市农信联社	王怀瑞	刘合刚　孙志强　季文岗	434	31
邮储银行临清市支行	刘庆秀	李　敏　崔永春	83	3
临清市村镇银行	李　华	李　滨	25	1

临清市主要金融机构业务概况

单位：亿元

单位名称	本外币存款余额	人民币单位存款	人民币储蓄存款	本外币贷款余额	人民币短期贷款	人民币中长期贷款
农发行临清市支行	1.52	1.52	—	7.59	7.59	—
工行临清支行	21.78	6.77	15.01	31.57	20.75	8.53
农行临清支行	22.43	5.79	16.64	13.48	7.60	5.89
中行临清支行	16.02	7.62	8.39	11.35	4.67	6.17
建行临清支行	20.64	7.26	13.38	26.64	14.84	6.60
齐鲁银行临清支行	7.02	4.98	2.04	4.88	4.60	0.28
临清市农信联社	62.09	3.35	58.75	42.62	38.15	2.37
邮储银行临清市支行	27.13	3.15	23.98	1.92	1.47	0.45
临清市沪农商村镇银行	3.06	1.33	2.04	2.00	2.00	—

【金融服务与监管】 2012 年，人行临清支行通过印发指导意见、召开形势分析会等形式，引导金融机构加大对实体经济的支持力度，积极开展融资租赁、控货质押、联保贷款等金融服务方式创新，优化金融服务。一是举办了“银企对接会”，年末签约资金到位 58.51 亿元，签约到位率 86.54%；二是推动青岛银行济南分行与临清市政府战略合作，年末为 20 户企业发放贷款 7800 万元；三是 7 家企业股权融资成功挂牌，股权融资的“临清模式”在山东省推广；四是“金贝壳”业务成功破题，发放首笔“金贝壳”工程贷款 100 万元，切实拓宽了中小企业融资渠道；五是扎实开展农村支付环境建设“双百目标年”活动，实现了行政村金融基础设施 100%全覆盖；六是大力开展金融知识普及宣传活动，编印发放了《临清市中小企业金融服务手册》，开展了征信、国债、人民币反假等系列宣传活动。

（狄保荣　刘瑞智）

冠　县

【经济金融概况】 2012 年，冠县经济平稳较快发展。一是综合实力跃上新台阶，项目和企业群体快速膨胀、多项指标位居全市前列；二是发展后劲实现新突破，重点项目投资完成 77 亿元，引进项目 109 个；三是结构调整迈出新步伐，大力实施工业带动战略，产业层次快速提升，培植壮大精品钢板、纺织服装等主导产业，规模以上工业实现销售收入 692.8 亿元，市级以上农业龙头企业达 44 家；四是城乡面貌发生新变化，城镇化水平提高 2 个百分点，完成城建总投资 8.4 亿元，清泉河综合改造二期工程顺利完工，新建改建 8 条道路，新建新型农村社区 24 个，农村基础设施建设投资 6400 万元，完成农村集体土地确权

冠县主要经济指标

经济指标	2011	2012	2012 年同比增幅（%）	经济指标	2011	2012	2012 年同比增幅（%）
土地面积（平方公里）	1161.29	1161.29	0	地方财政支出（亿元）	15.03	21.37	42.18
人口（万人）	81.00	80.00	-1.23	全社会固定资产投资（亿元）	104.58	126	20.48
城镇人口（万人）	10.70	18.00	68.22	进出口总值（万美元）	21737	19535	-10.13
乡村人口（万人）	70.3	62.00	-11.81	出口总值（万美元）	20287	17503	-13.72
地区生产总值（亿元）	180.57	201.19	13.0	实际利用外资（万美元）	—	—	—
第一产业（亿元）	34.00	36.01	4.70	社会消费品零售总额（亿元）	59.77	71.09	16.2
第二产业（亿元）	98.22	107.17	16.30	居民消费价格指数（%）	—	101.7	—
第三产业（亿元）	48.35	58.01	12.20	人均地区生产总值（元）	22292	22559	1.20
财政总收入（亿元）	17.17	21.42	24.75	城镇居民可支配收入（元）	17649	20438	15.80
地方财政收入（亿元）	4.42	5.42	22.62	农民人均现金收入（元）	7653.81	8783	14.75
财政总支出（亿元）	15.36	21.68	41.15				

冠县主要金融指标

金融指标（亿元）	2011	2012	2012 年同比增幅（%）	金融指标（亿元）	2011	2012	2012 年同比增幅（%）
本外币存款余额	109.37	131.33	20.08	财险收入	0.97	1.22	25.77
人民币存款余额	109.35	131.30	20.07	寿险收入	1.89	1.99	5.29
单位存款	32.93	41.80	26.94	财险赔款	—	—	—
储蓄存款	74.03	86.98	17.49	寿险给付	—	—	—
本外币贷款余额	81.38	95.39	17.22	当年结益	—	—	—
人民币贷款余额	81.38	95.39	17.22	证券市场交易总额	—	—	—
短期贷款	69.46	83.30	19.93	投资者保证金余额	—	—	—
中长期贷款	11.92	12.08	1.34	证券账户开户数	—	—	—

续表

金融指标（亿元）	2011	2012	2012 年同比增幅（%）	金融指标（亿元）	2011	2012	2012 年同比增幅（%）
票据融资	6.88	0	-100.00	证券交易佣金收入	—	—	—
当年结益	—	—	—	净利润	—	—	—
不良贷款余额	0.69	1.04	50.72				

冠县主要金融机构概况

单位名称	行长（或其他称谓的第一负责人）	副行长（或其他称谓的同级领导）	员工总数	辖内营业网点数
人行冠县支行	孙　峰	李金良　朱晟宇　李朝杰	25	1
银监会冠县办事处	班晓晨		3	1
农发行冠县支行	张　健	李洪利　卢振国	18	1
工行冠县支行	王建宁	刘为新　王志勇 于书龙　江冠三	44	2
农行冠县支行	孟宪林	孙庆峰　赵新国　李锦山	115	4
中行冠县支行	王文峰	刘书元　张立军	23	1
建行冠县支行	李朝信	高建新　董卫东 郭风雷　么传悦	32	2
冠县润昌农村商业银行	张念才	陶绪国　冯贺钦 魏保胜　吕　强	394	23
邮储银行冠县支行	翟继亮	张红光　许　鹏	26	4

冠县主要金融机构业务概况

单位：亿元

单位名称	本外币存款余额	人民币单位存款	人民币储蓄存款	本外币贷款余额	人民币短期贷款	人民币中长期贷款
农发行冠县支行	1.45	1.45	0	4.80	4.80	0
工行冠县支行	16.26	10.08	6.17	21.27	15.12	6.15
农行冠县支行	16.61	8.99	7.62	13.12	10.60	2.52
中行冠县支行	7.59	5.10	2.47	6.00	4.74	1.26
建行冠县支行	8.21	5.67	2.53	9.24	7.66	1.58
冠县润昌农村商业银行	51.29	4.75	46.52	39.17	38.90	0.26
邮储银行冠县支行	27.44	5.77	21.67	1.81	1.48	0.33

发证；五是民生事业取得新成绩，完成了民生支出 16.3 亿元，文化教育、医疗卫生事业扎实推进，社保基金稳健运行，建成保障性住房 424 套。

【金融发展与改革】　2012 年，冠县金融机构在改革中稳步前进。一是制定了《货币信贷管理工作指导意见》，积极引导金融机构信贷资金的投量和投向；二是探索发行中小企业集合票据，拓宽县域融资渠道；三是督导各金融机构成立中小微民营企业服务机构，为其提供针对性更强的金融服务；四是加强农村支付服务环境建设，实现全县行政村金融基础设施 100%全覆盖、县域以下金融机构 100%全参与的"双百"目标。

【金融服务与监管】　2012 年，人行冠县支行全面落实稳健的货币政策，推动县域经济平稳健康发展。一是加强金融统计管理，为贯彻实施货币政策、加强金融监管服务；二是规范基础业务操作，提高基础工作水平；三是加强外汇管理，提高外向型企业相关人员业务素质；四是加大执法检查工作力度，对建行冠县支行进行了综合执法检查，对工行、中行冠县支行国际收支统计申报与结售汇业务进行了专项检查，开展了对农行、工行冠县支行金融稳定重大事项报告管理制度执行情况的专项执法检查。

（冯晓彩）

莘 县

【经济金融概况】 2012年，莘县积极推进全县项目、工业和“三农”发展，城乡面貌明显改观，财税金融平稳运行，人民生活日益改善。

【金融发展与改革】 2012年，人行莘县支行一是印发了《关于加强和改进金融服务支持全县经济跨越发展的意见》，建立了金融支持全县经济发展情况季度考核通报制度；二是和县政府联合召开了“聊城市金融助推莘县跨越发展政银企合作洽谈会”，现场达成协议贷款73.2亿元，实际发放贷款23.9亿元；三是开展农村信用体系试验区建设和“金科惠农”活动，积极推动农村金融产品和服务创新；四是按月召开金融调度会，按季召开全县经济金融联席会，坚持每月、每季度向县主要领导报送《呈阅件》和《金融运行情况分析报告》，督促县政府制定出台了

莘县主要经济指标

经济指标	2011	2012	2012年同比增幅（%）	经济指标	2011	2012	2012年同比增幅（%）
土地面积（平方公里）	1416	1416	0	地方财政支出（亿元）	4.2	5	19.05
人口（万人）	103.34	100.66	-2.59	全社会固定资产投资（亿元）	105.02	128.31	22.18
城镇人口（万人）	13.44	8.44	-37.20	进出口总值（万美元）	9013	8284	-8.09
乡村人口（万人）	89.9	92.22	2.58	出口总值（万美元）	5447	5098	-6.41
地区生产总值（亿元）	205.86	228.74	11.11	实际利用外资（万美元）	850	307	-63.88
第一产业（亿元）	39.85	40.33	1.20	社会消费品零售总额（亿元）	68.31	89.46	30.96
第二产业（亿元）	104.76	115.91	10.64	居民消费价格指数（%）	104.8	103.1	-1.62
第三产业（亿元）	61.25	72.5	18.37	人均地区生产总值（元）	20044	22425	11.88
财政总收入（亿元）	22.96	24.34	6.01	城镇居民可支配收入（元）	16353	18954	15.91
地方财政收入（亿元）	4.2	5	19.05	农民人均现金收入（元）	7697	8840	14.85
财政总支出（亿元）	22.96	24.34	6.01				

莘县主要金融指标

金融指标（亿元）	2011	2012	2012年同比增幅（%）	金融指标（亿元）	2011	2012	2012年同比增幅（%）
本外币存款余额	114.2	137.44	20.35	财险收入	0.85	1.06	24.7
人民币存款余额	114.19	137.40	20.33	寿险收入	2.52	2.4	-4.76
单位存款	17.24	22.00	27.61	财险赔款	0.32	1.06	231.25
储蓄存款	95.53	114.02	19.36	寿险给付	2.52	2.40	-4.762
本外币贷款余额	61.72	73.64	19.31	当年结益	—	—	—
人民币贷款余额	61.47	73.49	19.55	证券市场交易总额	—	—	—
短期贷款	54.05	62.24	15.15	投资者保证金余额	—	—	—
中长期贷款	7.42	8.96	20.75	证券账户开户数	—	—	—
票据融资	0	2.3	-	证券交易佣金收入	—	—	—
当年结益	1.18	1.75	48.31	净利润	1.18	1.75	48.31
不良贷款余额	3.8	3.63	-4.47				

莘县主要金融机构概况

单位名称	行长（或其他称谓的第一负责人）	副行长（或其他称谓的同级领导）	员工总数（正式员工）	辖内营业网点数
人行莘县支行	宋金超	王文胜 谢玉臣	26	1
银监会莘县办事处	赵宪福		1	1
农发行莘县支行	臧朝华	李卫东 杨林朝	23	1
工行莘县支行	张道静	史 勇	28	3
农行莘县支行	段海臣	林丽珍 闫少军	130	5
建行莘县支行	徐明华	杨 杰 徐志华	45	3
莘县农信联社	安信民	燕东杰 张恩彩	488	29
邮储银行莘县支行	赵朝华	袁文强 娄现国	25	4

莘县主要金融机构业务概况

单位：亿元

单位名称	本外币存款余额	人民币单位存款	人民币储蓄存款	本外币贷款余额	人民币短期贷款	人民币中长期贷款
农发行莘县支行	0.29	0.29	0	3.74	3.74	0
工行莘县支行	12.11	5.13	6.80	8.87	5.43	3.28
农行莘县支行	14.64	4.15	10.48	3.74	3.09	0.64
建行莘县支行	10.66	4.83	5.80	4.79	2.70	2.09
莘县农信联社	67.88	4.38	63.51	49.90	44.74	2.87
邮储银行莘县支行	30.66	3.23	27.43	2.61	2.53	0.09

《金融业综合考核奖励暂行办法》，引导和鼓励金融机构增加贷款投放。

【金融服务与监管】 2012年，人行莘县支行一是制定了《农村支付环境建设"双百目标年"活动实施意见》，组织辖内金融机构联合工商等政府部门开展了形式多样的宣传活动，实现了全县行政村金融基础设施100%全覆盖、100%的县域以下各类银行机构参与农村支付环境建设的"双百目标"；二是印发了《关于组织辖内金融机构开展机构信用代码推广应用工作的实施方案》，实现发放机构信用代码证100%；三是开展"两综合、两管理、一保护"，认真落实金融机构重大事项报告制度，扎实推进依法行政；四是加强法人金融机构流动性监测、利率监测和风险评估等，认真落实国有商业银行和政策性银行改革报告制度，继续对农信社改革试点进行后续监测。

（张晓慧）

阳谷县

【经济金融概况】 2012年，阳谷县经济运行呈以下特点：一是工业经济企稳回升，发展基础进一步夯实；二是农业和农村经济持续发展，基础地位进一步巩固；三是固定资产投资适度增长，发展后劲不断增强；四是积极引进外资，支持企业快速发展；五是财政收入逐步提高，人民生活水平日益改善。

【金融发展与改革】 2012年，人行阳谷县支行按照"总量适度、审慎灵活、定向支持"的要求，积极推动金融改革，全县金融稳健运行。一是坚持"区别对待、有扶有控"原则，引导金融机构加大对实体经济、"三农"、小微企业、大学生"村官"创业等重点领域的信贷支持；二是充分运用差别准备金、再贷款、再贴现等政策工具，引导金融机构前瞻性地安排贷款投放；三是积极开

阳谷县主要经济指标

经济指标	2011	2012	2012年同比增幅（%）	经济指标	2011	2012	2012年同比增幅（%）
土地面积（平方公里）	1065	1065	0	地方财政支出（亿元）	16.62	22.66	36.34
人口（万人）	81.12	79.48	-2.02	全社会固定资产投资（亿元）	108.38	131.48	21.31
城镇人口（万人）	17.87	17.38	-2.74	进出口总值（万美元）	268900	304887	13.38
乡村人口（万人）	63.25	62.1	-1.82	出口总值（万美元）	20100	28286	40.73
地区生产总值（亿元）	198.92	218.16	9.67	实际利用外资（万美元）	186	9485	4999.46
第一产业（亿元）	32.62	34.55	5.92	社会消费品零售总额（亿元）	85.85	118.65	38.21
第二产业（亿元）	119.05	127.52	7.11	居民消费价格指数（%）	103.3	102.1	-1.16
第三产业（亿元）	47.25	56.09	18.71	人均地区生产总值（元）	24522	27448	11.93
财政总收入（亿元）	18.71	23.32	24.64	城镇居民可支配收入（元）	16975	19640	15.70
地方财政收入（亿元）	5.14	6.07	18.09	农民人均现金收入（元）	7605	8722	14.69
财政总支出（亿元）	18.71	23.32	24.64				

阳谷县主要金融指标

金融指标（亿元）	2011	2012	2012年同比增幅（%）	金融指标（亿元）	2011	2012	2012年同比增幅（%）
本外币存款余额	184.13	222.32	20.74	财险收入	0.33	1.05	218.18
人民币存款余额	183.39	214	16.69	寿险收入	0.71	3.54	398.59
单位存款	70.59	79.01	11.93	财险赔款	0.2	0.2	0
储蓄存款	108.78	130.29	19.77	寿险给付	0.03	0.04	33.33
本外币贷款余额	149.39	168.21	12.60	当年结益	—	—	—
人民币贷款余额	119.62	145.95	22.01	证券市场交易总额	0	0.28	100
短期贷款	97.99	114.66	17.01	投资者保证金余额	0	0.03	100
中长期贷款	16.92	24.49	44.74	证券账户开户数	12	1773	14675
票据融资	4.71	6.79	44.16	证券交易佣金收入	0	0	0
当年结益	4.42	4.62	4.52	净利润	0	0	0
不良贷款余额	2.46	1.72	-30.08				

阳谷县主要金融机构概况

单位名称	行长（或其他称谓的第一负责人）	副行长（或其他称谓的同级领导）	员工总数	辖内营业网点数
人行阳谷县支行	张华生	刘潮洋　孟庆祝　张军国	27	1
银监会阳谷县办事处	陈　勇		4	1
农发行阳谷县支行	张建利	肖　民　孟凡强	25	1
工行阳谷支行	辛同福	张东洲　唐永刚 于　勇　王　强	35	2
农行阳谷支行	牛玉栋	张忠磊　李明华	150	6

续表

单位名称	行长（或其他称谓的第一负责人）	副行长（或其他称谓的同级领导）	员工总数	辖内营业网点数
中行阳谷支行	丛 凯	徐长宏 马士峰	52	3
建行阳谷支行	任 建	刘学辉	57	4
齐鲁银行阳谷县支行	金 萍	刘洪顺	13	1
阳谷县农信联社	吴士合	杨茂合 徐长林 姜 军	396	30
邮储银行阳谷县支行	李院华	杨 涛 张华春	71	23
阳谷村镇银行	吴光清	林金波	16	1
齐鲁证券公司阳谷运河东路营业部	邓庆举		4	1

阳谷县主要金融机构业务概况

单位：亿元

单位名称	本外币存款余额	人民币单位存款	人民币储蓄存款	本外币贷款余额	人民币短期贷款	人民币中长期贷款
农发行阳谷县支行	2.34	2.34	--	10.08	6.37	3.71
工行阳谷支行	23.83	18.77	5.02	33.61	20.34	5.92
农行阳谷支行	20.90	9.22	10.96	23.71	14.42	5.54
中行阳谷支行	26.09	16.59	6.68	13.74	11.39	2.36
建行阳谷支行	34.84	19.93	9.98	27.94	10.80	5.96
齐鲁银行阳谷支行	5.63	4.61	1.02	4.15	3.82	0.33
阳谷县农信联社	71.37	4.22	67.10	50.66	43.75	0.13
邮储银行阳谷县支行	31.13	2.42	28.71	3.35	2.82	0.53
阳谷村镇银行	1.73	0.91	0.82	0.96	0.95	0.01

展对金融机构的开业和营业管理，不断强化对金融机构的综合评价和综合执法检查力度，提高了基层人行的权威性和管理水平。

【金融服务与监管】 2012 年，人行阳谷县支行一是引导金融机构继续加大对符合条件的中小微企业的支持力度，促进了其健康稳定发展；二是全面贯彻落实分行农村支付服务环境建设“双百目标年”的要求，实现了金融基础设施和县域涉农金融机构网点全覆盖的“双百”目标；三是进一步完善金融稳定协调和风险处置机制，在充分做好突发事件应急预案和演练的基础上，积极开展风险排查，杜绝各类金融风险的发生；四是切实加强监测分析和调研，及时反馈实时动态；五是强力推进金融服务创新，丰富服务手段，创新融资品种，搭建银企对接平台。

（王光法 李 玲）

东阿县

【经济金融概况】 2012 年，东阿县努力转方式调结构、惠民生保稳定，国民经济保持快速发展。新农村建设和重大交通基础设施建设成效显著。消费品市场繁荣活跃，环境保护综合治理取得新进展，城乡居民生活水平进一步提高，经济金融稳健运行。

【金融发展与改革】 2012 年，人行东阿县支行一是组织召开了辖内金融机构负责人会议，就落实稳健的货币政策进行安排部署；二是推动县政府召开了“银企洽谈对接会”，实现了行政村金融基础设施 100%全覆盖、各类银行机构 100%的参与农村支付环境建设的“双百目标”；三是按照“央行参谋、政府主导、部门联动、社会参与”的思路，不断优化金融生态环境建设。

东阿县主要经济指标

经济指标	2011	2012	2012年同比增幅（%）	经济指标	2011	2012	2012年同比增幅（%）
土地面积（平方公里）	729	729	0	地方财政支出（亿元）	8.46	13.02	53.90
人口（万人）	40	39	-2.50	全社会固定资产投资（亿元）	61	76.64	25.63
城镇人口（万人）	12	12	0	进出口总值（万美元）	6500	5727	-11.89
乡村人口（万人）	28	27	-3.57	出口总值（万美元）	4126	5161	25.08
地区生产总值（亿元）	134	147.89	10.36	实际利用外资（万美元）	893	60	-93.28
第一产业（亿元）	14.97	15.91	6.27	社会消费品零售总额（亿元）	43	49.77	15.74
第二产业（亿元）	77.03	82.94	7.67	居民消费价格指数（%）	134	102.5	-23.51
第三产业（亿元）	42.08	49.04	16.54	人均地区生产总值（元）	33520	37920	13.12
财政总收入（亿元）	14.47	13.70	-5.32	城镇居民可支配收入（元）	14400	16978	17.90
地方财政收入（亿元）	4.23	5.02	18.67	农民人均现金收入（元）	7706	8850	14.84
财政总支出（亿元）	14.11	16.75	18.71				

东阿县主要金融指标

金融指标（亿元）	2011	2012	2012年同比增幅（%）	金融指标（亿元）	2011	2012	2012年同比增幅（%）
本外币存款余额	90.73	114.22	25.89	财险收入	0.54	1.31	142.59
人民币存款余额	90.70	114.18	25.88	寿险收入	0.68	1.64	141.17
单位存款	31.67	44.14	39.37	财险赔款	0.16	0.54	237.5
储蓄存款	57.74	68.63	18.86	寿险给付	0.29	0.37	27.58
本外币贷款余额	57.11	67.38	17.98	当年结益	—	—	—
人民币贷款余额	57.11	67.38	17.98	证券市场交易总额	—	—	—
短期贷款	42.36	48.81	15.22	投资者保证金余额	—	—	—
中长期贷款	14.74	16.98	15.19	证券账户开户数	—	—	—
票据融资	0	1.58	--	证券交易佣金收入	—	—	—
当年结益	1.41	1.73	22.69	净利润	—	—	—
不良贷款余额	0.56	1.45	158.92				

东阿县主要金融机构概况

单位名称	行长（或其他称谓的第一负责人）	副行长（或其他称谓的同级领导）	员工总数	辖内营业网点数
人行东阿县支行	刘树华	李庆军 张 勤 姜立新	27	1
银监会东阿县办事处	冯学成		2	1
农发行东阿县支行	张 健	刘桂婷 杜 亮	20	1
工行东阿支行	李炳春	陶淑兰 魏其根 刘建华 刘 勇	42	3
农行东阿支行	任保江	门建伟 司国强 张 戈	106	4

续表

单位名称	行长（或其他称谓的第一负责人）	副行长（或其他称谓的同级领导）	员工总数	辖内营业网点数
中行东阿支行	翟风军	安吉虎	26	1
建行东阿支行	王　刚	武敬民	47	3
东阿县农信联社	张兆起	王金伦　王　囡	336	23
邮储银行东阿县支行	郑　磊	薄立新　陈浩洋	73	17

东阿县主要金融机构业务概况

单位：亿元

单位名称	本外币存款余额	人民币单位存款	人民币储蓄存款	本外币贷款余额	人民币短期贷款	人民币中长期贷款
农发行东阿县支行	0.84	0.84	0	2.43	2.43	0
工行东阿支行	12.52	12.51	4.88	11.55	7.74	3.81
农行东阿支行	24.09	24.09	6.97	5.51	4.05	1.46
中行东阿支行	6.16	6.14	2.70	9.43	2.89	6.54
建行东阿支行	13.00	13.00	6.65	7.59	2.92	4.68
东阿县农信联社	39.44	39.44	33.84	29.87	28.00	0.28
邮储银行东阿县支行	16.96	16.96	13.78	1.00	0.79	0.21

【金融服务与监管】　2012年，人行东阿县支行不断完善金融监测机制，提高金融服务水平。一是办理国库业务时，严格外来凭证的审核，严格执行责任追究制度，对国库资金严格把关；二是加强人民币银行结算账户管理，认真做好开销户工作，共开立各类存款账户395户，变更各类账户106户；三是对政府融资平台、房地产市场、金融交叉保险业务和民间借贷等重点领域开展了风险排查；四是在全县开展了“硬币回收月”活动，组织相关人员深入金融机构、大型超市、农村集贸市场、个体工商户进行硬币兑换；五是对农信社已结清的票据承兑和转贴现业务进行检查，避免了资金风险的发生。

（黄　鹏）

茌平县

【经济金融概况】　2012年，茌平县综合实力显著提升，百强县建设跃居第83位。现代农业稳步发展，全县粮食生产实现“十连增”，被评为全国粮食生产先进县；工业经济总量突破千亿元大关；服务业繁荣发展，文化产业园及专业市场建设稳步推进；新型城镇化步伐加快，农村新居建设扎实推进，1188户农民迁入新居；实施了环城水系改造治理，新造林2.55万亩，森林覆盖率35%，成为山东省新增的十个绿化模范县之一。

【金融发展与改革】　2012年，茌平县被确定为山东省10个金融创新试点县之一，推动当地金融业的进一步发展，继续保

茌平县主要经济指标

经济指标	2011	2012	2012年同比增幅（%）	经济指标	2011	2012	2012年同比增幅（%）
土地面积（平方公里）	1003	1003	0	地方财政支出（亿元）	23.45	27.2	15.99
人口（万人）	54.36	54.7	0.63	全社会固定资产投资（亿元）	153.86	179.6	16.73
城镇人口（万人）	9.24	9.3	0.65	进出口总值（万美元）	85000	60231	-29.14

续表

经济指标	2011	2012	2012年同比增幅（%）	经济指标	2011	2012	2012年同比增幅（%）
乡村人口（万人）	45.12	45.4	0.62	出口总值（万美元）	40000	15338	-61.66
地区生产总值（亿元）	293.66	331.8	12.99	实际利用外资（万美元）	1217	140	-88.50
第一产业（亿元）	35.24	39.7	12.66	社会消费品零售总额（亿元）	69.06	80	15.84
第二产业（亿元）	202.63	228.3	12.67	居民消费价格指数（%）	105.6	103.6	-1.89
第三产业（亿元）	55.79	63.8	14.36	人均地区生产总值（元）	54021	63000	16.62
财政总收入（亿元）	26.41	30.9	17.00	城镇居民可支配收入（元）	20400	23676	16.06
地方财政收入（亿元）	14.68	18.81	28.13	农民人均现金收入（元）	7656	9259	20.94
财政总支出（亿元）	34.63	38.07	9.93				

茌平县主要金融指标

金融指标（亿元）	2011	2012	2012年同比增幅（%）	金融指标（亿元）	2011	2012	2012年同比增幅（%）
本外币存款余额	118.41	146.59	23.80	财险收入	1.25	1.56	24.80
人民币存款余额	118.26	146.28	23.69	寿险收入	1.37	2.05	49.64
单位存款	46.47	54.7	17.71	财险赔款	0.37	1.56	321.62
储蓄存款	71.20	90.61	27.26	寿险给付	0.4	2.05	412.50
本外币贷款余额	155.37	159.07	2.38	当年结益	0.96	—	—
人民币贷款余额	154.07	158.84	3.10	证券市场交易总额	—	—	—
短期贷款	106.75	120.39	12.78	投资者保证金余额	—	—	—
中长期贷款	46.92	36.95	-21.25	证券账户开户数	—	—	—
票据融资	34.24	48.97	43.02	证券交易佣金收入	—	—	—
当年结益	5.08	4.85	-4.53	净利润	—	—	—
不良贷款余额	2.89	1.86	-35.64				

茌平县主要金融机构概况

单位名称	行长（或其他称谓的第一负责人）	副行长（或其他称谓的同级领导）	员工总数	辖内营业网点数
人行茌平县支行	金庆友	曹连方　张树峰　刘元兴	23	1
银监会茌平县办事处	王　霞		1	1
农发行茌平县支行	马春青	薄　冰　董廷军	23	1
工行茌平支行	桑　博	王士贵　盛　勇	56	4
农行茌平支行	张国琦	高　华　侯庆谨　韩　强	159	5
中行茌平支行	司胜利	藩高峰　李　丽	45	2
建行茌平支行	范晓英	姚福刚　李长城	41	2
齐鲁银行聊城茌平支行	赵　昕	孔繁新	16	1
茌平县农信联社	郝　彬	冯俊湖　贺怀龙　陶兆红	418	29
邮储银行茌平县支行	郭宗强	张　慧　姜肇良	84	4
茌平沪农商村镇银行	张玉修	庞合汉	14	1

茌平县主要金融机构业务概况

单位：亿元

单位名称	本外币存款余额	人民币单位存款	人民币储蓄存款	本外币贷款余额	人民币短期贷款	人民币中长期贷款
农发行茌平县支行	1.93	1.93	0	6.90	3.27	3.63
工行茌平支行	25.31	14.04	11.10	47.11	37.17	9.75
农行茌平支行	25.62	13.21	12.41	34.94	19.66	15.28
中行茌平支行	15.61	10.28	5.15	19.54	16.95	2.45
建行茌平支行	7.30	4.70	2.53	12.21	7.54	4.67
齐鲁银行聊城茌平支行	5.50	4.26	1.24	3.38	2.88	0.51
茌平县农信联社	44.07	2.97	41.10	31.77	30.09	0.28
邮储银行茌平县支行	18.21	2.0	16.22	2.12	1.74	0.38
茌平沪农商村镇银行	2.20	1.32	0.87	1.10	1.09	0.01

持了全市唯一“贷差县”态势，农信社改制工作积极推进，成功引进上海农商行和华夏银行入驻。

【金融服务与监管】 2012 年，茌平县强力推动农村支付体系建设，加大对农村金融服务设施的投入，在全部 689 个行政村布放了金融服务自助设施，实现了金融服务全覆盖。人行茌平县支行按照“两管理、两综合”的要求，加强对全部金融机构的年度综合评估和新设机构开业审查工作，促进了金融业的稳健经营。

（迟曙涛）

高唐县

【经济金融概况】 2012 年，高唐县经济保持又好又快发展势头，农业生产稳步推进，城乡居民收入持续增加，商贸流通市场日趋活跃。金融运行总体平稳，各项存、贷款稳步增长，银行资产质量进一步改善。

【金融发展与改革】 2012 年，高唐县金融机构继续立足服务于实体经济和“三农”发展需要，不断加大金融支持力度，信贷投向和结构调整更趋于合理。全县整体存贷比高达 98.92 %，为经济社会发展提供了有力的金融支撑。

高唐县主要经济指标

经济指标	2011	2012	2012 年同比增幅（%）	经济指标	2011	2012	2012 年同比增幅（%）
土地面积（平方公里）	949	949	0	地方财政支出（亿元）	15.9	22.06	38.74
人口（万人）	49.37	49.26	-0.22	全社会固定资产投资（亿元）	150.51	179.14	19.02
城镇人口（万人）	17.36	16.8	-3.23	进出口总值（万美元）	39440	41334	4.80
乡村人口（万人）	32.01	32.46	1.41	出口总值（万美元）	20674	23147	11.96
地区生产总值（亿元）	254.35	284.01	11.66	实际利用外资（万美元）	31	448	13.45
第一产业（亿元）	28.27	29.92	5.84	社会消费品零售总额（亿元）	65.84	76.52	16.22
第二产业（亿元）	176.41	194.70	10.37	居民消费价格指数（%）	104.8	101.7	-2.96
第三产业（亿元）	49.67	59.39	19.57	人均地区生产总值（元）	51644	57655	11.64
财政总收入（亿元）	18.47	19.70	6.66	城镇居民可支配收入（元）	18280	21023	15.01

续表

经济指标	2011	2012	2012年同比增幅（%）	经济指标	2011	2012	2012年同比增幅（%）
地方财政收入（亿元）	9.05	9.12	0.77	农民人均现金收入（元）	7929	9082	14.54
财政总支出（亿元）	18.47	21.97	18.95				

高唐县主要金融指标

金融指标（亿元）	2011	2012	2012年同比增幅（%）	金融指标（亿元）	2011	2012	2012年同比增幅（%）
本外币存款余额	92.88	112.46	21.08	财险收入	0.25	0.35	40.00
人民币存款余额	92.63	111.1	19.94	寿险收入	0.5	0.52	4.00
单位存款	34.26	43.99	28.40	财险赔款	0.08	0.14	75.00
储蓄存款	57.84	67.80	17.22	寿险给付	0.27	0.33	22.22
本外币贷款余额	99.08	111.25	12.28	当年结益	0.23	0.28	21.74
人民币贷款余额	98.66	111.08	12.59	证券市场交易总额	—	—	—
短期贷款	73.19	88.58	21.03	投资者保证金余额	—	—	—
中长期贷款	25.87	20.52	-20.68	证券账户开户数	—	—	—
票据融资	16.87	22.46	33.14	证券交易佣金收入	—	—	—
当年结益	3.50	3.98	13.71	净利润	—	—	—
不良贷款余额	1.52	1.55	1.97				

高唐县主要金融机构概况

单位名称	行长（或其他称谓的第一负责人）	副行长（或其他称谓的同级领导）	员工总数	辖内营业网点数
人行高唐县支行	李庆广	闫玉真　乔索明　王柱银	23	1
银监会高唐县办事处	李永忠		3	1
农发行高唐县支行	徐保锐	储爱梅　王　鹏	20	1
工行高唐支行	冯保勇	池德东　张玉华　陶东明　文中国　孟庆阳	41	4
农行高唐支行	李金昌	董风录　付以银　周生军	123	5
中行高唐支行	孔繁磊	徐常宏　杨　红	42	2
建行高唐支行	荆桂红	李如诗　贾　兵　于　涛　崔玉荣	63	4
高唐县农信联社	高月河	牛维勇　陈先民　梁庆合	384	25
邮储银行高唐县支行	王泽民	刘春芬　韩庆玲	100	3
齐鲁银行高唐县支行	张晓艳	李学强	17	1

高唐县主要金融机构业务概况

单位：亿元

单位名称	本外币存款余额	人民币单位存款	人民币储蓄存款	本外币贷款余额	人民币短期贷款	人民币中长期贷款
农发行高唐县支行	1.87	1.87	0.09	5.58	5.3	0.28

续表

单位名称	本外币存款余额	人民币单位存款	人民币储蓄存款	本外币贷款余额	人民币短期贷款	人民币中长期贷款
工行高唐支行	13.73	6.86	6.87	30.25	17.87	11.92
农行高唐支行	17.59	9.3	8.29	27.36	26.17	1.19
中行高唐支行	8.90	5.08	3.81	5.56	4.31	1.25
建行高唐支行	16.95	10.24	6.48	11.72	7.90	3.82
高唐县农信联社	33.27	2.94	30.33	25.53	22.64	1.19
邮储银行高唐县支行	13.29	3.07	10.21	1.89	1.20	0.69
齐鲁银行高唐县支行	6.47	4.62	1.80	3.37	3.19	0.18

【金融服务与监管】 2012年，人行高唐支行认真贯彻落实货币政策，强化监督检查，促进了辖区经济金融的较快发展。一是出台了《金融团队帮包促进产业发展提升金融服务水平活动实施方案》，组织了4次银企合作推进会；二是积极开展农村支付环境建设“双百目标年”活动，实现了金融基础设施行政村100%全覆盖；三是为企业提供“一企一策”式服务，指导企业合规经营，规避风险；四是开展了消费者权益保护、征信、人民币管理、外汇等业务的宣传，维护了金融业健康发展。

（张文瑞）

第十二部分

区域性金融运行报告——鲁南地区

济宁市

【经济金融概况】 2012年，面对复杂严峻的经济形势，济宁市政府深入贯彻落实中央各项重大决策部署，解放思想，开拓创新，国民经济健康发展，存贷款增长平稳有序，信贷结构继续调整优化，金融运行呈现良好态势。

【货币政策实施】 2012年，人行济宁市中支以加快信贷结构调整为着力点，紧密结合辖区实际，切实贯彻落实稳健货币政策。

一、加强窗口指导，传递货币政策信息与宏观调控意图。一是制订出台《关于济宁市扩大小型微型企业融资的指导意见》等文件，引导金融机构把更多的信贷资源投入到实体经济、重点领域和薄弱环节；二是通过召开全市货币政策通报会、信贷运行形势分析会、法人金融机构信贷管理工作会等，及时传导货币信贷政策；三是为落实人行济南分行季度法人金融机构贷款合理增量计划，制订出台了《济宁市中小金融机构再贷款贷后管理暂行办法》。

二、加强政银企对接，多层面推动信贷政策与产业政策有效结合。一是联合济宁市金融办召开了"济宁市'大项目突破年'政银企合作暨重点项目推介会"，向驻济南、青岛的30家省级金融机构推介大项目324个，贷款总需求342.92亿元；二是联合邹城、嘉祥等11个县市区政府召开县域银企对接交流会，全年累计提供各类资金支持91亿元。

三、加强金融创新，全方位提升信贷服务水平。一是在全省率先建立金融支持小微企业重点联系行制度，引导激励金融机构加大对保障性住房建设、农田水利建设、大学生"村官"创业、居民消费等民生领域的信贷支持；二是起草《济宁市"区域集优"债务融资实施方案》，拟定了第一期中小企业"区域集优"债券发行的初步方案，推动市政府出资5000万元设立中小企业直接债务融资发展基金，指导推动济宁银行成功加入全国银行间同业拆借市场，开创了地方法人金融机构同业拆借资格先河。

【金融稳定】 2012年，人行济宁市中支强化监测分析，注重检查评估，切实维护区域金融稳定。

一、推进制度建设，构建金融稳定长效机制。一是制定印发《济宁市系统性金融风险预警制度》，在省内率先建立了系统性金融风险监测评估体系；二是组织辖区17家法人金融机构签订《维稳责任书》，建立责任制；三是以金融机构风控部门负责人联席会议为平台，督促银行机构开展风险排查，加强金融风险舆情监测。

二、加大培训力度，切实强化金融稳定重大事项报告管理。一是对全市100家金融机构的100位高管、205位工作人员开展了重大事项报告工作培训；二是对100家金融机构的200位相关人员组织了考试，合格率98%；三是组织检查立项18次，对57家机构的多项业务进行了执法检查，罚款37万元。

三、创新开展临时抽检应急演练，有效提高突发事件处置水平。一是组织召开全市金融机构突发事件应急演练观摩会；二是率先在省内开展了实战演练、临时抽检和现场演示相结合的应急演练模式。

【金融服务】 2012年，人行济宁市中支注重民生，强化落实，全面提升金融服务水平。

一、深入开展农村支付环境和现代化支付系统建设。一是制订《实施方案》，召开"双百目标年"（实现全省行政村金融基础设施100%全覆盖、100%的县域以下各类银行机构参与农村支付环境建设年）动员推进会；二是积极推进第二代支付系统建设，联合公安局开展"打防经济犯罪，共建美好生活"宣传活动，鼓励居民使用新型支付工具。

二、全面推进虚拟发行库试点和人民币整洁度提升工程。一是顺利完成人行济南分行虚拟发行库信息管理系统开发任务，并协助分行制订《山东省虚拟发行库管理暂行办法》；二是制订《济宁市现金服务"承诺十八项、献礼十八大"活动实施方案》，大力开展一级发行库达标升级建设，不断提升流通人民币整洁度。

三、推进国库信息化建设，提升惠民便民服务水平。一是在全市成功推广运行国库会计数据集中系统（TCBS）、国库与财政库款电子对账系统，有效提高了对账效率和资金安全水平；二是以乡镇国债惠民服务点为切入点，有力推动送国债下乡活动的开展，农村国债发行首次超过城市。

四、进一步加强信用体系建设。一是积极开展优化金融生态环境工作情况考核评价；二是在全辖推广中小企业"一站式"融资服务平台建设模式，构建"征信＋评级＋担保＋信贷"一体化的中小企业信贷激励约束机制；三是全面推进农村青年信用示范户建设。

五、不断强化政务公开和行风标准化建设。一是制订《政务主动公开制度》等6项制度，定期更新市政府政务公开信息网站上的相关数据和信息；二是制订《深入推进依法行政工作三年规划》和《综合服务大厅服务规范手册》，积极开展"一站式"服务。

六、积极开展科技服务和金融知识宣传。一是自主创新开发了短信群发平台，及时向金融服务对象发送金融服务提醒和政策宣讲等信息；二是开展了"孔孟之乡金融行"、金融知识进"两会"、反假货币宣传月、反洗钱集中宣传月、金融消费者权益保护宣传周和征信、国债、跨境人民币业务等系列宣传。

【金融监管】 2012年，银监会济宁监管分局按照稳中求进

济宁市经济主要统计指标

指标 \ 年度	2008	2009	2010	2011	2012	2012年同比增幅（%）
土地面积（平方公里）	10685	10685	10685	10685	10685	0
人口（万人）	822.75	831.31	843.03	846.98	847.08	0.01
城镇人口（万人）	—	—	266.14	268.29	303.30	13.05
乡村人口（万人）	—	—	576.89	578.69	543.79	-6.03
地区生产总值（亿元）	2122.16	2279.19	2542.81	2896.69	3189.37	11.0
第一产业（亿元）	256.81	270.41	320.41	351.14	371.97	4.8
第二产业（亿元）	1183.49	1264.81	1356.47	1535.93	1673.50	12.0
工业（亿元）	1100.88	1167.12	1237.23	1395.57	1514.30	12.0
建筑业（亿元）	82.61	97.69	119.24	140.36	159.21	12.3
第三产业（亿元）	681.86	743.97	865.93	1009.62	1143.90	11.3
人均地区生产总值（元）	26721	28492	31500	35729	39156	9.59
地区生产总值构成（%）	100	100	100	100	100	—
第一产业（%）	12.1	11.9	12.6	12.1	11.6	-3.31
第二产业（%）	55.8	55.5	53.3	53.0	52.5	-0.94
第三产业（%）	32.1	32.6	34.1	34.9	35.9	2.87
财政总收入（亿元）	416.30	482.17	526.11	605.11	667.17	10.26
地方财政收入（亿元）	119.45	134.66	169.25	207.10	245.60	18.6
财政总支出（亿元）	284.04	332.35	515.98	593.93	665.70	12.08
地方财政支出（亿元）	174.67	198.42	251.87	300.47	362.60	20.7
全社会固定资产投资（亿元）	816	1100.6	1436.2	1526	1854	21.5
规模以上固定资产投资（亿元）	796.8	1085.6	1410.2	1391.7	1809.7	22.3
房地产开发（亿元）	69.1	82.4	134.6	182.2	219.1	20.2
进出口总值（亿美元）	32.68	28.86	44.66	57.45	51.15	-11.0
出口总值（亿美元）	18.65	16.03	21.66	30.70	31.98	4.2
实际利用外资（亿美元）	3.88	4.16	4.58	7.33	7.70	5.1
社会消费品零售总额（亿元）	728.34	867.4	963.49	1130.03	1300.11	15.1
居民消费价格指数（%）	105.3	100.4	102.9	104.9	102.1	-2.67
城市居民人均可支配收入（元）	15617	16978	16992	19215	25454	13.6
农民人均现金收入（元）	5965	6470	7450	8712	10002	14.8

济宁市工农业主要统计指标

农业主要统计指标（万吨）				规模以上工业企业主要统计指标（亿元）			
项目 \ 年度	2011年	2012年	增幅（%）	项目 \ 年度	2011年	2012年	增幅（%）
粮食	487.22	569.13	16.8	工业增加值	—	—	12.5
夏粮	236.2	255.28	8.1	国有工业	—	—	5.3
秋粮	251.02	313.86	25.0	集体工业	—	—	26.4
棉花	12.75	11.96	-6.2	股份制工业	—	—	17.0

续表

农业主要统计指标（万吨）				规模以上工业企业主要统计指标（亿元）			
项目 \ 年度	2011年	2012年	增幅（%）	项目 \ 年度	2011年	2012年	增幅（%）
油料	21.65	17.35	-19.9	股份合作制工业	--	--	-27.2
水果	28.04	27.53	-1.8	外商及港澳台投资工业	--	--	-5.2
蔬菜	768.43	652.81	-15.0	轻工业	--	--	23.8
肉类	79.46	83.39	4.9	重工业	--	--	9.7
禽蛋	58.24	60.17	3.3	销售收入	4276.1	4884.7	19.42
奶类	13.89	14.12	1.7	利税	516.8	501.2	-4.6
水产品	37.25	39.12	5.0	利润	328.8	304.1	-12.6
森林覆盖率（%）	28.3	28	-1.06	经济效益综合指数（%）	274.1	262.1	12.1

注：规模以上工业企业划分标准调整，济宁市统计局未公布2011年和2012年的工业增加值，仅公布增幅；销售收入、利税、利润等指标2011年和2012年没有可比性。

济宁市主要金融机构概况

单位名称	行长（或其他称谓的第一负责人）	副行长（或其他称谓的同级领导）	员工总数	辖内营业网点数
人行济宁市中心支行	郑现中	罗亮森 杨家杰 孙义昌 孙 斌 魏汝浩 邢宝星	472	11
银监会济宁监管分局	陈大章	朱 杰 张以良 盛作安 侯加胜	80	11
农发行济宁市分行	龙志强	董 旭 崔玉堂 王学义	288	11
工行济宁分行	朱岩峰	王卫星 黄际丰 庄 敏 张 弛 朱 筠 颜 婷 任军英 许新立 张延文	1481	84
农行济宁分行	孙培国	张洪程 宋秀峰 孙士乐 王 华 何祥芝 王晓鹏 王爱丰	1939	121
中行济宁分行	陈 涛	周 源 陈宗权 孔令国 姜兆华	883	36
建行济宁分行	姜永东	李清华 李 炜 李 波	1543	62
交行济宁分行	祝 威	郭玉华 朱广雷 王海东	323	13
中信济宁分行	王中兴	王建刚 钟银成 李文利	138	5
招行济宁分行	郭 骁	张秀霞 盛 军 刘 澎	95	3
浦发济宁分行	夏晓晖	孔令孜 吴 健 何庆雪	66	2
兴业济宁分行	胡 斌	刘雪峰 邵 军	139	3
民生济宁分行	王 军	于志强 杨 靖 时念村	47	1
恒丰济宁分行	房 毅	王保宪	43	1
济宁银行	李 敏（董事长） 李维水（监事长） 李印喜（行 长）	陈振勇 梁汝亮 张衍珍 官 振	948	32
农信社济宁市办事处	王广明	徐广礼 程 斌 蒲祖华	4848	356
邮储银行济宁市分行	张 文	赵 林 王向文 邓连伟	999	227

续表

单位名称	行长（或其他称谓的第一负责人）	副行长（或其他称谓的同级领导）	员工总数	辖内营业网点数
兖矿集团财务公司	张胜东	孟宪强　李　东　王以春 李井良　南宫鸣祝	32	1
济宁市高新村镇银行	郑绪宝	费立权	10	1
济宁市儒商村镇银行	田云玲	王潇夏	46	1
人保财险济宁市分公司	李普廷	卞长华	2479	15
中国人寿济宁分公司	田亚平	田　凤	5485	12
太平洋财险济宁中心支公司	游春迁	赵新祥	733	12
太平洋人寿济宁中心支公司	陈　凯	刘金梅	2614	12
平安财险济宁中心支公司	李庆廷	于玉娟	233	11
平安人寿济宁中心支公司	李　菲	蔡　磊	4524	10
泰康人寿济宁中心支公司	闫　燕	甄　娟	2317	12
新华人寿济宁中心支公司	夏兆宽	赵　伟	2289	9
民生人寿济宁中心支公司	陈冬梅	辛培尚	818	10
人保寿险济宁中心支公司	秦景瑜	胡庆海	2035	12
国泰君安证券济宁分公司	刘　涛	李　振	20	1
齐鲁证券济宁分公司	崔建忠		107	7

济宁市金融业务统计指标

指标（亿元）＼年度		2008	2009	2010	2011	2012	2012 年同比	
							增加额	增幅（%）
银行类	本外币存款余额	1473.61	1913.80	2278.05	2634.90	3191.75	556.85	21.13
	人民币存款余额	1460.29	1895.60	2256.31	2612.46	3146.15	533.69	20.43
	*单位存款	—	—	944.49	1099.29	1338.36	239.07	21.75
	储蓄存款	888.17	1073.00	1275.10	1456.77	1730.65	273.88	18.80
	本外币贷款余额	877.00	1157.53	1385.83	1646.49	1986.71	340.22	20.66
	人民币贷款余额	864.60	1128.71	1366.43	1613.59	1923.88	310.29	19.23
	短期贷款	499.00	586.63	710.24	899.94	1152.25	252.32	28.04
	中长期贷款	289.20	461.99	584.75	629.82	645.07	15.25	2.42
	票据融资	76.01	79.83	71.33	83.72	126.41	42.69	50.99
	当年结益	26.80	28.49	40.93	52.38	62.59	10.21	19.49
	不良贷款余额	73.47	85.70	62.37	60.16	55.51	-4.65	-7.73
	不良贷款占比%	8.38	7.40	4.50	3.65	2.79	-0.86	-23.56
保险类	保险公司保费收入	40.61	53.72	73.02	77.55	81.59	4.04	5.21
	财险收入	10.61	12.63	19.86	21.84	24.88	3.04	13.92
	寿险收入	30.01	41.09	53.16	55.70	56.71	1.01	1.81
	保险公司赔款和给付支出	13.77	14.04	15.40	17.74	20.94	3.20	18.04

续表

指标（亿元） 年度		2008	2009	2010	2011	2012	2012年同比 增加额	2012年同比 增幅（%）
保险类	财险赔款	6.47	6.87	8.10	9.42	11.52	2.10	22.29
	寿险给付	7.30	7.17	7.30	8.32	9.42	1.10	13.22
	当年结益	--	--	--	--	--	--	--
证券类	证券市场成交总额	862.40	1802.57	1380.69	966.19	732.34	-233.85	-24.20
	投资者保证金余额	12.07	17.57	15.45	8.64	8.06	-0.58	-6.71
	证券账户开户数(万个)	48.02	54.37	31.44	49.19	50.66	1.47	2.99
	佣金收入	1.95	3.53	2.59	1.80	1.15	-0.65	-36.11
	净利润	1.21	1.80	1.76	0.72	0.54	-0.18	-25
	期货市场成交总额	136.98	476.64	1098.25	1135.22	1194.64	59.42	5.23
	期货客户保证金余额	0.04	0.26	0.41	0.37	0.29	-0.08	-21.62
	期货账户开户数	629	1385	2421	3230	3711	481	14.89
	期货手续费收入	0.01	0.04	0.08	0.06	0.06	0	0
	利润总额	0	0.01	0.03	0.02	0.02	0	0

注：“*”该项指标2010年前为“企业存款”，其数字亦是如此。

济宁市金融机构统计指标

指标（个） 年度		2008	2009	2010	2011	2012	2012年同比增幅（%）
银行类	法人机构	13	13	13	14	19	35.71
	省级分行	--	--	--	--	--	--
	二级分行	8	8	12	12	13	8.33
	县区支行	127	156	180	165	182	10.30
	分理处、营业所	586	751	520	552	550	-0.36
	储蓄所	241	235	234	207	207	0
	从业人员总数	12620	13295	14127	13920	14679	5.45
保险类	保险机构	34	38	38	43	51	18.60
	财险机构	17	18	18	20	24	20
	省级分公司	--	--	--	--	--	--
	地市分公司	17	18	18	20	24	20
	县区支公司	97	107	115	113	117	3.54
	寿险机构	17	20	20	23	27	17.39
	省级分公司	--	--	--	--	--	--
	地市分公司	17	20	20	23	27	17.39
	县区支公司	77	107	104	118	122	3.39
	从业人员总数	20197	30214	30579	34074	30554	-10.33
	财险人员	3020	7250	5042	5706	6237	9.31
	寿险人员	17177	22964	25555	28368	24317	-14.28

续表

指标（个）		2008	2009	2010	2011	2012	2012年同比增幅（%）
证券类	证券机构	7	7	7	8	9	12.5
	证券公司	--	--	--	--	--	--
	证券营业部	7	7	7	8	9	12.5
	证券服务部	--	--	--	--	--	--
	从业人员总数	129	139	295	188	180	-4.26
	投资者开户（万个）	24.01	27.18	27.80	26.27	30.87	17.51
	境内上市股票支数	5	5	5	5	5	0
	境外上市股票支数	--	--	--	--	--	--
	辖区上市公司总数	5	5	5	5	5	0

济宁市主要金融机构业务概况

单位：亿元

单位名称	本外币存款余额	人民币单位存款	人民币储蓄存款	本外币贷款余额	人民币短期贷款	人民币中长期贷款
农发行济宁市分行	18.10	17.95	--	88.90	32.01	42.88
工行济宁分行	488.19	198.89	281.66	343.24	159.41	172.86
农行济宁分行	501.66	196.31	300.97	264.69	183.28	76.92
中行济宁分行	302.76	155.75	128.11	223.19	74.05	114.24
建行济宁分行	390.15	177.04	191.45	221.58	67.76	121.78
交行济宁分行	93.22	62.27	27.53	73.45	51.09	19.38
中信济宁分行	61.13	47.64	10.96	46.77	36.25	6.75
招商济宁分行	23.48	19.54	3.81	22.66	17.14	1.16
浦发济宁分行	48.99	44.75	3.85	45.18	31.86	9.00
兴业济宁分行	70.77	60.90	9.44	41.12	28.63	11.93
民生济宁分行	1.78	1.44	0.33	8.32	6.77	1.55
恒丰济宁分行	61.92	44.18	5.53	27.54	17.52	8.33
济宁银行	200.10	131.95	66.02	147.33	118.04	10.41
农信社济宁市办事处	571.46	66.53	502.27	376.54	289.70	35.41
邮储银行济宁市分行	244.23	46.06	198.16	33.80	16.19	12.12
兖矿集团财务公司	70.33	70.33	--	24	24	--
济宁市高新村镇银行	1.36	0.87	0.49	0.85	0.76	--
济宁市儒商村镇银行	1.56	1.05	0.51	2.00	1.71	--

济宁市各县级区域经济金融主要统计指标

名称	人口（万人）	面积（平方公里）	地区生产总值（亿元）	地区生产总值增速（%）	本外币存款余额（亿元）	储蓄存款（亿元）	本外币贷款余额（亿元）
市中区	59.49	35.0	213.69	12.5	--	--	--

续表

名称	人口（万人）	面积（平方公里）	地区生产总值（亿元）	地区生产总值增速（%）	本外币存款余额（亿元）	储蓄存款（亿元）	本外币贷款余额（亿元）
任城区	54.31	869.5	256.67	11.3	--	--	--
兖州市	63.68	690.0	506.19	13.1	284.86	187.01	215.52
曲阜市	63.93	889.4	298.44	12.3	192.92	118.91	90.43
邹城市	115.76	1387.3	671.32	11.1	552.94	252.17	385.52
泗水县	62.36	1070.0	119.20	12.1	93.66	71.69	53.08
微山县	71.62	1591.3	304.60	11.8	161.02	89.83	80.17
鱼台县	47.09	628.0	119.27	11.2	79.48	58.61	34.63
金乡县	64.17	790.0	137.80	12.6	140.33	109.51	79.96
嘉祥县	87.40	1008.2	199.53	12.7	163.77	128.84	76.20
汶上县	77.96	762.3	193.45	11.8	140.80	106.28	73.92
梁山县	77.63	963.9	193.51	11.0	151.61	119.96	61.33

的总基调，扎实有效地开展监管工作，辖区银行业稳健运行。

一、坚守底线，扎实防控重点领域风险。一是在全市银行业开展“信贷精细化管理年”活动，切实化解存量风险；二是建立“房地产相关行业新增贷款季度监测制度”，进一步化解房地产贷款风险；三是督导法人机构合理安排资产负债期限结构，优化考核指标体系。

二、构筑屏障，严密防控案件风险。一是定期召开案防工作联席会议，与各银行业机构签订案防工作承诺书，落实案防责任；二是开展银行业操作风险环节全面排查，查出问题248个，建立整改监测台账，按期督导整改到位；三是对违法违规机构和责任人，实行严厉问责和处罚。

三、求真务实，进一步提高监管工作实效。一是深入开展“夯实统计信息基础、提升数据质量”竞赛活动；二是合理调配人力资源，强化现场检查的统筹管理，提高效率；三是按照法规依据、监察重点、评价标准、整改要求四统一的标准，按季对行政许可、非现场监管和现场检查进行效能监察和执法检查。

【外汇管理】 2012年，外管局济宁市中心支局进一步深化外汇主体监管试点，强化外汇管理政策传导，优化外汇管理特色服务，增强工作效能及影响力。

一、探索推动外汇主体监管试点由程序向实体演进。一是制订了《外汇主体监管深化工作方案》；二是拟定《企业主体监测分析办法》，对企业主体实施立体化、动态式全程监测管理。

二、积极开展重点领域外汇管理改革。一是及时跟踪反馈货物贸易外汇管理改革试点法规和系统运行相关问题；二是积极开展重点监测企业现场和非现场核查，推进试点改革深入发展。

三、大力优化涉外经济服务环境。一是出台了《关于进一步改进外汇管理支持全市涉外经济平稳较快发展的指导意见》，得到市领导的肯定批示；二是研究制订《关于试行招商引资“先行介入机制”的指导意见》，有效提升县域招商引资质量；三是畅通外汇政策传导机制，持续加强外汇新政策宣讲和培训，引导企业用好用足外汇政策。

【金融改革】 2012年，济宁市银行机构以改革为动力，以创新为抓手，努力提升可持续发展能力。一是新成立5家村镇银行，“三农”和中小企业的金融支持得到有效补充；二是工行济宁分行新开办“账户管家”和“企业网银结售汇”业务，为财政账户和企业结售汇服务提供便利；三是市农信社创新贷款品种，开办“票据池”质押贷款，累计办理2.43亿元；四是中信济宁分行发行“信福年华卡”，成为全国首张为中老年客户量身定做的借记卡。

【保险业务】 2012年，济宁市保险业市场呈现稳步攀升态势。一是经营运行稳健，质量效益稳步提升，保费规模居全省第5位；二是不断拓宽服务领域，扎实推进安全生产责任险、承运人责任险等。

【证券市场】 2012年，济宁市证券市场受国内股票市场持续低迷影响，市场成交额继续萎缩，证券公司佣金收入和净利润出现不同程度下滑。

【精神文明建设】 2012年，济宁市金融系统以精神文明建设活动为载体，践行社会责任，效果显著。人行济宁市中支被人行总行党委组织部确定为党建工作联系单位；济宁银行被省文明委授予“文明单位”称号；农行济宁分行荣获“支持地方经济突出贡献奖”。

济宁市农信社组织“汇聚农信真情、关爱留守儿童”、“金秋助学”等活动，累计捐款 41.7 万元。建行济宁分行向全市 15 名贫困英模母亲发放资助慰问金。农行济宁分行积极帮扶特困员工 78 人，发放救助金 41.7 万元。

【大事记】 1 月 29 日 郑现中被任命为人行济宁市中支行长、外管局济宁市中心支局局长。（济银任〔2012〕5 号）

4 月 12 日 ~13 日 人行济宁市中支行长郑现中陪同全国人大财经委副主任委员吴晓灵、人行济南分行行长杨子强、省金融办主任李永健等领导调研济宁市小额贷款公司经营情况。

5 月 21 日 恒丰济宁分行荣获恒丰总行 2011 年度“十佳”单位荣誉称号，该行行长房毅荣获经营类“十佳”人员荣誉称号。

6 月 18 日 农总行三农政策规划部副总经理吴长青一行到农行济宁分行调研。

6 月 19 日 建行济宁分行与济宁广播电视台济宁新闻网“西泽町”联名卡签约仪式在济宁广播电视台举行。

6 月 27 日 胡斌任兴业济宁分行行长。（兴银鲁任〔2012〕20 号）

8 月 28 日 山东银监局同意济宁银行设立荷泽分行，枣庄滕州支行升格为分行。（银监鲁通〔2012〕15 号）

9 月 13 日 《中国农村金融》、《大众日报》等 7 家报社到梁山农信社采访农村金融服务全覆盖及大学生村官工作情况。

12 月 24 日 山东银监局同意济宁银行菏泽分行筹建。（银监鲁准〔2012〕892 号）

（高　雷　郭晓娟）

兖州市

【经济金融概况】 2012 年，兖州市紧紧围绕“全省进位次、县域当排头、率先达小康”的目标，锐意创新，奋力攻坚。综合实力再攀新高，结构升级步伐加快，民生事业全面进步，经济实现了快速发展。

【金融发展与改革】 2012 年，人行兖州市支行积极稳妥推进金融改革。一是成立了 3 家股份制银行和 1 家小额贷款公司；二是推动建立中小企业融资信息服务平台，参与银企对接平台的企业达 160 多家，其中获得银行授信企业 72 家，已有贷款企业 62 家，获得全市各金融机构的贷款 7.9 亿元；三是按照“人行牵头、多方参与、合力推进”原则，组织金融机构加大投入，全力推进农村地区支付服务基础设施建设，

兖州市主要经济指标

经济指标	2011	2012	2012 年同比增幅（%）	经济指标	2011	2012	2012 年同比增幅（%）
土地面积（平方公里）	690.0	690.0	0	地方财政支出（亿元）	27.36	35.51	29.8
人口（万人）	63.68	63.68	0	全社会固定资产投资（亿元）	136.42	178.05	25.2
城镇人口（万人）	28.76	28.28	-1.67	进出口总值（万美元）	194239	192405	-0.9
乡村人口（万人）	34.92	35.40	1.37	出口总值（万美元）	66657	78843	18.3
地区生产总值（亿元）	455.56	506.19	13.1	实际利用外资（万美元）	12818	16350	27.6
第一产业（亿元）	37.94	39.50	3.7	社会消费品零售总额（亿元）	126.80	148.01	16.7
第二产业（亿元）	269.13	299.17	15.5	居民消费价格指数（%）	104.9	101.1	-3.62
第三产业（亿元）	148.49	167.52	10.9	人均地区生产总值（元）	84945	93922	10.57
财政总收入（亿元）	61.08	61.44	0.59	城镇居民可支配收入（元）	20836	24103	15.7
地方财政收入（亿元）	24.53	30.08	22.6	农民人均现金收入（元）	9859	11620	17.9
财政总支出（亿元）	61.83	62.34	0.82				

兖州市主要金融指标

金融指标（亿元）	2011	2012	2012 年同比增幅（%）	金融指标（亿元）	2011	2012	2012 年同比增幅（%）
本外币存款余额	239.36	284.86	19.01	财险收入	1.40	1.56	11.43
人民币存款余额	231.98	278.59	20.09	寿险收入	4.52	5.06	11.95
单位存款	70.58	88.77	14.26	财险赔款	0.50	0.57	14
储蓄存款	157.35	187.01	18.85	寿险给付	0.80	0.98	22.5

续表

金融指标（亿元）	2011	2012	2012年同比增幅（%）	金融指标（亿元）	2011	2012	2012年同比增幅（%）
本外币贷款余额	167.94	215.52	28.33	当年结益	--	--	--
人民币贷款余额	161.68	201.62	24.70	证券市场交易总额	43.48	34.77	-20.03
短期贷款	88.60	116.78	23.11	投资者保证金余额	0.38	0.27	-28.95
中长期贷款	69.50	74.73	7.53	证券账户开户数	9435	10984	16.42
票据融资	3.57	10.11	183.19	证券交易佣金收入	0.07	0.05	-28.57
当年结益	5.50	6.79	23.45	净利润	0.02	0.02	0
不良贷款余额	5.59	4.53	-18.96				

兖州市主要金融机构概况

单位名称	行长（或其他称谓的第一负责人）	副行长（或其他称谓的同级领导）	员工总数	辖内营业网点数
人行兖州市支行	张　俊	侯圣民　陈玉玲　杨晓霞	33	1
银监会兖州市办事处	郑　涛		1	1
农发行兖州市支行	万鲁峰	赵自力　贾　宇	24	1
工行兖州支行	陈志刚	刘　萍　吴　萧　李树伟	142	10
农行兖州支行	董　涛	李大春　杨则杰　颜　河	184	11
中行兖州支行	蒋　涛	蔡庆润　王　洁	90	5
建行兖州支行	赵振强	周志广　张　峰	119	8
济宁银行兖州支行	何瑞东	郭　建	36	2
兖州市农信联社	井长峰	徐崇飞　刘　广　付亚平	472	35
邮储银行兖州市支行	迟新辉	宋起龙　刘　涛	79	19
交行兖州支行	李　振	周脉良　崔维松	19	1
兴业兖州支行	李国丽	刘　军	21	1

兖州市主要金融机构业务概况

单位：亿元

单位名称	本外币存款余额	人民币单位存款	人民币储蓄存款	本外币贷款余额	人民币短期贷款	人民币中长期贷款
农发行兖州市支行	2.85	2.85	--	19.51	4.91	8.40
工行兖州支行	56.36	19.47	34.75	50.10	27.18	18.99
农行兖州支行	42.51	15.05	26.98	39.46	29.60	8.85
中行兖州支行	44.27	13.58	29.63	30.69	9.18	18.69
建行兖州支行	42.38	13.78	25.29	25.41	6.98	12.09

续表

单位名称	本外币存款余额	人民币单位存款	人民币储蓄存款	本外币贷款余额	人民币短期贷款	人民币中长期贷款
济宁银行兖州支行	15.08	9.01	6.08	9.78	8.52	0.20
兖州市农信联社	48.56	5.55	42.91	31.45	25.25	3.55
邮储银行兖州市支行	23.12	3.80	19.32	1.14	0.49	0.64
交行兖州支行	5.41	3.63	1.52	7.71	4.40	3.31
兴业兖州支行	2.58	2.05	0.53	0.27	0.27	--

截至年末，全市 464 个行政村实现了金融基础设施 100%全覆盖，农村支付服务环境明显改善。

【金融服务与监管】 2012 年，人行兖州市支行采取多种措施强化金融服务与监管。一是制定《"送金融知识进村社企校"宣传活动规划》，组织金融机构开展宣传活动，搭设宣传台 11 处，发放宣传资料 3000 余份，接待群众 800 余人次；二是对工行、农行兖州支行执行金融稳定重大事项报告制度情况进行了执法检查；三是对 4 家新设银行机构实施了开业管理，对中行兖州支行贯彻执行个人金融信息保护情况进行了执法检查。

曲阜市

【经济金融概况】 2012 年，曲阜市紧紧围绕"三年大变样、五年翻一番"的目标，凝心聚力，攻坚克难，经济实现稳中快进，呈现出工业经济平稳向好，财税金融运行平稳，居民收入稳定增加等特点。

该市金融机构认真贯彻落实稳健货币政策，优化信贷结构，提升金融服务和管理水平，经济金融平稳健康发展。

【金融发展与改革】 2012 年，人行曲阜市支行积极推进金融发展与改革。一是搭建对接平台，全年承办政府重要座

曲阜市主要经济指标

经济指标	2011	2012	2012 年同比增幅（%）	经济指标	2011	2012	2012 年同比增幅（%）
土地面积（平方公里）	889.4	889.4	0	地方财政支出（亿元）	21.62	25.47	17.8
人口（万人）	63.83	63.93	0.16	全社会固定资产投资（亿元）	96.36	143.05	26.8
城镇人口（万人）	27.46	27.45	-0.04	进出口总值（万美元）	11897	11444	-3.8
乡村人口（万人）	36.37	36.48	0.30	出口总值（万美元）	8494	9830	15.7
地区生产总值（亿元）	265.76	298.44	12.3	实际利用外资（万美元）	2307	7210	212.5
第一产业（亿元）	26.39	27.88	4.9	社会消费品零售总额（亿元）	106.30	122.35	15.1
第二产业（亿元）	106.20	117.91	14.2	居民消费价格指数（%）	104.9	102.1	-2.67
第三产业（亿元）	133.17	152.65	12.3	人均地区生产总值（元）	41409	46363	11.96
财政总收入（亿元）	40.89	47.49	16.14	城镇居民可支配收入（元）	15375	18004	17.1
地方财政收入（亿元）	12.78	16.24	27.1	农民人均现金收入（元）	8270	9861	19.2
财政总支出（亿元）	41.15	47.80	16.16				

曲阜市主要金融指标

金融指标（亿元）	2011	2012	2012 年同比增幅（%）	金融指标（亿元）	2011	2012	2012 年同比增幅（%）
本外币存款余额	168.15	192.92	14.73	财险收入	0.82	1.18	43.90
人民币存款余额	166.93	192.51	15.32	寿险收入	3.40	3.72	9.41

续表

金融指标（亿元）	2011	2012	2012年同比增幅（%）	金融指标（亿元）	2011	2012	2012年同比增幅（%）
单位存款	64.34	72.46	12.62	财险赔款	0.31	0.42	35.48
储蓄存款	101.87	118.91	16.73	寿险给付	0.70	0.98	40
本外币贷款余额	71.34	90.43	26.76	当年结益	--	--	--
人民币贷款余额	71.34	90.43	26.76	证券市场交易总额	47.27	34.20	-27.65
短期贷款	32.11	43.90	36.72	投资者保证金余额	0.31	0.31	0
中长期贷款	32.55	37.08	13.92	证券账户开户数	23951	25643	7.06
票据融资	6.67	9.45	41.68	证券交易佣金收入	0.09	0.06	-33.33
当年结益	1.95	2.99	53.33	净利润	0.04	0.02	-50
不良贷款余额	2.86	2.59	-9.44				

曲阜市主要金融机构概况

单位名称	行长（或其他称谓的第一负责人）	副行长（或其他称谓的同级领导）	员工总数	辖内营业网点数
人行曲阜市支行	王兖宁	王德玉　潘教贞　辛建彬	31	1
银监会曲阜市办事处	孔　丽	吴夏红	2	2
农发行曲阜市支行	胡　冰	孙　莹　颜　军	19	1
工行曲阜支行	孟　彬	胡聚华　卢德仁　朱　艳	88	5
农行曲阜支行	王庆武	胡彦亮　何　磊　张允伟	151	12
中行曲阜支行	王瑞昌	张艳梅　于洪生	68	4
建行曲阜支行	王　强	王建国　周忠诚	98	6
济宁银行曲阜支行	曾凡成	王培岩	24	1
曲阜市农信联社	赵　鲁	亓志勇　孔凡娣　胡　峰　孟　彬	405	30
邮储银行曲阜市支行	任国庆	来　波　王云良	62	17

曲阜市主要金融机构业务概况

单位：亿元

单位名称	本外币存款余额	人民币单位存款	人民币储蓄存款	本外币贷款余额	人民币短期贷款	人民币中长期贷款
农发行曲阜市支行	0.42	0.42	--	4.66	1.76	1.00
工行曲阜支行	37.38	22.42	14.82	15.04	4.96	10.08
农行曲阜支行	36.92	13.28	23.48	12.74	7.39	5.35
中行曲阜支行	24.51	12.06	11.67	11.75	3.45	8.17
建行曲阜支行	28.00	12.85	14.89	11.84	3.72	8.11
济宁银行曲阜支行	9.03	6.13	2.90	8.29	6.04	0.44
曲阜市农信联社	42.73	2.78	39.88	24.91	16.25	3.06
邮储银行曲阜市支行	13.78	2.52	11.26	1.19	0.32	0.87

谈会4次、银企对接洽谈会6次；二是积极推进农村金融改革，市农信社组建信用联盟23个，其中农户信用联盟83个，商户信用联盟15个，中小企业信用联盟2个。

【金融服务与监管】 2012年，人行曲阜市支行以提升金融服务和管理水平为着力点。一是依托窗口服务部门不断深化“为民服务、创先争优”主题实践活动，为企业、金融机构和地方政府提供优质、快捷的金融服务；二是对农信社不良贷款清收和专项票据兑付后的情况进行全面检查；三是全面推动农村支付服务环境建设工作的开展，全市378个行政村实现了金融基础设施100%全覆盖；四是加强人民币管理，建立了反假宣传长效机制。

邹城市

【经济金融概况】 2012年，邹城市委、市政府围绕建设“和谐幸福新邹城”的目标，积极落实各项稳增长政策措施，综合实力明显增强，城乡面貌显著变化。

【金融发展与改革】 2012年，人行邹城市支行稳步推进

邹城市主要经济指标

经济指标	2011	2012	2012年同比增幅（%）	经济指标	2011	2012	2012年同比增幅（%）
土地面积（平方公里）	1387.3	1387.3	0	地方财政支出（亿元）	40.84	48.61	19.0
人口（万人）	115.74	115.76	0.02	全社会固定资产投资（亿元）	195.87	255.74	25.2
城镇人口（万人）	39.82	41.97	5.40	进出口总值（万美元）	27106	18171	-33.0
乡村人口（万人）	75.92	73.79	-2.81	出口总值（万美元）	6171	7012	13.6
地区生产总值（亿元）	558.84	671.32	11.1	实际利用外资（万美元）	8061	12806	58.9
第一产业（亿元）	41.37	43.48	4.3	社会消费品零售总额（亿元）	157.49	183.19	16.3
第二产业（亿元）	323.92	403.30	11.7	居民消费价格指数（%）	--	--	--
第三产业（亿元）	193.55	224.54	11.3	人均地区生产总值（元）	49861	59593	19.52
财政总收入（亿元）	53.39	59.35	11.16	城镇居民可支配收入（元）	21066	24580	16.7
地方财政收入（亿元）	35.67	41.48	16.3	农民人均现金收入（元）	9409	11094	17.9
财政总支出（亿元）	53.31	57.80	8.42				

邹城市主要金融指标

金融指标（亿元）	2011	2012	2012年同比增幅（%）	金融指标（亿元）	2011	2012	2012年同比增幅（%）
本外币存款余额	458.08	552.94	20.71	财险收入	2.24	2.70	20.54
人民币存款余额	456.85	534.92	17.09	寿险收入	5.50	5.14	-6.55
单位存款	235.58	276.27	17.27	财险赔款	0.80	0.91	13.75
储蓄存款	218.20	252.17	15.57	寿险给付	0.90	0.85	-5.56
本外币贷款余额	305.30	385.52	26.28	当年结益	--	--	--
人民币贷款余额	293.35	366.21	24.84	证券市场交易总额	539.55	2638.73	389.06
短期贷款	148.37	198.20	33.58	投资者保证金余额	2.00	52.63	2531.5
中长期贷款	124.54	151.64	21.76	证券账户开户数	41869	36327	-13.24
票据融资	20.44	16.37	-19.91	证券交易佣金收入	0.30	0.20	-33.33
当年结益	10.46	13.01	24.38	净利润	0.09	0.07	-22.22
不良贷款余额	4.83	4.40	-8.90				

邹城市主要金融机构概况

单位名称	行长（或其他称谓的第一负责人）	副行长（或其他称谓的同级领导）	员工总数	辖内营业网点数
人行邹城市支行	韩厚晶	孙广宾　韩西瑾　张采强	28	1
银监会邹城市办事处	崔孝国		1	1
农发行邹城市支行	李立学	孟令贵　尹建民	19	1
工行邹城支行	段仰建	赵道峰　吕毅波　杨传忠　赵　勇　杜　平	211	16
农行邹城支行	饶爱宝	张友平　李龙海　万　民　乔德田	161	14
中行邹城支行	田　文	张德军　张　忠　党繁桐	99	5
建行邹城支行	李庆国	刘文荣　付尚军	86	6
建行兖州矿区支行	李广志	董　晶　楚爱民	95	7
建行邹城电力支行	杨建军		21	1
济宁银行邹城支行	范旭升	陈　晨　孙宪峰	36	2
邹城市农信联社	翟广友	宋甲新　刘永清　袁守波　杨　莉　赵　鹏	512	35
邮储银行邹城市支行	范建国	王　伟　韦　明	78	27
兖矿集团财务公司	张胜东	孟宪强　李　东　王以春　李井良　南宫鸣祝	32	1
中信邹城支行	刘云忠	陈福玉	15	1
交行邹城支行	翟西如	吕　林　孙　博　胡桂华	14	1
兴业邹城支行	许家兴	侯亚东	22	1
招商邹城支行	王吉魁	石林杰	11	1
邹城建信村镇银行	马仁明	庄　林　徐　峰　康　伟	12	1

邹城市主要金融机构业务概况

单位：亿元

单位名称	本外币存款余额	人民币单位存款	人民币储蓄存款	本外币贷款余额	人民币短期贷款	人民币中长期贷款
农发行邹城市支行	0.32	0.32	--	1.97	0.94	1.03
工行邹城支行	124.79	54.16	70.03	99.45	39.35	59.85
农行邹城支行	50.96	22.46	28.21	51.79	35.08	15.52
中行邹城支行	72.84	48.31	17.72	54.45	12.37	34.94
建行邹城支行	35.03	18.30	15.67	16.12	0.51	12.40
建行兖州矿区支行	50.23	16.84	23.28	33.54	22.01	3.24
建行邹城电力支行	5.19	1.49	3.68	5.09	0.31	4.78
济宁银行邹城支行	11.78	7.09	4.69	6.81	5.74	0.66
邹城市农信联社	75.90	10.62	65.00	51.85	29.83	6.83

续表

单位名称	本外币存款余额	人民币单位存款	人民币储蓄存款	本外币贷款余额	人民币短期贷款	人民币中长期贷款
邮储银行邹城市支行	26.80	7.47	19.32	1.31	0.55	0.76
兖矿集团财务公司	70.33	70.33	--	24.00	24.00	--
中信邹城支行	2.27	1.15	1.02	7.23	5.09	2.12
交行邹城支行	9.21	7.77	0.77	18.24	10.80	7.43
兴业邹城支行	9.87	7.87	1.98	11.21	9.21	2.00
招行邹城支行	2.22	1.69	0.53	1.54	1.54	--
邹城建信村镇银行	0.69	0.41	0.28	0.92	0.86	0.06

金融发展与改革。一是着力推动金融组织体系发展，村镇银行、招行先后挂牌营业；二是出台《加强和改进金融服务支持实体经济平稳较快发展的意见》、《扩大小型微型企业融资的指导意见》，引导金融机构加大对重点项目、中小微型企业和“三农”领域的信贷投入；三是举办银企推介会和洽谈会，推介贷款项目100多个，达成信贷意向60多亿元；四是借助市政务网，建立网上对接平台，定期发布金融产品和服务项目，扩大了银企交流空间；五是督促市政府制定印发《“农村信用体系试验区建设推进年”活动实施方案》和《农村征信服务站建设工作实施方案》，利用新闻媒体开展试验区建设和信用知识普及宣传活动，提升信用水平。

【金融服务与监管】 2012年，人行邹城市支行不断加强内部管理，狠抓工作规范，努力提高金融服务质量和水平。一是扎实开展“基础工作提升年”和“精细化管理年”活动，制定了一整套活动实施方案和检查考核办法；二是完成了新设机构的开业管理，并对银行机构进行了综合评价；三是制定《行政村金融基础设施布放管理办法》和《助农服务网点准入退出备案制度》，率先登上了人行济南分行“农村支付环境建设双百目标年大红榜”；四是引导金融机构推出适合中小企业融资特点的“助保金贷款”、“集合贷”、“煤贷通宝”、“商圈融资”、“林权抵押”等特色金融产品和服务创新30余项；五是推进货物贸易外汇管理改革试点工作，创新外汇服务措施，促进贸易投资便利化。

泗水县

【经济金融概况】 2012年，泗水县坚持以科学发展为主题，以加快转变发展方式为主线，经济运行呈现稳中有进的良好态势，结构不断优化。

【金融发展与改革】 2012年，人行泗水县支行充分发挥

泗水县主要经济指标

经济指标	2011	2012	2012年同比增幅（%）	经济指标	2011	2012	2012年同比增幅（%）
土地面积（平方公里）	1070.0	1070.0	0	地方财政支出（亿元）	12.97	16.63	28.2
人口（万人）	62.36	62.36	0	全社会固定资产投资（亿元）	55.14	79.88	26.5
城镇人口（万人）	16.95	17.02	0.41	进出口总值（万美元）	14410	16893	17.2
乡村人口（万人）	45.41	45.34	-0.15	出口总值（万美元）	7682	9581	24.7
地区生产总值（亿元）	106.96	119.20	12.1	实际利用外资（万美元）	933	1913	105.0
第一产业（亿元）	28.82	29.98	3.2	社会消费品零售总额（亿元）	50.82	58.49	15.1
第二产业（亿元）	47.21	53.60	17.8	居民消费价格指数（%）	--	--	--
第三产业（亿元）	30.93	35.62	11.0	人均地区生产总值（元）	19911	22127	11.13
财政总收入（亿元）	23.48	25.18	7.24	城镇居民可支配收入（元）	13747	16113	17.2
地方财政收入（亿元）	4.00	5.04	26.0	农民人均现金收入（元）	6357	7582	19.3
财政总支出（亿元）	23.58	25.18	6.79				

泗水县主要金融指标

金融指标（亿元）	2011	2012	2012年同比增幅（%）	金融指标（亿元）	2011	2012	2012年同比增幅（%）
本外币存款余额	77.73	93.66	20.49	财险收入	0.51	0.57	11.76
人民币存款余额	77.08	92.54	20.06	寿险收入	1.87	1.99	6.42
单位存款	17.41	20.49	17.69	财险赔款	0.20	0.31	55
储蓄存款	59.08	71.69	21.34	寿险给付	0.30	0.34	13.33
本外币贷款余额	44.48	53.08	19.33	当年结益	--	--	--
人民币贷款余额	44.06	52.24	18.57	证券市场交易总额	--	--	--
短期贷款	26.94	31.35	16.37	投资者保证金余额	--	--	--
中长期贷款	16.05	18.74	16.76	证券账户开户数	--	--	--
票据融资	1.07	2.15	100.93	证券交易佣金收入	--	--	--
当年结益	1.14	1.52	33.33	净利润	--	--	--
不良贷款余额	1.15	1.19	3.48				

泗水县主要金融机构概况

单位名称	行长（或其他称谓的第一负责人）	副行长（或其他称谓的同级领导）	员工总数	辖内营业网点数
人行泗水县支行	宋　辉	王金生　王　敏　步俊青	26	1
银监会泗水县办事处	朱道工		2	1
农发行泗水县支行	孔令河	何　峰　杨　丽	16	1
工行泗水支行	张　超	廉加丰　胡明澈	29	2
农行泗水支行	刘　炜	周　斌　胡　波　程　震	119	7
中行泗水支行	许让波	冯宜军　王常忠	26	1
建行泗水支行	王　伟	石礼佩	37	1
济宁银行泗水支行	张现彬	杜艳立	16	1
泗水县农信联社	范德勇	李巧云　苏　强　颜世川　周卫海　王　豹	312	21
邮储银行泗水县支行	邹学珍	王先明　马　宁	35	18

泗水县主要金融机构业务概况

单位：亿元

单位名称	本外币存款余额	人民币单位存款	人民币储蓄存款	本外币贷款余额	人民币短期贷款	人民币中长期贷款
农发行泗水县支行	0.44	0.44	--	2.07	1.00	0.97
工行泗水支行	11.38	5.16	6.18	12.82	4.25	8.17
农行泗水支行	20.38	3.60	16.72	7.26	4.27	2.86
中行泗水支行	9.67	3.25	5.33	5.22	2.41	2.47
建行泗水支行	6.33	3.13	3.14	5.68	2.38	2.98
济宁银行泗水支行	2.17	1.39	0.78	1.73	1.61	0
泗水县农信联社	27.31	0.73	26.45	17.44	14.63	1.22
邮储银行泗水县支行	15.86	2.77	13.09	0.86	0.80	0.06

基层央行的窗口指导作用,引导金融机构创新机制。一是引导金融机构推广企业股权、应收账款、专利权、仓单、动产、钢结构资产等质押贷款业务;二是督促金融机构推广"三大信用联盟"、"助保金贷款"和"小微信贷工厂"等融资模式,加大对中小微企业的信贷倾斜;三是配合县政府与开行、民生、交行、青岛银行等县外金融机构进行洽谈和对接,推动中小企业吸收贷款 5 亿元。

【金融服务与监管】 2012 年,人行泗水县支行认真履行央行服务职能,为地方经济发展提供良好的金融运行环境。一是修订完善了《金融部门业绩考核办法》、《金融支持县域经济发展的指导意见》、《金融支持中小微企业发展考核评价办法》等制度;二是召开银企对接(合作)会 7 次,推动金融机构与 100 余家企业达成贷款意向 7.8 亿元, 实际到位资金 4.2 亿元。

开展多种形式的评估检查,有效维护金融稳定。一是对农信社 2011 年和 2012 年的风险进行监测与评估;二是对农行泗水支行三农金融事业部改革试点进行了检查评估;三是对上年全辖金融机构涉农和中小企业信贷政策导向效果进行评估;四是对工行、农行泗水支行 2011 年 7 月至 2012 年 10 月金融稳定重大事项报告管理办法执行情况进行了专项检查。

微山县

【经济金融概况】 2012 年,微山县围绕建设"经济强县、旅游名县、滨湖新城"的目标,紧抓经济转型战略主线,攻坚克难,开拓创新,全县经济继续保持平稳较快发展态势。

该县各金融机构紧紧把握"稳中求进"总基调,努力提升金融服务水平,积极筹措资金,适时投放贷款,较好满足了各类经济体对信贷资金的需求。

【金融发展与改革】 2012 年,微山县金融机构准确把握国家宏观调控政策,全面推进各项改革,金融保持稳定健康发展。一是农信社进一步健全完善内控管理和法人治理长效发展机制,经营实力稳步提高;二是农行三农事业部改革进展顺利,公司治理架构和风险控制体系不断增强;三是微山

微山县主要经济指标

经济指标	2011	2012	2012 年同比增幅(%)	经济指标	2011	2012	2012 年同比增幅(%)
土地面积(平方公里)	1591.3	1591.3	0	地方财政支出(亿元)	22.39	27.72	23.8
人口(万人)	72.29	71.62	-0.93	全社会固定资产投资(亿元)	109.26	142.55	25.5
城镇人口(万人)	17.44	21.72	24.54	进出口总值(万美元)	4333	6815	57.3
乡村人口(万人)	54.85	49.90	-9.02	出口总值(万美元)	4022	5669	40.9
地区生产总值(亿元)	275.95	304.60	11.8	实际利用外资(万美元)	1128	2200	95.0
第一产业(亿元)	31.10	33.44	5.0	社会消费品零售总额(亿元)	71.85	81.31	13.2
第二产业(亿元)	138.74	152.47	14.5	居民消费价格指数(%)	106.5	102.5	-3.76
第三产业(亿元)	106.11	118.69	10.1	人均地区生产总值(元)	43443	47792	10.01
财政总收入(亿元)	29.68	31.41	5.83	城镇居民可支配收入(元)	21021	24537	16.7
地方财政收入(亿元)	16.95	20.51	21.0	农民人均现金收入(元)	8650	10297	19.0
财政总支出(亿元)	28.67	31.76	10.78				

微山县主要金融指标

金融指标(亿元)	2011	2012	2012 年同比增幅(%)	金融指标(亿元)	2011	2012	2012 年同比增幅(%)
本外币存款余额	139.52	161.02	15.41	财险收入	0.78	1.08	38.46
人民币存款余额	139.29	160.84	15.47	寿险收入	2.99	3.21	7.36
单位存款	59.37	68.73	15.77	财险赔款	0.25	0.29	16.0

续表

金融指标（亿元）	2011	2012	2012年同比增幅（%）	金融指标（亿元）	2011	2012	2012年同比增幅（%）
储蓄存款	77.11	89.83	16.50	寿险给付	0.27	0.35	29.63
本外币贷款余额	71.20	80.17	12.60	当年结益	--	--	--
人民币贷款余额	71.20	80.17	12.60	证券市场交易总额	--	--	--
短期贷款	55.18	63.80	15.62	投资者保证金余额	--	--	--
中长期贷款	13.01	12.00	-7.76	证券账户开户数	--	--	--
票据融资	3.01	4.34	44.19	证券交易佣金收入	--	--	--
当年结益	2.19	3.59	63.93	净利润	--	--	--
不良贷款余额	3.70	3.59	-2.97				

微山县主要金融机构概况

单位名称	行长（或其他称谓的第一负责人）	副行长（或其他称谓的同级领导）	员工总数	辖内营业网点数
人行微山县支行	卢　飚	孙海波　蔡　靖　刘同征	26	1
银监会微山县办事处	李体提		1	1
农发行微山县支行	李成德	冯露斌	20	1
工行微山支行	尤　杰	张海生　周　操　孙雨飞	46	4
农行微山支行	陈　国	高新德　吴　炜　刘卫东	138	8
中行微山支行	吴玉生	马厚永　刘杨鹏	53	3
建行微山支行	王昭华	刘菁儒　刘　彪	59	3
济宁银行微山支行	卢　宾	冯　刚　石义军	31	1
微山县农信联社	高远志　褚衍成　王钦勋	岳　奎　刘　然	432	38
邮储银行微山县支行	杨冠东	马申平　王守忠　刘何勤	76	3

微山县主要金融机构业务概况

单位：亿元

单位名称	本外币存款余额	人民币单位存款	人民币储蓄存款	本外币贷款余额	人民币短期贷款	人民币中长期贷款
农发行微山县支行	0.21	0.21	--	2.66	1.54	1.12
工行微山支行	23.96	14.23	9.70	9.90	8.68	1.22
农行微山支行	34.84	15.28	19.32	11.94	11.14	0.80
中行微山支行	15.16	8.39	6.31	8.94	4.29	2.73
建行微山支行	14.35	7.25	6.69	4.75	2.16	2.59
济宁银行微山支行	9.91	7.92	1.99	8.58	5.91	0.96
微山县农信联社	43.04	10.78	31.93	31.64	29.53	1.38
邮储银行微山县支行	18.57	4.67	13.90	1.74	0.55	1.19

县汇丰小额贷款公司成立，齐鲁证券微山营业部设立，金融体系建设进一步加强；四是金融机构在各乡镇配备的ATM机和POS机分别增加至71台和1268台，农村支付环境进一步完善。

【金融服务与监管】 2012年，人行微山县支行不断强化金融服务与指导。一是组织开展"银行企业面对面、一企一策促发展"活动，县金融机构及部分县直部门负责人深入各乡镇59家中小生产型企业进行现场考察、座谈对接，14家银行与30家符合贷款准入条件的企业达成贷款意向11.49亿元；二是从金融机构中选派30名业务骨干作为76家规模以上工业企业的信贷联络员，为企业提供全方位的金融服务；三是制定《支持涉外经济又快又好发展的指导意见》，积极推广货物贸易外汇改革，取消了出口收汇核销单；四是协调微山县港航管理部门和船舶信用联盟，推广非现金支付工具。

2012年，微山县银监部门不断加强对银行业的监督管理，有效防范了金融风险的发生。一是准确、及时审核金融机构非现场监管报表，适时做出风险提示；二是对金融机构进行有针对性的督导，结合现场检查发现的问题要求其做好整改工作；三是严格督促各金融机构控制新增贷款风险，遏制不良贷款前清后增势头。

鱼台县

【经济金融概况】 2012年，鱼台县有效推进工作开展，经济总体实现了平稳向好发展的良好局面。

该县金融机构牢牢把握稳中求进的总基调，认真贯彻落实稳健货币政策，着力优化信贷结构，积极加大对实体经济的有效信贷投入。

【金融发展与改革】 2012年，人行鱼台县支行认真履行基层央行职能，强化"窗口指导"。一是配合县委、县政府制订

鱼台县主要经济指标

经济指标	2011	2012	2012年同比增幅（%）	经济指标	2011	2012	2012年同比增幅（%）
土地面积（平方公里）	628.0	628.0	0	地方财政支出（亿元）	10.50	14.16	34.8
人口（万人）	47.08	47.09	0.02	全社会固定资产投资（亿元）	50.73	81.96	27.2
城镇人口（万人）	8.18	10.96	33.99	进出口总值（万美元）	2464	3202	30.0
乡村人口（万人）	38.90	36.13	-7.12	出口总值（万美元）	2335	3110	33.2
地区生产总值（亿元）	107.04	119.27	11.2	实际利用外资（万美元）	1046	2015	92.6
第一产业（亿元）	26.89	28.65	4.9	社会消费品零售总额（亿元）	51.69	58.78	13.7
第二产业（亿元）	46.91	52.04	14.6	居民消费价格指数（%）	104.9	106.3	1.33
第三产业*（亿元）	33.24	38.58	11.5	人均地区生产总值（元）	24410	27088	10.97
财政总收入（亿元）	13.83	16.27	17.64	城镇居民可支配收入（元）	15420	17966	16.5
地方财政收入（亿元）	5.10	6.58	29.0	农民人均现金收入（元）	8021	9426	17.5
财政总支出（亿元）	13.78	16.12	16.98				

鱼台县主要金融指标

金融指标（亿元）	2011	2012	2012年同比增幅（%）	金融指标（亿元）	2011	2012	2012年同比增幅（%）
本外币存款余额	63.80	79.48	24.58	财险收入	0.76	0.77	1.32
人民币存款余额	63.78	79.45	24.57	寿险收入	2.98	2.87	-3.69
单位存款	15.00	19.47	29.8	财险赔款	0.31	0.40	29.03
储蓄存款	47.86	58.61	22.46	寿险给付	0.49	0.54	10.20

续表

金融指标（亿元）	2011	2012	2012年同比增幅（%）	金融指标（亿元）	2011	2012	2012年同比增幅（%）
本外币贷款余额	28.30	34.63	22.37	当年结益	--	--	--
人民币贷款余额	28.30	34.63	22.37	证券市场交易总额	--	--	--
短期贷款	19.96	25.27	26.60	投资者保证金余额	--	--	--
中长期贷款	7.94	6.97	-12.22	证券账户开户数	--	--	--
票据融资	0.40	2.39	497.5	证券交易佣金收入	--	--	--
当年结益	0.56	1.03	83.93	净利润	--	--	--
不良贷款余额	2.09	1.46	-30.14				

鱼台县主要金融机构概况

单位名称	行长（或其他称谓的第一负责人）	副行长（或其他称谓的同级领导）	员工总数	辖内营业网点数
人行鱼台县支行	崔　健	高奎昌　静圣民　穆怀玲　胡培根	29	1
农发行鱼台县支行	李春生	岳修忠　周强胜	23	1
工行鱼台支行	于向阳	吴金营	20	1
农行鱼台支行	王洪波	任建国　宋孔杰　李超林　王翠花	77	5
中行鱼台支行	王　强	姜　涛　张　亮	28	1
建行鱼台支行	徐卫东	翟庆华　陈顺利　张会旭	31	1
济宁银行鱼台支行	杨　冰	屈耀敏	17	1
鱼台县农信联社	张　棣	李本志　许文胜　张明路　杨新庆　刘　中	309	12
邮储银行鱼台县支行	孔祥前	张冬梅	71	16

鱼台县主要金融机构业务概况

单位：亿元

单位名称	本外币存款余额	人民币单位存款	人民币储蓄存款	本外币贷款余额	人民币短期贷款	人民币中长期贷款
农发行鱼台县支行	0.86	0.86	--	1.36	1.16	0.20
工行鱼台支行	5.70	2.56	3.13	2.43	1.51	0.92
农行鱼台支行	14.80	4.93	9.87	2.69	1.98	0.34
中行鱼台支行	6.89	2.63	4.11	6.19	1.65	2.85
建行鱼台支行	6.71	3.62	3.05	1.71	0.78	0.93
济宁银行鱼台支行	1.47	0.94	0.53	1.51	1.48	0
鱼台县农信联社	24.41	1.30	22.70	17.02	15.67	1.05
邮储银行鱼台县支行	17.84	2.63	15.21	1.72	1.04	0.68

《关于加快金融业发展的意见》；二是积极搭建银企交流平台，年内8家金融机构与164家次企业完成贷款意向31.6亿元；三是稳步推进农村土地承包经营权抵押、三大信用联盟、大米加工户联保贷款等新型贷款和担保模式；四是创新制定了《关于金融支持有机大米发展的指导意见》，通过实施部门联动、贷款优惠、风险分散和政策补偿等措施，引导金融资源支持有机大米产业快速发展。

【金融服务与监管】 2012年，人行鱼台县支行以优化窗口服务，树立基层央行良好社会形象为着力点。一是认真做好贷款卡发放、核准和年审工作，积极开展机构信用代码推广应用，努力提升征信服务水平；二是督促金融机构在乡镇增设ATM取款机、POS刷卡机等农村服务自助服务终端设施；三是创新设立"金融综合管理部"，切实加强对金融消费者的权益保护工作；四是联合县金融办、财政局、经信局、发改委对金融机构执行货币信贷政策情况进行考核，评出先进单位，并颁发政府奖金。

金乡县

【经济金融概况】 2012年，金乡县紧紧围绕"创新赶超，前移进位"的总基调，进一步解放思想，开拓创新，经济发展呈现出速度加快、质量提升、活力增强、效益凸显的良好态势。

该县金融机构围绕在建项目、传统产业、商贸物流、城乡

金乡县主要经济指标

经济指标	2011	2012	2012年同比增幅（%）	经济指标	2011	2012	2012年同比增幅（%）
土地面积（平方公里）	790.0	790.0	0	地方财政支出（亿元）	15.79	18.61	17.8
人口（万人）	64.12	64.17	0.08	全社会固定资产投资（亿元）	63.01	86.62	26.1
城镇人口（万人）	10.28	18.01	75.19	进出口总值（万美元）	44180	31634	-28.4
乡村人口（万人）	53.84	46.16	-14.26	出口总值（万美元）	44164	31523	-28.6
地区生产总值（亿元）	121.21	137.80	12.6	实际利用外资（万美元）	923	950	2.9
第一产业（亿元）	37.11	41.19	5.8	社会消费品零售总额（亿元）	56.04	66.42	18.5
第二产业（亿元）	38.79	44.31	17.2	居民消费价格指数（%）	117.3	116.2	-0.94
第三产业（亿元）	45.31	52.30	13.7	人均地区生产总值（元）	19316	21876	13.25
财政总收入（亿元）	28.26	32.20	13.94	城镇居民可支配收入（元）	16149	18979	17.5
地方财政收入（亿元）	5.12	7.01	36.9	农民人均现金收入（元）	9011	10786	19.7
财政总支出（亿元）	27.69	32.29	16.61				

金乡县主要金融指标

金融指标（亿元）	2011	2012	2012年同比增幅（%）	金融指标（亿元）	2011	2012	2012年同比增幅（%）
本外币存款余额	122.48	140.33	14.57	财险收入	0.98	1.21	23.47
人民币存款余额	122.19	140.16	14.71	寿险收入	4.68	4.80	2.56
单位存款	27.47	29.72	8.19	财险赔款	0.33	0.46	39.39
储蓄存款	94.08	109.51	16.40	寿险给付	0.42	0.57	35.71
本外币贷款余额	62.32	79.96	28.31	当年结益	—	—	—
人民币贷款余额	62.32	79.96	28.31	证券市场交易总额	—	—	—
短期贷款	29.53	44.70	51.37	投资者保证金余额	—	—	—
中长期贷款	29.95	29.12	-2.77	证券账户开户数	—	—	—
票据融资	2.83	6.14	116.96	证券交易佣金收入	—	—	—
当年结益	2.07	3.07	48.31	净利润	—	—	—
不良贷款余额	2.85	2.81	-1.40				

金乡县主要金融机构概况

单位名称	行长（或其他称谓的第一负责人）	副行长（或其他称谓的同级领导）	员工总数	辖内营业网点数
人行金乡县支行	邢殿法	孙 伟 陈 磊 周超文	30	1
银监会金乡县办事处	杨清源		1	1
农发行金乡县支行	胡爱国	李伟秀	20	1
工行金乡支行	孟昭贤	苑修广 胡新雷 周崇会	46	4
农行金乡支行	范学坤	李卫东 赵现军 李全明	128	7
中行金乡支行	张雨东	缪 坤 陶 然	22	1
建行金乡支行	王大伟	聂 磊 王 艳 王兴峰 李安霞	67	2
济宁银行金乡支行	权志辉	商敬国	23	1
金乡县农信联社	聂 磊	程 光 魏 涛 王允才 黄海迁 宋淑东	303	33
邮储银行金乡县支行	刘显峰	梁延峰 石金鼎	62	19

金乡县主要金融机构业务概况

单位：亿元

单位名称	本外币存款余额	人民币单位存款	人民币储蓄存款	本外币贷款余额	人民币短期贷款	人民币中长期贷款
农发行金乡县支行	0.73	0.73	--	3.00	1.83	1.17
工行金乡支行	15.18	3.73	11.44	9.57	3.02	6.55
农行金乡支行	21.81	7.06	14.70	7.59	5.18	2.28
中行金乡支行	8.14	4.57	3.44	10.79	3.35	7.44
建行金乡支行	12.29	5.44	6.74	10.51	2.07	8.44
济宁银行金乡支行	5.25	3.20	2.04	5.19	4.40	0.09
金乡县农信联社	48.31	1.57	46.50	31.09	23.46	2.31
邮储银行金乡县支行	28.06	3.42	24.64	2.22	1.38	0.84

建设、居民消费等实体经济信贷需求，着力改善金融服务，持续加大贷款投放，为全县经济增长转方式调结构提供了支撑。

【金融发展与改革】 2012年，人行金乡县支行认真落实国家各项政策，积极稳妥推进金融改革。一是制定实施《关于加快全县金融业发展的意见》、《财政性资金调存暂行办法》、《金融支持地方经济发展绩效考核办法》；二是开发运行《金乡金融》综合信息服务系统，建立“金融超市”服务平台，实现了银企对接常态化；三是新设小额贷款公司1个、金融机构网点2处，农村支付终端实现村居全覆盖。

【金融服务与监管】 2012年，人行金乡县支行一是组织银企对接4次，开展“信贷助推百日攻坚会战”活动5次，促成贷款意向14.7亿元，实际到位贷款13.6亿元；二是创新推广“蒜监贷”、“银协企”、“金蒜贷”、“融信达”等信贷产品，累计发放信贷产品创新贷款8.62亿元；三是修订完善金融机构综合评价办法；四是对工行、农行执行金融稳定重大事项报告制度情况进行了现场检查和评估；五是对农信社贷款规模实行动态调控；六是联合职能部门对辖区14家信用中介进行清理整治，依法取缔未注册的“黑中介”6家，在此基础上，制订了《金乡县非融资性担保机构监督管理办法》，初步构建起“实时监测，重点防控，合理引导，部门联动”的监管体系。

嘉祥县

【经济金融概况】 2012 年，嘉祥县呈现出经济健康发展、民生不断改善、生态持续好转、社会更加和谐的良好局面。

该县金融系统认真贯彻执行稳健的货币政策，以优化信贷结构为着力点，加大对“三农”和中小微企业的信贷支持力度，充分发挥金融支持地方经济发展的作用。

嘉祥县主要经济指标

经济指标	2011	2012	2012 年同比增幅（%）	经济指标	2011	2012	2012 年同比增幅（%）
土地面积（平方公里）	1008.2	1008.2	0	地方财政支出（亿元）	16.42	20.26	23.4
人口（万人）	87.19	87.40	0.24	全社会固定资产投资（亿元）	91.15	123.12	26.1
城镇人口（万人）	15.30	18.19	18.89	进出口总值（万美元）	11744	16369	39.4
乡村人口（万人）	71.89	69.21	-3.73	出口总值（万美元）	9178	10521	14.6
地区生产总值（亿元）	179.23	199.53	12.7	实际利用外资（万美元）	1918	2070	7.9
第一产业（亿元）	25.73	27.25	5.0	社会消费品零售总额（亿元）	60.35	70.55	16.9
第二产业（亿元）	96.68	107.44	14.3	居民消费价格指数（%）	--	--	--
第三产业（亿元）	56.82	64.84	13.2	人均地区生产总值（元）	21871	24302	11.11
财政总收入（亿元）	24.26	29.34	20.94	城镇居民可支配收入（元）	15972	18604	16.5
地方财政收入（亿元）	7.68	10.02	30.5	农民人均现金收入（元）	8066	9472	17.4
财政总支出（亿元）	23.12	30.30	31.05				

嘉祥县主要金融指标

金融指标（亿元）	2011	2012	2012 年同比增幅（%）	金融指标（亿元）	2011	2012	2012 年同比增幅（%）
本外币存款余额	122.48	163.77	33.71	财险收入	0.98	1.09	11.22
人民币存款余额	122.19	163.28	33.63	寿险收入	4.68	4.07	-13.03
单位存款	27.47	33.10	20.50	财险赔款	0.33	0.45	36.36
储蓄存款	94.08	128.84	36.95	寿险给付	0.42	0.77	83.33
本外币贷款余额	62.32	76.20	22.27	当年结益	--	--	--
人民币贷款余额	62.32	76.20	22.27	证券市场交易总额	--	--	--
短期贷款	29.53	45.45	53.91	投资者保证金余额	--	--	--
中长期贷款	29.95	22.31	-25.51	证券账户开户数	--	--	--
票据融资	2.83	8.44	198.23	证券交易佣金收入	--	--	--
当年结益	2.07	2.09	0.97	净利润	--	--	--
不良贷款余额	2.85	7.29	155.79				

嘉祥县主要金融机构概况

单位名称	行长（或其他称谓的第一负责人）	副行长（或其他称谓的同级领导）	员工总数	辖内营业网点数
人行嘉祥县支行	张同伟	唐　军　马生勇　蔡文建	39	1
银监会嘉祥县办事处	陈新成	李继环	2	1

续表

单位名称	行长（或其他称谓的第一负责人）	副行长（或其他称谓的同级领导）	员工总数	辖内营业网点数
农发行嘉祥县支行	宋传蔼	杨炳运 王立祥	23	1
工行嘉祥支行	柳 靖	李海滨 常九坤	26	2
农行嘉祥支行	王乃玺	张红光 李爱国 张传涛	122	8
中行嘉祥支行	王志慧	孔卫东 孙建国	24	1
建行嘉祥支行	袁中立	闫兴东 田良臣 朱保华 张春华	64	3
济宁银行嘉祥支行	陈 亮	杜 雷	23	1
嘉祥县农信联社	路 伟	胡爱东 马劲弛 秦绍亮 党万辉 任国强	434	29
邮储银行嘉祥县支行	张良民	周 强 于志华	83	21
嘉祥中银富登村镇银行	宋斌亭	魏利中	33	1

嘉祥县主要金融机构业务概况

单位：亿元

单位名称	本外币存款余额	人民币单位存款	人民币储蓄存款	本外币贷款余额	人民币短期贷款	人民币中长期贷款
农发行嘉祥县支行	0.15	0.15	--	2.25	2.01	0.24
工行嘉祥支行	8.75	2.27	6.47	2.64	2.02	0.62
农行嘉祥支行	31.97	7.35	24.32	9.03	3.59	5.44
中行嘉祥支行	8.74	3.79	4.36	5.56	0.72	4.57
建行嘉祥支行	23.97	8.91	14.78	11.03	2.49	8.54
济宁银行嘉祥支行	7.41	5.55	1.86	6.08	4.47	0.61
嘉祥县农信联社	55.81	1.12	54.45	37.93	29.18	1.59
邮储银行嘉祥县支行	25.34	3.64	21.70	1.04	0.77	0.26
嘉祥中银富登村镇银行	1.21	0.31	0.90	0.64	0.20	0.44

【金融发展与改革】 2012年，嘉祥县金融机构在改革中稳步前进。一是农行“三农事业部”改革继续深入；二是农信社法人治理结构进一步完善，内控管理水平不断提升；三是嘉祥中银富登村镇银行3月8日正式开业。

【金融服务与监管】 2012年，人行嘉祥县支行探索实施货币政策传导新途径，推动金融产品和服务创新，有效破解中小企业、三农融资难题。一是筹建启动“金融服务超市”网上服务平台，推动搭建政银企合作交流平台；二是建立完善金融支持地方经济发展的激励机制，开展农村支付服务环境建设“双百目标”年活动；三是进一步完善金融稳定工作机制，将维护区域金融稳定工作落在实处；四是开展了金融统计、征信、票据贴现、中央银行专项票据后续考核等业务检查。

汶上县

【经济金融概况】 2012年，汶上县大力实施产业兴县战略，突出壮大工业经济这一核心，全力突破招商引资和大项目建设，全县经济社会发展呈现出速度继续加快、效益持续提高、后劲不断增强的良好势头。

该县金融机构坚持“区别对待、有扶有控”的原则，通过

汶上县主要经济指标

经济指标	2011	2012	2012 年同比增幅（%）	经济指标	2011	2012	2012 年同比增幅（%）
土地面积（平方公里）	762.3	762.3	0	地方财政支出（亿元）	15.27	19.26	26.1
人口（万人）	77.96	77.96	0	全社会固定资产投资（亿元）	95.07	124.27	25.5
城镇人口（万人）	12.76	12.67	-0.71	进出口总值（万美元）	7975	9891	24.0
乡村人口（万人）	65.20	65.29	0.14	出口总值（万美元）	6554	7850	19.8
地区生产总值（亿元）	175.15	193.45	11.8	实际利用外资（万美元）	1467	2586	76.3
第一产业（亿元）	31.30	32.42	5.0	社会消费品零售总额（亿元）	63.03	72.80	15.5
第二产业（亿元）	92.93	102.67	14.5	居民消费价格指数（%）	104.9	102.1	-2.67
第三产业（亿元）	50.92	58.36	11.0	人均地区生产总值（元）	25499	28057	10.03
财政总收入（亿元）	33.14	36.53	10.23	城镇居民可支配收入（元）	16323	19199	17.6
地方财政收入（亿元）	7.10	9.00	26.8	农民人均现金收入（元）	8577	10078	17.5
财政总支出（亿元）	32.75	36.61	11.79				

汶上县主要金融指标

金融指标（亿元）	2011	2012	2012 年同比增幅（%）	金融指标（亿元）	2011	2012	2012 年同比增幅（%）
本外币存款余额	115.49	140.80	21.92	财险收入	0.88	1.11	26.14
人民币存款余额	115.42	140.74	21.94	寿险收入	3.56	3.33	-6.46
单位存款	26.62	32.94	23.74	财险赔款	0.42	0.51	21.43
储蓄存款	87.33	106.28	21.70	寿险给付	0.60	0.62	3.33
本外币贷款余额	56.79	73.92	30.16	当年结益	--	--	--
人民币贷款余额	56.76	73.89	30.18	证券市场交易总额	--	--	--
短期贷款	31.49	39.82	26.45	投资者保证金余额	--	--	--
中长期贷款	20.24	26.69	31.87	证券账户开户数	--	--	--
票据融资	5.03	7.38	46.72	证券交易佣金收入	--	--	--
当年结益	1.50	2.63	75.33	净利润	--	--	--
不良贷款余额	3.51	2.68	-23.65				

汶上县主要金融机构概况

单位名称	行长（或其他称谓的第一负责人）	副行长（或其他称谓的同级领导）	员工总数	辖内营业网点数
人行汶上县支行	孔令柱	马广成　刘素萍　徐宝祥	28	1
农发行汶上县支行	程义君	胡兆海　姚　宾	18	1
工行汶上支行	王则志	孙新建　李继顺　赵瑞峰	38	3
农行汶上支行	吴　松	开瑞彬　赵恩华　孙建国	132	9
中行汶上支行	宗　实	吴　镝　赵长伟	24	1

续表

单位名称	行长（或其他称谓的第一负责人）	副行长（或其他称谓的同级领导）	员工总数	辖内营业网点数
建行汶上支行	满　枫	高恩锋　孙德全	35	1
济宁银行汶上支行	刘志刚	李继民	17	1
汶上县农信联社	王玉峰	王成峰　刘　华　宋旭东　崔伦旺	330	24
邮储银行汶上县支行	迟新辉	张洪龙　刘朝辉　龙海涛	72	3

汶上县主要金融机构业务概况

单位：亿元

单位名称	本外币存款余额	人民币单位存款	人民币储蓄存款	本外币贷款余额	人民币短期贷款	人民币中长期贷款
农发行汶上县支行	0.10	0.10	--	1.01	0.93	0.08
工行汶上支行	13.11	7.16	5.90	12.73	3.31	9.42
农行汶上支行	30.01	7.18	22.83	9.54	6.29	3.13
中行汶上支行	9.17	4.97	3.97	11.50	1.10	9.41
建行汶上支行	7.25	3.80	3.40	1.67	0.32	1.35
济宁银行汶上支行	6.12	3.94	2.17	5.62	4.66	0.06
汶上县农信联社	54.40	1.99	52.10	30.67	22.33	2.95
邮储银行汶上县支行	19.70	3.80	15.90	1.18	0.88	0.30

简化贷款手续，创新金融产品等方式，不断加大信贷投放力度，存贷款增量和增幅均创历史最高水平。

【金融发展与改革】　2012年，人行汶上县支行积极加强“窗口”指导，引导金融机构加大对经济的支持力度，实现了经济与金融的协调发展。一是多次组织召开全县金融、融资、银企对接会议；二是大规模地开展“三信”评定和农村信用体系建设工作；三是开办了农房抵押、土地托管、中小企业信用联盟、商户信用联盟、农户信用联盟贷款等新业务；四是强力推介贷款项目，共筛选出38个企业项目，签订贷款意向15.8亿元，实际投放贷款8.35亿元。

【金融服务与监管】　2012年，汶上县金融系统坚持科学发展观，加强金融生态环境建设，较好地实现了落实宏观调控措施与促进经济发展的协调统一。一是改善金融服务硬环境，新增营业网点2个；二是加强农村支付环境建设，提高农村金融服务水平；三是对金融机构的征信管理、金融统计、外汇管理、国库管理、反洗钱、账户管理、现金管理、存款准备金管理、银行间拆借、金融稳定等进行了监督检查。

梁山县

【经济金融概况】　2012年，梁山县把保持经济平稳较快增长与结构调整有机结合，抢抓机遇，创新实干，经济呈现平稳发展态势，社会综合实力和人民生活水平稳步提高。

该县金融机构以加快优化信贷结构、加大服务实体经济为着力点，以“三农”经济和中小民营企业为信贷投放重点，实现了经济金融运行的良性互动。

【金融发展与改革】　2012年，人行梁山县支行积极发挥“窗口指导”作用，引导金融机构增强对地方经济的支持力度。一是制定印发《加快金融创新，支持中小微型企业发展指导意见》和《中小微型企业信用培植工作方案》；二是组织召开优化金融生态环境、深化项目合作、支持中小微企业发展

梁山县主要经济指标

经济指标	2011	2012	2012年同比增幅（%）	经济指标	2011	2012	2012年同比增幅（%）
土地面积（平方公里）	963.9	963.9	0	地方财政支出（亿元）	14.57	17.83	22.4
人口（万人）	79.32	79.32	0	全社会固定资产投资（亿元）	93.56	122.29	25.4
城镇人口（万人）	12.26	11.73	-4.32	进出口总值（万美元）	2824	2473	-12.4
乡村人口（万人）	67.06	67.59	0.79	出口总值（万美元）	2203	2332	5.9
地区生产总值（亿元）	175.23	193.51	11.0	实际利用外资（万美元）	1374	2009	46.2
第一产业（亿元）	35.98	37.71	4.8	社会消费品零售总额（亿元）	55.09	63.25	14.8
第二产业（亿元）	92.81	101.60	12.5	居民消费价格指数（%）	104.9	102.1	-2.67
第三产业（亿元）	46.44	54.20	12.4	人均地区生产总值（元）	23903	26299	10.02
财政总收入（亿元）	20.69	25.37	22.62	城镇居民可支配收入（元）	15573	18128	16.4
地方财政收入（亿元）	5.06	6.51	28.6	农民人均现金收入（元）	7873	9244	17.4
财政总支出（亿元）	20.05	25.95	29.43				

梁山县主要金融指标

金融指标（亿元）	2011	2012	2012年同比增幅（%）	金融指标（亿元）	2011	2012	2012年同比增幅（%）
本外币存款余额	130.16	151.61	16.48	财险收入	1.19	1.54	29.41
人民币存款余额	130.05	151.37	16.39	寿险收入	3.94	3.62	-8.12
单位存款	29.26	30.69	4.89	财险赔款	0.36	0.59	63.89
储蓄存款	99.69	119.96	20.33	寿险给付	0.51	0.72	41.18
本外币贷款余额	49.85	61.33	23.03	当年结益	—	—	—
人民币贷款余额	49.85	61.33	23.03	证券市场交易总额	—	—	—
短期贷款	31.01	37.95	22.38	投资者保证金余额	—	—	—
中长期贷款	17.11	18.70	9.29	证券账户开户数	—	—	—
票据融资	1.73	4.68	170.52	证券交易佣金收入	—	—	—
当年结益	1.65	2.49	50.91	净利润	—	—	—
不良贷款余额	4.30	3.94	-8.38				

梁山县主要金融机构概况

单位名称	行长（或其他称谓的第一负责人）	副行长（或其他称谓的同级领导）	员工总数	辖内营业网点数
人行梁山县支行	张明进	颜景轩　王建民　黄淑娟	34	1
银监会梁山县办事处	魏红霞		2	1
农发行梁山县支行	马习广	孙逢廉　冯敬学	17	1
工行梁山支行	王　斌	裴洪涛　刘仰峰　李晓红　闫恪爱	79	6
农行梁山支行	宋恩银	孔凡群　刘性波　王　东　张继斌	106	9
中行梁山支行	展建鲁	赵永银　宋恩璋	23	1
建行梁山支行	王宪伟	李同新　刘玉鲁	52	2
济宁银行梁山支行	段　震	杨凤言	32	2
梁山县农信联社	张志同	徐　智　刘国前　刘坤华　王庆良　楚　昊	346	27

续表

单位名称	行长（或其他称谓的第一负责人）	副行长（或其他称谓的同级领导）	员工总数	辖内营业网点数
邮储银行梁山县支行	李鲁强	郭鲁闽	70	24
梁山民丰村镇银行	唐建军	王　立　闫克银	15	1

梁山县主要金融机构业务概况

单位：亿元

单位名称	本外币存款余额	人民币单位存款	人民币储蓄存款	本外币贷款余额	人民币短期贷款	人民币中长期贷款
农发行梁山县支行	0.22	0.22	--	2.10	0.90	1.20
工行梁山支行	32.43	8.95	23.41	11.49	6.22	5.28
农行梁山支行	30.69	4.35	26.30	6.39	4.02	2.37
中行梁山支行	8.29	4.14	3.93	3.48	1.04	2.44
建行梁山支行	9.24	3.28	5.92	4.09	0.37	3.72
济宁银行梁山支行	6.60	4.10	2.50	5.97	4.83	0.68
梁山县农信联社	41.24	1.27	39.93	25.53	18.95	2.37
邮储银行梁山县支行	21.35	3.51	17.84	1.47	0.84	0.64
梁山民丰村镇银行	1.02	0.89	0.13	0.79	0.79	--

等多项会议；三是联合团县委制订《农村青年信用示范户创建实施方案》，积极推动农村青年创业致富；四是各金融机构针对小微企业的信贷需求特点开展金融创新，推出一系列信贷新产品；五是9月梁山县民丰村镇银行依法成立，各项业务迅速开展。

【金融服务与监管】　2012年，人行梁山县支行更新监管理念，与银监部门协调配合，健全金融监管和信息共享机制，维护了辖区金融业的合法稳健运行。一是加大对货币信贷、利率、汇率、民间借贷和法人机构流动性等方面的动态监测力度；二是完成农村合作金融机构数据库建设工作；三是对工行、农行梁山支行执行金融稳定重大事项报告制度的开展情况进行了检查；四是对农信社票据业务进行了专项检查；五是对金融机构的涉农贷款执行情况进行了检查评估。

（高　雷　郭晓娟）

临沂市

【经济金融概况】　2012年，临沂市金融部门积极优化信贷结构，多渠道增加信用供给，为经济发展提供了有力支持。

一、存、贷款总量创历史新高。截至年末，存贷款余额分别突破3000亿元、2100亿元，存贷款增量分别突破500亿元、300亿元，人民币存款余额居全省第7位，增量居全省第6位。人民币贷款余额居全省第5位，新增居全省第6位。人民币贷款余额、新增占全省的比重分别为5.27%、6.51%。

二、非金融企业债务融资取得重大突破。全市累计各类非金融企业债务融资75.5亿元，其中区域集优集合票据2.8亿元、中期票据22.7亿元、短期融资券9亿元、公司债券33亿元、城投债8亿元。年末存量达100.5亿元，较年初增加302%。

三、重点领域信贷支持力度加大。“十大振兴产业”贷款增加54.6亿元，同比多增36.3亿元；战略性新兴产业贷款新增18.5亿元，多增6.8亿元；服务业贷款新增83.5亿元，多增52亿元；科技创新贷款新增4.7亿元，多增1亿元；订单农业和农业产业化龙头企业贷款新增19.1亿元，多增7.5亿元。

【货币政策实施】　2012年，人行临沂中支准确把握“稳中求

临沂市经济主要统计指标

指标 \ 年度	2008	2009	2010	2011	2012	2012 年同比增幅（%）
土地面积（平方公里）	17184.1	17184.1	17184.1	17184.1	17184.1	0
人口（万人）	1034.5	1041.5	1072.6	1080.95	1083.8	0.26
城镇人口（万人）	496.56	499.92	514.848	518.86	--	--
乡村人口（万人）	537.94	541.58	557.752	562.09	--	--
地区生产总值（亿元）	1958.2	2110.18	2400	2770.45	3012.81	11.8
第一产业（亿元）	235.9	250.46	264	279.01	291.34	4.1
第二产业（亿元）	1001.37	1063.41	1206.3	1382.05	1463.45	13.5
工业（亿元）	880.01	899.3	929.7	1230.7	1550.0	19.0
建筑业（亿元）	121.69	164.12	285.3	351.4	417.3	18.8
第三产业（亿元）	720.6	796.31	929.7	1109.39	1258.02	11.5
人均地区生产总值（元）	19951	21400	24622	27503	29808	8.38
地区生产总值构成（%）	100	100	100	100	100	--
第一产业（%）	12	11.9	11	10.1	9.7	-0.4
第二产业（%）	51.2	50.4	50.3	49.9	48.5	-1.4
第三产业（%）	36.8	37.7	38.7	40	41.8	1.8
财政总收入（亿元）	--	--	--	271.3	--	--
地方财政收入（亿元）	80.2	91.5	115.5	141.3	170.1	20.4
财政总支出（亿元）	--	--	--	--	--	--
地方财政支出（亿元）	152.4	187.34	236.5	284.9	349	22.5
全社会固定资产投资（亿元）	--	--	--	--	--	--
规模以上固定资产投资（亿元）	897.5	1150.5	1408.3	1417.9	2016.7	22.7
房地产开发（亿元）	--	146.4	158.2	190.7	233.5	22.5
进出口总值（亿美元）	119	34.2	47.7	68.39	78.6	15.5
出口总值（亿美元）	39.9	21.9	28.3	36.24	39	7.6
实际利用外资（亿美元）	26.3	3.05	3.27	2.69	2.4	-12.5
社会消费品零售总额（亿元）	816.9	974.2	1157.2	1366.1	1571.9	15.1
居民消费价格指数（%）	104.40	98.6	102.4	103.8	101.3	1.3
城市居民人均可支配收入（元）	14998	18781	18644	21440	24452	14.05
农民人均现金收入（元）	5383	5882.5	6761	8018	9149	14.1

临沂市工农业主要统计指标

农业主要统计指标（万吨）				规模以上工业企业主要统计指标（亿元）			
项目 \ 年度	2011 年	2012 年	增幅（%）	项目 \ 年度	2011 年	2012 年	增幅（%）
粮食	477.4	--	--	工业增加值	1230.7	1550.0	19
夏粮	211.4	--	--	国有工业	104.8	86.0	7.5
秋粮	266	--	--	集体工业	4.9	5.0	21.3
棉花	1.3	1.3	-0.9	股份制工业	827.6	1070.8	21.4
油料	82.6	84.5	2.4	股份合作制工业	3.3	5.2	5.7
水果	198.5	195	-1.8	外商及港澳台投资工业	155.8	197.2	4.2
蔬菜	600.5	627.7	4.3	轻工业	403.4	589.9	22
肉类	72.6	75.88	4.5	重工业	827.3	960.1	17.2
禽蛋	29.2	29.77	1.9	销售收入	5717.2	7289.4	26.8
奶类	10.5	10.88	3.8	利税	491.5	621	26.5
水产品	13.2	13.83	8.8	利润	340	416.6	23.2
森林覆盖率（%）	--	--	--	经济效益综合指数（%）	--	--	--

临沂市主要金融机构概况

单位名称	行长（或其他称谓的第一负责人）	副行长（或其他称谓的同级领导）	员工总数	辖内营业网点数
人行临沂市中心支行	祖洪涛	林　飞　牛庆国　许　波 郭元华　王均涛　赵洪波 惠广城　阚　磊	406	10
银监会临沂监管分局	田邦升	公冶领　陈振业 蒋卫红　刘智波	82	10
农发行临沂市分行	陈彦亮	徐振云　鲁守堂　庞肇国	210	10
工行临沂分行	孙光辉	毕建山　蒋洪深　刘树伟 吴建勇　叶清涛　支良兴 范学华　郑长虹	1209	60
农行临沂分行	宋红光	李宗海（2012 年 9 月离任） 王有强（2012 年 9 月任职） 孙士乐（2012 年 11 月离任） 潘兆华　高　峰 安　勇（2012 年 11 月任职） 罗仁富（2012 年 8 月离任）	2197	134
中行临沂分行	王志江	葛庆亮　张　猛　李成忠 杨　明　吴　浩　吕兰涛	1026	37
建行临沂分行	肖邦强	邢业久　邢成华　秦　剑 韩文广（纪委书记） 艾胜利（风险主管） 田福兴（工会主席） 袁雪峰（高级财务分析师）	1386	49
临商银行	钱　进（行长 2012.4；党委书记、董事长 2012.9-） 王傢玉（董事长 2012.9 不再担任）	庄　依（监事长）　王君泰 臧文勇　徐　毅　徐　建 韩　伟　刘建军　葛　磊 王庆仔　卢立富　刘　超 谷照明　孙瑞英	2085	70
农信社临沂市办事处	孔祥波	庄　涛　马德勤 毛克付　贾建华	44	1
临沂兰山农村合作银行	侯家明	马瑞卿　诸葛凤沂　鞠佃军 赵永正　张乃飞　丁万刚 邵景东	1185	92
临沂河东农村合作银行	纪庆坤	荣庆东　庄　红　陈纪峰 张效英　宋广厦	584	43
临沂罗庄农村信用合作联社	朱瑞芹	刘桂华	588	43
邮储银行临沂市分行	张贵华	赵验昌　郑志梅	1176	262
民生临沂支行	夏京利	王海滨　杨玉君　赵海燕	127	4

续表

单位名称	行长（或其他称谓的第一负责人）	副行长（或其他称谓的同级领导）	员工总数	辖内营业网点数
浦发临沂分行	丁剑波	姜　健　宋　兖 宋龙峰　钱翊君	102	4
招行临沂分行	于泽增	黄建坤　杨汉文	71	2
兴业临沂分行	吴永林	谭　林　王成军	147	1
华夏临沂分行	尼云山	程福祥　杨德国　魏晓敏	72	1
交行临沂分行	冯景伦	刘金柱　王治国　李海源	52	1
河东齐商村镇银行	谭　勇	路红军	38	2
人保财险临沂分公司	李连亮		2794	73
中国人寿临沂分公司	李瑞华		8973	199
平安产险临沂中心支公司	朱　焱		137	11
平安人寿临沂中心支公司	李邦海		3982	17
太平洋产险临沂中心支公司	李稚林		192	13
太平洋寿险临沂中心支公司	郎旭昌		1686	20
泰康人寿临沂中心支公司	张振斌		1606	36
大地财险临沂中心支公司	董　健		492	18
中华联合财险临沂中心支公司	江　山		289	25
新华人寿临沂中心支公司	董林增		1404	7
国泰君安沂蒙路营业部	李　建		37	1
齐鲁证券通达路营业部	张学林		60	1
中信万通金雀山路营业部	宋春辉		69	1
西藏同信临沂双桥街营业部	张　伟		40	1
国元证券八一路营业部	李殿洪		30	1
华泰证券罗庄营业部	凌文武		11	1
东方证券解放东路营业部	王　林		16	1
中州期货临沂营业部	刘　明		9	1
鲁证期货临沂营业部	于　浩		11	1
金鹏期货临沂营业部	于之军		11	1
英大期货临沂营业部	周　峰		11	1
上海中期期货临沂营业部	黄鹤翔		6	1

临沂市金融业务统计指标

指标（亿元） \ 年度		2008	2009	2010	2011	2012	2012年同比 增加额	2012年同比 增幅（%）
银行类	本外币存款余额	1411.34	1768.12	2123.59	2507.1	3043.48	536.38	21.39
	人民币存款余额	1407.84	1762.34	2115.09	2497.83	3029.17	531.34	21.27
	*单位存款	184.77	292.48	365.29	804.07	994.62	190.55	23.70
	储蓄存款	997.16	1178.11	1390.16	1628.35	1941.66	313.31	19.24
	本外币贷款余额	1051.58	1303.17	1559.7	1833.63	2150.16	316.53	17.26
	人民币贷款余额	1041.50	1287.42	1538.21	1796.60	2109.83	313.23	17.44
	短期贷款	704.09	825.82	961.16	1127.11	1314.38	187.27	16.62
	中长期贷款	290.29	402.30	510.28	583.29	646.04	62.75	10.76
	票据融资	44.76	57.95	65.87	85.73	148.86	63.13	73.64
	当年结益	-5.49	5.03	7.19	9.56	11.82	2.26	23.61
	不良贷款余额	89.22	100.89	70.37	62.82	65.41	2.59	4.12
	不良贷款占比%	8.48	7.74	4.51	3.42	3.04	-0.38	-11.1
保险类	保险公司保费收入	44.59	55.25	76.3	79.63	92.6	12.97	16.32
	财险收入	12.19	16.75	23.87	27.72	32.24	4.52	16.32
	寿险收入	32.4	38.5	52.43	51.91	60.38	8.48	16.32
	保险公司赔款和给付支出	14.11	16.89	15.28	18.27	24.70	6.43	35.2
	财险赔款	6.66	8.15	10.11	11.83	15.78	3.95	33.43
	寿险给付	7.45	8.74	5.17	6.44	8.92	2.48	38.46
	当年结益	—	—	—	—	—	—	—
证券类	证券市场成交总额	827.50	1628.51	1536.2	1106.37	815.63	-290.74	-26.3
	投资者保证金余额	3.75	13.16	17.84	33.8	5.11	-28.69	-84.9
	证券账户开户数	76150	92265	70710	229131	247461	18330	8.0
	佣金收入	1.72	2.80	2.11	1.5	1.1	-0.4	-26.7
	净利润	0.97	1.83	1.49	0.95	0.37	-0.58	-61.1
	期货市场成交总额	—	—	1910.67	2100.32	3001.74	901.42	42.9
	期货客户保证金余额	—	—	0.33	0.63	2.03	1.4	2.22
	期货账户开户数	—	—	2260	4029	802	-3227	-80.1
	期货手续费收入	—	—	0.12	0.14	0.12	-0.02	-14.3
	利润总额	—	—	0.03	0.05	0.05	0	0

注："*"该项指标2010年前为"企业存款"，其数字亦是如此。

临沂市金融机构统计指标

指标（个） \ 年度		2008	2009	2010	2011	2012	2012年同比增幅（%）
银行类	法人机构	13	13	14	17	19	11.76
	省级分行	1	1	1	1	1	0
	二级分行	7	9	9	11	13	18.18
	县区支行	167	191	171	183	201	0.98
	分理处、营业所	399	354	816	960	961	0.01
	储蓄所	624	637	150	26	30	15.38
	从业人员总数	15089	14582	16365	17249	17735	2.82

续表

指标（个） \ 年度		2008	2009	2010	2011	2012	2012年同比增幅（%）
保险类	保险机构	245	270	305	490	518	5.7
	财险机构	114	125	143	214	232	8.4
	省级分公司	--	--	--	--	--	--
	地市分公司	16	17	19	21	26	23.8
	县区支公司	98	108	124	193	206	6.7
	寿险机构	131	145	162	276	286	3.6
	省级分公司	--	--	--	--	--	--
	地市分公司	18	20	23	26	28	7.6
	县区支公司	113	125	139	250	258	3.2
	从业人员总数	30278	38700	41200	43100	44200	2.5
	财险人员	5659	8560	9100	7100	7600	7.0
	寿险人员	24620	30140	32100	36000	36600	1.7
证券类	证券机构	6	6	6	9	12	33.3
	证券公司	0	0	0	0	0	0
	证券营业部	3	3	6	9	12	33.3
	证券服务部	3	3	0	0	0	0
	从业人员总数	59	70	143	295	312	5.76
	投资者开户	24150	62265	70710	229131	247461	8.00
	境内上市股票支数	4	4	5	6	4	-33.3
	境外上市股票支数	17	18	19	19	20	5.26
	辖区上市公司总数	21	22	24	25	24	-4.0

临沂市主要金融机构业务概况

单位：亿元

单位名称	本外币存款余额	人民币单位存款	人民币储蓄存款	本外币贷款余额	人民币短期贷款	人民币中长期贷款
农发行临沂市分行	16.32	12.33	--	78.37	26.61	51.76
工行临沂分行	281.94	117.93	159.50	286.66	122.33	151.75
农行临沂分行	476.81	146.18	330.63	288.59	167.67	120.92
中行临沂分行	186.17	100.01	81.63	158.7	63.34	17.54
建行临沂分行	247.11	116.34	120.63	179.67	54.62	118.53
临商银行	393.07	230.25	162.04	284.19	237.5	24.57
农信社临沂市办事处	962.76	97.26	865.07	670.4	527.06	58.33
临沂兰山农村合作银行	164.14	30.17	126.48	122.79	96.45	14.43
临沂河东农村合作银行	70.39	8.47	61.91	47.7	44.81	2.89
临沂罗庄农村信用合作联社	68.08	8.18	55.39	50.52	41.49	6.79
邮储银行临沂市分行	85.09	33	52.09	37.51	19.71	13.16
民生临沂支行	70.70	54.11	13.64	81.65	66.21	14.64
浦发临沂分行	57.88	53.72	3.78	61.42	40.41	7.63
招行临沂分行	23.45	18.46	4.97	28.49	19.49	2.25
兴业临沂分行	52.12	46.56	5.39	26.88	24.47	2.41
华夏临沂分行	21.87	19.41	2.46	15.08	14.43	0.65
交行临沂分行	18.82	16.02	2.79	14.13	10.09	2.06
河东齐商村镇银行	2.13	1.05	1.08	1.83	1.50	0.28

临沂市各县级区域经济金融主要统计指标

名称	人口（万人）	面积（平方公里）	地区生产总值（亿元）	地区生产总值增速（%）	本外币存款余额（亿元）	储蓄存款（亿元）	本外币贷款余额（亿元）
兰山区	107.84	--	630.6	9.01	--	--	--
罗庄区	54.40	--	295.15	13.34	--	--	--
河东区	55.31	--	146.92	15.23	--	--	--
开发区	19.40	--	110.79	12.94	--	--	--
高新区	11.63	--	43.71	11.79	--	--	--
临港区	19.35	--	30.86	12.22	--	--	--
郯城县	94.11	1195	214.84	11.5	139.91	117.89	80.33
苍山县	130	1724	241.76	11.11	172.13	130.48	94.38
莒南县	82.24	1388	204.26	10.48	189.57	148.29	106.49
沂水县	113.86	2434.80	275.11	11.98	244.59	182.79	158.94
蒙阴县	55.09	1601.6	147.58	11.7	105.15	82.06	61.04
平邑县	102.4	1024.7	209.66	12.4	155.09	111.97	94.27
费　县	83.00	1660.11	200.16	11.7	157.92	122.02	87.25
沂南县	91.12	1719	169.66	13.10	160.61	127.73	79.83
临沭县	63.5	1010	167.26	12	143.58	91.44	100.61

注：表格中空缺的地方是因为临沂市缺乏相关统计数据所至；城区存贷款数据以整个市区为单位，不能具体到各个区，特此说明。

进”政策基调，加强和改进金融服务创新，有力促进地方经济平稳较快发展。

一、着眼于“稳”这一前提，加强政策扶持和窗口指导，以信贷总量的“稳定增长”支持全市经济“稳增长”。一是积极争取政策倾斜，牵头组织“省级金融机构支持临沂落实中部政策暨‘两型社会’建设恳谈会”，建议并协助人行济南分行制定《关于金融支持沂蒙革命老区加快发展的意见》；二是优化政策传导，制定出台《加强和改进金融服务支持临沂市实体经济平稳较快发展的意见》、《关于进一步推进全市社会信用体系建设的指导意见》等文件，组织14家市级金融机构与市政府签订公开承诺书，召开货币政策通报会、信贷运行形势分析会、法人金融机构信贷调控会等窗口指导会议15次；三是加强督导考核，提升银企推进会实际资金到位率，同时组织开展“百家企业大走访”活动，积极协调解决重点项目和企业融资中面临的困难和问题。

二、着眼于“进”这一目标，引导金融机构强化政策协调配合，以结构优化助推经济结构调整。一是围绕市政府培植千亿级主导产业、百亿级骨干企业和战略性新兴产业的发展规划，联合发改委、经信委3次召开重点建设项目和工业资金对接会，为174个项目落实贷款协议和意向267亿元；二是作为全国第6个区域集优债务融资试点城市，通过政策宣讲和积极运作，推动7家企业在全国银行间债券市场实现融资和再融资56.7亿元；三是制定实施《金融支持县域经济跨越发展意见》，联合全市12个县区政府逐一召开“临沂市加快县域经济发展、政银企合作推进会”，累计为1044家企业签订贷款协议415亿元，签约企业和金额分别是上年的1.9倍和3倍。

【金融稳定】　2012年，人行临沂中支不断完善跨部门协调和风险管理机制，金融稳定基础更加扎实。

一、加强风险排查。一是党的十八大召开前夕，推动市政府出台《金融风险排查工作实施方案》，牵头组织多部门开展风险排查，努力建立健全风险管控长效机制；二是加强城市金融网、会计集中核算系统等重要业务系统的监测和维护，提高应急处置能力，杜绝了重大社会服务功能中断事件的发生。

二、加强应急处理能力建设。一是建立全市《非银行业金融机构金融稳定重大事项管理办法》、《金融机构表外业务监测制度》、《金融稳定现场评估制度》；二是实施重大事项报告督查制度，将重大异常事项纳入全市突发事件应急处置范围。

三、丰富监督管理手段。一是约见落实维稳责任不力机构的负责人谈话12次，对日常监测与现场检查中发现的风险，13次向金融机构发出风险提示；二是对临商银行、中国银行、齐鲁证券等机构实施现场评估，提高了其审慎管理、稳健经营能力。

【金融服务】　2012年，人行临沂中支全面推进金融消费者权益保护工作，以行风标准化为抓手，深入开展服务企业“四比四看”活动，建立“三项机制”，推进金融消费者权益保护工作，加强统计管理，树立央行统计权威，全力做好支付结算工作，推进服务创新，辖区金融服务水平得到全面提升。

【金融监管】　2012年，临沂银监局立足辖区实际，充分发挥监管引领作用，强力支持实体经济发展。一是组织开展“提高贷款新规执行力，支持县域经济发展年”活动，召开临商银行“内控和资产质量管理年”和农村中小金融机构“贷款质量管理年”活动会议，全面提升信贷管理水平和综合竞争力；二是组织开展资产质量自查及专查，督促加强贷款管理；三是持续加强案件风险防控，与各银行机构签订《案件防控和安全保卫工作目标责任书》；四是与市公安局经侦支队联合召开全市打击金融领域经济犯罪座谈会、打击防范经济犯罪宣传日活动以及“破案会战”金融系统案件线索移交协调会。

【外汇管理】 2012年，外管局临沂市中心支局加强外汇业务监管，被授予“山东省外汇年检工作先进单位”等荣誉称号。一是切实防范跨境资金流动风险，加强对外汇指定银行的监督管理；二是进一步提高服务水平，推动国际收支工作取得新成效；三是深化改革措施，将促进涉外经济发展与外汇管理职责相结合，大力促进贸易投资便利化。

【金融改革】 2012年，临沂市金融体系不断健全。一是积极引进交行和中信银行入驻临沂；二是支持大型银行和股份制银行增设县域网点，其中批准大型银行新设乡镇支行4家，批准股份制银行设置县区支行3家，批设城商行县域支行1家；三是继续推进临商银行改革转型；四是稳步推进邮储银行二类支行改革；五是加快农村中小金融机构改革步伐，积极推进沂水、蒙阴联社和兰山合行等3家机构改制农商行的工作，沂水联社银行化改革的主要指标全部完成，山东莒南村镇银行、费县梁邹村镇银行已经开业，全市小额贷款公司共开业25家。

【保险业务】 2012年，临沂市保险业保费居全省第4位。保险深度3%，保险密度916元/人。

一、保险保障能力明显提升。全年保险业承担各类风险责任金额8000亿元，办结赔案31万件。特别是7月临沂连续遭受水灾及发生多起重大火灾后，迅速启动绿色理赔通道，第一时间赔付，为企业恢复生产和群众重建家园提供了保障。

二、保险服务网络日趋完善。临沂各保险企业共上缴地方税收6.04亿元，其中代收代缴车船使用税3.4亿元，为全市64万辆机动车辆提供了保险服务。

三、重点领域业务发展取得新成效。全年共为116万亩小麦、76万亩玉米提供保险保障；治安保险为160万农户提供了保险保障；银龄安康工程为48万50岁以上的老人提供了风险保障。

【证券市场】 2012年，临沂市证券、期货公司营业部网点数量呈现稳步上升趋势，证券、期货营业部总数各居全省第6位、第3位。受宏观经济增速下滑、证券市场长期低迷影响，全市证券业务下滑，期货业务平稳增长。

【精神文明建设】 2012年，临沂市各金融机构不断创新思路，深入扎实开展富有特色的精神文明建设活动，取得了较好成果。

一、人行临沂中支一是制定下发2012-2014年度文明单位创建规划和方案，组织召开文明单位创建动员大会；二是广泛开展文明窗口、岗位的评选活动，有效发挥窗口岗位的带动作用；三是采取文明礼仪培训、知识测试多种形式，在员工中推广文明用语，倡导文明风气。

二、临沂银监分局先后被银监会评为“新闻信息报送先进单位”，被山东银监局授予“先进单位”、“先进基层党组织”、“学习型组织标兵单位”、“信息工作先进单位”等荣誉称号，并获得山东银监局“非现场监管基础工作一等奖”。

三、工行临沂分行被省文明委评为省级文明单位。农行临沂分行制定文明创建规划，强化激励约束，以卓越的品牌文化提升社会形象，被评为省级文明单位、临沂市民“最满意金融机构”；全部支行实现市级“文明单位”全覆盖，居各市分行第1位。

四、省联社临沂办事处先后被省国资委授予“省管企业文明单位”；被省联社授予“先进基层党组织”、“先进单位”；获得“全国妇女双学双比活动先进集体”等荣誉称号。

【大事记】 1月 人行临沂中支被人行济南分行授予2011年度目标管理考核先进单位、2009-2011年度分行级文明单位荣誉称号。

2月14日 中行山东省分行行长何兴祥来中行临沂分行宣布领导班子调整事项，王志江任该行党委书记、行长(鲁中银任〔2012〕23号)。

2月28日 人行临沂中支团委被人总行授予“青年工作先进集体”称号。

3月20日~22日 由国办、商务部、财政部、海关总署、税务总局、质检总局、外汇管理局等部委组成的国务院调研组来临沂，就推进外贸发展、支持沂蒙革命老区发展等方面的工作进行调研。

4月23日 临商银行蒙阴支行开业，临商银行由此实现了在临沂的县域机构全覆盖。

6月15日 临沂市政府召开全市贷款突破2000亿元新闻发布会，人行临沂中支党委书记、行长祖洪涛通报情况。

6月 邮储临沂市分行召开国际外汇业务启动大会。

8月11日~20日 人行临沂中支对省联社临沂办事处、兰山合行、罗庄联社和河东合行开展金融统计执法检查。

8月16日 CCTV-4在《中国新闻》报道临商银行支持临沂、宁波两地小微企业发展情况。

9月1日 王傢玉不再担任临商银行党委书记、董事长，钱进任临商银行党委书记、董事长，王君泰任临商银行党委副书记、副行长。(临委〔2012〕162号、163号)

10月12日 招行临沂分行党委书记由吕戈调整为于泽增。(招银济党发〔2012〕9号)

11月15日 人行济南分行党委书记、行长杨子强带领货币金银处、保卫处、人事处、内审处、会计财务处等部门主要负责人，对人行临沂中支发行库管理工作进行了突击检查。

11月22日 华夏临沂分行票据综合管理系统成功上线。

12月11日 临商银行首款理财产品“惠商财富盈——惠盈”产品上柜销售。

12 月 12 日、13 日、14 日　民生银行临沂西城支行、商城支行、城东支行分别开业。

12 月 14 日　人行临沂中支与市公安局联合组织召开全市维护金融债权工作座谈会。

12 月 26 日　交行临沂分行第一家离行式自助银行——小商品城自助银行正式开业。

12 月 31 日　工行临沂分行跻身全国二级分行经营 30 强，排名第 29 位。

（谢玉军　陈若琳　时　婧）

郯城县

【经济金融概况】　2012 年，郯城县坚持把经济快速平稳增长作为首要任务，不断优化经济结构、提质增效，企业经营效益明显提升，全县经济继续呈现良性增长趋势。城乡居民收入快速增加，财政收入大幅度增长，金融机构存、贷款总量持续增加，不良贷款占比下降，金融业继续保持快速发展的势头。

郯城县主要经济指标

经济指标	2011	2012	2012 年同比增幅（%）	经济指标	2011	2012	2012 年同比增幅（%）
土地面积（平方公里）	1195	1195	0	地方财政支出（亿元）	18.31	21.74	18.73
人口（万人）	93.89	94.11	0.23	全社会固定资产投资（亿元）	91.6	109.2	22.9
城镇人口（万人）	23.62	23.3	-1.35	进出口总值（万美元）	11459	11226	-2.03
乡村人口（万人）	70.27	70.81	0.77	出口总值（万美元）	7609	8937	17.50
地区生产总值（亿元）	194.13	214.84	11.50	实际利用外资（万美元）	207	166	-19.80
第一产业（亿元）	20.76	23.52	13.29	社会消费品零售总额（亿元）	77.40	88.80	14.76
第二产业（亿元）	92.83	100.74	8.52	居民消费价格指数（%）	--	--	--
第三产业（亿元）	66.87	90.58	35.46	人均地区生产总值（元）	20942	22828	9.01
财政总收入（亿元）	18.82	22.73	20.78	城镇居民可支配收入（元）	18082	21096	16.60
地方财政收入（亿元）	5.39	6.39	18.55	农民人均现金收入（元）	7966	9069	13.85
财政总支出（亿元）	18.74	21.75	16.06				

注：按县统计局数据重新对表内的 2011 年城镇人口和乡村人口指标进行了调整。

郯城县主要金融指标

金融指标（亿元）	2011	2012	2012 年同比增幅（%）	金融指标（亿元）	2011	2012	2012 年同比增幅（%）
本外币存款余额	114.32	139.91	22.38	财险收入	1.14	1.14	0
人民币存款余额	114.26	139.81	22.36	寿险收入	2.85	3.20	12.28
单位存款	15.93	20.73	30.13	财险赔款	0.60	0.65	8.33
储蓄存款	97.35	117.84	21.05	寿险给付	0.62	0.52	-16.13
本外币贷款余额	64.17	80.33	25.18	当年结益	--	--	--
人民币贷款余额	64.12	80.22	25.11	证券市场交易总额	--	--	--
短期贷款	44.53	52.87	18.73	投资者保证金余额	--	--	--
中长期贷款	17.59	25.12	42.81	证券账户开户数	--	--	--
票据融资	2.00	2.24	12.00	证券交易佣金收入	--	--	--
当年结益	1.68	1.79	6.55	净利润	--	--	--
不良贷款余额	3.92	3.17	-19.13				

郯城县主要金融机构概况

单位名称	行长（或其他称谓的第一负责人）	副行长（或其他称谓的同级领导）	员工总数	辖内营业网点数
人行郯城县支行	梅　景	朱文宝　鲁丽华　张晓超	20	1
银监会郯城县办事处	董建平	孙国华	2	1
农发行郯城县支行	王龙河	祝林峰　王欣刚	15	1
工行郯城支行	韩建华	吴立臣　尹吉亮　尹绪云	51	3
农行郯城县支行	刘　刚	王义光　孙　炎　吴海滨	106	11
中行郯城支行	曹乾勇	郭　亮　王洪生	33	2
建行郯城支行	谢平银	高维虎　葛兆宇	40	2
临商银行郯城支行	孙艳梅	朱庆华　翟慎光	31	1
郯城县农信联社	刘　春	孙宝华　王　毅　刘国强　尤三生　管其宝	414	44
邮储银行郯城县支行	姚恒祥	刘远江　王　琨	30	3

郯城县主要金融机构业务概况

单位：亿元

单位名称	本外币存款余额	人民币单位存款	人民币储蓄存款	本外币贷款余额	人民币短期贷款	人民币中长期贷款
农发行郯城县支行	0.61	0.61	--	3.78	0.22	3.56
工行郯城支行	12.22	2.80	9.37	12.64	3.39	9.15
农行郯城县支行	28.35	4.55	2.38	8.07	4.27	3.80
中行郯城支行	5.03	2.14	2.82	3.86	1.33	2.52
建行郯城支行	7.34	2.88	4.34	3.91	0.63	3.28
临商银行郯城支行	3.53	2.64	0.89	2.77	1.93	0.84
郯城县农信联社	61.98	2.92	59.03	42.92	39.17	1.52
邮储银行郯城县支行	19.81	2.20	1.76	2.38	1.92	0.45

【金融发展与改革】　2012 年，人行郯城县支行采取多项措施推进金融发展和改革。一是创新政银企合作方式，召开了李庄家电产业园、经济开发区政银企座谈会，承办了人行临沂市中支与县政府举办的“临沂市加快县域经济发展政银企合作（郯城）推进会”，银企达成资金意向 24.93 亿元，同比增加 8.33 亿元；二是引导金融机构开展金融产品和服务方式创新工作，相继开展了林权抵押、商户联盟和下岗失业人员小额担保等项贷款；三是积极扶持农民专业合作社发展，引导资金服务“三农”。

【金融服务与监管】　2012 年，人行郯城县支行积极加强和改善金融服务，不断提高对金融机构的管理水平。一是加强对金融机构落实货币信贷政策的考核评价，努力引导信贷结构优化；二是提升现金服务水平，组织金融机构开展“零币兑换月”、“残损币回收月”、“集中承诺月”和“优质服务月”等专题活动；三是深化支付结算环境建设，提前 8 个月实现“行政村金融基础设施 100%全覆盖、100%的县域以下各类银行机构参与农村支付环境建设”的目标；四是制定《“送金融知识进村社企校”活动方案》，开展了反洗钱、“反假宣传月”、“信用记录关爱日” 等集中宣传和龙年普通纪念币兑换活动；五是举办“跨境人民币政策宣讲班”和“货物贸易外汇改革培训班”，简化外汇核销手续，促进外汇贸易便利化。

（赵　军　张鑫熠）

苍山县

【经济金融概况】　2012 年，人行苍山县支行按照“稳中求进、进中求好”、“再跨越、大提升、快发展”的要求，支持县域经济跨越发展，推进农村支付环境和信用体系建设，提升金融生态环境建设新水平。

【金融发展与改革】　2012 年，人行苍山县支行大力开展金融支付惠农工程建设，多层面推进信用体系建设，金融体系进

苍山县主要经济指标

经济指标	2011	2012	2012年同比增幅（%）	经济指标	2011	2012	2012年同比增幅（%）
土地面积（平方公里）	1724	1724	0	地方财政支出（亿元）	13.72	17.46	27.26
人口（万人）	130	130	0	规模上固定资产投资（亿元）	91.4	117	28.01
城镇人口（万人）	15	15	0	进出口总值（万美元）	6453	6582	2
乡村人口（万人）	115	115	0	出口总值（万美元）	5375	5423	0.89
地区生产总值（亿元）	217.58	241.76	11.11	实际利用外资（万美元）	876	1002	14.38
第一产业（亿元）	43.24	45.36	4.9	社会消费品零售总额（亿元）	117.7	136.3	15.8
第二产业（亿元）	80.34	88.25	9.85	居民消费价格指数（%）	--	--	--
第三产业（亿元）	94	108.15	15.05	人均地区生产总值（元）	18612	20316	9.16
财政总收入（亿元）	27.43	30.12	9.81	城镇居民可支配收入（元）	20819	23712	13.9
地方财政收入（亿元）	6.02	8.07	34.05	农民人均现金收入（元）	7950	9607	20.84
财政总支出（亿元）	24.22	30.88	27.5				

苍山县主要金融指标

金融指标（亿元）	2011	2012	2012年同比增幅（%）	金融指标（亿元）	2011	2012	2012年同比增幅（%）
本外币存款余额	144.63	172.13	19.01	财险收入	1.79	1.94	8.38
人民币存款余额	143.62	172.08	19.82	寿险收入	3.21	3.25	1.25
单位存款	29.49	35.49	20.35	财险赔款	0.92	0.95	3.26
储蓄存款	108.22	130.48	20.57	寿险给付	0.51	0.48	-5.88
本外币贷款余额	71.55	94.38	31.91	当年结益	--	--	--
人民币贷款余额	71.55	94.38	31.91	证券市场交易总额	--	--	--
短期贷款	51.12	62.97	23.18	投资者保证金余额	--	--	--
中长期贷款	17.18	20.59	19.85	证券账户开户数	--	--	--
票据融资	3.25	10.82	232.92	证券交易佣金收入	--	--	--
当年结益	--	--	--	净利润	--	--	--
不良贷款余额	5.23	5.75	9.94				

苍山县主要金融机构概况

单位名称	行长（或其他称谓的第一负责人）	副行长（或其他称谓的同级领导）	员工总数	辖内营业网点数
人行苍山县支行	孙顺远	姜良庆 王秀礼	21	
银监会苍山县办事处	李 丽		1	
农发行苍山县支行	米发荣	刘伟达	20	1
工行苍山支行	李 伟	赵广胜 赵健民 袁雪民	40	2
农行苍山县支行	陈月国	邱 华 揭月浩	137	8
中行苍山支行	王 岩	吴清剑 唐乐彬	35	2
建行苍山支行	颜廷坤	王洪伟 法 震 张启龙 李玉梅	46	2
苍山县临商银行	赵雪峰	陈振国	37	1
苍山县农信联社	王庆成(理事长) 宋广辉(主 任)	张振勇 张吉全 杜爱虎 懂卫国 吕 健 张守山	593	48
邮储银行苍山县支行	薛金坤	郝成伟 李海磊 窦立波	84	3
苍山村镇银行	侯象林		31	2

苍山县主要金融机构业务概况

单位：亿元

单位名称	本外币存款余额	人民币单位存款	人民币储蓄存款	本外币贷款余额	人民币短期贷款	人民币中长期贷款
农发行苍山县支行	0.82	0.82	--	4.74	3.74	1
工行苍山支行	10.97	4.33	6.63	6.71	3.72	2.99
农行苍山县支行	27.2	7.76	19.4	6.49	5.38	1.11
中行苍山支行	6.53	3.57	2.76	5.09	1.35	3.21
建行苍山支行	9.7	5.24	4.28	8.89	3.49	5.4
苍山商行	5.11	3.38	1.73	3.16	2.83	0.33
苍山县农信联社	73.95	6.43	67.52	54.96	38.67	5.97
邮储银行苍山县支行	30.82	3.29	27.53	2.66	2.08	0.58
苍山村镇银行	1.31	0.68	0.63	1.71	1.71	--

一步完善。一是提前完成农村支付环境建设“双百目标年”任务，扎实开展电子银行业务和银行卡助农取款服务，切实解决各项惠农补贴、养老资金发放兑现问题；二是继续开展“三信”评定工作，评定信用乡镇2个、信用村30个、信用户6.98万个；三是加强信用载体建设，组建中小企业和个体工商户信用联盟10个、农户信用联盟55个；四是临商银行苍山支行，苍山兰陵小贷公司，以及史贝美、银海、汇银3家民间融资服务公司先后开业。

【金融服务与监管】 2012年，人行苍山县支行积极履行职能，抓好货币政策的传导落实。一是通过金融政策解读会、金融机构联席会、呈阅件等多种形式，向党政领导、金融机构、经济实体多渠道多层面地宣讲货币信贷政策；二是引导金融机构审慎发展表外融资业务，支持农信社加入全国银行间市场；三是组织开展“银企合作示范单位”创建工作，与主办金融机构及30家重点企业三方签订深化银企合作发展协议书；四是强化信贷投放激励约束机制，加强对法人金融机构信贷计划执行情况的监督管理。

在金融监管方面，一是完善金融运行监测体系，强化安全保密应急管理，开展多项突发事件应急演练；二是加强代理国库业务、人民币结算账户管理与现场检查；三是以实施外汇主体监管改革为契机，探索改进出口收汇管理模式；四是探索建立社会融资规模统计制度，加强对房地产、贷款利率等热点和敏感问题的监测分析；五是以现场检查为主要手段，促进金融机构建立完善反洗钱机制，同时加强反假宣传和假币收缴；六是探索开展以“两管理两综合一保护”为核心内容的金融监督管理新模式。

（马志申）

莒南县

【经济金融概况】 2012年，莒南县抢抓列入国家主题功能区规划、山东半岛蓝色经济区规划等重大机遇，主导产业支撑作用进一步增强，经济金融继续保持平稳较快的增长态势。

【金融发展与改革】 2012年，莒南县金融机构不断提升服

莒南县主要经济指标

经济指标	2011	2012	2012年同比增幅（%）	经济指标	2011	2012	2012年同比增幅（%）
土地面积（平方公里）	1388	1388	0	地方财政支出（亿元）	12.82	15.87	23.79
人口（万人）	82.29	82.24	--	全社会固定资产投资（亿元）	91.2	111.4	22.15
城镇人口（万人）	27.76	28.71	3.42	进出口总值（万美元）	64615	70423	9
乡村人口（万人）	54.53	53.53	-1.80	出口总值（万美元）	39842	43336	8.8
地区生产总值（亿元）	184.88	204.26	11.50	实际利用外资（万美元）	2710	2305	-14.9
第一产业（亿元）	27.03	28.11	3.60	社会消费品零售总额（亿元）	86	99.62	15.8
第二产业（亿元）	76.30	83.62	11.50	居民消费价格指数（%）	--	--	--
第三产业（亿元）	81.55	92.53	14.10	人均地区生产总值（元）	25422	27963	10.0
财政总收入（亿元）	11.82	13.97	18.19	城镇居民可支配收入（元）	17293	19680	13.8

续表

经济指标	2011	2012	2012 年同比增幅（%）	经济指标	2011	2012	2012 年同比增幅（%）
地方财政收入（亿元）	5.71	8.1	41.86	农民人均现金收入（元）	7924	9029	13.94
财政总支出（亿元）	17.51	22.37	27.76				

莒南县主要金融指标

金融指标（亿元）	2011	2012	2012 年同比增幅（%）	金融指标（亿元）	2011	2012	2012 年同比增幅（%）
本外币存款余额	155.60	189.57	21.83	财险收入	1.39	1.33	-4.32
人民币存款余额	155.27	189.01	21.73	寿险收入	3.09	3.74	21.04
单位存款	30.77	39.29	27.69	财险赔款	0.77	0.67	-1.30
储蓄存款	123.24	148.29	20.33	寿险给付	0.50	0.55	10
本外币贷款余额	93.82	106.49	13.50	当年结益	--	--	--
人民币贷款余额	91.66	106.08	15.73	证券市场交易总额	--	--	--
短期贷款	65.94	72.73	10.30	投资者保证金余额	--	--	--
中长期贷款	19.61	22.26	13.51	证券账户开户数	--	--	--
票据融资	6.10	11.08	81.64	证券交易佣金收入	--	--	--
当年结益	2.23	2.77	24.22	净利润	--	--	--
不良贷款余额	5.63	5.00	-11.19				

莒南县主要金融机构概况

单位名称	行长（或其他称谓的第一负责人）	副行长（或其他称谓的同级领导）	员工总数	辖内营业网点数
人行莒南县支行	孙　雷	李　健　滕金伦	22	1
银监会莒南县办事处	许长端	程守川　王世江	3	1
农发行莒南县支行	宋　营	王其禄　魏茂树	20	1
工行莒南支行	张春常	魏茂军　杨大忠　王晓红	43	3
农行莒南县支行	杜金国	刘明京　魏本东　刘　兵	132	10
中行莒南支行	宋希明	徐兴绍　薄福涛	36	2
建行莒南支行	王　磊	郭居玮　杨文胜　刘秀信	48	2
临商银行莒南支行	程晓云	徐学超	26	1
莒南县农信联社	毛晓辉　刘洪军	贾敬峰　刘海涛　孔爱芹　戴明华	701	46
邮储银行莒南县支行	王佃莉	刘　涛　孙立华　邬明丽	87	4
莒南村镇银行	薛希智	王家亮	24	1

莒南县主要金融机构业务概况

单位：亿元

单位名称	本外币存款余额	人民币单位存款	人民币储蓄存款	本外币贷款余额	人民币短期贷款	人民币中长期贷款
农发行莒南县支行	1.86	1.86	0	1.04	2.58	8.25
工行莒南支行	10.58	4.75	5.47	7.20	4.31	2.71

续表

单位名称	本外币存款余额	人民币单位存款	人民币储蓄存款	本外币贷款余额	人民币短期贷款	人民币中长期贷款
农行莒南县支行	29.16	8.21	20.91	11.77	8.18	3.10
中行莒南支行	7.21	2.93	4.08	1.71	0.70	1.01
建行莒南支行	10.77	4.99	5.61	3.81	2.06	1.51
临商银行莒南支行	5.15	3.24	1.91	4.23	3.82	0.41
莒南县农信联社	100.68	6.98	93.70	64.95	49.07	4.79
邮储银行莒南县支行	22.04	5.61	16.43	1.84	1.37	0.47
莒南村镇银行	0.85	0.68	0.16	0.62	0.62	0

务质量,创新金融产品,存贷款总量持续增长。一是增加对县域重点项目、中小微企业、三农、城镇化发展和民生领域等实体经济的信贷投放;二是民丰小额贷款公司发挥农村金融的补充作用,经营规模与效益实现快速增长;三是6月该县首家新型农村金融机构——山东莒南村镇银行有限公司成立并开业运营。

【金融服务与监管】 人行莒南县支行制定《关于加强和改进金融服务支持莒南县实体经济发展的指导意见》,支持经济发展。一是建立金融工作联席会议制度,按季会商金融支持县域经济发展情况;二是召开政银企合作推进会,共有45家企业与金融机构达成贷款协议和意向28.6亿元;三是与人行江苏省赣榆县支行签订《金融消费者权益保护合作协议》,建立跨省域金融消费者权益保护合作机制;四是成功为山东鑫海科技有限公司、山东绿润食品有限公司发行临沂市首支区域中小企业集优债券2.8亿元;五是扎实推进信用体系建设,评定信用乡镇2个、信用村28个、信用户12万余户、信用企业200余户;六是不断提高支付结算服务水平,安装ATM机30台、农民金融自助服务终端193台、助农取款服务点296个。

寓管理于服务中,维护辖区金融稳定。一是开展对金融机构信贷政策导向效果、风险运行、三农事业部、金融稳定运行等评估工作;二是开展对金融机构金融统计、征信管理、支付结算、反洗钱、票据业务等执行法规政策的检查。

(陈常耐)

沂水县

【经济金融概况】 2012年,沂水县推进食品、矿产、机械、化工四大产业板块提升转型,加快县域经济跨越发展步伐,传统产业体量不断增大,新兴产业培植成效显著。截至年末,全县税收过5000万元的企业发展到50家;人民币存贷款余额、新增额4项指标均居临沂市9县第1位;信用总量达到224亿元,比年初增加56亿元,实现历史性突破。

【金融发展与改革】 2012年,沂水县金融机构加快改革进程,推动农村信用体系建设,金融服务能力不断增强。一是建

沂水县主要经济指标

经济指标	2011	2012	2012年同比增幅(%)	经济指标	2011	2012	2012年同比增幅(%)
土地面积(平方公里)	2434.80	2434.80	0	地方财政支出(亿元)	21.57	—	—
人口(万人)	113.70	113.86	0.14	全社会固定资产投资(亿元)	114.70	145.30	26.68
城镇人口(万人)	32.00	32.13	0.41	进出口总值(万美元)	42578	48189	13.18
乡村人口(万人)	81.70	81.73	0.04	出口总值(万美元)	27929	30200	8.13
地区生产总值(亿元)	245.68	275.11	11.98	实际利用外资(万美元)	2543	2544	0.04
第一产业(亿元)	29.08	30.36	4.40	社会消费品零售总额(亿元)	108.20	130.20	20.33
第二产业(亿元)	121.03	132.20	9.23	居民消费价格指数(%)	—	—	—
第三产业(亿元)	95.57	112.55	17.77	人均地区生产总值(元)	24617	27362	11.15
财政总收入(亿元)	18.60	22.72	22.15	城镇居民可支配收入(元)	19650	22986	16.98
地方财政收入(亿元)	10.61	13.72	29.31	农民人均现金收入(元)	7924	9030	13.96
财政总支出(亿元)	23.87	—	—				

沂水县主要金融指标

金融指标（亿元）	2011	2012	2012年同比增幅（%）	金融指标（亿元）	2011	2012	2012年同比增幅（%）
本外币存款余额	205.04	244.59	19.29	财险收入	1.36	1.45	6.62
人民币存款余额	204.80	244.12	19.20	寿险收入	4.11	4.09	-0.49
单位存款	50.24	57.12	13.69	财险赔款	0.53	0.77	45.28
储蓄存款	152.23	182.79	20.07	寿险给付	0.82	0.66	-19.51
本外币贷款余额	121.63	158.94	30.67	当年结益	--	--	--
人民币贷款余额	121.31	158.58	30.72	证券市场交易总额	--	--	--
短期贷款	73.34	92.28	25.82	投资者保证金余额	--	--	--
中长期贷款	29.89	41.89	40.15	证券账户开户数	--	--	--
票据融资	18.07	24.41	35.09	证券交易佣金收入	--	--	--
当年结益	2.25	2.69	19.56	净利润	--	--	--
不良贷款余额	3.26	2.38	-26.99				

沂水县主要金融机构概况

单位名称	行长（或其他称谓的第一负责人）	副行长（或其他称谓的同级领导）	员工总数	辖内营业网点数
人行沂水县支行	顾洪真	岳　嵩　程学万　韦钦红	23	1
银监会沂水县办事处	李少华		2	1
农发行沂水县支行	李加祥	张文杰　黄庆明	16	1
工行沂水支行	徐东文	陈维福　李清堂　冯　泽 宋金聚　张雁兵　郭阳辉	57	4
农行沂水县支行	牟　胜	唐　明　刘成文　张立军	128	14
中行沂水支行	杨在志	王高玉　刘召强	49	3
建行沂水支行	韩　伟	刘　琼　刘吉学 邹庆余　孔令江	46	2
临商银行沂水支行	张文坤	孙胜洋	34	1
浦发银行沂水支行	丁振宁	赵建华	12	1
沂水县农信联社	戚建刚（理事长） 赵德友（主　任） 付守顺（监事长）	马吉伟　王献伟　郝连友	633	49
邮储银行沂水县支行	陆　梅	李俊录　郑仕兴	66	27
沂水中银富登村镇银行	李世明	刘建毅　王德群	46	2

沂水县主要金融机构业务概况

单位：亿元

单位名称	本外币存款余额	单位存款	储蓄存款	本外币贷款余额	短期贷款	中长期贷款
农发行沂水县支行	1.45	1.45	--	3.82	1.30	2.52
工行沂水支行	15.58	6.80	8.77	14.73	10.26	4.47
农行沂水县支行	51.10	15.66	35.39	22.03	7.54	13.38
中行沂水支行	18.30	7.35	8.75	16.15	2.74	7.42
建行沂水支行	11.51	7.18	4.16	13.05	4.45	8.59
临商银行沂水支行	6.68	5.15	1.52	7.00	6.08	0.92
浦发沂水支行	3.91	3.31	0.60	4.66	4.58	0.08
沂水县农信联社	106.67	6.78	99.89	74.72	54.04	3.02
邮储银行沂水县支行	25.52	2.80	22.72	1.13	0.92	0.21
沂水中银富登村镇银行	1.63	0.64	0.99	1.65	0.37	1.28

行沂水支行在全省率先推出了中小企业助保金贷款业务，组建 2 个助保金池，对 10 户中小企业发放贷款 4500 万元；二是工行沂水支行推出厂房按揭、设备融资租赁贷款等信贷产品；三是农信社推出票据质押贷款、社团贷款等业务；四是人行沂水县支行与县林业局联合制定了《林权抵押贷款管理暂行办法》，9 月林权抵押贷款在黄山铺镇正式启动；五是组建中小企业信用联盟 11 家，全市金融机构对信用联盟授信 1.57 亿元，贷款余额 1.14 亿元；六是新设小额贷款公司、股份制商行、村镇银行乡镇支行各一家；七是推动沂水县农联社开展银行化改革。

【金融服务与监管】 2012 年，人行沂水县支行加强金融机构信贷风险管理，优化经济金融发展环境，农村金融服务得到根本改善。一是继续推动工业企业运行预警机制运行，完善金融稳定分析监测机制；二是布设 ATM 123 台、普通 POS 601 台、农民自助服务终端 300 台，金融基础设施行政村覆盖率达 100%；三是协助农信社集中清收盘活不良贷款，优化信贷资源配置结构；四是实行差别存款准备金动态调整政策，定向对农信社下调存款准备金 1 个百分点，释放资金 9000 万元；五是对农信社发放支农再贷款 2 亿元。

（刘建欣）

蒙阴县

【经济金融概况】 2012 年，蒙阴县经济稳健增长，民生持续改善，社会稳定和谐。全县金融机构以加快转变经济发展方式为主线，认真落实稳健的货币信贷政策，着力加强信贷结构调整，信贷投放保持较快增长。

【金融发展与改革】 2012 年，蒙阴县金融发展与改革取得较大进展。一是机构设置更加完善，临商银行蒙阴县支行正式

蒙阴县主要经济指标

经济指标	2011	2012	2012 年同比增幅（%）	经济指标	2011	2012	2012 年同比增幅（%）
土地面积（平方公里）	1601.6	1601.6	0	地方财政支出（亿元）	13.90	16.51	20
人口（万人）	54.85	55.09	0.44	全社会固定资产投资（亿元）	71.98	89.78	24.1
城镇人口（万人）	11.04	11.15	1	进出口总值（万美元）	5337	4950	2
乡村人口（万人）	43.81	43.94	0.3	出口总值（万美元）	4867	4210	0.1
地区生产总值（亿元）	132.13	147.58	11.7	实际利用外资（万美元）	140	303	116
第一产业（亿元）	24.23	25.4	4.6	社会消费品零售总额（亿元）	60.72	70.2	15.66
第二产业（亿元）	53.80	59.8	12.1	居民消费价格指数（%）	--	--	--
第三产业（亿元）	54.09	62.38	40.6	人均地区生产总值（元）	24088	26785	11.20
财政总收入（亿元）	8.60	10.69	24	城镇居民可支配收入（元）	16726	199433	16.2
地方财政收入（亿元）	4.20	5.42	30.1	农民人均现金收入（元）	7984	9099	13.97
财政总支出（亿元）	13.88	16.51	20				

蒙阴县主要金融指标

金融指标（亿元）	2011	2012	2012 年同比增幅（%）	金融指标（亿元）	2011	2012	2012 年同比增幅（%）
本外币存款余额	86.61	105.15	21.41	财险收入	1.56	1.67	7.05
人民币存款余额	86.47	104.99	21.42	寿险收入	2.25	2.89	28.44
单位存款	15.26	17.44	14.29	财险赔款	0.63	0.86	36.51
储蓄存款	67.02	82.06	22.44	寿险给付	0.40	0.42	5.0
本外币贷款余额	52.40	61.04	16.49	当年结益	--	--	--
人民币贷款余额	52.40	61.04	16.49	证券市场交易总额	--	--	--
短期贷款	38.52	42.29	9.79	投资者保证金余额	--	--	--
中长期贷款	13.48	16.68	23.74	证券账户开户数	--	--	--
票据融资	0.40	2.07	417.50	证券交易佣金收入	--	--	--
当年结益	0.88	1.03	17.05	净利润	--	--	--
不良贷款余额	2.86	2.24	-21.68				

蒙阴县主要金融机构概况

单位名称	行长（或其他称谓的第一负责人）	副行长（或其他称谓的同级领导）	员工总数	辖内营业网点数
人行蒙阴县支行		侯长明　公为强　张传文	25	1
银监会蒙阴县办事处	郭剑南	石运涛	2	1
农发行蒙阴县支行	邢　波	沈蒙恬　孙勇力	15	1
工行蒙阴支行	赵士玺	王开儒　王再俊　张　军	25	1
农行蒙阴县支行	刘继明	王恩殿　公维顺　沈庆福	92	5
中行蒙阴支行	路咏念	丁前锋　王久利	24	1
建行蒙阴支行	雷建成	侯进忠　张德坤	39	2
蒙阴县商行	高　伟	王存高	30	1
蒙阴县农信联社	徐长青（理事长） 曾昭银（主　任）	邹善海　张家顺 高连红　高长安	524	28
邮储银行县蒙阴支行	张　峰	张霄龙　王永庆	74	3

蒙阴县主要金融机构业务概况

单位：亿元

单位名称	本外币存款余额	人民币单位存款	人民币储蓄存款	本外币贷款余额	人民币短期贷款	人民币中长期贷款
农发行蒙阴县支行	0.29	0.29	0	2.60	0.28	2.32
工行蒙阴支行	8.57	5.15	3.4	5.29	2.29	3.01
农行蒙阴县支行	12.74	2.65	10.06	7.89	3.37	4.45
中行蒙阴支行	4.50	1.51	2.59	1.51	0.38	1.12
建行蒙阴支行	9.32	3.24	5.92	2.21	1.08	1.13
临商银行蒙阴支行	2.65	2.26	0.39	1.03	1.03	0
蒙阴县农信联社	51.21	1.47	49.73	39.59	33.06	4.53
邮储银行蒙阴县支行	10.83	0.86	9.96	0.92	0.80	0.13

营业；二是农信社加大改革力度，银行化改革进展顺利，被监管部门列入农村商业银行筹建计划单位；三是地方性民间融资机构改革步伐继续推进，两家民间融资服务公司相继开业。

【金融服务与监管】　2012年，人行蒙阴县支行强化履职能力建设，完善金融服务，先后被上级行和地方政府授予“服务地方科学发展先进单位”、“支持经济发展先进单位”等10余项荣誉称号。一是积极推动银企合作，优化金融生态环境建设；二是组织了对全县金融机构上年工作情况的综合评价；三是对临商银行蒙阴支行开业申请进行了现场验收和业务技能考核；四是先后组织开展了对金融机构统计、征信、账户、国库、外汇等业务的监督检查；五是认真做好农信社改革试点专项中央银行票据兑付后续监测考核工作，防范金融风险。

（赵红英）

平邑县

【经济金融概况】　2012年，平邑县坚持以科学发展观为指导，凝心聚力，创新实干，综合实力进一步增强。公共财政预算收入在全省县区排名中上升了5个位次，县域经济发展上了一个大的台阶。

【金融发展与改革】　2012年，平邑县金融部门进一步深化金融改革，全县经济金融和谐健康发展。人行平邑县支行一是起草制定了《关于金融支持全县工业发展的指导意见》，提出具体措施；二是召开了临沂市加快县域经济发展政银企合作（平邑）推进会，全县金融机构与65家企业达成贷款意向30.7亿元；三是起草制定了《财政资金定点存放银行业金融机构暂行办法》，组织县建行、经信局、财政局及37户石材加工企业召开了银企合作推介项目对接会；四是制定《金融支持沂蒙革命老区加快发展的意见》，下发辖内各金融机构执行；五是制定实施了《创建农村信用体系建设实验区实施方案》。截至年

平邑县主要经济指标

经济指标	2011	2012	2012年同比增幅（%）	经济指标	2011	2012	2012年同比增幅（%）
土地面积（平方公里）	1024.7	1024.7	0	地方财政支出（亿元）	17.6	30.82	75.1
人口（万人）	102.1	102.4	2.94	全社会固定资产投资（亿元）	87.4	107.7	23.6
城镇人口（万人）	10.3	10.33	2.91	进出口总值（万美元）	17241	15365	-10.9
乡村人口（万人）	91.8	92.07	2.94	出口总值（万美元）	16398	14762	-9.88
地区生产总值（亿元）	187.96	209.66	12.4	实际利用外资（万美元）	15	250	1566.66
第一产业（亿元）	30	31.35	4.1	社会消费品零售总额（亿元）	96	111.1	15.79
第二产业（亿元）	83.9	92.96	13.5	居民消费价格指数（%）	102.8	103.2	0.39
第三产业（亿元）	74.6	85.35	14.5	人均地区生产总值（元）	18584	20475	10.18
财政总收入（亿元）	12.67	28.18	122.4	城镇居民可支配收入（元）	16500	18800	13.94
地方财政收入（亿元）	5.33	7.26	36.3	农民人均现金收入（元）	7496.6	9047	20.68
财政总支出（亿元）	19.7	47.63	141.8				

平邑县主要金融指标

金融指标（亿元）	2011	2012	2012年同比增幅（%）	金融指标（亿元）	2011	2012	2012年同比增幅（%）
本外币存款余额	128.8	155.09	20.41	财险收入	1.15	1.26	9.57
人民币存款余额	128.7	155.01	20.44	寿险收入	2.99	3.18	6.35
单位存款	34.25	41.83	22.13	财险赔款	0.51	0.53	3.92
储蓄存款	90.77	111.97	23.36	寿险给付	0.52	0.50	-3.85
本外币贷款余额	77.6	94.27	21.48	当年结益	—	—	—
人民币贷款余额	77.6	94.27	21.48	证券市场交易总额	—	—	—
短期贷款	57.26	60.46	5.59	投资者保证金余额	—	—	—
中长期贷款	18.1	24.14	33.37	证券账户开户数	—	—	—
票据融资	2.2	9.66	339.09	证券交易佣金收入	—	—	—
当年结益	1.75	1.79	2.29	净利润	—	—	—
不良贷款余额	5.8	5.13	-11.55				

平邑县主要金融机构概况

单位名称	行长（或其他称谓的第一负责人）	副行长（或其他称谓的同级领导）	员工总数	辖内营业网点数
人行平邑县支行	邓　强	徐士亮　季德振　蒋晓华	37	1
银监会平邑县办事处	艾立武		1	1
农发行平邑县支行	孙安源	刘开东　刘　华	19	1
工行平邑支行	刘冬凯	张加松	46	3
农行平邑县支行	杨本营	李冠元　陈中华	120	7
中行平邑支行	滕一栋	刘西宇　李景山	24	1
建行平邑支行	赵志瑞	孟　远　张宪亮	47	2
临商银行平邑支行	张添翼	陈文广	28	1
莱商银行平邑支行	刘清华	常　峰	18	1
平邑县农信联社	徐启阶	王运斌　蒋志勇	551	36
邮储银行平邑县支行	王富安	徐　丽　杨春燕	76	24

平邑县主要金融机构业务概况

单位：亿元

单位名称	本外币存款余额	人民币单位存款	人民币储蓄存款	本外币贷款余额	人民币短期贷款	人民币中长期贷款
农发行平邑县支行	0.63	—	—	2.07	1.49	0.58
工行平邑支行	10.51	4.5	5.95	8.68	3.42	5.25
农行平邑县支行	28.61	10.75	17.83	10.4	5.42	4.98
中行平邑支行	7.27	4.52	2.71	5.11	0.93	4.17
建行平邑支行	10.02	6.76	3.19	6.39	6.39	4.75
莱商银行平邑支行	4.67	4.25	0.38	6.92	2.03	—
临商银行平邑支行	2.8	1.98	0.79	1.96	1.96	—
平邑县农信联社	70.82	5.73	65.08	50.46	41.96	37.13
邮储银行平邑县支行	18.75	2.7	16.05	2.29	2.29	0.7

末，全县评定文明信用户 9.6 万户，授信额度 63.5 亿元，信用户贷款余额 42 亿元，累计发放小额担保贴息贷款 5530 万元，农民贷款难问题得到初步解决。

【金融服务与监管】 2012 年，平邑县金融机构以创建“农村信用体系建设全国实验区”为契机，以小额担保贴息贷款发放为依托，促进经济金融和谐健康发展。一是涉农金融机构评定信用户 10.6 万户，发放贷款证 9.6 万个，农户贷款余额 46 亿元；二是安装 ATM 机 109 台，POS 机 6200 台，农民自助服务终端 147 台，实现现代化支付工具全覆盖；三是打造“平邑金融服务网”，121 户企业通过网络申请贷款 147 笔、金额 2.66 亿元，农户通过网络申请小额贷款 3160 笔、1.26 亿元；四是为 2412 家企业发放了《机构信用代码证》，发证率 98.2%；五是组织召开全县金融稳定工作会议，人行同辖区 9 家银行机构、2 家保险公司主要负责人签订了《金融稳定责任书》；六是与检察院建立反洗钱合作机制，制定《反贪污贿赂反洗钱合作机制管理办法》；七是与县公安局制定了《关于建立联合执法机制的工作意见》。

（吴善顺）

费　县

【经济金融概况】 2012 年，费县按照“支持实体经济，防范金融风险，统筹服务管理，强化内部保障”的理念，认真贯彻稳健货币政策，着力加快业务创新，加大对重点项目、骨干企业及中小企业、“三农”等实体经济的信贷投放力度，金融运行保持健康平稳发展态势。

【金融发展与改革】 2012 年，费县金融机构着力优化信贷

费县主要经济指标

经济指标	2011	2012	2012 年同比增幅（%）	经济指标	2011	2012	2012 年同比增幅（%）
土地面积（平方公里）	1660.11	1660.11	0	地方财政支出（亿元）	17.19	22.36	30.08
人口（万人）	82.90	83.00	0.12	全社会固定资产投资（亿元）	87.7	104.2	23.6
城镇人口（万人）	12.55	14.3	13.9	进出口总值（万美元）	26697	24478	-8.31
乡村人口（万人）	70.35	68.7	-2.35	出口总值（万美元）	25610	23562	-8
地区生产总值（亿元）	178.80	200.16	11.7	实际利用外资（万美元）	306	1045	241.5
第一产业（亿元）	26.90	28.10	4.1	社会消费品零售总额（亿元）	65.61	75.85	15.6
第二产业（亿元）	87.53	97.55	12	居民消费价格指数（%）	106.9	103.4	-3.38
第三产业（亿元）	64.37	74.51	14.1	人均地区生产总值（元）	23494	26213	11.6
财政总收入（亿元）	17.08	24.70	44.61	城镇居民可支配收入（元）	15153	17402	14.8
地方财政收入（亿元）	6.28	8.41	33.92	农民人均现金收入（元）	7921.57	9028.21	13.97
财政总支出（亿元）	22.5	26.37	17.2				

费县主要金融指标

金融指标（亿元）	2011	2012	2012年同比增幅（%）	金融指标（亿元）	2011	2012	2012年同比增幅（%）
本外币存款余额	129.28	157.92	22.15	财险收入	1.11	1.09	-1.80
人民币存款余额	129.08	157.61	22.10	寿险收入	3.05	4.08	33.77
单位存款	23.31	28.53	22.39	财险赔款	0.43	0.56	30.23
储蓄存款	100.06	122.02	21.95	寿险给付	0.54	0.52	-3.70
本外币贷款余额	95.00	87.25	-8.16	当年结益	—	—	—
人民币贷款余额	94.85	87.10	-8.17	证券市场交易总额	—	—	—
短期贷款	65.12	60.67	-6.83	投资者保证金余额	—	—	—
中长期贷款	29.17	25.29	-13.30	证券账户开户数	—	—	—
票据融资	5550	11440	106.13	证券交易佣金收入	—	—	—
当年结益	2.19	2.70	23.29	净利润	—	—	—
不良贷款余额	1.63	2.67	63.80				

费县主要金融机构概况

单位名称	行长（或其他称谓的第一负责人）	副行长（或其他称谓的同级领导）	员工总数	辖内营业网点数
人行费县支行	郭增强	邱善银　韩曙光	16	1
银监会费县办事处	李涌涛		1	1
农发行费县支行	段遵义	贺可义　季相波	18	1
工行费县支行	孙元贵	任继奎　孟凡德　付立果	50	3
农行费县支行	李向群	潘　浩　颜　波	118	8
中行费县支行	张　群	王金升　时建新	44	3
建行费县支行	薛广民	韩夫宏　王冬莹	43	2
临商银行费县支行	孔凡强	刘长军　孙宗刚	35	1
费县农村商业银行	孙成文　马　刚	赵京才　刘存保 王　平　程洪德 马宗涛　王桂玲　刘广明	501	37
邮储银行费县支行	张传红	苑春田　丁祥利	77	26

费县主要金融机构业务概况

单位：亿元

单位名称	本外币存款余额	人民币单位存款	人民币储蓄存款	本外币贷款余额	人民币短期贷款	人民币中长期贷款
农发行费县支行	1.26	1.26	—	4.88	1.07	3.81
工行费县支行	10.15	4.22	5.81	10.16	5.72	4.43
农行费县支行	21.41	7.04	14.36	14.22	6.58	6.76
中行费县支行	8.70	2.59	5.85	3.15	0.63	2.33
建行费县支行	6.95	3.01	3.87	4.72	1.29	3.43
临商银行费县支行	5.37	3.89	1.48	3.08	1.83	1.25
费县农村商业银行	69.93	3.43	66.49	44.47	41.55	2.69
邮储银行费县支行	27.24	3.08	24.16	2.58	1.99	0.59

结构，加强信用环境建设，优化金融生态环境，为促进经济又好又快发展做出了积极贡献。一是制定了《金融支持实体经济发展指导意见》和《金融机构支持地方经济发展考核奖励办法》，引导金融机构继续加大信贷投入，努力缓解农业和小微企业融资难问题；二是搭建政银企互动平台，成功召开了加快县域经济发展政银企合作（费县）推进会，86家企业与金融机构签约资金23.5亿元；三是工行探沂支行正式开业，是近几年来费县国有商行在乡镇设立的首家二级支行；四是费县梁邹村镇银行召开了创立大会。

【金融服务与监管】 2012年，人行费县支行、费县银监办坚持不断提高金融服务和管理水平，强力推进农村支付环境建设。一是首创"临时结算服务点"，提升农产品交易非现金结算水平；二是提前完成农村支付环境结算"双百目标"，共布放ATM机具113台、普通POS 454台、电话POS 5824台，安装农民自助服务终端232台；三是先后开展了票据、金融统计、金融机构重大事项报备等业务的检查工作。

（娄丽霞）

沂南县

【经济金融概况】 2012年，沂南县金融机构围绕经济发展大局，不断改进金融服务，积极增加货币资金供应，促进了经济金融的协调健康发展。

【金融发展与改革】 2012年，人行沂南县支行采取措施，督促金融机构贯彻落实好稳健货币政策和各项金融宏观调控措施，努力提高货币政策的前瞻性和有效性。一是制定出台《信贷支持实体经济指导意见》和《金融支持全县骨干企业及重点

沂南县主要经济指标

经济指标	2011	2012	2012年同比增幅（%）	经济指标	2011	2012	2012年同比增幅（%）
土地面积（平方公里）	1719	1719	0	地方财政支出（亿元）	18.49	23.31	26.07
人口（万人）	91.11	91.12	0.01	全社会固定资产投资（亿元）	91.50	120	31.15
城镇人口（万人）	9.87	9.21	-6.69	进出口总值（万美元）	15719	17812	13.32
乡村人口（万人）	81.24	81.91	0.82	出口总值（万美元）	13362	15055	12.67
地区生产总值（亿元）	150.70	169.66	13.10	实际利用外资（万美元）	850	855	0.59
第一产业（亿元）	28.85	30.04	3.90	社会消费品零售总额（亿元）	67.90	78.60	15.76
第二产业（亿元）	65.04	73.22	14.60	居民消费价格指数（%）	--	--	--
第三产业（亿元）	56.81	66.40	15.90	人均地区生产总值（元）	19000	21200	11.58
财政总收入（亿元）	18.68	23.61	26.39	城镇居民可支配收入（元）	15596	18090	15.99
地方财政收入（亿元）	5.75	8	39.13	农民人均现金收入（元）	7913	9027	14.08
财政总支出（亿元）	18.49	23.31	26.07				

沂南县主要金融指标

金融指标（亿元）	2011	2012	2012年同比增幅（%）	金融指标（亿元）	2011	2012	2012年同比增幅（%）
本外币存款余额	132.82	160.61	20.92	财险收入	0.89	1.08	21.35
人民币存款余额	132.44	160.08	20.87	寿险收入	3.42	4.13	20.76
单位存款	25.90	30.26	16.83	财险赔款	0.39	0.47	20.51
储蓄存款	104.76	127.73	21.93	寿险给付	0.73	0.70	-4.11
本外币贷款余额	57.57	79.83	38.67	当年结益	--	--	--
人民币贷款余额	57.57	79.83	38.67	证券市场交易总额	--	--	--
短期贷款	40.22	45.73	13.70	投资者保证金余额	--	--	--
中长期贷款	12.75	24.68	93.57	证券账户开户数	--	--	--
票据融资	4.60	9.42	104.78	证券交易佣金收入	--	--	--
当年结益	1.39	1.72	23.74	净利润	--	--	--
不良贷款余额	3.99	4.05	1.50				

沂南县主要金融机构概况

单位名称	行长（或其他称谓的第一负责人）	副行长（或其他称谓的同级领导）	员工总数	辖内营业网点数
人行沂南县支行	高 翔	苏友庆 王德海 谢录云	20	1
银监会沂南县办事处	陈公国	刘西权 张振国	3	1
农发行沂南县支行	石增军	于祥恩 高录峰	19	1
工行沂南支行	季从金	刘敬启 孙兴东 王明亮 李 高 刘 巍	43	2
农行沂南县支行	魏玉庆	宋曙光 赵华祥 苗正茂	81	7
中行沂南支行	赵 健	董风光 魏玉宏	37	2
建行沂南支行	徐桂冰	丁 健 董文元	42	2
临商银行沂南支行	刘文娟	王秀广	35	1
沂南县农信联社	殷学远	陈效中 张 峰 冯 晓 曹光伟 翟纪伟 林存亮	512	39
邮储银行沂南县支行	阚利华	范玉文 王桂云	64	27

沂南县主要金融机构业务概况

单位：亿元

单位名称	本外币存款余额	人民币单位存款	人民币储蓄存款	本外币贷款余额	人民币短期贷款	人民币中长期贷款
农发行沂南县支行	0.40	0.40	—	3.46	0.61	2.85
工行沂南支行	13.78	6.92	6.83	8.61	4.35	4.26
农行沂南县支行	27.84	8.43	19.36	14.30	5.14	9.16
中行沂南支行	7.83	2.71	4.57	3.29	0.53	2.75
建行沂南支行	8.25	4.15	3.97	2.24	1.34	0.91
临商银行沂南支行	4.18	2.93	1.24	2.04	1.44	0.60
沂南县农信联社	71.86	2.26	69.59	44.78	31.55	3.82
邮储银行沂南县支行	24.62	2.47	2.22	1.12	0.78	0.34

招商引资项目发展的通知》，引导金融机构加大信贷投放力度；二是召开金融支持县域经济跨越发展政银企合作洽谈会，并制定《银企洽谈到位资金考核办法》，对签约资金实际发放额和到位率按月考核通报；三是完善金融生态环境建设长效机制，建立大学生"村官"参与农村金融生态环境建设工作机制；四是督促农信社完善法人治理结构，通过现金清收、贷款核销等方式化解不良贷款。

【金融服务与监管】 2012年，人行沂南县支行认真履行央行职责，寓监管于服务，为地方经济发展提供保障。一是认真做好结算、国库、外汇、贷款卡等工作；二是全县行政村实现金融电子机具全覆盖，共布放电话POS机4315台、ATM机62台，农民自助服务终端227台，设置银行卡助农取款服务点1785个；三是加强对金融机构存款准备金、金融统计制度执行、结算账户、国库、反洗钱等业务的监督管理；四是完成金融机构综合评价工作，其中银行机构"A"级3个、"B"级5个，保险机构"B"级2个。

（郭永刚）

临沭县

【经济金融概况】 2012年，临沭县经济呈现增长加速、结构优化、质量提高、民生改善的好态势。三次产业协调发展，比例进一步优化，投资和消费均衡拉动，社会综合实力和人民生活水平逐步提高。

【金融发展与改革】 2012年，临沭县金融机构不断加大对经济发展和信贷结构调整的投入，努力营造良好的区域金融环境，为促进经济平稳较快增长提供了强有力的金融支持。

【金融服务与监管】 2012年，人行临沭县支行积极贯彻国

临沭县主要经济指标

经济指标	2011	2012	2012年同比增幅（%）	经济指标	2011	2012	2012年同比增幅（%）
土地面积（平方公里）	1010	1010	0	地方财政支出（亿元）	14.42	18.76	30.09
人口（万人）	63.3	63.5	0.32	全社会固定资产投资（亿元）	95.1	114.8	22.9
城镇人口（万人）	22.5	22.3	--	进出口总值（万美元）	43209	38768	-10.3
乡村人口（万人）	40.8	41.2	0.98	出口总值（万美元）	21941	22189	1.1
地区生产总值（亿元）	149.73	167.26	12	实际利用外资（万美元）	551	2549	363
第一产业（亿元）	16.23	16.98	4.3	社会消费品零售总额（亿元）	64.6	74.6	15.6
第二产业（亿元）	78.08	86.22	11.7	居民消费价格指数（%）	--	--	--
第三产业（亿元）	55.42	64.06	14.5	人均地区生产总值（元）	25266	28003	10.8
财政总收入（亿元）	14.61	19.10	30.73	城镇居民可支配收入（元）	18090	20600	14
地方财政收入（亿元）	5.46	7.23	32.5	农民人均现金收入（元）	7925	9031	14
财政总支出（亿元）	14.6	19.10	30.82				

临沭县主要金融指标

金融指标（亿元）	2011	2012	2012年同比增幅（%）	金融指标（亿元）	2011	2012	2012年同比增幅（%）
本外币存款余额	125.65	143.58	14.27	财险收入	0.98	1.06	8.16
人民币存款余额	125.12	142.71	14.06	寿险收入	2.48	3.10	25.00
单位存款	45.55	47.77	4.87	财险赔款	0.48	0.51	6.25
储蓄存款	76.77	91.44	19.11	寿险给付	0.42	0.37	11.90
本外币贷款余额	86.16	100.61	16.77	当年结益	--	--	--
人民币贷款余额	86.03	100.16	16.42	证券市场交易总额	--	--	--
短期贷款	53.51	57.05	6.62	投资者保证金余额	--	--	--
中长期贷款	31.59	38.36	21.43	证券账户开户数	--	--	--
票据融资	0.85	4.69	451.76	证券交易佣金收入	--	--	--
当年结益	1.83	1.92	4.91	净利润	--	--	--
不良贷款余额	4.41	4.53	2.72				

临沭县主要金融机构概况

单位名称	行长（或其他称谓的第一负责人）	副行长（或其他称谓的同级领导）	员工总数	辖内营业网点数
人行临沭县支行	陈仕庆	石民帮　王裕山	21	1
银监会临沭县办事处	宋　洁		2	1
农发行临沭县支行	王建翔	杨国强　黄　勇	23	1
工行临沭支行	刘岩涛	田　勇　吴　伟　张玉芹	42	2
农行临沭县支行	韩廷华	吴立国　凌　晨　付信海	93	7
中行临沭支行	朱学军	王广强　张宝玉	37	2
建行临沭支行	殷洪峰	刘　斌　熊桂兵	44	2
临商银行临沭支行	阚　岷	王通江	36	1
临沭县农信联社	莫沂海	李永森　解忠良　王运秀　张敬刚　王恩波	453	33
邮储银行临沭县支行	朱朝彬	田　雨　史佃林	76	21
临沭民丰村镇银行	孙　虎	李芳杰　贾卫国	19	1

临沭县主要金融机构业务概况

单位：亿元

单位名称	本外币存款余额	人民币单位存款	人民币储蓄存款	本外币贷款余额	人民币短期贷款	人民币中长期贷款
农发行临沭县支行	0.98	0.98	0	3.01	2.86	0.15
工行临沭支行	12.60	8.38	3.94	17.72	6.42	11.14
农行临沭县支行	20.84	10.70	9.57	18.26	10.01	6.43
中行临沭支行	13.53	7.33	6.03	8.38	3.08	5.30
建行临沭支行	12.11	6.09	5.79	12.51	1.56	10.78
临商银行临沭支行	6.45	5.35	1.09	5.43	5.35	0.07
临沭县农信联社	53.06	3.29	49.77	32.52	25.30	4.14
邮储银行临沭县支行	19.36	4.34	15.02	0.95	0.63	0.32
临沭民丰村镇银行	1.48	1.27	0.21	1.81	1.81	0

家货币信贷政策，认真履行央行职责，确保辖区金融稳定运行。一是通过出台货币信贷政策指导意见、召开金融工作会议、制定《金融工作考核奖励办法》等一系列措施，引导金融机构加大对实体经济的信贷投放力度；二是加强准备金和利率管理，监测金融机构利率定价和执行情况，积极推动辖区利率市场化进程；三是加强金融生态环境建设，积极开展征信知识宣传月活动；四是进一步完善反洗钱内部管理制度，做好日常个人信用报告查询及征信管理；五是加强监督服务职能，对金融机构开展了统计执法、反洗钱、征信和金融稳定检查。

（陈丽芳）

枣庄市

【经济金融概况】　2012年，枣庄市认真贯彻落实国家宏观调控政策，不断加大改革创新力度，推进资源型城市转型，国民经济实现平稳较快发展。

【货币政策实施】　2012年，人行枣庄市中支积极引导各银行机构按照“总量适度、结构优化、节奏平稳”的调控目标，平稳实施信贷投放。

一、搭建合作平台，实施银农和银企的对接。一是协助市政府与人行济南分行签订了《金融支持枣庄市国家农村改革试验区建设战略合作协议》；二是协助人行济南分行专门出台了《关于金融支持枣庄市国家农村改革实验区的意见》；三是协助市政府举办了“答谢省级银行机构暨城市转型重点项目推介会”；四是联合中小企业局实施“双百家优质中小微企业培植”工程，支持40家中型企业、60家小型企业和100家微型企业向大、中、小企业跨进。

二、多渠道破解经济薄弱环节融资瓶颈。一是召开全市金融支持国家农村改革试验区建设座谈会，制定印发了《枣庄市农村土地产权和经营收益权质押贷款管理办法》；二是与中债信用投资公司签署了《区域集优直接债务融资合作框架协议》；三是继续打造金融支持青年、大学生村官和农村青年信用示范户创业“三大品牌”，累计发放创业贷款27.5亿元。

三、继续加大对棚户区改造的信贷支持。该中支按照“一个项目、一个产品，一套流程”的思路，创新推出了“搭桥贷款”、“净地”抵押贷款、在建工程抵押贷款等融资方式，有效解决了棚户区改造融资需求。

四、不断深化货币政策工具的管理。一是组织开展了金融机构支农再贷款、再贴现、存款准备金率、票据融资现场检查；二是代表人行济南分行开展对菏泽农信社票据改革后续监测考核的现场检查。

【金融稳定】　2012年，人行枣庄市中支继续深化金融稳定协调机制建设，不断改进风险监测预警方式，实现了金融持续稳定健康发展的总体目标。一是成立领导小组，制订印发《实施方案》，深入开展枣庄市商行稳健性经营现场评估；二是先后组织了对交叉性金融业务、小额贷款公司和农户不良贷款的风险排查和调研工作；三是起草制订了《金融稳定重大事项报告现场检查操作规程》，下发了《关于进一步加强金融稳定重大事项报告管理工作的通知》；四是开展了对中行、邮储、农联社等6家银行金融稳定重大事项报告的现场检查；五是开展重点领域监测，撰写的《农户不良贷款反弹问题应予关注》、《银保新规下的银行保险业务风险值得关注》等报告，引起上级行关注。

【金融服务】　2012年，人行枣庄市中支大力深化金融服务，着力提高服务水平，赢得社会各界的广泛好评。

枣庄市经济主要统计指标

指标 \ 年度	2008	2009	2010	2011	2012	2012年同比增幅（%）
土地面积（平方公里）	4563.22	4563.22	4563.22	4563.22	4563.22	0
人口（万人）	383.24	386.79	391.04	394.2	394.83	0.16
城镇人口（万人）	124.33	132.56	135.97	136.87	137.01	0.1
乡村人口（万人）	258.9	254.23	255.07	257.31	257.82	0.2
地区生产总值（亿元）	1092.83	1201.28	1362.04	1561.68	1702.92	9.04
第一产业（亿元）	96.09	103.81	117.56	126.4	133.00	4.2
第二产业（亿元）	686.16	744.40	818.37	920.32	991.33	11.7
工业（亿元）	594.65	671.95	824.76	—	—	—
建筑业（亿元）	55.17	61.85	69.03	—	—	—
第三产业（亿元）	310.58	353.07	426.11	514.96	578.59	10.4
人均地区生产总值（元）	29978	32842	34831	41746	43130	9.62
地区生产总值构成（%）	100	100	100	100	100	0
第一产业（%）	8.8	8.6	8.6	8.1	7.81	-3.58
第二产业（%）	62.8	62.0	60.1	58.9	58.21	-1.17
第三产业（%）	28.4	29.4	31.3	33	33.98	2.96
财政总收入（亿元）	104.3	114.3	137.41	174.2	184.4	8.2
地方财政收入（亿元）	52.7	60.8	76.71	100.12	116.37	16.2
财政总支出（亿元）	95.23	110.70	136.19	—	—	—
地方财政支出（亿元）	80.03	101.04	128.91	160.34	175.99	16.8
全社会固定资产投资（亿元）	499.48	629.84	787.31	823.77	1044.62	22.7
规模以上固定资产投资（亿元）	462.36	579.80	720.18	—	—	—
房地产开发（亿元）	38.90	68.1	78.0	136.8	—	—
进出口总值（亿美元）	6.69	5.95	9.11	10.68	11.32	6
出口总值（亿美元）	5.18	4.89	7.46	8.45	9.4	11.3
实际利用外资（亿美元）	1.77	2.16	2.39	1.2	1.42	19
社会消费品零售总额（亿元）	297.60	353.80	409.89	480.6	552.4	14.95
居民消费价格指数（%）	104.8	100.1	102.8	104.8	101.9	1.9
城市居民人均可支配收入（元）	14320	15651	17630	20193	22960	13.7
农民人均现金收入（元）	5723	6255	7103	8397	9606	14.4

枣庄市工农业主要统计指标

农业主要统计指标（万吨）				规模以上工业企业主要统计指标（亿元）			
项目 \ 年度	2011年	2012年	增幅（%）	项目 \ 年度	2011年	2012年	增幅（%）
粮食	190.26	198.87	4.5	工业增加值	—	—	11.5
夏粮	90.95	98.59	8.4	国有工业	—	—	5.7
秋粮	99.31	100.28	1	集体工业	—	—	-9.2
棉花	0.65	0.54	-17.6	股份制工业	—	—	12.6
油料	9.77	9.30	-4.9	股份合作制工业	—	—	21.8

续表

农业主要统计指标（万吨）				规模以上工业企业主要统计指标（亿元）			
项目 \ 年度	2011 年	2012 年	增幅（%）	项目 \ 年度	2011 年	2012 年	增幅（%）
水果	23.69	24.56	3.7	外商及港澳台投资工业	--	--	1.7
蔬菜	438.65	441.47	0.6	轻工业	--	--	14.8
肉类	25.28	26.55	5	重工业	--	--	10.3
禽蛋	10.94	11.49	5.0	销售收入	3386.13	3207.11	9.8
奶类	4.26	4.71	10.5	利税	390.14	330.25	8.6
水产品	8.24	8.85	7.4	利润	234.20	187.8	7.6
森林覆盖率（%）	29	31.5	8.62	经济效益综合指数（%）	--	265.97	-18.5

注：规模以上工业企业划分标准调整，销售收入、利税、利润等指标 2011 年和 2012 年没有可比性。

枣庄市主要金融机构概况

单位名称	行长（或其他称谓的第一负责人）	副行长（或其他称谓的同级领导）	员工总数	辖内营业网点数
人行枣庄市中心支行	陈宜民	张善杰 颜道盛 孙秋生 朱传辰	177	1
银监会枣庄监管分局	孙茂林	周保舰 倪 辉 王 芳		
农发行枣庄市分行	李大庆	侯海峰	170	6
工行枣庄分行	盖 伟	胡吉平 闵祥龙 陈维东 张东海 于晓静 梁化新	800	39
农行枣庄分行	臧汝舜	曹明钊 张炳臣 张 民 张清民	1258	53
中行枣庄分行	葛勤生	李亚军 王卫东 杨利民 金 冬	532	21
建行枣庄分行	曹元吉	刘昌伦 张夫顺 张全刚 刘向群 姜玉国 王清堂 张守义	856	34
交行枣庄分行	周 青	蒋保成	40	1
枣庄银行	吕士伟	樊印华 许太景 刘 永 崔 健 张德安 朱玉军	372	16
农信社枣庄市办事处	卜昭路	杨春河 蒲祖华 蒋继宝	2846	182
邮储银行枣庄市分行	王运访	李 兵 仇洪建	504	101
滕州建信村镇银行	马 骏	陈洪涛	17	1
人民财产保险枣庄市分公司	翟永兴	杨志勋 李井辉	497	6
人寿保险枣庄市分公司	刘玉萍	刘书宏 黄秀峰 孙华增	2628	36
太平洋财产保险枣庄中心支公司	赵新祥	张东旭 寻文峰	441	6
太平洋人寿保险枣庄中心支公司	王 崇	于生涛 赵 辉	1159	16
齐鲁证券有限公司枣庄分公司	陈志伟		66	5

枣庄市金融业务统计指标

指标（亿元）		2008	2009	2010	2011	2012	2012年同比 增加额	2012年同比 增幅（%）
银行类	本外币存款余额	620.97	810.75	894.42	974.24	1146.72	172.48	17.70
	人民币存款余额	617.94	807.70	892.22	972.06	1142.36	170.30	17.52
	*单位存款	139.78	210.38	206.39	216.28	431.44	48.16	12.57
	储蓄存款	373.83	442.59	511.39	570.87	693.48	122.62	21.48
	本外币贷款余额	412.18	586.84	729.69	814.97	916.49	101.52	12.46
	人民币贷款余额	411.56	585.83	727.71	813.41	914.85	101.44	12.47
	短期贷款	196.9	254.09	306.69	346.41	407.63	61.23	17.68
	中长期贷款	200.42	310.26	402.52	440.3	461.42	21.11	4.79
	票据融资	14.24	21.48	18.31	26.69	45.48	18.79	70.40
	当年结益	11.19	13.46	16.47	22.58	22.47	-0.11	-0.04
	不良贷款余额	28.19	24.62	20.34	16.89	18.39	1.49	0.89
	不良贷款占比%	6.84	4.2	2.79	2.07	2.01	-0.07	-0.33
保险类	保险公司保费收入	16.73	21.72	29.24	30.45	32.58	2.13	6.99
	财险收入	3.94	5.37	7.55	8.23	9.06	0.83	10.09
	寿险收入	12.79	16.35	21.69	22.22	23.52	1.3	5.85
	保险公司赔款和给付支出	4.48	4.96	5.26	6.07	6.47	0.4	6.59
	财险赔款	2.35	2.69	3.16	3.65	3.99	0.34	9.32
	寿险给付	2.13	2.26	1.71	1.99	2.48	0.49	24.62
	当年结益	—	—	—	—	—	—	—
证券类	证券市场成交总额	565.3	387.51	639.71	659	381	-278	42.18
	投资者保证金余额	3.21	6.79	6.32	6.01	3.21	-2.8	-46.59
	证券账户开户数	154321	176674	194043	209539	223248	13709	6.54
	佣金收入	0.94	0.97	1.3	1.14	0.58	-0.56	-49.12
	净利润	0.5	0.57	0.72	0.64	0.33	-0.31	-48.43
	期货市场成交总额	—	—	—	—	—	—	—
	期货客户保证金余额	—	—	—	—	—	—	—
	期货账户开户数	—	—	—	—	—	—	—
	期货手续费收入	—	—	—	—	—	—	—
	利润总额	—	—	—	—	—	—	—

注：“*”该项指标2010年前为“企业存款”，其数字亦是如此。

枣庄市金融机构统计指标

指标（个）		2008	2009	2010	2011	2012	2012年同比增幅（%）
银行类	法人机构	7	7	7	7	8	14.28
	省级分行	—	—	—	—	—	—
	二级分行	5	6	7	7	8	14.28
	县区支行	73	71	150	153	146	-4.57
	分理处、营业所	288	297	290	297	303	2.02
	储蓄所	9	8	5	—	—	—
	从业人员总数	6870	5774	6235	6541	6871	5.05

续表

指标（个）		2008	2009	2010	2011	2012	2012 年同比增幅（%）
保险类	保险机构	18	19	21	22	29	3.18
	财险机构	10	10	11	11	12	9.09
	省级分公司	—	—	—	—	—	—
	地市分公司	10	10	11	11	12	9.09
	县区支公司	—	—	—	—	—	—
	寿险机构	8	9	10	11	17	54.54
	省级分公司	—	—	—	—	—	—
	地市分公司	8	9	10	11	17	54.54
	县区支公司	—	—	—	—	—	—
	从业人员总数	12343	11340	12893	15826	14713	-7.03
	财险人员	2399	1622	2189	2193	2454	11.90
	寿险人员	9944	9718	10704	13633	12259	-10.08
证券类	证券机构	—	—	—	—	—	—
	证券公司	1	1	1	2	2	0
	证券营业部	2	4	4	5	5	0
	证券服务部	—	—	—	—	—	—
	从业人员总数	40	38	41	52	66	26.92
	投资者开户	83632	91565	108797	116513	128593	10.37
	境内上市股票支数	—	—	—	—	—	—
	境外上市股票支数	—	—	—	—	—	—
	辖区上市公司总数	—	—	—	—	—	—

枣庄市主要金融机构业务概况

单位：亿元

单位名称	本外币存款余额	人民币单位存款	人民币储蓄存款	本外币贷款余额	人民币短期贷款	人民币中长期贷款
农发行枣庄市分行	7.91	7.91	—	49.50	18.84	30.57
工行枣庄分行	201.13	86.60	112.84	196.61	60.02	133.06
农行枣庄市分行	191.49	64.56	124.70	159.78	67.61	89.79
中行枣庄分行	110.96	62.50	44.88	98.66	26.23	68.31
建行枣庄分行	197.74	89.38	106.38	144.61	23.27	116.04
交行枣庄分行	1.41	—	0.14	—	—	—
枣庄银行	90.49	63.15	27.20	60	40.46	1.85
农信社枣庄市办事处	247.47	40.42	205.31	188.28	158.34	16.58
邮储银行枣庄市分行	78.20	8.13	70.07	11.36	6.29	5.07
滕州建信村镇银行	1.02	0.81	0.02	0.91	0.80	—

枣庄市各县级区域经济金融主要统计指标

名称	人口（万人）	面积（平方公里）	地区生产总值（亿元）	地区生产总值增速（%）	本外币存款余额（亿元）	储蓄存款（亿元）	本外币贷款余额（亿元）
滕州市	169.07	1494.24	830.85	11.3	390.70	260.76	407.40
薛城区	42.86	422.71	246.52	9.4	198.56	112.75	103.10
峄城区	39.33	635.01	139.88	11.2	58.30	37.67	56.85
台儿庄区	31.37	533.30	138.86	9.2	57.53	39.61	42.49
山亭区	50.99	1018.93	104.63	9.3	56.17	40.98	36.59
高新区	8.06	85.11	53.86	17.3	21.14	14.44	9.16
市中区	53.15	373.92	180.11	10.7	315.93	179.02	242.83

一、强力推进农村支付环境建设，在全省率先实现了村支付环境建设“双百”目标；央视新闻频道以《山东枣庄：村村都有POS机 农民刷卡成时尚》为题进行了报道。

二、扎实推进信用体系试验区建设。一是与高新区管委会联合印发了《关于“创建信用高新区”促进高新技术产业加快发展的意见》；二是以台儿庄为试点，全面启动农村信用体系试验区创建工作；三是深化农村青年信用示范户创建，评定2.3万户；四是扎实推进机构信用代码推广应用，累计发放2.5万余家。

三、努力提升涉外企业服务质量。一是推进货物贸易外汇管理改革，连续8年被人行济南分行授予“青年文明号”荣誉称号；二是设计开发了银行结售汇信息管理系统，并在全省运行；三是成功举办了全市国际收支知识现场竞赛和跨境人民币业务竞赛；四是强化监管，对3家银行违规行为立案查处；五是累计完成跨境人民币业务18.2亿元，是上年同期的3.53倍。

四、着力提高人民币流通管理水平。一是成功运行了国库会计数据集中系统和国库与财政库款电子对账系统；二是开展了对国债收款单催兑清兑的专项治理；三是正式运行了发行基金物流管理系统。

五、以“宣传金融政策、普及金融知识、支持经济转型、服务民计民生”为主题，稳步推进“送金融知识进村社企校”活动，先后组织开展了涉外企业外汇政策培训、金融IC卡推广应用宣传、志愿帮扶等一系列活动。

【金融监管】 2012年，人行枣庄市中支认真履行法定职责，维护区域金融和谐稳定。一是组织召开了全市金融系统“两管理、两综合、一保护”工作会议、情况通报会和金融消费者权益保护联席会；二是开展了反洗钱、金融统计和金融稳定重大事项报告专项执法检查；三是与市消协联合印发了《金融消费者满意单位评选办法（暂行）》，金融消费者权益保护中心全年受理消费者投诉58件，投诉处理解决率和群众满意率达到100%。

【外汇管理】 2012年，外管局枣庄市中心支局以防范风险、稳步推进货物贸易改革为重点，推动各项工作深入开展。

一、支持企业资本运作，指导境外投资。该局积极搭建信息平台，通过实行“先行介入机制”，即：在境外投资项目报批之前，与市商务局、发改委等涉外部门联系沟通，对企业项目中涉及资金运作方面进行政策指导，疏通资金流通渠道。当年，全市境外投资项目出现跨越式发展，投资总额高达2.01亿美元。

二、加强部门间协作，提高外商投资企业年检成效。一是加强与商务、工商、税务、海关部门的协作，召开了联合年检工作会议；二是开展“外汇年检送政策”宣传活动，被省分局授予“外汇年检优秀单位”荣誉称号。

三、发挥窗口指导作用，优化涉外经济发展外汇环境。一是印发了《关于进一步改进外汇管理，支持全市涉外经济平稳较快发展的意见》；二是局领导多次带队调研，对企业提出的境外投资和外汇结算问题做出详尽的解答和说明，实现了与企业信息的双向交流。

四、强化跨境资金监测分析，促进外汇管理方式转变。一是进一步完善快速反馈和持续跟踪机制，为管理决策提供参考；二是先后开展了跨国公司和关联企业跨境外汇资金流动监管、跨境人民币结算对国际收支及结售汇统计的影响等多项专题调查；三是密切跟踪人民币升值背景下出口企业生存能力变化。

【金融改革】 2012年，枣庄市金融机构继续深化金融改革，为业务发展提供了新的动力。一是台儿庄农商银行顺利挂牌开业，交行枣庄分行正式对外营业，初步形成了多元竞争、错位发展的金融组织体系；二是中行枣庄分行根据当地情况，组建了标准化流水线作业的中小企业“信贷工厂”；三是省联社枣庄办事处全面实施“业务和服务创新战略”，积极推行商户集群模式，加快商户信用联盟体系建立，支持小微企业发展。

【精神文明建设】 2012年，枣庄市金融系统坚持把精神文明建设摆在重要位置，积极加强和改进金融服务，受到社会各界广泛好评。

一、人行枣庄中支及所辖台儿庄支行、薛城区支行被评为“省级文明单位”，薛城支行被评为枣庄“市级文明服务窗口”，滕州支行被评为“市级文明单位”；李耀峰、杨青荣获总行公德奖。

二、农发行枣庄分行5家区县支行被评为省行级“精神文明先进单位”；农行枣庄分行荣获第2届“文明单位”荣誉称号，连续2年被省文明委评为省级文明系统；建行枣庄分行下辖市中区支行被省委、省政府授予“精神文明单位”，文化路支行被总行评为“规范服务、创先争优系列活动先进集体”。

三、省联社枣庄办事处积极加强企业文化建设，进一步提升农信品牌形象；滕州农商银行被山东省质检局评为“服务名牌”；恒泰合行被人行济南分行授予“山东省银行业金融机构现金服务示范网点”。

【大事记】 3月6日 滕州农商银行举行存款超100亿元庆祝大会。省联社副主任郇涛、滕州市委书记董沂峰应邀出席大会。

3月19日～21日 建行山东省分行副行长张维国到建行枣庄分行调研指导工作。

3月21日 枣庄市政府召开全市金融运行分析会议。

4月12日 全市金融支持农业和文化旅游业发展推进会召开，副市长霍高原主持会议，人行济南分行副行长李建文、市长张术平出席会议并讲话。

5月22日 人行济南分行和枣庄市政府联合举办“2012枣庄市答谢省级银行机构暨城市转型重点项目推介会”。人行济南分行行长杨子强，枣庄市委书记陈伟、市长张术平，各驻济省级分行有关负责人出席了会议。

6月4日 银监会批准筹建交行枣庄分行。

6月15日 人行枣庄市中支组织召开全市金融消费者权益保护工作联席会议第一次会议。

6月18日 银监会同意枣庄市商业银行更名为枣庄银行。

7月1日 邮储枣庄市分行迁址至新城区。

8月10日 枣庄市政府组织召开民营经济和重点项目建设工作会议，市长张术平对金融支持民营经济和重点项目建设工作给予充分肯定。人行枣庄市中支行长陈宜民作了重点发言。

8月22日 人行枣庄中支联合市中小企业局、市工商联开展“百优中小企业”信贷服务专题讲座，全市293家中小企业财务经理参加了讲座。

9月17日 枣庄市政府、人行枣庄市中支、中债信用增进投资股份有限公司三方签署《区域集优直接债务融资合作框架协议》。

9月24日～25日 建行全国部分重点分行信访维稳工作座谈会在枣庄召开，建总行副行长、纪委书记朱洪波出席会议并讲话。

10月11日 人行枣庄中支团委和市中区团委联合召开“送金融知识下乡，助农村青年创业”活动动员会议。

11月1日 枣庄市农民专业合作社联合会和枣庄市金土地融资担保有限公司成立大会在新城市政大厦召开。

11月14日 建行山东省分行行长薛峰、副行长李文达莅临枣庄，出席建行山东省分行、枣庄市政府战略合作签约仪式。

11月27日 山东台儿庄农村商业银行股份有限公司举行开业庆典。

12月4日 山东银监局颁发金融许可证，同意交行枣庄分行开业。

12月5日 枣庄银行幸福卡(磁条卡)正式向人行枣庄市中支申报。

12月26日 枣庄银行幸福卡(IC卡)正式向人行枣庄市中支申报。

12月28日 交行枣庄分行正式对外营业。

(谢　颖　邢衍栋)

滕州市

【经济金融概况】 2012年，滕州市金融机构紧紧围绕经济社会发展战略，努力克服信贷规模控制和风险防控压力加大等制约，不断深化金融创新，推进银企对接，增加信贷投入，信贷运行好于预期，各项贷款平稳增长，为全市经济社会持续快速发展发挥了强有力的资金支撑作用。

【金融发展与改革】 2012年，人行滕州市支行认真贯彻落实国家货币信贷政策，用科学发展观统领全局，以创新发展为动力，以深化标准化建设为重点，以提高履职效能为中心，进一步夯实基础，各项工作取得显著成效。一是实施创建金融示范区工程，扶持大项目大集团和产业集群发展；二是实施金融管理标准化工程，深化“221工程”建设；三是实施助农取款示

滕州市主要经济指标

经济指标	2011	2012	2012年同比增幅(%)	经济指标	2011	2012	2012年同比增幅(%)
土地面积(平方公里)	1496	1496	0	地方财政支出(亿元)	58.60	65.82	12.3
人口(万人)	169.11	169.07	0.02	全社会固定资产投资(亿元)	365.80	373.69	22.5

续表

经济指标	2011	2012	2012年同比增幅(%)	经济指标	2011	2012	2012年同比增幅(%)
城镇人口(万人)	52.80	52.8	0	进出口总值(万美元)	43400	40754	-6.1
乡村人口(万人)	116.31	116.27	0.03	出口总值(万美元)	36573	--	-3.4
地区生产总值(亿元)	728.13	830.85	11.30	实际利用外资(万美元)	4341	5627.3	29.6
第一产业(亿元)	61.93	65.14	4.2	社会消费品零售总额(亿元)	216.35	248.91	15.1
第二产业(亿元)	386.21	453.45	13.9	居民消费价格指数(%)	--	--	--
第三产业(亿元)	279.99	312.26	9.0	人均地区生产总值(元)	45329	49142	8.41
财政总收入(亿元)	89.58	112.29	4.5	城镇居民可支配收入(元)	20193	22960	13.7
地方财政收入(亿元)	41.15	54.37	16.0	农民人均现金收入(元)	9287	10633	14.49
财政总支出(亿元)	58.62	65.82	12.3				

滕州市主要金融指标

金融指标(亿元)	2011	2012	2012年同比增幅(%)	金融指标(亿元)	2011	2012	2012年同比增幅(%)
本外币存款余额	328.76	391.72	19.15	财险收入	1.7	2.3	35.29
人民币存款余额	328.30	390.92	19.07	寿险收入	8.3	8.5	2.4
单位存款	113.83	128.24	12.66	财险赔款	0.6	0.8	33.33
储蓄存款	213.88	260.76	21.91	寿险给付	0.8	0.8	0
本外币贷款余额	373.14	408.10	9.37	当年结益	--	--	--
人民币贷款余额	372.90	407.40	9.25	证券市场交易总额	115.00	84.00	-26.96
短期贷款	144.40	173.83	20.38	投资者保证金余额	0.7	0.77	10
中长期贷款	225.95	224.28	-0.73	证券账户开户数	3390	2140	-36.87
票据融资	2.80	9.04	223.43	证券交易佣金收入	0.25	0.17	-0.32
当年结益	12.94	14.24	10.04	净利润	0.13	0.08	-0.05
不良贷款余额	4.14	5.32	28.50				

滕州市主要金融机构概况

单位名称	行长(或其他称谓的第一负责人)	副行长(或其他称谓的同级领导)	员工总数	辖内营业网点数
人行滕州市支行	刘玉栋	邱邵环 王勇	56	1
银监会滕州办事处	甄久民	杨润普	2	1
农发行滕州支行	周长民	姜传胜 韩鹏	25	1
工行滕州支行	张守贺	蒋志 董业沛 杨列国 郭长春 陈岩平 赵连江 周玉升	193	14
农行滕州支行	肖波	付洪标 王延栋 张学广 王克建 李洪	350	24
中行滕州支行	宋毅	赵英杰 潘奉芹 魏艳芳	111	5
建行滕州支行	邢鸿雁	宗明章 张恒生 渠云 马杰 倪寺春	165	11

续表

单位名称	行长（或其他称谓的第一负责人）	副行长（或其他称谓的同级领导）	员工总数	辖内营业网点数
枣庄银行滕州支行	张德安	兰秀锦	72	4
滕州农村商业银行	金　强	张联科　李继堂　姜　洪 刘广峰　陈　涛　刘思宏	865	65
邮储银行滕州支行	杨　佳	刘　政	106	4
滕州建信村镇银行	王力强	马　骏　陈洪涛　张金国	21	1
济宁银行枣庄滕州支行	赵建洪	宋　程	43	2

滕州市主要金融机构业务概况

单位：亿元

单位名称	本外币存款余额	人民币单位存款	人民币储蓄存款	本外币贷款余额	人民币短期贷款	人民币中长期贷款
农发行滕州市支行	3.50	3.50	--	11.50	5.28	6.12
工行滕州支行	63.68	26.56	36.86	94.07	29.47	64.33
农行滕州支行	90.85	25.49	64.77	97.23	40.48	54.40
中行滕州支行	26.67	14.75	11.23	37.90	7.94	28.92
建行滕州支行	48.04	20.59	26.89	69.48	8.98	60.50
滕州农村商业银行	108.37	17.5	90.47	79.56	68.60	7.76
济宁银行滕州支行	8.46	6.72	1.74	6.77	5.76	0.15
枣庄银行滕州支行	13.22	9.78	3.43	8.08	5.50	0.50
邮储银行滕州支行	27.70	2.54	25.15	2.59	1.01	1.58
滕州建信村镇银行	1.02	0.81	0.21	0.91	0.91	--

范工程，实现农村支付环境建设“双百”目标；四是实施效能管理积分考核工程。

【金融服务与监管】　2012 年，人行滕州市支行提高服务水平，强化金融管理。一是发挥金融“一站式”服务大厅作用，积极开展“践行雷锋精神，争创文明窗口”活动；二是成立领导小组，制定三年规划及实施方案，与市教育局、公安局和司法局等部门沟通，发挥联动优势，组织开展金融知识进村镇、进社区、进学校、进企业活动；三是印发了《关于向社会各界征求意见的一封信》，广泛开展政风行风评议活动；四是切实加强对金融机构的监管，探索形成了基层央行“两管理、两综合，一保护”执法新模式。

（邱绍环　宋春雨）

薛城区

【经济金融概况】　2012 年，薛城区金融机构认真执行稳健货币政策，加大对实体经济的信贷投入，支持中小微企业和地方经济平稳较快发展。

一、信贷投放平稳增长。一是企业经营性贷款增势明显，全区单位短期经营贷款和贸易融资较年初分别增加了 7.31 亿元和 1.96 亿元，同比分别多增 1.44 亿元和 1.58 亿元；二是中长期贷款增速放缓，其中房地产开发贷款较年初减少 2.68 亿元；三是社会融资总量呈现较快增长，年末全区社会融资总量 191.08 亿元，较年初增加 43.37 亿元，多渠道多形式地支持了重点项目、中小企业的发展。

二、存款总量大幅多增，结构调整明显。截至年末，薛城区本外币存款余额同比多增 9.10 亿元，单位保证金存款、储蓄存款分别较年初增加 5.02 亿元、23.23 亿元，而单位活期存款、定期存款较年初分别减少了 2.78 亿元、6.40 亿元，呈现深幅回调。

【金融发展与改革】　2012 年，人行薛城区支行积极引导金融机构创新信贷产品。一是联合经信局、中小企业局组织开展了“政银企”项目对接，协助区政府与建行枣庄分行签订了《战

薛城区主要经济指标

经济指标	2011	2012	2012 年同比增幅（%）	经济指标	2011	2012	2012 年同比增幅（%）
土地面积（平方公里）	421.23	421.23	0	地方财政支出（亿元）	12.69	15.21	19.91
人口（万人）	42.84	43.92	2.52	全社会固定资产投资（亿元）	116.03	150.73	29.9
城镇人口（万人）	17.1	18.52	8.3	进出口总值（万美元）	8106	8030	-0.9
乡村人口（万人）	25.74	25.4	1.32	出口总值（万美元）	3753	5817	55.00
地区生产总值（亿元）	117.53	246.52	9.45	实际利用外资（万美元）	546	2537	3.6
第一产业（亿元）	11.98	11.69	4.80	社会消费品零售总额（亿元）	51.37	64.67	14.9
第二产业（亿元）	71.53	195.58	9.69	居民消费价格指数（%）	—	—	—
第三产业（亿元）	34.02	39.25	9.64	人均地区生产总值（元）	31956	56129	75.64
财政总收入（亿元）	19.05	33.60	15.24	城镇居民可支配收入（元）	20193	22960	13.7
地方财政收入（亿元）	5.36	10.67	15.10	农民人均现金收入（元）	8432	9587	15.5
财政总支出（亿元）	19.05	33.60	15.24				

注：因 2012 年度薛城区划有所调整，导致部分数据变化较大。

薛城区主要金融指标

金融指标（亿元）	2011	2012	2012 年同比增幅（%）	金融指标（亿元）	2011	2012	2012 年同比增幅（%）
本外币存款余额	203.07	226.05	11.32	财险收入	0.5	0.8	60
人民币存款余额	202.95	225.88	11.30	寿险收入	3.6	4.2	16.67
单位存款	96.15	96.21	0.06	财险赔款	0.2	0.3	50
储蓄存款	104.04	127.27	22.33	寿险给付	0.4	0.4	0
本外币贷款余额	95.07	107.70	13.29	当年结益	—	—	—
人民币贷款余额	95.07	107.70	13.29	证券市场交易总额	90.00	70.60	-21.56
短期贷款	44.88	52.39	16.73	投资者保证金余额	0.42	0.60	42.86
中长期贷款	43.84	46.11	5.18	证券账户开户数（户）	1800	5459	203.28
票据融资	6.35	9.19	44.72	证券交易佣金收入	0.14	0.09	-35.71
当年结益	4.31	4.27	-0.93	净利润	0.09	0.04	-55.56
不良贷款余额	2.46	2.07	-15.85				

薛城区主要金融机构概况

单位名称	行长（或其他称谓的第一负责人）	副行长（或其他称谓的同级领导）	员工总数	辖内营业网点数
人行薛城区支行	马亚东	朱运喜 吴敬普 侯贺磊 黄晓天	57	1
银监会薛城区办事处	杨位干		3	1
农发行薛城区支行	李振华	张裕明	17	1
工行薛城支行	吕金宝	李海峰 孟 文 陈凤阳	107	6

续表

单位名称	行长（或其他称谓的第一负责人）	副行长（或其他称谓的同级领导）	员工总数	辖内营业网点数
农行薛城支行	刘天源	俞学朋　潘绪新　李雪彬	115	8
中行薛城支行	岳　辉	黄　辉　刘秀梅	61	3
建行薛城支行	刘　磊	赵云辉　赵　静	47	2
建行枣滕矿区支行	丛方中	张东昌	75	4
枣庄银行薛城支行	钟　永	何　晶	26	1
枣庄恒泰农村合作银行	王　伟	王光峰　孙法超 王　震　王　辉	396	30
邮储银行薛城支行	赵海英	殷玉侠　刘　伟	50	14

薛城区主要金融机构业务概况

单位：亿元

单位名称	本外币存款余额	人民币单位存款	人民币储蓄存款	本外币贷款余额	人民币短期贷款	人民币中长期贷款
农发行薛城区支行	0.42	0.42	--	5.14	0.84	4.30
工行薛城支行	38.03	16.12	21.83	21.69	8.43	13.26
农行薛城支行	24.47	6.90	17.52	12.98	6.32	6.66
中行薛城支行	14.95	5.85	8.90	10.90	0.81	8.99
建行薛城支行	61.19	27.54	33.01	17.06	4.00	13.06
枣庄银行薛城支行	35.98	30.58	5.40	13.40	11.24	0.31
枣庄恒泰农村合作银行	41.82	8.27	32.49	30.09	20.90	2.95
邮储银行薛城区支行	9.05	0.94	8.11	1.57	0.69	0.88

略合作协议》，组织金融机构与 19 家重点优质中小企业实施帮扶对接，引导金融机构开办了小微商户集群、助保金、小企业成长、小微企业大联保体等贷款创新产品；二是建立了 101 家文化产业企业项目库，从中筛选出 25 家优质企业或项目及时向银行机构推介对接，成功发放了非物质文化遗产贷款第一单；三是引导金融机构加大棚改工程的信贷投入，年末棚户区改造贷款余额 5.98 亿元，较年初增长 202.02%；四是联合农业部门制定《金融支持农村专业合作社健康发展指导意见》，以农民专业合作社、专业市场和同业协会为平台组成大联保体。

【金融服务与监管】　2012 年，人行薛城区一是组织对辖区 9 家银行机构、7 家保险机构进行了综合评价，对 1 家 C 级金融机构进行了综合执法检查；二是开展了非居民人民币业务、重大事项报告、金融统计业务专项执法检查；三是切实维护辖区金融稳定，成功拦截一起 500 万元票据诈骗案；四是积极推行零残币兑换“首兑负责制”，兑换客户满意度达 100%；五是开展征信宣传和机构代码应用培训，积极推进区域征信体系建设；六是加大金融宣传力度，提高社会公众对金融的认知度。

（连吉发　刘存龙）

台儿庄区

【经济金融概况】　2012 年，台儿庄银行机构认真贯彻适度宽松的货币政策，有力促进了地方经济平稳较快发展。截至年末，贷款增幅高出全省平均增幅 40.86 个百分点；当年新增贷款较前 6 年新增贷款总和还多出 3242 万元；新增存贷比 231.89%，位居全省第一，高出全省 168.27 个百分点。

台儿庄区主要经济指标

经济指标	2011	2012	2012年同比增幅（%）	经济指标	2011	2012	2012年同比增幅（%）
土地面积（平方公里）	538.5	538.5	0	全社会固定资产投资（亿元）	63.64	84.47	20.0
人口（万人）	31.32	31.37	0.16	进出口总值（万美元）	4450	6377	43.30
城镇人口（万人）	7.72	7.59	-1.68	出口总值（万美元）	4404	5699	29.41
乡村人口（万人）	23.60	23.78	0.76	实际利用外资（万美元）	1020.87	587	-42.50
地区生产总值（亿元）	129.74	138.86	9.20	社会消费品零售总额（亿元）	39.93	45.76	14.60
第一产业（亿元）	13.78	14.45	3.8	居民消费价格指数（%）	--	--	--
第二产业（亿元）	78.55	82.32	9.3	人均地区生产总值（元）	44881	47980	8.7
第三产业（亿元）	37.41	42.10	11.3	城镇居民可支配收入（元）	20193	22960	13.70
财政总收入（亿元）	4.78	6.20	17.8	农民人均现金收入（元）	7167	8099	13.0
地方财政支出（亿元）	10.95	11.88	8.50				

台儿庄区主要金融指标

金融指标（亿元）	2011	2012	2012年同比增幅（%）	金融指标（亿元）	2011	2012	2012年同比增幅（%）
本外币存款余额	51.62	58.13	12.6	财险收入	0.21	0.31	47.62
人民币存款余额	51.60	58.09	12.58	寿险收入	1.38	1.98	43.48
单位存款	17.39	17.71	1.84	财险赔款	0.06	0.14	133.33
储蓄存款	33.63	39.63	17.84	寿险给付	0.05	0.03	-40.0
本外币贷款余额	27.40	42.49	55.07	当年结益	--	--	--
人民币贷款余额	27.40	42.49	55.07	证券市场交易总额	18.28	10.32	-43.54
短期贷款	19.50	24.79	27.13	投资者保证金余额	0.07	0.09	28.57
中长期贷款	6.79	16.51	143.15	证券账户开户数	693	740	6.78
票据融资	1.10	1.18	7.27	证券交易佣金收入	0.03	0.02	-33.33
当年结益	1.01	1.54	52.48	净利润（万元）	-27.47	-63.94	-132.76
不良贷款余额	0.76	1.34	76.32				

台儿庄区主要金融机构概况

单位名称	行长（或其他称谓的第一负责人）	副行长（或其他称谓的同级领导）	员工总数	辖内营业网点数
人行台儿庄区支行	张北南	提文涛　吴长亚　王洪礼　张裕金　李金涛	46	1
农发行台儿庄区支行	黄新勇	王亦翔　高文敏	18	1
工行台儿庄支行	洪方平	提文海　贾传华　高　杰	25	1
农行台儿庄支行	王　伟	王景国　张　涛	52	1
中行台儿庄支行	姜立民	王福军　孔祥灿	21	1
建行台儿庄支行	傅　刚	宋　鹏　周生华	31	1
枣庄银行台儿庄区支行	吴文东	施晓燕	15	1
台儿庄区农村商业银行	张佰奎	王保军　李维怀　秦　峰　袁成民　马洪波	256	14
邮储银行台儿庄区支行	韩　勇	马加路	56	12

台儿庄区主要金融机构业务概况

单位：亿元

单位名称	本外币存款余额	人民币单位存款	人民币储蓄存款	本外币贷款余额	人民币短期贷款	人民币中长期贷款
农发行台儿庄区支行	1.40	1.40	0	6.66	1.66	5
工行台儿庄支行	9.02	4.89	4.04	6.94	2.54	4.40
农行台儿庄支行	5.20	1.83	3.38	3.08	2.56	0.53
中行台儿庄支行	5.47	3.10	2.34	6.06	3.10	2.95
建行台儿庄支行	8.45	3.75	4.64	3.55	0.76	2.80
枣庄银行台儿庄区支行	0.90	0.46	0.44	1.07	1.05	--
台儿庄区农村商业银行	18.9	1.66	17.2	14.14	12.69	0.27
邮储银行台儿庄区支行	8.21	0.63	7.58	0.98	0.42	0.55

【金融发展与改革】 2012 年，人行台儿庄区支行引导金融机构紧紧围绕区委区政府“古城重建引领城市转型”的战略目标，立足文化旅游业膨胀贷款增量，依托特色加工业推动金融创新，紧跟重点工业项目优化信贷投向，为全区经济实现跨越发展提供了强有力的资金支撑。一是出台了《金融支持文化产业发展繁荣的实施意见》、《古城文化产业园入园文化企业贷款担保管理办法》、《支持地方经济发展绩效考核奖励办法》等指导性文件；二是协助区政府召开了金融联席会、银企对接会、金融运行分析会和座谈会，并通过《呈阅件》和《金融快报》及时向地方党政部门通报货币信贷运行情况。

【金融服务与监管】 2012 年，人行台儿庄区支行不断创新金融服务。

一、创新方式，成功破解农民创业融资难。一是在全国率先开发“农民创业贷款系统”，设立“担保基金”；二是开办“加邮卡”特色加工业贷款；三是创新 4 种贷款方式，整合推出可复制可推广的“道庄模式”，有力激活了特色加工业，成功破解农民创业融资难题。截至年末，全区发放农民创业贷款 9637 万元，扶持农民创业者 3160 人，覆盖全区 183 个自然村，带动 2.8 万农民就业，人均增收 3540 元。

二、积极引导邮储银行创新推出“银河卡”船舶抵押贷款，为金融服务运河经济、支持航运业发展探索出一条成功的商业化运作模式，填补了省内的一项信贷空白。截至年末，已发放该项贷款 37 笔，金额 2630 万元

三、推动文化大发展。全区金融机构采取不同信贷方式，对古城建筑恢复、古运河保护、旅游纪念、旅游餐饮业等文化产业新增贷款近 10 亿元，初步形成金融支持文化产业集群发展态势，为召开第二届中国非物质文化遗产博览会、运河古城晋升国家级文化产业园提供了强有力的资金保障。

四、金融业健康稳定运行。一是不断加强再贷款和存款准备金管理，加强票据市场管理，规范货币市场的发展；二是加强利率管理，防范利率市场风险；三是运用各种监管手段，确保金融业的安全稳健运行。

（李金涛　田文杰）

菏泽市

【经济金融概况】 2012 年，菏泽市大力推进“鲁苏豫皖四省交界地区科学发展高地”建设，经济金融实现平稳较快发展。一是规模以上工业保持了持续较快增长的良好态势，主营业务收入、利润、利税等主要效益指标一直保持 30%左右的增长速度，在全省 17 地市中居领先地位；二是城镇居民的就业渠道不断拓宽，收入保持较快增长，增速高于 GDP 两个百分点，收入结构趋向多元化；三是社会消费品市场平稳增长，农村消费潜力得到释放，增速略快于城镇；四是新增贷款突破 180 亿元，增速和增加额均创新高；五是信贷结构进一步优化，对涉外经济、小微企业和涉农经济等重点区域和薄弱环节支持力度不断加大；六是各项存款快速增长，股市和楼市分流作用减弱，储蓄存款明显多增。

【货币政策实施】 2012 年，人行菏泽中支加大政策支持力度，扎实推进信贷产品和服务方式创新，促进了区域货币信贷政策和地方经济发展的有机结合。一是印发了《关于金融支持菏泽实体经济发展的意见》等 15 个信贷指导意见，先后召开全市信贷调度会、金融运行通报会、货币信贷运行分析会、法人机构座谈会等 10 余次，通报货币信贷政策执行情况并提出工作意见；二是开展信贷政策导向效果评估，提高“窗口指导”的有效性，对偏离政策严重的金融机构下发《信贷调控意见书》；三是建立“多层次、立体式”银企合作机制，举办了形式多样的银

菏泽市经济主要统计指标

指标＼年度	2008	2009	2010	2011	2012	2012年同比增幅（%）
土地面积（平方公里）	12239	12239	12239	12239	12239	0
人口（万人）	925.68	939.44	958.8	966.5	957.27	-0.9
城镇人口（万人）	180.3	184.06	187.7	205.51	206.9	0.7
乡村人口（万人）	745.38	755.38	771.1	760.99	750.37	-1.4
地区生产总值（亿元）	821.79	953.64	1145.01	1475.68	1787.36	13
第一产业（亿元）	195.51	205.19	220.18	228.04	241.01	3
第二产业（亿元）	415.15	496.2	591.89	793.09	974.22	16.2
工业（亿元）	355.54	416.18	494.47	683.90	858.05	17.6
建筑业（亿元）	59.61	80.02	95.41	109.19	116.17	6.3
第三产业（亿元）	211.13	252.24	332.94	454.55	572.13	12.3
人均地区生产总值（元）	10051	10151	11942	15268	18671	22.3
地区生产总值构成（%）	100	100	100	100	100	--
第一产业（%）	23.8	21.5	19.2	15.5	13.5	-2
第二产业（%）	50.5	52	51.7	53.7	54.5	0.8
第三产业（%）	25.7	26.5	29.1	30.8	32	1.2
财政总收入（亿元）	91.22	101.91	144.3	194.56	230.6	18.5
地方财政收入（亿元）	50.48	60.57	84.69	111.59	140.3	25.7
财政总支出（亿元）	--	--	--	--	--	--
地方财政支出（亿元）	115.43	141.03	186.96	231.38	281.49	21.7
全社会固定资产投资（亿元）	380.63	475.41	582.9	552.29	687.11	23.5
规模以上固定资产投资（亿元）	380.63	475.41	582.9	552.29	687.11	23.5
房地产开发（亿元）	44.6	62.09	106.23	148.53	176.31	18.7
进出口总值（亿美元）	9.94	12.58	17.6	27.32	31.78	15.9
出口总值（亿美元）	8.37	8.71	12	14.41	15.3	6.1
实际利用外资（亿美元）	1.08	0.85	1.1	0.80	16.48	26.7
社会消费品零售总额（亿元）	484.99	567.7	656.57	775.2	894.19	15.4
居民消费价格指数（%）	104.1	99.5	102.5	104.1	101.7	-2.4
城市居民人均可支配收入（元）	11581	12737	14419	16658	19140	15
农民人均现金收入（元）	4584	5047	5655	7119	8187	15

注：表格中空缺的地方是因为市（县、区）缺乏相关统计数据所致，特此说明。

菏泽市工农业主要统计指标

农业主要统计指标（万吨）				规模以上工业企业主要统计指标（亿元）			
项目＼年度	2011年	2012年	增幅（%）	项目＼年度	2011年	2012年	增幅（%）
粮食	586.09	638.45	8.9	工业增加值	--	--	20.8
夏粮	363.67	377.25	3.7	国有工业	--	--	0.1
秋粮	222.42	261.19	17.4	集体工业	--	--	27
棉花	23.18	19.01	-18	股份制工业	--	--	24.3
油料	23.56	24.13	2.4	股份合作制工业	--	--	8.9
水果	59.62	59.16	-0.8	外商及港澳台投资工业	--	--	21.8

续表

农业主要统计指标（万吨）				规模以上工业企业主要统计指标（亿元）			
项目 \ 年度	2011 年	2012 年	增幅（%）	项目 \ 年度	2011 年	2012 年	增幅（%）
蔬菜	946.12	950.01	0.4	轻工业	--	--	23.3
肉类	60.03	63.06	5	重工业	--	--	18.9
禽蛋	38.43	40.4	5.1	销售收入	3397.36	4424.82	28.5
奶类	6.58	6.75	2.6	利税	457.24	600.6	29.7
水产品	13.21	11.82	-10.52	利润	287.52	371.11	27.9
森林覆盖率（%）	33.6	33.6	0	经济效益综合指数（%）	357.41	351.16	-6.25

菏泽市主要金融机构概况

单位名称	行长（或其他称谓的第一负责人）	副行长（或其他称谓的同级领导）	员工总数	辖内营业网点数
人行菏泽市中心支行	陈　刚	周登宪　石建民　郑　丽 武富民　孟宪东 王宝运　李忠民	402	9
银监会菏泽监管分局	党明娜	朱凤德　孔凡申 杨爱军　王思钦	62	1
农发行菏泽市分行	单民生	刘浩然　杨其斌	232	9
工行菏泽分行	冯建军	黄腾坤　刘虎臣　冯万杰 王艳峰　王艳丽　周林建 石崇林　王忠轩　赵　斌	920	51
农行菏泽分行	白　明	郭永常　陈晓明　谭登禄	1456	76
中行菏泽分行	李　波	闫　健　李　晨 尹卫东　焦晓华	580	23
建行菏泽分行	白彤文	朱坤礼　韩卫东　陈俊德 刘明振　王　斌　房秀霞 张益民　周在军	896	35
莱商银行菏泽分行	段　伟	常永峰　段元香	138	8
农信社菏泽市办事处	张效节	杨春河　时　伟 崔玉光　曾庆红	6153	377
邮储银行菏泽市分行	任之国	刘筱琏　陈海东　桑　辉	942	194
中国人保菏泽市分公司	王保清	李　正　陈美华　宋红亚	445	15
齐鲁证券公司菏泽分公司	邵德玉	冯德锋	39	3
中信万通证券公司菏泽营业部	周　敏	朱　鑫	23	1

菏泽市金融业务统计指标

指标（亿元） \ 年度		2008	2009	2010	2011	2012	2012 年同比	
							增加额	增幅（%）
银行类	本外币存款余额	705.54	899.98	1092.56	1326.4	1607.77	281.37	21.21
	人民币存款余额	704.17	898.31	1089.77	1323.32	1602.95	279.63	21.13
	*单位存款	93.09	136.11	133.12	316.67	353.57	36.9	11.65

续表

指标（亿元） \ 年度		2008	2009	2010	2011	2012	2012年同比	
							增加额	增幅（%）
	储蓄存款	531.18	645.42	804.7	983.71	1218.47	234.76	23.86
	本外币贷款余额	484.67	662.72	803.47	877.13	1062.34	185.21	21.12
	人民币贷款余额	483.92	657.5	797.66	872.03	1047.96	175.93	20.17
	短期贷款	307.11	429.51	494.42	509.22	597.61	88.39	17.36
	中长期贷款	164.38	215.51	285.99	334.2	371.93	37.73	11.29
	票据融资	12.41	12.46	17.25	28.6	78.42	49.82	174.20
	当年结益	10.46	11.46	14.71	20.69	27.7	7.01	33.88
	不良贷款余额	107.09	108.86	69.38	44.17	39.29	-4.88	-11.05
	不良贷款占比%	22.1	16.43	8.63	5.04	3.7	-1.34	-26.59
保险类	保险公司保费收入	20.66	26.48	37.52	42.41	47.46	5.05	11.91
	财险收入	4.19	5.46	7.9	9.56	11.56	2	20.92
	寿险收入	16.47	21.02	29.62	32.85	35.9	3.05	9.28
	保险公司赔款和给付支出	5.74	6.21	7.7	8.67	10.03	1.36	15.69
	财险赔款	2.43	2.63	3.42	4.63	5.6	0.97	20.95
	寿险给付	3.31	3.59	4.28	4.05	4.43	0.38	9.38
	当年结益	-1.53	-0.82	0.54	0.6	1.01	0.41	68.33
证券类	证券市场成交总额	174.74	286.36	271.40	227.8	175.69	-52.11	-22.88
	投资者保证金余额	1.23	2.57	2.07	1.51	1.68	0.17	11.26
	证券账户开户数	27483	37166	42460	54044	57051	3007	5.56
	佣金收入	0.48	0.67	0.47	0.34	0.24	-0.1	-29.41
	净利润	0.38	0.4	0.25	0.14	0.08	-0.06	-42.86
	期货市场成交总额	—	—	—	—	—	—	—
	期货客户保证金余额	—	—	—	—	—	—	—
	期货账户开户数	—	—	—	—	—	—	—
	期货手续费收入	—	—	—	—	—	—	—
	利润总额	—	—	—	—	—	—	—

注："*"该项指标2010年前为"企业存款"，其数字亦是如此。

菏泽市金融机构统计指标

指标（个） \ 年度		2008	2009	2010	2011	2012	2012年同比增幅（%）
银行类	法人机构	9	9	9	11	12	9.09
	省级分行	—	—	—	—	—	—
	二级分行	7	8	8	8	8	0
	县区支行	46	55	62	168	153	-8.93

续表

指标（个）		2008	2009	2010	2011	2012	2012 年同比增幅（%）
银行类	分理处、营业所	451	368	368	430	442	2.79
	储蓄所	195	101	187	121	134	10.74
	从业人员总数	8653	11226	12009	12342	12233	-0.88
保险类	保险机构	90	115	121	150	159	6.00
	财险机构	52	69	71	84	89	5.95
	省级分公司	--	--	--	--	--	--
	地市分公司	9	10	11	12	13	8.33
	县区支公司	43	59	60	72	76	5.56
	寿险机构	38	46	50	66	70	6.06
	省级分公司	--	--	--	--	--	--
	地市分公司	6	9	9	11	14	27.27
	县区支公司	32	37	41	55	56	1.82
	从业人员总数	12794	14209	15819	19994	20387	1.97
	财险人员	3012	2294	2763	3071	3416	11.23
	寿险人员	9782	11915	13056	16923	16971	0.28
证券类	证券机构	1	1	1	3	4	33.33
	证券公司	--	--	--	--	1	--
	证券营业部	1	1	1	3	3	0
	证券服务部	--	--	--	--	--	--
	从业人员总数	17	19	42	80	62	-22.5
	投资者开户	27483	37166	42460	54044	57051	5.56
	境内上市股票支数	--	--	--	--	--	--
	境外上市股票支数	2	3	3	3	3	0
	辖区上市公司总数	2	3	3	3	3	0

菏泽市主要金融机构业务概况

单位：亿元

单位名称	本外币存款余额	人民币单位存款	人民币储蓄存款	本外币贷款余额	人民币短期贷款	人民币中长期贷款
农发行菏泽市分行	7.41	7.41	--	69.01	64.4	4.61
工行菏泽分行	204.24	73.66	129.43	186.95	76.96	102.73
农行菏泽分行	208.81	57.36	151.11	110.88	55.88	55
中行菏泽分行	107.45	44.55	57.72	94.25	32.01	54.3

续表

单位名称	本外币存款余额	人民币单位存款	人民币储蓄存款	本外币贷款余额	人民币短期贷款	人民币中长期贷款
建行菏泽分行	196.66	91.13	103.92	161.14	48.29	92.08
莱商银行菏泽分行	28.7	19.89	8.72	19.6	17.85	0
农信社菏泽办事处	578.75	43.81	533.88	399.26	288.31	55.87
邮储银行菏泽市分行	245	13.41	231.59	18.11	12.17	5.94

菏泽市各县级区域经济金融主要统计指标

名称	人口（万人）	面积（平方公里）	地区生产总值（亿元）	地区生产总值增速（%）	本外币存款余额（亿元）	储蓄存款（亿元）	本外币贷款余额（亿元）
曹　县	158.58	1974	213.93	21.83	171.01	144.99	96.15
单　县	120.94	1670	208.9	12.9	148.32	130.31	99.92
成武县	68.73	988	122.39	15.79	95.37	77.50	59.24
巨野县	101.37	1303	176.07	17.97	160.07	129.38	111.14
郓城县	121.78	1643	228.74	27.47	202.13	170.34	133.87
鄄城县	86.17	1041	121.32	23.9	118.57	101.02	61.72
定陶县	67.94	846	101.7	18.78	92.86	75.08	49.31
东明县	80.65	1370	186.13	25.81	134.72	93.50	120.30

企洽谈会、专项推介会、重点企业及项目调度会、信贷服务企业行、网络对接等活动；四是印发《关于进一步推动动产抵押融资工作的意见》、《菏泽市知识产权质押贷款管理办法》，进一步拓宽抵质押物范围；五是引导金融机构做好林权、钢结构资产和动产抵押等创新产品的试点及推广工作。

【金融稳定】　2012年，人行菏泽中支进一步完善机制，切实提升风险监测水平，增强银行业稳健性评估实效，维护了辖区金融稳定。

一、出台《银行业金融机构重要事项报告管理办法》，拓展了报告的内涵与外延；并与辖内10家金融机构一把手签订《防范金融风险、维护金融稳定责任书》，明确了责任，完善了金融稳定工作协调机制和风险处置机制。

二、创新保险业金融稳定管理方式，出台《保险机构突发事件应急预案》和《保险业金融机构重大事项报告管理办法》，强化监测预警、规范处置措施，有效提升了保险业金融机构突发事件应急处置能力。

【金融服务】　2012年，人行菏泽中支积极开展金融创新，不断提高服务水平。一是深入推进银行卡助农取款工作，大力推广电话转账业务，安装ATM机、农民自助服务终端，ATM和电话POS布放量、行政村基础设施总布放量等多项指标居全省前列；二是制定农村信用体系建设工作意见，与团市委联合召开农村青年信用示范户创建推进会，农村信用环境进一步优化；三是做好金融机构现金投放回笼调度，组织开展反假货币宣传月活动；四是与商务局、工商局等部门组织联合年检，方便外商投资企业办理业务；五是联合市纪委、市综治委成立领导小组，提前完成存量机构信用代码证发放；六是规范综合服务大厅管理，组织服务标兵评选，不断提高政务公开、政务服务水平。

【金融监管】　2012年，人行菏泽中支不断加大金融监管力度，维护了辖内金融稳定。一是扎实开展“两管理、两综合”，对辖区33家金融机构进行综合评价，对7家新设银行业金融机构组织开业考核验收，推广应用金融管理服务系统；二是依法开展金融统计、征信业务、反洗钱等执法检查12项，检查对象涉及商业银行、保险公司、村镇银行等金融机构；三是挂牌成立菏泽市及各县金融消费者权益保护中心，处理支付结算异议和纠纷67起，调查处理金融消费者投诉纠纷53起，满意率100%。对此，《菏泽日报》、《牡丹晚报》以“菏泽人行打造社会满意金融”等为题进行了专题报道。

【外汇管理】　2012年，外管局菏泽市中心支局切实加强监管和服务，取得了明显成效。

一、认真传导外汇政策，支持和服务涉外经济发展。印发《关于进一步改进外汇管理、支持全市涉外经济平稳较快发展的意见》，开展"外汇政策传导暨汇银企合作示范点"建设活动，促进外汇政策传导和汇银企合作。

二、优化服务，促进贸易投资便利化。积极推进货物贸易外汇管理改革，实施企业分类管理，简化资本项下业务流程和审批程序，取消多项外汇核准业务，便利了企业跨境投融资发展。

三、以风险防范为立足点，外汇监管执法工作扎实有效。一是深化非现场检查工作，发现可疑线索 12 条；二是先后对 4 家涉外企业资本金结汇情况开展现场检查，对工行菏泽分行及其分支机构开展了资本业务合规性专项检查；三是积极开展经常和资本项目重点核查，对 23 家企业进行现场核查，核查银行违规信息 12 条。

【金融改革】 2012 年，菏泽市金融机构积极推进各项改革，取得了良好效果。

一、省联社菏泽办事处研究制定了《县级联社部室设置指导意见》，明确要求班子成员兼任部分部室经理，精简了管理层次，提高了工作效率；同时减少中层编制，充实基层力量，加速了人才培养。

二、邮储菏泽分行新成立了党群工作部，撤销财务会计部成立了计划财务部和会计结算部，进一步明确了岗位职责。

【保险业务】 2012 年，菏泽保险业积极转变发展方式，努力提高服务水平，为全市经济改革和发展提供了良好的保障支撑。

一、保险业务平稳较快发展。一是保费收入增幅居全省第 2 位，农业保险、责任险和企财险等保持均衡较快发展态势；二是机动车和企财两大主要险种减亏幅度不断加大，经营效益不断提升。

二、持续加强行业自律，促进保险市场规范发展。菏泽市保险行业协会一是修订完善各类自律公约；二是采取现场检查、暗访、抽调公司人员互查等形式，多次开展自律执行情况检查，有效制止了个别公司的恶性竞争行为。

三、菏泽市保险行业协会建立健全各项代理人考试规章，完善《保险代理人电子化考试管理办法》、《规范操作手册》和《电子化考试自律公约》，形成了一套切实可行、较为详细的制度体系。

【证券市场】 2012 年，菏泽证券公司和营业部积极开拓市场，各项业务较快发展。

齐鲁证券菏泽分公司一是不断完善服务网络，加大对机构客户的服务力度；二是强化内控制度建设，根据风险点进一步完善业务流程和岗位职责；三是扎实开展反洗钱工作，将客户身份识别、保存客户账户资料、交易记录、大额交易、可疑交易报告工作真正落实到实处；四是通过媒体宣传、举办投资报告会等方式提醒客户注意投资风险。

中信万通证券菏泽营业部一是开展新股投资知识专项教育活动，预防客户"炒新"带来的风险；二是积极推广企业债券业务，推进中小企业融资业务发展；三是举办"中信万通杯"炒股大赛，鼓励广大股民在健康有序的环境下进行资金管理投资。

【精神文明建设】 2012 年，菏泽市各金融机构积极加强思想政治教育，深入推进文明窗口和文明岗位创建活动。

人行菏泽中支一是开展"迎接十八大、讲文明树新风"、"科学发展、辉煌成就"等主题教育活动，以"文明在我口中、文明在我手中、文明在我脚下、文明在我心中"为主题，组织员工撰写心得体会；二是加强典型宣传教育，开展了学习"最美精神"、"我推荐我评议身边好人"等活动；三是开展业务竞赛活动 17 项，深入推进文明单位创建；四是开展了"春之声"春节联欢会，职工艺术作品展评、羽毛球比赛、摄影采风等多项文体活动。

莱商菏泽分行一是召开主题为"坚定自控，廉洁高效"的思想道德体系建设推进大会；二是举行"向党的生日献礼"营销活动，并组织机关党员开展"重温入党誓词"宣誓仪式；在人行菏泽中支综合评价中荣获"A 级"，被外管局山东省分局授予"2011 年度山东省国际收支优秀申报单位"荣誉称号。

邮储菏泽分行一是开展思想政治工作评价指标体系试点工作；二是举办庆祝成立 4 周年联欢会，组织"我与邮储共成长"主题征文比赛活动；三是开展元旦、春节送温暖和"慈心一日捐"活动。

省联社菏泽办事处一是先后举办了 3 场新年音乐会、4 场春节晚会和七一晚会；二是在全市范围内组织开展了"特困职工帮扶救助"、"困难员工爱心救助"、"慈心一日捐"活动。

【大事记】 1 月 7 日 省联社菏泽办事处举办新年音乐会。

2 月 6 日 菏泽银监局组织召开全市银行业监管工作会议。

3 月 7 日 人行菏泽中支召开金融管理与服务（银行类）工作会议。

3 月 9 日 单县中银富登村镇银行举行开业庆典。

3 月 19 日 单民生任农发行菏泽市分行党委书记（鲁农发银党〔2012〕18 号）、行长（鲁农发银任〔2012〕24 号）。

3 月 20 日 农行菏泽分行集中监控、集中授权、集中作业平台三大作业中心全部上线运行。

4 月 12 日 菏泽市银企对接会议暨签约仪式成功举行。

4 月 13 日 全市农信社银行卡助农取款业务推进会在曹县召开。

4 月 27 日 菏泽市首笔外资企业股权转让人民币结算业务成功办理。

5 月 15 日 省联社党委书记、理事长宋文瑄一行，在菏泽市委副书记、市长孙爱军陪同下看望"第一书记"并指导帮包工作。

5 月 22 日 邮储菏泽市分行开办个人综合消费贷款业务。

全省村镇银行监管工作会议在曹县召开。

5月24日　全市“百千万”富民工程现场会在单县召开。

6月20日　农发总行夏粮收购调研组来菏泽开展调研工作。

7月27日　冯建军任工行菏泽分行党委书记（工银鲁党委任免〔2012〕33号）。

8月10日　人行菏泽中支举办市级银行与重点项目对接会暨签约仪式。

8月16日　全省农信社审计工作会议在菏泽召开。

8月22日　莱商菏泽分行在郓城召开“一户一策”暨金凤卡营销经验交流会。

8月27日　冯建军任工行菏泽分行行长（工银鲁党委任免〔2012〕42号）。

9月7日　工行菏泽分行与东明县政府战略合作协议签约仪式在东明国际大酒店隆重举行。

9月13日　工行菏泽分行与花都商会举办财富共赢合作协议签约仪式。

9月19日　齐鲁证券菏泽分公司正式成立。

9月20日　陈刚任人行菏泽中支党委副书记（济银党任〔2012〕46号）、副行长（主持工作）（济银任〔2012〕50号）。

9月25日　齐鲁证券菏泽分公司与菏泽市政府签署战略合作协议。

9月26日　莱商银行巨野支行隆重开业。

10月18日　中总行副行长祝树民、中银富登村镇银行董事长王晓明考察曹县中银富登村镇银行。

10月30日　人行济南分行党委书记、行长杨子强出席东明石化重质油综合利用项目竣工投产庆典仪式。

11月19日　邮储菏泽分行开办代理贵金属业务。

12月6日　人行济南分行党委委员、副行长刘克俭带领考核组对人行菏泽中支进行年度考核，并走访慰问离退休干部。

12月19日　人行济南分行党委书记、行长杨子强出席“支持菏泽打造四省交界地区科学发展高地”银企对接会。

12月25日　莱商银行鄄城支行隆重开业。

12月31日　全市跨境人民币结算业务突破50亿元，达到58.59亿元。

（王志华　许加宏）

曹　县

【经济金融概况】　2012年，曹县经济金融健康持续发展，各项社会事业全面进步。一是继续坚持走工业化、农业现代化、农村城市化的路子，经济运行质量和效益稳步提高；二是各项存款和贷款持续稳定增长，信贷结构不断优化，社会资金供求矛盾有效缓解，实现了经济金融的良性互动。

【金融发展与改革】　2012年，曹县金融发展与改革稳步推进。一是人行曹县支行按照“小而有为”的标准切实履行职责；二是国有商业银行实行“一级法人，多级授权”的信贷管理制度，成立审贷委员会，审贷分离，将信贷风险降到最低；三是村镇银行运行平稳，支农效果和政策效应逐步显现。

【金融服务与监管】　2012年，曹县金融机构不断提高服务水平，加快银行电子化和网络化建设步伐，推出了“网上银行”、“银保通”、“农民工银行卡”等业务。

人行曹县支行一是认真执行各项货币政策，不断提高金

曹县主要经济指标

经济指标	2011	2012	2012年同比增幅（%）	经济指标	2011	2012	2012年同比增幅（%）
土地面积（平方公里）	1974.00	1974.00	0	地方财政支出（亿元）	28.96	36.17	24.90
人口（万人）	158.78	158.58	-0.13	全社会固定资产投资（亿元）	44.82	81.95	82.84
城镇人口（万人）	30.2	30.4	0.66	进出口总值（万美元）	38200	44199	15.70
乡村人口（万人）	128.58	128.18	-0.31	出口总值（万美元）	37664	42535	12.93
地区生产总值（亿元）	175.60	213.93	21.83	实际利用外资（万美元）	267	3040	1039
第一产业（亿元）	31.48	33.29	5.75	社会消费品零售总额（亿元）	121.5	139.79	15.05
第二产业（亿元）	96.72	118.40	22.42	居民消费价格指数（%）	104.1	101.7	-2.4
第三产业（亿元）	47.39	62.24	31.34	人均地区生产总值（元）	12832	15636	21.85
财政总收入（亿元）	15.96	26.83	68.11	城镇居民可支配收入（元）	16658	19163	15.04
地方财政收入（亿元）	11.33	15.36	35.57	农民人均现金收入（元）	6991	8072	15.46
财政总支出（亿元）	42.10	49.60	17.81				

曹县主要金融指标

金融指标（亿元）	2011	2012	2012年同比增幅（%）	金融指标（亿元）	2011	2012	2012年同比增幅（%）
本外币存款余额	135.35	171.01	26.35	财险收入	0.23	0.69	200
人民币存款余额	135.15	170.85	26.42	寿险收入	2.08	3.65	75.48
单位存款	21.76	22.23	2.16	财险赔款	0.14	0.45	221.43
储蓄存款	112.21	144.99	29.21	寿险给付	0.57	1.11	94.74
本外币贷款余额	75.85	96.15	26.76	当年结益	1.05	2.02	92.38
人民币贷款余额	75.85	96.15	26.76	证券市场交易总额	--	--	--
短期贷款	59.06	63.84	8.09	投资者保证金余额	--	--	--
中长期贷款	14.63	26.25	79.43	证券账户开户数	--	--	--
票据融资	2.17	6.06	179.26	证券交易佣金收入	--	--	--
当年结益	2.13	2.20	3.29	净利润	--	--	--
不良贷款余额	4.17	3.96	-5.04				

曹县主要金融机构概况

单位名称	行长（或其他称谓的第一负责人）	副行长（或其他称谓的同级领导）	员工总数	辖内营业网点数
人行曹县支行	田本昌	李　岳　陈　雷　刘尊民	33	1
银监会曹县办事处	黄启友		1	
农发行曹县支行	张洪军	谢　军　周永军	28	1
工行曹县支行	朱　宏	栗　明　吕传序　赵振宇	65	5
农行曹县支行	李瑞振	郭守灿　张　雷　曹海良	152	8
中行曹县支行	朱国政	李　燕	48	3
建行曹县支行	姚　峰	李宏伟　秦中玉　陈良凯	52	2
莱商银行曹县支行	邹　涛	孙富国	17	1
曹县农信联社	贾复锋	翟忠庆　秦绍群　姜建伦 姜晓红　陈　超　刘鸿鹏	566	40
邮储银行曹县支行	魏中杰	张宗凯	69	26
曹县中银富登村镇银行	马进兵	丁海平　吕晓霞	48	2

曹县主要金融机构业务概况

单位：亿元

单位名称	本外币存款余额	人民币单位存款	人民币储蓄存款	本外币贷款余额	人民币短期贷款	人民币中长期贷款
农发行曹县支行	0.49	0.49	--	20.74	20.29	0.45
工行曹县支行	16.69	3.66	12.99	6.43	3.43	3
农行曹县支行	28.99	5.58	23.32	5.60	3.27	2.33
中行曹县支行	9.76	1.90	7.77	2.22	1.36	0.85
建行曹县支行	10.20	3.44	6.56	13.11	4.45	8.66
莱商银行曹县支行	2.13	1.33	0.80	1.23	1.23	0
曹县农信联社	61.35	4.26	57.09	43.49	27.84	9.60
邮储银行曹县支行	36.41	0.67	35.74	1.86	1.37	0.49
曹县中银富登村镇银行	1.77	0.91	0.85	1.47	0.60	0.86

融服务质量，较好地支持了地方经济发展；二是充分发挥“窗口指导”作用，加强账户、反洗钱、人民币、国库业务集中支付、外汇等方面的监督管理，取得明显成效。

单　县

【经济金融概况】　2012年，单县积极调整产业结构，不断加大招商引资力度，经济持续稳定增长。银行机构紧紧围绕中小企业、“三农”等重点领域和薄弱环节，加大信贷投放力度，为“保增长、扩内需、调结构”提供了有力支撑，实现了经济与金融的良性互动。

【金融发展与改革】　2012年，单县金融机构不断创新信贷产品，推出钢结构抵押贷款、小企业网络循环贷款、订单融资和国内保理等业务，拓宽了企业融资渠道。

人行单县支行密切关注金融机构改革情况，加强对农信社和农行“三农事业部”改革动态监测，将两家机构存款准备金率下浮1个百分点，推动农信社成功加入全国银行间同业拆借市场。

单县中银富登村镇银行设立，有效缓解了农户和中小企业融资难问题。

单县主要经济指标

经济指标	2011	2012	2012年同比增幅（%）	经济指标	2011	2012	2012年同比增幅（%）
土地面积（平方公里）	1670	1670	0	地方财政支出（亿元）	24.67	37.58	52.33
人口（万人）	123.45	120.94	-2.03	全社会固定资产投资（亿元）	75.7	68.7	21.5
非农业人口（万人）	24.17	23.45	-2.98	进出口总值（万美元）	12161	28333	133.1
农业人口（万人）	99.28	97.49	-1.8	出口总值（万美元）	8927	10029	12.5
地区生产总值（亿元）	176.8	208.9	12.9	实际利用外资（万美元）	15	21	40
第一产业（亿元）	32.4	34.3	3.0	社会消费品零售总额（亿元）	96.3	110.9	15.2
第二产业（亿元）	90.9	108.6	17.04	居民消费价格指数（%）	104.1	101.7	-2.4
第三产业（亿元）	53.5	66.0	12.2	人均地区生产总值（元）	16618	19617	18.0
财政总收入（亿元）	28.67	36.89	28.67	城镇居民可支配收入（元）	14709	16808	14.3
地方财政收入（亿元）	12.5	14.4	15.2	农民人均现金收入（元）	7114	8158	14.7
财政总支出（亿元）	24.67	37.58	52.33				

单县主要金融指标

金融指标（亿元）	2011	2012	2012年同比增幅（%）	金融指标（亿元）	2011	2012	2012年同比增幅（%）
本外币存款余额	121.54	148.32	22.03	财险收入	0.21	0.67	219.05
人民币存款余额	121.49	148.28	22.05	寿险收入	1.15	2.42	110.43
单位存款	16.27	17.57	7.99	财险赔款	0.11	0.31	181.82
储蓄存款	104.43	130.31	24.78	寿险给付	0.40	0.98	145
本外币贷款余额	78.23	99.92	27.73	当年结益	--	--	--
人民币贷款余额	78.23	99.92	27.73	证券市场交易总额	--	--	--
短期贷款	53.17	59.82	12.51	投资者保证金余额	--	--	--
中长期贷款	24.08	35.12	45.85	证券账户开户数	--	--	--
票据融资	0.98	4.98	408.16	证券交易佣金收入	--	--	--
当年结益	2.11	2.07	-1.9	净利润	--	--	--
不良贷款余额	2.18	1.59	-27.06				

单县主要金融机构概况

单位名称	行长（或其他称谓的第一负责人）	副行长（或其他称谓的同级领导）	员工总数	辖内营业网点数
人行单县支行	李节平	杨月启　石永强　解庆涛	31	1
银监会单县办事处	陈中建		1	--
农发行单县支行	王　云	马体超　王向华	20	1
工行单县支行	冷　冰	孔祥明　陈玉亮　王洪锋　刘　军　姜鲁栋　赵　勇	62	5
农行单县支行	吕宗椿	韩　鹏　谢道军　马先平　张广礼	159	8
建行单县支行	孟祥涛	张延波　袁朝晖　史孝俭　袁　建	51	3
莱商银行单县支行	孟献奎	吴　超	19	1
单县农信联社	时培行	时启亭　刘克民　闫　娟　冯　勇　韩照红	566	41
邮储银行单县支行	王建西	谢启亚	83	23
单县中银富登村镇银行	杜清华	闫　强　崔索君　党宇光	35	1

单县主要金融机构业务概况

单位：亿元

单位名称	本外币存款余额	人民币单位存款	人民币储蓄存款	本外币贷款余额	人民币短期贷款	人民币中长期贷款
农发行单县支行	0.8	0.8	--	12.02	11.02	1
工行单县支行	18.99	5.19	13.78	16.71	4.65	12.06
农行单县支行	23.32	3.85	19.44	9.75	3.9	5.85
建行单县支行	10.85	2.82	8.03	13.73	2.67	10.06
莱商银行单县支行	2.14	1.06	1.08	1.18	1.18	0
单县农信联社	60.47	1.52	58.95	44.32	34.32	5.02
邮储银行单县支行	30.78	2.24	28.54	1.79	1.17	0.62
单县中银富登村镇银行	0.97	0.47	0.50	0.76	0.24	0.52

【金融服务与监管】　2012 年，人行单县支行积极发挥窗口指导作用，支持了县域经济和谐健康发展。一是积极提供支付清算、统计、征信等方面的金融服务，银行卡助农取款在全国领先；二是密切关注金融机构经营情况，对账户、反洗钱、现金、国库、外汇管理等进行严格监管，寓监管于服务之中，营造了良好的金融秩序。

成武县

【经济金融概况】　2012 年，成武县坚持科学发展观，着力转方式、调结构，推进战略转型，经济保持了回升向好、快速发展的良好态势。

各金融机构认真贯彻稳健的货币政策，科学安排全年贷款总量和投入节奏，不断加大对重点企业、重点项目及“三农”的信贷支持力度，存贷款增量均创历史最高水平，为全县经济的持续快速发展做出了重要贡献。

成武县主要经济指标

经济指标	2011	2012	2012年同比增幅（%）	经济指标	2011	2012	2012年同比增幅（%）
土地面积（平方公里）	988	988	0	地方财政支出（亿元）	9.95	12	20.60
人口（万人）	68.97	68.73	-0.35	全社会固定资产投资（亿元）	42.77	49.85	16.55
城镇人口（万人）	12.1	11.66	-3.64	进出口总值（万美元）	6156	7230	17.45
乡村人口（万人）	56.87	57.07	0.35	出口总值（万美元）	5698	6541	14.79
地区生产总值（亿元）	105.7	122.39	15.79	实际利用外资（万美元）	422	265	-37.20
第一产业（亿元）	20.2	21.30	5.45	社会消费品零售总额（亿元）	54.6	62.85	15.11
第二产业（亿元）	58.4	67.40	15.41	居民消费价格指数（%）	--	--	--
第三产业（亿元）	27.1	33.69	24.32	人均地区生产总值（元）	15326	19772	29.01
财政总收入（亿元）	17.97	18.9	5.18	城镇居民可支配收入（元）	--	15747	--
地方财政收入（亿元）	5.89	7.37	25.13	农民人均现金收入（元）	7212	8252	14.42
财政总支出（亿元）	16.82	19.10	13.56				

成武县主要金融指标

金融指标（亿元）	2011	2012	2012年同比增幅（%）	金融指标（亿元）	2011	2012	2012年同比增幅（%）
本外币存款余额	78.55	95.37	21.41	财险收入	0.31	0.52	67.74
人民币存款余额	78.53	95.33	21.39	寿险收入	2.01	2.11	4.98
单位存款	14.44	17.2	19.11	财险赔款	0.15	0.31	106.67
储蓄存款	63.01	77.50	23	寿险给付	0.05	0.06	20
本外币贷款余额	49	59.24	20.9	当年结益	--	--	--
人民币贷款余额	49	59.24	20.9	证券市场交易总额	--	--	--
短期贷款	37.78	46.40	22.82	投资者保证金余额	--	--	--
中长期贷款	11.22	11.93	6.33	证券账户开户数	--	--	--
票据融资	0	0.9	--	证券交易佣金收入	--	--	--
当年结益	1.28	1.53	19.53	净利润	--	--	--
不良贷款余额	2.69	2.44	-9.29				

成武县主要金融机构概况

单位名称	行长（或其他称谓的第一负责人）	副行长（或其他称谓的同级领导）	员工总数	辖内营业网点数
人行成武县支行	潘　伟	祝令超　朱瑞密　张明芳	28	1
银监会成武县办事处	张　春		1	--
农发行成武县支行	王东方	李自强　张传周　刘子玉　徐　辉	22	1
工行成武支行	谢　磊	邵金岭　谢建新　仪维华　李以学	45	2
农行成武支行	王云升	柴　彪　张冠涛	93	3
中行成武支行	杨金刚	李静敏　鲍教忠	32	2
建行成武支行	王　璇	宋志强　刘继成　翟玉霞	44	2

续表

单位名称	行长（或其他称谓的第一负责人）	副行长（或其他称谓的同级领导）	员工总数	辖内营业网点数
成武县农信联社	刘 艳	朱世芳 马 寅 赵圣锋 梁 涛 蔡效彬	421	29
邮储银行成武县支行	田中国	李东军 邵素花	62	13

成武县主要金融机构业务概况

单位：亿元

单位名称	本外币存款余额	人民币单位存款	人民币储蓄存款	本外币贷款余额	人民币短期贷款	人民币中长期贷款
农发行成武县支行	1.81	1.81	--	4.46	4.46	0
工行成武支行	11.67	4.81	6.86	10.23	5.89	4.34
农行成武支行	7.42	1.85	5.56	4.77	3.6	1.16
中行成武支行	6.90	2.56	4.23	2.69	1.97	0.72
建行成武支行	9.08	3.83	5.23	7.52	3.33	4.19
成武县农信联社	40.20	0.99	39.18	28.23	26.17	1.16
邮储银行成武县支行	17.78	1.35	16.43	1.35	1	0.35

【金融发展与改革】 2012 年，成武县金融机构加大改革力度，经营效益明显提高。一是各国有商行继续深化体制改革，融资规模持续扩大；二是农信社法人治理结构进一步完善，盈利水平明显提高；三是农村区域金融自助服务终端、银行卡助农取款点、ATM 机、POS 机、转账电话等业务加大推广力度，全县行政村金融基础设施实现 100%全覆盖。

【金融服务与监管】 2012 年，人行成武县支行积极开展金融服务与监管工作，确保了区域金融业的安全稳健运行。一是通过定期召开金融工作座谈会等，及时向地方政府和金融机构传达政策信息，有 5 期呈报件被县委、县政府主要领导批示；二是引导金融机构按照"有保有压、区别对待"的政策，加大对"三农"和中小企业的信贷支持力度；三是积极开展"信贷服务企业行活动"，选定 20 家帮扶企业，其中给予贷款支持的有 18 家，贷款金额 4.5 亿元；四是严格金融管理，重点对人民币及现金管理、支农再贷款、金融统计及征信系统等方面进行了监督检查。

巨野县

【经济金融概况】 2012 年，巨野县经济运行总体良好，财政实力进一步增强，城乡面貌进一步改善，人民生活水平进一步提高。一是宏观经济景气保持较好状态，工业生产保持较快增长，投资项目规模加大，重点项目建设进展顺利；二是地方财政收入保持较快增长，居民消费价格同比涨幅放缓；三是金融运行总体平稳，信贷投放稳步增长，金融生态环境进一步改善。

【金融发展与改革】 2012 年，巨野县金融改革进一步深化，

巨野县主要经济指标

经济指标	2011	2012	2012 年同比增幅（%）	经济指标	2011	2012	2012 年同比增幅（%）
土地面积（平方公里）	1303	1303	0	地方财政支出（亿元）	26.02	29.79	14.49
人口（万人）	102.15	101.37	-0.76	全社会固定资产投资（亿元）	75.56	82.06	8.60
城镇人口（万人）	25.30	24.75	-2.17	进出口总值（万美元）	34161	32209	-5.71

续表

经济指标	2011	2012	2012 年同比增幅（%）	经济指标	2011	2012	2012 年同比增幅（%）
乡村人口（万人）	76.85	76.62	-0.30	出口总值（万美元）	31472	29129	-7.44
地区生产总值（亿元）	149.25	176.07	17.97	实际利用外资（万美元）	900	610	-32.22
第一产业（亿元）	24.09	25.40	5.44	社会消费品零售总额（亿元）	77.19	89.27	15.65
第二产业（亿元）	83.25	99.32	19.30	居民消费价格指数（%）	105.40	101.3	-4.1
第三产业（亿元）	41.91	51.32	22.45	人均地区生产总值（元）	15162	17986	18.63
财政总收入（亿元）	38.84	39.32	1.24	城镇居民可支配收入（元）	14710	16828	14.40
地方财政收入（亿元）	12.87	16.10	25.10	农民人均现金收入（元）	7220	8292	14.85
财政总支出（亿元）	33.04	36.82	11.44				

巨野县主要金融指标

金融指标（亿元）	2011	2012	2012 年同比增幅（%）	金融指标（亿元）	2011	2012	2012 年同比增幅（%）
本外币存款余额	129.02	160.07	24.07	财险收入	0.69	1.80	160.87
人民币存款余额	128.90	159.86	24.02	寿险收入	3.69	1.88	-49.05
单位存款	27.72	29.22	5.41	财险赔款	0.34	0.42	23.53
储蓄存款	99.13	129.38	30.52	寿险给付	0.36	0.39	8.33
本外币贷款余额	100.78	111.14	10.28	当年结益	—	—	—
人民币贷款余额	100.78	111.14	10.28	证券市场交易总额	—	—	—
短期贷款	60.41	67.15	11.16	投资者保证金余额	—	—	—
中长期贷款	39.25	38.16	-2.78	证券账户开户数	—	—	—
票据融资	1.12	5.83	420.54	证券交易佣金收入	—	—	—
当年结益	2.64	3.12	18.18	净利润	—	—	—
不良贷款余额	2.96	3.04	2.70				

巨野县主要金融机构概况

单位名称	行长（或其他称谓的第一负责人）	副行长（或其他称谓的同级领导）	员工总数	辖内营业网点数
人行巨野县支行	李守谦	田朝霞　丁世友　于　涛	25	1
银监会巨野县办事处	朱　艳		1	
农发行巨野县支行	刘源炎	沈建民　楚　翔　吕爱华	20	1
工行巨野支行	田建军	丛涛滋　王兆勇　李　强	56	4
农行巨野支行	王晋中	耿宗云　李建峰　刘建平	106	5
建行巨野支行	陶可飞	闫和强　桑圣峰 段兴峰　田中超	68	4
莱商银行巨野支行	单士旗	魏丕国	16	1

续表

单位名称	行长（或其他称谓的第一负责人）	副行长（或其他称谓的同级领导）	员工总数	辖内营业网点数
巨野县农信联社	周克强	吴正云 兰铁林 刘 博 徐建民 樊庆涛 聂 晶	663	39
邮储银行巨野县支行	刘天舒	张宗凯	83	3

巨野县主要金融机构业务概况

单位：亿元

单位名称	本外币存款余额	人民币单位存款	人民币储蓄存款	本外币贷款余额	人民币短期贷款	人民币中长期贷款
农发行巨野县支行	1.11	1.10	--	10.32	9.94	0.38
工行巨野支行	16.94	5.83	11.07	19.64	7.90	11.74
农行巨野支行	17.65	4.77	12.87	9.14	4.45	4.69
建行巨野支行	21.67	9.12	12.27	20.58	5.49	15.09
莱商银行巨野支行	1.62	1.21	0.41	0.38	0.38	0
巨野县农信联社	71.85	4.43	67.37	49.13	38.09	5.20
邮储银行巨野县支行	27.96	2.59	25.37	2.32	1.27	1.05

金融事业迅速发展。人行巨野县支行一是出台《关于做好2012年货币信贷工作、促进全县经济发展方式转变和经济结构调整的指导意见》，提高了货币政策传导的针对性和灵活性；二是开展了“金融助推农村青年创业”活动；三是组织开展银企对接活动周、“信贷服务企业行”等活动，并对银企签约资金落实情况按周监测、按月通报和调度，确保资金落实到位。

【金融服务与监管】 2012年，人行巨野县支行按照“一行一策、分类指导”的原则，鼓励金融机构不断创新，设计开发适合信贷产品。一是5月份顺利完成农村支付环境建设“双百目标年”活动目标；二是积极开展“金融知识进村社企校行”、“金融消费者保护宣传周”、“反假人民币宣传月”、“征信知识宣传月”等活动；三是开展了对金融机构的金融消费者权益及个人信息保护、外汇业务、重大事项、征信业务、支农再贷款和存款准备金等方面的检查；四是对县域银行和保险机构开展金融服务综合评价。

郓城县

【经济金融概况】 2012年，郓城县经济社会事业取得了显著成绩，主要预期目标全面实现。一是粮食总产量继续增长，大项目建设再上新台阶，编制完成了全县旅游产业发展总体规划和中国好汉古城区专项规划；二是各金融机构认真贯彻落实稳健的货币政策，积极搭建银企对接平台，稳定增加中小企业信贷投放。

【金融发展与改革】 2012年，人行郓城县支行积极践行科学发展观，引导金融机构加大对实体经济支持力度，促进了全县经济金融的协调运行。一是定期召开全县金融工作座谈会，制定防范系统性风险工作措施，通报经济金融运行情况；二是积极推进县域担保体系建设，促使银行、企业和担保公司有效合作，实现了多方共赢；三是引导各国有商行积极争取信贷规

郓城县主要经济指标

经济指标	2011	2012	2012年同比增幅（%）	经济指标	2011	2012	2012年同比增幅（%）
土地面积（平方公里）	1643	1643	0	地方财政支出（亿元）	25.85	30.13	16.56
人口（万人）	123.86	121.78	-1.68	全社会固定资产投资（亿元）	56.74	77.08	35.85
城镇人口（万人）	11.90	12.40	4.20	进出口总值（万美元）	10800	13676	26.63
乡村人口（万人）	111.96	109.38	-2.30	出口总值（万美元）	9342	9755	4.42
地区生产总值（亿元）	179.44	228.74	27.47	实际利用外资（万美元）	200.00	210.00	5.00
第一产业（亿元）	31.17	32.91	5.58	社会消费品零售总额（亿元）	93.80	108.39	15.55
第二产业（亿元）	99.31	127.99	28.88	居民消费价格指数（%）	104.10	101.70	-2.4
第三产业（亿元）	48.96	67.84	38.56	人均地区生产总值（元）	17250	17453	1.18
财政总收入（亿元）	22.3	29.23	31.08	城镇居民可支配收入（元）	15263	17453	14.35
地方财政收入（亿元）	13.39	17.23	28.68	农民人均现金收入（元）	7228	8326	15.19
财政总支出（亿元）	28.85	30.13	4.44				

郓城县主要金融指标

金融指标（亿元）	2011	2012	2012年同比增幅（%）	金融指标（亿元）	2011	2012	2012年同比增幅（%）
本外币存款余额	169.44	202.13	19.29	财险收入	0.69	0.99	43.48
人民币存款余额	169.14	202.02	19.44	寿险收入	2.56	3.83	49.61
单位存款	27.55	30.46	10.56	财险赔款	0.24	0.35	45.83
储蓄存款	140.15	170.34	21.54	寿险给付	0.51	0.79	54.90
本外币贷款余额	110.05	133.87	21.64	当年结益	--	--	--
人民币贷款余额	110.05	133.87	21.64	证券市场交易总额	--	--	--
短期贷款	71.39	80.27	12.44	投资者保证金余额	--	--	--
中长期贷款	38.61	47.91	24.09	证券账户开户数	--	--	--
票据融资	0.05	5.69	11280.00	证券交易佣金收入	--	--	--
当年结益	3.05	3.85	26.23	净利润	--	--	--
不良贷款余额	3.32	3.04	-8.43				

郓城县主要金融机构概况

单位名称	行长（或其他称谓的第一负责人）	副行长（或其他称谓的同级领导）	员工总数	辖内营业网点数
人行郓城县支行	陈桂莲	巨保银　王秀美　李永生	29	1
银监会郓城县办事处	张亚伟		1	
农发行郓城县支行	郭留宪	刁慕轩　达仲旭	24	1
工行郓城支行	王敬福	庞元华　朱文坛　路玉忠 赵启正　马玉鲁　胡晓舟	84	6
农行郓城支行	段中锋	王胜依　周晓红 陈　斌　陈雪东	139	11
中行郓城支行	李先华	李文霞　史霄汉	39	2

续表

单位名称	行长（或其他称谓的第一负责人）	副行长（或其他称谓的同级领导）	员工总数	辖内营业网点数
建行郓城支行	王明臣	庄庆节　郑　国	55	3
莱商银行郓城支行	陈福山	曹　凯	13	1
郓城县农信联社	崔荣国	黄福斌　李　山　刁　辉 李传良　韩修良　尹利广	701	41
邮储银行郓城县支行	魏洪瑞	赵　军　董淑芬	79	3

郓城县主要金融机构业务概况

单位：亿元

单位名称	本外币存款余额	人民币单位存款	人民币储蓄存款	本外币贷款余额	人民币短期贷款	人民币中长期贷款
农发行郓城县支行	0.44	0.44	--	2.28	2.28	0
工行郓城支行	23.64	7.49	16.12	16.03	5.75	10.27
农行郓城支行	38.51	7.08	31.39	20.19	7.84	12.35
中行郓城支行	6.58	2.27	4.23	7.46	1.63	5.83
建行郓城支行	12.22	4.42	7.77	19.00	7.58	11.42
莱商银行郓城支行	6.86	4.89	1.94	5.18	5.18	0
郓城县农信联社	87.15	3.37	83.69	61.47	48.40	7.38
邮储银行郓城县支行	25.72	0.52	25.20	2.26	1.62	0.64

模，保持信贷稳定增长。

【金融服务与监管】　2012 年，郓城县金融机构不断强化服务重点，积极推动金融创新。一是组织召开了"信贷服务企业行"活动推进会，确保金融服务贴近企业发展需求；二是个人信用信息查询服务增强，全年共办理个人信用信息查询 419 户；三是积极开展农村支付环境建设，实现了行政村金融基础设施 100%全覆盖。

鄄城县

【经济金融概况】　2012 年，鄄城县以大项目建设为中心，以招商引资为突破口，围绕五大产业推动经济快速健康发展。金融支持作用不断增强，存、贷款新增额分别居全市第 5 位和第 2 位，再创历史新高。

【金融发展与改革】　2012 年，人行鄄城县支行继续贯彻执行稳健的货币政策，积极推动全县经济金融和谐发展。一是深入推进"银行信贷服务企业行"活动，签约企业 277 家，资金

鄄城县主要经济指标

经济指标	2011	2012	2012 年同比增幅（%）	经济指标	2011	2012	2012 年同比增幅（%）
土地面积（平方公里）	1038	1041	0.29	地方财政支出（亿元）	17.02	20.81	22.27
人口（万人）	87.09	86.17	-1.06	全社会固定资产投资（亿元）	38.99	44.89	15.14
城镇人口（万人）	10.61	13.62	28.37	进出口总值（万美元）	17650	20045	13.57
乡村人口（万人）	76.48	72.55	-5.14	出口总值（万美元）	13695	18778	37.12
地区生产总值（亿元）	97.92	121.32	23.9	实际利用外资（万美元）	0	290	--

续表

经济指标	2011	2012	2012 年同比增幅（%）	经济指标	2011	2012	2012 年同比增幅（%）
第一产业（亿元）	21.14	22.39	5.92	社会消费品零售总额（亿元）	64.18	73.75	14.92
第二产业（亿元）	45.53	60.52	32.93	居民消费价格指数（%）	104.1	101.6	-2.5
第三产业（亿元）	31.25	30.41	-2.69	人均地区生产总值（元）	11243	16718	48.70
财政总收入（亿元）	4.8	6.22	29.59	城镇居民可支配收入（元）	13360	15099	13.02
地方财政收入（亿元）	4.8	6.22	29.59	农民人均现金收入（元）	6912	7946	14.96
财政总支出（亿元）	17.02	20.81	22.27				

鄄城县主要金融指标

金融指标（亿元）	2011	2012	2012 年同比增幅（%）	金融指标（亿元）	2011	2012	2012 年同比增幅（%）
本外币存款余额	96.34	118.57	23.08	财险收入	0.28	0.34	21.43
人民币存款余额	96.28	118.51	23.09	寿险收入	1.33	1.84	38.35
单位存款	12.00	14.59	21.59	财险赔款	0.18	0.13	-27.78
储蓄存款	82.56	101.02	22.36	寿险给付	0.03	0.07	133.34
本外币贷款余额	46.92	61.72	31.55	当年结益	--	--	--
人民币贷款余额	46.92	61.72	31.55	证券市场交易总额	--	--	--
短期贷款	28.30	32.77	15.8	投资者保证金余额	--	--	--
中长期贷款	14.46	19.00	31.4	证券账户开户数	--	--	--
票据融资	4.16	9.94	138.95	证券交易佣金收入	--	--	--
当年结益	2.49	3.13	25.71	净利润	--	--	--
不良贷款余额	3.17	2.88	-9.15				

鄄城县主要金融机构概况

单位名称	行长（或其他称谓的第一负责人）	副行长（或其他称谓的同级领导）	员工总数	辖内营业网点数
人行鄄城县支行	仇高皓	李敬斌　王汉桥	31	1
银监会鄄城县办事处	裴晓平		1	
农发行鄄城县支行	郭世玉	张克颖　李艳民	19	1
工行鄄城支行	郝素芳	杨　军　杨士萍　王敬福	35	2
农行鄄城支行	彭　辉	程　林　孙明超	73	3
中行鄄城支行	田加县	魏羲萌　苏传琴	34	2
建行鄄城支行	周　丰	李海山	36	1
鄄城县农信联社	杜万国	居春林　范红英　王赐广	527	32
邮储银行鄄城县支行	申剑飞	姜广田　郝立群	65	16
鄄城包商村镇银行	高旭东	贾相同　王利军	25	1

郓城县主要金融机构业务概况

单位：亿元

单位名称	本外币存款余额	人民币单位存款	人民币储蓄存款	本外币贷款余额	人民币短期贷款	人民币中长期贷款
农发行郓城县支行	0.12	0.12	--	2.42	2.42	0
工行郓城支行	8.57	1.44	7.13	5.67	1.36	4.31
农行郓城支行	9.53	1.87	7.66	6.96	0.88	6.08
中行郓城支行	8.18	2.21	5.70	0.91	0.63	0.28
建行郓城支行	6.07	1.77	4.30	4.50	1.00	3.50
郓城县农信联社	60.21	5.57	54.48	38.82	24.40	4.48
邮储银行郓城县支行	22.12	0.86	21.26	1.52	1.18	0.34
郓城包商村镇银行	1.28	0.75	0.53	0.91	0.90	0.01

14.5 亿元，资金到位率 95%以上；二是 4 次组织银行机构到 20 家重点企业现场办公，组织银企联谊活动 3 次，受到上级行和县委、县政府的充分肯定；三是加强对涉农金融机构政策导向评估和经济调查、风险监测、稳健性评估调控，及时掌握风险状况，做到风险早发现、早提示、早处置；四是完成对莱商郓城支行开业前各项业务的审核工作。

【金融服务与监管】 2012 年，人行郓城县支行强化服务与监管职能作用，水平明显提高。一是全面实现农村支付环境建设"双百目标"；二是组织金融机构开展征信、反假、外汇等宣传活动 6 次，开展金融稳定、征信、兑残、反假等现场检查 2 次；三是辖内金融机构服务水平和经营能力明显增强，对中小企业信贷扶持力度显著提高，人行郓城县支行等 6 家金融机构被县委、县政府评为"支持地方经济发展先进单位"。

定陶县

【经济金融概况】 2012 年，定陶县紧扣科学发展主题，着力推进工业化、城镇化、农业现代化和旅游文化建设，全县经济社会发展实现了历史性突破。

【金融发展与改革】 2012 年，定陶县各金融机构认真贯彻落实稳健的货币政策，不断创新服务理念，优化信贷结构，实现了经济金融良性发展。农行和农信社改革逐步深入，农行"三农事业部"改革考核为"达标"，农信社改革试点考核为"第

定陶县主要经济指标

经济指标	2011	2012	2012 年同比增幅（%）	经济指标	2011	2012	2012 年同比增幅（%）
土地面积（平方公里）	846	846	0	地方财政支出（亿元）	13.00	17.44	34.15
人口（万人）	67.67	67.94	0.40	全社会固定资产投资（亿元）	55.20	50	-9.42
城镇人口（万人）	12.32	12.38	0.49	进出口总值（万美元）	3473	3550	2.22
乡村人口（万人）	55.35	55.56	0.38	出口总值（万美元）	3327	2835	-14.79
地区生产总值（亿元）	85.62	101.7	18.78	实际利用外资（万美元）	116	268	131.03
第一产业（亿元）	20.03	21.19	5.79	社会消费品零售总额（亿元）	50	57.3	14.60
第二产业（亿元）	41.83	51.99	24.29	居民消费价格指数（%）	106.8	105.6	-0.9
第三产业（亿元）	23.76	28.52	20.03	人均地区生产总值（元）	12589	17916	42.31
财政总收入（亿元）	9.18	10.34	12.64	城镇居民可支配收入（元）	12780	14700	15.02
地方财政收入（亿元）	4.37	6.11	39.82	农民人均现金收入（元）	6500	8300	27.69
财政总支出（亿元）	17.14	21.66	26.37				

定陶县主要金融指标

金融指标（亿元）	2011	2012	2012年同比增幅（%）	金融指标（亿元）	2011	2012	2012年同比增幅（%）
本外币存款余额	74.24	92.86	25.03	财险收入	0.25	0.37	48.00
人民币存款余额	74.22	92.82	25.03	寿险收入	2.01	1.69	-15.92
单位存款	12.83	16.35	27.44	财险赔款	0.13	0.16	23.08
储蓄存款	59.36	75.08	26.48	寿险给付	0.09	0.07	-22.22
本外币贷款余额	41.30	49.31	19.39	当年结益	2.04	1.83	-10.29
人民币贷款余额	41.30	49.31	19.39	证券市场交易总额	--	--	--
短期贷款	28.30	33.35	17.84	投资者保证金余额	--	--	--
中长期贷款	9.00	10.42	15.78	证券账户开户数	--	--	--
票据融资	4.00	5.54	38.50	证券交易佣金收入	--	--	--
当年结益	0.71	0.96	34.77	净利润	--	--	--
不良贷款余额	2.73	2.24	-17.95				

定陶县主要金融机构概况

单位名称	行长（或其他称谓的第一负责人）	副行长（或其他称谓的同级领导）	员工总数	辖内营业网点数
人行定陶县支行	李国庆	孙京昌　孟海鹏　李成华	33	1
银监会定陶县办事处	周元月		1	
农发行定陶县支行	孙洁民	李怀军　高增民	20	1
工行定陶支行	桑　勇	牛殿军　崔开展　张相春	27	2
农行定陶支行	徐宪强	贾景光　任中顺	89	4
中行定陶支行	宋红军	车　军	22	1
建行定陶支行	刘相印	吴祥正	27	1
定陶县农信联社	刘贺磊	吴清稳　陈慧敏　王　彬　孟海建	441	30
邮储银行定陶县支行	丛可印	张永胜	22	3

定陶县主要金融机构业务概况

单位：亿元

单位名称	本外币存款余额	人民币单位存款	人民币储蓄存款	本外币贷款余额	人民币短期贷款	人民币中长期贷款
农发行定陶县支行	0.99	0.99	--	5.79	5.79	0
工行定陶支行	6.10	1.68	4.39	4.69	2.59	2.10
农行定陶支行	11.94	2.74	9.18	7.27	5.01	2.26
中行定陶支行	6.68	2.93	3.66	1.83	1.08	0.75
建行定陶支行	5.73	2.62	3.04	4.74	2.54	2.20
定陶县农信联社	36.64	3.60	33.04	23.98	15.77	2.67
邮储银行定陶县支行	23.58	1.81	21.77	1.01	0.57	0.43

一类农村信用社”。

【金融服务与监管】 2012年，人行定陶县支行进一步加大金融服务与监管力度，积极防范和化解系统性金融风险。一是制定下发《稳健货币政策下信贷工作指导意见》，积极引导信贷投放；二是积极搭建银企合作平台，召开银企对接会和金融联席会，加强银政企沟通协调，进一步加大对县域中小企业的信贷投入，实现了银企双赢的良好局面；三是确定辖内重点企业，深入开展“信贷服务企业行”活动；四是对金融机构开展了金融稳定重大事项报告、征信管理、票据业务、支农再贷款和民品贷款等5项现场检查。

全县农业贷款增长强劲，有力地支持了“三农”经济的发展；各银行机构积极开展票据融资业务，努力满足企业和个体工商户多元化资金需求。

东明县

【经济金融概况】 2012年，东明县狠抓大项目建设、工业运行、城市建设、“三农”、改善民生、维护稳定等重点工作，经济社会平稳较快健康发展。

【金融发展与改革】 2012年，东明县各金融机构结合经济发展目标和产业结构调整要求，认真贯彻落实国家各项宏观调控政策，金融支持经济发展的核心作用日益突出。一是人行东明县支行推动县委、县政府出台了《关于进一步加强金融生态环境建设的意见》；二是国有商行股份制改革进展顺利；三是农信社法人治理结构进一步完善。

【金融服务与监管】 2012年，人行东明县支行按照“监测、分析、引导”的思路，加强监管、改善服务，促进金融业稳定发

东明县主要经济指标

经济指标	2011	2012	2012年同比增幅（%）	经济指标	2011	2012	2012年同比增幅（%）
土地面积（平方公里）	1370	1370	0	地方财政支出（亿元）	14.57	25.08	72.13
人口（万人）	81.04	80.65	-0.48	全社会固定资产投资（亿元）	58.87	84.00	42.69
城镇人口（万人）	10.9	11.1	1.83	进出口总值（万美元）	105450	125819	19.31
乡村人口（万人）	70.1	68.9	-1.71	出口总值（万美元）	9745	11862	21.72
地区生产总值（亿元）	147.95	186.13	25.81	实际利用外资（万美元）	1200	458	-61.83
第一产业（亿元）	20.35	21.56	5.95	社会消费品零售总额（亿元）	63.05	72.47	14.94
第二产业（亿元）	97.81	123.02	25.77	居民消费价格指数（%）	103.20	104.21	1.01
第三产业（亿元）	29.79	41.54	39.44	人均地区生产总值（元）	18943	18613	-1.74
财政总收入（亿元）	20.17	23.87	18.34	城镇居民可支配收入（元）	14904	17040	14.33
地方财政收入（亿元）	8.42	13.29	57.84	农民人均现金收入（元）	7077	8137	14.98
财政总支出（亿元）	20.23	25.08	23.97				

东明县主要金融指标

金融指标（亿元）	2011	2012	2012年同比增幅（%）	金融指标（亿元）	2011	2012	2012年同比增幅（%）
本外币存款余额	109.43	134.72	23.11	财险收入	0.42	0.54	28.57
人民币存款余额	109.35	132.37	21.05	寿险收入	0.92	0.95	3.26
单位存款	34.38	39.89	16.03	财险赔款	0.16	0.18	12.50
储蓄存款	73.87	93.50	26.57	寿险给付	0.34	0.33	-2.94
本外币贷款余额	85.43	120.30	40.82	当年结益	0.04	0.05	25

续表

金融指标（亿元）	2011	2012	2012年同比增幅（%）	金融指标（亿元）	2011	2012	2012年同比增幅（%）
人民币贷款余额	85.43	120.30	40.82	证券市场交易总额	14.06	7.08	-49.64
短期贷款	63.66	87.42	37.32	投资者保证金余额	0.05	0.08	60.00
中长期贷款	21.77	32.32	48.46	证券账户开户数	2214	728	-67.12
票据融资	0	0.56	--	证券交易佣金收入	0.012	0.011	-8.3
当年结益	3.30	5.28	60.00	净利润	-0.011	-0.013	18.18
不良贷款余额	3	2.20	-26.67				

东明县主要金融机构概况

单位名称	行长（或其他称谓的第一负责人）	副行长（或其他称谓的同级领导）	员工总数	辖内营业网点数
人行东明县支行	赵　敏	冯志强　尘永魁	25	1
银监会东明县办事处	王　娟		1	
农发行东明县支行	张宏伟	周　军　李　坦	22	1
工行东明支行	宋红毅	王耀峰　刘　灿	66	4
农行东明支行	王　军	刘俊彦　符长宏　王志华	105	4
中行东明支行	曹国民	李培明　李　静	32	3
建行东明支行	周在军	夏晓剑　李　珠	46	3
东明县农信联社	赵　欣	杨慧生　谢　彬　刘　灿	558	31
邮储银行东明县支行	翟　瑞	郑　杰	44	22

东明县主要金融机构业务概况

单位：亿元

单位名称	本外币存款余额	人民币单位存款	人民币储蓄存款	本外币贷款余额	人民币短期贷款	人民币中长期贷款
农发行东明县支行	0.50	0.50	--	4.95	2.79	2.15
工行东明支行	22.22	10.06	12.16	41.27	30.90	10.36
农行东明支行	16.72	9.51	7.19	16.77	14.30	2.46
中行东明支行	9.79	5.45	3.74	14.73	7.06	7.66
建行东明支行	18.40	9.87	8.46	14.03	8.10	5.93
东明县农信联社	39.74	2.77	36.96	27.22	23.57	3.08
邮储银行东明县支行	26.65	1.70	24.94	1.31	0.66	0.64

展。一是加强与地方政府、银监办等相关部门的沟通协调，建立了金融稳定联席会议制度和金融机构突发事件应急预案；二是做好人民币反假工作，累计收缴假币3258张，12.04万元；三是不断提高大额和可疑资金交易监测分析能力，提高反洗钱工作质量；四是加强账户、支付清算管理和监督，维护支付结算秩序；五是加强国库业务管理，保证库款支拨和收入退库的合理合法。

全县单位短期贷款持续大幅增长，主要支持了石油加工和化工等行业；农信社支持农业生产力度有所加强，农业贷款稳步增长，较好地支持了农村经济发展。

（王志华　许加宏）

第十三部分

金融统计资料

一、综合信贷业务情况

山东省金融机构（含外资）人民币信贷收支表

单位：亿元

项目名称	2012年	比年初增减数	项目名称	2012年	比年初增减数
各项存款	54301.53	7957.86	各项贷款	40021.49	4809.60
1.单位存款	25601.03	3431.07	1.短期贷款	20947.01	3607.24
(1) 活期存款	10881.00	1118.44	(1)个人贷款及透支	3808.96	249.53
(2) 定期存款	6798.19	1130.90	(2)单位普通贷款及透支	15047.57	2654.82
(3)保证金存款	4975.53	776.75	2.中长期贷款	16692.62	376.55
2.个人存款	26637.40	4346.52	(1)个人贷款	5672.74	603.86
储蓄存款	26343.31	4170.03	(2)单位普通贷款	9733.15	-453.72
3.财政性存款	1172.88	63.35			
各项准备	975.39	148.47	3.票据融资	2105.51	720.15
资金来源总计	54214.87	8766.08	资金运用总计	54214.87	8766.08

注：1、本表机构包括中国人民银行、国家开发银行及政策性银行、国有商业银行、其他商业银行、城市商业银行、农村商业银行、城市信用社、农村合作银行、农村信用社、财务公司、信托投资公司、租赁公司、邮政储蓄银行、外资金融机构、村镇银行和汽车金融公司。

2、表中"金融债券"项目反映中国人民银行和政策性银行发行的被非并表金融机构（证券公司、保险公司、基金管理公司、资产管理公司）持有的金融债券总额。

3、表中"同业往来"项目反映并表机构与非并表金融机构（证券公司、保险公司、基金管理公司、资产管理公司）之间的资金往来。

山东省金融机构（不含外资）人民币信贷收支表

单位：亿元

项目名称	2012年	比年初增减数	项目名称	2012年	比年初增减数
各项存款	54157.90	7931.51	各项贷款	39820.93	4751.32
1.单位存款	25492.67	3411.48	1.短期贷款	20844.86	3571.09
(1) 活期存款	10838.29	1103.35	(1)个人贷款及透支	3808.28	249.05
(2) 定期存款	6732.53	1126.40	(2)单位普通贷款及透支	14946.29	2619.33
(3)保证金存款	4975.53	776.75	2.中长期贷款	16642.99	378.01
2.个人存款	26602.14	4339.76	(1)个人贷 款	5667.47	602.12
储蓄存款	26308.04	4163.28	(2)单位普通贷款	9688.78	-450.51
3.财政性存款	1172.88	63.35			
各项准备	974.04	147.96	3.票据融资	2056.81	696.55
资金来源总计	54067.01	8764.11	资金运用总计	54067.01	8764.11

注：1、本表机构包括中国人民银行、国家开发银行及政策性银行、国有商业银行、其他商业银行、城市商业银行、农村商业银行、城市信用社、农村合作银行、农村信用社、财务公司、信托投资公司、租赁公司、邮政储蓄银行、外资金融机构、村镇银行和汽车金融公司。

2、表中"金融债券"项目反映中国人民银行和政策性银行发行的被非并表金融机构（证券公司、保险公司、基金管理公司、资产管理公司）持有的金融债券总额。

3、表中"同业往来"项目反映并表机构与非并表金融机构（证券公司、保险公司、基金管理公司、资产管理公司）之间的资金往来。

山东省政策性银行人民币信贷收支表

单位：亿元

项目名称	2012 年	比年初增减数	项目名称	2012 年	比年初增减数
各项存款	401.15	30.88	各项贷款	3764.73	599.52
1.单位存款	365.95	30.77	1.短期贷款	780.26	34.23
(1) 活期存款	213.38	9.09	(1) 个人贷款及透支		
(2) 定期存款	50.06	18.82	(2) 单位普通贷款及透支	743.09	21.32
(3) 保证金存款	62.73	12.74	2.中长期贷款	2700.65	453.23
2.个人存款			(1) 个人贷款	25.80	7.03
储蓄存款			(2) 单位普通贷款	2040.69	277.55
代理财政性存款	34.84	10.27			
各项准备	72.88	-0.14	3.票据融资	44.26	27.96
资金来源总计	3815.65	614.85	资金运用总计	3815.65	614.85

山东省股份制商业银行人民币信贷收支表

单位：亿元

项目名称	2012 年	比年初增减数	项目名称	2012 年	比年初增减数
各项存款	10110.21	1647.32	各项贷款	7129.95	805.30
1.单位存款	7380.78	1048.22	1.短期贷款	4561.13	1009.50
(1) 活期存款	2191.71	189.33	(1) 个人贷款及透支	410.72	131.28
(2) 定期存款	1676.79	295.45	(2) 单位普通贷款及透支	3885.87	782.03
(3) 保证金存款	2502.53	441.66	2.中长期贷款	2279.08	-277.76
2.个人存款	2316.64	530.10	(1) 个人贷款	735.49	65.95
储蓄存款	2133.28	429.56	(2) 单位普通贷款	1396.35	-356.89
代理财政性存款	3.31	-0.42			
各项准备	120.92	21.23	3.票据融资	275.49	62.41
资金来源总计	9783.78	1649.06	资金运用总计	9783.78	1649.06

山东省城市商业银行人民币信贷收支表

单位：亿元

项目名称	2012 年	比年初增减数	项目名称	2012 年	比年初增减数
各项存款	5140.52	913.04	各项贷款	3392.27	570.03
1.单位存款	3301.16	530.96	1.短期贷款	2390.04	507.09
(1) 活期存款	1404.23	127.42	(1) 个人贷款及透支	199.35	40.72
(2) 定期存款	751.31	167.43	(2) 单位普通贷款及透支	2119.15	411.17
(3) 保证金存款	941.29	193.16	2.中长期贷款	546.51	-63.92
2.个人存款	1720.67	387.97	(1) 个人贷款	207.11	14.91
储蓄存款	1718.96	386.84	(2) 单位普通贷款	329.48	-79.85
代理财政性存款	14.98	-0.30			
各项准备	114.85	25.87	3.票据融资	452.51	125.70
资金来源总计	6950.83	1408.05	资金运用总计	6950.83	1408.05

山东省农村合作机构人民币信贷收支表

单位：亿元

栏目 项目名称	2012年	比年初增减数	栏目 项目名称	2012年	比年初增减数
各项存款	9325.77	1315.50	各项贷款	6671.08	843.52
1.单位存款	1540.52	64.26	1.短期贷款	5021.72	475.86
(1) 活期存款	1046.85	-31.26	(1)个人贷款及透支	2495.02	51.54
(2) 定期存款	276.19	76.77	(2)单位普通贷款及透支	2449.51	413.88
(3)保证金存款	179.95	15.64	2.中长期贷款	1060.38	136.53
2.个人存款	7776.18	1252.26	(1)个人贷款	420.98	70.93
储蓄存款	7765.94	1248.27	(2)单位普通贷款	474.73	61.22
代理财政性存款	4.19	-0.45			
各项准备	333.71	55.09	3.票据融资	586.73	230.01
资金来源总计	10923.29	1690.01	资金运用总计	10923.29	1690.01

山东省农村合作银行人民币信贷收支表

单位：亿元

栏目 项目名称	2012年	比年初增减数	栏目 项目名称	2012年	比年初增减数
各项存款	821.66	-551.30	各项贷款	604.74	-396.17
1.单位存款	226.24	-187.44	1.短期贷款	435.18	-250.04
(1) 活期存款	145.83	-146.41	(1)个人贷款及透支	189.41	-120.61
(2) 定期存款	49.11	-29.46	(2)单位普通贷款及透支	230.18	-125.93
(3)保证金存款	28.35	-8.52	2.中长期贷款	119.95	-154.13
2.个人存款	591.65	-361.68	(1)个人贷款	33.11	-37.94
储蓄存款	590.22	-362.13	(2)单位普通贷款	79.58	-84.70
代理财政性存款	0.27	-0.41			
各项准备	39.26	-23.11	3.票据融资	49.51	8.08
资金来源总计	982.40	-480.38	资金运用总计	982.40	-480.38

山东省农村信用社人民币信贷收支表

单位：亿元

栏目 项目名称	2012年	比年初增减数	栏目 项目名称	2012年	比年初增减数
各项存款	5113.51	-131.98	各项贷款	3628.37	-188.46
1.单位存款	543.79	-215.45	1.短期贷款	2846.65	-227.86
(1) 活期存款	421.90	-168.69	(1)个人贷款及透支	1588.33	-219.87
(2) 定期存款	65.56	-15.90	(2)单位普通贷款及透支	1216.99	-12.33
(3)保证金存款	50.94	-27.40	2.中长期贷款	363.56	-96.96
2.个人存款	4567.16	84.00	(1)个人贷款	166.40	-31.50
储蓄存款	4561.70	82.64	(2)单位普通贷款	116.27	-49.33
代理财政性存款	2.71	-1.22			
各项准备	165.58	-6.44	3.票据融资	417.13	136.32
资金来源总计	5960.08	-212.99	资金运用总计	5960.08	-212.99

山东省村镇银行人民币信贷收支表

单位：亿元

栏目 项目名称	2012年	比年初增减数	栏目 项目名称	2012年	比年初增减数
各项存款	171.93	89.48	各项贷款	132.99	73.34
1.单位存款	109.62	48.71	1.短期贷款	117.60	64.60
(1) 活期存款	65.28	21.71	(1) 个人贷款及透支	31.78	17.16
(2) 定期存款	24.20	16.72	(2) 单位普通贷款及透支	85.82	47.44
(3) 保证金存款	16.33	8.91	2.中长期贷款	9.94	7.53
2.个人存款	62.07	40.70	(1) 个人贷款	5.23	3.24
储蓄存款	61.78	40.58	(2) 单位普通贷款	4.60	4.19
代理财政性存款	2.75	1.17			
各项准备	2.53	1.62	3.票据融资	5.43	1.21
资金来源总计	237.14	120.11	资金运用总计	237.14	120.11

山东省信托投资公司人民币信贷收支表

单位：亿元

栏目 项目名称	2012年	比年初增减数	栏目 项目名称	2012年	比年初增减数
各项存款			各项贷款	2.6	2.6
1.单位存款			1.短期贷款		
(1) 活期存款			(1) 个人贷款及透支		
(2) 定期存款			(2) 单位普通贷款及透支		
(3) 保证金存款			2.中长期贷款		
2.个人存款			(1) 个人贷款		
储蓄存款			(2) 单位普通贷款		
代理财政性存款					
各项准备	1.39	-0.65	3.票据融资	2.6	2.6
资金来源总计	39.18	6.16	资金运用总计	39.18	6.16

山东省财务公司人民币信贷收支表

单位：亿元

栏目 项目名称	2012年	比年初增减数	栏目 项目名称	2012年	比年初增减数
各项存款	890.89	382.05	各项贷款	459.09	99.66
1.单位存款	890.89	382.05	1.短期贷款	219.67	76.24
(1) 活期存款	656.81	322.15	(1) 个人贷款及透支	0.09	-0.02
(2) 定期存款	99.37	42.69	(2) 单位普通贷款及透支	219.58	76.25
(3) 保证金存款	63.18	-32.03	2.中长期贷款	162.56	26.28
2.个人存款			(1) 个人贷款	17.18	0.23
储蓄存款			(2) 单位普通贷款	145.38	26.05
代理财政性存款					
各项准备	12.04	5.66	3.票据融资	71.09	-8.62
资金来源总计	816.70	134.50	资金运用总计	816.70	134.50

山东省外资银行人民币信贷收支表

单位：亿元

栏目 项目名称	2012 年	比年初增减数	栏目 项目名称	2012 年	比年初增减数
各项存款	143.63	26.35	各项贷款	200.56	58.28
1. 单位存款	108.37	19.59	1. 短期贷款	102.15	36.15
(1) 活期存款	42.71	15.09	(1) 个人贷款及透支	0.68	0.48
(2) 定期存款	65.66	4.50	(2) 单位普通贷款及透支	101.28	35.48
(3) 保证金存款			2. 中长期贷款	49.64	-1.46
2. 个人存款	35.26	6.76	(1) 个人贷款	5.27	1.74
储蓄存款	35.26	6.76	(2) 单位普通贷款	44.37	-3.21
代理财政性存款					
各项准备	1.35	0.51	3. 票据融资	48.70	23.60
资金来源总计	274.64	112.04	资金运用总计	274.64	112.04

山东省 1993-2012 年人民币人均储蓄存款

单位：万元

项目名称 年度	城乡储蓄		人均储蓄余额（元）
	年末余额	比年初增加额	
1993 年	8841510	1625326	1030.48
1994 年	11182415	2340696	1297.26
1995 年	16003992	4820864	1849.52
1996 年	21971982	5953088	2525.22
1997 年	28177108	6127582	3221.35
1998 年	32657331	4106722	3706.85
1999 年	37353766	4705196	4210.30
2000 年	41098425	3695061	4606.41
2001 年	44667153	3568728	4964.67
2002 年	50637936	5977509	5600.90
2003 年	58057165	7464182	6392.55
2004 年	67683453	9601347	7417.37
2005 年	77214610	9510874	8411.18
2006 年	90351351	13136739	9769.64
2007 年	103580272	13236721	11127.00
2008 年	114381079	10800146	12211.11
2009 年	143821895	29440935	15272.21
2010 年	196482092	25654535	20747.84
2011 年	221732725	25455312	23147.79
2012 年	263433050	41700326	27200.47

山东省各县（市）2012 年储蓄存款余额排序

单位：万元

序　号	地　区	储蓄存款余额	序　号	地　区	储蓄存款余额
1	莱州市	338.89	37	栖霞市	133.04
2	龙口市	337.81	38	苍山县	130.48
3	寿光市	325.58	39	阳谷县	130.29
4	即墨市	321.56	40	单县	130.21
5	荣成市	305.26	41	博兴县	129.40
6	青州市	301.21	42	巨野县	129.35
7	平度市	278.71	43	嘉祥县	128.84
8	滕州市	260.76	44	沂南县	127.73
9	新泰市	255.65	45	费县	122.02
10	邹城市	252.17	46	梁山县	119.96
11	诸城市	250.59	47	曲阜市	118.91
12	章丘市	248.10	48	郯城县	117.84
13	胶州市	247.82	49	昌乐县	117.16
14	文登市	243.31	50	莘县	114.02
15	招远市	217.83	51	平邑县	111.97
16	胶南市	210.48	52	金乡县	109.51
17	肥城市	202.38	53	宁阳县	106.88
18	昌邑市	196.87	54	东平县	106.29
19	莱阳市	192.38	55	汶上县	106.28
20	兖州市	187.01	56	鄄城县	101.02
21	蓬莱市	184.70	57	宁津县	100.57
22	沂水县	182.79	58	五莲县	99.74
23	乳山市	177.17	59	垦利县	98.53
24	安丘市	174.04	60	东明县	93.46
25	高密市	173.17	61	齐河县	92.75
26	郓城县	170.34	62	临沭县	91.45
27	莱西市	170.10	63	茌平县	90.61
28	海阳市	164.16	64	微山县	89.83
29	临朐县	160.59	65	临邑县	88.35
30	莒县	158.08	66	乐陵市	88.24
31	邹平县	155.89	67	沂源县	87.51
32	莒南县	148.29	68	冠县	86.94
33	曹县	144.99	69	平原县	83.52
34	广饶县	142.82	70	蒙阴县	82.06
35	临清市	139.82	71	陵县	80.97
36	桓台县	139.69	72	成武县	77.50

续表

序　号	地　区	储蓄存款余额	序　号	地　区	储蓄存款余额
73	禹城市	75.79	83	无棣县	62.59
74	定陶县	75.08	84	商河县	61.65
75	夏津县	72.61	85	鱼台县	58.61
76	武城县	72.51	86	高青县	55.75
77	泗水县	71.69	87	阳信县	45.36
78	济阳县	70.50	88	利津县	45.27
79	平阴县	68.84	89	庆云县	43.12
80	东阿县	68.64	90	沾化县	41.88
81	惠民县	68.14	91	长岛县	21.30
82	高唐县	67.76			

山东省金融机构（含外资）外汇信贷收支表

单位：亿美元

栏目 项目名称	2012 年	比年初增减数	栏目 项目名称	2012 年	比年初增减数
各项存款	172.60	70.85	各项贷款	457.95	86.11
1.单位存款	144.99	67.84	（一）境内贷款	277.93	68.55
(1) 活期存款	74.36	14.25	1.短期贷款	226.30	69.90
(2) 定期存款	44.03	34.69	（1）个人贷款及透支	0.02	0.00
（3）保证金存款	24.80	17.54	（2）单位普通贷款及透支	46.58	-0.74
2.个人存款	24.97	3.06	2.中长期贷款	50.01	-2.78
储蓄存款	23.99	2.97	（1）个人贷款	0.00	0.00
3.财政性存款	-0.26	-0.02	（2）单位普通贷款	25.78	-3.78
各项准备	9.11	6.34	（二）境外贷款	180.01	17.55
资金来源总计	781.42	330.86	资金运用总计	781.42	330.86

山东省金融机构（不含外资）外汇信贷收支表

单位：亿美元

栏目 项目名称	2012 年	比年初增减数	栏目 项目名称	2012 年	比年初增减数
各项存款	164.05	69.24	各项贷款	445.45	85.97
1.单位存款	137.25	66.49	（一）境内贷款	265.77	68.64
(1) 活期存款	69.29	14.02	1.短期贷款	217.46	69.48
(2) 定期存款	41.34	33.57	（1）个人贷款及透支	0.02	0.00
（3）保证金存款	24.80	17.54	（2）单位普通贷款及透支	38.56	0.64
2.个人存款	24.17	2.81	2.中长期贷款	46.70	-2.25
储蓄存款	23.19	2.71	（1）个人贷款	0.00	0.00
3.财政性存款	-0.26	-0.02	（2）单位普通贷款	22.47	-3.26
各项准备	9.00	6.32	（二）境外贷款	179.68	17.33
资金来源总计	768.39	331.10	资金运用总计	768.39	331.10

山东省政策性银行外汇信贷收支表

单位：亿美元

栏目 项目名称	2012 年	比年初增减数	栏目 项目名称	2012 年	比年初增减数
各项存款	5.96	0.54	各项贷款	203.75	18.75
1. 单位存款	5.96	0.54	（一）境内贷款	32.46	5.09
(1) 活期存款	5.96	0.54	1. 短期贷款	8.29	-1.98
(2) 定期存款			（1）个人贷款及透支		
(3) 保证金存款	0.00	0.00	（2）单位普通贷款及透支	3.48	-3.55
2. 个人存款			2. 中长期贷款	24.17	7.07
储蓄存款			（1）个人贷款		
代理财政性存款			（2）单位普通贷款	11.44	2.63
各项准备	6.08	6.00	（二）境外贷款	171.29	13.66
资金来源总计	204.78	18.63	资金运用总计	204.78	18.63

山东省股份制商业银行外汇信贷收支表

单位：亿美元

栏目 项目名称	2012 年	比年初增减数	栏目 项目名称	2012 年	比年初增减数
各项存款	46.69	25.53	各项贷款	63.74	37.90
1. 单位存款	41.85	25.29	（一）境内贷款	63.74	37.90
(1) 活期存款	14.59	4.30	1. 短期贷款	61.16	40.02
(2) 定期存款	19.02	16.00	（1）个人贷款及透支	0.00	
(3) 保证金存款	8.07	5.07	（2）单位普通贷款及透支	14.69	6.79
2. 个人存款	3.92	0.38	2. 中长期贷款	2.53	-2.16
储蓄存款	2.97	0.29	（1）个人贷款		
代理财政性存款	0.00	0.00	（2）单位普通贷款	2.07	-1.51
各项准备	0.71	0.40	（二）境外贷款		
资金来源总计	75.94	18.54	资金运用总计	75.94	18.54

山东省城市商业银行外汇信贷收支表

单位：亿美元

栏目 项目名称	2012 年	比年初增减数	栏目 项目名称	2012 年	比年初增减数
各项存款	3.60	1.27	各项贷款	8.70	4.87
1. 单位存款	3.45	1.28	（一）境内贷款	8.70	4.87
(1) 活期存款	1.84	-0.15	1. 短期贷款	8.69	4.87
(2) 定期存款	0.96	0.96	（1）个人贷款及透支		
(3) 保证金存款	0.66	0.47	（2）单位普通贷款及透支	1.61	0.50
2. 个人存款	0.10	0.00	2. 中长期贷款		
储蓄存款	0.09	-0.01	（1）个人贷款		
代理财政性存款			（2）单位普通贷款		
各项准备	0.13	0.04	（二）境外贷款		
资金来源总计	67.27	18.79	资金运用总计	67.27	18.79

山东省农村合作机构外汇信贷收支表

单位：亿美元

栏目 / 项目名称	2012 年	比年初增减数	栏目 / 项目名称	2012 年	比年初增减数
各项存款	0.61	0.23	各项贷款	1.18	0.65
1. 单位存款	0.55	0.21	（一）境内贷款	1.18	0.65
(1) 活期存款	0.44	0.15	1. 短期贷款	1.18	0.65
(2) 定期存款	0.02	0.00	(1) 个人贷款及透支		
(3) 保证金存款	0.09	0.05	(2) 单位普通贷款及透支	0.20	0.05
2. 个人存款	0.03	0.00	2. 中长期贷款	0.00	0.00
储蓄存款	0.03	0.00	(1) 个人贷款		
代理财政性存款			(2) 单位普通贷款	0.00	0.00
各项准备	0.00	0.00	（二）境外贷款		
资金来源总计	2.84	1.51	资金运用总计	2.84	1.51

山东省农村商业银行外汇信贷收支表

单位：亿美元

栏目 / 项目名称	2012 年	比年初增减数	栏目 / 项目名称	2012 年	比年初增减数
各项存款	0.52	0.43	各项贷款	1.03	0.82
1. 单位存款	0.46	0.37	（一）境内贷款	1.03	0.82
(1) 活期存款	0.37	0.30	1. 短期贷款	1.03	0.82
(2) 定期存款		0.00	(1) 个人贷款及透支		
(3) 保证金存款	0.09	0.07	(2) 单位普通贷款及透支	0.20	0.09
2. 个人存款	0.03	0.03	2. 中长期贷款	0.00	0.00
储蓄存款	0.03	0.03	(1) 个人贷款		
代理财政性存款			(2) 单位普通贷款	0.00	0.00
各项准备	0.00	0.00	（二）境外贷款		
资金来源总计	2.27	1.85	资金运用总计	2.27	1.85

山东省农村合作银行外汇信贷收支表

单位：亿美元

栏目 / 项目名称	2012 年	比年初增减数	栏目 / 项目名称	2012 年	比年初增减数
各项存款	0.03	-0.19	各项贷款	0.07	-0.24
1. 单位存款	0.03	-0.16	（一）境内贷款	0.07	-0.24
(1) 活期存款	0.03	-0.12	1. 短期贷款	0.07	-0.24
(2) 定期存款		-0.02	(1) 个人贷款及透支		
(3) 保证金存款	0.00	-0.02	(2) 单位普通贷款及透支		-0.04
2. 个人存款		-0.03	2. 中长期贷款		
储蓄存款		-0.03	(1) 个人贷款		
代理财政性存款			(2) 单位普通贷款		
各项准备		0.00	（二）境外贷款		
资金来源总计	0.38	-0.33	资金运用总计	0.38	-0.33

山东省农信社外汇信贷收支表

单位：亿美元

项目名称 \ 栏目	2012 年	比年初增减数	项目名称 \ 栏目	2012 年	比年初增减数
各项存款	0.06	-0.01	各项贷款	0.07	0.06
1. 单位存款	0.06	-0.01	（一）境内贷款	0.07	0.06
(1) 活期存款	0.04	-0.03	1. 短期贷款	0.07	0.06
(2) 定期存款	0.02	0.02	（1）个人贷款及透支		
(3) 保证金存款	0.00	0.00	（2）单位普通贷款及透支		-0.01
2. 个人存款	0.00		2. 中长期贷款		
储蓄存款	0.00		（1）个人贷款		
代理财政性存款			（2）单位普通贷款		
各项准备			（二）境外贷款		
资金来源总计	0.18	-0.02	资金运用总计	0.18	-0.02

山东省中资财务公司外汇信贷收支表

单位：亿美元

项目名称 \ 栏目	2012 年	比年初增减数	项目名称 \ 栏目	2012 年	比年初增减数
各项存款	5.81	0.45	各项贷款	6.55	-1.23
1. 单位存款	5.81	0.45	（一）境内贷款	2.03	-1.03
(1) 活期存款	5.61	0.25	1. 短期贷款	1.90	-1.16
(2) 定期存款	0.20	0.20	（1）个人贷款及透支		
(3) 保证金存款			（2）单位普通贷款及透支	1.90	-1.16
2. 个人存款			2. 中长期贷款	0.13	0.13
储蓄存款			（1）个人贷款		
代理财政性存款			（2）单位普通贷款	0.13	0.13
各项准备	0.07	-0.01	（二）境外贷款	4.52	-0.20
资金来源总计	8.03	-1.08	资金运用总计	8.03	-1.08

山东省外资银行外汇信贷收支表

单位：亿美元

项目名称 \ 栏目	2012 年	比年初增减数	项目名称 \ 栏目	2012 年	比年初增减数
各项存款	8.55	1.61	各项贷款	12.50	0.14
1. 单位存款	7.75	1.35	（一）境内贷款	12.17	-0.09
(1) 活期存款	5.07	0.23	1. 短期贷款	8.84	0.42
(2) 定期存款	2.68	1.12	（1）个人贷款及透支		
(3) 保证金存款			（2）单位普通贷款及透支	8.02	-0.10
2. 个人存款	0.81	0.26	2. 中长期贷款	3.31	-0.52
储蓄存款	0.81	0.26	（1）个人贷款		
代理财政性存款			（2）单位普通贷款	3.31	-0.52
各项准备	0.11	0.02	（二）境外贷款	0.33	0.22
资金来源总计	18.81	4.85	资金运用总计	18.81	4.85

二、分机构本、外币存贷款情况

山东省人民银行人民币信贷收支表

单位：亿元

项目名称	2012年	比年初增减数	项目名称	2012年	比年初增减数
一、财政存款	999.12	44.38	一、金融机构贷款	175.54	10.45
其中：中央财政存款			1.中资大型银行贷款	8.14	6.94
地方财政存款	999.12	44.38	2.中资中小型银行贷款	69.54	9.10
二、金融机构存款	3889.44	704.28	3.城市信用社贷款		
1.中资大型银行存款	101.22	21.74	4.农村信用社贷款	60.78	-1.95
2.中资中小型银行存款	2781.03	744.50	5.财务公司贷款	15.23	9.66
3.城市信用社存款			6.外资金融机构贷款		
4.农村信用社存款	917.50	-74.85	7.其他金融机构贷款	21.84	-13.30
5.财务公司存款	82.38	10.31	其中：资产管理公司贷款		
6.外资金融机构存款	7.06	2.41	二、专项贷款		
7.其他金融机构存款	0.25	0.18	三、金银占款		
三、金融机构特种存款			四、外汇占款		
四、邮政储蓄转存款			五、有价证券及投资		
五、商业银行划来财政性存款	106.70	-13.30	六、买入返售证券		
六、卖出回购证券			七、存放金融机构		
七、中央银行债券					
八、国家资本					
九、其他	-4819.72	-724.90			
资金来源总计	175.54	10.45	资金运用总计	175.54	10.45

山东省国家开发银行人民币信贷收支表

单位：亿元

项目名称	2012年	比年初增减数	项目名称	2012年	比年初增减数
各项存款	151.79	-11.09	各项贷款	2219.21	321.16
1.单位存款	116.79	-11.09	1.短期贷款	142.42	-3.35
(1) 活期存款	70.16	0.62	(1) 个人贷款及透支		
(2) 定期存款	8.52	-0.46	(2) 单位普通贷款及透支	142.42	-3.35
(3)保证金存款	0.54	0.44	2.中长期贷款	1837.56	243.07
2.个人存款			(1) 个人贷款	25.80	7.03
储蓄存款			(2) 单位普通贷款	1363.84	109.12
代理财政性存款			3.票据融资	1.32	-0.82
各项准备	69.02	-0.73			
资金来源总计	2239.45	329.53	资金运用总计	2239.45	329.53

山东省农业发展银行人民币信贷收支表

单位：亿元

项目名称	2012年	比年初增减数	项目名称	2012年	比年初增减数
各项存款	239.33	38.04	各项贷款	1233.61	209.21
1.单位存款	239.12	37.92	1.短期贷款	584.60	22.10
(1) 活期存款	140.56	6.86	(1) 个人贷款及透支		
(2) 定期存款	41.54	19.29	(2) 单位普通贷款及透支	584.08	21.78
(3)保证金存款	54.83	9.96	2.中长期贷款	605.33	157.59
2.个人存款			(1) 个人贷款		
储蓄存款			(2) 单位普通贷款	602.33	157.59
代理财政性存款	34.84	10.27	3.票据融资	42.94	28.79
各项准备					
资金来源总计	1260.58	214.93	资金运用总计	1260.58	214.93

山东省进出口银行人民币信贷收支表

单位：亿元

项目名称	2012年	比年初增减数	项目名称	2012年	比年初增减数
各项存款	10.03	3.93	各项贷款	311.90	69.15
1.单位存款	10.03	3.93	1.短期贷款	53.24	15.68
(1) 活期存款	2.66	1.60	(1) 个人贷款及透支		
(2) 定期存款		-0.01	(2) 单位普通贷款及透支	16.59	2.89
(3)保证金存款			2.中长期贷款	257.76	52.57
2.个人存款			(1) 个人贷款		
储蓄存款			(2) 单位普通贷款	74.52	10.85
代理财政性存款			3.票据融资		
各项准备	3.86	0.60			
资金来源总计	315.62	70.39	资金运用总计	315.62	70.39

山东省工商银行人民币信贷收支表

单位：亿元

项目名称	2012年	比年初增减数	项目名称	2012年	比年初增减数
各项存款	6548.14	681.62	各项贷款	5841.41	511.18
1.单位存款	3213.90	266.39	1.短期贷款	2227.26	435.92
(1) 活期存款	1465.27	85.49	(1) 个人贷款及透支	62.67	-52.53
(2) 定期存款	1115.06	114.23	(2) 单位普通贷款及透支	1302.24	297.14
(3)保证金存款	352.62	68.66	2.中长期贷款	3392.17	-55.76
2.个人存款	3315.22	421.10	(1) 个人贷款	1297.43	60.03
储蓄存款	3311.47	432.45	(2) 单位普通贷款	1963.62	-122.51
代理财政性存款	26.86	7.18	3.票据融资	217.53	129.24
各项准备	120.02	5.93			
资金来源总计	7176.88	1546.72	资金运用总计	7176.88	1546.72

山东省农业银行人民币信贷收支表

单位：亿元

项目名称	2012年	比年初增减数	项目名称	2012年	比年初增减数
各项存款	7329.28	1188.24	各项贷款	4803.75	513.78
1.单位存款	3059.31	511.92	1.短期贷款	2662.01	427.90
(1) 活期存款	1348.76	176.11	(1) 个人贷款及透支	363.38	19.60
(2) 定期存款	1060.58	279.76	(2) 单位普通贷款及透支	2106.90	273.04
(3)保证金存款	124.11	-28.18	2.中长期贷款	2061.63	55.68
2.个人存款	4148.05	593.55	(1) 个人贷款	817.06	119.39
储蓄存款	4121.35	578.57	(2) 单位普通贷款	1146.88	-83.32
代理财政性存款	15.96	-6.3	3.票据融资		
各项准备	116.44	30.59			
资金来源总计	5626.59	1181.98	资金运用总计	5626.59	1181.98

山东省中国银行人民币信贷收支表

单位：亿元

项目名称	2012年	比年初增减数	项目名称	2012年	比年初增减数
各项存款	4386.82	240.12	各项贷款	3215.05	264.59
1.单位存款	2391.19	86.79	1.短期贷款	1308.82	204.40
(1) 活期存款	924.62	61.32	(1) 个人贷款及透支	74.11	29.88
(2) 定期存款	765.75	-65.11	(2) 单位普通贷款及透支	925.52	52.82
(3)保证金存款	433.20	30.60	2.中长期贷款	1786.40	-10.99
2.个人存款	1814.02	182.70	(1) 个人贷款	858.22	76.75
储蓄存款	1813.57	182.32	(2) 单位普通贷款	827.00	-100.78
代理财政性存款	2.96	2.1	3.票据融资		
各项准备	66.04	0.47			
资金来源总计	3531.45	283.65	资金运用总计	3531.45	283.65

山东省建设银行人民币信贷收支表

单位：亿元

项目名称	2012年	比年初增减数	项目名称	2012年	比年初增减数
各项存款	5611.10	864.42	各项贷款	3882.97	336.33
1.单位存款	2842.75	391.44	1.短期贷款	1312.44	282.91
(1) 活期存款	1223.41	125.38	(1) 个人贷款及透支	14.75	5.12
(2) 定期存款	819.60	148.60	(2) 单位普通贷款及透支	1021.09	198.11
(3)保证金存款	297.50	64.02	2.中长期贷款	2427.43	60.48
2.个人存款	2738.71	489.68	(1) 个人贷款	1092.61	138.42
储蓄存款	2671.11	422.99	(2) 单位普通贷款	1334.15	-77.64
代理财政性存款	11.28	-1.69	3.票据融资		
各项准备	0.79	-1.01			
资金来源总计	4108.13	419.74	资金运用总计	4108.13	419.74

山东省交通银行人民币信贷收支表

单位：亿元

栏目 项目名称	2012 年	比年初增减数	栏目 项目名称	2012 年	比年初增减数
各项存款	1958.63	275.99	各项贷款	1256.62	151.97
1. 单位存款	1356.42	186.90	1. 短期贷款	724.74	199.86
(1) 活期存款	437.60	73.47	(1) 个人贷款及透支	13.68	4.32
(2) 定期存款	413.79	92.22	(2) 单位普通贷款及透支	641.20	161.86
(3) 保证金存款	277.81	87.78	2. 中长期贷款	507.57	-45.73
2. 个人存款	526.03	73.68	(1) 个人贷款	105.48	13.34
储蓄存款	475.56	41.42	(2) 单位普通贷款	354.47	-57.72
代理财政性存款	0.16	-0.36	3. 票据融资	23.8	-2.31
各项准备	14.29	3.65			
资金来源总计	1457.84	240.39	资金运用总计	1457.84	240.39
	1458	240			

山东省邮政储蓄银行人民币信贷收支表

单位：亿元

栏目 项目名称	2012 年	比年初增减数	栏目 项目名称	2012 年	比年初增减数
各项存款	3107.33	491.31	各项贷款	525.05	131.46
1. 单位存款	396.60	49.95	1. 短期贷款	243.92	52.43
(1) 活期存款	297.95	16.62	(1) 个人贷款及透支	156.40	6.28
(2) 定期存款	93.62	31.03	(2) 单位普通贷款及透支	87.51	46.14
(3) 保证金存款	2.09	1.55	2. 中长期贷款	216.23	46.71
2. 个人存款	2710.58	441.69	(1) 个人贷款	190.35	45.24
储蓄存款	2710.58	441.69	(2) 单位普通贷款	25.88	1.47
代理财政性存款			3. 票据融资	64.90	32.32
各项准备	12.44	3.31			
资金来源总计	809.82	246.78	资金运用总计	809.82	246.78

山东省恒丰银行人民币信贷收支表

单位：亿元

栏目 项目名称	2012 年	比年初增减数	栏目 项目名称	2012 年	比年初增减数
各项存款	1098.35	219.83	各项贷款	628.45	60.67
1. 单位存款	617.75	88.85	1. 短期贷款	334.58	49.05
(1) 活期存款	179.36	-20.84	(1) 个人贷款及透支	7.56	1.80
(2) 定期存款	200.97	-13.19	(2) 单位普通贷款及透支	319.80	47.68
(3) 保证金存款	153.27	49.93	2. 中长期贷款	175.11	-14.54
2. 个人存款	372.95	85.27	(1) 个人贷款	16.02	4.71
储蓄存款	372.95	85.27	(2) 单位普通贷款	145.19	-29.79
代理财政性存款	0.09	0.02	3. 票据融资	118.28	25.66
各项准备	8.40	0.62			
资金来源总计	999.21	-9.80	资金运用总计	999.21	-9.80

山东省光大银行人民币信贷收支表

单位：亿元

栏目 项目名称	2012年	比年初增减数	栏目 项目名称	2012年	比年初增减数
各项存款	563.86	33.61	各项贷款	476.69	40.76
1.单位存款	434.07	10.81	1.短期贷款	286.65	62.11
(1) 活期存款	103.11	-6.92	(1) 个人贷款及透支	7.85	6.68
(2) 定期存款	38.25	-30.51	(2) 单位普通贷款及透支	212.79	50.54
(3) 保证金存款	230.01	39.45	2.中长期贷款	181.57	-21.40
2.个人存款	128.57	22.24	(1) 个人贷款	110.61	5.37
储蓄存款	92.45	3.99	(2) 单位普通贷款	69.84	-26.74
代理财政性存款	0.81	0.74	3.票据融资	8.00	-0.27
各项准备	12.15	0.80			
资金来源总计	849.92	242.37	资金运用总计	849.92	242.37

山东省中信银行人民币信贷收支表

单位：亿元

栏目 项目名称	2012年	比年初增减数	栏目 项目名称	2012年	比年初增减数
各项存款	1167.56	172.56	各项贷款	824.52	105.07
1.单位存款	869.00	115.50	1.短期贷款	584.95	107.02
(1) 活期存款	242.86	12.80	(1) 个人贷款及透支	11.18	6.74
(2) 定期存款	164.60	45.90	(2) 单位普通贷款及透支	533.93	80.05
(3) 保证金存款	348.02	36.55	2.中长期贷款	220.14	-4.30
2.个人存款	242.96	54.88	(1) 个人贷款	79.64	18.69
储蓄存款	205.91	33.37	(2) 单位普通贷款	117.98	-28.46
代理财政性存款	1.03	-1.26	3.票据融资	18.04	1.26
各项准备	12.69	0.86			
资金来源总计	855.89	-22.84	资金运用总计	855.89	-22.84

山东省华夏银行人民币信贷收支表

单位：亿元

栏目 项目名称	2012年	比年初增减数	栏目 项目名称	2012年	比年初增减数
各项存款	736.74	114.59	各项贷款	607.41	56.38
1.单位存款	563.70	79.18	1.短期贷款	426.80	59.37
(1) 活期存款	180.02	19.01	(1) 个人贷款及透支	14.44	2.19
(2) 定期存款	70.89	-1.33	(2) 单位普通贷款及透支	397.45	47.62
(3) 保证金存款	229.85	42.75	2.中长期贷款	174.60	-4.91
2.个人存款	171.13	35.03	(1) 个人贷款	42.10	10.70
储蓄存款	171.06	34.97	(2) 单位普通贷款	126.35	-18.08
代理财政性存款	0.37	0.13	3.票据融资	4.82	1.16
各项准备	13.37	-0.25			
资金来源总计	670.03	-175.18	资金运用总计	670.03	-175.18

山东省平安银行人民币信贷收支表

单位：亿元

栏目 项目名称	2012 年	比年初增减数	栏目 项目名称	2012 年	比年初增减数
各项存款	433.46	81.31	各项贷款	303.77	34.56
1. 单位存款	357.25	59.57	1. 短期贷款	252.01	44.97
(1) 活期存款	71.98	47.09	(1) 个人贷款及透支	13.04	4.57
(2) 定期存款	108.96	-15.69	(2) 单位普通贷款及透支	234.52	39.25
(3) 保证金存款	149.69	19.69	2. 中长期贷款	44.79	-11.30
2. 个人存款	51.32	11.84	(1) 个人贷款	37.11	-3.68
储蓄存款	50.48	11.56	(2) 单位普通贷款	7.44	-7.14
代理财政性存款	0.00	0.14	3. 票据融资	4.72	-1.17
各项准备	4.73	1.07			
资金来源总计	541.50	132.30	资金运用总计	541.50	132.30

山东省招商银行人民币信贷收支表

单位：亿元

栏目 项目名称	2012 年	比年初增减数	栏目 项目名称	2012 年	比年初增减数
各项存款	1054.64	183.52	各项贷款	956.87	98.53
1. 单位存款	705.24	101.55	1. 短期贷款	546.16	142.20
(1) 活期存款	251.78	26.20	(1) 个人贷款及透支	59.09	26.23
(2) 定期存款	102.78	9.54	(2) 单位普通贷款及透支	463.48	96.64
(3) 保证金存款	238.96	36.22	2. 中长期贷款	361.67	-44.30
2. 个人存款	345.13	81.44	(1) 个人贷款	217.43	7.62
储蓄存款	345.12	81.43	(2) 单位普通贷款	135.46	-52.23
代理财政性存款	0.65	0.54	3. 票据融资	48.19	0.76
各项准备	19.68	2.86			
资金来源总计	991.49	86.63	资金运用总计	991.49	86.63

山东省上海浦东发展银行人民币信贷收支表

单位：亿元

栏目 项目名称	2012 年	比年初增减数	栏目 项目名称	2012 年	比年初增减数
各项存款	892.94	156.74	各项贷款	687.01	99.94
1. 单位存款	707.68	99.44	1. 短期贷款	465.64	82.70
(1) 活期存款	181.01	27.25	(1) 个人贷款及透支	15.52	6.79
(2) 定期存款	209.13	83.13	(2) 单位普通贷款及透支	421.11	70.82
(3) 保证金存款	240.54	-8.98	2. 中长期贷款	183.13	-12.61
2. 个人存款	131.14	38.49	(1) 个人贷款	60.35	13.29
储蓄存款	116.55	35.99	(2) 单位普通贷款	107.60	-26.93
代理财政性存款	0.20	-0.30	3. 票据融资	36.44	28.50
各项准备	12.00	3.12			
资金来源总计	896.89	209.64	资金运用总计	896.89	209.64

山东省兴业银行人民币信贷收支表

单位：亿元

项目名称	2012年	比年初增减数	项目名称	2012年	比年初增减数
各项存款	1017.82	202.56	各项贷款	554.99	42.49
1.单位存款	812.80	147.59	1.短期贷款	301.69	80.79
(1) 活期存款	286.33	34.62	(1) 个人贷款及透支	33.87	9.82
(2) 定期存款	212.29	90.79	(2) 单位普通贷款及透支	262.62	72.12
(3) 保证金存款	190.51	3.08	2.中长期贷款	248.31	-42.74
2.个人存款	142.60	53.63	(1) 个人贷款	42.30	-0.95
储蓄存款	142.33	53.52	(2) 单位普通贷款	204.87	-41.70
代理财政性存款	0.00	-0.08	3.票据融资	2.16	1.61
各项准备	8.20	1.71			
资金来源总计	1186.13	491.13	资金运用总计	1186.13	491.13

山东省中国民生银行人民币信贷收支表

单位：亿元

项目名称	2012年	比年初增减数	项目名称	2012年	比年初增减数
各项存款	890.10	86.09	各项贷款	633.98	50.04
1.单位存款	681.05	49.87	1.短期贷款	470.23	107.60
(1) 活期存款	200.41	-31.52	(1) 个人贷款及透支	228.20	57.66
(2) 定期存款	116.13	19.65	(2) 单位普通贷款及透支	242.03	49.93
(3) 保证金存款	310.90	72.27	2.中长期贷款	158.42	-62.61
2.个人存款	187.65	64.99	(1) 个人贷款	21.73	-3.58
储蓄存款	147.74	43.15	(2) 单位普通贷款	110.40	-55.05
代理财政性存款	0.00	0.00	3.票据融资	2.84	2.79
各项准备	15.40	6.80			
资金来源总计	866.53	210.94	资金运用总计	866.53	210.94

山东省渤海银行人民币信贷收支表

单位：亿元

项目名称	2012年	比年初增减数	项目名称	2012年	比年初增减数
各项存款	109.72	13.27	各项贷款	83.27	-5.38
1.单位存款	98.49	9.51	1.短期贷款	59.19	4.87
(1) 活期存款	21.40	-5.39	(1) 个人贷款及透支	2.58	1.19
(2) 定期存款	17.07	-0.48	(2) 单位普通贷款及透支	56.62	3.68
(3) 保证金存款	44.14	12.81	2.中长期贷款	17.85	-12.66
2.个人存款	11.18	3.77	(1) 个人贷款	1.84	-0.38
储蓄存款	7.45	0.33	(2) 单位普通贷款	11.72	-11.56
代理财政性存款			3.票据融资	6.22	2.41
各项准备					
资金来源总计	275.94	145.48	资金运用总计	275.94	145.48

山东省浙商银行人民币信贷收支表

单位：亿元

项目名称	2012 年	比年初增减数	项目名称	2012 年	比年初增减数
各项存款	106.32	27.20	各项贷款	62.31	16.20
1. 单位存款	101.90	24.04	1. 短期贷款	56.55	17.03
(1) 活期存款	22.61	0.30	(1) 个人贷款及透支	3.65	3.22
(2) 定期存款	14.57	8.05	(2) 单位普通贷款及透支	51.46	12.96
(3) 保证金存款	41.90	3.18	2. 中长期贷款	5.75	-0.83
2. 个人存款	1.43	0.28	(1) 个人贷款	0.73	0.65
储蓄存款	1.43	0.28	(2) 单位普通贷款	5.02	-1.48
代理财政性存款			3. 票据融资		
各项准备					
资金来源总计	137.51	43.10	资金运用总计	137.51	43.10

山东省广发银行人民币信贷收支表

单位：亿元

项目名称	2012 年	比年初增减数	项目名称	2012 年	比年初增减数
各项存款	80.06	80.06	各项贷款	54.08	54.08
1. 单位存款	75.42	75.42	1. 短期贷款	51.92	51.92
(1) 活期存款	13.26	13.26	(1) 个人贷款及透支	0.06	0.06
(2) 定期存款	7.37	7.37	(2) 单位普通贷款及透支	48.87	48.87
(3) 保证金存款	46.93	46.93	2. 中长期贷款	0.16	0.16
2. 个人存款	4.58	4.58	(1) 个人贷款	0.16	0.16
储蓄存款	4.27	4.27	(2) 单位普通贷款		
代理财政性存款			3. 票据融资	1.99	1.99
各项准备					
资金来源总计	54.89	54.89	资金运用总计	54.89	54.89

山东省国家开发银行外汇信贷收支表

单位：亿美元

项目名称	2012 年	比年初增减数	项目名称	2012 年	比年初增减数
各项存款	5.38	0.11	各项贷款	188.41	14.15
1. 单位存款	5.38	0.11	（一）境内贷款	17.13	0.49
(1) 活期存款	5.38	0.11	1. 短期贷款	2.33	-3.80
(2) 定期存款			（1）个人贷款及透支		
（3）保证金存款			（2）单位普通贷款及透支	2.24	-3.90
2. 个人存款			2. 中长期贷款	14.79	4.30
储蓄存款			（1）个人贷款		
代理财政性存款			（2）单位普通贷款	6.76	2.18
各项准备	5.98	5.98	（二）境外贷款	171.29	13.66
资金来源总计	189.40	14.21	资金运用总计	189.40	14.21

山东省中国农业发展银行外汇信贷收支表

单位：亿美元

栏目 项目名称	2012年	比年初增减数	栏目 项目名称	2012年	比年初增减数
各项存款	0.18	0.09	各项贷款	0.84	0.82
1.单位存款	0.18	0.09	（一）境内贷款	0.84	0.82
(1) 活期存款	0.18	0.09	1.短期贷款	0.84	0.82
(2) 定期存款			（1）个人贷款及透支		
（3）保证金存款			（2）单位普通贷款及透支		
2.个人存款			2.中长期贷款		
储蓄存款			（1）个人贷款		
代理财政性存款			（2）单位普通贷款		
各项准备			（二）境外贷款		
资金来源总计	0.84	0.82	资金运用总计	0.84	0.82

山东省中国进出口银行外汇信贷收支表

单位：亿美元

栏目 项目名称	2012年	比年初增减数	栏目 项目名称	2012年	比年初增减数
各项存款	0.40	0.34	各项贷款	14.49	3.78
1.单位存款	0.40	0.34	（一）境内贷款	14.49	3.78
(1) 活期存款	0.40	0.34	1.短期贷款	5.11	1.00
(2) 定期存款			（1）个人贷款及透支		
（3）保证金存款	0.00	0.00	（2）单位普通贷款及透支	1.24	0.35
2.个人存款			2.中长期贷款	9.38	2.78
储蓄存款			（1）个人贷款		
代理财政性存款			（2）单位普通贷款	4.67	0.45
各项准备	0.10	0.03	（二）境外贷款		
资金来源总计	14.54	3.60	资金运用总计	14.54	3.60

山东省中国工商银行外汇信贷收支表

单位：亿美元

栏目 项目名称	2012年	比年初增减数	栏目 项目名称	2012年	比年初增减数
各项存款	23.58	8.73	各项贷款	35.22	-1.07
1.单位存款	17.98	8.33	（一）境内贷款	35.22	-1.07
(1) 活期存款	7.12	0.56	1.短期贷款	30.74	-0.58
(2) 定期存款	7.41	5.02	（1）个人贷款及透支		
（3）保证金存款	3.45	2.74	（2）单位普通贷款及透支	3.71	0.89
2.个人存款	5.55	0.41	2.中长期贷款	4.39	-0.58
储蓄存款	5.55	0.43	（1）个人贷款		
代理财政性存款			（2）单位普通贷款	1.80	-0.48
各项准备	0.65	-0.02	（二）境外贷款		
资金来源总计	211.34	174.33	资金运用总计	211.34	174.33

山东省中国农业银行外汇信贷收支表

单位：亿美元

项目名称 \ 栏目	2012年	比年初增减数	项目名称 \ 栏目	2012年	比年初增减数
各项存款	16.76	8.32	各项贷款	27.19	11.02
1.单位存款	15.96	8.23	（一）境内贷款	27.19	11.02
(1) 活期存款	8.32	2.17	1.短期贷款	24.06	10.07
(2) 定期存款	6.24	5.23	（1）个人贷款及透支	0.02	0.00
(3)保证金存款	0.99	0.49	(2)单位普通贷款及透支	0.83	-3.53
2.个人存款	0.74	0.05	2.中长期贷款	1.73	-0.31
储蓄存款	0.74	0.05	（1）个人贷款		
代理财政性存款	-0.26	-0.02	（2）单位普通贷款	0.02	-0.08
各项准备	0.06	0.00	（二）境外贷款		
资金来源总计	105.19	88.19	资金运用总计	105.19	88.19

山东省中国银行外汇信贷收支表

单位：亿美元

项目名称 \ 栏目	2012年	比年初增减数	项目名称 \ 栏目	2012年	比年初增减数
各项存款	41.68	12.86	各项贷款	58.00	-12.55
1.单位存款	27.34	10.85	（一）境内贷款	54.13	-16.42
(1) 活期存款	20.02	5.54	1.短期贷款	44.06	-10.24
(2) 定期存款	4.34	3.27	（1）个人贷款及透支		
(3)保证金存款	1.75	0.95	(2)单位普通贷款及透支	5.74	-4.98
2.个人存款	12.81	1.87	2.中长期贷款	10.00	-6.21
储蓄存款	12.79	1.86	（1）个人贷款	0.00	0.00
代理财政性存款			（2）单位普通贷款	5.55	-3.76
各项准备	1.31	-0.09	（二）境外贷款	3.87	3.87
资金来源总计	76.69	1.71	资金运用总计	76.69	1.71

山东省中国建设银行外汇信贷收支表

单位：亿美元

项目名称 \ 栏目	2012年	比年初增减数	项目名称 \ 栏目	2012年	比年初增减数
各项存款	19.54	11.40	各项贷款	41.12	27.63
1.单位存款	18.34	11.30	（一）境内贷款	41.12	27.63
(1) 活期存款	5.39	0.64	1.短期贷款	37.38	27.83
(2) 定期存款	3.16	2.89	（1）个人贷款及透支		
(3)保证金存款	9.79	7.77	(2)单位普通贷款及透支	6.41	4.35
2.个人存款	1.00	0.09	2.中长期贷款	3.74	-0.20
储蓄存款	0.99	0.08	（1）个人贷款		
代理财政性存款			（2）单位普通贷款	1.46	-0.18
各项准备			（二）境外贷款		
资金来源总计	42.19	26.54	资金运用总计	42.19	26.54

山东省交通银行外汇信贷收支表

单位：亿美元

项目名称 \ 栏目	2012年	比年初增减数	项目名称 \ 栏目	2012年	比年初增减数
各项存款	7.06	1.95	各项贷款	10.24	6.16
1.单位存款	5.83	1.83	（一）境内贷款	10.24	6.16
(1) 活期存款	1.98	-0.10	1.短期贷款	10.13	6.28
(2) 定期存款	1.44	0.56	（1）个人贷款及透支		
（3）保证金存款	2.30	1.25	（2）单位普通贷款及透支	2.09	1.08
2.个人存款	1.11	0.05	2.中长期贷款	0.11	-0.12
储蓄存款	0.66	-0.02	（1）个人贷款		
代理财政性存款			（2）单位普通贷款	0.10	-0.07
各项准备	0.05	0.02	（二）境外贷款		
资金来源总计	18.74	6.35	资金运用总计	18.74	6.35

山东省中国邮政储蓄银行外汇信贷收支表

单位：亿美元

项目名称 \ 栏目	2012年	比年初增减数	项目名称 \ 栏目	2012年	比年初增减数
各项存款	0.04	0.01	各项贷款	0.00	0.00
1.单位存款	0.00	0.00	（一）境内贷款	0.00	0.00
(1) 活期存款			1.短期贷款	0.00	0.00
(2) 定期存款			（1）个人贷款及透支		
（3）保证金存款			（2）单位普通贷款及透支		
2.个人存款	0.03	0.01	2.中长期贷款		
储蓄存款	0.03	0.01	（1）个人贷款		
代理财政性存款			（2）单位普通贷款		
各项准备	0.00	0.00	（二）境外贷款		
资金来源总计	0.01	0.01	资金运用总计	0.01	0.01

山东省恒丰银行外汇信贷收支表

单位：亿美元

项目名称 \ 栏目	2012年	比年初增减数	项目名称 \ 栏目	2012年	比年初增减数
各项存款	0.87	-0.01	各项贷款	2.11	1.61
1.单位存款	0.74	0.00	（一）境内贷款	2.11	1.61
(1) 活期存款	0.58	0.09	1.短期贷款	2.02	1.56
(2) 定期存款	0.01	-0.10	（1）个人贷款及透支		
（3）保证金存款	0.16	0.00	（2）单位普通贷款及透支	0.86	0.79
2.个人存款	0.12	0.00	2.中长期贷款	0.08	0.05
储蓄存款	0.12	0.00	（1）个人贷款		
代理财政性存款			（2）单位普通贷款	0.08	0.05
各项准备	0.02	0.01	（二）境外贷款		
资金来源总计	2.18	1.44	资金运用总计	2.18	1.44

山东省中国光大银行外汇信贷收支表

单位：亿美元

栏目 项目名称	2012年	比年初增减数	栏目 项目名称	2012年	比年初增减数
各项存款	3.36	1.63	各项贷款	5.91	1.91
1.单位存款	2.67	1.52	（一）境内贷款	5.91	1.91
(1) 活期存款	1.02	0.80	1.短期贷款	5.07	4.52
(2) 定期存款	1.61	0.92	（1）个人贷款及透支		
（3）保证金存款	0.04	-0.21	（2）单位普通贷款及透支	1.24	1.17
2.个人存款	0.69	0.11	2.中长期贷款	0.84	-2.61
储蓄存款	0.26	0.07	（1）个人贷款		
代理财政性存款			（2）单位普通贷款	0.65	-2.11
各项准备	0.12	0.04	（二）境外贷款		
资金来源总计	6.02	1.73	资金运用总计	6.02	1.73

山东省中信银行外汇信贷收支表

单位：亿美元

栏目 项目名称	2012年	比年初增减数	栏目 项目名称	2012年	比年初增减数
各项存款	3.93	1.38	各项贷款	9.14	6.57
1.单位存款	3.28	1.25	（一）境内贷款	9.14	6.57
(1) 活期存款	1.86	0.11	1.短期贷款	9.14	6.57
(2) 定期存款	0.96	0.96	（1）个人贷款及透支		
（3）保证金存款	0.42	0.26	（2）单位普通贷款及透支	1.14	0.54
2.个人存款	0.34	0.00	2.中长期贷款		
储蓄存款	0.27	0.01	（1）个人贷款		
代理财政性存款			（2）单位普通贷款		
各项准备	0.10	0.07	（二）境外贷款		
资金来源总计	9.54	6.77	资金运用总计	9.54	6.77

山东省华夏银行外汇信贷收支表

单位：亿美元

栏目 项目名称	2012年	比年初增减数	栏目 项目名称	2012年	比年初增减数
各项存款	6.46	4.91	各项贷款	7.44	5.65
1.单位存款	6.24	5.00	（一）境内贷款	7.44	5.65
(1) 活期存款	2.31	1.36	1.短期贷款	7.33	5.65
(2) 定期存款	0.73	0.63	（1）个人贷款及透支		
（3）保证金存款	3.20	3.07	（2）单位普通贷款及透支	1.04	0.03
2.个人存款	0.07	0.00	2.中长期贷款	0.12	0.00
储蓄存款	0.07	0.00	（1）个人贷款		
代理财政性存款	0.00	0.00	（2）单位普通贷款	0.01	0.00
各项准备	0.08	0.06	（二）境外贷款		
资金来源总计	7.51	-14.95	资金运用总计	7.51	-14.95

山东省平安银行外汇信贷收支表

单位：亿美元

项目名称 \ 栏目	2012 年	比年初增减数	项目名称 \ 栏目	2012 年	比年初增减数
各项存款	1.44	1.19	各项贷款	0.96	0.85
1. 单位存款	1.30	1.19	（一）境内贷款	0.96	0.85
(1) 活期存款	1.18	1.10	1. 短期贷款	0.95	0.84
(2) 定期存款		-0.01	(1) 个人贷款及透支		
(3) 保证金存款	0.13	0.10	(2) 单位普通贷款及透支	0.00	-0.10
2. 个人存款	0.06	0.00	2. 中长期贷款		
储蓄存款	0.06	0.00	(1) 个人贷款		
代理财政性存款			(2) 单位普通贷款		
各项准备	0.03	0.00	（二）境外贷款		
资金来源总计	3.09	2.23	资金运用总计	3.09	2.23

山东省招商银行外汇信贷收支表

单位：亿美元

项目名称 \ 栏目	2012 年	比年初增减数	项目名称 \ 栏目	2012 年	比年初增减数
各项存款	6.53	2.12	各项贷款	9.31	4.47
1. 单位存款	5.02	2.07	（一）境内贷款	9.31	4.47
(1) 活期存款	2.96	0.33	1. 短期贷款	8.02	3.27
(2) 定期存款	1.90	1.66	(1) 个人贷款及透支		
(3) 保证金存款	0.16	0.08	(2) 单位普通贷款及透支	1.75	1.42
2. 个人存款	1.30	0.21	2. 中长期贷款	1.29	1.20
储蓄存款	1.30	0.21	(1) 个人贷款		
代理财政性存款			(2) 单位普通贷款	1.23	1.20
各项准备	0.19	0.09	（二）境外贷款		
资金来源总计	9.68	4.33	资金运用总计	9.68	4.33

山东省上海浦东发展银行外汇信贷收支表

单位：亿美元

项目名称 \ 栏目	2012 年	比年初增减数	项目名称 \ 栏目	2012 年	比年初增减数
各项存款	3.59	2.04	各项贷款	5.81	0.05
1. 单位存款	3.46	2.02	（一）境内贷款	5.81	0.05
(1) 活期存款	1.39	0.74	1. 短期贷款	5.77	0.60
(2) 定期存款	1.01	0.54	(1) 个人贷款及透支		
(3) 保证金存款	1.06	0.74	(2) 单位普通贷款及透支	2.82	-1.12
2. 个人存款	0.12	0.01	2. 中长期贷款		-0.58
储蓄存款	0.12	0.02	(1) 个人贷款		
代理财政性存款			(2) 单位普通贷款		-0.58
各项准备			（二）境外贷款		
资金来源总计	5.95	0.02	资金运用总计	5.95	0.02

山东省兴业银行外汇信贷收支表

单位：亿美元

项目名称 \ 栏目	2012 年	比年初增减数	项目名称 \ 栏目	2012 年	比年初增减数
各项存款	11.77	10.05	各项贷款	12.22	10.36
1.单位存款	11.72	10.04	（一）境内贷款	12.22	10.36
(1) 活期存款	0.71	-0.29	1.短期贷款	12.12	10.46
(2) 定期存款	10.44	9.91	（1）个人贷款及透支		
（3）保证金存款	0.57	0.49	（2）单位普通贷款及透支	3.23	2.79
2.个人存款	0.04	0.00	2.中长期贷款	0.10	-0.10
储蓄存款	0.04	0.00	（1）个人贷款		
代理财政性存款			（2）单位普通贷款		
各项准备	0.13	0.10	（二）境外贷款		
资金来源总计	12.34	10.40	资金运用总计	12.34	10.40

山东省中国民生银行外汇信贷收支表

单位：亿美元

项目名称 \ 栏目	2012 年	比年初增减数	项目名称 \ 栏目	2012 年	比年初增减数
各项存款	0.99	0.38	各项贷款		
1.单位存款	0.89	0.47	（一）境内贷款		
(1) 活期存款	0.38	0.00	1.短期贷款		
(2) 定期存款	0.48	0.48	（1）个人贷款及透支		
（3）保证金存款	0.04	0.00	（2）单位普通贷款及透支		
2.个人存款	0.07	0.00	2.中长期贷款		
储蓄存款	0.07	0.00	（1）个人贷款		
代理财政性存款			（2）单位普通贷款		
各项准备			（二）境外贷款		
资金来源总计	0.27	-0.03	资金运用总计	0.27	-0.03

山东省渤海银行外汇信贷收支表

单位：亿美元

项目名称 \ 栏目	2012 年	比年初增减数	项目名称 \ 栏目	2012 年	比年初增减数
各项存款	0.44	-0.27	各项贷款	0.18	-0.14
1.单位存款	0.44	-0.27	（一）境内贷款	0.18	-0.14
(1) 活期存款	0.02	0.02	1.短期贷款	0.18	-0.14
(2) 定期存款	0.41	0.41	（1）个人贷款及透支		
（3）保证金存款		-0.70	（2）单位普通贷款及透支	0.18	-0.14
2.个人存款	0.00	0.00	2.中长期贷款		
储蓄存款	0.00	0.00	（1）个人贷款		
代理财政性存款			（2）单位普通贷款		
各项准备			（二）境外贷款		
资金来源总计	0.20	-0.14	资金运用总计	0.20	-0.14

山东省浙商银行外汇信贷收支表

单位：亿美元

栏目 项目名称	2012 年	比年初增减数	栏目 项目名称	2012 年	比年初增减数
各项存款	0.22	0.12	各项贷款	0.07	0.06
1. 单位存款	0.22	0.12	（一）境内贷款	0.07	0.06
(1) 活期存款	0.22	0.12	1. 短期贷款	0.07	0.06
(2) 定期存款			(1) 个人贷款及透支		
(3) 保证金存款			(2) 单位普通贷款及透支		
2. 个人存款			2. 中长期贷款		
储蓄存款			(1) 个人贷款		
代理财政性存款			(2) 单位普通贷款		
各项准备			（二）境外贷款		
资金来源总计	0.07	0.07	资金运用总计	0.07	0.07

山东省广发银行外汇信贷收支表

单位：亿美元

栏目 项目名称	2012 年	比年初增减数	栏目 项目名称	2012 年	比年初增减数
各项存款	0.04	0.04	各项贷款	0.34	0.34
1. 单位存款	0.04	0.04	（一）境内贷款	0.34	0.34
(1) 活期存款	0.00	0.00	1. 短期贷款	0.34	0.34
(2) 定期存款	0.04	0.04	(1) 个人贷款及透支		
(3) 保证金存款			(2) 单位普通贷款及透支	0.34	0.34
2. 个人存款			2. 中长期贷款		
储蓄存款			(1) 个人贷款		
代理财政性存款			(2) 单位普通贷款		
各项准备			（二）境外贷款		
资金来源总计	0.34	0.34	资金运用总计	0.34	0.34

三、分机构经营成果情况

山东省全金融机构（含外资）本外币损益表

单位：亿元

行列名称	本年	比上年同期增减	比上年同期增减%	行列名称	本年	比上年同期增减	比上年同期增减%
一、营业收入	2374.94	346.64	17.09	1.业务及管理费	760.39	110.89	17.07
1.利息净收入	2045.28	302.09	17.33	2.营业税金及附加	169.80	32.61	23.77
利息收入	5612.24	936.97	20.04	3.资产减值损失	306.27	48.23	18.69
利息支出	3566.96	634.88	21.65	三、营业利润	1126.95	157.60	16.26
2.手续费及佣金净收入	266.63	20.13	8.17	四、利润总额	1128.80	167.72	17.45
二、营业支出	1248.00	189.04	17.85	五、净利润	961.04	141.19	17.22

山东省政策性银行本外币损益表

单位：亿元

行列名称	本年	比上年同期增减	比上年同期增减%	行列名称	本年	比上年同期增减	比上年同期增减%
一、营业收入	135.42	27.48	25.45	1.业务及管理费	9.53	1.37	16.72
1.利息净收入	129.76	28.02	27.54	2.营业税金及附加	16.19	3.52	27.76
利息收入	309.53	69.31	28.85	3.资产减值损失	38.06	6.29	19.79
利息支出	179.78	41.30	29.82	三、营业利润	71.15	16.28	29.67
2.手续费及佣金净收入	5.45	-1.62	-22.88	四、利润总额	71.08	16.30	29.76
二、营业支出	64.27	11.20	21.10	五、净利润	71.08	16.30	29.76

山东省国家开发银行本外币损益表

单位：亿元

行列名称	本年	比上年同期增减	比上年同期增减%	行列名称	本年	比上年同期增减	比上年同期增减%
一、营业收入	87.58	19.92	29.44	1.业务及管理费	2.43	0.43	21.21
1.利息净收入	83.62	20.85	33.21	2.营业税金及附加	10.95	2.44	28.68
利息收入	206.72	49.91	31.83	3.资产减值损失	36.96	5.74	18.41
利息支出	123.09	29.06	30.91	三、营业利润	37.24	11.31	43.61
2.手续费及佣金净收入	3.91	-1.98	-33.60	四、利润总额	37.28	11.34	43.75
二、营业支出	50.34	8.61	20.64	五、净利润	37.28	11.34	43.75

山东省农业发展银行本外币损益表

单位：亿元

行列名称	本年	比上年同期增减	比上年同期增减%	行列名称	本年	比上年同期增减	比上年同期增减%
一、营业收入	39.96	6.30	18.72	1.业务及管理费	6.82	0.92	15.61
1.利息净收入	39.50	6.21	18.66	2.营业税金及附加	4.09	0.76	22.79
利息收入	83.18	14.74	21.54	3.资产减值损失			
利息支出	43.68	8.53	24.26	三、营业利润	28.56	4.60	19.19
2.手续费及佣金净收入	0.28	0.07	32.14	四、利润总额	28.45	4.58	19.20
二、营业支出	11.40	1.70	17.56	五、净利润	28.45	4.58	19.20

山东省进出口银行本外币损益表

单位：亿元

行列名称	本年	比上年同期增减	比上年同期增减%	行列名称	本年	比上年同期增减	比上年同期增减%
一、营业收入	7.88	1.25	18.88	1.业务及管理费	0.28	0.02	7.27
1.利息净收入	6.63	0.96	16.84	2.营业税金及附加	1.15	0.32	38.39
利息收入	19.63	4.66	31.16	3.资产减值损失	1.10	0.54	96.91
利息支出	13.00	3.71	39.90	三、营业利润	5.35	0.37	7.45
2.手续费及佣金净收入	1.25	0.30	31.02	四、利润总额	5.35	0.37	7.49
二、营业支出	2.53	0.88	53.45	五、净利润	5.35	0.37	7.49

山东省国有商业银行本外币损益表

单位：亿元

行列名称	本年	比上年同期增减	比上年同期增减%	行列名称	本年	比上年同期增减	比上年同期增减%
一、营业收入	979.05	106.28	12.18	1.业务及管理费	289.24	25.42	9.63
1.利息净收入	767.37	93.08	13.80	2.营业税金及附加	76.91	12.72	19.81
利息收入	2741.57	264.80	10.69	3.资产减值损失	60.62	19.69	48.08
利息支出	1974.20	171.72	9.53	三、营业利润	544.22	51.46	10.44
2.手续费及佣金净收入	199.57	9.50	5.00	四、利润总额	545.00	52.75	10.72
二、营业支出	434.83	54.82	14.43	五、净利润	472.50	44.83	10.48

山东省工商银行本外币损益表

单位：亿元

行列名称	本年	比上年同期增减	比上年同期增减%	行列名称	本年	比上年同期增减	比上年同期增减%
一、营业收入	314.37	33.74	12.02	1.业务及管理费	74.84	6.87	10.10
1.利息净收入	243.45	31.86	15.06	2.营业税金及附加	26.00	4.21	19.32
利息收入	1578.88	223.00	16.45	3.资产减值损失	11.67	3.77	47.64
利息支出	1335.43	191.14	16.70	三、营业利润	200.07	17.13	9.36
2.手续费及佣金净收入	69.69	1.72	2.53	四、利润总额	200.22	18.34	10.08
二、营业支出	114.29	16.61	17.00	五、净利润	149.97	13.84	10.16

山东省农业银行本外币损益表

单位：亿元

行列名称	本年	比上年同期增减	比上年同期增减%	行列名称	本年	比上年同期增减	比上年同期增减%
一、营业收入	289.01	28.77	11.05	1.业务及管理费	92.14	8.91	10.70
1.利息净收入	242.17	30.08	14.18	2.营业税金及附加	19.41	3.10	18.97
利息收入	636.59	-59.10	-8.50	3.资产减值损失	34.44	30.29	728.89
利息支出	394.42	-89.19	-18.44	三、营业利润	142.66	-13.78	-8.81
2.手续费及佣金净收入	45.42	-0.82	-1.77	四、利润总额	143.06	-13.36	-8.54
二、营业支出	146.35	42.55	40.98	五、净利润	143.06	-13.36	-8.54

山东省中国银行本外币损益表

单位：亿元

行列名称	本年	比上年同期增减	比上年同期增减%	行列名称	本年	比上年同期增减	比上年同期增减%
一、营业收入	164.16	20.04	13.90	1.业务及管理费	56.81	3.71	6.98
1.利息净收入	124.68	12.44	11.08	2.营业税金及附加	14.60	2.71	22.76
利息收入	241.26	45.09	22.99	3.资产减值损失	0.85	-12.67	-93.73
利息支出	116.58	32.65	38.91	三、营业利润	90.08	31.17	52.92
2.手续费及佣金净收入	33.98	5.49	19.25	四、利润总额	89.96	31.39	53.60
二、营业支出	74.08	-11.14	-13.07	五、净利润	67.72	27.97	70.35

山东省建设银行本外币损益表

单位：亿元

行列名称	本年	比上年同期增减	比上年同期增减%	行列名称	本年	比上年同期增减	比上年同期增减%
一、营业收入	211.52	23.74	12.64	1.业务及管理费	65.45	5.93	9.97
1.利息净收入	157.07	18.69	13.51	2.营业税金及附加	16.91	2.71	19.06
利息收入	284.84	55.81	24.37	3.资产减值损失	13.66	-1.70	-11.06
利息支出	127.77	37.12	40.94	三、营业利润	111.42	16.94	17.93
2.手续费及佣金净收入	50.48	3.11	6.57	四、利润总额	111.75	16.38	17.17
二、营业支出	100.10	6.80	7.29	五、净利润	111.75	16.39	17.19

山东省股份制商业银行本外币损益表

单位：亿元

行列名称	本年	比上年同期增减	比上年同期增减%	行列名称	本年	比上年同期增减	比上年同期增减%
一、营业收入	392.25	61.68	18.66	1.业务及管理费	120.17	21.83	22.20
1.利息净收入	337.36	48.19	16.66	2.营业税金及附加	33.36	6.86	25.86
利息收入	987.51	245.52	33.09	3.资产减值损失	22.28	11.29	102.81
利息支出	650.15	197.34	43.58	三、营业利润	214.64	21.36	11.05
2.手续费及佣金净收入	36.71	6.56	21.77	四、利润总额	215.66	21.73	11.21
二、营业支出	177.61	40.31	29.36	五、净利润	197.79	19.82	11.14

山东省交通银行本外币损益表

单位：亿元

行列名称	本年	比上年同期增减	比上年同期增减%	行列名称	本年	比上年同期增减	比上年同期增减%
一、营业收入	55.91	5.70	11.36	1.业务及管理费	19.05	3.23	20.45
1.利息净收入	46.37	3.09	7.13	2.营业税金及附加	4.98	0.90	21.97
利息收入	93.65	18.02	23.83	3.资产减值损失			
利息支出	47.29	14.94	46.17	三、营业利润	31.32	1.37	4.58
2.手续费及佣金净收入	8.77	2.61	42.48	四、利润总额	31.30	1.59	5.34
二、营业支出	24.59	4.33	21.39	五、净利润	31.30	1.59	5.34

山东省邮政储蓄银行本外币损益表

单位：亿元

行列名称	本年	比上年同期增减	比上年同期增减%	行列名称	本年	比上年同期增减	比上年同期增减%
一、营业收入	69.73	11.50	19.74	1.业务及管理费	49.10	6.48	15.20
1.利息净收入	66.83	11.25	20.23	2.营业税金及附加	2.48	0.90	57.28
利息收入	239.47	47.03	24.44	3.资产减值损失	3.68	-2.99	-44.81
利息支出	172.65	35.78	26.15	三、营业利润	14.42	7.05	95.72
2.手续费及佣金净收入	2.80	0.23	9.12	四、利润总额	14.76	7.20	95.29
二、营业支出	55.31	4.44	8.73	五、净利润	12.28	7.31	146.99

山东省恒丰银行本外币损益表

单位：亿元

行列名称	本年	比上年同期增减	比上年同期增减%	行列名称	本年	比上年同期增减	比上年同期增减%
一、营业收入	41.83	5.62	15.53	1.业务及管理费	12.51	3.25	35.10
1.利息净收入	35.65	5.89	19.80	2.营业税金及附加	2.82	0.22	8.34
利息收入	96.26	26.14	37.28	3.资产减值损失	-0.49	-0.82	-246.66
利息支出	60.62	20.25	50.16	三、营业利润	26.21	2.94	12.63
2.手续费及佣金净收入	1.43	-0.41	-22.42	四、利润总额	26.30	2.79	11.85
二、营业支出	15.61	2.68	20.74	五、净利润	26.30	2.79	11.85

山东省光大银行本外币损益表

单位：亿元

行列名称	本年	比上年同期增减	比上年同期增减%	行列名称	本年	比上年同期增减	比上年同期增减%
一、营业收入	25.97	6.72	34.89	1.业务及管理费	6.91	1.29	22.93
1.利息净收入	21.09	4.09	24.04	2.营业税金及附加	2.19	0.67	43.59
利息收入	49.56	9.29	23.08	3.资产减值损失	1.40	-0.06	-4.12
利息支出	28.48	5.21	22.38	三、营业利润	15.44	4.82	45.36
2.手续费及佣金净收入	2.27	0.21	10.19	四、利润总额	15.43	4.88	46.20
二、营业支出	10.52	1.90	22.00	五、净利润	13.82	4.54	48.95

山东省中信银行本外币损益表

单位：亿元

行列名称	本年	比上年同期增减	比上年同期增减%	行列名称	本年	比上年同期增减	比上年同期增减%
一、营业收入	46.20	6.67	16.88	1.业务及管理费	14.26	2.67	23.07
1.利息净收入	39.86	5.78	16.97	2.营业税金及附加	4.57	1.01	28.24
利息收入	183.40	41.42	29.18	3.资产减值损失	1.14	1.00	729.61
利息支出	143.54	35.64	33.03	三、营业利润	26.24	1.99	8.22
2.手续费及佣金净收入	5.27	0.73	16.01	四、利润总额	26.77	2.02	8.15
二、营业支出	19.97	4.68	30.61	五、净利润	20.04	1.55	8.41

山东省华夏银行本外币损益表

单位：亿元

行列名称	本年	比上年同期增减	比上年同期增减%	行列名称	本年	比上年同期增减	比上年同期增减%
一、营业收入	30.69	1.30	4.41	1.业务及管理费	10.74	0.65	6.45
1.利息净收入	27.79	0.52	1.90	2.营业税金及附加	2.55	0.30	13.41
利息收入	48.10	3.60	8.09	3.资产减值损失	0.55	-1.42	-72.13
利息支出	20.32	3.08	17.88	三、营业利润	16.84	1.77	11.74
2.手续费及佣金净收入	2.44	0.75	44.09	四、利润总额	16.87	1.81	12.05
二、营业支出	13.85	-0.47	-3.29	五、净利润	15.49	1.32	9.33

山东省平安银行本外币损益表

单位：亿元

行列名称	本年	比上年同期增减	比上年同期增减%	行列名称	本年	比上年同期增减	比上年同期增减%
一、营业收入	13.62	2.80	25.92	1.业务及管理费	4.78	0.68	16.54
1.利息净收入	12.17	2.59	27.06	2.营业税金及附加	1.48	0.20	15.63
利息收入	28.99	4.85	20.12	3.资产减值损失	1.14	0.66	135.74
利息支出	16.82	2.26	15.54	三、营业利润	6.19	1.26	25.66
2.手续费及佣金净收入	1.28	0.03	2.55	四、利润总额	6.19	1.27	25.68
二、营业支出	7.43	1.54	26.15	五、净利润	6.19	1.27	25.68

山东省招商银行本外币损益表

单位：亿元

行列名称	本年	比上年同期增减	比上年同期增减%	行列名称	本年	比上年同期增减	比上年同期增减%
一、营业收入	54.78	6.95	14.53	1.业务及管理费	16.81	2.88	20.70
1.利息净收入	47.59	5.32	12.59	2.营业税金及附加	4.07	0.68	20.08
利息收入	143.42	35.13	32.44	3.资产减值损失	3.62	1.84	103.62
利息支出	95.83	29.80	45.14	三、营业利润	30.27	1.54	5.37
2.手续费及佣金净收入	3.35	0.42	14.26	四、利润总额	30.38	1.57	5.46
二、营业支出	24.50	5.41	28.31	五、净利润	22.73	1.17	5.44

山东省上海浦东发展银行本外币损益表

单位：亿元

行列名称	本年	比上年同期增减	比上年同期增减%	行列名称	本年	比上年同期增减	比上年同期增减%
一、营业收入	32.76	5.32	19.37	1.业务及管理费	8.89	2.42	37.34
1.利息净收入	28.24	4.46	18.77	2.营业税金及附加	3.34	0.98	41.71
利息收入	128.11	51.12	66.40	3.资产减值损失	3.29	1.43	76.35
利息支出	99.86	46.65	87.68	三、营业利润	17.20	0.46	2.77
2.手续费及佣金净收入	3.82	0.45	13.45	四、利润总额	17.32	0.54	3.24
二、营业支出	15.56	4.85	45.31	五、净利润	17.32	0.54	3.24

山东省兴业银行本外币损益表

单位：亿元

行列名称	本年	比上年同期增减	比上年同期增减%	行列名称	本年	比上年同期增减	比上年同期增减%
一、营业收入	41.99	9.86	30.70	1.业务及管理费	11.08	0.94	9.24
1.利息净收入	36.88	8.30	29.07	2.营业税金及附加	2.63	0.59	28.85
利息收入	99.37	30.79	44.89	3.资产减值损失	2.61	1.38	111.77
利息支出	62.50	22.48	56.19	三、营业利润	25.39	6.90	37.35
2.手续费及佣金净收入	4.38	0.96	28.03	四、利润总额	25.53	6.98	37.64
二、营业支出	16.60	2.96	21.70	五、净利润	25.53	6.98	37.64

山东省民生银行本外币损益表

单位：亿元

行列名称	本年	比上年同期增减	比上年同期增减%	行列名称	本年	比上年同期增减	比上年同期增减%
一、营业收入	39.95	8.36	26.47	1.业务及管理费	12.03	2.77	29.92
1.利息净收入	34.28	6.43	23.09	2.营业税金及附加	3.98	1.04	35.51
利息收入	90.43	17.83	24.55	3.资产减值损失	8.83	7.23	453.37
利息支出	56.15	11.40	25.46	三、营业利润	15.11	-2.64	-14.86
2.手续费及佣金净收入	2.82	0.41	16.89	四、利润总额	15.07	-2.69	-15.15
二、营业支出	24.85	11.00	79.40	五、净利润	15.07	-2.69	-15.15

山东省渤海银行本外币损益表

单位：亿元

行列名称	本年	比上年同期增减	比上年同期增减%	行列名称	本年	比上年同期增减	比上年同期增减%
一、营业收入	3.79	0.32	9.22	1.业务及管理费	1.48	0.20	15.22
1.利息净收入	3.17	-0.01	-0.26	2.营业税金及附加	0.46	0.14	44.08
利息收入	16.61	2.88	21.00	3.资产减值损失			
利息支出	13.44	2.89	27.41	三、营业利润	1.79	-0.06	-3.35
2.手续费及佣金净收入	0.60	0.26	75.51	四、利润总额	1.79	-0.06	-3.42
二、营业支出	2.00	0.38	23.65	五、净利润	1.42	-0.18	-11.50

山东省浙商银行本外币损益表

单位：亿元

行列名称	本年	比上年同期增减	比上年同期增减%	行列名称	本年	比上年同期增减	比上年同期增减%
一、营业收入	4.03	1.32	48.61	1.业务及管理费	1.09	0.32	41.95
1.利息净收入	3.65	1.08	42.23	2.营业税金及附加	0.22	0.06	38.63
利息收入	7.16	2.01	39.00	3.资产减值损失	0.19	0.06	51.15
利息支出	3.51	0.93	35.79	三、营业利润	2.51	0.87	52.63
2.手续费及佣金净收入	0.17	0.05	42.01	四、利润总额	2.54	0.87	52.65
二、营业支出	1.51	0.45	42.37	五、净利润	2.40	0.77	47.04

山东省广发银行本外币损益表

单位：亿元

行列名称	本年	比上年同期增减	比上年同期增减%	行列名称	本年	比上年同期增减	比上年同期增减%
一、营业收入	0.73	0.73		1.业务及管理费	0.53	0.53	
1.利息净收入	0.64	0.64		2.营业税金及附加	0.07	0.07	
利息收入	2.44	2.44		3.资产减值损失			
利息支出	1.81	1.81		三、营业利润	0.13	0.13	
2.手续费及佣金净收入	0.10	0.10		四、利润总额	0.17	0.17	
二、营业支出	0.60	0.60		五、净利润	0.17	0.17	

山东省城市商业银行本外币损益表

单位：亿元

行列名称	本年	比上年同期增减	比上年同期增减%	行列名称	本年	比上年同期增减	比上年同期增减%
一、营业收入	131.63	16.94	14.77	1.业务及管理费	41.70	6.24	17.58
1.利息净收入	117.11	16.23	16.08	2.营业税金及附加	9.43	1.79	23.51
利息收入	266.36	63.33	31.20	3.资产减值损失	20.50	1.62	8.60
利息支出	149.24	47.11	46.12	三、营业利润	59.38	7.46	14.37
2.手续费及佣金净收入	5.93	1.32	28.73	四、利润总额	59.41	7.42	14.28
二、营业支出	72.26	9.48	15.10	五、净利润	44.50	5.70	14.68

山东省农村合作银行本外币损益表

单位：亿元

行列名称	本年	比上年同期增减	比上年同期增减%	行列名称	本年	比上年同期增减	比上年同期增减%
一、营业收入	48.39	-26.29	-35.21	1.业务及管理费	18.50	-8.46	-31.38
1.利息净收入	48.03	-25.68	-34.84	2.营业税金及附加	2.35	-0.92	-28.07
利息收入	66.04	-32.56	-33.02	3.资产减值损失	15.16	-12.57	-45.32
利息支出	18.01	-6.88	-27.65	三、营业利润	12.37	-4.34	-25.97
2.手续费及佣金净收入	0.27	-0.65	-70.82	四、利润总额	12.42	-3.90	-23.89
二、营业支出	36.01	-21.95	-37.87	五、净利润	7.84	-2.57	-24.69

山东省农村信用合作社本外币损益表

单位：亿元

行列名称	本年	比上年同期增减	比上年同期增减%	行列名称	本年	比上年同期增减	比上年同期增减%
一、营业收入	266.40	-8.20	-2.99	1.业务及管理费	111.73	-2.16	-1.90
1.利息净收入	264.14	-9.25	-3.38	2.营业税金及附加	10.22	0.11	1.08
利息收入	416.28	9.61	2.36	3.资产减值损失	87.84	-0.88	-0.99
利息支出	152.14	18.86	14.15	三、营业利润	56.58	-5.26	-8.50
2.手续费及佣金净收入	-2.20	-2.37	-1391.76	四、利润总额	55.79	1.04	1.91
二、营业支出	209.82	-2.95	-1.39	五、净利润	38.21	1.81	4.96

山东省信托投资公司本外币损益表

单位：亿元

行列名称	本年	比上年同期增减	比上年同期增减%	行列名称	本年	比上年同期增减	比上年同期增减%
一、营业收入	13.87	9.55	220.65	1.业务及管理费	2.08	1.14	121.19
1.利息净收入	0.17	-0.02	-10.87	2.营业税金及附加	0.57	0.31	124.87
利息收入	0.17	-0.02	-10.87	3.资产减值损失	0.07	1.87	-103.61
利息支出				三、营业利润	10.86	6.14	129.78
2.手续费及佣金净收入	9.70	5.87	153.72	四、利润总额	10.88	6.15	130.02
二、营业支出	3.01	3.41	-848.36	五、净利润	8.30	4.10	97.59

山东省中资财务公司本外币损益表

单位：亿元

行列名称	本年	比上年同期增减	比上年同期增减%	行列名称	本年	比上年同期增减	比上年同期增减%
一、营业收入	35.43	9.14	34.77	1.业务及管理费	1.71	0.76	79.71
1.利息净收入	32.36	9.78	43.34	2.营业税金及附加	2.11	0.60	39.37
利息收入	44.52	14.19	46.80	3.资产减值损失	5.25	1.71	48.35
利息支出	12.17	4.41	56.88	三、营业利润	26.36	6.07	29.95
2.手续费及佣金净收入	1.40	-0.04	-2.91	四、利润总额	26.42	6.06	29.75
二、营业支出	9.07	3.07	51.05	五、净利润	19.70	4.43	29.00

四、其他金融统计资料

山东省全金融机构（含外资）中间业务收入表

单位：万元

栏目 项目名称	本外币 当年累计	人民币 当年累计	外币 当年累计
中间业务收入合计	2991033	2830544	160488
（一）结算性中间业务收入	1025527	943884	81643
1.国际结算收入	324952	244874	80078
单位	322394	243248	79147
个人	2558	1626	932
2.国内结算收入	700575	699010	1565
单位	310913	309659	1255
个人	389661	389352	310
（二）担保性中间业务收入	404088	385306	18781
1.银行承兑汇票收入	95044	95044	
2.保函业务收入	43295	41012	2283
融资性保函	31410	30154	1257
非融资性保函	11885	10858	1026
3.承诺费收入	57843	53941	3902
4.保理费收入	131053	119852	11201
5.其他担保性中间业务收入	76853	75458	1395
（三）管理性中间业务收入	756182	728446	27736
1.代收代付收入	42302	41779	524
2.资产托管及企业年金业务收入	104602	104602	0
3.理财业务收入	240694	239544	1150
4.代客资金业务收入	105480	86754	18726
代客外汇买卖	89603	80969	8633
代客衍生工具交易	7788	-938	8726
其他代客资金业务	8089	6722	1367
5.银团贷款收入	35270	31301	3969
6.委托贷款收入	32086	30234	1851
7.其他管理性中间业务收入	195748	194232	1516
代销基金	21140	21139	1
代理保险	123799	123799	
代销债券	3906	3906	
代理贵金属	18996	18996	
其他	27908	26393	1515
（四）投资银行业务收入	437989	437906	83
1.财务顾问收入	316906	316823	83
2.债券承销收入	27329	27329	
3.其他投资银行业务收入	93753	93753	0
（五）其他中间业务收入	367248	335003	32245
其中：保管箱业务收入	1228	1228	
附：银行卡业务收入	440989	440647	343
电子银行业务收入	156470	156073	397

山东省全金融机构（不含外资）中间业务收入表

单位：万元

栏目 项目名称	本外币 当年累计	人民币 当年累计	外币 当年累计
中间业务收入合计	2973595	2826582	147013
（一）结算性中间业务收入	1018183	942784	75400
1、国际结算收入	318531	244281	74250
单位	316034	242661	73373
个人	2497	1619	878
2、国内结算收入	699652	698503	1149
单位	310111	309257	853
个人	389542	389246	296
（二）担保性中间业务收入	401521	383957	17564
1、银行承兑汇票收入	93928	93928	
2、保函业务收入	42885	40822	2063
融资性保函	31179	30052	1127
非融资性保函	11706	10770	936
3、承诺费收入	57433	53937	3495
4、保理费收入	130827	119852	10975
5、其他担保性中间业务收入	76448	75418	1030
（三）管理性中间业务收入	750946	727516	23429
1、代收代付收入	42235	41778	457
2、资产托管及企业年金业务收入	104602	104602	0
3、理财业务收入	239509	239439	70
4、代客资金业务收入	102851	86754	16098
代客外汇买卖	87297	80969	6328
代客衍生工具交易	7465	-938	8403
其他代客资金业务	8089	6722	1367
5、银团贷款收入	34877	31256	3621
6、委托贷款收入	32000	30155	1845
7、其他管理性中间业务收入	194872	193533	1339
代销基金	21127	21127	
代理保险	123208	123208	
代销债券	3906	3906	
代理贵金属	18996	18996	
其他	27635	26296	1339
（四）投资银行业务收入	437587	437510	77
1、财务顾问收入	316505	316428	77
2、债券承销收入	27329	27329	
3、其他投资银行业务收入	93753	93753	0
（五）其他中间业务收入	365358	334815	30543
其中：保管箱业务收入	1227	1227	
附：银行卡业务收入	440847	440509	339
电子银行业务收入	156042	156041	1

山东省金融机构人员、机构情况表

（2012 年末）

单位：家、人

类别	行别	法人机构数	省级机构数	二级分行机构数	支行机构数	支行以下分支机构数	机构数合计	正式人员数合计
		1	2	3	4	5	6	7
国有独资商业银行	工商银行山东省分行		1	16	529	434	980	20711
	工商银行青岛市分行		1	0	73	48	122	3477
	农业银行山东省分行		1	16	162	1235	1414	22808
	农业银行青岛市分行		1	1	51	138	191	3850
	中国银行山东省分行		1	16	589	0	606	17387
	建设银行山东省分行		1	16	409	360	786	20866
	建设银行青岛市分行		1	0	61	54	116	3318
	交通银行山东省分行		1	14	120	0	135	3484
	交通银行青岛市分行		1	0	53	0	54	1339
	合计（全省）	0	9	79	2047	2269	4404	97240
股份制商业银行	中信银行青岛分行		1	3	33	0	37	1260
	中信银行济南分行		1	4	26	0	31	1149
	光大银行青岛分行		1	0	18	0	19	619
	光大银行济南分行		1	1	13		15	515
	光大银行烟台分行		1	0	9	0	10	350
	华夏银行济南分行		1	4	27	0	32	1087
	华夏银行青岛分行		1	0	18	0	19	963
	广东发展银行济南分行		1	0	0	0	1	167
	招商银行济南分行		1	5	29	0	35	1353
	招商银行青岛分行		1	4	27	0	32	1295
	浦东发展银行济南分行		1	6	20		27	943
	浦东发展银行青岛分行		1	2	12	0	15	487
	平安银行济南分行		1		10		11	397
	平安银行青岛分行		1	0	10	0	11	533
	兴业银行济南分行		1	6	13	7	27	1318
	兴业银行青岛分行		1	0	9	0	10	383
	民生银行济南分行		1	4	21	0	26	1151
	民生银行青岛分行		1	0	17	0	18	683
	恒丰银行（烟台）	1	1	0	35	29	65	1100
	恒丰银行青岛分行		1	0	8	0	9	293
	恒丰银行济南分行		1	4	8		13	393
	渤海银行济南分行		1	1	2	0	4	228
	浙商银行济南分行		1	0	1	0	2	201
	合计（全省）	1	23	44	366	36	469	16868
政策性银行	农发行山东省分行		1	16	102	0	119	3233
	农发行青岛市分行		0	1	5	0	6	195
	进出口银行青岛分行		1	0	0	0	1	63
	开发行山东省分行		1				1	190
	开发行青岛市分行		1	0	0	0	1	106
	合计（全省）	0	4	17	107	0	128	3787

续表 1

行别		法人机构数	省级机构数	二级分行机构数	支行机构数	支行以下分支机构数	机构数合计	正式人员数合计
		1	2	3	4	5	6	7
城市商业银行	齐鲁银行	1		2	73		75	2068
	齐鲁银行青岛分行			1	1		2	82
	青岛商行	1	0	3	47	0	50	1840
	齐商银行	1	0	3	75	0	78	1770
	烟台银行	1		1	72		73	1396
	潍坊银行	1	0	1	49	0	50	1379
	潍坊银行青岛分行			1	4	0	5	93
	临商银行	1		1	63	0	64	1722
	威海商行	1	0	4	40	0	44	1392
	威海商行青岛分行			1	2	0	3	132
	日照银行	1	0	2	26	0	28	795
	日照银行青岛分行		0	1	3	0	4	144
	莱商银行	1		2	35		37	878
	东营商行	1	0	3	28	0	31	730
	德州商行	1	0	1	37	0	38	854
	济宁商行	1	0	1	26	5	32	991
	泰安商行	1		1	26		27	914
	枣庄商行	1		1	15		16	372
	天津银行济南分行			1	2	0	3	154
	北京银行济南分行			1	3	0	4	315
	河北银行青岛分行			1	1	0	2	111
	合计（全省）	14	0	33	628	5	666	18132
农村金融机构	农村信用社	88	1	2	85	2659	2747	36390
	农村商业银行	27	0	1	26	1978	2005	25853
	农村合作银行	10			10	430	440	5560
	村镇银行	56	0	0	9	67	76	1866
	资金互助社	2	0	0	0	2	2	7
	合计（全省）	183	1	3	130	5136	5270	69676
其他金融机构	山东省国际信托投资公司	1	1				1	129
	陆家嘴国际信托	1	1	0	0	0	1	103
	重汽财务	1	1				1	90
	山钢财务	1	1				1	37
	鲁商财务	1	1				1	27
	重工财务	1	1				1	33
	电力财务	0	1				1	16
	南山财务	1	1				1	32
	兖矿财务	1	1				1	33
	海尔财务	1	1	0	0	0	1	101

续表 2

行别		法人机构数	省级机构数	二级分行机构数	支行机构数	支行以下分支机构数	机构数合计	正式人员数合计
		1	2	3	4	5	6	7
其他金融机构	海信财务	1	1	0	0	0	1	29
	中石化财务公司山东分公司		1	0	0	0	1	30
	青啤财务	1	1	0	0	0	1	28
	华融资产管理公司		1				1	54
	长城资产管理公司		1				1	83
	东方资产管理公司		1	0	0	0	1	45
	信达资产管理公司		1	0	0	0	1	43
	中国邮政储蓄银行山东省分行		1	16	1234	1451	2702	6617
	中国邮政储蓄银行青岛分行		1	0	107	151	259	1116
	合计（全省）	11	19	16	1341	1602	2978	8646
外资银行	汇丰银行济南分行		1	0	0	0	1	31
	汇丰银行青岛分行		1	0	4	0	5	144
	南洋商业银行青岛分行		1	0	2	0	3	84
	日本山口银行青岛分行		1	0	0	0	1	28
	韩亚银行青岛分行		1	0	3	0	4	88
	韩亚银行烟台分行		1		1		2	40
	企业银行青岛分行		1	0	1	0	2	71
	企业银行烟台分行		1	0	0	0	1	29
	新韩银行青岛分行		1	0	1	0	2	48
	渣打银行济南分行		1				1	32
	渣打银行青岛分行		1	0	4	0	5	116
	东亚银行青岛分行		1	0	2	0	3	127
	瑞穗实业银行青岛分行		1	0	0	0	1	55
	华侨银行青岛代表处		1	0	0	0	1	16
	三菱东京日联银行青岛分行		1	0	0	0	1	64
	釜山银行青岛代表处		1	0	0	0	1	16
	合计（全省）	0	16	0	18	0	34	989
山东省合计		209	72	192	4637	9048	13949	215338

注：本表数据来源于山东省银监局。

山东省（含青岛）上市公司情况表

项　目		本期
上市公司数		153（家）
其中：A股		149（家）
B股		6（家）
A、B股均发行		4（家）
境内、外均上市		7（家）
ST公司数		9（家）
其中：*ST公司数		7（家）
拟上市公司数		94（家）
退市公司数		0（家）
总股本		989.37（亿股）
流通股本	A股	706.85（亿股）
	B股	16.22（亿股）
境内上市公司境外股		53.38（亿股）
总市值（境内）		9043.59（亿元）
流通市值（境内）		6572.63（亿元）

山东省（含青岛）上市公司融资情况表

单位：家、亿元

项　目	本期		本年累计	
	家数	筹集资金	家数	筹集资金
A股				
首发			8	39.14
配股			1	6.21
增发	4	38.42	12	187.99
合计	4	38.42	21	233.34
B股				
首发				
配股				
增发				
合计				
可转债	1	60	1	60
境外股				
首发				
再融资				
合计				

山东省（含青岛）上市公司注册地地区分布表

单位：家

地　区	行次	家数
济南	1	23
青岛	2	20
淄博	3	21
枣庄	4	0
东营	5	4
烟台	6	27
潍坊	7	19
济宁	8	6
泰安	9	5
威海	10	7
日照	11	1
滨州	12	7
德州	13	5
聊城	14	4
临沂	15	4
菏泽	16	0
莱芜	17	0
合计	18	153

山东省（含青岛）证券、期货中介机构情况统计表

单位：亿元

项　　目	证券公司	证券营业部	期货经纪公司
公司数（家）	2		3
所属营业部（家）	219	284	32
注册资本	60.12		7.2
总资产	379.75		46.87
净资产	138.83		12.88
净资本	97.99		12.44
净利润（本期）	1.17	1.63	0.11
净利润（本年）	6.18	9.18	0.78
主营销（家）	24		
承销金额	222.57		
交易金额（本年）	26797.61	29068.09	9.04
投资者资金户开户数（万户）	318.1	632.21	
投资者股东户开户数（万户）	583.5	1018.4	
资产管理受托金额			
客户保证金余额	177.83	224.49	30.11

人寿保险公司主要业务指标月报表（含青岛）

单位：亿元

项　　目	本年累计	去年同期	同比增长%
一、保费收入	735.85	696.83	5.60
1.寿险小计	653.94	627.56	4.20
2.意外伤害险小计	19.58	17.84	9.75
3.健康险小计	62.33	51.42	21.21
二、赔付支出	126.68	109.82	15.36
1、赔款支出合计	16.98	15.18	11.91
（1）意外伤害险	5.39	4.53	19.07
（2）一年期以内健康险	11.59	10.65	8.86
2、死伤医疗给付合计	17.61	13.65	29.01
（1）寿险	11.14	8.93	24.85
（2）一年期以上健康险	6.47	4.73	36.87
3、满期给付合计	63.73	62.16	2.53
（1）寿险	63.52	55.03	15.43
（2）一年期以上健康险	0.21	7.13	-97.04
4、年金给付合计	28.35	18.83	50.60
三、退保金	67.35	55.86	20.57
（1）寿险	65.79	54.56	20.57
（2）一年期以上健康险	1.56	1.30	20.56

财产保险公司主要业务指标月报表（含青岛）

单位：万件、亿元

项　　目	本年累计	去年同期	同比增长%
一、签单数量	2152.90	1772.91	21.43
二、签单保费合计	392.11	338.98	15.67
三、保费收入合计	392.19	339.21	15.62
四、已决赔款合计	192.91	161.09	19.75
五、赔款支出合计	197.88	161.41	22.59

注：1.签单数量为签单件数减注销保单件数后的净保单件数，按保单起保日开始统计。

2.签单保费为保单保费加批增保费减批减保费后的净额，业务上按保单起保日开始计算。

3.已决赔款按照业务上已核赔结案的赔款金额，包括业务已决财务未付和业务已决财务已付赔款金额。

第十四部分

辖内金融机构概览

中国人民银行济南分行

行领导

党委书记、行长:杨子强
党委副书记、副行长(正厅局级):于华民
党委委员,郑州中支党委书记、行长:计承江
巡视员:李亚新
党委委员、副行长:李建文　刘克俭　肖龙沧　王均坦
党委委员、纪委书记:刘振海
党委委员(兼分行营管部党委书记、主任):陈好孟
党委委员、工会主任:王珏瑛
助理巡视员:张胜林　王德业
地　　址:济南市经七路382号
邮　　编:250021
电　　话:(0531)86167788

办公室

主 任:刘　明
副主任:温　跃(记者站站长)　何继军
助理调研员:张金柱　杨德政

法律事务处

处　长:王宝刚
助理调研员:张立先

货币信贷管理处

处　长:孙华荣
副处长:向　珂　杨金栋
助理调研员:王俊豪

跨境办

副主任:王富全
助理调研员:杜晓伟　鲁炳荣

金融稳定处

处　长:谢　伟
调研员:刘云昭
副处长:霍成义　李秀杰(挂职)

调查统计处

处　长:葛志强
副处长:郭忠军　张立光　赵　杰(挂职)
助理调研员:宋文胜

会计财务处

处　长:卜又春
副处长:杜树星
助理调研员:王智洁

支付结算处

处　长:韩媛媛
副处长:高阳宗

科技处

处　长:张树强
副处长:马　征　魏汝浩

货币金银处

处　长:吕　峰
副处长:贺传芬(正处级)　姜雪涛
调研员:张建超　李廷德
副处级监销员:刘祥银　张学东　李少杰
助理调研员:刘　冰

国库处

处　长:钟　玮
副处长:徐　宁(挂职)　王军波
助理调研员:王向东

内审处

处　长:宋　伟
副处长:刘少顺　陈震宇
助理调研员:接贵锋

人事处

处　长:刘　健
副处长:郭艳玲　李国栋

金融研究处

处　长:彭江波
副处长:代金奎
助理调研员:李　菡

征信管理处

处　长:刘洪来
副处长:赵向东
助理调研员:崔健伊

反洗钱处
处　长:张　军
副处长:郑宇明　王宝运　徐忠波(挂职)
助理调研员:景　智

外汇综合处
副处长:李云山(主持工作)　杨远军　莫　琳　关志勇(挂职)

国际收支处
处　长:毕德富
调研员:刘大勇
助理调研员:李　伟

经常项目管理处
处　长:于正红
副处长:高兆新　郭　强
助理调研员:崔秋华　张　鲁

资本项目管理处
处　长:苑治亭
副处长:邢庆伟
助理调研员:杜敏勇

外汇检查处
处　长:李建力
副处长:康介生
助理调研员:宋立全　李尚义

事后监督中心
主　任:路德国
调研员:胡延河
助理调研员:李勇奇

保卫处
处　长:李新华
副处长:田恒柱
调研员:包鲁波
助理调研员:李焕春　李鲁建

离退休干部处
处　长:吴宝明
调研员:黄　鲁
助理调研员:崔　波

党委宣传部
部　长:王　萍
调研员:战庆欣　易迎春

团委
书　记:华志远

纪委(监察室)
副书记(主任):孙柏长

纪检监察一处
处　长:崔金平
正处级纪检监察员:王晓莉
副处级纪检监察员:王秀杰

纪检监察二处
处　长:聂建恒
副处长:颜道盛(挂职)
正处级纪检监察员:张　萍
副处级纪检监察员:瞿秉钧

巡视办
副主任:邢继军

巡视二组
组　长:李　英

机关党委办公室
主　任:李　科
调研员:闫瑞霞　李全禄

工会女工委
主　任:成彩虹

工会办公室
主　任:丁延生
副主任:岳宝生
调研员:席荣健
助理调研员:唐　森

清算中心
主　任:肖承发
副主任:檀吉波

后勤服务中心
主　任:周少明
副主任:赵　涛
调研员:杨　军
助理调研员:查玉兰　傅少平

济南培训中心

主 任:王文涛

日照培训中心

主 任:禹元章

副主任:王世来

中国银行业监督管理委员会山东监管局

领导干部及职能部门一览表

局长			副局长（或其他称谓的同级领导）		
廖平之			解晓非（正局级） 王朝弟 刘悦芹 王忠坦 张孟军（纪委书记） 葛 彬（监管副巡视员）		
地 址	山东省济南市经二路146号		邮 编	250001	
职能部门	正职	副职	职能部门	正职	副职
办公室（党委办公室）	孙世重	朱 贺 贺创业 耿冬冬 张 红	非银行金融机构监管处	吴 源	王 升 范 琳 王兆民
银行业金融机构安全保卫工作办公室	张 懿	初铭鹏	统计信息处	赵 滨	刘兰设 吕苏越 苏 刚 鲍宁宁
政策法规处	王洪玉	赵培显 王林东 王立春	信息科技监管处	曲效利	孙 颖 房世晖
国有银行监管一处	秦立生	刘长霞 王广新	财务会计处	冯子福	刘 新 刘群伟
国有银行监管二处	于 雷	徐志国 张清林 王军阳 王 霞	人事处（党委组织部）	邢安锋	于兆林 孙钦波 尹 程
股份制银行监管处	刘兆胜	刘 青 李春节 赵 恺 成 文	监察室（纪委办公室）	王 威	张立庆 尚玉琨
恒丰银行监管处	郭俊杰	贾守乔	党委巡视工作办公室	王 薇	许存民 单洪芬 类淑志 常 青
农村中小金融机构监管一处	柳 林	隋治河 朱 锋 赵 峰 阎向阳	党委宣传部（机关党委）	康晓冬	刘 洁 唐 晓
农村中小金融机构监管二处	王安水	曹京芝 王素玲 吴国胜	工会工作委员会	田 钢	
城市商业银行监管处	陈向东	秦鸿鸣 王 静 王会锋 陶文军 李 慧	后勤服务中心	刘忠民	王泰辉 李铁柱
政策性银行和邮政储蓄银行监管处	张 强	吕 彦 王 涛 焦新利			

机构概况一览表

年度	内设职能部门数量	下设分支机构			员工总人数	备注
		总数	地市分局数	县区监管办事处数		
2008年	17	107	15	92	1092	
2009年	17	107	15	92	1101	
2010年	17	107	15	92	1106	
2011年	18	107	15	92	1095	
2012年	18	107	15	92	1130	

中国银行业监督管理委员会青岛监管局

领导干部及职能部门一览表

<table>
<tr><td colspan="3">局长</td><td colspan="3">副局级领导</td></tr>
<tr><td colspan="3">陈育林</td><td colspan="3">罗 中 徐 强 韩 冰 李继明 刘志勇</td></tr>
<tr><td>地 址</td><td colspan="3">青岛市市南区香港西路69号</td><td>邮 编</td><td>266071</td></tr>
<tr><td>职能部门</td><td>正职</td><td>副职</td><td>职能部门</td><td>正职</td><td>副职</td></tr>
<tr><td>办公室</td><td>丰朝晖</td><td>曹玉华 杨为官 杨 芳</td><td>法人机构现场检查处</td><td>徐建业</td><td>田 华 张大卫 车志高</td></tr>
<tr><td>政策法规处</td><td>崔建伟</td><td>李书海 史 峰 段存恩</td><td>统计信息处</td><td>刘淑芳</td><td>阎洪岗 冯业伟 田祥新</td></tr>
<tr><td>国有银行监管处</td><td>沙爱红</td><td>徐英杰 曹建华 宋 崑 于广智</td><td>财务会计处</td><td></td><td>孙 辉（主持工作）</td></tr>
<tr><td>股份制银行监管处</td><td>李 雁</td><td>李锦霞 郭维蓬 王日秋</td><td>人事处</td><td>傅朝晖</td><td>杨江英</td></tr>
<tr><td>外资银行监管处</td><td>熊 薪</td><td>刘卫东</td><td>宣传部</td><td>孙仕荃</td><td>张学峰 董志红</td></tr>
<tr><td>政策性银行和邮政储蓄银行监管处</td><td>管 杰</td><td>郭 庆 杨惠敏</td><td>监察室</td><td>任 静</td><td>戴恩峰</td></tr>
<tr><td>法人机构非现场监管处</td><td>宋学明</td><td>王立中 管 颖</td><td>后勤服务中心</td><td></td><td>王新娟 亓建青</td></tr>
</table>

机构概况一览表

<table>
<tr><td rowspan="2">年度</td><td rowspan="2">内设职能部门数量</td><td colspan="5">下设分支机构</td><td colspan="2">员工</td><td rowspan="2">备注</td></tr>
<tr><td>总数</td><td>地市分行数</td><td>县区支行数</td><td>分理处、营业所数</td><td>储蓄所数</td><td>总人数</td><td>正式职工人数</td></tr>
<tr><td>2007</td><td>14</td><td></td><td></td><td></td><td></td><td></td><td>121</td><td>108</td><td></td></tr>
<tr><td>2008</td><td>14</td><td></td><td></td><td></td><td></td><td></td><td>129</td><td>115</td><td></td></tr>
<tr><td>2009</td><td>14</td><td></td><td></td><td></td><td></td><td></td><td>133</td><td>119</td><td></td></tr>
<tr><td>2010</td><td>14</td><td></td><td></td><td></td><td></td><td></td><td>145</td><td>129</td><td></td></tr>
<tr><td>2011</td><td>14</td><td></td><td></td><td></td><td></td><td></td><td>160</td><td>132</td><td></td></tr>
<tr><td>2012</td><td>14</td><td></td><td></td><td></td><td></td><td></td><td>153</td><td>136</td><td></td></tr>
</table>

中国证券监督管理委员会山东监管局

领导干部及职能部门一览表

局长			副局长		
徐　铁			陈家琰（副局长、纪委书记）　陈　飞（副局长） 赵洪军（副局长）		
地址	济南市经七路86号证券大厦13楼		邮编	250001	
职能部门	正职	副职	职能部门	正职	副职
办公室	张兆兵	殷　茵	上市公司监管一处	舒　萍	姚旭东　杨志华
上市公司监管二处	刘振平		机构监管处	孙永文	宋彦辉　贾　蕊
期货监管处	田建功	季秋红　杨冬芳	稽查一处	亓　兵	胡文利　程茂军
稽查二处		郑新胜	新业务监管处	邵珠东	王德强
信息调研处	王殿祥		党务办公室	霍　丹	

中国保险监督管理委员会山东监管局

领导干部及职能部门一览表

局长			副局长（局长助理）		
任建国			巩庆军　鲁　青　姚　飞（局长助理）		
地　址	山东省济南市经十路13777号五栋		邮　编	250014	
职能部门	正职	副职	职能部门	正职	副职
办公室	赵文和	袁春艳	法制处	冯秋勇	董　静
财产保险监管处	毕　磊	蒋　河	人身保险监管处	滕焕钦	张咏梅　李东升
保险中介监管处	陈丽萍	董　蓉　刘光尧	统计研究处		张强春（主持工作）　李连桂 陈福锋
稽查处	付国才	刘　胜	人事教育处	张友道	
监察处		魏　健（主持工作）	烟台保监分局	许彦峰	李大平　田世波

机构概况一览表

年度	内设职能部门数量	下设分支机构					员工总人数	正式职工人数	备注
		总数	地市分行数	县区支行数	分理处、营业所数	储蓄所数			
2008年	6						66	59	
2009年	7						72	64	
2010年	7		1				92	78	
2011年	8		1				101	86	
2012年	9		1				104	91	

先进集体及个人一览表

授奖单位	奖项名称	获奖集体
中国金融工会	全国金融系统职工职业道德建设先进单位	山东保监局
山东省委办公厅	山东省党的机关公文处理工作先进单位	山东保监局
山东省委保密委	2010至2012年度全省保密工作先进单位	山东保监局
授奖单位	奖项名称	获奖个人
全国金融工委	全国金融系统思想政治工作先进工作者	赵文和
山东省统计局	省服务业统计工作先进个人	张夫贵　杨　健
山东省财贸金融工会	山东省优秀工会之友	冯秋勇

中国保险监督管理委员会青岛监管局

领导干部及职能部门一览表

局长			副局长		
宋志华			曹光中　吉立群		
地　址	青岛市东海西路28号龙翔广场1号楼1、3-5层			邮　编	266071
职能部门	正职	副职	职能部门	正职	副职
办公室	刘福山	王　芹	统计研究处	于　晖	夏克清
财产保险监管处	林　洁	丛　旭	人事教育处		徐永青
人身保险监管处	郭子兴	张华虎	法制处	姜　旭	
保险中介监管处		徐文刚　付　玲			

机构概况一览表

年度	内设职能部门数量	下设分支机构					员工总人数	正式职工人数	备注
		总数	地市分行数	县区支行数	分理处、营业所数	储蓄所数			
2008年	7						34	30	
2009年	7						39	34	
2010年	7						49	42	
2011年	7						49	42	
2012年	7						49	42	

先进集体及个人一览表

授奖单位	奖项名称	获奖集体
共青团中国保监会委员会	青年文明号	人身保险监管处
授奖单位	奖项名称	获奖个人
保监会党委	保监会系统创先争优优秀共产党员	徐永青

国家开发银行山东省分行

领导干部及职能部门一览表

行长（或其他称谓的第一负责人）			副行长（或其他称谓的同级领导）		
于泽水			于丕涛　朱雪松　谭　杰		
地　址	济南市马鞍山路 2-1 号山东大厦 9-11 层			邮　编	250002
职能部门	正职	副职	职能部门	正职	副职
办公室（党委办公室）	韩锡本	于鸿飞　初　毅（政工后勤经理、副处级）	客户一处	刘万新	徐文强　张思忠
规划发展处	郝德勇	蒙乐艳　王延南 刘文涛（贷委会专职委员，正处级）　牛美瑜（风险管理经理、副处级）	客户二处	李国颂	尹言波（高级客户经理助理） 黄　娜　李建国
市场与投资处	麻建生	王金田	客户三处（富民业务处）	王庆顺	耿　峻　周乐平 阚忠胜
经营管理处	于　晶	张永昌　李　卉（风险管理经理、副处级）	客户四处	吕晓东	刘爱卿　左照芳 潘群峰
法律事务办公室	姜征宇		财会处（营运处）	王肖军	张耀华　蒋益南 林艳萍（运营经理，副处级）
国际合作业务处		沈　涛（主持工作） 翟启斌（贷委会专职委员） 王洪军（正处长级） 许静怡	人事处（党委组织部）	王宏伟	丁丽丽（高级人力资源管理经理助理、正处级） 张新海（高级人力资源管理经理助理、正处级） 张　岱（副处长兼团委书记）
风险管理处	赵世伟	谷　海　于福余	信息科技处	麻建生（兼）	傅志勇
评审处	杨立申	李长江　米　岩　马银凤（客户经理、正处级） 卢美莉（评审经理、副处级） 钟　杰（评审经理、副处级）	纪检监察办公室（审计举报办公室）		宫中华（主持工作） 吕新奇（高级政工后勤经理助理、正处级）
贷委会办公室		郭振南（主持工作） 崔　艳	信息科技处	麻建生（兼）	
行政事务处	刘　冬				

机构概况一览表

年度	内设职能部门数量	下设分支机构					员工总人数	正式职工人数	备注
		总数	地市分行数	县区分行数	分理处、营业所数	储蓄所数			
2008年	16	0	0	0	0	0	146	146	
2009年	16	0	0	0	0	0	161	161	
2010年	16	0	0	0	0	0	163	163	
2011年	16	0	0	0	0	0	177	177	
2012年	18	0	0	0	0	0	182	182	

中国农业发展银行山东省分行

领导干部及职能部门一览表

行长（或其他称谓的第一负责人）			副行长（或其他称谓的同级领导）		
杨　杰			柳翠茹　尤志军　刘文平　石寿江		
地　址	济南市经十路20908号			邮　编	250002
职能部门	正职	副职	职能部门	正职	副职
办公室	张泮利	段玉华　邵正红	财务会计处	江胜世	张波海　张欣颖
资金计划处	刘贞建	张朝霞　邵玉娟	内部审计处	王志敏	吴　东
客户一处	苏　静	李本勇　亓向军	信息科技处	宋　毅	刁海涛　孟奎章
客户二处		高冬青　李广军	人力资源处	司明辉	董　瑛
客户三处	杨林虎	李　琛	监察处	吴德轩	
国际业务处	李　波		机关党委、工会团委工作处	祝曙光	张　华
信贷管理部	王传韬	张成凤　黄德友			
风险管理处		孙建波	总务处	高建刚	王景泉
法律合规处	王　华	常宏建			

机构概况一览表

年度	内设职能部门数量	下设分支机构					员工总人数	正式职工人数	备注
		总数	地市分行数	县区支行数	分理处、营业所数	储蓄所数			
2008年	14	124	17	107				3296	
2009年	14	124	17	107				3320	
2010年	15	124	17	107				3409	
2011年	15	124	17	107				3440	
2012年	16	124	17	107				3432	

先进集体及个人一览表

授奖单位	奖项名称	获奖集体
山东省人民政府	山东省金融发展贡献奖	农发行山东省分行
全国妇联	全国妇女创先争优先进集体	农发行省行营业部营业室
农发行总行	中国农业发展银行文明单位	文登市支行　曹县支行　诸城市支行
农发行总行党委	创先争优先进基层党组织	泰安市分行　威海市分行
农发行总行工会	女职工文明示范岗	威海分行财务会计部
授奖单位	**奖项名称**	**获奖个人**
中国金融工会	全国金融五一劳动奖章	李军娜
中国金融思想政治工作研究会	2012 年全国金融系统 思想政治工作和企业文化建设 调研成果优秀奖	王士韬
农发行总行党委	窗口和服务单位优秀共产党员	韩清华 鞠迎春 梁　艳 黄玉宽 尹佐华 李桂仁 张成龙

中国进出口银行青岛分行

领导干部及职能部门一览表

行长（或其他称谓的第一负责人）			副行长（或其他称谓的同级领导）		
王伟明			王学超　李　明　陈在维		
地　址	山东省青岛市市南区汇泉路 17 号东海国际大厦 501 室			邮　编	266071
职能部门	正职	副职	职能部门	正职	副职
办公室	王宇辉	邹志伟	中间业务处	盖　鑫	
公司业务一处	王建新	彭　雷	风险管理处	王启臣	刘秀春
公司业务二处	费安刚		评审处	贾　葳	
公司业务三处	纪尚斌		营业部	尹兆丽	

机构概况一览表

年度	内设职能部门数量	下设分支机构					员工总人数		备注
		总数	地市分行数	县区支行数	分理处、营业所数	储蓄所数		正式职工人数	
2006 年	4	0	0	0	0	0	35	26	
2007 年	4	0	0	0	0	0	41	32	

续表

年度	内设职能部门数量	下设分支机构					员工总人数		备注
		总数	地市分行数	县区支行数	分理处、营业所数	储蓄所数		正式职工人数	
2008 年	5	0	0	0	0	0	51	40	
2009 年	7	0	0	0	0	0	58	46	
2010 年	7	0	0	0	0	0	56	45	
2011 年	7	0	0	0	0	0	57	45	
2012 年	8						63	51	

中国工商银行股份有限公司山东省分行

领导干部及职能部门一览表

行长（或其他称谓的第一负责人）			副行长（或其他称谓的同级领导）		
谷 澍			夏侯静波　李　明　崔方春（高级专家）　王跃民　崔中玉　徐光林　刘志刚　赵树厂（纪委书记）　姚伟新（巡视员）　邱　春（高级财务资金专家）　苗　帅(行长助理)		
地　址	济南市经四路 310 号		邮　编	250001	
职能部门	正职	副职	职能部门	正职	副职
办公室（党委办公室）	张　杰	马庆东	人力资源部（党委组织部）	张冠军	许　蕾
机构业务部	国建苏		法律事务部	阎小明	张友涛
企业年金部	陈　刚	梁永刚　杨　健	资产负债管理部	李立民	史观明　邵常永
公司业务部	刘光海	王晓刚　葛效瑾　鞠　雷	财务会计部	吴继彤	马旺明
个人金融业务部	常德生	王晓东　梁尔政	管理信息部	张嘉宏	石旗翔　胥茂森　李新贞
教育部（党委宣传部）	杨夕华	范少青	监察室（纪委）	周民志	赵玉良（总经理级）　吕建军
小企业金融业务部	滕海波		信息科技部	王　建	朱怀东（总行交流）
国际业务部	房立法	尉　维	运行管理部	姜文瑞	王冬梅　翁志华
结算与现金管理部	房立法（兼）	王战力	工会	郭明三	史建春　于洪春　张　刚（派驻银行业协会）
银行卡业务部	吕爱琴	康金忠　范家骏	离退人员管理部	王建明	
电子银行部	王立刚	韩春霞	投资银行部	王培力	
授信审批部	邵理瑞	赵葆华　卞宝江　孔德宽	保卫部	宋传军	杨志伟
信贷管理部	范炜东	王学俭　祝广成	金融培训学校	周　栋（党委书记）　刘梅生（校长）	杨恩国
风险管理部	傅　欣	窦东风　乔宏宇	创新管理部	陈雁心	于惠贞
内控合规部	韩继勇		私人银行部济南分部	张卫民	孙运宽　梁永礼

机构情况一览表

年度	内设职能部门数量	下设分支机构					员工总人数		备注
		总数	地市分行数	县区支行数	分理处、营业所数	储蓄所数		正式职工人数	
2008 年	26	872	16	299	356	200	19743	16150	
2009 年	28	872	16	369	320	166	19783	16168	
2010 年	28	871	16	389	305	160	20250	16331	
2011 年	28	899	16	428	301	153	20480	16549	
2012 年	28	980	16	529	298	136	20711	16653	

先进集体及个人一览表

授奖单位	奖项名称	获奖集体
山东省委	山东省党的机关公文处理工作先进单位	工行山东省分行
人行济南分行	反洗钱工作先进集体	
山东省公安厅	内部治安保卫先进集体	
山东省委机要局	2012 年度省直密码使用管理工作先进单位	
工总行	内控合规工作先进单位	
	2012 年度电子银行突出贡献单位	
中国银行业协会	2012 年度中国银行业文明规范服务千佳示范单位	济南大观园支行营业室 济南市中支行营业室 枣庄分行营业部 寿光支行营业室
山东省银行业协会	山东省服务小微及三农“十佳金融产品”奖	工行山东省分行
	2012 年度山东省银行业信息宣传工作先进单位	
山东省档案局	山东省档案工作优秀集体	枣庄分行
全国总工会	全国工人先锋号	枣庄分行滕州支行营业室
山东省精神文明建设委员会	省级文明单位	枣庄分行 枣庄分行滕州支行
工总行	合规标兵单位	滨州分行
山东省总工会	富民兴鲁劳动奖状	枣庄分行
	山东省女职工建功立业标兵岗	枣庄分行营业部
	山东省模范职工之家	聊城分行
	山东省职工代表大会优秀星单位	聊城分行
	山东省劳动关系和谐企业	聊城分行
授奖单位	**奖项名称**	**获奖个人**
全国金融工会	全国金融五一劳动奖章	陶能虹
山东省总工会	女职工建功立业标兵	刘莉萍
	富民兴鲁劳动奖章	李　琰
山东省财贸金融工会	山东省财贸金融工会先进工作者	孔淑君
山东省财贸金融系统	女职工建功立业标兵	唐鸿雁
山东省银行业协会	山东省银行业文明规范服务优秀柜员	杨慧青

中国工商银行股份有限公司青岛市分行

领导干部及职能部门一览表

行长（或其他称谓的第一负责人）			副行长（或其他称谓的同级领导）		
侯本旗			李 波 吴 刚 程 青 时 辉 薛德贵 乔 霞 毛 波		
地 址	山东省青岛市山东路25号			邮 编	266071
职能部门	正职	副职	职能部门	正职	副职
个人金融业务部	李 霞	许建霞 张 强	人力资源部	赵晓滨	陈卫刚 王晓丹
公司业务部	曲立杰	史 晨 王小嫣	创新管理办公室	赵宏伟	史 晨
机构业务部	于瑞国	陈文艳	风险管理部	洪忆民	魏 敏
结算与现金管理部	李 岩	李 崑 冉庆峰	信息科技部	葛振爱	单若牛
国际业务部	牟钟益	王 莉 刘 洁	法律事务部	王迎春	佟 青
电子银行部	万珍红	王晓舟	内控合规部	宫 波	张 鹏
银行卡业务部	李 霞	陈汉启 冯宇伟 卢永霞	小企业金融业务部	李维国	
授信审批部	苏 强	李喜泉 郭 斌 杨 羊 杨笑平	住房金融业务部	李 欣	李振华
信贷管理部	周庆堂	姚 鸿 王 毅	企业文化部	马云波	李志林
监察室	马汝文	张建青	服务与品牌工作办公室	刘 彤	
办公室	张 玮	张少文	网点建设办公室	张卫华	
管理信息部	刘 坚	曾庆刚	保卫部	韩 强	
财务会计部	张 磊	尚 琨 哈 彦	离退休人员管理服务中心	王金忠	
运行管理部	解 芳	游 焱 解维实 崔风青	资金营运中心	尚 琨	
工会办公室	王金忠		金融培训学校	赵晓滨	

机构概况一览表

年度	内设职能部门数量	下设分支机构					员工总人数		备注
		总数	地市分行数	县区支行数	分理处、营业所数	储蓄所数		正式职工人数	
2008年	23	112	1	44	27	40	3147	2697	
2009年	24	112	1	50	26	35	3210	2735	
2010年	25	111	1	52	25	33	3289	2742	
2011年	25	115	1	59	24	31	3387	2811	
2012年	25	122	1	68	24	29	3477	3164	

中国农业银行股份有限公司山东省分行

领导干部及职能部门一览表

行长（或其他称谓的第一负责人）			副行长（或其他称谓的同级领导）		
陈　军			胡晓毅　杨国月　王增辉　娄　群 王延磊　郑祖刚　马　林		
地　址	山东济南市经七路 168 号			邮　编	250001
职能部门	正职	副职	职能部门	正职	副职
农村产业金融部	于贻胜	周宇宏　冯洪敏	内控合规部	叶武红	崔传宝　高海霞 张　勇
农户金融部	李兖平	艾明斌	法律事务部	张永庆	史　涛
三农信贷管理部	王新华	李联盟	资产负债管理部	刘纯泉	
公司业务部	马景明	王殿臣　王海笑	财务会计部	王延东	安　平
机构业务部	马志军	房玉安　张现春 潘　勐	运营管理部	孙成军	郑洪生　田　芳
房地产信贷部	刘洪顺	水保泽	信息技术管理部	宋传杰	吕渤海
国际业务部	段　莹		现金管理部	邵静河	韩光财
大客户部	孙建军	李　杰	办公室	王　刚	赵崇民　梁　健
个人金融部	肖士杰	王绪祥　赵洪亮	人力资源部	刘序林	王　超　董洪秋
信用卡中心	李佃福	王冬梅	监察部	刘东升	刘　军
电子银行部	王彦林	李全成　马年喜	安全保卫部	刘玉琳	
风险管理部	杨晓生	李成国	工会委员会办公室	郑家圣	
信贷管理部	陈贵江	方高鸣　朱青莲	总务部	李宏伟	王　克
特殊资产经营部	唐爱东	刘　健	培训学校	戚传志	陈忠斌

机构概况一览表

年度	内设职能部门数量	下设分支机构					员工总人数		备注
		总数	地市分行数	县区支行数	分理处、营业所数	储蓄所数		正式职工人数	
2008 年	23	1507	16	305	1057	129	26671	23202	
2009 年	26	1438	16	310	1029	83	27076	23069	
2010 年	27	1422	16	314	1019	73	27140	22830	
2011 年	27	1413	16	350	982	65	26918	22561	
2012 年	27	1413	16	413	929	55	26804	22808	

先进集体及个人一览表

授奖单位	奖项名称	获奖集体
全国金融工会	全国金融五一劳动奖状	农行山东省分行
中国县域金融年会组委会	2012年度中国服务县域经济十佳银行	农行山东省分行
中华人民共和国国务院	全国新型农村和城镇居民社会养老保险工作先进单位	农行安丘市支行
中共中央组织部	全国创先争优先进基层党组织	寿光市支行党委
中国县域金融年会组委会	中国最具影响力十佳县域银行	寿光市支行
全国金融工会	五一巾帼建功示范岗	任城区支行营业部
中国银行业协会	2012年度中国银行业文明规范服务千佳示范单位	农行烟台分行、东营分行、青州市支行、临沂分行营业部
农行	中国农业银行三农金融部改革示范行	农行山东省分行
	中国农业银行服务“三农”百佳先进集体	农行山东省分行
	中国农业银行三农金融事业部改革示范行	农行山东省分行
	中国农业银行三农金融事业部改革先进集体、中国农业银行农村产业金融业务先进集体	农行山东省分行农村产业金融部
	中国农业银行服务“三农”百佳先进集体	寿光市支行
	五四红旗团支部	泗水支行团支部

授奖单位	奖项名称	获奖个人
中国金融工会	全国金融五一劳动奖章	闵令民
国际金融理财标准委员会（中国）	2012年度中国金融理财师大赛“百佳金融理财师”	肖鲁滨　尹　超　王艳晖
	2012年度中国金融理财师大赛“优秀金融理财师”	徐　政　张洪琴
山东省政府	“富民兴鲁”劳动奖章	闵令民
农行	中国农业银行三农金融事业部改革先进个人	李联盟
	2012年度“十大金牌理财师”	王艳晖
	中国农业银行优秀运营监管经理	周思军
	中国农业银行三农金融事业部改革先进个人	于贻胜　王岩林　刘连军
	中国农业银行服务三农先进个人	胡晓毅　闵令民　郑家圣　何宝林　李曰兵　刘明鹤　张　华　曹玉波　韩亿民　杨本营　任建国　孙拥军　孙兆秋
	2012年度各专业条线优秀总行级内训师	敖玉梅
	第五届中国农业银行职工职业道德建设十佳先进个人	闵令民
	中国农业银行服务“三农”百佳先进个人	史洪春
	集中式国际结算业务处理系统开发及推广工作先进个人	李　妍

中国农业银行股份有限公司青岛市分行

领导干部及职能部门一览表

行长（或其他称谓的第一负责人）			副行长（或其他称谓的同级领导）		
张晓男			于　东　兰卫东　毕吉宝　孙文秀		
地　址	青岛市市南区山东路 19 号			邮　编	266071
职能部门	正职	副职	职能部门	正职	副职
综合管理部	周江平	江华东　丁建华	信贷管理部	孙智华（主持工作）	顾文杰
财务会计部	钱　宾	毛　晖　金　昕	资产处置部	黄　卫	王洪波
风险管理部	赵　明		信用卡中心	刘晓国	韩　旭
内控合规部	崔云鹤	王　杰	国际业务部	陈贵希	陆立波
结算与现金管理部	秦作强		信息技术管理部	李　莉	程谋广　张　琳
运营管理部	王　军	林君祥　王桂强	电子银行部	唐明志	孙文艳
公司业务部		朱庆良　刘元才	人力资源部	孙文秀	吴　凯
机构业务部	姜瑞梅	刘春雷	工会办公室	邵　淳	杨文丽
个人金融部	刘中华	肖珍凤　李　春	监察部	张爱国	
住房金融与个人信贷部		李　怡	安全保卫部	王　岳	
三农金融部	于洪庆		培训学校	徐　慧	
房地产信贷部	杨一宁	杜相国			

机构概况一览表

年度	内设职能部门数量	下设分支机构				员工总人数	正式员工人数	备注
		总数	县区支行数	分理处、营业所数	储蓄所数			
2008 年	24	195	25	134	36	4182	3438	8
2009 年	23	190	26	134	30	4172	3411	9
2010 年	23	190	36	125	29	4114	3409	19
2011 年	23	190	38	125	27	4156	3420	21
2012 年	23	190	52	124	14	4198	3539	35

注:1. 备注栏数字为二级支行数量，包含在县区支行数中；机构总数中不包括分行。

2. 员工人数含内退员工。

中国银行股份有限公司山东省分行

领导干部及职能部门一览表

<table>
<tr><td colspan="3">行长（或其他称谓的第一负责人）</td><td colspan="3">副行长（或其他称谓的同级领导）</td></tr>
<tr><td colspan="3">何兴祥</td><td colspan="3">张维克　孟和平（兼济南分行行长）　漆德京（纪委书记）
陈　斌（兼风险总监）　王锡峰（兼财务总监）　王仁堂　葛春尧
郝连才（行长助理兼济南分行副行长）　隋春玲（总稽核）</td></tr>
<tr><td>地　址</td><td colspan="3">青岛市香港中路 59 号</td><td>邮　编</td><td>266071</td></tr>
<tr><td>职能部门</td><td>正职</td><td>副职</td><td>职能部门</td><td>正职</td><td>副职</td></tr>
<tr><td>办公室</td><td>张绍国</td><td>刘学海</td><td>人力资源部</td><td>陈　杰</td><td>范延明</td></tr>
<tr><td>财务管理部</td><td>王建光</td><td>景席见　孙　巍
丁明忠</td><td>风险管理部</td><td>李元作</td><td>慕永仕　任伟杰
田　欣</td></tr>
<tr><td>公司业务部</td><td>孙　政</td><td>孙少军　邹　伟
孙其乐　赵国涛</td><td>个人金融部</td><td>张晓明</td><td>毛　春　徐国华
祝　杰</td></tr>
<tr><td>金融机构部</td><td>张利刚</td><td>姜振东</td><td>银行卡部</td><td>孙照联</td><td>隋亚莉</td></tr>
<tr><td>授信执行部</td><td>窦德尹</td><td>于开强　孙　筠</td><td>国际结算部</td><td>李海英</td><td>张　颖　盛　开
孙志伟　孙晓宁</td></tr>
<tr><td>资金业务部</td><td>周　宏</td><td>许建国</td><td>中小企业部</td><td>霍小雁</td><td>潘洪峰</td></tr>
<tr><td>运营控制部</td><td>王云河</td><td>孙庆洲　张心泓</td><td>收付清算部</td><td>刘耕新</td><td>郑悦超　黄桂梅</td></tr>
<tr><td>国内结算与现金管理</td><td>赵宏春</td><td>杨朝霞</td><td>青岛地区管理部</td><td>杨海琴</td><td>王明照　于高华
王　勃　孙　军
陈　凯</td></tr>
<tr><td>电子银行部</td><td>张　麟</td><td>张剑华</td><td>营业部</td><td>高　智</td><td>逄　静　于芳华
朱其超</td></tr>
<tr><td>私人银行部（青岛）</td><td></td><td>关　丽</td><td>信息科技部</td><td>杨　斌</td><td>张　明　王奎兴</td></tr>
<tr><td>稽核部</td><td></td><td>翟玉林　王洪军
邓德旭</td><td>监察部</td><td>肖建华</td><td>李良勇</td></tr>
<tr><td>法律与合规部</td><td>宋志枫</td><td>刘海斌</td><td>保卫部</td><td>路忠义</td><td>辛　明</td></tr>
<tr><td>党务工作部</td><td></td><td></td><td>工会</td><td>刘　晓</td><td>王　艳</td></tr>
<tr><td>总务部</td><td>曹淑清</td><td>王文琼　李　华</td><td>行政事业机构部</td><td>陈大来</td><td></td></tr>
<tr><td>财富业务部</td><td>窦鲁生</td><td>王海刚　张海青</td><td>个人信贷部</td><td>魏友太</td><td>卜庆凯</td></tr>
</table>

机构概况一览表

<table>
<tr><td rowspan="2">年度</td><td rowspan="2">内设职能部门数量</td><td colspan="5">下设分支机构</td><td rowspan="2">员工总人数</td><td> </td><td rowspan="2">备注</td></tr>
<tr><td>总数</td><td>地市分行数</td><td>县区支行数</td><td>分理处、营业所数</td><td>储蓄所数</td><td>正式职工人数</td></tr>
<tr><td>2008 年</td><td>23</td><td>592</td><td>16</td><td>262</td><td>314</td><td>0</td><td>15749</td><td>12852</td><td rowspan="5">机构数量不含省行本部</td></tr>
<tr><td>2009 年</td><td>26</td><td>592</td><td>16</td><td>388</td><td>188</td><td>0</td><td>16780</td><td>13493</td></tr>
<tr><td>2010 年</td><td>27</td><td>592</td><td>16</td><td>508</td><td>68</td><td>0</td><td>17909</td><td>14130</td></tr>
<tr><td>2011 年</td><td>27</td><td>593</td><td>16</td><td>562</td><td>15</td><td>0</td><td>18969</td><td>15233</td></tr>
<tr><td>2012 年</td><td>30</td><td>605</td><td>16</td><td>589</td><td>0</td><td>0</td><td>19205</td><td>15759</td></tr>
</table>

先进集体及个人一览表

<table>
<tr><th>授奖单位</th><th>奖项名称</th><th>获奖集体</th></tr>
<tr><td>中国银行业协会</td><td>文明规范服务示范千佳单位</td><td>中行东营垦利支行　中行潍坊分行营业部　中行滨州邹平支行</td></tr>
<tr><td>山东省人民政府</td><td>山东省金融发展贡献奖</td><td>中行山东省分行</td></tr>
<tr><td rowspan="2">山东省财贸金融工会</td><td>2011 年度工会工作先进单位</td><td>中行济南分行工会工作委员会</td></tr>
<tr><td>女职工建功立业标兵岗</td><td>中行山东省分行私人银行部
中行潍坊分行营业部</td></tr>
<tr><td rowspan="8">中行总行</td><td>2011 年度五四红旗团组织</td><td>中行山东省分行运营控制部团支部
中行济南章丘支行团支部</td></tr>
<tr><td>第 3 届职业道德建设先进单位</td><td>中行山东省分行银行卡部
中行济南槐荫支行</td></tr>
<tr><td>第 3 届职业道德建设先进班组</td><td>中行山东省分行运营控制部客服中心团队　中行济南分行营业部消费信贷团队</td></tr>
<tr><td>第 3 届劳动关系和谐单位</td><td>中行日照分行　中行济南开元支行</td></tr>
<tr><td>第 3 届职工代表大会制度建议示范单位</td><td>中行德州分行　中行济南分行</td></tr>
<tr><td>巾帼建功标兵岗</td><td>中行山东省分行营业部对私团队</td></tr>
<tr><td>全球技能比武团体第 2 名</td><td>中行山东省分行</td></tr>
<tr><td>全球技能职工运动会团体第 4 名</td><td>中行山东省分行</td></tr>
<tr><th>授奖单位</th><th>奖项名称</th><th>获奖个人</th></tr>
<tr><td rowspan="2">全国金融工会</td><td>全国金融创优争先优秀个人</td><td>孙忠杰</td></tr>
<tr><td>全国金融五一劳动奖章</td><td>孙忠杰　霍小雁</td></tr>
<tr><td rowspan="4">山东省财贸金融工会</td><td>2011 年度优秀工会之友</td><td>焉长海</td></tr>
<tr><td>2011 年度优秀工会工作者</td><td>朱王胜</td></tr>
<tr><td>先进女职工工作者</td><td>庄震宇</td></tr>
<tr><td>女职工建功立业标兵</td><td>周焕云　周文叶</td></tr>
<tr><td rowspan="8">中行总行</td><td>2011 年度优秀共青团员</td><td>张　敏　徐雯雯</td></tr>
<tr><td>2011 年度优秀共青团干部</td><td>姜兆春　张　倩</td></tr>
<tr><td>2011-2012 年度“青年岗位能手”</td><td>付仁燕　林飞飞</td></tr>
<tr><td>第 3 届职业道德建设先进个人</td><td>朱王胜　孙忠杰　张　炜</td></tr>
<tr><td>巾帼建功先进个人</td><td>盖　群</td></tr>
<tr><td>巾帼建功先进工作者</td><td>邹　艳</td></tr>
<tr><td>业务技能标兵</td><td>陈培培　孔聪聪　付仁燕　周焕云</td></tr>
<tr><td>全球业务技能比赛优秀选手</td><td>朱新蕾</td></tr>
</table>

中国建设银行股份有限公司山东省分行

领导干部及职能部门一览表

行长（或其他称谓的第一负责人）			副行长（或其他称谓的同级领导）		
薛 峰			李文达 王晓永 张维国 刘振奇 路 民 李建平 司朝伟（纪委书记） 葛王杰（风险总监） 朱治昌（行长助理） 宋佐军（行长助理）		
地 址	济南市泺源大街 178 号		邮 编	250012	
职能部门	正职	副职	职能部门	正职	副职
办公室	滕赶远	徐秀华	小企业业务部	马天军	孙建东
人力资源部	范传东	李 东	信用卡中心	孙 飙	刘绍涛 于 谦
计划财务部	冯汝臣	管春阳 白淑玲 孙学民	资产保全部	冯元照	李海建 刘海军
资金结算部	赵寿凤	魏 民 孙清波	信息技术管理部	王宪明	谭 明 张军明 石 磊
风险管理部	尹承业	王洪波 傅 薇 赵明贵	信息中心	段作民	王连军 王超军
内控管理办公室	张凌波	赵锡功 王永兰	营运管理部	刘教运	宇 刚 田福涛 姜作文 郑立华
信贷审批部		李 庆 陆爱民 孙淑丽	电子银行部	李薇华	栾英伟 刘军政 杨文革
公司业务部	刘春龙	王广福 赵 亮	法律合规部	吴洪臣	于同会 姬红艳
集团客户部	刘 莹	刘佳友 李云磊	纪检监察部	朱继震	闫新华 秦绪芬
机构业务部		孙永荣	安全保卫部	张学岗	任 军 贾绍安
投资银行部	周荣江	吴广庆 姜之东	企业文化部	靳晓海	康跃东 吴 伟
国际业务部	焦守铭	姚立军	离退休人员管理部		戴智忠 崔政文
养老金业务部	王玉成	刘 刚	造价咨询中心	范玉庆	王 平 朱春生 王兆广
个人金融部	孙 娜	李长车 袁松江	培训中心		窦永密（主持工作） 马振军
住房金融与个人信贷部	郭 华	李海文 李 明	工会	孙鲁泉 李翠兰	
私人银行部	林 静	石尚哲	基建办公室	魏兴华	修志栋 孙学民（兼）

机构概况一览表

年度	内设职能部门数量	下设分支机构					员工总人数		备注
		总数	地市分行数	县区支行数	分理处、营业所数	储蓄所数		正式职工人数	
2008 年	29	773	15	308	410	38	20656	16730	
2009 年	29	772	15	341	378	36	20652	16585	
2010 年	29	771	15	370	352	32	20650	16482	
2011 年	32	771	15	373	349	32	20770	16316	
2012 年	32	786	16	407	331	31	20866	16102	

先进集体及个人一览表

授奖单位	奖项名称	获奖集体
人行济南分行	山东省银行业金融机构跨境人民币业务竞赛先进单位二等奖	建行山东省分行
	金融统计工作考核评比一等奖	建行山东省分行
山东银监局	银行业金融机构监管统计工作考核评比一等奖	建行山东省分行
中国建设工程造价管理协会	全国工程造价咨询行业先进单位	建行山东省分行
山东省外汇管理局	2011 年度山东省国际收支优秀申报单位	建行威海、日照分行
中国金融业客服中心发展联盟	运营管理标杆班组奖、呼出业务标杆团队奖	建行山东省分行 95533
山东省银行业协会	山东省银行业服务小微企业十佳金融产品推广奖	建行菏泽　滨州分行
建行总行	金融市场业务突出贡献集体奖	建行山东省分行
	“万龙争春、打响养老金市场攻坚战”优秀分行	建行山东省分行
	住房金融与个人信贷业务旺季营销“个贷优胜奖”	建行山东省分行
	住房金融与个人信贷业务旺季营销“房改金融巩固奖”	建行山东省分行
	对公柜面业务技能竞赛总决赛第一名、优胜团体一等奖	建行山东省分行
	“龙年腾跃、发卡争先”信用卡营销发卡竞赛活动组织推进一等奖	建行山东省分行
	造价咨询业务联动营销奖	建行山东省分行
	“增客户、促应用、提能力”电子银行专项营销活动综合贡献一等奖、营销宣传创新奖	建行山东省分行
	造价咨询业务优秀管理团队	建行山东省分行 造价咨询中心
	住房金融与个人信贷业务旺季营销百佳机构	建行潍坊、烟台、菏泽、临沂分行
	信访维稳工作先进单位	建行德州、日照分行
	“龙腾虎跃，养老金业务百日攻坚战”大型客户突破奖	建行山东省分行 高速集团营销团队
授奖单位	**奖项名称**	**获奖个人**
中国金融工会	全国金融“五一”劳动奖章	王明臣　郝子建
山东省外汇管理局	2011 年度山东省国际收支优秀申报员	刘庆明　张　宁　于　蕾　郑　晓 赵　冰　韩振青　种晓宁　赵春蓉
人行济南分行	山东省省级金融机构金融统计先进个人	徐　涛
	山东省银行业金融机构跨境人民币业务竞赛个人二等奖、三等奖	李晨晓　王美玲　高继林
中国金融理财师大赛组委会	中国百佳金融理财师	魏丽萍　申　琳
福布斯·中国	福布斯·富国 2012 中国优选理财师全国 50 强	张红波
建行总行	金融市场业务（外汇资金）先进个人	董胜荣
	外汇业务“抓客户、增效益、促发展”专题营销活动先进个人	王立国　王英翰
	营运岗位能手	李　明　邱　昕
	“万龙争春、打响养老金市场攻坚战”先进个人	丁敬军

续表

授奖单位	奖项名称	获奖个人
建行总行	中国建设银行十大杰出青年	马天宇
	2011 年度跨境人民币专项营销活动先进个人	刘　勇　盖骁春　李少峰　朱伟英
	房金营销标兵	昝成航　倪福田　李慧霄　刘文勇　张金红　孙向东　周广庆
	对公柜面业务技能竞赛优秀组织奖、最佳创意奖	赵秋英　凌亚东
	信访维稳工作先进个人	于海涛　王树宝　王宗辉
	“龙年腾跃、发卡争先”信用卡营销发卡竞赛活动先进个人	吴绍志　张行帅　刘嘉璐　刘美华　陶志坤　彭书宪
	“龙年虎跃，养老金业务百日攻坚战”先进个人	李芳芳　孙　栋
	全国反假货币工作先进个人	李　娟
	2011 年度优秀风险经理	程洪岩

中国建设银行股份有限公司青岛市分行

领导干部及职能一览表

行长（或其他称谓的第一负责人）			副行长（或其他称谓的同级领导）		
冯　涛			王士清　郭中华　刘从正　杨洲德（纪委书记）　陈庆辉（风险总监）　崔凤芹（总审计师）		
地　址	山东省青岛市深圳路 222 号			邮　编	266061
职能部门	正职	副职	职能部门	正职	副职
办公室	孙　岩（副主任主持工作）	郭　扬 李成东（主任助理）	个人金融部	管恩新（副总经理主持工作）	杨彩翎　赵　骞 王　勇（财富管理与私人银行部主任） 吴　静（财富管理与私人银行部副主任）
人力资源部	邓丰庆	赵　霞	住房金融与个人信贷部	李　兵（副总经理主持工作）	李艳琴（总经理助理）
计划财务部	王中浩（副总经理主持工作）	陈玉芳　刘民强	信用卡中心	肖钢元（副总经理主持工作）	王伟娜（总经理助理） 张伟毅（总经理助理）
会计部		夏岩红	信息技术管理部	许　宏	李万军
风险管理部	周兆华	曲振刚	营运管理部	隋士叁	郭显平　纪淑芹（金库中心副主任）　初顺起　于乃仁（总经理助理）

续表

职能部门	正职	副职	职能部门	正职	副职
信贷审批部		刘素菁　许　涛（总经理助理）	电子银行部	马文涛（副总经理主持工作）	郝丽红
总审计室		赵　峥　袁　刚	网点管理一中心	左　军	刘永斌　李　斌
公司业务部	许乐余	张红雨　兰永新　刘　华	网点管理二中心	李鸿涛	杨海红　朱　慧
政府机构客户部	衣华为	单正鑫　李　鹏（总经理助理）	渠道管理部	肖　蘅	胡剑波
小企业业务部	刘建青（副总经理主持工作）	尹　颖（总经理助理）	法律合规部	高玉杉	郭玉祥
投资银行部	张清江（副总经理主持工作）		纪检监察部	徐　宁	宋相勇　毛元菊
国际业务部	缪如林	徐文娟　和文婷（总经理助理）	安全保障部	高　新(副总经理主持工作)	杨书荣　万升昌(总经理助理)
票据贴现中心	陈守琦	王可伟	企业文化部	张　波	李　航　梁　兵
资产保全部	纪玉进	杨清阁	离退休人员管理部		丁元荣　曹延明(总经理助理)
造价咨询中心	李日江	孙先国　陈　静（总经理助理）	工会工作委员会	杨宝晨	韩蓉蓉　李少光　冯永清(机关工会主席)　于兵兵(女工主任)
个人委办公室	孙海燕	刘承义	营业部	高　昱	张青松　王兴华　于淑慧

机构概况一览表

年度	内设职能部门数量	下设分支机构					员工总人数		备注
		总数	地市分行数	县区支行数	分理处、营业所数	储蓄所数		正式职工人数	
2008年	26	108	1	38	30	39	3175	2651	
2009年	26	108	1	43	26	38	3175	2666	
2010年	27	108	1	44	25	38	3255	2912	
2011年	33	108	1	44	25	38	3340	3123	
2012年	29	116	1	61	24	30	3460	3271	

先进集体及个人一览表

授奖单位	奖项名称	获奖集体
中国金融工会全国委员会	全国金融系统职工代表大会制度建设“示范单位”	建行青岛市分行
团中央	全国青年文明号	建行青岛市南三支行 贵州路支行 高科园支行 海尔路支行 市北支行房贷部
山东省文明办	山东省文明单位	建行青岛高科园支行 四方支行 市南三支行
人行济南分行	“承诺十八项、献礼十八大”活动先进集体	建行青岛市分行
	核算先进单位	建行青岛市分行
	跨境人民币业务竞赛优秀组织奖	建行青岛市分行
	山东省级“现金示范网点”	建行青岛中山路支行
建行总行	青年文明号	建行青岛市分行信用卡中心 营业部 胶南支行珠海中路分理处 李沧支行国际业务部 市南支行营业部专柜
	财富管理与私人银行业务最佳营销奖	建行青岛市分行
	最佳境内外汇业务联动奖	建行青岛市分行
	企业网上银行集中工作先进集体	建行青岛市分行
	“拓市场 抓客户 促发展”房金业务营销活动消费信贷拓展奖	建行青岛市分行
	E 动终端进校园专项营销活动“综合贡献奖”二等奖	建行青岛市分行
	“卓越服务在建行 金融理财我最棒”个人客户经理理财能力大赛优秀组织奖	建行青岛市分行
	“增客户、促应用、提能力”电子银行营销活动最快业务增速三等奖	建行青岛市分行
	“抓客户、抢市场、促转型”代理人身保险“综合贡献二等奖”	建行青岛市分行
	“龙腾拓新篇，房贷惠万家”住房金融与个人信贷业务旺季营销活动个贷优胜奖	建行青岛市分行
	2012 年“信用卡分期总动员”营销活动“营销活动优胜奖”	建行青岛市分行
	全行文明单位“六个一”创建宣传活动先进单位	建行青岛海尔路支行
	“平安建行”创建活动基层营业机构先进集体	建行青岛市北支行
	信访维稳先进单位	建行青岛市南三支行
	零售网点二代转型优秀网点	建行青岛市北支行
	房金业务营销百佳机构	建行青岛城阳支行
	旺季营销百佳机构	建行青岛胶州支行 开发区支行
	2012 年度信用卡业务竞赛活动“信用卡营销示范网点奖”	建行青岛李沧支行唐山路储蓄所
	2012 年“信用卡分期总动员”营销活动“营销活动推进奖”	建行青岛瞿塘峡路支行 中山路支行
	中国建设银行五四红旗团委（团支部）	建行青岛城阳支行团支部 胶南支行团总支

续表

授奖单位	奖项名称	获奖个人
全国金融工会	全国金融五一劳动奖章　创先争优优秀职工	蔡永健
国际金融理财标准委员会	中国百佳金融理财师	郭　琦
人行济南分行	“承诺十八项、献礼十八大”活动先进个人	纪淑芹
	山东省级反假先进个人	梁　峰
	山东省“残损人民币回收质量管理年”先进个人	徐　鹏
建行总行	青年岗位能手	徐登亮　刘　俊 毕建祺
	旺季营销能手	车立新
	法律工作先进个人	张慎波
	优秀共青团员	徐登亮　孙　帅
	优秀共青团干部	许文娣　李晓琳
	营运岗位能手	于乃仁　苏茂华
	优秀通讯员	陈　磊　栾廷杰
	个人存款五万亿增储能手	孙松光
	“增客户、促应用、提能力”电子银行营销活动先进岗位能手	赵峰田
	E 动终端走进校园专项营销服务活动“E 动达人奖”	展昭阳
	百佳委派营业主管	王爱荣
	零售网点二代转型先进个人	戴晓凤
	“龙年腾跃　发卡争先”活动“先进个人奖”	刘晓英　刘付娥
	2012 年度信用卡业务竞赛活动“分期营销能手奖”“商户营销能手奖”“审批业务能手奖”“催收能手奖”“发卡营销能手奖”	纪　赠　宋博文 王　莅　江　漫 王　斌　刘晓英
	2012 年“信用卡分期总动员”营销活动“营销活动业务能手奖”	马　青　刘明娟　高　湲
	2012 年度信用卡大额不良账户催收竞赛“个人优胜奖”	王　莅　陈　红　王　斌 宋建萍
	2012 年信用卡旺季营销发卡竞赛活动“信用卡营销能手奖”	王　梦　薛　慧　杨江波 柳彩华　刘付娥
	房金营销标兵	赵　维　赵小亮 刘洪军　邵顺伟
	房 e 通先进个人	李　丹　朱光辉

交通银行股份有限公司山东省分行

领导干部及职能部门一览表

行长（或其他称谓的第一负责人）			副行长（或其他称谓的同级领导）		
王　锋			董　莹　叶　宁　胡　翔　王　磊		
地　址	山东省济南市共青团路 98 号			邮　编	250012
职能部门	正职	副职	职能部门	正职	副职
办公室		丛　林	授信管理部		张　炜
人力资源部	曹　真	梁新军	风险管理部	刘　宏	孙泽京　陈维福

续表

职能部门	正职	副职	职能部门	正职	副职
资产负债管理部		王红晓 刘 伟	审计部	任传勇	
预算财务部		王红晓	法律合规部	赵纪庆	李锡军
公司机构业务部	夏向军	王 波 陈少磊	信息技术管理部		苏小龙 王卓如
国际业务部	夏向军	张立华 张守红	电子银行部		张贻陆
资产保全部	祝传芳		监察室		王赤梅 傅 强
个人金融业务部		商敬文 田 晖 王永刚	保卫部		楚增明
零售信贷管理部		姜鲁荣 许建强	工会办	郭 挺	部 静
投资银行部	王卫刚		行政部	夏学军	
营运管理部	梁发强	朱 君	培训中心	孙卓臣	吴连柏
业务处理中心	刘 卫				

机构概况一览表

年度	内设职能部门数量	下设分支机构					员工总人数		备注
		总数	地市分行数	县区支行数	分理处、营业所数	储蓄所数		正式职工人数	
2008 年	20	152	7	139	3	3	3295	2901	
2009 年	21	151	7	141	3	0	3220	3003	
2010 年	22	138	8	130	0	0	3239	3027	
2011 年	22	132	12	120	0	0	3394	3192	
2012 年	23	135	15	120	0	0	3620	3484	

先进集体及个人一览表

授奖单位	奖项名称	获奖集体
中共交通银行委员会	2012 年度经营管理优胜单位	交行山东省分行
交行总行	2012 年度营运条线综合考评优胜奖	交行山东省分行
交行总行团委	交通银行青年文明号单位	交行烟台分行营业部
交行总行	2012 年优秀服务网点	交行山东省分行营业部
	2012 年优秀服务网点	交行济宁分行兖州支行
中国银行业协会	2012 年度中国银行业文明规范服务千佳示范单位	交行山东省分行营业部
	2012 年度中国银行业文明规范服务千佳示范单位	交行济宁分行兖州支行
授奖单位	**奖项名称**	**获奖个人**
交行总行团委	交通银行营销类“青年岗位能手”	于军华
	交通银行服务类“青年岗位能手	宫大鹏
交行总行	2012 年优秀大堂经理	张丽婷
	2012 年优秀大堂经理	行宋新

交通银行股份有限公司青岛分行

领导干部及职能部门一览表

行长（或其他称谓的第一负责人）			副行长（或其他称谓的同级领导）		
李智斌			徐建民　杨　勇　刘鹏涛　王纪铭　常　青		
地　址	青岛市市南区中山路6号			邮　编	266001
职能部门	正职	副职	职能部门	正职	副职
办公室	荣忠声	王春雷	业务处理中心	史　宏	
人力资源部	崔海平		授信管理部	孙文喜	姜文凯
资产负债部	邱法义		风险监控部	赵振杰	王向华
预算财务部	孙爱梅	盖红军	审计部	于茂兴	
公司业务部	赵习丹	赵　民　孙响波	法律合规部	刘爱民	
			信息技术部	许楷峰	彭振勇
国际业务部	王君秀	高　冬	电子银行部	张晓华	
资产保全部	黄　健		监察室	高国斌	
个金业务部	刘剑平	高　军	工会办公室	陈　琳	牟　宏
零售信贷部	于海龙	徐　丽	保卫部	贺茂印	
营运管理部	史　宏	鞠向海	总务部	贺茂印	

机构概况一览表

年度	内设职能部门数量	下设分支机构					员工总人数	正式职工人数	备注
		总数	地市分行数	县区支行数	分理处、营业所数	储蓄所数			
2008年	20	59	1	27	13	18	1223	972	
2009年	20	59	1	58	0	0	1236	980	
2010年	20	59	1	58	0	0	1254	1089	
2011年	20	59	1	58	0	0	1304	1178	
2012年	21	55	1	54	0	0	1339	1218	

先进集体及个人一览表

授奖单位	奖项名称	获奖集体
中国金融工会	全国金融五一劳动奖状、中国金融工会“工人先锋号”	交行青岛李沧第一支行
中国银行业协会	中国银行业2012年度文明规范服务“千佳”示范单位	交行青岛分行营业部 交行青岛开发区支行
人行济南分行	山东省金融机构2011年度综合评价A级单位	交行青岛分行
	2012年山东省跨境人民币业务竞赛银行组三等奖	
交行总行	2012年信息技术工作先进奖	交行青岛分行技管部
	2012年跨境人民币推动奖	交行青岛分行国际部
	2012年国际业务优秀管理奖	
	2012年国际业务卓越表现奖	

续表

授奖单位	奖项名称	获奖个人
中国金融工会	全国金融系统创先争优优秀职工	刘　强
	全国金融五一劳动奖章	
人行总行	全国反洗钱工作先进个人	赵　杰
人行济南分行	山东省反洗钱工作先进个人	赵　杰
	2012 年山东省现金服务“承诺十八项、献礼十八大”活动先进个人	史　宏
	2012 年金融统计先进个人	郑涵琦
	山东省 2012 年跨境人民币业务竞赛个人一等奖	林志波
山东省财贸委员会	山东省财贸金融系统优秀工会之友	徐芝清
交行总行	2010-2012 年创先争优优秀共产党员	赵　杰
	2012 交通银行“单证之星”竞赛三等奖	王春成
	交通银行 2012 年优秀教育培训工作者	石虎祥

中国邮政储蓄银行山东省分行

领导干部及职能部门一览表

行　长		党委书记	副行长		
韩广岳		李　毅	孙江涛　常　江　赵　峰　韩　勇		
地　址	济南市黑虎泉西路 181 号			邮　编	250011
职能部门	正职	副职	职能部门	正职	副职
个人业务部	陈高峰	吴　斌　王婷婷	会计结算部	阎　玮	邵　梅
公司业务部	陈　玫	李长立	风险合规部	陶　杰	
信贷业务部	郭　莹	鲁成军	人力资源部	吕　昆	孙　成
国际业务部	陈　玫（兼）		科技发展部	刘　杰	唐在勇　李　娟
资金部		刘　欣	安全保卫部	周爱国	
办公室	李　强	赵玉兰　王　戈	监察部	冯克军	
计划财务部	顾春旺	高　鹭	工　会	常　江（兼）	李慧梅
渠道管理部	宋鲁光	苗常青	党群工作部	李　强（兼）	王　戈（兼）
审计部	路　滔	范　滨　张书欣	营运管理中心		丁秋珍
基建工程办公室	顾春旺（兼）	李建新			

机构概况一览表

年度	内设职能部门数量	下设分支机构					员工总人数		备注
		总数	地市分行数	一级支行数	二级支行数	邮政代理网点数		正式职工人数	
2008 年	12	2594	16	107	1207	1264	7473	4395	
2009 年	12	2561	16	107	1207	1231	9809	4670	
2010 年	12	2544	16	108	1205	1215	9985	5122	
2011 年	14	2626	16	108	1190	1312	10620	5920	
2012 年	17	2698	16	108	1110	1464	11611	6617	

先进集体一览表

授奖单位	奖项名称	获奖集体
山东省政府	金融创新奖	邮储银行山东省分行
山东省文明委	省级文明单位	邮储银行山东省分行，济南、烟台、德州、滨州、东营、泰安、枣庄、菏泽、潍坊、莱芜、临沂等市分行，枣庄峄城区分行、武城县分行
邮储银行总行	金雁奖先进单位	邮储银行山东省分行
中国金融政研会	全国金融系统企业文化建设标兵单位	邮储银行山东省分行

中国邮政储蓄银行青岛分行

领导干部及职能部门一览表

行长（或其他称谓的第一负责人）			副行长（或其他称谓的同级领导）		
银青志			王平顺　江守湖　王　平　孙　皓		
地　址	青岛市延安三路222号			邮　编	266071
职能部门	正职	副职	职能部门	正职	副职
办公室	王晓明	徐　毅　王远友 邸建庭　李东华	风险合规部	赵廷华	
监察部	战金合		会计结算部	石振华	王　震
人力资源部	陈文鹏		审计部		扈文洁
计划财务部	荆云叶		科技发展部		常德强
个人业务部		于洪亮	渠道管理部	焉永君	
公司业务部	刘　强		资金部	石振华	
信贷业务部	房轶群		国际业务部		许东昕

机构概况一览表

年度	内设职能部门数量	下设分支机构					员工总人数		备注
		总数	地市分行数	县区支行数	分理处、营业所数	储蓄所数		正式职工人数	
2008年	11	248		8	108	132	854	531	
2009年	11	248		8	108	132	893	552	
2010年	11	248		8	108	132	901	563	
2011年	11	250		8	108	134	1010	625	
2012年	14	255		8	99	148	1116	681	

先进集体一览表

授奖单位	奖项名称	获奖集体
山东省直机关工委	山东省直文明单位	邮储银行青岛分行
中国邮政集团公司	全国邮政用户满意企业	即墨市支行

中国光大银行股份有限公司济南分行

领导干部及职能部门一览表

行长（或其他称谓的第一负责人）			副行长（或其他称谓的同级领导）		
王　欣			陈贵明　林　燕　王衍行　张建华		
地　址	济南市经七路 85 号			邮　编	250001
职能部门	正职	副职	职能部门	正职	副职
办公室	刘庆一	焦　健	人力资源部	王　楠	
计划财务部	林　雁		运营管理部	任广涛	蒋丽芹
信息科技部	陈文锋		法律合规部	朱广峰	
风险管理部	王金凤		公司业务管理部	杨林辉	李晓麓
贸易金融部	房　磊	郑　璇	零售业务部	尤　嘉	董茂荣
资产保全部	王吉祥	鞠保河	同业票据部	黄晓飞	阚全军

机构概况一览表

年度	内设职能部门数量	下设分支机构					员工		备注
		总数	地市分行数	县区支行数	分理处、营业所数	储蓄所数	总人数	正式职工人数	
2008 年	12	11		11			366	366	
2009 年	16	12		12			391	391	
2010 年	13	13		13			394	394	
2011 年	13	14	1	13			468	468	
2012 年	16	14	1	13			489	489	

中国光大银行股份有限公司青岛分行

分行及支行机构负责人一览表

单位名称	行长（或其他称谓的第一负责人）	副行长（或其他称谓的同级领导）
光大青岛分行	范建华	郭志雄　范华廷　颜庆迪　孙昌勇　叶长春
光大青岛分行营业部	王巧玲	沙晶晶　王　峰
光大青岛分行香港中路支行	刘海峰	郭　荣　田　欣

续表

单位名称	行长（或其他称谓的第一负责人）	副行长（或其他称谓的同级领导）
光大青岛分行香港东路支行	杨大伟	高蔚蔚　林　霆
光大青岛分行南京路支行	纪新仕	任建华
光大青岛分行山东路支行	王　宏	王　岩　乔方亮
光大青岛分行城阳支行	于　健	杨令君
光大青岛分行中央商务区支行	杨建波	陆海宁　吴珠祥
光大青岛分行李沧支行	戴　旭	薛鹏亮　邹艳辉
光大青岛分行开发区支行	杨绍刚	张国胜　姜彩武　朱文川
光大青岛分行东海路支行	孙义青	王华舸　徐莉莉
光大青岛分行宁夏路支行	郭　磊	姜　婷　崔文贞
光大青岛分行麦岛路支行	董　燕	金　萍　邱海涛
光大青岛分行市南支行	牛宜雅	万　旭　高建富
光大青岛分行胶州支行	王寿海	徐莉莉　孙慧新
光大青岛分行威海路支行	宗学哲	邹涛川
光大青岛分行即墨支行	李　波	韩　涛　黄成娜
光大青岛分行胶南支行	隋军生	崔永军　胡炳新
光大青岛分行崂山支行	冷兆杰	车海涛　崔　斌
光大青岛分行东营二级分行	杨　林	吕景峰　王守奇

机构概况一览表

年度	内设职能部门数量	下设机构					员工总人数	正式职工人数	备注
		总数	地市分行数	县区分行数	分理处、营业所数	储蓄所数			
2008 年	13	13	0	13	0	0	403	403	
2009 年	13	15	0	15	0	0	448	448	
2010 年	14	16	0	16	0	0	444	444	
2011 年	15	17	0	17	0	0	593	557	
2012 年	16	19	1	18	0	0	648	605	

先进集体及个人一览表

授奖单位	奖项名称	获奖集体
光大总行	2012 年度中国光大银行先进集体	光大青岛分行香港中路支行 光大青岛分行零售业务部
中国银行业协会	2012 年度中国银行业文明规范服务千佳示范单位	光大青岛分行香港中路支行
山东省银行业协会	山东省银行业协会文明规范服务示范单位	光大青岛分行城阳支行 光大青岛分行李沧支行
授奖单位	**奖项名称**	**获奖个人**
光大总行	2012 年度中国光大银行先进个人	许冬梅　邵　艳
山东省银行业协会	山东省银行业协会文明规范服务优秀柜员	赵文星
山东省银行业协会	山东省银行业协会文明规范服务明星大堂经理	殷灵晓
人行济南分行	“承诺十八项，献礼十八大”省级先进个人	李　滨
人行济南分行	山东省金融业反洗钱工作先进个人	崔　昕

中国光大银行股份有限公司烟台分行

领导干部及职能部门一览表

行长（或其他称谓的第一负责人）			副行长（或其他称谓的同级领导）		
唐　健			杨丽霞　张　伟　张永军		
地　址	山东省烟台市南大街 111 号			邮　编	264000
职能部门	正职	副职	职能部门	正职	副职
办公室	梁颖德	宋龙毅　徐中华 崔谊波　兰廷芹	风险管理部	高忠军	王晓平　王　方
计划财务部		马　纪（主持工作）	运营管理部	李　昕	曲俊竹　姜建宏 于　莉
公司业务管理部	夏　伟	陈　英　刘燕波	法律合规部 监察保卫部	丁海彬	史本周
零售业务部	王晓萍	谢　东　汪震东 宋兆明	资产保全部	于恒龙	
贸易金融部 中小企业部	王海涛	苑永香	信息科技部	王武东	刘建钊

机构概况一览表

年度	内设职能部门数量	下设分支机构					员工总人数	正式职工人数	备注
		总数	地市分行数	县区支行数	分理处、营业所数	储蓄所数			
2008 年	9	5		0	0	0	199	199	
2009 年	10	7		1	0	0	236	236	
2010 年	10	8		2	0	0	269	269	
2011 年	10	8		2	0	0	299	299	
2012 年	10	9		3	0	0	349	349	

先进集体及个人一览表

授奖单位	奖项名称	获奖集体
光大总行	先进集体	光大烟台招远支行
	2012 年度零售业务最具竞争力奖	光大烟台分行
	2012 年度十佳授信后管理分行	光大烟台分行
山东省银行业协会	山东省银行业文明规范服务示范单位	光大烟台招远支行
人行济南分行	2012 年山东省“承诺十八大项、献礼十八大”活动先进集体	光大烟台分行
光大总行	2012 年度风险管理进步奖	光大烟台分行
授奖单位	**奖项名称**	**获奖个人**
光大总行	2012 年度先进个人	夏　伟
	2012 年度十佳对公授信审批人	王宵雯
	2012 年度十佳风险技术岗	邹为敏

续表

授奖单位	奖项名称	获奖个人
人行济南分行	2012 年度金融统计先进个人	刘广峰
山东省银行业协会	山东省银行业信息宣传工作先进个人	徐中华
	山东省银行业文明规范服务优秀柜员	李　俊
	山东省银行业文明规范明星大堂经理	孔亚宁
人行济南分行	2012 年山东省“承诺十八大项、献礼十八大”活动先进个人	毕　红
光大总行	2012 年度优秀“保理业务产品经理”	彭海燕

中信银行股份有限公司济南分行

领导干部及职能部门一览表

行长（或其他称谓的第一负责人）			副行长（或其他称谓的同级领导）		
侯训义			刘国栋（副行长） 柳永生（行长助理） 张少华（行长助理） 张海鹰（行长助理） 季向霞（行长助理）		
地　址	山东省济南市泺源大街 150 号			邮　编	250011
职能部门	正职	副职	职能部门	正职	副职
公司银行部	王　通	陈丽云	零售银行部	梁东晨	王　焱
国际业务部	王丽丽	邢　哲	机构业务部	董国红	顾　菲
风险管理部	郑　宓	赵　忻	信贷管理部	廖鲁军	李士羿
计划财务部	丛建华	王　朔	会计管理部	孙式香	于立刚　刘为民
法律保全部	李曙光		人力资源部	刘同礼	张　岷
信息技术部	江　涛	杨　峰	办公室	刘海新	李玉辉
合规部	莫涌滨	张乐海	市场营销部	杨鸿斌	于建伟
营业部	石　嘉	郭　青	小企业	陈景波	

机构概况一览表

年度	内设职能部门数量	下设分支机构					员工总人数		备注
		总数	地市分行数	县区支行数	分理处、营业所数	储蓄所数		正式职工人数	
2006 年	11	20	3	17			537	537	
2007 年	12	20	3	17			621	621	
2008 年	12	21	3	18			680	680	
2009 年	14	23	3	20			658	658	
2010 年	15	24	4	20			719	719	
2011 年	16	26	4	22			880	880	
2012 年	17	29	5	24			1008	1008	

中信银行股份有限公司青岛分行

领导干部及职能部门一览表

行长（或其他称谓的第一负责人）			副行长（或其他称谓的同级领导）		
杨　威			迟存国　陈文德　邢丽青　李耀东		
地　址				邮　编	266071
职能部门	正职	副职	职能部门	正职	副职
分行营业部	万　刚	邵　钰	零售银行部		
办公室	余胜利	陈相忠　周　骏	风险管理部	刘洪波	徐　翔
人力资源部	臧绍奎		信贷管理部	姜海青	郑　军
计划财务部		杨　芳	法律保全部	赵　钧	
公司银行部	董　振	刘曦东	会计部	徐水红	姚长菊
零售银行部	李志涛	王秀川　刘慧玲	信息技术部	王美平	
国际业务部	张佑晶	张　剑　刘瑞敏	网络银行部(筹)	杜文娟	
资金资本市场部	王仲义		合规部		滕　瑾
小企业金融中心	刘　斌		党群监察部	张国成	
金融同业部	朱　峰		行政保卫部	季　军	侯卫宁
投资银行中心		霍晓婷（主持工作）	公司银行部公司业务营销一部	韦正友（副总经理级）	
个人信贷部	李旭宁				

机构概况一览表

年度	内设职能部门数量	下设分支机构					员工总人数	正式员工人数	备注
		总数	地市分行数	县域支行数	分理处、营业所数	储蓄所数			
2008年	32	29	3	26			1029	821	
2009年	35	29	3	26			1070	850	
2010年	44	31	4	27			1180	926	
2011年	46	33	4	29			1285	1060	
2012年	48	37	4	33			1445	1260	

先进集体及个人一览表

授奖单位	奖项名称	获奖集体
总行	2011年度优秀行	中信银行青岛分行
	分行合规工作先进单位	
	2010-2011年度“青年文明号”集体	
	2011年度托管收入优秀团队奖第二名	
	2011年度国际业务综合实力奖	
	小企业条线半年主线单项考评中名列同城第四名	
	2011年度零售银行优秀行	
	中信总行零售销售化转型示范支行	
	中信总行零售贵宾“天天向上”百佳优秀支行	

续表

授奖单位	奖项名称	获奖集体
总行	2011 年度七彩华龄卡发卡优胜奖	中信银行青岛分行
	2012 年上半年储蓄业务优胜奖	
	2012 年上半年两银业务及基金业务优胜奖	
人行济南分行 人行青岛市中心支行	现金示范先进单位	
总行	上半年会计工作优秀行	
授奖单位	**奖项名称**	**获奖个人**
总行	分行上半年先进共产党员	万　刚
	总行 25 周年百佳柜员	韩道明
	为中信银行青岛分行网点转型兼职讲师	鹿鸣群
	中信银行青岛分行网点转型兼职讲师	赵　一
	2011 年度业务量突出贡献个人	韩道明　吕晓娇
	2011 年度个人突出贡献奖	彭　敏
	上半年零售营销先进工作者	刘　杰
	上半年会计综合考核优胜个人	李文文　韩道明
	上半年会计核算质量优胜个人	刘瑞丰
	2010-2011 年度青年岗位能手	张天奕
省银行业协会	山东省金融理财师专业大赛一等奖	李　夏
总行	分行 2 月份月度销售标兵	赵　一
	分行 3 月份月度销售标兵	刘　杰　李　夏
	分行 5 月份月度销售标兵	刘　杰
	分行 9 月份月度销售标兵	叶　婷　李　夏　张　娟
	分行 9 月份最佳大堂经理	高湘怡
	分行网点转型大堂经理标杆示范岗	赵　一
	分行反洗钱工作先进个人	彭　敏
	分行级“啄木鸟”金奖	刘　杰

华夏银行股份有限公司济南分行

领导干部及职能部门一览表

行长（或其他称谓的第一负责人）			副行长（或其他称谓的同级领导）		
孙彤军			李　燕　王秀荣　陈立京　张沛儒　张　虹		
地　址	济南市纬二路 138 号			邮　编	250001
职能部门	正职	副职	职能部门	正职	副职
办公室	张　军	路　燕	人力资源部 （党委办公室）	张春艳(临时负责人)	
计划财务部	姜显璞	徐鲁东　孙　靖	合规部	王　新	
公司业务部	乔立海	陈建军　高　专	个人业务部	杨晓丽	于　静　韩春燕
国际业务部	王　毅	冯启涛	中小企业信贷分部	李　新	徐　磊　李　洁
金融市场部	张　勇		机构业务部	惠　泉	
授信审批中心	秦　颖		授信管理中心	李　磊	张　静

续表

职能部门	正职	副职	职能部门	正职	副职
资产保全中心	韩世东		会计部	孟繁胜	文爱民　张廷生
信息技术部	孙思亮		监察室	贾永生	

机构概况一览表

年度	内设职能部门数量	下设分支机构					员工总人数		备注
		总数	地市分行数	县域支行数	分理处、营业所数	储蓄所数		正式员工人数	
2008年	17	13					867	727	
2009年	17	15					864	736	
2010年	18	16					1465	968	
2011年	14	17					1516	999	
2012年	16	17					1520	1087	

华夏银行股份有限公司青岛分行

领导干部及职能部门一览表

行长（或其他称谓的第一负责人）			副行长（或其他称谓的同级领导）		
刘　辉			吕　东　赵　劼　于丰星　崔　巍　顾新静　韩　波		
地　址	青岛市市南区东海西路5号甲			邮　编	266071
职能部门	正职	副职	职能部门	正职	副职
办公室	赵　霖	曲文豪	合规部	张衍真	
人力资源部	颜庆武		监察室	林永岩	
计划财务部	牟润玲	石玉进	信息技术部	李延刚	
公司业务部	张卫华	杨建明	授信管理中心	袁　新	
个人业务部	韩　波	刘海萍	授信审查中心	栾卫东	
国际业务部	曹福鹏	于连海	资产保全中心	周忠凯	
供应链金融中心	李跃武		重点客户部	王立莉	
党委办公室	解令科		中小企业信贷部青岛分部	侯华南	
会计部	闫金斌	张　涓	工会	张明晓	

机构概况一览表

年度	内设职能部门数量	下设分支机构					员工总人数		备注
		总数	地市分行数	县域支行数	分理处、营业所数	储蓄所数		正式职工人数	
2008年	15	12	0	1	0	0	418	308	
2009年	15	13	0	2	0	0	437	413	
2010年	18	14	0	3	0	0	469	469	
2011年	18	15	0	4	0	0	525	525	
2012年	18	19	0	6	0	0	645	645	

先进集体及个人一览表

授奖单位	奖项名称	获奖集体
中国银行业协会	中国银行业文明规范服务千佳示范单位（青银协发字[2013]4 号）	香港中路支行　城阳支行
人行济南分行	山东省金融业反洗钱工作先进集体（济银发[2012]56 号）	分行会计部
	现金服务“承诺十八项、献礼十八大”活动山东省省级先进集体（济银办发[2012]316 号）	华夏银行青岛分行
	《山东金融年鉴》撰稿一等奖（济银《年鉴》编[2013]1 号）	华夏银行青岛分行
	“山东省银行业金融机构现金服务示范网点”（济银发[2013]2 号）	华夏银行青岛分行营业部
共青团山东省委	山东省“青年文明号”（鲁青发[2012]31 号）	华夏银行青岛开发区支行
华夏总行	“龙盈华夏青春先行”主题营销活动优胜营销组织奖（华银发[2012]652 号）	华夏银行青岛分行
	“龙盈理财”最具竞争力分行（华银个人[2012]293 号）	华夏银行青岛分行
	自助渠道建设组织推动奖（华银个人[2012]496 号）	华夏银行青岛分行
	合作运营项目组织推动奖（华银个人[2012]497 号）	华夏银行青岛分行
	高效自助设备奖（华银个人[2012]498 号）	华夏银行青岛分行
	“优秀等级分行领导班子”（华银发[2012]270 号）	华夏银行青岛分行
	华夏银行 2012 年会计基础工作规范化管理达标一级行（华银办发[2013]101 号）	即墨支行
	“龙盈理财”卓越营销支行（华银个人[2012]293 号）	南京路香港中路高新区支行
青岛银监局	青岛市银行业青年“关爱新市民子女志愿服务行动”先进集体（青银监发[2012]193 号）	华夏银行青岛分行
	青岛市银行机构“送金融知识下乡”活动先进集体（青银监发[2012]194 号）	华夏银行青岛分行
授奖单位	**奖项名称**	**获奖个人**
人行济南分行	现金服务“承诺十八项、献礼十八大”活动山东省省级先进个人（济银办发[2012]316 号）	王正茂
	2012 年度山东省省级金融机构金融统计先进个人（济银办发[2012]305 号）	贺丽妍
华夏银行总行	每季一星全国优秀个人助销经理（华银个人[2012]454 号）	董俊杰
	“龙盈理财”最佳理财经理（华银个人[2012]293 号）	范倩倩　聂乾坤　徐文娇
	“龙盈华夏青春先行”区域个人营销优胜奖（华银团办发[2012]31 号）	聂乾坤　徐文娇　徐小惠
	“龙盈华夏青春先行”主题营销活动区域个人营销优胜奖（华银发[2012]652 号）	徐文娇　聂乾坤　戴　琳　徐小惠
青岛银监局	青岛市银行业青年“关爱新市民子女志愿服务行动”先进个人（青银监发[2012]193 号）	韩佩葭　李　惠
	青岛市银行机构“送金融知识下乡”活动先进个人（青银监发[2012]194 号）	曲文豪　宁　晓

平安银行股份有限公司济南分行

领导干部及职能部门一览表

行长（或其他称谓的第一负责人）			副行长（或其他称谓的同级领导）		
王方政			张汉忠　陈振华　叶逢海 范广文　林　杰（待银监核准）		
地　址	济南市经十路 13777 号			邮　编	250014
职能部门	正职	副职	职能部门	正职	副职
办公室			对公营销及产品管理部	冯建勋	
人力资源部			投资银行部/对公综拓部		张　瀛
法律合规部	毕韵玲		贸易融资部/国际业务部	蔡　勇	
稽核部	任　波		金融同业部	陈文盛	
对公信贷审批部		林永梅	零售营销及产品管理部		周　文
对公信贷管理部	吴　振		财富管理部		袁　杰
零售综拓部	赵　军		小微金融业务部		徐　杰
零售信贷管理部		尹德农	财务企划部		
运营管理部	李　鑫		集中作业部	周楠楠	
科技运营部	张晓前（待银监核准）				

机构概况一览表

年度	内设职能部门数量	下设分支机构					员工总人数		备注
		总数	地市分行数	县区支行数	分理处、营业所数	储蓄所数		正式职工人数	
2007 年	9	6					228	205	
2008 年	8	7					268	250	
2009 年	12	8					346	304	
2010 年	15	8					353	308	
2011 年	16	9					403	333	
2012 年	19	10					502	397	

先进集体及个人一览表

授奖单位	奖项名称	获奖集体
山东省人民政府	2011 年度山东省金融创新奖	平安济南分行
山东省银行业协会	省级文明示范单位	平安济南分行高新支行
中国平安集团	2011 年度平安集团先进单位	平安济南分行
授奖单位	**奖项名称**	**获奖个人**
人行济南分行	2012 年度山东省省级金融机构金融统计先进个人	沈海旺
人行总行	全国反洗钱工作先进个人	于　燕

平安银行股份有限公司青岛分行

领导干部及职能部门一览表

<table>
<tr><td colspan="3">行长（或其他称谓的第一负责人）</td><td colspan="3">副行长（或其他称谓的同级领导）</td></tr>
<tr><td colspan="3">陈昊序（副行长，主持工作）</td><td colspan="3">谷　辉（副行长）　刘家亮（行长助理）　刘文华（信贷执行官）
纪小倩（运营执行官）　迟珊珊（行长助理）</td></tr>
<tr><td>地　址</td><td colspan="2">青岛市香港中路6号世贸中心A座裙楼</td><td>邮　编</td><td colspan="2">266071</td></tr>
<tr><td>职能部门</td><td>正职</td><td>副职</td><td>职能部门</td><td>正职</td><td>副职</td></tr>
<tr><td>办公室</td><td>逄　雷</td><td></td><td>人力资源部</td><td>卢玉君</td><td></td></tr>
<tr><td>法律合规部</td><td></td><td>杨少华（主持工作）</td><td>科技运营部</td><td>杨兆进</td><td></td></tr>
<tr><td>运营管理部</td><td></td><td>丁兆荣（主持工作）</td><td>财务企划部</td><td></td><td>王宗良
（主持工作）</td></tr>
<tr><td>金融同业部</td><td>高　静</td><td></td><td>对公营销及产品
管理部</td><td>王业方</td><td></td></tr>
<tr><td>对公信贷审批部</td><td></td><td>朱远波（主持工作）
胡绪雷</td><td>对公信贷管理部</td><td></td><td>舒　立
（主持工作）</td></tr>
<tr><td>贸易融资部/
国际业务部</td><td>刘乃爱</td><td>李骁力</td><td>资产保全部</td><td></td><td>王乐飞
（主持工作）</td></tr>
<tr><td>对公综拓部/
投资银行部</td><td>王　珺</td><td>盛光杰</td><td>财富管理部</td><td></td><td>马　燕
（主持工作）</td></tr>
<tr><td>零售信贷管理部</td><td>乔秀龙</td><td></td><td>小微金融业务部</td><td>翟小平</td><td></td></tr>
<tr><td>集中作业部</td><td></td><td>丁兆荣（主持工作）</td><td>零售营销及产品
管理部</td><td>孙　梅</td><td></td></tr>
<tr><td>零售综拓部</td><td></td><td>唐进全（主持工作）</td><td></td><td></td><td></td></tr>
</table>

机构概况一览表

<table>
<tr><td rowspan="2">年度</td><td rowspan="2">内设职能部门数量</td><td colspan="6">下设分支机构</td><td rowspan="2">员工总人数</td><td rowspan="2">正式职工人数</td><td rowspan="2">备注</td></tr>
<tr><td>总数</td><td>地市分行数</td><td>县区支行数</td><td>分理处、营业所数</td><td>储蓄所数</td><td></td></tr>
<tr><td>2008年</td><td>12</td><td>7</td><td>7</td><td></td><td></td><td></td><td></td><td>324</td><td>274</td><td></td></tr>
<tr><td>2009年</td><td>17</td><td>8</td><td>8</td><td></td><td></td><td></td><td></td><td>362</td><td>324</td><td></td></tr>
<tr><td>2010年</td><td>19</td><td>8</td><td>8</td><td></td><td></td><td></td><td></td><td>404</td><td>355</td><td></td></tr>
<tr><td>2011年</td><td>19</td><td>9</td><td>9</td><td></td><td></td><td></td><td></td><td>416</td><td>368</td><td></td></tr>
<tr><td>2012年</td><td>19</td><td>11</td><td>11</td><td></td><td></td><td></td><td></td><td>533</td><td>488</td><td></td></tr>
</table>

先进集体及个人一览表

授奖单位	奖项名称	获奖集体
中央金融团工委/中国银行业协会	全国送金融知识下乡宣传服务站	平安银行青岛城阳支行
青岛银监局	送金融知识下乡先进集体	平安银行青岛分行
授奖单位	**奖项名称**	**获奖个人**
人行总行	全国反洗钱工作先进个人	孙哲颜
平安银行总行	银行杰出经理人	王金荣
平安集团	中国平安2012礼仪之星评选大赛先进个人	韩　萍
平安银行总行	深圳发展银行和平安银行十佳货押监管工作人员	董　超

招商银行股份有限公司青岛分行

领导干部及职能部门一览表

行长（或其他称谓的第一负责人）			副行长（或其他称谓的同级领导）		
王纪全			杨　虹　王　京　战长春　姚　红		
地　址	青岛市香港中路36号			邮　编	266071
职能部门	正职	副职	职能部门	正职	副职
办公室	白江华	王　娟　于　毅	人力资源部	綦　琨	
计划财务部	高明月	陈玉强　张晓黎	信用风险管理部	孔　燕	王　青
授信审批部	王　新	赵培胜	运营管理部	蔡小莉	陶　静　姜　愉
公司银行部	俞惟坚	宫　缇	零售银行部	闫啸东	董　栋　王海标
小企业金融部	刘　波	侯志革	国际业务部	叶向东	王颖焱　张爱华
审计部	李　俊		法律与合规部	卞旭乐	石　浩

机构概况一览表

年度	内设职能部门数量	下设分支机构					员工总人数		备注
		总数	地市分行数	县区支行数	分理处、营业所数	储蓄所数		正式职工人数	
2008年						0			
2009年						0			
2010年						0			
2011年						0			
2012年	22	21	4	17	0	0	1295	1295	

先进集体及个人一览表

授奖单位	奖项名称	获奖集体
国家外管总局、山东省分局	2011国际收支优秀申报单位	国际业务部
授奖单位	**奖项名称**	**获奖个人**
中共中央	全国创先争优优秀共产党员	刘　娟

兴业银行股份有限公司济南分行

领导干部及职能部门一览表

行长（或其他称谓的第一负责人）			副行长（或其他称谓的同级领导）		
张　霆			林家炎　魏　军　郝　超　沈　健		
地　址	济南市经七路86号			邮　编	250001
职能部门	正职	副职	职能部门	正职	副职
综合部	毕勇奇	张学甫	业务管理部	刁苏曼	

续表

职能部门	正职	副职	职能部门	正职	副职
人力资源部	孙立宁		营销管理部	李红兵	
计划财务部	苏　虎	于　伟	贸易金融部	崔少春	
风险管理部	袁　静	徐恒超	机构业务部	穆晓达	
信用审查部	黄汝焱		投资银行部	于　清	
法律与合规部	李　萍		小企业部	张廷文	
会计结算部	李新惠		零售金融事业部	何兆路	
信息科技部	王存峰		金融市场部	张　毅	
同业业务部	李晓华				

机构概况一览表

年度	内设职能部门数量	下设分支机构					员工总人数		备注
		总数	地市分行数	县区支行数	分理处、营业所数	储蓄所数		正式职工人数	
2008 年	9	9	1				698	404	
2009 年	9	12	3				950	560	
2010 年	9	15	5				1199	698	
2011 年	16	20	6	2			1532	1004	
2012 年	17	25	8	5			1576	1318	

先进集体及个人一览表

授奖单位	奖项名称	获奖集体
山东省政府	山东省金融创新奖	兴业济南分行
中国银行业协会	2012 年度“中国银行业文明规范服务千佳示范单位”	兴业淄博支行
山东省银行业协会	2012 年度“山东省银行业文明规范服务示范单位”	兴业淄博支行　兴业烟台分行　兴业济南历下支行
兴业银行总行	2012 年度企业金融业务杰出贡献奖	兴业银行济南分行
	2012 年度企业金融业务管理优胜奖　营销管理优胜奖　投资银行业务优胜奖　现金管理业务优胜奖　可持续金融业务优胜奖　机构业务优胜奖	兴业银行济南分行
	2012 年度“服务明星支行”	兴业淄博支行　兴业烟台分行营业部
	2012 年度二级分行企业金融总部优胜奖	兴业银行潍坊分行
授奖单位	**奖项名称**	**获奖个人**
山东省银行业协会	2012 年度“山东省银行业文明规范服务优秀柜员”	何　玮　刘佳静

兴业银行股份有限公司青岛分行

领导干部及职能部门一览表

行长（或其他称谓的第一负责人）			副行长（或其他称谓的同级领导）		
沈 健			步延进 廖卫华		
地 址	青岛市市南区山东路7号甲			邮 编	266071
职能部门	正职	副职	职能部门	正职	副职
综合部	张蓉蓉		信息科技部	李财官	
风险管理部		殷 俊	企业金融业务管理部		李顺民
会计结算部	李艳玲		企业金融贸易金融部	李 猛	
计划财务部		李 宽	企业金融投资银行部		温宏亮
信用审查部		杜旭东	企业金融小企业部	林相发	
零售事业部	孙 勇		金融市场部	周 琪	

注：副职人员均为副总经理主持工作。

机构概况一览表

年度	内设职能部门数量	下设分支机构					员工总人数		备注
		总数	地市分行数	县区支行数	分理处、营业所数	储蓄所数		正式职工人数	
2008 年	7	3	1	2	0	0	271	147	
2009 年	8	4	1	3	0	0	298	170	
2010 年	8	7	1	5	0	0	388	253	
2011 年	13	8	1	6	0	0	500	328	
2012 年	13	10	1	8	0	0	620	385	

注：截至年末，该行下设 9 家支行及一家营业部，其中日照支行为异地支行，未统计到县区支行中，分行营业部对外行使支行职能。

先进集体及个人一览表

授奖单位	奖项名称	获奖集体
兴业银行总行	兴业银行 2012 年度“喜迎十八大 奉献在兴业”暨做主人 尽责任 讲奉献主题实践活动辩论赛优秀奖	兴业青岛分行代表队
山东金融年鉴编委会	《山东金融年鉴》（二〇一二年卷）优秀稿件二等奖	兴业青岛分行
人行青岛市中支	青岛市金融机构统计考评二等奖	兴业青岛分行
山东省公安厅	集体三等功	兴业青岛分行综合部
青岛市银行业协会	青岛市文明规范服务示范单位	兴业青岛分行营业部、福州路支行
青岛市总工会	工会工作先进单位（全市三级联创“信得过基层工会”）	兴业青岛分行
青岛市总工会	2012 年度青岛市工会财务工作评比一等奖	兴业青岛分行工会委员会
青岛银监局	2011-2012 年度青岛市银行业“青年文明号”	兴业青岛分行营业部
青岛市南区工会	创先争优活动先进单位	兴业青岛分行会计结算部

续表

授奖单位	奖项名称	获奖个人
山东省工会	山东省富民兴鲁劳动奖章	步延进
兴业银行总行	“做主人，尽责任，讲奉献”主题实践活动先进人物	廖卫华
山东省公安厅	个人三等功	李伟疆
青岛市公安局	个人嘉奖	禹方兵　宋　航
人行济南分行	山东省2012年度金融机构优秀统计员	王珊珊
兴业银行总行	“夯实统计信息基础，提升银行业数据质量”竞赛活动先进个人	
青岛银监局	“夯实统计信息基础，提升银行业数据质量”竞赛先进个人	
人行青岛市中支	青岛市2012年度金融机构优秀统计员	

中国民生银行济南分行

领导干部及职能部门一览表

行长（或其他称谓的第一负责人）			副行长（或其他称谓的同级领导）		
陈焕德　党委副书记、副行长（主持工作）			李　伟（党委委员）　孙　兴（党委委员、行长助理）　彭曙光（党委委员、行长助理）　韩咏军（党委委员、行长助理）　蔡丹平（党委委员、纪委书记）		
地　址	济南市泺源大街229号		邮　编	250012	
职能部门	正职	副职	职能部门	正职	副职
办公室	鲍　健		小微金融部	吕　堂	刘恩骅
人力资源部	蔡丹平		零售银行授信评审部	朱　郁	刘　然
计划财务部	史　昱	徐长玲　于美艳	售后服务部	金　虹	
公司银行部	梁发新		法律合规部	王明静	
授信评审部	李加岭	史兆伟　张兆强	运营管理部	李秀荣	
资产监控部	张志勇	秦　峰　杨国亮	零售银行运营保障部	王宁宁	
金融市场部	李光金		电子银行部	陈航德	
票据业务部	安丰福		安全保卫部	纪　斌	席晋平
机构金融部	谢渭源		机构管理部	胡雪华	盛　林
中小企业管理部	姜履博		纪检监察室	张桂英	彭爱琴
私人银行部	郑　敏	姜　岳	工会办公室	张桂英	何方平
财富管理部	孙　兴	杨梦莎	科技开发部	郭志阳	

机构概况一览表

年度	内设职能部门数量	下设分支机构					员工总人数		备注
		总数	地市分行数	县区支行数	分理处、营业所数	储蓄所数		正式职工人数	
2008年	15	10	1	10	0	0	428	428	
2009年	19	11	1	10	0	0	593	593	
2010年	20	13	2	11	0	0	733	733	
2011年	22	16	3	13	0	0	853	853	
2012年	24	26	4	22	0	0	1341	1104	

先进集体及个人一览表

授奖单位	奖项名称	获奖集体
中共中国银行业监督管理委员会委员会	中国银监会系统五四红旗团委称号	民生济南分行团委
	2011 年度中国银监会系统青年文明号	民生济南分行历山支行
山东省人民政府	山东省金融创新奖	民生济南分行
人行济南分行	综合评价 A 级单位	民生济南分行
	金融机构跨境人民币竞赛优秀组织奖	民生济南分行
民生银行总行	全行小微业务推动先进单位称号	民生济南分行
人行	全国金融系统“反洗钱工作先进集体”荣誉称号	民生济南分行运营管理部
山东省银行业协会	山东省银行业服务小微企业十佳金融产品推广奖	民生济南分行小微金融部
山东省财政厅	2012 年度全省政府非税收入代理收缴服务创新银行	民生济南分行机构金融部
山东省财政厅、山东省发改委	2011 年度金融工作先进单位	民生济南分行机构金融部
山东省财贸金融工会委员会	山东省财贸金融系统女职工建功立业标兵岗	民生济南分行运营管理部
授奖单位	**奖项名称**	**获奖个人**
中国银行业协会	全国明星大堂经理	高　飞
人行济南分行	支付清算知识竞赛优秀选手	王　倩
山东省公安厅、山东银监局	全省银行业金融机构安全评估工作先进个人	李春林
山东省财贸金融工会委员会	山东省财贸金融系统优秀工会工作者	瞿孝民
山东省公安厅	金融机构安全评估工作先进个人	刘　升
	个人荣誉三等功	纪　斌
山东省公安厅山东银监局	安全评估先进个人	邓　琳
中共中国民生银行委员会	2011-2012 年度优秀党务工作者	张桂英
	优秀共产党员	王　苹
民生银行运营管理部	2012 年度全能运营服务支持人员	徐梦银
民生银行法律合规部	反洗钱个人奖	刘海清
民生银行运营管理部	2012 年度优秀运营服务管理人员	孟　帆
民生银行运营管理部	2012 年度全能柜员	胡　静

中国民生银行青岛分行

领导干部及职能部门一览表

<table>
<tr><th colspan="3">行长（或其他称谓的第一负责人）</th><th colspan="3">副行长（或其他称谓的同级领导）</th></tr>
<tr><td colspan="3">赵志敏</td><td colspan="3">李　贤　张俊涛　崔俊峰</td></tr>
<tr><td>地　址</td><td colspan="3">青岛市福州南路 18 号</td><td>邮　编</td><td>266071</td></tr>
<tr><th>职能部门</th><th>正职</th><th>副职</th><th>职能部门</th><th>正职</th><th>副职</th></tr>
<tr><td>办公室</td><td>李少波</td><td>张会国</td><td>私人银行部</td><td>王　静</td><td></td></tr>
<tr><td>人力资源部</td><td>刘丕芸</td><td>张长海</td><td>零售银行运营保障部</td><td>栾立今</td><td></td></tr>
<tr><td>计划财务部</td><td>孙　靖</td><td>李月峰　陈　燕</td><td>零售银行授信评审部</td><td>王雨宁</td><td></td></tr>
<tr><td>公司银行部</td><td>杨　斌</td><td>刘亚明　刘秀乔</td><td>售后服务部</td><td>姜　义</td><td></td></tr>
<tr><td>中小企业业务部</td><td>杨　斌</td><td></td><td>运营管理部</td><td>臧文澜</td><td>贺延利</td></tr>
</table>

续表

职能部门	正职	副职	职能部门	正职	副职
金融市场部	黄雪松	王　静	授信评审部	李　磊	杨行楷
票据业务部	鹿　飞	安　涛	资产监控部	吴天磊	刘　卫
交易融资部	徐世锋	陈志新	法律合规部	卫　钢	鞠　巍
机构金融部	李少波	夏少华	安全保卫部	陈学建	
小微金融部	徐　通		机构管理部	张智勇	尉洵波
财富管理部	崔　喆	谭向荣	纪检监察室	董　玲	

机构概况一览表

年度	内设职能部门数量	下设分支机构					员工总人数	正式职工人数	备注
		总数	地市分行数	县区支行数	分理处、营业所数	储蓄所数			
2007年			1						
2008年			1						
2009年			1				358	319	
2010年			1				489	396	
2011年	21		1				686	560	
2012年	22		2	5			880	693	

渤海银行股份有限公司济南分行

领导干部及职能部门一览表

行长（或其他称谓的第一负责人）			副行长（或其他称谓的同级领导）		
王仁宝			宋　奇　孙开贤　陈光伟（风险总监）　王铁华（行长助理）		
地　址	济南市历下区青年东路18号			邮　编	250011
职能部门	正职	副职	职能部门	正职	副职
市场开发部	徐庆吉	张　民　包　赢	财务部	廖朝阳	
贸易金融部	邓　玲		业务营运部		裴　娜
金融市场部		郝　娴	风险管理部	季惠芳	
中小企业部	石　静		信贷监控部	张福玉	
公司业务一部	孙晓旭	吴　迪	内控合规部	赵福强	
公司业务二部		李建青	资讯科技部		韩纪宏
公司业务三部	闫江涛		机构保卫部	史　毅	孙青江
个人金融部	晋江伟		综合人力部	于　洁	徐　涛
财富管理部	王　冬				

机构概况一览表

年度	内设职能部门数量	下设分支机构					员工总人数	正式职工人数	备注
		总数	地市分行数	县区支行数	分理处、营业所数	储蓄所数			
2008 年	12						82	67	
2009 年	18	1					137	111	
2010 年	22	1					171	141	
2011 年	21	3	1	2					
2012 年	17	3	1	2			264	228	

先进集体及个人一览表

授奖单位	奖项名称	获奖集体
山东省政府	金融创新奖	渤海银行济南分行
中国银行业协会	2012 年度中国银行业文明规范服务千佳示范单位	渤海银行济南分行营业部
山东省银行业协会	2012 年度山东省银行业文明规范服务示范单位	渤海银行济南分行营业部
中国人民银行济南分行	山东省省级金融机构金融统计先进集体	渤海银行济南分行
渤海银行总行	优秀支行	渤海银行济南分行营业部
	优秀财务分析奖	渤海银行济南分行
	调研工作先进集体	渤海银行济南分行
授奖单位	**奖项名称**	**获奖个人**
渤海银行总行	先进员工	徐庆吉
山东省银行业协会	2012 年度山东省银行业文明规范服务优秀柜员	李高辉
	2012 年度山东省银行业文明规范服务明星大堂经理	张若恒

天津银行股份有限公司济南分行

领导干部及职能部门一览表

行长（或其他称谓的第一负责人）			副行长（或其他称谓的同级领导）		
姚志坚			潘玲（副行长） 栾德志（副行长） 申凤玲（纪委书记） 刘亚军（行长助理） 张维东（风险总监）		
地　址	济南市市中区泺源大街 229 号			邮　编	250012
职能部门	正职	副职	职能部门	正职	副职
综合管理部	程晓琴		大客户部	张万良	
风险管理部	高华明		营业部	王全普	
运营管理部	宋剑峰		市场营销一部	周秉欣	
计划财务部	张慧侠		市场营销三部	宋　斌	
公司业务部	王　芳		市场营销四部	郝　楠	
个人业务部	孟　宁		市场营销五部	孙志强	
小微业务部	王志红		市场营销七部	张华泽	
合规内审部	魏楠楠		市场营销八部	杨　波	
安全保卫部	李　浩				

机构概况一览表

年度	内设职能部门数量	下设分支机构					员工总人数	正式职工人数	备注
		总数	地市分行数	县区支行数	分理处、营业所数	储蓄所数			
2010 年	12	1			1		96	88	
2011 年	14	1			1		120	108	
2012 年	17	3		2	1		173	154	

先进集体及个人一览表

授奖单位	奖项名称	获奖集体
人行济南分行	金融统计先进集体	天津银行济南分行
人行济南分行	跨境人民币业务知识问答优秀奖	天津银行济南分行
山东省银行业协会	省级文明规范服务示范单位	天津银行济南分行营业厅
天津银行	星级服务网点	天津银行济南分行营业厅
天津银行工会	女员工先进集体	天津银行济南分行公司业务管理部
天津银行团委	青年文明号	天津银行济南分行团委
天津银行团委	天行风采 PPT 展示赛特等奖	天津银行济南分行团委
授奖单位	**奖项名称**	**获奖个人**
人行济南分行	金融统计先进个人	李云霞
人行济南分行	跨境人民币知识问答	王　燕　闫晓慧
山东省银行业协会	明星大堂经理	王振芳
山东省银行业协会	优秀柜员	邹艳波
天津银行	“真情话天行”征文比赛优秀奖	程晓琴
天津银行团委	优秀团干部	李　浩

浙商银行股份有限公司济南分行

领导干部及职能部门一览表

行长（或其他称谓的第一负责人）			副行长（或其他称谓的同级领导）		
李玉波			陆为民　吴宝国　姜　兵		
地　址	历下区黑虎泉西路 185 号			邮　编	250011
职能部门	正职	副职	职能部门	正职	副职
办公室		武建锐	业务发展一部	田　启	
业务管理部	韩伟杰		业务发展二部	李　炘	
授信评审部		高　强	业务发展三部	邵力军	
风险管理部		王振华	信贷业务一部	李庆才	
计划财务部	刘　浩		信贷业务二部	刘　峰	
会计科技部	于建平		信贷业务三部	陈　慧	
营业部		吕晓宁	市场拓展一部	鹿悦军	
机构金融部	徐　丽		市场拓展二部	王晓东	
金融同业部		李　辉	历下支行	苏　军	

机构概况一览表

年度	内设职能部门数量	下设分支机构					员工总人数	正式职工人数	备注
		总数	地市分行数	县区支行数	分理处、营业所数	储蓄所数			
2010 年	15						115	96	
2011 年	18						156	128	
2012 年	18	1	0	1	0	0	201	174	

北京银行济南分行

领导干部及职能部门一览表

行长（或其他称谓的第一负责人）			副行长（或其他称谓的同级领导）		
王淑梅			曹亦男　李国庆		
地　址	济南市市中区经十路 21356 号			邮　编	250002
职能部门	正职	副职	职能部门	正职	副职
办公室	魏　震	张胜利	公司银行部	王树民	
零售银行部		郭建军　李大同	国际业务部		林　华
运营部	徐朝霞		中小与小微企业部		
计划财务部		兰圣刚	营业部	房　旭	
法律合规部		张乐泉	信用审批部		张乐泉
同业与票据部	徐朝霞		贷后管理部		

机构概况一览表

年度	内设职能部门数量	下设分支机构					员工总人数	正式职工人数	备注
		总数	地市分行数	县区支行数	分理处、营业所数	储蓄所数			
2010 年	7	1					60	60	
2011 年	7	2	1	1			116	116	
2012 年	12	4	1	3			219	219	

先进集体一览表

授奖单位	奖项名称	获奖集体
北京银行总行	2012 年指标完成奖一等奖	北京银行济南分行
	2012 年信用卡客户单项三等奖	
	2012 年电子渠道单项三等奖	

恒丰银行股份有限公司

领导干部及职能部门一览表

董事长			副行长（或其他称谓的同级领导）		
姜喜运			矫　毅（监事长、党委副书记）　栾永泰（董事、副行长、党委委员）　宋恒继（董事、副行长、党委委员）　潘力军（董事、纪委书记）　周美乐（副监事长、工会主席、党委委员）　于海松（董事会秘书、党委委员）		
地　址	山东省烟台市芝罘区南大街 248 号			邮　编	264001
电话	（0535）2118015	传真	（0535）6207878	网址	www.egbank.com.cn
职能部门	正职	副职	职能部门	正职	副职
授信管理部	张　立	王　伟　田世刚　牟建国	董事会办公室	于海松	解永涛　李志帅
金融市场部	迟德贤	樊秀娟　刘敬远　周文豪　王　锐	监事会办公室	唐爱军	
零售银行业务管理部	刘金平	白　舸	办公室	吕雅君	于方圆
国际业务管理部	赵联斌	张永聚　杨奎峰	人力资源管理部	邢秀生	迟世波
投资银行业务管理部	曲晓文	孙喜讯　赵雯雯	行政事务管理部	王传波	赵　嫔
中小企业信贷管理部	孙宏琦	王雁飞	计划财务部		王艳梅（主持工作）
票据业务管理部	徐澜涌		合规管理部	孙宗奎	王　磊
公司业务管理部	赵鲁宁		审计部		唐爱军（主持工作）　毕国器
贸易金融部		吴　靓（主持工作）	风险控制管理部	姜海臣	任书亮　高林茂
电子银行部		王朝晖（主持工作）	统计部		高俊美（主持工作）　衣淑娜
专家贷审委办公室		徐　薇（主持工作）	法律事务部	刘小萍	
中间业务审批委员会办公室		王昭强（主持工作）	运营管理部		崔胜春（主持工作）　李　杨
贸易融资审查委员会办公室		尹宏波（主持工作）	保卫部		张　锐（主持工作）
科技部	孙光辉	隋增平　刘晓亮　盖　良	监察室	王长荥	张延月

续表

职能部门	正职	副职	职能部门	正职	副职
运行保障部		吴春杰（主持工作） 李祥胜	机构管理部	邢笃奎	
上海研发中心	刘　军	李　波　刘红梅	科技发展部	于锡强	
北京研发中心		姚永吉	投资开发部	肖　磊	
业务创新部	彭迪蒙（兼）	周文豪	资产运营管理部	王代纯	
客户服务中心	刘亚军	马述明	工会女工委 办公室	陈悦慧	
研究发展部	刘金平				

机构概况一览表

年度	内设职能部门数量	下设分支机构					员工总人数	正式职工人数
		总数	地市分行数	县区支行数	分理处、营业所数	储蓄所数		
2008 年	35	86	5	52	29		2006	2006
2009 年	33	93	7	57	29		2372	2372
2010 年	35	107	15	63	29		2834	2834
2011 年	35	117	20	68	29		3181	3181
2012 年	39	130	21	80	29		3604	3604

先进集体及个人一览表

授奖单位	奖项名称	获奖集体
人行	2012 年度企业征信系统数据质量工作优秀机构	恒丰银行
人行济南分行	《山东金融年鉴》（2012 年卷）一等奖	恒丰银行
人行济南分行	2012 年度山东省省级金融机构金融统计先进集体二等奖	恒丰银行
山东省银行业协会	2012 年度山东省银行业信息宣传工作先进单位	恒丰银行
授奖单位	**奖项名称**	**获奖个人**
山东省企业联合会 山东省企业家协会 山东省工业经济联合会	山东省企业文化建设先进个人	姜喜运 吕雅君　邢秀生
恒丰银行	总行十佳经营能手	迟德贤
恒丰银行	十佳一级分行行长	王　旭　杨　强　唐金文 秦雪梅　张相林　朱　鸣

山东省农村信用社联合社

领导干部及职能部门一览表

理事长（党委书记）	主任（副理事长、党委副书记）	副主任（或其他称谓的同级领导）			
宋文瑄	张建民	丁浩升　展西亮（党委副书记，纪委书记） 王继东　郇　涛　王宝城			
地　址	济南市经七路6号			邮　编	250001
职能部门	正职	副职	职能部门	正职	副职
办公室	孙清华	朱连庆　王高义	财务管理部		傅宝汉
机关党办	宫淑玫		人力资源部	袁德亭	张　珺
机关工会	宫淑玫		审计部	田杰友	王少军
信访办	王高义		监察保卫部	赵雪银	颜廷军
基建办	赵凤彬　吕鸿献		巡视办公室	赵雪银	朱立芳
政策法规部	陈卫东	赵书阳　刘廷伟	科技信息部	康　东	杜海松　徐　亮
业务发展部		王永升	济南科技中心	姚念馥	
信贷管理部	黄孝杰	蒋继伟　伍永清	黄岛科技中心	王仁福	
资产管理部	王季刚	焦大光	电子银行部		于振福　张　焰
			资金中心	刘传武	刘永法

机构概况一览表

年度	内设职能部门数量	下设分支机构					员工总人数		备注
		总数	市级联社、办事处	县级联社、合行商行数	分理处、营业所数	储蓄所数		正式职工人数	
2008年	11	5508	17	132	5195	163	71557	56114	
2009年	11	5332	17	132	5044	139	73282	56458	
2010年	11	5280	17	132	5030	101	76673	58650	
2011年	12	5229	17	132	4970	110	77441	67906	
2012年	12	5218	17	118	5101	101	77189	67803	

先进集体及个人一览表

授奖单位	奖项名称	获奖集体
山东省政府	山东省金融发展贡献奖	山东省农村信用社联合社
山东省政府	山东省企业管理创新奖	山东省农村信用社联合社
山东省政府	山东省新型农村和城镇居民社会养老保险工作先进单位	山东省农村信用社联合社
山东省银行业协会	山东省银行业信息宣传工作先进单位	山东省农村信用社联合社
中国银行业协会	2012年度中国银行业文明规范服务千佳示范单位评选活动突出贡献奖	山东省农村信用社联合社

续表

授奖单位	奖项名称	获奖集体
山东省财贸金融工会委员会	2011年度工会财务工作先进单位	山东省农村信用社联合社
山东省慈善总会、山东省文明办、大众报业集团、山东省广电局	2011年度“热心慈善事业先进单位”称号	山东省农村信用社联合社
山东省公安厅	安全评估先进集体	山东省农村信用社联合社
山东省反假货币工作联席会议	反假货币工作先进集体	山东省农村信用社联合社
山东省财政厅	2012年度全省政府非税收入代理收缴特别进步银行	山东省农村信用社联合社
中国银联	2012年度银联卡收单业务突出贡献奖	山东省农村信用社联合社
中国银联	2012年度银联卡跨行交易突出贡献奖	山东省农村信用社联合社
山东省总工会	省级工人先锋号	山东省农村信用社联合社资金中心 东营胜利农村合作银行营业部 鱼台县农村信用合作联社营业部 肥城市农村信用合作联社财务会计部
省财贸金融工会	山东省财贸金融系统先进集体	山东省农村信用社联合社审计部等4家单位
中国银行业协会	2012年度中国银行业文明规范服务千佳示范单位	济南润丰农村合作银行无影山支行 曲阜市农村信用合作联社营业部 临淄农村商业银行营业部 菏泽市牡丹区农村信用合作联社营业部 邹平农村商业银行营业部
中国银行业协会	年度最佳社会责任特殊贡献网点奖	长岛县农村信用合作联社北隍城信用社
国务院	全国新型农村和城镇居民社会养老保险工作先进单位	临淄农村商业银行辛店支行
山东省总工会	山东省富民兴鲁劳动奖状	诸城农村商业银行 禹城市农村信用合作联社 单县农村信用合作联社等7家单位
省财贸金融工会	山东省财贸金融系统2011年度工会工作先进单位	山东省农村信用社联合社菏泽办事处
省财贸金融工会	2011年度山东省财贸金融系统女职工建功立业标兵岗	烟台经济技术开发区农村信用合作联社营业部 临淄农村商业银行营业部
省财贸金融工会	2011年度山东省财贸金融系统“工人先锋号”	山东省农村信用社联合社审计部
省文明委	省级文明单位	山东省农村信用社联合社济南办事处等28家单位
省国资委	省管企业文明单位	山东省农村信用社联合社日照办事处 山东省农村信用社联合社德州办事处
省国资委	齐鲁先锋基层党组织推荐表	山东省农村信用社联合社机关二支部 费县农村商业银行
中共山东省委创先争优做齐鲁先锋活动领导小组	为民服务创先争优“示范窗口单位”	山东济南润丰农村合作银行 山东广饶农村商业银行 山东莱州农村商业银行
省公安厅	企事业单位内部治安保卫工作集体二等功	东阿县农村信用合作联社等10家单位
省公安厅、山东银监局	银行业金融机构安全评估工作先进集体	青岛农商银行
山东省消协、文明办、纠风办、总工会、经信委等14个部门	山东省第九届消费者满意单位	沂源县农村信用合作联社
省妇联	省三八红旗集体	临沂市罗庄区农村信用合作联社
山东省名牌战略推进委员会、山东省质量技术监督局、山东省质量评价协会	山东省服务名牌	恒泰农村合作银行

续表

授奖单位	奖项名称	获奖集体
共青团山东省委、齐鲁晚报	雷锋号	胜利农村合作银行东城支行
山东省财政厅	山东地方金融企业绩效评价 AAA 级单位	河口农村商业银行
大众日报	诚信 3.15 百姓满意度优秀金融品牌	荣成农村商业银行
省发改委	山东省重点服务业企业	莱芜市农村信用合作联社
人行济南分行	省级“残币回笼”先进单位	单县农村信用合作联社财务会计部
省委组织部、宣传部	山东省思想政治工作优秀企业	山东省农村信用社联合社烟台办事处
省国资委	齐鲁先锋基层党组织	费县农村商业银行
山东省银行业协会	2012 年度山东省银行业文明规范服务示范单位	日照市岚山区农村信用合作联社营业部等 25 家单位
山东省文明办、山东省农村信用社联合社	文明服务单位	济南市长清区农村信用合作联社营业部等 26 家单位
授奖单位	**奖项名称**	**获奖个人**
省经信委	2012 年山东省十佳经营管理先进个人	宋文瑄
省总工会	山东省富民兴鲁劳动奖章	展西亮等 6 名同志
山东省政府	全省扶贫工作先进个人	黄孝杰
省财贸金融工会	山东省财贸金融系统先进个人	王继东等 9 名同志
中华全国总工会	全国五一劳动奖章	张效节
省公安厅	个人二等功	颜廷军等 6 名同志
山东省人力资源和社会保障厅、山东省财政厅	省直管企业基本养老保险工作先进个人	傅宝汉
山东省财贸金融工会委员会	山东省财贸金融系统女职工建功立业标兵	张　珺　梁晓玫
团省委	山东省优秀共青团干部	王兆新
山东省国资委	省管企业优秀共青团干部	赵　涛
省委创先争优做齐鲁先锋活动领导小组	为民服务创先争优服务标兵	李德恩
省妇联	巾帼建功标兵	朱瑞芹
省文明办	山东好人	孙义良
山东省银行业协会	2012 年度山东省银行业文明规范服务优秀柜员	马廷俊等 20 名同志
山东省银行业协会	2012 年度山东省银行业文明规范服务明星大堂经理	孟　婷等 15 名同志
山东省文明办、山东省农村信用社联合社	文明服务标兵	原　征等 67 名同志

青岛银行

领导干部及职能部门一览表

董事长（或其他称谓的第一负责人）			副行长（或其他称谓的同级领导）		
郭少泉（董事长） 王 麟（行 长） 邹君秋（监事长）			陈 青 王 瑜 杨峰江 杨长德 肖 群（纪委书记） 姜福鑫（工会主席）		
地 址	青岛市香港中路 68 号		邮 编	266071	
职能部门	正职	副职	职能部门	正职	副职
董监事会办公室	吕 岚		信息技术部	杨 斌	龚钢铁 张大卫 韩朝丽 侯 冬 张 佳
办公室	文洪进	于 群	电子银行部	刘 静	
人力资源部	姜福鑫（兼）	田玉贤 曹立胜 桂 林	会计部	张爱青	汤 潇 徐 楠
计划财务部	王 波	刘晓曙 朱贵东 Simone Leri	审计部	徐万盛	王雪蓉
信贷管理部	孙继刚	刘仲熙 盛志远 赵凤杰 王春雨	机构管理部	姜福鑫（兼）	
授信审批部	陆连华	李 楠 王俊峰 唐 衡 王报春 Franco Cugnach	研究发展部	李爱英	徐洪治
公司银行部	孙 刚	王崭先 王 荣	法律合规部	孟宪政	周尊严
贸易金融事业部	姜 晖	崔积峰 王洪春 周 婷	安全保卫部	门维宁	邵韦斌
金融市场部	刘 鹏	王 茜	行政部	张守建	吴洪展
票据中心	唐 坚		流程银行办公室	李振国	
小企业业务部	郑永俊	徐 宏	业务拓展一部	高 英	
零售银行部	徐世军	林 栋 于平程 张从民 魏良永	业务拓展三部	封宗顺	
财富管理中心	黄 蕾		业务拓展四部	张永泰	
服务监督中心	赵 荣				

机构概况一览表

年度	内设职能部门数量	下设分支机构					员工总人数		备注
		总数	地市分行数	县区支行数	分理处、营业所数	储蓄所数		正式职工人数	
2008 年	16	42	1	4	0	0	1245	1245	
2009 年	15	44	1	5	0	0	1249	1249	
2010 年	25	45	1	5	0	0	1624	1478	
2011 年	28	47	2	6	0	0	1972	1717	
2012 年	28	51	2	9	0	0	2281	1939	

先进集体及个人一览表

授奖单位	奖项名称	获奖集体
人行总行	全国反洗钱工作先进集体	青岛银行法律合规部
中国企业联合会、国务院国资委企业改革局	第十八届国家级企业管理现代化创新成果二等奖	青岛银行
中央国债登记结算有限公司	年度全国银行间债券市场优秀结算成员	青岛银行
山东省内审协会	山东内审之星	青岛银行
中国银行业协会	2012 年度中国银行业文明规范服务千佳示范单位	青岛银行香港中路第二支行、五四广场支行、济南分行营业部
中国金融认证中心	2012 年区域性商业银行最佳网上银行业务创新奖	青岛银行
山东省企业联合会	山东省最佳雇主企业	青岛银行
授奖单位	**奖项名称**	**获奖个人**
中国企业联合会、中国企业家协会	2011-2012 年度全国优秀企业家	郭少泉
人行总行	全国反洗钱工作先进个人	王　敏

烟台银行

领导干部及职能部门一览表

行长（或其他称谓的第一负责人）			副行长（或其他称谓的同级领导）		
孙才厚			孙　涛　左　华		
地　址	烟台市海港路 25 号			邮　编	264000
职能部门	正　职	副　职	职能部门	正　职	副　职
办公室	秦鲁斌	易建生、李健	金融市场部	冷绍辉	
计划财务部	孙　朋	徐明文	稽核监督部	姜美华	车成文
人力资源部	李振勇	邱义蓉	合规部	侯利民	
授信管理部	范宝琦	李建章	国际业务部	郑苏珉	
风险管理部	孙永辉		科技部	周爱民	吴　鸿
小企业贷款部	姚　华		战略发展部	刘　伦	
资产管理部	贺庆寿	于　涛	市场推广部		李　健（主持工作）
会计结算部	王慧明		个人业务部		王淑华（主持工作）
监察与保卫部	李文章	王立新	公司业务部		吕景明（主持工作）

机构概况一览表

年度	内设职能部门数量	下设分支机构					员工总人数	正式职工人数	备注
		总数	地市分行数	县区支行数	分理处、营业所数	储蓄所数			
2008 年	12	70	0	70	0	0	1410	1260	
2009 年	13	72	0	72	0	0	1404	1272	
2010 年	14	73	0	73	0	0	1468	1357	
2011 年	17	73	0	73	0	0	1470	1369	
2012 年	18	73	0	73	0	0	1481	1396	

先进集体及个人一览表

授奖单位	奖项名称	获奖集体
银联山东分公司	2011 年度银行卡受理市场建设成长奖、2011 年度山东受理市场发展竞赛银联柜面通业务突出贡献奖	烟台银行
山东省名牌战略推进委员会、山东省质量技术监督局	山东省服务名牌	烟台银行
人行济南分行	2012 年山东省残损人民币回收质量管理年活动先进集体	烟台银行
山东省银行业协会	2012 年度山东省银行业文明规范服务示范单位	烟台银行莱州支行、海阳支行、蓬莱支行、东山支行营业部、烟台山支行营业部
授奖单位	奖项名称	获奖个人
全国地方金融论坛办公室、金融时报社、中国地方金融研究院	“龙江银行杯”全国征文大赛三等奖	刘　伦
人行济南分行	现金服务“承诺十八项、献礼十八大活动”先进个人	杨小丽
人行济南分行	山东省残损人民币回收质量管理年活动先进个人	孙丽红
山东省银行业协会	2012 年度山东省银行业文明规范服务优秀柜员	滕丽红　于　佳
山东省银行业协会	2012 年度山东省银行业文明规范服务明星大堂经理	王　媛　邓萧怡

潍坊银行

领导干部及职能部门一览表

行长（或其他称谓的第一负责人）			副行长（或其他称谓的同级领导）		
史跃峰			闫红兵　陈瑞源　王宗华　温英杰 仪修喜　朱毅达　李建卫　黄建军		
地　址	潍坊市奎文区胜利东街 5139 号		邮　编	261041	
职能部门	正职	副职	职能部门	正职	副职
董事会办公室	贾晓云		国际业务部	王　伟	付　燕
监事会办公室	丁隆波		个人客户部	潘　勇	黎卫东　于虹艳
办公室	王海滨	仲　峰	公司客户部	张振升	吴德新

续表

职能部门	正职	副职	职能部门	正职	副职
人力资源部	刘春萍	嵇海涛	小微客户部	李建卫	邱国建
战略研究部	邢志伟	王伟民	资金营运阅	李　勃	魏海涛
党群工作部	徐卫东	冷力文	运行管理部	齐寿东	张　鹏
监察室	胡蔚丽		清算出纳中心	李法军	张雪松　高福庆
品牌管理部	戴妮娜	唐兆亮	授信管理部	张　彬	李文博　周兆友
安全保卫部	刘宝民	王德曜　宋　磊	电子银行部	李素平	丁荣军
计划财务部	李志刚	贾锋江　成红卫	内部审计部	王晓强	许　艳
机构管理部	王永霖	岳　旭	特殊资产部	张始海	徐　峰
信息科技部	闫学顺	于大勇	职工培训学院	吕　和	陈志兴　张建梅
风险控制部	白永刚	周锡军			

机构概况一览表

年度	内设职能部门数量	下设分支机构					员工总人数		备注
		总数	地市分行数	县区支行数	分理处、营业所数	储蓄所数		正式职工人数	
2008年	19	45	0	45	0	0	1221	1221	
2009年	20	47	0	47	0	0	1220	1220	
2010年	20	48	1	47	0	0	1319	1319	
2011年	25	50	1	49	0	0	1509	1509	
2012年	25	55	1	54	0	0	1698	1698	

先进集体及个人一览表

授奖单位	奖项名称	获奖集体
中国小额信贷机构联席会	2011 中国小额信贷最佳创新贡献奖	潍坊银行
中国合作经济学会合作金融专业委员会、中国城乡小康发展促进中心	绿色金融年度最佳金融创新成就奖	潍坊银行
山东省总工会	山东省依靠职工办企事业先进单位	潍坊银行
共青团山东省委	山东省青年文明号	潍坊银行
山东省财政厅	2012 年山东省金融企业绩效评价 AAA(优秀)	潍坊银行
人行济南分行	现金服务“承诺十八项、献礼十八大”活动先进单位	潍坊银行
山东省反假币工作联合会	山东省反假币工作先进集体	潍坊银行
山东省银行业协会	山东省银行业服务小微企业十佳金融产品（惠民创业贷款）	潍坊银行
山东省银行业协会	山东省银行业服务三农十佳金融产品（土地流转贷款）	潍坊银行
共青团山东省委	山东省五四红旗团委	潍坊银行团委
山东省公安厅	集体二等功	行政保卫部

续表

授奖单位	奖项名称	获奖集体
人行济南分行	残损人民币回收质量管理年活动先进集体	清算出纳中心
人行济南分行	现金服务“承诺十八项、献礼十八大”活动先进单位	清算出纳中心
山东省银行业协会	2012 年度山东省银行业文明规范服务示范单位	总行营业部 青州金鼎支行 樱前街支行 潍城支行 胜利东街支行
山东省反假货币工作联席会议	山东省反假货币工作先进集体	清算出纳中心
银联山东分公司	2012 年发展直连商户发展增长奖	电子银行部
授奖单位	**奖项名称**	**获奖个人**
山东省总工会	山东省依靠职工办企事业优秀个人	史跃峰
中国银监会	2011 年度全国银行业金融机构小微企业金融服务先进个人	李建卫
山东省总工会	山东省职工体育工作先进个人	周世国
人行总行	全国反洗钱先进个人	聂佐鑫
全国银行间同业拆借中心	优秀交易员	闫 磊
外管局山东省分局	2011 年度山东省国际收支优秀申报员	李晓玲
人行济南分行	山东省现金服务“承诺十八项、献礼十八大”活动先进个人	韩 蕾
山东省银行业协会	山东省银行业文明规范服务优秀柜员	于维娜 马凤玲
山东省银行业协会	山东省银行业文明规范服务明星大堂经理	赵 凡 田相贞
山东省企业联合会	山东省企业文化先进个人	唐兆亮 邢立靖 郎 瑾
人行总行	“承诺十八项、献礼十八大”活动先进个人	聂佐鑫

威海市商业银行

领导干部及职能部门一览表

董事长（或其他称谓的第一负责人）			副行长（或其他称谓的同级领导）		
谭先国（董事长） 赛志毅（行长） 孙宝镇（监事会主席）			王新志 邓 卫 张仁钊 刘昌杰 毕秋波 姜学明 李海清 邢志强		
地 址	山东省威海市宝泉路 9 号			邮 编	264200
职能部门	**正职**	**副职**	**职能部门**	**正职**	**副职**
办公室		林峰山 张家恩 王 东	授信审批部	唐彬彬	孙华斌 焦念胜
人力资源部	张雪凝	郭志远 冷朝晖 于 瀚	金融市场部	程 玉	
计划财务部	陶遵建	卢光明 陶 蕾	科技信息部	张文明	刘艳梅 蔡应江 季 莉

续表

职能部门	正职	副职	职能部门	正职	副职
会计结算部	王若芳	刘春燕 谷风利 李 艳	资产保全部	苗延芬	刘愿梅
零售银行部	高 洁	管 鹏 任 燕 蔡玉欣	安全保卫部	姜学明	夏卫东 于春勇
小企业银行部	张晓东	景绍新	战略管理部		陈 蓉
审计部	蒋其学	陶咏梅 陈厚存	国际业务部	秦浩东	王者庆 谷婷婷
风险管理部	崔连山	张传政 毕建明	公司银行部	李传月	汪海珊 何向阳 乔渊明
董事会办公室	毕秋波	李 杰	监事会办公室	宋美卿	
投资银行部	朱焕新				

机构概况一览表

年度	内设职能部门数量	下设分支机构					员工总人数	正式职工人数	备注
		总数	地市分行数	县区支行数	分理处、营业所数	储蓄所数			
2008年	14	34	1	33			865	828	
2009年	14	37	2	35			1018	958	
2010年	16	42	3	39			1277	1163	
2011年	16	47	3	44			1470	1365	
2012年	16	56	5	51			1865	1725	

先进集体及个人一览表

授奖单位	获奖名称	获奖集体
金融时报社、中国社科院	中国金融机构金牌榜·金龙奖	威海市商业银行
中国银行业监督管理委员会	全国银行业金融机构小微企业金融服务特色产品	威海市商业银行
山东省总工会	山东省女职工建功立业标兵岗	威海市商业银行计划财务部
山东省银行业协会	2012年度山东省银行业文明规范服务示范单位	济南舜耕支行 青岛分行营业部 山大路支行 城里支行
授奖单位	**获奖名称**	**获奖个人**
山东省银行业协会	2012年度山东省银行业文明规范服务优秀柜员	董 旻
山东省银行业协会	山东省银行业文明规范服务明星大堂经理	孙向君

临商银行

机构概况一览表

年度	内设职能部门数量	下设分支机构					员工总人数	正式职工人数	备注
		总数	地市分行数	县区支行数	分理处、营业所数	储蓄所数			
2008年	20	68	1	66			1303	1303	
2009年	19	64	1	62			1406	1406	
2010年	20	67	1	65			1704	1610	
2011年	20	69	1	67			1790	1652	
2012年	22	70	1	68			2085	1900	

日照银行

领导干部及职能部门一览表

董事长（或其他称谓的第一负责人）			副行长（或其他称谓的同级领导）		
费洪军（董事长） 王 森（行长） 闫 鸣（监事长）			焦自竺 黄 玲 王永健 袁玲玲 宋兴华（纪委书记工会主席） 宋 文（董事会秘书）		
地 址	日照市烟台路197号			邮 编	276826
职能部门	正职	副职	职能部门	正职	副职
办公室	宋 文	陈 迎 范 文 刘 伟	小企业信贷中心		张宗团（主持工作）
计划财务部	袁玲玲	马 辉	科技部	秦宝林	王秀明
公司业务部	杨宝峰	姜 岩 管延伟	工 会	马 莉	
个人金融业务部	王晓艺	倪孝军 时培金	纪检监察室	秦泗新	
国际业务部	任晓燕		人力资源部	汪 芳	段 洁
信贷管理部	徐 宏	宋宜涛	稽核部	黄 丽	刘 云
营运管理部	黄 维		资产管理部	陈祥秘	
金融市场部	刘秀梅	王 鹏	风险管理部	寇相亮	

机构概况一览表

年度	内设职能部门数量	下设分支机构					员工总人数	正式职工人数	备注
		总数	地市分行数	县区支行数	分理处、营业所数	储蓄所数			
2008年	15	23		23			579	489	内退90名
2009年	15	25	1	24			668	573	内退95名

续表

年度	内设职能部门数量	下设分支机构					员工总人数	正式职工人数	备注
		总数	地市分行数	县区支行数	分理处、营业所数	储蓄所数			
2010年	15	27	2	25			776	669	内退97名
2011年	16	29	2	27			994	900	内退94名
2012年	16	36	2	34			993	900	内退93名

先进集体及个人一览表

授奖单位	奖项名称	获奖集体
金融时报 中国社会科学院金融研究所	2012中国金融机构金牌榜——年度最佳效益中小银行	日照银行
中国中小商业企业协会 中国中小企业家年会组委会	2012年度全国支持中小企业发展十佳商业银行	日照银行
山东省企业联合会、山东省企业家协会、山东省工业经济联合会	山东省企业管理优秀单位	日照银行
山东省委宣传部	2012年山东省“承诺十八项、献礼十八大”活动先进集体	日照银行
山东省财政厅	2011年度全省地方金融企业绩效评价中获AAA级（优秀）	日照银行
山东省总工会	女职工建功立业标兵岗	日照银行
山东省委宣传部	山东省优秀企业文化品牌	日照银行
中共山东省委宣传部、中共山东省委组织部、山东省经济贸易委员会、山东省总工会	山东省思想政治工作优秀企业	日照银行
山东省企业联合会、山东省企业家协会、山东省工业经济联合会	山东省企业文化建设先进单位	日照银行
山东省企业联合会、山东省企业家协会、山东省工业经济联合会 山东省质量管理协会	2011年度山东省履行社会责任示范企业	日照银行
山东省银行业协会	2012年山东省银行业服务“三农”十佳金融产品奖（“渔家乐”）	日照银行
银联山东分公司	2012年第二季度山东受理市场竞赛二级地市发展奖	日照银行
人行济南分行工会工作委员会	2012年山东省跨境人民币业务竞赛三等奖	日照银行
人行济南分行	山东省金融机构现金服务示范网点	日照银行营业部
山东省银行业协会	2012年度山东省银行业文明规范服务示范单位	日照银行营业部

续表

授奖单位	奖项名称	获奖集体
中国银行业协会	2012 年度中国银行业文明规范服务千佳示范单位称号	日照银行营业部
山东省审计厅内部审计指导中心	2012 年度内审机构先进单位	日照银行稽核部
银联山东分公司	2011 年度山东受理市场发展竞赛传统消费行业综合发展突出贡献奖	日照银行
授奖单位	**奖项名称**	**获奖个人**
中国金融网	2012 中国银行业年度人物	费洪军
山东省企业联合会、山东省企业家协会、山东省工业经济联合会	2012 年度山东省企业管理优秀个人	王　森
山东省银行业协会	荣获 2012 年度“山东省银行业协会文明规范服务明星大堂经理”	苏　洋
山东省银行业协会	山东省银行业文明规范服务优秀柜员	刘姗姗
人行济南分行	2012 年山东省残损人民币回收质量管理专项行动先进个人	黄　维
山东城商行联盟	2012 年度行端信息系统建设先进个人	范丰伟　王　勇　付　亮
山东城商行联盟	2012 信息系统运维先进个人	刘肖娜　王琼瑶

德州银行

领导干部及职能部门一览表

行长（或其他称谓的第一负责人）			副行长（或其他称谓的同级领导）		
孙玉芝			常　青　杜成金　李书华　尹德恩　郑亚林 吴玉华　周成亮　侯玉荣　薛　梅　王　东		
地　址	德州市三八东路 1266 号			**邮　编**	253000
职能部门	**正职**	**副职**	**职能部门**	**正职**	**副职**
董（监）事会办公室	刘拥军		金融市场部	王　东	刘　斌　刘珊珊
小企业金融部	唐大建		审计部	蔡　敏	张雪梅　杨国芹　周　洁
市场拓展部	徐晓东	郭　玲	风险管理部	张风才	
公司业务部	陈保兴		资产保全部	赵秀君	徐　晖　麻　强　赵遵舜
会计结算部	张让慧	何　辉　孙蕾蕾	科技信息部	张　霞	刘国强
计划财务部	朱建丽		人力资源拓展部	徐圣颖	何文生
综合部	肖　敏	王子俊　吴晓梅	行政事务部	张福祥	邱海军　盛宝东
微小企业金融部	刘　毅				

机构概况一览表

年度	内设职能部门数量	下设分支机构					员工总人数		备注
		总数	地市分行数	县区支行数	分理处、营业所数	储蓄所数		正式职工人数	
2008 年	13	25	0	25	0	0	507	507	
2009 年	11	28	0	28	0	0	616	511	
2010 年	13	31	0	31	0	0	695	559	
2011 年	15	33	0	33	0	0	734	600	
2012 年	15	38	0	37	0	0	847	734	

先进集体及个人一览表

授奖单位	奖项名称	获奖集体
中国银监会	通过 2011-2012 年度银行业信息科技风险管理研究成果验收	风险管理架构之风险压力测试课题组（王　东　张　霞　刘国强　张永利　王振凤　王向进）
山东省精神文明建设委员会	省级文明单位	德州银行
人行济南分行	山东省现金服务示范网点	向阳支行
社科院、金融时报社	全国最佳公司治理中小银行	德州银行
社科院、银行家杂志社	全国最具成长性城商行	德州银行
共青团山东省委	山东省五四红旗团支部	宁津支行团支部
授奖单位	**奖项名称**	**获奖个人**
人行济南分行	山东省反假工作先进个人	刘凤焕
山东省总工会	山东省富民兴鲁劳动奖章	王福刚

济宁银行

领导干部及职能部门一览表

董事长（或其他称谓的第一负责人）			副行长（或其他称谓的同级领导）		
李　敏（董事长）　李维水（监事长）　李印喜（行　长）			陈振勇　梁汝亮　张衍珍		
地　址	济宁市古槐路 58 号			邮　编	272100
职能部门	正职	副职	职能部门	正职	副职
董事会办公室	焦春华		法律合规部	张晓锋	
审计部	李　静		计划财务部	王宝霞	徐　环
监事会办公室	孙　青		结算运营部	杨　杰	赵志伟　袁贵贤
行政管理部	刘　君	杜欣然	机构业务部	吕美晶	
人力资源部	李新芳		科技部	刘　艳	崔兴嘉
信贷业务部	刘　强		电子银行部	马　榛	杨丙惠　褚秀华
风险管理部	陈洪卫	马传举	国际业务部	贾同星	刘明艳
金融市场部	李伟民		安全保卫部	杨学志	
小微贷款中心	代守红		工会	牛朝晖	

机构概况一览表

年度	内设职能部门数量	下设分支机构					员工总人数		备注
		总数	地市分行数	县区支行数	分理处、营业所数	储蓄所数		正式职工人数	
2008 年	13	19		4	15		415	415	
2009 年	14	22		7	15		447	447	
2010 年	18	25		10	15		661	661	
2011 年	18	27		11	16		821	821	
2012 年	18	32		16	16		948	948	

先进集体及个人一览表

授奖单位	奖项名称	获奖集体
山东省精神文明委员会	省级文明单位	济宁银行
山东省财政厅	地方金融企业绩效评价“AAA”优秀	济宁银行
中国银行业协会	全国千佳示范单位	济宁银行樱花支行
山东省银行业协会	2012 年度山东省银行业文明规范服务示范单位	济宁银行樱花支行 济宁银行兖州支行 济宁银行梁山支行
银联公司山东分公司	2012 年度山东受理市场竞赛二级地市发展突出贡献奖	济宁银行电子银行部
	2012 年度银行卡风险防范贡献奖	济宁银行电子银行部
授奖单位	**奖项名称**	**获奖个人**
山东省银行业协会	山东省文明规范服务明星大堂经理	周　玮
	山东省服务文明规范优秀柜员	刘　源
银联山东分公司	2012 年度山东省银行卡发展先进个人	马　榛
	2012 年度山东省银行卡发展先进个人	焦　洁
	2012 年度山东省银行卡发展先进个人	崔兴嘉
	2012 年度山东省银行卡发展先进个人	刘海勇
山东省城市商业银行合作联盟有限公司	信息系统建设先进个人	惠欣欣
	信息系统运维先进个人	马建民
	信息系统运维先进个人	严卫军

东营银行

领导干部及职能部门一览表

石子强：党委书记、董事长			袁学军：党委副书记、监事长		
高树松：党委副书记、行长			王希凯：党委副书记、工会主席		
王乃军：党委委员、纪委书记			付光远：党委委员、副行长		
张爱民：党委委员、副行长					
地　址	东营市西四路 226 号			**邮　编**	257000
职能部门	**正职**	**副职**	**职能部门**	**正职**	**副职**
发展规划部	李德星	李新鹏	合规部	王　峰	王伟杰

续表

职能部门	正职	副职	职能部门	正职	副职
人力资源部	韩念华	朱文郁	电子银行部	盖登攀	
信贷管理部	孟凡城	尚俊敏	零售业务部	余禄强	孙玉娟
党群监察部	宋士平	耿润坤	公司业务部	郭　华	刘维亮
审计部	李旭光	黄　坤	国际业务部	李杰善	
资金同业部	吕玉明	钟少华	风险管理部	刘　昊	
运营管理部	尹　玮	徐新艳	行政事务部	马其胜	
计划财务部	刘瑞江	吴顺青	信息技术部	吴行飞	王　飞

机构概况一览表

年度	内设职能部门数量	下设分支机构					员工总人数		备注
		总数	地市分行数	县区支行数	分理处、营业所数	储蓄所数		正式职工人数	
2008年	11	19	1	6	0	0	427	427	
2009年	14	22	2	6	0	0	515	430	
2010年	14	24	2	8	0	0	596	484	
2011年	14	27	2	9	0	0	701	642	
2012年	14	31	2	11	0	0	795	741	

莱商银行

领导干部及职能部门一览表

行长（或其他称谓的第一负责人）			副行长（或其他称谓的同级领导）		
李敏实			谭乐清　徐信英　赵怀方　尚海燕　李学斌　崔　军　苏全利　段　霞　于　泓		
地　址	山东省莱芜市龙潭东大街137号			邮　编	271100
职能部门	正职	副职	职能部门	正职	副职
办公室	李标实		资金营运部	张瑞杰	
人力资源部	于　泓（兼）		风险管理部	卢光书	
计划财务部	段　霞（兼）		科技信息部	郝呈刚	
公司业务部	陈法军		内控稽核部	高新会	
市场拓展部	魏建中		个人业务部	刘凤华	
保障安全部	张成玉	李强实	国际业务部	穆凤兰	
董事会办公室	邵　勇		监事会办公室	李国实	

机构概况一览表

年度	内设职能部门数量	下设分支机构					员工总人数		备注
		总数	地市分行数	县区支行数	分理处、营业所数	储蓄所数		正式职工人数	
2008 年	13	24	1	23			458	458	
2009 年	13	27	1	26			661	574	
2010 年	13	33	1	32			835	658	
2011 年	13	36	1	35			957	820	
2012 年	13	43	3	40			1000	857	

枣庄银行

领导干部及职能部门一览表

董事长（或其他称谓的第一负责人）			副行长（或其他称谓的同级领导）		
吕士伟（董事长） 樊印华（行　长） 许太景（监事长）			刘　永　崔　健　张德安　朱玉军		
地　址	山东省枣庄市市中区文化中路 60 号			邮　编	277100
职能部门	正职	副职	职能部门	正职	副职
监事会办公室		陆　萍	合规保卫部	孔　伟	王　磊
办公室	朱玉军（兼）	张　伟　王爱军	风险控制部	张　娜	高永芳
会计财务部	吴桂真	王红亚	科持部		赵　娜　贺志文
业务部	杨相云	张　敏	特种资产管理部		
稽核部	杨　静	邢洪水　贾丽梅			

机构概况一览表

年度	内设职能部门数量	下设分支机构					员工总人数		备注
		总数	地市分行数	县区支行数	分理处、营业所数	储蓄所数		正式职工人数	
2008 年	7	13		13			323	281	
2009 年	7	14		14			346	314	
2010 年	7	14		14			351	316	
2011 年	7	15		15			415	339	
2012 年	9	16		16			459	372	

先进集体及个人一览表

授奖单位	奖项名称	获奖集体
山东省精神文明委员会	省级文明单位	枣庄银行
山东省财政厅	地方金融企业绩效评价“AAA”优秀	枣庄银行
山东省银行业协会	2012 年度山东省行业文明规范服务示范单位	枣庄银行君山路支行

续表

授奖单位	奖项名称	获奖个人
山东省银行业协会	山东省文明规范服务明星大堂经理	赵雨欣
山东省银行业协会	山东省文明服务规范服务优秀柜员	孟庆峰

泰安市商业银行

领导干部及职能部门一览表

董事长（或其他称谓的第一负责人）			副行长（或其他称谓的同级领导）		
展　鹏（董事长）　石占银（行长）　张海涛（监事长）			史建国　李志辉　李成山　赵传迎　杨方步		
地　址	山东省泰安市泰山大街185号			邮　编	271000
职能部门	正职	副职	职能部门	正职	副职
行政部	毕晓军		公司业务部	李　琳	
人力资源部	赵　阳		零售业务部	冯德东	
风险管理部	高维涛		内审部	梁　涛	
科技信息部	王　琦		运营管理部	姜传鹏	
发展研究部	李永学		金融市场部	夏学明	
电子银行部	周　娟		党群监察部	王　涛	
计划财务部	刁光阳		小微企业专营中心	王魏东	

机构概况一览表

年度	内设职能部门数量	下设分支机构					员工总人数		备注
		总数	地市分行数	县区支行数	分理处、营业所数	储蓄所数		正式职工人数	
2008年	11	23	0	23	0	0	756	756	
2009年	11	24	0	24	0	0	893	893	
2010年	11	25	0	25	0	0	942	942	
2011年	13	26	0	26	0	0	983	983	
2012年	14	27	0	27	0	0	717	717	

山东临沂兰山农村合作银行

机构概况一览表

年度	内设职能部门数量	下设分支机构					员工总人数		备注
		总数	地市分行数	县区支行数	分理处、营业所数	储蓄所数		正式职工人数	
2008年	12	87	0	37	50	0	1190	706	
2009年	14	87	0	37	50	0	1198	718	
2010年	16	92	0	32	60	0	1215	739	
2011年	16	92	0	32	60	0	1215	1058	
2012年	17	92	0	32	60	0	1185	1029	

山东圣泰农村合作银行

领导干部及职能部门一览表

<table>
<tr><th colspan="3">董事长（或其他称谓的第一负责人）</th><th colspan="3">副行长（或其他称谓的同级领导）</th></tr>
<tr><td colspan="3">蒋　伟　郑月梅</td><td colspan="3">郑海军　张会勇　罗志方　曲东辉　曹天亚　王盛炜</td></tr>
<tr><td>地　址</td><td colspan="3">济宁市中区建设路110号</td><td>邮　编</td><td>272000</td></tr>
<tr><td>职能部门</td><td>正　职</td><td>副　职</td><td>职能部门</td><td>正　职</td><td>副　职</td></tr>
<tr><td>财务会计部</td><td>王　洁</td><td>姚春玲</td><td>党委办公室</td><td>刘纪国</td><td>张利平</td></tr>
<tr><td>办公室</td><td>接　伟</td><td>赵振华</td><td>人力资源部</td><td>王文彦</td><td></td></tr>
<tr><td>风险管理部</td><td>于水明</td><td>薛　岭</td><td>政策法规部</td><td>潘　岩</td><td></td></tr>
<tr><td>审计部</td><td>崔　园</td><td></td><td>监察保卫部</td><td>张奉娟</td><td>付仰鑫</td></tr>
<tr><td>市场拓展部</td><td>李兴惠</td><td></td><td>资产管理部</td><td>朱远武</td><td></td></tr>
<tr><td>科技部</td><td>黄志刚</td><td></td><td>信贷管理部</td><td>李正阁</td><td>安　鹏</td></tr>
<tr><td>公司业务一部</td><td>翟玉龙</td><td>韩伟华</td><td>公司业务二部</td><td>苏亚峰</td><td>邵　光</td></tr>
</table>

机构概况一览表

<table>
<tr><th rowspan="2">年度</th><th rowspan="2">内设职能部门数量</th><th colspan="5">下设分支机构</th><th colspan="2">员工</th><th rowspan="2">备注</th></tr>
<tr><th>总数</th><th>地市分行数</th><th>县区支行数</th><th>分理处、营业所数</th><th>储蓄所数</th><th>总人数</th><th>正式职工人数</th></tr>
<tr><td>2008年</td><td>14</td><td>27</td><td></td><td>18</td><td>9</td><td></td><td>373</td><td>334</td><td></td></tr>
<tr><td>2009年</td><td>14</td><td>27</td><td></td><td>18</td><td>9</td><td></td><td>420</td><td>382</td><td></td></tr>
<tr><td>2010年</td><td>14</td><td>27</td><td></td><td>18</td><td>9</td><td></td><td>441</td><td>406</td><td></td></tr>
<tr><td>2011年</td><td>15</td><td>27</td><td></td><td>18</td><td>9</td><td></td><td>453</td><td>411</td><td></td></tr>
<tr><td>2012年</td><td>15</td><td>27</td><td></td><td>18</td><td>9</td><td></td><td>451</td><td>409</td><td></td></tr>
</table>

先进集体及个人一览表

授奖单位	奖项名称	获奖集体
中华全国总工会	模范职工之家	圣泰合行
山东省国有资产监督管理委员会	思想政治工作优秀企业	圣泰合行
山东省农村信用社联合社	全省信用社先进集体	圣泰合行
共产主义青年团山东省委员会	山东省青年文明号	圣泰合行营业部
山东省国有资产监督管理委员会	省管企业青年文明号	吴泰闸路支行
山东省精神文明建设委员会	省级文明单位	圣泰合行
济宁市妇女联合会	济宁市“三八”红旗集体	圣泰合行梦圆分理处

续表

授奖单位	奖项名称	获奖个人
济宁市人民政府	济宁市劳动模范	蒋　伟
山东省农村信用社联合社	优秀共产党员	李晓红
山东省农村信用社联合社	先进工作者	李晓红　苏亚峰

南洋商业银行(中国)有限公司青岛分行

领导干部及职能部门一览表

行长（或其他称谓的第一负责人）			副行长（或其他称谓的同级领导）		
张少雄			马　勇　马　强　陶　伟		
地　址	山东省青岛市南京路66号			邮　编	266071
职能部门	正职	副职	职能部门	正职	副职
企金部	樊洪美（代）		行政部	由志欣	-
个金部	王　健		运营部	别清森	
营业部	鞠晓璐		合规部	刘英静	
财务部	刘　静				

机构概况一览表

年度	内设职能部门数量	下设分支机构					员工总人数	正式职工人数	备注
		总数	地市分行数	县区支行数	分理处、营业所数	储蓄所数			
2008年	5						33	33	
2009年	6						37	37	
2010年	7						41	41	
2011年	7	1		1			63	63	
2012年	7	2		2			86	86	

先进集体及个人一览表

授奖单位	奖项名称	获奖集体
南商（中国）总行	KPI考核第一名	南商（中国）青岛分行
南商（中国）总行	累计盈利奖	南商（中国）青岛开发区支行

新韩银行(中国)有限公司青岛分行

领导干部及职能部门一览表

行长（或其他称谓的第一负责人）			副行长（或其他称谓的同级领导）		
郑浩喆			李垣硕		
地　址	青岛东海西路 28 号中信万通证券大厦 4 楼			邮　编	266071
职能部门	正职	副职	职能部门	正职	副职
个人业务部	刘素娟	宋柏/王瑜	营业部	宋　柏	王　瑜
国际业务部	王　瑜	宋　柏	贷款部	李垣硕	赵允珠
总务部	赵允珠	李垣硕			

机构概况一览表

年度	内设职能部门数量	下设分支机构					员工总人数		备注
		总数	地市分行数	县区支行数	分理处、营业所数	储蓄所数		正式职工人数	
2008 年	5	2	1	1	0	0	28	25	
2009 年	5	2	1	1	0	0	34	31	
2010 年	5	2	1	1	0	0	45	42	
2011 年	5	2	1	1	0	0	50	47	
2012 年	5	2	1	1	0	0	53	50	

先进集体及个人一览表

授奖单位	奖项名称	获奖集体
人行青岛市中心支行	青岛市金融稳定重大事项报告工作先进单位	新韩银行（中国）有限公司青岛分行
授奖单位	奖项名称	获奖个人
人行青岛市商务局	跨境人民币结算先进个人	王　瑜

汇丰银行(中国)有限公司济南分行

行长（或其他称谓的第一负责人）			副行长（或其他称谓的同级领导）		
仇吉媛			黄黎明　薛　洁		
地　址	济南市市中区经七路房产大厦 1-107 室			邮　编	250001
职能部门	正职	副职	职能部门	正职	副职
工商金融服务部	薛　洁		个人银行服务	刘晓芳	
环球银行服务部	尹　莉		贸易服务部	延翠华	
人力资源部	杨彩梅		合规部	魏　巍	
营运部	纪　元		财务部	王晓明	
地产部	李保明		安保部	赵寅东	

机构概况一览表

年度	内设职能部门数量	下设分支机构					员工总人数	正式职工人数	备注
		总数	地市分行数	县区支行数	分理处、营业所数	储蓄所数			
2009 年	9	1	1	0	0	0	34	34	
2010 年	9	1	1	0	0	0	34	34	
2011 年	9	1	1	0	0	0	34	34	
2012 年	10	1	1	0	0	0	31	31	

先进集体及个人一览表

授奖单位	奖项名称	获奖集体
国家外汇管理局山东省分局	年度执行外汇管理考核 A 类行	汇丰银行济南分行
汇丰银行总行	营运业务考核年度排名第一名	汇丰银行济南分行营运部
授奖单位	**奖项名称**	**获奖个人**
山东省银行业协会	文明规范服务优秀柜员	王　璟

汇丰银行(中国)有限公司青岛分行

领导干部及职能部门一览表

行长（或其他称谓的第一负责人）			副行长（或其他称谓的同级领导）		
张　芳			孙翠霞　姜　鲁		
地　址	青岛市香港中路 76 号颐中皇冠假日酒店八楼			邮　编	266071
职能部门	正　职	副　职	职能部门	正　职	副　职
工商业务部	姜　鲁		信贷营运部	董　波	
环球银行部	宋　红		合规部	丁维鑫	
环球资金管理部	于起为		房地产部	徐丽丽	
环球贸易及融资业务部	贾月萱		财务部	姚振宇	
环球贸易及融资业务部	任晓立		人力资源部	程　虹	
零售银行及财富管理业务部	周　倩		资讯科技部	邱　东	
营运部	傅明霞		采购部	王逸心	
安全和欺诈风险部	庄建春				

机构概况一览表

年度	内设职能部门数量	下设分支机构					员工总人数	正式职工人数	备注
		总数	地市分行数	县区支行数	分理处、营业所数	储蓄所数			
2008 年	12	3	0	3	0	0	197	197	
2009 年	12	4	0	4	0	0	169	169	
2010 年	12	4	0	4	0	0	152	152	

续表

年度	内设职能部门数量	下设分支机构					员工总人数		备注
		总数	地市分行数	县区支行数	分理处、营业所数	储蓄所数		正式职工人数	
2011 年	12	4	0	4	0	0	147	147	
2012 年	14	4	0	4	0	0	137	137	

东亚银行(中国)有限公司青岛分行

领导干部及职能部门一览表

<table>
<tr><td colspan="3">行长（或其他称谓的第一负责人）</td><td colspan="3">副行长（或其他称谓的同级领导）</td></tr>
<tr><td colspan="3">李颖新</td><td colspan="3">孙善功　李作伦　隋　青　冯　蕾　李子辉　秦立山</td></tr>
<tr><td>地　址</td><td colspan="3">山东省青岛市香港西路 67 号甲</td><td>邮　编</td><td>266071</td></tr>
<tr><td>职能部门</td><td>正职</td><td>副职</td><td>职能部门</td><td>正职</td><td>副职</td></tr>
<tr><td>企业银行一部</td><td>李子辉（兼）</td><td></td><td>财务管理部</td><td>刘妮妮</td><td></td></tr>
<tr><td>企业银行二部</td><td>吴相敏</td><td></td><td>信贷风险管理部</td><td>张雅萍</td><td></td></tr>
<tr><td>企业银行三部</td><td>宋旭兵</td><td></td><td>人力资源部</td><td>徐文斌（兼）</td><td></td></tr>
<tr><td>零售银行拓展部</td><td>秦立山</td><td></td><td>行政及资讯科技部</td><td>汤智惟</td><td></td></tr>
<tr><td>分行营运部</td><td>张　莉</td><td></td><td>资金部</td><td>李　倩</td><td></td></tr>
<tr><td>贷款管理部</td><td>王丽莉</td><td></td><td>法律事务部</td><td>徐文斌</td><td></td></tr>
<tr><td>贸易服务部</td><td>陈佳奇</td><td></td><td>清算部</td><td>冯　蕾（兼）</td><td></td></tr>
</table>

机构概况一览表

年度	内设职能部门数量	下设分支机构					员工总人数		备注
		总数	地市分行数	县区支行数	分理处、营业所数	储蓄所数		正式职工人数	
2008 年	16	1	0	1	0	0	124	124	
2009 年	13	1	0	1	0	0	106	106	
2010 年	14	2	0	2	0	0	123	119	
2011 年	14	2	0	2	0	0	127	117	
2012 年	14	2	0	2	0	0	130	120	

先进集体及个人一览表

授奖单位	奖项名称	获奖集体
东亚银行（中国）有限公司个人银行处	东亚银行 2011 年零售业务优异奖	东亚银行（中国）有限公司青岛分行
东亚银行（中国）有限公司资讯科技处	分行 IT 技能考试全国第二名	东亚银行（中国）有限公司青岛分行资讯科技部
东亚银行（中国）有限公司企业及投资银行支援部	票据业务上岗认证优异成绩团体一等奖	东亚银行（中国）有限公司青岛分行

续表

授奖单位	奖项名称	获奖个人
东亚银行（中国）有限公司个人银行处	东亚银行 2012 年上半年个人贷款发放优胜奖	孙晓东
	卓越服务明星	董玉婷　王俊俊　夏文绚
东亚银行（中国）有限公司支付结算部	星级柜员	王俊俊　夏文绚　董玉婷　于　瑶　彭　鑫　唐文雯
东亚银行（中国）有限公司企业及投资银行支援部	票据业务上岗认证优异成绩个人一等奖、个人二等奖	车知航　李征平

渣打银行(中国)有限公司青岛分行

领导干部及职能部门一览表

行长（或其他称谓的第一负责人）			陈国华		
地　址	青岛市市南区香港中路 40 号数码港旗舰大厦 35 层			邮　编	266071
职能部门	正职	副职	职能部门	正职	副职
合规部	高　祥		香港中路支行	王原生	
本地企业部	丘以琳		中小企业部	丛　峰	
对公操作部	李　斌		城阳支行	高　磊	
贸易融资与现金管理部	何文彦		香港中路第二支行	韩丽娜	
大宗商品贸易部	朱云帆		海尔路支行	杨颂军	

机构概况一览表

年度	内设职能部门数量	下设分支机构					员工总人数	正式职工人数	备注
		总数	地市分行数	县区支行数	分理处、营业所数	储蓄所数			
2008 年	6	1	1	0	0	0	43	43	
2009 年	7	2	1	0	0	0	50	50	
2010 年	8	3	1	0	0	0	74	74	
2011 年	11	4	1	0	0	0	116	116	
2012 年	11	5	1	0	0	0	120	120	

先进集体及个人一览表

授奖单位	奖项名称	获奖集体
人行济南分行	反洗钱工作先进集体	合规部
授奖单位	**奖项名称**	**获奖个人**
人行济南分行	反洗钱工作先进个人	高　祥

企业银行(中国)有限公司烟台分行

领导干部及职能部门一览表

行长（或其他称谓的第一负责人）			权纯沐		
地　址	山东省烟台市芝罘区北马路 75 号三水大厦			邮　编	264000
职能部门	正职	副职	职能部门	正职	副职
外汇部	金兑训		营业部	刘国忠	
合规部	许　松		信贷部	全宰亨	
综合部	李光勋				

机构概况一览表

年度	内设职能部门数量	下设分支机构					员工总人数	正式职工人数	备注
		总数	地市分行数	县区支行数	分理处、营业所数	储蓄所数			
2008 年	5	1	1	0	0	0	19	19	
2009 年	5	1	1	0	0	0	19	19	
2010 年	5	1	1	0	0	0	18	18	
2011 年	5	1	1	0	0	0	21	21	
2012 年	5	1	1	0	0	0	30	30	

日本山口银行股份有限公司青岛分行

领导干部及职能部门一览表

行长（或其他称谓的第一负责人）			副行长（或其他称谓的同级领导）		
兼重清史			渡边正彦　夏　铮		
地　址	青岛市香港中路 76 号颐中假日皇冠酒店 2 层			邮　编	266071
职能部门	正职	副职	职能部门	正职	副职
营业部	渡边丈晴	田中一嘉	事务部	中川喜代志	金奉爱
财务部	渡边丈晴	张小筱	人民币业务部	中川喜代志	陈悦霞
总务部	川田正博	葛莹莹			

机构概况一览表

年度	内设职能部门数量	下设分支机构					员工总人数	正式职工人数	备注
		总数	地市分行数	县区支行数	分理处、营业所数	储蓄所数			
2008 年	5						25	25	
2009 年	5						25	25	

续表

年度	内设职能部门数量	下设分支机构					员工总人数	正式职工人数	备注
		总数	地市分行数	县区支行数	分理处、营业所数	储蓄所数			
2010 年	5						25	25	
2011 年	5						26	26	
2012 年	5						28	28	

韩亚银行(中国)有限公司烟台分行

领导干部及职能部门一览表

行长（或其他称谓的第一负责人）			副行长（或其他称谓的同级领导）		
文昶元			朴兑赫		
地　址	烟台市莱山区迎春大街 163 号 109 号			邮　编	264003
职能部门	正职	副职	职能部门	正职	副职
信贷部	具美艳		营业部	王炫华	
国际部	李　贞		市场部	苗华涛	
综合部	刘真龙		合规部	段　霄	

机构概况一览表

年度	内设职能部门数量	下设分支机构					员工总人数	正式职工人数	备注
		总数	地市分行数	县区支行数	分理处、营业所数	储蓄所数			
2008 年	5	2	1	1	0	0	29	29	
2009 年	5	2	1	1	0	0	34	34	
2010 年	6	2	1	1	0	0	35	35	
2011 年	6	2	1	1	0	0	31	31	
2012 年	6	2	1	1	0	0	41	35	

瑞穗实业银行(中国)有限公司青岛分行

领导干部及职能部门一览表

行长（或其他称谓的第一负责人）			副行长（或其他称谓的同级领导）		
藤武秀三			山口真一		
地　址	青岛市香港中路 59 号青岛国际金融中心 44 楼			邮　编	266071
职能部门	正职	副职	职能部门	正职	副职
营业部门	山村康之（次长）	山崎友宪	主计风险课	孙锡友	

续表

职能部门	正职	副职	职能部门	正职	副职
营业一课	李　瑾		业务课	车振峰	郑文颖
营业二课	鲁尔刚		合规课	李香淑	
资金总务课	俞秀羽	国　颖			

机构概况一览表

年度	内设职能部门数量	下设分支机构					员工总人数		备注
		总数	地市分行数	县区支行数	分理处、营业所数	储蓄所数		正式职工人数	
2008 年	5	0	0	0	0	0	43	43	
2009 年	5	0	0	0	0	0	47	47	
2010 年	6	0	0	0	0	0	56	49	
2011 年	6	0	0	0	0	0	59	51	
2012 年	6	0	0	0	0	0	59	49	

先进集体及个人一览表

授奖单位	奖项名称	获奖集体
人行青岛市中心支行	跨境人民币业务先进单位	瑞穗中国青岛分行
授奖单位	**奖项名称**	**获奖个人**
人行青岛市中心支行	青岛市金融统计工作优秀统计人员	阎志群
外汇局山东省分局	山东省国际收支优秀申报员	于　洪
人行青岛市中心支行	跨境人民币业务先进个人	王雪妹
人行济南分行	跨境人民币业务竞赛三等奖	于　洪

华侨银行(中国)有限公司青岛分行

领导干部及职能部门一览表

行长（或其他称谓的第一负责人）			邹仁杰		
地　址	青岛市香港中路 9 号香格里拉中心商场 1 层			邮　编	266071
职能部门	正职	副职	职能部门	正职	副职
营运部	刘　华		企业银行部	王华瑛	
金融机构部	宗天慧		企业银行部	刘亨哲	

机构概况一览表

年度	内设职能部门数量	下设分支机构					员工总人数		备注
		总数	地市分行数	县区支行数	分理处、营业所数	储蓄所数		正式职工人数	
2011 年	3	1	1				18	15	
2012 年	3	1	1				24	22	

中国人民财产保险股份有限公司山东省分公司

领导干部及职能部门一览表

总经理			副总经理（或其他称谓的同级领导）		
方 杰			李新民 王树国 徐本议 翟瑞贞 刘虎青 胡 伟（副总经理兼济南市分公司总经理） 董国升（总经理助理）		
地 址	山东省济南市泺源大街88号保险大厦		邮 编	250011	
职能部门	正职	副职	职能部门	正职	副职
办公室	王乘风	黄卫国	意外健康保险部	田东辉	
市场企划部	董国升	陈同富	农险事业部山东省分部	衣建伟	
人力资源部/教育培训部	王海峰	苏东崛	销售管理部	赵鲁军	李秋涛 崔永波
财务会计部	杨林海	戴 慧 王晓娅 王洪祥	电子商务部/网络保险部	何 华	华 娜
车辆保险部	于 航		理赔事业部	王祝炜	赵培东 唐 军 刘纯艳
车商业务部	于 航	王 成	再保险部	顾智慧	
财产保险部	毕建军	王 品	信息技术部	董 平	李继红
船舶货运保险部	王桥军		客户服务管理部	张志波	谢 磊 高跃华 邢 云
重要客户部	董国升	曹宏伟	精算部	刘存真	
银行保险业务部/经纪代理业务部	董国升	李洪武 陈 敏	监察部/法律部/合规部	夏文生	韩素梅 赵怡佳
责任保险事业部/信用保证保险事业部	李 勇		工会办公室	陈 芳	

机构概况一览表

年度	内设职能部门数量	下设分支机构				员工总人数		备注
		总数	市分公司	县区支公司	营业部		正式职工人数	
2008年	20	244	16	136	92	5934	4123	
2009年	20	245	16	138	91	7225	4119	
2010年	19	244	16	139	89	7166	3889	
2011年	20	246	16	139	91	9202	3962	
2012年	22	246	16	139	91	9035	3896	

中国人寿保险股份有限公司山东省分公司

领导干部及职能部门一览表

总经理		副总经理		总经理助理	
白　彬		张　明　徐明光　李恩林		周曙光　吴　锋	
地　址	济南市泺源大街 88 号			邮编	250011
职能部门	正职	副职	职能部门	正职	副职
办公室	张继旋	于登跃	信息技术部	孙相建	
人力资源部	张志强		个险销售部	王晓晨	
工会工作部	邢厚俭	崔庆金	团体业务部	岳文成	
监察部 销售督察部	张　波	黄　芳	银行保险部	陈　雁	袁任远
财务管理中心	朱淑琴		内控合规部	汤　明	赵　哂
业务管理中心	付桂霞		教育培训部	孙华增	
客户服务管理中心	林健吾	陈丽梅			

机构概况一览表

年度	内设职能部门数量	下设分支机构				员工		备注
		总数	地市分公司数	县区支公司数	农村营销服务部数	总人数	正式职工人数	
2006 年	12	147	16	131	744	3677	3677	
2007 年	12	147	16	131	893	5565	5565	
2008 年	12	147	16	131	998	5679	5679	
2009 年	13	147	16	131	1130	5706	5706	
2010 年	14	147	16	131	1142	5565	5565	
2011 年	14	147	16	131	1130	5442	5442	
2012 年	14	147	16	131	1103	5452	5452	

泰山财产保险股份有限公司

领导干部及职能部门一览表

董事长 党委书记	董事 总经理	董事副 总经理	党委副书记、纪委 书记、工会主席	副总经理	董事会 秘书	总经理 助理
宋文平	张云翔	王启祥	牟文军	马鲁明　赵　辉	张宗旺	安中涛
地　址	山东省济南市高新技术开发区舜华路 1173 号			邮　编	250101	
职能部门	正职	副职	职能部门	正职	副职	
董事会办公室		宋健君（兼）	意健险部		贾悦华	

续表

职能部门	正职	副职	职能部门	正职	副职
办公室		宋健君	重点项目部		王世山
人力资源部	姜秀昶		营销管理部		马伟新
计划财务部		周开蕴	再保险部		冯玉芹
战略研发部		汪　洋	客户服务部		王　勃
资产管理部		沈存磊	信息技术部		时　杰
农业险部	王建宇		风控合规部		马国东
车险部		杨　鹏	稽核监察部		刘效明
财产险部		郑素梅			

机构概况一览表

年度	内设职能部门数量	下设分支机构					员工总人数	正式职工数	备注
		总数	省级分公司数	城市分公司数	地市中心支公司数	县区支公司数			
2011 年	17	4	3	1			254	254	
2012 年	17	42	5	2	19	16	972	972	

先进集体及个人一览表

授奖单位	奖项名称	获奖集体
山东省财政厅	AAA 级地方金融企业	泰山财产保险股份有限公司
山东省人民政府安委会	2011 年度全省安全生产工作先进单位	泰山财产保险股份有限公司
山东省国资委团委	2011 年度山东省省管企业青年文明号	泰山保险山东分公司业务管理部
授奖单位	**奖项名称**	**获奖个人**
山东省人民政府安委会	2011 年度全省安全生产工作先进个人	施申铎
山东省国资委团委	山东省省管企业优秀共青团干部	白立海
	山东省省管企业优秀共青团员	于沙莎

中国平安人寿保险股份有限公司济南分公司

领导干部及职能部门一览表

总经理			胡　跃		
地　址	济南市玉函路 61 号紫宸大厦 4 层			邮　编	250002
职能部门	正职	副职	职能部门	正职	副职
总经理室	陈　侃 侯小飞 胡月明	胡　跃 孙志兴 黄自涛 邬心书	两核服务部		邢德杰
保费部	王　军		培训部		刘清玲
财务部	杨　明		企划部		孙九超
客户关系部	杨小兵		区拓管理部		孟凡刚

续表

职能部门	正职	副职	职能部门	正职	副职
人力资源部	徐冬梅		销售企划部		曹 静
综合开拓部	邹蔚闻		行政部		孙玉宁
营销管理部		张世杰	银保销售支持部		雷 军
运营管理部		孙长红			

机构概况一览表

年度	内设职能部门数量	下设分支机构					员工总人数	正式职工人数	备注
		总数	地市分公司数	县区支公司数	分理处、营业所数	储蓄所数			
2008 年	13	7	7		36		600	600	
2009 年	13	7	7		36		809	809	
2010 年	14	8	8		55		1182	1182	
2011 年	14	8	8		28		1256	1256	
2012 年	14	8	8		75		1262	1262	

注：1、三级机构数据填写在地市中支数一栏，营销服务部和支公司填写在分理处、营业所一栏。

2、烟台中支于 2010 年 1 月升为二级机构，所以烟台的数据只包括 2010 年-2012 年。

中国平安财产保险股份有限公司青岛分公司

领导干部及职能部门一览表

总经理		副总经理	
李小安		王连涛 洪锦平(正在青岛保监局批复中)	
地 址	青岛市市南区香港西路 67 号 10 层 A-D、A2 层、15 层、22 层 KLM 室	邮 编	266071
职能部门	负责人	职能部门	负责人
办公室	李晨晨	代理业务部	姜丰栋
人力资源部	王少峰	个人渠道管理部	
财务部	李卫东	车险意健险理赔部	王琛松
市场企划部	崔红梅	财产险理赔部	蒋焕猷
个人产品管理部	高 峰	财产险部	陈 鑫
团体渠道管理部	于涛利	团车部	孙培忠
培训部	付海琪	意健险部	刘笑西
房贷清欠项目组	朱考铭	重客业务部	齐俊国
综拓业务部	张德龙	新渠道业务部	原 娜
银行保险部	江正林	车行业务部	石 伟
客户服务部	张洪海		

机构概况一览表

年度	内设职能部门数量	下设分支机构			员工总人数	正式职工数	备注
		总数	地市分公司数	县区支公司数			
2008	15	68	8	60	1403	1076	
2009	15	69	8	61	1354	1012	
2010	15	72	8	64	1663	1236	
2011	21	73	8	65	1709	1381	
2012	21	72	8	64	1810	1482	

先进集体及个人一览表

授奖单位	奖项名称	获奖集体
山东省第九届消费者满意单位创建活动组委会	山东省第九届消费者满意单位	平安产险青岛分公司
平安产险总公司	办公室先进集体	平安产险青岛分公司办公室
	第九届客户服务节服务创意武林大赛全国总决赛二等奖	平安产险青岛分公司
	2012 年度产险明星会明星团队	平安产险青岛分公司潍坊直销团队
	2012 年产险团车增长优秀银保部	平安产险青岛分公司银保部
授奖单位	**奖项名称**	**获奖个人**
平安产险总公司	2012 年度产险明星会明星会员	王海艳　穆乃森　郭加磊　栾小未
	2012 年度产险行政竞赛金奖	仇　丽
	2012 年度产险行政竞赛银奖	莫思思
	2012 年度产险行政竞赛铜奖	韩德刚
	2012 年度产险优秀团车核保人	宋修卫
	2012 年度产险优秀团车核保人	田　颖
	团意产险线优秀核保人	赵国善

中国平安人寿保险股份有限公司青岛分公司

领导干部及职能部门一览表

总经理			副总经理		
张　毅			智　勇　徐　前　刘天东　徐　淼 宋本荣　舒明豪　薛　军　刘景观		
地　址	青岛市市南区香港中路 61 号阳光大厦 B 座		邮　编	266071	
职能部门	正职	副职	职能部门	正职	副职
行政部	李殿敏		人力资源部	史　平	
财务部	吴大为		企划部	石五洲	

续表

职能部门	正职	副职	职能部门	正职	副职
营销管理部	杜有光		营销企划部	马　健	
保费部	任伟忠		培训部	戚　斌	
运营支持部	万正锋		客户服务部	成　凯	
区域拓展部	徐　淼		二元发展部	林在泉	
综合开拓部	杨　泓		银行保险部	逄锦逄	

机构概况一览表

年度	内设职能部门数量	下设分支机构					员工总人数	正式职工人数	备注
		总数	地市支公司数	县区支公司数	营销服务部数	储蓄所数			
2008 年	18	63	8	55			1698	1138	
2009 年	18	63	8	55			1608	1223	
2010 年	18	62	7	55			1408	1117	
2011 年	17	124	7	62	55		1345	1088	
2012 年	16	137	7	62	68		1347	1100	

华泰财产保险有限公司山东分公司

领导干部及职能部门一览表

总经理			副总经理		
耿仁伟			刘艳娥		
地　址	济南市市中区玉函路 10 号 4 号楼			邮　编	250002
职能部门	正职	副职	职能部门	正职	副职
车险承保部	张爱东		计划财务部	刘昌金	
车险理赔部	张　晨		行政人事部	耿仁伟（兼）	
商险管理部	刘鸿梅		营销管理部	徐宏伟	
个险管理部	陈　燕				

机构概况一览表

年度	内设职能部门数量	下设分支机构					员工总人数	正式职工人数	备注
		总数	地市支公司数	县区支公司数	营销服务部数	储蓄所数			
2008 年	5	7	2	4			93	93	
2009 年	5	7	2	4			90	90	
2010 年	5	7	2	4			100	100	
2011 年	6	8	3	4			168	168	
2012 年	7	12	6	5			221	221	

太平财产保险有限公司山东分公司

领导干部及职能部门一览表

总经理			副总经理		
陈中乾			赵传忠		
地　址	济南市阳光新路69号泉景.鸿园商务大厦9层			邮　编	250022
职能部门	正职	副职	职能部门	正职	副职
综合部	杜钦杰		销售管理部	马文忠	陆　晓
财务会计部	王晓棠		综合开拓部	孙　琳	
人力资源部	刘　展		车商部	毕占勇	
财产险部	刘　鹏		电子商务管理室	康　峥	
车险部	许新华	赵　磊			

机构概况一览表

年度	内设职能部门数量	下设分支机构					员工总人数	正式职工人数	备注
		总数	地市分公司数	县区支公司数	分理处、营业所数	储蓄所数			
2008年	7	30	6	24			134	134	
2009年	9	25	6	19			212	212	
2010年	9	25	6	19			246	246	
2011年	10	26	7	19			269	269	
2012年	10	30	11	19			362	362	

中国太平洋财产保险股份有限公司山东分公司

领导干部及职能部门一览表

总经理			副总经理		
武　博			郭建中　韦　慧　徐建勋　李　宁		
地　址	济南市经十路13777号中润世纪广场15栋			邮　编	250014
职能部门	正职	职能部门	正职	职能部门	正职
办公室	郭宗杰	意健险部	郑怀国	车意险理赔部	姜海波
人力资源部	韩兆若	渠道部	国先建	非水险理赔部	李　涛
财务部	于　磊	重大客户部	徐　冰	客户服务部	邹　超
非水险部	徐　冰	车商渠道部	徐　勇	法律合规部	孙玉娟
车险部	赵志军	新渠道部	靳　刚	信息技术部	王永军
航运险部	赵　峰	市场部	陈杰明		

机构概况一览表

年度	内设职能部门数量	下设分支机构				员工总人数	正式职工人数	备注
		总数	地市中心支公司数	县区支公司数	营销服务部数			
2008年	15	154	15	123	15	2683	2660	
2009年	15	155	16	132	7	2687	2664	
2010年	13	155	16	134	5	2746	2688	
2011年	15	155	16	134	5	2811	2652	
2012年	17	156	16	138	2	3225	3130	

先进集体及个人一览表

授奖单位	奖项名称	获奖集体
山东省政府	山东省金融价值贡献奖	太平洋产险山东分公司
山东省消费者协会	山东省第九届消费者满意单位	太平洋产险山东分公司
大众日报	百姓满意度调查优秀金融品牌	太平洋产险山东分公司
大众网	山东最佳诚信保险公司	太平洋产险山东分公司
中国主流媒体理财联盟 齐鲁晚报	山东最佳保险理赔服务公司	太平洋产险山东分公司
中国太平洋保险集团公司	价值贡献奖	太平洋产险山东分公司
中国太平洋产险总公司	第十一届销售精英重大项目开拓奖（银质奖）	分公司航运保险事业部
中国太平洋产险总公司	“太平洋之星”渠道拓展银奖	分公司渠道部
中国太平洋产险总公司	“95500最美声音竞赛”季军	分公司95500呼叫中心
授奖单位	**奖项名称**	**获奖个人**
中国太平洋产险总公司	2012年度卓越服务明星	王　振
中国太平洋保险集团公司	上海轨道交通网络运营安全评估项目卓越贡献奖	郭　震
山东保监局	推进保险强省建设大讨论暨征文活动三等奖	张　鹤

注：此表应填写的是本单位及下属职能部门、分支机构和个人获得总行与省级（含总行与省级）以上党委与部门的奖励情况。

山东省国际信托有限公司

领导干部及职能部门一览表

董事长	总经理	党委书记	副总经理	
孟凡利	相开进	王小林	王映黎　李高峰　周建蕖　柴大秋	
地　址	济南市解放路166号		**邮　编**	250013
职能部门	**负责人**	**职能部门**	**负责人**	
综合管理部	于　晖	计划财务部	岳增光	
风险控制部	张如明	信托业务托管部	崔佳茵	
信息化中心	陈全捷	自营业务部	葛　航	
研发中心	王　萍	财富中心	李　燕	
合规审计部	蒲　冰	基建基金财务部	岳增光（兼）	

续表

职能部门	负责人	职能部门	负责人
基建基金管理部	李晓鹏	基础设施业务部	王思远
投资银行部	林冠蔚	资产管理部	高征宇
信托业务一部	牛序成	信托业务二部	孙波涛
信托业务三部	王　旭	信托业务四部	付吉广
信托业务五部	田志国	信托业务六部	杨学兵
信托业务七部	宋　磊	青岛业务部	刘　川
北京业务部	陶宇波	上海业务部	薛继伟
深圳业务部	宋　冲	厦门业务部	陈　照
长沙业务部	刘　超		

机构概况一览表

年度	内设职能部门数量	下设分支机构					员工总人数	正式职工人数	备注
		总数	地市分公司数	县区支公司数	分理处、营业所数	储蓄所数			
2008 年	16						87	87	
2009 年	19						91	83	
2010 年	21						118	95	
2011 年	23						130	106	
2012 年	27						157	136	

中国长城资产管理公司济南办事处

领导干部及职能部门一览表

总经理（党委书记）			副总经理（党委委员）		
刘学堂			崔福成(党委委员、副总经理)　郭小霞(党委委员、总经理助理)　荆　珂(党委委员、总经理助理)		
地　址	济南市经七路 168 号			邮　编	250001
职能部门	正职	副职	职能部门	正职	副职
综合管理部		李　伟	工行包专项管理部	王朝山	
业务管理部		于立杰	业务审核部	袁　新	
法律合规部	王　斌		资金财务部	张凤霞	
监察审计部		张永军			
联城项目部	李　立		齐鲁宾馆托管组	孙　雷	
新立克项目部	韩生佩		济南项目部	冯益国	
青岛项目部	宗培顺		烟台项目部		王钦波
潍坊项目部		霍　杰	临沂项目部	赵　伟	

续表

职能部门	正职	副职	职能部门	正职	副职
泰安项目部		张　满	新业务一部		王　颢
新业务二部		王全红	新业务三部		梁国忠
新业务四部	杨　方		新业务五部		董振义
新业务六部		夏　炜	新业务七部		刁海波
新业务八部		王创利	新业务九部		纪晓腾

机构概况一览表

年度	内设职能部门数量	下设分支机构					员工总人数		备注
		总数	地市分行数	县区支行数	分理处、营业所数	储蓄所数		正式职工人数	
2007 年	7						175	79	
2008 年	7						152	64	
2009 年	7						152	60	
2010 年	7						132	98	
2011 年	7						116	87	
2012 年	7						110	83	

注：内设职能部门为管理部门，另为若干业务部门。

先进集体及个人一览表

授奖单位	奖项名称	获奖集体
长城总公司	先进党支部	济南办事处第三党支部
长城总公司	纪检监察工作先进单位	济南办事处纪委
全国金融工会	全国金融模范职工之家	济南办事处工会
授奖单位	**奖项名称**	**获奖个人**
长城总公司	先进工作者	袁　新　刁海波　李　伟（女）　冯益国　王　斌　宗培顺　雷　娟（女）　孙锡梅（女）　高　勇　郑洪喜　林婷婷（女）　刘绍朋（女）
长城总公司	优秀共产党员	李　伟（女）　韩生佩　王　斌　冯益国　于立杰　李　立　宗培顺
长城总公司	优秀党务工作者	林婷婷（女）
长城总公司	十佳管理标兵	袁　新
山东省财贸金融工会	优秀工会工作者	李　伟（女）
山东省财贸金融工会	先进工会女职工	张　卉（女）

中国信达资产管理股份有限公司山东省分公司

领导干部及职能部门一览表

总经理（或其他称谓的第一负责人）			副总经理（或其他称谓的同级领导）		
彭　新			张德印　鲁宝兴　赵　波		
地　址	济南市经三路 293 号			邮　编	250021
职能部门	正职	副职	职能部门	正职	副职
综合管理部	吴新明		业务一部	苏爱珍	
业务审核部	王　振		业务二部	胡蔚萱	
法律事务部	杨永欣		业务三部	周宇承	
计划财务部	张　卿				

机构概况一览表

年度	内设职能部门数量	下设分支机构					员工总人数	正式职工人数	备注
		总数	地市分行数	县区支行数	分理处、营业所数	储蓄所数			
2008 年	7						76	57	
2009 年	7						67	54	
2010 年	7						56	44	
2011 年	7						49	40	
2012 年	7						49	43	

中国银联股份有限公司山东分公司

领导干部及职能部门一览表

总经理（或其他称谓的第一负责人）			副总经理（或其他称谓的同级领导）		
李金良			张春玲　孟光勇		
地　址	济南市高新区舜风路 1006 银山大厦			邮　编	250101
职能部门	正职	副职	职能部门	正职	副职
办公室	黄平生	段好勇	市场部	赵葆军	
业务部	董保军	张子晶	二级地市部	李宝成	
技术部	郝义泉				

中国银联股份有限公司青岛分公司

领导干部及职能部门一览表

总经理			副总经理		
赵玉东			吴 坚		
地 址	青岛市香港中路6号世贸中心B座5楼			邮 编	266071
职能部门	正职	副职	职能部门	正职	副职
办公室	金 莲		市场部	宋伟真	王腾峰
技术部	杨洪江		业务部	田 兰	

机构概况一览表

年度	内设职能部门数量	下设分支机构					员工总人数		备注
		总数	地市分行数	县区分行数	分理处营业所数	储蓄所数		正式职工人数	
2008年	4						24	24	
2009年	4						25	25	
2010年	4						27	25	劳务用工人员2名
2011年	4						28	26	劳务用工人员2名
2012年	4						28	26	劳务用工人员2名

注：该分公司无分支机构

中国重汽财务有限公司

领导干部及职能部门一览表

董事长	总经理	常务副总经理		副总经理	党总支副书记工会主席	
宋其东	韩文杰	田玉伟		李飞月	刘其贵	
地 址	济南市无影山东路39号				邮 编	250031
职能部门	正职	副职	职能部门		正职	副职
综合管理部	刘其贵（兼）	王永涛	汽车金融中心		李玉智	夏 彤 杨 敏
信贷业务部	刘德英		结算中心			玄甲莲(主持工作)
会计部		谭 燕(主持工作)	稽核审计部			梁 勇(主持工作)
风险管理部		魏 伟(主持工作)	信息科技室			石仁国(主持工作)
资产管理部		张异香(主持工作)				

机构概况一览表

年度	内设职能部门数量	下设分支机构					员工总人数	正式职工人数	备注
		总数	地市分行数	县区分行数	分理处、营业所数	储蓄所数			
2008年	6						32	32	
2009年	6						39	39	
2010年	6						58	58	
2011年	8						80	80	
2012年	9						90	90	

南山集团财务有限公司

领导干部及职能部门一览表

总经理	副总经理	总经理助理
隋　政	曲丽华	郭　芸

地　址	山东省龙口市南山工业园南山南路4号		邮　编	265706	
职能部门	正职	副职	职能部门	正职	副职
综合管理部	冯玉民		信贷业务部	宋建伟	
审计稽核部	赵　铎		计划财务部	刘　军	
风险合规部	隋家宁		投资银行部	宋建伟（兼）	
资金结算部	战永磊				

机构概览一览表

年度	内设职能部门数量	下设分支机构					员工总人数	正式职工人员	备注
		总数	城市分行数	县区支行数	分理处、营业所数	储蓄所数			
2008年	7						19	19	
2009年	7						24	23	
2010年	7						31	30	
2011年	7						31	30	
2012年	7						31	30	

中国石化财务有限责任公司山东分公司

领导干部及职能部门一览表

经理			副经理		
张建江			吕固江 赵 博		
地 址	青岛市市南区山东路 2 号甲华仁国际大厦 26 层			邮 编	266071
职能部门	正职	副职	职能部门	正职	副职
综合部	张 妤	许钦珍	信贷部	陈旭玲	韦仁华
结算部	张明华	刘 莹	财会部	李金海	肖培培
内控稽核部	刘荣义	吴 华			

小额贷款公司机构、业务概览

单位名称	行长（或其他称谓的第一负责人）	员工总数（个）	本外币贷款余额（亿元）	人民币短期贷款（亿元）	人民币中长期贷款（亿元）
章丘市恒通小额贷款公司	郭晓明	20	0.68	0.68	0
平阴金鼎小额贷款公司	陈云杰	12	0.41	0.41	0
济阳县金华小额贷款公司	范永辉	8	0	0	0
淄川区新兴小额贷款公司			1.26	1.26	0
淄川区东兴小额贷款公司			1.1	1.1	0
临淄区广汇小额贷款有限公司	潘金海	12	1.67	1.67	0
临淄区汇达小额贷款有限公司	刘旭英	15	1.76	1.76	0
博山区德信小额贷款有限公司	房利军	13	1.20	1.20	0
恒台县鲁泰小额贷款公司	邢汉银	13	1.26	1.26	0
恒台县汇鑫小额贷款公司	巩树涛	14	0.69	0.69	0
恒台县齐泰小额贷款公司	荆茂安	10	1.08	1.08	0
高青县民福小额贷款公司	张必壮	31	1.99	1.99	0
沂源县华联小额贷款公司	于树广	8	0.80	0.80	0
泰安市三和小额贷款公司			2.67	2.67	0
泰安市泰通小额贷款公司			1.47	1.47	0
泰安市信合小额贷款公司			0.95	0.95	0
肥城市鑫旺小额贷款公司	王炳生	18	0.84	0.84	0
宁阳信通小额贷款公司	张 凯	13	1.01	1.01	0
东平银泰小额贷款公司	赵德胜	10	0.99	0.99	0
莱芜市小额贷款公司			4.72	4.66	0.06
市南中元籴焜小额贷款公司	陈 剑	30	0.29	0.29	0
市北利群小额贷款公司	曹建军	7	1.11	1.11	0

续表

单位名称	行长（或其他称谓的第一负责人）	员工总数（个）	本外币贷款余额（亿元）	人民币短期贷款（亿元）	人民币中长期贷款（亿元）
市北海鼎小额贷款公司	唐爱朋	9	0.42	0.42	0
四方盛和小额贷款公司	管蕴霞	6	0.89	0.89	0
四方银丰融金小额贷款公司	周相山	31	0.92	0.92	0
邦信小额贷款公司	吴少杰	15	2.01	2.01	0
李沧元丰小额贷款公司	王春雷	8	2.23	2.23	0
城阳海都小额贷款公司	赵正俊	8	1.30	1.30	0
城阳中德汇都小额贷款公司	郑松竹	14	1.42	1.42	0
城阳区鑫泰小额贷款公司	马立滢	20	1.13	1.12	0
平度市天祥小额贷款公司	于汉信	12	0	0	0
平度市诚信小额贷款公司	耿　健	11	0.55	0.55	0
平度市金翔小额贷款公司	郑克堂	13	0.61	0.61	0
即墨市诚和小贷公司	杨为东	10	1.59	1.59	0
即墨市吉诚小贷公司	黄建勇	11	0.65	0.65	0
即墨市卓瑞小贷公司	金继华	14	1.52	1.52	0
保税港区汇银小额贷款公司	李宗勤	6	1.03	1.03	0
黄岛区民泽小额贷款公司	薛德峰	8	1.60	1.60	0
开发区恒信城市发展小额贷款公司	于　川	11	1.67	1.49	0.18
开发区千帆港小额贷款公司	刘嵘嵘	7	1.47	1.47	0
青岛胶南天一小额贷款公司	孙国华	7	0.74	0.74	0
烟台市芝罘区富泉小额贷款有限公司	林裕明	12	0.70	0.70	0
烟台开发区金桥银通小额贷款有限公司	彭德洲	8	1.23	1.23	0
烟台市芝罘区庄禾小额贷款有限公司	孙崇信	7	1.09	1.09	0
烟台市莱山区万光小额贷款有限公司	姜振山	10	0.57	0.57	0
招远市小额贷款公司	崔程剑	18	0.59	0.59	0
莱州市岩沣小额贷款公司	孙玉林（董事长）	12	1.04	1.04	0
海阳联谊达小额贷款公司	刘德旭	10	0.75	0.75	0
威海市环翠区银通小额贷款公司	李明建	11	--	--	--
威海市高区金泰小额贷款公司	赵　青	4	--	--	--
威海市经区兴企小额贷款公司	徐祥海	7	--	--	--
威海市环翠区威高银泰小额贷款公司	刘卫东	5	--	--	--
威海市环翠区信悦小额贷款公司	朱俊纶	32	--	--	--
荣成市好当家小额贷款公司	张南桦	8	--	--	--
荣成市赤山小额贷款公司	王华杰	5	--	--	--
荣成市汇金小额贷款公司	李长青	4	--	--	--
荣成市成山小额贷款公司	张可兆	8	--	--	--
威海市高区金猴小额贷款公司	孙中强	4	--	--	--

续表

单位名称	行长（或其他称谓的第一负责人）	员工总数（个）	本外币贷款余额（亿元）	人民币短期贷款（亿元）	人民币中长期贷款（亿元）
威海市高区融亿通小额贷款公司	侯振钢	6	--	--	--
威海市经区银企小额贷款公司	姜利国	5	--	--	--
文登市金海小额贷款公司	张伟贤	5	--	--	--
威海市环翠区威海卫小额贷款公司	马爱丽	6	--	--	--
乳山市益兴小额贷款公司	王春深	8	--	--	--
威海市环翠区宏源小额贷款公司	张艳红	6	--	--	--
荣成汇金小额贷款公司	李长青	4	0.61	0.61	--
荣成成山小额贷款公司	张可兆	8	1.68	1.66	--
荣成赤山小额贷款公司	王华杰	5	1.62	1.3	0.3
荣成好当家小额贷款公司	张南桦	8	1.6	1.6	--
文登金海小额贷款公司	张伟贤	5	1.02	1.02	--
乳山市益兴小额贷款公司	王春琛	8	0.98	0.98	--
青州中晨小额贷款公司	刘作新	9	1.02	1.02	0
青州博发小额贷款公司	李爱忠	22	2.28	2.28	0
青州民丰小额贷款公司	王海鹏	10	1.62	1.62	0
青州锦业小额贷款公司	张庆发	8	1.22	1.22	0
瑞信小额贷款公司	屈　玲	14	1.17	1.17	0
寿光市华天通小额贷款有限公司	孙爱华	9	1.52	1.52	0
寿光市汇鑫小额贷款股份有限公司	李风华	11	1.07	1.07	0
寿光市嘉信小额贷款有限公司	张子标	10	0.10	0.10	0
寿光市金海小额贷款股份有限公司	王金栋	14	0.88	0.88	0
寿光市金浩小额贷款股份有限公司	刘爱武	15	2.28	2.28	0
寿光市懋隆小额贷款股份有限公司	国焕然	6	1.26	1.26	0
寿光市宗鑫小额贷款股份有限公司	李宗章	14	2.12	2.12	0
寿光市鑫润小额贷款股份有限公司	吕兴三	12	1.16	1.16	0
安丘市通源小额贷款公司	薛德山	14	1.17	1.17	0
安丘市奥信小额贷款公司	董绪林	13	1.62	1.62	0
安丘市恒安小额贷款公司	赵如意	12	1.11	1.11	0
高密交运小额贷款公司	李存忠	12	1.69	1.69	0
高密豪迈小额贷款公司	徐　勇	8	1.10	1.10	0
高密聚源通小额贷款公司	单联香	11	1.29	1.29	0
昌邑市汇德小额贷款公司	高百明	18	1.07	1.07	0
临朐县恒丰小额贷款公司	窦立永	16	3.4	3.4	0
临朐县弘信小额贷款公司	冯利军	14	1.1	1.1	0
昌乐县裕丰小额贷款公司	高　升	10	1.13	1.13	0
昌乐汇银小额贷款公司	朱爱启	10	0.97	0.97	0

续表

单位名称	行长（或其他称谓的第一负责人）	员工总数（个）	本外币贷款余额（亿元）	人民币短期贷款（亿元）	人民币中长期贷款（亿元）
五莲银通小额贷款公司	郑承岩	6	0.67	0.67	--
莒县晨曦小额贷款公司	邵明鹏	12	1.11	1.10	0.01
莒县易发小额贷款公司	武玉杰	21	3.27	3.27	0
莒县中海小额贷款公司	刘文国	17	1.60	1.60	0
东营恒通小额贷款公司	戴征宇	10	2.59	2.59	0
东营区城发小额贷款公司	王海舰	13	1.93	1.93	0
广饶县瑞丰小额贷款公司	门瑞营	10	3.41	3.41	0
广饶县金桥小额贷款公司	刘锋杰	17	4.58	4.58	0
广饶县鲁商小额贷款公司	王跃庆	14	3.50	3.50	0
广饶县丰泰小额贷款公司	徐国光	11	2.86	2.86	0
广饶县乐安小额贷款公司	张树杰	13	3.97	3.97	0
广饶县金丰源小额贷款公司	李圣法	12	1.95	1.95	0
垦利县万得福小额贷款公司	刘季善	12	2.73	2.73	0
垦利县明珠小额贷款公司	许海燕	12	1.60	1.60	0
利津县金坤小额贷款公司	韩俊来	11	1.73	1.73	0
利津县恒信小额贷款公司	赵宝民	9	2.29	2.29	0
利津县金昊小额贷款公司	王忠春	11	1.70	1.70	0
滨州市滨城区银泰小额贷款公司	张大春	10	1.12	1.12	0
滨州市滨城区天成小额贷款公司	王雪征	7	1.76	1.76	0
滨州经济开发区盟威小额贷款公司	袁　栋	9	1.16	1.16	0
滨州高新区中喜小额贷款公司	吴建华	18	1.54	1.54	0
滨州北海新区正德小额贷款公司	姚家鹏	8	0.48	0.48	0
惠民县鑫诚小额贷款公司	王洪范	6	1.35	1.35	0
惠民县翔盛小额贷款公司	于红红	9	1	1	0
阳信县惠农小额贷款公司	段建国	10	1.10	1.10	0
阳信县鹏程小额贷款公司	丁振颜	10	1.05	1.05	0
无棣县汇泰小额贷款公司	张荣强	8	1.37	1.37	0
无棣县海城小额贷款公司	刘宝伟	8	1.07	1.07	0
沾化县隆德小额贷款公司	李　鹏	11	1.06	1.06	0
博兴县永丰小额贷款公司	于荣玲	13	1.28	1.28	0
博兴县华信小额贷款公司	孙　伟	12	0.89	0.89	0
博兴县元亨小额贷款公司	穆兆鹏	12	1.61	1.61	0
博兴县汇诚小额贷款公司	贾小兵	18	1.65	1.65	0
博兴县融汇小额贷款公司	朱惠民	10	1.04	1.04	0
博兴县三丰小额贷款公司	王炳骄	16	1.34	1.34	0
邹平县梁邹小额贷款公司	刘继连	9	1.38	1.38	0

续表

单位名称	行长（或其他称谓的第一负责人）	员工总数（个）	本外币贷款余额（亿元）	人民币短期贷款（亿元）	人民币中长期贷款（亿元）
邹平县正鑫小额贷款公司	李　军	12	1.45	1.45	0
邹平县天瑞小额贷款公司	孙浩勇	9	1.31	1.31	0
邹平县联鑫小额贷款公司	曲德胜	6	1.53	1.53	0
邹平县长城小额贷款公司	董　玲	9	1.35	1.35	0
邹平县惠泽小额贷款公司	马用会	9	2.10	2.10	0
德州市德城区长河小额贷款公司	朱昌和	8	--	--	--
德州市经济开发区金光小额贷款公司	苏芳志	8	--	--	--
乐陵市鑫众小额贷款公司	李玉才	5	0.59	0.59	0
禹城市大禹小额贷款公司	安桂军	12	1.05	1.05	0
宁津县融德小额贷款公司	柴来云	7	0.36	0.36	0
临邑和信小额贷款公司	李春红	10	0.50	0.50	0
齐河汇金小额贷款公司	徐曰田	12	1.04	1.04	0
平原县恒信小额贷款公司	张墩江	7	0.95	0.95	0
夏津县城镇小额贷款公司	邹爱民	11	1.23	1.23	0
武城县古贝春小额贷款公司	周晓峰	9	1.58	1.58	0
聊城市东昌府区天元小额贷款公司	齐元臣	22	2.84	2.84	0
东昌府区鲁西小额贷款公司	张金成	21	1.32	1.32	0
东昌府区百诺鑫合小额贷款公司	高庆宝	11	0.48	0.48	0
经济开发区昌润小额贷款公司	李继峰	14	1.69	1.69	0
临清市鸿基小额贷款公司	荣德春	12	0.88	0.88	0
冠县亚星小额贷款公司	陈振国	14	1.10	1.10	0
阳谷县鲁信小额贷款公司	汤洪彬	10	0.53	0.53	0
东阿县中夏小额贷款公司	司家勇	13	0.55	0.55	0
东阿县永丰小额贷款公司	付崇会	16	0.54	0.54	0
茌平县嘉丰小额贷款公司	杨立峰	8	0.52	0.52	0
茌平县鑫路通小额贷款公司	邵连路	7	0.50	0.50	0
高唐县和信小额贷款公司	曹俊山	11	0.90	0.90	0
济宁市任城区融通小额贷款公司	徐国柱	19	0.54	0.54	--
济宁市任城区德利小额贷款公司	楚孔清	23	0.52	0.52	--
济宁市市中区新德兰小额贷款公司	陈忠卫	12	0.39	0.39	--
兖州圣德小额贷款公司	李洪信	13	0.79	0.79	--
曲阜金鲁城小额贷款公司	孙建成	6	0.45	0.45	--
泗水利丰小额贷款公司	孔宪奎	7	0.58	0.58	--
微山汇丰小额贷款公司	张善涛	14	1.05	1.05	--
金乡鑫诺小额贷款公司	王绍金	14	1.22	1.22	--
嘉祥辰祥小额贷款公司	宫　振	12	0.46	0.46	--

续表

单位名称	行长（或其他称谓的第一负责人）	员工总数（个）	本外币贷款余额（亿元）	人民币短期贷款（亿元）	人民币中长期贷款（亿元）
汶上进丰小额贷款公司	赵树文	10	0.58	0.58	--
梁山县东岳小额贷款公司	岳增才	10	0.30	0.30	--
临沂市罗庄区江泉小额贷款公司	王文涛	7	--	--	
临沂市兰山区金升小额贷款公司	王京连	12	--	--	
临沂河东奥蒙小额贷款公司	林凡连	15	--	--	
临沂市兰山区翔宇小额贷款公司	林凡儒	19	--	--	
临沂市河东区信生小额贷款公司	张星卫	12	--	--	
临沂市罗庄区阳光小额贷款公司	颜士文	11	--	--	
临沂市经济区经开小额贷款公司	解玉泉	14	--	--	
临沂市兰山区新港小额贷款公司	魏孝新	24	--	--	
临沂市罗庄区宇光小额贷款公司	颜士文	11	--	--	
临沂市高新技术产业开发区远通小额贷款公司	周　昆	8	--	--	--
临沂市兰山区银凤小额贷款公司	赵春田	7	--	--	--
郯城县奥德小额贷款公司	刘　冉	8	1.12	1.12	0
苍山荣庆小额贷款公司	吴克强	17	0.69	0.69	0
苍山惠方小额贷款公司	陆桂春	10	1.58	1.58	0
苍山兰陵小额贷款公司	宋庆法	7	1.79	1.79	0
莒南县民丰小额贷款公司	徐淑平	13	2.21	2.21	0
沂水盛荣小额贷款公司	杨献丽	12	1.15	1.15	0
沂水福裕达小额贷款公司	刘学武	7	1.09	1.09	0
蒙阴翰邦小额贷款公司	王　玲	9	1.46	1.46	0
平邑冠鲁小额贷款公司	钟玉成	16	0.92	0.92	0
平邑融信小额贷款公司	陈　勇	12	0.74	0.74	0
费县金源小额贷款公司	田秀云	12	1.07	1.07	0
费县坤源小额贷款公司	郭胜利	7	1.00	1.00	0
沂南县东方小额贷款公司	梁守庆	10	1.18	1.18	0
临沭常林小额贷款公司	李　俊	9	1.62	1.62	0
枣庄市市中区恒升小额贷款公司	尤寿印	12	--	--	--
枣庄市市中区万科小额贷款公司	李文龙	12	--	--	--
滕州市丰盈小额贷款公司	张志亮	8	0.85	0.85	--
滕州市银盈小额贷款公司	徐　彬	20	1.68	1.68	--
滕州市恒润小额贷款公司	宋于胜	18	0.8	0.8	--
菏泽市牡丹区民泰小额贷款公司	谭方峰	7	0.57	0.57	0
单县四君子小额贷款有限公司	邵明安	10	0.52	0.52	0
巨野县金山小额贷款公司	刘法来	5	1.01	1.01	0
郓城县水浒小贷公司	郑丛军	12	1.05	1.05	0
定陶县融源小额贷款公司	张宗泽	5	0.38	0.38	0
东明汇通小额贷款公司	段秀阁	7	0.53	0.53	0

第十五部分

国内经济金融主要统计指标

一、国内金融主要统计指标

金融机构（含外资）本外币信贷收支分地区表

（2012 年）

单位：亿元

项目 / 地区	各项存款		单位存款					
					活期存款		定期存款	
	余额	比年初	余额	比年初	余额	比年初	余额	比年初
全　国	943102.27	116465.35	478730.20	55359.10	211576.12	14525.69	132050.45	25056.48
总　行	18712.55	-6141.15	13497.95	-214.83	4462.90	-445.51	5781.94	970.69
北　京	84837.31	9843.81	51580.81	4430.58	18298.86	650.08	19143.64	2101.86
天　津	20293.79	2725.60	12110.78	1649.55	5415.70	477.60	2238.52	687.20
河　北	34257.16	4505.76	12359.28	1390.42	6791.62	301.71	2453.43	468.83
山　西	24156.95	3154.65	10844.83	1467.06	6588.68	426.99	2278.36	512.00
内蒙古	13672.99	1540.98	6238.46	393.14	4001.35	121.71	888.78	260.85
辽　宁	35303.47	4473.37	15566.59	1683.86	7302.61	230.32	3878.64	815.38
吉　林	12812.13	1850.90	5254.58	699.97	3052.74	164.65	1140.44	232.16
黑龙江	16540.70	2125.14	6646.00	894.35	3913.43	212.98	1634.21	491.17
上　海	63555.25	5379.24	37555.71	2539.04	12187.32	83.01	11823.18	1818.14
江　苏	78109.00	10474.08	44504.69	5516.51	14910.90	1351.92	12269.46	2623.09
浙　江	66679.08	5789.55	35955.43	2402.23	11655.74	438.43	13054.89	1623.52
安　徽	23211.45	3664.73	10880.37	1471.86	5688.27	457.78	2571.05	676.45
福　建	25057.75	3486.57	12647.76	1834.67	5739.76	558.46	2521.70	412.23
江　西	16839.02	2517.36	7464.55	995.72	3952.39	367.93	1878.19	582.02
山　东	55386.41	8401.65	26512.39	3856.29	11348.39	1207.08	7074.91	1348.79
河　南	31970.43	5195.69	13203.65	2231.84	6990.48	752.86	2697.83	831.83
湖　北	28257.85	4110.26	12684.04	1718.26	6728.70	753.33	2469.83	480.68
湖　南	23147.15	3703.86	9461.28	1465.63	5713.51	637.02	1988.76	479.47
广　东	105099.55	13511.88	51192.82	6250.69	18661.48	1054.16	16723.79	2931.26
广　西	15966.65	2439.03	7464.34	996.29	4195.93	259.58	1520.83	401.20
海　南	5109.70	599.68	2646.75	270.61	1698.91	259.36	425.19	-0.73
重　庆	19423.90	3298.54	10306.85	1782.53	4541.28	256.64	2354.34	828.88
四　川	41576.80	6607.42	19647.97	2812.57	9790.65	227.13	5286.78	1791.88
贵　州	10567.83	1797.10	5237.26	912.50	3907.67	611.27	619.28	101.13
云　南	18061.48	2633.31	9490.02	1452.46	5984.92	648.40	1775.27	419.40
西　藏	2054.25	391.75	1477.63	325.65	1062.58	214.58	361.75	89.67
陕　西	22843.39	3497.74	11232.83	1621.82	6989.79	928.83	2123.37	297.64
甘　肃	10129.69	1668.79	4729.11	787.23	2987.78	345.91	1090.25	271.55
青　海	3537.89	703.08	1990.56	406.96	1440.79	259.65	354.02	58.91
宁　夏	3507.16	534.48	1678.53	263.36	848.52	64.67	475.71	157.46
新　疆	12423.53	1980.49	6666.38	1050.29	4722.47	647.14	1152.10	291.88

续表 1

(2012 年)

单位：亿元

地区＼项目	个人存款				所有者权益		资金来源总计	
			储蓄存款					
	余额	比年初	余额	比年初	余额	比年初	余额	比年初
全　国	415549.87	57640.57	403704.44	56302.94	86093.09	14628.87	1122479.95	128697.44
总　行	4016.81	-2351.28	1333.44	-25.34	49859.41	7397.06	177380.38	24484.72
北　京	25046.33	3654.51	22298.62	2608.04	1858.74	220.96	50676.57	5616.92
天　津	7331.62	998.69	7135.40	941.22	1043.22	221.36	20674.98	3112.97
河　北	20902.84	2979.08	20723.61	2844.74	1078.71	252.43	23133.62	3119.44
山　西	12141.03	1593.73	12039.23	1544.66	676.81	149.49	14272.27	2182.70
内蒙古	6677.59	1226.84	6618.09	1175.52	831.71	244.92	12466.29	1918.97
辽　宁	18206.51	2528.02	17967.38	2437.79	1417.89	282.97	28558.10	4045.34
吉　林	7001.20	1092.42	6927.38	1043.05	432.25	109.87	10256.52	1263.40
黑龙江	9419.68	1177.00	9325.00	1127.14	610.89	164.55	11334.07	1720.73
上　海	21512.01	2587.29	20247.24	2289.02	2856.56	537.77	281619.27	9251.62
江　苏	30853.83	4406.85	30285.44	4173.62	3061.24	535.49	62924.76	8383.62
浙　江	27460.05	2963.40	26902.40	2957.17	2945.19	358.19	63915.68	7363.32
安　徽	11425.74	2055.19	11209.46	1948.10	953.11	222.00	17962.55	2927.70
福　建	10974.23	1687.00	10650.59	1435.26	2284.29	661.22	26662.67	4747.02
江　西	8570.74	1393.17	8502.94	1349.65	754.42	173.84	12538.80	2171.36
山　东	26794.38	4365.42	26494.11	4188.37	2140.92	471.10	45313.11	5970.98
河　南	17701.15	2918.52	17528.08	2825.94	1124.91	234.97	21920.02	3123.63
湖　北	13607.35	2190.77	13476.56	2133.13	908.60	182.56	20954.61	3423.66
湖　南	12705.14	2052.45	12619.39	1996.01	659.14	148.51	17493.24	2918.42
广　东	47263.03	5467.57	46265.58	5204.31	4424.10	636.28	75235.16	10059.97
广　西	8042.23	1334.52	7931.28	1249.07	681.25	185.39	13457.07	1997.41
海　南	2221.26	322.54	2186.84	298.36	139.93	17.54	4148.78	815.30
重　庆	8496.74	1428.40	8384.98	1373.24	940.87	156.64	17726.45	3011.53
四　川	19628.81	3384.66	19497.57	3296.83	1424.78	288.28	28568.15	4420.21
贵　州	4857.63	905.03	4815.79	871.73	406.06	88.63	8839.00	1626.55
云　南	7883.98	1172.75	7775.22	1090.32	625.60	160.62	14795.43	2003.90
西　藏	404.39	85.13	404.34	85.08	28.60	18.30	786.26	345.31
陕　西	10986.74	1722.06	10820.51	1599.65	637.41	210.10	15072.53	2249.37
甘　肃	5112.09	853.30	5070.22	820.19	392.61	110.90	7654.66	1551.04
青　海	1285.01	235.81	1280.82	231.98	135.01	34.09	3008.76	659.41
宁　夏	1693.58	334.62	1684.93	328.66	212.27	49.97	3588.46	500.15
新　疆	5326.16	875.13	5301.99	860.41	546.56	102.91	9543.00	1711.05

续表 2

（2012 年）

单位：亿元

项目/地区	各项贷款		境内贷款		短期贷款		个人贷款及透支		单位普通贷款及透支	
	余额	比年初	余额	比年初	余额	比年初	余额	比年初	余额	比年初
全　国	672874.61	91076.84	659210.00	88475.77	268152.19	51274.91	55668.12	11882.82	180477.69	28428.74
总　行	28970.69	7726.75	24700.06	6675.53	16232.20	6035.23	10718.27	4364.05	5278.40	1631.90
北　京	43189.53	3508.05	40343.72	3376.53	12808.11	1638.47	915.06	370.89	10043.00	732.77
天　津	18396.81	2466.30	18312.30	2443.01	5126.60	950.22	253.66	82.46	3911.47	496.76
河　北	21317.96	2849.77	21270.68	2827.65	9123.25	1917.38	1447.02	251.88	6651.63	1408.22
山　西	13211.30	1935.24	13210.70	1934.76	5275.26	985.40	1056.64	163.58	3880.67	758.99
内蒙古	11392.54	1566.07	11376.38	1550.09	4421.24	807.40	1199.19	205.58	2962.42	503.91
辽　宁	26306.47	3465.73	26089.26	3397.56	9819.38	1705.29	1247.43	194.95	7203.72	1182.37
吉　林	9270.49	1029.58	9243.16	1017.07	3341.42	373.79	725.45	109.72	2339.70	221.75
黑龙江	10259.94	1498.82	10185.87	1472.21	4279.14	738.95	1009.09	116.42	2926.90	508.14
上　海	40982.48	3818.26	40254.93	3740.45	12991.25	1793.71	833.22	198.29	9621.02	363.08
江　苏	57657.84	7381.00	57435.54	7315.16	27972.97	4747.29	3413.92	444.63	20418.97	2928.55
浙　江	59509.12	6266.62	59360.71	6205.95	36796.36	4560.24	8780.52	800.70	24766.51	3045.04
安　徽	16795.17	2649.55	16744.00	2614.31	6326.62	1048.33	1287.93	230.17	4555.86	734.82
福　建	22427.46	3435.64	22223.33	3363.34	10237.02	1923.62	2831.65	524.30	6013.60	989.12
江　西	11080.15	1778.70	11073.88	1780.97	4646.27	984.26	1475.19	369.53	2762.82	487.32
山　东	42899.91	5345.10	41524.64	5154.89	22369.44	4044.20	3809.07	249.54	15340.36	2649.44
河　南	20301.72	2650.81	20278.93	2644.56	9977.52	1616.39	2460.47	258.46	6891.24	1156.65
湖　北	19032.24	2707.06	18659.31	2558.59	6448.58	1171.55	1055.51	164.35	4483.07	618.70
湖　南	15648.59	2184.52	15608.55	2148.32	4771.84	680.16	1334.02	172.06	3007.25	407.38
广　东	67077.08	8462.96	65263.22	8302.97	21642.86	5088.17	2863.47	698.16	13858.16	2271.75
广　西	12355.52	1708.37	12183.53	1630.99	3467.82	948.27	649.65	214.89	2543.15	651.36
海　南	3889.63	694.67	3717.52	632.15	515.24	62.23	32.96	6.05	380.22	33.44
重　庆	15594.18	2401.09	15585.56	2401.47	4028.62	1370.79	664.83	290.58	2723.29	694.30
四　川	26163.25	3652.35	26100.97	3651.95	8152.84	2088.21	1578.23	422.66	6038.07	1437.15
贵　州	8350.17	1470.52	8332.29	1460.39	1802.50	483.22	366.32	110.34	1260.57	315.82
云　南	14168.99	1814.87	14020.66	1762.04	4126.52	948.14	1003.02	265.11	2735.34	538.31
西　藏	664.05	254.99	664.04	254.99	126.77	52.46	17.62	3.15	105.89	49.11
陕　西	14138.20	2030.86	14118.83	2029.78	4060.67	942.57	977.50	191.03	2756.36	626.27
甘　肃	7196.60	1457.40	7161.90	1440.59	2527.02	556.49	612.03	179.13	1764.37	333.96
青　海	2868.43	620.44	2798.03	550.05	652.64	155.92	67.11	8.52	538.41	128.02
宁　夏	3372.12	465.01	3365.81	488.42	1296.48	346.57	430.18	91.02	757.73	220.18
新　疆	8385.98	1779.73	8001.67	1649.02	2787.71	510.00	551.91	130.61	1957.50	304.18

续表 3

（2012 年） 单位：亿元

项目 地区	贸易融资		中长期贷款		个人贷款		单位普通贷款		境外贷款	
	余额	比年初	余额	比年初	余额	比年初	余额	比年初	余额	比年初
全 国	31117.08	10850.14	363894.22	29670.09	105714.10	13373.43	220832.35	9847.40	13664.61	2601.07
总 行	218.41	30.87	6836.25	565.48	62.98	17.82	5036.95	614.91	4270.64	1051.22
北 京	1823.07	560.57	26333.51	1408.70	5275.85	454.58	17490.83	130.69	2845.80	131.51
天 津	958.99	393.38	10700.26	787.36	1734.99	178.06	7633.56	352.81	84.51	23.29
河 北	1002.13	286.16	11453.51	745.33	3281.42	574.61	7344.77	180.08	47.29	22.11
山 西	327.90	57.01	7170.93	734.96	757.88	156.78	5443.12	511.76	0.60	0.49
内蒙古	244.97	96.16	6807.74	686.09	1651.72	213.45	4823.17	330.59	16.16	15.98
辽 宁	1334.53	366.14	15415.56	1641.90	3699.38	483.23	10579.20	957.18	217.21	68.17
吉 林	238.52	29.49	5649.44	578.59	1485.80	252.62	3604.22	206.81	27.32	12.52
黑龙江	330.32	102.76	5497.92	616.33	1907.60	257.37	3182.07	320.40	74.07	26.61
上 海	2499.98	1231.59	23595.68	757.76	6439.25	413.47	13435.41	-109.23	727.55	77.80
江 苏	4042.71	1330.86	27492.54	2011.36	9297.55	1054.44	14998.14	430.74	222.29	65.84
浙 江	3196.64	696.93	20765.98	948.40	7736.04	469.31	11673.52	175.91	148.40	60.67
安 徽	458.54	75.56	9594.01	1204.60	3389.73	476.14	5420.70	519.99	51.17	35.24
福 建	1376.46	407.00	11424.77	1244.89	4561.55	768.33	6245.02	410.59	204.13	72.30
江 西	370.63	103.92	6178.40	700.66	2397.47	368.41	3042.98	184.40	6.27	-2.27
山 东	3136.59	1136.30	17006.93	358.28	5672.74	603.86	9895.20	-477.93	1375.27	190.21
河 南	604.17	189.07	9608.35	877.13	2807.31	538.78	5939.04	-22.37	22.79	6.24
湖 北	824.38	321.14	11716.99	1316.60	3122.05	564.37	7437.02	424.25	372.93	148.46
湖 南	427.40	99.07	10539.28	1374.39	3242.00	642.12	6606.66	522.56	40.04	36.20
广 东	4817.07	2122.90	40986.95	2544.30	14641.30	1491.15	20892.73	535.23	1813.87	160.00
广 西	274.30	83.39	8537.74	623.87	2990.71	308.96	4864.45	173.25	172.00	77.38
海 南	101.27	24.66	3136.98	568.71	414.93	41.41	2544.12	511.47	172.11	62.53
重 庆	638.40	386.11	10976.89	949.84	3360.25	436.49	6858.98	261.66	8.62	-0.38
四 川	531.92	233.80	17542.14	1429.83	5609.18	797.51	10488.17	374.73	62.28	0.40
贵 州	167.38	53.09	6406.07	962.16	1939.35	379.12	3807.96	459.60	17.88	10.14
云 南	386.96	144.72	9644.39	726.71	2561.71	372.92	6704.97	231.13	148.33	52.83
西 藏	1.26	0.21	464.70	188.57	114.11	17.26	293.34	124.74	0.00	0.00
陕 西	316.90	120.66	9539.67	1052.41	2851.05	493.70	5631.86	401.95	19.37	1.08
甘 肃	146.63	43.99	4220.71	706.33	1050.44	250.89	3000.39	374.90	34.70	16.81
青 海	46.72	19.68	1994.21	329.18	125.65	28.51	1684.08	257.67	70.40	70.39
宁 夏	106.43	37.17	1960.85	147.95	440.98	36.98	1384.92	62.83	6.31	-23.41
新 疆	165.50	65.76	4694.86	881.40	1091.15	230.79	2844.79	414.08	384.31	130.71

金融机构（含外资）人民币信贷收支分地区表

（2012 年）

单位：亿元

地区 \ 项目	各项存款		单位存款		活期存款		定期存款	
	余额	比年初	余额	比年初	余额	比年初	余额	比年初
全　国	917554.77	108249.19	458821.04	47622.83	203448.39	13650.59	125446.87	21387.99
总　行	16463.72	-6180.51	11538.48	-433.75	3406.20	-452.81	4954.32	722.69
北　京	81389.62	8742.61	49443.09	3592.89	17531.30	419.67	18204.38	1777.98
天　津	19675.68	2496.89	11591.00	1432.48	5164.47	429.00	2058.59	560.12
河　北	34012.99	4447.36	12179.97	1338.07	6684.41	300.60	2393.90	415.32
山　西	24050.58	3131.09	10785.14	1446.60	6547.54	410.97	2261.75	501.63
内蒙古	13612.72	1549.47	6200.63	403.23	3984.59	140.11	880.78	253.17
辽　宁	34567.35	4353.28	15032.21	1577.68	6983.71	232.25	3716.02	736.61
吉　林	12706.13	1832.66	5204.67	685.36	3022.05	164.96	1129.91	222.98
黑龙江	16326.59	1998.94	6491.50	773.36	3890.21	216.61	1538.00	395.37
上　海	59892.75	4630.12	34889.67	1951.24	11022.68	-6.95	10916.02	1499.16
江　苏	75481.51	9761.78	42146.39	4840.26	13875.74	1215.95	11787.09	2460.21
浙　江	64886.28	5161.97	34697.37	1796.23	11092.78	363.38	12733.25	1378.22
安　徽	22977.30	3573.60	10679.07	1384.03	5547.07	391.63	2526.51	660.87
福　建	24283.68	3228.62	12026.83	1572.19	5515.57	530.40	2361.02	364.94
江　西	16715.91	2476.00	7373.70	955.67	3917.12	369.74	1831.10	543.56
山　东	54301.53	7957.86	25601.03	3431.07	10881.00	1118.44	6798.19	1130.90
河　南	31648.50	5002.37	12945.72	2044.24	6934.07	750.05	2508.88	651.32
湖　北	28006.36	4057.89	12497.45	1671.47	6635.65	777.18	2422.58	442.98
湖　南	23037.07	3703.17	9395.04	1466.61	5665.32	640.71	1985.00	486.06
广　东	99934.60	10767.48	46863.60	3586.48	17636.72	1024.91	15305.06	1791.41
广　西	15856.00	2403.15	7385.71	962.94	4162.29	260.58	1511.33	394.20
海　南	5048.08	595.72	2600.16	267.53	1658.97	259.66	420.28	-2.69
重　庆	18934.83	3104.27	9851.06	1593.76	4387.02	279.96	2170.21	677.48
四　川	41130.79	6397.94	19264.23	2603.01	9643.71	194.82	5097.59	1634.48
贵　州	10540.06	1797.88	5219.86	913.70	3893.09	611.51	618.40	103.05
云　南	17978.22	2615.17	9440.05	1436.35	5960.99	647.94	1771.50	425.07
西　藏	2050.58	389.34	1474.47	323.23	1061.93	214.67	359.23	87.15
陕　西	22657.74	3433.67	11103.19	1561.16	6888.14	873.19	2118.57	298.05
甘　肃	10033.40	1639.39	4652.81	760.15	2915.29	320.94	1090.14	271.59
青　海	3527.90	702.07	1985.81	406.32	1438.97	261.91	353.08	57.97
宁　夏	3495.41	534.26	1672.39	263.46	842.75	65.04	475.63	157.45
新　疆	12330.89	1943.67	6588.72	1015.79	4657.05	623.54	1148.56	288.69

续表 1

（2012 年） 单位：亿元

项目 \ 地区	个人存款				所有者权益		资金来源总计	
			储蓄存款					
	余额	比年初	余额	比年初	余额	比年初	余额	比年初
全　国	411002.77	57458.61	399551.04	55914.43	82236.30	14327.62	1077173.50	117163.25
总　行	3788.13	-2157.88	1303.81	-33.02	46902.33	6939.44	172362.93	21117.58
北　京	24344.20	3564.44	21644.94	2518.80	1893.34	391.24	43785.78	5328.29
天　津	7246.19	990.28	7055.38	932.84	1012.64	218.64	19621.19	2772.63
河　北	20842.72	2974.28	20665.09	2840.07	1078.20	253.77	22643.19	2973.10
山　西	12096.22	1590.71	11997.03	1541.54	674.90	148.10	14166.29	2176.67
内蒙古	6656.64	1225.55	6597.22	1174.16	830.82	245.29	12352.49	1890.41
辽　宁	18014.08	2511.21	17785.88	2420.22	1388.99	279.95	26880.04	3653.53
吉　林	6947.16	1089.01	6875.10	1039.78	427.35	107.88	10133.26	1271.10
黑龙江	9361.12	1171.32	9269.20	1121.79	605.60	164.48	10908.58	1517.90
上　海	20711.26	2526.75	19506.70	2218.24	2412.51	451.44	276473.18	8677.65
江　苏	30614.76	4375.05	30057.19	4142.45	2970.35	515.94	59480.05	7565.40
浙　江	26955.13	2941.43	26406.81	2936.56	2938.49	387.41	61042.87	6732.96
安　徽	11393.99	2052.00	11178.62	1944.99	951.55	223.14	17436.47	2852.45
福　建	10827.27	1690.24	10507.39	1438.77	2231.71	650.39	25481.34	4253.22
江　西	8539.35	1391.68	8471.86	1348.19	752.78	173.76	12377.46	2143.58
山　东	26637.40	4346.52	26343.31	4170.03	2092.70	471.28	42351.36	5439.93
河　南	17639.71	2913.36	17469.01	2820.65	1125.32	237.88	21645.74	3006.88
湖　北	13547.35	2185.59	13419.72	2128.15	920.98	205.90	19908.85	3137.14
湖　南	12662.68	2049.92	12578.29	1993.48	657.04	151.80	17168.20	2910.20
广　东	46516.79	5391.33	45533.78	5129.01	4214.80	646.78	67466.25	7878.90
广　西	8010.63	1332.38	7900.77	1246.81	686.45	193.73	12997.76	1806.47
海　南	2206.65	321.70	2172.70	297.63	140.42	24.06	3647.23	716.16
重　庆	8472.51	1426.52	8361.64	1371.40	934.34	163.02	17242.21	2737.94
四　川	19567.57	3378.43	19438.27	3290.93	1415.29	289.20	27952.68	4295.83
贵　州	4847.79	904.92	4806.09	871.61	404.40	90.31	8762.42	1586.04
云　南	7851.77	1170.93	7744.66	1088.60	624.96	163.68	14470.56	1904.37
西　藏	403.96	85.12	403.91	85.08	28.60	18.30	785.97	345.32
陕　西	10934.76	1720.49	10770.05	1597.96	632.29	207.36	14791.95	2207.90
甘　肃	5091.69	851.74	5050.08	818.67	397.46	121.27	7285.91	1455.97
青　海	1279.44	235.55	1275.27	231.73	136.09	35.62	2931.90	589.99
宁　夏	1688.05	334.10	1679.43	328.13	211.97	50.26	3555.68	513.79
新　疆	5305.81	873.94	5281.83	859.21	541.63	106.30	9064.92	1704.25

续表 2

（2012 年）

单位：亿元

项目 地区	各项贷款		境内贷款		短期贷款		个人贷款及透支		单位普通贷款及透支	
	余额	比年初	余额	比年初	余额	比年初	余额	比年初	余额	比年初
全　国	629909.64	82037.63	628100.53	81802.26	248272.76	45599.08	55602.52	11869.59	174581.22	28465.58
总　行	23794.45	6759.84	23144.28	6632.59	15876.89	5929.48	10659.93	4351.85	5162.89	1615.64
北　京	36441.35	3053.33	36399.18	3053.01	11380.76	1687.52	914.81	370.84	9492.93	1054.94
天　津	17392.06	2144.09	17386.45	2145.23	4641.79	800.84	253.60	82.46	3765.89	511.19
河　北	20850.86	2699.27	20850.26	2699.28	8801.05	1832.99	1446.94	251.87	6537.13	1386.04
山　西	13106.21	1926.35	13106.09	1926.35	5196.06	964.54	1056.62	163.58	3863.15	754.20
内蒙古	11284.20	1541.71	11284.12	1541.77	4366.00	798.71	1199.16	205.58	2942.09	503.94
辽　宁	24730.22	3100.22	24722.81	3097.34	8893.55	1438.81	1247.24	194.85	6754.92	1023.74
吉　林	9155.60	1029.46	9155.09	1029.48	3288.66	385.22	725.42	109.71	2329.14	222.37
黑龙江	9906.69	1357.97	9906.50	1357.97	4057.08	618.40	1009.06	116.41	2851.81	470.02
上　海	36485.90	3142.79	36282.29	3139.00	10322.90	1194.38	832.49	198.30	8466.55	640.19
江　苏	54417.30	6555.69	54366.89	6557.95	25337.03	4025.54	3413.56	444.52	19925.43	2958.04
浙　江	56982.64	5702.85	56966.21	5706.64	34864.43	4090.05	8779.86	800.57	24391.78	3002.84
安　徽	16294.28	2565.23	16293.49	2565.15	6038.46	1043.11	1287.89	230.15	4440.93	774.24
福　建	21209.82	3035.62	21145.72	3032.91	9451.96	1614.22	2830.50	524.05	5841.84	926.87
江　西	10924.55	1749.89	10921.87	1748.95	4539.39	956.64	1475.14	369.52	2753.52	484.08
山　东	40021.49	4809.60	39777.69	4727.21	20947.01	3607.24	3808.96	249.53	15047.57	2654.82
河　南	20031.44	2523.20	20029.12	2521.49	9767.12	1491.50	2460.44	258.45	6825.23	1117.98
湖　北	18004.54	2412.20	18001.09	2412.64	6087.76	1085.32	1055.47	164.36	4291.60	621.44
湖　南	15336.52	2148.27	15329.26	2144.86	4604.94	673.92	1334.00	172.07	2934.82	429.55
广　东	59967.26	6556.58	59533.59	6569.40	17745.85	3493.83	2860.41	697.92	12963.73	2045.77
广　西	11941.44	1532.17	11938.80	1532.03	3293.59	854.37	649.61	214.89	2462.06	605.76
海　南	3390.67	592.56	3384.35	588.33	474.71	60.09	32.95	6.05	354.71	32.45
重　庆	15131.22	2131.90	15126.69	2131.88	3626.89	1099.25	664.77	290.58	2679.32	680.20
四　川	25560.36	3530.48	25555.07	3530.08	7875.76	1999.81	1578.15	422.63	5924.34	1433.08
贵　州	8274.78	1428.86	8274.16	1428.80	1744.63	451.63	366.29	110.35	1252.39	318.66
云　南	13869.75	1733.29	13817.27	1708.00	3974.87	908.56	1002.99	265.10	2685.01	546.81
西　藏	663.76	255.01	663.76	255.00	126.77	52.46	17.62	3.15	105.89	49.11
陕　西	13865.61	1990.36	13863.99	1989.24	3964.40	907.38	977.48	191.03	2731.87	622.33
甘　肃	6829.42	1357.61	6829.41	1357.62	2291.55	529.82	612.01	179.12	1552.94	312.85
青　海	2791.68	551.16	2791.67	551.16	649.94	155.90	67.09	8.50	538.41	128.71
宁　夏	3339.58	479.14	3339.56	479.89	1281.67	337.97	430.16	91.02	757.73	220.81
新　疆	7914.00	1640.93	7913.80	1641.00	2759.29	509.58	551.90	130.61	1953.58	316.90

续表 3

（2012年） 单位：亿元

项目 / 地区	贸易融资		中长期贷款						境外贷款	
					个人贷款		单位普通贷款			
	余额	比年初	余额	比年初	余额	比年初	余额	比年初	余额	比年初
全　国	17209.04	5156.95	352907.42	28741.60	105697.27	13365.25	213031.04	9173.03	1809.11	235.36
总　行	36.95	-46.42	5649.27	620.07	62.94	17.81	4460.87	602.64	650.18	127.24
北　京	946.05	286.54	23816.47	1033.59	5275.12	454.24	15510.23	-72.72	42.17	0.32
天　津	619.82	229.56	10306.11	650.67	1734.93	178.00	7262.95	209.64	5.60	-1.14
河　北	794.50	223.95	11355.73	701.38	3281.42	574.61	7253.42	135.25	0.60	-0.01
山　西	266.22	40.94	7145.54	747.42	757.88	156.78	5427.25	517.07	0.12	0.00
内蒙古	210.11	87.43	6771.67	686.47	1651.72	213.45	4802.96	333.47	0.08	-0.06
辽　宁	857.71	258.41	14978.57	1610.04	3699.33	483.20	10294.31	951.48	7.40	2.88
吉　林	196.35	40.32	5614.24	579.57	1485.80	252.62	3579.88	207.32	0.52	-0.02
黑龙江	183.62	20.58	5441.26	622.63	1907.60	257.37	3143.47	325.33	0.19	0.00
上　海	986.86	353.67	22299.47	754.60	6427.93	406.18	12349.53	-81.53	203.61	3.79
江　苏	1901.19	579.65	27062.87	1976.93	9297.24	1054.34	14688.03	366.49	50.41	-2.26
浙　江	1640.17	269.15	20347.65	946.90	7736.03	469.30	11372.19	191.38	16.44	-3.79
安　徽	285.35	30.94	9431.85	1160.85	3389.73	476.14	5336.15	477.17	0.80	0.08
福　建	772.75	168.55	11133.74	1223.70	4560.90	768.50	6014.44	392.16	64.10	2.71
江　西	273.10	79.55	6135.29	698.27	2397.47	368.41	3010.18	190.74	2.68	0.94
山　东	2007.05	693.97	16692.62	376.55	5672.74	603.86	9733.15	-453.72	243.80	82.39
河　南	459.81	102.86	9569.10	878.93	2807.31	538.78	5919.48	-24.16	2.32	1.71
湖　北	655.06	232.17	11420.42	1256.75	3122.05	564.36	7185.25	360.32	3.45	-0.44
湖　南	332.95	70.65	10428.33	1378.47	3242.00	642.12	6551.11	525.56	7.26	3.42
广　东	1817.55	754.77	39254.83	2432.02	14637.89	1490.84	19740.77	463.15	433.67	-12.82
广　西	181.21	35.10	8467.70	618.80	2990.71	308.96	4843.06	170.84	2.64	0.15
海　南	86.26	23.52	2844.34	527.03	414.93	41.41	2313.43	464.51	6.31	4.23
重　庆	280.70	128.66	10919.76	951.80	3360.24	436.48	6827.10	261.20	4.53	0.02
四　川	368.65	149.49	17273.43	1395.45	5609.17	797.50	10293.40	356.25	5.29	0.39
贵　州	117.70	18.64	6405.81	962.17	1939.35	379.12	3807.96	459.60	0.62	0.06
云　南	285.66	96.65	9592.65	712.25	2561.71	372.92	6664.82	216.15	52.48	25.29
西　藏	1.26	0.21	464.41	188.58	114.11	17.26	293.34	124.74	0.00	0.00
陕　西	245.15	89.42	9385.20	1047.72	2851.01	493.69	5511.09	392.27	1.63	1.12
甘　肃	122.61	38.45	4123.71	650.03	1050.44	250.89	2962.93	371.25	0.01	-0.01
青　海	44.04	18.99	1990.54	330.30	125.65	28.51	1682.20	259.27	0.01	0.00
宁　夏	91.62	27.94	1949.42	147.95	440.98	36.98	1382.03	63.33	0.02	-0.76
新　疆	141.01	52.61	4635.42	873.72	1090.95	230.61	2814.06	416.55	0.21	-0.06

金融机构（含外资）外汇信贷收支分地区表

（2012 年）

单位：亿美元

地区＼项目	各项存款		单位存款		活期存款		定期存款	
	余额	比年初	余额	比年初	余额	比年初	余额	比年初
全　国	4064.51	1313.90	3167.48	1235.55	1293.09	142.05	1050.60	584.78
总　行	357.78	7.12	311.75	35.51	168.12	1.57	131.67	39.68
北　京	548.51	176.11	340.10	133.78	122.11	36.87	149.43	51.77
天　津	98.34	36.54	82.70	34.65	39.97	7.81	28.63	20.24
河　北	38.85	9.36	28.53	8.38	17.06	0.22	9.47	8.52
山　西	16.92	3.78	9.50	3.27	6.55	2.56	2.64	1.65
内蒙古	9.59	-1.32	6.02	-1.59	2.67	-2.91	1.27	1.22
辽　宁	117.11	19.34	85.02	17.06	50.74	-0.18	25.87	12.56
吉　林	16.86	2.94	7.94	2.34	4.88	-0.04	1.68	1.46
黑龙江	34.06	20.11	24.58	19.26	3.69	-0.57	15.31	15.24
上　海	582.69	120.32	424.16	94.33	185.29	14.73	144.33	50.98
江　苏	418.02	114.07	375.20	108.24	164.69	21.98	76.74	26.04
浙　江	285.23	100.30	200.15	96.66	89.57	12.13	51.17	39.06
安　徽	37.25	14.55	32.03	14.02	22.46	10.55	7.09	2.49
福　建	123.15	41.24	98.79	41.90	35.67	4.54	25.56	7.57
江　西	19.59	6.61	14.45	6.39	5.61	-0.27	7.49	6.12
山　东	172.60	70.85	144.99	67.84	74.36	14.25	44.03	34.69
河　南	51.22	30.81	41.04	29.87	8.98	0.47	30.06	28.72
湖　北	40.01	8.41	29.69	7.50	14.80	-3.75	7.52	6.00
湖　南	17.51	0.15	10.54	-0.13	7.67	-0.57	0.60	-1.04
广　东	821.72	437.56	688.76	424.51	163.04	5.04	225.71	181.45
广　西	17.60	5.74	12.51	5.32	5.35	-0.15	1.51	1.12
海　南	9.80	0.65	7.41	0.51	6.35	-0.03	0.78	0.31
重　庆	77.81	31.02	72.51	30.14	24.54	-3.64	29.29	24.10
四　川	70.96	33.42	61.05	33.41	23.38	5.18	30.10	25.05
贵　州	4.42	-0.11	2.77	-0.18	2.32	-0.03	0.14	-0.31
云　南	13.25	2.91	7.95	2.58	3.81	0.08	0.60	-0.90
西　藏	0.58	0.38	0.50	0.38	0.10	-0.01	0.40	0.40
陕　西	29.54	10.24	20.63	9.68	16.17	8.87	0.76	-0.06
甘　肃	15.32	4.70	12.14	4.33	11.53	3.99	0.02	-0.01
青　海	1.59	0.16	0.76	0.10	0.29	-0.36	0.15	0.15
宁　夏	1.87	0.04	0.98	-0.01	0.92	-0.06	0.01	0.00
新　疆	14.74	5.88	12.36	5.50	10.41	3.77	0.56	0.51

续表1

（2012年）

单位：亿美元

项目 地区	个人存款		储蓄存款		外汇买卖（来源方）		结售汇		所有者权益	
	余额	比年初	余额	比年初	余额	比年初	余额	比年初	余额	比年初
全 国	723.43	30.65	660.79	63.27	3342.75	104.50	1385.60	-83.32	613.60	49.31
总 行	36.38	-30.61	4.71	1.23	3349.21	126.70	1375.36	-83.32	470.46	73.78
北 京	111.71	14.57	104.00	14.42	6.88	6.76		-0.15	-5.50	-27.04
天 津	13.59	1.37	12.73	1.36	1.91	0.99	1.90	0.99	4.87	0.44
河 北	9.57	0.78	9.31	0.76	0.08	-0.17	0.06	-0.17	0.08	-0.21
山 西	7.13	0.50	6.71	0.51	0.02	-0.01		-0.01	0.30	0.22
内蒙古	3.33	0.21	3.32	0.22		0.00			0.14	-0.06
辽 宁	30.62	2.74	28.88	2.86	0.51	0.07	0.51	0.17	4.60	0.49
吉 林	8.60	0.56	8.32	0.54	0.13	-0.06	0.01	-0.01	0.78	0.32
黑龙江	9.32	0.92	8.88	0.87	0.06	0.06		-0.04	0.84	0.01
上 海	127.40	9.92	117.82	11.52	14.93	13.19		-1.68	70.65	13.87
江 苏	38.04	5.14	36.31	5.04	1.55	0.93		-0.26	14.46	3.14
浙 江	80.33	3.68	78.85	3.46					1.07	-4.63
安 徽	5.05	0.52	4.91	0.51	0.32	0.23	0.32	0.23	0.25	-0.18
福 建	23.38	-0.46	22.78	-0.50	25.85	-5.15	22.91	-4.52	8.37	1.74
江 西	4.99	0.25	4.94	0.24	0.07	-0.05	0.03	-0.10	0.26	0.01
山 东	24.97	3.06	23.99	2.97	0.81	-0.68	2.86	1.48	7.67	-0.01
河 南	9.77	0.84	9.40	0.86	0.03	-0.14	0.03	-0.14	-0.07	-0.46
湖 北	9.55	0.85	9.04	0.81	0.37	0.26	0.29	0.26	-1.97	-3.71
湖 南	6.76	0.42	6.54	0.42	0.10	0.10	0.10	0.10	0.33	-0.52
广 东	118.72	12.39	116.43	12.24		-4.49	9.24	9.24	33.30	-1.59
广 西	5.03	0.35	4.86	0.37	0.14	0.04	0.07	0.02	-0.83	-1.33
海 南	2.33	0.14	2.25	0.12	0.06	0.00			-0.08	-1.04
重 庆	3.86	0.31	3.71	0.30			0.04	0.02	1.04	-1.01
四 川	9.74	1.01	9.43	0.96	0.07	-0.20	2.29	-0.05	1.51	-0.14
贵 州	1.57	0.02	1.54	0.02	0.04	-0.02	0.00	-0.03	0.26	-0.27
云 南	5.13	0.30	4.86	0.29	0.05	0.00	0.05	-0.01	0.10	-0.49
西 藏	0.07	0.00	0.07	0.00		0.00		0.00	0.00	0.00
陕 西	8.27	0.27	8.03	0.29	0.08	0.03	0.09	0.04	0.81	0.44
甘 肃	3.25	0.26	3.20	0.25	0.15	0.04	0.09	0.03	-0.77	-1.65
青 海	0.89	0.04	0.88	0.04	0.04	0.02	0.04	0.02	-0.17	-0.24
宁 夏	0.88	0.08	0.88	0.09	0.13	0.04	0.11	0.04	0.05	-0.05
新 疆	3.24	0.20	3.21	0.20	0.06	0.02	0.05	0.01	0.78	-0.54

续表 2

（2012 年）　　　　单位：亿美元

项目 地区	各项贷款		境内贷款		短期贷款		个人贷款及透支		单位普通贷款及透支	
	余额	比年初	余额	比年初	余额	比年初	余额	比年初	余额	比年初
全　国	6835.57	1451.30	4949.40	1071.23	3162.74	908.53	10.44	2.12	938.11	-3.55
总　行	823.52	155.47	247.52	7.42	56.53	16.92	9.28	1.96	18.38	2.63
北　京	1073.61	74.79	627.56	52.88	227.09	-7.23	0.04	0.01	87.51	-50.92
天　津	159.85	51.53	147.30	47.62	77.13	23.90	0.01	0.00	23.16	-2.23
河　北	74.31	24.07	66.89	20.54	51.26	13.52	0.01	0.00	18.22	3.56
山　西	16.72	1.45	16.64	1.37	12.60	3.34	0.00	0.00	2.79	0.77
内蒙古	17.24	3.91	14.68	1.36	8.79	1.40	0.01	0.00	3.24	0.00
辽　宁	250.78	58.62	217.40	48.18	147.30	42.65	0.03	0.02	71.40	25.35
吉　林	18.28	0.06	14.01	-1.94	8.39	-1.79	0.00	0.00	1.68	-0.09
黑龙江	56.20	22.49	44.45	18.24	35.33	19.22	0.00	0.00	11.95	6.08
上　海	715.39	108.95	632.03	97.00	424.53	96.15	0.12	0.00	183.67	-43.53
江　苏	515.56	132.24	488.21	121.37	419.37	115.57	0.06	0.02	78.52	-4.49
浙　江	401.95	90.46	380.96	80.18	307.36	75.37	0.10	0.02	59.62	6.84
安　徽	79.69	13.58	71.68	7.98	45.85	0.94	0.01	0.00	18.28	-6.21
福　建	193.72	63.96	171.44	52.86	124.90	49.41	0.18	0.04	27.33	9.95
江　西	24.76	4.63	24.18	5.14	17.00	4.42	0.01	0.00	1.48	0.52
山　东	457.95	86.11	277.93	68.55	226.30	69.90	0.02	0.00	46.58	-0.74
河　南	43.00	20.36	39.74	19.63	33.47	19.90	0.00	0.00	10.50	6.16
湖　北	163.50	47.20	104.72	23.42	57.41	13.83	0.01	0.00	30.46	-0.36
湖　南	49.65	5.87	44.43	0.66	26.55	1.06	0.00	0.00	11.52	-3.49
广　东	1131.15	305.32	911.56	277.36	620.00	254.55	0.49	0.04	142.30	36.21
广　西	65.88	28.13	38.94	15.80	27.72	14.97	0.01	0.00	12.90	7.27
海　南	79.38	16.40	53.01	7.08	6.45	0.36	0.00	0.00	4.06	0.17
重　庆	73.66	42.90	73.00	42.96	63.92	43.25	0.01	0.00	7.00	2.25
四　川	95.92	19.58	86.85	19.55	44.08	14.14	0.01	0.00	18.09	0.69
贵　州	11.99	6.64	9.25	5.04	9.21	5.04	0.00	0.00	1.30	-0.45
云　南	47.61	13.06	32.36	8.66	24.13	6.34	0.00	0.00	8.01	-1.33
西　藏	0.05	0.00	0.05	0.00	0.00	0.00	0.00	0.00		
陕　西	43.37	6.53	40.54	6.53	15.32	5.62	0.00	0.00	3.90	0.64
甘　肃	58.42	15.98	52.90	13.30	37.46	4.32	0.00	0.00	33.64	3.43
青　海	12.21	11.03	1.01	-0.17	0.43	0.00	0.00	0.00		-0.11
宁　夏	5.18	-2.23	4.18	1.36	2.36	1.37	0.00	0.00		-0.10
新　疆	75.09	22.21	13.98	1.31	4.52	0.08	0.00	0.00	0.62	-2.02

续表 3

（2012年）

单位：亿美元

项目 地区	贸易融资		中长期贷款						境外贷款	
					个人贷款		单位普通贷款			
	余额	比年初	余额	比年初	余额	比年初	余额	比年初	余额	比年初
全国	2212.72	908.96	1747.96	151.63	2.65	1.27	1241.16	110.06	1886.17	380.06
总行	28.87	12.34	188.84	-8.20	0.01	0.00	91.65	2.17	576.00	148.05
北京	139.53	43.83	400.45	60.51	0.12	0.06	315.11	33.05	446.05	21.91
天津	53.96	26.13	62.71	21.85	0.01	0.01	58.96	22.87	12.55	3.91
河北	33.03	9.95	15.56	7.01			14.53	7.15	7.43	3.53
山西	9.81	2.57	4.04	-1.97	0.00	0.00	2.53	-0.84	0.08	0.08
内蒙古	5.55	1.40	5.74	-0.04			3.21	-0.45	2.56	2.55
辽宁	75.86	17.28	69.52	5.23	0.01	0.00	45.32	1.02	33.38	10.44
吉林	6.71	-1.70	5.60	-0.14			3.87	-0.07	4.27	2.00
黑龙江	23.34	13.10	9.01	-0.98			6.14	-0.77	11.75	4.25
上海	240.73	139.92	206.22	1.01	1.80	1.16	172.76	-3.97	83.36	11.95
江苏	340.71	120.05	68.36	5.63	0.05	0.02	49.34	10.32	27.35	10.87
浙江	247.63	68.50	66.55	0.40	0.00	0.00	47.94	-2.34	21.00	10.28
安徽	27.55	7.15	25.80	7.01			13.45	6.83	8.01	5.60
福建	96.05	38.08	46.30	3.48	0.10	-0.03	36.68	3.01	22.28	11.10
江西	15.52	3.91	6.86	0.40	0.00	0.00	5.22	-0.99	0.57	-0.51
山东	179.71	70.64	50.01	-2.78	0.00	0.00	25.78	-3.78	180.01	17.55
河南	22.97	13.74	6.24	-0.27			3.11	0.29	3.26	0.73
湖北	26.94	14.19	47.18	9.61	0.00	0.00	40.06	10.24	58.78	23.78
湖南	15.03	4.55	17.65	-0.60			8.84	-0.45	5.21	5.21
广东	477.21	218.30	275.57	18.49	0.54	0.05	183.27	11.89	219.58	27.96
广西	14.81	7.70	11.14	0.83			3.40	0.39	26.94	12.32
海南	2.39	0.19	46.56	6.73	0.00	0.00	36.70	7.54	26.38	9.32
重庆	56.91	41.00	9.09	-0.29	0.00	0.00	5.07	0.08	0.65	-0.06
四川	25.98	13.44	42.75	5.56	0.00	0.00	30.99	3.01	9.07	0.02
贵州	7.90	5.49	0.04	0.00					2.75	1.61
云南	16.12	7.67	8.23	2.32			6.39	2.39	15.25	4.41
西藏			0.05	0.00						
陕西	11.42	4.99	24.58	0.80	0.00	0.00	19.21	1.58	2.82	0.00
甘肃	3.82	0.89	15.43	8.97			5.96	0.59	5.52	2.68
青海	0.43	0.11	0.58	-0.18			0.30	-0.25	11.20	11.20
宁夏	2.35	1.47	1.82	0.00			0.46	-0.08	1.00	-3.59
新疆	3.90	2.10	9.46	1.24	0.00	0.00	4.89	-0.38	61.11	20.90

二、国内经济主要统计指标

地区生产总值

单位：亿元

地区	2006年	2007年	2008年	2009年	2010年	2011年	2012年
北京	8117.8.0	9846.8	11115.0	12153.0	14113.6	16251.9	17801.0
天津	4462.7	5252.8	6719.0	7521.9	9224.5	11307.3	12885.2
河北	11467.6	13607.3	16012.0	17235.5	20394.3	24515.8	26575.0
山西	4878.6	6024.5	7315.4	7358.3	9200.9	11237.6	12112.8
内蒙古	4944.2	6423.2	8496.2	9740.3	11672.0	14359.9	15988.3
辽宁	9304.5	11164.3	13668.6	15212.5	18457.3	22226.7	24801.3
吉林	4275.1	5284.7	6426.1	7278.8	8667.6	10568.8	11937.8
黑龙江	6211.8	7104.0	8314.4	8587.0	10368.6	12582.0	13691.6
上海	10572.2	12494.0	14069.9	15046.5	17166.0	19195.7	20101.3
江苏	21742.1	26018.5	30982.0	34457.3	41425.5	49110.3	54058.2
浙江	15718.5	18753.7	21462.7	22990.4	27722.3	32318.9	34606.3
安徽	6112.5	7360.9	8851.7	10062.8	12359.3	15300.7	17212.1
福建	7583.8	9248.5	10823.0	12236.5	14737.1	17560.2	19701.8
江西	4820.5	5800.3	6971.1	7655.2	9451.3	11702.8	12948.5
山东	21900.2	25776.9	30933.3	33896.7	39169.9	45361.9	50013.2
河南	12362.8	15012.5	18018.5	19480.5	23092.4	26931.0	29810.1
湖北	7617.5	9333.4	11328.9	12961.1	15967.6	19632.3	22250.2
湖南	7688.7	9439.6	11555.0	13059.7	16038.0	19669.6	22154.2
广东	26587.8	31777.0	36796.7	39482.6	46013.1	53210.3	57067.9
广西	4746.2	5823.4	7021.0	7759.2	9569.9	11720.9	13031.0
海南	1044.9	1254.2	1503.1	1654.2	2064.5	2522.7	2855.3
重庆	3907.2	4676.1	5793.7	6530.0	7925.6	10011.4	11459.0
四川	8690.2	10562.4	12601.2	14151.3	17185.5	21026.7	23849.8
贵州	2339.0	2884.1	3561.6	3912.7	4602.2	5701.8	6802.2
云南	3988.1	4772.5	5692.1	6169.8	7224.2	8893.1	10309.8
西藏	290.8	341.4	394.9	441.4	507.5	605.8	695.6
陕西	4743.6	5757.3	7314.6	8169.8	10123.5	12512.3	14451.2
甘肃	2276.7	2702.4	3166.8	3387.6	4120.8	5020.4	5650.2
青海	648.5	797.4	1018.6	1081.3	1350.4	1670.4	1884.5
宁夏	725.9	919.1	1203.9	1353.3	1689.7	2102.2	2326.6
新疆	3045.3	3523.2	4183.2	4277.0	5437.5	6610.1	7466.3

注：本表按当年价格计算。

地区生产总值及增长速度

（2012 年）

地区	地区生产总值（亿元）	第一产业	第二产业	工业	建筑业	第三产业	#交通运输、仓储和邮政业	#批发和零售业	地区生产总值比上年增长(%)
北京	17801.0	150.3	4058.3	3294.3	764.0	13592.5	778.5	2279.4	7.7
天津	12885.2	171.5	6663.7	6122.9	540.8	6050.0	721.0	1678.8	13.8
河北	26575.0	3186.7	14001.0	12511.6	1489.4	9387.3	2241.1	2002.9	9.6
山西	12112.8	697.9	7009.1	6302.7	706.4	4405.9	799.0	981.1	10.1
内蒙古	15988.3	1447.4	9032.5	7966.6	1065.9	5508.4	1167.9	1386.5	11.7
辽宁	24801.3	2155.8	13338.7	11712.7	1626.0	9306.8	1284.9	2212.8	9.5
吉林	11937.8	1412.1	6374.5	5582.5	792.0	4151.3	460.0	984.5	12.0
黑龙江	13691.6	2113.7	6456.4	5659.3	797.1	5121.4	586.6	1185.3	10.0
上海	20101.3	127.8	7912.8	7159.4	753.4	12060.8	895.3	3291.98	7.5
江苏	54058.2	3418.3	27121.9	23908.4	3213.5	23518.0	2305.4	5948.4	10.1
浙江	34606.3	1669.5	17312.4	15336.3	1976.1	15624.4	1276.8	3696.8	8.0
安徽	17212.1	2178.7	9404.0	8025.8	1378.1	5629.3	650.2	1200.1	12.1
福建	19701.8	1776.5	10288.6	8644.2	1644.4	7636.7	1097.5	1654.8	11.4
江西	12948.5	1520.2	6967.5	5854.6	1112.9	4460.8	567.8	945.9	11.0
山东	50013.2	4281.7	25735.7	22798.3	2937.4	19995.8	2598.4	6365.4	9.8
河南	29810.1	3772.3	17020.2	15357.4	1662.8	9017.6	1059.6	1778.5	10.1
湖北	22250.2	2848.8	11190.5	9735.2	1455.3	8210.9	934.9	1687.5	11.3
湖南	22154.2	3004.2	10506.4	9140.0	1366.4	8643.6	1077.7	1866.3	11.3
广东	57067.9	2848.9	27825.3	25937.2	1888.1	26393.7	2365.5	6328.5	8.2
广西	13031.0	2172.4	6333.1	5364.9	968.2	4525.6	667.5	926.1	11.3
海南	2855.3	711.5	803.7	521.2	282.5	1340.1	133.5	309.2	9.1
重庆	11459.0	940.0	6172.3	5181.0	991.3	4346.7	515.2	848.0	13.6
四川	23849.8	3297.2	12587.8	10800.5	1787.3	7964.8	707.2	1342.3	12.6
贵州	6802.2	890.0	2655.4	2196.1	459.3	3256.8	685.5	516.9	13.6
云南	10309.8	1654.6	4419.1	3450.7	968.4	4236.1	239.6	1068.4	13.0
西藏	695.6	80.4	241.7	55.1	186.5	373.5	24.6	98.2	11.8
陕西	14451.2	1370.2	8075.4	6847.4	1228.0	5005.6	617.5	1197.6	12.9
甘肃	5650.2	780.2	2600.6	2074.2	526.4	2269.2	319.7	398.6	12.6
青海	1884.5	176.8	1092.0	895.9	196.1	615.8	71.9	109.4	12.3
宁夏	2326.6	200.2	1158.6	878.6	279.9	967.9	195.5	124.3	11.5
新疆	7466.3	1320.6	3560.8	2929.9	630.9	2585.0	332.8	414.2	12.0

注：本表绝对数按当年价格计算，增长速度按不变价格计算。

地区生产总值构成

（2012年，地区生产总值=100）

地 区	地区生产总 值	第一产业	第二产业	工 业	建筑业	第三产业	#交通运输、仓储和邮政业	#批发和零售业
北 京	100.0	0.8	22.8	18.5	4.3	76.4	4.4	12.8
天 津	100.0	1.3	51.7	47.5	4.2	47.0	5.6	13.0
河 北	100.0	12.0	52.7	47.1	5.6	35.3	8.4	7.5
山 西	100.0	5.8	57.9	52.0	5.8	36.4	6.6	8.1
内蒙古	100.0	9.1	56.5	49.8	6.7	34.5	7.3	8.7
辽 宁	100.0	8.7	53.8	47.2	6.6	37.5	5.2	8.9
吉 林	100.0	11.8	53.4	46.8	6.6	34.8	3.9	8.2
黑龙江	100.0	15.4	47.2	41.3	5.8	37.4	4.3	8.7
上 海	100.0	0.6	39.4	35.6	3.7	60.0	4.5	16.4
江 苏	100.0	6.3	50.2	44.2	5.9	43.5	4.3	11.0
浙 江	100.0	4.8	50.0	44.3	5.7	45.1	3.7	10.7
安 徽	100.0	12.7	54.6	46.6	8.0	32.7	3.8	7.0
福 建	100.0	9.0	52.2	43.9	8.3	38.8	5.6	8.4
江 西	100.0	11.7	53.8	45.2	8.6	34.5	4.4	7.3
山 东	100.0	8.6	51.5	45.6	5.9	40.0	5.2	12.7
河 南	100.0	12.7	57.1	51.5	5.6	30.3	3.6	6.0
湖 北	100.0	12.8	50.3	43.8	6.5	36.9	4.2	7.6
湖 南	100.0	13.6	47.4	41.3	6.2	39.0	4.9	8.4
广 东	100.0	5.0	48.8	45.4	3.3	46.2	4.1	11.1
广 西	100.0	16.7	48.6	41.2	7.4	34.7	5.1	7.1
海 南	100.0	24.9	28.1	18.3	9.9	46.9	4.7	10.8
重 庆	100.0	8.2	53.9	45.2	8.7	37.9	4.5	7.4
四 川	100.0	13.8	52.8	45.3	7.5	33.4	3.0	5.6
贵 州	100.0	13.1	39.0	32.3	6.8	47.9	10.1	7.6
云 南	100.0	16.0	42.9	33.5	9.4	41.1	2.3	10.4
西 藏	100.0	11.6	34.7	7.9	26.8	53.7	3.5	5.5
陕 西	100.0	9.5	55.9	47.4	8.5	34.6	4.3	8.3
甘 肃	100.0	13.8	46.0	36.7	9.3	40.2	5.7	7.1
青 海	100.0	9.4	57.9	47.5	10.4	32.7	3.8	5.8
宁 夏	100.0	8.6	49.8	37.8	12.0	41.6	8.4	5.3
新 疆	100.0	17.7	47.7	39.2	8.4	34.6	4.5	5.5

注：本表按当年价格计算。

分地区年末常住人口

单位：万人

地区	2006 年	2007 年	2008 年	2009 年	2010 年	2011 年	2012 年
全国总计	131448	132129	132802	133450	134091	134735	135404
北京	1601	1676	1771	1860	1962	2019	2069
天津	1075	1115	1176	1228	1299	1355	1413
河北	6898	6943	6989	7034	7194	7241	7288
山西	3375	3393	3411	3427	3574	3593	3611
内蒙古	2415	2429	2444	2458	2472	2482	2490
辽宁	4271	4298	4315	4341	4375	4383	4389
吉林	2723	2730	2734	2740	2747	2749	2750
黑龙江	3823	3824	3825	3826	3833	3834	3834
上海	1964	2064	2141	2210	2303	2347	2380
江苏	7656	7723	7762	7810	7869	7899	7920
浙江	5072	5155	5212	5276	5447	5463	5477
安徽	6110	6118	6135	6131	5957	5968	5988
福建	3585	3612	3639	3666	3693	3720	3748
江西	4339	4368	4400	4432	4462	4488	4504
山东	9309	9367	9417	9470	9588	9637	9685
河南	9392	9360	9429	9487	9405	9388	9406
湖北	5693	5699	5711	5720	5728	5758	5779
湖南	6342	6355	6380	6406	6570	6596	6639
广东	9442	9660	9893	10130	10441	10505	10594
广西	4719	4768	4816	4856	4610	4645	4682
海南	836	845	854	864	869	877	887
重庆	2808	2816	2839	2859	2885	2919	2945
四川	8169	8127	8138	8185	8045	8050	8076
贵州	3690	3632	3596	3537	3479	3469	3484
云南	4483	4514	4543	4571	4602	4631	4659
西藏	285	289	292	296	300	303	308
陕西	3699	3708	3718	3727	3735	3743	3753
甘肃	2547	2548	2551	2555	2560	2564	2578
青海	548	552	554	557	563	568	573
宁夏	604	610	618	625	633	639	647
新疆	2050	2095	2131	2159	2185	2209	2233

注：1. 全国数据包括中国人民解放军现役军人数，但不包括香港、澳门特别行政区和台湾省数据；分省数据中未包括中国人民解放军现役军人数。

2. 2010 年数据为当年人口普查数据推算数；其余年份数据根据年度人口抽样调查推算。

分地区全社会固定资产投资

单位：亿元

地　区	2006年	2007年	2008年	2009年	2010年	2011年	2012年
全国总计	109998.2	137323.9	172828.4	224598.8	278121.9	311485.1	374675.7
北　京	3296.4	3907.2	3814.7	4616.9	5403.0	5578.9	6111.7
天　津	1820.5	2353.1	3389.8	4738.2	6278.1	7067.7	7934.8
河　北	5470.2	6884.7	8866.6	12269.8	15083.4	16389.3	19661.3
山　西	2255.7	2861.5	3531.2	4943.2	6063.2	7073.1	8863.3
内蒙古	3363.2	4372.9	5475.4	7336.8	8926.5	10365.2	11858.2
辽　宁	5689.6	7435.2	10019.1	12292.5	16043.0	17726.3	21836.3
吉　林	2594.3	3651.4	5038.9	6411.6	7870.4	7441.7	9711.4
黑龙江	2236.0	2833.5	3656.0	5028.8	6812.6	7475.4	9695.4
上　海	3900.0	4420.4	4823.1	5043.8	5108.9	4962.1	5117.6
江　苏	10069.2	12268.1	15300.6	18949.9	23184.3	26692.6	30807.7
浙　江	7590.2	8420.4	9323.0	10742.3	12376.0	14185.3	17554.4
安　徽	3533.6	5087.5	6747.0	8990.7	11542.9	12455.7	15384.3
福　建	2981.8	4287.8	5207.7	6231.2	8199.1	9910.9	12423.1
江　西	2683.6	3301.9	4745.4	6643.1	8772.3	9087.6	11784.7
山　东	11111.4	12537.7	15435.9	19034.5	23280.5	26749.7	31256.0
河　南	5904.7	8010.1	10490.6	13704.5	16585.9	17769.0	21761.5
湖　北	3343.5	4330.4	5647.0	7866.9	10262.7	12557.3	15591.8
湖　南	3175.5	4154.8	5534.0	7703.4	9663.6	11880.9	14523.2
广　东	7973.4	9294.3	10868.7	12933.1	15623.7	17069.2	18749.4
广　西	2198.7	2939.7	3756.4	5237.2	7057.6	7990.7	9808.6
海　南	423.9	502.4	705.4	988.3	1317.0	1657.2	2126.3
重　庆	2407.4	3127.7	3979.6	5214.3	6688.9	7473.4	8732.3
四　川	4412.9	5639.8	7127.8	11371.9	13116.7	14222.2	17036.5
贵　州	1197.4	1488.8	1864.5	2412.0	3104.9	4235.9	5517.8
云　南	2208.6	2759.0	3435.9	4526.4	5528.7	6191.0	7831.1
西　藏	231.1	270.3	309.9	378.3	462.7	516.3	670.5
陕　西	2480.7	3415.0	4614.4	6246.9	7963.7	9431.1	12044.5
甘　肃	1022.6	1304.2	1712.8	2363.0	3158.3	3965.8	5145.5
青　海	408.5	482.8	583.2	798.2	1016.9	1435.6	1848.4
宁　夏	498.7	599.8	828.9	1075.9	1444.2	1644.7	2096.9
新　疆	1567.1	1850.8	2260.0	2725.5	3423.2	4632.1	6158.4
不分地区	1947.6	2530.8	3734.9	5779.7	6759.1	5651.3	5032.7

分地区城镇居民家庭人均可支配收入

单位：元

地　区	2006年	2007年	2008年	2009年	2010年	2011年	2012年
全国总计	11759.5	13785.8	15780.8	17174.7	19109.4	21809.8	24564.7
北　京	19977.5	21988.7	24724.9	26738.5	29072.9	32903.0	36468.8
天　津	14283.1	16357.4	19422.5	21402.0	24292.6	26920.9	29626.4
河　北	10304.6	11690.5	13441.1	14718.3	16263.4	18292.2	20543.4
山　西	10027.7	11565.0	13119.1	13996.6	15647.7	18123.9	20411.7
内蒙古	10358.0	12377.8	14432.6	15849.2	17698.2	20407.6	23150.3
辽　宁	10369.6	12300.4	14392.7	15761.4	17712.6	20446.8	23222.7
吉　林	9775.1	11285.5	12829.5	14006.3	15411.5	17796.6	20208.0
黑龙江	9182.3	10245.3	11581.3	12566.0	13856.5	15696.2	17759.8
上　海	20667.9	23622.7	26674.9	28837.8	31838.1	36230.5	40188.3
江　苏	14084.3	16378.0	18679.5	20551.7	22944.3	26340.7	29677.0
浙　江	18265.1	20573.8	22726.7	24610.8	27359.0	30970.7	34550.3
安　徽	9771.1	11473.6	12990.4	14085.7	15788.2	18606.1	21024.2
福　建	13753.3	15506.1	17961.5	19576.8	21781.3	24907.4	28055.2
江　西	9551.1	11451.7	12866.4	14021.5	15481.1	17494.9	19860.4
山　东	12192.2	14264.7	16305.4	17811.0	19945.8	22791.8	25755.2
河　南	9810.3	11477.1	13231.1	14371.6	15930.3	18194.8	20442.6
湖　北	9802.7	11485.8	13152.9	14367.5	16058.4	18373.9	20839.6
湖　南	10504.7	12293.5	13821.2	15084.3	16565.7	18844.1	21318.8
广　东	16015.6	17699.3	19732.9	21574.7	23897.8	26897.5	30226.7
广　西	9898.8	12200.4	14146.0	15451.5	17063.9	18854.1	21242.8
海　南	9395.1	10996.9	12607.8	13750.9	15581.1	18369.0	20917.7
重　庆	11569.7	12590.8	14367.6	15748.7	17532.4	20249.7	22968.1
四　川	9350.1	11098.3	12633.4	13839.4	15461.2	17899.1	20307.0
贵　州	9116.6	10678.4	11758.8	12862.5	14142.7	16495.0	18700.5
云　南	10069.9	11496.1	13250.2	14423.9	16064.5	18575.6	21074.5
西　藏	8941.1	11130.9	12481.5	13544.4	14980.5	16195.6	18028.3
陕　西	9267.7	10763.3	12857.9	14128.8	15695.2	18245.2	20733.9
甘　肃	8920.6	10012.3	10969.4	11929.8	13188.6	14988.7	17156.9
青　海	9000.4	10276.1	11640.4	12691.9	13855.0	15603.3	17566.3
宁　夏	9177.3	10859.3	12931.5	14024.7	15344.5	17578.9	19831.4
新　疆	8871.3	10313.4	11432.1	12257.5	13643.8	15513.6	17920.7

注：本表按当年价格计算。

分地区农村居民家庭人均纯收入

单位：元

地　区	2006 年	2007 年	2008 年	2009 年	2010 年	2011 年	2012 年
全国总计	3587.0	4140.4	4760.6	5153.2	5919.0	6977.3	7916.6
北　京	8275.5	9439.6	10661.9	11668.6	13262.3	14735.7	16475.7
天　津	6227.9	7010.1	7910.8	8687.6	10074.9	12321.2	14025.5
河　北	3801.8	4293.4	4795.5	5149.7	5958.0	7119.7	8081.4
山　西	3180.9	3665.7	4097.2	4244.1	4736.3	5601.4	6356.6
内蒙古	3341.9	3953.1	4656.2	4937.8	5529.6	6641.6	7611.3
辽　宁	4090.4	4773.4	5576.5	5958.0	6907.9	8296.5	9383.7
吉　林	3641.1	4191.3	4932.7	5265.9	6237.4	7510.0	8598.2
黑龙江	3552.4	4132.3	4855.6	5206.8	6210.7	7590.7	8603.8
上　海	9138.7	10144.6	11440.3	12482.9	13978.0	16053.8	17803.7
江　苏	5813.2	6561.0	7356.5	8003.5	9118.2	10805.0	12202.0
浙　江	7334.8	8265.2	9257.9	10007.3	11302.6	13070.7	14551.9
安　徽	2969.1	3556.3	4202.5	4504.3	5285.2	6232.2	7160.5
福　建	4834.8	5467.1	6196.1	6680.2	7426.9	8778.6	9967.2
江　西	3459.5	4044.7	4697.2	5075.0	5788.6	6891.6	7829.4
山　东	4368.3	4985.3	5641.4	6118.8	6990.3	8342.1	9446.5
河　南	3261.0	3851.6	4454.2	4807.0	5523.7	6604.0	7524.9
湖　北	3419.4	3997.5	4656.4	5035.3	5832.3	6897.9	7851.7
湖　南	3389.6	3904.2	4512.5	4909.0	5622.0	6567.1	7440.2
广　东	5079.8	5624.0	6399.8	6906.9	7890.3	9371.7	10542.8
广　西	2770.5	3224.1	3690.3	3980.4	4543.4	5231.3	6007.5
海　南	3255.5	3791.4	4390.0	4744.4	5275.4	6446.0	7408.0
重　庆	2873.8	3509.3	4126.2	4478.4	5276.7	6480.4	7383.3
四　川	3002.4	3546.7	4121.2	4462.1	5086.9	6128.6	7001.4
贵　州	1984.6	2374.0	2796.9	3005.4	3471.9	4145.4	4753.0
云　南	2250.5	2634.1	3102.6	3369.3	3952.0	4722.0	5416.5
西　藏	2435.0	2788.2	3175.8	3531.7	4138.7	4904.3	5719.4
陕　西	2260.2	2644.7	3136.5	3437.6	4105.0	5027.9	5762.5
甘　肃	2134.1	2328.9	2723.8	2980.1	3424.7	3909.4	4506.7
青　海	2358.4	2683.8	3061.2	3346.2	3862.7	4608.5	5364.4
宁　夏	2760.1	3180.8	3681.4	4048.3	4674.9	5410.0	6180.3
新　疆	2737.3	3183.0	3502.9	3883.1	4642.7	5442.2	6393.7

注：本表按当年价格计算。

分地区主要农产品产量

（2012年）

单位：万吨

地区	粮食	油料	棉花	糖料	蔬菜	水果	肉类	#猪肉	#牛肉	#羊肉	奶类
全国总计	58958.0	3436.8	683.6	13485.4	70883.1	24056.8	8387.2	5342.7	662.3	401.0	3868.6
北京	113.8	1.3			279.9	113.6	43.2	23.9	2.2	1.2	65.1
天津	161.8	0.6	5.8		447.7	58.2	45.8	29.2	3.3	1.5	68.2
河北	3246.6	142.8	56.4	59.4	7695.1	1814.9	442.9	259.0	55.3	28.7	479.0
山西	1274.1	19.6	4.7	40.8	1073.3	677.3	77.4	56.3	4.9	5.9	81.0
内蒙古	2528.5	145.1	0.2	167.9	1476.3	283.5	245.8	73.9	51.2	88.6	930.7
辽宁	2070.5	120.9	0.1	9.7	2977.6	894.3	418.7	230.2	43.2	7.9	130.2
吉林	3343.0	80.7	0.8	20.9	957.5	217.5	260.0	132.7	45.0	4.1	49.1
黑龙江	5761.5	22.5		273.1	866.4	268.6	216.2	128.4	39.7	12.1	565.0
上海	122.4	1.7	0.4	1.0	406.9	87.2	25.8	18.7	0.01	0.6	30.2
江苏	3372.5	146.9	22.0	9.8	4984.6	796.0	396.5	228.8	3.5	7.6	61.3
浙江	769.8	38.3	3.0	70.1	1819.8	703.8	180.8	139.7	1.2	1.7	19.3
安徽	3289.1	227.7	29.4	20.6	2327.5	885.4	397.7	249.7	18.1	14.6	24.1
福建	659.3	28.1	0	56.5	1673.9	708.8	200.8	155.6	2.5	2.0	15.4
江西	2084.8	117.1	15.2	61.6	1213.1	571.3	311.1	237.3	12.1	1.1	12.6
山东	4511.4	351.0	69.8		9386.0	2924.5	764.2	376.7	67.0	33.1	294.1
河南	5638.6	569.5	25.7	26.9	7011.7	2535.0	677.4	432.5	80.4	24.8	330.4
湖北	2441.8	319.7	54.5	31.1	3506.4	885.7	412.3	317.3	18.9	8.2	15.7
湖南	3006.5	207.8	25.1	73.8	3480.9	909.2	515.3	427.6	16.8	10.3	8.5
广东	1396.3	96.6		1469.2	2982.7	1390.1	443.2	276.4	6.7	0.9	13.9
广西	1484.9	54.5	0.2	7829.7	2356.7	1325.0	441.0	252.5	13.9	3.2	9.4
海南	199.5	10.4		415.9	499.0	428.7	79.5	48.1	2.5	1.0	0.2
重庆	1138.5	50.1		11.9	1509.3	291.2	201.2	150.7	7.1	2.8	7.7
四川	3315.0	287.8	1.3	61.5	3764.7	821.6	670.2	496.4	29.3	24.0	72.2
贵州	1079.5	87.4	0.1	128.1	1375.6	147.7	190.3	156.1	13.0	3.5	5.1
云南	1749.1	62.8		2043.8	1472.7	581.1	348.7	264.1	31.9	13.6	58.0
西藏	94.9	6.3			65.6	1.4	25.2	1.5	15.1	8.5	25.6
陕西	1245.1	60.3	6.7	0.2	1525.6	1693.8	107.1	83.5	7.5	6.9	189.1
甘肃	1109.7	67.0	8.1	24.7	1460.4	565.0	87.8	48.6	16.7	15.9	38.6
青海	101.5	35.2			158.7	3.7	30.5	9.4	9.6	10.4	29.4
宁夏	375.0	18.0			471.1	250.5	26.5	7.7	7.9	8.5	103.5
新疆	1273.0	59.0	353.9	577.2	1656.0	1222.1	134.2	30.2	36.2	48.0	136.3

注：水果产量含果用瓜。

分地区主要工业产品产量

（2012 年）

地　区	原　油（万吨）	天然气（亿立方米）	布（亿米）	农用化肥（万吨）	水　泥（万吨）	生　铁（万吨）	粗　钢（万吨）
全国总计	20747.8	1072.2	840.8	7296.0	221000.0	65790.5	71716.0
北　京					874.5		2.6
天　津	3098.3	18.7	2.0	11.8	784.3	1974.6	2124.2
河　北	584.0	13.4	65.7	184.3	12809.8	16350.2	18048.4
山　西			0.5	389.1	4720.4	3996.5	3950.1
内蒙古			0.4	123.0	5872.1	1326.4	1734.1
辽　宁	1000.0	7.2	4.0	82.2	5557.7	5311.2	5177.0
吉　林	810.4	22.2	0.4	49.5	3242.0	1000.8	1174.2
黑龙江	4001.5	33.7	0.1	71.6	3872.9	674.7	697.6
上　海	5.3	2.9	1.7	2.6	794.7	1800.4	1970.9
江　苏	194.5	0.6	80.3	270.6	16775.5	5871.9	7419.7
浙　江			143.2	27.8	11539.6	1006.1	1305.2
安　徽			9.7	309.8	10869.8	1926.6	2147.0
福　建			48.2	45.9	7197.6	725.3	1318.6
江　西			9.3	93.7	7420.9	2027.0	2140.9
山　东	2774.7	6.0	132.5	1265.9	15386.0	6013.1	5957.0
河　南	476.6	5.0	27.8	403.8	14805.1	2116.0	2215.8
湖　北	78.9	1.7	69.2	1142.9	10255.5	2407.1	2806.7
湖　南			3.5	209.7	10445.4	1706.4	1679.7
广　东	1209.3	83.5	23.5	41.6	11384.3	842.0	1228.5
广　西	2.3		0.2	116.4	9864.1	1298.1	1338.1
海　南	19.0	1.8		60.0	1672.4		
重　庆		0.4	4.6	206.4	5499.6	517.3	545.6
四　川	17.5	242.1	14.2	425.3	13342.1	1670.2	1674.3
贵　州			0.1	499.5	6100.5	552.9	531.3
云　南				345.4	7793.7	1582.8	1526.7
西　藏					286.7		
陕　西	3527.6	311.3	6.5	97.9	7552.7	803.1	828.7
甘　肃	69.9	0.2		78.9	3615.1	746.6	810.2
青　海	205.0	63.5		357.0	1371.0	150.8	141.2
宁　夏	2.3	1.5		88.0	1605.3	80.7	21.7
新　疆	2670.7	251.3	0.3	295.6	4025.8	1311.7	1138.2

续表 （2012年）

地　区	钢材（万吨）	汽车（万辆）	家用电冰箱（万台）	程控交换机（万线）	移动通信手持机（万部）	微型计算机设备（万台）	发电量（亿千瓦小时）
全国总计	95317.6	1927.7	8427.0	2826.3	118154.3	35411.0	49377.7
北　京	253.8	166.2	80.4	839.6	19949.3	1074.5	290.9
天　津	5708.6	63.8	51.4	4.3	9193.9	0.2	589.7
河　北	20995.2	82.5		8.7			2372.9
山　西	3797.6	0.7			1517.0		2534.9
内蒙古	1661.8	2.1					3116.9
辽　宁	5916.1	83.6	101.5	216.4	1650.0	0.2	1420.0
吉　林	1229.5	156.5					691.6
黑龙江	610.2	9.8				3.6	846.8
上　海	2340.8	202.4	151.6	121.9	4086.6	9804.8	886.2
江　苏	10989.2	88.7	1103.2	4.6	2525.8	8862.1	3928.5
浙　江	3361.3	32.7	887.2	132.9	651.8	161.8	2773.9
安　徽	2765.4	104.2	2589.1		3.9	339.4	1767.5
福　建	2034.4	18.3			2968.0	929.0	1622.6
江　西	2368.9	34.4	107.0	1.5	4440.0	20.8	728.2
山　东	7817.9	90.3	575.0	137.2	4111.5	20.4	3195.2
河　南	3481.4	37.6	455.9		6853.6		2643.0
湖　北	3558.4	118.9	202.4	45.7	419.0	213.3	2204.1
湖　南	1847.5	17.3	17.2		71.4	61.0	1318.7
广　东	2993.0	138.5	1655.0	1313.4	57599.3	5374.5	3753.7
广　西	2142.4	167.3					1187.8
海　南	20.9	12.9					198.5
重　庆	1105.2	191.0	191.2		1095.8	4160.9	597.7
四　川	2281.6	39.7	68.8		970.8	4384.5	2152.4
贵　州	560.2	0.5	159.0		46.9		1607.8
云　南	1600.0	10.9					1745.5
西　藏							26.2
陕　西	1283.6	54.5	31.1				1341.3
甘　肃	883.0	2.4					1103.0
青　海	139.5						589.2
宁　夏	109.1						1007.6
新　疆	1284.6	0.2					1135.5

分地区规模以上工业企业主要经济指标

(2012年)

单位：亿元

地　区	主营业务收　入	主营业务成　本	主营业务税金及附加	销　售费　用	利润总额	税金总额
全国总计	915914.8	776396.3	14435.1	22150.9	55577.7	40939.0
北　京	16851.2	14307.4	262.8	753.6	1216.6	725.4
天　津	23570.4	20020.9	291.5	529.7	1940.0	1022.3
河　北	43466.9	38061.1	416.7	653.8	2296.9	1498.2
山　西	17788.4	14919.6	158.2	473.6	806.5	964.2
内蒙古	17898.7	14163.0	234.6	452.4	1754.2	903.3
辽　宁	47965.1	41293.7	856.0	944.1	1906.3	1965.1
吉　林	19727.3	16236.9	489.9	660.7	1161.7	983.0
黑龙江	12295.6	9425.8	696.9	268.2	1201.0	1296.0
上　海	33738.3	28342.1	803.5	1186.5	2131.3	1637.3
江　苏	117774.3	102325.3	972.4	2573.4	6881.8	4332.4
浙　江	56729.9	48930.5	619.6	1331.9	2899.8	2089.0
安　徽	27911.2	23978.9	351.2	673.8	1470.2	1072.8
福　建	28892.9	24688.8	350.5	749.2	1779.2	1110.4
江　西	22267.6	19320.2	228.6	343.6	1285.1	844.7
山　东	116222.0	99445.4	1420.7	2142.7	7443.3	4647.4
河　南	51558.3	43975.0	631.3	972.1	3889.1	1966.8
湖　北	31372.8	26798.5	632.4	877.5	1602.9	1402.2
湖　南	27575.5	22097.8	738.6	714.5	1322.7	1726.6
广　东	92089.6	78823.6	1034.0	3045.8	4635.9	3134.6
广　西	14324.4	12260.1	292.7	316.8	749.0	713.3
海　南	1686.1	1364.6	102.3	48.2	123.7	164.2
重　庆	12715.7	10871.4	172.7	340.4	608.3	579.5
四　川	31065.7	25541.0	528.7	884.3	2142.7	1749.4
贵　州	5686.2	4338.0	247.2	186.6	466.0	531.7
云　南	8662.8	6666.6	705.5	240.8	507.7	1131.5
西　藏	89.6	73.4	1.6	4.2	13.1	8.5
陕　西	16101.3	12101.6	508.9	384.3	1982.6	1341.8
甘　肃	7587.8	6371.5	260.6	113.6	259.2	471.4
青　海	1951.4	1520.4	43.9	61.9	152.4	131.6
宁　夏	2972.6	2531.1	62.0	61.8	107.0	153.3
新　疆	7375.3	5602.0	319.6	161.1	841.7	641.2

注：本表为2012年快报数据（下表同）

分地区居民消费价格分类指数

（2012年，上年=100）

地　区	居民消费价格指数	食　品	烟　酒及用品	衣　着	家庭设备用　品及服务	医疗保健和个人用品	交通和通　信	娱　乐教　育文　化	居　住
全　国	102.6	104.8	102.9	103.1	101.9	102.0	99.96	100.5	102.1
北　京	103.3	106.6	102.2	100.9	102.8	101.5	99.1	102.3	103.9
天　津	102.7	106.4	104.9	107.0	101.6	102.2	97.6	99.3	100.9
河　北	102.6	103.8	104.7	104.7	102.8	102.4	100.3	100.6	101.7
山　西	102.5	104.2	103.1	102.1	101.7	101.9	99.7	101.0	102.7
内蒙古	103.1	105.8	102.8	103.8	101.4	102.1	99.7	100.8	102.4
辽　宁	102.8	104.9	102.3	102.3	102.9	101.9	100.1	101.1	102.8
吉　林	102.5	104.9	102.1	101.2	100.7	102.2	100.2	101.0	101.8
黑龙江	103.2	105.5	103.0	102.8	101.7	102.5	99.5	99.9	103.9
上　海	102.8	105.8	101.4	103.0	103.5	100.6	100.8	99.3	102.8
江　苏	102.6	104.7	103.9	103.6	103.6	101.3	99.8	99.9	102.4
浙　江	102.2	105.3	101.5	101.3	102.5	101.3	99.7	99.4	101.6
安　徽	102.3	103.8	103.3	102.5	101.6	101.5	100.7	101.7	101.0
福　建	102.4	104.6	102.4	105.0	101.7	102.3	100.1	98.8	101.6
江　西	102.7	105.2	102.2	100.2	101.7	102.2	100.1	100.9	102.7
山　东	102.1	103.5	102.8	103.3	101.2	102.1	100.2	100.3	101.8
河　南	102.5	103.6	103.4	103.2	102.8	101.9	100.7	101.2	102.5
湖　北	102.9	105.4	103.0	102.5	102.2	102.8	99.8	100.6	102.3
湖　南	102.0	103.3	102.0	101.1	101.4	102.7	99.9	101.2	101.7
广　东	102.8	105.6	102.6	104.0	101.9	101.9	99.2	100.7	101.8
广　西	103.2	105.2	103.1	103.6	101.1	102.0	100.2	101.5	103.7
海　南	103.2	105.2	101.2	102.8	103.5	102.0	101.6	102.1	101.7
重　庆	102.6	104.7	107.1	102.2	100.9	101.9	98.3	100.9	102.5
四　川	102.5	104.2	102.7	109.7	99.6	101.7	100.3	99.5	100.8
贵　州	102.7	104.7	102.8	103.8	101.1	102.5	99.6	101.2	101.4
云　南	102.7	106.2	100.6	98.7	101.4	101.6	100.2	101.2	102.2
西　藏	103.5	106.9	101.5	104.3	101.5	100.9	101.2	100.3	101.4
陕　西	102.8	104.8	103.0	102.7	102.4	103.9	99.1	100.6	102.2
甘　肃	102.7	104.1	103.0	102.6	101.1	103.8	100.4	101.0	101.8
青　海	103.1	106.6	102.8	98.4	99.3	100.9	99.4	100.8	105.0
宁　夏	102.0	104.5	101.5	103.0	100.2	101.6	99.5	98.6	100.8
新　疆	103.8	107.6	105.6	101.9	101.9	102.9	99.5	100.1	102.8

分地区货运量和货物周转量

(2012 年)

地　区	货运量(万吨)	#铁　路	#公　路	#水　运	货物周转量(亿吨公里)	#铁　路	#公　路	#水　运
全国总计	4099400	390438	3188475	458705	173770.7	29187.1	59534.9	81707.6
北　京	26162	1237	24925		1001.1	861.4	139.8	
天　津	46015	7909	27735	10371	7844.1	513.2	318.2	7012.7
河　北	219130	21010	195530	2590	10605.0	3961.9	6133.5	509.6
山　西	144608	71428	73150	30	3341.1	2138.8	1202.2	0.1
内蒙古	189942	64682	125260		5870.3	2570.5	3299.8	
辽　宁	206789	19803	174355	12631	11563.7	1404.9	2675.4	7483.3
吉　林	54808	7347	47130	331	1596.1	621.0	974.1	1.1
黑龙江	65231	16591	47465	1175	2002.3	1065.7	929.0	7.6
上　海	94038	825	42911	50302	20373.4	18.0	288.2	20067.6
江　苏	220007	7670	153698	58639	7904.1	398.7	1452.4	6053.0
浙　江	191817	4607	113393	73817	9183.4	291.4	1525.6	7366.4
安　徽	312437	12260	259461	40716	9817.8	937.4	7266.8	1613.7
福　建	84345	3814	59431	21100	3871.4	177.4	771.1	2923.0
江　西	127196	5562	113703	7931	3433.5	666.5	2559.8	207.3
山　东	333603	23145	296754	13704	11077.8	1580.4	7059.2	2438.1
河　南	272115	12638	251772	7705	9490.3	2143.1	6863.0	484.1
湖　北	122945	5882	97136	19927	4436.8	917.2	1565.4	1957.2
湖　南	191052	5677	166670	18705	3976.9	1022.1	2392.5	562.3
广　东	256077	9306	189034	57737	9566.2	311.0	2434.9	6820.3
广　西	161356	6846	135112	19398	4110.6	860.0	1878.3	1372.3
海　南	26880	752	16600	9528	1548.1	9.6	109.4	1429.1
重　庆	86474	2328	71272	12874	2653.3	181.5	731.9	1739.9
四　川	174349	8793	158396	7160	2238.3	809.4	1325.2	103.7
贵　州	52655	6665	44892	1098	1174.7	693.7	464.6	16.5
云　南	68753	5031	63239	465	1123.4	412.1	702.5	8.7
西　藏	1127	85	1042		46.2	18.3	27.9	
陕　西	136727	31942	104593	192	3192.1	1446.8	1744.6	0.7
甘　肃	45832	6290	39517	25	2351.7	1457.1	894.6	
青　海	13484	3784	9700		527.6	246.6	281.0	
宁　夏	41113	8467	32646		1065.7	365.6	700.1	
新　疆	58794	6840	51954		1614.5	790.7	823.8	
不分地区	73558	1222		10553	15166.1	295.2		11529.7

注：不分地区合计中包括铁路行包运输、管道运输企业、民航运输企业及中远集团海外公司完成数。

分地区客运量和旅客周转量

(2012 年)

地　区	客运量（万人）	#铁　路	#公　路	#水　运	旅客周转量（亿人公里）	#铁　路	#公　路	#水　运
全国总计	3804035	189337	3557010	25752	33383.1	9812.3	18467.5	77.5
北　京	142731	10398	132333		421.2	116.4	304.8	
天　津	27529	2970	24483	76	314.7	164.0	150.4	0.3
河　北	105064	7846	97218		1369.2	791.0	578.2	
山　西	39987	6208	33662	117	423.1	192.4	230.6	0.1
内蒙古	27630	4320	23310		436.4	172.4	264.0	
辽　宁	103283	12045	90650	588	977.0	542.3	427.2	7.5
吉　林	72679	6263	66175	241	536.2	229.1	306.8	0.3
黑龙江	52404	10524	41551	329	559.6	262.4	296.8	0.4
上　海	10859	6758	3748	353	182.1	68.4	112.7	1.0
江　苏	267710	11758	255358	594	1872.4	452.6	1418.4	1.4
浙　江	233115	9144	220517	3454	1317.6	390.3	921.2	6.2
安　徽	213432	6385	206888	159	1824.6	496.6	1327.7	0.3
福　建	82041	5295	75044	1702	556.0	184.8	368.5	2.7
江　西	84240	6335	77650	255	956.3	584.1	371.9	0.3
山　东	265632	8347	254711	2574	1836.1	513.7	1310.0	12.5
河　南	207247	9213	197785	249	2084.0	773.8	1309.6	0.6
湖　北	127079	8266	118369	444	1361.5	554.4	804.1	3.0
湖　南	184336	8601	174386	1349	1636.8	780.3	854.0	2.6
广　东	574266	15031	556510	2725	2998.2	518.1	2470.1	10.0
广　西	90229	3310	86449	470	1048.0	187.7	858.0	2.3
海　南	47117	1162	44374	1581	173.1	22.3	147.6	3.2
重　庆	156545	3040	152249	1256	597.9	115.9	470.6	11.3
四　川	277611	7997	266338	3276	1310.2	302.8	1004.7	2.7
贵　州	83527	3902	77172	2453	631.9	199.2	426.8	5.9
云　南	48456	2762	44839	855	568.7	96.5	470.2	2.0
西　藏	3849	110	3739		33.5	10.3	23.2	
陕　西	111773	5757	105647	369	898.0	408.8	488.6	0.6
甘　肃	64361	2383	61884	94	666.4	379.8	286.4	0.2
青　海	12692	544	12100	48	110.1	50.5	59.5	0.1
宁　夏	16343	535	15666	142	121.0	41.1	79.7	0.1
新　疆	38331	2125	36206		535.8	210.4	325.4	
不分地区	31936				5025.7			

注：不分地区合计为民航完成数。

分地区社会消费品零售总额

单位：亿元

地　区	2008年	2009年	2010年	2011年	2012年
全国总计	114830.1	132678.4	156998.4	183918.6	210307.0
北　京	4645.5	5309.9	6229.3	6900.3	7702.8
天　津	2078.7	2430.8	2860.2	3395.1	3921.4
河　北	4991.1	5764.9	6821.8	8035.5	9254.0
山　西	2421.1	2809.0	3318.2	3903.4	4506.8
内蒙古	2463.0	2855.0	3384.0	3991.7	4572.5
辽　宁	5032.4	5812.6	6887.6	8095.3	9346.6
吉　林	2549.2	2957.3	3504.9	4119.8	4772.9
黑龙江	2928.3	3401.8	4039.2	4750.1	5491.0
上　海	4577.2	5173.2	6070.5	6814.8	7412.3
江　苏	9905.1	11484.1	13606.8	15988.4	18331.3
浙　江	7533.3	8622.3	10245.4	12028.0	13588.3
安　徽	3045.2	3527.8	4197.7	4955.1	5736.6
福　建	3866.7	4481.0	5310.0	6276.2	7256.5
江　西	2142.0	2484.4	2956.2	3485.1	4027.2
山　东	10658.8	12363.0	14620.3	17155.5	19651.9
河　南	5815.4	6746.4	8004.2	9453.6	10915.6
湖　北	5109.7	5928.4	7013.9	8275.2	9562.5
湖　南	4222.6	4913.7	5839.5	6884.7	7921.9
广　东	12986.6	14891.8	17458.4	20297.5	22677.1
广　西	2395.8	2790.7	3312.0	3908.2	4516.6
海　南	463.2	537.5	639.3	759.5	870.8
重　庆	2147.1	2479.0	2938.6	3487.8	4033.7
四　川	4944.8	5758.7	6810.1	8044.6	9268.6
贵　州	1075.2	1247.3	1482.7	1751.6	2027.6
云　南	1764.7	2051.1	2542.4	3000.1	3511.6
西　藏	130.0	156.6	185.3	219.0	254.6
陕　西	2317.1	2699.7	3196.7	3790.0	4383.8
甘　肃	1023.6	1183.0	1394.5	1648.0	1906.5
青　海	259.7	300.5	350.8	410.5	476.0
宁　夏	295.4	339.9	403.6	477.6	548.8
新　疆	1041.5	1177.5	1375.1	1616.3	1858.6

分地区货物出口额和进口额

(2012 年)

单位：亿美元

地　区	按经营单位所在地分		按境内目的地、货源地分	
	出口额	进口额	出口额	进口额
全国总计	20489.3	18178.3	20489.3	18178.3
北　京	569.5	3482.7	312.6	974.0
天　津	483.1	673.1	490.6	737.8
河　北	296.0	209.4	372.8	449.8
山　西	70.2	80.3	84.5	81.4
内蒙古	39.7	72.9	54.0	85.8
辽　宁	579.5	460.4	525.1	656.0
吉　林	59.8	185.9	60.3	184.5
黑龙江	144.4	233.9	99.1	183.0
上　海	2067.4	2298.0	1935.6	2405.4
江　苏	3285.4	2195.6	3342.5	2545.5
浙　江	2245.7	876.7	2447.1	1035.3
安　徽	267.5	125.7	206.5	123.1
福　建	978.4	580.9	888.4	573.5
江　西	251.1	83.0	200.2	102.0
山　东	1287.3	1168.1	1359.6	1606.8
河　南	296.8	220.7	319.4	224.0
湖　北	194.0	125.6	187.5	136.8
湖　南	126.0	93.4	123.4	91.1
广　东	5741.4	4096.8	6363.0	4788.2
广　西	154.7	140.1	92.1	316.5
海　南	31.4	111.9	28.1	117.6
重　庆	385.7	146.3	310.5	141.9
四　川	384.6	206.6	311.5	205.5
贵　州	49.5	16.8	31.5	19.1
云　南	100.2	109.9	54.2	66.9
西　藏	33.6	0.7	20.2	0.9
陕　西	86.5	61.5	85.0	66.9
甘　肃	35.7	53.3	18.3	53.4
青　海	7.3	4.3	4.3	3.9
宁　夏	16.4	5.8	18.7	8.0
新　疆	193.5	58.2	142.6	193.7

分地区外商投资企业货物进出口总额

单位：万美元

地区	2011年			2012年		
	进出口总额	出口额	进口额	进出口总额	出口额	进口额
全国总计	185989874	99522704	86467170	189399771	102274850	87124921
北京	7679756	2164526	5515230	7446920	2135021	5311900
天津	7113264	3085243	4028020	7742908	3280932	4461977
河北	2022204	1017219	1004985	1774883	942375	832508
山西	264502	90781	173721	443295	221497	221798
内蒙古	246266	143589	102676	175215	87722	87493
辽宁	4598764	2322010	2276754	4702250	2349523	2352728
吉林	919356	144656	774700	1104121	149690	954431
黑龙江	113682	69932	43750	104584	55994	48590
上海	29232879	14237994	14994885	28988951	13868737	15120215
江苏	38531121	21519202	17011920	35789017	20468393	15320624
浙江	10792591	6528698	4263893	10298835	6299479	3999357
安徽	1028561	435117	593444	997815	459135	538680
福建	6868116	3912418	2955698	7390862	3912733	3478129
江西	1352999	597155	755844	1329806	646277	683529
山东	10743801	6372487	4371314	10203345	6049739	4153606
河南	1497885	836757	661127	3378156	1874386	1503770
湖北	1409993	760056	649937	1382597	762022	620575
湖南	455239	190455	264784	628137	293730	334407
广东	54988586	32479001	22509584	57117580	34059185	23058395
广西	694528	264683	429845	962687	354236	608451
海南	1006193	117261	888932	1149333	161624	987709
重庆	1342670	685554	657117	2494774	1616607	878167
四川	2335441	1207356	1128085	3020341	1826162	1194179
贵州	22401	13793	8608	19009	11753	7256
云南	74904	36048	38857	62374	34126	28248
西藏	40	2	37	41	15	26
陕西	562954	236559	326395	614912	303992	310920
甘肃	13870	10782	3088	11796	9806	1990
青海	3928	1727	2201	4988	2496	2493
宁夏	40091	22413	17678	32800	21816	10984
新疆	33290	19230	14061	27438	15651	11788

分地区国际旅游接待情况

地 区	2011年			2012年		
	旅游人数（万人次）	#外国人	旅游外汇收入（亿美元）	旅游人数（万人次）	#外国人	旅游外汇收入（亿美元）
北 京	520.4	447.4	54.16	500.9	434.4	51.49
天 津	73.1	63.6	17.56	73.7	63.7	22.26
河 北	114.1	98.3	4.48	129.3	106.7	5.45
山 西	155.3	98.3	5.67	189.2	120.4	7.20
内蒙古	151.5	147.6	6.71	159.2	151.5	7.72
辽 宁	405.3	339.4	27.13	473.1	388.6	32.64
吉 林	99.3	85.5	3.85	118.3	100.9	4.95
黑龙江	206.5	197.8	9.18	207.6	194.7	8.35
上 海	668.6	555.0	57.51	651.2	539.6	54.93
江 苏	737.3	537.9	56.53	791.5	575.2	63.00
浙 江	773.7	515.0	45.42	865.9	570.5	51.52
安 徽	262.9	151.7	11.79	331.5	190.4	15.63
福 建	427.4	140.0	36.34	493.7	167.0	42.26
江 西	135.8	44.0	4.15	156.2	50.4	4.85
山 东	424.2	312.3	25.51	469.9	342.2	29.24
河 南	168.3	104.3	5.49	190.8	118.7	6.11
湖 北	213.5	160.1	9.40	264.7	193.0	12.03
湖 南	227.6	119.8	10.14	224.6	90.6	9.28
广 东	3331.6	749.3	139.06	3489.4	773.0	156.11
广 西	302.8	171.5	10.52	350.3	192.7	12.79
海 南	81.4	56.2	3.76	81.6	52.0	3.48
重 庆	186.4	132.6	9.68	224.3	152.6	11.68
四 川	164.0	113.7	5.94	227.3	151.3	7.98
贵 州	58.5	23.6	1.35	70.5	30.4	1.69
云 南	395.4	281.0	16.09	457.8	329.8	19.47
西 藏	27.1	24.9	1.30	19.5	17.5	1.06
陕 西	270.4	189.9	12.95	335.2	233.7	15.97
甘 肃	9.1	5.5	0.17	10.2	6.7	0.22
青 海	5.2	4.1	0.27	4.7	3.8	0.24
宁 夏	1.9	1.4	0.06	1.9	1.4	0.05
新 疆	56.4	48.8	4.65	62.5	49.0	5.51

沿海规模以上主要港口货物吞吐量

单位：万吨

港　口	2008 年	2009 年	2010 年	2011 年	2012 年
宁波-舟山	52048	57684	63300	69393	74401
上　海	50808	49467	56320	62432	63740
天　津	35593	38111	41325	45338	47697
广　州	34700	36395	41095	43149	43517
青　岛	30029	31546	35012	37230	40690
大　连	24588	27203	31399	33691	37426
秦皇岛	25231	24942	26297	28770	27099
深　圳	21125	19365	22098	22325	22807
日　照	15102	18131	22597	25260	28098
营　口	15085	17603	22579	26085	30107
烟　台	11189	12351	15033	18029	20298
湛　江	6682	11838	13638	15539	17092
厦　门	9702	11096	12728	15654	17227
连云港	10060	10843	12739	15627	17367

注：1. 2006 年起，宁波-舟山港统计范围包括原宁波港和舟山港，以往年度数据为原宁波港数据。
2. 2007 年起，烟台港统计范围包括原烟台港和龙口港，以往年度数据为原烟台港数据。
3. 2009 年起，湛江港和海口港港区范围有调整。
4. 2011 年起，厦门港统计范围包括原厦门港和漳州港，以往年度数据为原厦门港数据。

世界主要国家和地区国内生产总值和人均国内生产总值

排　序	国家和地区	国内生产总值（亿美元）		人均国内生产总值（美元）	
		2010 年	2011 年	2010 年	2011 年
1	美　国	144194	149913	46612	48112
2	中　国①	59305	73185	4433	5445
3	日　本	54884	58672	43063	45903
4	德　国	32845	36008	40164	44021
5	法　国	25490	27730	39170	42379
6	巴　西	21430	24767	10993	12594
7	英　国	22563	24454	36238	38974
8	意大利	20435	21940	33787	36130
9	印　度	17109	18728	1397	1509
10	俄罗斯	14875	18578	10447	12995
11	加拿大	15770	17361	46212	50344
12	西班牙	13801	14769	29956	31985
13	澳大利亚	11392	13794	51629	61789
14	韩　国	10149	11162	20540	22424
15	墨西哥	10353	11533	9128	10047

注：①世界银行统计数据。
资料来源：世界银行数据库。

第十六部分

专项课题研究报告

说　明

《山东金融年鉴》(以下简称《年鉴》)自2000年创办以来，已经连续编撰出版了13卷，篇幅达2600余万字；是一个反映山东省10多年来经济金融运行状况的规模宏大的数据库和资料库。为了更好运用其中庞大的数据文字资料，挖掘整理其中蕴涵着的丰富信息资源，探讨金融发展变化的内在联系及规律，发挥《年鉴》“存史、教化、启智、咨政、创新”的作用；同时也是为了调动《年鉴》工作人员的热情和积极性，锻炼培养他们的理论素养和分析能力，切实出成果、上水平，见实效，编委会和编辑部考虑自2012年起开展《年鉴》的专项课题研究工作，并于7月9日下发了《通知》。

《通知》要求参加各重点课题研究的单位充分利用《年鉴》丰富的数据和文字资料，紧密结合央行职能的发挥、各金融机构的营运实际以及经济金融运行中的重点热点问题，通过对大量数据的深入挖掘和探讨，通过调查研究，分析探讨辖区内经济金融运行规律和变化特点，为制定和实施货币政策，推动辖区金融改革与发展发挥应有的作用。

课题研究由各市地上报课题，编辑部筛选立项。对立项课题下拨一定数额的经费予以支持。

这是《年鉴》编委会和编辑部在创造性地开发利用《年鉴》资源从事研究，为宏观调控和政策决策服务方面所做出的有益尝试和探讨。

为推进这项工作的开展，《年鉴》编辑部还于8月30日-31日在济宁召开了《年鉴》重点研究课题座谈会。对立项课题进行了讨论研究，提出了相关措施。

现将2012年立项并完成的五项重点课题在本卷《年鉴》中特辟专栏予以刊载。欢迎广大读者批评指正。

《山东金融年鉴》专项课题研究报告之一

金融支持山东省不同地区产业结构协调发展比较研究

【摘要】 产业结构是衡量国民经济发展状况的重要指标，而金融支持则通过作用于产业结构变动的内在机制对产业结构的调整和产业水平的提升产生重要影响，产业结构与金融支持是否协调发展是影响经济发展的重要因素。本文通过构建产业结构效益与金融支持协调度评价指标体系及协调发展模型，采用多元统计因子分析方法，对产业机构和金融支持协调发展进行定量研究，并对山东省17地市的金融支持产业协调发展水平进行实证研究、比较和分类，结果表明协调度存在明显的区域特点。最后，针对目前山东省金融支持产业协调现状提出几点建议。

【关键词】 产业结构 金融支持 协调度模型 因子分析

产业结构的调整、升级、转化离不开金融的支持与协同发展。金融发展是促进产业结构升级的直接推动力，可以减少信息交易成本、提高储蓄—投资转化率、改善经济运行环境。不管是优势产业的发展壮大，还是传统产业的升级改造或平稳退出，都需要有健全、完善、便捷的金融服务。其本质是在储蓄者与投资者之间建立桥梁，提供资金由盈余部门向短缺部门转化的渠道，金融资源的配置会对宏观经济运行状况和微观企业的运行效果产生重大影响，在产业结构调整中发挥着至关重要的作用。

一、山东省产业结构变动中的金融因素

山东省是我国经济较发达的省份之一，其经济发展水平位居全国前列，自1952年开始，经济结构先后经历了前工业化时期、工业化初期、工业化中期的发展阶段。三次产业结构的国内生产总值的构成是按照“一二三”→“二一三”→“二三一”演变。2010年山东省实现生产总值(GDP)45429.2亿元，人均生产总值47260元，按年均汇率折算为7317美元；生产总值的三次产业增加值比例为9.2：54.2：36.6。参照钱纳里工业阶段化理论，山东省目前已进入工业化高级阶段。在这个阶段，产业结构的优化依赖于金融强有力的支持，2010年山东省本外币贷款分行业余额35941.5亿元，比年初增加4881.3亿元，其中第二产业14467.4亿元、第三产业11135.4亿元。

(一)山东省金融业呈现稳步发展态势

山东省的金融业目前已经初步形成了完善的金融组织体系，银行组织体系以国有独资银行为主体，政策性银行、股份制商业银行、城市商业银行、农村信用社、财务公司和外资银行为补充，资本市场组织体系由证券、期货经营、产权交易和上市公司组成，保险市场组织体系由保险公司和保险中介机构组成。截至2010年山东省金融机构数量。(见表1)

表1： 2010年山东省金融机构数目表

机构类别	机构个数
银行业金融机构	13473
总部在辖内的证券业金融结构	5
总部在辖内的保险业金融机构	1

数据来源：《山东省金融年鉴》2011年整理所得

山东省金融业产值基本表现为逐年增加趋势，已由1999年的435.94亿元增加到2010年的1361.45亿元，年平均增速为9.95%。表2可以看出金融业产值增速在2004年以前低于同期的第三产业产值的增速和GDP的增速，这导致金融业产值在第三产业产值中的比重从1999年的16.59%下降到2004年的7.21%；金融业产值在GDP中的比重从1999年的5.82%下降到2004年的2.29%。2005年以后山东省金融业产值飞速增加，金融业产值的增速超过同期的第三产业产值的增速和GDP的增速，而且金融业产值在第三产业产值中的比重和在GDP中的比重都在逐年增加，表现出金融业发展规模与经济增长规模步调不一致。(见表2)

表 2：　　2000-2010 年山东省金融业产值情况表

单位：亿元，%

年份	金融业产值	金融业产值增速	第三产业产值	第三产业产值增速	GDP	GDP 增速	金融业产值/第三产业产值	金融业产值/GDP
2000	450.94	3.44	2904.45	10.44	8337.47	10.28	15.53	5.41
2001	465.38	3.20	3279.53	11.23	9195.04	10.04	114.19	5.06
2002	457.20	-1.76	3700.52	10.90	10275.50	11.73	12.36	4.45
2003	514.54	12.54	4112.43	11.36	12078.15	13.41	12.51	4.26
2004	343.47	-33.30	4764.70	12.31	15021.84	15.30	7.21	2.29
2005	467.59	-36.18	5924.74	14.40	18366.87	15.00	7.90	2.55
2006	576.69	23.33	7187.26	14.50	21900.19	14.70	8.02	2.63
2007	734.90	27.43	8620.24	14.60	25776.91	14.20	8.53	2.85
2008	880.28	19.78	10358.64	13.90	30933.28	12.00	8.50	2.85
2009	1044.90	18.70	11768.18	11.20	33896.65	12.20	8.88	3.08
2010	1361.45	30.30	14343.14	13.50	39169.92	12.30	9.49	3.48

数据来源：《山东省金融年鉴》、《山东统计年鉴》2011 年整理所得

（二）投资对山东省产业变动影响较大

投资结构对于各产业部门的潜在产出具有决定性影响。从近几年的数据来看，山东省 GDP 增长率与投资增长率、投资结构均具有较大的相关性。山东省全社会固定资产投资结构变动趋势，与产业结构的变动趋势基本一致，随着第三产业的投资比重稳步提高，第三产业的产值比重也稳步增加，2010 年第三产业的投资占比达到了 48.94%(见表 3)。从山东省全社会固定资产投资收益变动趋势来看，2010 年单位投资增加额对 GDP 增加额的系数为 1.24 (见表 3)，有较强的乘数关系。若要达到现代化产业结构目标，使第三产业的比重从目前的 36.6%提高到 44.7%，山东省应对第三产业保持较高的投资增长率。与此同时，我们也要注意到投资效率的问题，从近年来山东省单位投资增加额带来的 GDP 增加额的比值来看，呈下降趋势，说明了投资的效率是在逐渐下降的。(见表 4)

表 3：　　山东省固定资产投资的产业分布情况

单位：亿元，%

年份	全社会固定资产投资	按产业分					
		第一产业	占比	第二产业	占比	第三产业	占比
2000	2542.65	77.14	3.03	1176.67	46.28	1288.84	50.69
2001	2807.79	94.98	3.38	1289.76	45.94	1423.06	50.68
2002	3509.29	131.70	3.75	1650.59	47.03	1727.00	49.21
2003	5328.44	167.46	3.14	2799.47	52.54	2361.51	44.32
2004	7629.04	249.70	3.27	4577.06	60.00	2802.28	36.73
2005	10541.87	308.37	2.93	6653.51	63.12	3579.63	33.96
2006	11136.06	291.73	2.62	6908.72	62.04	3935.61	35.34
2007	12537.02	360.35	2.87	7508.24	59.89	4668.44	37.24
2008	15435.93	563.20	3.65	8182.10	53.01	6690.60	43.34
2009	19030.97	614.75	3.23	9615.39	50.52	8800.83	46.24
2010	23276.69	551.82	2.37	11332.35	48.69	11392.52	48.94

数据来源：《山东金融年鉴》、《山东省统计年鉴》2001 年-2011 年整理所得

表 4: 山东省投资效益变动情况

单位：亿元，%

年份	投资增加额	GDP 增加额	投资效益
2000	320.48	843.63	2.63
2001	265.14	857.57	3.23
2002	701.50	1080.46	1.54
2003	1819.15	1802.65	0.99
2004	2300.60	2943.69	1.28
2005	2912.83	3345.03	1.15
2006	594.19	3533.32	5.95
2007	1400.96	3876.72	2.77
2008	2898.91	5156.37	1.78
2009	3595.04	2963.37	0.82
2010	4245.72	5273.27	1.24

数据来源：《山东金融年鉴》2001 年-2011 年整理所得

(三)资本市场对山东省产业结构影响较小

截至 2010 年末，山东省共有上市公司 110 家(发行 A 股 108 家、B 股 6 家，A、B 股均发行 4 家)，上市公司总市值为 9456.72 亿元，占全省 GDP 的 24.1%。从上市公司的产业分布来看，全省上市公司大部分为制造业企业，其中第一产业有 6 家，第二产业有 86 家，第三产业有 18 家，第二产业上市公司占了 78.2%上市公司的行业分布主要集中在传统产业，以制造业居多，而信息技术、生物医药、新能源新材料等高科技领域的上市公司偏少，这种行业分布格局一方面说明山东省上市公司的行业分布与山东省的经济结构高度相关。但另一方面，处于传统产业的上市公司比重过大不利于山东省经济结构的调整，不利于产业结构的转型和升级。

从山东省 2000-2009 年融资情况看(见表 5)，山东省直接融资比例在 2000 年达到最高 12.52%，随之直接融资比例大幅下降，

表 5: 2000-2009 年山东省融资结构表

单位：亿元，%

年份	直接融资	间接融资	直接融资占比	间接融资占比
2000	115.73	808.61	12.52	87.48
2001	127.25	1518.94	7.73	92.27
2002	54.18	1930.51	2.73	97.27
2003	8.47	1315.72	0.64	99.36
2004	50.13	1598.92	3.04	96.96
2005	33.53	2327.86	1.42	98.58
2006	50.16	1835.53	2.66	97.34
2007	134.27	2508.75	5.08	94.92
2008	295.25	5907.43	4.76	95.24
2009	97.67	4761.32	2.01	97.99

注：直接融资以股票融资额表示，间接融资以年末人民币贷款余额表示

数据来源：《山东金融年鉴》、《山东省统计年鉴》2001 年-2011 年整理所得

2005年达到最低为1.42%,这是由于全国股票市场五年大熊市的到来,山东省股票市场也受影响,2006年直接融资比例开始提高。这充分说明了山东省的间接融资占绝对主导地位,产业升级中金融支持主要依靠以银行信贷为主的间接融资,直接融资与间接融资结构失衡,山东省的证券市场筹资与银行贷款筹资相比,比例明显偏小,直接融资市场不发达,企业过多的依赖间接融资市场。

二、金融支持山东省不同区域产业结构协调发展实证分析

为定量分析金融支持产业结构协调发展情况,我们选取山东省17地市2010年的有关数据建立产业结构效益与金融支持协调度评价指标体系及协调发展模型,运用因子分析法对17地市金融支持产业结构发展状况进行评价和分析,找出产业结构发展和金融支持之间存在的问题,为进一步优化调整产业结构,促进经济发展提供支撑。

(一)模型建立

1. 构建指标体系

构建指标体系应准循科学性原则、差异性原则、综合性原则和可操作性原则,为此通过系统考察并参考相关文献,本文采用9个指标构建反映产业结构效益的指标体系,7个指标反映金融支持的指标体系。(见表6)

表6: 产业结构效益与金融支持协调度评价指标体系

目标层	系统层	控制层	指标层	单位
产业结构效益与金融支持协调度	产业结构效益	经济效益	人均GDP	元/人
			农民人均纯收入	元/人
			城镇居民人均可支配收入	元/人
			社会消费品零售总额	亿元
		资源供需	人均耕地面积	亩/人
		经济活力	第三产业占GDP的比重	%
			产业结构优化率	%
			出口贸易额占贸易总额的比重	%
			GDP增长率	%
	金融支持	金融信贷	存款余额	亿元
			贷款余额	亿元
			单位信贷增加额带来的GDP增加额	元
		地方财政	地方财政收入	亿元
			地方财政支出	亿元
		金融效率	融资效率	%
			投资回报率	%

注: 融资效率=贷款增加额/储蓄存款增加额; 投入产出率=GDP/全社会固定资产投资总额

2. 因子分析法

因子分析法是能把多个观测变量转换成少数几个不相关的综合指标,这些综合指标常常是不可观测的潜在变量,但有时却更能反映事物的特点和本质。因子分析法一般分为数据预处理(标准化)、计算公因子的特征值和贡献率、因子旋转、计算公因子得分几个步骤。

3. 协调度模型

协调是系统之间或系统组成要素之间在发展演化过程中彼此和谐一致的程度,体现了系统由无序向有序发展的趋势,协调度就是系统发展过程中序参量之间的协同作用的强弱程度,是度量系统之间或系统内部之间协调状况好坏的指标。产业结构的好坏在一定程度上决定了金融情况质量高低;而金融由反作用于产业结构,对产业结构产生影响和制约,产业结构与金融支持必须保持协调发展才能实现经济的健康稳步发展。产业结构与金融支持的协调度模型是用来描述产业结构和金融在发展过程中的和谐程度。

定义产业结构效益与金融支持协调系数为:

$$C_{xy}=\left[\frac{xy}{\left(\frac{x}{2}+\frac{y}{2}\right)^2}\right]^k$$

（其中 x 代表产业结构效益发展综合指数，y 代表金融支持发展综合指数，Cxy∈〔0,1〕，k 为调节系数且 k≥2 ，本文取 k=2）

定义协调发展函数为：

$$D=\sqrt{CT}$$

（其中 T 为协调发展综合评价指数 T=αx +βy，T∈(0,1)； α、 β为待定系数，本文设定α=β=0.5 ）

（二）模型结果

为消除各变量不同数量和量纲上的影响，在分析前做数据标准化处理。利用 SPSS，分别对产业结构效益和金融支持进行因子分析。

表 7： 产业结构效益解释的总方差

成份	初始特征值			提取平方和截入			旋转平方和截入		
	合计	方差为%	累积%	合计	方差为%	累积%	合计	方差为%	累积%
1	3.95	43.89	43.89	3.95	43.89	43.89	3.36	37.29	37.29
2	1.89	21.00	64.89	1.89	21.00	64.89	2.36	26.27	63.56
3	1.35	14.96	79.85	1.35	14.96	79.85	1.47	16.29	79.85
4	0.76	8.47	88.32	--	--	--	--	--	--
5	0.57	6.30	94.62	--	--	--	--	--	--
6	0.23	2.56	97.18	--	--	--	--	--	--
7	0.14	1.56	98.74	--	--	--	--	--	--
8	0.06	0.66	99.39						
9	0.06	0.60	100.00						

提取方法：主成份分析。

表 8： 金融支持解释的总方差

成份	初始特征值			提取平方和截入			旋转平方和截入		
	合计	方差为%	累积%	合计	方差为%	累积%	合计	方差为%	累积%
1	4.39	62.77	62.77	4.39	62.77	62.77	3.91	55.81	55.81
2	1.10	15.75	78.52	1.10	15.75	78.52	1.59	22.71	78.52
3	0.98	14.01	92.53	--	--	--	--	--	--
4	0.33	4.76	97.30	--	--	--	--	--	--
5	0.17	2.41	99.70	--	--	--	--	--	--
6	0.02	0.25	99.96	--	--	--	--	--	--
7	0.003	0.05	100.00	--	--	--	--	--	--

提取方法：主成份分析。

根据计算的因子得分，按照下面公式可以得到综合指数值。（见表9）

$$x(y)=\sum^{n} f_i\omega_i$$（其中 f_i 为第 i 个因子得分，为第 i 个因子的方差贡献率）

表9：山东省17地市2010年产业结构效益发展综合指数与金融支持发展综合指数

	x	y
济南市	0.77	1.23
青岛市	0.94	1.62
淄博市	0.49	0.08
枣庄市	-0.25	-0.29
东营市	0.06	-0.03
烟台市	0.59	0.28
潍坊市	0.12	0.34
济宁市	-0.19	-0.02
泰安市	0.01	-0.49
威海市	0.33	-0.23
日照市	-0.57	-0.44
莱芜市	-0.28	-0.68
临沂市	-0.07	-0.11
德州市	-0.41	-0.37
聊城市	-0.64	-0.33
滨州市	-0.29	-0.13
菏泽市	-0.62	-0.43

对于得到的产业结构效益发展综合指数与金融支持发展综合指数进行分析，可以把山东省17地市分为三个类型：

表10： 山东省17地市分类

x＞0，y＞0	产业结构效益与金融支持质量均较高	济南 青岛 淄博 烟台 潍坊
x＞0，y＜0	产业结构效益较高，金融支持质量较差	东营 泰安 威海
x＜0，y＜0	产业结构效益与金融支持质量均较差	枣庄 济宁 日照 莱芜 临沂 德州 聊城 滨州 菏泽

由于用因子分析法得到的产业结构效益发展综合指数 和金融支持发展综合指数 有正有负，为便于衡量产业结构与金融支持的协调度，对数据进行归一化处理。

表 11：山东省 17 地市 2010 年产业结构效益发展综合指数与金融支持发展综合指数

	X′	Y′
济南市	0.89	0.83
青岛市	1.00	1.00
淄博市	0.72	0.33
枣庄市	0.25	0.17
东营市	0.44	0.28
烟台市	0.78	0.42
潍坊市	0.48	0.44
济宁市	0.28	0.29
泰安市	0.41	0.08
威海市	0.61	0.20
日照市	0.04	0.10
莱芜市	0.23	0.00
临沂市	0.36	0.25
德州市	0.15	0.13
聊城市	0.00	0.15
滨州市	0.22	0.24
菏泽市	0.01	0.11

按照前面定义计算可得金融支持产业结构协调度指数为:

表 12：　　金融支持产业结构协调度指数

	D
济南市	0.93
青岛市	1.00
淄博市	0.63
枣庄市	0.44
东营市	0.57
烟台市	0.70
潍坊市	0.68
济宁市	0.53
泰安市	0.28
威海市	0.47
日照市	0.23
莱芜市	0.00
临沂市	0.53
德州市	0.37
聊城市	0.00
滨州市	0.48
菏泽市	0.09

现在我们对协调度进行等级划分，按照如下划分标准（见表13），则可以得到山东省17地市协调度等级分类（见表14）。

表13：协调度分类标准

D	0～0.09	0.10～0.29	0.30～0.49	0.50～0.69	0.70～0.89	0.90～1.00
等级	极度失调	严重失调	轻度失调	基本协调	比较协调	非常协调

表14：山东省17地市协调度等级分类

协调度等级		协调度指数	城市
非常协调		0.90～1.00	青岛 济南
比较协调		0.70～0.89	烟台
基本协调	高级	0.60～0.69	淄博 潍坊
	低级	0.50～0.59	临沂 济宁 东营
轻度失调		0.30～0.49	德州 枣庄 威海 滨州
严重失调		0.10～0.29	日照 泰安
极度失调		0～0.09	莱芜 聊城 菏泽

三、结论

（一）金融支持产业结构出现三种不同的组合类型。有的两者同步协调发展，反映出产业结构在快速发展，产业结构不断优化调整提高产业效益的同时，注重金融的发展，产业与金融发展良性互动；有的产业结构发展良好，金融发展滞后，表明产业发展快于金融发展；有的产业发展缓慢同时金融发展也较差的，说明两者的发展还有待进一步的提高。

（二）山东省17地市产业结构效益和金融支持质量的协调度发展不平衡，存在出明显的空间差异。协调度较高的主要分布在胶东半岛发达经济地区，青岛市山东省对外开放的桥头堡，金融发展比较完善，综合经济实力强，协调度最高；基本协调的主要分布在中部地区，城市基本为老工业基地和资源城市；失调的主要分布在西南和部分较小的沿海城市，莱芜和聊城的协调度最差，成为全省协调发展的短板。

四、几点建议

（一）建立高效协调机制，推进区域经济一体化发展

建立统一高效的跨市协调机构，实施区域经济共同发展战略，实行重大资源统一管理、重大设施统一规划、重大项目协调布局，整合区域资源，形成整体优势。加强政府、企业、行业间多层次的交流合作，切实打破行政区划束缚，密切经贸合作，建设共同市场，实现利益共享。同时，也要发挥各自的比较优势，实行错位竞争，进一步深化龙头带动、优势互补、共同协调发展的全省区域经济发展新格局。

（二）完善相关政策，明确金融支持的产业范围，充分发挥金融资源配置作用

政府要制定适合本地区产业升级的产业发展政策，鼓励和引导企业提升产业技术水平；在资金引导政策方面，通过金融政策引导资金流向技术密集型产业和高新技术产业。金融资源产业范围选择以优胜劣汰机制为基础，对金融资源的配置活动进行引导，使有限的资源通过金融市场流向某些产业，达到产业结构的优化。根据山东省目前产业发展的实际来看，一是加强具有潜在优势产业的建设，培育一批具有较强竞争力、代表产业发展方向的先头产业。二是使金融政策进一步向第三产业倾斜，创造更多的就业岗位，吸收更多劳动力，缓解就业压力，有利于解决产值结构与劳动力就业结构相背离的问题。三是加大对高新技术产业、现代制造业和服务业的支持力度，实施差别化政策倾斜，引导更多资金流入。

（三）努力拓宽政策性金融的资金来源，为支持产业结构的升级调整提供资金基础

由于山东省政策性金融还处于初级阶段，政策性金融的信贷项目主要是微利项目，为了保证政策性金融的长期运转，国家财政应确保政策性金融有稳定的资金来源。这就要求财政部门每年都要拨付给政策性金融机构资本金，建立固定化、合法化的财政拨付资本金机制，提高政策性金融机构的资本充足率。另外也要不断地开发新的融资渠道，如邮政储蓄存款、社会保障基金等基金融资等渠道；面向社会公众发债，筹集各种民间资金；向各专业性商业银行发行中长期建设债券等。有效扩大政策性金融的筹资量，实现对产业结构升级调整的政策性资金支持。

【参考文献】 [1]中国人民银行济南分行.山东金融年鉴[M].北京:中国财政经济出版社
[2]山东省统计局.山东统计年鉴.北京:中国统计出版社
[3]中国区域经济统计年鉴[M].北京:中国统计出版社,2011
[4]孟庆松等.复合系统整体协调度模型研究[J].河北师范大学学报(自然科学版),1999,23(2)
[5]任庆艳,张桃生.山东省区域经济差异及协调发展研究[J].魅力中国,2010(11)
[6]范方志,张立军.中国地区金融结构转变与产业结构升级研究[J].金融研究,2003(11)
[7]李勇,徐建刚等.基于主成分的山东省产业生态环境协调发展研究[J].城市发展研究,2010(6)
[8]徐瑞华,杜德斌.山东省区域经济差异及发展对策研究[J].山东经济,2002(9)
[9]顾海峰.产业优化选择的金融支持问题研究[J].投资研究,2011(1)
[10]郑晓霞.我国金融支持产业升级路径的实证比较[J].哈尔滨金融高等专科学校学报,2011(2)
[11]谢中华.MATLB 统计分析与应用:30 个案例分析[M].北京:北京航空航天大学出版社,2010
[12]杜强,贾丽艳.SPSS 统计分析从入门到精通[M].北京:人民邮电出版社,2009

课题承担单位:中国人民银行济宁市中心支行
课题组课题组成员:杨家杰　廉　龙　高　雷　王运玺

《山东金融年鉴》专项课题研究报告之二

金融支持中日韩自由贸易区发展策略研究
——基于中国-东盟自贸区借鉴比较分析

【摘要】 建立自由贸易区是世界各国或地区扩大国际贸易、吸引国外资本、促进国家或地区经济发展而普遍采用的方式。中日韩自由贸易区(FTA)的设想是2002年在中日韩三国领导人峰会上提出的,在中方倡议下,三国领导人同意就建立FTA开展可行性研究。在全球区域经济比较中,中国、日本和韩国的总量已占世界第三位,是仅次于欧盟和北美的第三大经济力量,中日韩三国在2012年11月20日正式启动中日韩自贸区谈判,中日韩自贸区建设迈入实质性阶段。本文通过分析中国-东盟自贸区发展历程、带来的机遇和带来的挑战,借鉴广西省金融支持中国-东盟自贸区发展政策措施,探讨出金融应如何支持中日韩自贸区发展,并从货币流通与结算便利化、金融业务创新和加快金融合作等方面进行了探索,为金融支持中日韩自贸区发展提供了政策支持。

【关键词】 金融支持;自贸区;发展;策略

一、选题意义

建立自由贸易区是世界各国或地区扩大国际贸易、吸引国外资本、促进国家或地区经济发展而普遍采用的方式。仅全球15个发达国家就设立了425个自贸区,美国是世界上建立自由贸易区最多的国家,达200多个,并正在建设全球第一个网上自由贸易区。韩国为增强竞争力,把所有的出口自由区都改为自由贸易区。日本也在加紧制定自由贸易港区与经济特区的计划,冲绳、大阪、神户、横滨等城市都相继设立 了金融特区、信息特区。创建东亚区域自由贸易区势在必行,在全球区域经济比较中,中国、日本和韩国的总量已占世界第三位,是仅次于欧盟和北美的第三大经济力量,GDP占世界总量的20%,外汇储备合计占世界外汇储备总和的40%,且中日韩经济强大的互补性为建设自由贸易区打下了坚实基础,在三国之间建立自由贸易区前景广阔,意义巨大。

2011年5月22日,在日本震后经济形势异常严峻的背景下,中日韩三国第四次峰会在东京召开,三国宣布将在今年内完成建立自由贸易区(FTA)谈判的官产学联合研究,努力在今年内完成三国投资协定谈判,争取2012年启动谈判。2012年5月13日,第五次中日韩领导人会议上,三国领导人同意年内正式启动中日韩自贸区谈判,并见证签署中日韩投资协定。中日韩自由贸易区的建立逐渐提上正式日程。11月20日,中国商务部部长陈德铭、日本经济产业大臣枝野幸男、韩国外交通商部通商交涉本部长朴泰镐在柬埔寨举行的东盟及东亚系列峰会期间宣布了这一消息,并决定在2013年初举行三国第一轮谈判。11月22日,中国社科院世界经济与政治研究所国际贸易研究室主任宋泓在接受本报记者采访时指出,作为东亚经贸框架安排中的重要组成部分,中日韩自贸区建设结束长达10年的前期研究,进入谈判阶段,可视作东亚经济一体化进程中的一个标志性事件,不仅对于中日韩三国,对于亚洲整体经济实力的提升都具有积极、深远的影响。

2002年,中日韩自贸区这一设想首次被提出,三国领导人纷纷表示同意开展相关民间学术研究。在之后近10年的时间里,三国研究机构、学者和高校相关专业的学生围绕中日韩自贸区这一主题进行了大量分析研究,但多数研究集中于建立自贸区的可行性、路径选择及对重点产业影响的分析,对自贸区建立后如何通过金融支持促进自贸区发展的研究却少人问津。

二、自由贸易区金融体系研究理论综述

自由贸易区是指由签订自由贸易协定的国家组成的贸易区。成员国之间免征关税和取消其他贸易限制,但对区外国家仍报持各自的关税和限额。自由贸易区是区域经济一体化的四种表现形式之一(其他三种为关税同盟、共同市场和经济联盟)。由自贸区带来的金融体系发展即金融一体化的过程,即国与国(地区)之间的金融活动相互渗透、相互影响而形成一个联动整体的发展态势,自贸区若要实现真正的贸易和投资便利化,除了关税减免外,金融体系的支撑作用十分重要。下面将从国内、国外方面对金融一体化及中日韩自贸区建设进行简要综述。

(一)国外理论综述

1、金融一体化研究

现代金融一体化理论始于罗伯特.蒙代尔1961年提出的,他提出了最适货币区理论,主张生产要素流动性准则,他认为生产要素流动性与汇率的弹性具有相互替代的作用,这是因为,需求从一国转移到另一国所造成的国际收支调整要求,既可以通过两国汇率调整,也可以通过生产要素在两国间的移动来解决。而罗纳德.麦京农则强调以一国的经济开放程度作为最适货币区的确定标准。随后,詹姆斯. 伊格拉姆(James Ingram,1969)认为,应以国际金融高度一体化作为单一货币区的唯一标准;彼得.凯南主

张采用出口商品多样化准则;科登(Corden,1972,1973)、金德尔伯格(Kindleberger,1971)和威廉姆森(Williamson,1973)等人也参与了研究。在关注金融一体化带来机遇的同时,也有部分学者认为其也带来风险。Yan Bai、Jing Zhang(2012)认为贸易摩擦的存在,使得金融一体化不完整,从而造成合约的可执行性有限,造成国际风险分担将大幅增加[1]。

2、国外学者对中日韩自贸区的研究

1994年,日本学者森岛通夫在《日本的选择》[2]中最早提出了"中日韩经济合作体"的理论构想,详细阐述了加强三国经济合作、塑造紧密的经贸伙伴关系的观点。尔后,日本综合开发研究机构组织本国学者通过经济计量模型计算假如建立中日韩自由贸易区之后的三国福利状况,并在《中国、日本与韩国的贸易与投资自由化,中国加入 WTO 以及东亚区域整合》报告中指出,建立中日韩自贸区后三方的 GDP 增长以及福利改善都将大于在其中任意两方之间建立自由贸易区。韩国学者对建立中日韩自由贸易区的代表性观点包括:李昌在在其论文《东亚经济作的制度化趋势》[3]和《东亚经济一体化及东北亚经济合作前景》[4]中倡议建立"东北亚经济协商圈",中日韩三国先行建一个贸易协商场所,尔后逐步拓展到整个东北亚地区。李圭泽在《中韩贸易问题研究》[5]等文中论述了中韩两国贸易的发展历,双方在劳动力、资本和技术等方面存在互补关系,同时提出,韩中两国实现全面自由贸易为时尚早,可以采取局部地区即以两国某些要城市为主进行合作,即以城市为中心作为先行区进行自由贸易,这也为国内提出在山东半岛建设中日韩合作示范基地提供了理论基础。在英文文献方面,Y-H kim 在《东亚区域经济整合的不对称性》(2005)提出韩国在东北亚区域中作为中等技术水平国家应如何制定在区域经济一体化中的发展战略。Taegi Kim 在《工业结构、区域贸易基础与中、日、韩自由贸易协定》(2006)一文,研究了中日韩三国间的工业结构和区域贸易偏向,认为三方的自由贸易必然增加,首先建立中韩或韩日自由贸易区的基础上推进三国自由贸易区地建立。

(二)国内理论综述

广西大学东南亚研究中心主任,广西大学商学院副院长、教授,广西金融学会理事唐文琳2006年曾撰写出版了《中国——东盟自由贸易区进程与金融支撑体系构建》[6]一书,从探讨金融体系、金融结构与经济增长的关系入手,以金融创新为主线,以区域金融合作为基本内容框架,提出了中国-东盟自由贸易区金融支撑体系的搭建框架,对本课题具有一定的借鉴意义。查菊红(2007)认为贸易和投资时东亚区域经济合作的重要经济因素[7]。范祚军(2005)从理论层面就 CAFTA 框架下构建区域内宏观金融政策协调机制的必要性和可行性进行了探讨[8]。何焰、龚超(2007)以欧盟和北美自由贸易区有关金融服务市场准入的法律制度为研究对象,提出了它的某些成功经验对自由贸易区的相关制度的确立具有很大借鉴意义[9]。张家寿《中国—东盟自由贸易区的几个金融问题探析——中国—东盟区域金融合作研究之三》通过梳理中国—东盟自由贸易区金融开放和金融市场一体化进程,从区域货币一体化、区域汇率协调运作机制和金融监管与国际合作机制的建立等方面,提出了自贸区金融合作的有益借鉴[10]。李贤珠(2010)认为中国产业结构的优化升级和韩国对进口中国产品需求增加对推进两国贸易平衡发展有重要意义[11]。王书杰(2010)认为两国各自所处的经济发展阶段所决定的,双方应在调整贸易结构的同时,加强合作交流,推动中韩贸易健康发展[12]。张巧娜(2007)认为中日贸易发展的趋势不可能脱离两个大前提:一是国际经济贸易新秩序和特征的客观要求,在大格局中找好自己的定位,才能确定未来发展的方向;二是依据国际贸易理论和实践的特点,谋求维系两国经贸关系的利益纽带和平衡机制。同时,还要适时地调整对外政策和自我发展模式,才能在各自充分发挥优势的基础上,保证中日贸易关系长期稳定发展下去[13]。

小结:结合中外学者对金融一体化和自贸区金融理论的研究,自贸区对金融体系主要有以下几点要求:一是金融开放程度较高。金融开放是自贸区对金融支撑体系的基本要求,成员国逐渐放松和取消金融管制,按照国际通行的惯例和规则,或按照成员国协商的区域惯例和规则进行制度安排。具体来说,主要为货币兑换便利化、交易工具价格市场化、金融市场运作透明化和机构设置通畅化。二是金融制度较为健全。较高的金融开放是建立在完善和健全的金融制度之上的,金融制度是金融产业内部运行的基本轨道,金融法规、金融会计制度、金融信息安全等相关制度健全与否,关系着金融开放的程度和金融开放后自贸区各成员国经济运行情况,在金融制度尚未建立或不完善的时候,与其不适应的金融开放程度将加剧金融产业脆弱性,带动金融投机,造成金融动荡。三是金融合作较为协调。自贸区的建立本是基于成员国的协调合作,货币互换、货币直接兑换、关税减免等促进贸易投资便利化的各项措施均是本着区内利益最大化原则,通过一轮轮的双边或多边谈判、磋商的结果,在金融合作过程中,若出现合作不畅,沟通不良等情况,将严重影响自贸区金融体系的构建,因此,金融合作的协调是自贸区对金融体系的保障性要求。

三、中国-东盟自贸区发展情况

(一)中国-东盟自贸区的发展历程

从中国-东盟自贸区的发展阶段来看,主要分为三个阶段:第一阶段,1999年-2001年,提议构想阶段。针对自贸区提议的提出,成立专家组,并进行可行性分析;第二阶段,2002年-2010年,启动并大幅下调关税阶段。自2002年11月双方签署以中国—东盟自贸区为主要内容的《中国—东盟全面经济合作框架协议》始,至2010年1月1日中国对东盟93%产品的贸易关税降为零;第三阶段,2011年至2015年,全面建成自贸区阶段,即东盟越、老、柬、缅四国与中国贸易的绝大多数产品亦实现零关税,与此同时,双方实现更广泛深入的开放服务贸易市场和投资市场;第四阶段,2016年之后,自贸区巩固完善阶段。

具体来看,早在1999年,时任中国国务院总理朱镕基就曾在马尼拉召开的第三次中国-东盟领导人会议上提出,中国愿加强与东盟自由贸易区的联系。这一提议得到东盟国家的积极回应。2000年11月,朱镕基在新加坡举行的第四次中国-东盟领导人会议上首次提出建立中国－东盟自由贸易区的构想，并建议在中国－东盟经济贸易合作联合委员会框架下成立中国－东盟经济合作专家组，就中国与东盟建立自由贸易关系的可行性进行研究。2001 年 3 月，中国－东盟经济合作专家组正式成立。专家组认为中国和东盟建立自由贸易区对双方是双赢的决定，建议中国和东盟用 10 年时间建立自由贸易区。同年 11 月，在第五次中国－东盟领导人会议上中国和东盟达成共识，并正式宣布共建中国－东盟自由贸易区。2002 年 11 月，在第六次中国－东盟领导人会议上，朱镕基总理和东盟 10 国领导人签署了《中国与东盟全面经济合作框架协议》，决定到 2010 年建成中国－东盟自由贸易区。中国－东盟自由贸易区进程正式启动。2004 年 11 月，中国和东盟签署了《货物贸易协议》，规定自 2005 年 7 月起，除 2004 年已实施降税的早期收获产品和少量敏感产品外，双方将对其他约 7000 个税目的产品实施降税。2007 年 1 月 14 日，中国与东盟在菲律宾宿务签署了《服务贸易协议》，双方在 60 多个服务部门相互作出了高于世界贸易组织水平的市场开放承诺。2009 年 8 月 15 日，中国与东盟 10 国在泰国曼谷举办的第八次中国－东盟经贸部长会议上共同签署了中国－东盟自贸区《投资协议》。双方开始开放投资市场。协议的签署标志着双方成功完成了中国－东盟自由贸易区协议的主要谈判，中国－东盟自由贸易区将如期在 2010 年 1 月 1 日正式建成。自贸区建成后，双方对超过 90%的产品实行零关税。中国对东盟平均关税从 9.8%降到 0.1%，东盟六个老成员国对中国的平均关税从 12.8%降到 0.6%。关税水平大幅降低有力推动了双边贸易快速增长。中国和东盟双边贸易已从建立对话关系之初的 70 亿美元，跃升至 2011 年的 3628 亿美元，年均增长 20%以上。目前，中国已成为东盟的第一大贸易伙伴，东盟成为中国第三大贸易伙伴。

（二）中国与东盟贸易情况

中国与东盟贸易自 2002 年的 395.2 亿美元开始，逐年增长，2004 年突破千亿大关，达到 1059 亿美元，2007 年达 2025.5 亿美元，自贸区正式成立后，2010 年中国与东盟贸易量为 2927.8 亿美元，同比增长 37.5%，2011 年达 3623.3 亿美元，同比增长 23.8%，今年上半年，贸易量达 1878.2 亿美元，在国际经济疲软，外需不足的情况下，预计全年对东盟贸易量仍持增长态势（见图 1）。

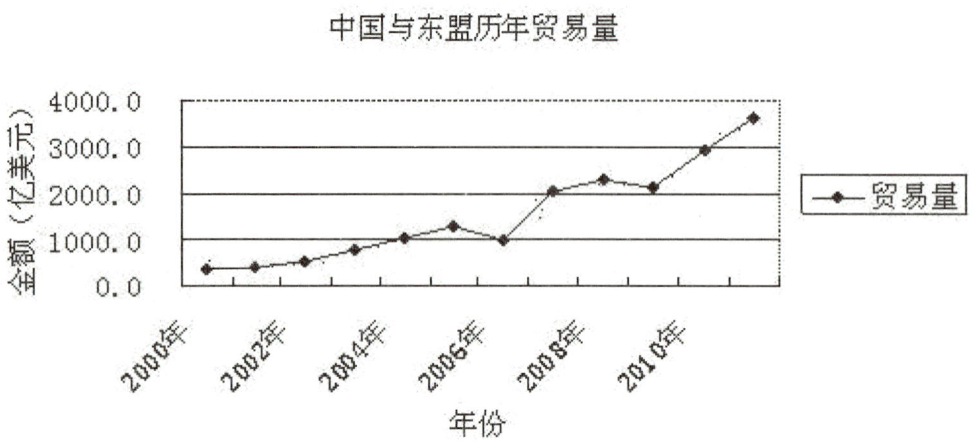

（三）中国－东盟自贸区成员国金融合作情况

1、区域金融合作机制的构建

中国－东盟自贸区成立前，区域金融合作机制已逐步开展并不断完善。早在 2000 年 5 月 4 日，第九届东盟与中日韩"10+3"财长在泰国清迈共同签署了建立区域性货币互换网络的协议，即《清迈协议》，建立了东盟国家和中国、韩国、日本三国之间的双边货币互换网络。然而，清迈倡议签订的货币互换仅为双边货币互换协议，每个资金需求国需要多轮双边谈判，一方面程序繁琐，耗费时间和精力过大，另一方面，若谈判中，个别国家拒绝履行协议内容，则谈判成本倍增，谈判也很难顺利开展。针对清迈协议双边谈判的上述缺陷，清迈倡议多边化由此提出。清迈协议多边化的发展经历了雏形、发展、完善和最终确立四个过程：2003 年，我国总理温家宝在第七届东盟"10+3"领导人会议上首次提出清迈倡议多边化，但直到 2007 年，多边化才有了进一步发展，2007 年，第十届东盟"10+3"财长会议第一次公开提出了清迈倡议多边化的形式是"采取自我管理的区域外汇储备库安排"制。随着美国次贷危机的不断深化，区域金融合作加速启动，2009 年 5 月第十二届东盟"10+3"财长会议上，"采取自我管理的区域外汇储备库安排"制开始实施时间的确立，标志着清迈协议多边化取得实质性进展。2010 年 1 月 1 日，中国－东盟自贸区正式成立，同年 3 月，东盟"10+3"财长和央行行长以及中国香港金融管理局总裁共同宣布"清迈倡议多边化"正式生效，并于 5 月 2 日开始具体组建工作，成立"10+3"宏观经济研究办公室（AMRO）。清迈协议多边化的核心目标是平衡区域内国际收支，并通过货币互换交易向面临国际收支和短期流动性困难的国家提供资金的流动性。

2、区域金融合作的发展

一是金融机构合作往来步伐加快。目前,中资银行在东盟国家共设立 8 家分行;东盟国家在华设立 7 家外资法人银行、6 家外国银行分行;东盟在中国的银行机构资产总额近 2000 亿元人民币,自 2003 年以来年均增速达 38%。中资银行机构与东盟各国银行建立的代理行、境外账户行超过 150 家。2010 年 10 月 29 日,在第 13 次中国 - 东盟领导人会议期间,中国国家开发银行与东盟国家银行发起设立了“中国 - 东盟银行联合体”,双方银行机构的战略合作呈现信贷类、代理类和股权投资类等多元化发展趋势,中国工商银行先后收购了印尼的哈利姆银行和泰国的 ACL 银行。国家开发银行、中国工商银行、中国建设银行等国内金融巨头在东盟国家设立金融机构的步伐也不断加快。

二是区域金融稳定机制初步建立。中国与东盟国家在“10+3”合作框架下,务实推进清迈倡议多边化,共同参与设立了总规模为 2400 亿美元的亚洲区域外汇储备,中国人民银行与马来西亚、印度尼西亚、新加坡、泰国等东盟国家央行签署了累计达 5000 亿元人民币的双边本币互换协议。

三是银行结算等金融业务合作逐步深化。东盟成为人民币跨境贸易结算重点地区,双边银行结算网络不断完善,中国工商银行中国—东盟人民币跨境清算(结算)中心、广西北部湾银行中国—东盟跨境货币业务中心等相继挂牌开业,跨境人民币业务发展迅猛,截至 2012 年 6 月末,中国各试点银行累计办理跨境人民币结算业务量 3.8 万亿元。其中,广西累计办理跨境人民币结算 803.37 亿元,服务于东盟的结算量占比为 88%。

四是金融监管协作取得实质性进展。近年来,中国与相关东盟国家在许多金融监管重大问题上取得共识,并且携手推动国际金融监管改革按照“共同且带有区别”的原则进行。中国银监会与东盟十国中的六国监管当局达成了双边监管合作谅解备忘录,并在此基础上与相关国家的监管当局实施了联合跨境现场检查,针对检查中发现的问题共同配合落实整改措施。2012 年 7 月,中国银监会与新加坡金融管理局在自由贸易协定框架下签署了有关双边银行业进一步开放事项的换文,为深化和促进双方银行业的业务发展创造了良好条件。

五是信用体系建设取得一定进展。一套完善的征信体系是正确识别评估风险的基础,可降低整个信息不对称的成本,防范企业道德风险,避免逆向选择。为促进中国与东盟金融合作和经贸合作纵深发展,满足各国对信用信息的需求,中国一东盟征信研究中心于 9 月 22 日应时而生,并在中国 - 东盟金融合作与发展领袖论坛上特设中国 - 东盟征信市场专题,共同他把那套这一新领域发展。

(四)自贸区建设对广西金融业发展带来的机遇

1、为广西金融业提供广阔的发展空间

一是贸易规模持续增长,经贸合作紧密度不断提升。自贸区建成两年多来,广西与东盟的贸易合作持续升温,2010 年至 2011 年,双边贸易额从 65.26 亿美元增长到 95.58 亿美元,逼近 100 亿美元关口。双边贸易额占广西对外贸易的比重从 36.9%上升至 40.97%,创历史新高。2012 年 1-8 月,广西与东盟双边贸易总额 61.53 亿美元,同比增长 4.39%,占广西对外贸易总额的 36.16%,继续稳居西部 12 省区市之首。

二是投资合作范围不断扩大,投资行业呈现多样化。自贸区的建立促进了广西利用东盟的投资。近 4 年来广西利用东盟国家资金居全国的首位,2012 年 1-8 月广西实际利用东盟国家资金已达到 0.67 亿美元。东盟对广西投资的重点领域从 2009 年的道路运输业逐步扩大到农副食品加工业、餐饮业和农林牧渔服务业。目前,东盟已成为仅次于香港的广西第二大利用外资来源地。

三是跨境人民币结算迅猛增长,东盟成为重要的境外人民币流通区域。按国际收支口径统计,2011 年广西与东盟国家间的跨境人民币结算额为 461.28 亿元,同比增长 83.5%,占同期广西跨境人民币结算总额的 93.28%。2012 年 1-8 月,广西与东盟国家间的跨境人民币结算额为 363.5 亿元,同比增长 14.64%,占同期广西跨境人民币结算总额的 91.22%。越南是广西开展跨境人民币结算业务量最大的国家,占广西跨境人民币结算总额的 88.89%。据估算,截至 2012 年 6 月末,仅越南国内积存的人民币资金已达 46.13 亿元,较 2011 年底增长 39.58%。

四是产业园区及边贸合作区的建设为金融业发展提供市场平台。启动了中马钦州产业园区和马中关丹产业园区建设,中越凭祥 - 同登、东兴 - 芒街、龙邦 - 茶岭三个跨境经济合作区建设也同时启动,中国 - 印尼经贸合作区建设项目取得实质性进展,园区一期 120 公顷基建工程已全部完工,中国西电集团、印尼天泰投资有限公司等 17 家中外企业已经进驻,这都将为广西金融业的发展提供良好的市场机会。

2、为广西金融业进一步拓展东盟市场创造了有利条件

自贸区建立后,国内企业将充分利用比较优势开拓东盟市场,需要银行跟进服务,为企业开拓海外市场提供金融支持。同时,根据中国与东盟签署的服务贸易协议,东盟各国均不同程度开放金融市场,中资金融机构在各国承诺的协议框架内,可以以独资或合资方式在东盟国家设立机构,可以参股、控股、并购金融机构,这为中资金金融机构进入东盟市场消除了政策障碍。此外,东盟各国金融市场有较好的发展潜力,如新加坡属于亚太地区金融中心;东盟的新兴市场国家,如马来西亚、印尼、菲律宾、泰国和文莱金融市场正在逐步完善;其他如越南、老挝、柬埔寨、缅甸,目前正在加快金融改革和培育金融市场的步伐。

3、将加快广西地方法人金融机构的区域性国际化发展步伐

广西目前的地方法人银行,不仅规模小,而且在广西区域内的异地发展才刚刚起步。随着中国与东盟国家贸易投资往来的日益密切，贸易投资不断增长，会大大推动广西地方法人银行的业务向东盟各国市场扩张。当前广西多家法人银行已经确立了立足广西，面向东盟的区域性国际化发展战略，相应成立了国际业务拓展部门，并积极创造条件争取早日在与中国相邻的越南、老挝、缅甸设立分支机构做好准备。

4、将促进一站式航运金融、离岸金融等新型业务的发展

发达的港口城市历来是地区乃至全国的金融中心。广西以南宁、北海、钦州和防城港四市为主体的港口经济开发区是继珠三角、长三角和环渤海经济圈之后中国第四个重要的沿海经济区域。港口及临港工业园区、物流园区的发展将带动航运金融、离岸金融等相关金融业务的发展。港口贸易特别是跨国贸易必然伴随大量的货物及资金流动，需要银行提供从结算、融资到投资等一站式的金融服务，客观上需要银行加速推出包括离岸、航运金融等新的金融产品和服务。

（五）自贸区建设对广西金融业发展带来的挑战

1、广西与东盟经贸发展存在些问题可能给广西一些产业造成一定的冲击，从而影响银行的信贷资产质量

一是地缘政治危机影响双边贸易投资活动的正常发展。2012年以来，越南、菲律宾等国与我国南海争端不断升级，并引发马来西亚、新加坡、印尼等其它东盟国家参与争夺中国南海资源，一定程度上影响了广西与东盟各国间的贸易投资往来。

二是受内外新政影响，广西边境小额贸易增长乏力。如2012年以来，越南国内先后出台多项限制矿产品勘探开采及出口的政策措施，导致广西边贸进口逐月下降。另外我国财政部和国家税务总局于2012年6月联合下发《关于出口货物劳务增值税和消费税政策的通知》，要求企业边境小额贸易代理项下出口需开具发票并办理代理出口证明，否则按照自主经营的情况征收企业增值税。这都将影响广西的边贸发展。

三是广西与东盟各国的贸易投资往来不均衡，不利于双边经贸长期持续发展。主要表现为：东盟对广西进出口以逆差格局为主，2012年1-8月，东盟对广西进出口整体逆差24.27亿美元；双边投资发展不平衡，2010年以来，广西对东盟的投资实际发生额为0.6亿美元，东盟对广西的投资实际发生额为1.97亿美元，广西对东盟的投资远远落后于东盟对广西的投资；贸易和投资集中度过高，贸易主要集中在越南，投资主要集中在印尼。中国的经济实力整体上超过东盟多数国家，这是上述不平衡性发生的主要原因。

四是自贸区贸易与投资环境仍有待进一步改善。如东盟国家存在内部投资保护协议，成员国之间的相互投资能享受多项优惠政策，给广西企业开展对外投资业务带来政策障碍；人民币与多数东盟国家的小币种货币仍然缺少有效的汇率形成机制，双边本币结算业务发展步伐缓慢，企业面临较大汇率风险；信息沟通渠道仍然不畅。来自中国－东盟中心秘书处统计显示，目前我国开展对东盟贸易的企业仅有约13%能及时办理优惠原产地证书，大部分企业由于缺乏对自贸区的基本认识，错失了享受东盟进口国关税减免待遇的权利。

五是关税大幅度降低使部分传统行业的发展受到一定冲击。东盟的大米、龙眼、芒果、荔枝、香蕉等农产品将冲击广西同类农产品市场，影响种植相关农产品的企业和农民收入。此外，广西正面临劳动力、土地、资金等生产要素价格上升的压力，工业发展的成本优势不再明显，在降低关税和减少非关税壁垒之后，东盟劳动密集产品、服务产品会更多地进入广西市场，给广西同类型企业造成一定压力。

2、广西金融人才不足是制约金融区域合作发展的瓶颈

金融人才状况是影响广西与东盟金融合作的重要因素。广西金融人才总量少、层次低。与发达地区和广西经济金融发展要求相比，广西金融人才数量仍显不足，整体素质不高，特别是高层次人才、创新人才缺乏，能满足金融创新需求的风险管理、国际结算、金融科技、金融法律及外语等方面的人才很少，特别熟悉东盟一些国家的语言和银行业情况的人才更为稀缺，这成为制约广西区银行业持续快速发展的重要因素。

3、东盟各国金融业发展不平衡短期内将制约广西与东盟银行合作的领域、层次和规模。一是合作成本增加。除新加坡外，其他东盟各国经济整体实力还不强，多数东盟国家银行业仍面临着补充资本金、降低贷存比和化解不良率的压力。东盟大部分国家金融市场体系、法治建设还不完善，监管理念、框架、人员素质和技术手段都还很落后，东盟各国监管标准存在较大差距，适用的会计准则亦不尽一致，加大了协调的难度，增加合作成本。二是跨境监管及协调难度增加。自贸区建成后，人员、资金、货物流动日趋频繁，对跨境结算、外汇管理提出了更高要求，增加防范打击洗钱、违规货币交易的难度，需要进一步加大毗邻国家金融监管的有效合作与交流，防止风险跨境传播。三是金融合作基础较薄弱。目前，广西银行业与东盟银行业的合作基础仍较薄弱，停留在以结算类业务为主的代理层面。“走出去”到东盟国家设立分支机构，支持企业“走出去”开拓东盟市场，对东盟企业的授信，或参股、入股东盟的金融机构、引入东盟国家战略投资者等都难有实质性进展。

四、对金融支持中日韩自贸区建设的启示

（一）中日韩自贸区建设进展

中日韩自贸区设想2002年被首次提出，并开展了相关民间学术研究，在之后的约7年时间里，三国研究机构对建立自贸区的可行性进行了大量分析研究，并初步得出积极结论。2003年10月，中日韩三国领导人在印度尼西亚共同发表《中日韩推进三方合作联合宣言》，这是三国领导人首次就三国合作发表共同文件，初步明确了三国合作的原则和领域，并决定成立由三国外长牵头的

三方委员会，总体协调三国合作，标志着三国合作进入新阶段。2007 年 11 月，第八次中日韩领导人会议在新加坡举行，会议制定了三国合作行动计划，组建网络秘书处，加强可再生能源与新能源科技合作等一系列具体项目。在 2009 年 10 月举行的第二次中日韩领导人会议上，三国领导人就尽快启动三国自贸区官产学联合研究达成共识。同年 10 月，三国在泰国举行的第六次中日韩经贸部长会议发表联合声明，提出三国将于 2010 年上半年启动中日韩自贸区官产学联合研究。在 2010 年 5 月的第三次中日韩领导人会议上第三次中日韩领导人会议上，三国领导人一致同意加快推进"中日韩自由贸易区"建设步伐，决定于 2011 年在韩国设立三国合作秘书处，争取 2012 年前完成中日韩自贸区联合研究，尽快完成三国投资协议谈判。2012 年 5 月 13 日，第五次中日韩领导人会议在人民大会堂举行，中国国务院总理温家宝、韩国总统李明博、日本首相野田佳彦出席。三国领导人同意年内正式启动中日韩自贸区谈判，并签署中日韩投资协定，中国倡议在中国山东建设中日韩自由贸易区先行区和示范区。这是三国签署的首个促进和保护三国间投资行为的法律文件和制度安排，为中日韩自贸区建设提供了重要基础。2012 年 6 月 21 日，中日韩自由贸易协定首次筹备工作会议宣布年内启动谈判，并就启动中日韩自由贸易协定谈判的基本原则、谈判范围、谈判结构、各领域谈判方针等问题交换了意见。2012 年 11 月 20 日，中日韩自贸区谈判正式启动，中日韩自贸区建设迈入实质性阶段。

(二)借鉴意义

1、货币流通与结算便利化是金融支持自贸区发展的重要措施

从长期来看，自贸区若要实现真正的贸易和投资便利化，除了关税减免外，构建货币联盟，实行单一货币或者盯住汇率制度十分重要。根据"最适度货币区理论"，通过区域货币一体化，可以有效降低交易成本和投融资风险，提高区内成员国经济福利，增强其在国际市场上的竞争力，合力抵御金融风险。随着中国－东盟国际合作的深化，中国－东盟自贸区也在逐渐满足"最适合货币区"的相关条件，有实证分析显示，在东亚 21 个国家和地区中，有 17 个与中国的经济增长周期相关系数为正，其中 10 个相关系数超过 0.5，即表明东亚各国整体上具有相似的经济周期，而在通货膨胀方面，有 19 个国家与中国通货膨胀率相关系数大于 0.7，呈现较高的相似性 。从考察情况看，广西与东盟国家间的跨境人民币结算额占同期广西跨境人民币结算总额的 91.22%，在东兴等中越边境城市，小额边贸交易货币均为人民币，人民币与越南盾的挂牌交易也大大降低了货币兑换成本，提高了结算效率。同时，工商银行成立的人民币跨境清算中心和网上银行边贸结算，为人民币区域化发展提供了清算平台。

启示：一是大力推动人民币与日韩货币结算便利化。目前，人民币对韩元已实现挂牌交易。2011 年 7 月 5 日，青岛成为国内首个韩元挂牌交易试点城市，一年以来，已有交行、工行、企业银行和新韩银行等 4 家金融机构获得了挂牌交易资格，截至今年 7 月底全市共办理韩元汇兑业务 89.3 亿韩元。2012 年 6 月 1 日起，经中国人民银行批准，人民币对日元也在银行间外汇市场实现了直接交易，目前青岛市已有中行、交行、中信、汇丰及瑞穗等多家外汇指定银行的总行获得了人民币对日元直接交易的做市商资格。在人民币对日元直接交易的基础上，继续推动人民币对日元挂牌，实现人民币对日韩货币的双挂牌，将有效推动货币结算便利化，为自贸区内贸易提供便利的货币结算和流通基础。二是积极推动对日韩的跨境人民币交易。短期看，通过人民币跨境交易的发展进一步便利中日韩自贸区内贸易合作，使双边或多边经贸合作在货币使用效率和使用成本方面达到最优。从长期看，逐步推广跨境人民币交易，奠定区域内人民币单一货币基础，从货币联盟角度推动经济区域联盟发展。在区域单一货币币种的选择上，虽然人民币成为国际货币的很多配套机制尚未形成和完善，但中国在最近的 5-10 年内，对于日本、韩国、东南亚等亚洲国家，形成了庞大的逆差，这是人民币走向国际化决定性的条件，人民币作为亚洲区域单一货币具有比日元更强的决定性条件。三是积极推进个人本外币兑换特许业务发展。目前，全市共有 40 家外币代兑点及 3 家个人本外币兑换特许机构，特许机构月均办理本外币兑换 1500 笔，金额达 160 万美元。在风险可控的前提下，本着"成熟一个、准入一个"的原则，对具备条件的机构及时进行重点辅导，推动个人本外币兑换特许业务发展，进一步完善网点布局，提升货币兑换服务水平[①]。

2、金融业务的创新是支持自贸区发展的有效手段

实践证明，金融创新在开拓投融资渠道，节约资金成本，化解金融风险等方面对推动区域经济发展意义重大，但金融业务创新不能照搬照抄，而要建立符合自贸区内经济情况和区内企业资金需求的特色融资产品。以广西为例，广西金融业通过自贸区贸易发展需要建立了各种创新融资产品，如工商银行成立的中国－东盟人民币跨境清算中心，采用自主产权研发的人民币跨境清算系统办理跨境人民币结算；农行广西分行建立的边贸企业名单制出口退税帐户托管贷款，针对凭祥及东兴边贸区域进出口企业无法达到应有的出口退税帐户贷款门槛的实际问题，通过实地考察和风险评估，确立了 60 家信誉度较高的边贸企业名单，为名单内企业发展与东盟贸易降低贷款门槛，提供对口服务；广西保监局设计了跨境车辆短期交强险，为短期内东盟国家来华旅游或商务的车辆提供短期保险服务。

启示：引导和鼓励银行在出口信贷、票据贴现、押汇贷款和对外担保等方面加大对日韩企业贸易活动的融资支持，并针对日韩企业实际需求，加大外汇服务产品创新力度，坚持金融服务实体经济的原则，开发新的外汇结算、贸易融资产品和汇率避险工具，充分满足日韩企业经贸需求，如针对中日韩三国沿海特点，创新与海洋渔业、水产品加工业、航运业、海洋旅游业等有关的海洋特色融资产品；降低人民币、日元和韩元结构性存款门槛，为中小日韩外贸企业提供更便捷的融资理财服务；积极争取离岸业务资

① 赵晨仪　从欧元危机谈对东亚货币一体化的建议[J]　东方企业文化 2012 第 8 期：129-130

格，发展离在岸一体金融服务；丰富金融机构种类，积极引进和筹建创业投资、风险投资、天使投资、产业基金、股权投资基金等支持创新性企业发展的非银行金融机构。

3、加快金融合作为自贸区各国贸易往来提供配套资金支持

随着中国－东盟自贸区发展，中国与东盟企业之间的贸易往来逐渐增多，引进来与走出去步伐不断加快，金融机构必须紧跟区域经济发展需求，不断扩大区域金融合作范围和业务品种，如广西农行积极拓展越南边贸合作银行，截至目前，数量已达9家；中行积极在东盟各国开设分支机构，目前除印度外，其余各国均有网点布局；建行与东盟100多家银行签订代理服务协议，对自贸区电站、铁路等基础设施加大资金投入力度，信贷服务资金达1800多亿元，等等。通过日益加快的金融合作步伐，为中国－东盟贸易提供强有力的资金支持和完善的金融服务。

启示：一是加强金融机构跨国网点布局。扩大国内金融网点在日本、韩国的布局，为国内企业“走出去”提供长期配套支持，同时，加快引进日韩银行机构，目前，青岛市共有瑞穗银行等3家日资银行、新韩银行等3家韩资银行，在此基础上，应积极推动日韩综合实力较强的银行来青设立网点或代表处，如日本三井住友银行、国际协力银行，韩国国民银行、友利银行等。此外，通过合资参股等方式加强与日韩金融机构资本合作，吸收其先进发展经验，提高国内金融机构综合实力。二是建立专门支持自贸区发展的金融机构。参考广西北部湾银行的设立，筹建专门服务与中日韩自贸区建设的专业银行机构，有针对性地服务于区内企业和区内贸易，重点发展中日韩三国贸易融资和结算产品，对三国的微小企业、朝阳企业提供更贴心的金融服务。三是建立针对自贸区的货币合作基金。为更好的支持区域经济发展，由中日韩三国共同出资组建科技投资基金或海洋合作基金，采取商业化运作模式，专项支持高新技术、科技研发、创新产业和海洋相关产业发展，提升区域内经济发展水平。

4、产业合作园区的建设与金融支持经贸合作互相促进

广西的中马钦州产业园目前正在积极推进，年内将正式启用，这是马来西亚在中国设立的首个产业园区，也是继中新苏州工业园、中新天津生态城项目之后，中国第三个中外两国政府合作的产业园区，从中新产业园区在国内的发展来看，产业园区的建设必将带动双边贸易、产业、技术等领域的合作，实现共赢发展。实体经济发展产生的金融需求是促进金融业发展的必要条件，金融业的发展又反推实体经济的进一步前进，两者相互联系相互促进。通过产业园区建设的先行，金融机构加强园区网点布局，并针对园区产业情况，创立符合园区企业发展的特色金融产品，进一步促进双边产业发展。

启示：一是建立中日及中韩双边产业园区。通过产业园区建设，提高吸引日韩投资水平，促进产业集约化发展。中国与日韩贸易具有较强的互补性，日韩技术较中国发达，其对中国出口产品中机械产品及电器电子产品占半数或以上，因此，中日韩产业园区可通过资本密集和劳动密集经济特征的结合，实现日韩技术和资本密集型产业逐步向中国转移。二是推动中日韩自贸区合作示范区建设。在山东进出口额中，青岛占33%，居全省首位，青岛市对日韩贸易量占进出口量的20%以上，日韩企业3600多家，是日元与韩元直接交易试点城市，青岛作为山东省龙头城市，在山东中日韩自贸区合作示范区的建设中先行先试，有效推动示范区发展。三是继续大力发展保税港区。进一步完善保税港区功能，开辟中日韩特许港区基地，鼓励港区物流多元化发展，从单一的运输发展成具备分拨中心、集散中心以及材料供应商库存整理等功能为主，提供简单加工、包装及定单执行等增值服务为辅的综合物流服务。伴随产业园区、合作示范区和保税港区三区的稳步发展，配套相应的银行网点和特色金融业务，实现区域建设与金融建设相互促进。

5、金融监管机构的“作为”为自贸区提供良好的金融环境

广西省为促进区域协调发展、深化与东盟开放合作，加快北部湾经济区开放开发，制定了一系列促进经济发展的政策措施，如《中国广西壮族自治区委员会 自治区人民政府关于加快北部湾(广西)经济区全面开放开发的若干意见》、《广西壮族自治区人民政府关于支持台资企业发展的若干政策措施的通知》、《广西壮族自治区人民政府关于进一步做好利用外资工作的实施意见》等，其中，在金融支持方面，提出要加强金融主体建设，大力培育地方法人，深入实施“引金入桂”战略，建设南宁金融机构集聚区，加强小额贷款公司试点工作，在金融机构总部及相关机构设置上给予土地、财税等方面的支持；加强信贷支持，在信贷增量中保持一定比例用于支持经济区重点产业发展和基础设施建设，加强金融产品创新，拓宽融资渠道；加强金融便利化建设，扩大外汇市场交易主体和交易品种，简化审核手续等。这些支持措施为区域合作和经济发展提供了良好的金融环境。

启示：一是加强政策引导，出台金融支持政策。针对中日韩自贸区建设现状，出台金融支持自贸区发展的若干政策，如在推进银行业发展的同时，加强对小贷公司、风险投资、证券保险等非银行金融机构的扶持；引导金融机构在自贸区重点经济领域加强信贷投放，简化贷款手续，创新融资产品；支持金融机构“引进来”与“走出去”等。二是简政放权，促进贸易投资便利化。深入开展货物贸易外汇管理改革，简化业务办理流程，缩短企业退税周期，对不同类别的企业实施差别化管理政策，建立“激励守法者，约束可疑者，惩戒违规者”的正向激励机制；大力推广出口收入存放境外改革和外汇资金集中管理，提高企业资金利用效率；将服务贸易审核权限逐步下放到外汇指定银行，简化保险外汇市场准入手续和业务审批流程；调整短期外债指标额度，对上年度短期外债指标使用率高、贸易融资业务增长快的金融机构适当予以倾斜，支持企业贸易融资；积极向上级部门争取优惠政策或便利政策先行先试，使区内金融机构和企业先行获益。三是营造良好的金融生态环境。进一步加快社会信用体系建设，提高社会主体诚信意识，全面改善自贸区信用环境。在不断深化自贸区金融和经贸合作的基础上，切实加强金融监管，密切监测区内资金异常流动，提高金融风险防控能力,维护自贸区金融安全。同时,积极引导各金融机构强化社会责任意识和合规经营意识,主动贯彻国家宏观调控政策,落实尽职审查义务。

(三)值得关注的问题

1、政治互信度低成为经济合作的绊脚石。在现代跨国经济合作关系中,政治因素起到至关重要的作用,中日韩三国虽然在文化、地缘等方面相近相通,但社会主义市场经济与资本主义市场经济的政治经济体制差距、日本对侵华战争尚未端正的态度以及近期中日钓鱼岛、中韩独(竹)岛的领土纠纷等因素,都是摆在经济合作面前的现实问题,这些问题不能妥善解决或搁置争议,必将阻碍中日韩经济合作的发展。此外,美国作为政治经济超级大国,与东亚日韩等国成为重要的政治军事联盟,其对中国崛起的警惕态度也是影响中日韩自贸区建设进程的因素之一。

2、经济发展的不平衡及产业竞争影响合作步伐。一方面,经济水平差距较大的国家之间进行经贸合作,将会对国家经济产生冲击,日本是一个高度发达的国家,韩国也是发展先于中国的新兴工业化国家,虽然中国GDP总量较高,但从人均角度看,仍远远落后与日韩,对国家利益的冲击是自贸区发展中不得不考虑的问题;另一方面,中日韩在国际市场上具备类似的发展战略、产业结构以及外部市场,在机电产品、纺织品、钢铁等产业存在激烈竞争,在对欧美出口方面,中日韩均为欧美重要的进口来源国,外部市场竞争也十分激烈。

3、东盟各国与日韩存在经济差异,合作模式不能复制照抄。从主要外贸产业看,除新加坡外,其余各国均为经济发展水平较低的发展中国家,东盟国家多为高新技术、挖掘机、汽车等成套机器设备引进国,并对中国输出矿产、农副产品和人力资源;而日韩两国经济与科技水平高于中国,产品和资源输送与东盟方向相反,侧重不同。从金融支持角度看,由于广西与东盟贸易多为边贸往来,其金融支持角度多站在边贸角度发展,且广西与青岛相比,经济金融发展水平仍然较低,金融创新和开放程度尚不够,在金融支持中日韩自贸区建设方面,必须在借鉴的基础上有所创新和提高。从金融合作和交流角度看,在引进东盟国家金融机构方面,由于东盟多数国家经济发展水平较低,部分金融机构达不到我国的金融业准入门槛,限制了中国与东盟金融合作和交流步伐,而我国在引进日韩金融机构参股或设立分支机构方面,由于日韩经济发展水平较高,能够满足我国的准入门槛,金融合作与交流较为畅顺。

4、人民币资金回流渠道有待拓展。人民币资金回流问题是人民币国际化路线中一项重要议题,也对区域内贸易结算往来至关重要,若要作为国际货币,人民币必须"流起来"。据统计,随着人民币跨境贸易和投资的逐步试点推广,留存在境外(主要是香港地区)的人民币数量已超过5000亿元,目前,受国内资本项目尚未完全放开、利率和汇率市场化水平较低、境外人民币相关金融产品匮乏等因素影响,人民币回流的渠道较少,主要为出口跨境贸易人民币结算、入境旅游探亲消费、到境内购买资产、边境贸易及其手续费等,人民币回流渠道的不足制约了人民币资金的保值增值,降低对其的持有意愿,不利于人民币区域货币一体化和国际化发展。

【参考文献】 [1]Yan Bai,Jing Zhang.Financial integration and international risk sharing[J].Journal of International Economics,2012(1)

[2]森岛通夫.日本的选择[M].东方出版社,2010

[3]李昌在.东亚经济合作的制度化趋势[J].开放导报,2002(2)

[4]李昌在.东亚经济一体化及东北亚经济合作前景[J].开放导报,2003(1)

[5]李奎泽.中韩贸易问题研究[J].亚太经济,2003(6)

[6]唐文琳.中国—东盟自由贸易区进程与金融支撑体系构建[M].广西人民出版社,2006

[7]查菊红.东亚区域经济合作现状及影响因素分析.河海大学商学院硕士论文,2007

[8]范祚军.中国-东盟自由贸易区框架下宏观金融政策协调的理论分析[J].对外经济贸易大学学报,2005(4)

[9]何焰、龚超. 区域经济一体化金融服务市场准入制度研究[J]. 长江论坛,2007(2)

[10]张家寿.中国-东盟自由贸易区的几个金融问题探析—中国-东盟区域金融合作研究之三[J].广西大学学报:哲学社会科学版,2004(6)

[11]李贤珠.中韩贸易及其结构变化[J].国际问题研究,2010(6)

[12]王书杰.中韩贸易逆差问题及对策分析[J].经济研究导刊,2010(12)

[13]张巧娜.中日贸易关系问题研究.中国人民大学博士论文,2007

课题承担单位:中国人民银行青岛市中心支行
课题组主持人:朱传友
课题组成员:贾世敏 李 婕

《山东金融年鉴》专项课题研究报告之三

鲁南经济带视野下金融支持区域经济策略研究

【摘要】 本文以促进鲁南经济带发展的金融支持为着眼点，在综合评价鲁南经济带的经济金融发展情况的基础上，借助灰色关联分析法来考察鲁南经济区金融与经济的内在关系，进而探讨促进区域经济发展的金融支持策略。

【关键词】 经济带 区域经济 策略

一、引言

经济带(圈)是指一定区域范围内的经济组织实体，是生产布局的一种地域组合形式。从理论上讲，在一定地域范围内，通过区域城市布局的合理规划和建设，扩大生产要素配置范围，拓展资源整合空间，有利于打破行政区划、市场分割和行业界限，加强跨地区的横向联合，实现区域协调共同发展。

2007年7月，山东省政府提出构建“一体两翼”的经济发展格局的思路。2008年2月，《鲁南经济带区域发展规划》(以下简称《规划》)的正式通过，标志着山东省“一体两翼”区域发展新规划步入正式实施阶段。至此，山东区域发展格局重心从“东中西”全面转变为“北中南”。尽管鲁南经济带已经处于起步阶段，但区域经济发展的面临的矛盾、挑战并不少，在体制改革与机制支撑上都还需要不断探索。

二、鲁南经济带经济发展与金融发展状况分析

(一)范围界定与基本规划

鲁南经济带包括日照、临沂、枣庄、济宁、菏泽5市43个县(市、区)，面积5.05万平方公里，人口3210.5万人，分别占全省的32.1%和34.5%。经过多年的发展，逐渐形成了三个特色经济区，即以日照、临沂为主体的临港经济区，以济宁、枣庄为主体的运河经济区，以菏泽为主体的鲁苏豫皖四省交界区。

在全省经济发展大格局中，鲁南五市是全省区域经济发展的低谷，农村人口多，城市化水平低，产业基础相对薄弱，人均占有水平明显落后于全省平均水平。鲁南五市之间，由于历史和现实等综合因素的影响，各市发展也不平衡，彼此间联合与协作不够紧密，没有形成合作发展的机制。

为展开“一体两翼”总体战略布局，推动鲁南经济带崛起，《规划》提出了“一带、三区、六大产业基地”的总框架。“一带”即沿菏兖日铁路、日照到东明高速公路和规划建设的菏泽至日照岚山高速公路、枣庄至临沂铁路等，在贯穿鲁南经济带东西的大通道两侧，形成集中布局、产业集聚的大产业带。“三区”即以日照、临沂为主体建立临港经济区，以济宁、枣庄为主体建立运河经济区，以菏泽为主体依托京九和新乡到日照铁路大通道建立京新沿路菏泽经济区。“六大产业基地”即食品及优质农产品生产加工基地、能源及煤化工基地、精品钢铁基地、优质建材基地、机械制造基地、商贸物流基地。

(二)经济发展状况分析

本文选择经济发展总量、人均地区生产总值、产业结构变化和城乡居民收入作为衡量经济发展状况的主要指标。

1.经济发展总量

图1 地区生产总值（亿元）

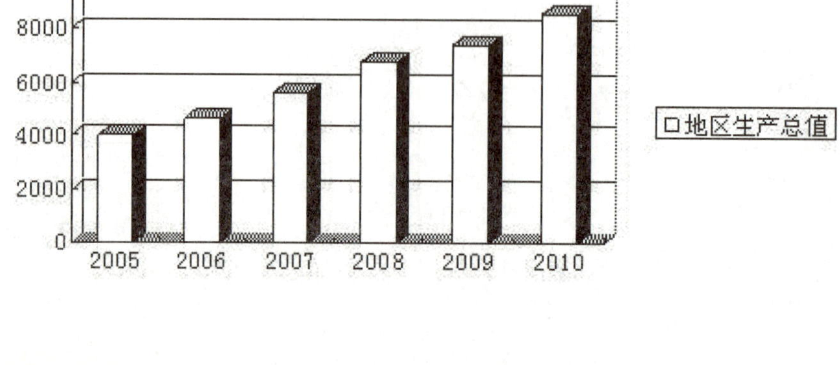

图 2 人均地区生产总值（元）

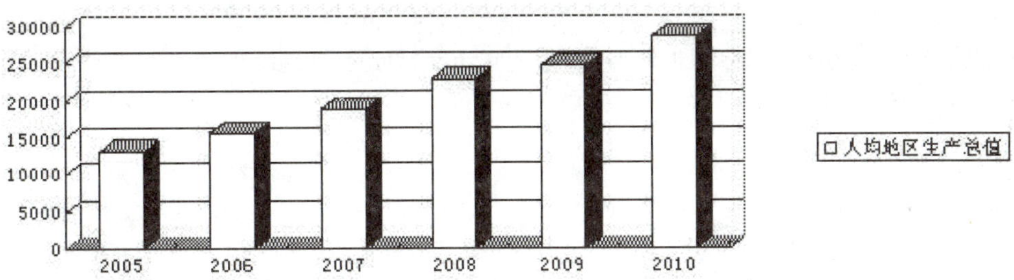

从 2005-2010 年，鲁南经济带整体经济实力不断增强，一直保持良好增长，生产总值变动率增大，总体趋势向上。截至 2010 年末，地区生产总值达到 8557.01 亿元，较上年增长 1151.05 亿元，增比为 15.5%。人均地区生产总值达到 28824.8 万元，远低于全省平均水平，较上年增长 3979 元，增速为 16.02%。

2. 产业结构

图 3. 产业结构（%）

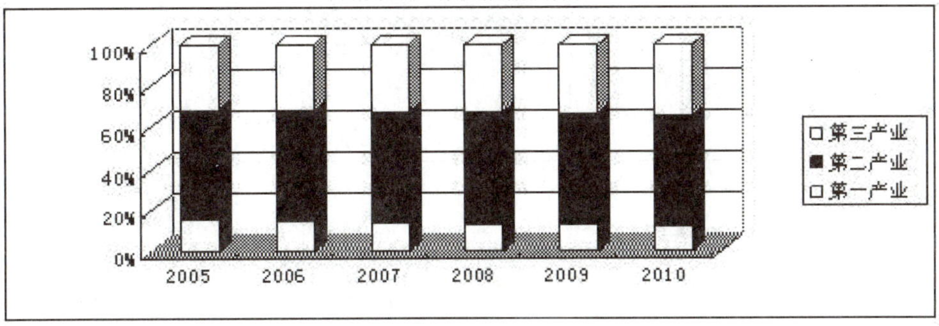

从 2005-2010 年，鲁南经济带三大产业比重中，农业所占比重持续下降，工业比重略有上下浮动，第三产业则是逐步上升。2010 年，三大产业比例从 2009 的 12.39: 54.66: 32.95 调整为 11.85: 53.80: 34.35。与 2010 年山东省整体水平相比(9.1: 54.3: 36.6)，还有一定距离，发展还比较滞后。

3. 城乡居民人均可支配收入

图 4. 城乡居民收入（元）

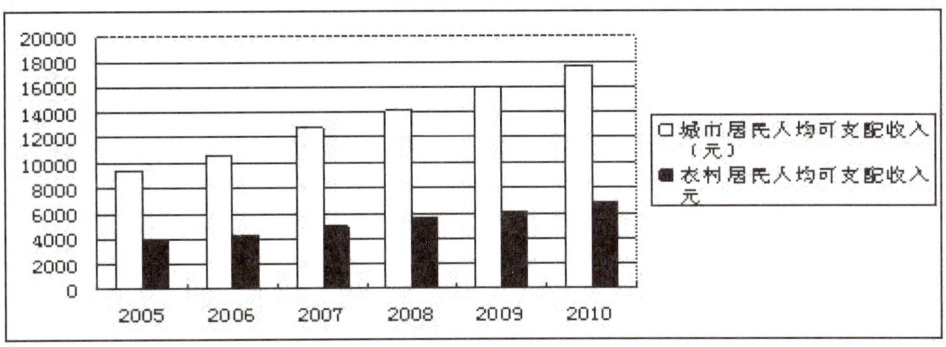

从 2005-2010 年，鲁南经济区城市和农村居民人均可支配收入均保持一定程度增长，但很明显，城市居民人均可支配收入无论从绝对值还是增速幅度都高于农村居民人均收入。

(三)金融发展状况分析

选取金融组织体系、金融总量、金融资产结构、金融发展水平等四方面来分析区域金融发展状况，并揭示发展过程存在的相关问题。

1. 金融组织体系

伴随经济的快速发展，鲁南经济带的金融市场主体不断丰富。截至2010年底，区域共有包括政策性银行、国有商业银行、股份制银行分支机构以及地方性金融机构等各类银行业金融机构总计近2700家，从业人员近50000人；非银行类金融机构中保险公司分支机构464家，证券经营机构16家，邮政储蓄所954家。目前，鲁南经济区已经形成了各类金融机构较为齐全的金融体系。

2. 金融总量

从银行业总体情况看，2010年末鲁南经济带5市各项人民币存款和贷款余额分别为7346.49和5262.12亿元，分别占全省存、贷款的比重为17.9%和17.1%。从人均水平看，区域人均存、贷款为22886元和16392元，都只达到全省平均值的半数左右。

从保险业情况看，2010年，鲁南区域保费收入达240.32亿元，增长速度为36.2%，占全省比重为23.3%。

3. 金融资产结构和信贷结构

受制于资本市场发展不成熟，鲁南经济带直接融资比例太小，间接融资比重很大，低于全省平均水平，区域金融资源过度集中于银行系统。2010年，区域金融机构贷存比为71.63%，高于全省平均水平。

间接融资中，区域国有金融机构信贷投入占比在六成以上，占据垄断地位，地方性金融机构数量少、规模小、整体发展水平不高。

保险业务发展较快，增速约为30%，但主要集中在寿险收入，共计171.90亿元，占保费收入七成以上，财险业务相对落后，仅有约3成比重。

4. 金融发展水平

从金融相关比率看，2010年年末鲁南经济区金融相关比率为157%，而全省金融相关率为184%。从保险密度①和保险深度②指标看，区域保险密度约为740元，保险深度为2.8%。总体上看，相比于全省较发达地区，鲁南经济区金融发展水平相对落后。

三、鲁南经济带金融与经济的关联性分析

通过上文对鲁南经济区金融与经济历史数据的分析，可见鲁南经济带经济保持平稳发展的同时，金融也在保持较快发展，经济增长与金融发展之间应该是有相关关系的。下面将运用衡量关联性程度的灰色关联分析法，对金融与经济发展的关联关系进行实证分析。

(一)研究设计

1. 研究方法

灰色关联分析是一种根据序列曲线几何形状的相似程度来判断数据关联度的方法，其对统计数据的数量、规律性以及过程计算的强度要求较低，而且避免了定性分析与量化分析结果不符的情况，这都弥补了回归分析、方差分析、主成分分析等典型系统分析方法的不足。而灰色综合关联分析方法联合了序列相似程度和相对于始点的变化速率的接近程度，在处理小样本、大波动规律以及受人为因素主导较强的统计数据时具有更为明显的优势。本文基于灰色综合关联分析方法对数据进行分析研究。

灰色综合关联度分析建立在灰色绝对关联度与灰色相对关联度二者的基础上，既体现了序列之间的相似程度，又反映出序列相对于始点的变化速率的接近程度，是较为全面地表征序列之间联系是否紧密的一个数量指标。其分析过程分为灰色绝对关联度求解、灰色相对关联度求解、灰色综合关联度求解三个步骤。

(1)灰色绝对关联度求解

对序列 $X_i=\left(x_i(1),x_i(2),\mathrm{L}\ ,x_i(n)\right)$、$X_j=\left(x_j(1),x_j(2),\mathrm{L}\ ,x_j(n)\right)$，n 为序列长度即数据个数。

1)始点零像化处里：

$X_i^0=X_iD=\left(x_i(1)d,x_i(2)d,\mathrm{L}\ ,x_i(n)d\right)$，

其中 $x_i(k)d=x_i(k)-x_i(1)\ (k=1,2,\mathrm{L}\ ,n)$，$D$为初始化算子，$X_iD$ 为 X_i 的始点零化像。X_i^0为零像化处里后的序列。

2)计算 $|s_i|$，$|s_j|$，$|s_i-s_j|$

$$s_i=\int_1^n\left(X_i^0-x_i^0(1)\right)dt\ ;$$

$$s_j=\int_1^n\left(X_j^0-x_j^0(1)\right)dt\ ;$$

$$s_i-s_j=\int_1^n\left(X_i^0-X_j^0\right)dt\ 。$$

其中 $x_i^0(1)$ 为 X_i^0 序列的初值。

①保险密度即人均保费收入，反映地区的保险普及程度和保险业发展水平。

②保险深度指保费收入占国内生产总值(GOP)的比例，它反映一个国家的保险业在其国民经济中的地位。

3)求绝对关联度

$$\varepsilon_{ij}=\frac{1+|s_i|+|s_j|}{1+|s_i|+|s_j|+|s_i-s_j|}$$

ε_{ij}即为X_i，X_j的绝对关联度。

(2)灰色相对关联度求解

1)将数据初值像处理

对任意序列$X_i=(x_i(1),x_i(2),\text{L},x_i(n))$，$n$为序列长度即数据个数。

$$X_i'=X_iD_1=(x_i(1)d_1,x_i(2)d_1,\text{L},x_i(n)d_1)$$

其中$x_i(k)d_1=x_i(k)/x_i(1),(x_i(1)\neq 0,k=1,2,\text{L}\ n)$，$D_1$为初值化算子，$X_iD_1$为初值化算子$D_1$下的像，即初值像。依上式分别求得序列$X_i$、$X_j$的初值像$X_i'$、$X_j'$。

2)将初值像处理后的序列X_i'、X_j'，按照绝对关联度的求解步骤，依次进行零像化处理，计算$|s_i'|$，$|s_j'|$，$|s_i'-s_j'|$，最后求解的关联度结果即为灰色相对关联度r_{ij}。

3)灰色综合关联度求解

对于X_i、X_j为长度相同且初值不等于零的两个序列，其灰色综合关联度ρ_{ij}表示为:

$$\rho_{ij}=\theta\varepsilon_{ij}+(1-\theta)r_{ij}$$

其中，ε_{ij}、r_{ij}分别为灰色绝对关联度和灰色相对关联度，系数$\theta\in[0,1]$，本文θ取0.5。

2.指标选择

在理论原理的基础上，基于数据的可获得性、全面性、显著性和准确性的原则，建立衡量经济发展、金融发展的若干指标。

本文选择人均地区生产总值、产业结构优化率、城乡收入比作为衡量经济发展的分析指标。其中，产业优化率反映和衡量产业结构的调整升级状况，用二、三产业之和与GDP之比来表示。城乡收入比用城市居民实际可支配收入与农村居民实际人均纯收入的比值得出。

本文选择金融相关比率、金融规模、金融中介效率作为衡量金融发展的分析指标。其中，在选择金融规模指标，考虑到金融配置资金的三种形式，即银行、证券以及保险，选取银行贷款余额、证券市场成交额、保费收入共同组成金融总量指标。金融中介效率用来衡量金融机构将储蓄转化为贷款的效率，用金融机构全部贷款额与全部存款额相比得出。

(二)实证检验

1.数据来源

本文采用的相关基础性数据均来源于《山东金融年鉴》，时间跨度为2005~2010年，消除物价因素和计量单位的不一致性之后，本文实证研究所需的指标(见下表1)

表1: 鲁南经济带区域经济金融指标

经济指标	2005	2006	2007	2008	2009	2010
地区生产总值(亿元)	3988.08	4662.38	5612.91	6768.12	7405.96	8557.01
人均地区生产总值(元)	13165.82	15712.25	18966.80	23000.22	24845.63	28824.8
产业结构优化率	84.53	85.53	86.3	87.18	87.61	88.15
第二产业占比	53.45	53.99	54.14	54.75	54.66	53.80
第三产业占比	31.08	31.54	32.16	32.43	32.95	34.35
城乡收入比	2.44	2.47	2.60	2.56	2.65	2.60

附表

金融指标						
金融规模（亿元）	2386.5	2979.77	6175.16	6160.79	9599.66	13224.71
银行贷款余额	2224.15	2577.13	2988.05	3334.61	4386.2	5262.12
证券市场成交额	91.89	321.91	3088.06	2688.14	5036.95	7722.27
保费收入	70.46	80.73	99.05	138.04	176.51	240.32
金融相关比率	1.33	1.31	1.25	1.24	1.47	1.57
金融中介效率	74.55	75.55	76.46	69.44	70.73	71.63

2. 实证结果

通过灰色关联度分析得出计算结果如下表。

表 2. 绝对关联度

经济指标 金融指标	总值	人均	产业结构优化率	第二产业构成	第三产业构成	城乡收入比	行和
金融规模（亿元）	0.76	0.78	0.50	0.50	0.50	0.50	3.54
银行贷款余额	0.77	0.58	0.50	0.50	0.50	0.50	3.354
证券成交额	0.87	0.70	0.50	0.50	0.50	0.50	3.56
保费收入	0.51	0.50	0.52	0.51	0.51	0.50	3.06
金融相关比率	0.50	0.50	0.53	0.56	0.54	0.76	3.39
金融中介效率	0.50	0.50	0.87	0.78	0.93	0.57	4.15
列和	3.92	3.55	3.42	3.35	3.49	3.33	

表 3: 相对关联度

经济指标 金融指标	总值	人均	产业结构优化率	第二产业构成	第三产业构成	城乡收入比	行和
金融规模（亿元）	0.67	0.68	0.53	0.53	0.54	0.54	3.50
银行贷款余额	0.99	0.97	0.60	0.59	0.61	0.62	4.38
证券成交额	0.51	0.51	0.50	0.50	0.50	0.50	3.03
保费收入	0.84	0.86	0.57	0.56	0.57	0.58	3.98
金融相关比率	0.59	0.58	0.94	0.98	0.89	0.87	4.86
金融中介效率	0.59	0.59	0.98	0.98	0.93	0.90	4.97
列和	4.20	4.19	4.13	4.14	4.04	4.01	

表 4: 综合关联度

金融指标 \ 经济指标	总值	人均	产业结构优化率	第二产业构成	第三产业构成	城乡收入比	行和
金融规模(亿元)	0.72	0.73	0.52	0.52	0.52	0.52	3.52
银行贷款余额	0.88	0.77	0.55	0.54	0.56	0.56	3.87
证券成交额	0.69	0.60	0.50	0.50	0.50	0.50	3.30
保费收入	0.68	0.68	0.54	0.53	0.54	0.54	3.52
金融相关比率	0.54	0.54	0.74	0.77	0.72	0.81	4.12
金融中介效率	0.55	0.54	0.93	0.88	0.93	0.74	4.56
列和	4.06	3.87	3.77	3.75	3.76	3.67	

(三)结论分析

从鲁南经济带金融规模指标的灰色综合关联度来看,从关联系数上看,经济增长(总值 + 人均)排位最高,与其的关联度较高,但产业结构调整、城乡收入差距对总量规模扩张作用小。

从金融中间效率的关联度看,产业结构优化与其关联度高,结合表 1 数据,金融中介效率回落,说明鲁南地区产业结构的调整促使了金融中介效率回归理性区间。但经济增长、城乡收入比对金融发展影响不显著。

从金融相关率的关联值可以得出,城乡收入增加,产业结构优化对其影响较为突出。

从金融指标的综合关联度系数看,各项指标与经济增长的关联值都较低,说明金融业对经济发展的影响还有待提高。同时,从经济指标看,经济发展对金融发展的影响也有待提高。

从总值、人均值指标看,金融规模总量的扩张对其影响显著,银行与其关联度最高,但证券、保险业的对其的支持相对不足,尤其是证券市场。金融相关比率、金融中介效率对其影响相对较低。

从产业结构经济指标看,金融中介效率对产业结构优化的影响大,其中对第三产业的支持要大于第二产业。

相比其他指标,城乡收入比与金融规模的关联度小,说明其对金融总量的增长影响小。进一步研究发现,金融相关比率与城乡居民人均收入存有较大关联关系。

四、鲁南经济带经济增长的金融支持路径

实证研究可以确定鲁南经济带金融发展与区域经济增长之间存在关联关系,通过促进金融发展可以带动区域经济增长。但总体上看,鲁南经济带的金融发展仍处于落后水平,这一定程度上制约着区域经济的增长。结合实证检验,可从不同方面探讨加强鲁南经济带金融发展从而促进区域经济增长的路径。

(一)完善金融结构

一是完善金融组织体系。对鲁南经济带金融体系来讲,要在现有组织结构基础上,优化所有制结构,提高金融市场化程度,大力发展股份制和地方法人类金融机构,鼓励地方商业银行、农村信用社开展跨区域收购、兼并或重组,大力发展保险公司、证券公司等非银行金融机构,提高金融对经济发展的支持力度。二是完善农村金触体制。在巩固提高农信社、邮政储蓄等现有支农金融组织的同时,重点建设村镇银行和小额贷款公司,努力增加农村金融服务供给。三是完善金融市场结构。完善直接融资机制,扩大企业债券市场,加大企业股票发行,努力扩大股市筹资总量,加强信贷创新,积极发展票据贴现融资和金融租赁融资等。

(二)优化信贷结构

当前,鲁南地区的储蓄能力和经济增长的信贷比率都较低,容易造成本区域资金不断外流,经济增长后劲不足。因此,需要努力调整信贷政策,优化信贷结构。一是加强经济金融领域的合作交流,以经济部门项目规划引导金融分类支持,以金融支持项目推动经济部门开展项目建设。二是继续利用信贷政策调整经济结构、产业结构,按照《规划》,对各地区重点行业、领域以及先进地区的技术、资本和产业转移领域,加大贷款力度,促进经济合理高效的增长。

(三)加强区域金融调控

采取倾斜性的货币政策,扩大对鲁南地区有效货币供给。可以采取有区别的存款准备金制度、利率政策、融资管理以及外汇管理方针等,以此增加对区域金融的供给总量。要整合区域金融资源,切实消除"地方金融"的屏障,统一调度,优势互补,营造区域整体金融服务格局。加强区域金融的基础设施建设,推进区域支付系统建设,大力加强区域内金融中介、金融科技和金融人才等方面的交流与合作,推进区域金融服务的便利化。

【参考文献】 [1](美)雷蒙德·w·戈德史密斯.金融结构与金融发展[M].上海:上海三联书店,1990.30-207.

[2](美)爱德华·s·肖.经济发展中的金融深化[M]. 上海:上海三联书店,1988.56-212.
[3]苟海儒.区域金融行为研究[M].北京:中国商业出版社,1998.26-78.
[4]刘思峰,党耀国等著.灰色系统理论及其应用(第五版)[M].北京:科学出版社, 2010. 73-90.
[5]邓聚龙.灰色系统基本方法[M].武汉:华中科技大学出版社,2005.6-8.
[6]史永东,武志.我国金融发展与经济增长关系的实证分析[J].预测,2002,(2):1-6.
[7]周立,王子明.中国各地区金融发展与经济增长实证分析:1978-2000[J].金融研究,2002,(10):8-13.

课题承担单位:中国人民银行日照市中心支行
课题组成员:尹峰世 曹国栋

《山东金融年鉴》专项课题研究报告之四

山东省金融资源配置效率问题研究

金融资源是指金融领域中关于金融服务主体与客体的结构、数量、规模、分布及其效应和相互作用关系的一系列对象的总和或集合体，主要内容包括作为资金的货币和能够流通的证券，社会成员之间以及社会成员与政府之间接受信用也能够称作金融资源。金融资源的作用是能够作为经济发展的要素，能够带来增值。金融资源的配置状况与经济宏观调控密切相关，其配置效率在不同年度、不同地区及行业间存在较大差异。为了数据的可获得性，本文仅从 2000 年以来本外币贷款、本外币存款、地区生产总值、增值税、营业税、企业和个人所得税等数据来研究山东省金融资源配置效率问题。

一、山东省金融资源配置效率实证分析

(一)建立一元回归模型

本外币贷款作为最主要的金融资源，其对经济发展的助推在很大程度上决定了整个金融资源的使用效率；而从资金来源角度看，一定时期内本外币存款与经济发展也有较大的相关性，其对经济发展的助推力也是衡量金融资源使用效率的有效标准，因为资金短缺也会制约经济的发展。我们采用将本外币贷款和存款总量与当地经济发展状况进行回归的方法来研究金融资源配置效率问题，分析金融资源的使用与经济发展的相关性。具体方法是：运用回归分析法分别以本外币贷款、本外币存款和山东省及山东省 17 市的 GDP、流转税收建立$\bar{Y}=\alpha+\beta\bar{X}$模型，其中$\bar{X}$是自变量，即金融资源，$\bar{Y}$是因变量，即 GDP 等效率指标。利用最小二乘法求公式$\bar{Y}=\alpha+\beta\bar{X}$的回归系数的解，分别得：

$$\alpha=\frac{(\sum y)}{n}-\frac{\beta(\sum X)}{n} \qquad \beta=\frac{n\sum XY-\sum X\sum Y}{n\sum X^2-(\sum X)^2}$$

(二)山东省及各地市金融资源配置效率情况

选择山东省及山东省 17 个地市 2000 年至 2011 年的相关数据，以本外币贷款、本外币存款(数据均来源于《山东省金融年鉴》，下同)等为自变量，以 GDP、流转税收(数据来源于山东省统计局，这里的流转税收包括增值税和营业税，下同)等为因变量，通过一元回归法建立模型，进行线性回归，通过模型计算增加 1 元本外币贷款、本外币存款分别可以增加的 GDP、流转税收，通过对计算结果进行 T 检验和 F 检验，检验结果偏差不明显，说明回归模型的拟合优度较好，计算结果如下表：

表 1: 金融资源区域配置效率计算结果

区域	Y: GDP		Y: 流转税收	
	ß 贷款	ß 存款	ß 贷款	ß 存款
山东省	1.2512	0.9477	0.0111	0.0096
济南市	0.5214	0.4977	0.0156	0.0149
青岛市	0.8244	0.6730	0.0257	0.0210
淄博市	1.7320	1.1798	0.0286	0.0195
枣庄市	1.9363	1.5484	0.0331	0.0260
东营市	1.8131	1.4441	0.0294	0.0234
烟台市	1.6914	1.1243	0.0325	0.0215
潍坊市	1.0821	0.8846	0.0300	0.0245
济宁市	1.8818	1.0845	0.0448	0.0257
泰安市	2.3255	1.4800	0.0363	0.0230
威海市	1.5776	1.0960	0.0358	0.0248
日照市	0.9967	0.9803	0.0261	0.0257
莱芜市	1.1242	0.8846	0.0312	0.0257
临沂市	1.4751	1.0695	0.0286	0.0208
德州市	2.0845	1.3642	0.0335	0.0220

续表

区域	Y: GDP		Y: 流转税收	
	β贷款	β存款	β贷款	β存款
聊城市	1.8361	1.4276	0.0316	0.0244
滨州市	1.4071	1.4151	0.0367	0.0368
菏泽市	1.7540	1.1288	0.0462	0.0295

计算结果表明，山东省本外币贷款、本外币存款与GDP的β系数分别是1.2512、0.9477，即增加1元本外币贷款、本外币存款分别可以增加GDP值1.2512、0.9477元，山东省本外币贷款、本外币存款与流转税收的系数分别是0.0111、0.0096，即增加1元本外币贷款、本外币存款可以分别增加流转税收0.0111、0.0096元。各地市计算结果指标意义与山东省同。

二、山东省金融资源配置效率主要特点

(一)2008年以来山东省及各地市金融资源配置效率明显下降

以核心金融资源配置效率＝GDP/(S+L)建立模型，其中，S代表存款，L代表贷款，GDP代表地区生产总值，以山东省及各地市的核心金融资源配置效率计算，结果如图一。

图一　山东省及各地市金融资源配置效率走势图

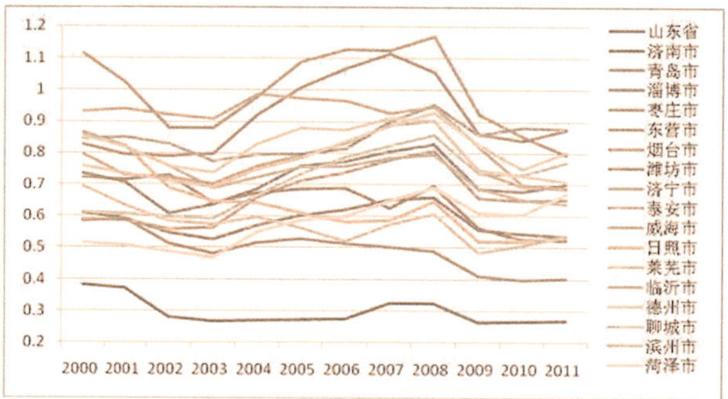

计算结果表明，一是山东省及各地市的金融资源配置效率走势呈波浪性状态特别明显，核心金融资源配置效率在不同时期也不同，特别是2008年金融危机以来金融资源配置效率呈明显下降趋势。分阶段来看，2002年、2003年、2010年、2011年属于配置效率的低点，2000年、2006年、2007年属于配置效率的高点，2001年、2008年属于配置效率下降年度，而2004年、2005年则是配置效率的上升年度。二是山东省及各地市核心金融资源配置效率走势线处于一种相对平行状态，即说明之间具有联动性，即存在相对的同升同降趋势，如在2002年、2003年都处在相对低点，2006年、2007年则同处在相对高点。

(二)山东省金融资源在三次产业及部分行业间配置效率差异明显

以各产业或行业本外币贷款为自变量、GDP为因变量，仍采用一元回归法建立模型，β值计算结果如表二。从计算结果来看，本外币贷款在第一产业配置效率最差，1元本外币贷款仅能产生0.364元GDP；在第二产业配置效率较好，1元本外币贷款仅能产生1.6605元GDP，其中建筑业好于工业，建筑业1元本外币贷款产生3.2339元GDP，而工业1元本外币贷款仅能产生0.5013元GDP；第三产业配置效率高于第一二产业，其中批发和零售贸易、餐饮业配置效率最高，而社会服务业则是最低。

表2:　　山东省产业及部分行业金融资源配置效率计算结果

产业或行业	β
第一产业	0.3640
第二产业	1.1221
工　业	0.5013
建筑业	3.2339
第三产业	1.6605
交通运输、仓储及邮电通信业	1.3007
批发和零售贸易、餐饮业	4.1455
房地产业	1.0461
社会服务业	0.4668

（三）金融资源配置效率与经济规模不成正比

1、经济规模较大的地市金融资源配置效率反而较低。

按 2000 年至 2011 年的 GDP 合计总量排名，经济规模总量前五个市地由大到小依次是青岛、烟台、济南、潍坊、淄博，但该五个市地本外币贷款、本外币存款对 GDP、流转税收使用效率位次基本上居于 8 名之后，特别是济南、青岛配置效率位次基本上居于最末两位。如青岛市，虽然 GDP 在全省具于首位，但是 1 元本外币贷款、本外币存款分别增加的 GDP、流转税收是 0.8244、0.6730、0.0257、0.0210，位次依次为 16、16、16、14 位。主要原因是：金融资源配置效率存在"边际递减效应"，经济规模较大地市由于经济基础好、大型企业多，在利益的驱使下过多的金融资源流向了规模较大城市，造成了金融资源的过剩，降低了金融资源配置效率。如济南市、青岛市，2011 年社会融资规模分别是 1448 亿元、1571 亿元，分别是菏泽市的 18 倍、20 倍；占 GDP 的比重分别是 32.87%、23.74%，分别是菏泽市的 6 倍、5 倍。

表 3　　经济规模与金融核心资源配置效率对比分析表

市地	12 年 GDP 总量位次	贷款对 GDP 效率位次	存款对 GDP 效率位次	贷款对流转税收效率位次	存款对流转税收效率位次
青岛市	1	16	16	16	14
烟台市	2	9	8	8	13
济南市	3	17	17	17	17
潍坊市	4	13	14	11	8
淄博市	5	8	7	14	16

2、经济规模较小的地市金融资源配置效率反而较高。

按 2000 年至 2011 年的 GDP 合计总量排名，经济规模总量后五个市地依次是滨州、枣庄、菏泽、日照、莱芜，但这五个市地本外币贷款、本外币存款对 GDP、流转税收使用效率位次并不是最后，特别是枣庄、菏泽各项效率位次基本上居于前 8 名之内，如菏泽市，虽然 GDP 在全省位于 15 位，但是 1 元本外币贷款、本外币存款分别增加的 GDP、流转税收是 1.7540、1.1288、0.0462、0.0295，在 17 个市地的位次依次为 7、8、1、2。主要原因是：经济规模较小地市经济欠发达，金融发展相对滞后、金融资源较为短缺，但经济对金融资源的渴求更加强烈，有限的金融资源发挥的作用会更大、配置效率会更高。

表 4　　经济规模与金融核心资源配置效率对比分析表

市地	12 年 GDP 总量位次	贷款对 GDP 效率位次	存款对 GDP 效率位次	贷款对流转税收效率位次	存款对流转税收效率位次
滨州市	13	12	5	3	1
枣庄市	14	3	1	7	3
菏泽市	15	7	8	1	2
日照市	16	15	13	15	5
莱芜市	17	13	14	10	6

（四）金融资源配置效率与经济增长速度正相关

计算结果表明，经济增长速度较快地市金融核心资源配置效率较高。如 12 年 GDP 总量几何平均增速前 5 位是菏泽、聊城、滨州、日照、枣庄，这五个地市本外币贷款、本外币存款对 GDP、流转税收使用效率排名一般也在前 10 位，特别是菏泽、聊城、滨州、枣庄这种正相关更较明显。

表 5　　经济增长速度与金融核心资源配置效率对比分析表

市地	12 年 GDP 总量几何平均增速位次	贷款对 GDP 效率位次	存款对 GDP 效率位次	贷款对流转税收效率位次	存款对流转税收效率位次
菏泽市	1	7	8	1	2
聊城市	2	5	4	9	9
滨州市	3	12	5	3	1
日照市	4	15	13	15	5
枣庄市	5	3	1	7	3

(五)金融资源配置效率与存贷比成反比

计算结果表明,存贷比(贷款余额/存款余额,下同)较高的地市金融核心资源配置效率较低,而存贷比较低的地市金融核心资源配置效率较高。如日照、济南、滨州、莱芜、青岛12年来的平均存贷比位次居于前5位,但是该五市的金融核心资源配置效率反而较差。

表6　人民币存贷款比与金融核心资源使用效率位次对比

市地	12年算术平均存贷比位次	贷款对GDP效率位次	存款对GDP效率位次	贷款对流转税收效率位次	存款对流转税收效率位次
日照市	1	15	13	15	5
济南市	2	17	17	17	17
滨州市	3	12	5	3	1
莱芜市	4	13	14	10	6
青岛市	5	16	16	16	14

综上所述,从区域来看,金融资源配置效率与经济规模和存贷比成反比、与经济增长速度成正比,应引导金融资源向经济欠发达地区流动,缩小两极分化;从趋势上来看,金融资源配置效率具有周期性、联动性;从产业及行业来看,第三产业金融资源配置效率最高,金融应进一步加大对第三产业的支持力度。

三、研究结果的扩展应用

回归分析法预测是利用回归分析方法,根据一个或一组自变量的变动情况预测与其有相关关系的某随机变量的未来值。我们在上边的分析中,已经建立了一元回归方程:$\bar{Y}=\alpha+\beta\bar{X}$,并可以根据最小二乘法计算出其系数:

$$\alpha=\frac{(\sum y)}{n}-\frac{\beta(\sum X)}{n} \qquad \beta=\frac{n\sum XY-\sum X\sum Y}{n\sum X^2-(\sum X)^2}$$

那么在知道变量X的情况下,可以对Y进行预测,如年初可以对GDP等进行预测。以菏泽市为例,以本外币贷款为变量回归计算的a=-152.64,β=1.754,则回归公式为:Y=-152.64+1.754*X

假设2012年菏泽市期末本外币贷款余额为1050亿元,则可以预测:

2012年菏泽市的GDP=-152.64+1.754*1050=1689.06亿元

四、提高金融资源配置效率的建议

(一)经济欠发达地区进一步加强金融生态环境建设,增强对金融资源的吸附能力

金融资源作为一种重要的生产要素,在地方经济发展中发挥着核心作用,特别是对经济欠发达地区来说,金融资源的作用更加重要。因此,经济欠发达地区应重视金融资源的开发和利用,进一步加强区域金融生态环境建设、改善区域金融生态环境,增加对金融资源的吸纳能力,为金融的发展提供良好的环境。

(二)加快推进金融资源布局和产业结构调整,合理配置金融资源

一是加强对重点领域和薄弱环节的支持。在经济基础较好的山东半岛蓝色经济区,创新融资手段,优化资源配置,以现代金融助推蓝色经济发展;黄河三角洲高效生态经济区将壮大金融资源总量、健全金融组织体系、完善金融服务功能,努力为高效生态经济区建设提供有力支持;支持沂蒙革命老区金融业发展政策,推动相关市县制定配套措施;落实对菏泽建设鲁苏豫皖交界地区科学发展高地的金融帮扶意见等。二是协调推动山东省区域金融核心区载体建设。制定更加优越的金融业发展政策,吸引知名金融机构进驻,加快形成金融业集聚发展优势;探索建立县域金融业发展考核评价体系,推动县域金融组织体系建设和金融服务创新,引导金融资源更多流向县域,提升金融服务"三农"和中小企业水平。

(三)发挥市场配置资源作用,努力提高金融资源配置效率

一是充分发挥金融市场配置资源作用。将以银行信贷融资为主导的金融结构向股权融资、债券融资、资产证券化融资、票据融资等多品种、多渠道、多元化方向发展,发挥金融市场配置资源作用,让资金在市场间流动起来,分散转移风险的同时,提高金融资源配置效率。二是实现市场对资源配置的基础性作用。建立多种金融机构并存、功能互补、协调运转的机制,注重公司治理结构的改造和公司机制的建立,只有真正形成市场化的经营机制,才能实现金融资源配置的市场化转变。

【参考文献】 [1] 回归分析法、最小二乘法,百度百科。
[2]《云南省农村金融资源配置效率研究》,吴永兴,云南财经大学,百度文库。
[3]《县域金融资源配置效率分析》,郑策、全颖,辽宁工程科技大学,百度文库。

[4]《河北省金融资源配置效率研究》,孙强,河北大学,道客巴巴。
[5]《南疆金融资源配置效率分析》,石晶、李青松,塔里木大学,智库文档。
[6]《基于 DEA 方法分析农村金融资源配置效率》,李季刚、向琳,新疆财经大学,智库文档。

课题承担单位:中国人民银行菏泽市中心支行
课题主持人:陈　刚
课题组成员:王志华　许加宏　巩建新

《山东金融年鉴》专项课题研究报告之五

山东省区域金融结构差异性分析

【摘要】 经济金融的发展往往都呈现出非均衡的发展态势，本文通过建立一系列指标对山东省几个区域间金融结构差异性进行了对比分析。研究结果表明山东省各区域间金融结构差异明显，其中鲁中地区和鲁东地区不管是在机构发展水平还是融资功能方面均明显优于鲁南地区和鲁北地区，这种差异主要是由区位优势及政策偏向导致的先发优势累积造成。发展趋势方面，大部分指标呈现向好的发展。

【关键词】 金融结构 差异性 比较分析

一、引言

经济发展的不均衡与经济体本身所处发展阶段的不同息息相关，金融体系作为国民经济体的重要组成部分也具有了阶段的特征性。而且经济体与金融体是相互制约以及紧密相连的，二者都呈现出了一种非均衡的发展态势，这种非均衡不仅仅只是表现总量的差异上，在经济结构以及金融结构的分析研究中表现也尤为明显。为了使经济体更加健康有效地运行，也为了使金融体系能更好地助推经济体的发展，对金融结构的差异进行研究就非常有必要。

金融结构的不平衡在山东省内也一定程度存在，金融作为推动经济健康可持续发展的主要动力源，通过一系列的分析对金融结构差异性进行研究，以此来修正金融体系的发展，并进一步的推进金融市场的成熟和完善，也许可以为我们找到通过金融结构的调整来促进省内区域间经济协调发展的路径。

二、金融结构对比研究的理论基础

从金融发展理论的研究进程来看，金融因素越来越被重视并被纳入到推动经济增长理论的主要因素之一。在经济全球化、经济金融化以及金融全球化的发展趋势下，经济体发展本身以及金融体系中凸显出的结构性问题，以及亟待发展的经济金融结构理论，成为众多学者研究的方向。

(一)金融结构理论

20世纪60年代戈德史密斯首次提出金融结构理论，他认为“金融结构即金融工具与金融机构二者的相对规模”，并且进一步提出“金融结构的变迁即金融发展”这一理论观点。戈德史密斯分别从三个不同的方面进行了分析与论述：金融发展的特征、金融发展演进的轨迹和金融发展与经济增长之间的关系。戈德史密斯指出，通过对金融结构的分析研究可以得出金融发展的特征。在研究中可将金融结构作为衡量金融发展的标准，主要是因为金融结构理论可被视为研究金融与经济增长关系的重点问题，金融体系与经济体系的这种关系正好与金融结构与各个经济变量之间的关系相呼应。

(二)区域金融理论

区域金融理论是在区域经济增长理论基础上逐步发展起来，区域金融理论认为区域金融结构和发展水平的层次因不同经济区域的发展水平不同而有差异。在区域经济发展中，金融不仅具有区域资本形成的特殊的聚合功能，而且还能调整区域经济结构的功能。区域金融理论主要包括区域经济理论、金融发展理论和最近兴起的金融地理学，研究内容包括区域金融结构与成长差异，区域金融资源配置，区域金融与区域经济协调发展，区域金融发展及协调机理，区域金融调控、改革协调与发展策略等。

(三)区域金融结构差异概述

一个地区金融结构是否优化和地区金融发展与当地经济发展的融合度是金融资源能否合理配置、金融与经济能否良性互动的关键。金融资源在不同区域所产生的地区差异从基本构成要素来看主要集中体现在金融资源发展水平所产生的地区差异、金融结构中体现出来的空间差异、金融行为主体体现出来的差异、社会经济环境体现出来的差异等。

三、山东省金融结构评价指标体系介绍

山东省区域经济的发展呈现出不同特点，对于经济发展起到重要推进作用的金融体系的发展，也呈现出结构的差异性现象，这种区域金融的结构性差异的发展趋势也是基于多维度的发展和演进的。本章我们将建立系统的评价区域金融结构的指标体系，来比较分析山东省各区域的金融结构的差异性所在。

本文的研究从山东省区域金融结构的发展现状出发，在分析的视角选取上着重于其要素的角度考虑，即区域整体金融结构及区域金融结构的构成要素。因此本文的指标体系是从整体到细致因素的系统体系。主要包括金融结构总体水平指标；银行业、证券业、保险业结构评价指标等，考虑到房地业作为一个资金密集型行业，其发展与金融发展呈相辅相成之势，因此我们还选择了房地产业指标进行评价。

——金融结构总体水平评价指标。我们选取的指标是金融相关率。在戈德史密斯对金融结构的研究中，将金融相关率(FIR)定义为“某一时点上现存金融资产总额与国民财富之比”。在历史的研究分析中，经过一些列的研究历程，学者们通常将其简化为金融资产总量与 GDP 之比。由于我省金融资产主要集中在银行，而银行最主要资产是存款和贷款，因此我们使用金融机构存贷款余额与 GDP 之比来表示金融相关比率。即：FIR= 金融机构存贷款余额 / 地区生产总值。

——银行业评价指标。银行业结构可以从间接融资功能、资产构成等方面进行比较。间接融资功能则可从储蓄转化为投资的能力、贷款期限结构方面进行评价；资产构成则可从居民储蓄占比方面进行比较。在衡量金融部门将储蓄转化为投资的能力方面我们选取了存贷比指标；针对各个区域商业银行的贷款周期，选取了短期贷款在银行贷款总额中的占比和银行的中长期贷款在银行贷款总额中的占比两项指标；为了解居民资产状况我们选取了储蓄存款占存款比重指标。

——证券业评价指标。证券业结构差异可以从直接融资功能、机构服务水平以及居民证券投资意识等方面进行分析。衡量直接融资功能我们选取的是上市公司数指标，机构服务和发展水平我们则通过每万人证券开户数进行衡量，居民证券投资意识则通过年人均交易额情况进行分析。

——保险业评价指标。保险业的差异可通过比较居民保障水平及经济中占比进行分析。在保险业评价方面，选取保险深度和保险密度进行比较研究是主要的最具有代表性的指标。保险密度是指按总人口计算的人均保费，它反映居民得到的保险保障的平均程度；保险深度是指地区保费收入占地区 GDP 的比重，它反映一个地区的保险机构在整个国民经济中的地位。

——房地产业评价指标。出于数据可得性考虑，房地产业指标我们选取的是房地产投资占全部固定资产投资的比重。

四、山东省区域金融结构差异特征描述

根据上述评价指标体系，我们从《山东金融年鉴》选取了 2007 年 -2011 年各地市相关经济金融数据，并按照山东金融年鉴的划分方法对山东省地市进行了区域划分(见表 4.1)。根据计算结果，各区域金融结构主要呈现下述特征。

表 4.1：山东省区域划分

鲁中地区	鲁东地区	鲁北地区	鲁南地区
济南　淄博 泰安　莱芜	青岛　烟台　威海 潍坊　日照	东营　滨州 德州　聊城	济宁　临沂 枣庄　菏泽

(一)金融相关率

由表 4.2 可以看出，总体上，山东省各区域的金融相关率在 2009 均有一个明显的阶梯式的提高过程，主要原因是 2008 年金融危机发生后，2009 年我国的信贷投放出现了快速增长，因此使金融总量出现了快速增长。

分区域看，金融相关率方面，鲁中地区明显高于其他地区，凸显出较高的优势，其次是鲁东地区，鲁南地区次之，最后是鲁北地区，但是鲁南和鲁北地区差异不大。从增长速度来看，鲁南地区的提高幅度最大，鲁中地区的增长速度最慢，鲁东地区和鲁北地区居中。

表 4.2：　2007-2011 年山东省各区域金融总体评价（FIR）

	银行存贷款总额/GDP			
	鲁中	鲁东	鲁北	鲁南
2007	2.10	1.47	1.05	1.18
2008	2.07	1.49	1.02	1.17
2009	2.50	1.79	1.22	1.38
2010	2.48	1.89	1.29	1.45
2011	2.45	1.89	1.29	1.44

从上述特征可以看出，山东省四个区域的金融发展存在着较大的差异，但是领先的鲁中地区发展速度最慢，鲁南地区的相关率水平虽然较低，但是有较快的发展速度，鲁北地区的落后地位有被进一步拉大的趋势。

(二)银行业结构性分析

1.各区域存贷比分析

金融体系中的储蓄转化为投资的能力和速度是各区域金融部门对区域实体经济支持效率的重要体现，对其衡量的一个有效指标则是存贷比(贷款总额 / 存款总额)。从表 4.3 可以看出，鲁中地区有着最高的存贷比，鲁北地区次之，再依次是鲁东地区和鲁

南地区。鲁中地区的存贷比基本维持在 85%左右，鲁北地区在 80%左右，鲁东地区则在 75%左右，鲁南地区则在 70%左右。从发展趋势看，鲁中地区在本来存贷比较高的基础上进一步提高，而鲁北地区、鲁南地区则呈下降趋势，特别是鲁南地区低于了 70%。

表 4.3: 2007-2011 年山东省各区域存贷比（%）

	人民币贷款总额/人民币存款总额			
	鲁中	鲁东	鲁北	鲁南
2007	83.69	75.52	83.50	74.17
2008	76.00	73.36	75.48	67.13
2009	85.37	73.42	76.54	68.63
2010	84.66	73.28	79.49	70.19
2011	87.09	76.56	79.64	69.40

储蓄如果不能转化为投资则意味着本来可以进行的许多财富生产过程没有发生，意味着资金要素的浪费，国际经验认为 75%是一个正常的存贷比。从上述分析可以看出山东省大部分区域的存贷比高于或等于这一水平，考虑到我国还处于直接融资不发达的阶段，上述情况属于正常，存贷比较低的鲁南地区金融部门则需进一步提高效率。而且从发展趋势看，金融资源有向优势地区进一步集中的趋势，这更加不利于经济的协调发展。

2. 各区域贷款期限结构分析

商业银行的贷款期限结构指标主要反映商业银行的信贷资金运用期限情况，信贷资金如果呈现长期化趋势说明商业银行的资金支持更加稳定，企业投资信心更强。从表 4.4 可以看出，山东省各区域短期贷款占比整体上呈下降趋势，中长期贷款占比则呈上升趋势。其中，鲁中地区短期贷款占比下降最为明显，依次是鲁南地区、鲁东地区、鲁北地区；鲁东地区的中长期贷款占比上升幅度则最为明显，依次是鲁南地区、鲁中地区和鲁北地区。从区域比较看，短期贷款占比由鲁中地区、鲁东地区、鲁南地区和鲁北地区依次升高，中长期贷款则反之依次降低。

表 4.4: 2007-2011 年山东省各区域贷款期限结构（%）

	短期贷款/银行贷款总额				中长期期贷款/银行贷款总额			
	鲁中	鲁东	鲁北	鲁南	鲁中	鲁东	鲁北	鲁南
2007	49.68	51.59	69.57	64.74	41.53	38.38	26.30	31.35
2008	47.76	49.04	66.84	60.69	41.65	39.51	27.82	33.57
2009	36.35	43.96	65.93	57.21	50.30	46.29	30.70	37.76
2010	35.26	43.82	62.59	55.45	52.17	51.65	31.65	40.00
2011	37.87	46.10	65.59	56.09	47.27	49.52	29.96	38.87

上述结果说明，山东省各区域信贷支持稳定水平逐步提高，企业投资信心也逐步增强，其中鲁中地区提供的信贷支持更加稳定，企业投资信心也更强，鲁北地区的相关指标则较为弱一些。

3. 各区域居民储蓄存款占比分析

为了分析经济个体资产分配结构在中国各个区域金融结构中的体现，我们选取了储蓄存款占银行存款的比重进行分析，从表

表 4.5: 2007-2011 年山东省各区域居民储蓄存款占比（%）

	居民储蓄存款/银行存款总额			
	鲁中	鲁东	鲁北	鲁南
2007	41.39	52.52	59.69	65.02
2008	42.26	54.47	61.42	66.59
2009	39.68	49.40	56.17	61.58
2010	38.64	47.11	53.85	62.66
2011	41.43	47.03	52.46	62.65

4.5可以看出，居民储蓄存款占银行存款的比重整体上呈下降趋势，其中鲁北地区下降最为明显，其次是鲁东地区，鲁中地区则基本未变。从区域对比看，鲁中地区居民储蓄存款占比最低，依次是鲁东地区、鲁北地区，最高的是鲁南地区。

居民储蓄存款占比可以从侧面反映出居民投资渠道及投资方式的多样化情况，储蓄存款占比的下降一定程度是因为投资渠道的拓展。综合上述结果可以认为鲁中、鲁东地区居民投资渠道较鲁北、鲁南地区更加多样化，四个区域的投资渠道整体上向更加丰富的方向发展。

(三)证券业结构指标分析

1.各区域上市公司家数对比

上市公司的数量反映一个地区直接融资水平，该指标方面，鲁东地区一直保持较大优势，其次是鲁中地区，两区域上市公司数占全省上市公司比重达70%以上，鲁南地区上市公司数则多于鲁北地区。发展趋势方面，鲁东地区上市公司数量在全省比重进一步提高，而鲁中地区则有明显的下降，鲁北地区和鲁南地区基本不变。

表4.6: 2007-2011年山东省各区域上市公司情况（个、%）

	上市公司家数				各区域上市公司家数在全省比重			
	鲁中	鲁东	鲁北	鲁南	鲁中	鲁东	鲁北	鲁南
2007	39	52	16	23	30.00	40.00	12.31	17.69
2008	45	59	19	28	29.80	39.07	12.58	18.54
2009	47	62	20	30	29.56	38.99	12.58	18.87
2010	53	80	25	32	27.89	42.11	13.16	16.84
2011	57	96	29	33	26.51	44.65	13.49	15.35

上述情况说明鲁东地区的直接融资比例较高，证券市场较为成熟；鲁北地区和鲁南地区的证券市场相对较为落后。从发展趋势来看，鲁东地区向着优势进一步巩固的方向发展，鲁中地区证券市场虽然也有较快的发展，但是发展速度落后于其他地区。总的来看，山东省各区域直接融资规模逐步提高，但是区域间发展不平衡的情况有所加重。

2.各区域证券账户开户数对比

在比较证券机构的发展水平方面我们选取了每万人证券账户开户数和区域证券账户开户数占比两个指标，表4.7可以看出，鲁中地区在每万人证券开户数指标方面遥遥领先，鲁北地区和鲁南地区则落后明显。发展趋势方面，各区域的证券开户数均呈逐年增长的趋势，从各区域证券开户数在全省的占比可以看出，鲁中地区和鲁东地区的占比略有下降，鲁北地区和鲁南地区的比重则有所上升，特别是鲁北地区上升幅度最大，说明落后地区的发展速度快于领先地区。

表4.7: 2007-2011年山东省各区域证券账户开户情况（户/万人、%）

	每万人证券开户数				各区域证券开户占全省比重			
	鲁中	鲁东	鲁北	鲁南	鲁中	鲁东	鲁北	鲁南
2007	935.94	529.49	143.01	165.44	41.49	38.65	6.33	13.53
2008	850.70	601.53	161.09	210.81	35.51	41.41	6.74	16.34
2009	1032.88	696.52	311.28	239.04	35.06	39.08	10.66	15.21
2010	1094.06	765.85	308.26	164.25	36.63	42.43	10.44	10.50
2011	1468.61	822.82	310.19	271.81	39.49	36.58	9.94	14.00

鲁中地区、鲁东地区证券业务发展规模具有明显优势，主要原因在于这两个区域的经济发展水平较高，居民投资意识较高，另外也可以说明这两个区域的证券机构服务水平较高。

3.各区域证券交易额对比

人均证券交易额可以直观的反应居民的投资意识，这一指标方面，鲁中地区和鲁东地区也远远领先于鲁北地区和鲁南地区。在发展趋势方面呈现出明显的波动性特征，人均交易额也随市场繁荣程度而波动，市场火爆的2009年和2010年各区域的人均证券交易额都呈现了快速增高的特征。

表 4.8:　2007-2011 年山东省各区域年人均证券交易额（元）

	鲁中	鲁东	鲁北	鲁南
2007	61954.53	52113.70	17739.16	9647.02
2008	51401.95	35911.29	18183.41	7674.70
2009	98314.27	74855.15	24683.16	13769.60
2010	99445.46	73569.86	23064.20	11722.66
2011	62702.11	62314.91	12659.56	8819.87

鲁中地区、鲁东地区人均证券交易额的遥遥领先体现出这两个区域的居民在金融意识方面相对领先。同时从一个侧面也说明，随着一个区域金融资产总量的增长，资产组合也必将呈现多样化的特征。

（四）保险业指标体系分析

在研究保险业发展水平方面，保险深度和保险密度是研究学者所选择的最具有代表性的指标，前者体现了居民的保险保障水平，后者则反映了保险业在一个区域经济中的地位。从表 4.9 可以看出，保险密度指标在鲁中地区和鲁东地区远高于鲁北地区和鲁南地区。该指标方面，鲁东地区最高，鲁南地区最低，但是鲁南地区的发展速度最快，近五年总的增长率达 153.35%。保险深度方面，期初阶段呈现出同保险密度相同的特征，由鲁中地区到鲁东地区、鲁南地区、鲁北地区依次降低。保险深度指标的发展速度方面与期初呈现相反的特征，落后地区的发展明显较快，鲁南地区同样呈现最快的发展速度，经过五年的发展，各区域间的保险深度指标基本相同，鲁南地区的保险深度则最高。

表 4.9:　2007-2011 年山东省各区域保险业指标（元/人、%）

	全部保险机构保险密度				全部保险机构保险深度			
	鲁中	鲁东	鲁北	鲁南	鲁中	鲁东	鲁北	鲁南
2007	745.07	738.89	452.41	276.10	2.19	1.89	1.57	1.74
2008	971.69	959.36	597.22	387.19	2.39	2.09	1.72	2.04
2009	1052.05	1092.50	783.23	491.27	2.36	2.18	2.12	2.40
2010	1380.79	1419.91	932.45	661.71	2.65	2.50	2.25	2.90
2011	1353.24	1433.52	825.61	699.50	2.31	2.21	2.02	2.64

从保险密度指标看，山东省各区域间存在着严重的非均衡性发展，鲁中地区和鲁东地区居民的保险保障水平明显高于其他地区。保险深度指标方面，差距不仅呈现了逐年下降的趋势，而且落后的鲁南地区经过快速发展成为指标最高的区域，说明保险业在各区域经济中的地位已经基本接近，鲁南地区的保险业在经济中的地位反而更重要一些。

（五）房地产业占比分析

房屋货币化改革之后，房地产已经成为一个地区经济发展到一定水平的必然产物，而且房地产业作为一个资金密集型行业，能够积累大量资金，与金融业发展相辅相成。从表 4.10 可以看出，鲁中地区的房地业在经济中的比重最高，其他依次是鲁东地区、

表 4.10:　2007-2011 年山东省各区域房地产投资占比（%）

	房地产投资/固定资产投资			
	鲁中	鲁东	鲁北	鲁南
2007	20.08	14.71	7.29	5.69
2008	21.03	14.95	8.01	5.88
2009	21.01	15.15	7.55	6.33
2010	22.78	16.86	8.06	11.32
2011	23.37	19.38	8.94	15.24

鲁北地区和鲁南地区。发展速度方面,鲁南地区的房地业占比出现了快速增长,增长幅度达 167.84%,鲁东地区的房地产业占比也出现了较大的提升。

房地产业的快速发展能够有效推动经济增长,但是如果过快的膨胀不仅会抑制其他产业创新,而且不利于建立科学的经济发展方式,甚至可能导致房地产泡沫。鲁中地区在达到较高的房地业占比后基本保持不变,落后的鲁南地区则出现了快速的扩张,鲁东地区也有不小的提高幅度,只有鲁北地区房地产业占比相对较低,整体来看,山东省大部分区域需警惕房地产业绑架经济的风险。

(六)总述

本部分我们通过 2007 年 -2011 年的数据分析了山东省各区域的金融结构,实证结果表明:鲁中和鲁东地区的金融水平明显高于鲁北和鲁南地区,其中鲁中地区的多项指标又优于鲁东地区,鲁南地区的多项指标又优于鲁北地区。总的来说,鲁中地区和鲁东地区金融市场发展较为成熟,金融市场功能更为完善,不管是融资功能还是机构发展水平均高于另外两个区域。

从具体指标方面看,银行业各类指标中,贷款期限结构均呈优化趋势,存贷比指标则呈区域间发展不平衡的趋势,特别是银行业金融资源有向优势区域集中的趋势,这不利于各区域经济平衡发展。从证券业指标方面看,各区域证券业整体向好发展,但是区域间差异性也更为明显,鲁中地区和鲁东地区的几类指标均遥遥领先于鲁北地区和鲁南地区。保险业指标方面,各区域保险保障程度均有明显提升,但保障程度不平衡的现象也较为明显,经过近几年发展,保险业在各区域经济中的比重则基本相当。房地产业指标显示个别区域的房地产业有快速膨胀的趋势,需警惕泡沫风险。

五、山东省区域金融结构差异原因分析

造成区域金融结构性差异的原因可能是多方面的,有地理、人文、政策等因素造成,但从山东省这一小区域来看,地理以及人文因素在省内不存在较大差异,省内各区域间差异应主要是政策偏向导致的发展优势差异造成。

(一)区位差异

一是政治中心决定的天然优势。政治中心和经济中心往往具有高度的一体化,以此实现高度的便利性。鲁中地区四地市正好包括省会城市济南以及其周边地市,因此吸引了大量的金融机构和金融资源。二是政策倾斜造成的差异。在不同时期,政府部门会对不同的地区有不同的发展政策偏向性,以此来实现对一个地区经济发展区位优势的激励。鲁东地区在开放沿海城市政策的激励下,发展初期拥有多项优惠政策,实现了率先发展。

(二)"马太效应"导致的强者衡强

因政治优势、先发优势累积的经济发展模式和经济实力在鲁中地区和鲁东地区形成了"马太效应"。秉承政策优势、资源优势、区位优势等优势从而实现经济开发优势的鲁东地区和鲁中自身经济发展能力愈发增强,获取信贷资金、证券筹资等金融资源的能力得到进一步加强。从而持续扩大了这两个区域金融资源的占有乃至经济发展的地区差异。

(三)知识与思想观念的先发优势和累积效应

地区间不仅受到自然条件、地址条件、历史问题以及经济政策的影响,同样还受到本地区所具有的知识技能积累能力和思想观念开发能力的制约。渐进式的改革取向中,东部沿海地区率先开展了广泛的制度创新:如大量加强现代企业制度,大力发展非公有制企业等措施树立微观市场主体,培育和开放市场尤其是资本、人才等要素市场等。

(四)机构分布差异

商业银行省级分行主要集中在济南和青岛,而商业银行往往将资金统一调度至分行,因此导致了金融资源在鲁中和鲁东地区的集中。证券业省级机构与银行具有同样的位置偏好,因此鲁中和鲁东地区的证券业发展也更为进步,特别是鲁东地区经济基础较好,较高的直接融资需求也促进该区域证券业快速发展。保险水平主要受经济基础决定,经济发展较好的鲁东和鲁中地区具有较高的保险保障水平。

六、结论及建议

从上文的分析可知,山东省各区域的金融体系存在着非均衡的状态,这种非平衡主要是由区位优势及政策偏向导致的先发优势累积造成,根据区域金融理论所指出的区域金融结构和发展水平的层次因不同经济区域的发展水平不同而有差异,有效的区域金融结构差异调整战略有助于改善金融机构差异,提升经济增长速度。可以考虑:

一是实施差异化的地区金融管理政策。比如在准备金率、利率方面实行差异化管理,引导金融资源向落后地区流动。

二是加强对鲁北、鲁南地区的政策扶持力度。通过政策性金融措施弥补该区域资本市场不发达的空白。

三是鼓励在鲁北、鲁南地区建立中小银行和民营银行。中小银行和民营银行可以弥补大银行集中于济南、青岛所带来的金融资源集中的不足。

【参考文献】 [1]吴钦春.我国农村金融结构优化问题研究[J].宏观经济管理.2012.01。

[2]李佳、王晓.我国房地产市场波动对金融结构的影响研究[J].甘肃金融.2012.03。

[3]成学真、宋陈鸽.甘肃省金融结构及其优化[J]. 甘肃金融.2012.03。
[4]何海霞.河南区域金融结构特征的统计描述[J].科技和产业.2012.04。
[5]曹亚楠、李欣欣.论区域金融结构差异与区域经济发展[J].海南金融.2012.02。
[6]王毅.中国区域金融结构差异性分析[D].辽宁大学.2011。

课题承担单位：中国人民银行烟台市中心支行
课题组成员：李信见　袁雪莉　姜　全　崔爱丽

主题索引

说明：

本索引为综合性主题索引。索引款目按汉语拼音顺序(同音字按声调)排列。表格款目后注有“表”字样。款目后的阿拉伯数字表示内容所在的页码,数字后的字母 a、b 表示该页自左向右的版面区域。

汉语拼音主题索引

Y

Z